ନାରୀ ଜୀବନର... ମିଥ୍, ମୋଟିଫ୍ ଓ ମେଟାଫର୍

(ନାରୀ ଜୀବନ-ଅନ୍ୱେଷାର ଏକ କାବ୍ୟିକ ପ୍ରତିଫଳନ)

ଡ. ହେନେରିଟା ମିଶ୍ର

VP
VIDYA
PUBLISHING INC.

ବିଦ୍ୟା ପବ୍ଲିଶିଙ୍ଗ୍
ଟରୋଣ୍ଟୋ, କାନାଡ଼ା ।। ଭୁବନେଶ୍ୱର, ଓଡ଼ିଶା

ନାରୀ ଜୀବନର ମିଥ୍, ମୋଟିଫ୍ ଓ ମେଟାଫର୍

(ନାରୀ ଜୀବନ-ଅନ୍ୱେଷାର ଏକ କାବ୍ୟିକ ପ୍ରତିଫଳନ)

ଲେଖିକା : ଡ. ହେନେରିଟା ମିଶ୍ର
ପ୍ରକାଶକ : ଡ. ତନ୍ମୟ ପଣ୍ଡା, ଡ. ସୁନନ୍ଦା ମିଶ୍ର ପଣ୍ଡା
ବିଦ୍ୟା ପବ୍ଲିଶିଙ୍ଗ୍ ଇଙ୍କ୍, ଟରୋଣ୍ଟୋ, କାନାଡ଼ା

ପ୍ରଥମ ସଂସ୍କରଣ : ରାମ ନବମୀ, ୨୦୨୫

Nari Jeebana ra Myth, Motif O Metaphor

By Dr. Henerita Mishra

ISBN : 978-1-998475-62-9

First Edition : Ram Navami, 2025

Published by : Dr. Tanmay Panda & Dr. Sunanda Mishra Panda
Vidya Publishing Inc.,
Toronto, Canada || Bhubaneswar, Odisha
Website : www.vidyapublishing.com
Email : vidyapublishinginc@gmail.com
Cell : +1 6478389884

Odisha Contact : Nirmalya Garden, Plot 516/1719, House 10,
KIIT Post Office, Patia, Bhubaneswar - 751024
Cell : +91 8984131810

Cover Design : Harish Chandra Das
Printed at : Biswanath Enterprises, India

Price : ₹ 500/-

ଉତ୍ସର୍ଗ

ଯେ' ମୋର ଅତ୍ୟନ୍ତ ଅନ୍ତରଙ୍ଗ,
ଅତ୍ୟନ୍ତ ଆତ୍ମୀୟ,
ମୋ ଅସ୍ତିତ୍ୱର କାରଣ...
ମୋ' ବ୍ୟକ୍ତିତ୍ୱର ମୁଗ୍ଧ ଉଚ୍ଚାରଣ
ମୋ' ବାପା ଶ୍ରୀଯୁକ୍ତ ପୂର୍ଣ୍ଣଚନ୍ଦ୍ର ମିଶ୍ର,
ମୋ' ମା' ଶ୍ରୀମତୀ ଶାନ୍ତିଲତା ମିଶ୍ରଙ୍କୁ ସମର୍ପିତ...

କୃତଜ୍ଞତା

– ସେହିମାନଙ୍କୁ, ଯେଉଁମାନେ ମୋ' ସ୍ୱପ୍ନ, ସମ୍ଭାବନା, ପ୍ରତ୍ୟୟ ଓ ପ୍ରାର୍ଥନା ଭିତରେ ଅହରହ ଅନୁରଣିତ ହୁଅନ୍ତି।

– ସେହିମାନଙ୍କୁ, ଯେଉଁମାନେ ମୋ' ସଂଘର୍ଷ, ଦୁଃଖ, ପୀଡ଼ା, ଅସହାୟତା ସହ ଅନାୟାସରେ ସାଲିସ୍ କରିନିଅନ୍ତି।

– ସେହିମାନଙ୍କୁ, ଯେଉଁମାନେ ମୋର ସକଳ ପ୍ରତିବନ୍ଧକ ସତ୍ତ୍ୱେ ପ୍ରେରଣାର ଦୀପଟିଏ ହୋଇ ମୋ' ସାରସ୍ୱତ ମୁହୂର୍ତ୍ତକୁ ଉଦ୍ଦୀପିତ କରିଛନ୍ତି।

– ଆଉ ସେହି ସମସ୍ତ 'ସ୍ତ୍ରୀ' ଜାତିଙ୍କୁ, ଯେଉଁମାନେ ନିଜ ଜାତି, ନିଜ ଦେଶ, ନିଜ ପରିବାର, ନିଜ ସମ୍ପର୍କୀୟମାନଙ୍କ ପାଇଁ ଆଜୀବନ ଲହୁ-ଲୁହାଣ ହୁଅନ୍ତି ଏବଂ ତଥାପି ହସୁଥାନ୍ତି ନିର୍ବିକଳ୍ପ ଭାବରେ!!!

ସୂଚୀପତ୍ର

■■

ଆତ୍ମନେପଦୀ

"କୋଉ ନଦୀ ଆକାଶକୁ ଗର୍ଭେ ଧରି ନାହିଁ,
କୋଉ ନଦୀ ସମୁଦ୍ରକୁ ମାଡି ଚାଲିବା ବାଟରେ
ମୋଡ଼ ଭାଙ୍ଗି ନାହିଁ / ମୋଡ଼ି, ମାଡ଼ି ଦୁଃଖ ସହି ନାହିଁ ?" -ପ୍ରତିଭା ଶତପଥି

ଜୀବନ ଠିକ୍ ନଈଟିଏ ପରି.... ଯାବତୀୟ ଅସଙ୍ଗତି ସତ୍ତ୍ୱେ ବୋହିଚାଲିବା ଧର୍ମ ଯାହାର । ସେ ଦୁଃଖ ହେଉ ଅବା ସୁଖ, ଯୋଉ ମୋଡ଼ାଣିରେ ଯାହା ମିଳିଲା, ତାକୁ ନେଇ ଆଗକୁ ବଢ଼ିବା ଜୀବନ । ଉପରୋକ୍ତ କବିତାଂଶଟିର ରଚୟିତ୍ରୀ କବି ପ୍ରତିଭା ଶତପଥିଙ୍କର ନଦୀ ମନସ୍କ ଭାବକୁ ନେଇ ନାରୀ ଜୀବନର କୀୟଦାଂଶକୁ ପ୍ରକାଶ କରିବାର ଚେଷ୍ଟା କରିଛି । ଯାହା ପାଇଁ ଜୀବନ, କବିତା ଆଉ କବିତା ଭିତରେ ଗୁମୁରୁ ଥାଏ ନଈଟିଏ ଚିରକାଳ । କହିପାରନ୍ତି ତାକୁ ଦେବୀ, ବିରୂପା କି' ମହାନଦୀ ଅବା ଚିତ୍ରୋତ୍ପଳାର ବିନୀଦ୍ର ସକାଳ । ଏହିଭଳି କବିଙ୍କର ବକ୍ତବ୍ୟର ବର୍ଣ୍ଣନାରୁ ମୁଁ ମୋର ଅତ୍ମନେପଦୀ ଆରମ୍ଭ କରୁଛି ।

କହିବାର ଅଭିପ୍ରାୟ ହେଉଛି, ନାରୀ- ନଦୀ ଉଭୟେ ସମଧର୍ମା । ନଦୀ, ନାରୀଟିଏ ପାଲଟୁ ବା ନ ପାଲଟୁ କିନ୍ତୁ ନାରୀଟିଏ ଅନାୟାସରେ ନଦୀ ବା ନଈରେ ପରିବର୍ତ୍ତିତ ହେଉଥାଏ । ପ୍ରତିବନ୍ଧକ ସତ୍ତ୍ୱେ ଆକାଶକୁ ଆପଣା ଗର୍ଭରେ ସାଉଁଟି ଥାଏ । କଣ୍ଠରେ ଫୁଟେଇ ଚାଲେ ଜୀବନର ନାନାବାୟା ଗୀତ । ଏଇ କ'ଣ କମ୍ ସ୍ପର୍ଦ୍ଧା ? ନାରୀ ସ୍ୱରୂପର ଗଭୀରତା, ବ୍ୟାପକତା ଏବଂ ହୃଦୟବତ୍ତା ଆଗରେ ସ୍ୱୟଂ ଈଶ୍ୱର ବି ବନ୍ଧା ଚିରକାଳ । ତେଣୁ ତ' ସେ କଲ୍ୟାଣମୟୀ, ଅମୃତମୟୀ, ମମତାମୟୀ । ମାତୃତ୍ୱର ଅନାବିଳ ଅନୁଭବକୁ ସାଉଁଟୁଥାଏ ଆଜୀବନ । ସତେକି ନାରୀର ଭିତରେ ଆକାଶ ଓ ପୃଥିବୀର ସମନ୍ୱିତ ସତ୍ତା, ଯାହା ଅଦୃଶ୍ୟ ଓ ଦୃଶ୍ୟ ଜଗତ ଭିତରେ ଏକ ଅମୃତମୟ-ଶାଶ୍ୱତ ବନ୍ଧନ କରିଥାଏ । ସତେକି 'ସେତୁବନ୍ଧ'

ଟିଏ ପାଲଟିଯିବା ହିଁ ନିୟତି ତାହାର । ତେବେ, ଯାହା ହେଉନା କାହିଁକି ନାରୀ ଜୀବନ ଓ ଜୀବିକାକୁ ନେଇ ଯାବତୀୟ ଆଲୋଚନା, ପର୍ଯ୍ୟାଲୋଚନା ଭିତରେ ଯେଉଁ କଥା ପଦକ ଉଙ୍କି ମାରିଛି, ତାହାର ନାଁ ବୋଧେ 'ନାରୀବାଦ' ବା ଇଂରାଜୀରେ 'Feminism' କେହି କେହି ସମାଲୋଚକ-ଚିନ୍ତକମାନେ 'ବାମାବାଦ' ବୋଲି ଅଭିହିତ କରିଛନ୍ତି । ଏହି 'ନାରୀତ୍ୱ' ବା 'Feminity' ନାରୀକୁ ଦର୍ଶାଏ, ନାରୀର ବ୍ୟକ୍ତିତ୍ୱକୁ ବଖାଣେ ।

ଓଡ଼ିଆ ସମାଲୋଚନା ସାହିତ୍ୟରେ ବିଶେଷତଃ ଏହି 'ନାରୀବାଦ' ଏକ 'ଚେତନା' ବା 'Consciousness' ଭାବରେ ଆତ୍ମପ୍ରକାଶ କରିଥିବାର ମନେହୁଏ । ବିଗତ କେତେବର୍ଷ ହେଲା ଏହି 'ନାରୀବାଦ' କୁ ନେଇ ଓଡ଼ିଆ ସାହିତ୍ୟରେ ଅନେକ ତର୍କ- ବିତର୍କ ଦେଖାଦେଇଛି । ତେବେ ସ୍ୱାଭାବିକ ଭାବରେ ମନରେ ସ୍ୱତଃ ପ୍ରଶ୍ନ ଉଙ୍କିମାରେ, ଏହି 'ନାରୀବାଦ' / 'ବାମାବାଦ' କ'ଣ ? ତେବେ ଉତ୍ତର ଆସିପାରେ ଏହି 'Feminism' ର ଅଭିଧାନିକ ଅର୍ଥ ହେଉଛି 'ନାରୀତ୍ୱ' ବା 'ସ୍ତ୍ରୀତ୍ୱ' । ଏହି 'ନାରୀତ୍ୱ' ବା 'ସ୍ତ୍ରୀତ୍ୱ' କୌଣସି ବାଦ (ISM) ର ବଶବର୍ତ୍ତୀ ନୁହେଁ ଶାରୀରିକ ଭିନ୍ନତା ବା ବୈଷମ୍ୟ ସତ୍ତ୍ୱେ ସ୍ତ୍ରୀମାନେ ଅତି କମ୍‌ରେ ପୁରୁଷଙ୍କର ସମାସ୍କନ୍ଦ ଏବଂ ସେମାନଙ୍କର ପୁରୁଷ ମାନଙ୍କ ଭଳି ସମାନ ଅଧିକାର ପାଇବା ଏଭଳି ଭାବଧାରା ସପକ୍ଷରେ ଗଢ଼ିଉଠିଥିବା ଏକ ପୁଞ୍ଜିଭୂତ ଆନ୍ଦୋଳନ ହିଁ ନାରୀବାଦ । ଏହି 'ନାରୀବାଦ' କୌଣସି 'ବାଦ' (ISM)ନୁହେଁ , ବରଂ ଏକ ମହତ୍ତର ଅବବୋଧ, ଯେଉଁ ଅବବୋଧରେ ଜଣେ ଅନ୍ୱୀତ ହେଲେ ଯାବତୀୟ ସଂକୀର୍ଣ୍ଣତା ଦୂରେଇଯାଏ । ଯାହା ସହିତ ସୂକ୍ଷ୍ମାତିସୂକ୍ଷ୍ମ ଭାବରେ ମାନବୀୟ ମୂଲ୍ୟବୋଧ (Human Values) ସଂଯୁକ୍ତ ହୋଇଛି । ଯେଉଁଠି ଅଛି ପ୍ରଜ୍ଞା, କରୁଣା, ଦୟା, ସହନଶୀଳତା, ତ୍ୟାଗ ଏବଂ ମମତ୍ୱର ଧାରା । କିନ୍ତୁ ମନରେ ପ୍ରଶ୍ନ ଉଠେ, ତେବେ ଏ 'ନାରୀବାଦ' ର ଆବଶ୍ୟକତା କାହିଁକି ? ନାରୀଟିଏ କାହିଁକି ପୁରୁଷର ସମକକ୍ଷ ନୁହେଁ? ପୁରୁଷ କାହିଁକି ତା ଉପରେ ଆଧିପତ୍ୟ ବିସ୍ତାର କରୁଥାଏ ? ସକଳ ଜଂଜାଳ ସତ୍ତ୍ୱେ ନାନା ନିର୍ଯ୍ୟାତନା ଓ ଗଞ୍ଜଣା କାହିଁକି ସ୍ତ୍ରୀଟିଏ ଭୋଗୁଥାଏ ? ଏ ସମସ୍ତ 'କାହିଁକି' ର ପ୍ରଶ୍ନ ମନକୁ ବ୍ୟତିବ୍ୟସ୍ତ କରେ । ପ୍ରତ୍ୟେକ ବ୍ୟକ୍ତିର ସ୍ୱାତନ୍ତ୍ର୍ୟ ଅଛି, ତେବେ ନାରୀର ସ୍ୱାତନ୍ତ୍ର୍ୟ ଉପରେ ଏତେ ଅଙ୍କୁଶ କାହିଁକି ? ପରଂପରାର

ଲକ୍ଷ୍ମଣରେଖା କିଏ ଟାଣେ ନାରୀପାଇଁ? ନୀତି, ନିୟମ, ଶୃଙ୍ଖଳା, ଅନୁଶାସନ ଭିତରେ ନାରୀଟିଏ କୁହୁଳୁଥାଏ, ଅଥଚ ପୁରୁଷ ପାଇଁ? ଏହିସବୁ ପାତର-ଅନ୍ତର ନୀତି କ'ଣ ସମାଜ କରେ? ଏହିଭଳି ଅନେକ ଶଙ୍କା ଓ ଦ୍ୱନ୍ଦ୍ୱ ଭିତରେ ମନ ଛଟପଟ ହୁଏ । ପୁରୁଷ ପରି ନାରୀ କାହିଁକି ? ଆପଣା ଇଚ୍ଛାରେ ଜୀବନ ଜୀଇଁପାରିବ ନାହିଁ । ସେ କ'ଣ ମନୁଷ୍ୟ ନୁହେଁ? ଗୃହପାଳିତ ପଶୁ, ଯାହାର ଭାଷା ନାହିଁ? ଏଭଳି ଅନେକ ନିର୍ଯ୍ୟାତନା ଓ ଅସହାୟତା ଭିତରେ ନାରୀ ଜୀବନର ଦୂର୍ବିପାକର କ'ଣ ଅନ୍ତ ନାହିଁ? ଏହି ପରିପ୍ରେକ୍ଷୀରେ ସାମଜର ଅବିଚାର ଓ ପକ୍ଷପାତିତାକୁ ବିରୋଧ କରି ଛିଡା ହୋଇଛି 'ନାରୀବାଦ' (Feminism) । ନାରୀର ଅସ୍ମିତା, ତା'ର ମର୍ଯ୍ୟାଦା, ତା'ର ସ୍ୱାଭିମାନ ଆଗରେ ଅନେକ ପ୍ରତିବନ୍ଧକ ଥିବା ସତ୍ତ୍ୱେ ସେ ଜୀବନ ଯୁଦ୍ଧରେ ସଫଳତାର ସହ ଆଗକୁ ବଢିବାର ସ୍ପର୍ଦ୍ଧା କରିଛି ।

'ନାରୀବାଦ' ପୁରୁଷ ବିରୁଦ୍ଧରେ ଏକ ପ୍ରତିବାଦ ନୁହେଁ ବରଂ ପୁରୁଷ ତାନ୍ତ୍ରିକ ସମାଜର ଅବିଚାର ବିରୋଧରେ ଏକ ପୁଞ୍ଜୀଭୂତ ପ୍ରତିକ୍ରିୟା । ଏହି 'ନାରୀବାଦ', ନାରୀ ସ୍ୱେଚ୍ଛାଚାରିତା ନୁହେଁ, ମୁକ୍ତ ଯୌନାଚାରର ଆହ୍ୱାନ ନୁହେଁ ବରଂ ଏହା ଏକ ସ୍ୱାଧୀକାର ଓ ସମ୍ମାନ ରକ୍ଷା ନିମନ୍ତେ ପ୍ରତିବାଦ । ନାରୀର ସାମାଜିକ, ରାଜନୀତିକ, ଆଇନଗତ, ଅର୍ଥନୀତିକ ତଥା ମନସ୍ତାତ୍ତ୍ୱିକ ସ୍ଥିତିର କଥା କୁହେ ଏହି 'ନାରୀବାଦ' । ଗୋଟିଏ ବାକ୍ୟରେ କହିବାକୁ ଗଲେ , 'ନାରୀବାଦ' ହେଉଛି ନାରୀ ଅସ୍ତିତ୍ୱର ମର୍ମାନୁବାଦ । ନାରୀର ସ୍ଥିତି ଏବଂ ତାର ସ୍ୱରୂପକୁ ନେଇ ଅନେକ କଳ୍ପନା ଜଳ୍ପନା କରେ ସମାଜ । ଏହି 'ନାରୀବାଦ'କୁ ନେଇ ଅନେକ ବାକ୍- ବିତଣ୍ଡା କରିବାକୁ ଓହ୍ଲେଇ ଆସନ୍ତି, ତେଣୁ ଯାବତୀୟ ବିଚାର ବିମର୍ଷ ହୁଏ । ପୁରୁଷତାନ୍ତ୍ରିକ ସମାଜର ଆଧିପତ୍ୟ ଆଗରେ ନାରୀଟିଏ ଅଧସ୍ତନ ସାଜେ, ଗୌଣ ମନେ କରାଯାଏ । ଏ ସବୁ କ'ଣ ନାରୀ ପ୍ରତି ଅସୂୟା ଭାବର ସୂଚକ ନୁହେଁ?

ଯୁଗ ଯୁଗ ଧରି ନାରୀର ଅତ୍ୟାଚାରିତ କାହାଣୀରେ କଳଙ୍କିତ ହେଉଛି ଇତିହାସ । କ୍ଷମତାର ନିରଙ୍କୁଶ ସ୍ୱାଧୀନତା, ପୁରୁଷକୁ କରେ ଅନ୍ଧ । ବିବେକ ଶୂନ୍ୟ ମଣିଷ ସମ୍ମୁଖରେ ମୂଲ୍ୟବୋଧର ହନନ ଘଟେ । ଯାବତୀୟ ପାପାଚାର ଭିତରେ ଲିପ୍ତ ରହି ନାରୀକୁ ଆପଣାର ଉପଭୋଗର ମାଧ୍ୟମ ସଜାଏ । ନାରୀ ହୁଏ ଅତ୍ୟାଚାରିତ । ତଥାକଥିତ ପରମ୍ପରା ବିରୁଦ୍ଧରେ ସଂଘର୍ଷ କରୁଥିବା ନାରୀର ଭାଗ୍ୟ

ହୁଏ ବିଡ଼ମ୍ବିତ । ଏହି ବିଡ଼ମ୍ବିତ ଭାଗ୍ୟ ବିରୋଧରେ ଯେତେବେଳେ ସେ ମୁହଁ ଖୋଲିବାର ସ୍ପର୍ଦ୍ଧା କରେ, ତେବେ ପୁରୁଷତନ୍ତ୍ର ତାକୁ 'ନାରୀବାଦୀ' (Feminist) କହି ତାସ୍ଚଲ୍ୟ କରେ । କିନ୍ତୁ ବାସ୍ତବରେ ତାହା ନୁହେଁ 'ନାରୀବାଦ' । ଅନେକ ସମାଲୋଚକ ପୁରୁଷ ସୁଲଭ ଦୃଷ୍ଟି ଆଢୁଆଳରେ 'ନାରୀବାଦ' କୁ ଆଲୋଚନା କରି ତାଙ୍କୁ ଭ୍ରମାତ୍ମକ ତଥ୍ୟ ଆଧାରରେ ଉପସ୍ଥାପନ କରନ୍ତି ।

ବାସ୍ତବରେ 'ନାରୀବାଦ' ପ୍ରଚଳିତ ରଢିବାଦୀ ପରମ୍ପରା ବିରୁଦ୍ଧରେ ସଂଘର୍ଷରତା ନାରୀମାନଙ୍କର ମିଳିତ ମୁକ୍ତି ସଂଗ୍ରାମକୁ ବୁଝାଯାଏ । ତେଣୁ, ନାରୀ-ସ୍ୱାଧୀନତା ଏବଂ ସ୍ୱାଧୀକାର ପ୍ରସଙ୍ଗ କଥା ଉଠିଲେ, 'ନାରୀବାଦ' ଆପଣାଛାଏଁ ଆସିଯାଏ । ଏହି ନାରୀବାଦ, ନାରୀ ଅସ୍ମିତାର ରକ୍ଷା ଦିଗରେ ସତତ ଜାଗ୍ରତ । ପୁରୁଷର ନିମ୍ନ ମାନସିକତା ବିରୁଦ୍ଧରେ ନାରୀର ବିରୁଦ୍ଧାଚରଣକୁ ସ୍ୱୀକୃତି ଦିଏ ଏହି 'ନାରୀବାଦ' । ବିଶେଷତଃ ପୁରୁଷର ଯୌନ ଉଚ୍ଛୃଙ୍ଖଳତା, ଉଦ୍ଧତ ଆଚରଣ ଏବଂ ବିଳାସ ମନୋଭାବ ବିରୁଦ୍ଧରେ ଏକ ପୁଞ୍ଜୀଭୂତ ପ୍ରତିବାଦ କହିଲେ ଅତ୍ୟୁକ୍ତି ହେବ ନାହିଁ । ନାରୀ ଓ ପୁରୁଷ ମଧ୍ୟରେ ଥିବା ଜୈବିକ ସଂରଚନା ଜନିତ ଲିଙ୍ଗଗତ ବୈଷମ୍ୟକୁ ଅସ୍ୱୀକାର କରେ 'ନାରୀବାଦ' ।

ପରିବର୍ତ୍ତିତ ପ୍ରେକ୍ଷାପଟରେ ନାରୀ ଜୀବନର ଜଟିଳତା ଯେ' କମ୍ ହୋଇ ନାହିଁ ତା ନୁହେଁ କିନ୍ତୁ ଅପେକ୍ଷାକୃତ ନଗଣ୍ୟ ବୋଲି ଧରି ନେବାକୁ ହେବ । ଯେଉଁ ଅନୁପାତରେ ଦୈନନ୍ଦିନ ଖବର-ପୃଷ୍ଠା ମଣ୍ଡନ କରୁଛି, ନାରୀ ଅତ୍ୟାଚାର ସେଥିରୁ ସ୍ପଷ୍ଟ ଅନୁମାନ କରାଯାଇପାରେ ନାରୀ ଜୀବନ- ସଂଘାତର କାହାଣୀ । ପରିବର୍ତ୍ତିତ ପରିସ୍ଥିତିରେ ନାରୀ ସତ୍ତାର କାବ୍ୟିକ ଆକଳନ କରିବା ମାଧ୍ୟମରେ ସମାଜର ନଗ୍ନ ବାସ୍ତବତାକୁ ଉନ୍ମୋଚନ କରିବାର ପ୍ରଚେଷ୍ଟା କରାଯାଇଛି । ବାସ୍ତବରେ ନାରୀ ଜୀବନର ସମୀକ୍ଷା କରିବା ଛଳରେ ପ୍ରକୃତ ରୂପରେଖର ସତ୍ୟତାକୁ ଉଦ୍‌ଘାଟନ କରିବା ସହ 'ନାରୀ' ର ଅସ୍ତିତ୍ୱକୁ ନେଇ କେଉଁଭଳି ଭାବେ ପ୍ରାଧାନ୍ୟ ଦିଆ ଯାଇଛି ଏବଂ କିଭଳି ବିଚାର କରିବା ଆବଶ୍ୟକ, ସେ ସବୁକୁ ତର୍ଜମା କରିବାର ସମୟ ଉପଗତ ହେଲାଣି । 'ଜଗତୀକରଣ' ପରିପ୍ରେକ୍ଷୀରେ ନାରୀ ଅସ୍ମିତାର ରକ୍ଷା ଦିଗରେ ଆମେ କେତେଦୂର ସମର୍ଥ ହୋଇ ପାରିଛୁ, ତାହା ମଧ୍ୟ ଅନୁଶୀଳନ କରିବା ଜରୁରୀ । ତେଣୁ ଏ ଦୃଷ୍ଟିରୁ ନାରୀ ଜୀବନ ଯାତ୍ରାର ଏକ କାବ୍ୟିକ ଆକଳନ

କରିବାର ପ୍ରଚେଷ୍ଟା ହୋଇଛି । ଏପରିକି ସାମାଜିକ, ରାଜନୀତିକ ଏବଂ ଆର୍ଥିକ ଜୀବନଚର୍ଯ୍ୟା ଭିତରେ ନାରୀ ଆଜି ସତରେ କେତେ ସଶକ୍ତ ଓ ସମୃଦ୍ଧ ହୋଇପାରିଛି, ତାହାକୁ ଉପଲବ୍ଧି କରିବା ମଧ୍ୟ ଆବଶ୍ୟକ । ଏ ପରିପ୍ରେକ୍ଷୀରେ ଓଡ଼ିଆ ଆଧୁନିକ କାବ୍ୟିକ ପରିଚର୍ଚ୍ଚା ଛଳରେ ନାରୀ ଜୀବନର ଅସଂଗତିକୁ ଦୂର କରିବାର ଯେଉଁ କାବ୍ୟିକ ନିଦାନ ଦିଆଯାଇଛି, ତାହା ଅନେକାଂଶରେ ସମାଜର ଦ୍ୱୈତ ମାନସିକତା (Duality)କୁ ଉନ୍ମୋଚନ କରିଥିବାର ମନେହୁଏ । କେଉଁଠି କବିଚିତ୍ତ ସମ୍ବେଦନଶୀଳ ହୋଇ ନାରୀ ଦୁଃଖରେ ସମଦୁଃଖୀ ହୋଇ ନୀରବ ଲୁହ ଢାଳିଛି ତ' କେଉଁଠି ଆକ୍ରୋଶରେ ଅଗ୍ନିବର୍ଷୀ ବାଣୀ ହୋଇ ଝରିଛି । କେଉଁଠି ପ୍ରୟୋଗ, ପରୀକ୍ଷା ତ କେଉଁଠି ନାନା ମିଥ୍ ଏବଂ ମୋଟିଫ୍‌ର ସଫଳ ରୂପାୟନ ପୂର୍ବକ ଜୀବନର ସ୍ୱୀକାରୋକ୍ତି ବାଢିଛି । ବିଶେଷତଃ ନାରୀସ୍ଥିତିର ଦୁର୍ଦ୍ଦଶା ଓ ଅବିଚାର ପ୍ରତି ଆଧୁନିକ କାବ୍ୟ-ଚେତନାରେ ବିପ୍ଳବର ସ୍ଫୁଲିଙ୍ଗ ହୋଇ ପ୍ରତିବିମ୍ବିତ ହୋଇଛି । କ୍ରମଶଃ ନାରୀ ମୁକ୍ତିର ପଥ କେତେଦୂର ପରିଷ୍କାର ହୋଇଛି କି ସଂକୁଚିତ ହୋଇଛି, ତାହା ହିଁ ଉଜାଗର କରିବାରେ ଏହି ଗ୍ରନ୍ଥର ଆଭିମୁଖ୍ୟ ସ୍ପଷ୍ଟ ହୋଇଛି । ସେଇଥିପାଇଁ ତ ସ୍ୱାଧୀନତା ପରବର୍ତ୍ତୀ ପ୍ରେକ୍ଷାପଟରେ କବିତା ମାନଙ୍କରେ ପ୍ରତିବାଦ ଓ ଛଳୋକ୍ତିର ସ୍ୱର କେତେଦୂର ତୀବ୍ର ଓ ତିର୍ଯ୍ୟକ୍ ହୋଇଛି, ତାହାର ସମୀକ୍ଷା ହିଁ ଉକ୍ତ ଗ୍ରନ୍ଥର ଉଦ୍ଦେଶ୍ୟ । ଅତଏବ ନାରୀର ସ୍ଥିତି ସେ' ପାରିବାରିକ ହେଉ ଅବା କର୍ମ ସଂସ୍ଥାନରେ ବିଚାରକୁ ନ ନେଇ ତା'ର ମନୋଦଶାକୁ ଆଧାର କରି ବିଶ୍ଳେଷଣ କରାଗଲେ ଅନେକାଂଶରେ ନାରୀ ଜୀବନ ଓ ଜୀବିକା ସଂଲଗ୍ନ ସମସ୍ୟାର ନିରାକରଣ ହୋଇପାରିବ ବୋଲି ଅନୁମାନ କରାଯାଇପାରେ । ଲିଙ୍ଗ ବୈଷମ୍ୟ ଆଧାରରେ ନାରୀ ଯଦିଓ ଶାରୀରିକ ସାମର୍ଥ୍ୟ ଭିତ୍ତିରେ ପୁରୁଷ ଠାରୁ ଦୁର୍ବଳ ମନେହୁଏ, କିନ୍ତୁ ବାସ୍ତବରେ ତାହା ନୁହେଁ । ତନ୍ୱୀ, କୋମଳାଙ୍ଗୀ, ଅବଳା, ଦୁର୍ବଳାର ବିଶେଷଣର ଊର୍ଦ୍ଧ୍ୱକୁ ଉଠି ନାରୀକୁ 'As a Human' (ମଣିଷ ଭାବରେ) ବିଚାରକୁ ନେଲେ, ତାହା ପ୍ରତି ବାସ୍ତବରେ ସମ୍ମାନ ପ୍ରଦର୍ଶନ ହୋଇପାରିବ ବୋଲି ମୋର ବିଶ୍ୱାସ ।

ଏ କଥା ସତ୍ୟ ଯେ' ନାରୀ ଜୀବନର 'ମିଥ୍' ଅନେକାଂଶରେ ପରିବର୍ତ୍ତନ ହୋଇଛି । ସମୟ ବଦଳିଛି ଆଉ ତା' ସହ ବଦଳିଛି ସମୟର ପ୍ରାଣସ୍ପନ୍ଦନ । ଯେଉଁ ପ୍ରାଣସ୍ପନ୍ଦନକୁ ପାଥେୟ କରି ସମାଜର ରଢିବାଦୀ ଦୃଷ୍ଟିକୋଣ ଏକ ନୂତନ

ଭାବରେ ସ୍ପନ୍ଦିତ ହୋଇଛି । ଜଗତୀକରଣ ନେଇ ଆସିଛି ଅନେକ କିଛି । ମଣିଷର ଜୀବନ ଓ ଜୀବିକାର ମାନ ପରିବର୍ତ୍ତିତ ହୋଇଛି ଏବଂ ତା ସହିତ ପରିବର୍ତ୍ତିତ ହୋଇଯାଇଛି ମାନବୀୟ ମୂଲ୍ୟବୋଧ । ପାରିବାରିକ ସ୍ନେହ, ଶ୍ରଦ୍ଧାରେ ଅବିଶ୍ୱାସ, କୃତଘ୍ନତାର ବିଷ ଚରିଯାଇଛି, ଭୁଶୁଡିପଡିଛି ବହୁକୁଟୁମ୍ବି ପରିବାରର ସମ୍ପର୍କ । ଏଭଳି ଏକ ସଂକୀର୍ଣ୍ଣ ବଳୟ ଭିତରେ ହଜିବାରେ ଲାଗିଛି ମଣିଷ ପଣିଆ । ନାରୀ ହୋଇଛି କେବଳ ବିଳାସର ସାମଗ୍ରୀ । କଳା, ସାହିତ୍ୟ, ସଂସ୍କୃତି ଆଢୁଆଳରେ ତାକୁ ବ୍ୟବହୃତ ହୋଇଛି । ବିଜ୍ଞାପିତ ହୋଇଛି ନାରୀ । ଉପଭୋକ୍ତାର ସଂସ୍କୃତିରେ ସେ ପାଲଟିଛି ଏକ ସୌଖିନ ବସ୍ତୁ । ସେ ପରିବାର ହେଉ ଅବା କର୍ମ ସଂସ୍ଥାନ, ତାର ସାମର୍ଥ୍ୟ ଓ ପରାକାଷ୍ଠାକୁ ଏକ ନିର୍ଦ୍ଦିଷ୍ଟ ମାପଦଣ୍ଡ ନେଇ ବିଚାର କରିଛି ସମାଜ । ଯେଉଁଠି, ତା'ର ଅଙ୍ଗିକ ସୌନ୍ଦର୍ଯ୍ୟ ହୋଇଛି ମୁଖ୍ୟ । ଗୃହ ହେଉ ଅବା କର୍ମକ୍ଷେତ୍ର ନାରୀର ଉଭୟବିଧ ଶ୍ରମର ପ୍ରଭୁତ୍ୱ ହୋଇ ରହିଲା ପୁରୁଷ । ଫଳରେ କେତେକାଂଶରେ ସ୍ୱାଧୀନ ବୋଲି ବିଚାର କରୁଥିବା ନାରୀଟିଏ ପୁନଃ ନିଃସଙ୍ଗତା ଓ ଅସହାୟତାର ଶିକାର ହେବାକୁ ଲାଗିଲା । ପୁରୁଷ ସହ ସମପର୍ଯ୍ୟାୟର କାର୍ଯ୍ୟଭାର ଦକ୍ଷତାର ସହ ସମ୍ପାଦନ କରିବା ସତ୍ତ୍ୱେ ସେ ଅସହିଷ୍ଣୁତାର ଶରବ୍ୟ ହେଲା । ପୂର୍ବବତ୍ ତା ଉପରେ ପରମ୍ପରା, ଅନୁଶାସନର ଲକ୍ଷ୍ମଣରେଖା ଲାଗୁ ହେଲା । ଯଦିଓ ପୁଞ୍ଜିବାଦୀ ଗଣତାନ୍ତ୍ରିକ ପ୍ରକ୍ରିୟାରେ ଉଭୟ 'ନର- ନାରୀର ସମ ଅଧିକାର' ସ୍ଲୋଗାନ ସତ୍ତ୍ୱେ ବେଶ୍ୟାବୃତ୍ତି, ଯୌତୁକ ପ୍ରଥା, ଘରୋଇ ହିଂସା, କର୍ମ ସଂସ୍ଥାନରେ ଉତ୍ପୀଡ଼ନ, ଗଣ ଦୁଷ୍କର୍ମ, ଭୃଣ ହତ୍ୟା ଏବଂ ଏସିଡ ଆକ୍ରମଣ ପୂର୍ବବତ୍ ଜାରି ରହିଲା । ଏ ପରିପ୍ରେକ୍ଷୀରେ ନାରୀ ଜୀବନର ବିଡ଼ମ୍ବିତ ଅବବୋଧ ଯେଉଁ ସମସ୍ୟାମାନଙ୍କୁ ନେଇ ଗତିଶୀଳ ହୋଇଛି, ତାହାର ଏକ ସମ୍ୟକ ପ୍ରତିଛବି ଦେଖାଇବାର ପ୍ରଚେଷ୍ଟା ହୋଇଛି । ଉକ୍ତ ସମାଲୋଚନାତ୍ମକ ଅକଳନଟି "ନାରୀ ଜୀବନର ମିଥ୍- ମୋଟିଫ୍ ଓ ମେଟାଫର୍" ଦିଗକୁ ଉନ୍ମୋଚନ କରିବାର ପ୍ରକ୍ରିୟାରେ ଯତ୍ନଶୀଳ ହେବ ବୋଲି ଆଶା । ତେବେ, ନାରୀର ସ୍ଥିତି 'ନାରୀବାଦ' ଦୃଷ୍ଟିରୁ ବିଚାରକୁ ନ ନେଇ ବରଂ ଲିଙ୍ଗଗତ ନିର୍ବିଶେଷରେ ନିରୀକ୍ଷଣ କରିବା ଏକାନ୍ତ ପ୍ରୟୋଜନୀୟ ବୋଲି ଗ୍ରହଣ କରାଯାଇପାରେ । ବିଶେଷତଃ ନାରୀ ଜୀବନରେ ନାନା ଜଟିଳତା ଦିଗରୁ 'ନାରୀବାଦ' କୁ ବିଚାରକୁ ନେବା ଆବଶ୍ୟକ । ଏ

ପରିପ୍ରେକ୍ଷୀରେ ସଙ୍କଳନଟି ୬ ଗୋଟି ଗୁରୁତ୍ୱପୂର୍ଣ୍ଣ ଅଧ୍ୟାୟରେ କ୍ରମବିକଶିତ ହୋଇଛି । 'ନାରୀବାଦ' ବା 'ବାମାବାଦ' ସହିତ ସମାନ୍ତରାଳ ଭାବରେ ଯାବତୀୟ ପ୍ରତିବନ୍ଧକ ତା'ର ଅସ୍ମିତା ସହ ଜଡିତ ଥିବାର ଦେଖିବାକୁ ମିଳେ । ପୁରୁଷ ଭଳି ନାରୀର ପ୍ରାଧାନ୍ୟ ପ୍ରତିଷ୍ଠା କରିବାର ଆଭିମୁଖ୍ୟକୁ ନେଇ ଛିଡା ହୋଇଥିବା 'ନାରୀବାଦ' ନାରୀ ସ୍ୱାଧୀକାର ପ୍ରସଙ୍ଗକୁ ଉତ୍‌ଥାପନ କରିଛି । ନାରୀ ଭାବରେ, ନାରୀର ଅସ୍ମିତା ରକ୍ଷାର ସ୍ୱାଚ୍ଛନ୍ଦ୍ୟକୁ ମୁଁ 'ନାରୀବାଦ' ମଣେ । ସରଳ ଭାବରେ କହିବାକୁ ଗଲେ, ପୁରୁଷ ଭଳି ନାରୀର ମଧ୍ୟ ସମାନ ଭାବରେ ମୌଳିକ ଅଧିକାର ମିଳିବାର ସ୍ୱାଚ୍ଛନ୍ଦ୍ୟକୁ ନାରୀବାଦ ବୋଲି ଧରାଯାଏ । ଏପରିକି ମୋଟାମୋଟି ଭାବରେ କହିବାକୁ ଗଲେ 'ନାରୀବାଦ' ନାରୀର ମୁକ୍ତିର କଥା କୁହେ । ଏଠି ମୁକ୍ତି କହିଲେ ତା'ର ସ୍ୱାଧୀନତା, ତା'ର ସ୍ୱାତନ୍ତ୍ର୍ୟ କଥା ଆସେ । ଶାରୀରିକ ମୁକ୍ତି, ଅର୍ଥାତ୍ ତାର ଶରୀର ଉପରେ ତା ସ୍ୱାଧୀନତା କୁ ବୁଝାଏ । କେବଳ ଯେ ଦୈହିକ ମୁକ୍ତି ତା ନୁହେଁ ତାର ଆତ୍ମିକ ମୁକ୍ତି ମଧ୍ୟ ତତୋଽଧିକ ଗୁରୁତ୍ୱପୂର୍ଣ୍ଣ । ଏ କ୍ଷେତ୍ରରେ 'ନାରୀବାଦ' ଚେତନାକୁ କେହି କେହି 'ବାମାବାଦ' ଚେତନା କହି ସଂକୁଚିତ କରୁଥିବା ବେଳେ କେହି କେହି ମାନବିକତା ଦୃଷ୍ଟିରୁ ବିଚାରକୁ ନେଇଛନ୍ତି । ଏ ପରିପ୍ରେକ୍ଷୀରେ ବିଶିଷ୍ଟ ଅନୁବାଦକ ଶ୍ରୀ ପ୍ରସନ୍ନ କୁମାର ରଥଙ୍କ 'ସ୍ୱର୍ଣ୍ଣ ପୁଷ୍ପ' ରେ ବର୍ଣ୍ଣିତ ଏକ ବକ୍ତବ୍ୟର ଏଠି ପ୍ରାସଙ୍ଗିକତା ମନେହୁଏ ।

"କାହିଁକି, କେଜାଣି ତୁମ ସମ୍ପର୍କରେ ଚିନ୍ତା କଲାବେଳେ, ସେହି କେତକୀ ଫୁଲ ଆଜି ମୋ' ସ୍ମୃତିପଟଳକୁ ଆସିଯାଏ । ମୁଁ ଆଶ୍ଚର୍ଯ୍ୟ ହୁଏ, ଭାବେ- ସତେ କ'ଣ ତୁମ ମୁଣ୍ଡରେ ସ୍ୱର୍ଣ୍ଣ ନିଜେ ଫୁଲରୂପେ ପ୍ରସ୍ଫୁଟିତ ହେଉଛି କି' ଅବା ! ଏହା ଅନ୍ୟ ଫୁଲ ପରି କୋମଳ ଓ ସୁକ୍ଷ୍ମ ନୁହେଁ ଯେ ଅଳ୍ପ କେଇ ମୁହୂର୍ତ୍ତ ମଧ୍ୟରେ ମଉଳି ପଡିବ ଅଥଚ ଏଥିରେ ସୁରଭି, ମହକ, ସୁଗନ୍ଧି ଯାହାକି ସ୍ୱର୍ଣ୍ଣରେ ନାହିଁ । ତୁମେ ନିଜେ ସୁରଭି, ସୁଗନ୍ଧଯୁକ୍ତ ଗୋଟାଏ ସ୍ୱର୍ଣ୍ଣପୁଷ୍ପ- ଗୋଟାଏ ସ୍ୱର୍ଣ୍ଣ କେତକୀ ପୁଷ୍ପ ତାହା କଣ୍ଟାଯୁକ୍ତ ଯେ' ଆତ୍ମରକ୍ଷା ପାଇଁ ତୁମଠାରେ ମଧ୍ୟ ସେହିପରି କଣ୍ଟା ଭରପୁର- ଦେବୀ ପାର୍ବତୀ କୁଆଡେ ଏହାକୁ ମୁଣ୍ଡରେ ପିନ୍ଧନ୍ତି- ସେଇଥିପାଇଁ ତାଙ୍କ ଠାରେ ରହିଛି ଉଭୟ ସୁଗନ୍ଧି ଓ ଶକ୍ତି ।

-ସ୍ୱର୍ଣ୍ଣପୁଷ୍ପ-ଶ୍ରୀ ଅକିଲନ୍,ଅନୁବାଦ ଶ୍ରୀ ପ୍ରସନ୍ନ କୁମାର ରଥ,ଗ୍ରନ୍ଥ ମନ୍ଦିର,୧୯୮୩, ପୃ:୧୪୨

ଅବଶ୍ୟ ସ୍ଥଳବିଶେଷରେ ଅନେକ ମହାମାନବ ନାରୀଶକ୍ତିର ଜାଗରଣ କ୍ଷେତ୍ରରେ ମାନବୀୟ ଦୃଷ୍ଟିକୋଣରୁ ନାରୀଜାତିର କଲ୍ୟାଣ ନିମନ୍ତେ ନାରୀ ସୁରକ୍ଷା ଦିଗରେ କାର୍ଯ୍ୟ କରିଛନ୍ତି । ସେମାନଙ୍କ ଚିନ୍ତାଧାରରକୁ ପୃଥକ ଭାବେ ବିବେଚନା କରିବା ବିଧେୟ । ଏ ପରିପ୍ରେକ୍ଷୀରେ ବିଚାର କଲେ ସାମାଜିକ ପ୍ରକ୍ରିୟାର ଅୟମାରମ୍ଭ କାଳରୁ ମନୁଷ୍ୟ ନାନାଦି ପରିବର୍ତ୍ତନ ଦେଇ ମୁହାଁଇଛି । କିନ୍ତୁ ଦେଖାଯାଏ ଏହି ପରିବର୍ତ୍ତନ ପୁରୁଷ ତୁଳନାରେ ନାରୀ ଜୀବନକୁ ବିଶେଷ ଭାବରେ ଆନ୍ଦୋଳିତ କରିଆସିଛି । ଏହି ପରିବର୍ତ୍ତନ ଦ୍ୱାରା ନାରୀର ବାହ୍ୟ କଳେବରରେ ଆଧୁନିକତାର ଛାପ ବେଶ୍ ବାରି ହୋଇ ପଡିଛି ସତ, କିନ୍ତୁ ତାର ଆତ୍ମିକ ପରାକାଷ୍ଠା କେଉଁଠି ନା' କେଉଁଠି ଆହତ ହେବାରେ ଲାଗିଛି । ନାରୀର ସ୍ଥାନ ଅନୁଶୀଳନ କଲେ ତାହାର ବାସ୍ତବିକ ସ୍ଥିତିର ଆକଳନ କରିହୁଏ, ଯାହା ପୁରୁଷ ତୁଳନାରେ ଅପେକ୍ଷାକୃତ ନ୍ୟୁନ । ନାରୀର ଏହି ଅବମୂଲ୍ୟାଙ୍କିତ ସ୍ୱରୂପକୁ ଦର୍ଶାଇବାକୁ ଯାଇ ଅନେକ ତଥ୍ୟକୁ ମାଧ୍ୟମ କରିଛି । ଏହି ସଙ୍କଳନରେ ନାରୀ ଜୀବନର କାରୁଣ୍ୟ ପ୍ରତିଫଳିତ ହେବା ସଂଗେ ସଂଗେ ତାର ବଳିଷ୍ଠ ପ୍ରତ୍ୟୟର ଅବତାରଣା କରାଯିବାର ଚେଷ୍ଟା ହୋଇଛି ।

ଏ କଥା ସତ୍ୟ ଯେ ଆଧୁନିକ ପାଣିପାଗ ଏବଂ ତତ୍‌ଜନିତ ଜଗତୀକରଣ ବା ବିଶ୍ୱାୟନ ପରିପ୍ରେକ୍ଷୀରେ ନାରୀ ଜୀବନରେ ସ୍ୱଚ୍ଛଳତା ଆସିଛି, କିନ୍ତୁ ତା ଅର୍ଥ ନୁହେଁ ଯେ ସମାଜର ଦୃଷ୍ଟିଭଙ୍ଗୀ ବଦଳିଛି । ହଁ, ଜୀବନ ଓ ଜୀବିକାର ମାନ ବଦଳିଛି, କିନ୍ତୁ ବଦଳିନି କିଛି ଯଦି, ତେବେ ତାହା ନାରୀ ଜୀବନର ବିଡମ୍ବନା । ଭାଗ୍ୟକୁ ଆଦରି ଏବେ ବି' କିଶୋରୀଟିଏ ଦୁଷ୍କର୍ମ ବିରୋଧରେ ମୁହଁ ଖୋଲୁନି ବରଂ ନିଜକୁ ଦୋଷୀ ସଜେଇ ମୃତ୍ୟୁ ମୁଖରେ ପଡୁଛି । ଆଉ କଦବା କ୍ୱଚିତ୍ ଯଦି କେଉଁଠି ମୁହଁ ଖୋଲିବାର ସ୍ପର୍ଦ୍ଧା କରୁଛି, ତେବେ ସେ ହେଉଛି ଅକଥନୀୟ ନିର୍ଯ୍ୟାତନାର ଶିକାର । କେଉଁଠି ଏସିଡ୍‌ର ଆଘାତରେ ଅନୂଢ଼ାଟିଏ ସାରା ଜୀବନ ଯନ୍ତ୍ରଣା ଭୋଗିଲାଣି ତ କେଉଁଠି ଏକତରଫା ପ୍ରେମର ଆଢୁଆଳରେ ମୃତ୍ୟୁ ଭୋଗିଲାଣି । ଏବେ ମଧ୍ୟ ପାରିବାରିକ ବା ଘରୋଇ ହିଂସାର ଶିକାର ହେଉଛି ନାରୀ । ଏପରିକି ଉଚ୍ଚଶିକ୍ଷିତା, ସମ୍ଭ୍ରାନ୍ତ ଘରର ଝିଅ, ବୋହୂଙ୍କର ଦୁଃଖ ମଧ୍ୟ

କହିଲେ ନସରେ । କେତେ ଅଲିଅଲରେ ବଢିଥିବା ଝିଅଟି ଶାଶୂଘରେ ମାଡ ଖାଉଛି, ଅଶ୍ରାବ୍ୟ ଭାଷାରେ ଲାଂଛନାର ଶରବ୍ୟ ହେଉଛି । କେଉଁଠି, ମାତୃଗର୍ଭରୁ ହତ୍ୟା ହେଲାଣି ତ' କେଉଁଠି ଅର୍ଥ ଲାଳସାରେ ସୁରଟ- ରାଞ୍ଚିରେ ବିକ୍ରି ହେଲାଣି । କେଉଁଠି ବଧୂ ହୋଇ ଜଳିଲାଣି ତ' କେଉଁଠି ଉପରିସ୍ଥଙ୍କ ଦ୍ୱାରା ଯୌନ- ନିର୍ଯ୍ୟାତନାର ଯାତନା ଭୋଗିଲାଣି । ସେ ଘର ବା ପରିବାର ଭିତରେ ହେଉ ଅବା ଦେଶ, ଦୁନିଆରେ ପକ୍ଷପାତିତା, ଉତ୍ପୀଡ଼ନର ଶିକାର ହେଲାଣି ନାରୀ । ଏବେବି ଖବର କାଗଜ ଖୋଲିଲେ ନାରୀ ନିର୍ଯ୍ୟାତନାର କାହାଣୀ । ପ୍ରତିଦିନ କେହି ନା କେହି ଗଣଦୁଷ୍କର୍ମ, ଜୀବନ୍ତ ଦଗ୍ଧ ହେବାର ନାହିଁ ନଥିବା କଥା ଶୁଣିବାକୁ ହେଉଛି । ଏ କ'ଣ ନାରୀ ଜୀବନର ସ୍ୱଚ୍ଛଳତା ? ତେଣୁ, ନାରୀର ଏହି ଅବକ୍ଷୟମାଣ ସ୍ୱରୂପ ଆଢୁଆଳରେ ସମାଜ, ବିଶେଷ ପୁରୁଷତାନ୍ତ୍ରିକ ବିଧି- ବ୍ୟବସ୍ଥାକୁ ଦାୟୀ କରାଯିବାର ସମୟ ଉପଗତ ହୋଇଛି ।

ନାରୀ ହୋଇ ଜନ୍ମିବା କଦାପି ତା'ର ବିଡମ୍ବନା ହୋଇ ନପାରେ । 'ନାରୀବାଦ' ଏହିସବୁ ଅନ୍ୟାୟ, ଅବିଚାରର ବିରୋଧରେ ଏକ ସଶକ୍ତ ଆହ୍ୱାନ ହୋଇ ଛିଡା ହୋଇଛି । ଏ ପରିପ୍ରେକ୍ଷୀରେ ବିଶିଷ୍ଟ କବି G.D.Anderson ଙ୍କ ବକ୍ତବ୍ୟ ଏଠାରେ ଉଲ୍ଲେଖନୀୟ :

"Feminism is n't about making women stronger. Women are already strong. Its about changing the way the world perceives that strength."

ଅତଏବ, ଏହି ନାରୀବାଦ ନାରୀର ବଳିଷ୍ଠତମ ସ୍ୱରୂପକୁ ପ୍ରେରିତ କରିବାରେ ସହାୟକ ବୋଲି ଧରି ନେବାକୁ ହୁଏ । ଏଣୁ ଏହି 'ନାରୀବାଦ' ନାରୀ ମୁକ୍ତିର ପଥ ରୋକେ ନାହିଁ ବରଂ ନାରୀ ଅସ୍ମିତା ରକ୍ଷା କରିବା ଦିଗରେ କାର୍ଯ୍ୟ କରେ । ଏହା ବାସ୍ତବରେ, ନାରୀ ମାନଙ୍କର, ନାରୀମାନଙ୍କ ପାଇଁ ଏବଂ ନାରୀମାନଙ୍କ ଦ୍ୱାରା କରାଯାଇଥିବା ଏକ ଆହ୍ୱାନ । ନାରୀ ତା'ର ଶାରୀରିକ ଗଠନ ଓ ନମନୀୟ ସ୍ୱଭାବ ପାଇଁ ଅନେକାଂଶରେ ସମାଲୋଚିତ ହୁଏ । ଯାହା, ବିରୁଦ୍ଧରେ ସ୍ୱର ଉତ୍ତୋଳନ କରୁଥାଏ ନାରୀବାଦ । ଆତ୍ମସମ୍ମାନର ସହ ବଂଚିବା, ସମସ୍ତଙ୍କର କାମ୍ୟ ; ତେବେ ନାରୀ ମାନଙ୍କ କ୍ଷେତ୍ରରେ କାହିଁକି ? ଏ ସବୁ ପ୍ରତିବନ୍ଧକ ସାଜେ ।

ତେଣୁ, 'ନାରୀବାଦ' ନାରୀ ଅସ୍ମିତା ରକ୍ଷା ନିମନ୍ତେ ପୁରୁଷତନ୍ତ୍ରର ଅବିଚାର ବିରୋଧରେ ପ୍ରତିବାଦକୁ ବୁଝାଏ । ଯାହାର ଆଭିମୁଖ୍ୟ ହେଉଛି ଲିଙ୍ଗୀୟ ସମାନତା ସାବ୍ୟସ୍ତ କରିବା ସହ ନାରୀର ସୁରକ୍ଷା ଦିଗରେ ଯତ୍ନଶୀଳ ହେବା ।

ନାରୀ, ନର୍କର ଦ୍ୱାର ନୁହେଁ ବରଂ ଈଶ୍ୱରଙ୍କର ଅଦ୍ୱିତୀୟ ସର୍ଜନା । ପୁରୁଷକୈନ୍ଦ୍ରିକ ସମାଜରେ ନାରୀର ଜୀବନ- ସଂସ୍ଥିତି ଅତ୍ୟନ୍ତ ଅଭାବନୀୟ । ନାରୀଟିଏ ଅନେକ ରୂପରେ, ଅନେକ ଭାବରେ ପୁରୁଷ ଜୀବନକୁ କରେ ଆହ୍ଲାଦିତ । ସଂସାରୀପଣରେ ନାରୀ ଏକାନ୍ତ ଅନୁରକ୍ତ ହୋଇ ପୁରୁଷକୁ କରେ ଇହକାଳ, ପରକାଳର ଦେବତା । ଅଥଚ, ପୁରୁଷଠାରୁ ପାଏ ଶଠତା, ଛଳନା ଏବଂ ପ୍ରବଞ୍ଚନାର ଭେଟି । ବାସ୍ତବିକ ଆପଣାର ସର୍ବସ୍ୱ ଉତ୍ସର୍ଗ କରି ପୁରୁଷକୁ ସନ୍ତୁଷ୍ଟି କରିବାକୁ ଚାହେଁ ନାରୀ, କିନ୍ତୁ ଏ ସବୁକୁ ଅନେକାଂଶରେ ପୁରୁଷ ଅଣହେଳା କରେ । ଅନ୍ୟର ଆଶ୍ରୟ ଲୋଡ଼େ । ପୌରୁଷର ଅହଂକାରରେ ନାରୀକୁ ଆପଣାର ଅର୍ଜିତ ସମ୍ପତ୍ତି ମଣେ । ଏଣୁ, ଏ ସବୁ ଅତ୍ୟାଚାର ଓ ଅବିଚାର ବିରୁଦ୍ଧରେ ପ୍ରତିରୋଧର ବାଣୀ ଶୁଣାଏ 'ନାରୀବାଦ' । ନାରୀ ସଶକ୍ତିକରଣ ସପକ୍ଷରେ ଦୃଢୋକ୍ତି ବାଢେ ଏହି 'ନାରୀବାଦ' । ବାସ୍ତବରେ ନାରୀ ଜୀବନର ଅସଙ୍ଗତି ସମାଜକୃତ, ଈଶ୍ୱରକୃତ ନୁହେଁ । ନାରୀ, ପୁରୁଷର ପ୍ରତିଦ୍ୱନ୍ଦୀ ନୁହେଁ ବରଂ ତାର ସହଯାତ୍ରୀ । ଉଭୟଙ୍କ ମିଳିତ ସହଭାଗିତାରେ ସମାଜ ହେବା ସୁସ୍ଥ ଏବଂ ସମୃଦ୍ଧ । କିନ୍ତୁ ବିଡମ୍ବନା, ପୁରୁଷ ତନ୍ତ୍ରର ବିଧି-ବ୍ୟବସ୍ଥା ଏ ସବୁର ପରିପନ୍ଥୀ । ପୁରୁଷର ଉପଯୋଗିତା ଅନୁସାରେ ନାରୀ ଜୀବନ ନିୟନ୍ତ୍ରିତ ହୁଏ । ତାର ଶରୀରର ଲାବଣ୍ୟକୁ ନେଇ ନାନା ବିଶେଷଣ । ପୁରୁଷର କାମନା, ନାରୀକୁ କରେ ଶରୀର ସର୍ବସ୍ୱ । ତା'ର ଶରୀରର କଟିକମରେ ରାଶି ରାଶି କାବ୍ୟ ସରଂଚନା । ତା' ନୟନ, ତା' ଓଷ୍ଠ, ତା' ଗ୍ରୀବା, ତା' କପୋଳ, ତା' ନାଭି, ତା' ବକ୍ଷ, ତା' ହସ୍ତ-ପାଦ, ତା' କେଶ, ତା' ନାସା, ତା' ନଖ ଏପରିକି ତା' ତନୁଲତାର ସର୍ବାଙ୍ଗରେ ସାରସ୍ୱତ ଜଗତ ମୁଖରିତ । ଖୁବ୍ ଅଦ୍ଭୁତ ନା ? ଦେହର ଦେହଳୀରୁ ସେ ଲୋଡ଼ାଯାଏ । ଦୁର୍ଭାଗ୍ୟବଶତଃ ଯଦି ଆକର୍ଷଣୀୟ, ଗୌରାଙ୍ଗି ନ ହୁଏ ତେବେ ସେ ହୁଏ ଅପାଂତେୟ । ଅଥଚ ତା' ମନ, ତା' ପ୍ରାଣ, ତା' ଆତ୍ମା, ତା' ଆକାଂକ୍ଷା, ତା' ଇଚ୍ଛା-ଅନିଚ୍ଛା, ତା' ଆବେଗ, ତା' ଅଭିପ୍ସାରେ କିଛି ମହତ୍ତ୍ୱ ନାହିଁ । ପୁରୁଷର ଉପଭୋଗ ପ୍ରବଣତା ତାକୁ କେତେବେଳେ ଲାବଣ୍ୟବତୀ-

ମଲ୍ଲିକା-ଉର୍ବଶୀ-ତନୁଲତା ଭିତରେ ଖୋଜେ ତ' କେବେ କ୍ଷମତାର ନିଶାରେ ଲୋଡ଼େ । ପୁରୁଷର ଦୃଷ୍ଟିକୁ ବେଶ ଠଉରେଇ- ପାରେ ନାରୀ । ତେଣୁ ସେ' ପୁରୁଷ ହସ୍ତର କ୍ରୀଡ଼ନକ ହେବାକୁ ଚାହେଁନା, ବରଂ ଆତ୍ମସମ୍ମାନରେ ବଂଚିବାକୁ ଶ୍ରେୟମଣେ । ସମାଜର ଅବିଚାର ପକ୍ଷପାତିତାକୁ ସେ ଅଗ୍ରାହ୍ୟ କରିବାର ସ୍ପର୍ଦ୍ଧା ରଖେ । କାରଣ ସେ ସ୍ୱୟଂସିଦ୍ଧା, ନିଜ ଭାଗ୍ୟର ଆରାଧ୍ୟା । ତେଣୁ ସେ' ମାଳିନୀ, ମୋନିକା, ମୋହିନୀର ମାୟାଜାଲରୁ ମୁକୁଳିବାକୁ ଚାହେଁ । ସେ' ନିରୋଳାରେ ମଣିଷ ଭାବରେ ବଂଚିବାକୁ ଚାହେଁ ।

ଓଡ଼ିଆ କାବ୍ୟିକ ପରିଚର୍ଚ୍ଚା ମଧ୍ୟରେ ନାରୀ ଜୀବନ ଓ ଜୀବିକା କିଭଳି କ୍ରମବିକଶିତ ପର୍ଯ୍ୟାୟ ଦେଇ ଗତିଶୀଳ ହୋଇଛି, ସେ ବିଷୟରେ ପୁଙ୍ଖାନୁପୁଙ୍ଖ ବିଶ୍ଲେଷଣ ପୂର୍ବକ ନାରୀ ଅନ୍ତରର ଭାବାବେଗକୁ ସମ୍ୟକ ଭାବରେ ବାଢ଼ିବାର ପ୍ରଚେଷ୍ଟା ହୋଇଛି । ଏଥିରେ ପର୍ଯ୍ୟାୟକ୍ରମେ ନାରୀଜୀବନର ଘାତ, ପ୍ରତିଘାତ ରୂପ ପାଇବା ସହିତ ତା'ର ସଶକ୍ତ ସ୍ୱରୂପକୁ ଦେଖେଇବାର ଆୟାସ କରାଯାଇଛି । 'ପାଶ୍ଚାତ୍ୟ ନାରୀବାଦ' ଆଧାରରେ 'ପ୍ରାଚ୍ୟ ନାରୀବାଦ' ର ଅବବୋଧକୁ ଉନ୍ମୋଚନ କରାଯିବାର ସମ୍ୟକ୍ ଚେଷ୍ଟା କରାଯାଇଛି । ଏତଦ୍‌ବ୍ୟତୀତ ଆଧୁନିକ ଓଡ଼ିଆ କାବ୍ୟିକ ପରିମଣ୍ଡଳ ମଧ୍ୟରେ ସ୍ୱାଧୀନତା ପୂର୍ବବର୍ତ୍ତୀ ପ୍ରେକ୍ଷାପଟର ସାମାଜିକ ସ୍ଥିତି ଏବଂ ସ୍ୱାଧୀନତା ପରବର୍ତ୍ତୀ କାବ୍ୟିକ ନିଦାନକୁ ପ୍ରଦାନ କରାଯିବାର ଆଭିମୁଖ୍ୟ ଭିତରେ 'ନାରୀବାଦ' ସମ୍ପର୍କିତ ବହୁ ଭ୍ରାନ୍ତୀୟ ତଥ୍ୟକୁ ମଧ୍ୟ ଅସ୍ୱୀକାର କରାଯିବାର ଧୃଷ୍ଟତା ହୋଇଛି ।

ଏଠି 'ନାରୀବାଦ'- 'ବାମାବାଦ' ନୁହେଁ । କାରଣ, ନାରୀ କେବଳ ପୁରୁଷର 'ବାମାଙ୍ଗୀ' ନୁହେଁ, ସେ ଜନନୀ-ଭଗିନୀ-କନ୍ୟା ସ୍ୱରୂପା । ତେଣୁ ତାକୁ କେବଳ 'ବାମା' ଭାବରେ ବିଚାରକୁ ନ ନେଇ ସାଧାରଣ ମଣିଷ ଭାବରେ ବିଚାରକୁ ନେବାର ପ୍ରୟନ୍ତ ହୋଇଛି । ଯଦିଓ, ପାଶ୍ଚାତ୍ୟ ନାରୀବାଦ (Western Feminism) ର ଅବବୋଧ ଆମର ପ୍ରାଚ୍ୟ ସଂସ୍କୃତିର ପ୍ରେକ୍ଷାପଟରେ ଏତେଟା ସୁଦୃଢ଼ ନୁହେଁ, ତଥାପି ତାହାର ସ୍ଥିତିକୁ ଅସ୍ୱୀକାର କରାଯାଇନପାରେ ବୋଲି ବୁଝିବାକୁ ହୁଏ । ସାମ୍ପ୍ରତିକ କାବ୍ୟ-କବିତାରେ 'ନାରୀବାଦୀ ଚେତନା' କୁ ବିଚାରକୁ ନେବାବେଳେ ଓଡ଼ିଆ ଜାତିର ଅସ୍ମିତାର ପ୍ରତିଭୂ ବଳରାମ ଦାସ ଏବଂ ତାଙ୍କ ରଚିତ ମହାର୍ଘ୍ୟ କାବ୍ୟ 'ଲକ୍ଷ୍ମୀ ପୁରାଣ' ଜ୍ୱଳନ୍ତ ଉଦାହରଣଟିଏ ହୋଇ ଛିଡ଼ା ହୁଏ ।

ବାସ୍ତବରେ ସମାଜର ନ୍ୟୁନ ମାନସିକତାର ପରିବର୍ତ୍ତନ ନ ଘଟିଲେ 'ନାରୀବାଦ' ର ଆଭିମୁଖ୍ୟ ମଧ୍ୟ ସଫଳ ହେବ ନାହିଁ। କାରଣ 'ନାରୀବାଦ' କୌଣସି ବ୍ୟକ୍ତି ବିଶେଷ ବିରୁଦ୍ଧରେ ପ୍ରତିବାଦ ନୁହେଁ ବରଂ ଏକ ଅବ୍ୟବସ୍ଥିତ ବିଶୃଙ୍ଖଳିତ ବିଧିବ୍ୟବସ୍ଥା ବିରୋଧରେ ସଶକ୍ତ ଆହ୍ୱାନ। କିଛି ଆକ୍ରୋଶ, କିଛି ପ୍ରତିବାଦ/ କିଛି ଦ୍ରୋହ ତ'କିଛି କୋହକୁ ପାଥେୟ କରି ଗଢି ଉଠିଥିବା ଏହି 'ନାରୀବାଦ' ନାରୀ ଅସ୍ମିତା ଏବଂ ତାର ସ୍ୱାଧିକାରର ସଂଘର୍ଷର କଥା ବଖାଣେ।

ଏଠି ନାରୀ କହିଲେ: ବାମା ନୁହେଁ, ସେ ନାରୀ'; ଏକ ସ୍ୱତନ୍ତ୍ର ସତ୍ତା। ସେ ଲୁହର ବନ୍ଦୀଶାଳା ଭିତରେ ବଂଚିବାକୁ ଚାହେଁନା, ବରଂ ଅସ୍ମିତାର ସଶକ୍ତ ବର୍ଣ୍ଣମାଳାଟିଏ ହୋଇ ଅନୁରଣିତ ହେବାକୁ ଇଚ୍ଛା କରେ। ସେ ରାତ୍ରିର ନିଃସଙ୍ଗ ବତିଖୁଣ୍ଟ ନୁହେଁ, ବରଂ ମୁଖରିତ ସକାଳଟିଏ ହେବାର ସ୍ପର୍ଦ୍ଧା ରଖେ। ସେ ଭାଗ୍ୟର ବିଡମ୍ବନା ଭିତରେ କୁହୁଳିବାକୁ ଚାହେଁନା, ବରଂ ଆପଣାର ସଂଘର୍ଷମୟ ଜୀବନର ଆରାଧ୍ୟା ହେବାକୁ ଚାହେଁ। କାରଣ, ସେ ସ୍ୱୟଂସିଦ୍ଧା, ନିଜ ଭାବିତବ୍ୟର ସ୍ୱୟଂ ହିଁ ନିର୍ମାତା। ସେ ନାରୀ, ସେ ଜୟା-ଜନନୀ-ଭଗିନୀ ସ୍ୱରୂପା- ମା ଜଗଦମ୍ବା।

ପରିଶେଷରେ ଏତିକି କୁହାଯାଇପାରେ, 'ନାରୀବାଦ' ସମ୍ପର୍କିତ ଏହି ଗ୍ରନ୍ଥ 'ନାରୀ ଜୀବନର ମିଥ୍, ମୋଟିଫ୍ ଓ ମେଟାଫର୍" ମାଧ୍ୟମରେ ନାରୀ ଅସ୍ମିତାର ପରିଚୟକୁ ସର୍ବତ୍ର ପ୍ରଚାରିତ କରିବାର ଏକ କ୍ଷୁଦ୍ର ପ୍ରୟାସଟିଏ କରିଛି। ନାରୀ ଜୀବନ-ଯନ୍ତ୍ରଣାକୁ ବାସ୍ତବୟିତ କରିବାର ଏକ କାବ୍ୟିକ-ଅନୁଶୀଳନ କରିଛି। ଯେଉଁଠି 'ନାରୀତ୍ୱ' ଏକ ବିଡମ୍ବନା ନୁହେଁ ବରଂ ଆତ୍ମପ୍ରତ୍ୟୟର ଏକ ଆତ୍ମିକ ଉଚ୍ଚାରଣ।

ନାରୀ ଶକ୍ତିର ନିରାଜନା ହେଉ, ଧରାପୃଷ୍ଠରେ ବର୍ଷିଯାଉ ସ୍ନେହ-ମମତ୍ୱର ଅମୃତ ଉଭୟ ନାରୀ ଓ ପୁରୁଷର ସହଭାଗିତାରେ ଏ ସୃଷ୍ଟି ହୋଇଉଠୁ ମଧୁକ୍ଷରା। ଏତିକି କାମନା ସହ ......

"ସେ ନାରୀ ନୁହେଁ, ପୁରୁଷ ନୁହେଁ
ପାପ ନୁହେଁ, ପଶ୍ଚାତାପ ନୁହେଁ
ଉଦ୍ଦେଶ୍ୟ ନୁହେଁ, ଉତ୍ତାପ ନୁହେଁ
କେବଳ ସ୍ପନ୍ଦନ ଟିଏ ....!!" - କବି ଗାୟତ୍ରୀବାଳା ପଣ୍ଡା

କବି କେବଳ ସ୍ୱପ୍ନଚାରୀ ନୁହେଁ, ସେ ବାସ୍ତବତାର ପୂଜାରୀ। ଜୀବନର କୁରୁକ୍ଷେତ୍ରରେ ସଂଗ୍ରାମ ତ ନିୟତ, ସୁତରାଂ ସଂଗ୍ରାମୀ ଜୀବନବୋଧ ନ ରହିଲେ, ଜୀବନ ଯୁଦ୍ଧରେ ଅଗ୍ରସର ହେବା ଅସମ୍ଭବ। ବସ୍ତୁତଃ ଜୀବନ ପ୍ରତି, ଜଗତ ପ୍ରତି କବି ଦୃଷ୍ଟି ଓ ଦିଗ୍ ବଳୟ ତା'ର କାବ୍ୟିକ ଉତ୍ତରଣ ଘଟାଇଥାଏ। ଏ ପରିପ୍ରେକ୍ଷୀରେ ବର୍ହିବିଶ୍ୱ ଅପେକ୍ଷା ଅନ୍ତର୍ବିଶ୍ୱ ପ୍ରତି କବିଚିତ୍ତ ଏକାନ୍ତ ସମର୍ପିତ ଥାଏ। ଏହି ବ୍ୟକ୍ତିନିଷ୍ଠତାର ସ୍ଥୂଳ ବଳୟ ଭିତରେ ସେ' ଅନୁଭବ କରେ ସୂକ୍ଷ୍ମତର ପ୍ରାଣସ୍ପନ୍ଦନକୁ। ଯାହା ତାର ଚିନ୍ତା-ଚେତନାକୁ ବହୁ ଭାବରେ ପ୍ରଭାବିତ କରିଥାଏ। ସେଇଥି ପାଇଁ ତ ନୂତନ ସମାଲୋଚନା (New Criticism) ର ଅନ୍ୟତମ ପ୍ରବର୍ତ୍ତକ କ୍ଳିନ୍‌ଥ୍‌ବ୍ରୁକ୍‌ସ୍ Cleanth Brooks କହନ୍ତି :

କବିତା ହେଉଛି 'Fusion of Opposites' ଅର୍ଥାତ୍ ପରସ୍ପର ବିପରୀତ ଧର୍ମୀ ଚେତନାକୁ ନେଇ କବିତାର ଜଗତ ଗତିଶୀଳ। ଜୀବନ, ସମସ୍ୟାବହୁଳ। ଆଧୁନିକ ଜୀବନ ମଧ୍ୟ ସେହିଭଳି ଯାବତୀୟ ଅସଂଗତିରେ ଘେରା। ଗୋଟିଏ ଦୃଶ୍ୟମାନ, ଅପରଟି ଅନୁଭବ ଉପଲବ୍ଧିରେ ଆଧାରିତ ଅଦୃଶ୍ୟମାନ ଜଗତ। କବିଚିତ୍ତ ଏହି ଦୁଇପାର୍ଶ୍ୱ ମଧ୍ୟରେ ଏକ ଦିବ୍ୟ ସଂଯୋଗ ସେତୁ ସମ କାର୍ଯ୍ୟ କରୁଥାଏ। ତେଣୁ କବିତା କବି ଅନ୍ତରର ପ୍ରାଣ-ପ୍ରବାହ। ମିଲ୍‌ଟନ୍‌ଙ୍କ ଭାଷାରେ : 'A Flow of the soul' ହେଉଚି କବିତା। କବିଚିତ୍ତର ଆତ୍ମିକ ଉତ୍ତରଣ ତା' କାବ୍ୟିକ ଉପଲବ୍ଧି ମଧ୍ୟରେ ପ୍ରତିଫଳିତ ହୁଏ। ସେ କାଳିଦାସ ହୁଅନ୍ତୁ କି ସେକ୍‌ସ୍‌ପିୟର, ସେ ବ୍ୟାସ ହୁଅନ୍ତୁ ଅବା ମିଲ୍‌ଟନ୍ ସେ ମାନସିଂହ ହୁଅନ୍ତୁ କି କବି ଗାୟତ୍ରୀବାଳାଙ୍କ ସାହିତ୍ୟ ସର୍ଜନାରେ ଜୀବନ ଓ ଜଗତ ହିଁ ଉତ୍‌କୀର୍ଣ୍ଣ ହେଉଥାଏ। ସେ ଜୀବନ ନାରୀର ହେଉ ଅବା ପୁରୁଷର, ଜୀବନ ଯନ୍ତ୍ରଣା ତ ସବୁକାଳେ ଭିନ୍ନ ଭିନ୍ନ ରୂପରେ ଛିଡ଼ା ହେଉଥାଏ। ବିଶେଷତଃ ପୁରୁଷ ତୁଳନାରେ ନାରୀର ଜୀବନ ଖୁବ୍ ଦୁର୍ବିସହ ହୋଇଥାଏ। ବେଳେବେଳେ ନାରୀ ହୋଇ ଜନ୍ମିବା ଏକ ବିଡ଼ମ୍ବନା ମନେହୁଏ। ଏପରିକି ଆତ୍ରେୟ ବ୍ରାହ୍ମଣ ଗ୍ରନ୍ଥରେ କୁହାଯାଇଛି :

"A Son is like a ray of hope where as a girl is the cause of mentalagony."

କେବଳ ଏତିକିରେ ଅଟକିଯାଇନି ନାରୀ ଜୀବନର କାରୁଣ୍ୟ। ପାଶ୍ଚାତ୍ୟ ଗବେଷକ Weber, ଯଜୁର୍ବେଦର କ୍ରୀୟଦାଂଶ ଉଦ୍ଧାରପୂର୍ବକ ଯେଉଁ ତଥ୍ୟର ଅବତାରଣା କରିଛନ୍ତି, ସେଥିରୁ ନାରୀଜୀବନର ଜଟିଳତା ବାରି ହୋଇପଡ଼େ। ୱେବରଙ୍କର ମନ୍ତବ୍ୟକୁ କେହି, କେହି ଖଣ୍ଡନ କରିଥିବାର ଦେଖାଯାଏ।

....

କିନ୍ତୁ, ଆମେ ଯଦି ..... ପ୍ରାକ୍‌ବୈଦିକ କାଳକୁ ଯଦି ଅବଲୋକନ କରିବା ତେବେ ନାରୀଙ୍କର ସ୍ୱରୂପ ...... ସୁଦୃଢ଼ ଥିଲା। ମନୁଙ୍କର ସଂହିତାରେ ବର୍ଣ୍ଣିତ :

Yatra Naryaysthu Pujyanthe,
Ramanthe Tatra Devatah.
(Where Women are adored, thire Gods resoice.

- Manu Samhite
III 56. 57, 85

ଏଥିରୁ ସ୍ପଷ୍ଟ ଅନୁମାନ କରାଯାଏ, ତତ୍‌କାଳୀନ ସମାଜରେ 'ନାରୀ' ବା 'ମାତୃଶକ୍ତି'ର ନିରାଜନା କରାଯିବାର ପ୍ରଥା ଥିଲା। ନାରୀ, ପ୍ରକୃତି ସ୍ୱରୂପା, ଶକ୍ତିର କେନ୍ଦ୍ର। ବୈଦିକ ଯୁଗ ଥିଲା ନାରୀଶକ୍ତିର ଯୁଗ। ସେ ଗୃହିଣୀ ରୂପରେ ପରିବାର କଲ୍ୟାଣରେ ସହାୟିକା ତ ବ୍ରହ୍ମବାଦିନୀ ରୂପରେ ପ୍ରଜ୍ଞାମୟୀ ସାଧିକା। ଯାହାକୁ ନିରୀକ୍ଷଣ ପୂର୍ବକ Anne Besant କହିଛନ୍ତି: "The traces of womanhood as found in India culture are n't to be found any where in the world."

ବାସ୍ତବରେ ନାରୀର ବହୁବିଧ ସ୍ୱରୂପରେ 'ବାତ୍ସଲ୍ୟପଣ' (Motherhood) ହିଁ ପ୍ରତିଫଳିତ ହୁଏ। ତେଣୁ ନାରୀର ସ୍ଥିତି ବୈଦିକ ଯୁଗରେ ସୁବର୍ଣ୍ଣତମ ଅକ୍ଷରରେ ଲିପିବଦ୍ଧ ଥିଲା। କ୍ରମଶଃ ଧର୍ମ, ପରମ୍ପରା ଏପରିକି ବିଧି-ବ୍ୟବସ୍ଥାରେ ଧୀରେ ଧୀରେ ଅନ୍ଧବିଶ୍ୱାସ, କୁସଂସ୍କାର ଏବଂ ଅଜ୍ଞାନତାର ପ୍ରଭାବ ପଡ଼ିବା ହେତୁ ସାମାଜିକ-ସାଂସ୍କୃତିକ ଲୋକାଚାରରେ ଏସବୁ ପ୍ରତିଫଳିତ ହେବାକୁ ଲାଗିଲା। ବସ୍ତୁତଃ ପରିବର୍ତ୍ତନ ହେଲା ନାରୀ ପ୍ରତି ସମାଜର ଦୃଷ୍ଟିକୋଣ। 'ମାତୃକୈନ୍ଦ୍ରିକ' ପରିବାର କ୍ରମଶଃ 'ପିତୃକୈନ୍ଦ୍ରିକ' ପୁରୁଷକୈନ୍ଦ୍ରିକ ସମାଜରେ ପରିଣତ ହେବାକୁ ଲାଗିଲା। ଲିଙ୍ଗଭିତ୍ତିକ ତାରତମ୍ୟ ଆଧାରରେ ପୁରୁଷ ରହିଲା

କ୍ଷମତାର କେନ୍ଦ୍ରବିନ୍ଦୁ ହୋଇ, ଆଉ ନାରୀ ପାଲଟିଲା ଅଧସ୍ତନ, ଗୌଣ । 'Survival of the fittest' ନ୍ୟାୟରେ ଯିଏ ବଳଶାଳୀ; ସେ ହିଁ ତିଷ୍ଠି ରହିଲା । ଆପଣାର ଆଧିପତ୍ୟ ବିସ୍ତାର ପାଇଁ ପୁରୁଷ ହେଲା 'ସ୍ୱାମୀ' ଆଉ ନାରୀ ହେଲା 'ସ୍ତ୍ରୀ' / ବାମା । ଇହକାଳ, ପରକାଳର ଦେବତା ନ୍ୟାୟରେ ପୂଜା ପାଇଲା ସ୍ୱାମୀ । ଅଥଚ 'ସ୍ତ୍ରୀ'ଟିଏ ତା'ର ସ୍ତ୍ରୀତ୍ୱର କର୍ତ୍ତବ୍ୟରେ ଆଜୀବନ ବନ୍ଧାପଡ଼ିଲା । କେବଳ ପତ୍ନୀ ଭାବରେ ନୁହେଁ, ଜନନୀ-ଭଗିନୀ-ଜାୟା ରୂପରେ ନାରୀ ଅନେକାଂଶରେ ପୁରୁଷ ଜୀବନରେ ଐଶ୍ୱର୍ଯ୍ୟ ବୃଦ୍ଧିକରେ କିନ୍ତୁ ବଡ଼ମ୍ବନା ଯେ' ସେ ଏସବୁ ବିନିମୟରେ ପ୍ରତାଡ଼ିତା, ନିର୍ଯ୍ୟାତିତା ହୁଏ । ଏପରି ଯାବତୀୟ ସଂଘାତ, ସଂଘର୍ଷରେ ଅହରହ ଯୁଝୁଥିବା ନାରୀ ତା'ର ଅଧିକାର ଏବଂ ଅସ୍ମିତା ରକ୍ଷା ନିମନ୍ତେ ସମାଜର ନିପକ୍ଷରେ ସ୍ୱରଉତ୍ତୋଳନ କରିବାର ସ୍ପର୍ଦ୍ଧା କରେ । ଯାହାକୁ ପୁରୁଷ ତାନ୍ତ୍ରିକ ସମାଜ 'ନାରୀବାଦ'ର ନାଁ ଦିଏ । ତେବେ ମନର ପ୍ରଶ୍ନ ଉଠେ ଏହି 'ନାରୀବାଦ' କ'ଣ ? କାହିଁକି ଏହାର ଉତ୍ପତ୍ତି ? ଏପରି ଅନେକ ଜିଜ୍ଞାସାକୁ ନେଇ ମନ ଆନ୍ଦୋଳିତ ହେଲାବେଳେ ସ୍ମୃତିପଟଳରେ ଉଙ୍କିମାରେ ମନୁଙ୍କ ଲିଖିତ ସଂହିତାର ସମ୍ୟକ୍ ପଂକ୍ତି । ହିନ୍ଦୁଶାସ୍ତ୍ର ଭାବରେ ପରିଚିତ, ପ୍ରାଚୀନ ସଂହିତାର ମତରେ :

"ପିତା ରକ୍ଷତି କୌମାରେ ଭର୍ତ୍ତା ରକ୍ଷତି ଯୌବନେ
ରକ୍ଷତି ସ୍ଥବିରେ ପୁତ୍ରାଃ ନ ସ୍ତ୍ରୀ ସ୍ୱାତନ୍ତ୍ର୍ୟର୍ମହତି ।"

ତୃତୀୟ ଶ୍ଳୋକ - ମନୁସଂହିତା

ଏ ପରିପ୍ରେକ୍ଷୀରେ ବିଚାର କଲେ ନାରୀର ସ୍ୱାତନ୍ତ୍ର୍ୟ କିଭଳି ପିତା, ପତି ଏବଂ ପରିଣତ ବୟସ ଉପରାନ୍ତେ ପୁତ୍ର ଦ୍ୱାରା ନିୟନ୍ତ୍ରିତ ହୋଇଥିବାର ଦେଖାଯାଏ । ଏଥିରୁ ସ୍ପଷ୍ଟ ଭାବରେ ଅନୁମାନ କରିହୁଏ ନାରୀର ସ୍ଥିତି ଏବଂ ଅସ୍ତିତ୍ୱର କଥା । କେବଳ ଏତିକି ଅଟକି ଯାଇନି ନାରୀ ଜୀବନର ସମସ୍ୟା । ବିଭିନ୍ନ ସମୟ ଓ କାଳଖଣ୍ଡରେ ଆକ୍ରୋଶ ଓ ପକ୍ଷପାତୀତାର ଶିକାର ହୋଇଆସିଥିବା ନାରୀମାନଙ୍କ ଜୀବନ-ଯନ୍ତ୍ରଣା ପୂର୍ବବତ୍ ଅପରିବର୍ତ୍ତିତ ରହିଥିବାର ଦେଖିବାକୁ ମିଳେ । ଅତଏବ ନାରୀଜୀବନ ଓ ଜୀବିକାକୁ ନେଇ ମଧ୍ୟ ବହୁ ଆଲୋଚନା, ପର୍ଯ୍ୟାଲୋଚନା, ତର୍କ, ବିବାଦ, ମତାନୈକ୍ୟ ମଧ୍ୟ କିଛି କମ୍ ନୁହେଁ । ତେବେ ପର୍ଯ୍ୟାୟ କ୍ରମେ ଭିନ୍ନ ଭିନ୍ନ ବ୍ୟକ୍ତିତ୍ୱ ଭିନ୍ନଭିନ୍ନ ମତବ୍ୟକ୍ତ କରିଛନ୍ତି । ସେ ଯାହା ହେଉନା କାହିଁକି, 'ନାରୀବାଦ'

ନାରୀ ଅସ୍ମିତା ଓ ତା'ର ସ୍ୱାଧୀକାର ସପକ୍ଷରେ ଯୁକ୍ତି ବାଢ଼େ। ପୁରୁଷମାନଙ୍କ ଭଳି ନାରୀର ସମାନ ଭାବରେ ବଞ୍ଚିବାର ଅଧିକାର ରହିଛି। ଏପରିକି ସମାନ ସୁଯୋଗ, ସୁବିଧାକୁ ଭୋଗ କରିବାର ସମାନ ସ୍ୱାତନ୍ତ୍ର୍ୟ ରହିବାର କଥା, ଅଥଚ ତାହା ହୁଏନା। ସେ ସାମାଜିକ ସ୍ତରରେ ହେଉ ଅବା ରାଜନୀତିକ, ଆର୍ଥିକ, ଆଇନଗତ ଏବଂ ଧାର୍ମିକ ଲୋକରରେ ନାରୀର ପୁରୁଷମାନଙ୍କ ଭଳି ସମାନ ଅଧିକାର ଏବଂ ସ୍ୱାଧୀନତା ରହିବା ଏକାନ୍ତ ଆବଶ୍ୟକ। କିନ୍ତୁ ପରିତାପର ବିଷୟ ସାମ୍ପ୍ରତିକ ସମୟରେ ନାରୀ ଜୀବନର ଦୁର୍ଦ୍ଦଶା ପରିବର୍ତ୍ତନ ହେବା ପରିବର୍ତ୍ତେ ବେଳକୁ ବେଳ ଅତିଶୟ ହୋଇପଡ଼ିଲାଣି। ନାରୀମୁକ୍ତି, ନାରୀ ସ୍ୱାଧୀକାର ଅପେକ୍ଷା ତା'ର ମର୍ଯ୍ୟାଦାର ସୁରକ୍ଷା ଏକ ବିରାଟ ସମସ୍ୟା ଭାବରେ ଛିଡ଼ା ହେଲାଣି। ବସ୍ତୁତଃ 'ନାରୀବାଦର ପ୍ରାସଙ୍ଗିକତା' କେତେଦୂର ସମକାଳୀନ ପ୍ରେକ୍ଷାପଟରେ ଏକ ଆହ୍ୱାନ ହୋଇ ମୁଣ୍ଡ ଟେକିଛି ଏଥିରୁ ଅନୁମାନ କରାଯାଇପାରେ।

"ନାରୀବାଦ" କୌଣସି 'ବାଦ' ନୁହେଁ ବା 'କୌଣସି 'ଦର୍ଶନ' ମଧ୍ୟ ନୁହେଁ ବରଂ ଏହା ନାରୀ ଅନ୍ତରର ଆକ୍ରୋଶରୁ ସୃଷ୍ଟ ଏକ ପ୍ରତିବାଦ ବୋଲି ବୁଝିବାକୁ ହେବ। ନାରୀବାଦ, ନାରୀ ଅସ୍ମିତା ସୁରକ୍ଷା ଦିଗରେ ଏକ ମିଳିତ ପ୍ରୟାସ। ଯାହା ଇଂରାଜୀରେ 'Feminism' ଭାବରେ ପରିଚିତ। ଯାହାର ଅର୍ଥ, 'ନାରୀ ବା ସ୍ତ୍ରୀତ୍ୱ'। ଏହି 'ନାରୀବାଦ' ନାରୀ ଅସ୍ମିତା ଓ ତା'ର ସ୍ୱାଧୀକାର ପ୍ରସଙ୍ଗର କଥା କୁହେ। ଯାହାର ଆଭିମୁଖ୍ୟ ହେଉଛି:

"The Principle that women should have the same rights and chances as man."

ଅର୍ଥାତ୍ ପୁରୁଷ ଭଳି ନାରୀର ସମାନ ଅଧିକାର ଏବଂ ସ୍ୱାଧୀନତା ରହିଛି। ଜୈବିକ ସଂରଚନା ଦୃଷ୍ଟିରୁ ପୁରୁଷ ଠାରୁ ନାରୀ ପୃଥକ୍ ହେଲେ ହେଁ ସେ ପୁରୁଷ ଭଳି ଏକ ସ୍ୱତନ୍ତ୍ର ସତ୍ତା (Special entity), ଯାହାର ସମାଜ ଗଠନରେ ଗୁରୁତ୍ୱପୂର୍ଣ୍ଣ ଭୂମିକା ରହିଛି। ସେଇଥିପାଇଁ 'ନାରୀବାଦ' ବିଶ୍ୱାସ କରେ:

"Despite biological differences womens are equal to men and should have equal political, legal, social, economic rights with men and should have the same freedom."

ବସ୍ତୁତଃ ଏହି ନାରୀବାଦୀ ଚେତନା, ନାରୀର ସ୍ୱାଧୀନତା ଓ ସ୍ୱାତନ୍ତ୍ର୍ୟତାର ପ୍ରସଙ୍ଗ ଉପରେ କାର୍ଯ୍ୟ କରିଥାଏ। କେବଳ ସମାଜରେ ନୁହେଁ, ତା'ର ପ୍ରତିଛବି ବହନ କରୁଥିବା ସାରସ୍ୱତ ସର୍ଜନାରେ ମଧ୍ୟ ପ୍ରତିଫଳିତ ହୋଇଥାଏ। ନାରୀର ସ୍ଥିତି ଓ ସ୍ୱରୂପର କାବ୍ୟିକ ପ୍ରତିଫଳନ ଆମ ଆଲୋଚନାର ପ୍ରସଙ୍ଗ। ମହିଳାମାନଙ୍କ ଉପରେ ପୁରୁଷତନ୍ତ୍ରର ପାଶବିକତା, ଅତ୍ୟାଚର ଏବଂ ବହୁ ଅମାନବୀୟ ମନୋବୃତ୍ତି ବିରୋଧରେ ବହୁ କବି ତାଙ୍କ କବିତାରେ ପ୍ରତିରୋଧ କରିବାର ଦେଖାଯାଏ। ଲିଙ୍ଗଭିତ୍ତିକ ବୈଷମ୍ୟର ଶିକାର ହୁଏ ନାରୀ। ତା'ର ସ୍ୱତନ୍ତ୍ର ଅସ୍ତିତ୍ୱ ବୋଲି କିଛି ନାହିଁ। ସେ 'ଏକ ରକ୍ତମାଂସର ମଣିଷ, ଯାହା ସମାଜ ଭୁଲିଯାଏ। ସେଇଥିପାଇଁ ତ ଯୁବ ଲେଖିକା ତାଙ୍କ ପୁସ୍ତକ 'Such is her life'ରେ କୁହନ୍ତି:

"You known her as a Mother, daughter,
Sister, wife, daughter-in-law
but seldom as a woman, and may be never as a human.

- Reecha Agarwal Goyal:
Such is her life: 2018 (Y)

ଏହି ବକ୍ତବ୍ୟକୁ ଆଉ ଟିକେ ବ୍ୟାପକ କରି ବୁଝିଲେ, ଆମେ 'ନାରୀବାଦ'ର ପ୍ରବକ୍ତା ଭାବରେ ପରିଚିତା Mary Wollstone Craft ଙ୍କ ସେହି ବକ୍ତବ୍ୟର ପ୍ରଭାବକୁ ସ୍ୱତଃ ଉପଲବ୍ଧି କରିପାରିବା। 'Craft'ଙ୍କର ଲିଖିତ ପ୍ରସିଦ୍ଧ ଏବଂ ବହୁଚର୍ଚ୍ଚିତ ପୁସ୍ତକର ପ୍ରସିଦ୍ଧ ପଂକ୍ତି ଏଠାରେ ସ୍ମରଣ ଯୋଗ୍ୟ।

"I don't wish (women) to have power over men: but over themselves."

- Mary wollstone craft:
A vindi Cation of the
Rights of women: 1792 (Y)

ବାସ୍ତବରେ 'ସ୍ତ୍ରୀ' ଜୀବନର ବିବିଧ ଜଟିଳତା ସମାଜକୃତ। ସେଇଥିପାଇଁ ତ 'ସେ' ଶୋଷିତ, ଲାଞ୍ଛିତ ଉପଭୋଗ୍ୟ ଭାବରେ ସାରାଜୀବନ ସନ୍ତୁଳୁଥାଏ।

କେତେବେଳେ ମାତୃଗର୍ଭରୁ ହତ୍ୟାର ଶିକାର ହେଲାଣି ତ କେଉଁଠି ଯୌତୁକ ପାଇଁ ଜଳିଲାଣି, କେଉଁଠି ଗଣଦୁଷ୍କର୍ମର ଶିକାର ହେଲାଣି ତ କେଉଁଠି ସନ୍ତାନ ବିହୁନେ ନାନା ଅପଯଶ ଲଭିଲାଣି, କେଉଁଠି ରୂପ ରଙ୍ଗରେ ଆକର୍ଷଣ ନହେବା ଫଳରେ ଅନୂଢ଼ା ହୋଇ ବଞ୍ଚିଲାଣି ତ କେଉଁଠି ପରିସ୍ଥିତିର ଆଳରେ ଭାଗ୍ୟକୁ ଆଦରି 'ବାରନାରୀ'ର ଜୀବନ କାଟିଲାଣି। ତେବେ ଏଠି ପ୍ରଶ୍ନଉଠେ ନାରୀର ଏ ବିଡ଼ମ୍ବିତ ଭବିତବ୍ୟ ପାଇଁ ଦାୟୀ କିଏ ? ସବୁ କର୍ତ୍ତବ୍ୟ ସତ୍ତ୍ୱେ କାହିଁକି ସେ ନିନ୍ଦା ଅପଯଶ ଲଭେ ? ତା'ର ଆଦର୍ଶ, ଆତ୍ମିକ ମର୍ଯ୍ୟାଦାର ହନନ ହୁଏ କାହିଁକି ? ତେବେ, ନାରୀ ହୋଇ ଜନ୍ମିବା କ'ଣ ବିଡ଼ମ୍ବନା ? ସେଇଥିପାଇଁ ବୋଧେ 'Simone de beauvoir'ଙ୍କ ମତରେ: "ସ୍ତ୍ରୀଲୋକ ହୋଇ କେହି ଜନ୍ମ ହୁଏନା, ତାକୁ 'ସ୍ତ୍ରୀ' ଲୋକ କରି ଗଢ଼ାଯାଏ।" ("One is not Born, but to be becomes a women.")

ଅତଏବ, ନାରୀ ଜୀବନର ଯାବତୀୟ ଦୁର୍ଦ୍ଦଶା, ସମାଜକୃତ। ତେଣୁ 'ନାରୀତ୍ୱ' କୌଣସି 'ବାଦ' ବା 'ଦର୍ଶନ' ଅନ୍ତର୍ଭୁକ୍ତ ନୁହେଁ ବରଂ ନାରୀ ଅନ୍ତରର ପ୍ରତିବାଦକୁ ବୁଝାଏ। ତେଣୁ 'ନାରୀବାଦ'ର ସୂକ୍ଷ୍ମାତିସୂକ୍ଷ୍ମ ବିଶ୍ଳେଷଣ ଏବଂ ତା'ର କାବ୍ୟିକ ପ୍ରତିଫଳନକୁ ଦର୍ଶେଇବା ଏହି ପ୍ରବନ୍ଧର ଉଦ୍ଦେଶ୍ୟ ଓ ଆଭିମୁଖ୍ୟ। ଏହି 'ନାରୀବାଦ'କୁ ନେଇ ଆମ ମନରେ ଅନେକ ପ୍ରଶ୍ନ, ଜିଜ୍ଞାସା, ଶଙ୍କା ଏବଂ ଦ୍ୱନ୍ଦ୍ୱ ଗୁଡ଼ିକର କାବ୍ୟିକ ପରିପ୍ରକାଶ ଛଳରେ ଓଡ଼ିଆ କବିତାର ସାମ୍ପ୍ରତିକ ସ୍ପନ୍ଦନକୁ ଅନୁଧ୍ୟାନ କରିବା। ତେଣୁ ନାରୀ ଅସ୍ମିତାର ଏଇ ସୂକ୍ଷ୍ମ ଅବବୋଧକୁ ନେଇ ନାରୀ ଜୀବନ ଓ ଜୀବିକାର ବାସ୍ତବ ପ୍ରତିଛବିକୁ ଅନୁଧ୍ୟାନ କରିହୁଏ। କହି ରଖେ, ଏହି 'ନାରୀବାଦ' କୌଣସି ସ୍ୱେଚ୍ଛାଚାରିତାକୁ ପ୍ରଶୟ ଦିଏନା କି ପୁରୁଷମାନଙ୍କ ବିରୋଧରେ କରାଯାଉଥିବା କୌଣସି ଅଭିଯାନ ନୁହେଁ, ବରଂ ଏହା ନାରୀର ପୁରୁଷ ଭଳି ସାମାଜିକ, ରାଜନୀତିକ, ଅର୍ଥନୀତିକ, ଆଇନଗତ, ଆଧ୍ୟାତ୍ମିକ ତଥା ସାଂସ୍କୃତିକ ସ୍ଥିତିର ସମାନ ଅଧିକାର ଓ ସ୍ୱାଧୀନତାର କଥା କୁହେ। ବିଶେଷତଃ ନାରୀର ସ୍ୱାଧୀକାର ଏବଂ ସ୍ୱାଧୀନତା ପ୍ରସଙ୍ଗରେ ଯୁକ୍ତି ଉପସ୍ଥାପନ କରେ।

'ନାରୀ ନର୍କର ଦ୍ୱାର ନୁହେଁ କି' ସଂସାର ସାଗର ତରିବା ପାଇଁ, ଏକମାତ୍ର ବୈତରଣୀ' ମଧ୍ୟ ନୁହେଁ ଯାହା ସମାଜକୁ ପ୍ରଥମେ ସ୍ୱୀକାର କରିବାକୁ ହେବ।

ତଥାକଥିତ, ପରମ୍ପରା ବିରୁଦ୍ଧରେ ସଂଗ୍ରାମ କରୁଥିବା ନାରୀମାନଙ୍କ ମୁକ୍ତିର ସଂଗ୍ରାମକୁ 'ନାରୀବାଦ' କହିଲେ ଅତ୍ୟୁକ୍ତି ହେବ ନାହିଁ। ଏହି ନାରୀ ମୁକ୍ତିର ସଂଘର୍ଷ ପୁରୁଷ ବିରୁଦ୍ଧରେ ନୁହେଁ ବରଂ ପୁରୁଷତାନ୍ତ୍ରିକ ସମାଜର ଅବିଚାର ବିରୁଦ୍ଧରେ ଲଢ଼େଇ। ସେଇଥିପାଇଁ ବିଶିଷ୍ଟ ଲେଖିକା, ନୟନତାରା ସେହେଗଲ୍ କୁହନ୍ତି:

"This is a Country where women are murdered for dowry, roasted alive in funeral Pyres, crushed into conformity, sold into slavery raped in Police Custody and all this goes on and on happening. Now Shankaracharya Puri is claiming a religious sanction for crimes against women. ××× So, how can we, in this country. Keep life and politics, literature and polities, a part?

- Nayanatara Sahagal: Passion for India: Indian Literature

June-Feb-1989 Issue

ବାସ୍ତବରେ ନାରୀର ସୁରକ୍ଷା, ଏକ ପ୍ରଶ୍ନବାଚୀ। ଏ ପରିପ୍ରେକ୍ଷୀରେ ନାରୀର ସୁରକ୍ଷା ଯେ କେତେଦୂର ଏକ ବିରାଟ ସମସ୍ୟା ଭାବରେ ଛିଡ଼ା ହୋଇଛି, ଏଥିରୁ ସ୍ପଷ୍ଟ ଅନୁମାନ କରିହେବ। ଅତଏବ, ନାରୀ ମୁକ୍ତି ବା ନାରୀର ସ୍ୱାଧୀନତା କଥା ଆସିଲେ ତା'ର ସ୍ୱାଧିକାର ଏବଂ ସ୍ୱତନ୍ତ୍ରତା କଥାକୁ ବୁଝିବାକୁ ହେବ। ଏହି ନାରୀସତ୍ତାଟି ତା'ର ମର୍ଯ୍ୟାଦାର ସୁରକ୍ଷା ଚାହେଁ, ସ୍ନେହ ପରିବର୍ତ୍ତେ ସଦିଚ୍ଛାର ଆଶା ରଖେ, ଯାହା ତା'ର ପ୍ରାପ୍ୟ କିନ୍ତୁ ତାହା କ'ଣ ମିଳେ ? ବିଶିଷ୍ଟ ଲେଖିକା ଡ. କବିତା ବାରିକଙ୍କ ଭାଷାରେ ଏହି 'ନାରୀବାଦ', ନାରୀର ସ୍ୱାଧୀନତାର ପଥରେ ପ୍ରତିବନ୍ଧକ ନୁହେଁ। ତାଙ୍କ ଭାଷାରେ -

"ନାରୀବାଦୀ ଚେତନା, ନାରୀର ରାଜନୈତିକ, ଆର୍ଥିକ, ସାମାଜିକ, ଯୌନଭିତ୍ତିକ ମୁକ୍ତିର କଥା କୁହେ। ପୁରୁଷଭଳି ସମାଜରେ ସବୁ କ୍ଷେତ୍ରର ସମାନ ଅଂଶଗ୍ରହଣ, ସମାନ ଅଧିକାର ପାଇଁ ଦାବି କରେ।"

କବିତା ବାରିକ: ନାରୀବିମର୍ଶ: ଚେତନା ଓ ଚିନ୍ତନ (ପୃ:୨୭)

ଏ ଦୃଷ୍ଟିକୋଣରୁ ବିଚାର କଲେ ନାରୀ ଜୀବନର ଏତାଦୃଶ ସ୍ଥିତି ଓ ସ୍ୱରୂପର ବାସ୍ତବ ପ୍ରତିଫଳନ ଓଡ଼ିଆ କବିତା ବିଶେଷତଃ ସାମ୍ପ୍ରତିକ ଓଡ଼ିଆ କବିତାରେ ଫୁଟି ଉଠିଛି, ଯାହା ଆମ ଆଲୋଚନାର ପ୍ରସଙ୍ଗ। ଏପରିକି ସାମାଜିକ ପ୍ରତିବନ୍ଧକ, ରକ୍ଷଣଶୀଳ ଦୃଷ୍ଟିଭଙ୍ଗୀ ହେତୁ ବହୁଭାବରେ ନାରୀ ଜୀବନର ପ୍ରଗତି ବାଧାପ୍ରାପ୍ତ ହୋଇଛି। ନାରୀ ଜୀବନର ଅଧୋଗତି ବିରୁଦ୍ଧରେ ଓଡ଼ିଆ କବିତାରେ ପ୍ରତିବାଦର ସ୍ୱର ଶୁଣିବାକୁ ହୁଏ। ଅତଏବ 'ନାରୀବାଦ' ଦୃଷ୍ଟିରୁ ନାରୀର ସ୍ଥିତିକୁ ଆନ୍ଦୋଳନ ନକରିବା' ଲିଙ୍ଗଗତ ଆଧାରରେ ବିଚାର ନକରି ସାଧାରଣ ମଣିଷ ହିସାବରେ ତା'ର ଜୀବନକୁ ତର୍ଜମା କରାଗଲେ ଅନେକାଂଶରେ ତା' ପ୍ରତି ସମାଜର ସକରାତ୍ମକ ମାନସିକତାର ପରିପ୍ରକାଶ ଘଟିବ ବୋଲି ବୁଝିବାକୁ ହେବ। କ୍ରମଶଃ ନାରୀର ସ୍ୱାଧୀନତା ପ୍ରତି ଯେଉଁ, ଯେଉଁ କାବ୍ୟିକ ନିଦାନ ଦିଆଯାଇଛି, ତାହା ନାରୀ ଜୀବନର ଦୁର୍ଦ୍ଦଶାକୁ ଦୂରୀଭୂତ କରିବ ବୋଲି ମୋର ଦୃଢ଼ ବିଶ୍ୱାସ। ବିଶେଷତଃ ଦୁଇଟି ପ୍ରେକ୍ଷାପଟରେ ନାରୀ ଅସ୍ମିତା ଓ ତତ୍‌ସହ ଜଡ଼ିତ ତା'ର ସମସ୍ୟା ମାନଙ୍କୁ ବିଚାରକୁ ନିଆଯାଇପାରେ। ଯଥା -

(କ) ନାରୀବାଦ : କିଛି ଦ୍ରୋହ, କିଛି କୋହଭରା
ପ୍ରତିବାଦର କାବ୍ୟିକ ପ୍ରତିଫଳନ

(ଖ) ନାରୀବାଦ : କିଛି ଅବିଚାର, କିଛି ଅନ୍ୟାୟର
କାବ୍ୟିକ ନିରାକରଣ

ଉଭୟେ ନାରୀ ଜୀବନର କାବ୍ୟିକ ପ୍ରତିଫଳନକୁ ପରିପ୍ରକାଶ କରିବା ଦିଗରେ ସତତ ପ୍ରୟାସୀ ବୋଲି ଧରିନେବାକୁ ହୁଏ। ଏଠି ନାରୀବାଦ: ନାରୀ ଅସ୍ମିତାର ସଂଗ୍ରାମକୁ ବୁଝିବାକୁ ହେବ। ଯେଉଁଠି ନାରୀତ୍ୱ ଏକ ପ୍ରହେଳିକା ନୁହେଁ ବରଂ ଏକ ଅସ୍ମିତାପୂର୍ଣ୍ଣ ଅବବୋଧ; ଯେଉଁଠି ନାରୀର ସୌନ୍ଦର୍ଯ୍ୟମୟୀ ହେବା ଗୁରୁତ୍ୱପୂର୍ଣ୍ଣ ନୁହେଁ ବରଂ ତା'ର ସଶକ୍ତ, ଶୃଙ୍ଖଳିତ ହେବା ତତୋଽଧିକ ଗୁରୁତ୍ୱପୂର୍ଣ୍ଣ ଅଟେ। ଅତଏବ, ପୁରୁଷ ଭଳି ନାରୀ ଜୀବନର ସ୍ୱାଧୀନତା ଓ ସ୍ୱାଧୀକାରର ସୁରକ୍ଷାକୁ ମୁଁ 'ନାରୀବାଦ' ମଣେ। ନାରୀ ମୁକ୍ତି ଓ ପ୍ରଗତିର ଗାଥା ଗାଏ ଏହି 'ନାରୀବାଦ'। ଏଠି ମୁକ୍ତି କହିଲେ ଦୈହିକ ମୁକ୍ତି, ଦେହର ଦେହଳୀରୁ ଚିନ୍ତାଧାରରୁ

ମୁକ୍ତି। କେବଳ ଶାରୀରିକ ମୁକ୍ତି ନୁହେଁ ଆତ୍ମିକ ମୁକ୍ତି ମଧ୍ୟ ନାରୀ ପାଇଁ ତତୋଽଧିକ ଆବଶ୍ୟକ। ନିଜ ପାଇଁ, ନିଜ ପରିବାର ପାଇଁ ନିଜ ଆତ୍ମୀୟ ସ୍ୱଜନଙ୍କ ପାଇଁ ଏପରିକି ନିଜ ସନ୍ତାନମାନଙ୍କ ପାଇଁ ଏବଂ ସର୍ବୋପରି ନିଜ ଭବିଷ୍ୟତ ପାଇଁ ତା'ର ମଧ୍ୟ ପୁରୁଷ ଭଳି ସମାନ ଭାବେ ସ୍ୱପ୍ନ ଦେଖିବାର ଅଧିକାର ଅଛି। ତେଣୁ ଏଠି ମୁକ୍ତି କହିଲେ ତା'ର ଅର୍ଥ ସାମାଜିକ-ନ୍ୟାୟିକ-ରାଜନୀତିକ ଏବଂ ମନସ୍ତାତ୍ତ୍ୱିକ ମୁକ୍ତିର କଥା ଆସେ। ଯାହା, ନାରୀର ସଶକ୍ତ ସ୍ୱରୂପ ନିର୍ମାଣରେ ସହାୟକ ବୋଲି ବୁଝିନେବାକୁ ହେବ।

ଏ ପରିପ୍ରେକ୍ଷୀରେ ଦେଖିବାକୁ ଗଲେ, ଏହି 'ନାରୀବାଦ' ନାରୀମାନଙ୍କ ଦ୍ୱାରା, ନାରୀମାନଙ୍କ ପାଇଁ ଏବଂ ନାରୀମାନଙ୍କର ମିଳିତ ପ୍ରତିବାଦକୁ ବୁଝାଏ। ଯାହାର ମୁଖ୍ୟ ଉଦ୍ଦେଶ୍ୟ ହେଉଛି ନାରୀର ସ୍ୱାଧୀନତା, ଲିଙ୍ଗଗତ ସମାନତା ଏବଂ ସ୍ୱାଧୀକାର ରକ୍ଷା ଦିଗରେ ଏକ ପୁଞ୍ଜୀଭୂତ ପ୍ରୟାସର ଫଳଶ୍ରୁତି।

ଡ. ଗାୟତ୍ରୀବାଳା ପଣ୍ଡାଙ୍କ ମତରେ:

"ନାରୀବାଦ କୌଣସି ବିଜ୍ଞାନ ନୁହେଁ କି ଦର୍ଶନ ମଧ୍ୟ ନୁହେଁ। ××× ଏହା ଏକ ସାରସ୍ୱତ ବିପ୍ଳବ ନୁହେଁ ବରଂ ଏକ ସାମାଜିକ ଜାଗରଣକୁ ବୁଝାଏ।

– ଓଡ଼ିଆ କବିତାରେ ନାରୀବାଦୀ ଆକଳନ: ସଂ: ସ୍ତ୍ରୀଲୋକ: ପୃ:୩୦୫

ପାଶ୍ଚାତ୍ୟ, ନାରୀବାଦୀ ଚେତନାକୁ ଏକ ବିପଦରେ ପରିଣତ କରିବାରେ ଯେଉଁ ବିଦେଶିନୀ ମହିଳା-ଲେଖିକାଙ୍କ ଭୂମିକା ଅଗ୍ରଗନ୍ୟ, ସେମାନଙ୍କ ମଧ୍ୟରୁ Simone-de-Beauvoir ଙ୍କ ଚର୍ଚ୍ଚିତ ପୁସ୍ତକ 'The Second Sex (1949)' ଅନ୍ୟତମ। ବିଶେଷତଃ, ଆଧୁନିକ ନାରୀବାଦୀ ଚେତନାକୁ ଭିନ୍ନ ଏକ ମୋଡ଼ ଦେବାରେ ତାଙ୍କ ଅବଦାନ ଅଦ୍ୟ ଅବିସ୍ମରଣୀୟ। ଯେଉଁ ପୁସ୍ତକରେ ସେ' କୁହନ୍ତି:

"ନାରୀ ହୋଇ କେହି ଜନ୍ମ ନିଏନା, ବରଂ ନାରୀ କରିଦିଆଯାଏ।"

(One is n't born a women, rather becomes one)

ଏହି ବିବଦମାନ ପ୍ରସଙ୍ଗ, ନାରୀ ଅନ୍ତରର କୋହକୁ ଦ୍ରୋହରେ ପରିଣତ କରି ସହାୟ ହୋଇପାରିଥିଲା। ବସ୍ତୁତଃ, ନାରୀ ପ୍ରତି ହେଉଥିବା ସମାଜକୃତ ଅବିଚାର ଓ ପକ୍ଷପାତ ବିରୁଦ୍ଧରେ ଏହି ନାରୀବାଦୀ ଲେଖିକାଙ୍କ ଅଗ୍ନିବର୍ଷୀ ବାଣୀ ଏକ ବିପଦର ସୂତ୍ରପାତ କରିଥିଲା କହିଲେ ଅତ୍ୟୁକ୍ତି ହେବ ନାହିଁ। ଏପରିକି ବିଶ୍ୱରେ ବହୁ ଚିନ୍ତାନାୟକ, ବୁଦ୍ଧିଜୀବୀ ଏହି ନାରୀବାଦୀ ଚେତନାକୁ ମୁଖ୍ୟତଃ ଯେଉଁ ଯେଉଁ ପର୍ଯ୍ୟାୟ ଦେଇ ଆଲୋଚନା କରିଛନ୍ତି, ତାହାର ସମ୍ୟକ୍ ସୂଚନା ନିମ୍ନମତେ ଉଲ୍ଲେଖ କରାଯାଇପାରେ। ଯଥା:

(କ) ମୁକ୍ତ ନାରୀବାଦୀ ଚେତନା ବା ଉଦାରବାଦୀ ଚେତନା
(Liberal Feminism)

(ଖ) ଧ୍ରୁପଦୀ-ମାର୍କସୀୟ ନାରୀବାଦୀ ଚେତନା
(Classical Marxist Feminism)

(ଗ) ଆଦିମ ସହଜାତ ନାରୀବାଦୀ ଚେତନା
(Redical Feminism)

ଏ ସମସ୍ତ 'ନାରୀବାଦୀ ଚେତନା'ର ଆଭିମୁଖ୍ୟ ହେଉଛି ନାରୀକୁ ସଶକ୍ତ କରିବା ଛଳରେ ତା'ର ଅଧିକାର ଓ ସ୍ୱାତନ୍ତ୍ର୍ୟକୁ ସଂରକ୍ଷିତ ରଖିବା। ସେ ସାମାଜିକ ସ୍ତରରେ ହେଉ ଅବା ଆଇନଗତ, ରାଜନୀତିକ ଅବା ଆର୍ଥନୀତିକ ସ୍ୱାଧୀନତା ପାଇବା ପାଇଁ ତା'ର ମଧ୍ୟ ପୁରୁଷ ଭଳି ସମାନ ଅଧିକାର ଅଛି। ବସ୍ତୁତଃ ଏହି ଚେତନାର ପ୍ରଭାବରେ ବିଶେଷତଃ ସାହିତ୍ୟ ଓ ସମାଜ ପ୍ରଭାବିତ ହେବାକୁ ଲାଗିଲା। ଫଳସ୍ୱରୂପ ଫ୍ରାନ୍ସ ଏବଂ ତତ୍‌ପରବର୍ତ୍ତୀ ଆମେରିକୀୟ ଲେଖିକାମାନଙ୍କ ଦ୍ୱାରା ଏହା ପ୍ରଚାରିତ ଓ ପ୍ରସାରିତ ହେବାକୁ ଲାଗିଲା। ତେଣୁ - "Feminism has transformed the perception of life and literature." ବୋଲି ବୁଝାଗଲା। ଏ କ୍ଷେତ୍ରରେ ୧୯୨୦ ମସିହାରେ ଯେତେବେଳେ ଆମେରିକୀୟ ମହିଳାମାନେ ଭୋଟ ଦେବାର ଅଧିକାର ସର୍ବପ୍ରଥମେ ହାସଲ କଲେ, ତେବେ, ନାରୀ ସ୍ୱାଧୀନତାକୁ ନେଇ ଅନେକ ଆଶ୍ୱସ୍ତି ମାରିଲେ। ସାମ୍ବିଧାନିକ ଅଧିକାରକୁ ନାରୀର ମୌଳିକ ଅଧିକାର ହାସଲ ହେଲା ବୋଲି ମନେକରି ଅନେକଙ୍କର ଧାରଣା ହେଇଗଲା।

କ୍ରମଶଃ ନାରୀ ଶିକ୍ଷାର ପ୍ରଚାର ଓ ପ୍ରସାର ସାର୍ବଜନୀନ ଆହ୍ୱାନ ଭାବରେ ଜନଜାଗରଣ ସୃଷ୍ଟି କରିବାକୁ ଲାଗିଲା। ଧିରେ ଧିରେ 'ଶିକ୍ଷା' ହିଁ ଏକମାତ୍ର ଅସ୍ତ୍ର ବୋଲି ନାରୀଟିଏ ବୁଝିବାକୁ ଲାଗିଲା। ସମାଜର ଅନ୍ଧବିଶ୍ୱାସ, କୁସଂସ୍କାର ଦୂରୀଭୂତ ନହେଲା ଯାଏଁ ଚିନ୍ତାଧାରା ବ୍ୟାପକ ହେବ ନାହିଁ ଏବଂ ଚିନ୍ତାଧାରା ସମ୍ପ୍ରସାରିତ ନହେଲେ ନାରୀ ଜୀବନର 'ମିଥ୍' ଦୂର ହେବା ଅସମ୍ଭବ ହୋଇପଡ଼ିବ, ଏଥିରେ ତିଳେ ମାତ୍ର ଦ୍ୱିଧା ନାହିଁ। ସେ ଯାହାବି ହେଉ ଅନେକ ବର୍ଷ ଧରି ବିଦ୍ରୋହ, ପ୍ରତିବାଦର ସ୍ୱରୂପ ଆଜିର ପରିସ୍ଥିତିରେ 'ନାରୀବାଦ'ର ଯେ ପ୍ରାସଙ୍ଗିକତା ରହିଛି ତାହାକୁ ଅସ୍ୱୀକାର କରାଯାଇ ନପାରେ।

ସେଇଥିପାଇଁ ତ ସିମୋନ୍ ଡି. ବୁଭା (Simone de Beauvoir)ଙ୍କର ବକ୍ତବ୍ୟ ବହୁଆଗରୁ ଯେଉଁ ବିଶ୍ୱ ଉତ୍‌ଥାପନ କରିଆସିଥିଲା। ତାହା ପରବର୍ତ୍ତୀ ପର୍ଯ୍ୟାୟ ବେଳକୁ 'Feminism' ବା 'ନାରୀବାଦ'ର ଚିନ୍ତାଧାରା ଜାଗ୍ରତ କରିବା ପାଇଁ ଯଥେଷ୍ଟ ଥିଲା ବୋଲି ଧରିନେବାକୁ ହେବ।

"Is women born or made?"

ଏକଥା ସତ୍ୟ ଓ ସ୍ପଷ୍ଟ ଯେ' ନାରୀ, ପୁରୁଷ ତୁଳନାରେ ଅଧିକ ମାତ୍ରାରେ ନିର୍ଯ୍ୟାତିତ ହୁଏ। ପୁରୁଷକୁ ନାରୀ ପ୍ରତି ହୋଇଆସୁଥିବା ଅମାନବୀୟ ଆଚରଣ ତଥା ପକ୍ଷପାତୀତା କିଛି ନୂତନ ପ୍ରସଙ୍ଗ ନୁହେଁ। ଚିରାଚରିତ ଧାରାରେ, ପୁରୁଷ ପ୍ରଧାନ ସମାଜ ନାରୀ ଜୀବନରେ ପ୍ରତିବନ୍ଧକ ସାଜେ। ନାନା ନିୟମ-ଶୃଙ୍ଖଳା ଆଧାରରେ ନାରୀ ପାଇଁ ଲକ୍ଷ୍ମଣ ଗାର ଟାଣେ। ଏସବୁକୁ ବିରୋଧ ପୂର୍ବକ ଯାବତୀୟ ଅସଂଗତିକୁ ଅସ୍ୱୀକାର କରି 'ନାରୀବାଦ' ଯେଉଁ ସମାନତାର ପ୍ରସଙ୍ଗ ଉତ୍‌ଥାପନ କରିଆସିଛି, ତାକୁ ତଥାକଥିତ ପିତୃତାନ୍ତ୍ରିକ ସମାଜ (Patriarchy Society) ଉଚ୍ଛୃଙ୍ଖଳତାର ନାଁ ଦେଇଛି।

ନାରୀବାଦ, ନାରୀକୁ ସଶକ୍ତ କରିବାର ଦ୍ୱାହୀ ଦିଏନା, କାରଣ ନାରୀ ଆଗରୁ ହିଁ ସଶକ୍ତ ଏବଂ ସୁଦୃଢ଼। ଯାହାକୁ ବିଶିଷ୍ଟ କବି ସ୍ୱୀକାରପୂର୍ବକ କୁହନ୍ତି:

"Feminism is n't about making women stronger. Women are already strong. Its about change the way the world perceives that strength." - G.D. Anderson

ଏ ପରିପ୍ରେକ୍ଷୀରେ ବିଚାର କଲେ, 'ନାରୀବାଦ' ନାରୀ ଅସ୍ମିତାର ରକ୍ଷା ଦିଗରେ ସତତ ଜାଗ୍ରତ ବୋଲି ବୁଝିବାକୁ ହେବ। ଯାହା ନାରୀମାନଙ୍କ ଦ୍ୱାରା, ନାରୀମାନଙ୍କ ନିମନ୍ତେ ଏବଂ ନାରୀମାନଙ୍କର ଏକ ସଂଗ୍ରାମ। ଏହାର ଆଭିମୁଖ୍ୟ ହେଉଛି, ନାରୀ ସ୍ୱାଧୀକାରର ସୁରକ୍ଷା ସହିତ ଲିଙ୍ଗୀୟ ସମାନତା ଏବଂ ଆତ୍ମସମ୍ମାନର ସହ ବଞ୍ଚିବା କ୍ଷେତ୍ରରେ ପୁରୁଷ ସମ ସମାନତା ସାବ୍ୟସ୍ତ କରିବାରେ ନାରୀ ଜାତିଙ୍କୁ ସହାୟ ହେବା। ଏ ଦୃଷ୍ଟିରୁ ପରିବର୍ତ୍ତିତ ସାମାଜିକ ବିଧି ବ୍ୟବସ୍ଥାରେ ନାରୀ ସତ୍ତାର ସର୍ବାଙ୍ଗୀନ ଉନ୍ନତି ସହ ତା'ର ଅସ୍ମିତା ରକ୍ଷା ମଧ୍ୟ ଏକାନ୍ତ ଭାବରେ ଗ୍ରହଣୀୟ। ନାରୀ ସ୍ଥିତିର ବାସ୍ତବାୟିତ ପ୍ରତିଛବିକୁ ସାହିତ୍ୟରେ ବିଶେଷତଃ ଓଡ଼ିଆ କାବ୍ୟିକ ଭାବ ସ୍ପନ୍ଦନରେ ଉତ୍‌କୀର୍ଣ୍ଣ କରିବାକୁ ଚେଷ୍ଟା କରାଯାଇଛି। ଉକ୍ତ ପ୍ରବନ୍ଧଟିରେ କିଛି, କିଛି କବିତାର ପଂକ୍ତି ମାଧ୍ୟମରେ ଯେଉଁସବୁ କାବ୍ୟିକ ନିଦାନ ଦିଆଯିବାର ପ୍ରଚେଷ୍ଟା ଘଟିଛି, ତାହା ଉପରେ ତର୍ଜମା କରିବାର ହିଁ ସମୟ ଉପଗତ ବୋଲି ବୁଝିବାକୁ ହେବ। ବିଶେତେଃ ନାରୀ ଜୀବନର ଘାତ-ସଂଘାତ ପ୍ରତି ଓଡ଼ିଆ କାବ୍ୟିକ ପରିଚର୍ଚ୍ଚା ମାଧ୍ୟମରେ ବହୁଦିଗକୁ ଉଜାଗର କରାଯାଇଛି। ଏପରିକି ସ୍ଥଳ ବିଶେଷରେ ପ୍ରତିବାଦ ଓ ବିଦ୍ରୂପର ଅଗ୍ନିବର୍ଷୀ ବାଣୀ ସମାଜର ଅବିଚାର ପ୍ରତି ଇଙ୍ଗିତ କରିଥିବାର ଦେଖିବାକୁ ହୁଏ। ନାରୀମୁକ୍ତି କ୍ଷେତ୍ରରେ ଯେଉଁ ଯେଉଁ ଦିଗଟି କ୍ରମଶଃ ସ୍ପଷ୍ଟ ହୋଇଉଠିଛି, ତାହାକୁ ଅସ୍ୱୀକାର କରିବାର ସମୟ ଆସିଯାଇଛି। ଏ ପରିପ୍ରେକ୍ଷୀରେ ସୁନାମଧନ୍ୟ ଚିନ୍ତାନାୟକ ତଥା ବୁଦ୍ଧିଜୀବୀ Charlatte Bunch (1981)ଙ୍କ ବକ୍ତବ୍ୟକୁ ଏଠାରେ ଉଲ୍ଲେଖ କରାଯାଇପାରେ। ତାଙ୍କ ଭାଷାରେ:

"Feminism is n't about adding in women's rights but about transforming society, so that feminism may be called "transformational politics."

ବାସ୍ତବରେ, 'ନାରୀବାଦ' କୌଣସି ନିର୍ଦ୍ଦିଷ୍ଟ ସିଦ୍ଧାନ୍ତ ବା ଦର୍ଶନ ନୁହେଁ, ବରଂ ଏହା ଏକ ପ୍ରଚେଷ୍ଟା ଅନ୍ୟାୟ ଓ ଅବିଚାର ବିରୁଦ୍ଧରେ। ବେଳେବେଳେ ଖୁବ୍ ଆଶ୍ଚର୍ଯ୍ୟ ମନେହୁଏ, ଯେଉଁ ସମାଜ ନାରୀର ପ୍ରାଧାନ୍ୟକୁ ଗୁରୁତ୍ୱ ଦେଇଆସୁଥିଲା, ତାହା ପରବର୍ତ୍ତୀ ସମୟ ବେଳକୁ ପରିବର୍ତ୍ତନ ହେବାକୁ ଲାଗିଲା। ଏପରିକି ପୁରାତାତ୍ତ୍ୱିକ ଗବେଷଣାରୁ ଯାହା ଅନୁଧ୍ୟାନ କରାଯାଏ, ସେଥିରୁ ଏହା ଅନୁମେୟ ଯେ, ମାନବ

ସଭ୍ୟତାର ପ୍ରାରମ୍ଭିକ କାଳର ବିଧି ବ୍ୟବସ୍ଥାରେ ନାରୀ ଥିଲା ମୁଖ୍ୟ। କ୍ରମଶଃ ଧିରେ ଧିରେ ବିବର୍ତ୍ତିତ ସାମାଜିକ ଲୋକାଚାରରେ ନାରୀ ଅସୂର୍ଯ୍ୟଂପଶ୍ୟା ହୋଇ ରହିଲା। ଏପରିକି ସକ୍ରେଟିସ୍‌ଙ୍କ ଭଳି ଚିନ୍ତାନାୟକ ମଧ୍ୟ 'ନାରୀ' ବା 'ସ୍ତ୍ରୀ'ର ମହତ୍ତ୍ୱକୁ ଗୌଣ କରିବାକୁ ଯାଇ ଅନେକ ନକରାତ୍ମକ କଥାମାନ କହିବାର ଦେଖିବାକୁ ମିଳେ। ତାଙ୍କ ଭାଷାରେ:

"ଜଣେ ସତ୍ ଦାର୍ଶନିକ ମୃତ୍ୟୁକୁ ଜମା ଭୟ କରେ ନାହିଁ, କିନ୍ତୁ ନାରୀମାନେ ମୃତ୍ୟୁର ନାଁ ଶୁଣିବା ମାତ୍ରେ କାନ୍ଦି ପକାନ୍ତି।"

- Plato, Apology, In Plato, Five great dialogues, Classical Club, taranto 1942, P.87.

ଏପରିକି ପ୍ଲାଟୋ ଭଳି ଦାର୍ଶନିକ ମଧ୍ୟ 'ସ୍ତ୍ରୀ' ପ୍ରତି ଅସୂୟାଭାବ ପରିପ୍ରକାଶ ପୂର୍ବକ କୁହନ୍ତି:-

"××× ଯେଉଁ ପୁରୁଷ ପୁରୁଷୋଚିତ ଶୈଳୀରେ ନିଜର କର୍ତ୍ତବ୍ୟ ପାଳନ କରେ ନାହିଁ, ତେବେ ପରବର୍ତ୍ତୀ ଜନ୍ମରେ ଦଣ୍ଡସ୍ୱରୂପ ତାକୁ ସ୍ତ୍ରୀ ଶରୀର ପ୍ରାପ୍ତି ହୁଏ।"

- Plato, Dhaedo in Plato, Ibid

ନାରୀମାନଙ୍କୁ ନେଇ ପ୍ଲାଟୋଙ୍କର ଅସହିଷ୍ଣୁତା ଏତେ ପ୍ରଖର ମାତ୍ରାରେ ଥିଲା ଯେ, ସେ' ନାରୀମାନଙ୍କୁ କେବଳ ଘରୋଇ କାମ ଏବଂ ଛୁଆ ପିଲା ଜନ୍ମ ନିମନ୍ତେ ଉଦ୍ଦିଷ୍ଟ ବୋଲି କହିବାକୁ ମଧ୍ୟ ପଛେଇ ନାହାନ୍ତି। ଆରିଷ୍ଟୋଟଲ, ସେଣ୍ଟ ଅଗଷ୍ଟାଇନ୍‌ଙ୍କ ଭଳି ଚିନ୍ତାନାୟକ ତଥା ଦାର୍ଶନିକ ମଧ୍ୟ ନାରୀ ବିରୋଧି ଥିବା ଦେଖିବାକୁ ମିଳେ। ଏପରିକି ଅଗଷ୍ଟାଇନ୍ ନାରୀମାନଙ୍କୁ 'ମାନବତାର ବୋଝ' ବୋଲି ଅଭିହିତ କରିଥିବାର ସୂଚନା ମିଳେ। ଏ ପରିପ୍ରେକ୍ଷୀରେ ଦେଖିବାକୁ ଗଲେ 'ନାରୀ ଜୀବନର ଜଟିଳତା କାହିଁ କେଉଁ ଐତିହାସିକ କାଳରୁ ଚାଲିଆସୁଥିବାର ଦେଖିବାକୁ ମିଳେ। କିନ୍ତୁ ଦାର୍ଶନିକ ହେଗେଲ୍‌ଙ୍କ ଭଳି ଦାର୍ଶନିକ ମାନେ ଏସବୁ ମତକୁ ଅସ୍ୱୀକାର ପୂର୍ବକ ନାରୀର ପ୍ରଗତି ପାଇଁ ତା'ର ଶୈକ୍ଷିକ ଅଭିବୃଦ୍ଧିକୁ ଗୁରୁତ୍ୱାରୋପ କରିଥିଲେ। ତାଙ୍କ ଭାଷାରେ:

Women are capable of education but they are not made for the activities which demand a universal faculty, such more advanced sciences philosophy and certain forms of artistic production. Women may have happy ideas, taste and elegance, but they can't attain to the ideal.

- Hodge, Women and the Itegelian State in Kemdy and ...

ସେହିପରି ଜନ୍‌ଷ୍ଟୁଆର୍ଟମିଲ୍‌ଙ୍କ ଭଳି ଦାର୍ଶନିକ ନାରୀର ମତ ପ୍ରଦାନ, ଅଧିକ ରୋଜଗାର ଓ ଶିକ୍ଷା କ୍ଷେତ୍ରରେ ପୁରୁଷମାନଙ୍କ ଭଳି ତା'ର ସମାନ ଅଧିକାର ବିଷୟରେ ପ୍ରାଧାନ୍ୟ ଦେଇଥିବାର ଦେଖିବାକୁ ମିଳେ। ତାଙ୍କ ମତରେ:

"It is good that the mistress of a family will herself do the work of servants, the great occupation of women should be beautiful life and to diffuse beauty, elegance and grace every where."

- Mill, The Subsection of Women, Oup, P-75, 79, 32

ଅର୍ଥାତ୍ ସ୍ତ୍ରୀ ସର୍ବଦା ଘରେ ଚାକର ଭଳି କର୍ମ କରେ, ତଥାପି ଜୀବନକୁ ସୁନ୍ଦର କରି ରଖିବାରେ ତା'ର ଭୂମିକା ରହିଛି। ଏ ପରିପ୍ରେକ୍ଷୀରେ ବିଚାର କଲେ ପାଶ୍ଚାତ୍ୟ ଚିନ୍ତାନାୟକ ବା 'ଦାର୍ଶନିକମାନେ ଲିଙ୍ଗଗତ ବୈଷମ୍ୟକୁ ଆଧାର କରି 'ନାରୀ'କୁ ଗୌଣ ବା 'Shivor' ମନେକରି 'ପୁରୁଷକୁ 'Supreme' ବା ସର୍ବୋଚ୍ଚ ବୋଲି ଦର୍ଶେଇବାକୁ ପ୍ରୟାସ କରିଛନ୍ତି। ଏଥିରୁ ସ୍ପଷ୍ଟ ଭାବରେ ପୁରୁଷତନ୍ତ୍ରର ଅବିଚାର ହିଁ ପ୍ରତିଫଳିତ ହୋଇଥିବାର ମନେହୁଏ।

ଏଥିରୁ ସହଜେ ଅନୁମେୟ, ନାରୀର ସ୍ୱାଧୀକାର ଓ ସ୍ୱାତନ୍ତ୍ର୍ୟର ପ୍ରସଙ୍ଗ ଆସିଲେ ପୁରୁଷତାନ୍ତ୍ରିକ ବିଧି ବ୍ୟବସ୍ଥା କେଉଁଠି ନା କେଉଁଠି ପ୍ରତିବନ୍ଧକ ସୃଷ୍ଟି କରେ। ବନ୍ୟ ସଭ୍ୟତାରୁ ଆରମ୍ଭ କରି ସାମ୍ପ୍ରତିକ ସମାଜରେ ନାରୀ ଜୀବନର ସଂଘାତ ପରିବର୍ତ୍ତନ ହେଉନି ବରଂ ଅଧିକରୁ ଅଧିକ ଜଟିଳତର ହେବାରେ ଲାଗିଛି। ତେବେ ପ୍ରଶ୍ନଉଠେ ନାରୀ ଯଦି ଈଶ୍ୱରଙ୍କ ଅଦ୍ୱିତୀୟ ସୃଷ୍ଟି, ତା'ହେଲେ କେଉଁ

କାରଣରୁ ତା' ପ୍ରତି ଏତେ ଅସୂୟା ଭାବ ? ନାରୀ, ପୁରୁଷ ଭିତରେ ଏତେ ପ୍ରଭେଦ କାହିଁକି ? ଯଦି ପ୍ରଭେଦ ନୁହେଁ, ତେବେ ପୁରୁଷ ଓ ନାରୀ ମଧ୍ୟରେ ଏତେ ଅସମାନତା ପ୍ରଦର୍ଶନ ହୁଏ କାହିଁକି ? ନାରୀ ହୋଇ ଜନ୍ମିବା କ'ଣ ବିଡ଼ମ୍ବନା ? ଏଭଳି ଅନେକ ପ୍ରଶ୍ନ ମନକୁ ଆନ୍ଦୋଳିତ କରେ। ଏହିସବୁ ନାନା ପ୍ରଶ୍ନର ଅନ୍ତରାଳରେ ଯେଉଁ ସବୁ କାବ୍ୟିକ ନିରାକରଣ ଦେବାକୁ ପ୍ରଚେଷ୍ଟା କରାଯାଇଛି, ତାହାର ଏକ ବିହଙ୍ଗାବଲୋକନ ନିମ୍ନମତେ ଉଲ୍ଲେଖ କରାଯାଇପାରେ।

ପ୍ରଥମରୁ କହି ରଖେ, ନାରୀର ସ୍ୱାଧୀକାର ଓ ମର୍ଯ୍ୟାଦାର ପ୍ରସଙ୍ଗ ଆସିଲେ, 'ନାରୀବାଦ' ଆମ ସମ୍ମୁଖରେ ଛିଡ଼ା ହୁଏ। ସାମଗ୍ରିକ ଭାବେ କହିବାକୁ ଗଲେ, 'ନାରୀବାଦ'ର ସୂକ୍ଷ୍ମଚେତନାଟି ଭିତରେ ଏକ ବଳିଷ୍ଠ ଅବରୋଧଟିଏ ଲୁକ୍କାୟିତ ହୋଇ ରହିଥିବାର ଦେଖାଯାଏ। ଯାହା ନାରୀର ଅବଚେତନୀୟ ବାସ୍ତବତାକୁ ବହୁକ୍ଷେତ୍ରରେ ପରିପ୍ରକାଶ କରିବାକୁ ସତତ ବ୍ୟାକୁଳିତ ହୁଏ। ସେ ଜାଗ୍ରତ ହୁଏ ତା'ର ଚେତନା ପଲ୍ଲବିତ ହୁଏ। ଆପଣାର ଇଚ୍ଛା, ଆକାଙ୍କ୍ଷା, ସ୍ୱପ୍ନ ପ୍ରତି ସେ ଦାୟବଦ୍ଧ ହୁଏ। ନିଜର ସ୍ଥିତି ପ୍ରତି ସଚେତନ ହେବା ସହ ସୁସ୍ଥ ସମାଜ ଗଠନ ନିମନ୍ତେ ତା'ର ସହଭାଗୀତାକୁ ଜାହିର୍ କରେ। ଗୋଟିଏ ପକ୍ଷେ ସମାଜର ପ୍ରଗତି ଏବଂ ତଦ୍ଅନୁସାରୀ ଯୁଗବତ୍ ହେବାର ଅଭିପ୍ସା ଏବଂ ଅନ୍ୟ ପକ୍ଷରେ ପ୍ରଥା, ପରମ୍ପରା ଏବଂ ପରିବାରର ଦାୟବଦ୍ଧତା। ଏଇ ଦୁଇ ସନ୍ଧିକ୍ଷଣ ଭିତରେ ନାରୀ ଜୀବନ ଖୁବ୍ ଦୁର୍ବିସହ ହୋଇଉଠେ। କେଉଁଠି ତା' ଅସ୍ତିତ୍ୱ ପ୍ରତି ଅଙ୍ଗୁଳି ଉଠିଲାଣି ତ, କେଉଁଠି ତା' ଚରିତ୍ରକୁ ନେଇ ଯାବତୀୟ କୁତ୍ସାରଟନା। କେଉଁଠି ତା' ରୂପରଙ୍ଗକୁ ନେଇ ଚର୍ଚ୍ଚା ତ କେଉଁଠି ତା' ମାତୃତ୍ୱକୁ ନେଇ ଅପଯଶର ଗ୍ଲାନି ତାକୁ ଶତଧା ବିଭକ୍ତ କଲାଣି। କେଉଁଠି ବଧୂ ହେଇ ଜଳିଲାଣି ତ କେଉଁଠି ଗଣଦୁଷ୍କର୍ମର ଶିକାର, କେଉଁଠି ତା' ପାରିବାପଣିଆ ଆଗରେ ସମାଜର ଲକ୍ଷ୍ମଣଗାର ତ କେଉଁଠି ଅମର୍ଯ୍ୟାଦାର ଯାବତୀୟ ଲାଞ୍ଛନା। ବାସ୍ତବରେ ନାରୀ ଜୀବନର ଜଟିଳତା ସମାଜର ଦାନ। ବିଡ଼ମ୍ବିତ ଅଧ୍ୟାୟ ଭଳି ନାରୀ ଜୀବନର ଅନ୍ତର୍ଦାହ ଦୂରୀଭୂତ ହେଇନି ବରଂ ପରିବର୍ତ୍ତିତ ହୋଇଛି ସ୍ଥାନ, କାଳ ଓ ପାତ୍ରର ପରିଧି।

ଏଥିପାଇଁ ପ୍ରତିବାଦ ଓ ପ୍ରତିରୋଧର ଭୂମିକା ରହିଛି। ଯାହା, ନାରୀବାଦ ହିଁ ପ୍ରୟାସ କରେ। ପ୍ରତ୍ୟେକ ସମ୍ବେଦନଶୀଳ ମଣିଷ ଯେ ଜଣେ ଜଣେ 'ନାରୀବାଦୀ'

ହୋଇପାରିବେ, ତାହା ସ୍ୱୀକାର କରନ୍ତି କବି ଗାୟତ୍ରୀବାଳା ପଣ୍ଡାଙ୍କ ଭଳି ଦରଦୀ ମଣିଷମାନେ। ଏ ଦୃଷ୍ଟିରୁ ବିଚ୍ଚାର କଲେ ଲିଙ୍ଗଗତ ଆଧାରରେ ନାରୀ ଓ ପୁରୁଷ ମଧ୍ୟରେ ଜୈବିକ ଭିନ୍ନତା ରହିଛି; କିନ୍ତୁ ତାହା ଯେ ଉଭୟଙ୍କ ମଧ୍ୟରେ ଥିବା ଭାବାଗତ ତଥା ଆତ୍ମିକ ଆବେଗକୁ କୌଣସି ଭାବରେ ପ୍ରଭାବିତ କରିବ ତାହା ଭାବିବା ଭୁଲ୍ ହେବ। ତେଣୁ 'ନାରୀବାଦ' କେବଳ ନାରୀ ଜୀବନ ଓ ଅସ୍ତିତ୍ୱକୁ ନେଇ ଅଗ୍ରଗତି କରିଛି ବୋଲି ବୁଝିବାକୁ ହୁଏ, ତା' ନୁହେଁ। ଏହା ଏକ ବୃହତ୍ତର ତଥା ସାର୍ବଜନୀନ ଆକାଂକ୍ଷାର ଫଳଶ୍ରୁତିକୁ ବୁଝାଏ। ଏଠି ସାର୍ବଜନୀନ ଆକାଂକ୍ଷା କହିଲେ ମାନବିକତାର ହନନ ବିରୁଦ୍ଧରେ ଏକ ମହତ୍ତର ଅଭିଯାନ। ଆପଣାର ମର୍ଯ୍ୟାଦା ଓ ସ୍ୱାଧୀକାରର ରକ୍ଷା ସର୍ବପ୍ରଥମ। ନ୍ୟାର୍ଯ୍ୟଦାବିର ରକ୍ଷା ସମସ୍ତଙ୍କର କର୍ତ୍ତବ୍ୟ ହେବା ଆବଶ୍ୟକ। ଏ ପରିପ୍ରେକ୍ଷୀରେ ବିଚ୍ଚାର କଲେ 'ନାରୀବାଦ' ନାରୀ ଅସ୍ମିତା ଓ ମର୍ଯ୍ୟାଦାର ସୁରକ୍ଷା ଦିଗରେ ସ୍ୱର ଉତ୍ତୋଳନ କରେ, ଯାହା ସମ୍ପୂର୍ଣ୍ଣତଃ ନ୍ୟାଯସଂଗତ। ପୁରୁଷ ଭଳି ନାରୀର ଯେ ସମାନ ଅଧିକାର, ସମାନତା ଏବଂ ସମଭାବରେ ସମ୍ମାନର ସହ ବଞ୍ଚିବାର ସମସ୍ତ ନ୍ୟାର୍ଯ୍ୟ ଦାବିକୁ ଦୃଢ଼ କଣ୍ଠରେ ସମର୍ଥନ କରିଥାଏ ନାରୀବାଦ। ଏହା ଯେପରି ନାରୀର ନ୍ୟାୟଗତ, ସାମାଜିକ ତଥା ସାମଗ୍ରିକ ଭାବରେ ସର୍ବାଙ୍ଗୀନ ଉନ୍ନତିରେ ସହାୟକ ବୋଲି ବୁଝିବାକୁ ହେବ।

୧୯୧୦ ମସିହାରେ ଫ୍ରାନ୍ସରେ ପ୍ରଥମ କରି ଏହି 'ନାରୀବାଦ' ବା 'Feminism' ଶବ୍ଦର ବ୍ୟବହାର ହୋଇଥିଲା, ଯାହା ନାରୀମାନଙ୍କର ରାଜନୀତିକ ଅଧିକାର (Right to Sufferage) ସ୍ୱରୂପ ଭୋଟଦାନ ସପକ୍ଷରେ ଯୁକ୍ତି ବାଢ଼ିଥିଲା। ପରବର୍ତ୍ତୀ କାଳରେ ଯାହା ଆମେରିକା ତଥା ସମଗ୍ର ବିଶ୍ୱରେ ଚହଳ ସୃଷ୍ଟି କରିଥିଲା। ୧୯୨୦ ମସିହାରୁ ୧୦୬୦ ମଧ୍ୟରେ ଏହି ଚିନ୍ତାଧାରା କ୍ରମଶଃ ଏକ ଆନ୍ଦୋଳନର ରୂପ ନେଇଥିଲା ଏବଂ ତାହା ୧୯୬୦ ପରବର୍ତ୍ତୀ କାଳକୁ 'New Feminist Movement' ବା 'ନବ ନାରୀବାଦୀ ଆନ୍ଦୋଳନ' ଭାବରେ ପରିପ୍ରକାଶ ଲାଭ କଲା। ଏହିଭଳି ଧିରେ ଧିରେ ନାରୀମାନଙ୍କର ରାଜନୀତିକ ଅଧିକାର ସାବ୍ୟସ୍ତ କରିବାକୁ ମୁଣ୍ଡ ଟେକିଥିବା ଏହି ଆନ୍ଦୋଳନ ପରବର୍ତ୍ତୀ କାଳ ବେଳକୁ ନାରୀର ଆର୍ଥିକ, ନ୍ୟାୟଗତ, ସାମାଜିକ ଏବଂ ତା'ର ଯୌନଗତ ଅଧିକାରକୁ ସ୍ୱଚ୍ଛନ୍ଦ ଭାବରେ ଉପଭୋଗ କରିବାକୁ ଗୁରୁତ୍ୱାରୋପ କରିଥିବାର ଦେଖିବାକୁ ମିଳେ।

ଏ ପରିପ୍ରେକ୍ଷୀରେ ବିଚାର କଲେ ରାଜନୀତିକ ଅଧିକାରକୁ ନେଇ ଗଢ଼ି ଉଠିଥିବା 'ନାରୀବାଦ' ପ୍ରସଙ୍ଗଟି ଅନାୟାସରେ ସମସ୍ତ ନାରୀମାନଙ୍କ ମଙ୍ଗଳ ବିଧାନ ଅର୍ଥେ ସର୍ବସମ୍ମତ କ୍ରମେ ଗୃହୀତ ହେଲା। ଅଦ୍ୟାବଧି ମଧ୍ୟ ନାରୀର ସୁରକ୍ଷା ଓ ସମ୍ମାନଅର୍ଥେ ଅନେକ ସରକାରୀ କାର୍ଯ୍ୟକ୍ରମ ତଥା ଭିନ୍ନ ଭିନ୍ନ ଯୋଜନା ମାନ ଗଢ଼ି ଉଠିଥିବାର ଦେଖିବାକୁ ମିଳେ। ବିଶେଷ ଭାବରେ ନାରୀ ଜୀବନର ଆକଳନ କରିବାକୁ ଯାଇ ଏ ପ୍ରବନ୍ଧଟିର କଳେବର। କହି ରଖେ, ନାରୀ ଅସ୍ମିତା ଓ ତା'ର ଆତ୍ମିକ ମର୍ଯ୍ୟାଦା ରକ୍ଷା ଯେ କେବଳ ପୁରୁଷ ଉପରେ ନ୍ୟସ୍ତ ତା' ନୁହେଁ। ନାରୀର ମଧ୍ୟ ତା'ର ଆତ୍ମିକ ଶୃଙ୍ଖଳା ନିମନ୍ତେ ଦାୟବଦ୍ଧତା ରହିବା ଜରୁରୀ। ଯେ ପର୍ଯ୍ୟନ୍ତ ସମାଜରେ ସୁସ୍ଥ ମାନସିକତାର ବୃଦ୍ଧି ଘଟିବ, ସେ ପର୍ଯ୍ୟନ୍ତ ନାରୀ ଜୀବନର ଦୂର୍ବିପାକର ଅନ୍ତ ଅସମ୍ଭବ। ଏ ପୁସ୍ତକଟିରେ ନାରୀ ଜୀବନର କାବ୍ୟିକ ପରିଚର୍ଚ୍ଚା ମଧ୍ୟରେ ତା'ର ଅବଚେତନୀୟ ମନୋଦଶାକୁ ଫୁଟେଇବାର ଚେଷ୍ଟା ହୋଇଛି। ବିଷୟବିନ୍ୟାସରେ ସମ୍ୟକ୍ ଆତ୍ମନେପଦୀରୁ ଆପଣମାନେ ନାରୀ ଜୀବନର ତଥାକଥିତ "ମିଥ୍, ମୋଟିଫ୍ ଓ ମେଟାପର୍"କୁ ସମ୍ୟକ୍ ଭାବେ ଠଉରାଇ ପାରିଲେ ଏ ଅଧମର ଶ୍ରମ ଲାଘବ ହେବ ବୋଲି ଆଶା କରେ। ଗ୍ରନ୍ଥଟିର ବିଷୟସୂଚୀ ବା ବିଷୟ ବିନ୍ୟାସକୁ ମୁଖ୍ୟତଃ ୬ଗୋଟି ବିଭାଗରେ ବିଭକ୍ତ କରାଯାଇଛି, ଯାହା ନିମ୍ନମତେ ଉଲ୍ଲେଖ କରାଗଲା। ଯଥା - ଆତ୍ମନେପଦୀ, କିଛି ଅବ୍ୟକ୍ତ ଚିତ୍ରଲିପି -

ଷଷ୍ଠ ଅଧ୍ୟାୟ - ନାରୀବାଦ: ଆଦ୍ୟରୁ ଅଦ୍ୟାବଧି

ପ୍ରଥମ ଅଧ୍ୟାୟ

(ନାରୀ : ଚିତ୍ର - ଚରିତ୍ର - ଚୌହଦୀ)

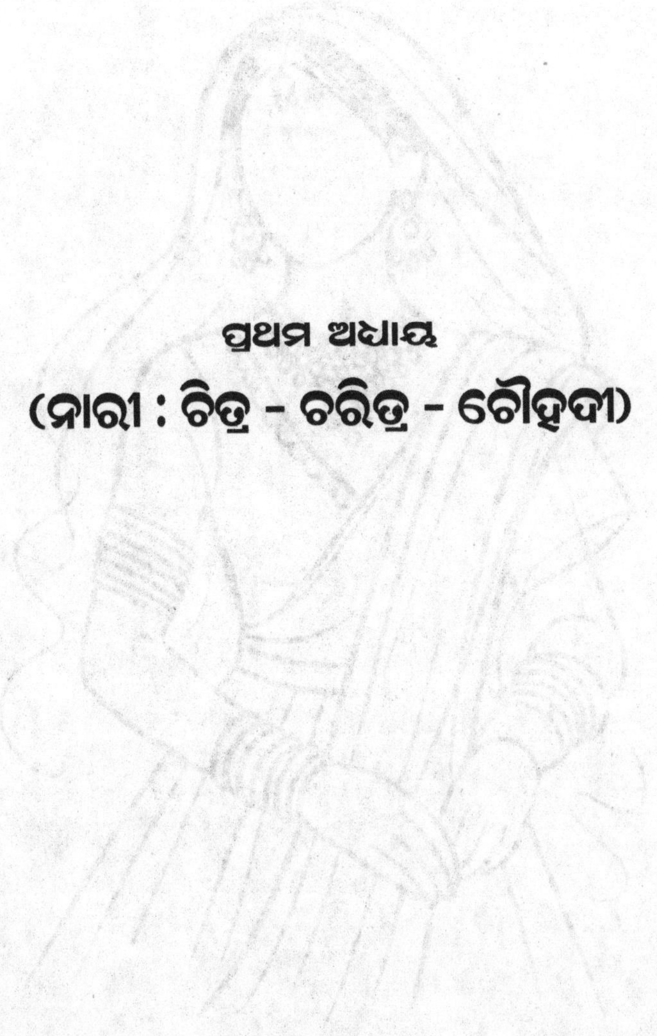

৪২ ନାରୀ ଜୀବନର ମିଥ୍, ମୋଟିଫ୍ ଓ ମେଟାଫର

କେବେ ଦେବୀ ତ କେବେ ଦାନବୀ, କେବେ ଜନନୀ ତ କେବେ ପ୍ରେୟସୀ, କେବେ ପ୍ରେମମୟୀ -ଲାସ୍ୟମୟୀ – ହାସ୍ୟମୟୀ ତ କେବେ ଛଳନାମୟୀ – ସ୍ୱପ୍ନମୟୀ – ଉର୍ବଶୀ । କେତେ ରୂପ, କେତେ ତା'ର ସ୍ୱରୂପ । ଏହା ମୁଁ ନୁହେଁ, ସମାଜ ଦେଇଥିବା ବିଶେଷଣର ଅଯାଚିତ ସମ୍ଭାର । ସେ' ସ୍ୱୟଂସିଦ୍ଧା ନିଜ ଯୁଦ୍ଧର ନିଜେ ନାୟିକା । ନିଜେ ପ୍ରେମ ପୁଣି ନିଜେ ବିଭୀଷିକା । ନାରୀ ଇଶ୍ୱରଙ୍କର ଅଦ୍ୱିତୀୟ କଳାକର୍ମ । ଇଶ୍ୱର ସୃଷ୍ଟିର ଉତ୍ପତ୍ତି କଲାବେଳେ, ପୁରୁଷ ଓ ନାରୀ ସୃଷ୍ଟିକରି ବ୍ରହ୍ମାଣ୍ଡର ପରିକଳ୍ପନା କରିଛନ୍ତି । "ଇଶ୍ୱର ପୁରୁଷ ପ୍ରକୃତି ପ୍ରାୟ ନାରୀ" ଭାବରେ ଆମର ଆଧାତ୍ମିକ ମୂଲ୍ୟବୋଧ ଏହାକୁ ମୁକ୍ତ କଣ୍ଠରେ ସ୍ୱୀକାର କରେ । ଜଣେ ଆକାଶ ହେଲେ ଅନ୍ୟ ଜଣକ ପୃଥିବୀ । ନାରୀର ସୌନ୍ଦର୍ଯ୍ୟ ଏବଂ ପୁରୁଷର ପୌରୁଷରେ ସୃଷ୍ଟିହୁଏ ପ୍ରାଣବନ୍ତ । ସୃଷ୍ଟିର ଅୟମାରମ୍ଭରେ ଇଶ୍ୱର ଓ ତାଙ୍କ ପରାଶକ୍ତିର ସମନ୍ୱିତ ଚେତନା ଏକ ଜ୍ୟୋତି ଭାବରେ ଉଦ୍ଭାସିତ ହୋଇଥିବାର ବହୁ ପୁରାଣ-ଶାସ୍ତ୍ରକାରମାନେ ସ୍ୱୀକାର କରିଛନ୍ତି । ଏହି ଜ୍ୟୋତି ହିଁ ସୃଷ୍ଟିର ମୂଳ ତେଣୁ ଭାରତୀୟ ଆଧାତ୍ମିକ ପରମ୍ପରାରେ ପ୍ରକୃତି ଓ ପୁରୁଷ ଏକ ଓ ଅଭିନ୍ନ ଭାବରେ ପୂଜା ପାଇଆସୁଛନ୍ତି । ଯେପରି ଗୋଟିଏ ପୂର୍ଣ୍ଣତାର ଦୁଇ ସମଭାଗ, ସୃଷ୍ଟି-ସ୍ଥିତି ତଥା ପ୍ରଳୟର ଏକୀଭୂତ ଶକ୍ତି, ଯାହା ହ୍ଲାଦିନୀ ଶକ୍ତି -ପରାଶକ୍ତି ଭାବରେ ବର୍ଣ୍ଣିତ ହୋଇଛି । ଇଶ୍ୱରଙ୍କ ଅଣାକାର -ଅଦ୍ୱୈତ ସତ୍ତା ଭାବରେ ଉଭୟ ପୁରୁଷ ଓ ପ୍ରକୃତି ପୂଜ୍ୟ । ଏପରିକି ନାରୀମୟ ପ୍ରକୃତିର ବ୍ୟାକୁଳତା, ପୁରୁଷରୂପୀ ଇଶ୍ୱରଙ୍କ ଠାରେ ସହଜେ ଉପଲବ୍ଧ । ଇଶ୍ୱର ବା ପରମେଶ୍ୱରଙ୍କ ଆଦ୍ୟାଶକ୍ତି ଭାବରେ ପ୍ରକୃତି, କେବେ ନମନୀୟ ସ୍ୱରୂପ ନେଇ ତ, କେବେ କାଳର କରାଳ ରୂପ ନେଇ ଉଦ୍ଭାସିତ ହୁଏ ।

ଭାରତୀୟ ସଂସ୍କୃତି ମାତୃ ନିରାଜନାର ସଂସ୍କୃତି । ଏଠି ପ୍ରକୃତି ବନ ମାତୃକା, ନଦୀ ମାତୃକା ଏବଂ ବୃକ୍ଷ ମାତୃକା ସ୍ୱରୂପ ନିରାଜନା କରାଯିବାର ବିଧି ରହିଛି । ବେଦ-ଉପନିଷଦ ତଥା ପୁରାଣ ଶାସ୍ତ୍ର-ସଂହିତା ଆଦିରେ ନାରୀ ଦେବୀସମା ପବିତ୍ରା ।

ସେ' କ୍ଷମାମୟୀ, ବାତ୍ସଲ୍ୟମୟୀ ସ୍ୱରୂପା । ସେ' ଏକାଧାରାରେ ଜାୟା-ଜନନୀ-ଭଗିନୀ-ଅର୍ଦ୍ଧାଙ୍ଗିନୀ ଭାବେ ଏ ସଂସାରରେ ଆନନ୍ଦର ଉତ୍ସ ସାଜେ । "ନୀତିଶାସ୍ତ୍ର"ମଧ୍ୟ ଏହାକୁ ସ୍ୱୀକାର କରି କୁହେ :-

"କାର୍ଯେସୁ ଦାସୀ, କରଣେଷୁ ମନ୍ତ୍ରୀ

ଭୋଜେସୁ ମାତା, ଶୟନେଷୁ ରମ୍ଭା

ରୂପେଷୁ ଲକ୍ଷ୍ମୀ, କ୍ଷମାୟା ଧରିତ୍ରୀ"

ଏପରିକି ମନୁସ୍ମୃତି, ଅଥର୍ବବେଦ, ଦେବୀ ସପ୍ତସତୀ ଆଦିରେ ନାରୀ, ଆଦ୍ୟାଶକ୍ତି ସ୍ୱରୂପା ପୂଜନୀୟା ବନ୍ଦନୀୟା ବୋଲି ବର୍ଣ୍ଣନା କରାଯାଇଛି । ଅର୍ଥାତ୍, ନାରୀ ଯେଉଁଠି ପୂଜିତା, ସମ୍ମାନିତା, ସେଠି ସସାଗରା ଧରା ଆନନ୍ଦିତ ହୋଇଉଠନ୍ତି । ଆଉ ଯେଉଁଠି ନାରୀ ଅପମାନିତା ହୁଏ ତା'ର ମର୍ଯ୍ୟାଦାର ହାନିଘଟେ, ସେଠି ବିନାଶ ଅବଶ୍ୟମ୍ଭାବୀ ବୋଲି ଧରି ନେବାକୁ ହୁଏ । ଏ ହେଉଛି ନାରୀଶକ୍ତିର କଲ୍ୟାଣମୟୀ ରୂପ, ଯେ ମମତାମୟୀ ଜନନୀ, ସେ' ସକଳ ବିଘ୍ନ ବିନାସିନୀ । ସେ' ହିଁ ଲକ୍ଷ୍ମୀ-ଦୁର୍ଗା-ସରସ୍ୱତୀ ସମା ବନ୍ଦନୀୟା, ଶ୍ରେଷ୍ଠା । ନାରୀ ପ୍ରକୃତିସମା, ବାତ୍ସଲ୍ୟମୟୀ ମମତ୍ୱର ଅଧିକାରିଣୀ ଶକ୍ତି ସ୍ୱରୂପିଣୀ । ସ୍ରଷ୍ଟାରୂପୀ ନାରୀ କଳାକର୍ମ ଠାରୁ ଆରମ୍ଭ କରି ସଂସାରରୂପୀ ବୃକ୍ଷରେ ଈଶ୍ୱରୀ ଭାବରେ ବେଶ୍ ନିପୁଣା । ବେଦରେ ଅନେକ ମନ୍ତ୍ରଦ୍ରଷ୍ଟା ଋଷିକନ୍ୟା-ଋଷିପତ୍ନୀ ବିଦୁଷୀମାନେ ବୈଦିକ ସୂକ୍ତ ରଚନା କରିଥିବାର ପ୍ରମାଣ ମିଳେ । ସେମାନଙ୍କ ମଧ୍ୟରେ ଘୋଷା,ବିଶ୍ୱବାରା, ଆପାଲା, ବାକ୍, ସୂର୍ଯ୍ୟା, ଶଚୀ, କ୍ଷମୀ, ଶାଶ୍ୱତୀ ଆଦି ମହାମାନ୍ୟାଙ୍କ ଦ୍ୱାରା ଶାସ୍ତ୍ରାଦି ପଠିତ-ରଚିତ ଥିବାର ଉଲ୍ଲେଖ ରହିଛି । ଏପରିକି ବ୍ରହ୍ମବାଦିନୀ ଘୋଷା,କାକ୍ଷୀବାନ ଋଷିକନ୍ୟା ଭାବରେ ଋକବେଦର ଦଶମ ମଣ୍ଡଳ ଅନ୍ତର୍ଗତ ୩୯ ଓ ୪୦ ତମ ସୁକ୍ତ ଦର୍ଶନ କରିଥିଲେ । ଏଥିରେ ସେ' ବ୍ରହ୍ମଚାରିଣୀ କନ୍ୟାର କର୍ତ୍ତବ୍ୟ ସମ୍ପର୍କରେ ଉଲ୍ଲେଖ କରିଥିଲେ । ଏପରିକି ବିଶ୍ୱବାରା,ଋକବେଦ ଅନ୍ତର୍ଗତ ପଞ୍ଚମ ମଣ୍ଡଳର ଦ୍ୱିତୀୟ, ୨୮ତମ ସୁକ୍ତର ୬ଗୋଟି ମନ୍ତ୍ର ରଚନା କରିଥିଲେ । ଆଦିଋଷିଙ୍କ ବଂଶଜ ଏହି ବିଦୁଷୀଙ୍କର ମନ୍ତ୍ର ଗୁଡିକରେ ଅତିଥି ସଂସ୍କାର, ସ୍ତ୍ରୀ କର୍ତ୍ତବ୍ୟ ଏବଂ ଯଜ୍ଞାଦି କର୍ମର ସୁରକ୍ଷା ଆଦି ସମ୍ପର୍କିତ ବର୍ଣ୍ଣନା କରାଯାଇଛି । ବାସ୍ତବରେ ସ୍ତ୍ରୀ ଶକ୍ତି ଜଗତର ଅଧୀଶ୍ୱରୀ । ସଚରାଚର ବିଶ୍ୱବ୍ରହ୍ମାଣ୍ଡରେ ପରିବ୍ୟାପ୍ତ ଚେତନା ସଦୃଶ ଅଟନ୍ତି ।

ଦୀର୍ଘତମା ଋଷିଙ୍କର ପତ୍ନୀ 'ଉଶିଜ' ଋକବେଦର ପ୍ରଥମ ମଣ୍ଡଳ ୧୨୬ ରୁ ୧୨୧ ପର୍ଯ୍ୟନ୍ତ ମନ୍ତ୍ର ସଂକଳନ କରିଥିଲେ । ଘୋଷା ଥିଲେ ଏହାଙ୍କ ପୌତ୍ରୀ । ଅଗସ୍ତ୍ୟଋଷିଙ୍କ ପତ୍ନୀ ଲୋପାମୁଦ୍ରା ପତିଙ୍କ ସହିତ ମିଳିତ ଭାବରେ ୧୭୯ ସୁକ୍ତ ରଚନା କରିଥିଲେ । ଏଥିରୁ ସ୍ପଷ୍ଟ ଅନୁମେୟ ନାରୀ ଜଗତର କଲ୍ୟାଣାର୍ଥେ ପୁରୁଷ ସହ ସମନ୍ୱିତ ହୋଇ ତା'ର କଲ୍ୟାଣମୟୀ ସ୍ୱରୂପର ପରିଚୟ ଦେଇଛି ।

ବୈଦିକ କାଳରୁ ସମାଜରେ ନାରୀର ସ୍ଥିତି ବଳିଷ୍ଠ ଥିଲା । ନାରୀ ଓ ପୁରୁଷ ସମାଜରେ ଉଭୟ ଅଭିନ୍ନ ଭାବରେ ଜଗତର ସୁଖବିଧାନ କରନ୍ତି । ପରସ୍ପର ପରସ୍ପରର ପରିପୂରକ ଅଟନ୍ତି । ଜଣେ ଆକାଶ ପରି ବ୍ୟାପ୍ତ ଆଉ ଜଣେ ଧରିତ୍ରୀ ସମା ସହନଶୀଳତାର ପ୍ରତୀକ । ଜଣେ ନୟନ ହେଲେ ଆଉ ଜଣେ ନୟନର ଜ୍ୟୋତି, ଜଣେ ଶାମୁକା ହେଲେ ଅନ୍ୟଜଣେ ସେହି ଶାମୁକାର ମୋତି । ଜଣେ ସୁର ହେଲେ ଅନ୍ୟଜଣେ ସେହି ସୁରର ନିକ୍ୱଣ, ଜଣେ ସମ୍ପର୍କ ହେଲେ ଅନ୍ୟ ଜଣେ ସେହି ସମ୍ପର୍କର ଅନନ୍ୟ ବନ୍ଧନ । "ଏକ ଅଙ୍ଗେ ଈଶ୍ୱର ଅପରଟି ପାର୍ବତୀ" ଏଭଳି ଭାବରେ ନାରୀ ଓ ପୁରୁଷର ସଂସ୍ଥିତି । ଶକ୍ତି ବିନା ପୁରୁଷ ହୁଏ ନିର୍ଜୀବ, ମୃତପ୍ରାୟ ଏବଂ ପୁରୁଷ ବ୍ୟତିରେକ ଶକ୍ତି ହୁଏ କ୍ଳୀବ- ଅଥର୍ବ-କ୍ରିୟାହୀନ । ସୂକ୍ଷ୍ମଦୃଷ୍ଟିରେ ଅବଲୋକନ କଲେ ଏହି ଶକ୍ତିସ୍ୱରୂପା ହେଉଛନ୍ତି ଭଗିନୀ-ସ୍ତ୍ରୀ- ପ୍ରବର୍ତ୍ତିକା, ସୁଭଦ୍ରା ପରମା ଲକ୍ଷ୍ମୀସ୍ୱରୂପା ଶ୍ରୀଜଗନ୍ନାଥ ଓ ପରମ ଶିବ ବଳଭଦ୍ର ଉଭୟଙ୍କର କ୍ରିୟା ଶକ୍ତି ଭାବରେ ଅଦ୍ୟାବଧି ଶ୍ରୀ ପୁରୁଷୋତ୍ତମ କ୍ଷେତ୍ରରେ ପୂଜା ପାଇ ଆସୁଛନ୍ତି । ବୃହତ୍ ସଂହିତାରେ ଉଲ୍ଲେଖ ରହିଛି-

"ଏକାନଂସା କାର୍ଯ୍ୟଦେବୀ ବଳଭଦ୍ର କୃଷ୍ଣୟୋର୍ମଧ୍ୟେ
କଟି ସଂସ୍ଥିଳ ବାମକରା ସରୋଜ ମିତାରେଣଚୋଦ୍ ବସତି ।"

ଏଥିରୁ ସ୍ପଷ୍ଟ ଅନୁମାନ କରାଯାଇପାରେ, ମହାଭାରତୀୟ-ଆଧ୍ୟାତ୍ମିକ ପରମ୍ପରାରେ 'ସ୍ତ୍ରୀ' ଶକ୍ତିର ବଳିଷ୍ଠ ସ୍ଥିତି କିଭଳି ଆମ ମନ - ପ୍ରାଣ ଓ ଚେତନାରେ ସଞ୍ଚରି ଯାଇଛି । ନାରୀ ନିଜର ଆତ୍ମିକ ମର୍ଯ୍ୟାଦା, ଆଦର୍ଶ, ତ୍ୟାଗ, ମମତ୍ୱ, କରୁଣା, ପାଣ୍ଡିତ୍ୟ ତଥା ବିଚକ୍ଷଣ ବୁଦ୍ଧିମତାରେ ସମଗ୍ର ଧରାପୃଷ୍ଠକୁ ବୈକୁଣ୍ଠରେ ରୂପାନ୍ତରିତ କରିବାର ଆସ୍ପର୍ଦ୍ଧା ରଖେ । ପୁରାଣ ଇତିହାସ ଏବଂ ସାମାଜିକ -ସାଂସ୍କୃତିକ ମୂଲ୍ୟବୋଧର ସୁରକ୍ଷା ଦେବାରେ ପୁରୁଷ ଭଳି ସମକକ୍ଷ । ପ୍ରାଗ୍-ଐତିହାସିକ

ଯୁଗରୁ ନାରୀ ତା'ର ପଦମର୍ଯ୍ୟାଦା ପ୍ରତ୍ୟୁତ୍ପନ୍ନମତିତା ଏବଂ ହୃଦୟବତ୍ତା ନିମିତ୍ତ ଏକ ସ୍ୱତନ୍ତ୍ର ସ୍ଥିତିର ଅଧିକାରିଣୀ ହୋଇପାରିଛି । ଋଗବେଦ, ସଂହିତା, ସାଙ୍ଖ୍ୟ ତଥା ନ୍ୟାୟ ଦର୍ଶନ ଶାସ୍ତ୍ରରେ ଗୁରୁତ୍ୱପୂର୍ଣ୍ଣ ଭୂମିକାର ଅବତାରଣା କରାଯାଉଛି । ବେଦ - ଉପନିଷଦରୁ ଆରମ୍ଭ କରି ସାଂସାରିକ ଜୀବନଧାରା ପର୍ଯ୍ୟନ୍ତ ନାରୀର ମହନୀୟତା ପୁଷ୍ପର ସୁବାସ ସମ ଚତୁର୍ଦ୍ଦିଗ ସଞ୍ଚରି ଯାଇଛି । ପୁରାଣ ବର୍ଣ୍ଣିତ ମାତା ସୀତା-ଦ୍ରୌପଦୀ-କୁନ୍ତୀ-ଗାନ୍ଧାରୀ -ସୁତକିର୍ତ୍ତୀ-ଉର୍ମିଳା-ମନ୍ଦୋଦରୀ-ହୁଅନ୍ତୁ ଅବା ଇତିହାସ ଖ୍ୟାତା ଗାର୍ଗୀ - ମଇତ୍ରେୟୀ -ଋତମ୍ଭରା ପର୍ଯ୍ୟନ୍ତ ସ୍ୱ-କୀର୍ତ୍ତିରେ ଅମଳିନ ହୋଇ ରହିଛନ୍ତି । ମହାତ୍ମା ଗାନ୍ଧୀଙ୍କ ମତରେ :

"I make no difference between man and Woman. Women should feel justas Independent as men. Bravery is n't man's monopoly."

ଏଥିରୁ ଏହା ସ୍ପଷ୍ଟ, ନାରୀ ଓ ପୁରୁଷ ମଧ୍ୟରେ ଯେଉଁ ପାର୍ଥକ୍ୟ, ସମାଜ ଗଠନ କରିଛି, ତାହା ତଦାନିନ୍ତନ-ତଥାକଥିତ ଚିନ୍ତାଧାରାକୁ ନେଇ । ପୁରାଣ ବର୍ଣ୍ଣିତ ବିଦୁଷୀଙ୍କ ଠାରୁ ଆରମ୍ଭ କରି ସାଂପ୍ରତିକ ଜୀବନ ଧାରାକୁ ନେଇ ଚଳଚଞ୍ଚଳ ଥିବା ନାରୀ ଭିନ୍ନଭିନ୍ନ ସମୟରେ ଜୀବନଧାରାର ମୁଖ୍ୟ ସୂତ୍ରଟିଏ ପାଲଟିଛି । ଭାରତୀୟ ସଂସ୍କୃତି ଏହିସବୁ ମହତୀ ଚିନ୍ତାକୁ ନେଇ ପ୍ରାଣବନ୍ତ ହୋଇଛି । ଯଥାର୍ଥରେ ନାରୀର ଦିବ୍ୟ ଗୁଣାବଳୀ ଧରାଧାମରେ ନୈସର୍ଗିକ ଚେତନାର ବୀଜ ବପନ କରିଛି କହିଲେ ଅତ୍ୟୁକ୍ତି ହେବନାହିଁ । ଏପରିକି ସ୍ୱୟଂ ବିବେକାନନ୍ଦ ନାରୀର ସ୍ଥିତି ଓ ସାମର୍ଥ୍ୟକୁ ସ୍ୱୀକାର କରିବାକୁ ଯାଇ କୁହନ୍ତି :

"There is no chance for the welfare of the world unless the condition of women is improved."

(କ) ଭାରତୀୟ ମୂଲ୍ୟବୋଧ ଓ ନାରୀ :-ନାରୀ ଜୀବନର ବିଡ଼ମ୍ବିତ ଅଧ୍ୟାୟ

'ମନୁସ୍ମୃତି'ରେ ଉଲ୍ଲେଖ ଅଛି :

"ଯତ୍ର ନାର୍ଯ୍ୟସ୍ତୁ ପୂର୍ଯ୍ୟନ୍ତେ ରମ୍ୟନ୍ତେ ତତ୍ର ଦେବତା"

ଅର୍ଥାତ୍ ନାରୀର ମର୍ଯ୍ୟାଦା ଅକ୍ଷୁର୍ଣ୍ଣ ଥାଏ, ତା'ର ଆଦର ସମ୍ମାନ ଓ ଶ୍ରଦ୍ଧାର ତିଳେମାତ୍ର ଯେଉଁଠି ଅନାଦର ନ ହୁଏ, ତା'ର ଆଦର ଥିବା ସ୍ଥାନ ଦେବତାଙ୍କ

ନିବାସ ହୁଏ ଏବଂ ଯେଉଁ ସ୍ଥାନରେ ତା'ର ଅସମ୍ମାନ ହୁଏ ସେଠାରେ କୌଣସି ସୁଫଳ ମିଳିନଥାଏ । ଏଥିରୁ ଏହା ବୁଝିବାକୁ ହୁଏ, ନାରୀର ମର୍ଯ୍ୟାଦା ହିଁ ମଙ୍ଗଳ ବିଧାନର ସୂଚକ ଏବଂ ଏହାର ଅମର୍ଯ୍ୟାଦା, ତିରସ୍କାର ଧ୍ୱଂସର ଦୁନ୍ଦୁଭି ଶୁଣାଏ, ଯେଉଁଠି ପ୍ରଳୟ-ପତନ ନିଧାର୍ଯ୍ୟ । ଏ ଦୃଷ୍ଟିରୁ ବିଚାର କଲେ, ଭାରତୀୟ ସଂସ୍କୃତି ଓ ମୂଲ୍ୟବୋଧରେ ନାରୀର ଦିବ୍ୟଗୁଣାବଳୀ ମହାର୍ଘ୍ୟ । ସେ' ଧର୍ମ ହେଉ ଅବା ପରମ୍ପରା, ସେ' ସାମାଜିକ ଜୀବନ ଧାରା ହେଉ ଅବା ଆଧ୍ୟାତ୍ମିକତାର ସ୍ଫୁରଣ, ସର୍ବତ୍ର ନାରୀର ପଦମର୍ଯ୍ୟାଦା ତା'ର ଦାୟବଦ୍ଧତା ଉପରେ ନିର୍ଭର କରେ । ପୁରୁଷତାନ୍ତ୍ରିକ ସମାଜରେ ନାରୀର ବଳିଷ୍ଠ ଭୂମିକାକୁ ନିରୀକ୍ଷଣ କରାଯାଇପାରେ ।

ସୃଷ୍ଟିର ପ୍ରାରମ୍ଭରୁ ନାନା ପରିବର୍ତ୍ତନ ଦ୍ୱାର ଦେଇ ପ୍ରବାହିତ ନାରୀ ଜୀବନର ପ୍ରଲମ୍ବିତ ଶୈଶବ-କୈଶୋର-ଯୌବନ-ପ୍ରୌଢ଼ ଜୀବନ ଧାରାରେ ସୁକ୍ଷ୍ମ ଅବବୋଧକୁ ନେଇ ଗତି କରିଛି । ଭିନ୍ନଭିନ୍ନ ପରିବର୍ତ୍ତିତ ମୂଲ୍ୟବୋଧ ସହିତ ସେ' ସଂଗ୍ରାମ କରିଛି । ଏପରି ପରିବର୍ତ୍ତନର କଠୋର ଏବଂ ସାମାଜିକ ନ୍ୟାୟାବସ୍ଥା ସହ ନିଜକୁ ସାଲିସ୍ କରିବା ଶିଖିଯାଇଛି । ସଭ୍ୟତାର କ୍ରମବିକାଶ ସହ ଜୀବନର ଅର୍ଦ୍ଧାଂଶ ଭାବେ ପ୍ରକୃତି ସ୍ୱରୂପା ଏହି ନାରୀର ଜୀବନ-ଜିଜ୍ଞାସା ଜଟିଳରୁ ଜଟିଳତର ହୋଇଛି । ପୁରୁଷର ଅନ୍ଧ ଅହମିକାର ଦାବାନଳରେ ନାରୀରୂପୀ ପତଂଗ ଦଗ୍ଧୀଭୂତ ହୋଇଛି କିନ୍ତୁ ମନରେ ପ୍ରଶ୍ନବାଚୀ ସୃଷ୍ଟି ହୁଏ, ଏପରି ବୈଷମ୍ୟ, ଅନାସ୍ଥାଭାବର ହେତୁ କ'ଣ ? କ'ଣ ପାଇଁ ନାରୀ ସମସ୍ତ ସ୍ୱାଧିକାରରୁ ବଞ୍ଚିତା- ଲାଞ୍ଛିତା ତଥା ନିର୍ଯାତିତା ? କାହିଁକି, ଏ ଭେଦଭାବ ? - ଅବହେଳାର ଶିକାର ହୋଇଛି ନାରୀ ।

ଯେଉଁ ଭାରତୀୟ ମୂଲ୍ୟବୋଧ ଆଦର୍ଶର ଦୁହାଇ ଦିଏ । ବିଶ୍ୱବାରା, ଗାର୍ଗୀ - ଲୋପାମୁଦ୍ରା ବୀରତ୍ୱର ଗୀତି ଗାଏ ;ସେଠି ପୁଣି ଏ ଅରାଜକତା । ନାରୀ ଜୀବନର କାରୁଣ୍ୟ ଏକ ବିଡ଼ମ୍ବିତ ଅଧ୍ୟାୟ ପରି ବରାବର ଅମର୍ଯ୍ୟାଦାର ସମ୍ମୁଖୀନ ହୁଏ । ଅଦ୍ଭୁତ ସତେ ! ନାରୀର ବିଦଗ୍ଧ ବ୍ୟକ୍ତିତ୍ୱ ଓ ବାତ୍ସଲ୍ୟମୟୀ ମମତ୍ୱ ସତ୍ତ୍ୱେ ସେ' ହୋଇପଡେ ଅଲୋଡ଼ା,ଅପରିଚିତା, ଅବାଂଛିତା । ଏକଥା ସ୍ୱୀକାର କରିବାକୁ ହେବ, ମୂଲ୍ୟବୋଧରେ ନାରୀର ଦିବ୍ୟଗୁଣାବଳୀ (ତ୍ୟାଗ ଓ ତିତିକ୍ଷା) ହେତୁ ନାରୀ କ୍ଷମାମୟୀ-ବାତ୍ସଲ୍ୟମୟୀ-କରୁଣାମୟୀ ଜଗଦମ୍ବା ସ୍ୱରୁପା କିନ୍ତୁ ତା'ର ଅଧିକାର, ତା'ର ସ୍ୱାଭିମାନର କଥା ଉଠିଲେ ସେ' ହୋଇପଡେ ଚରିତ୍ରହୀନା-ବିଶୃଙ୍ଖଳ-

ଔଦ୍ଧତ୍ୟର ଚରମ ପରିଣତି ସ୍ୱରୂପା । ତେଣୁ, ଏକ ନିର୍ଦ୍ଦିଷ୍ଟ କାଳଖଣ୍ଡରୁ ଊର୍ଦ୍ଧ୍ୱକୁ ଉଠି ସାର୍ବଜନୀନ ମୂଲ୍ୟବୋଧ ଭିତରେ ନାରୀ ଅସ୍ମିତାର କଥା ବିଚାରକୁ ନିଆଯାଇପାରେ । ବିଂଶ ଶତକର ପ୍ରଥମାର୍ଦ୍ଧରୁ ସାଂପ୍ରତିକ କାଳଖଣ୍ଡ ପର୍ଯ୍ୟନ୍ତ ନାରୀ ଅସ୍ତିତ୍ୱର ସୀମାରେଖା ଯଦିଓ ବ୍ୟାପକ ମନେହେଉଛି, କିନ୍ତୁ ତା' ନୁହେଁ । ଏପରି ପରିପ୍ରେକ୍ଷୀରେ ଦେଖିବାକୁ ଗଲେ, ନାରୀର ସ୍ଥିତି କ୍ରମଶଃ ପରିବର୍ତ୍ତିତ, ଜୀବନ ଶୈଳୀ ରୂପାନ୍ତରିତ ଏବଂ ଆତ୍ମପରିଚିତିର ପରିଚିତ ହୋଇ ଜୀବନର ଉତ୍ତରଣ ପଥରେ ଅଗ୍ରସର ହୋଇଛି ବୋଲି ସ୍ୱୀକାର କରିବାକୁ ହେବ ।

ସେଥିପାଇଁ ତ ମୁକ୍ତକଣ୍ଠରେ ସ୍ୱୀକାର କରିବାକୁ ହେବ :

"A strong woman is one who is able to smile this morning like she was n't crying last night."

ଯଥାର୍ଥରେ, ପ୍ରତିକୂଳ ପରିସ୍ଥିତିରେ ନାରୀ ତା'ର ଆତ୍ମମର୍ଯ୍ୟାଦାକୁ ଅକ୍ଷୁଣ୍ଣ ରଖିଛି । ସମାଜ ପ୍ରତି ତା'ର ଦାୟବଦ୍ଧତା ଏବଂ ନିଜ ପରିବାର ପ୍ରତି ତା'ର କର୍ତ୍ତବ୍ୟର ପାରିବାପଣ ମଧ୍ୟରେ ସନ୍ତୁଳନ ରକ୍ଷାକରି ସମାନ୍ତରାଳ ଜୀବନ ଜିଂଇବାର ଅଭିପ୍ସା ରଖିଛି । ନାରୀ ଜୀବନର ଲୋଡିବାପଣ, ତା'ର ଅଙ୍ଗୀକାର, ତା'ର ତ୍ୟାଗ ଓ ଆନୁଗତ୍ୟ ମଧ୍ୟରେ ସତୀସାଧ୍ୱୀ - ତପସ୍ୱିନୀ, ମହାମାୟୀ ସୀତା ହିଁ ପ୍ରତିଫଳିତ ହୋଇଛି । ଚାରିତ୍ରିକ ଶୁଦ୍ଧତା-କର୍ତ୍ତବ୍ୟ ପରାୟଣତା ପ୍ରତି ଅନୁଗତା ଉର୍ମିଳାଙ୍କ ଚଉଦବର୍ଷର ତପସ୍ୟା ହେଉ ଅବା ଭରତଙ୍କ ପତ୍ନୀ ମାଣ୍ଡଭି, ଶତ୍ରୁଘ୍ନଙ୍କ ପତ୍ନୀ ସୂତକୀର୍ତ୍ତି ଦିବ୍ୟଗୁଣବାଣୀ ତାଙ୍କୁ ମାନବୀରୁ ଦେବୀକରି ଗଢିତୋଳିଛି । କେବେଳ ରାମାୟଣ ନୁହେଁ, ବରଂ ମହାଭାରତର ଲକ୍ଷ୍ମଣରେଖା ଭିତରେ ନାରୀଚରିତ୍ର କିଭଳି ସମସ୍ତ ପ୍ରତିକୁଳତାକୁ ନିଜ ପାଣ୍ଡିତ୍ୟ ବଳରେ ପରିବର୍ତ୍ତନ କରିଛି, ତାହା – କୁନ୍ତୀ-ଗାନ୍ଧାରୀ - ଯାଜ୍ଞସେନୀ ପ୍ରସଙ୍ଗରୁ ପ୍ରମାଣ ହୋଇଛି ।

ଭାରତୀୟ ମୂଲ୍ୟବୋଧ ଅନିର୍ବାଣ ଦୀପଶିଖା ତୁଲ୍ୟ ନାରୀର ମର୍ଯ୍ୟାଦା ଅମଳିନ ହୋଇଯାଇଛି । ବୈଦିକ କାଳ ଏବଂ ସାଂପ୍ରତିକ ଘଡ଼ିସନ୍ଧି ମଧ୍ୟରେ ଇତିହାସ କିମ୍ବଦନ୍ତୀ ଏବଂ ଜନଶ୍ରୁତି, ଆମ ଜୀବନ ଜିଜ୍ଞାସାକୁ ଏଭଳି ଭାବରେ ଆଚ୍ଛନ୍ନ କରିରଖିଚି;ତାହା ଅନୁଧ୍ୟାନ ନ କଲେ ବୁଝିବା ଅସମ୍ଭବ ମନେହେବ । ନାରୀ ଯୁଗେ ଯୁଗେ ବନ୍ଦନୀୟା, ମହନୀୟା, ଯେଉଁ ନାରୀମାନେ ତାଙ୍କ ବାକ୍ତିତ୍ୱର

ଦିବ୍ୟସ୍ପର୍ଶରେ ସମାଜରୁ ଅନ୍ଧଅହମିକା, କୁସଂସ୍କାର, ଭେଦଭାବ ଦୂରୀଭୂତ କରିବାରେ ଜୀବନ ସଂଗ୍ରାମ କରିଚାଲିଛନ୍ତି ସେ' ଦିବ୍ୟା-ଅନୁପମା-ଅନନ୍ୟା ଅଟନ୍ତି । ସେ' ହୋଇପାରନ୍ତି ମଦାଳସା, ଆତ୍ରେୟୀ, ସୁଲଭା, ସ୍ୱାରୀ, ସୁପ୍ରଭା ପୁଣି ପ୍ରିୟଂବଦା । ସେ' ପୁଣି ପୂର୍ଣ୍ଣା, ଭିକ୍ଷ୍ୟା, ଧୀରା, ମିତ୍ରା, ଭଦ୍ରା, ବିଶାଖା, ସୁମାତ୍ରା ପୁଣି ଅଭୟ, ଶ୍ୟାମା, ଉପମା ତଥା ସଂଘମିତ୍ରା । କି ! ବିଡମ୍ବନା ସତେ । ବୀରବିପ୍ଳବିନୀ-ବୀର-ପ୍ରସବିନୀ ରୂପେ ବର୍ଣ୍ଣିତ ନାରୀର କି' ବିମୂଢ଼ ଅସହାୟତା ? ଜୀବନ ସଂଗ୍ରାମରେ ଦୀପଶିଖାଟିଏ ହୋଇ ଆଲୋକ ବିକିରଣ କରି ମଧ ଅବହେଳିତା ହୁଏ, ନିକ୍ଷେପିତା ହୁଏ ।

ପୁରୁଷକୈନ୍ଦ୍ରିକ ସମାଜରେ 'ନାରୀ' ଦେବୀ ହେଉ ଅବା ମାନବୀ, ରାକ୍ଷାସୀ ହେଉ ଅବା ମାନସୀ, ନାନା ଭାବରେ-ନାନା ବର୍ଗରେ ସେ' ପ୍ରତାରିତା-ପ୍ରବଞ୍ଚିତା-ପ୍ରତ୍ୟାକ୍ଷିତା ହୁଏ । ଅନ୍ୟ ଅର୍ଥରେ କହିବାକୁ ଗଲେ, ନାରୀର ଶକ୍ତି –ସ୍ଥିତି ଏବଂ ସଂପ୍ରୀତି ମର୍ଯ୍ୟାଦାବୋଧ ସହ ପରିଶୀଳନ ହେବା ଆବଶ୍ୟକ । ଅନ୍ୟଥା, ପତନ ଓ ଧ୍ୱଂସ ଅବଶ୍ୟମ୍ଭାବୀ ।

ଅବକ୍ଷୟୀ ମୂଲ୍ୟବୋଧ, ଅବ୍ୟବସ୍ଥିତ ସମାଜର ଅମାନବିକତା, କ୍ଷମତାନ୍ଧ ମଣିଷଙ୍କ ନୈତିକ ସ୍ଖଳନର ମାୟାଜାଲ ଭିତରେ କ୍ରମଶଃ ନାରୀ ହୋଇଛି ପଣ୍ୟା-ବହୁଭୋଗ୍ୟା । ନିତ୍‌ସେଙ୍କ ଭାଷାରେ: "God Is Dead" ସମାଜରେ ସୃଷ୍ଟି କରିଛି ଭାବାନ୍ତର । ସତ୍ୟ ଆଉ କଳ୍ପଲୋକର ବିଡମ୍ବନା ଭିତରେ ନାରୀର ଜୀବନ ହୋଇଉଠିଛି ଯନ୍ତ୍ରଣାକ୍ତ । ଏପରି ଏକ ବିଡ଼ମ୍ବିତ ଭାଗ୍ୟ-ଭବିତବ୍ୟକୁ ନେଇ ଭୟ-ତ୍ରସ୍ତ-ବିଧ୍ୱସ୍ତ ଉପତ୍ୟକା ଭଳି ଶ୍ରୀହୀନ ମନେହେଉଛି ନାରୀର ଜୀବନ । ମହାଭାରତୀୟତାର ଚିରନ୍ତନ ମୂଲ୍ୟବୋଧ ବିଫଳ ହୋଇଛି । ଅସୂୟା-ଘୃଣା-ପରଶ୍ରୀକାତରତା- ଅସହିଷ୍ଣୁତାର କଳାମେଘ ଘନେଇ ଆସିଚି ସମାଜରେ । ପ୍ରମତ୍ତ-ମଦମତ୍ତ ପୁରୁଷ ହୋଇଛି ଅହଂକାରୀ, ଗର୍ବୀ । ଔଦ୍ଧତ୍ୟର ସବୁ ସୀମା ଅତିକ୍ରମ କରିବାକୁ ପଛାଇ ନାହିଁ , ହେଲେ କ'ଣ ହେବ ? ସକଳ ଗର୍ବ-ଅହମିକା ନିମିଷକେ ଧରାଶାୟୀ ହୋଇଛି । "ଅତିଗର୍ବେ ହତ ଲଙ୍କା / ଅତି ମାନେସୁ କୌରବାଃ" ନ୍ୟାୟରେ ଧ୍ୱସ୍ତ-ବିଧ୍ୱସ୍ତ ଉତ୍ପାଦିତ ହୋଇଛି ଅହଂକାରୀର ସାମ୍ରାଜ୍ୟ । ଆବିର୍ଭାବ ହୋଇଛନ୍ତି ମାତୃଶକ୍ତି-ଦର୍ପ ଗଂଜନ କାରିଣୀ 'ମା ଦୁର୍ଗା' । ଖଡ଼୍‌ଗ ହସ୍ତା ନାରୀ,

ମୁଖରେ ନୈରାଶ୍ୟର ଦାବାନଳ ସତ୍ତ୍ୱେ ଓହରିଯାଇନି ନିଜ ମାନ ରକ୍ଷାପାଇଁ । ପ୍ରତିଷ୍ଠା ହେଉଛି ଶକ୍ତି ସ୍ୱରୁପାଙ୍କ ଶକ୍ତି । ଏପରି ଏକ ଦୁରାଶକ୍ତି–ହୀନବୀର୍ଯ୍ୟର ହୋଇଛି ପରାଜୟ । ଯୁଗେ ଯୁଗେ ପ୍ରତିଷ୍ଠା ଲଭିଛି, ଧର୍ମ-ଅହିଂସା-ନ୍ୟାୟର ଚରମ ସ୍ୱାକ୍ଷର । ଚତୁର୍ଦ୍ଦିଗ ନିନାଦିତ ହୋଇଛି "ୟା ଦେବୀ ସର୍ବଭୁତେଷୁ /ଶକ୍ତି ରୁପେଣ ସଂସ୍ଥିତେ" । ବହୁ ପ୍ରାଚୀନ କାଳରେ ରାଜା ବା ଧନାଢ଼୍ୟ ବ୍ୟକ୍ତିଙ୍କ ପରିବର୍ତ୍ତେ ଋଷିମାନଙ୍କ କନ୍ୟା ସଂପ୍ରଦାନ କରିବାକୁ ସୌଭାଗ୍ୟର ବିଷୟ ବୋଲି ଗ୍ରହଣ କରାଯାଏ । ଏପରିକି ପୌରାଣିକ କାଳରେ ନାରୀଶିକ୍ଷାକୁ ଗୁରୁତ୍ୱ ଦିଆଯାଉଥିଲା । ଏହି ଶିକ୍ଷା ଥିଲା ଦ୍ୱିବିଧ । ପ୍ରଥମତଃ ଏହା ଆଧ୍ୟାତ୍ମିକ ଏବଂ ଦ୍ୱିତୀୟରେ ବ୍ୟାବହାରିକ । ବିଭିନ୍ନ ଧାର୍ମିକ ଅନୁଷ୍ଠାନରେ ଯୋଗଦାନପୂର୍ବକ ଋଷିତନୟା ମାନେ ଆଧ୍ୟାତ୍ମିକ ଶୁଦ୍ଧତା ପ୍ରଦର୍ଶନ କରନ୍ତି । ଏତଦ୍‌ବ୍ୟତୀତ ନାରୀମାନେ ନୃତ୍ୟ, ସଂଗୀତ ଓ ଚିତ୍ରକଳା, ଆଦିରେ ନିପୁଣା ଥିଲେ । ପୌରାଣିକ ବର୍ଣ୍ଣନା ଅନୁସାରେ, ଅଦିତି ଦେବତାମାନଙ୍କର, ଦିତି ଦୈତ୍ୟ ମାନଙ୍କର ଏବଂ ଶତରୂପା ଥିଲେ ସୃଷ୍ଟିର ପ୍ରଥମ ନରନାରୀଙ୍କ ଜନନୀ । ପ୍ରାଚୀନ ସାହିତ୍ୟ ପୃଷ୍ଠା ଉନ୍ମୋଚନ କଲେ, ଏପରି ଅନେକ ନାରୀ ମାନଙ୍କ ଅସ୍ତି ଆକଳନ କରାଯାଇପାରେ । ଯେଉଁମାନେ ପ୍ରଜ୍ଞା, ପ୍ରତିଭା, ସ୍ୱୀୟ ପାଣ୍ଡିତ୍ୟ ଏବଂ ବହୁଶାସ୍ତ୍ର ଦର୍ଶିତା ସତ୍ତ୍ୱେ ନମ୍ରତା ଓ ଚାରିତ୍ରିକ ଶୁଦ୍ଧତାରେ ଶୀର୍ଷ ସ୍ଥାନରେ ପହଞ୍ଚି ପାରିଥିଲେ । ସେଥିପାଇଁ କୁହାଯାଏ :

"Women are the embodiment of all the divine virtues on Earth. Soma has given all the purity on them, Gandharba has given them sweetness of speech and Fir has showered all his brilliance to make them most attractive."

ଏଥିରୁ ସ୍ପଷ୍ଟ ଜାଣିହୁଏ, ନାରୀ ଈଶ୍ୱରଙ୍କର ଅନୁପମ ସର୍ଜନା ଭାରତୀୟ ପ୍ରେକ୍ଷ୍ୟାପଟରେ ନାରୀ ସ୍ଥିତିର ବାସ୍ତବତା ଯାହାଥିଲା, ତାହା ପୌରାଣିକ ଚିନ୍ତା ଓ ଦର୍ଶନର ହିଁ ଫଳଶ୍ରୁତି । ନାରୀ ଶିକ୍ଷା ହିଁ ନାରୀ ଜୀବନକୁ ବଳିଷ୍ଠ କରିପାରିବ, ଏହାର ପ୍ରତିଫଳନ ପୁରାଣ ଯୁଗରୁ ହିଁ ଦେଖିବାକୁ ମିଳେ । ସାମ୍ପ୍ରତିକ ସମୟରେ ଯେଉଁ ଅଧୋଗତି ଘଟିଛି, ତାହା ସମାଜର ନିମ୍ନ ମାନସିକତା ପାଇଁ ହିଁ ସୃଷ୍ଟି ହୋଇଛି ଧରିନେବାକୁ ହେବ । ଅନ୍ୟପକ୍ଷରେ ନାରୀର ସ୍ଥିତିକୁ ବିସ୍ତୃତ ଭାବେ ଅନୁମାନ କରିବାକୁ ଗଲାବେଳେ ନାରୀର ଅତୀତ –ବର୍ତ୍ତମାନ ଏବଂ ଭବିଷ୍ୟତର

ସମୟକୁ ବୁଝିବାକୁ ହେବ । ଏ ପରିପ୍ରେକ୍ଷୀରେ ନାରୀ ଜୀବନର ଐଶ୍ୱର୍ଯ୍ୟ ଅତ୍ୟନ୍ତ ପ୍ରଭାବଶାଳୀ ବୋଲି ବୁଝିବାକୁ ହୁଏ ।

(ଖ) ଭାରତୀୟ ସାହିତ୍ୟରେ ନାରୀର ଅସ୍ତିତ୍ୱ :ଏକ ବିଘଟିତ ବ୍ୟକ୍ତିତ୍ୱ :- (ନାରୀ ଜୀବନ ଐଶ୍ୱର୍ଯ୍ୟ-ଶୈର୍ଯ୍ୟ-ସୌନ୍ଦର୍ଯ୍ୟ ପରିପ୍ରେକ୍ଷୀରେ)

ଯୁଗ ବଦଳିଛି, ଆଉ ଯୁଗ ସହ ତାଳ ଦେଇ ବ୍ୟକ୍ତି ଜୀବନ କ୍ରମେ ବ୍ୟଷ୍ଟି ଜୀବନ ସହସମନ୍ୱିତ ହୋଇଛି । ଫଳସ୍ୱରୂପ ମୂଲ୍ୟବୋଧ ମଧ୍ୟ ପରିବର୍ତ୍ତିତ ହୋଇଛି । ଦ୍ୱିତୀୟ ବିଶ୍ୱଯୁଦ୍ଧର ରଣଦୁନ୍ଦୁଭି ପରବର୍ତ୍ତୀ ସମୟ ଜୀବନଧାରାକୁ ବହୁ ଭାବରେ ପ୍ରଭାବିତ କରିଛି । ରାଷ୍ଟ୍ର-ରାଷ୍ଟ୍ର ମଧ୍ୟରେ ଚାଲିଥିବା ରାଜନୀତି ସନ୍ଧି କ୍ରମଶଃ ଶୀତଳ ଯୁଦ୍ଧ ବା Cold War ର ରୂପ ନେଇଛି । କ୍ଷମତାଶୀଳ, ବଳଶାଳୀ ରାଷ୍ଟ୍ର (Super Power) ମାନେ ଦୁର୍ବଳ ତଥା କ୍ଷୁଦ୍ର ରାଷ୍ଟ୍ରମାନଙ୍କ ଉପରେ ଚାପ ଲଦି ଦେଇଛନ୍ତି । ସମାଜ ତଥା ରାଷ୍ଟ୍ରରେ ଦେଖାଦେଉଥିବା ଅବ୍ୟବସ୍ଥା ବିରୁଦ୍ଧରେ ଭିନ୍ନଭିନ୍ନ ଆଦର୍ଶ ବା ବାଦ (ISM) ମୁଣ୍ଡ ଟେକିଛି । ଏହି ଯୁଦ୍ଧଖୋର ପ୍ରବୃତ୍ତି ଧୀରେ ଧୀରେ ବୌଦ୍ଧିକ ସ୍ତରରେ ଆଲୋଡନ ସୃଷ୍ଟି କରିଛି । ଫଳରେ କଳା ସାହିତ୍ୟ - ସଂସ୍କୃତିରେ ଏହି ଅନୀତି-ଅନ୍ୟାୟ ବିରୁଦ୍ଧରେ ପ୍ରତିକ୍ରିୟା ସୃଷ୍ଟି ହୋଇଛି । 'ନବ-ନବ ଉନ୍ମେଷ' ଛଳରେ ବୁଦ୍ଧିଜୀବୀମାନେ ସାହିତ୍ୟ ଓ କଳା ମାଧ୍ୟମରେ ପରୀକ୍ଷା -ନିରୀକ୍ଷା ଆରମ୍ଭ କରିଛନ୍ତି । ମୁକ୍ତି ଓ ସ୍ୱାଧୀନତା ଯେ ସମସ୍ତଙ୍କର ପ୍ରାପ୍ୟ ଏକଥା ସ୍ପଷ୍ଟ ହୋଇଛି । ସମାଜର ଚିତ୍ର କ୍ରମଶଃ ସାହିତ୍ୟର ପ୍ରତିଟି କ୍ଷେତ୍ରକୁ ପ୍ରତିଫଳିତ କରିଛି । ଭାରତୀୟ ସାହିତ୍ୟ ଜଗତ ଏଥିରୁ ବାଦ୍ ପଡ଼ିନାହିଁ । ପାଶ୍ଚାତ୍ୟ ସଂସ୍କୃତିର ଯୁଦ୍ଧ ପରବର୍ତ୍ତୀ ବିଭିଷିକାରୁ ମୁକ୍ତିପାଇଁ ପରବର୍ତ୍ତୀ ପର୍ଯ୍ୟାୟରେ ଗଢିଉଠିଛି । 'ବାସ୍ତବବାଦ', 'ସ୍ଥିତିବାଦ' ଏବଂ 'ଅତିବାସ୍ତବବାଦ' -ନାରୀବାଦର ଚିନ୍ତନ । ଏ ସମସ୍ତ ବାଦ-ଆଦର୍ଶ ବ୍ୟକ୍ତି ଜୀବନର ବାସ୍ତବତାକୁ ଚିତ୍ରିତ କରି ତା'ର ଅସ୍ତିତ୍ୱ, ଅଧିକାର ପ୍ରତି ସଚେତନ କରିଛି । ମଣିଷକୁ କରିଛି ବାସ୍ତବଧର୍ମୀ ।

ଭାରତୀୟ ସାହିତ୍ୟ ମଧ୍ୟ ଏହି ଦର୍ଶନ-ବାଦ ବା ଆଦର୍ଶ ପ୍ରତି ଆକୃଷ୍ଟ ହୋଇଛି । ଭାରତୀୟ ସମାଜରେ ମାନବୀୟ ମୂଲ୍ୟବୋଧ ଯେ' ସର୍ବାଗ୍ରେ ଏହା ପ୍ରତିଫଳିତ ହୋଇଛି । ନାରୀର ମର୍ଯ୍ୟାଦା, ନାରୀର ସମ୍ମାନକୁ ଅଗ୍ରାଧିକାର ଦିଆଯାଇଛି । ପୁରୁଷତନ୍ତ୍ରକୁ ସ୍ୱତନ୍ତ୍ର ବୋଲି ଗ୍ରହଣ କରାଯାଇଛି । ନାରୀ ଜୀବନର

ଅସ୍ମିତାବୋଧ, କର୍ତ୍ତବ୍ୟ ପ୍ରତି ଏକ ନିଷ୍ଠୁର ଏବଂ ପରିବାର-ସମାଜ ପ୍ରତି ତା'ର ଉତ୍ତର ଦାୟିତ୍ୱ ସାହିତ୍ୟ ମାଧ୍ୟମରେ ପ୍ରତିଫଳିତ ହୋଇଛି । ଏପରିକି ବୈଦିକ ଯୁଗରେ ନାରୀର ସ୍ଥିତି ଥିଲା ସୁଦୃଢ଼ । ଉଭୟ ସାମାଜିକ ଓ ପାରିବାରିକ କ୍ଷେତ୍ରରେ ନାରୀମାନଙ୍କର ଭୂମିକା ଗୁରୁତ୍ୱପୂର୍ଣ୍ଣ । ବୈଦିକ ଋଷିଗଣ ଶିକ୍ଷା ସମାପନ ଅନ୍ତେ ସ୍ନାତକ ମାନଙ୍କୁ ପ୍ରଥମ ଉପଦେଶ ଦେଉଥିଲେ 'ମାତୃଦେବୋଽଭବ' । ଅର୍ଥାତ୍ ମାତୃ-ସ୍ଥାନୀୟା ନାରୀମାନଙ୍କୁ ଦେବତା ଜ୍ଞାନ ପୂର୍ବକ ଭକ୍ତି କରିବା ବୈଦିକ ସାହିତ୍ୟ-ପୁରାଣ, ଉପନିଷଦ ଆଦି ପ୍ରାଚ୍ୟ ଶାସ୍ତ୍ରମାନଙ୍କରେ ନାରୀ ପ୍ରତି ଭକ୍ତି କରିବାର ବହୁ ବର୍ଣ୍ଣନା ରହିଛି ।

'ଛାନ୍ଦୋଗ୍ୟ' ଓ 'ବୃହଦାରଣ୍ୟକ' ଉପନିଷଦରେ ମୁଖ୍ୟ ରୂପରେ ନାରୀଶକ୍ତିର ବର୍ଣ୍ଣନା ରହିଛି । କଠୋପନିଷଦରେ ପୁରୁଷକୁ ବ୍ରହ୍ମ ଓ ନାରୀକୁ 'ବ୍ରହ୍ମଶକ୍ତି' ଭାବରେ 'ଅଦିତି' ବୋଲି ବର୍ଣ୍ଣନା ରହିଛି । 'ଶ୍ୱେତାଶ୍ୱେତ ଉପନିଷଦ'ରେ ନାରୀର ପ୍ରକୃତିମୟୀ- କରୁଣାମୟୀ ରୂପର ବର୍ଣ୍ଣନା ରହିଛି । ଏ ତ ଗଲା ବେଦ ଉପନିଷଦ ଏବଂ ଦର୍ଶନଶାସ୍ତ୍ର କଥା । ଭାରତୀୟ ସାହିତ୍ୟର କାବ୍ୟପୁରୁଷଙ୍କ ବାଣୀଭଣ୍ଡାରରେ ମଧ୍ୟ ନାରୀର ମଙ୍ଗଳମୟୀ-ବାତ୍ସଲ୍ୟମୟୀ ସ୍ୱରୂପ ପରିପ୍ରକାଶ ଘଟିଛି । ଭାରତୀୟ କ୍ଲାସିକ୍-ସାହିତ୍ୟ (କାଳଜୟୀ) 'ରାମାୟଣ' ହେଉ ଅବା 'ମହାଭାରତ' ନାରୀର ବୀରତ୍ୱ ଓ ସୌନ୍ଦର୍ଯ୍ୟ ବର୍ଣ୍ଣନାରେ ଶତମୁଖ ହୋଇଉଠିଛନ୍ତି । ନାରୀର ସମର୍ପଣ ତ୍ୟାଗ -ଶ୍ରଦ୍ଧା -କରୁଣା, କିଭଳି ତା'ର ପଦମର୍ଯ୍ୟାଦା ଓ ଉତ୍ତରଦାୟିତ୍ୱକୁ ଅନୁପମ କରି ଗଢିତୋଳିଛି, ତାହାର ପ୍ରମାଣ ହେଉଛନ୍ତି ଜନକ ନନ୍ଦିନୀ-ସୀତା । ଆପଣାର ବୁଦ୍ଧିମତା, ଅସୀମ ସାହସ ଅଂଗୀକାର ବୋଧରେ ଉକୁଟି ଉଠିଛନ୍ତି ଉର୍ମିଳା । କର୍ତ୍ତବ୍ୟପରାୟଣ – ସେବା-ତ୍ୟାଗ ମମତ୍ୱରେ ଉଦ୍ଭାସିତ ହୋଇଛନ୍ତି ମାଣ୍ଡଵି । ପାଣ୍ଡିତ୍ୱ -ବୀରତ୍ୱ ଏବଂ ସମର୍ପିତ ବ୍ୟକ୍ତିତ୍ୱରେ ଅଧିକାରିଣୀ ଥିଲେ ସୂତକୀର୍ତ୍ତି । ଏ ସବୁ ଦିବ୍ୟ ଗୁଣାବଳୀରେ ମହିମାନ୍ୱିତ ଥିଲେ ନାରୀ ଚରିତ୍ରମାନେ । ନାରୀର ସ୍ୱାଭିମାନ, ତା'ର ଅନ୍ତରର ସମସ୍ତ ଇଚ୍ଛା -ଅନିଚ୍ଛା, ତା'ର ପ୍ରାପ୍ତି-ଅପ୍ରାପ୍ତି ଆଦି ଭାରତୀୟ ସାହିତ୍ୟକୁ ବହୁଗୁଣିତ କରିଛି । ପ୍ରଥମ ଉଚ୍ଚାଙ୍ଗ କଳନୀୟ କ୍ଲାସିକ ସାହିତ୍ୟ 'ରାମାୟଣ'ରେ ନାରୀ ଚରିତ୍ର ସମସ୍ତ ମର୍ଯ୍ୟାଦାକୁ ଅକ୍ଷୁର୍ଣ୍ଣ ରଖିଛି । ଏ ନାରୀ କରୁଣାମୟୀ-ତ୍ୟାଗମୟୀ-ମମତାମୟୀ ଭାବରେ ନିଜ ପରିବାର ଓ ସମାଜ

ପ୍ରତି ତା'ର ଦାୟିତ୍ୱବୋଧକୁ ହୃଦୟଙ୍ଗମ କରିଛି । ଏଠି ସୁପର୍ଣଖା-କୈକେୟୀ-ମନ୍ଥରା ବି ଅଛନ୍ତି : ଯେଉଁମାନେ ସମାଜ ଓ ଜୀବନର ମଙ୍ଗ ବଦଳେଇ ପାରନ୍ତି । ଅସୂୟା -ଘୃଣା -ଅସହିଷ୍ଣୁତା ତାଙ୍କ ଚରିତ୍ରର ବିଶେଷତ୍ୱ ସାଜିଛି । ନାରୀ ଯୁଗେ ଯୁଗେ ପୂଜ୍ୟା ଅଥଚ, ନାରୀର ଅସ୍ମିତାବୋଧ ଉପରେ ପ୍ରଶ୍ନବାଚୀ ହୋଇଛି । ଆଶ୍ଚର୍ଯ୍ୟ ଲାଗେ, ନାରୀର ସକଳ ତ୍ୟାଗ, କର୍ତ୍ତବ୍ୟ ପରାୟଣତା ଏବଂ ମମତ୍ୱ ପରିବର୍ତ୍ତେ ସମାଜର ପ୍ରଶ୍ନିଳ ଦୃଷ୍ଟିର ଶରବ୍ୟ ହେଉଛି ସେ । 'ରାମାୟଣ'ବର୍ଣ୍ଣିତ ନାରୀର ଚରିତ୍ର ତ୍ୟାଗ ସହନଶୀଳତା-କରୁଣା-କ୍ଷମାମୟୀ-ବହୁଶାସ୍ତ୍ରଦର୍ଶିତାଏବଂ ବୀରତ୍ୱରେ ସୁରଭିତ ହୋଇଉଠିଛି । ଏଥିରୁ ସ୍ପଷ୍ଟ ଅନୁମାନ କରାଯାଇପାରେ, ପ୍ରାଚୀନ ଭାରତୀୟ ସାହିତ୍ୟାକାଶରେ ନାରୀର ସ୍ଥିତି ଉଜ୍ଜ୍ୱଳତମ ନକ୍ଷତ୍ର ସଦୃଶ । ଯାହାର ଅସ୍ମିତାର ଆଲୋକରେ ସମାଜ ହୋଇ ଉଠିଥିଲା ଆଲୋକମୟ -ଅମୃତମୟ ଏବଂ ମଧୁମୟ । 'ରାମାୟଣ'ସଦୃଶ 'ମହାଭାରତ' ମଧ୍ୟ ନାରୀ ଶକ୍ତିର ନିରାଜନା କରିଛି ସତ, ତା'ର ପଦମର୍ଯ୍ୟାଦାକୁ କୁଠାରଘାତ କରିବାକୁ ପଛେଇ ନାହିଁ । ସେ' କୁନ୍ତୀ ହୁଅନ୍ତୁ ଅବା ଗାନ୍ଧାରୀ,ସେ ଦ୍ରୌପଦୀ ହୁଅନ୍ତୁ ଅବା ସୁଭଦ୍ରା ସେ' ଦେବକୀ ହୁଅନ୍ତୁ ଅବା ଯଶୋମତୀ । ସର୍ବତ୍ର ନାରୀର ଲୋଡିବାପଣ ଟିକକର ଶୋଷଣ ଘଟିଛି । ଯଦିଓ ଏହି ମହାଭାରତର ବିଦୁଷୀମାନେ ନିଜନିଜ ବୀରତ୍ୱ, ଅସୀମ ସାହସ ମମତ୍ୱ ଓ ଦାୟିତ୍ୱବୋଧ ଭିତରେ ନିଜ ନାରୀତ୍ୱକୁ ସର୍ବୋତ୍ତମ ଶୀର୍ଷରେ ପହଞ୍ଚାଇଛନ୍ତି । କିନ୍ତୁ, ବିଡମ୍ବନା ଯେ' ତାଙ୍କର ମର୍ଯ୍ୟାଦା କୁଳଶୀଳ ମଧ୍ୟ ଲଙ୍ଘନ କରିଛି । ମହାଭାରତର ଅନ୍ୟତମା ନାରୀଚରିତ୍ର ଏହାର ବଳିଷ୍ଠ ପ୍ରମାଣ । ସେ' କୃଷ୍ଣା-ଦୌପଦୀ-ଯାଜ୍ଞସେନୀ । ସେ' ପୁଣି ପଞ୍ଚପାଣ୍ଡବଙ୍କ ଅର୍ଦ୍ଧାଙ୍ଗିନୀ । ତଥାପି ତାଙ୍କର ଅସ୍ମିତା ଅମର୍ଯ୍ୟଦା ଘଟିଛି । ପୁରୁଷର ପୌରୁଷ ଏଠି ମଦମତ୍ତ, କ୍ଷମତାନ୍ଧ ହୋଇଛି । ଆଉ, ଅପମାନିତା ହୋଇଛି ଦୌପଦୀ । ଏପରିକି ଭତ୍ସିତା-ଲାଂଛିତା -ଅପମାନିତା 'ଦୌପଦୀ'ର ଅନ୍ତରରୁ ବହିର୍ଗତ ଅଭିଶାପ ପରିଶେଷରେ ସମଗ୍ର କୌରବ କୁଳକୁ ପତନ ଆଡକୁ ଠେଲିଦେଇଛି । ନାରୀର ମର୍ଯ୍ୟାଦା, ଗୋଟିଏ ଜାତିର ମର୍ଯ୍ୟାଦା ଏବଂ ନାରୀର ଅମର୍ଯ୍ୟାଦାର ମୂଲ୍ୟ ସମଗ୍ର ଜାତିକୁ କିଭଳି ପ୍ରତିଶୋଧ କରିବାକୁ ପଡେ, ତାହାର ବଳିଷ୍ଠ ପ୍ରମାଣ ହେଉଛି "ମହାଭାରତ" । ଏଠି ଦ୍ରୌପଦୀ ଅଛନ୍ତି ପୁଣି କୁନ୍ତୀ, ଗାନ୍ଧାରୀ : ଯାହାଙ୍କ ପାଣ୍ଡିତ୍ୟ ଓ ପରାମର୍ଶରେ ପାଣ୍ଡବ ଓ କୌରବ କୁଳ ସମସ୍ତ ପ୍ରତିକୂଳ ପରିସ୍ଥିତିକୁ ସମ୍ମୁଖୀନ ହୋଇଛନ୍ତି ।

ଏ ପରିପ୍ରେକ୍ଷୀରେ, ଭାରତୀୟ ବୈଦିକ-ସାହିତ୍ୟରେ ଚିତ୍ରିତ ସମସ୍ତ ବିଦୁଷୀ ନାରୀ, ନିଜ ସାମର୍ଥ୍ୟର ଗୀତି ଗାଇଛି । ଏଥିରୁ ଏହା ସ୍ପଷ୍ଟଭାବେ ବୁଝାଯାଇପାରେ, ଭାରତୀୟ ବୈଦିକ ସାହିତ୍ୟ ଯୁଗରୁ ନାରୀର ସ୍ଥିତି ସ୍ୱତନ୍ତ୍ର ଭାବରେ ଆକଳନ କରାଯାଇଛି । ନାରୀର ଏହି ସ୍ଥିତି ଖୁବ୍ ବଳିଷ୍ଠ ଭାବରେ ତତ୍‌କାଳୀନ ସମାଜରେ ପ୍ରତିଫଳିତ ହୋଇଛି । ମଦାଳସା, ଚିତ୍ରଲେଖା (କୁଷ୍ମାଣ୍ଡ କନ୍ୟା), ଅଦିତି, ରୋମଶା, ବ୍ରହ୍ମବାଦିନୀ ମମତା, ଉଶିଜ, କାତ୍ୟାୟିନୀ, ମୈତ୍ରେୟୀ, ଗାର୍ଗୀ ଆଦି ପୁରାଣ ପ୍ରସିଦ୍ଧାଙ୍କ ଠାରୁ ଆରମ୍ଭ କରି ସୀତା-ଅହଲ୍ୟା-ଶ୍ରୀରାଧା-ଯଶୋମତି-ଶବରୀ-ଦେବକୀ-ମଞ୍ଜୁଳା-ଶୁକ୍ଳା-ଚିତ୍ରା-ସୁଲେଖା-ସୁଜାତା-ସଂଘମିତ୍ରା ଏବଂ ସାମ୍ପ୍ରତିକ ଜୀବନର ରାଣୀ ଲକ୍ଷ୍ମୀବାଇ-ରେଜିଆ ସୁଲତାନା-ଭଗ୍ନୀ ନିବେଦିତା-ରମାଦେବୀ-ମନୋରମା ମହାପାତ୍ର-ସାବିତ୍ରୀ ବାଇ-କମଲାଭାସିନ୍-ରିତୁମେନନ-ଦୀପା ମେହେଟା- ବ୍ରିନ୍ଦା କରାଟ୍- ଆନିବେଶାନ୍ତ -ମଦର ଟେରେସା-ସରୋଜିନୀ ନାଇଡୁ-କଳ୍ପନା ଚାୱ୍ଲା -ସୁନିତା ଉଇଲିୟମ -ଇନ୍ଦିରା ଗାନ୍ଧୀ-ପ୍ରତିଭା ପାଟିଲ୍-ସୁଷମା ସ୍ୱରାଜ -ନିର୍ମଳା ସୀତାରମଣ -ସୀମା କୁଶୱାହ ଆଦି ଭାରତୀୟ ନାରୀମାନେ ନିଜ ବଳିଷ୍ଠ ଅବଦାନ ପାଇଁ ଇତିହାସରେ ଲିପିବଦ୍ଧ ହୋଇ ରହିବେ, ଏହା ନିଶ୍ଚିତ ।

ଭାରତର ସଂସ୍କୃତି ଗୌରବମୟ । କେତେ ରାଜା କେତେ କ୍ଷମତାଶାଳୀ ଏହାର ଶ୍ରୀବୃଦ୍ଧି କରିଛନ୍ତି ତ କେତେ ଏହାର ମଥାନତ କରିଥିବାର ଇତିହାସ ସାକ୍ଷୀ । ବିଶେଷକରି ମୋଗଲମାନଙ୍କ ଶାସନ କାଳରେ ନାରୀର ମର୍ଯ୍ୟାଦା ବହୁଭାବରେ ହାନି ଘଟିଛି । ଭାରତୀୟ ନାରୀ ଜୀବନ ଯନ୍ତ୍ରଣାମୟ ହୋଇଉଠିଛି । ନାରୀ ହୋଇଛି ଭୋଗ୍ୟା-ଗଣ୍ୟା ଏବଂ ପଣ୍ୟର ସାମଗ୍ରୀ । ଜୀବନ-ଜୀବିକାର ମାନ କମିଛି । ଅବଦମିତ କରାଯାଇଛି ତା'ର ଇଚ୍ଛା- ଅନିଚ୍ଛା, ମାନ ଅଭିମାନ । ଜୀବନ ହୋଇଉଠିଛି ସଂଘର୍ଷମୟ । ସେ' ଆତ୍ମଦାହର ପଥ ବାଛିଚି, ପରିବାର ଆଡୁଆଳ ଭିତରେ ଏକ ଦୀର୍ଘନିଶ୍ୱାସଟିଏ ହୋଇ ବଞ୍ଚିଛି । କେବଳ ଗୃହ-ପରିବାର ଭିତରେ ନୁହେଁ-ଦେଶ-ଦେଶ କାଳରେ ବି' ବିଭାଜିତ ହୋଇଛି ତା'ର ଅସ୍ତିତ୍ୱ । ଏପରିକି, ରାଜନୀତିର ବିପର୍ଯ୍ୟୟ ଯେତେଯେତେ ଥର ହୋଇଛି -ନାରୀ ମଧ୍ୟ ଶତଧା ବିଦୀର୍ଣ୍ଣ ହୋଇଛି । ସେ' ଆତ୍ମଗୋପନ କରିଛି । ନିଜ ଜୀବନର ବିପର୍ଯ୍ୟୟ ତାକୁ ବିନାଶ ଆଡ଼କୁ ଠେଲିଦେଇଛି ।

ଏକାଧିକ ନାରୀ ଗ୍ରହଣ, ବାଲ୍ୟବିବାହ, ସତୀଦାହ ପ୍ରଥା ମାଧ୍ୟମରେ ନାରୀ ଜୀବନ ଦୁର୍ବିସହ ହୋଇପଡିଛି । କ୍ଷତାକ୍ତ ହୋଇଛି ତା'ର ଆତ୍ମସମ୍ମାନ । ଅମା ଅନ୍ଧକାର ଭିତରେ ସନ୍ତୁଳି ହୋଇଛି ତା'ର ତନୁ-ମନ । ଅନ୍ଧବିଶ୍ୱାସ-କୁସଂସ୍କାର ଦଗ୍ଧୀଭୂତ ହୋଇଛି ତା'ର ଆତ୍ମପ୍ରତୟ । ଯେଉଁଠି, ଏକଦା ନାରୀ ବନ୍ଦନୀୟା-ମହନୀୟା ଭାବରେ ଦେବୀ ଭଳି ପୂଜା ପାଉଥିଲା, ସେଠି ପୁଣି ହେଲା ଅତ୍ୟାଚାରିତା-ଲାଂଛିତା-ପାପଗର୍ଭା-ତିରସ୍କୃତା ।

କ୍ରମଶଃ, ସ୍ୱାଧୀନତାର ନୂତନ ସୂର୍ଯ୍ୟୋଦୟ ପରେ ଜ୍ଞାନ ବିଜ୍ଞାନର ଆଲୋକରେ ସଭ୍ୟତା ହେଲା ପରିବର୍ତ୍ତିତ । ନାରୀର ସ୍ଥିତି ପୁନଃ ସୁଦୃଢ ହେବାକୁ ଲାଗିଲା । ସେ' ଶିକ୍ଷିତ ହେଲା, ନିଜ ଅଧିକାର, ନିଜ ଅସ୍ତିତ୍ୱ ପ୍ରତି ସଚେତନ ହେଲା । ପାଶ୍ଚାତ୍ୟର ଜ୍ଞାନରେ ଆଲୋକିତ ହେଲା ତା'ର ଆତ୍ମପ୍ରତ୍ୟୟ । ନିଶ୍ଚିହ୍ନ ହୋଇଥିବା ସ୍ଥିତି କ୍ରମଶଃ, ବଳିଷ୍ଠ ହେବାକୁ ଲାଗିଲା । ଏରୁଣ୍ଡିବନ୍ଧ ଭିତରକୁ ପାଦହଳକ ପୁଣି ଡେଣାନାଇ ଉଡିବାକୁ ଚାହିଁଲା । ସେ' ଶିକ୍ଷିତା-ସ୍ୱାଧୀନା ହେଲା । କର୍ମଜୀବୀ ହେଲା । ରାଜନୀତି-ଅର୍ଥନୀତି-ସମାଜଶାସ୍ତ୍ର-ମନସ୍ତତ୍ତ୍ୱ-ସାହିତ୍ୟ-କଳା-ସଂସ୍କୃତି, ଜ୍ଞାନ-ବିଜ୍ଞାନ, ଇତିହାସ କିମ୍ବଦନ୍ତୀକୁ ନୂଆ ଭାବ ନେଇ ବୁଝିଲା । ସେ' ମୁକ୍ତିର ସ୍ୱାଦ ଚାଖିଲା । ସେ' ମୁକ୍ତକର୍ମରେ ଉନ୍ନୁତ ହେଲା । କିନ୍ତୁ ଦେଖାଗଲା ସ୍ୱାଧୀନତା ଆଳରେ ସେ' ମଧ୍ୟ ସ୍ୱେଚ୍ଛାଚାରିତାକୁ ଆପଣେଇଲା । ଜଗତୀକରଣ (Globalisation) ପ୍ରଭାବରେ ତା'ର ସୌନ୍ଦର୍ଯ୍ୟ ହେଲା ବିକ୍ରୟ, ପଣ୍ୟ । ଆକାଶକୁ ଛୁଇଁବା ନିଶାରେ ସେ' ହେଲା ବିଜ୍ଞାପିତ । ତା'ର ଦେହ-ଦାହରେ ହେଲା ପରିଣତ । ଆଙ୍ଗିକ ସୌନ୍ଦର୍ଯ୍ୟ ହେଲାମୁଖ୍ୟ, ଆତ୍ମିକ ସୌନ୍ଦର୍ଯ୍ୟ ହେଲା ଗୌଣ । ସ୍ୱାଧୀନତାକୁ ଅପବ୍ୟବହାର କଲା । ଶରୀରକୁ ମାଧ୍ୟମ କରି ଆବୋରି ନେଲା ଯାବତୀୟ ଅନୀତି ।

ସ୍ୱାଧୀନତାର ପରବର୍ତ୍ତୀ ପର୍ଯ୍ୟାୟରେ ନାରୀ ଜୀବନ ପୁନଃ ଧ୍ୱଂସ ହେବାକୁ ଲାଗିଛି । ଆତ୍ମିକ ମର୍ଯ୍ୟାଦାର ଅବକ୍ଷୟୀ ରୂପକୁ ସେ' ଆଧୁନିକତାର ଆଢୁଆଳ କରିଛି । ମୁକ୍ତିର ନାଁରେ ଆତ୍ମିକ ସୌନ୍ଦର୍ଯ୍ୟକୁ ଅବହେଳା କରିଛି । କ୍ଷଣିକ ଉତ୍ତେଜନା, ପ୍ରତିକ୍ରିୟାଶୀଳ ହୋଇ ବିପ୍ଳବମୁଖୀ ହୋଇଛି । କିନ୍ତୁ କେତେକାଂଶରେ ସମାନ୍ତରାଳ ଭାବେ ନାରୀ ଜାଗରଣ, ନାରୀ ସଚେତନ ହୋଇଛି । ସମାଜ ରାଷ୍ଟ୍ରନୀତିରେ ନିଜ ସହଭାଗିତା ଦେଇଛି । ରାଜନୀତି-କ୍ରୀଡା-କଳା-ଜଗତଠାରୁ ଆରମ୍ଭ କରି ସମାଜର

ସବୁ ବର୍ଗରେ ନିଜର ସ୍ଥିତିକୁ ସ୍ୱତନ୍ତ୍ର କରି ଗଢିତୋଳିଛି । ଜାତୀୟ-ଆନ୍ତର୍ଜାତୀୟ ସ୍ତରରେ ନିଜର ସୌନ୍ଦର୍ଯ୍ୟ ପାଇଁ ପ୍ରଶଂସିତ ହୋଇଛି । ଏପରିକି ବିଶ୍ୱସୁନ୍ଦରୀ - ବ୍ରହ୍ମାଣ୍ଡସୁନ୍ଦରୀର ତାଜ ନାଇଛି । ନିଜ ବ୍ୟକ୍ତିତ୍ୱ ଓ ଆତ୍ମିକ ସୌନ୍ଦର୍ଯ୍ୟକୁ ସର୍ବକ୍ଷେତ୍ରରେ ପ୍ରତିଷ୍ଠା କରିଛି । ବିଶ୍ୱସୁନ୍ଦରୀ ଐଶ୍ୱର୍ଯ୍ୟାରାୟ ହୁଅନ୍ତୁ ଅବା ବ୍ରହ୍ମାଣ୍ଡ ସୁନ୍ଦରୀ ସୁସ୍ମିତା ସେନ ସର୍ବତ୍ର ନାରୀର ସୌନ୍ଦର୍ଯ୍ୟର ଜୟଗାନ ହୋଇଛି । କେବଳ ସୌନ୍ଦର୍ଯ୍ୟ ନୁହେଁ,ବ୍ୟକ୍ତିତ୍ୱରେ ସୁନ୍ଦର ହୋଇଛି । ଅଥଚ ତା'ର ପଦମର୍ଯ୍ୟଦାର ହାନି ଘଟିଚାଲିଛି । ସେ' ଘରୋଇହିଂସା ହେଉ ଅବା କାର୍ଯ୍ୟକ୍ଷେତ୍ରରେ ଯୌନଶୋଷଣ ବା (Sexual Abuse) ର ଶିକାର ହେଉଛି । ଅନୁରୂପ ଭାବରେ ତାକୁ ଅସମ୍ମାନ ଲାଭ କରିବାକୁ ପଡେ । ତେବେ, ପ୍ରଶ୍ନ ଉଠେ ଏ ସବୁର ମୂଳ କ'ଣ ? କାହିଁକି ଅତ୍ୟାଚାର- କଷଣ ଲଭେ ନାରୀ ? ଏସବୁର ଅନ୍ତରାଳରେ ରୁଢିବାଦୀ ସମାଜର ହୀନମନ୍ୟତା, କୁସଂସ୍କାର ତଥା ସଂକୀର୍ଣ୍ଣମନସ୍କତା ହିଁ ଦାୟୀ । ଶିକ୍ଷା ସଭ୍ୟତାର ଅଗ୍ରଗତି, ଆଧୁନିକତା, ଜଗତୀକରଣର ଆଢୁଆଳେ ନାରୀର ନିର୍ଯାତନା କମ୍ ହେବା ପରିବର୍ତ୍ତେ ଦିନକୁଦିନ ବଢିବଢି ଚାଲିଛି । ଏପରିକି ସାରା ବିଶ୍ୱରେ ବିଭିନ୍ନ ପ୍ରାନ୍ତରେ ନାରୀମାନଙ୍କ ପ୍ରତି ବଢି ଚାଲିଥିବା ହିଂସା, ଦ୍ୱେଷ ଏବଂ ଅସହିଷ୍ଣୁତା ଭାବନା ପଛରେ ନାରୀ ବୋଲି ବହୁ ମନସ୍ତତ୍ତ୍ୱବିତ୍ ଏବଂ ସମାଜତ୍ତ୍ୱବିତ୍ ମାନେ ମତବ୍ୟକ୍ତ କରିଛନ୍ତି । ସେ' ଯାହାବି' ହେଉନା କାହିଁକି ? ନାରୀର ଅବସ୍ଥା ପାଇଁ ସମାଜର ବ୍ୟବସ୍ଥା ହିଁ ଦାୟୀ ବୋଲି ଧରି ନେବାକୁ ହୁଏ । ସମୟ ଆଗେଇଛି, ପରିବର୍ତ୍ତିତ ହୋଇଛି ଚିନ୍ତାଧାରା ଓ ମାନସିକତା । ମାତ୍ର କେତେକାଂଶରେ ନାରୀସ୍ଥିତି ସୁଦୃଢ ନୁହେଁ । ପାରିବାରିକ ସାମାଜିକ ତଥା ସାଂସ୍କୃତିକ ବିଧିବ୍ୟବସ୍ଥାରେ ଅଦ୍ୟାବଧି ମଧ୍ୟ ନାରୀକୁ ଦୁର୍ବଳା ଜ୍ଞାନ କରାଯାଏ । ସେ' ଗୃହିଣୀ ହେଉ ଅବା କର୍ମଜୀବୀ ମହିଳା । ପ୍ରତି ସ୍ତରରେ ପ୍ରତିକୂଳ ପରିସ୍ଥିତି ହିଁ ତା'ର ବାଟ ଓଗାଳେ । ତଥାପି, ଏହି ପରିସ୍ଥିତିରୁ ମୁକ୍ତିପାଇବା ନିମିତ୍ତ ନାରୀ ଯତ୍ପରୋନାସ୍ତି ଚେଷ୍ଟିତ ହୁଏ ।

(୧) ପ୍ରାକ୍-ସ୍ୱାଧୀନତାକାଳୀନ କବିତାରେ ନାରୀର ସ୍ଥିତି :

ବିଶ୍ୱର ଅଦ୍ୱିତୀୟ ସୃଷ୍ଟି ମଧ୍ୟରେ ନାରୀ-ପୁରୁଷ- ପରସ୍ପର ବିରୋଧୀ ନୁହଁନ୍ତି, ବରଂ ଏକ ମୁଦ୍ରାର ଦୁଇପାର୍ଶ୍ୱ ପରି ଏକ ଏବଂ ଅଭିନ୍ନ ଅଟନ୍ତି । ସୃଷ୍ଟିକୁ ଅମୃତମୟ କରିବା ନିମନ୍ତେ ନାରୀ ଓ ପୁରୁଷ ସଂସାରର ପରିକଳ୍ପନା । ସାଂପ୍ରତିକ କାଳରେ,

ସମାଜରେ ଅବ୍ୟବସ୍ଥା ସୃଷ୍ଟି ହୋଇଛି । ନାରୀ ଓ ପୁରୁଷ ପରସ୍ପର ସହଯାତ୍ରୀ ହେବା ପରିବର୍ତ୍ତେ ପରସ୍ପର ବିରୁଦ୍ଧରେ ଛିଡା ହୋଇଛନ୍ତି । ପୁରୁଷର ଅନ୍ଧ ଅହମିକା ତଳେ, ନାରୀର-ଇଚ୍ଛା-ଅନିଚ୍ଛା, ମାନ-ଅଭିମାନ, ଅଣଦେଖା ହୋଇଛି । ନାରୀର ନାରୀତ୍ୱ ଆଦର ପାଇବା ପରିବର୍ତ୍ତେ ଅମର୍ଯ୍ୟଦାର ଶିକାର ହେଇଛି । ଠିକ୍ ସେହିପରି ନାରୀ ମଧ୍ୟ ସ୍ୱାଧୀନତା ନାଁ ରେ କ୍ରମଶଃ ସ୍ୱେଚ୍ଛାଚାରୀ ହୋଇଛି । ନିଜର ସ୍ୱାଚ୍ଛନ୍ଦ୍ୟକୁ ସର୍ବାଗ୍ରେ ମଣିଛି । ସମାଜ ଓ ପରିବାର ପ୍ରତି ତା'ର ଦାୟବଦ୍ଧତାକୁ ଅବହେଳା କରିଛି । ପୁରୁଷ ସହ ପାଦ ମିଳେଇ ଚାଲିଛି ସତ କିନ୍ତୁ ବହୁକ୍ଷେତ୍ରରେ ନିଜର ଉଚ୍ଛୃଙ୍ଖଳତା ଓ ଅମର୍ଯ୍ୟାଦା ପାଇଁ ମଧ୍ୟ ପରୋକ୍ଷରେ ପଥ ପରିଷ୍କାର କରିଛି । ବହୁକ୍ଷେତ୍ରରେ, ଏପରିକି ନାରୀ-ପୁରୁଷ ନିର୍ବିଶେଷରେ କ୍ଷମତାର ଅପବ୍ୟବହାର ହୋଇଛି ।

ଯେଉଁ ନାରୀ ନମସ୍ୟା-ପୂଜ୍ୟା ସେ' ନିଜର ଔଦ୍ଧତ୍ୟ ପାଇଁ ସଂସାରକୁ ନଷ୍ଟ କରିବାକୁ ପଛାଉନାହିଁ । ଭ୍ରୂଣହତ୍ୟା କରିଛି, ପାପଗର୍ଭା ହୋଇଛି, ଅର୍ଥ-ଯଶ-ମାନ ପାଇଁ ନିଜକୁ ପଣ୍ୟ ଭାବରେ ପ୍ରଦର୍ଶନ କରିଛି । ଯେ' ସୃଷ୍ଟିକାରିଣୀ, ସେ' ଧ୍ୱଂସର ରାଗିଣୀ ଗାଉଛି । ନାରୀ ଥିଲା ପ୍ରକୃତି ଓ ପୁରୁଷ ଥିଲା ଈଶ୍ୱର । ଜଣେ ଜନ୍ମଦାତ୍ରୀ-ଜନନୀ , ଅପର ଜଣକ ପାଳନହାର-ପିତା । ଏହି ଦୁହିଁଙ୍କ ମିଳନରୁ ସଂସାର ହୋଇ ଉଠେ ମଧୁକ୍ଷରା । ନାରୀ ନିଜେ ହିଁ ନିଜର ବିଶେଷଣ । ନିଜର ମମତ୍ୱ ଓ ଉଦାରପଣରେ ଧରାକୁ କରେ ସ୍ୱର୍ଗ । ସେ' ବସୁଧା-ସେ ଧରିତ୍ରୀସମା, କଲ୍ୟାଣମୟୀ-କରୁଣାମୟୀ -ମୂର୍ତ୍ତିମନ୍ତ ରୂପ । ନାରୀ ଅସ୍ତିତ୍ୱର ବହୁବିଧ ରୂପ ଓ ସ୍ୱରୂପ । ନାରୀ ଉପରେ ନିର୍ଭର କରେ ସାମାଜିକ ସ୍ଥିତି । ନାରୀର କର୍ତ୍ତବ୍ୟବୋଧ ସଂସାରପ୍ରତି ଅହେତୁକ ମମତା, ନାରୀକୁ କରେ ଗୃହିଣୀ । ନାରୀର ଉଦାରବାଦୀ ସ୍ୱରୂପ ତାକୁ କଠୋର ହେବାକୁ ଦିଏନା । ତା'ର ବାତ୍ସଲ୍ୟମୟୀ- ମମତାମୟୀ ବ୍ୟକ୍ତିତ୍ୱ ତାକୁ ମାନବରୁ ଦେବୀରେ ପରିବର୍ତ୍ତନ କରାଏ । ସେ' ହୁଏ ମମତାମୟୀ ଜନନୀ ତ ପୁଣି ସ୍ନେହ ସୋହାଗିନୀ ପତ୍ନୀ, ଅଲିଅଳ ଦୁହିତା ତ' ମାନମୟୀ ଭଗିନୀ ।

ଭାରତୀୟ ସଂସ୍କୃତି କ୍ରମଶଃ ତା'ର ଆତ୍ମିକ ସୌନ୍ଦର୍ଯ୍ୟ ହରେଇ ବସିଲାଣି କହିଲେ ଭୁଲ୍ ହେବ ନାହିଁ ବୈଦିକ ସଂସ୍କୃତି କ୍ରମେ ଶିକ୍ଷ ସଂସ୍କୃତିରେ ରୂପାନ୍ତରିତ

ହେବାକୁ ଲାଗିଛି । ମାନବ କ୍ରମେ ଯନ୍ତ୍ର ଦାନବରେ ପରିଣତ ହୋଇଛି । ସମୟ ପରିବର୍ତ୍ତନ ହୋଇଛି । ଏହି ପରିବର୍ତ୍ତନ ସ୍ଥିତି ସହ ସମାଜ ମଧ୍ୟ ପରିବର୍ତ୍ତନମୁଖୀ ହୋଇଛି । ଫଳସ୍ୱରୂପ ଦୁଇ ଗୋଷ୍ଠୀଙ୍କ ମଧ୍ୟରେ ମତପାର୍ଥକ୍ୟ ଦେଖାଦେଇଛି । ରୂଢ଼ିବାଦୀ ବା ପୁରାତନ ପନ୍ଥୀମାନେ ସମାଜର ଏ ପରିବର୍ତ୍ତନକୁ ଗ୍ରହଣ କରିପାରି ନାହାନ୍ତି । ସମାଜର ଅବକ୍ଷୟ- ଅବ୍ୟବସ୍ଥା ଦେଖି ଚିନ୍ତିତ ଥିବାବେଳେ, ଉଦରବାଦୀ ମାନେ ପ୍ରଗତିର ନାଁ ଦେଇ ସ୍ୱାଗତ କରିଛନ୍ତି । ସଂସ୍କୃତି ତଥା ମୂଲ୍ୟବୋଧର ଅବକ୍ଷୟ ରୂପ, ପରବର୍ତ୍ତୀ କାଳରେ ବିଭିନ୍ନ ସିଦ୍ଧାନ୍ତ, ବାଦ ସୃଷ୍ଟି ହେବାରେ ସହାୟକ ହୋଇଛି । ପ୍ରତିକ୍ରିୟାଶୀଳ ମଣିଷ ଯେତେବେଳେ କିଛି ନୂତନତ୍ୱର ସଞ୍ଚାର କରିବାକୁ ଆଗେଇ ଆସେ ସେତେବେଳେ ସ୍ୱାଭାବିକ ଭାବେ ପୁରାତନ ବା ରୁଢ଼ିବାଦୀ ବ୍ୟବସ୍ଥା ନିଶ୍ଚିହ୍ନ ହୋଇଥାଏ । ଏହାର ନାଁ ବୋଧେ ପ୍ରଗତି । ପାଶ୍ଚାତ୍ୟ ସଂସ୍କୃତିର ଫଳଶ୍ରୁତି ସକଳ ବାଦ ବା ISM ଯାହା ପ୍ରଭାବ ଧୀରେ ଧୀରେ ଭାରତୀୟ ସମାଜ ବ୍ୟବସ୍ଥାକୁ ଏକ ନୂତନ ଦୃଷ୍ଟିଭଙ୍ଗୀ ଦେଇ ଅନୁଭବ କରିବାର ପଥ ପରିଷ୍କାର କରାଏ । ଏ ଦୃଷ୍ଟିରୁ ବିଚାର କଲେ, ନାରୀର ସ୍ଥିତି, ତା'ର ଅସ୍ତିତ୍ୱ ତଥା ତା'ର ମୌଳିକ ଅଧିକାର ପ୍ରତି ସଚେତନ କରାଇବାରେ "ବାମାବାଦ" ବା 'ଫେମିନିଜିମ୍'ର ଭୂମିକା ପ୍ରଶଂସନୀୟ । ଯାହା ତଥାକଥିତ ଉତ୍ତର ଆଧୁନିକ ଦୃଷ୍ଟିକୋଣ ଭିତରେ ନାରୀର ଅସ୍ତିତ୍ୱର କଥା କହେ । କେହି କେହି ମନସ୍ତାତ୍ତ୍ୱିକ ଏବଂ ଦାର୍ଶନିକ ଦୃଷ୍ଟିକୋଣରୁ ବିଚାର କରି ଏହି ଚିନ୍ତାଧାରା ବା ବାଦ (ISM) କୁ ଏହାର ସମନ୍ୱିତ ପ୍ରତିଫଳନ ବୋଲି ମତବ୍ୟକ୍ତ କରିଛନ୍ତି । କିନ୍ତୁ, ଦେଖାଯାଏ ଏହାପରେ ରହିଥିବା ଦ୍ୱନ୍ଦାତ୍ମକ ପ୍ରବୃତ୍ତି ବା ଚିନ୍ତାଶକ୍ତି । ଯାହା ଅଭ୍ୟନ୍ତରୀଣ ସଂଶୟ, ସଂଘର୍ଷର ଆତ୍ମିକ ପରିପ୍ରକାଶ । ଯେପରିକି ମନରେ ଦ୍ୱନ୍ଦ୍ୱ ଆସେ ପୌରଣିକ ଚରିତ୍ର ସୀତା ହୁଅନ୍ତୁ ଅବା ପତିପରାୟଣା ଉର୍ମିଳା, ଅହଲ୍ୟା ହୁଅନ୍ତୁ ସେମାନେ ନିଜ ଅଧିକାର ସାବ୍ୟସ୍ତ କରିବେ କି ? ସହନଶୀଳ ଚରିତ୍ରମାନେ ପ୍ରତିକ୍ରିୟାଶୀଳ ହେବେ କି ? ନୀରବରେ ଅନ୍ୟାୟକୁ ସହ୍ୟ ନ କରି ସମାଜ ବିରୁଦ୍ଧରେ ନିଜ ମତବ୍ୟକ୍ତ କରିବାକୁ ଆଗେଇ ଆସିଛି । ସମାଜ ଦେଇଥିବା ଅଯାଚିତ ଉପହାର ସ୍ୱରୂପ ପତିତା, କଳଙ୍କିନୀ, ସ୍ୱାମୀ ପରିତ୍ୟକ୍ତା, ବିଧବା ବାଞ୍ଝ, ଉଦଣ୍ଡୀ, ରଣଚଣ୍ଡୀ, ଘଇତା ଖାଇ, ଡାହାଣୀ, ବଳେପଶି, ରାକ୍ଷସୀ, ଅଲକ୍ଷଣୀ ଆଦି ବିଶେଷଣକୁ ସେ' ସ୍ୱୀକାର କରିନି ।

ବରଂ ସାହସ କରି ଫେରେଇ ଦେଇଛନ୍ତି । ରୂଢ଼ିବାଦୀ ଚିନ୍ତାଧାରାକୁ ଅଗ୍ରାହ୍ୟ କରିଛି । ନିଜ ପାଇଁ ଏକ ମୁକ୍ତ ସୁରକ୍ଷିତ ସମାଜର ଆଶା କରିଛି । ଅନ୍ତଃସାରଶୂନ୍ୟ-ତୁଚ୍ଛ ବ୍ୟବସ୍ଥା ଭିତରୁ ମୁକ୍ତିର ବାଟ ଖୋଜିଛି । ଜାତି-ଧର୍ମ-ବର୍ଣ୍ଣ-ଲିଙ୍ଗ-ନିର୍ବିଶେଷରେ Gender equality (ଲିଙ୍ଗଗତ ସମାନତା) ର ସ୍ୱପ୍ନ ଦେଖିଛି ।

"Contemporary literary and Cultural Theory" ପୁସ୍ତକରେ ପ୍ରମୋଦ କୁମାର ନାୟାରଙ୍କ ଏହି ଉକ୍ତି ଏଠାରେ ଉଦ୍ଧୃତି ଯୋଗ୍ୟ । ତାଙ୍କ ଭାଷାରେ:- "The inequalities that exist between men and women's are not natural but social, n't preordained but created by men so that they retain power."

ଏଥିରୁ ସ୍ପଷ୍ଟ ଅନୁମାନ କରିହୁଏ, ନାରୀ ପ୍ରତି କରାଯାଇଥିବା ଏ ଅବିଚାର ଓ ପକ୍ଷପାତିତାର ଭାବନା, ପ୍ରାକୃତିକ ନୁହେଁ, ବରଂ ମନୁଷ୍ୟକୃତ ସମାଜକୃତ । ତେବେ ଏହି ବିଚାରବୋଧ କିଭଳି ଭାବରେ ଓଡ଼ିଆ ସାହିତ୍ୟରେ ତା'ର ପ୍ରଭାବ ବିସ୍ତାର କରିଛି, ତାହା ନିମ୍ନମତେ ଆଲୋଚନା କରାଯାଇପାରେ । ଓଡ଼ିଆ ସାହିତ୍ୟର ବଳିଷ୍ଠତମ ବିଭାଗ ହେଉଛି କାବ୍ୟ-କବିତା । ଏ ପରିପ୍ରେକ୍ଷୀରେ ନାରୀ ଜୀବନର ଚିତ୍ର-ଚରିତ୍ର-ଚୌହଦୀ, କିଭଳି ଭାବରେ ପ୍ରତିଫଳିତ ହୋଇଛି ତାହା ଆଲୋଚନା ସାପେକ୍ଷ ।

ନାରୀ ମନ ଗହନ କଥା, ତା'ର ଅସ୍ତିତ୍ୱ ଓ ସାମର୍ଥ୍ୟର ଗାଥା କିଭଳି ଓଡ଼ିଆ ବାଙ୍ମୟ ଜଗତରେ ବର୍ଣ୍ଣିତ ହୋଇଛି, ତାହା ବିଚାରକୁ ନିଆଯାଇପାରେ । ନାରୀର ପ୍ରାପ୍ତି-ଅପ୍ରାପ୍ତି, ତା'ର ସଂପୃକ୍ତି-ନିସ୍ପୃତି, ତା' ପ୍ରେମ-ପ୍ରଣୟ-ପ୍ରତିଶ୍ରୁତି କିଭଳି କବିତାର କୋମଳ ତନୁକୁ ବିଦାରି ଦେଇଛି, ତାହା ଅନୁଭବ ନ କଲେ ଜାଣିବା ଅସମ୍ଭବ ହୋଇପଡେ । କବିତାର ପ୍ରାଣକେନ୍ଦ୍ର ନାରୀ । ନାରୀର ଲାବଣ୍ୟ ତା'ର ସାମର୍ଥ୍ୟ କବିତା ଛଳରେ ପ୍ରକଟିତ ହୋଇଛି । ନାରୀକୁ ବାଦ୍ ଦେଇ କ'ଣ ଲେଖାଯାଇ ପାରେ ? କବିର କବିତା ନାରୀମୟ-ସ୍ୱପ୍ନମୟ-ଭାବମୟ । ଏଣୁ ନାରୀକୁ ବାଦ୍ ଦେଇ କବିତାର କଳ୍ପନା ବୋଧହୁଏ କଳନା କରାଯାଇ ପାରେନା । "ନାରୀ ଆଖିରୁ ଲୁହ, ତା'ର ଛାତିରୁ ଲହୁ ହୋଇ ଝରେ, ତା'ର ନିରବ ଓଠେ ପ୍ରେମର ଜୁଆର ଖେଳେ", ଏସବୁ ମଧ୍ୟରେ ତା'ର କି ବୀରତ୍ୱ, କର୍ତ୍ତବ୍ୟ ନିଷ୍ଠା, ଉଦାରତା, ମମତ୍ୱବୋଧ, ସହନଶୀଳତା ମଧ୍ୟ କବି ଲେଖନୀରେ ବେଶ୍ ସଜ୍ଜଳ ହୋଇଉଠେ ।

ଓଡ଼ିଆ କବିତା ସ୍ୱତନ୍ତ୍ରତଃ ପ୍ରାକ୍ ସ୍ୱାଧୀନତା ସମୟର କବିତାରେ ନାରୀ ସ୍ଥିତି କିଭଳି ପ୍ରତିଫଳିତ ହୋଇଛି, ତାହା ନିମ୍ନମତେ ବର୍ଣ୍ଣନା କରାଯାଇପାରେ । ବିଶେଷତଃ ମୌଖିକ ସାହିତ୍ୟ ବା ଲୋକ ସାହିତ୍ୟର ବଳିଷ୍ଠ ବିଭାଗ (ଲୋକ କବିତା) ରେ ନାରୀ ଜୀବନ- ଜଂଜାଳ କିଭଳି ପ୍ରତିଫଳିତ ହୋଇଛି ତାହା ଆମର ଆଲୋଚନା ପ୍ରସଙ୍ଗ ।

(୨) ଲୋକ କବିତାରେ ନାରୀ ଜୀବନର କାରୁଣ୍ୟ :-

ବାସ୍ତବିକ୍ ଲୋକ କବିତାରେ ନାରୀ ଜୀବନ ଆଲୋଚନା କରିବାକୁ ଗଲାବେଳେ, ଆମ ସମ୍ମୁଖରେ ଭାସି ଉଠେ, ଏକ ଆଶାଆକାଂକ୍ଷାର ସାଗର, ଯେଉଁଠି ଲହରୀ ଆସେ ଆଉ ଯାଏ । ଏହି ଲହରୀ ସ୍ୱପ୍ନର ପାରିଜାତ ପରି । ଯାହା କାଳ୍ପନିକ ଓ କ୍ଷଣିକ । ରାତି ପାହିଗଲେ, ଯେପରି ସ୍ୱପ୍ନ ଭଙ୍ଗ ହେବା ନିହାତି ସତ୍ୟ ଠିକ୍ ସ୍ୱପ୍ନର ପାରିଜାତ ସ୍ୱପ୍ନମୟ-ଭ୍ରମ ସଦୃଶ । ଯାହାର ସ୍ଥାୟୀତ୍ୱ ନ ଥାଏ, ବରଂ ଅଳିକ-କ୍ଷଣ ଭଙ୍ଗୁର ।

ଏ ଦୃଷ୍ଟିରୁ ବିଚାର କଲେ, ଓଡ଼ିଆ ସାହିତ୍ୟରେ ନାରୀର ଆର୍ଥନୀତିକ - ସାମାଜିକ ସ୍ଥିତି ସେତେ ସବଳ ନଥିଲେ ମଧ୍ୟ, ନାରୀର ଏକ ସ୍ୱତନ୍ତ୍ର ଭୂମିକା ରହିଛି ତାହାକୁ ସ୍ୱୀକାର କରିବାକୁ ହେବ । ଓଡ଼ିଆ କବିତାର ପ୍ରାଚୀନତ୍ୱ ଅନୁଭବକଲେ, ପଲ୍ଲୀ ଭିତ୍ତିକ ସଂସ୍କୃତି ଆମ ସମ୍ମୁଖରେ ଛିଡ଼ାହୁଏ । ଏଠି ବଞ୍ଚିବା ଏକ ବିଡମ୍ବନା । ସଂଘର୍ଷ ହିଁ ମୂଳ । ଅନ୍ଧବିଶ୍ୱାସ, କୁସଂସ୍କାରରେ ଜଡସଡ ପଲ୍ଲୀପ୍ରାଣ, ନାରୀର ଅଧିକାର ସଂମ୍ପର୍କରେ ଚିନ୍ତା କରେନା । ଅତଏବ ନାରୀ ଜୀବନର ସ୍ୱଚ୍ଛଳତା, ପଲ୍ଲୀସମାଜରେ ନାହିଁ କହିଲେ ଚଳେ । ଏରୁଣ୍ଡି ଭିତରେ ରହି ଯାବତୀୟ ଘରଜଞ୍ଜାଳ, ସନ୍ତାନ ପାଳନ, ରୋଷେଇ ଦାୟିତ୍ୱ ଭିତରେ ତା'ର ଜୀବନ ବିତୁଥାଏ । ସାମାଜିକ ଆବେଦନ ସହିତ ଲୋକ ସାହିତ୍ୟ ଭାବମୟ ଉଚ୍ଛ୍ୱାସ ହୋଇ ବୋହୁଥାଏ । ନିରନ୍ତରତା ଓ ସ୍ୱତଃସ୍ଫୁର୍ତ୍ତତା ଏହାର ସ୍ୱରୂପ । ଲେଖିପଢି ଜାଣିନଥିବା ଗାଉଁଲି ପଲ୍ଲୀ ମଣିଷ, ତା'ର ସାମୟିକ ବିରତିରେ ସୃଷ୍ଟି କରିଥିବା ଜୀବନଗୀତି ଅତ୍ୟନ୍ତ ମାର୍ମିକ । ଭାରତୀୟ ସାହିତ୍ୟର ଅୟମାରମ୍ଭର ଇତିହାସକୁ ଅନୁଧ୍ୟାନ କଲେ ପ୍ରାଥମିକ ପର୍ଯ୍ୟାୟରେ ସୃଷ୍ଟିର ପ୍ରାଚୀନ ପ୍ରକ୍ରିୟା, ଧାର୍ମିକ କର୍ମ-କର୍ମାଣି, ଲୋକାଚାର, ରାଜା-ରାଜୁଡା, ସମାଜର ନିମ୍ନବର୍ଗ, ସାମାଜିକ ଲୋକବିଶ୍ୱାସ, ପ୍ରଥା-ପରମ୍ପରା, ଜନଶ୍ରୁତି କିମ୍ବଦନ୍ତୀ

ପ୍ରସୂତ କଥା ଓ କାହାଣୀ ଦେଖିବାକୁ ପାଉ । କେବଳ ଭାରତୀୟ ସାହିତ୍ୟ ନୁହେଁ ବିଶ୍ୱ ସାହିତ୍ୟର ଆଦିମତମରୂପର ମୌଖିକ ପରିପ୍ରକାଶ ହେଉଛି ଲୋକ ସାହିତ୍ୟ ।

ଓଡ଼ିଆ ଭାଷାର ଅତୀତକୁ ଦୃଷ୍ଟିପାତ କଲେ, ଏହାର ଅପଭ୍ରଂଶ ରୂପଟି ଆମ ସମ୍ମୁଖରେ ଧରାଦିଏ । ଯାହା ସଂପୂର୍ଣ୍ଣ ଅବିକଶିତ ପର୍ଯ୍ୟାୟର । ଅଷ୍ଟମ ଶତକରୁ ପ୍ରାୟତଃ ଆନୁମାନିକ ୧୦ମ ଶତାବ୍ଦୀ ବେଳକୁ ଲୋକମୁଖରେ ସାହିତ୍ୟ ସୃଷ୍ଟିରେ ପ୍ରକ୍ରିୟା ଆରମ୍ଭ ହୋଇସାରିଥିବ । ଏପରିକି ବୁଦ୍ଧିଜୀବୀ ମାନଙ୍କ ମତରେ ଏହି ଲୋକ ସାହିତ୍ୟ ପର୍ଯ୍ୟାୟଭୁକ୍ତ ଲୋକକବିତା, ପ୍ରବାଦ-ପ୍ରବଚନ-ଢଗଢମାଳି, ଓଷା-ବ୍ରତ ଆଦି ଲୋକ ସାହିତ୍ୟର ପ୍ରାଥମିକ ପର୍ଯ୍ୟାୟରେ ସୃଷ୍ଟ । ଏପରିକି ଐତିହାସିକଙ୍କ ମତରେ, ଗଙ୍ଗବଂଶର ରାଜତ୍ୱ ବେଳକୁ ଏ ସବୁର ପ୍ରଚଳନ ହୋଇସାରିଥିବ, ଏଥିରେ ସନ୍ଦେହ ନାହିଁ । ଏପରିକି ଲୋକସାହିତ୍ୟର ଗବେଷକ, ଚିନ୍ତାନାୟକ ଡ. କୁଞ୍ଜବିହାରୀ ଦାସଙ୍କ ମତରେ, ସାହିତ୍ୟର ଭିତ୍ତିଭୂମି ଲୋକଗୀତ ତାଙ୍କ ମତରେ "ବୈଦିକ ସୁକ୍ତ ଠାରୁ ଆହୁରି ପ୍ରାଚୀନ ହେଉଛି ଏହି ଲୋକଗୀତ ।"

ଏଥିରୁ ଅନୁମାନ କରାଯାଏ, ଲୋକଗୀତିର ପ୍ରାଚୀନତା । ପ୍ରାଚୀନ କାଳରେ (ବୈଦିକ) ପୁତ୍ର ଜନ୍ମ-ଉପବୀତ ଧାରଣ -ବିବାହ ଆଦି ମାଙ୍ଗଳିକ କାର୍ଯ୍ୟରେ ମଙ୍ଗଳ ଗୀତିକା- ଲୋକଗୀତ ଆଦି ବୋଲାଯିବାର ପରଂପରା ଥିଲା । ପରବର୍ତ୍ତୀ ପର୍ଯ୍ୟାୟରେ ଭାଷା ବିକଶିତ ହେଲାପରେ, ବିଦଗ୍ଧ ସାହିତ୍ୟ ଏବଂ ଲୋକ ସାହିତ୍ୟ ସମାନ୍ତରାଳ ଭାବରେ ବାଣୀଭଣ୍ଡାରକୁ ପୁର୍ନପ୍ରସୂ କରିଛି । ଏଣୁ ଓଡ଼ିଆ ସାହିତ୍ୟର ଆଦ୍ୟ କାବ୍ୟକାର ଜଣେ ବିଦଗ୍ଧ-ଶାସ୍ତ୍ର ନିପୁଣ ବ୍ୟକ୍ତିତ୍ୱ ନୁହନ୍ତି ବରଂ ଜଣେ ଗାଉଁଲି ମଣିଷ । ସେ' କୃଷକ ହୋଇପାରେ ଅବା ହଳିଆ, ସେ' ଗାଁର ଭଣ୍ଡାରୀ ହେଇପାରେ ଅବା ଧୋବା, ସେ' ବଢ଼େଇ ହୋଇପାରେ ଅବା କୁମ୍ଭାର, ସେ' କେଉଟ ହୋଇପାରେ ଅବା ଚମାର । ଉଭୟ ଉଭୟ ଦ୍ୱାରା ପ୍ରଭାବିତ ହେଲେ । ରଚିତ ସାହିତ୍ୟ ଏବେ ଲୋକସ୍ତରକୁ ଆସି ଲୋକଙ୍କ ପ୍ରାଣର ସଙ୍ଗାଳି ପାଲଟିଲା ଅବା ମୌଖିକ ସାହିତ୍ୟ କେବେ ସଂଭ୍ରାନ୍ତମୟ - ଐଶ୍ୱର୍ଯ୍ୟମୟୀ ହୋଇ ବିଦଗ୍ଧ ପର୍ଯ୍ୟାୟଭୁକ୍ତ ହେଲା ତାହା ନିର୍ଦ୍ଦିଷ୍ଟ ଭାବରେ କହିବା କଷ୍ଟକର । ଏଥିରୁ ସ୍ପଷ୍ଟ ଜାଣିହୁଏ, ସାହିତ୍ୟର ଅବାଧଗତି ଯାହା ଗାଁର ନଇବାଲିରୁ ଆରମ୍ଭ ହୋଇ ସହରର କଂକ୍ରିଟ୍ ଜଙ୍ଗଲ ଆଡକୁ ନିରବଚ୍ଛିନ୍ନ ଭାବନେଇ ଗତି କରୁଥାଏ । ତେବେ, ମନରେ ପ୍ରଶ୍ନ ଉଠେ,

ଏହି ଲୋକ କବିତା ବା ଲୋକ ସାହିତ୍ୟର ଆଦ୍ୟସ୍ରଷ୍ଟା କିଏ ? ସେ' ନାରୀ କବି ଅବା ପୁରୁଷ କବି । ତେବେନାରୀ କେବେ ଲେଖିଲା ତାହା ତ ପ୍ରମାଣ ସାପେକ୍ଷ ନିଶ୍ଚିତ । କିନ୍ତୁ ନାରୀର କୋମଳ ମନ, ସଂଗୀତ ଭାବ ଯେ'ତାର ଶିଶୁକୁ ଆଶ୍ୱାସନା ଦେବାର ପ୍ରୟାସରୁ ଉଦ୍ଭବ ବୋଲି ନିଶ୍ଚିନ୍ତ ହୋଇଥିବାର ମନେହୁଏ । ଶିଶୁର ଜନ୍ମଠାରୁ ତା'ର ଲାଳନ-ପାଳନ -ଶିକ୍ଷା-ଦୀକ୍ଷା ପର୍ଯ୍ୟନ୍ତ ମା'ଟିଏ ଅନେକ ଅର୍ଥହୀନ ସଙ୍ଗୀତର ଲାଳିତ୍ୟ ମାଧ୍ୟମରେ ତାକୁ ମଣିଷ ଭଳି ମଣିଷଟିଏ କରିବାର ଅଭିପ୍ସା ରଖେ । ସମ୍ଭବତଃ, ଏହିସବୁ ପୃଷ୍ଠଭୂମିକୁ ପାଥେୟ କରି ଲୋକ କବିତାରେ ଫୁଟିଉଠେ ଜୀବନର ନାନାବାୟା । ନାରୀର କୋମଳ ମନ ଛନ୍ଦାୟିତ ହୋଇ ସୃଷ୍ଟି କରେ ଅନେକ ଗୀତ । ସେ' ସୁଖଦ ସ୍ମୃତି ହୋଇ ଝରେ ପୁଣି କାରୁଣ୍ୟର ଲୁହ ହୋଇ ଫେରେ । ଏଗୁଡିକ ସ୍ୱତଃ ହୃଦୟର ନିଭୃତ କନ୍ଦରରୁ ଝରିଯାଏ । ସତେକି କେଉଁ ଅନାମଧେୟ ପାର୍ବତ୍ୟ କନ୍ଦରରୁ ଝରିଆସୁଥିବା ନିର୍ଝରିଣୀ । ସେ, ପାହାଡି ନିର୍ଝରିଣୀରେ କୌଣସି ସୁର ନାହିଁ, ତାଳ ନାହିଁ ଅଛି କୋମଳ ଭାବମୟ-ରସମୟ-ପ୍ରେମମୟ ସ୍ମୃତିର ସ୍ୱଚ୍ଛ ଆବେଗ । ଯାହାକୁ ପାନ କରି ସମାଜ ପାଏ ଆତ୍ମିକ ଶାନ୍ତି । ଆଗାମୀ ଜୀବନକୁ ସୁଖଦ ମନେକରି ଜୀବନ ଜୀଇଁବାର ଆନନ୍ଦ ସାଉଁଟେ ମଣିଷ । ଏହି ଲୋକ କବିତାରେ ବିଶେଷତଃ ନାରୀ ଚରିତ୍ରର ଦୀପ୍ତି ପ୍ରତିଫଳିତ ହୁଏ । ସମାଜରେ ନାରୀର ଦାୟିତ୍ୱ କମ୍ ନୁହେଁ, ବରଂ ସାମର୍ଥ୍ୟରୁ ଅଧିକାର କରିଥାଏ ନାରୀ । ତତ୍କାଳୀନ ପରିବେଶରେ ନାରୀ ପାଇଁ ସମାଜ ଟାଣିଥିବା ଲକ୍ଷ୍ମଣରେଖା, ତା'ର ସ୍ୱାଧୀନତାକୁ ସୀମିତ କରିବା ପାଇଁ ଯଥେଷ୍ଟ ଥିଲା । ପତି ହିଁ ଗୃହକର୍ତ୍ତା, ପରିବାରର ମୁଖ୍ୟ । ପତି ସୁଖେ ସୁଖୀ ଏବଂ ପତି ଦୁଃଖେ ଦୁଃଖୀ ହେବା ଥିଲା ନାରୀର କର୍ତ୍ତବ୍ୟ । ସନ୍ତାନ ପାଳନ ଅର୍ଥେ ପତ୍ନୀ ବରଣର ପରମ୍ପରା ଥିଲା । ସନ୍ତାନର ଲାଳନ-ପାଳନ ଗୃହର ନାରୀ ଉପରେ ନ୍ୟସ୍ତଥିଲା । କ୍ରନ୍ଦନରତ ଶିଶୁକୁ ବୋଧ ଦେବା ପାଇଁ ହେଉ ଅବା ତାକୁ ଭୋଜନ ଦବା -ଶୟନ କରାଇବାରେ ନାରୀ ଗୀତ ମାଧ୍ୟମରେ ସରାଗ ଢାଳୁଥିଲା । ମାଆ ଓ ଶିଶୁ ଭିତରେ ଏକ ରସଘନ ଅମୃତ ସମ୍ପର୍କକୁ ମଜବୁତ କରିଯାଏ ଏହି ଲୋକଗୀତ । ଅତୀବ ସରଳ-ସାବଲୀଳ ଭାବ ନେଇ ଲୋକଘୀତ ଝରିଯାଏ । ଯଥା :-

କ) "ଧୋ ରେ ବାଇଆ ଧୋ
ଯେଉଁ କିଆରୀରେ ଗହଳ ମାଣ୍ଡିଆ
ସେଇ କିଆରୀରେ ଶୋ ।

ଖ) "ଅବା ଝୁଲୁରେ ହାତୀ ଝୁଲୁ
ଯେଉଁ କିଆରୀରେ ଗହଳ ମାଣ୍ଡିଆ ସେଇ କିଆରୀରେ ଝୁଲ ।

(ଗ) ଆ ଜହ୍ନ ମାମୁଁ ସରାଗ ଶଶୀ
ମୋ କାହ୍ନୁ ହାତରେ ପାଦରେ ଖସି, ଇତ୍ୟାଦି ଇତ୍ୟାଦି

ଏଗୁଡିକରେ କୌଣସି ତାଳ-ଛନ୍ଦ ନଥାଏ । ଲାଳିତ୍ୟମୟ ଶବ୍ଦକୁ ଆପଣା ଭାବରେ ଗାଇ ଆସୁଥିବା ବାଗରେ ମା' ମନ ତା'ର ବାତ୍ସଲ୍ୟ ରସରେ ଆପ୍ୟାୟିତ କରେ ତା'ସନ୍ତାନକୁ । ମାତୃହୃଦୟର ସ୍ନେହସିକ୍ତ ଅଭିପ୍ସା ନେଇ ଯେଉଁ ଗୀତ ସୃଷ୍ଟି ହୋଇଛି, ତାହା ଯେ, ପରବର୍ତ୍ତୀ ପର୍ଯ୍ୟାୟରେ 'କୋଇଲି' ସାହିତ୍ୟକୁ ପ୍ରେରିତ କରିନଥିବ ତାହା କିଏ କହିବ ? କେବଳ ବାତ୍ସଲ୍ୟମୟୀ ନାରୀ ହୃଦୟର ମମତ୍ୱ ନୁହେଁ ବରଂ ତା'ର ଯନ୍ତ୍ରଣା - କାରୁଣ୍ୟମୟତାର ଆବେଗକୁ ମଧ୍ୟ ବ୍ୟକ୍ତ କରିଛି, ଏହି ଲୋକଗୀତ ପରିବାର ପ୍ରତି ସମର୍ପିତା ନାରୀ ତା'ର ସଂସାରର ଭଲ- ମନ୍ଦ, ଘଟଣା- ଦୁର୍ଘଟଣା, ରୋଗ- ବ୍ୟାଧି, ଅଭାବ-ସମ୍ପଦ ପାଇଁ ସମାଜ ତରଫରୁ ଅନେକ ଭାବରେ ଦାୟୀ ଥିଲା । ତା'ର ପାଦ ପଡିବା ମାତ୍ରେ, ଯଦି ଦୈବାତ୍ କିଛି ଅନର୍ଥ ଘଟୁଥିଲା ବା ଆକସ୍ମିକ ଭାବେ ପରିବାରର କୌଣସି ସଦସ୍ୟର ମୃତ୍ୟୁ ଘଟୁଥିଲା, ତେବେ ଜୀବନ ତା'ର ଦୁର୍ବିସହ ହୋଇପଡୁଥିଲା । ସମସ୍ତ ଦୋଷ ମୁଣ୍ଡାଇ ତାକୁ କଳଙ୍କିନୀ- ସବାଖାଇ-ଅଲକ୍ଷଣୀ ବୋଲି ଆକ୍ଷେପ କରାଯାଉଥିଲା । ଆଉ ବିବାହ ପରେ ଯଦି ସ୍ୱାମୀର କୌଣସି ରୋଗବ୍ୟାଧିରେ ମୃତ୍ୟୁ ଘଟୁଥିଲା ଅବା ଦାଦନ ଖଟିବାକୁ ଯାଇ ତା'ର ସ୍ୱାମୀ ଫେରୁନଥିଲା ଦ୍ୱିତୀୟ ପତ୍ନୀ ଗ୍ରହଣ କରୁଥିଲା, ତେବେ ତା ଜୀବନର ବିପର୍ଯ୍ୟୟ ଅକଥନୀୟ ହୋଇପଡୁଥିଲା । ଜୀବନ୍ତ ମରଣ ଭୋଗି ଭୋଗି ପରିଶେଷରେ ନାରୀଟି କୂଅ-ପୋଖରୀକୁ ଡେଇଁ ପଡୁଥିଲା ।

ନାରୀ ଜୀବନର କାରୁଣ୍ୟରେ ଭରା ଲୋକ କବିତା । ବାପଘରୁ ଶାଶୁଘର ମଧ୍ୟରେ ବିତେଇଥିବା ପ୍ରଲମ୍ବିତ ଜୀବନରେ ସୁଖ କେତେ ମିଳିଛି, ତା'ର ହିସାବ

କିଏ ରଖେନା, ବରଂ ଦୁଃଖ ଯନ୍ତ୍ରଣାର ଶରଶଯ୍ୟାରେ କେତେବାର କ୍ଷତାକ୍ତ ହୋଇଛି, ଲହୁ-ଲୁହାଣ ହୋଇଛି, ତାହା-ହିଁ ଅନୁଭବ ନକଲେ , ବୁଝିବା ଅସମ୍ଭବ ହୋଇଥାଏ । ସକାଳରୁ ସଞ୍ଜଯାଏ ଦୀପଟିଏ ହୋଇ ଜଳିବା ଛଡା, ଅନ୍ୟ କିଛି ଅଭିପ୍ସା ନ ଥାଏ ତାହାର । ନିଜ ପରିବାର, ସ୍ୱାମୀର ମଙ୍ଗଳ, ସନ୍ତାନ ମାନଙ୍କ ସୁଖ ସମୃଦ୍ଧି ଆଶାକରି ପ୍ରତ୍ୟହ ବୃନ୍ଦାବତୀଙ୍କ ଠାରେ ସଳିତା ହୋଇ ଜଳୁଥାଏ ସେ । ତେଣୁ କୁଞ୍ଜବିହାରୀଙ୍କ ଭାଷାରେ :

"ଲୋକଗୀତରେ ନାରୀ ସ୍ନେହମୟୀ,ପ୍ରେମମୟୀ, ସେବା ପରାୟଣା, ଅତିଥିବତ୍ସଳା, ଗୃହ ନିରୁପଣା ,କଳାବତୀ, ସ୍ୱଭାବତଃ ସାହିତ୍ୟିକା । "ଓଡ଼ିଆ ଘରର ନାରୀ-ଶୁଦ୍ଧ ଗଙ୍ଗାଜଳ ପରି ମହ ମହ ବାସେ । କେତେ ଓଷା-ଉପବାସ କରେ, ସବୁ ସେଇ ହାତ-କାଚର ପାଇଁ । ସେଇ ସ୍ୱାମୀର ବିହୁନେ ଜୀବନ ହୋଇଉଠେ ଯନ୍ତ୍ରଣାର ଜୁଇ ପରି ।

"ସ୍ୱାମୀ ମଲାଦିନ ହୋଇଲି ନିରେଖ
କେବେ ପିନ୍ଧି ନାଇଁ ପାଟଛିଟ -ଝୀନବାସ
ଜୀବନେ କିଅବା ଲାଭ ?
ସାହା ହୋଇବେ ପୀତବାସ ।' (ବୈଧବ୍ୟ ଜନିତ ନିଃସଙ୍ଗତା)

ସାହିତ୍ୟରେ ମନସ୍ତତ୍ତ୍ୱ ଗୁରୁତ୍ୱପୂର୍ଣ୍ଣ । ଲୋକ କବିତାରେ ନାରୀ ମନସ୍ତତ୍ତ୍ୱରେ ଅଫୁରନ୍ତ ପ୍ରତିଫଳନ ଦେଖିବାକୁ ମିଳେ । ଖୁବ୍ ଆଶ୍ଚର୍ଯ୍ୟ ମନେହେଲେ ହେଁ, ସତ୍ୟ । ବିଶ୍ୱ ସାହିତ୍ୟରେ ଯେତେବେଳେ ମନସ୍ତତ୍ତ୍ୱ ସମ୍ପୂର୍ଣ୍ଣ ଭାବେ ବିକଶିତ ନ ଥିଲା, ସେତେବେଳେ ଲୋକସାହିତ୍ୟରେ ଏହାର ଅପୂର୍ବ ବିଳାସ ପରିଲକ୍ଷିତ ହୋଇଥିଲା । ବାସ୍ତବିକ୍ ଲୋକ କବିତାରେ ଲୋକ ମନସ୍ତତ୍ତ୍ୱ ଅତ୍ୟନ୍ତ ମାର୍ମିକ ଭାବରେ ପ୍ରତିଫଳିତ ହୋଇଛି । ସ୍ୱତନ୍ତ୍ରତଃ ନାରୀର ସ୍ଥିତି, ତା'ର ମନୋଦଶା, ତା'ର ଚିତ୍ର-ଚରିତ୍ର ଓ ଚେତନତାର ସର୍ବୋତ୍ତମ ସ୍ତରରେ ପହଞ୍ଚିଛି କହିଲେ ଅତ୍ୟୁକ୍ତି ହେବନାହିଁ । ସାମାଜିକ ସ୍ତରରେ ନାରୀର ଭୂମିକାକୁ ବିଶେଷ କରି ଗୁରୁତ୍ୱ ଦିଆଯାଉଥିଲା । ନାରୀକୁ ଗୃହଲକ୍ଷ୍ମୀ ବୋଲି ମନେକରାଯାଇ ମଧ୍ୟ ତାହାର ସ୍ଥିତି, ପରିବାରର ଅର୍ଥନୀତିକ ଅବସ୍ଥା ଉପରେ ଅନେକାଂଶରେ ନିର୍ଭର କରୁଥିଲା । ଅର୍ଥାତ୍

ପରିବାରର ଆପଦ-ବିପଦ, ସଂପଦ-ଅଭାବ ଆଦି ନାରୀର ସ୍ଥିତିକୁ ସ୍ଥିର କରୁଥିଲା । ଏପରିକି କୃଷି ପରିବାରରେ ଫସଲହାନି, ଗୋ-ହାନି ଅବା ସନ୍ତାନ ହାନି ଘଟିଲେ, ଏ ସବୁ ପ୍ରାକୃତିକ ଦୁର୍ବିପାକ ହେତୁ ନୁହେଁ ବରଂ ନାରୀର କପାଳ ପାଇଁ ହେଉଥିବାର ମନେକରାଯାଇ ତାକୁ ନିର୍ବାସନର ଦଣ୍ଡ ମଧ୍ୟ ଦିଆଯାଉଥିଲା ତ' କେଉଁଠି ଘରର ଚାକରାଣୀ ସଜେଇ ଯାବତୀୟ ଦୁଃଖ-ଗଞ୍ଜଣା ମିଳୁଥିଲା । ସତେକି ଲୋକ ସାହିତ୍ୟର ପ୍ରତିଟି ପୃଷ୍ଠା ନାରୀ ଜୀବନର ନୈରାଶ୍ୟ, ତା'ର ଅଭିମାନ ହିଁ ପ୍ରତିଫଳିତ କରିଛି । ତଥାପି, ନାରୀ ଅନ୍ତରରୁ ସଦା ଝରୁଥାଏ ତା'ର ଆତ୍ମୀୟ ସ୍ୱଜନ ତଥା ତା'ର ପରିବାର ପାଇଁ ଈଶ୍ୱରଙ୍କ ପାଖରେ ଆକୁଳ ପ୍ରାର୍ଥନା । ଯଥା:-

"ତୁଳସୀ ମା ଦୟା କରିବୁ ମତେ
କୋଳକୁ ସୁତ ପେଟକୁ ଭାତ
ଦୀର୍ଘାୟୁ ହୋଇବ ବର
ଧନ ଜନରେ ଗୋ ଖେଳୁଥିବି ମୁହିଁ /ଏତିକି ସୁଦୟା କର ।'

ମଙ୍ଗଳମୟୀ ସ୍ୱରୂପ

ତୁଳସୀ ଚଉରା ମୂଳେ ନାରୀ ତା'ର ଅନ୍ତରର ନୈବେଦ୍ୟକୁ ସମର୍ପି ଦିଏ । ତା'ର ଉପସ୍ଥିତି କାମନା ପଛରେ ଥାଏ ତା'ର ନିର୍ମଳ ଲୋଡ଼ିବା ପଣ । ଯାହା ତାକୁ ପୂର୍ଣ୍ଣତା ଦିଏ । ଜଣେ ସମର୍ପିତ କୁଳବଧୂର ପ୍ରାପ୍ତି ଏତିକି । ଧନ-ଜନ ଗୋପଲକ୍ଷ୍ମୀରେ ତା'ର ସଂସାର ହସିଉଠେ । ଏଇ ତା'ର ଅଭିଳାଷ । ପେଟକୁ ଭାତ ଆଉ କୋଳରେ ଶିଶୁ ସବୁ ନାରୀର କାମ୍ୟ ।

"ଦୁହିତା ଦୁଇକୁଳକୁ ହିତା" ବାପଘର ଓ ଶାଶୁ ଘରକୁ ଆପଣାପଣରେ ବାନ୍ଧି ରଖିବାର ଅନେକ ପ୍ରୟାସ କରେ । ଅଥଚ ପାରେନା । କେଉଁଠି ନା କେଉଁଠି ଦଇବ ଦାଉ ସାଧେ । ସ୍ନେହ-ଶ୍ରଦ୍ଧା ମିଳିବା ପରିବର୍ତ୍ତେ ମିଳେ ନିନ୍ଦା-କଷଣ । ସତେକି ନାରୀର ଜୀବନରେ ଏହାଠାରୁ ଅଧିକ କିଛି ନଥାଏ । ଅତଏବ, ଏହା ଧରିନେବାକୁ ହୁଏ, ନାରୀର ମନ ତା'ର ପରିବାରର ସୁଖ-ସମୃଦ୍ଧି ଉପରେ ନିର୍ଭର କରେ । ଯଦି ଦୁର୍ଭାଗ୍ୟରୁ ସେସବୁରୁ ସେ' ବଞ୍ଚିତ ହୁଏ, ତେବେ ଜୀବନ ହାହାକାରମୟ ହୋଇଉଠେ । ଏପରି ରାଶି-ରାଶି ବ୍ୟାଖ୍ୟାନ ଓଡ଼ିଆ ଲୋକ ସାହିତ୍ୟରେ ଦେଖିବାକୁ ହୁଏ । ଏ ତ ଗଲା କୁଳବଧୂର କାରୁଣ୍ୟ ଗୀତି । ଆଉ

ଅବିବାହିତ ଜୀବନ, ସେ' ଏକ ନୈରାଶ୍ୟର ସାହାନାଇ ପରି ବାଜେ । ଜୀବନ ସତେକି ଏକ ଦୁର୍ଘଟଣା ମନେହୁଏ । ବିବାହ ନକରି ପାରି , ଯେଉଁ ନିନ୍ଦା-ଲାଞ୍ଛନାକୁ ସେ' ଭୋଗେ, ତାହା ଅତ୍ୟନ୍ତ ଦୁଃଖ - ଅସହ୍ୟ ହୋଇପଡେ । ଅଭିଶପ୍ତ ହୁଏ ଜୀବନ । ସାଧବା ନାରୀର ଦୁଃଖ ଠାରୁ ଖୁବ୍ ଅବ୍ୟକ୍ତ ହୋଇପଡେ ଜଣେ ମଙ୍ଗୁଲେଡି କନ୍ୟାର ଜୀବନ । କୌଣସି କାରଣରୁ ବିବାହ ନ ହୋଇପାରି, ସାରା ଜୀବନ ନିର୍ଯାତିତ ହୋଇ ଜୀବନ ବିତେଇବାର ଯନ୍ତ୍ରଣା କେତେ ଅସହ୍ୟ ଓ ମର୍ମନ୍ତୁଦ ହୋଇପଡେ, ତାହା ଯେମିତି ଲୋକକବି ଆଖିରେ ଧରା ପଡିଯାଏ । ନାରୀ ଜୀବନର କରୁଣ ଗୀତିକା, ଲୋକ ସାହିତ୍ୟରେ ଅଶ୍ରୁର ଝରଣା ବୁହାଏ, ଏକଥା ନିଶ୍ଚିତ ସତ୍ୟ ।

ତତ୍କାଳୀନ ସମାଜରେ ଅତିକମ୍ ବୟସରୁ ଝିଅମାନଙ୍କୁ ବାହା ହେବାର ବିଧି ଏହା ଏପରିକି ଝିଅମାନେ ଗୃହଯୋଗ୍ୟା ହେବା ପରେ ତାଙ୍କର ବିବାହ ସ୍ଥିର ହୋଇଯାଏ । ବାପା ଯେଉଁଠି ବର ମନୋନୀତ କରନ୍ତି, ଝିଅମାନେ କୌଣସି ପ୍ରତିବାଦ ନ କରି, ଚୁପଚାପ୍ ବାହା ହୋଇଥାନ୍ତି । ଏଥିପାଇଁ ଅନେକ ଯାତନା ପରବର୍ତ୍ତୀ କାଳରେ ସହିବାକୁ ପଡେ । ସେ' ଦୋବେଇ ବର ହେଉ, ଅବା ବୟସରେ ବହୁ ଅଧିକ ଯୋଗୁ ଅନେକ ଅସୁବିଧା-ଅଭାବର ସମ୍ମୁଖୀନ ହେଉଥିଲା ନାରୀ । ବିଭାଘର ହେଉ ଅବା ତା' ପୂର୍ବର ଅନୁଢା ଜୀବନ ଶାଶୁ ଘରର ଆତଙ୍କରେ ଶିହରି ଉଠୁଥିଲା ତା'ର ମନ । ବାହାଘର ସମୟରେ ସେ' ବାହୁନି ଉଠୁଥିଲା । ଆତ୍ମୀୟ ମାନଙ୍କ ପାଖରେ ତା'ର ସ୍ମୃତି ସଜଳ ବାଲ୍ୟ-କୈଶୋର ଆଦିକୁ ସୁମରି ଉଠୁଥିଲା । ସତେକି ବାହାଘର ସମୟରେ ଝିଅଟିର ଅନ୍ତର ଦୁଃଖ ତା'ର ଆଖିରୁ ଲୁହହେଇ ଝରୁଥିଲା । ସେ' କାନ୍ଦୁ ନଥିଲା ଯେ' ଗଛ ପତ୍ର-ପୋଖରୀ ତୁଠ ତାକୁ ଝୁରି ହଉଥିଲା । ସମଗ୍ର ଗାଁ ଦାଣ୍ଡ ତା ଦୁଃଖରେ ସମଦୁଃଖୀ ହେଉଥିଲେ । ସତେକି ଝିଅ କାନ୍ଦୁ ନ ଥିଲା ତା' ଗାଁ କାନ୍ଦୁ ଥିବାର ମନେହେଉଥିଲା । ତା'ର ସରାଗ ଦିନ ସବୁ ରଜଦୋଳି, ପୁଚିଖେଳ, କୁଆଁର ପୁନେଇ, ଖୁଦୁରୁକୁଣି ଆଦି ସ୍ମୃତିକୁ ହେଜି ହଉଥିଲା । କାନ୍ଦୁଥିଲେ ସାଙ୍ଗସାଥି, ସଂଗାତ ମୈତ୍ର ବନ୍ଧୁ-ବାନ୍ଧବ ଆଦି । ଲୁହର କାରୁଣ୍ୟ ଭିତରେ ଛାତିରେ ଛାତିଏ ଅଭିମାନକୁ ସାଉଁଟି ଝିଅଟିଏ ଯେତେବେଳେ ଆଞ୍ଜୁଳି ଚାଉଳ ଟେକିଦେଉଥିଲା ସେତେବେଳେ ଭାଗ ଭାଗ ହେଉଥିଲା ତା'ର

ମନ । ଶାଶୁଘରର ଦିନ ସବୁକୁ ଭୟରେ ସୁମରି କାନ୍ଦି ଉଠୁଥିଲା ତା'ର ସନ୍ତାପିତ ହୃଦୟ । ଶାଶୁ ଘର ସତେ ଯମପୁର ବୋଲି ମନେ ହେଉଥିଲା ତାକୁ । ସାଧାରଣତଃ ଝିଅ ବିଭାହୋଇ ଶାଶୁଘରକୁ ଯିବା ସମୟରେ କାନ୍ଦିବା ବା ବାହୁନିବା ଏକ ସାମାଜିକ ପ୍ରଥା ଥିଲା । ଏଥିରେ ଝିଅଟିଏ ତା ମନ ତଳର ସମସ୍ତ ଦ୍ୱନ୍ଦ୍ୱ, ଶଙ୍କା, ଆତଙ୍କ, ଭୟ ମିଶ୍ରିତ ଅଭିମାନକୁ ପ୍ରକଟ କରୁଥିଲା । ଏ କାନ୍ଦଣା ଶୁଣିଲେ, ପଥର ବି' ତରଳିଯାଏ । ସେଥିପାଇଁ ଅଭିମାନ ସବୁ ଗୀତିକା ଭାବରେ ଝରିଯାଏ ।

"ଚିତୋଉ ପିଠାକି ଅଣଲେଉଟା, ମାଆଲୋ ମୋର
ଆଉକି' ଦେଖିବ ଜନମକୋଠା, ମାଆଲୋ ମୋର ।
ଝିଅ ଜନମ ତ ପର ଘରକୁ ଲୋ, ମାଆଲୋ ମୋର
କାନ୍ଦି-କାନ୍ଦି ସେଠି ଦିନ ବିତିବ ଲୋ, ମାଆଲୋ ମୋର ।
ଆଉ କି ଜୀବନ ଶରଧା ଥିବଲୋ, ମାଆଲୋ ମୋର
ପର ଘରେ ଜୀବ ଜୀବନଟି ମୋର, ମାଆଲୋ ମୋର ।

(ଶାଶୁଘର ପ୍ରତି ଭୟ ଓ ସଂକୋଚ)

କେବଳ ବିଭାବେଳର ଅନୁଭୂତି ନୁହେଁ, ଦୀର୍ଘ କାଳ ଧରି ବାପ ଘରକୁ ଯାଇ ନଥିବା, ଝିଅର ମନର ଯନ୍ତ୍ରଣା ମଧ୍ୟ ବେଶ୍ ମର୍ମସ୍ପର୍ଶୀ । ଅଭିମାନିନୀ ମନ ତା'ର ବିଳପି ଉଠିଛି :

"କାଟିଲି କୁଟିଲି ବିଡଙ୍ଗ ଶାଗ ଲୋ
ମନ୍ତୁରାଇ ନେଇ ଜଳ
ଗତ ଗୁଣ୍ଡିଚାକୁ ବରଷେ ହେଲା ଲୋ
ଯାଇ ନାହିଁ ବାପଘର ।'

(ବାପଘର ପ୍ରତି ମୋହ ଓ ମମତ୍ୱ)

କାରୁଣ୍ୟ ହିଁ ଲୋକଗୀତର ପ୍ରାଣ । ନାରୀ ମାନଙ୍କର ମନତଳର ଯନ୍ତ୍ରଣା, ସେ' ଜଠର ଯନ୍ତ୍ରଣା ହେଉ ଅବା ଗର୍ଭକଷଣ, ସେ' ବୈଧବ୍ୟ ଯନ୍ତ୍ରଣା ହେଉ ଅବା ଶାଶୁଘରର ଗଞ୍ଜଣା, ସେ' ଅପୁତ୍ରିକ ହେବାର ଦୁଃଖ-ଯାତନା ହେଉ ଅବା ଅଭିଆଡି

ହୋଇ ରହିଯିବାର ମର୍ମବେଦନା, ସବୁ ଯେପରି ଅତ୍ୟନ୍ତ କରୁଣ, ଅଧୈର୍ଯ୍ୟ ବ୍ୟଞ୍ଜକ ଏବଂ ଅଭିମାନରେ ଆଦ୍ର ମନର ଆର୍ତ୍ତନାଦ । ଜ୍ଞାନ-ମନ-ବୈଦ୍ଧିକତା ଅପେକ୍ଷା ଏଥିରେ ପ୍ରତିଫଳିତ ହୁଏ ମର୍ମବେଦନାର ଗୀତି । ସ୍ୱାଭାବିକ ଭାବରେ ନାରୀ ଜୀବନର କଷଣ ତା'ର ଅଙ୍ଗେନିଭା ଅନୁଭୂତି ମର୍ମବେଦନା ଲୋକକବିତା ଛଳରେ ଫୁଟିଉଠିଛି ।

ଲୋକ କବିତା, ନାରୀ ମନର କରୁଣ ଗାଥାକୁ ସ୍ପଷ୍ଟଭାବରେ ଅବତାରଣା କରେ । ତତ୍କାଳୀନ ସମାଜରେ ନାରୀ ପ୍ରତି ହେଉଥିବା ଅବହେଳା, ତା'ର କଷଣ, ତା'ର ଶାଶୁଘର ଜୀବକାଳର କାନ୍ଦଣା ଗୀତ, ନାନାବାୟା ଗୀତ, ମଙ୍ଗଳଗୀତିକା, ରଜ ଦୋଳି-କୁଅଁର ପୁନେଇ ଜହ୍ନିଫୁଲ ଗୀତ, ଖୁଦୁରୁକୁଣୀ ଓଷା ଗୀତ, ତା'ର ସାଙ୍ଗ ସାଥି ମେଳର ଅନୁଭୂତି ତା'ର ଅନ୍ତରର ଭାବନା ଆଦି ପ୍ରକାଶ ପାଉଥିଲା ଗୀତ ଛଳରେ । ଏଥିରୁ ସ୍ପଷ୍ଟ ଭାବେ ବାରିହୋଇପଡୁଥିଲା ଅବ୍ୟକ୍ତ ମନସ୍ତତ୍ତ୍ୱ । ଯଦିଓ ଶିକ୍ଷା କ୍ଷେତ୍ରରେ ନାରୀର ସ୍ଥିତି ବଳିଷ୍ଠ ନ ଥିଲା, କିନ୍ତୁ ତା'ର ଅନୁଭୂତି ଅଭିଜ୍ଞତା ତାକୁ ଜୀବନ ଜଞ୍ଜାଳରେ ଆଗକୁ ବଢ଼ିବାର ବାଟ ବତାଉଥିଲା । ନାରୀ ଜୀବନର ଅସୁରକ୍ଷା ଭାବନା ହିଁ ତାକୁ ଶାଶୁଘର ପ୍ରତି ଭୟର ସଞ୍ଚାର କରୁଥାଏ । ଶାଶୁ ଘରେ ତା'ର ଯେଉଁ ଅତ୍ୟାଚାର ହୁଏ, ବାପ ଘରକୁ ଆସିଲା ପରେ ସୁମରି ହୁଏ । ସତେକି, ଭାଗ୍ୟର ବିପତ୍ତି ଯୋଗୁଁ ସେ' ଜୀବନ ଲଭି ଫେରି ଆସିବ କି ନ ଆସିବ ବୋଲି ଭୟପାଏ । ବାପଘରେ ଥିବାବେଳେ ଗେଲ ବସରରେ କାଟୁଥିବା ଦିନ ସବୁ ସୁମରି ଉଠେ ସେ' । ତା'ର ସବୁ ଅଳି-ଅର୍ଦ୍ଧଳି ବିନା ପ୍ରତିବାଦରେ ପୂରଣ ହୁଏ । ଏ ସବୁକୁ ମନେପକେଇ ତା'ର ଅନ୍ତର ମ୍ରିୟମାଣ ହୋଇଉଠେ । ଆଉ, ତା'ର ଅନ୍ତରରୁ ଝରିପଡ଼େ :

"ସର୍ପ ଫଣା ଠାରୁ ନୀଚ ଜଞ୍ଜାଳରୁ
ମାଲ୍ୟାଣୀ ପୁରକୁ ଆସିଲି ଫେରି
ଯେତେବେଳେ ଥାଏ ମୁଁ କଂସର ଘରେ
କାଟିଦେଲେ ରକ୍ତ ନ ପଡ଼େ ତଳେ
ଷୋଳ ସେରେ ରକ୍ତ ସେରେ କରିବି
କି'କ୍ଷୁଦ୍ର ଲୋକକୁ ହସ୍ତ ଯୋଡ଼ିବି

ଯେଉଁ ଦିନ ହସ୍ତ ଯୋଡି ନ ଥିବି
ସେହିଦିନରେ ବହୁ ଶାସ୍ତି ଭୋଗିବି
ସୁଖ ଟେକି ଯଦି ପଦେ କହିବି
କଳିହୁଡି ଝିଅ ଖୁନ୍ଦା ପାଇବି ।'

(ନାରୀ ଜୀବନର ପାରିବାରିକ / ସାମାଜିକ ବିପର୍ଯ୍ୟୟ)

ଲୋକକଥା-ପୁରାଣ କଥା (ଲୋକମିଥ୍) କ୍ରମେ ସାହିତ୍ୟକୁ ପ୍ରବେଶ କରି ଜୀବନକୁ ମଧୁମୟ କରି ଦେଇଛି । ଅତୀତର କିମ୍ବଦନ୍ତୀ -ଜନଶ୍ରୁତି ମୂଳରେ ଯେଉଁ ନାରୀ ହୃଦୟର ସନ୍ତାପିତ ମନୋଦଶା ପ୍ରତିଫଳିତ ହୋଇଛି, ତାହା ସାଂପ୍ରତିକ ସମୟରେ କେତେକାଂଶରେ ପରିବର୍ତ୍ତିତ ହୋଇଛି । ଏଠି ନାରୀ ନିଜ ଜୀବନର ମଙ୍ଗ ବଦଳାଇବାରେ ସକ୍ଷମ ହୋଇଛି । ନିଜ ହସ୍ତରେ ନିଜ ଭାଗ୍ୟ ଲେଖିବାର ସ୍ପର୍ଦ୍ଧା କରିଛି । କିନ୍ତୁ ବିଡମ୍ବନା, ଅତୀତରେ ଓଷା-ବ୍ରତ ଚଳଣିରେ କାରୁଣ୍ୟର ଗୀତି ଗାଇଛି, ନିରିମାଖି ନାରୀଟିଏ । ତତ୍କାଳୀନ ସମାଜରେ ନାରୀ ଭିତ୍ତିକ ଅନେକ ପର୍ବ-ପର୍ବାଣି-ଓଷା-ବ୍ରତ ଆଦି, ତା'ର ଅଲିଖିତ ଭାଗ୍ୟକୁ ଲେଖିବାର ନଜିର ଅଛି । ସେ' କାରୁଣ୍ୟର ତଅପୋଇ ହେଉ ଅବା ଖୁଲଣା ସୁନ୍ଦରୀଙ୍କର ବିଡ଼ମ୍ବିତ ଜୀବନ, ସେ' ମୁକୁତା ଦେଇଙ୍କ ପରି ବାତ୍ସଲ୍ୟର ନଈଟିଏ ହେଉ ଅବା ସାବିତ୍ରୀଙ୍କ ପରି ଭାଗ୍ୟର ବିପତ୍ତି : ସବୁଠି ନାରୀ ଜୀବନର କାରୁଣ୍ୟ ହିଁ ପ୍ରତିଫଳିତ ହୋଇଛି । ଯଦିଓ ଏହିସବୁ ଭିତରେ କେଉଁଠି ନା କେଉଁଠି ନାରୀ ଜୀବନର ଅଧୋଗତି ପ୍ରକଟିତ ହୋଇଛି, ତଥାପି ନାରୀଟିଏ ସାବିତ୍ରୀଙ୍କ ପରି ପ୍ରତିବଦ୍ଧ ହେବାର ପ୍ରଚେଷ୍ଟା କରିଛି ।

(୩) ଲୋକବିଶ୍ୱାସ (ଓଷା-ବ୍ରତ)ରେ ନାରୀ ଜୀବନ: ଏକ ବିଡ଼ମ୍ବିତ ଅଧ୍ୟାୟ

(କ) ତଅପୋଇ: ଖୁଦୁରୁକୁଣୀ ଓଷା ଅଭିଶପ୍ତା ନାୟିକା । ଯାହାର ଭାଗ୍ୟଚକ୍ର ପରିବର୍ତ୍ତିତ ହୋଇଛି ଖୁଦୁରୁକୁଣୀ ମଙ୍ଗଳା ମା'କୁ ସୁମରଣା କରି । ବାପା-ମା ଙ୍କ ଅଲିଅଳି ଝିଅ, ପରବର୍ତ୍ତୀ କାଳରେ ବାପା-ମାଙ୍କ ଅନ୍ତେ ବନସ୍ତରେ ଛେଳି ଚରେଇଛି । ନାନାଦି କଷଣ ଲଭିଛି । ସାତଭାଇର ସୁନାନାକି ଭଉଣୀ, ପ୍ରତିକୂଳ ପରିସ୍ଥିତିରେ ଜୀବନ ଧରିବା ପାଇଁ ସଂଘର୍ଷ କରିଛି । ଭାଗ୍ୟ ବାମ ହେଲେ, ସମସ୍ତ ଐଶ୍ୱର୍ଯ୍ୟ ସତ୍ତ୍ୱେ ନାରୀର ଜୀବନ କିଭଳି କଷଣ ଲଭେ, ତାହାହିଁ ତଅପୋଇର କାହାଣୀ । ଓଡ଼ିଆ ଝିଅ ତଅପୋଇ, ପ୍ରାଚୁର୍ଯ୍ୟ ଭିତରେ ବଢିଛି । ପିତାଙ୍କ ପାଖରେ ସୁନାଚାନ୍ଦ

ପାଇଁ ଜିଦ୍ ଧରିଛି । ବିଧିର ବିଧାନ ପରିସ୍ଥିତିକୁ ବଦଳାଇ ଦେଇଛି । ପୂର୍ଣ୍ଣଚାନ୍ଦ ଗଢା ହେଲା ବେଳକୁ ଅଲିଅଳି ତଅପୋଇ ବାପା-ମାଙ୍କୁ ହରେଇଛି । ଭାଇ ମାନଙ୍କର ବିଦେଶ ଯିବାପରେ ଭାଉଜ ମାନଙ୍କ ମନୋଭାବ ପରିବର୍ତ୍ତନ ହୋଇଛି । ବ୍ରାହ୍ମଣୀ ବିଧବାର ମନ୍ତ୍ରଣାରେ ଛ' ଭାଉଜ ଯାକ ଦୁଃଖର କାରଣ ହୋଇଛନ୍ତି । ଘରମଣୀକୁ ନେଇ ବିତିଛି ତା'ର ଜୀବନ । ନାରୀ ଜୀବନର କାରୁଣ୍ୟରେ ଜଡସଡ ତଅପୋଇ । ଏଥିରୁ ଅନୁମାନ କରିହୁଏ, ସାଧାରଣ ଝିଅ ମାନଙ୍କ ଅବସ୍ଥା । ତତ୍‌କାଳୀନ ସମାଜ ଏଥିପାଇଁ ଦାୟୀ । ସାଧବଝିଅ ତଅପୋଇ ବଣରେ ଛେଳିଚରାଏ । ଯାବତୀୟ କଷଣ ଲଭେ । ଓଡ଼ିଶାର ପଲ୍ଲୀ ଜୀବନର ନିଛକ ପ୍ରତିଛବି ହେଉଛି 'ତଅପୋଇ' ବାତ୍ସଲ୍ୟର ସୁଖରେ ଖୁସି-ମଉଜ କରୁଥିବା ଅଲିଅଳି ଝିଅ କିଭଳି ଭାଉଜ ମାନଙ୍କ ଦ୍ୱାରା ନାନା ଅତ୍ୟାଚାର ଲାଭେ । ତାହା ହିଁ 'ତଅପୋଇ' ର କଥାବସ୍ତୁ । ସାଧାରଣ ଝିଅଟିଏ ଜୀବନ ଜୀବିକା ପାଇଁ କିଭଳି 'ଘରମଣୀ' ଚରାଏ, ବଣରୁ ଜାଳେଣି ସଂଗ୍ରହ କରେ, ତାହା ହିଁ ଏଥିରୁ ସୁସ୍ପଷ୍ଟ । ପ୍ରତିକୂଳ ପରିସ୍ଥିତିରେ ପଡ଼ିଥିଲେ ହେଁ ବିପତ୍ତିରୁ ଉଦ୍ଧାର ନିମନ୍ତେ ତଅପୋଇ ମା' ମଙ୍ଗଳାଙ୍କ ଠାରେ ଓଷା କରିଛି । ଛାର ଖୁଦ ତଣ୍ଡୁଳ ଦେଇ ମାଙ୍କୁ ସନ୍ତୁଷ୍ଟ କରିଛି । ଏବଂ ପରିଶେଷରେ ମା ଖୁଦୁରୀକୁଣୀଙ୍କ ସୁଦୟା ହେତୁ ଭାଇ ମାନଙ୍କର ସ୍ୱଗୃହକୁ ପ୍ରତ୍ୟାବର୍ତ୍ତନ ଘଟିଛି । ବଡ ଭାଉଜ ଶାସ୍ତି ପାଇଛି । ସାଧବ ଝିଅ 'ତଅପୋଇ'ର ଜୀବନର ବିଡମ୍ବନାରୁ ଆମ ଓଡ଼ିଆ ସଂସ୍କୃତିର ଲୋକାଚାର, ସାମାଜିକ ଜୀବନ ବେଶ୍ ପ୍ରତିଫଳିତ ହୋଇଛି । କେବଳ ଏତିକି ନୁହେଁ, ବରଂ ଫୁଟି ଉଠିଛି ଅନେକ ଅଧ୍ୟାୟ । ନାରୀ ସୁଲଭ ଈର୍ଷା-ଅସୂୟା, କୁସଂସ୍କାର- ଅନ୍ଧବିଶ୍ୱାସ ଏବଂ କୁଶିକ୍ଷା ପ୍ରଭାବରେ ନାରୀ ହିଁ ନାରୀ ବିପର୍ଯ୍ୟୟର କାରଣ ସାଜିଛି । ଏଠି ଲକ୍ଷ୍ୟ କରାଯାଇପାରେ, ଘରମଣୀ (ଛେଳି) ଏକ ଉପଲକ୍ଷ୍ୟ ମାତ୍ର । ଅସଲ କଥା ହେଉଛି ତତ୍କାଳୀନ ଅଭାବୀ ସଂସାରରେ ବଢୁଥିବା ଝିଅ-ଭୁଆସୁଣୀ ମାନଙ୍କ ଜୀବନ ଜଞ୍ଜାଳର କାହାଣୀ । ସତରେ ବାପା-ଭାଇ ଝିଅ ଜୀବନରେ ସୁରକ୍ଷା ବଳୟ ହୋଇଥାନ୍ତି । ଯଦି କଦବା କ୍ୱଚିତ୍ ଭାଗ୍ୟର ବିଡମ୍ବନାରେ ଏମାନଙ୍କ ହାତ ମଥା ଉପରୁ ଉଠିଯାଏ, ତେବେ ତଅପୋଇ ପରି ଅଲିଅଳି ମାନେ ହତାଦର ହୁଅନ୍ତି, ନୀରୀମାଖି ହୋଇ ଜୀବନ ଜିଅନ୍ତି । 'ତଅପୋଇ' ଭୋଦୁଅ ମାସର ଗାଁ ଦାଣ୍ଡର ଓଷା ନୁହେଁ ବରଂ ନାରୀ ଜୀବନର କରୁଣ ପ୍ରତିଛବିକୁ ବହନ

କରିଛି । ଏଠି ନାରୀ ଜୀବନର ବିଡମ୍ବନା କେତେ ଯେ ମର୍ମନ୍ତୁଦ ହୋଇପାରେ, ତାହା ନିମ୍ନମତେ ପ୍ରକାଶିତ ହୋଇଛି ।

ଏମନ୍ତେ କେତେଦିନ ଗଲା
ନ ଦେଲେ ସୁଗନ୍ଧ ଚନ୍ଦନ
ନ ଦେଲେ ଅଳଙ୍କାର ମାନ
ମୁଣ୍ଡକୁ ନ ଦେଲେ ଯେ ତେଲ
ନ ଦେଲେ ପିନ୍ଧିବାକୁ ଭଲ
ବସାଇ ନ ଦେଲେ ଯେ ଦୋଳି
ଆବର ରଖାଇଲେ ଛେଳି
ଅନେକ ଦୁଃଖେ ଟଅପୋଇ
ବନସ୍ତେ ଛେଳି ଜଗିଥାଇ
କହଇ ବଡ଼ବୋହୂ ପୁଣି
ହଜିବ ଯେବେ ଘରମଣି
ଛେଳିର ନାମ ଘରମଣି
ତେଣୁ ତିଆରି ମାହମାନୀ
ମୁଖେ ଲଗାଇ ଚୁନ କାଳି
କାଟିବି ନାକର ବଉଳି
ଛିଣ୍ଡା ଟୋକେଇ ଖଣ୍ଡେ ନେଲା
ଉପରେ ପତର ଭରିଲା
ତଳରେ ମୂଷାମାଟି ଭରି
ପତ୍ରରେ ଭାତ ଗୋଟା ଚାରି
ପାଉଁଶ ବୋଲି ଲୁଣ ଦେଲା
ପତର ଘୋଡାଇଣ ଦେଲା ।

ଜୀବନ ଯନ୍ତଣା - ଖୁଦୁରୁକୁଣୀ ଓଷା : ଗୋପୀନାଥ ଦାସ

ଏଥିରୁ ସ୍ପଷ୍ଟ ପ୍ରତୀୟମାନ ହୁଏ 'ଟଅପୋଇ' ପରି ନାରୀମାନଙ୍କ ଜୀବନର ବିଡ଼ମ୍ବିତ ଭାଗ୍ୟକୁ । ଅନେକ କଷଣ, ଅତ୍ୟାଚାର ସତ୍ତ୍ୱେ, ଟଅପୋଇ ନିଜ ଦୁର୍ଦ୍ଦଶାକୁ

ହେନେରିଟା ମିଶ୍ର ୭୧

ଦୂର କରିବାର ପଥ ପାଇଛି । ଯାବତୀୟ ଅତ୍ୟାଚାର ସତ୍ତ୍ୱେ ମା ମଙ୍ଗଳାଙ୍କ ଠାରେ ଶରଣ ପଶିଚି । ପୁଣି ଥରେ ଅନ୍ଧକାର ହଟି ଯାଇଛି । ଯୋଉ ଭାଉଜମାନଙ୍କ କଷଣ ଯୋଗୁଁ ଜୀବନ ଦୁର୍ବିପାକ ହୋଇ ପଡିଥିଲା, ସେହିମାନଙ୍କୁ ଶାସ୍ତି ଦେଇଛି । ନାରୀ ଜୀବନର ବିଡମ୍ବନା ପାଇଁ ଗ୍ରାମ ଦେବତୀ ମା' ମଙ୍ଗଳାଙ୍କ ପ୍ରତିଷ୍ଠା ହୋଇଛି । ବାସ୍ତବିକ୍ 'ତଅପୋଇ' ଏକ ଅଶ୍ଳୀଳ ଓଷାର କାହାଣୀ ହେଲେ ହେଁ ପରିଶେଷରେ ଅଧର୍ମର ପରାଜୟ ହୋଇ ନ୍ୟାୟ ଓ କରୁଣାମୟୀ ମା' ମଙ୍ଗଳାଙ୍କ ମାହାତ୍ମ୍ୟର ପ୍ରତିଷ୍ଠା ଘଟିଛି ।

(ଖ) ଖୁଲଣା ସୁନ୍ଦରୀ : ଅଭିଶପ୍ତ ମାତୃତ୍ୱର ମନୋଦଶା

ନାରୀ ଜୀବନ ଅନେକ ଜଟିଳତା ଭିତରେ ଗତି କରୁଥାଏ । ଏଭଳି ଏକ ଅସଙ୍ଗତି ଦେଖିବାକୁ ହୁଏ ଖୁଲଣାଙ୍କ ଜୀବନରେ । ସମସ୍ତ ଐଶ୍ୱର୍ଯ୍ୟ ସତ୍ତ୍ୱେ ସନ୍ତାନହୀନ ଥାନ୍ତି ରାଜା ଧନେଶ୍ୱର ଏବଂ ରାଣୀ ନୟନା । ତାଙ୍କ ପରାମର୍ଶରେ ସନ୍ତାନ ପ୍ରାପ୍ତି ଉଦ୍ଦେଶ୍ୟରେ ରାଜା ଧନେଶ୍ୱର ଦ୍ୱିତୀୟ ପତ୍ନୀ ଗ୍ରହଣ କରନ୍ତି । କିନ୍ତୁ ବିଧିର ବିଡମ୍ବନା ରାଜା ଅପଯଶ- ନିନ୍ଦା ଏବଂ ଅପୁତ୍ରିକ ହେବା ଶୋକରେ ରାଜ୍ୟ ତ୍ୟାଗ କରନ୍ତି । କିନ୍ତୁ, ଦେଖାଯାଏ ଖୁଲଣାଙ୍କ ଗର୍ଭୋଦୟ ହେବା ଉପରାନ୍ତ ରାଣୀ ନୟନା ତାଙ୍କ ପ୍ରତି ଅସୂୟା ପରାୟଣ ହୋଇପଡନ୍ତି । ନାନା ନିର୍ଯ୍ୟାତନା ଓ କଷଣ ଲଭେ ଖୁଲଣା । ଏପରିକି ଜଙ୍ଗଲରେ ଛେଳି ଚରାଇଛନ୍ତି । ଯାବତୀୟ କଷ୍ଟ- ଯନ୍ତ୍ରଣା ସହ୍ୟ କରନ୍ତି ଖୁଲଣା । ତଅପୋଇ ପରି ଏଠି ଖୁଲଣାର ଜୀବନ ଅସହ୍ୟ ହୋଇପଡେ । ନୟନର ଅତ୍ୟାଚାରରେ ଖୁଲଣା ଅତିଷ୍ଠ ହୁଏ । ମା' ମଙ୍ଗଳା ସବୁ ବିପତ୍ତିରୁ ଉଦ୍ଧାର କରନ୍ତି । ଭଉଣୀ ହେଲେ ମଧ୍ୟ ମାତୃତ୍ୱ ସୁଖରୁ ବଞ୍ଚିତା ନୟନା ଅସହିଣୀ ହୋଇପଡିଛି । ଆପଣାର ଭଗିନୀର ସୁଖ ସହ୍ୟ କରି ନପାରି ତା ପ୍ରତି କଠୋର ହୋଇଛି । ଏପରିକି ଖୁଲଣା ତା'ର ଭଗୀନୀର ପୁତ୍ରକୁ ହତ୍ୟା କରିବାକୁ ଚେଷ୍ଟା କରିଛି । ସବୁ ଦୁର୍ଗତିରୁ ଖୁଲଣା ସୁନ୍ଦରୀ ବର୍ତ୍ତି ପାରିଛି । ମା' ମଙ୍ଗଳା ସହାୟ ହୋଇଛନ୍ତି ।

ନାରୀ ସ୍ୱଭାବତଃ ଇର୍ଷା ଓ ଦ୍ୱେଷର ଶିକାର । ଏଠି ରକ୍ତ ସମ୍ପର୍କ ତୁଚ୍ଛ ହୋଇଯାଇଛି । ତତ୍କାଳୀନ ସାମାଜିକ ଚଳଣି ଅନୁସାରେ ଅପୁତ୍ରିକର ଜୀବନ ବଡ ଦୁର୍ବିସହ । ଏଠି ରାଜା- ପ୍ରଜା ସବୁ ସମାନ । ଏପରିକି ଅପୁତ୍ରୀକର ମୁଖ ଚାହିଁଲେ, ମହାପାତକ ହୁଏ ବୋଲି ଯେଉଁ କୁସଂସ୍କାର - ଅନ୍ଧବିଶ୍ୱାସ ରହିଛି ; ତାହାର ଶିକାର

ହୁଅନ୍ତି ରାଜା ଧନେଶ୍ୱର । ମା ମଙ୍ଗଳା ସର୍ବ ବିଘ୍ନ ବିନାଶିନୀ ତାଙ୍କର ମାହାତ୍ମ୍ୟ ଏଠି ପ୍ରକଟିତ ହୋଇଛି । ଖୁଲଣା ସୁନ୍ଦରୀ ବା ନିଶା ମଙ୍ଗଳବାର ଓଷା ଭାବରେ ଏହା ଓଡ଼ିଶାର ପୁରପଲ୍ଲୀରେ ପ୍ରସିଦ୍ଧ । ଏହି ଓସାର ଅୟମାରମ୍ଭ ରେ ଯେଉଁ ମା' ମଙ୍ଗଳାଙ୍କ ମାହାତ୍ମ୍ୟ କୀର୍ତ୍ତନ ହୋଇଛି, ତାହା ଏଠି ବର୍ଣ୍ଣନା କରାଯାଇପାରେ ।

"ସ୍ୱାମୀ-ପୁତ୍ରଙ୍କର ହେବା ମଙ୍ଗଳ
ମା' ମଙ୍ଗଳାଙ୍କୁ ପୂଜ ସକାଳ
ନ ଲାଗିବ ଗୋଡ଼େ କଣ୍ଟା ସଙ୍ଗାତ
ଭଉଣୀଏ କର ଓଷା - ବ୍ରତ"

(ମଙ୍ଗଳାଙ୍କ ପ୍ରତି ଆସ୍ଥା ସୂଚକ)

- ବୃହତ୍ ଖୁଲଣା ସୁନ୍ଦରୀ ବା ନିଶା ମଙ୍ଗଳବାର ଓଷା : ଭିକାରୀ ଧୀବର

ଅପୁତ୍ରିକ ହେବାର କଷ୍ଟ ଅତ୍ୟନ୍ତ ଦୁର୍ବିସହ ଥିଲା । ଏପରିକି ଉକ୍ତ ଓଷା ପୁସ୍ତକରେ ରାଜାଙ୍କର ମୁଖ ଦେଖି ହାଡ଼ିର ଖେଦୋକ୍ତି ପ୍ରକାଶ ପାଇଛି ।

ଏକ ଦିନେ ରାଜା ପ୍ରଭାତ ଉଠି
ହାଡ଼ି ଉପରେ ତା ପଡିଲା ଦୃଷ୍ଟି
ବୋଇଲା ଆଜ ଅଛି କେଉଁ ଦୁଃଖ
ପ୍ରଭାତୁ ଦେଖିଲି ହାଡ଼ିର ମୁଖ
ତାହା ଶୁଣି ହାଡ଼ି ହେଲା ପ୍ରକୋପ
ତତେ ଦେଖିଲାକୁ ଲାଗିଲା ପାପ
ତୁମ୍ଭେ ବଡ଼ଲୋକ ହେଲେ କି ହେବ
ଆଜି ତ ମତେ ଅନ୍ନ ନ ମିଳିବ
ତୁ' ତ ଅପୁତ୍ରିକ ଅଟୁ ଜଗତେ
ତିନି ଲୋକ ପାପ ଲାଗିଣ ମୋତେ ।"

(କୁସଂସ୍କାର-ଅନ୍ଧବିଶ୍ୱାସର ପରିଣତି)

ସନ୍ତାନହୀନ ନରେଶଙ୍କ ମୁଖ ଦେଖିଲେ ପାତକ ଲାଗିବା ଏଭଳି କୁସଂସ୍କାର ପ୍ରପୀଡ଼ିତ ସମାଜର ଚିତ୍ର ଏଥିରୁ ସୁସ୍ପଷ୍ଟ । କୁସଂସ୍କାର ପୂର୍ଣ୍ଣ ସମାଜର ପ୍ରତିବିମ୍ବ

ବହନ କରିବାରେ; 'ଖୁଲଣା ସୁନ୍ଦରୀ ଓଷା' ଅନ୍ୟତମ । ନାରୀ ଦ୍ୱାରା ନାରୀ ପ୍ରପୀଡ଼ିତ ହେଲେ ହେଁ ଶକ୍ତି ସ୍ୱରୂପିଣୀ ମା ମଙ୍ଗଳାଙ୍କ ନାରୀ ରୂପ ହିଁ ଉଦ୍ଧାରର ଏକମାତ୍ର ପନ୍ଥା ସାଜିଛି । ଏଠି ନାରୀର ଦ୍ୱିବିଧ ଚରିତ୍ର ଫୁଟି ଉଠିଛି । ନୟନା ଈର୍ଷା- ଅସୂୟାର ଚିତ୍ରକଳ୍ପ ମନେ ହେଲେ ହେଁ ଖୁଲଣା ସୁନ୍ଦରୀ ହୋଇଛି ତ୍ୟାଗ - ସହନଶୀଳା ଚରିତ୍ରର ମୂର୍ତ୍ତିମନ୍ତ ସ୍ୱରୂପା ।

ବ୍ରତତୀ ନାରୀର ନିଷ୍ଠା ଆଗରେ ସକଳ ବିପତ୍ତି ଦୂର ହୋଇଯାଏ । ଏହା ହିଁ ଖୁଲଣା ସୁନ୍ଦରୀ । ବାସ୍ତବରେ ତତ୍କାଳୀନ ସମାଜର ନିଚ୍ଛକ ପ୍ରତିବିମ୍ବ ସହ ନାରୀ ମନସ୍ତତ୍ତ୍ୱର ସାର୍ଥକ ପ୍ରତିଫଳନ ହେଉଛି ଏହି ନିଶାମଙ୍ଗଳା ଓଷାର ବର୍ଣ୍ଣନ ।

(ଗ) ଚୈତ୍ର ମଙ୍ଗଳା ଓଷା : ନାରୀ ଜୀବନର ଯନ୍ତ୍ରଣାକ୍ତ ପରିଭାଷା

ଚୈତ୍ରମାସରେ ପୁରପଲ୍ଲୀରେ ନାରୀମାନେ ମିଳି ଓଷା ପାଳନର ବିଧି ଅଛି । ସଂସାରୀ ଜୀବନର ସାର୍ଥକତା ଥାଏ ସନ୍ତାନ ପ୍ରାପ୍ତିରେ । ଭାଗ୍ୟର ବିଡମ୍ବନାରେ ଚଣ୍ଡାଳୁଣୀ ସନ୍ତାନ ହୀନ । କିନ୍ତୁ, ତା'ର ନିଷ୍ଠାରେ ସନ୍ତୁଷ୍ଟ ଥିଲେ ମା ମଙ୍ଗଳା । ଛଦ୍ମବେଶୀ ମାଆ 'ନଗ୍ରେ ନଗ୍ରେ କେନ୍ଦୁ ଚାରା ବିକ୍ରି କରୁଥିବା ବେଳେ ତାଙ୍କ ରୂପ-ଭେକ ଦେଖି ନଗ୍ରଜନ ତାଙ୍କ ଠାରୁ କେନ୍ଦୁ ଚାରା କିଣି ନଥିବା ବେଳେ ଚଣ୍ଡାଳୁଣୀ କିନ୍ତୁ ତାଙ୍କ ଆଗମନ କାରଣ ପୁଛିଚି ।

ଚଣ୍ଡାଳୁଣୀ ବୋଲୁଇଅଛି କାହିଁ ଯେ ଅଇଲ
କେବଣ ଦେଶରୁ ତୁମ୍ଭେ ଏଠୁ ବିଜେ କଲ
ମାୟେ ! ବୋଲୁଛନ୍ତି ତୁଲୋ ଶୁଣ ଚଣ୍ଡାଳୁଣୀ
ନଗ୍ର ନର- ନାରୀ ମତେ ନ ଚିହ୍ନିଲେ ପୁଣି
× × ×
ମୁହିଁ ସର୍ବ ମଙ୍ଗଳା ଯେ ଘଉଡ଼ିଲେ ମତେ
ତୁ କେବଣ କାରଣେ ଯେ ପୁଛାକଲୁ ମୋତେ
ଏହା ଶୁଣୀ ଚଣ୍ଡାଳୁଣୀ ପାଦରେ ପଡିଲା
ନିସ୍ତରିଲି ନିସ୍ତରିଲି ବୋଲିଣ ବୋଇଲା
× × ×

ତାହା ଶୁଣି ମଙ୍ଗଳା ଯେ' କେନ୍ଦୁଚାର ଦେଲେ
ଅପୁତ୍ରିକ ପୁତ୍ରଦାନ ହେଉ ଯେ ବୋଇଲେ ।"

(ଦୈବୀଶକ୍ତି ପ୍ରତି ଉତ୍ସର୍ଗୀକୃତ ମନୋଭାବ)

ମା ମଙ୍ଗଳାଙ୍କ ସୁଦୟାରେ ସାତପୁତ୍ର ଏବଂ ଏକ ଦୁହିତାର ଜନନୀ ହେବାର ସୌଭାଗ୍ୟ ଆର୍ଜିଲା । କିନ୍ତୁ ବିଡମ୍ବନା ସେହି ନଗରର ନରେଶ ଥିଲେ ଆଣ୍ଠୁକୁଡା । ଯାହାଙ୍କ ଆଖିରେ ଚଣ୍ଡାଲୁଣୀର ସୁଖ ଅସହ୍ୟ ହୋଇ ଉଠିଲା । ଏକେ ତ ନାରୀ ଦୁଇରେ ଜାତିରେ ହୀନ- ଅଛବ । ଏଣୁ ତା'ର ପୁତ୍ର ମାନଙ୍କୁ ମାରିବାର ଷଡଯନ୍ତ୍ର କଲେ । ଅନେକ ଭାବେ ପୁତ୍ର ମାନଙ୍କୁ ହତ୍ୟା କରନ୍ତେ ମା ମଙ୍ଗଳା ତାଙ୍କୁ ରକ୍ଷା କଲେ । ବାରବାର ଅଗ୍ନିପରୀକ୍ଷା ଦେଇଛି ଚଣ୍ଡାଲୁଣୀର ମାତୃ ହୃଦୟ । ଅଥଚ ସବୁଥର ପରି ଚଣ୍ଡାଲୁଣୀ ଭକ୍ତିରେ ସନ୍ତୁଷ୍ଟ ମା ମଙ୍ଗଳା ତାକୁ ସୁଦୟା କରିଛନ୍ତି । ରାଜାଙ୍କ ଅହଙ୍କାରୀ ମନ ପରିଶେଷରେ ଅନୁତପ୍ତ ହେଇଛି ଏବଂ ସମଗ୍ର ନଗ୍ରଜନଙ୍କୁ ଧରି ମା ମଙ୍ଗଳାଙ୍କ ପାଖରେ ଶରଣ ପଶିଛନ୍ତି । ମା ମଙ୍ଗଳା ଦୟାମୟୀ, କରୁଣାମୟୀ, ତାଙ୍କ ମମତାରେ ସମଗ୍ର ଜନ ପଲ୍ଲବିତ ହୋଇ ଉଠିଛନ୍ତି । ଯାହା ନିମ୍ନମତେ ଲକ୍ଷ୍ୟ କରାଯାଇପାରେ :

"ରାଜାର ଭକତି ଦେଖି ପ୍ରସନ୍ନ ହୋଇଲେ
ମଦ ମାଂସ ଭୁଂଜି ରାଜା- ବସିଲେକ ଯହିଁ
ଦେଖୁ, ଦେଖୁ ମଦ ଦୁଗ୍ଧ ପାଲଟିଲା ତହିଁ
ଅମୃତ ହୋଇଲା ମାଂସ ମଦ ହେଲା ଦୁଗ୍ଧ
ଦେଖିଣ ସେ' ମହାରାଜା ହୋଇଲେ ସ୍ତବ୍ଧ
ଧନ୍ୟ ଧନ୍ୟ ମଙ୍ଗଳା ଗୋ ବୋଲିଣ ବୋଇଲେ
ମଙ୍ଗଳା ସୁମରି ସେହୁ ଭୁଞ୍ଜିଣ ବସିଲେ
× × ×
ସେହିଦିନ ଗର୍ଭବାସ ହେଲେ ସ୍ତିରୀମାନ
ଦଶ-ଦିନ ଦଶମାସ ହୋଇଲାକ ପୁଣି
ପେଟ ତା ବଥାଇ କରୁଅଛି କିଣି କିଣି

ହେନେରିଟା ମିଶ୍ର ୭୫

ଏହି ରୂପେ ପୁତ୍ର ଯେ ଦୁହିତା କଲେ ଜାତ
ମଙ୍ଗଳା ସୁମରି ମନେ ହୁଅନ୍ତି ଉସତ ।"

(ମା' ମଙ୍ଗଳାଙ୍କ ମାହାତ୍ମ୍ୟ ପ୍ରତି ସମର୍ପଣ)

ଚୈତ୍ର ମଙ୍ଗଳା ଓଷା କଥା : ବଳରାମ ଦାସ

ବାସ୍ତବରେ ଚଣ୍ଡାଳୁଣୀ ଜୀବନ ଅନେକ ପରୀକ୍ଷାରେ ଘେରା । ଏହି ଚଣ୍ଡାଳୁଣୀ, ଜାତିରେ ଅଛବ ନାରୀ, ତେଣୁ ପ୍ରତି ପାଦେ ପାଦେ ବିପଦ । ଉକ୍ତ ଚୈତ୍ର ମଙ୍ଗଳା ଓଷାରେ ବିଡ଼ମ୍ବିତ ଭାଗ୍ୟ ସହ ମା ମଙ୍ଗଳାଙ୍କ କରୁଣା ବର୍ଣ୍ଣନା ହୋଇଛି । ରାଜାଙ୍କ ଦ୍ୱାରା ଅତ୍ୟାଚାରିତ ଚଣ୍ଡାଳୁଣୀ ଏବଂ ତା'ର ସନ୍ତାନ ମାନେ ପରିଶେଷରେ ସମସ୍ତ ବିପଦରୁ ଉଦ୍ଧାର ହୋଇଛନ୍ତି, ଏ ହେଉଛି କାହାଣୀର ବର୍ଣ୍ଣନ । ପ୍ରକୃତରେ ନାରୀଟିଏ ହୋଇ ଜନ୍ମ ନେବାର ବିଡମ୍ବନା ଭିତରେ ତତ୍କାଳୀନ ସମାଜର ଅନ୍ଧ ବିଶ୍ୱାସ ହିଁ ପ୍ରତିଫଳିତ ହୋଇଛି । ଅପୁତ୍ରିକ ହେବାର ଯନ୍ତ୍ରଣା ଅତୀବ ଦୁର୍ବିସହ । ଏପରି ଅନେକବାର ଅଗ୍ନିପରୀକ୍ଷାରେ ଉତ୍ତୀର୍ଣ୍ଣ ହୋଇଛି ଚଣ୍ଡାଳୁଣୀ । କେବଳ, ମା' ମଙ୍ଗଳାଙ୍କ ପ୍ରତି ନିଷ୍ଠା, ତା'ର ଐକାନ୍ତିକ ଭକ୍ତି ଯୋଗୁଁ ମା' ମଙ୍ଗଳାଙ୍କ କରୁଣା ପ୍ରାପ୍ତି ହୋଇଛି । ନାରୀର ଭାଗ୍ୟ ତା'ର ସନ୍ତାନ ପ୍ରସବ ଉପରେ ନିର୍ଭର କରୁଥିଲା । ସନ୍ତାନ ସୁଖରୁ ବଞ୍ଚିତା ନାରୀ ଜୀବନ ଅତୀବ ଦୁର୍ବିପାକ ଘେରା ରହୁଥିଲା । ସମାଜର ଯାବତୀୟ କଷଣ ଲଭୁଥିଲା ନାରୀ । ଅପୁତ୍ରିକ ନାରୀ ମୁଖ ସମାଜ ନିମନ୍ତେ ମହାପାତକ ସାଜୁଥିଲା । ଚୈତ୍ର ମଙ୍ଗଳା ଓଷା, ନାରୀ ଜୀବନର କେବଳ ଯନ୍ତ୍ରଣାର କଥା କୁହେନା ବରଂ ତତ୍‌ସହିତ ଗ୍ରାମ ଦେବତୀ ମା ମଙ୍ଗଳାଙ୍କ କରୁଣାର ଗୀତିକା ଗାଇଥାଏ । ମା ମଙ୍ଗଳାଙ୍କ ମହିମା ବର୍ଣ୍ଣନାରେ ଶତମୁଖ ଏ ଓଷା କଥା ।

(ଘ) ବୁଦ୍ଧିବାମନ ଓଷା ବା ବୁଧେଇ ଓଷା :

ଶୁଣ୍ଢିଆଣି ଏବଂ ରଘୁ ସାହୁର ସାଂସାରିକ ବିଡମ୍ବନାକୁ ନେଇ କାହାଣୀଟି ଗଢି ଉଠିଛି । ଧନ- ଜନ- ଗୋପ- ଲକ୍ଷ୍ମୀରେ ଶୁଣ୍ଢୀ ଘର ଉଛୁଳି ଉଠୁଥିଲେ ହେଁ ଦମ୍ପତ୍ତି ଥିଲେ ଅପୁତ୍ରିକ । ବୁଦ୍ଧିବାମନ ବା' ବୁଧେଇଙ୍କ ଓଷା କରି ଉଭୟେ ସନ୍ତାନ ପ୍ରାପ୍ତି ହୋଇଛନ୍ତି । ତାଙ୍କର ଏ ସୁଖ- ସମ୍ପଦ ରାଜାଙ୍କ ଆଖିରେ ଅସହ୍ୟ ହୋଇଉଠିଛି । ରାଜା ବିଦ୍ୱେଷ ପରାୟଣ ହୋଇ ପୁତ୍ର ମାନଙ୍କୁ ହତ୍ୟା କରିଛନ୍ତି । ଶାଶୁର

ପ୍ରରୋଚନାରେ ଶୁଣ୍ଢିଆଣି ପୁନଶ୍ଚ ବୁଧେଇଙ୍କ ଓଷା କରିଛି । ଶୁଣ୍ଢିଆଣିର ନିଷ୍ଠାରେ ବୁଦ୍ଧିବାମନ ସନ୍ତୁଷ୍ଟ ହୁଅନ୍ତେ ପୁତ୍ରମାନେ ଜୀବନ୍ୟାସ ପାଇଛନ୍ତି । ଯେଉଁମାନେ ବୁଧେଇଙ୍କ ଓଷାକୁ ଅବଜ୍ଞା କରିଛନ୍ତି, ସେମାନେ ଅନେକ ବିପଦ ବରଣ କରିଛନ୍ତି । ନିମ୍ନମତେ ବୁଦ୍ଧିବାମନଙ୍କ ମହିମା ବର୍ଣ୍ଣନାକୁ ଲକ୍ଷ୍ୟ କରାଯାଇପାରେ:

"ଏମନ୍ତ ମହିମା ବୁଦ୍ଧିବାମନ
ନିର୍ଦ୍ଧନ ଲୋକଙ୍କୁ ଦିଅନ୍ତି ଧନ
ଅପୁତ୍ରିକେ କେତେ ପୁତ୍ର ଦିଅନ୍ତି
ଚକ୍ଷୁ ନ ଥିଲେ ଚକ୍ଷୁ ଦାନ ଦିଅନ୍ତି ।" (ବାତ୍ସଲ୍ୟ ସୁଖର ଆକାଂକ୍ଷା)

-ବୁଧେଇ ଓଷା: ଗୋପୀନାଥ ଦାସ

ଭାଦ୍ରବମାସ ବୁଧବାର ଦିନ ଅପୁତ୍ରିକ ନାରୀ ମାନେ, ଆପଣା ମନୋବାଞ୍ଛା ପୂର୍ଣ୍ଣ ନିମନ୍ତେ ଏହି ଓଷା ପାଳନ କରିଥାନ୍ତି । ଏପରିକି ସନ୍ତାନର ସୁଖ ସମୃଦ୍ଧି ନିମନ୍ତେ ଏହି ଓଷା ପାଳନର ବିଧି ବିଧାନ କରାଯାଏ । ନାରୀ ଜୀବନର ଐଶ୍ୱର୍ଯ୍ୟ ସନ୍ତାନ ଜନ୍ମ ଉପରେ ନିର୍ଭର କରେ । ଭାଗ୍ୟ ବାମରୁ କଦବା କ୍ୱଚିତ୍ ସନ୍ତାନ ସୁଖରୁ ବଞ୍ଚିତା ହେଲେ ସାମାଜିକ ବାଛନ୍ଦ ତଥା କଷଣର ଶିକାର ହେବାକୁ ହୁଏ । ପୁରପଲ୍ଲୀରେ ବ୍ରତତୀ ନାରୀମାନେ (ସଧବା ନାରୀ) ମିଳିତ ହୋଇ ଏ ଓଷା ପାଳନ କରିଥାନ୍ତି । ପାରିବାରିକ ଜଂଜାଳ ଭିତରେ ନାରୀର ଜୀବନ ଅନେକ ନିନ୍ଦା- ଅପଯଶକୁ ମୁଣ୍ଡାଇ ଥାଏ । ବୁଧେଇ ଓଷା, ଏହି ଅସଙ୍ଗତି ପୂର୍ଣ୍ଣ ନାରୀର ଜୀବନକୁ ନେଇ ବର୍ଣ୍ଣିତ ହୋଇଛି । ଏଠାରେ ଲକ୍ଷ୍ୟ କରାଯାଇପାରେ ତଅପୋଇ, ଖୁଲଣା ସୁନ୍ଦରୀ, ଚଣ୍ଡାଲୁଣୀ, ଶୁଣ୍ଢିଆଣି ଏବଂ ମୁକ୍ତା ଦେଇ ମାନଙ୍କ ପରି ନାରୀ ମାନେ ଆର୍ଥିକ ଦୃଷ୍ଟିରୁ ସ୍ୱଚ୍ଛଳ ଥିଲେ ମଧ୍ୟ ପାରିବାରିକ ବିଡମ୍ବନାରେ ଜୀବନ ତାଙ୍କର ଘେରା । ଅନେକ ଅଗ୍ନି ପରୀକ୍ଷାରେ ସମ୍ମୁଖୀନ ଏହି ବର୍ଗର ମହିଳାମାନେ । ଯାହା ନାରୀ ଜୀବନର ଅବ୍ୟକ୍ତ ଯନ୍ତଣାକୁ ବ୍ୟକ୍ତ କରିବାରେ ସମର୍ଥ ।

(ଙ)ଟୀକା ଗୋବିନ୍ଦ ଚନ୍ଦ୍ର : ଅଭିଶପ୍ତ ଜୀବନର ପ୍ରତିଛବି

ଯଶୋବନ୍ତ ଦାସ କୃତ "ଟୀକା ଗୋବିନ୍ଦ ଚନ୍ଦ୍ର" ରେ ବର୍ଣ୍ଣିତ 'ମୁକୁତା ଦେଇ' ଙ୍କ ଜୀବନ ଅଭିଶପ୍ତ । ଲୁହ- ଲହୁରେ କୋହ ଦେଇ ମୁକୁତା ଦେଇଙ୍କ

ଭଳି ନାରୀମାନେ ବଞ୍ଚନ୍ତି । ବୋଧହୁଏ ଏହିଭଳି ନାରୀ ଚରିତ୍ରମାନେ ତାଙ୍କ ଜୀବନର ଏକ ପ୍ରଲମ୍ବିତ ନୈରାଶ୍ୟକୁ ନେଇ ବଞ୍ଚିବାର ସ୍ପର୍ଦ୍ଧା ରଖନ୍ତି । ମାତୃତ୍ୱ ସ୍ନିଗ୍ଧ- ଶାଶ୍ୱତ, କିନ୍ତୁ ବିଡ଼ମ୍ବିତ ମାତୃତ୍ୱକୁ ନେଇ ବଞ୍ଚୁଥିବା ନାରୀମାନଙ୍କ ଜୀବନ ଏକ ପୀଡାର ମହାପର୍ବ ମନେହୁଏ । ଅପୁତ୍ରିକ, ସନ୍ତାନହୀନ ନାରୀ ଦୁର୍ବିସହ ଭାବେ ବଞ୍ଚୁଥାଏ । "ଟୀକା ଗୋବିନ୍ଦ ଚନ୍ଦ୍ର" ରେ ଅପୁତ୍ରିକ ନାରୀର କଷଣ ଅତ୍ୟନ୍ତ ସୂକ୍ଷ୍ମ ଭାବେ ପ୍ରତିଫଳିତ ହୋଇଥିବାର ମନେହୁଏ ।

"ଗହନ ବନସ୍ତ ପୋଡିଲେ ଧନରେ ଜନ ଜଗତ ଜାଣନ୍ତି
ମାତା କ୍ଷୀରବତୀ ହୃଦୟ ପୋଡିଲେ ତାହା କେହି ନ ଜାଣନ୍ତି
ସେତେବେଳେ ପୁତ୍ର ଦେଉଛି ଉତ୍ତର ଶୁଣ ଗୋ ଜନନୀ ତୁହି
ଅପୁତ୍ରିକ ନାରୀ ସ୍ନାହାନକୁ ଗଲେ ତୁଠ ନିର୍ମଳ ନୁହଇ
ଅପୁତ୍ରିକ ନାରୀ ସୂର୍ଯ୍ୟଙ୍କୁ ଚାହିଁଲେ ସୂର୍ଯ୍ୟ ପାତକ ଲାଗଇ
ଅପୁତ୍ରିକ ନାରୀ ଦେଉଳକୁ ଗଲେ ଦେଉଳେ ଦିଅଁ ଲୁଚଇ
ଅପୁତ୍ରିକ ନାରୀ ମୁଖ ଚାହିଁଗଲେ କାମନା ପୂର୍ଣ୍ଣ ନୁହଇ ।
× × ×
ଲକ୍ଷେ ମାଢ ସ୍ୱର୍ଣ୍ଣ ଦେଲେ ବିପ୍ରଦାନ ତେବେ ପାତକ ନ ଛାଡଇ
ଏକା ଅନ୍ନ- ବସ୍ତ୍ର ଦୁଇ ଦାନ ଦେଲେ ପୁତ୍ର କଷ୍ଟ ପାରହୋଇ ।

(ମାତୃ ହୃଦୟର ବିଳାପ)

ମୁକୁତା ଦେଈଙ୍କ ଜୀବନ କାରୁଣ୍ୟମୟ। । ରାଜା ମାଣିକ ଚନ୍ଦ୍ରଙ୍କ ଅନେଶ୍ୱତ ରାଣୀ ଥିଲେ । କିନ୍ତୁ କାହାଠାରୁ ପୁତ୍ର ସନ୍ତାନ ପ୍ରାପ୍ତି ନ ଥିବାର ଦୁଃଖରେ ମାଣିକ ଚନ୍ଦ୍ର ଥିଲେ ମ୍ରିୟମାଣ । ଅପୁତ୍ରିକ ହେବାର ଦଣ୍ଡରେ ଦଣ୍ଡିତ କଲେ ଆପଣାର ରାଣୀଙ୍କୁ । ନିମ ଡୋହି ଭାବରେ ଜୀବନ କାଟିଲେ ରାଣୀ । ନିଃସଙ୍ଗ ଭାବରେ ବଣରେ ଜୀବନ କାଟିବାର ଦୁଃଖ ଅତ୍ୟନ୍ତ ଅସହ୍ୟ ଥିଲା । କି ! ଦାରୁଣ ଦୁଃଖରେ ମୁକୁତା ଦେଈଙ୍କ ଦୁଃଖ ନିମ୍ନମତେ ଅନୁମାନ କରାଯାଇପାରେ ।

ନୋହିବାରୁ ପୁତ୍ର-ବଳା ରାଜନରେ ରାଜା କଲେ ନିମଡୋହି
ନିମ ଡୋହି ବୋଲି ଘର ତୋଳି ଦେଲେ ନିମବନ ମଧ୍ୟେ ନେଇ

କେଉଁଠି ରହିଲେ ନିମଡୋହି ରାଣୀ ଦିନେ ପଚାରିଲେ ନାହିଁ
ସେରକ ଚାଉଳ କୌଡୀ ବୋଡିକକୁ ନୀତି ରାଜା ପଡି ଦେଇ
× × ×
ତିନି ପା' ଦେଇଣ ପାଏକ ବଳିଲେ ଆପେ ତରଣ ରାନ୍ଧଇ
ତିଅଣ ପାଇଁକି ପିତା ତୋର ବଳା ଶୁଣ ସରି ନ ଦିଅଇ
ଲୁଣ ବୋଲି କରି ଯାହାକୁ ଦିଅଇ ଯବକ୍ଷାର ଭଣ୍ଡୁଥାଇ
ବାସନ ନିମନ୍ତେ କୁମାର ମଣିରେ ଗାତ ଖୋଲି ଭାତ ଖାଇ
× × ×
କାନ କୋଲି କଣ୍ଟା ବାଇଗଣ ଝଟା ଜାଳ ଜାଳିବାକୁ ଦେଇ
ତୋଡ଼ି ମାଛ ଆଣ୍ଟ ବାଇଗଣ ବେଣ୍ଟ ପରିବାରେ ଖଞ୍ଜି ଥାଇ ।
ଘୃତର ଅଭାବେ କୁମାର ମଣିରେ କେଶ ମୋ ଜଟା ବାନ୍ଧଇ
ସିନ୍ଦୁର ବିହୁନେ କୁମର ମଣିରେ ମଥା ମୋ ଶୂନ୍ୟ ଦିଶଇ
ଶଯ୍ୟାର ଅଭାବେ କୁମାର ମଣିରେ ତିରଣ ଶଯ୍ୟା କରଇ
ବସ୍ତ୍ରର ଅଭାବେ ବଳା ରାଜନରେ ବୃକ୍ଷ ବକଳ ପିନ୍ଧଇ ।"

(ଟୀକା ଗୋବିନ୍ଦ ଚନ୍ଦ୍ର : ଯଶୋବନ୍ତ ଦାସ)

(ଘରୋଇ ହିଂସା)

ବାସ୍ତବିକ ମୁକୁତା ଦେଇଙ୍କ ଜୀବନ ଅନେକ ଦୁଃଖ- ଅତ୍ୟାଚାର ଭିତରେ ଗତି କରିଛି । ଐଶ୍ୱର୍ଯ୍ୟମୟୀ କନ୍ୟା- ରାଣୀ ହେଲେ ହେଁ ସାଧାରଣ ଅପୁତ୍ରିକ ଗ୍ରାମୀଣ ନାରୀଟିର ପରି ଅନେକ କଷ୍ଟ ସ୍ୱୀକାର କରିଛନ୍ତି । ଲାଉଚନ୍ଦ୍ର ରାଜା ଏବଂ ରାଣୀ ମଉନାଦେଇଙ୍କ କନ୍ୟା ହେବା ସତ୍ତ୍ୱେ ଆପଣା ସ୍ୱାମୀ ରାଜା ମାଣିକ ଚନ୍ଦ୍ରଙ୍କ ଦ୍ୱାରା ନାନା ନିର୍ଯ୍ୟାତନାର ଶିକାର ହେଇଛନ୍ତି । ପିତା- ମାତାଙ୍କର ଯାବତୀୟ ଅର୍ଥ ସତ୍ତ୍ୱେ, କନ୍ୟାର ଦୁଃଖ ଦେଖି ଭାଗ୍ୟକୁ ନିନ୍ଦା କରିଛନ୍ତି ଉଭୟେ । ଯଥା:-

ଜନ୍ମ ଦେଇଛି ବୋଲି ରେ ଡଗର କରମ ଦେଇ ନାହିଁ
ବିଧାତା ଲଲାଟ ପଟରେ ସେ' ପୁଣି ଷଠି ଯାହା ଲେଖିଥାଇ ।"

(ଭାଗ୍ୟବାଦୀ)

ଏତିକିରେ ଦୂର ହେଇନି 'ମୁକୁତା ଦେଇ' ଙ୍କ ଦୁଃଖର କାହାଣୀ । ଆପଣା କନ୍ୟାର ଦୁର୍ଗତି ଜାଣିଲାପରେ ଉଭୟେ ପିତା-ମାତା ଡଗର ହାତରେ ସୁବର୍ଣ୍ଣ ପଠେଇଛନ୍ତି । ଏହି ସୁବର୍ଣ୍ଣକୁ ବିକି ଭାଙ୍ଗି ମାଣିକଚନ୍ଦ୍ରଙ୍କ ନଅର ଠାରୁ ଏକ ବିରାଟ ଐଶ୍ୱର୍ଯ୍ୟମୟ ନଅର ତୋଳିବାର ସ୍ପର୍ଦ୍ଧା କରନ୍ତି ନିମଡୋହି ରାଣୀ ମୁକ୍ତାଦେଇ । ବନସ୍ତରେ ଏଭଳି ବର୍ଣ୍ଣାଢ୍ୟ ଗୃହ ଦେଖି ରାଜା ଅସହ୍ୟ ହୋଇ ପଡିଛନ୍ତି । ଦ୍ୱେଷ ଓ ପ୍ରତିହିଂସା ପରାୟଣ ହୋଇ ମୁକ୍ତାଦେଈଙ୍କୁ ଦୋଚାରୁଣୀ ପଣେ ଧନ ଅର୍ଜନ କରିବାର ଅପଯଶ ଦେଇଛନ୍ତି । ପୁନଶ୍ଚ ଅଗ୍ନିପରୀକ୍ଷା ଦେଇଛନ୍ତି ରାଣୀ ମୁକ୍ତାଦେଇ । ନମ୍ନମତେ ନିମଡୋହିଙ୍କ ଅଭିଶପ୍ତ ଜୀବନର ଚିତ୍ର ପ୍ରକଟିତ ହୋଇଛି ।

"ଦୋଚାରୁଣୀ ପଣେ ଧନ ଅରଜିଛୁ / ତୋ ମୁଖ ଚାହିଁବି ନାହିଁ
ସେରକ ଚାଉଳ କୋଡିଏ କଉଡି ପଡି ଦେଉଥିଲି ମୁହିଁ ।
ସେ ପଡି ଖାଇଣ ଧନ କାହୁଁ ଏତେ ଆଣିଲୁ କହ ବୁଝାଇ ।
× × ×
ଯେତକ ନିୟମ କରାଇବ ରାଜା ସବୁ ନିୟମ କରିବି
ଜଳରେ ପରୀକ୍ଷା କରାଇଲେ ରାଜା ଜଳରେ ବୁଡି ମରିବି
ସର୍ପ ବନ୍ଧନାଦି କରାଇଲେ ରାଜା ସର୍ପ ମୁଖେ ହାତ ଦେବି
ଖଣ୍ଡା ଦାଢ଼େ ବାଟ ଚଳାଇଲେ ରାଜା ଖଣ୍ଡା ଦାଢ଼େ ଚାଲିଯିବି
ଛୁଞ୍ଚିମୁନେ ଛିଡା କରାଇଲେ ରାଜା ଛୁଞ୍ଚିମୁନେ ଛିଡା ହେବି
× × ×
ଏ ଯେବେ ନିୟମ କରିଲୁ ଲୋ ରାଣୀ ଆଉ ସବୁ କରି ତୁଛ
ଅଗ୍ନିରେ ପରୀକ୍ଷା ଦିଅ ବେଗେ ରାଣୀ ସବୁ ନିୟମ ତା ମିଛ
× × ×
ଜୀବନର ଆଶା ତେଜିରେ କୁମର ହୃଦେ ହରି ସୁମରିଲି
ଧରମକୁ ସାକ୍ଷୀ ଦେଇରେ କୁମର ଅଗ୍ନିକୁ ଡେଇଁ ପଡିଲି ॥

(ନାରୀ ଜୀବନର ଅଗ୍ନି ପରୀକ୍ଷା)

ଏଠାରେ ଲକ୍ଷ୍ୟ କରିବାର କଥା, ସବୁ ବର୍ଗ, ସବୁ ଜାତି- ବର୍ଣ୍ଣର ନାରୀ ମାନଙ୍କ ଜୀବନର ଦୁର୍ଗତି ସମାନ । ସମସ୍ତେ ପ୍ରାୟତଃ ଅଭିଜାତ୍ୟ ବର୍ଗର ମହିଳା ମାନଙ୍କୁ ପ୍ରତିନିଧିତ୍ୱ କରନ୍ତି । କିନ୍ତୁ, ଏହା ବିଧିର ବିଡମ୍ବନା ନୁହେଁ ବରଂ ତଥାକଥିତ ପୁରୁଷ କୈନ୍ଦ୍ରିକ ସମାଜର ଭେଳିକି; ଯେଉଁଠି ମୁକ୍ତା ଦେଇ ମାନଙ୍କ ପରି ନାରୀମାନେ ନିର୍ଯାତନାର ଶିକାର ହୁଅନ୍ତି । ଅତଏବ, ନାରୀ ଜୀବନାର ଜଟିଳତା ବେଶ୍ ସ୍ପଷ୍ଟ ଅନୁମାନ କରିହୁଏ । ଯଦି ଆର୍ଥିକ ସ୍ତରରେ ସଶକ୍ତ-ଆଭିଜାତ୍ୟ ସମ୍ପନ୍ନ ମହିଳାମାନେ ଏଭଳି ପାରିବାରିକ ବା ଘରୋଇ ହିଂସା (Domestic-Violence) ର ଶିକାର ହେବାକୁ ପଡୁଥିଲା । ତେବେ ସାଧାରଣ- ନିରକ୍ଷର ଗ୍ରାମୀଣ ମହିଳାଙ୍କ ସ୍ଥିତି ବା କ'ଣ ଥିବ ? ଏଥିରୁ ବୁଝିହୁଏ ।

ମୁକୁତାଦେଈଙ୍କ ଭଳି ନାରୀ ପ୍ରତିବଦ୍ଧତାର ସ୍ୱର ହୋଇ ଅନୁରଣିତ ହେଉଛନ୍ତି । ଯାବତୀୟ ଅବିଚାର ସତ୍ତ୍ୱେ ଆପଣାର ପୁତ୍ର ସନ୍ତାନର ଜ୍ଞାନୋଦୟ ପାଇଁ ଚେଷ୍ଟିତ ହୋଇ ତାକୁ ସଂସାର ଜଞ୍ଜାଳରୁ ମୁକ୍ତ କରିବାକୁ ବାଟ ବତାନ୍ତି । ଜୀବନ ନାନା ଅସଙ୍ଗତିରେ ଭରା, ତଥାପି ପୁତ୍ରର ମୁକ୍ତି ପାଇଁ ଅନେଶ୍ୱତ ରାଣୀଙ୍କ ମୋହ - ଫାଶରୁ ଦୁରେଇ ରଖନ୍ତି । ପୁତ୍ର ଗୋବିନ୍ଦ ଚନ୍ଦ୍ରକୁ ଯୋଗୀ ବେଶରେ ସଜେଇ ହାଡ଼ିପାଙ୍କ ଠାରୁ ଦୀକ୍ଷାନବାକୁ ପ୍ରବର୍ତ୍ତାନ୍ତି । ବାସ୍ତବିକ୍ ମୁକୁତାଦେଈଙ୍କ ଚରିତ୍ର ଭିତରେ ଏକ ସଶକ୍ତ ନାରୀଟି ଯେ' ପ୍ରତିଫଳିତ ହୋଇଛନ୍ତି, ତାହା ପ୍ରମାଣିତ ହୋଇଛି । କେବଳ ମୁକୁତାଦେଈ ନୁହନ୍ତି, ମା ଲକ୍ଷ୍ମୀ, ତଅପୋଇ, ଖୁଲଣା, ଶୁଣ୍ଢିଆଣି, ଚଣ୍ଡାଳୁଣୀ ଭଳି ନାରୀମାନେ ନିଜ ଦୁର୍ଦ୍ଦଶା ଭିତରେ ଜୀବନ ଜୀଇଁବାର ବାଟ ଦେଖାନ୍ତି । ଆପଣାର ଦୁର୍ଦ୍ଦିନକୁ ମା' ଶକ୍ତି- ମହାମାୟୀ ମଙ୍ଗଳା, ବୁଧେଇ, ବିମଳା ଆଦିଙ୍କୁ ସୁମରଣା କରି ଉଦ୍ଧାର ପାଇଛନ୍ତି ।

ବାସ୍ତବିକ୍ ଲୋକ କବିତାର ଅନ୍ତରାଳରେ ଯେପରି ନାରୀ ଜୀବନର ନୈରାଶ୍ୟ ଉତ୍କୀର୍ଣ୍ଣ ହୋଇଥିବାର ଦେଖାଯାଏ, ଠିକ୍ ସେହିପରି ଲୋକବିଶ୍ୱାସ ଆଧାରରେ ଲୋକ ମଥକୁ ପାଥେୟ କରି ନାରୀ ଚରିତ୍ରମାନେ ସଶକ୍ତ ହୋଇ ବଢ଼ିବାର ସ୍ପର୍ଦ୍ଧା ରଖନ୍ତି ।

ଦ୍ୱିତୀୟ ଅଧ୍ୟାୟ

ନାରୀ ଅସ୍ମିତା - ଆକାଙ୍କ୍ଷା - ଆତ୍ମନିରୀକ୍ଷଣ

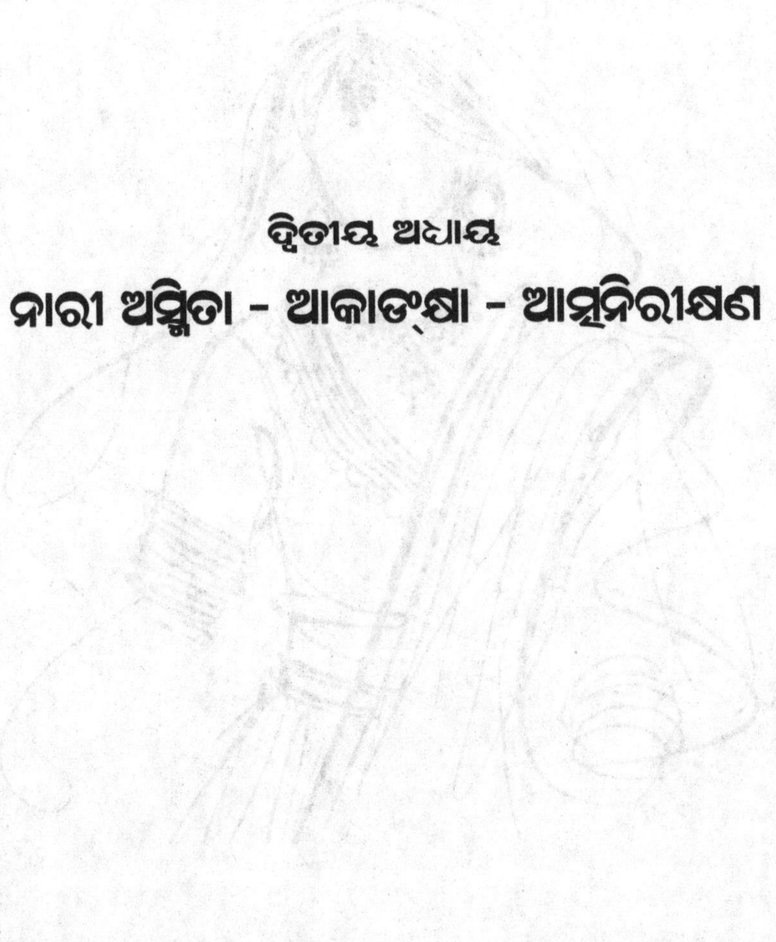

ହେନେରିଟା ମିଶ୍ର ୮୩

୮୪   ନାରୀ ଜୀବନର ମିଥ୍, ମୋଟିଫ୍ ଓ ମେଟାଫର

ପୁରାଣ ପୃଷ୍ଠାରୁ ଉତ୍କୀର୍ଣ୍ଣ ନାରୀର ପ୍ରତିଛବି ଏବଂ ସ୍ୱାଧୀନତା ପରବର୍ତ୍ତୀ ପର୍ଯ୍ୟାୟରେ ନାରୀର ସ୍ଥିତି ସଂପୁର୍ଣ୍ଣ ଭିନ୍ନ । ନିର୍ଯ୍ୟାତନାର ସମସ୍ତ କାଳିମାକୁ ସେ' ସ୍ୱହସ୍ତରେ ପୋଛିବାରେ ସାମର୍ଥ୍ୟ ପାଇଛି । ସେ' ସ୍ୱୟଂସିଦ୍ଧାରେ ପରିବର୍ତ୍ତିତ ହୋଇଛି । ପ୍ରତିକୂଳ ପରିସ୍ଥିତିରେ ଲହୁ-ଲୁହାଣ ହୋଇଛି ସତ, କିନ୍ତୁ ବିଫଳ ନୁହେଁ । ପରିବାରର ପତି ପରମେଶ୍ୱରଙ୍କ ଅନ୍ୟାୟ ବିରୋଧରେ ସ୍ୱର ଉତ୍ତୋଳନ କରିଛି । କେବଳ ପରିବାର ନୁହେଁ, ସମାଜର ଅନ୍ୟାୟ ତଥା ଅନୀତିର ଅବ୍ୟବସ୍ଥିତ ରୂପରେଖକୁ ନିଜ ହାତମୁଠାକୁ ନେଇଛି । ଅତି ପ୍ରାଚୀନ ସମୟରୁ ଦେଖିବାକୁ ଗଲେ, ନାରୀର ଭାଗ୍ୟଚକ୍ର ପୁରୁଷ ଦ୍ୱାରା ନିୟନ୍ତ୍ରିତ ହୋଇଆସିଛି । ଏପରିକି ତା'ର ଇଚ୍ଛା-ଅନିଚ୍ଛା, ତା'ର ସୁଖ-ଦୁଃଖ, ହସ-ଲୁହର କାରଣ ମଧ୍ୟ ପୁରୁଷ ସାଜିଛି । ସେ' ପିତା ହେଉ ଅବା ଭ୍ରାତା, ସେ' ପତି ହେଉ ଅବା ପ୍ରେମିକ, ସେ' ପୁତ୍ର ହେଉ ଅବା ଗୃହର ମୁଖ୍ୟମାନେ, ତା'ର ସ୍ୱାଧୀନତାକୁ ସଂକୁଚିତ କରିଛନ୍ତି । ସତେ ଯେପରି ଏକ ନାରୀ ପରାଧିନତାର ଶୃଙ୍ଖଳ ପିନ୍ଧିଛି । ଯାହାର ନିଜସ୍ୱ ଇଚ୍ଛା ନାହିଁ କି' ଆକାଙ୍କ୍ଷା ନାହିଁ ।

ପ୍ରାଚୀନ ବୈଦିକ ପରଂପରା ଅନୁଯାୟୀ ନାରୀ ନମସ୍ୟା, ପୂଜ୍ୟା । କିନ୍ତୁ ପରବର୍ତ୍ତୀ ମଧ୍ୟଯୁଗୀୟ ଭାରତରେ କ୍ରମଶଃ ତା'ର ଅବକ୍ଷୟ ରୂପ ଦେଖିବାକୁ ମିଳେ । ବିଭିନ୍ନ ସଂସ୍କୃତିର ପ୍ରଭାବ ଯୋଗୁଁ ଭାରତୀୟ ସଂସ୍କୃତି ଅପସଂସ୍କୃତି ଆଡ଼କୁ ଅଗ୍ରସର ହୋଇଛି । ଫଳସ୍ୱରୂପ ମଣିଷର ନୈତିକ ସ୍ଖଳନ ଘଟିଛି । ମାନବୀୟ ମୂଲ୍ୟବୋଧର ଅବକ୍ଷୟ ଯୋଗୁଁ ସମାଜରେ ଅନ୍ଧବିଶ୍ୱାସ- କୁସଂସ୍କାର ତଥା ଚାରିତ୍ରିକ ତ୍ରୁଟି ଦେଖା ଦେଇଛି । ଯେଉଁ ସମାଜରେ ନାରୀ ଓ ପୁରୁଷ ଉଭୟ ପରିପୂରକ ଭାବରେ ଛିଡ଼ା ହୋଇଥିଲେ, ସେହି ସମାଜରେ ନାରୀ, ପୁରୁଷର ପ୍ରତିଦ୍ୱନ୍ଦୀ ମନେ ହେଉଛି । ସେ' ପୀଡ଼ିତା-ନିଷ୍ପେସିତା-କଳଙ୍କିତା ଭାବରେ ଚିତ୍ରିତ ହେଇଛି । ପୁରୁଷ ଆଖିରେ ସେ' କେବଳ ଭୋଗ୍ୟ ବସ୍ତୁ ଭାବରେ ଦୃଶ୍ୟମାନ ହୋଇଛି । ଫଳରେ ଧିରେ ଧିରେ ନାରୀମନରେ ପୁରୁଷ ପ୍ରତି ଭୟ-ବିରାଗ ସୃଷ୍ଟି ହେଲା । ନିଜକୁ ପୁରୁଷ ପାଖରେ ଅସୁରକ୍ଷିତ ମଣିଲା ନାରୀ । ପୁରୁଷ ତାନ୍ତ୍ରିକ ସମାଜ ମଧ୍ୟ ନାରୀର

ଚତୁଃପାର୍ଶ୍ୱରେ ନୀତି-ନିୟମ ତଥା କର୍ତ୍ତବ୍ୟର ଲକ୍ଷ୍ମଣ ରେଖା ଟାଣି ଚାଲିଲା। ଗୋଟିଏ ପକ୍ଷରେ ମର୍ଯ୍ୟାଦାର ସୀମାରେଖା ସ୍ଥିର କଲା ତ' ଅପରପକ୍ଷରେ ସେହି ପୁରୁଷ ତା'ର ସ୍ୱାଧୀନତା ପାଇଁ ସଂଗ୍ରାମର ଗାଣ୍ଡିବ ଧରି ଉଭା ହେଲା। ବିଡ଼ମ୍ବନା ହେଲେ ବି ସତ୍ୟ। ଯେଉଁ ପୁରୁଷ ବାଟ ଓଗାଳେ, ସେ' ପୁଣି ଆବଶ୍ୟକ ସ୍ଥଳେ ସେହି ନାରୀର ସହଯୋଗ ଲୋଡ଼େ ଓ ତାକୁ ଦେବୀର ଆସନ ଦିଏ। ଯାହା ସାଂପ୍ରତିକ କାଳଖଣ୍ଡର ବିଡମ୍ବନା ବୋଲି ଧରିନେବାକୁ ହୁଏ। ନିମ୍ନମତେ, ନାରୀ ଅସ୍ତିତ୍ୱ ଧର୍ମୀ କିଛି ବାସ୍ତବ ସମସ୍ୟାକୁ ବର୍ଣ୍ଣନା କରାଗଲା।

- **ନାରୀ ଅସ୍ତିତ୍ୱର ବାସ୍ତବ ରୂପରେଖ :**

(ଭାରତୀୟ ନାରୀ: ଅସ୍ମିତାର ମହୋଦଧି)

ପୁରାଣ ପୃଷ୍ଠାରୁ ନାରୀର ନିୟତି ଲୁହ ଓ ଲହୁରେ ଆର୍ଦ୍ର ହୋଇ ରହିଛି ସତ୍ୟ କିନ୍ତୁ ନାରୀ ତା'ର ସ୍ୱାଭିମାନ- ମର୍ଯ୍ୟାଦାକୁ ଅଦ୍ୟାବଧି ଅକ୍ଷୁର୍ଣ୍ଣ ରଖିଛି। ନିଜ ଭାଗ୍ୟକୁ ନିଜେ ପରିବର୍ତ୍ତନ କରିବାର ସାମର୍ଥ୍ୟ ରଖେ ନାରୀ। ଅଥଚ ପରିବାର, ସମାଜର ମାନ-ମର୍ଯ୍ୟାଦା ପାଇଁ ନୀରବରେ ଦୀର୍ଘଶ୍ୱାସଟିଏ ପାଲଟିଯାଏ। ଏହା ତା'ର ବ୍ୟକ୍ତିତ୍ୱର ଦୁର୍ବଳ ଦିଗ ନୁହେଁ, ବରଂ ତା'ର ତ୍ୟାଗ ଓ ମହନୀୟତାର ଚରମ ପରିଣତି। ଏପରିକି, ସମସ୍ତ ପ୍ରତିକୂଳତାକୁ ଏଡ଼େଇବାର ସାମର୍ଥ୍ୟ ଥାଏ ନାରୀର। ଭାରତୀୟ ସମାଜବ୍ୟବସ୍ଥା ପୁରୁଷ ଦ୍ୱାରା ନିୟନ୍ତ୍ରିତ ହେଲେ ମଧ୍ୟ ନାରୀର ସ୍ୱତନ୍ତ୍ରତା ଏକାନ୍ତ ଅପରିହାର୍ଯ୍ୟ। ନାରୀର ଅଙ୍ଗ ସୌଷ୍ଠବର ସୁନ୍ଦରତା, କେବଳ ତା'ର ବ୍ୟକ୍ତିତ୍ୱର ମାପକାଠି ତା' ନୁହେଁ ବରଂ ତା'ର ପାଣ୍ଡିତ୍ୟ-ପ୍ରତିଭା ଏବଂ କର୍ତ୍ତବ୍ୟବୋଧତାର ଅସଲ ହେଉଛି ପରିଚୟ। ବୈଦିକ କାଳଖଣ୍ଡରେ ପ୍ରସିଦ୍ଧା ମୈତ୍ରୟୀ- ଗାର୍ଗୀ- ଲୋପାମୁଦ୍ରା- ସାବିତ୍ରୀ-ଶର୍ବରୀ- ଦ୍ରୌପଦୀ-ଶ୍ରୀରାଧା-ଯଶୋମତୀ- ଦେବକୀ- ଗାନ୍ଧାରୀ- ଜାନକୀ ଆଦି ସତୀ-ସାଧ୍ୱୀ ନାରୀମାନଙ୍କ ଠାରୁ ଆରମ୍ଭ କରି ଇତିହାସ ବିଖ୍ୟାତ ଲକ୍ଷ୍ମୀଙ୍କରା-ମଣିଭଦ୍ରା- ମେଖଳାପା-କିନଖଳାପା-ସୁଜାତା- ସଂଘମିତ୍ରା ଆଦି ବୌଦ୍ଧ ଶ୍ରମଣାମାନଙ୍କ ପର୍ଯ୍ୟନ୍ତ ନାରୀ ବିଦୁଷୀମାନେ ସ୍ୱ-ମଯ୍ୟାଦାରେ ମହିମାମୟୀ ହୋଇଛନ୍ତି। ଏସବୁ ବେଦ-ପୁରାଣ- ଇତିହାସ-କିମ୍ବଦନ୍ତୀ ଆଶ୍ରିତା ନାରୀମାନେ ଆପଣାର ପ୍ରଜ୍ଞା ଏବଂ ଆତ୍ମିକ ଐଶ୍ୱର୍ଯ୍ୟ ଯୋଗୁଁ ଅଦ୍ୟାବଧି ଆଦର୍ଶ ଓ ପ୍ରେରଣା ହୋଇ ରହିଛନ୍ତି। ଏତଦ୍‌ବ୍ୟତୀତ ପୁରୁଷ ତାନ୍ତ୍ରିକ ସମାଜରେ ଯେଉଁମାନେ ସୁଖ୍ୟାତି

ଅର୍ଜନ କରିଛନ୍ତି, ସେମାନଙ୍କ ମଧ୍ୟରେ ବୀରା ଲକ୍ଷ୍ମୀବାଈ, ଶୁକ ଦେଇ, ସରୋଜିନୀ ନାଇଡୁଙ୍କ ଠାରୁ ଆରମ୍ଭ କରି ସରଳାଦେବୀ, ମାଳତୀ ଚୌଧୁରୀ, କୁନ୍ତଳା କୁମାରୀ, ବିଦ୍ୟୁତ୍‌ପ୍ରଭା, ଅନ୍ନପୂର୍ଣ୍ଣା ଦେବୀ, ରମାଦେବୀ, ମନୋରମା ମହାପାତ୍ର, ପ୍ରତିଭା ଶତପଥୀ ଏବଂ ଗିରିବାଳା ମହାନ୍ତିଙ୍କ ଭଳି ଅନେକ ନାରୀ ପ୍ରତିଭା ଅନ୍ୟତମା ।

ଏଥିରୁ ସ୍ପଷ୍ଟ ଅନୁମାନ କରାଯାଇପାରେ ନାରୀ ବ୍ୟକ୍ତିତ୍ୱର ଉର୍ବର ପ୍ରତିଫଳନ କିଭଳି ପ୍ରାଚ୍ୟ ସଂସ୍କୃତିର ପଦମର୍ଯ୍ୟାଦା ବୃଦ୍ଧି କରିଛି । ପାଶ୍ଚାତ୍ୟ ନାରୀବାଦ ବା (Feminism) ର ଉନ୍ମେଷ ହେବାର ବହୁପୂର୍ବରୁ ପ୍ରାଚ୍ୟ ନାରୀବାଦର ପରିପ୍ରକାଶ ଘଟିଛି, କହିଲେ ଅତ୍ୟୁକ୍ତି ହେବନାହିଁ । କହିରଖେ, 'ନାରୀବାଦ' କୌଣସି ଦର୍ଶନ ନୁହେଁ ବା କୌଣସି ମତବାଦ ମଧ୍ୟ ନୁହେଁ । ଏହା ନାରୀ ଅସ୍ମିତାର କଥା କୁହେ । ତା'ର ସ୍ୱାଭିମାନର କଥା କହେ । ପୁଣି ଆତ୍ମିକ ଐଶ୍ୱର୍ଯ୍ୟର କଥା କହେ । ଶାରୀରିକ ସୌନ୍ଦର୍ଯ୍ୟ ଏବଂ ଯୌନତା (Sexuality) ତା'ର ବ୍ୟକ୍ତିତ୍ୱର ପରିମାପକ ନୁହଁ । ବରଂ ତା'ର ସାମର୍ଥ୍ୟ ଓ ମର୍ଯ୍ୟାଦା ହିଁ ତା'ର ଅସଲ ପରିଚୟ । ଏ ପରିପ୍ରେକ୍ଷୀରେ ତା'ର ବୁଦ୍ଧିମତା, ତା'ର ଆତ୍ମିକ ସୌନ୍ଦର୍ଯ୍ୟ ହିଁ ମୂଳ । ଯାହା ସାମ୍ପ୍ରତିକ ସମୟରେ ନାରୀ ସଶକ୍ତ ହେବା ପଛରେ ମୁଖ୍ୟ ହୋଇ ଫୁଟି ଉଠିଛି ।

ନାରୀର ଅଧିକାର ଓ ଅସ୍ମିତା ସଂପର୍କରେ ନାରୀ ସଚେତନ ହେଲାପରେ ବହୁ କ୍ଷେତ୍ରରେ ତା'ର ପାରଦର୍ଶିତା ଫୁଟି ଉଠିଛି । ଯଦିଓ ଲିଙ୍ଗଗତ ବୈଷମ୍ୟ ଦୂର କରିବା ନିମନ୍ତେ, ଅଦ୍ୟାବଧି ନାରୀର ସଂଘର୍ଷ ଅବ୍ୟାହତ ରହିଛି । ତଥାପି, ବିଶ୍ୱବ୍ୟବସ୍ଥାର ଆୟମାରମ୍ଭରୁ ହିଁ ପୁରୁଷ ମୁଖ୍ୟ ଏବଂ ନାରୀ ଗୌଣ ଭାବରେ ପ୍ରତୀୟମାନ ହୋଇଛି । ଏହାର କାରଣକୁ ପୁରୁଷ ବୈଜ୍ଞାନିକ ସମ୍ମତ ଚିନ୍ତାଧାରା କହିଲା- ବେଳେ ନାରୀ, ତା'ର ଅଧିକାର ଓ ଅସ୍ତିତ୍ୱ ପ୍ରତି କୁଠାରଘାତ ବୋଲି ମନେ କରିଛି । ଯଦିଓ, ପୁରୁଷର ଅଙ୍ଗସୌଷ୍ଠବ,ନାରୀ ତୁଳନାରେ ବଳିଷ୍ଠ ସବଳ କିନ୍ତୁ ସାମର୍ଥ୍ୟ କ୍ଷେତ୍ରରେ ନାରୀ-ପୁରୁଷଠାରୁ କୌଣସି କ୍ଷେତ୍ରରେ ଦୁର୍ବଳ ନୁହେଁ, ବରଂ ସମକକ୍ଷ । ଜୀବନ ସଂଗ୍ରାମରେ ପୁରୁଷର ଭୂମିକା ଗୁରୁତ୍ୱପୂର୍ଣ୍ଣ ଥିଲା । ଅନ୍ନ-ବସ୍ତ୍ର-ବାସଗୃହ ଯୋଗାଡ଼ କରିବା ଆଳରେ ପୁରୁଷ ସମାଜରେ ମୁଖ୍ୟ ସ୍ରୋତରେ ସାମିଲ ହୋଇଥିବା ବେଳେ ନାରୀ, ଗୃହକାର୍ଯ୍ୟରେ, ସନ୍ତାନ ପାଳନରେ, ବୃଦ୍ଧ-ବୃଦ୍ଧାଙ୍କର ସେବା ଯତ୍ନରେ ନିଜକୁ ଅଙ୍ଗାଙ୍ଗୀ ଭାବେ ଜଡ଼ିତ କଲା ଫଳରେ, ଜଣେ

ଏରୁଣ୍ଡି ବନ୍ଧକୁ ଡେଇଁବାର ସତ୍‌ସାହସ କରିବାକୁ ପଛଘୁଞ୍ଚା ଦେଲା । ଫଳରେ, ପୁରୁଷତନ୍ତ୍ରର ଅବିଚାର ବିରୁଦ୍ଧରେ ମୁହଁ ଖୋଲିବାର ସ୍ପର୍ଦ୍ଧା ନ କରି ତା'ର ଅନ୍ୟାୟ-ଅତ୍ୟାଚାରକୁ ମୁଣ୍ଡପାତି ସହ୍ୟ କରିବାକୁ ଲାଗିଲା । ସମାଜ ଓ ପରିବାରରେ ପୁରୁଷକୁ ନେଇ ନାରୀର ସ୍ଥିତିକୁ କ୍ରମଶଃ ବିଚାର କରାଗଲା । କିନ୍ତୁ ସାଂପ୍ରତିକ କାଳଖଣ୍ଡରେ ନାରୀର ସହଭାଗିତା ହେଲା ମୁଖ୍ୟ । ପ୍ରତିଟି କ୍ଷେତ୍ରରେ ନାରୀର ସହଯୋଗ ଅପରିହାର୍ଯ୍ୟ ହୋଇ ପଡିଛି । ସେ' ମଧ୍ୟ ନିଜର ସ୍ୱାତନ୍ତ୍ର୍ୟ ଓ ବିପୁଳ-ପରାକାଷ୍ଠା ପ୍ରତିପାଦିତ କରି ହୋଇଛି ଆତ୍ମନିର୍ଭର, ସ୍ୱାଧୀନଚେତା ମଣିଷ । ପୁରୁଷ ସହ କାନ୍ଧକୁ କାନ୍ଧ ମିଳେଇ ଚାଲିଛି ନାରୀ । ସାମାଜିକ, ସାଂସ୍କୃତିକ, ଆର୍ଥିକ ଏବଂ ରାଜନୀତି କ୍ଷେତ୍ରରେ ସେ' ସ୍ୱୟଂର ସ୍ଥିତି ସୁଦୃଢ଼ କରିଛି । ସେ' ହୋଇଛି ଏକାଧାରରେ ଗୃହ ଏବଂ ଆଫିସିକ କାର୍ଯ୍ୟରେ ନିପୁଣା, ସ୍ୱୟଂ ସଂପନ୍ନା, ସଶକ୍ତ ନାରୀ ।

ବାସ୍ତବରେ, ନାରୀ ଜୀବନର ଅଭିମାନ-ଅବଶୋଷ-ଅସନ୍ତୋଷ ଏବଂ ଅବସାଦର ସନ୍ଧିକ୍ଷଣରୁ ଯେଉଁ ଦ୍ରୋହ ସୃଷ୍ଟି ହେଲା, ତା'ର ଫଳଶ୍ରୁତି ହେଉଛି ସଶକ୍ତିକରଣ ବା (Empowered) ହେବାର ଅଭିଳାଶା । ବିଂଶ ଶତକ ବେଳକୁ ନାରୀ ଅନେକାଂଶରେ ତା'ର ନ୍ୟାର୍ଯ୍ୟଦାବି ହାସଲ କରିସାରିଲାଣି କହିଲେ ଅତ୍ୟୁକ୍ତି ହେବ ନାହିଁ । ଭାରତୀୟ ନାରୀମାନଙ୍କ ଜୀବନର ଉତ୍ତରଣ ମାର୍ଗ ଅନ୍ତରାଳରେ ପାଶ୍ଚାତ୍ୟ ସଂସ୍କୃତିର ଅବଦାନକୁ ବାଦ୍ ଦେଇ ହୁଏନା । ପଶ୍ଚିମରେ ପ୍ରଭାବରେ ଭାରତୀୟ ସଂସ୍କୃତି ପ୍ରଭାବିତ ହେଲା । ଶିକ୍ଷା-ଦୀକ୍ଷା- ଜୀବନ ଜୀଇଁବାର ମାନ ତଥା ସମସ୍ତ ବୈଷୟିକ ଜ୍ଞାନ-ବିଜ୍ଞାନ କ୍ରମେ ଜୀବନର ପ୍ରତି ସ୍ତରକୁ ସ୍ପର୍ଶ କଲା । ଫଳରେ ଚିନ୍ତା ଚେତନା ପ୍ରସରିଗଲା । ରାଜନୀତି-ଅର୍ଥନୀତି-ସାମାଜିକ ଜୀବନ ଚର୍ଯ୍ୟା-ଶିକ୍ଷା-ସାହିତ୍ୟ- କଳା-ସଂସ୍କୃତି ସବୁ କ୍ଷେତ୍ରରେ ପୁରୁଷ,ନାରୀର ସାହାଯ୍ୟ ଓ ସହଯୋଗ ଲୋଡ଼ିଲା । ଭାରତୀୟ ପ୍ରେକ୍ଷାପଟରେ ନାରୀର ସ୍ଥିତି ଯେଭଳି ଭାବରେ ଦୁର୍ବଳ ଥିଲା ଓଡ଼ିଶାରେ ମଧ୍ୟ ସମଭାବରେ ଅନୁଭୂତ ହେଉଥିଲା । କ୍ରମଶଃ ନାରୀଶିକ୍ଷାର ପ୍ରଚଳନ ଓ ସଚେତନତା ହେତୁ ନାରୀ ସ୍ୱାଧୀନଚେତା ହେଲା । ନିଜେ ନିଜ ପାଇଁ ଦାୟୀ ହେବାର ଦୃଢ଼ତାରେ ନାରୀ ହେଲା ସଶକ୍ତ । ତା'ର ଯେ' ସ୍ୱତନ୍ତ୍ର ଚିତ୍ତବୃତ୍ତି. ଅଛି ସେ' ଅନୁଭବ କଲା । ପରିବାର ଓ ସମାଜ ପ୍ରତି ତା'ର ଦାୟବଦ୍ଧତାକୁ ସେ' ଆହୁରି ଅଧିକ ରୁ ଅଧିକ ଭାବରେ ହୃଦ୍‌ବୋଧ କରିପାରିଲା । ବିଂଶ ଶତାବ୍ଦୀର

ନୂତନତ୍ୱରେ ତା'ର ଦେହ-ମନ ଓ ଆତ୍ମାରେ ଆଧୁନିକତାର ଛାପ ଅନୁଭବ ହେଲା । ପୁରୁଷ ଭଳି ତା'ର ସମାଜରେ ଏକ ବଳିଷ୍ଠ ସ୍ଥିତି ରହିଛି, ସେ' ବୁଝିଗଲା । କଳା-ସାହିତ୍ୟ-ସଂସ୍କୃତିରେ ତା'ର ସୌନ୍ଦର୍ଯ୍ୟ ପାଇଁ ନୁହେଁ, ବରଂ ତା'ର ସାମର୍ଥ୍ୟ ଓ ପ୍ରତିଭା ପାଇଁ ପ୍ରକାଶିତ ହେଲା । ଏପରିକି ସାରସ୍ୱତ ଜଗତରେ ସେ' ରୂପ ପାଇଲା । ଏଣିକି ତା'ର ସୌନ୍ଦର୍ଯ୍ୟ ନୁହେଁ ବରଂ ଆତ୍ମିକ ସାମର୍ଥ୍ୟ ମୁଖ୍ୟ ହେଲା । କବିମନର କଳାତ୍ମକ ପ୍ରତିଫଳନ ହେଉଛି କବିତା । ଏହି କବିତାର ଛତ୍ରେ ଛତ୍ରେ ନାରୀର ରାଶି ରାଶି ବର୍ଣ୍ଣନା । ବିଶେଷତଃ, ଆଧୁନିକ କବିତା ପ୍ରାୟ ଶହେ ପଚାଶ ବର୍ଷର ମନୋଜ୍ଞ ଇତିହାସକୁ ନାରୀର ଆତ୍ମିକ ମର୍ଯ୍ୟାଦା, ଅସ୍ମିତା ଏବଂ ତା'ର ମନୋଜ୍ଞ-ପ୍ରଜ୍ଞାମୟ ଉଚ୍ଚାରଣ ଆଦି ସାହିତ୍ୟର ପୃଷ୍ଠା ମଣ୍ଡନ କଲା । ଯଦିଓ ଊନବିଂଶ ଶତକର ଆୟମାରମ୍ଭ ବେଳକୁ ନାରୀର ସାରସ୍ୱତ ଜଗତରେ ପ୍ରବେଶ ଆଶାନୁରୂପ ନୁହେଁ, ତଥାପି, ସେମାନଙ୍କ ମଧ୍ୟରେ କୁନ୍ତଳା କୁମାରୀ ସାବତ, ରେବାରାୟ, ଅନ୍ନପୂର୍ଣ୍ଣା ଦେବୀ, ସୁଲୋଚନା ଦେଈ, ସୀତାଦେବୀ ଖାଡ଼ଙ୍ଗା, ସରଳା ଦେବୀ, ନିର୍ମଳା ଦେବୀ, ବିଦ୍ୟୁତପ୍ରଭା ଦେବୀ, ବ୍ରହ୍ମୋତ୍ରୀ ମହାନ୍ତି, ବନଜଦେବୀ, ମନୋରମା ମହପାତ୍ର, ପ୍ରତିଭା ଶତପଥି ଆଦି ସ୍ୱ-ବିଚକ୍ଷଣ ବୁଦ୍ଧିମତାର ପରିଚୟ ଦେଇଛନ୍ତି । ନାରୀଶିକ୍ଷା, ସଂସ୍କାର, ଦେଶାଚ୍ଚର ଏବଂ କୁସଂସ୍କାରଧର୍ମୀ ରୀତିନୀତିର ବିରୋଧରେ ସ୍ୱର ଉତ୍ତୋଳନ କରିବାକୁ ଯାଇ ନାରୀକବିମାନଙ୍କ ଲେଖନୀ ଋଳନା ହେଲା । ନିଜ ପରିବାର ଓ ଦେଶ-ଜାତି ପ୍ରତି ପୁରୁଷମାନଙ୍କର ଭଳି ନାରୀର ଯେ' ଉତ୍ତରଦାୟିତ୍ୱ ସମାନ ଭାବରେ ରହିଛି, ତାହା ନାରୀକବିମାନଙ୍କର ପ୍ରଚେଷ୍ଟାରେ ପ୍ରତିଫଳିତ ହେଲା । ଏପରିକି ଶିକ୍ଷିତା- ଆଧୁନିକା ନାରୀମାନେ ମଧ୍ୟ ଅନେକ ସମାଲୋଚନା ଓ ବିଦ୍ରୂପର ଶୀକାର ହେଲେ । ସମାଜର ଗତାନୁଗତିକ ବ୍ୟବସ୍ଥାର ଅନୁନ୍ନତ ମାନସିକତା ଏଥିରୁ ସ୍ପଷ୍ଟ ପ୍ରତିଫଳିତ ହୋଇଥାଏ । ନାରୀର ଆତ୍ମମର୍ଯ୍ୟାଦା ଓ ପ୍ରତିବଦ୍ଧତାକୁ କୁଠାରଘାତ କରିବାରେ ସମାଜର ତଥାକଥିତ ବିଧି-ବ୍ୟବସ୍ଥା ମଧ୍ୟ ବାଦ୍ ପଡିନି । ଶୁଦ୍ଧତା ଓ ସତୀତ୍ୱ ଯେ' ନାରୀର ଭୂଷଣ କିନ୍ତୁ, ପୁରୁଷ ପାଇଁ ଏସବୁ ବ୍ୟତିକ୍ରମ ତାହା ସମାଜ ହିଁ ସ୍ଥିର କଲା । ଏ ସବୁର ନିୟାମକ ସାଜିଲା ପୁରୁଷତାନ୍ତ୍ରିକ ସମାଜ । ଯେଉଁଠି ନାରୀର ସ୍ୱାଧୀକାର ଏବଂ ସ୍ୱାଧୀନତା ସଂକୁଚିତ କରିବା ଅଳରେ ସମାଜ ଟାଣିଲା ଲକ୍ଷ୍ମଣରେଖା । ଯାହାକୁ, ଅତିକ୍ରମ କରିବାର ସ୍ପର୍ଦ୍ଧା ଖୁବ୍ ସ୍ୱଳ୍ପ ସଂଖ୍ୟକ ନାରୀମାନେ କଲେ ।

ଯୁଗେଯୁଗେ ଯଶ-ମାନ-ପ୍ରତିପତ୍ତିର ଶିଖରରେ ଅବସ୍ଥାପିତ ପୁରୁଷ ସମାଜର ଏହି ଭୋଗବାଦୀ ମନୋବୃତ୍ତିର କୁ-ପରିଣାମ ଭୋଗେ ନାରୀ । ଶିକ୍ଷା ଓ ସାମାଜିକ ସଚେତନତାର ଅଭିବୃଦ୍ଧି ସତ୍ତ୍ୱେ ନାରୀ, ପୁରୁଷ ଅଧୀନରେ ରହିବା ଅତ୍ୟନ୍ତ ପରିତାପର ବିଷୟ । କେବଳ ସାମାଜିକ କଟକଣା ନୁହେଁ ଧାର୍ମିକ କଟକଣା ମଧ୍ୟ ନାରୀର ନିୟତି । ଉପନିବେଶବାଦୀ ଶକ୍ତିର ପ୍ରଭାବ ଫଳରେ ମାନବୀୟ ମୂଲ୍ୟବୋଧର ପତନ ଘଟିଛି, ନାରୀ-ନିର୍ଯ୍ୟାତନା ଭ୍ରୁଣହତ୍ୟା, ଅବୈଧ ସଂପର୍କ, ତ୍ରିକୋଣୀୟ ପ୍ରେମ-ବ୍ୟାପାର, ବେଶ୍ୟାବୃତ୍ତି, ଶିଶୁ କନ୍ୟା ଚାଲାଣ ତଥା ଯୌତୁକ-ହତ୍ୟା ଭଳି ଘୃଣ୍ୟ ବ୍ୟବସ୍ଥାମାନ ମୁଣ୍ଡ ଟେକିଛି । ଆଧୁନିକତା ନାଁରେ ମଣିଷ ବିବେକଶୂନ୍ୟ ଭାବରେ କାର୍ଯ୍ୟ କରିବାକୁ ପଛାଇ ନାହିଁ । ନିଜକୁ ଶାସକ ମାଣିଚି ଆଉ, ନାରୀକୁ ଶାସିତ ଭାବରେ ଅବଜ୍ଞା କରିଛି ।

ଶିଳ୍ପ ବିପ୍ଳବ ପରେ ପୁରୁଷ ଶାସିତ ବିଶ୍ୱ ସଭ୍ୟତାର ବସ୍ତୁବାଦୀ ଅପସଂସ୍କୃତି ସୃଷ୍ଟି ହୋଇ ପରିବେଶ ବା ଆମର (Mother earth) କୁ ନଷ୍ଟ କରିବାକୁ ବସିଛି । ବାସ୍ତବରେ ଏସବୁ ଭୋଗବାଦୀ ସଭ୍ୟତାର ଭୟଙ୍କର ପରିଣତିକୁ ସୂଚାଉଛି । ସମକାଳର ପୁରୁଷ ପ୍ରାଧାନ୍ୟ ସଂସ୍କୃତିର ସ୍ଥିତାବସ୍ଥାକୁ ଇଙ୍ଗିତ କରୁଛି କହିଲେ ଭୁଲ୍ ହେବନାହିଁ । ଏହି ସଂସ୍କୃତି ହିଁ ଅପସଂସ୍କୃତିକୁ ନିମନ୍ତ୍ରଣ କରୁଛି । ଯେଉଁବିଚାରରେ ବା ବ୍ୟବସ୍ଥାରେ ପୁରୁଷ ଶିକ୍ଷିତ ହୋଇପାରେ, ମାତ୍ର ନାରୀ ଘରକୋଣରେ ପଡ଼ିରହେ, ତାକୁ କେବଳ ପକ୍ଷପାତିତା ହିଁ କୁହାଯାଏ । ସୁତରାଂ ସେ' ପୁରୁଷର ଦାସୀ ରୂପରେ ନିଜକୁ ବିଚାର କରିବା ହିଁ ତା'ର ଏକମାତ୍ର କର୍ତ୍ତବ୍ୟ ବା ପରମ ଧର୍ମ ହୋଇଛି । ଏପରିକି ନାରୀର ଚଳଣି, ବେଶ-ପୋଷାକ, ଆଚାର-ବିଚାର କେବଳ ପୁରୁଷର ଚକ୍ଷୁଶୂଳ ହୁଏ ତା'ନୁହେଁ, ପ୍ରାପ୍ତ ବୟସ୍କା ନାରୀ ସମାଜରେ ମଧ୍ୟ ଅତ୍ୟାଚାରିତା ହୁଏ । ଗୃହର ଚାରିକାନ୍ଥ ଭିତରେ ହିଁ ନାରୀଟିଏ ବାଧ୍ୟ ହୁଏ ରହିବାକୁ । ଆଉ ଯେଉଁ ନାରୀ ଏହାର ଉଲଂଘନ କରେ, ସେ' ହୁଏ ଦୋଚାରୁଣୀ-କଳଙ୍କିନୀ- କୁଳଟା ଇତ୍ୟାଦି ଇତ୍ୟାଦି । ଏହା ପୁରୁଷ-ପ୍ରଧାନ ବ୍ୟବସ୍ଥାର ବିଚାର । ଊନବିଂଶ ଶତକରେ ଲେଖିକା ତଥା ସ୍ୱାଧୀନତା ସଂଗ୍ରାମୀ ସରଳା ଦେବୀ ତାଙ୍କ ପ୍ରବନ୍ଧରେ କୁହନ୍ତି : "ମାଇପି ଲୋକ ବୁଦ୍ଧି କମ୍, ଶକ୍ତି ନାହିଁ; ଏସବୁ କଥା କହି ପୁରୁଷ ନାରୀକୁ ସମ୍ମୋହିତ କରିଛି । ଯା'ଫଳରେ ନିଜ ପ୍ରତି ତା'ର ଆସ୍ଥା, ପ୍ରତ୍ୟୟ, ବିଶ୍ୱାସ,

ଭରସା ତୁଟି ଯାଇଛି । ଯେମିତି ସମ୍ମୋହିତ କରି ଆସୁଛି ଶାସ୍ତ୍ରବାକ୍ୟ ଓ ପୂର୍ବ ପୁରୁଷମାନଙ୍କ ସଂସ୍କୃତ ସାହିତ୍ୟର ବିବୃତ ବିଶେଷଣାବଳୀ ଦେବୀ, ଆର୍ଯ୍ୟା, ଶକ୍ତିରୂପିଣୀ, ଲକ୍ଷ୍ମୀ-କଲ୍ୟାଣୀ ଇତ୍ୟାଦି । ଏ ସମ୍ମୋହନ ଶବ୍ଦ ଛିନ୍ନ କ୍ଷୁରଧାର ଅସ୍ତ୍ରରେ ସଂହାର କରି ନାରୀର ନାରୀତ୍ୱ ତା'ର ଆଧ୍ୟାତ୍ମିକ- ଆଧିଭୌତିକ, ଆଧିଦୈବିକ, ଜାଗତିକ ନାନା ବିଷୟରେ ତାକୁ କର୍ଷଣ କରିବାକୁ ହେବ । ତେବେ ଯାଇ ନାରୀଶକ୍ତି ଜୀବଦାନ ପାଇ ସକ୍ରିୟ ହୋଇଉଠିବା ସମାଜର ତଥା ଦେଶ-କଲ୍ୟାଣ ସାଧନ କରିପାରିବ । ନତୁବା ପରାଧୀନ ପୁରୁଷ ତୁଲ୍ୟ ପରପଦାନତ ଗଳଗ୍ରହ, ପରାନ୍ନଭୋଜୀ ନାରୀ ପଶୁତୁଲ୍ୟ ସମାଜର ଯୁଗ-ଯୁଗ ବର୍ଦ୍ଧିତ ଆବର୍ଜନା ରାଶିକୁ ଆହୁରି ବର୍ଦ୍ଧିତ କରିବ । ତା'ର ଅତୀତ ଅଗୌରବମୟ, ଭବିଷ୍ୟତ ବନ୍ଧ୍ୟା ।"

ନାରୀ ଯେ' ପୁରୁଷର ଅଧସ୍ତନ କିନ୍ତୁ ସମାସ୍କନ୍ଦ ହୋଇପାରେନା- ଏଭଳି ଏକ ହୀନ ମାନସିକତା ପୁରୁଷପ୍ରଧାନ ସମାଜର ପାରମ୍ପରିକ ଧାରଣା, ଯାହାକୁ କୈଳାସ ବାସିନୀ ଗୁପ୍ତା, ତାଙ୍କ ଲିଖିତ "The woeful plight of Hindu women" ୧୮୬୩ ଲେଖାର ଏକ ଉଦ୍ଧୃତାଂଶ ଏଠାରେ ଉଲ୍ଲେଖଯୋଗ୍ୟ: "Let alone send his daughter to school for education, as he does so sincerely for his sons. The father says on the contrancy what business do they have in getting educated? Will they work outside to earn money? Let them be fed and keep at house."

ଏଥିରୁ ସ୍ପଷ୍ଟ ପ୍ରତିଫଳିତ, ଭାରତୀୟ ସମାଜର ପାତର-ଅନ୍ତର ନୀତି । ପୁଅ-ଝିଅ ପାଇଁ କିଭଳି ନୀତି-ନିୟମ ପାର୍ଥକ୍ୟ । ତାହା ଏଥିରୁ ବାରି ହୋଇପଡ଼େ । ଫଳସ୍ୱରୂପ ଝିଅଟିର ନିଜ ପ୍ରତି ଆସ୍ଥା ତୁଟି ଯିବାରୁ ଏବଂ ସେ' ନିଜକୁ ଗୌଣ ମନେକରେ । ଏ ସାମାଜିକ ବ୍ୟବସ୍ଥା ପୁରୁଷକୈନ୍ଦ୍ରିକ ଥିବା ସତ୍ତ୍ୱେ ନାରୀର ସ୍ୱତନ୍ତ୍ର ସ୍ଥିତି, ଆଜି ବିଶ୍ୱବକ୍ଷରେ ପ୍ରତିଷ୍ଠା ପାଇସାରିଛି । ଭାରତୀୟ, ନାରୀ କେବଳ ତ୍ୟାଗ ଓ ପ୍ରେମର ମୂର୍ତ୍ତିମନ୍ତ ସ୍ୱରୂପା ନୁହେଁ ସେ' ପରମଶକ୍ତି-ନାରାୟଣୀ । ସେ'ଅନ୍ନପୂର୍ଣ୍ଣା, ସେ' ପୁଣି ମମତାମୟୀ, କାଳୀ-କାତ୍ୟାୟିନୀ । ସେ' ପ୍ରକୃତି- ପରମେଶ୍ୱରୀ ସ୍ୱରୂପା । ନିଜ ନିୟତି ନିଜେ ଲେଖିବାର ସାମର୍ଥ୍ୟ ରଖେ ନାରୀ । ମୃତ୍ୟୁକୁ ଜୟ କରିବାର ସ୍ପର୍ଦ୍ଧା-ଆବଶ୍ୟକ ସ୍ଥଳେ ଅନ୍ୟାୟ-ଅନୀତିର ମୂଳୋତ୍ପାଟନ କରିବାରେ ସିଦ୍ଧହସ୍ତା

ନାରୀ । ତୁଳସୀ ଚଉରା ମୂଳେ ତା'ର ପରିବାର ପାଇଁ ସଂଜ ସଳିତା ପରି ନିଜକୁ ତିଳ-ତିଳ କରି ଜାଳୁଥାଏ ସିଏ; ଅଥଚ ପ୍ରତିଦାନରେ ପାଏ କ'ଣ ? ତିରସ୍କାର-ନିନ୍ଦା-ଅପବାଦ ? ଏସବୁ ତା'ର ପ୍ରାପ୍ୟ ନୁହେଁ । ଭାରତୀୟ ନାରୀ ବିଶ୍ୱାସର ଶଙ୍ଖଧ୍ୱନି । ପତି ପରାୟଣା-ସତୀ-ସ୍ୱାଧୀ ତପସ୍ୱିନୀ ଟୋପାଏ ସିନ୍ଦୁରର ମୋହରେ ଆପଣାର ସଂପର୍କ ସବୁକୁ ତୁଚ୍ଛ ମଣି-ସ୍ୱାମୀ ସହ ଦାଂପତ୍ୟର ଲୁହ ହୋଇ ଝରୁଥାଏ । ପ୍ରଖ୍ୟାତ ସମାଲୋଚକ ଡ. ଦିଲ୍ଲୀପ କୁମାର ସ୍ୱାଇଁଙ୍କ ଭାଷାରେ: "ସ୍ୱାମୀ ବାଡ଼ଦିଆ ବାଉଁଶ ଝଟା, ସେଥିରେ ଲଟେଇଥିବା ଅପରାଜିତାର ଲଟା ପତ୍ନୀ । ବାପା ଆମର ଧାନମୁଠା- ବୋଉ ଅରୁଆ ଚୂନାର ପିଠା । ଜଣେ ଆକାଶ ଆଉ ଜଣେ ମାଟି ।"

ଏଥିରୁ ସ୍ପଷ୍ଟ ଉପଲବ୍ଧି କରିହୁଏ, ଭାରତୀୟ ସଂସ୍କୃତିର ମହକ । ଜଣେ ସୃଷ୍ଟିର ଝଙ୍କାର ହେଲେ ଅପରଜଣଙ୍କ ସେହି ଝଙ୍କାରର ନିକ୍ୱଣ । ଶିଳ୍ପ ସଂସ୍କୃତିର ଯାନ୍ତ୍ରିକ ମନୋଭାବ ଏବଂ ବିଶ୍ୱଯୁଦ୍ଧର ଦ୍ୱନ୍ଦ୍ୱାତ୍ମକ ଅବବୋଧରୁ ସୃଷ୍ଟ ଏ ଭୋଗବାଦୀ ବ୍ୟବସ୍ଥା ଆମର ଆଦର୍ଶ ନୁହେଁ । ପାଶ୍ଚାତ୍ୟ ନାରୀବାଦ ଏସବୁର ପୃଷ୍ଠଭୂମିର ଅବ୍ୟବସ୍ଥିତ ରୂପରେଖରୁ ସୃଷ୍ଟି । ଯାହା ପରବର୍ତ୍ତୀ ପର୍ଯ୍ୟାୟରେ ଭାରତୀୟ ନାରୀବାଦକୁ ପ୍ରେରିତ କରିଛି । ଏହି ପରିପ୍ରେକ୍ଷୀରେ ନାରୀବାଦ ବା (Feminism) କୁ ଆଲୋଚନାର ପରିସରକୁ ନିଆଯାଇପାରେ ।

(କ) ନାରୀ ଜୀବନର ସ୍ୱର ଓ ସ୍ୱାକ୍ଷର :

ନାରୀ ସୃଜନ ଓ ଲାଳନର ସର୍ବୋତ୍ତମ ସୃଷ୍ଟି । ଅଥଚ ପୁରୁଷ ତାନ୍ତ୍ରିକ ସମାଜରେ ସେ' ହୁଏ ଅବହେଳିତା-ନିଷ୍ପେସିତା । ସ୍ଥିତିବାଦୀମାନଙ୍କ ଦୃଷ୍ଟିରେ ନାରୀ ଭୋଗ୍ୟବସ୍ତୁ, ଦେହସର୍ବସ୍ୱ ସତ୍ତା । କିନ୍ତୁ,ଦେଖିବାକୁ ଗଲେ ବିଶ୍ୱ ଜଗତୀକରଣ ପରିପ୍ରେକ୍ଷୀରେ ଏହି ତଥାକଥିତ (So called) ସଂଜ୍ଞା ପରିବର୍ତ୍ତନ ହୋଇଛି । ଶିକ୍ଷା କ୍ଷେତ୍ରରେ ନାରୀର ସ୍ଥିତି ସୁଦୃଢ ହୋଇଛି । ଫଳରେ ନାରୀର ସାମାଜିକ ଓ ଆର୍ଥିକ ସ୍ଥିତିରେ ସୁଧାର ଆସିଛି ପୁରୁଷ ସହ ସମତାଳରେ ନାରୀ ଆଗକୁ ବଢ଼ିଛି । ସମାଜର ଏକ ଗୁରୁତ୍ୱପୂର୍ଣ୍ଣ ଅଂଶ ଭାବରେ ସେ' ବିବେଚିତ ହୋଇଛି ।

ଭଗବାନଙ୍କ ସୃଷ୍ଟିରେ ମନୁଷ୍ୟ ସର୍ବଶ୍ରେଷ୍ଠ ପ୍ରାଣୀ । ଶାସ୍ତ୍ର ମଧ୍ୟ ଏହା ସ୍ୱୀକାର କରି କୁହେ, ମଣିଷ ଜନ୍ମ ଅତ୍ୟନ୍ତ ଦୁର୍ଲଭ ଅଟେ । ବହୁଜନ୍ମର ସଂସ୍କାର ପରେ ମନୁଷ୍ୟ ଯୋନିରେ ଜନ୍ମ ହେବାକୁ ହୁଏ । ଏହି ଦୁର୍ଲଭ ସୃଷ୍ଟିରେ ପୁରୁଷ ଓ ନାରୀ

ପରସ୍ପରର ପରିପୂରକ ଯାହା ସତ୍ୟ ଓ ଚିରନ୍ତନ । ଏପରିକି ପୁରାଣରେ ଅର୍ଦ୍ଧନାରୀଶ୍ୱରଙ୍କ ସ୍ୱରୂପର ବର୍ଣ୍ଣନା ରହିଛି । ଶିବ ଓ ଶକ୍ତିଙ୍କ ସମନ୍ୱୟରେ ଏ ସଚରାଚର ଜୀବମଣ୍ଡଳ ଆତଯାତ ହୁଅନ୍ତି । ଏସବୁକୁ ଅନୁମାନ କଲେ ଜଣାଯାଏ ଯେ, ନାରୀର ଭୂମିକା ସମାଜରେ କିଭଳି ଭାବେ ରହିଛି । ଖ୍ରୀଷ୍ଟଧର୍ମାବଲମ୍ବୀମାନେ ବିଶ୍ୱାସ କରନ୍ତି, ସୃଷ୍ଟିର ଆରମ୍ଭରେ ଈଶ୍ୱର ପ୍ରଥମେ ପୁରୁଷ ରୂପେ 'ଆଦାମ୍' ଓ ନାରୀ ରୂପେ 'ଇଭ୍'ର ସଂରଚନା କରିଛନ୍ତି । ଉଭୟଙ୍କ ମିଳନରେ ସଂସାର ସୃଷ୍ଟି ହୋଇଛି । ସୂକ୍ଷ୍ମଭାବରେ ବିଚାର କଲେ, ଏଥିରୁ ନାରୀ ଓ ପୁରୁଷର ଅମୃତମୟ ସଂସର୍ଗରୁ ଧରାଧାମର ସୃଷ୍ଟି ସମ୍ଭବ ହୋଇପାରିଲା ବୋଲି ଜାଣି ହେଉଛି । ସେଭଳି ହିନ୍ଦୁ ସଂସ୍କୃତିର ବିଶ୍ୱାସ ଅନୁସାରେ ସୃଷ୍ଟିର ଆରମ୍ଭରୁ ଯେଉଁଜ୍ୟୋତିର ଉଦ୍ଭବ ହେଲା ସେହି ଜ୍ୟୋତି ରୁ ଜଳ ଓ ତା'ପରେ ଯୋଗମାୟା ସୃଷ୍ଟି ହେଲେ । ସେହି ଜ୍ୟୋତିରୁ କ୍ଷରିତ ରସ ପାନ କରି ଯୋଗମାୟା ଗର୍ଭବତୀ ହେଲେ । ତାଙ୍କରି ଗର୍ଭରୁ ସୃଷ୍ଟିର ପ୍ରଥମ ପୁରୁଷ ଓ ନାରୀ ସୃଷ୍ଟି ହେଲେ । ଏଥିରୁ ସ୍ପଷ୍ଟ ଅନୁମାନ କରିହୁଏ ନାରୀଶକ୍ତିର ପ୍ରାଧାନ୍ୟ । ଏହି ନାରୀର ଶକ୍ତି ସ୍ୱରୂପା ହେଉଛନ୍ତି ପ୍ରକୃତି । ତେଣୁ ଈଶ୍ୱର ଓ ପ୍ରକୃତିର ସମନ୍ୱୟରେ ସମଗ୍ର ଜାଗତର ଉତ୍ପତ୍ତି ଘଟିଛି ବୋଲି ଆମର ଧାରଣା ଦୃଢ଼ତର ହୁଏ ।

ପ୍ରଖ୍ୟାତ ନାରୀବାଦୀ ଆଲୋଚିକା ନୀରା ଦେଶାଇଙ୍କ ମତରେ:

"ନାରୀ ହେଉଛି ଏକ ସଭ୍ୟସମାଜର ପ୍ରକୃତ ସ୍ୱରୂପିଣୀ । କୌଣସି ସଭ୍ୟତା ସଂପର୍କରେ ଜ୍ଞାନ ଲାଭ କରିବାକୁ ହେଲେ, ପ୍ରଥମେ ସେ' ଦେଶର ନାରୀ ଜାତିର ସାମାଜିକ ସ୍ଥାନ ଓ ସମ୍ମାନର ମୂଲ୍ୟାଙ୍କନ କରାଯାଏ ।"

ଏପରିକି ସମାଜରେ ନାରୀର ସ୍ଥାନ କିଭଳି ଥିଲା, ସେ' ସଂପର୍କରେ ଜାଣିବାକୁ ଗଲାବେଳେ ତତ୍କାଳୀନ ପ୍ରାକ୍-ଐତିହାସିକ କାଳକୁ ଦୃଷ୍ଟି ଦେବା ବିଧେୟ । ମହେଞ୍ଜୋଦାରା ସଭ୍ୟତା ଥିଲା ମାତୃକୈନ୍ଦ୍ରିକ । ରାମାୟଣ ଯୁଗରୁ ଅଧ୍ୟାବଧି ନାରୀର ସାମାଜିକ ସ୍ଥିତି ଅନେକାଂଶରେ ପରିବର୍ତ୍ତିତ ବୋଲି କୁହାଯିବ । ନାରୀ ଜାତିର ସମ୍ମାନରକ୍ଷା, ତା'ର ଅସ୍ମିତା ଓ ସ୍ୱାଭିମାନକୁ ବଜାୟ ରଖିବାରେ ଭାରତୀୟ ନାରୀର ତୁଳନା ନାହିଁ । ପୁରାଣର ପଞ୍ଚସତୀ ଏହାର ଜ୍ୱଳନ୍ତ ଉଦାହରଣ ।

"ଅହଲ୍ୟା ଦ୍ରୌପଦୀ କୁନ୍ତୀ ତାରା ମନ୍ଦୋଦରୀ ତଥା
ପଞ୍ଚକନ୍ୟା ସ୍ମରେ ନିତ୍ୟଂ ମହାପାତକ ନାଶନମ୍ ।"

– (ବ୍ରହ୍ମ ପୁରାଣ)

ମାତା ସୀତାଙ୍କ ବିନା, ରାମାୟଣର ପରିକଳ୍ପନା ଯେପରି ଅସମ୍ଭବ, ଦ୍ରୌପଦୀଙ୍କ ବିନା ମହାଭାରତ ଭଳି ଗ୍ରନ୍ଥ ମଧ୍ୟ ଅକଳ୍ପନୀୟ । ଭାରତୀୟ ସଂସ୍କୃତିର ଶୋଭାବର୍ଦ୍ଧନ କରେ ନାରୀ । ତା'ର ମର୍ଯ୍ୟାଦା, ଯେଉଁଠି ହାନୀ ହୁଏ, ସେଠି ପ୍ରଳୟ ଆସିବା ଅବଶ୍ୟମ୍ଭାବୀ । ଖାଲି ସେତିକି ନୁହେଁ, ସମାଜକୁ ସୁନ୍ଦର କରି ଗଢ଼ି ତୋଳିବାରେ ନାରୀ ଭୂମିକା ଅତ୍ୟନ୍ତ ଗୁରୁତ୍ୱପୂର୍ଣ୍ଣ । ନାରୀ ପୃଥିବୀ ସମା, କ୍ଷମାମୟୀ -କଲ୍ୟାଣମୟୀ କହି ପୁରୁଷ ତାକୁ ଛଳିବାରେ ଲାଗେ । ତା'ର ବ୍ୟକ୍ତିତ୍ୱର ନମନୀୟତା, କୋମଳତାକୁ ଆଘାତ କରିବାକୁ ପଛାଏନା । ଇତିହାସ-ପୁରାଣ ଯୁଗରୁ ଏ କାହାଣୀ ଅଦ୍ୟାବଧି ନାରୀ ଜୀବନରେ ଏକ ଅଭିଶାପ ହୋଇ ରହିଆସିଛି । ଅଥଚ ନାରୀ ତା'ର ପରିବାର ପ୍ରତି ସମର୍ପିତା, ସନ୍ତାନ ବତ୍ସଳା ହୋଇ ତା'ର କର୍ତ୍ତବ୍ୟ କରିବାରେ ଊଣା କରିନାହିଁ । ସ୍ୱାମୀ ବା ପତିକୁ ପରମେଶ୍ୱର କରି ପୂଜାକରେ, ଭାରତୀୟ ନାରୀ । ସେ' ସାଧାରଣ ସ୍ତ୍ରୀଟିଏ ହେଉ ଅବା ଐଶ୍ୱର୍ଯ୍ୟମୟୀ ରାଜ-ରାଣୀ ପ୍ରତ୍ୟେକେ ଅର୍ଦ୍ଧାଙ୍ଗିନୀ ହେଇ କର୍ତ୍ତବ୍ୟ କରିବାରେ ନିପୂଣା । ସେ' ପରିବାର ହେଉ ଅବା ସମାଜ, ପ୍ରତି ସ୍ତରରେ ନାରୀ ତା'ର କୀର୍ତ୍ତି, ସାମର୍ଥ୍ୟ ଓ ପ୍ରତିଭାର ପରିଚୟ ଦେଇ ଆସିଛି । ସେଥିପାଇଁ 'ଶତପଥୀ' ବ୍ରାହ୍ମଣ ଗ୍ରନ୍ଥରେ ନାରୀକୁ ପୁରୁଷର ଅର୍ଦ୍ଧାଙ୍ଗିନୀ ଭାବରେ ବର୍ଣ୍ଣନା କରାଯାଇଛି । ଧର୍ମ, ଶିକ୍ଷା ଓ ସାମାଜିକ ରୀତି-ନୀତିରେ ନାରୀ ବ୍ୟତିରେକ ପୁରୁଷର ସ୍ଥିତି ଦୁର୍ବଳ ହୋଇଯାଏ । ବୈଦିକ ଯୁଗରେ ଏଥି ପ୍ରତି ବିଶେଷ ଦୃଷ୍ଟି ଦିଆଯାଉଥିଲା । ଏପରି କି ସାମ୍‌ବେଦର ଶ୍ଳୋକାଦିରେ ନାରୀମାନଙ୍କ ମାଧ୍ୟମରେ ଆବୃତ୍ତି କରାଯାଉଥିବାର ପ୍ରମାଣ ରହିଛି । ଏଥିରୁ ସ୍ପଷ୍ଟ ଅନୁମାନ କରାଯାଏ । ବୈଦିକ ଯୁଗରେ ନାରୀର ସ୍ଥିତି ଅତ୍ୟନ୍ତ ବଳିଷ୍ଠ ଥିଲା । ସ୍ୱଇଚ୍ଛାରେ ପ୍ରତିବରଣ କରିବାର ମଧ୍ୟ ପରମ୍ପରା ଥିଲା । ନିଜ ପତି ନିର୍ବାଚନ ଓ ଅଗ୍ରାହ୍ୟ କରିବାର ସ୍ୱାଧୀନତା ଥିଲା ନାରୀର । ତତ୍କାଳୀନ ସମାଜରେ କନ୍ୟା ଋତୁମତୀ ହେବାପରେ ତା'ର ମତାମତ ନେଇ ଗାନ୍ଧର୍ବ ରୀତିରେ ବିବାହ ସଂପନ୍ନ କରାଯାଉଥିଲା । ଏପରିକି ବିବାହ ଉପରାନ୍ତ ଯଦି ସ୍ୱାମୀର ମୃତ୍ୟୁ ଘଟେ, ତେବେ

ବିଧବା ନାରୀମାନଙ୍କୁ ଅନ୍ୟତ୍ର ବିବାହ କରିବାର ସୁଯୋଗ ମିଳୁଥିଲା । 'ନିରୁକ୍ତ' ଶାସ୍ତ୍ର ଅନୁସାରେ ଆବଶ୍ୟକ ସ୍ଥଳେ ନାରୀର ନ୍ୟାର୍ଯ୍ୟ ଅଧିକାର ପାଇଁ ନ୍ୟାୟାଳୟ ଯିବାର ଅଧିକାର ଥିବାର ବର୍ଣ୍ଣନା ରହିଛି ।

ବୈଦିକ ଯୁଗରେ ନାରୀର 'ଉପନୟନ' ହେବାର ବିଧିଥିଲା । ବ୍ରାହ୍ମଣ କନ୍ୟାମାନେ ଉପନୟନ ଉପରାନ୍ତ ଋଷିଆଶ୍ରମରେ ଅନ୍ୟମାନଙ୍କ ଭଳି ବିଦ୍ୟାଭ୍ୟାସ କରିବାର ବିଧି ଥିଲା । 'ମନୁ' ମଧ୍ୟ କନ୍ୟାମାନଙ୍କର ଉପନିୟନ ସଂପର୍କରେ ତାଙ୍କ ଗ୍ରନ୍ଥରେ ବର୍ଣ୍ଣନା କରିଛନ୍ତି । ପରବର୍ତ୍ତୀ କାଳରେ ସମାଜରେ ଅନ୍ଧବିଶ୍ୱାସ-କୁସଂସ୍କାର ପ୍ରଭାବରେ ନାରୀକୁ ଶୂଦ୍ରମାନଙ୍କ ସମ ଅଯୋଗ୍ୟା ମନେକରି ଉପନୟନର ବିଧିରୁ ବଞ୍ଚିତ କଲେ । ଏପରିକି ଋତୁମତୀ ନାରୀକୁ ଅସ୍ପୃଶ୍ୟା ଭାବରେ ଗ୍ରହଣ କରି ବିଭିନ୍ନ ମାଙ୍ଗଳିକ କାର୍ଯ୍ୟ-ଧର୍ମ-ଅନୁଷ୍ଠାନ ଆଦିରୁ ଦୂରରେ ରଖାଗଲା । ଏହିଯୁଗରେ ନାରୀ ବ୍ୟତିରେକ ପୁରୁଷ ଦ୍ୱାରା ପ୍ରଦାନ ନୈବେଦ୍ୟ ଭଗବାନଙ୍କୁ ଦିଆଯିବାର ବିଧିନଥିଲା । ଶ୍ରାଦ୍ଧ-ତର୍ପଣ ଏବଂ ଯଜ୍ଞ ଆଦି କାର୍ଯ୍ୟରେ ନାରୀ ସହ ପୁରୁଷର ଏକତ୍ର ଅବସ୍ଥିତିକୁ ଗ୍ରହଣ କରାଯାଉଥିଲା । ଋକ୍‌ବେଦ ଅନୁସାରେ ତତ୍କାଳୀନ ସମାଜରେ ନାରୀ, ପୁରୁଷର ସଂପତ୍ତି ପରି ଗଣନା ହେଉଥିଲା । ଏପରିକି ଜୁଆଖେଳରେ ମଧ୍ୟ ବସ୍ତୁସମ ସ୍ତ୍ରୀକୁ ହାରିଯିବାର ପ୍ରମାଣ ମିଳେ । ଏଥିରୁ ଏହା ଅନୁମାନ କରାଯାଏ, ତତ୍କାଳୀନ ସମାଜରେ ତଥାକଥିତ ବ୍ୟକ୍ତିବିଶେଷମାନେ ନିଜ ଇଚ୍ଛା ମୁତାବକ ନାରୀର ସ୍ଥିତି ଓ ଭୂମିକା ନିର୍ଣ୍ଣୟ କରୁଥିଲେ । ଆପଣାର ସ୍ୱାର୍ଥ ଆଧାରରେ, ନାରୀର ସ୍ଥିତି ପୁରୁଷ ଦ୍ୱାରା ନିୟନ୍ତ୍ରଣ ହେଉଥିଲା । ସେ' ସାଧାରଣ ଘରଣୀ ହେଉ ଅବା ସାମ୍ରାଜ୍ଞୀ, ତା'ର ନିଜସ୍ୱ ଅଧିକାର ବୋଲି କିଛି ନଥିଲା କହିଲେ ଅତ୍ୟୁକ୍ତି ହେବନାହିଁ । ସତେ ଯେପରି ପୁରୁଷତାନ୍ତ୍ରିକ ସମାଜ ହସ୍ତରେ କ୍ରୀଡ଼ନକ ସଦୃଶ ଥିଲା ନାରୀର ।

ବେଦ ପରବର୍ତ୍ତୀ ଯୁଗରେ ମଧ୍ୟ ନାରୀର ସ୍ଥିତିରେ କିଛି ପରିବର୍ତ୍ତନ ଦେଖାଗଲା ସତ, କିନ୍ତୁ ତାହା ଏତେଟା ଆଖିଦୃଶିଆ ନ ଥିଲା । କ୍ରମଶଃ ନାରୀର ପତି ବରଣର ଅଧିକାରକୁ ସଂକୁଚିତ କରାଗଲା । ବିଧବା ବିବାହ ନିଷେଧ ଥିଲା । ଉପନୟନ ବିଧିରୁ ମଧ୍ୟ ବଞ୍ଚିତ ହେଲା ନାରୀ ।

ନାରୀ ପ୍ରତି ସଚେତନ ହେବାର, ନାରୀସତ୍ତାକୁ ପ୍ରାଧାନ୍ୟ ଦେବାର ସମୟ ଉପଗତ । ସକଳ ବିଡ଼ମ୍ବନା ସତ୍ତ୍ୱେ ନାରୀଟିଏ ବୁଝେଇବାକୁ ଚାହେଁ, ସେ' କେବଳ

ଦେହସର୍ବସ୍ୱ ନୁହେଁ । ତା'ର ମନ-ପ୍ରାଣ ଓ ଆତ୍ମା ଅଛି । ତା'ର ଅନ୍ତଃକରଣ ଚିରକାଳ ସ୍ନେହ-ପ୍ରେମରେ ଛଳ ଛଳ । ସେ' କଦାପି ପଣ୍ୟ ନୁହେଁ । ତା'ର ଅସ୍ମିତା-ତାର ଆତ୍ମିକ ମର୍ଯ୍ୟାଦା ତାକୁ ବହୁଗୁଣିତ କରେ । ଶରୀର ବ୍ୟତିରେକ ତା'ର ମନଟିଏ ଅଛି । ଯାହା ସ୍ନେହ ଲୋଡ଼େ, ଭଲ ପାଇବା ଲୋଡ଼େ । ଶରୀର ବିନିମୟରେ ଅର୍ଥ-ମାନ ଯଶ ନୁହେଁ ଆନୁଗତ୍ୟ-ସମର୍ପଣ-ଅଙ୍ଗୀକାର ଲୋଡ଼େ । ଶ୍ରଦ୍ଧା ଓ ବିଶ୍ୱାସ ତା'ର ପ୍ରାପ୍ୟ । ଅଭିମାନିନୀ ସେ । ତା'ର ମାନ-ଅଭିମାନ ତା'ର ନିଜସ୍ୱ ଦୀପ୍ତିରେ ଉଦ୍‌ଭାସିତ । ସେ' ବୁଝେ ଭଲପାଇବାର ଭାଷା, ନିରୋଳାରେ ଦୁଇପଦ ପ୍ରେମଭରା ସମ୍ଭାଷଣ । ବାସ୍, ଏଇ ତା'ର ଆନ୍ତରିକ ଅଭୀପ୍ସା । ବାସ୍ତବରେ ସେହି ସମ୍ବେଦନଶୀଳ ମନତଳର ଅଭିମାନ ଅତ୍ୟନ୍ତ ସାବଲୀଳ ଭାବରେ ବର୍ଣ୍ଣିତ ହୋଇଛି କବିଙ୍କ ଦୃଷ୍ଟିରେ । ନିଜ ଲୋଡ଼ିବାପଣ ବଦଳରେ ଯାବତୀୟ କଷଣ ଭୋଗେ । ତଥାପି ତୁଳସୀ ବୃକ୍ଷ ସମା ଅପରର ମଙ୍ଗଳ କରେ । ଅମାପ ଶକ୍ତି ଓ ସାମର୍ଥ୍ୟ ତା'ର । ଅଭିମାନିନୀ ମନ ନେଇ ସେ' ବଞ୍ଚୁଥାଏ କେବଳ । ଯାହାକୁ ଅତୀବ ଚମତ୍କାର ଭାବେ କବି ବର୍ଣ୍ଣନା କରନ୍ତି :

"ଏକଲାତ ଥିଲ ତୁମେ ସବୁବେଳେ ତୁଳସୀ ଗଛଟିଏ ପରି
ଓଡ଼ିଶାର ଘରେ-ଘରେ ପ୍ରତ୍ୟେକ ଅଗଣାରେ
× × × ଆଜି ଆଷାଢର ବରଷା ଭିତରେ
ତଳକୁ ମୁହଁ ପୋତି କିଏ ଜଣେ- ହୋଇଛି ଠିଆ
ମଣିଷ ନୁହେଁ ସେ' ରାଜା ନୁହେଁ କି ମନ୍ତ୍ରୀ/
ଛାଇଟିଏ ବୋଧେ ତୁମର ବିରାଟ ଅଭିମାନର ।"(ଆଶ୍ୱାସନା, ସଂ, ଟିକିଏ ଛାଇ-ଜୟନ୍ତ ମହାପାତ୍ର)

ଅଭାବୀ ଝିଅର ଆନ୍ତରିକ ଆବେଦନ ଭିତରେ ଯେଉଁ ଅନାବିଳ ମମତ୍ୱ ଟିକକ ଥାଏ, ତାକୁ ପୁରୁଷର ଅହଂକାର ବୁଝେନା । ତା'ର ଶରୀର ହୁଏ କାଳ । ପାମେଲା ନାମ୍ନୀ ଝିଅଟିର ଭାଗ୍ୟ ନୁହେଁ ଧର୍ଷିତ ହେବା, କିନ୍ତୁ ଶିକାର ହୁଏ ଗଣମାଧ୍ୟମରେ ଚର୍ଚ୍ଚା ଚଳେ । ମାତ୍ର, ସେ' ପ୍ରତିବାଦ କରିଛି, ତା'ର ଆବେଦନରେ ଦମ୍ଭୋକ୍ତି । କବିଙ୍କ ଭାଷାରେ, ଝିଅଟିର ଲୋଡିବାପଣ ଟିକକରେ ଯେଉଁ ବିଶ୍ୱାସ ଫୁଟିଉଠେ, ତାକୁ ଏ ଲୋଡ଼ିଲା ଆଖି ଅଚିରେ ଅବଜ୍ଞା କରେ । କବିଙ୍କ ଭାଷାରେ :

"ଦୀର୍ଘଶ୍ୱାସ ଓ ହାହାକାର କାଠିକୁଟାରେ ତିଆରି ମୁଁ

ବସା ବାନ୍ଧିବ ତ ବାନ୍ଧ/ଝରି ପଡୁଥିବା ଖିଏ ମହୁଲଫୁଲ ମୁଁ

ମହୁ ନବତ ନିଅ/ପାଉଣା ଦବ? ଦିଅ ତେବେ ଶ୍ରଦ୍ଧା ଓ ବିଶ୍ୱାସ ।"

(ପାମେଲା-୨ ହୃଷୀକେଶ, ମଲ୍ଲିକ)

ହୁଏତ, ନାରୀର ଏ ସକଳ ଦୁର୍ଦ୍ଦଶାକୁ ପୁରୁଷ ଯଥାର୍ଥ ଭାବରେ ରୂପଦେଇ ପାରିନାହିଁ । ନାରୀର ପୀଡ଼ା, ଗ୍ଲାନି ପୁରୁଷ ଚକ୍ଷୁରେ ସାଧାରଣ । କାରଣ ନାରୀର ଏ ଦୁର୍ଭାଗ୍ୟ, ଯାହା ପୁରୁଷଠାରେ ବିଶେଷ ଭାବେ ଲକ୍ଷ୍ୟ କରାଯାଏ ନାହିଁ । ଜଣେ ପ୍ରତ୍ୟକ୍ଷ ଭାବରେ ଅନୁଭବ କରିବା ଏବଂ ଜଣେ ଏହି ଆନ୍ତରିକତାକୁ ଚିତ୍ରିତ କରବା ଅଲଗା ପ୍ରସଙ୍ଗ । ଯେପରିକି ତା'ର ମାର୍ମିକ ଆବେଦନର ସ୍ୱର କ୍ଷୀଣ ମନେହୁଏ । ନାରୀ ଓ ପୁରୁଷର ଅନୁଭବପଣ ଭିନ୍ନ ତେଣୁ, ପୁରୁଷର ଶକ୍ତ ହୃଦୟ ଏହାକି ଗୌଣ ମନେକରେ, ଯାହା ନାରୀ ପାଇଁ ମୁଖ୍ୟ ହୋଇଥାଏ ।

ଡ.ପ୍ରତିଭା ଶତପଥିଙ୍କର "ନାରୀ ଅସ୍ତିତ୍ୱର ବାସ୍ତବତା: ବିବର୍ତ୍ତିତ ଓଡ଼ିଆ କବିତା" ଗ୍ରନ୍ଥରେ ଏ ସଂପର୍କରେ ଯେଉଁ ବକ୍ତବ୍ୟ ପ୍ରକାଶିତ ହୋଇଛି । ତାହା ନିମ୍ନମତେ ଉଲ୍ଲେଖ କରାଯାଇପାରେ ।

"ପୁରୁଷ ଜୀବନ ଯୁଦ୍ଧର ସକଳ ଶାନ୍ତି ପ୍ରିୟ ନାରୀର ସାନ୍ନିଧରେ ଦୂର ହେବାପରି, ନାରୀ ଜୀବନର ସକଳ ବିଡ଼ମ୍ବନା ପ୍ରିୟପୁରୁଷର ସାନ୍ନିଧରେ ଅପସରିଯାଏ । ଏହା ଏକ ଚିରନ୍ତନ ସତ୍ୟ ।"

ଅଥଚ, ପୁରୁଷର ଅହମିକା ଏସବୁ ଦେଖିପାରେନା । ଏଥିରୁ ଏହା ସ୍ପଷ୍ଟ ହୋଇଉଠେ, ଉଭୟ ନାରୀ ଓ ପୁରୁଷ ଜୀବନର ବିଡ଼ମ୍ବନା ଉଭୟଙ୍କ ଅହମିକା ଯୋଗୁଁ ସୃଷ୍ଟି ହୁଏ, ଟିକିଏ ଶ୍ରଦ୍ଧା ଓ ବିଶ୍ୱାସରେ ଅଚିରେ ଧ୍ୱଂସ ପାଏ । ଏହି ସମର୍ପଣ ଓ ବିଶ୍ୱାସବୋଧରେ ସଂପର୍କ ହୁଏ ମଧୁମୟ । କିନ୍ତୁ ଏହାର ଅସନ୍ତୁଳନ ନାରୀଜୀବନରେ ବିଷାଦ ଭରିଦିଏ । ନାରୀର ସଂଘର୍ଷ-ଗ୍ଲାନି-ଅବଶୋଷ-ଅବସାଦ-ତା'ର ସ୍ୱପ୍ନଭଙ୍ଗ-ପ୍ରେମ-ଦାମ୍ପତ୍ୟର ବିଫଳତା ଆଦିର ମିଶ୍ରିତ ଅନୁଭବରେ ତା'ର ଜୀବନ ଗତି କରେ । ପୁରୁଷକୈନ୍ଦ୍ରିକ ସମାଜର ଅନ୍ୟାୟ-ଅତ୍ୟାଚାର ବିରୁଦ୍ଧରେ ସେ'ଯେତେବେଳେ ସଂଗଠିତ ହୁଏ, ସେତେବେଳେ ସୃଷ୍ଟି ହୁଏ ତା'ର ପ୍ରତ୍ୟୟ ।

ଏ ପ୍ରତ୍ୟୟ ତା'ର ନିଜସ୍ୱ । ନିଜ ଅସ୍ମିତା, ନିଜ ମର୍ଯ୍ୟାଦାର ହାନୀ ଘଟିଲେ, ସେ' ହୁଏ କାତ୍ୟାୟିନୀ ସ୍ୱରୂପା । ପୁରୁଷଶାସିତ ସମାଜର ପକ୍ଷପାତିତା ବିରୁଦ୍ଧରେ ନାରୀର ସଂଗଠିତ-ସମ୍ମିଳିତ ଆକ୍ରୋଶରୁ ଜନ୍ମ ନିଏ "ଏହି ନାରୀବାଦୀ ଆନ୍ଦୋଳନ" ବା "Feminist movement" । ଯାହାକୁ କେହି କେହି 'ନାରୀବାଦ' ବା 'ବାମାବାଦ' ଭାବରେ ଗ୍ରହଣ କଲେ । ଫଳସ୍ୱରୂପ ନାରୀଶକ୍ତିର ପ୍ରତିଷ୍ଠା ଓ ସମ୍ମାନାର୍ଥେ ଯେଉଁ ଯେଉଁ ଯୁଗାନ୍ତକାରୀ ପଦକ୍ଷେପମାନ ନିଆଗଲା, ତାହା ପରବର୍ତ୍ତୀ ସମୟରେ ନାରୀର ଅସ୍ତିତ୍ୱ ଓ ମର୍ଯ୍ୟାଦା ରକ୍ଷାରେ କାର୍ଯ୍ୟକଲା ।

ବୈଦିକ ଯୁଗରେ ନାରୀର ଶିକ୍ଷାକୁ ଗୁରୁତ୍ୱ ଦିଆଯାଉଥିବା ବେଳେ ବେଦ ପରବର୍ତ୍ତୀ କାଳରେ ନାରୀକୁ ଗୌଣ ଭାବରେ ବିବେଚନା କରାଗଲା । ଏପରିକି ନାରୀର ବିବାହ ବୟସ ମଧ୍ୟ ସମାଜ ଦ୍ୱାରା ସ୍ଥିରୀକୃତ ଥିବାର କୌଟିଲ୍ୟ ତାଙ୍କ ଗ୍ରନ୍ଥରେ ବର୍ଣ୍ଣନା କରିଛନ୍ତି । ତାଙ୍କ ରଚିତ "ଅର୍ଥଶାସ୍ତ୍ର" ଅନୁସାରେ ନାରୀ ବୟଃପ୍ରାପ୍ତିର (ବାରବର୍ଷ) ତା'ର ବିବାହ ହେବା ଆବଶ୍ୟକ ବୋଲି କୁହାଯାଇପାରେ । ବେଦ ରଚନାର ପରବର୍ତ୍ତୀ ସମୟ (ପୌରାଣିକ କାଳ)ରେ ନାରୀର ଅଧିକାରକୁ ସଂକୁଚିତ କରାଯାଇଛି । ଗୃହକର୍ମରେ ସୀମିତ ରହିବା ସାଧାରଣ ନାରୀର ଭାଗ୍ୟ କୁହାଯାଉଥିବା ବେଳେ ଐଶ୍ୱର୍ଯ୍ୟମୟୀ ସାମ୍ରାଜ୍ଞୀମାନେ ମଧ୍ୟ ଅନ୍ତଃପୁରରେ ରହି ତାଙ୍କର କର୍ତ୍ତବ୍ୟ ସଂପାଦନ କରିବାର ବିଧିଥିଲା ।

ପତି ମୃତ ହେବା ଉପରାନ୍ତ ତା'ର ପତ୍ନୀର ସତୀ ହେବାର କ୍ରୁର ନିୟମ ଥିବାର ପ୍ରମାଣ ମିଳେ । ଏପରିକି ସମାଜରେ ବାଲ୍ୟବିବାହର ପ୍ରଥା ବହୁଳ ଭାବରେ ପ୍ରଚଳନ ଥିବାର ନିୟମ ଥିଲା । ମୋଗଲ ସଂସ୍କୃତିର କୁପରିଣାମ ସ୍ୱରୂପ ପରଦା ପ୍ରଥା, ବହୁନାରୀ ଭୋଗ, ବେଶ୍ୟାଳୟ ବା ହାରେମ୍‌ର ସଂସ୍କୃତି ଗଢ଼ି ଉଠିଲା । ଫଳସ୍ୱରୂପ ନାରୀ କେବଳ ଦେହ ସର୍ବସ୍ୱ ହୋଇ ପଡ଼ିଲା । କ୍ରମଶଃ ନାରୀ ପ୍ରତି କରାଯାଉଥିବା ଅନ୍ୟାୟ ଧୀରେ ଧୀରେ ବଢିବାକୁ ଲାଗିଲା । ଏପରିକି, ନାରୀ ନିର୍ଯ୍ୟାତନା, ନାରୀ ପ୍ରତି ପାରିବାରିକ ହିଂସା, କର୍ମକ୍ଷେତ୍ରରେ ଅସୂୟା ପ୍ରଦର୍ଶନ, ଅତ୍ୟାଚାର ଆଦି ଧୀରେ ଧୀରେ ସାଂପ୍ରତିକ କାଳରେ ମଧ୍ୟ ମୁଣ୍ଡଟେକିଲାଣି । ନାରୀତ୍ୱ ସତେକି' ପୁରୁଷ ଦୃଷ୍ଟିରେ ଏକ ଆଚରଣ ସଂହିତା (code of conduct) ଯାହାକୁ ନାରୀ ଉଲଂଘନ କରିପାରିବ ନାହିଁ, ମାତ୍ର ପୁରୁଷ ପାଇଁ କୌଣସି ନୀତି

ନିୟମ ଧାର୍ଯ୍ୟ ନଥାଏ । ସେ' ତା'ର ଇଚ୍ଛା ମୁତାବକ ଯାହା ଚାହିଁବ, ସେଭଳି କାର୍ଯ୍ୟ କରିପାରିବ । ପାଶ୍ଚାତ୍ୟ ଦାର୍ଶନିକ ମାଇକେଲ୍ ଲୁଇସ୍ କୁହନ୍ତି :-

"ନାରୀର ଶରୀର ରାତ୍ରି ଓ ମୃତ୍ୟୁ ସ୍ୱରୂପ, ଏହା ସହିତ ଆକାଶରେ ଶୂନ୍ୟରେ ଉଡ଼ିବା ଭଳି ସ୍ଥିତି ।" ସେହିପରି ଡ. ପ୍ରତିଭା ଶତପଥିଙ୍କ ଭାଷାରେ: "ନାରୀ ଏକ ସ୍ୱୟଂସଂପୂର୍ଣ୍ଣ ସତ୍ତା । ନାରୀର ଶରୀର ରକ୍ତ-ମାଂସର, ଶିଳ୍ପଲୋକର ନୁହେଁ ଓ ତା'ର ଶରୀର ତା'ନିଜ ପାଇଁ ବେଶ୍ ମହତ୍ତ୍ୱପୂର୍ଣ୍ଣ । ପ୍ରକୃତି ସ୍ତ୍ରୀର ଶରୀରକୁ ଏପରି ଗଢ଼ିଛି ଯେ' ସେ' ସକଳ ପୀଡ଼ା । ଦୁଃଖ ତା'ର ଭାଗ୍ୟ କିନ୍ତୁ, ପୁରୁଷ ଏହି ତୀବ୍ରତା ବୁଝେ ନାହିଁ ।"

(ଖ) ନାରୀ ସଶକ୍ତିକରଣ: ସ୍ଥିତି ଓ ସ୍ୱରୂପ-(ସାମାଜିକ-ରାଜନୀତିକ-ଅର୍ଥନୀତିକ ଦୃଷ୍ଟିକୋଣ) :-

ନାରୀ ସ୍ୱୟଂସିଦ୍ଧା । ଆଦ୍ୟାଶକ୍ତିର ପ୍ରତୀକ ରୂପେ ସେ' ସମାଜ କଲ୍ୟାଣ ନିମନ୍ତେ-ନିଜକୁ ଉତ୍ସର୍ଗ କରି ଚାଲେ । ସେ' ବାତ୍ସଲ୍ୟମୟୀ । ସବୁ ରୂପରେ, ସବୁଭାବରେ ନାରୀ ଜୀବନକୁ କରେ ସମୃଦ୍ଧ । ବିଶେଷତଃ ପୁରୁଷ ଜୀବନର ସମସ୍ତ ନିର୍ଦ୍ଦୟତାକୁ ତା'ର ପ୍ରେମରେ କରେ କୋମଳ-ସ୍ନିଗ୍ଧ । ଗର୍ଭଧାରଣର ଗୌରବମୟ ମୁହୂର୍ତ୍ତକୁ ସେ' ଉପଭୋଗ କରେ । ଆନନ୍ଦରେ ଗର୍ଭ ଯନ୍ତ୍ରଣାର ଜ୍ୱାଳାରେ ଦଗ୍ଧୀଭୂତ ହେଉଥିଲେ ହେଁ ସନ୍ତାନର ସୁଖରେ ସବୁକିଛି ଭୁଲିଯାଏ । ଅଥଚ, ଏହି ଭୂମିକା ନିମିତ୍ତ ଅନେକ କଷ୍ଟ ସ୍ୱୀକାର କରେ, ଯାତନା ଭୋଗେ । ସର୍ବସଂହା ପ୍ରକୃତି ସମ ନାରୀଟିଏ, ମାତୃତ୍ୱର ସୁଖ ଟିକକ ପାଇଁ ଅନେକ ଓଷା-ଉପବାସ କରେ । ତା'ର ପରିବାର ପ୍ରଥମେ ଅନ୍ୟ ସବୁ ପରେ । କିନ୍ତୁ ଧୀରେ-ଧୀରେ ସଭ୍ୟତାର ବିକାଶ ସଙ୍ଗେ ସଙ୍ଗେ ନାରୀର ଦାୟିତ୍ୱ ଭାର ବଢ଼ି ବଢ଼ି ଚାଲିଛି । ସବୁକ୍ଷେତ୍ରରେ ନାରୀ ତା'ର ଆବେଗ-ସ୍ୱପ୍ନ-ଆକାଙ୍କ୍ଷା ଓ ଅନ୍ୱେଷାକୁ ପରିପ୍ରକାଶ କରିପାରୁଛି । ଏରୁଣ୍ଡିବନ୍ଧରୁ ଗୋଡ଼ କାଢ଼ିଛି ନାରୀ । ଏଠି ନାରୀ ଦେଶ-କାଳ-ପାତ୍ର ନିର୍ବିଶେଷରେ ସଶକ୍ତ ହୋଇଛି । ଏହି ପରିବର୍ତ୍ତନ କେବଳ ସାମାଜିକ ସ୍ତରରେ ଘଟିନି ବରଂ ସାମାଜିକ-ଆର୍ଥିକ-ରାଜନୀତିକ-ଶିକ୍ଷା ଆଦି କ୍ଷେତ୍ରରେ ନାରୀର ଭୂମିକା ସର୍ବୋତ୍ତମ କ୍ରମେ ସ୍ୱୀକୃତି ଲଭିଛି । ଅତୀତରେ, ଏପରିକି ପୁରାଣ-ବୈଦିକ କାଳରେ, ନାରୀ ଗୃହକର୍ତ୍ତୀ ଭାବରେ ବିଶେଷତଃ ନିଜ

ପାରଦର୍ଶିତା ପ୍ରଦର୍ଶନ କରୁଥିଲା । ଗୃହର ବାହାରେ ଖୁବ୍ କମ୍ କ୍ଷେତ୍ରରେ ସେ' ନିଜକୁ ସଂପୃକ୍ତ କରି ରଖୁଥିଲା । କ୍ରମଶଃ ସେ' ସୁଯୋଗ ପାଇବା ଏବଂ ତାକୁ ସର୍ବସମକ୍ଷରେ ପ୍ରମାଣିତ କରିବାରେ ନାରୀ ସୌଭାଗ୍ୟ ମଣିଲା ଏବଂ ତା'ର ପାରଦର୍ଶିତା ପ୍ରଦର୍ଶନ କଲା ।

ବିଂଶ ଶତକର ପ୍ରଥମାର୍ଦ୍ଧ, ନାରୀ ଜାଗରଣର ଉନ୍ମେଷ କାଳ ବୋଲି କହିଲେ ଅତ୍ୟୁକ୍ତି ହେବନାହିଁ । ଏହି କାଳରେ ଜନ୍ମିତ ଅନେକ ବିଦୁଷୀ ବାଗ୍ମୀ ନାରୀ ସ୍ୱୀୟ ପ୍ରତିଭାର ପରିଚୟ ଦେଇଛନ୍ତି । ଯଦିଓ ପରିମାଣାତ୍ମକ ଦୃଷ୍ଟିରୁ ହାତଗଣତି ହେଲେ ମଧ୍ୟ ଗୁଣାତ୍ମକ ଦୃଷ୍ଟିରୁ ଏହା ସୁଦୂର ପ୍ରସାରୀ ହୋଇଛି । ଜୀବନ ସଂଗ୍ରାମର ପ୍ରତିଲିପି ଅଙ୍କନରେ ନାରୀ ଧୂରୀଣା । ଏପରିକି ସମାଜିକ ଜୀବନରେ ନାରୀର ସ୍ଥିତି ଅନେକାଂଶରେ ଆଧୁନିକତାର ସ୍ପର୍ଶରେ ହୋଇଛି ରଙ୍ଗମୟ ଏବଂ ଉତ୍ସାହପ୍ରଦ । ଏହି ପରିପ୍ରେକ୍ଷୀରେ ନାରୀ ପରିବାର-ସନ୍ତାନ ପାଳନ ଭିତରେ ସୀମିତ ନରହି ସମାଜରେ ତା'ର ଆର୍ଥିକ ସ୍ଥିତିକୁ ସୁଦୃଢ଼ କରିଛି । ସେ' ମୁହଁରେ ରଙ୍ଗ ମାଖିଛି । ଅଭିନୟ କରିଛି । ଉନ୍ନତିରେ ଚରମ ସୋପାନ ଆରୋହଣ କରିଛି । ଏଠି ନାରୀର ଅସ୍ମିତା, ନୀଳ ଗଗନରେ ଉଡିବୁଲୁଥିବା ବିହଙ୍ଗ ସମ । ସ୍ୱାଧୀନ ଓ ସ୍ୱାଚ୍ଛନ୍ଦ୍ୟ ଜୀବନକୁ ଉପଭୋଗ କରିଛି । ଏହି ସମୟରେ ନାରୀ ଜୀବନ ଓ ଜଗତକୁ ଆପଣାର ମନମୁତାବକ ଦେଖିଛି । ସ୍ୱାଧୀନତା ପରବର୍ତ୍ତୀ ସମୟରେ ଭାରତ ତଥା ଓଡ଼ିଶାର ନାରୀମାନଙ୍କ ଜୀବନର ଅନ୍ତର୍ଦାହ- ସଂଘାତ ଅତି ସ୍ପଷ୍ଟ ଭାବରେ ଚିତ୍ରିତ ହୋଇଛି । ଏଠି ନାରୀ ସରଳ ଗ୍ରାମୀଣ ନାରୀ ନୁହେଁ ବରଂ ଚତୁର-ଯୁକ୍ତିଶୀଳା-ସ୍ୱାଧୀନଚେତା ହୋଇଛି । ନିଜର ଅଧିକାର ସଂପର୍କରେ ନ୍ୟାୟର ଦ୍ୱାରସ୍ଥ ହୋଇଛି । ତା'ପ୍ରତି ହୋଇଥିବା ଅନ୍ୟାୟ-ଅତ୍ୟାଚାରର ସମ୍ମୁଖରେ ମୁହଁ ଖୋଲିଛି ।

ସ୍ୱତନ୍ତ୍ରଃ, ନାରୀ ଜୀବନର ନବ ସୂର୍ଯ୍ୟୋଦୟ ଘଟିଛି କହିଲେ ଭୁଲ୍ ହେବନାହିଁ । ଭାରତୀୟ ନାରୀ ଜୀବନର ପରିବର୍ତ୍ତନ, ପାଶ୍ଚାତ୍ୟର ପ୍ରଭାବରେ ପ୍ରେରିତ ହୋଇଛି । ବୈଦିକ କାଳରେ ସମାଜ ନାରୀକୁ ଯେଉଁ ସାମାଜିକ ସ୍ୱୀକୃତି ଦେଇଥିଲା ତାହା ଧୀରେ ଧୀରେ କ୍ଷୟ ହେବାକୁ ଲାଗିଛି । କିନ୍ତୁ, ଏହି ନବଜାଗରଣ ନାରୀ ଅସ୍ମିତାର କଥା କହିଛି । ତା'ର ଅଧିକାର, ସାମାଜିକ-ରାଜନୀତିକ ଓ ଆର୍ଥିକସ୍ଥିତିକୁ ମଜବୁତ କରିଛି । ଯେଉଁ କେତେଗୁଡିଏ ସଂସ୍କାରମୂଳକ ପଦକ୍ଷେପ ନାରୀ ଜୀବନକୁ ସମୃଦ୍ଧ

କରିଛି, ସେମାନଙ୍କ ମଧ୍ୟରେ ୧୮୨୯ରେ ରାଜା ରାମମୋହନ ରାୟଙ୍କ ଦ୍ୱାରା ସତୀଦାହ ପ୍ରଥାର ଉଚ୍ଛେଦ ସର୍ବୋତ୍ତମ । ଏପରିକି ୧୮୫୬ ମସିହାରେ ବିଧବା ବିବାହ ଆଇନ୍, ୧୯୨୧- ମାଡ୍ରାସ୍‌ର ପ୍ରୋଭିନ୍‌ସ୍‌ରେ ନାରୀର ମତଦାନ ଅଧିକାର, ୧୯୨୯- ବାଲ୍ୟବିବାହକୁ ବିରୋଧ ପୂର୍ବକ ଆଇନ୍ ପ୍ରଣୟନ, ୧୯୩୭-ସଂପତ୍ତି ଉପରେ ନାରୀଙ୍କର ଅଧିକାର, ଯୌତୁକ ବିରୋଧୀ ଆଇନ୍-୧୯୬୧, ୧୯୬୯- ଭାରତୀୟ ଛାଡ଼ପତ୍ର ଆଇନ୍, ୧୯୭୬- ସମାନ ମଜୁରୀ ଓ ଦରମା ଆଇନ୍, ୧୯୯୪- ଭ୍ରୂଣର ଲିଙ୍ଗ ନିରୂପଣ ଆଇନ୍, ୨୦୦୫-ଘରୋଇ ହିଂସା ପ୍ରତିରୋଧକ ଆଇନ୍ ଇତ୍ୟାଦି, ନାରୀକୁ ପୁରୁଷର ସମକକ୍ଷ ହେବାର ପଥରେ ସୁଦୃଢ଼ କରି ଛିଡ଼ା କରାଇବାରେ ସହାୟକ ହୋଇଛି । ନାରୀ ଜୀବନର ବିପର୍ଯ୍ୟୟ ଏହିସବୁ ଆଇନ୍‌ର ପ୍ରଚଳନରେ ଦୂର ହେଇଛି । ସମାଜରେ ପୁଣିଥରେ ନାରୀ ଜୀବନର ସ୍ଥିତି ସୁଦୃଢ଼ ହେବା ସଙ୍ଗେ ସଙ୍ଗେ, ନାରୀ ସ୍ୱାଭିମାନର ରକ୍ଷା ହୋଇଛି । ନାରୀ ଯୁଗେ ଯୁଗେ କଲ୍ୟାଣମୟୀ, ଜ୍ଞାନମୟୀ-ମମତାମୟୀ । ନାରୀର ଶକ୍ତି ଓ ସାମର୍ଥ୍ୟ ପ୍ରତି ସମ୍ମାନବୋଧ ଏକ ସମାଜକୁ ପତନରୁ ରକ୍ଷା କରିପାରିବ, ଏଥିରେ ସନ୍ଦେହ ନାହିଁ । ନାରୀର ଅଧିକାର ତା'ର ସ୍ୱାଧୀନତା ସଂପୁର୍ଣ୍ଣତଃ ତା'ର ନିଜସ୍ୱ । ଏହି ଅଧିକାର ପ୍ରତି ନାରୀ ଯେତେବେଳେ ସଚେତନ ହୁଏ, ନିଜ ସାମର୍ଥ୍ୟ ଓ ମର୍ଯ୍ୟାଦାରେ ପରିଚୟ ପାଏ । ସେତେବେଳେ ସେ' ହୁଏ ସଶକ୍ତ, ବଳିଷ୍ଠ ।

ଏହି ନାରୀ ସଶକ୍ତିକରଣ ଅର୍ଥ, ନାରୀ ପ୍ରତିଭାର ଉପଯୋଗ ଯାହା ସାମାଜିକ ପ୍ରଗତିକୁ ତ୍ୱରାନ୍ୱିତ କରେ । ନାରୀ ଯେତେବେଳେ ଶିକ୍ଷିତ ହୁଏ, ସ୍ୱାବଲମ୍ବୀ ହୁଏ, ସେ' ବାସ୍ତବରେ ହୁଏ ସଶକ୍ତ । ମଧ୍ୟଯୁଗୀୟ ସମୟ ନାରୀ ଜୀବନରେ ଅମା-ଅନ୍ଧକାର ନେଇ ଆସିଛି କହିଲେ ଅତ୍ୟୁକ୍ତି ହେବ ନାହିଁ । ବିଳାସର ସାମଗ୍ରୀ ଭାବରେ ସେ' ହୋଇଛି ଭୋଗ୍ୟା । ଦେହ ସର୍ବସ୍ୱ ହୋଇଛି ତା'ର ଅସ୍ତିତ୍ୱ । ଏଠି ଶିକ୍ଷାରୁ ବଞ୍ଚିତା ନାରୀର ଜୀବନ ହୋଇଛି ଯନ୍ତ୍ରଣାମୟ । ଇଂରେଜ ଶାସନ କାଳରେ ସ୍ଥିତି ପରିବର୍ତ୍ତିତ ହୋଇଛି । ରାଜା ରାମ ମୋହନ ରାୟ, ଦୟାନନ୍ଦ ସରସ୍ୱତୀ ପ୍ରଭୃତି ମହର୍ଷିମାନଙ୍କ ପ୍ରଚେଷ୍ଟା ଫଳରେ ସମାଜରୁ ଶିକ୍ଷାର ଆଲୋକ ସଂସ୍କାରର ଦୀପଶିଖା ହୋଇ ଚତୁର୍ଦ୍ଦିଗକୁ ସଞ୍ଚରିଯାଇଛି । ଧୀରେ, ଧୀରେ ନାରୀର ଜୀବନ ସୁଦୃଢ ହୋଇଛି । ସେ' ପୁରୁଷମାନଙ୍କ ଭଳି ନିଜକୁ ସବୁକ୍ଷେତ୍ରରେ ପ୍ରମାଣିତ କରିଛି ।

ସାମାଜିକ-ରାଜନୀତିକ-ଆର୍ଥିକ ଓ ସାଂସ୍କୃତିକ କ୍ଷେତ୍ରରେ ନାରୀ ତା'ର ପ୍ରତିଭାର ପରିଚୟ ଦେଇଛି । କ୍ରମଶଃ ନୂତନ ଶିକ୍ଷା-ଦୀକ୍ଷାରେ ଗତାନୁଗତିକ ଚିନ୍ତାଧାରା ଅପସରି ଯାଇଛି । ତତ୍‌ସ୍ଥାନରେ ନବଚିନ୍ତା-ଚେତନାର ଉନ୍ମେଷ ଘଟିଛି । ନାରୀର ଜୀବନ ଅନେକାଂଶରେ ପରିବର୍ତ୍ତିତ ହୋଇଛି । ସେ' ହାଣ୍ଡିଶାଳର ଈଶ୍ୱରୀ ହୋଇ ରହି ନାହିଁ ବରଂ ରାଷ୍ଟ୍ରର ସାମ୍ରାଜ୍ଞୀ ଭାବରେ ନିଜକୁ ସାବ୍ୟସ୍ତ କରିଛି । ନାରୀର ଆତ୍ମସଚେତନତା, ଅସ୍ତିତ୍ୱ ଓ ଅସ୍ମିତା ଆଜି ବିଶ୍ୱଦରବାରରେ ପରିଚିତ ପାଇଛି । ନିଜ ଜୀବନ ସଂଗ୍ରାମରେ ଏକାକୀ ଲଢ଼ିବାର ସ୍ପର୍ଦ୍ଧା କରିଛି । ଏ କ'ଣ କମ୍ ଗୌରବର କଥା ? ପରିବାରରେ, ସମାଜରେ, ଜାତୀୟ ସ୍ତରରେ, ଆନ୍ତର୍ଜାତୀୟ ସ୍ତରରେ, ଆର୍ଥିକ ସ୍ୱାଧୀନତା କ୍ଷେତ୍ରରେ, ଶିକ୍ଷା ଓ ସାକ୍ଷରତା କ୍ଷେତ୍ରରେ ନାରୀର ଯେଉଁଭଳି ଭୂମିକା ରହିବା କଥା, ଯେଉଁଭଳି ମର୍ଯ୍ୟାଦା ପାଇବା କଥା, ତାକୁ ସେଥିରୁ ବଞ୍ଚିତ କରାଯାଇଛି । ଏସବୁ ପ୍ରଶ୍ନ ତା'ର ଅନ୍ତରକୁ କ୍ଷତାକ୍ତ କରିଛି । ସେ' ଯେତେବେଳେ ଅନୁସନ୍ଧିତ୍ସୁ ହୋଇଛି ତାକୁ ତା'ର ଉତ୍ତର ମିଳିଛି । ଏହାର ଜବାବ ହେଉଛି ଶିକ୍ଷା । ଯାହାକୁ ମାଧ୍ୟମ କରି ସେ' ତା'ର ଭାଗ୍ୟ ବଦଳେଇ ପାରିଛି । ସମାଜର ଅନାଚାର, ପିତୃକେନ୍ଦ୍ରିକ ଚିନ୍ତାଧାରାକୁ ସେ' ଆଙ୍ଗୁଳି ନିକ୍ଷେପ କରିଛି । ସେ' ନିଜ ବାଟ ନିଜେ ତିଆରି କରିଛି । ସଚେତନ ହୋଇ ତା'ର ପ୍ରତିଭା ଓ ପାଣ୍ଡିତ୍ୟ ବଳରେ ନିଜକୁ ପ୍ରମାଣିତ କରିଛି । ପୁରୁଷ ଭଳି ତା'ର ମଧ୍ୟ ସମାନ ଅଧିକାର ଅଛି, ପରିବାର ହେଉ ଅବା କର୍ମକ୍ଷେତ୍ର, ରାଷ୍ଟ୍ରନୀତି ହଉ ଅବା ସମାଜ ଗଠନରେ ତା'ର ଭୂମିକା ପ୍ରତିସ୍ତରରେ ନାରୀ ତା'ର ଅସ୍ମିତାକୁ ପ୍ରଦର୍ଶନ କରିଛି । ସେ'ପୁରୁଷତାନ୍ତ୍ରିକ ସମାଜ ହସ୍ତର ଚାବିକାଠି ନୁହେଁ, ବରଂ ତା'ର ନିଜସ୍ୱ ବୁଦ୍ଧିମତା, ପାରିବା ପଣିଆରେ ସେ' ପୁରୁଷ ଠାରୁ କୌଣସି ଗୁଣରେ ନ୍ୟୂନ ନୁହେଁ ତାହା ପ୍ରତିପାଦିତ କରିଛି । ଆପଣାର ପରିଚୟରେ ବାଟ ତିଆରି କରିଛି ।

(ଗ) ପ୍ରତିବାଦର ସ୍ୱର ଓ ନାରୀ ମୁକ୍ତିର ଗାଥା (ଆଧୁନିକ ଓଡ଼ିଆ କବିତା ପରିପ୍ରେକ୍ଷୀରେ) :-

ସମୟର ଆହ୍ୱାନରେ ମଣିଷ ବଦଳେ ଆଉ ବଦଳେ ମୂଲ୍ୟବୋଧ । ପରିବେଶ, ପରିସ୍ଥିତିର ଦାୟରେ ସମାଜ ହୁଏ ପରିବର୍ତ୍ତିତ । ତଥାକଥିତ ରୁଢ଼ିବାଦୀ ଚିନ୍ତାଧାରା ବଦଳରେ ନୂତନ ଆଲୋକରେ ସଞ୍ଚରିଯାଏ ସର୍ବତ୍ର । ବଳଶାଳୀ ମୁହୂର୍ତ୍ତର

ଆବେଦନକୁ ଗ୍ରହଣ କରେ ସମାଜ । ସୁତରାଂ ଗତାନୁଗତିକତା ଧାରାରେ ପ୍ରବାହିତ ନହୋଇ ଏକ ନୂତନ ମୋଡ଼ ଜୀବନର ଗତିପଥକୁ ବଦଳାଇଦିଏ । ନବଜାଗୃତିରେ ଉଦ୍‌ଭାଷିତ ହୁଏ ମନ-ପ୍ରାଣ ଓ ଆତ୍ମା । ଯାହାର ପ୍ରଭାବ ପଡ଼େ ସାମାଜିକ ଜୀବନ ଚର୍ଯ୍ୟାରେ । ନବ ସ୍ପନ୍ଦନ, ନବ-ନବ ଉନ୍ମେଷ ତଥା ନବୀନ ପ୍ରାଣର ଉଦ୍‌ବେଳନରେ ସୃଷ୍ଟିହୁଏ, ଜାଗରଣ । ଏ ଜାଗରଣ ମନୁଷ୍ୟକୁ ନୂତନ ଭାବସ୍ପନ୍ଦନ ସହ ପରିଚିତ କରାଏ । କାଳ୍ପନିକତା ନୁହେଁ ବାସ୍ତବତା ହିଁ ଜୀବନର ସତ୍ୟତା । ଏକଥାକୁ ବୁଝେଇବାର ପ୍ରୟାସ କରିବାକୁ ଯାଇ ଯେଉଁ ମାଟି-ମଣିଷ-ମମତ୍ୱ ସଂପର୍କରେ ସାହିତ୍ୟ ଗଢ଼ିଲା ନୂଆ ଇତିହାସ, ତା'ର ଯଥାର୍ଥ ଭାବସ୍ପନ୍ଦନ ହିଁ ଆଧୁନିକତା । କେହି କେହି ତା'ର ନାଁ ରଖିଲେ, ନବଜାଗରଣ ବା ରେନେସାଁ (Renaissance) ବାସ୍ତବରେ ଏହି ରେନେସାଁ ହେଉଛି ପୁନର୍ଜନ୍ମ ବା Rebirth ଭଳି । ଯଥା: "Renaissance is a French word Meaning 'rebirth. It refers to a period in European Civilization that was marked by a revival of classical learning and wisdom." ବସ୍ତୁତଃ, ଏହି ନୂତନ ପ୍ରାଣସ୍ପନ୍ଦନ କଳାତ୍ମକ ଦୃଷ୍ଟିଭଙ୍ଗୀକୁ ପୁନଃ ଜୀବନ୍ୟାସ ଦିଏ ଏକ ନୂତନ ବାଗରେ, ନୂତନ ଢଙ୍ଗରେ । ସାହିତ୍ୟ କ୍ଷେତ୍ରରେ ମଧ୍ୟ ଏହା ଗ୍ରହଣୀୟ । ମଧ୍ୟଯୁଗୀୟ କାଳ୍ପନିକ ଜଗତରୁ କବି ଯେତେବେଳେ ଧୂଳି-ମାଟିର ଜୀବନରୁ ଅମୃତକୁ ଅନ୍ୱେଷଣ କରିବାର ପ୍ରୟାସ କରେ । ସେତେବେଳେ ଆଧୁନିକ ଯୁଗର ଆୟମାରମ୍ଭ ଘଟେ । ସୁତରାଂ ଆଧୁନିକତା ଏକ କାଳବାଚୀ ଚେତନା । ଯାହା ସଂସ୍ପର୍ଶରେ ଜୀବନ ଚର୍ଯ୍ୟାର ସ୍ୱର ଓ ସ୍ୱରୂପ ପରିବର୍ତ୍ତିତ ହେଇଥାଏ । ଚିନ୍ତା-ଚେତନା ପ୍ରସରି ଯାଏ । ମନୁଷ୍ୟ ହୋଇ ଉଠେ ବାସ୍ତବମୁଖୀ । ସକଳ ଦୁଃଖ, ଯାତନା, ସଂଘାତ, ଗ୍ଲାନି-ସ୍ୱପ୍ନଭଙ୍ଗ ଭିତରୁ ପ୍ରଶାନ୍ତିର ମାର୍ଗ ଖୋଜେ, ଆଗକୁ ବଢ଼ିବାର ଦମ୍ଭ କରେ । ପୁଣିଥରେ ସମସ୍ତ ବ୍ୟର୍ଥତା ଭିତରୁ ସଫଳତାର ସୂତ୍ର ପାଏ । ନିଜ ପାଇଁ ନୁହେଁ, ସମାଜ ପାଇଁ, ଜାତି ପାଇଁ, ନୂତନ ବିଶ୍ୱର କଳ୍ପନା କରେ । ସେତେବେଳେ, ଆଧୁନିକ ଯୁଗର ପ୍ରାରମ୍ଭ ଘଟେ । ଆଭ୍ୟନ୍ତରୀଣ ଜଗତରେ ମନୁଷ୍ୟ ହୁଏ ଆଧୁନିକ । ତା'ର ଦୃଷ୍ଟିଭଙ୍ଗୀ ବଦଳେ, ତତ୍‌ସହିତ ବଦଳେ ତା'ର ବହିଃପ୍ରକୃତି । ଏହି ଅନ୍ତଃପ୍ରକୃତି ଓ ବହିଃପ୍ରକୃତିର ଯଥାଯଥ ସମନ୍ୱୟରେ କଳାକର୍ମ ହୁଏ ଆଧୁନିକ । କେହି କେହି ସମାଲୋଚକ-ବୁଦ୍ଧିଜୀବୀମାନେ ଏହାକୁ 'ଆତ୍ମଜାଗୃତିର ଯୁଗ' ଭାବରେ ଆଲୋଚନା କଲେ । ଏ

ପର୍ଯ୍ୟାୟର ସାହିତ୍ୟ ସମାଜର ସବୁବର୍ଗର କଥା କହିଲା । ସବୁ ପରିସ୍ଥିତିରୁ ଜୀବନ-ଜଞ୍ଜାଳକୁ ଜୁଝିବାର ବାଟ ବତେଇଲା । ପ୍ରେମ-ମିଳନ-ବିରହ-ସ୍ୱପ୍ନପ୍ରବଣତା-ଅବଶୋଷର ଚଲାପଥରୁ ଜୀବନକୁ ପୁଣିଥରେ ନୂଆକରି ବଢ଼ିବାର ପ୍ରୟାସ କଲା । ବିଶେଷତଃ ଆଧୁନିକ କବି, ଧୂଳି-ଧୂସରିତ ଜରବନର ବାସ୍ତବତାକୁ ଅଙ୍କନ କଲା । ଏଠି ନାୟିକା ଲାବଣ୍ୟବତୀ ନୁହେଁ, ସାଧାରଣ ନାରୀ । ଯାହାର ଅନ୍ତର୍ଦାହ, ତା'ର ଆକାଙ୍କ୍ଷା-ଅବସାଦ, ପ୍ରାପ୍ତି-ଅପ୍ରାପ୍ତି ସାଧାରଣ ନାରୀଟିଏ ପରି । ଏଠି ନାୟକ ମଧ୍ୟ ଚନ୍ଦ୍ରଭାନୁ ନୁହେଁ, ସାଧାରଣ ନିରୀହ ଗାଉଁଲି ମଣିଷ । ସେ' ହେଇପାରେ ବୃତ୍ତିରେ କୃଷକ- ଅବା ଶ୍ରମିକ ଟିଏ, ଯାହାର ଲୁହ ଓ ଲହୁରେ ତା'ର ପରିବାର ଚଳେ । ନିଷ୍ପେସିତ- ନିର୍ଯ୍ୟାତିତ-ଅବହେଳିତ ଚରିତ୍ର ଏଠି କଥା କୁହେ । ନିଜ ଶ୍ରମ ଓ ରକ୍ତ ଦେଇ ସେ' କାବ୍ୟ-କୋଣାର୍କ ଗଢେ । ଠିକ୍ ସେହିପରି ନାରୀ ଜୀବନର ଅବସାଦ ତା'ର ଉପେକ୍ଷିତ ଅସ୍ତିତ୍ୱ ତା'ର ଆତ୍ମମର୍ଯ୍ୟାଦା ପ୍ରତି ହୋଇଥିବା ଆଘାତ-ଗ୍ଲାନିବୋଧ ଆଦି ରୂପପାଏ କବିତାରେ । ଆଧୁନିକ କବିତା, କଳ୍ପନାର ଗୀତି ଗାଏନା ବରଂ ବାସ୍ତବତାର ସତ୍ୟ ସହ ପରିଚିତ କରାଏ । ଧୂଳି-ମାଟିର ଜୀବନରୁ ଅସଲ ପରିଚୟ ସାଉଁଟେ । ଏଠି ବୁନିଆଦୀ ନୁହେଁ, ଐଶ୍ୱର୍ଯ୍ୟ କି' ପରଂପରା ନୁହେଁ ବରଂ ମଣିଷପଣିଆର ସା-ରେ-ଗା-ମା ଗାଏ । ସମାଜର ଏହି ପରିବର୍ତ୍ତନଶୀଳ ମୂଲ୍ୟବୋଧ ଭିତରେ ସମାଜର ଅବକ୍ଷୟ ବିଶୃଙ୍ଖଳିତ ଜୀବନ-ଶୈଳୀ, ଅବ୍ୟବସ୍ଥିତ ଲୋକାଚାର ଏବଂ ରୁଢ଼ିବାଦୀ ମନୋସ୍ତତ୍ତ୍ୱ ଫୁଟିଉଠେ । ବସ୍ତୁତଃ ପୁରୁଷମାନଙ୍କର ଯେଉଁଭଳି ବିକାଶ ହୁଏ, ନାରୀମାନଙ୍କର ଅବସ୍ଥା ତଦନୁପାତରେ ଅଗ୍ରଗତି ହୁଏନା ।

ଏ ସଂପର୍କରେ ଦୈନିକ 'ଆଶା'ର ୩୦/୧୨/୨୬ ସଂଖ୍ୟାରେ ପ୍ରକାଶିତ ହୋଇଥିବା କୁନ୍ତଳାକୁମାରୀଙ୍କ ସୁରୋଲାରୁ ପ୍ରତ୍ୟାବର୍ତ୍ତନ ପରେ, ବ୍ରହ୍ମପୁର ମହିଳା ସମାଜ ହଲରେ ଉଦ୍‌ବୋଧନରେ ଯେଉଁ ଭାବଗର୍ଭକ ବାଣୀ ସମଗ୍ର ନାରୀ ସମାଜରେ ଏକ ବିପ୍ଳବର ସ୍ଫୁଲିଙ୍ଗ ଫୁଟେଇ ପାରିଥିଲା, ତାହା ନିମ୍ନମତେ ଉଲ୍ଲେଖନୀୟ । ତାଙ୍କ ଭାଷାରେ ଯେଉଁ ନାରୀ ଶକ୍ତିର ବନ୍ଦନା ଶୁଣିବାକୁ ମିଳିଥିଲା, ତାହା ନିମ୍ନମତେ ଲକ୍ଷ୍ୟ କରାଯାଇପାରେ ।

"ସ୍ତ୍ରୀ ଶକ୍ତି ସ୍ୱରୂପିଣୀ । ଶକ୍ତି ଜାଗରିତ ନ ହେଲେ, ଭାରତର ଉଦ୍ଧାର ଅସମ୍ଭବ । ପରଦା ଭିତରେ ରହି ପୁରୁଷର ସଂପୂର୍ଣ୍ଣ ଅଧୀନତା ସ୍ୱୀକାର କରିଥିବା ପର୍ଯ୍ୟନ୍ତ ଶକ୍ତି ଜାଗରିତ ହୋଇପାରିବ ନାହିଁ ।"

ଏଥିରୁ ସ୍ପଷ୍ଟ ଅନୁମାନ କରିହୁଏ, ନାରୀ ଶକ୍ତିମୟୀ । ନାରୀର ଏହି ଶକ୍ତି ଓ ସାମର୍ଥ୍ୟ ବେଳେ ବେଳେ ପୁରୁଷ ତାନ୍ତ୍ରିକ ସମାଜର ଚକ୍ଷୁଶୂଳ ହୁଏ । ସେ' ତା'ର ଅଧିକାରକୁ ସଂକୁଚିତ କରେ । ପୁରୁଷର ଅହମିକା ନାରୀକୁ କରେ ପରାଧୀନ । ନିଜ ବିପକ୍ଷରେ ସମାଜ ଓ ପରିବାରରେ ଘଟୁଥିବା ଅବିଚ୍ଛର, ଅନ୍ୟାୟ ପାତର-ଅନ୍ତରକୁ ନାରୀ ଯେତେବେଳେ ବୁଝିପାରିଲା । ସେ' ଏହା ବିରୁଦ୍ଧରେ ମୁହଁ ଖୋଲିବାରେ ସତ୍ ସାହାସ କଲା । ଏଥିଲାଗି ତାକୁ ସାହାସ ଯୋଗାଇଲା ଶିକ୍ଷା । ଯେଉଁ ଅସ୍ତ୍ର ମାଧ୍ୟମରେ ସେ'ନିଜକୁ ସୁରକ୍ଷା ଦେବାର ବାଟ ଖୋଜିଲା । ସେ' ଅର୍ଥନୀତିକ ଦୃଷ୍ଟିରୁ ସ୍ୱାବଲମ୍ବୀ ହେଲା । ସାହାସ ଓ ଉତ୍ସାହର ସହ ଜୀବନ ଯୁଦ୍ଧରେ ସମ୍ମୁଖୀନ ହେଲା । ଗାଁର ସରଳ, ନିଷ୍କପଟ ନାରୀଠାରୁ କର୍ମଜୀବୀ ମହିଳାଙ୍କ ପର୍ଯ୍ୟନ୍ତ ଏହି ଶିକ୍ଷା ହିଁ ପ୍ରମୁଖ ଆୟୁଧ ସାଜି ଭାଗ୍ୟ-ଭବିତବ୍ୟକୁ ପରିବର୍ତ୍ତନ କରାଇବାରେ ସାହାସ ଦେଲା । ଫଳରେ ନିଜର କଥା ବ୍ୟକ୍ତ କରିବାକୁ ସେମାନେ ଆଗେଇ ଆସିଲେ । ବିଶେଷ କରି ବିବାହ ଜଡ଼ିତ ଅସଫଳତା ହେଉ ଅବା ମାତୃତ୍ୱ ସୁଖରୁ ବଞ୍ଚିତା ନାରୀ, ଅନୂଢ଼ା କିଶୋରୀଟିଏ ହେଉ ଅବା ବୈଧବ୍ୟ ଯନ୍ତ୍ରଣାରେ ଛଟପଟ ନାରୀଟିଏ ତା'ର ଭାଗ୍ୟ ବିରୁଦ୍ଧରେ ମୁହଁ ଖୋଲିଲା । ଏଠୁ ହିଁ ଝରଟିଏ ଫିଟିଗଲା । ଏହି ଝର, ମୁକ୍ତିର । ନିଜ ସ୍ୱାଧୀନତା ପାଇଁ ନାରୀଟିଏ ମୁହଁ ଖୋଲିଲା । ପୁରୁଷ ତାନ୍ତ୍ରିକ ସମାଜର ଅବ୍ୟବସ୍ଥା ଓ ଅସୂୟାଭାବ ବିରୁଦ୍ଧରେ ପ୍ରତିବାଦ କଲା । ଯୁଗରୁଚି ଅନୁସାରେ, ସମାଜ ହୁଏ ପରିବର୍ତ୍ତନ । ଏହାର ମାଧ୍ୟମ ହୁଏ ସାହିତ୍ୟ । ଯେଉଁ ସାହିତ୍ୟରେ ଏହି ଅବିଚ୍ଛର, ପକ୍ଷପାତିତା ବିରୋଧରେ ରାଶି, ରାଶି କାବ୍ୟ-କବିତା, କାହାଣୀମାନ ଲେଖାହୁଏ ।

କାବ୍ୟ-କବିତା ଯୁଗେ-ଯୁଗେ ଆବେଗର ସ୍ୱତଃସ୍ଫୁର୍ତ୍ତ ପରିପ୍ରକାଶ । ଏ ପରିପ୍ରେକ୍ଷୀରେ ଓଡ଼ିଆ କବିତା, ବିଶେଷତଃ ଆଧୁନିକ ଓଡ଼ିଆ କବିତା ଆମର ଆଲୋଚ୍ୟ ପ୍ରସଙ୍ଗ । ଏକଥା ସ୍ୱୀକାର କରିବାକୁ ହେବ, ଓଡ଼ିଆ କବିତା ବିଶେଷତଃ ସ୍ୱାଧୀନତା ପରବର୍ତ୍ତୀ ପ୍ରେକ୍ଷାପଟରେ ମନୁଷ୍ୟ ଜୀବନର ନଗ୍ନ ବାସ୍ତବତାକୁ ଅଙ୍କନ କରିବାରେ ସମର୍ଥ ହେଲା । ମନୁଷ୍ୟ ଜୀବନର ହର୍ଷ-ବିଷାଦ-ମିଳନ-ବିରହ-ଅବସାଦ-ଅସନ୍ତୋଷ ପ୍ରାପ୍ତି-ଅପ୍ରାପ୍ତି-ବ୍ୟର୍ଥତା-ସଫଳତା-ବିଫଳତା ଆଦି ସମସ୍ତ ଭାବନା ରୂପ ପାଇଲା ସ୍ୱାଧୀନତା ପରବର୍ତ୍ତୀ ଓଡ଼ିଆ କାବ୍ୟ-କବିତାରେ ।

ସୃଷ୍ଟିର ନିୟମାନୁସାରେ ସୃଜନର ଆବଶ୍ୟକତାକୁ ନେଇ ପ୍ରତ୍ୟେକ ଜୈବିକ ପ୍ରାଣୀ (Living being) ବିପରୀତ ଲିଙ୍ଗ ପ୍ରତି ଆକୃଷ୍ଟ ହୁଅନ୍ତି । ଏହା ଏକ ସ୍ୱାଭାବିକ ପ୍ରକ୍ରିୟା । ଯେଉଁ ପ୍ରକ୍ରିୟାରେ ମନୁଷ୍ୟ ମନ ମଧ୍ୟ ହୁଏ ଆନ୍ଦୋଳିତ । ସ୍ନେହ-ଶ୍ରଦ୍ଧା-ପ୍ରେମ-ପ୍ରଣୟ ଭିତରେ ମନୁଷ୍ୟ ସଂସାରର ପରିକଳ୍ପନା କରେ । ଆଉ ଏ ସଂସାରର ସଂରଚନାରେ ଲୋଡ଼ା ହୁଅନ୍ତି, ମୁଖ୍ୟତଃ ଦୁଇ ପ୍ରାଣୀ । ଏକ ପୁରୁଷ ଦ୍ୱିତୀୟ ନାରୀ । ଯାହାଙ୍କ ଅମୃତମୟ ସଂସର୍ଗରେ ଧରାହୁଏ ଅମୃତମୟ । ପ୍ରାଣୀମାନଙ୍କ ଠାରୁ ଶ୍ରେଷ୍ଠ ହୋଇଥିବାରୁ କେବଳ ଦୈହିକ ଆବଶ୍ୟକତା ମଧ୍ୟରେ ତା'ର ପ୍ରେମ ସୀମିତ ରୁହେନାହିଁ । ଶରୀରଠାରୁ ଭିନ୍ନ ଏକ ସୂକ୍ଷ୍ମତର ଚେତନା ତାକୁ କରେ ମହତ୍ତର । ଏହି ଦିବ୍ୟତା ହିଁ ମନୁଷ୍ୟକୁ କରେ ଶୃଙ୍ଖଳିତ ଓ ମାର୍ଜିତ । କବି ଯେହେତୁ ଏହି ଦିବ୍ୟତ୍ୱର ଅଧିକାରୀ ତା'ର ଅନୁଭବ ଓ ପ୍ରଜ୍ଞାର ସମନ୍ୱୟରେ ସେ' ସୃଷ୍ଟିକରେ କଳାକର୍ମ । ସମୟ ଥିଲା, ଯେତେବେଳେ ପୁରୁଷ ହିଁ ଏହି କଳାକର୍ମକୁ ଏକଚାଟିଆ ଅଧିକାର କରି ରଖିଥିଲା । ଧିରେ ଧିରେ ନାରୀର ପ୍ରଗତି, ଏହି ଏକଚାଟିଆ ଅଧିକାରରେ ଅନ୍ତରାୟ ସାଜିଲା । ନାରୀର ଭାବ ଓ ଚେତନାଗତ ଜଗତ ଯେ' ଅଛି, ନାରୀକୁ ବୁଝିବାକୁ ବେଶୀ କାଳ ଲାଗିଲାନି । କିନ୍ତୁ ସମାଜର ରଢ଼ିବାଦୀ ଚିନ୍ତାଧାରା ଏସବୁର ବିରୋଧ କରିଛି । ତଥାପି, ନାରୀର ସର୍ଜନପ୍ରବଣତାକୁ ପ୍ରତିରୋଧ କରିପାରିନି । ତା'ର ଅନ୍ତଃକରଣ କବିୟିତ୍ରୀ ପ୍ରଜ୍ଞାଶ୍ରୀ ରଥଙ୍କର "Inside the bondage" କବିତାରେ କବି କୁହନ୍ତି: "A Woman can fly away even if she is in bondage. Navachari may happen inside the four walls of the house."

ଏହି ପରିପ୍ରେକ୍ଷୀରେ ବିଚାର କଲେ, ନାରୀ ଜୀବନରେ ଅନେକ ପ୍ରତିବନ୍ଧକ ଆସେ, କିନ୍ତୁ ତା'ର ସହଶୀଳତା, ଧୈର୍ଯ୍ୟ ତାକୁ ଜୀବନ ଯୁଦ୍ଧରେ ଅସଫଳ କରେନା । ଜୀବନର ବିପୁଳ ସଂଭାବନା ଓ ଆଶାରୁ ବଞ୍ଚିତା ଥାଇ ମଧ୍ୟ ତା'ର ପରିବାର ପାଇଁ ସଳିତା ଟିଏ ହୋଇ ଜଳୁଥାଏ । ଏକଦା, ପୁରୁଷକୁ ନେଇ ତା'ର ସ୍ଥିତି ଓ ସ୍ୱରୂପ ଚିତ୍ରିତ ହେଉଥିଲା । କିନ୍ତୁ ଅଧୁନା ଏସବୁ ହୋଇଛି ପରିବର୍ତ୍ତିତ । ଜୀବନ ବିକଶିତ ହୋଇଛି । ନାରୀକୁ ପୁରୁଷ ଆଉ ଅଣଦେଖା କରିପାରୁନାହିଁ, ବରଂ ତା'ର ଶକ୍ତି ଓ ସାମର୍ଥ୍ୟକୁ ସୁଯୋଗ ଦେବାକୁ ରହିଁଛି । ଅତୀତକୁ ଫେରିଗଲେ,

ଏହି ନାରୀ ଶକ୍ତିକୁ ଅଭୟବର ଦେବାରେ ମହାତ୍ମାଗାନ୍ଧୀ ଥିଲେ ଅଗ୍ରସ୍ମରଣୀୟ । ଯେଉଁ ସମୟରେ ନାରୀର ଅଧିକାର, ତା'ର ଆବେଗିକ ପରିପ୍ରକାଶ ସଂକୁଚିତ ଥିଲା, ଅତି ସନ୍ତର୍ପଣରେ ସେ' ତା'ର ସମସ୍ତ ଆବେଗକୁ ହୃଦୟ ଭିତରେ ସଂଗୁପିତ କରି ରଖୁଥିଲା । ସେତେବେଳେ ସେ' ପୁରୁଷର ପାଶବିକ କ୍ଷୁଧାର ପରିପୂର୍ତ୍ତିର ସାମଗ୍ରୀ ଭାବରେ ବିବେଚିତ ହେଉଥିଲା । ସେହି ସମୟର ନାରୀର ସ୍ଥିତି ଅତ୍ୟନ୍ତ ଦୁର୍ବଳ ଓ ଦୟନୀୟ ଥିଲା । ମାତ୍ର ଊନବିଂଶ ଶତକର ଶେଷ ପର୍ଯ୍ୟାୟ ବେଳକୁ ଧିରେ ଧିରେ ଏସବୁ ପରିବର୍ତ୍ତିତ ହେବାକୁ ଲାଗିଛି । ଏପରିକି ବିଂଶ ଶତକର ପ୍ରାରମ୍ଭ ବେଳକୁ ଭାରତ ତଥା ଓଡ଼ିଶାର ନାରୀ ସମାଜ ଶିକ୍ଷା-ସଚେତନତା ଦିଗରେ ଅଗ୍ରସର ହୋଇ ଗାନ୍ଧିଜୀଙ୍କ ପ୍ରେରଣାରେ ମୁକ୍ତିସଂଗ୍ରାମରେ ନିଜର ସାମର୍ଥ୍ୟ ପ୍ରଦର୍ଶନ କରଛନ୍ତି । ଅସହଯୋଗ ଆନ୍ଦୋଳନରେ ବହୁସଂଖ୍ୟକ ଗ୍ରାମୀଣ ମହିଳା, ଶିକ୍ଷିତ-ସମ୍ଭ୍ରାନ୍ତ ମହିଳାମାନେ ମଧ୍ୟ ଇଂରେଜ ସରକାର ବିରୋଧରେ ଯୋଗ ଦେଇଛନ୍ତି । ପୁରୁଷ ସହ କାନ୍ଧ ମିଳାଇ ପିକେଟିଂ କରିବା, ବିଦେଶୀ ବସ୍ତ୍ର ପୋଡ଼ିବା, ଲୁଣ ମାରିବା, ମଦ ବିରୁଦ୍ଧରେ ଯାତ୍ରା କରି ଜନସେଚତନତା ସୃଷ୍ଟି କରିଛନ୍ତି । ତତ୍‌ସହିତ ସମାଜ ବିରୁଦ୍ଧରେ ଯାଇ ବିଧବା ବିବାହ ପ୍ରଚଳନ, ବାଲ୍ୟ ବିଧବା ଉଚ୍ଛେଦ ଓ ଶାରଦା ଆଇନ୍ ପ୍ରଚଳନ ସହିତ ନାରୀ ସୁରକ୍ଷା ଓ ଜାଗୃତିରେ ସକରାତ୍ମକ ପରିବେଶ ସୃଷ୍ଟି କରିଛନ୍ତି । ଧୀରେ ଧୀରେ ନାରୀର ମନତଳର ଆବେଗ, ଇଚ୍ଛା- ଆକାଙ୍‌କ୍ଷା ମାନ ପୁରୁଷ କବିମାନଙ୍କ ପରି ସ୍ୱାଧୀନ ଭାବରେ ରୂପ ପାଇଛି । ନାରୀ କବିଗଣ ନିଜ ଅନୁଭବ-ଅଭିଜ୍ଞତା, ନିଜ ହର୍ଷ-ବିଷାଦ ଆଦି ପରିପ୍ରକାଶ କରିଛନ୍ତି । ପରିବର୍ତ୍ତିତ ହୋଇଛି ନାରୀ ଜୀବନର ପ୍ରତିଛବି । ନାରୀ ସଶକ୍ତି ହୋଇଛି, ଦୃଢ଼ମନା ହୋଇଛି । କ୍ରମଶଃ ବଦଳିଛି ତା'ର ପରିସ୍ଥିତି ।

ଏପରିକି ସ୍ୱାଧୀନତା ପୂର୍ବବର୍ତ୍ତୀ ସମୟ ଭଳି ନାରୀ, ସ୍ୱାଧୀନତା ପ୍ରାପ୍ତି ପରେ ମଧ୍ୟ ତା'ର ବହୁବିଧ ସମସ୍ୟାରୁ ସଂପୂର୍ଣ୍ଣ ଭାବେ ମୁକ୍ତି ପାଇ ପାରି ନାହିଁ । ଏକଥା ସତ୍ୟ ଯେ, ସ୍ୱାଧୀନତା ପରବର୍ତ୍ତୀ କାଳରେ ନାରୀ ସଶକ୍ତ (empowered) ହେଇଛି । ଜଗତୀକରଣ ଛଳରେ, ଯେଉଁ ଉପଭୋକ୍ତା ସଂସ୍କୃତି ମୁଣ୍ଡ ଟେକିଛି ସେଥିରେ ନାରୀ ହିଁ ସାଜିଛି ମୁଖ୍ୟ । ବଜାରୀକରଣ ଆଦବ-କାଇଦାରେ ନାରୀ ହେଇଛି ବିଜ୍ଞାପିତ । ବହୁରାଷ୍ଟ୍ରୀୟ କମ୍ପାନୀମାନ ତାଙ୍କ ଉତ୍ପାଦନର ଶ୍ରୀବୃଦ୍ଧି ପାଇଁ

ନାରୀକୁ ମାଧ୍ୟମ କରି ବିଜ୍ଞାପନରେ ବ୍ୟବହାର କରିଛନ୍ତି । ଅତୀତରେ ମଧ୍ୟଯୁଗୀୟ ବାତାବରଣରେ ନାରୀ ଥିଲା, ବହୁ ଭୋଗ୍ୟା । ପୁରୁଷ କାମନାକୁ ଚରିତାର୍ଥ କରିବାର ମାଧ୍ୟମ । ଠିକ୍ ସେହିପରି ସ୍ୱାଧୀନତା ପରବର୍ତ୍ତୀ କାଳରେ ଭାରତରେ ଯେଉଁ ପାଶ୍ଚାତ୍ୟ ସଂସ୍କୃତିର ପ୍ରଭାବ ପଡ଼ିଲା, ଫଳସ୍ୱରୂପ ନାରୀକୁ 'ଆନନ୍ଦର ସାମଗ୍ରୀ' ବା (sex toy) ଭାବରେ ବ୍ୟବହାର କରାଗଲା । ପରିସ୍ଥିତି ଓ ପାରିବାରିକ ଅଭାବ-ଅସୁବିଧା ଦାୟରେ ସେ' ଅତୀତରେ ବେଶ୍ୟାବୃତ୍ତି କରୁଥିଲା କିନ୍ତୁ ବର୍ତ୍ତମାନ କଲ୍ ଗାଲ ବା (call girl) ସାଜି ଖୋଲାଖୋଲି ଭାବେ ଦେହ ବ୍ୟବସାୟକୁ ନିମନ୍ତ୍ରଣ କରୁଛି ଏପରିକି ପାଶ୍ଚାତ୍ୟ ଦେଶ ସଂଯୁକ୍ତ ଆରବ, ଋଷିଆ ତଥା ୟୁରୋପୀୟ ରାଷ୍ଟ୍ରମାନଙ୍କରେ ବେଶ୍ୟାବୃତ୍ତିକୁ ବୈଧ (legal) ବୋଲି ଘୋଷଣା କରାଯାଇ 'license' ମଧ୍ୟ ଦିଆଯାଉଛି । ଅନ୍‌ଲାଇନ୍ ମାଧ୍ୟମରେ ବହୁ 'ୱେବ୍ ପୋର୍ଟାଲ୍'ରେ ପ୍ରତ୍ୟକ୍ଷ ଭାବରେ ମୂଳଚାଲ ହେଉଛି । ବହୁରାଷ୍ଟ୍ରୀୟ କଂପାନୀ ତା'ର ବିଜ୍ଞାପନ ପାଇଁ ନାରୀର ଲାବଣ୍ୟକୁ ପ୍ରଦର୍ଶନ କରୁଛି । ପ୍ରତ୍ୟକ୍ଷ ହେଉ ଅବା ପରୋକ୍ଷରେ ନାରୀର ସ୍ଥିତି କ୍ରମଶଃ ରସାତଳଗାମୀ ହେଉଛି । ସ୍ୱାଧୀନତା ନାଁ ରେ ଉଚ୍ଛୃଙ୍ଖଳତା, ସ୍ୱେଚ୍ଛାଚାରିତା ବଢ଼ି ବଢ଼ି ଚାଲିଛି । ନାରୀ ସଂସାର କରିବା ସତ୍ତ୍ୱେ ଆପଣାର କୁତ୍ସିତ ବାସନାକୁ ଚରିତାର୍ଥ କରିବାକୁ ଯାଇ ପରକୀୟା ପୀତି- ଯୌନ କେଲେଙ୍କାରୀରେ ଲିପ୍ତ ରହୁଛି । ପାଶ୍ଚାତ୍ୟ ସଂସ୍କୃତିର ପ୍ରଭାବରେ ନିଜକୁ ଅର୍ଥ ଲାଳସା ଦିଗରେ ନିୟୋଜିତ କରିବାରେ ଲାଗୁଛି । କ୍ରମଶଃ ବିଜ୍ଞାପିତ ମନୋଭାବ ନେଇ ଆପଣା ଶରୀରକୁ ମାଧ୍ୟମ କରୁଛି । କିନ୍ତୁ, ଯେତେବେଳେ ଆମେ ଇତିହାସକୁ ଅବଲୋକନ କରୁ, ନାରୀର ଏକ ମର୍ଯ୍ୟାଦାମୟୀ ସ୍ୱରୂପ ଆମ ଆଖିରେ ଭାସି ଉଠେ ।

ଅତୀତରେ, ଭାରତୀୟ ନାରୀ ମର୍ଯ୍ୟାଦା ଓ ଶୃଙ୍ଖଳାର ନୀତିଶିକ୍ଷା ଦେଉଥିଲା । ନିଜ ପରିବାର, ସମାଜ ଓ ସଂସ୍କାରର ଗୁରୁଦାୟିତ୍ୱ ବହନ କରି ନିଃସ୍ୱ ହୋଇଯାଉଥିଲା । ସାଧାରଣ ନାରୀଟିଏ ହେଉ ଅବା ଉଚ୍ଚଶିକ୍ଷିତା-କର୍ମଜୀବୀ ମହିଳା ସବୁସ୍ତରରେ ଅଧୁନା ନାରୀର ସୌନ୍ଦର୍ଯ୍ୟ ବହୁଗୁଣିତ ହୋଇଛି ସତ, କିନ୍ତୁ କେଉଁଠି ନା' କେଉଁଠି ତା'ର ଆତ୍ମିକ ମର୍ଯ୍ୟାଦା ତା'ର ଜାଣତରେ ହେଉ ଅବା ଅଜାଣତରେ ମଧ୍ୟ ହାନୀ ହୋଇ ଚାଲିଛି । ଏହି ପରିବର୍ତ୍ତିତ ମୂଲ୍ୟବୋଧ ସମାଜର ପ୍ରଗତି ପ୍ରତି ବାସ୍ତବରେ ଏକ ଶକ୍ତ ଧକ୍‌କା କହିଲେ ଅତ୍ୟୁକ୍ତି ହେବନାହିଁ । ଭାରତୀୟ ନାରୀର

ପାରମ୍ପରିକ ଅସ୍ତିତ୍ୱ (ବିବାହ-ସଂସାର-ମାତୃତ୍ୱ-), ପାଶ୍ଚାତ୍ୟ ଦର୍ଶନ (ଲିଭ୍ଇନ୍-ମ୍ୟାରେଜ-ଡିଭୋର୍ସ) ଦେଇ ଗତି କରୁଛି । ଦୁର୍ବଳ ହୋଇ ପଡୁଛି ସାମାଜିକ ବିଧି ବ୍ୟବସ୍ଥା । କ୍ରମଶଃ ଭାଗ୍ୟକୁ ଆଦରି ନାରୀ ଜୀବନ ଜୀଇଁ ଚାଲିଛି ସତ, ହେଲେ ସେ, ଏସବୁ ଭିତରେ ନିଜକୁ ଏକାକୀ-ଅସହାୟ ମଣୁଛି । ସେ' ଘର ହେଉ ଅବା ବାହାର, ତାହାର ଅସ୍ତିତ୍ୱ ସଂପର୍କରେ ସେ' ସନ୍ଦିହାନ ହୋଇ ବେଳେ ବେଳେ ହତୋତ୍ସାହିତ ହୋଇ ପଡୁଛି । ନାରୀ ହୋଇ ଜନ୍ମ ହେବା ତା'ର ଭାଗ୍ୟ । ସେ' ଏସବୁକୁ ବିଡ଼ମ୍ବନା ମନେ କରୁଛି ତା'ର ମୁକ୍ତିର ଗାଥା ଲେଖିବାର ଚେଷ୍ଟା କରିଛି, ଫଳସ୍ୱରୂପ ମୁଣ୍ଡ ଟେକିଛି ଏହି "ନାରୀବାଦୀ ଆନ୍ଦୋଳନ" (Feminist movemnt) ଯାହାକୁ ପାଥେୟ କରି ନାରୀର ସ୍ୱାଭିମାନ, ତା'ର ଅସ୍ମିତାର ସୁରକ୍ଷା କରିବାର ପ୍ରଚେଷ୍ଟା ହୋଇଛି । ଏହି 'ନାରୀବାଦୀ' ଆନ୍ଦୋଳନ, ବାସ୍ତବରେ ନାରୀ ସ୍ୱାଭିମାନ ଓ ସ୍ୱାଧିକାରର ଆନ୍ଦୋଳନ । ଯାହା ନିମ୍ନମତେ ଲକ୍ଷ୍ୟ କରାଯାଇପାରେ :-

(ଘ) ନାରୀ ଅସ୍ମିତାର ସଶକ୍ତ ବର୍ଣ୍ଣମାଳା: (ନାରୀବାଦୀ ଆନ୍ଦୋଳନ ପରିପ୍ରେକ୍ଷୀରେ) :-

ନାରୀ ଜୀବନ ସାତସୁରେ ବନ୍ଧା । ଏହି ସୁର-ଲୟ- ତାଳକୁ ଯଥାଯଥ ବିନିଯୋଗରେ ତା'ର ସଂସାରର ସଙ୍ଗୀତ ମୁଖରିତ ହୁଏ । ଭାଗ୍ୟର ବିଡ଼ମ୍ବନାରେ ଯଦି କେବେ ବା କଦବା ତା'ର ଯତିପାତ ବେତାଳ ହୁଏ, ସେ' ହୋଇ ପଡ଼େ ଅଲୋଡ଼ା ଅବାଂଛିତା । ତା' ପ୍ରତି କରାଯାଉଥିବା ଏହି ଉପେକ୍ଷିତ ଭାବ, ତାକୁ ପୁରୁଷ ସମାଜରେ କରେ ଗୌଣ । ଏହା କଦାପି ତା'ର ପ୍ରାପ୍ୟ ହୋଇ ନପାରେ ବରଂ ସେ' ସମସ୍ତ ସ୍ନେହ-ଶ୍ରଦ୍ଧାର ଅଧିକାରିଣୀ । ସେ' ସ୍ୱୟଂସିଦ୍ଧା-ଅନ୍ନପୂର୍ଣ୍ଣା-ବରଦା ସେ' ବାସ୍ତବରେ ମମତାମୟୀ କଲ୍ୟାଣୀ- ପ୍ରମୋଦା ।

ନାରୀବାଦୀ ଆନ୍ଦୋଳନ ବା Feminist movement ଏକ ସମ୍ମିଳିତ ଉଦ୍ୟମ । ନାରୀ ମର୍ଯ୍ୟାଦାର ସଂଘର୍ଷ । ତା'ର ସ୍ୱାଭିମାନ, ତା'ର ଅସ୍ମିତା, ତା'ର ଅଧିକାର ନିମନ୍ତେ ପୁରୁଷତାନ୍ତ୍ରିକ ସମାଜର ଅବିଚାର ବିରୁଦ୍ଧରେ ଆନ୍ଦୋଳନ । ନାରୀର ସ୍ୱପ୍ନ, ସଂଭାବନା, ମାନସିକ ସଂକଟ, ସାମାଜିକ- ବ୍ୟବସ୍ଥା, ଦାମ୍ପତ୍ୟ, ଯୌନ ଆକାଙ୍କ୍ଷା ବାରମ୍ବାର ପୁରୁଷ ଦ୍ୱାରା ବିପର୍ଯ୍ୟସ୍ତ ଲଭେ । ଏସବୁ ନାରୀର ବ୍ୟକ୍ତିଗତ ବ୍ୟାପାର । କିନ୍ତୁ , ପୁରୁଷତାନ୍ତ୍ରିକ ସମାଜ, ନାରୀକୁ ନିଜ ଅଧିନସ୍ଥ

(subject) ମନେକରି ତା'ର ଅଧିକାରକୁ ଅଯଥା ସଂକୁଚିତ କରେ । ସମସ୍ତ ଶୃଙ୍ଖଳା, ରୀତି-ନୀତି ର ଲକ୍ଷ୍ମଣରେଖା ନାରୀ ପାଇଁ । ଅଥଚ ପୁରୁଷ, ଏଠି ସୁବିଧାବାଦୀ ହୁଏ, ନାରୀ ଉପରେ ପ୍ରଭୁତ୍ୱ ଜାହିର୍ କରେ । ଏହି ପୁରୁଷକୈନ୍ଦ୍ରିକ ସମାଜ ବିରୁଦ୍ଧରେ ଜାଗରଣ ସୃଷ୍ଟି କରି ସମାଜରେ ନିଜର ସ୍ଥିତିକୁ ସୁଦୃଢ଼ କରିବା ହିଁ ଏହି ନାରୀ ଜାଗରଣ (ନାରୀବାଦ/ବାମାବାଦ) ର ମୂଳ ଲକ୍ଷ୍ୟ । ଏହା ପୁରୁଷ ବିରୁଦ୍ଧରେ ଲଢ଼େଇ ନୁହେଁ ବରଂ ପୁରୁଷ ତାନ୍ତ୍ରିକ ବ୍ୟବସ୍ଥାର ଅବିଚାର ବିରୁଦ୍ଧରେ ସମ୍ମିଳିତ ପ୍ରତିବାଦ ।

ନାରୀ, ପୁରୁଷର ସହଯାତ୍ରୀ । ତା'ର ପ୍ରତିଦ୍ୱନ୍ଦୀ ନୁହେଁ । ପୁରୁଷ ଭଳି ସମାଜରେ ତା'ର ବଳିଷ୍ଠ ଭୂମିକା ରହିଛି । ଏକ ସୁସ୍ଥ-ସମୃଦ୍ଧ ସମାଜ ଗଠନରେ ପୁରୁଷ ଭଳି ତା'ର ମଧ୍ୟ ସମାନ ଉତ୍ତର ଦାୟିତ୍ୱ ରହିଛି । ଯାହା, ପିତୃ କୈନ୍ଦ୍ରିକ (Patriarchal society) ସମାଜରେ ଉପେକ୍ଷିତ ହୋଇ ଆସୁଛି । ସ୍ୱାଧୀନ ଭାରତରେ ଲିଙ୍ଗଗତ ବୈଷମ୍ୟ ବା Gender-Inequality ଦୂର କରିବା ପାଇଁ ଉଦ୍ୟମ ହେଉଛି । କୁସଂସ୍କାର ଓ ଅନ୍ଧ ବିଶ୍ୱାସ ପୂର୍ଣ୍ଣ ସମାଜରେ ଏହି ଆଇନ୍‌ଗତ ସୁରକ୍ଷା ଓ ସଂରକ୍ଷଣ ହେବା ଯୋଗୁଁ କ୍ରମଶଃ ନାରୀମାନଙ୍କ ପ୍ରତି ହେଉଥିବା ଅବିଚାର-ଅନ୍ୟାୟ କେତେକାଂଶରେ ହ୍ରାସ ପାଇଛି । ଏପରିକି ଆମ ଭାରତୀୟ ସମ୍ବିଧାନରେ ନାରୀ ସୁରକ୍ଷା ଆଇନ୍ ଓ ଧାରା ମାନ ସଂରକ୍ଷିତ ହୋଇ ରହିଛି । ନାରୀର ସୁରକ୍ଷା ସମଗ୍ର ଦେଶ ଓ ଜାତି ପାଇଁ ମୁଖ୍ୟ, ଏ ଭାବ ନେଇ ଅନେକ ନାରୀ ସୁରକ୍ଷା ବିଧେୟକ ମାନ ସର୍ବସମ୍ମତି କ୍ରମେ ପାଶ୍ ହୋଇଛି । ଅନେକ ଆଇନ୍‌ର ସଂଶୋଧନ ହୋଇ ପୁନଃ ପ୍ରଚଳନ ହୋଇଛି । ଫଳରେ ସମାଜରେ ନାରୀ ଶିକ୍ଷା ପ୍ରତି ଆଗ୍ରହ ଦେଖା ଦେଇଛି । ନାରୀ ଶିକ୍ଷା - ଦୀକ୍ଷା ଗ୍ରହଣ କରି ଶିକ୍ଷିତ ହୋଇଛି । ତା'ର ନିଜର ନ୍ୟାର୍ଯ୍ୟଦାବୀ ହାସଲ କରିବାରେ ନିଜର ସତ୍‌ସାହାସ ଦେଖେଇଛି । ପାରିବାରିକ ହିଂସା (Domestic- violence), କର୍ମକ୍ଷେତ୍ରରେ ଅସତ୍‌ଆଚରଣ, ସମାନ କର୍ମ ପାଇଁ ସମାନ ପାରିଶ୍ରମିକ ଇତ୍ୟାଦି ମାଧ୍ୟମରେ ସମାଜ ପରିବର୍ତ୍ତନ ହେବାକୁ ବାଧ୍ୟ ହେଇଛି । ତଦ୍ୱାରା ମୁଣ୍ଡ ଟେକିଛି ପାରିବାରିକ ଅଦାଲତ ଆଇନ୍ (୧୯୮୪), ଜାତୀୟ ମହିଳା କମିଶନ ଆଇନ୍ (୧୯୯୦), ସମାନ ମଜୁରୀ ବା ପାରିଶ୍ରମିକ ଆଇନ୍ (୧୯୬୬) ଇତ୍ୟାଦି । କେତେକାଂଶରେ ନାରୀ ନିର୍ଯ୍ୟାତନାର

ହାର କାମ ହୋଇଥିବାର ମାନେ ହୁଏ । ପୁରୁଷର ହୀନ ମାନସିକତାର ପରିବର୍ତ୍ତନ ନ ହେଲେ, ଏସବୁ ପରିବର୍ତ୍ତନ ହେବ ଅସମ୍ଭବ ।

ଏ ପରିପ୍ରେକ୍ଷୀରେ ପାଶ୍ଚାତ୍ୟର ସେଣ୍ଟ ଆମରୋସଙ୍କର ମତରେ: "ଆଦାମ୍ ଶରୀର ପିଞ୍ଜରା ହାଡ଼ ଖଣ୍ଡେ ମାତ୍ର ନେଇ ଈଶ୍ୱର ଇଭ୍‌କୁ ଗଢ଼ିଲା" ଏଥିରୁ ସ୍ପଷ୍ଟ ଭାବରେ ସେଣ୍ଟ ଆମରୋସଙ୍କର ନାରୀମାନଙ୍କ ପ୍ରତି ଅସୂୟାଭାବ ବାରି ହୋଇ ପଡ଼େ । ପୁରୁଷ ସୁଲଭ ଦୃଷ୍ଟିଭଙ୍ଗୀ ନେଇ ସେଣ୍ଟଙ୍କ ଉକ୍ତିରୁ ନାରୀମାନଙ୍କ ପ୍ରତି ତାଙ୍କର ହୀନ ମାନସିକତା ବାରି ହୋଇପଡେ । ଯାବତୀୟ ଅସୂୟା-ଘୃଣା ସତ୍ତ୍ୱେ ନାରୀ ସଶକ୍ତ ହୋଇଛି ।

ନାନା ପ୍ରତିବନ୍ଧକ ସତ୍ତ୍ୱେ ଆଜି ପ୍ରତ୍ୟେକ କ୍ଷେତ୍ରରେ ନାରୀ-ପୁରୁଷ ସହ କାନ୍ଧକୁ କାନ୍ଧ ମିଶେଇ ଆଗକୁ ବଢ଼ିପାରୁଛି । କେବଳ ରାଜନୀତି କ୍ଷେତ୍ରରେ ସଂରକ୍ଷଣ, ନାରୀ ମର୍ଯ୍ୟାଦାର ସୁରକ୍ଷା କରିବାରେ ସହାୟକ କହିଲେ ଭୁଲ୍ ହେବ । ସାମାଜିକ କ୍ଷେତ୍ରରେ ମଧ୍ୟ ସମାନ ଅଧିକାର ତା'ର ପ୍ରାପ୍ୟ । କର୍ମକ୍ଷେତ୍ରରେ ନାରୀକୁ ପୁରୁଷର ସମକକ୍ଷ ପାଇଁ ଅନେକ ମୂଲ୍ୟ ଦେବାକୁ ପଡୁଛି । ଏହାସତ୍ତ୍ୱେ ନାରୀର ଆତ୍ମିକ ପରିଚିତ କେଉଁଠି ନା, କେଉଁଠି କ୍ଷୁର୍ଣ୍ଣ ହେଉଛି ସ୍ୱାଧୀନତା ପରବର୍ତ୍ତୀ ସମାଜର ରୂପରେଖ ଏତେ ମାତ୍ରାରେ କଳୁଷିତ ହୋଇଗଲାଣି, ତାହା ଭାବିଲେ ଆଶ୍ଚର୍ଯ୍ୟ ହେବାକୁ ହୁଏ । ଦିନକୁ ଦିନ ମନୁଷ୍ୟ ଅତ୍ୟାଧୁନିକ ସଂସ୍କୃତିର ମୋହରେ ଅନ୍ଧ ହୋଇ ଉଠିଛି । ଭାରତୀୟ ପରମ୍ପରାକୁ ଆଗ୍ରାହ୍ୟ କରୁଛି । ବିବାହ ଭଳି ପବିତ୍ର ସାମାଜିକ ଲୋକାଚାରକୁ ଅମାନ୍ୟ କରି ଲିଭ୍-ଇନ୍ ସଂସ୍କୃତିରେ ବଢୁଛି । ଏପରିକି ପୁରୁଷ-ପୁରୁଷ, ନାରୀ-ନାରୀ ସଂପର୍କକୁ ପ୍ରାଧାନ୍ୟ ଦେଉଛି । ଫଳରେ ଗଢ଼ି ଉଠୁଛି ନପୁଂସକ ସଂସ୍କୃତି । ଯେଉଁଠି ମାତୃତ୍ୱ, ଅପାର ଆନନ୍ଦ ଥିଲା ନାରୀ ପାଇଁ, ସେଠି ବିଡ଼ମ୍ବନାରେ ପରିଣତ ହେଉଛି । ଆପଣାର ସୌନ୍ଦର୍ଯ୍ୟହାନୀ ନକରିବା ସକାଶେ, ସରୋଗେସି ମଦର-ବିଳମ୍ବିତ ମାତୃତ୍ୱ ତଥା ଜନ୍ମ ନିୟନ୍ତ୍ରଣର ପ୍ରଦ୍ଧତି ଆପଣେଇଛି । ନିଜକୁ ସୁନ୍ଦର କରି ଗଢି ତୋଳିବା, ଅପର ଆଖିରେ ଆକର୍ଷିତ ହେବାର ପ୍ରଚେଷ୍ଟାରେ ଅନେକ ପ୍ରସାଧନ ସାମଗ୍ରୀ, ପ୍ଲାଷ୍ଟିକ, ସର୍ଜରୀ ଆଦି କରିବାକୁ ନାରୀ ପଛଉ ନାହିଁ । କ୍ରମଶଃ ନାରୀତ୍ୱର ଅବମାନନା ଘଟୁଛି । ପାଶ୍ଚାତ୍ୟର ମୋହରେ ନିଜର ସୁରକ୍ଷାକୁ ଗୁରୁତ୍ୱ ନ ଦେଇ ନାରୀ ବାର୍-ପବ୍-ଡିସ୍କୋ କ୍ଲବ୍ ଆଦିରେ ନିଜକୁ ନିୟୋଜିତ

କରୁଛି । ଫଳ ସ୍ୱରୂପ ଗଢ଼ି ଉଠୁଛି ଏକ ହିପ୍ପି ସଂସ୍କୃତି; ଯାହା ଲେସ୍‌ବିୟାନଲିଜମ୍ (lesbianism), ହୋମୋସେକ୍ସୁଆଲଟି (Home sexuality) ଏବଂ ଆଡଲଟିରି (adultery) ଆଦିକୁ ପ୍ରୋତ୍ସାହନ କରିଛି । ସମାଜର ଏ ଅବକ୍ଷୟ ଆଦୌ ଶୁଭଙ୍କରୀ ନୁହେଁ । ପାଶ୍ଚାତ୍ୟ ସଂସ୍କୃତିର ପ୍ରଭାବ ଏଥିପାଇଁ ଦାୟୀ ଅଟେ । ଜଗତୀକରଣ ଆଳରେ ମାନବିକ ମୂଲ୍ୟବୋଧର ଦହନ ହେଉଛି । ସୃଷ୍ଟି ହୋଇଛି ଏକ ଉପଭୋକ୍ତାର ସଂସ୍କୃତି ।

ସ୍ୱାଧୀନତା ପରବର୍ତ୍ତୀ ସମୟ ସମାଜରେ ଅନେକ ମୂଲ୍ୟବୋଧର ଅବକ୍ଷୟ କରିଛି । ସ୍ୱତନ୍ତ୍ରତଃ ପୁରୁଷ ପରି ନାରୀର ଜୀବନ-ଜଞ୍ଜାଳ-ଜୀବିକାରେ ଅମୂଳଚୂଳ ପରିବର୍ତ୍ତନ ପରିଲକ୍ଷିତ ହେଉଛି । ଫଳସ୍ୱରୂପ ନାନା ସଂଘାତ-ଦ୍ୱନ୍ଦ୍ୱ-ଅସୁବିଧା-ସମସ୍ୟାମାନ ନାରୀ ଜୀବନକୁ ଜଟିଳ କରି ରଖିଛି । ତଦ୍ୱାରା ନୈତିକ ସ୍ଖଳନ ଘଟୁଛି । ପାରିବାରିକ-ସାଂସାରିକ ସଂପର୍କ ଦୁର୍ବଳ ହେବାରେ ଲାଗିଛି । କେଉଁଠି ସୁନାର ସଂସାର ଚୂନା ହେଲାଣି ତ' କେଉଁଠି ଯୌତୁକ ନିଆଁରେ ନାରୀ ଜଳି ପୋଡ଼ି ଛାରଖାର ହେଲାଣି । ସାମାଜିକ ବାଛନ୍ଦରେ ଶିକାର ହୋଇ ଅନେକ ନାରୀ ଚିରକୁମାରୀ ହୋଇ ଜୀବନ କାଟିଲେଣିତ, କେଉଁଠି ସ୍ୱାମୀର ଅତ୍ୟାଚାର ସହିନପାରି ଜୀବନ ହାରିଲାଣି । କେଉଁଠି ମାତୃ ଜଠରରୁ ଲିଙ୍ଗ ନିରୂପଣ ହେଲାଣି ତ' କେଉଁଠି ନାରୀ-ଗଣ-ଦୁଷ୍କର୍ମର ଶିକାର ହେଲାଣି । ପ୍ରତିଟି କ୍ଷେତ୍ରରେ ନିର୍ଯ୍ୟାତନାର ପ୍ରାଦୁର୍ଭାବ ବଢ଼ି ବଢ଼ି ଚାଲିଛି । ନାରୀର ସୁରକ୍ଷା ପରେ ତା'ର ଶରୀରକୁ ମାଧ୍ୟମ କରି ସମାଜ ମଧ୍ୟ କ୍ରୁରତା ଦେଖେଇବାରେ ପଛଘୁଞ୍ଚା ଦେଉନାହିଁ । ବିବର୍ତ୍ତିତ ପରିବେଶ ଓ ପରିସ୍ଥିତି ଏଥିପାଇଁ ଦାୟୀ । ବେଳେବେଳେ ଜଠରଯନ୍ତ୍ରଣାର ଦାୟରେ ଯୁବତୀଟିଏ ବେଶ୍ୟାବୃତ୍ତି ଆପଣେଇଲାଣି ତ' କେଉଁଠି ଶିକ୍ଷିତ-ଯୁବତୀ ବାର୍-ବଜାରରେ ଅଶ୍ଳୀଳ ନୃତ୍ୟ କଲାଣି । ପତି-ପତ୍ନୀ ମଧ୍ୟରେ ସଂପର୍କର ମାଧୁର୍ଯ୍ୟ ଆଉନାହିଁ, ଏକ୍ସଟ୍ରା ମାରିଟାଲ ଆଫେୟାର୍ସ (Extra-marital affairs) ରେ ଭୁସୁଡ଼ିଗଲାଣି ସଂସାର । ଫଳରେ ଛାଡ଼ପତ୍ର, ପରକୀୟା ଆସକ୍ତି, ଘରୋଇହିଂସା, ଯୌତୁକ ନିର୍ଯ୍ୟାତନା, ଉପଯୁକ୍ତ ବରପ୍ରାପ୍ତ ଅଭାବରେ ଶିକ୍ଷିତା ନାରୀର ଆଜୀବନ ଅନୂଢ଼ା ହେବାର ଦୁଃଖ, ତିନିତଲାକ୍, କ୍ଷୁଧା-ଦାରିଦ୍ର୍ୟର କଷଣ, ଦାଂପତ୍ୟ-ସଂଘର୍ଷ, ବୈଧବ୍ୟ-ଅସହାୟତା, ମାତୃତ୍ୱରୁ ବଞ୍ଚିତା ନାରୀର ପୀଡ଼ା-ଗ୍ଲାନି ଆଦି ମାନସିକ ଓ ସାମାଜିକ ସଂକଟ ନାରୀକୁ

ଅବସାଦ-ଅବଶୋଷ- ଅଶାନ୍ତିର ଅମା-ଅନ୍ଧକାର ଭିତରକୁ ଠେଲିଚାଲିଛି । ଏହି ସମସ୍ୟା ଗୁଡ଼ିକ ବାସ୍ତବିକ୍ ଅଭ୍ୟନ୍ତରୀଣ ସ୍ତରରେ ନାରୀ ପ୍ରଗତିର ଅନ୍ତରାୟ ସାଜେ । ଯଦିଓ ବହୁ ସମସ୍ୟାମାନ ଲୋକଲୋଚନ ଆଢୁଆଳରେ ରହିଯାଏ ତା'ର ସମାଧାନ ହେବା ଦୂରେଥାଉ ତାହା ନାରୀ ଜୀବନକୁ ଅହରହ ଯନ୍ତ୍ରଣାରେ ଦଗ୍ଧୀଭୂତ କରାଉଥାଏ । ଯାହାଦ୍ୱାରା ନାରୀର ଶାରୀରିକ-ମାନସିକ ସୁସ୍ଥତାର ହାନୀ ଘଟେ । ସେ' ଅଯଥାରେ ଅନେକ ମାନସିକ ରୋଗ- ବିଷାଦ ବା ଋପଗ୍ରସ୍ତ, ବା, High Blood Pressure, Depression, mental disorders) ଆଦି ରୋଗରେ ଆକ୍ରାନ୍ତ ହୁଏ । ଏତଦ୍‌ବ୍ୟତୀତ ମଧୁମେହ, (Diabetes), ମସ୍ତିଷ୍କ ବାତ (Seizrure/ Mental Trauma) ଆଦି ରୋଗରେ ପୀଡ଼ିତ ହୁଏ । ନିଜର ସ୍ଥିତି ପ୍ରତି ସନ୍ଧିହାନ ଓ ସାମାଜିକ ବୈଷମ୍ୟ-ପକ୍ଷପାତିତାର ଶିକାର ହିଁ ନାରୀର ମାନସିକ ଓ ଶାରୀରିକ ସ୍ଥିତିକୁ ବିପନ୍ନ କରିପକାଏ । ଫଳରେ ତା'ର ପାରିବାରିକ-ସାମାଜିକ ଜୀବନ ଅବସାଦଗ୍ରସ୍ତ ହୋଇଯାଏ । ସେ' ଏକ ଅସନ୍ତୁଳିତ ମନୋଦଶା ଦେଇ ଗତି କରେ । ବାହାରକୁ ଖୁସି ଓ ସୁସ୍ଥ ମନେ ହେଉଥିଲେ ହେଁ ଅନ୍ତରରେ ଜର୍ଜରିତ ଥାଏ । ବିଷାଦଗ୍ରସ୍ତ ମନ ନେଇ କଣ ବଞ୍ଚି ହୁଏ ? ସେ' ଆତ୍ମହତ୍ୟାର ସିଦ୍ଧାନ୍ତ କରିବସେ । ତା'ର ଚତୁର୍ଦ୍ଦିଗ ହାହାକାର ମୟ ଲାଗେ । ସେ' ବାରମ୍ବାର ମରୁଥାଏ । ତା'ର ନିୟତି ବିରୁଦ୍ଧରେ ସେ' ଯାଇପାରେନା । ଦୁଃଖ ଦୁର୍ଦ୍ଦଶା ଭିତରେ କୁହୁଳୁଥାଏ ଅହରହ । ସେ' ଅବଶୋଷର ବହ୍ନିରେ ଜଳେ, ଅସଫଳତାର ଉହ୍ନେଇରେ କୁହୁଳୁଥାଏ ତା'ର ଅନ୍ତରାତ୍ମା ।

ସାଧାରଣ ସ୍ତର ବା ତୃଣମୂଳ ସ୍ତରରେ ନାରୀର ଜୀବନ କେତେକାଂଶରେ ଉନ୍ନତ । ସଂଭ୍ରାନ୍ତ-ଉଚ୍ଚଶିକ୍ଷିତା ନାରୀ ସବୁଥାଇ ବି' ଛଟପଟ ହେଲାବେଳେ, ଗାଉଁଲି-ନିରକ୍ଷର ନାରୀ ପ୍ରାୟତଃ ଜଠର ଯନ୍ତ୍ରଣାରେ ଜଳୁଥାଏ । ଦୁଇ ଓଳି ଦୁଇମୁଠା ଖାଇବା ଯୋଗାଡ଼ରେ ସଂଘର୍ଷ କରୁଥାଏ ।

ଟଙ୍କିକିଆ ଚାଉଳର ମୋହରେ ହେଉ ଅବା ଇନ୍ଦିରା ଆବାସ ଖଣ୍ଡେ ପାଇବାର ଆଶା ନେଇ ସକାଳୁ-ସଞ୍ଜ ଯାଏଁ ଛିଡ଼ା ହୁଏ । ପରଘରେ ପାଇଟି କରେ । ବାବୁ-ଭାୟା ଘରେ ମାଗି-ଯାଚି ଚାଲିଯାଏ ତା'ର ତମାମ୍ ବୟସ । ମଦୁଆ ସ୍ୱାମୀର ମାଡ଼-ଗାଳି ଥାଏ, ପରଘରେ ବାସନ ମାଜେ, କାମବାଲି ବାଇରେ ପରିଣତ ହୁଏ

ତା'ର ଅସ୍ତିତ୍ୱ । ସେ' ଦଇବକୁ ନିନ୍ଦେ, ଗାଳି କରେ ତା'ର ବାପ-ଦାଦୀକୁ । ସ୍ୱାମୀ ଓ ସଂସାରର ସୁଖ ମନାସେ, ବୃନ୍ଦାବତୀ ପାଖେ ଦୀପଟିଏ ହୋଇ ଜଳୁଥାଏ । ଡ. ଦିଲ୍ଲୀପ କୁମାର ସ୍ୱାଇଁଙ୍କ "ବାମା ବିମର୍ଷ" ପୁସ୍ତକରେ ସେ' ଏହି ତୃଣମୂଳ ସ୍ତରର ନାରୀ ଭିତରେ ଠାକୁରାଣୀତ୍ୱ ଅନୁଭବ କରି କୁହନ୍ତି:

"ଭାଗ୍ୟକୁ ନିନ୍ଦେ, ବାପା ଯୋଗିଣୀଖିଆ କୁ ନିନ୍ଦେ । ଚଉଳରୁ ଗୋଡ଼ି ବାଛେ । ଦୁଃଖକୁ ଭାତହାଣ୍ଡିରେ ଲୁଚେଇ ଦିଏ । ଚୁଲି ଜଳେନା-ନିଜେ ସେ' ଜଳିଯାଏ । ଦଳିତ-ନିଷ୍ପେସିତ ସ୍ତ୍ରୀ ଲୋକର ଦୁଃଖଟା ନିଆରା ।"

ଏଥିରୁ ଏହା ସ୍ପଷ୍ଟ ହୋଇଉଠେ, ନାରୀ ଜୀବନର ସମସ୍ୟା ବହୁବିଧ । ସେ' ନିୟତି ବିରୋଧରେ ଛିଡ଼ା ହୋଇପାରେନା । ସ୍ୱତନ୍ତ୍ରତଃ ନିର୍ଯ୍ୟାତିତ-ଦଳିତ-ନୀଚ ବଂଶ ନାରୀଙ୍କ ଜୀବନ ଅହେତୁକ ଯାତନାରେ ଭରା । ଯେଉଁଠି ଜଠର ଯନ୍ତ୍ରଣା ମୁଖ୍ୟ । ଯାହାର ଦାୟରେ ସେ' ଗୋତୀ ଶ୍ରମିକ ଭଳି ଜୀବନ ଜୀଇଁଥାଏ । ଅନେକ ଲୋଭିଲା ନଜରର ଶିକାର ହୁଏ । "ଗରିବ ମାଇପ ସବୁରି ଶାଳୀ" ଭଳି ଦହଗଂଜ ହୁଏ କେବଳ । ତା' ଦେହ ତା'ର ବଇରୀ ସାଜେ । ଥିଲା ବାଲାର ଶୋଷ ତା' କତିକି ଟାଣିନିଏ । ପେଟର ନିଆଁ ଜଳୁଥିବାବେଳେ, ଦେହର ଦାହ ପ୍ରଶମିତ କରୁଥାଏ ଥିଲାବାଲାର ଆଖି । ତା' ପାଇଁ ସଶକ୍ତିକରଣ ଏକ ପ୍ରହେଳିକା । ଆଦିବାସୀ ନନୀ କେନ୍ଦୁପତ୍ର ତୋଳେ, ମହୁଲ ଫୁଲ ଗୋଟାଏ । ତା'ର ବକୁଟେ ଛୁଆକୁ ପିଠିରେ ଜାକି ଜଙ୍ଗଲ ତାଡ଼େ, ମହୁଲ-ଝୁଣା ନେଇ ହାଟ ବସାଏ । ଡଙ୍ଗରରେ କି'ସୁଖ ଥାଏ କେଜାଣି ? ଦୁଃଖର ଚଦର ଘୋଡ଼ିହୋଇ ସେ' ଶୋଇପଡ଼େ ନିଶ୍ଚିତ ନିଦରେ । ପେଟର ଭୋକ ତାକୁ ବେଳ-ଅବେଳରେ ଟାଣିନିଏ ସହରକୁ । ସେ' ସାହୁକାର ପାଖେ କାମ କରେ । ଇଟା-ସିମେଣ୍ଟ ଗୋଳାଏ । କେବେ ବା' କଦବା ହୋଟେଲରେ ଅଇଁଠା ବାସନ ଧୁଏ । ରାଜନୀତିଆଙ୍କ ପଛରେ ଶୋଭାରେ ଯାଏ । ବରଯାତ୍ରୀ ଦଳରେ ଆଲୁଅ କୁଣ୍ଡ ମୁଣ୍ଡାଏ । ସବୁ ସେ'ଇ ଚ'ଖଣ୍ଡେ ପେଟର ଦାୟରେ । ମଦୁଆ-ଗଂଜୋଡ଼ ସ୍ୱାମୀ ପାଇଁ ସାବିତ୍ରୀ ଉପବାସ କରେ । କି ! ବିଡ଼ମ୍ବନା ସତେ । ସନ୍ତୁଳୁଥାଏ ନାରୀର ଜୀବନ । ଟ୍ରକ୍ ବା ଟଲିର ଡ଼ାଲାରେ ବୁହାହୁଏ ତା'ର ଜୀବନ । ଏହି ତୃଣମୂଳ ସ୍ତରର ନାରୀ ଜୀବନ-ଜିଜ୍ଞାସା ଖୁବ୍ କମ୍ ରୂପ ପାଏ ସାହିତ୍ୟରେ । ସ୍ୱାଧୀନତା ପୂର୍ବବର୍ତ୍ତୀ ହେଉ ଅବା ପରବର୍ତ୍ତୀ ପର୍ଯ୍ୟାୟକୁ ଦେଖିଲେ

ଉଚ୍ଚଶିକ୍ଷିତ ବା ସହରୀ ନାରୀର ଜୀବନ ଅନେକାଂଶରେ ଚିତ୍ରିତ ହୋଇଛି । ଆମ ଓଡ଼ିଆ କାବ୍ୟ-କବିତାରେ ଗ୍ରାମୀଣ ନାରୀର ଜୀବନର ପ୍ରତିଛବି ଯଦିଓ କୁନ୍ତଳା କୁମାରୀ, ବିଦ୍ୟୁତ୍‌ପ୍ରଭା, ମାୟାଧର ମାନସିଂହ, ରାଧାମୋହନ ଗଡ଼ନାୟକ, ନନ୍ଦକିଶୋର, ଗଙ୍ଗାଧର ଆଦିଙ୍କ କାବ୍ୟ-କବିତା ଛଳରେ ଫୁଟି ଉଠିଛି ତଥାପି ତାହା ଆଖି ଦୃଶିଆ ନୁହେଁ । ସ୍ୱାଧୀନତା ପରବର୍ତ୍ତୀ ପ୍ରୟୋଗବାଦୀ ସାହିତ୍ୟର ଧାରାରେ ପଲ୍ଲୀ ନାରୀର ସ୍ୱରୂପ ଖୁବ୍ ନଗଣ୍ୟ । ସ୍ୱାଧୀନତାର ପରବର୍ତ୍ତୀ ପର୍ଯ୍ୟାୟରେ ଶିକ୍ଷିତା-ସ୍ୱାଧୀନ ଚେତ୍ତା ନାରୀ ଜୀବନର କାରୁଣ୍ୟ ବହୁଭାବରେ ଚିତ୍ରିତ ହୋଇଛି । ସମୟର ଆହ୍ୱାନରେ ମନୁଷ୍ୟ ଯେପରି ଭାବେ ପ୍ରେରିତ ହୋଇଛି ତଦନୁପାତରେ ନଗର କୈନ୍ଦ୍ରିକ ମନସ୍ତତ୍ତ୍ୱର ଚିତ୍ର ହିଁ ଫୁଟି ଉଠିଛି । ତେଣୁ, ଏହି ନାରୀ ମନୋସ୍ତତ୍ତ୍ୱ ମୁଖ୍ୟତଃ ସହରୀ ଜୀବନଯାତ୍ରାକୁ ନେଇ କିଭଳି ପରିବର୍ତ୍ତିତ ହୋଇଛି ସେ'ସଂପର୍କରେ ଅଧିକରୁ ଅଧିକ ଆଲୋଚନା ହେବା ଆବଶ୍ୟକ । ଏଠି ଶିକ୍ଷିତା, ସହରୀ ସ୍ୱାଧୀନ ଚେତ୍ତା ନାରୀ ହିଁ ପ୍ରତିନିଧିତ୍ୱ କରିବାର ଦୃଷ୍ଟିଗୋଚର ହୁଏ । ତେଣୁ, ଦେଖିବାକୁ ଗଲେ, ଓଡିଶାର କାବ୍ୟ-କବିତା ବା ସାହିତ୍ୟରେ ଏହି ନାରୀବାଦୀ ଚେତନା (Feminist concept) ସେତେମାତ୍ରାରେ ଲୋକପ୍ରିୟ ହୋଇପାରିନାହିଁ । ପାଶ୍ଚାତ୍ୟ ଦେଶମାନଙ୍କରେ ତାହା ଯେଉଁ ହାରରେ ପ୍ରକଟିତ ହୋଇଛି, ଭାରତୀୟ ସାହିତ୍ୟରେ ତଦନୁପାତରେ ପ୍ରସିଦ୍ଧି ଲାଭ କରିପାରିନାହିଁ । ଯଦିଓ ନାରୀର ଶରୀରକୁ ପ୍ରାଚୀନ ସାହିତ୍ୟ ଠାରୁ ମଧ୍ୟଯୁଗ ସାହିତ୍ୟ ପର୍ଯ୍ୟନ୍ତ ରାଶି-ରାଶି କବ୍ୟଚର୍ଚ୍ଚା ଦେଖିବାକୁ ମିଳେ । ତା'ର ଅନ୍ତର୍ଦହନ ପୀଡାକୁ ନେଇ ହାତଗଣତି ଲେଖା ଦୃଷ୍ଟିଗୋଚର ହୁଏ ।

ଏ ପରିପ୍ରେକ୍ଷୀରେ ଦେଖିବାକୁ ଗଲେ, ସାଧାରଣ ନାରୀ ବିଶେଷତଃ ଆଦିବାସୀ (ପଛୁଆ ବର୍ଗ) ନାରୀମାନଙ୍କର ସ୍ଥିତି ଦୁର୍ବଳ । ସମାଜରେ ପରିବାରରେ ଯେଉଁ ଅନୁସାରେ ଦଳିତ ମହିଳାଟିଏ ତା'ର ସ୍ଥିତି ଓ ସାମର୍ଥ୍ୟ ଜାହିର୍ କରିବାର କଥା । ସେହି ଅନୁସାରେ କରିପାରୁନାହିଁ । ଫଳରେ ସେ' ହେଉଛି ଅବହେଳା, ପକ୍ଷପାତିତା ଓ ନିର୍ଯ୍ୟାତନାର ଶିକାର । ସେ' ନିଜ ଜଙ୍ଗଲ ଜମିରୁ ବିସ୍ଥାପିତ ହେଉଛି । ସ୍ୱାମୀ ଦ୍ୱାରା ନିଷ୍ପେସିତ ହେଉଛି, ଅଭାବ-ଅସୁବିଧାରେ ପଡ଼ି ଜମି ମାଫିଆ, କଣ୍ଟ୍ରାକ୍ଟର ଏବଂ ସାହୁକାର ହାତରେ ପଡ଼ି ବହୁ ଦୁର୍ଦ୍ଦଶା ଭୋଗ କରୁଛି । ତା'ର ଜୀବନ ହେଉଛି ନାନା ଅତ୍ୟାଚାର- ଅନ୍ୟାୟର ଲୀଳାଭୂଇଁ ।

ବାସ୍ତବରେ ଏହି ଦଳିତ-ନିରୀହ ଆଦିବାସୀ ନାରୀ ଅନେକାଂଶରେ ଦୁର୍ବଳ । ଏପରିକି ସେ' ସରକାରୀ ସୁଫଳରୁ କୌଣସି ସୁବିଧା ପାଇପାରୁନାହିଁ । ଅଶିକ୍ଷିତ-ନୀରିହ ଆଦିବାସୀ ନାରୀ ସହରକୁ ଯାଉଛି ଦାଦନ ଖଟିବାକୁ । ବନାଞ୍ଚଳ କମ୍ପାନୀର ଅଧୀନରେ କାମ କରୁଛି । କେତେବେଳେ ମେଟାଲ ଗୋଟାଉଛି ତ' କାଜୁ ଫ୍ୟାକ୍ଟରୀ-ପାଉଁରୁଟି ଭଳି ଗ୍ରାମୀଣ କାରଖାନା ମାନଙ୍କରେ ଅକ୍ଳାନ୍ତ ପରିଶ୍ରମ କରୁଛି । ଅଥଚ ଜୀବନ ବଦଳୁନାହିଁ । ଏହି ନିରୀହ ଆଦିବାସୀ ମହିଳାଙ୍କ ମନୋଦଶା ଆମ ସାହିତ୍ୟରେ ଫୁଟି ଉଠୁନାହିଁ । ଏପରିକି ପୁରୁଷ ସମାଜର ଅସହଯୋଗ ସତ୍ତ୍ୱେ ନାରୀ ତା' ଜୀବନ ଯୁଦ୍ଧରେ ହାରିଯାଇ ନାହିଁ । ବରଂ ସେ' ଆହୁରି ସଂକଳ୍ପବଦ୍ଧା ହୋଇଛି । ଏ ହେଉଛି ନାରୀର ସାମର୍ଥ୍ୟର କଥା । ସଭ୍ୟତାର ଆଲୋକରେ ସେ' ଆଲୋକିତ ହେଉଛି । ବହୁ ସୁବିଧା-ସୁଯୋଗ, ସରକାରୀ ଋଣ ଆଦିର ସାହାଯ୍ୟ ନେଉଛି । ସେ' ହାର୍ ମାନିନାହିଁ । ବରଂ ନିଜର ହାତ ତିଆରି କ୍ଷୁଦ୍ରଶିଳ୍ପର ସାହାଯ୍ୟରେ, ସରକାରୀ ଯୋଜନାରୁ ରିହାତି ପାଇ ସ୍ୱୟଂ ସହାୟକ ଗୋଷ୍ଠୀ (SHGC) Group ମାଧ୍ୟମରେ ଆର୍ଥିକ କ୍ଷେତ୍ରରେ ସ୍ୱାବଲମ୍ବୀ ହୋଇଛି । ଗ୍ରାମୀଣ ନାରୀ ଆଜି ସଶକ୍ତ ହୋଇଛି । ଅନ୍ନପୂର୍ଣ୍ଣା ଯୋଜନା, ଆଶା ସେବିକା-କର୍ମୀ ଭାବରେ ଯୋଗଦାନ କରୁଛି । ଅର୍ଥ ପାଇଁ ଆଉ ତାକୁ ବାରଦୁଆର ହେବାକୁ ପଡୁନାହିଁ । ନିଜ ସନ୍ତାନ, ପରିବାର ପାଇଁ ସେ, ଦୁଇଓଳା ଖାଇବା ଯୋଗାଡ଼ କରିପାରୁଛି । ପିଲାମାନଙ୍କୁ ଶିକ୍ଷାଦାନ କରାଇପାରୁଛି । ଆପଣା ସୁଖ-ଦୁଃଖରେ ଭାଗୀ ହେଉଛି । ଦେଖିବାକୁ ଗଲେ କେତେକାଂଶରେ ନାରୀର ଜୀବନ-ଜୀବିକା ସ୍ୱାଧୀନତା ପରବର୍ତ୍ତୀ ପର୍ଯ୍ୟାୟ ବେଳକୁ ସଶକ୍ତ ହେବାରେ ଲାଗିଛି ।

ଏପରିକି ନାରୀମାନଙ୍କୁ ଆର୍ଥିକ ଦୃଷ୍ଟିରୁ ସଶକ୍ତ କରିବା ପାଇଁ ସରକାରୀ ସ୍ତରରେ ପ୍ରୋତ୍ସାହନ ମିଳୁଛି । ସରକାରଙ୍କର ନାରୀ ସୁରକ୍ଷା ମନ୍ତ୍ରଣାଳୟ ତରଫରୁ ଅନେକ ଯୋଜନା ଅଧୀନସ୍ଥ 'ମିଶନଶକ୍ତି', 'ଉଜ୍ଜ୍ୱଳା ଯୋଜନା', 'ବସୁଧା ଯୋଜନା', 'ଯଶୋଦା ଯୋଜନା', 'ସୁଭଦ୍ରା ଯୋଜନା' ଆଦି ମାଧ୍ୟମରେ ନାରୀ ଜୀବନର ଦୁର୍ବିପାକ ବହୁଭାବରେ ଦୂର ହେଇପାରିଛି । ସହରୀ ନାରୀ ହେଉ ଅବା ଗ୍ରାମୀଣ-ପଲ୍ଲୀ ନାରୀ ଅବା ଆଦିବାସୀ ଅଧୁଷିତ ନାରୀ ସବୁରି ଜୀବନରେ ଊଣା

ଅଧିକ ନକରାତ୍ମକତା ଦୂର ହେଇଛି । ଯଦିଓ ଶିକ୍ଷିତା ନାରୀ ଅନେକାଂଶରେ ତା'ର ସ୍ଥିତିକୁ ବିପନ୍ନ ହେବାରୁ ରକ୍ଷା କରିପାରୁଛି, ତା' ଅର୍ଥ ନୁହେଁ ଯେ' ଗ୍ରାମୀଣ ନାରୀ କୌଣସି ଗୁଣରେ ନ୍ୟୁନ ନୁହେଁ । ଆର୍ଥିକ ସ୍ଥିତି ମଧ୍ୟ ତା'ର ସ୍ୱଚ୍ଛଳ ହୋଇଛି । ଆପଣାର ସୁଖ-ଦୁଃଖରେ ସେ' ଭାଗୀଦାର ହେଉଛି ।

ମୁଖ୍ୟତଃ ସହରୀ-ଶିକ୍ଷିତା-କର୍ମଜୀବୀ ମହିଳାଙ୍କ ସଫଳତା-ବିଫଳତା, ପ୍ରାପ୍ତି-ଅପ୍ରାପ୍ତି, ପାପ-ପୁଣ୍ୟର ଗାଥା ଓଡ଼ିଆ କବିତାରେ ବହୁ ଭାବରେ ଚିତ୍ରିତ ହୋଇଛି । ଏଠି ଗ୍ରାମୀଣ-ଆଦିବାସୀ ଜନ ଜୀବନରେ ନାରୀମାନଙ୍କର ସଂଘର୍ଷର ଇତିହାସ ଏକ । ପୁରୁଷକୈନ୍ଦ୍ରିକ ସମାଜ କାହିଁ କେଉଁ କାଳରୁ ନାରୀର ଇଚ୍ଛା- ଆକାଙ୍କ୍ଷା-ଅଧିକାର ସଂକୁଚିତ କରିଆସିଛି । ତେଣୁ ସବୁ ସ୍ତରର ମହିଳାଙ୍କ ସଂଘର୍ଷ, ସମସ୍ୟା ଏବଂ ଅସ୍ମିତାର ଚିତ୍ର ସମାନ କହିଲେ ଅତ୍ୟୁକ୍ତି ହେବ ନାହିଁ । ଯୁଗ-ଯୁଗରୁ ସମାଜର ପକ୍ଷପାତିତାର ଶୀକାର ହୋଇ ଆସିଛି ନାରୀ । ଯଦିଓ ପରିବର୍ତ୍ତନ ଘଟିଛି ନାରୀର ସ୍ଥିତି ଆହୁରି ବଳିଷ୍ଠ ହୋଇଛି । ତଥାପି, ଆବଶ୍ୟକସ୍ଥଳେ ନାରୀ ତା'ର ଅସ୍ମିତାକୁ ପ୍ରଦର୍ଶନ କରିଛି । ଆଇନ୍‌ଗତ ସହାୟତା ନେଇଛି, ସରକାରୀ ଯୋଜନାମାନଙ୍କର ସହଯୋଗ ପାଇଛି । ଜଗତୀକରଣ ପରିପ୍ରେକ୍ଷୀରେ ବଜାରୀକରଣ ବ୍ୟବସ୍ଥା ନାରୀକୁ ପରୋକ୍ଷରେ ତା'ର ଅଧୀନସ୍ଥ କରିଛି । କିନ୍ତୁ ଦେଖାଯାଏ ଅର୍ଥଲାଳସା ପ୍ରବୃତ୍ତି ନାରୀକୁ ବିଜ୍ଞାପିତ କରିଛି । ତା'ର ସୌନ୍ଦର୍ଯ୍ୟକୁ ବ୍ୟବହାର କରୁଛି । କେବଳ ବହୁରାଷ୍ଟ୍ରୀୟ କଂପାନୀ ନୁହେଁ ଏପରିକି ବାଙ୍‌ମୟ କଳା ଜଗତ ମଧ୍ୟ ନାରୀ ଲାବଣ୍ୟକୁ ମାଧ୍ୟମ କରି ବହୁ ପତ୍ର, ପତ୍ରିକାର ପ୍ରଚ୍ଛଦପଟର ଶ୍ରୀବୃଦ୍ଧି କରନ୍ତି । ଏସବୁର ମାନେ ସେଇ ଶସ୍ତା-ପ୍ରଚାରଧର୍ମିତା (publicity) । ଏପରିକି ବହୁ କ୍ଷେତ୍ରରେ ନାରୀର ଅମର୍ଯ୍ୟାଦା କରିବାକୁ ମଧ୍ୟ ସ୍ଥଳବିଶେଷରେ ପଛାଉ ନାହାନ୍ତି । ପୁରୁଷ ଚକ୍ଷୁରେ ତନ୍ୱୀ-ସୁନ୍ଦରୀ-ଗୌରାଙ୍ଗୀରେ ମର୍ଯ୍ୟାଦା ଢ଼େର ବେଶୀ । ନାରୀ ଏହି ଆକର୍ଷଣର ଘୋଡ଼ା ଦୌଡ଼ରେ ଏଭଳି ମୋହଗ୍ରସ୍ତା ହୋଇ ପଡ଼ିଛି, ତାହା ବାସ୍ତବିକ୍ ଅତି ପରିତାପର ବିଷୟ । ନାରୀ ଜୀବନ- ଉଚ୍ଛୃଙ୍ଖଳତାର ସୀମା ଲଂଘନ କରିଛି । ପୁରୁଷର ସମକକ୍ଷା ହେବାକୁ ତା'ର ଏହି ପ୍ରତିଦ୍ୱନ୍ଦିତା ତାକୁ ସ୍ୱେଚ୍ଛାଚାରିଣୀ କରିଛି । ସେ' ତା'ର ପରିବାର ଓ ସମାଜ ପ୍ରତି କର୍ତ୍ତବ୍ୟ ଓ ଦାୟବଦ୍ଧତାକୁ ବିସ୍ମରି ଯାଉଛି । ଏକଥା ସ୍ୱୀକାର କରିବାକୁ ହେବ ଯେ' ଏହି ଲିଙ୍ଗଗତ ବୈଷମ୍ୟ, ସମାଜ ପ୍ରଗତିର

ଅନ୍ତରାୟ କିନ୍ତୁ ଲିଙ୍ଗଗତ ବିଶୃଙ୍ଖଳତା ସମାଜକୁ ଅଧୋପତନ ଆଡକୁ ଟାଣିନେବାରେ ସହାୟକ ହେବ ଏ କଥା ମଧ୍ୟ ନିରାଟ ସତ୍ୟ ।

ନାରୀଶିକ୍ଷା ଫଳରେ ଯେଉଁ ଆର୍ଥିକ-ସାମାଜିକ ସଂକଟ ଦୂର ହେଇଛି ତାହା, ସମାଜ ପାଇଁ ଉତ୍ତମ । ମହିଳାଙ୍କ ଶିକ୍ଷା କ୍ଷେତ୍ରରେ ହେଉ ଅବା ରାଜନୀତି କ୍ଷେତ୍ରରେ ଲାଗୁ ହେଉଥିବା ସଂରକ୍ଷଣ ଅତ୍ୟନ୍ତ ଉତ୍ସାହପ୍ରଦ ପଦକ୍ଷେପ । ସାମ୍ବିଧାନିକ ବ୍ୟବସ୍ଥାରେ ଆଇନ୍‌ଗତ ସୁରକ୍ଷା ନାରୀକୁ ସଶକ୍ତ କରିଛି । Article-15 ବା (ଧାରା-୧୫-) ଅନ୍ତର୍ଗତ ଲିଙ୍ଗଗତ ବୈଷମ୍ୟର ଉଚ୍ଛେଦ ହେଉ ଅବା (୧) Article-16 (ଧାରା-୧୬) ନିୟମ ଅନୁଯାୟୀ 'ସମାନ ନିଯୁକ୍ତି' ଏବଂ ଧାରା-39(d) ଅନୁଯାୟୀ 'ସମାନ କର୍ମ ପାଇଁ ସମାନ ପାରିଶ୍ରମିକ' ସ୍ୱତନ୍ତ୍ର ବ୍ୟବସ୍ଥାମାନ ରହିଛି । ଏପରିକି 354 (A) ପେନାଲ କୋର୍ଡ଼ ଭାରତୀୟ ପିଙ୍ଗଳ ବିଧି-(ଶୋଷଣ ଧାରା) ଅନୁସାରେ:

"Every women should lead a life of respect, equality and decency, free from any form of fear, force, violence or discriminaration Arcitle 21 says every citizen including women is entittled to the right to life and dignity."

ଜୀବନ ଜୀଇଁବାର ସମସ୍ତଙ୍କର ଅଧିକାର ଅଛି । ବିଶେଷତଃ ନାରୀ ପାଇଁ ଅନେକ ସାମ୍ବିଧାନିକ ଆଇନ୍-କାନୁନ୍ ପ୍ରଣୟନ ହୋଇଛି । ଅତି ଦୁର୍ଭାଗ୍ୟର ବିଷୟ, ଏସବୁ ଥାଇ ମଧ୍ୟ ନାରୀ ଆଜି ଅନେକାଂଶରେ ନିଜ ଅଧିକାର ପ୍ରତି ଉଦାସୀନ ହୋଇ ପଡୁଛି । ଲୋକଲଜ୍ଜା, ସାମାଜିକ ପ୍ରତିପତ୍ତି ନଷ୍ଟ ହେବା ଭୟରେ ନିଷ୍ପେଷିତା ହୋଇ ବଞ୍ଚୁଛି । ନାରୀ ହିଂସା ବିରୋଧରେ ପ୍ରଣୟନ ହୋଇଥିବା 'The violence against women (VAWA)' ଆଇନ୍ ଅନୁସାରେ ନାରୀକୁ ସୁରକ୍ଷା ଦିଆଯାଉଛି । ଏପରିକି ଏହା ଅନେକାଂଶରେ (Cost efective response) ବା ସୁଲଭ ଯାହା, ପାରିବାରିକ ହିଂସା (Domestic Violence) ଯୌନ ଉତ୍ପୀଡ଼ନ (Sexual - assault) ଆଦିରୁ ସୁରକ୍ଷା ଦେବାରେ ସହାୟକ ହେଉଛି । Article-15 ବା ଧାରା-୧୫ ଅନ୍ତର୍ଗତ ଅନୁଯାୟୀ: "The state shalln't discriminate agianst any citizen of India on the group of sex."

ନାଗରିକଙ୍କ ଅଧିକାର ଆଧାରରେ ନାରୀର ମଧ୍ୟ ସମାନ ଭାବରେ ଦେଶରେ ବଞ୍ଚିବାର ଅଧିକାର ରହିଛି । ମୌଳିକ ଅଧିକାର ସମସ୍ତଙ୍କର ପ୍ରାପ୍ୟ । କହିବାର ଅଧିକାର ବା ଭାବପ୍ରକାଶ ଅଧିକାର ନାରୀର ମଧ୍ୟ ଅଛି । ସମସ୍ତ ଅଧିକାର ଥିବା ସତ୍ତ୍ୱେ ନାରୀର ଅଧିକାର ବହୁ କ୍ଷେତ୍ରରେ କ୍ଷୁର୍ଣ୍ଣ ହେବାରେ ଲାଗେ । ତା'ର ଇଚ୍ଛା-ଅନିଚ୍ଛା ସଂକୁଚିତ ହୁଏ । ନାରୀ ସଶକ୍ତିକରଣ ଧାରା-୨୦୦୧ ବା "Women's empowement act-2001" ଅନୁଯାୟୀ: "All measures will be taken to quarantee women eqyal acess to and ful participation in decission making bodies at every level, includeing the legistlative, executive, judicial, corporate, statutory bodies as also advisory commissions, committees boards, trusts etc."

ଏଥିରୁ ସ୍ପଷ୍ଟ ଅନୁମାନ କରାଯାଏ, ସଂବିଧାନ ଧାରା ଆଦେଶରେ ନାରୀ ସୁରକ୍ଷାକୁ ଅଗ୍ରାଧିକାର ଦିଆଯାଇଛି । ନାରୀର ଅଧିକାରକୁ ଅକ୍ଷୁର୍ଣ୍ଣ ରଖିବାର ପ୍ରଚେଷ୍ଟାରେ ଆଇନ୍-କାନୁନ୍ ରହିଛି । ତଥାପି, ନାରୀ ଅନେକ ସମସ୍ୟା ଦେଇ ଗତି କରେ । ଏ କ୍ଷେତ୍ରରେ ସହରୀ ଶିକ୍ଷିତା ନାରୀ ମଧ୍ୟ କିଛି କମ୍ ଦୁର୍ଦ୍ଦଶା ଦେଇ ଗତି କରୁନାହିଁ । ନାରୀ ସଶକ୍ତ ହେଇଛି, ବହୁ କ୍ଷେତ୍ରରେ ନିଜ ଅଧିକାର ସଂପର୍କରେ ସଚେତନ ହୋଇଛି । କୁହାଯାଏ, ନାରୀ ସଶକ୍ତ ହେବା ଅର୍ଥ: "Women's empowerment can't be defined to promoting women's sense of selfiworth, their ability to determine their own choices , and their right to influence social change for them selvess and others."

ଭାରତୀୟ ମୂଲ୍ୟବୋଧ ନାରୀଶକ୍ତିର ନିରାଜନର ବିଶ୍ୱାସ କରେ । ନାରୀ ମର୍ଯ୍ୟାଦାର ହାନୀ, ସମାଜ ସମୃଦ୍ଧିରେ ଏକ ବିରାଟ ଅନ୍ତରାୟ ବୋଲି ବୁଝିବାକୁ ହେବ । ରାଜା ରାମମୋହନ ରାୟଙ୍କ ଠାରୁ ଆରମ୍ଭ କରି ସ୍ୱାମୀ ବିବେକାନନ୍ଦ, ଆଚାର୍ଯ୍ୟ ବିନୋବା ଭାବେ, ଈଶ୍ୱରଚନ୍ଦ୍ର ବିଦ୍ୟାସାଗରଙ୍କ ପର୍ଯ୍ୟନ୍ତ ଅନେକ ସମାଜ ସଂସ୍କାରଙ୍କ ସମାଜରୁ ଅନ୍ଧବିଶ୍ୱାସ ଦୂର କରି ନାରୀ ଶିକ୍ଷା - ନାରୀ ପ୍ରଗତିର ବାର୍ତ୍ତା ଦେଇଥିଲେ ।

ନାରୀର ପଦମର୍ଯ୍ୟାଦାର ସୁରକ୍ଷା ସମାଜ ହାତରେ ନ୍ୟସ୍ତ ଥିଲା । କ୍ରମଶଃ ସମାଜର ଚିନ୍ତାଧାରା ପରିବର୍ତ୍ତନ ଘଟିଛି । ନାରୀକୁ ପୁରୁଷ ପରି ସମାନ ଭାବରେ

ନିଯୁକ୍ତି ଦେବାଠାରୁ ଆରମ୍ଭ କରି ତା'ର ମାତୃତ୍ୱର ସୁରକ୍ଷା ନିମନ୍ତେ ସମ୍ବିଧାନରେ ବହୁ ଧାରା ବୈଧ କରାଯାଉଛି । ଏପରିକି (Maternity Relief) ଆଧାରରେ (୧୯୬୧) ଧାରା ଅନ୍ତର୍ଗତ କର୍ମସଂସ୍ଥାନରୁ ୬ ମାସ ଅବଧି ପର୍ଯ୍ୟନ୍ତ ବିଶ୍ରାମ ଜନିତ ଛୁଟି ମିଳିବାର ସୁବିଧା ରହିଛି । ଯାହା ପାରିଶ୍ରମିକ ଜନିତ ଛୁଟି ଭାବରେ ଗ୍ରହଣ କରାଯାଏ । ଏପରିକି, ଓଡ଼ିଶା ସରକାରଙ୍କ ଦ୍ୱାରା ସମସ୍ତ ସରକାରୀ କର୍ମଚାରୀ ମୁଖ୍ୟତଃ ମହିଳାମାନଙ୍କ ପାଇଁ ୨୫ ଗୋଟି ସାମୟିକ ବିରତି ବା ଛୁଟି (C.L) କୁ ବୈଧ କରାଯାଇଛି । ନିକଟ ଅତୀତରେ, ଋତୁସ୍ରାବକାଳୀନ ଅସୁସ୍ଥତା ପାଇଁ ସରକାର ପ୍ରତି ମାସରେ ଗୋଟିଏ ଦିନ ଅଧିକା ଛୁଟି ନବାର ଅଧିକାର ଦେଇଛନ୍ତି ।

ଉପରୋକ୍ତ ସମସ୍ତ ଆଇନ୍‌ଗତ ସୁରକ୍ଷା ପୁରୁଷ ପାଇଁ ନୁହେଁ, ନାରୀମାନଙ୍କ ନିମନ୍ତେ ଉଦ୍ଦିଷ୍ଟ । ଯ'ଦ୍ୱାରା ନାରୀ-ପୁରୁଷ ସହିତ ସମକକ୍ଷ ହେଇ ସମାଜରେ ଜୀବନ ଯାପନ କରିପାରୁଛି । ୧୯୯୨ ମସିହାରେ ସରକାରଙ୍କ ଦ୍ୱାରା ନାରୀର ସୁରକ୍ଷା ଉଦ୍ଦେଶ୍ୟରେ ମହିଳା କମିଶନ (Natinal commission for women) ଗଠନ କରାଯାଇଛି । ଯାହା, ନାରୀର ନ୍ୟାୟଗତ ସଂଗ୍ରାମରେ ସହାୟକ ହେଉଛି । ଏପରିକି କନ୍ୟାସନ୍ତାନଙ୍କ ପାଇଁ ଜାତୀୟ ଯୋଜନା (The National Plan of Action for the Gril child 1991-2000) ମାଧ୍ୟମରେ କନ୍ୟାମାନଙ୍କ ସୁରକ୍ଷା ଓ ବିକାଶ କ୍ଷେତ୍ରରେ ସହାୟତା ଯୋଗାଇ ଦିଆଯାଉଛି । ଏପରିକି ତାଙ୍କର ଉଜ୍ଜ୍ୱଳ ଭବିଷ୍ୟତ ପାଇଁ କନ୍ୟାଧନ ଯୋଜନା ମାନ ମଧ୍ୟ ପ୍ରବର୍ତ୍ତନ ହୋଇଛି । ଗ୍ରାମାଞ୍ଚଳ ମାନଙ୍କରେ ଗଢ଼ି ଉଠିଥିବା "ଅଙ୍ଗନୱାଡ଼ି" କେନ୍ଦ୍ର ଅଧୀନସ୍ଥ ଯଶୋଦା ଯୋଜନା ଅନ୍ତର୍ଗତ କନ୍ୟା ସନ୍ତାନ ପ୍ରସବରେ ୫୦୦୦ ରାଶି ପ୍ରଦାନ କରାଯାଉଛି । ଏତଦ୍‌ବ୍ୟତୀତ ସରକାରଙ୍କ ଦ୍ୱାରା "One stop destination (Sakhi)" ବା 'ସଖୀ' ମାଧ୍ୟମରେ ଯେ'କୌଣସି ହିଂସା-ଉତ୍ପୀଡ଼ନ-ଶୋଷଣ ବିରୁଦ୍ଧରେ ନ୍ୟାୟଗତ-ନିଶୁଳ୍କ ସୁରକ୍ଷା ପ୍ରଦାନ କରାଯାଉଛି । ବାର୍ଦ୍ଧକ୍ୟଭତ୍ତା, ସୁଲଭ ଶୌଚାଳୟ ଯୋଜନା-ସର୍ବଶିକ୍ଷା କାର୍ଯ୍ୟକ୍ରମ, ଏବଂ ଆସନ୍ନ ପ୍ରସବା ମା' ମାନଙ୍କର ସମସ୍ତ ଚିକିତ୍ସା ଆଦିକୁ ବିନା ଅର୍ଥରେ ମୁକ୍ତ ଭାବରେ ପ୍ରଦାନ କରାଯାଉଛି । ଏପରିକି ମହିଳାମାନଙ୍କୁ ଦିଆଯାଉଥିବା ସୁବିଧା-ସଂରକ୍ଷଣ ଓ ସହାୟତା ମାଧ୍ୟମରେ ନାରୀ ଜାତିର ଆର୍ଥିକ-ସାମାଜିକ ସ୍ଥିତିକୁ ବଳିଷ୍ଠ କରିବାର ପ୍ରଯତ୍ନ ହେଉଛି । ଏ ସବୁ ନାରୀ ଜୀବନର

ସମୃଦ୍ଧି ନିମନ୍ତେ ସରକାରୀ ସ୍ତରରେ ପ୍ରୋତ୍ସାହନ କରାଯାଉଛି । ନାରୀକୁ ସଶକ୍ତ - ସୁଦୃଢ଼ କରେଇବା ପଛରେ ଅନେକାଂଶରେ ସମାଜର ପରିବର୍ତ୍ତିତ ଦୃଷ୍ଟିକୋଣ ଦାୟୀ ବୋଲି ଧରିନେବାକୁ ହୁଏ ।

ଯଦ୍ଦ୍ୱାରା ତୃଣମୂଳ ସ୍ତରର ନାରୀମାନଙ୍କ ମନୋବଳ ବୃଦ୍ଧିପାଉଛି । ସରକାର ଦ୍ୱାରା ଉଦ୍ଦିଷ୍ଟ ସମସ୍ତ ଯୋଜନା, ନାରୀ ସଶକ୍ତିକରଣରେ ସହାୟ ହୋଇଛି କହିଲେ ଭୁଲ୍ ହେବ ନାହିଁ । କେନ୍ଦ୍ର ଓ ରାଜ୍ୟ ସରକାରଙ୍କ ମିଳିତ ପ୍ରୟାସରେ ଏକାଧିକ ଉନ୍ନୟନ ମୂଳକ ଯୋଜନା ମାନ ନାରୀ ସୁରକ୍ଷା କ୍ଷେତ୍ରରେ ପ୍ରଶଂସନୀୟ ଉଦ୍ୟମ କରିଛି । ସ୍ୱୟଂ ସହାୟିକା ଗୋଷ୍ଠୀ ଗଠନ କ୍ଷେତ୍ରରେ ପ୍ରଶଂସନୀୟ ଉଦ୍ୟମ ଦେଖିବାକୁ ମିଳିଛି । ସ୍ୱୟଂ ସହାୟିକା ଗୋଷ୍ଠୀ ଗଠନ ଠାରୁ ଆରମ୍ଭ କରି- ସ୍ୱୟଂସିଦ୍ଧା ଯୋଜନା- ମହିଳା ସମୃଦ୍ଧି ଯୋଜନା, 'ସୀମିତ ଋଣ ଯୋଜନା', 'କନ୍ୟା ସନ୍ତାନ ଜନ୍ମ' ଉପଲକ୍ଷେ ସହାୟତା ରାଶି ଆଦି ସମାଜରେ ନାରୀର ସ୍ଥିତିକୁ ବହୁ ଭାବରେ ସୁଦୃଢ଼ କରିପାରିଛି । ଫଳରେ ନାରୀର ଅସୁରକ୍ଷା ଭାବ, ଭୟ, ତା'ର ଦୁର୍ଦ୍ଦଶା, ଗ୍ଲାନି, ଶୋଷଣ ଆଦିରୁ ତାକୁ ବଞ୍ଚେଇ ରଖିବାରେ ମୁଖ୍ୟ ଭୂମିକା ଗ୍ରହଣ କରିଛି । ନାରୀ ସଶକ୍ତ ହେଲେ ସମାଜ ହେବ ପ୍ରଗତିମୁଖୀ । ଏଣୁ ସମାଜର ତଥାକଥିତ ରଢ଼ିବାଦୀ ମନୋବୃତ୍ତିରେ ଅନେକ ପରିବର୍ତ୍ତନ ମଧ୍ୟ ଦେଖିବାକୁ ମିଳୁଛି ।

କିନ୍ତୁ ଦେଖାଯାଏ, ଜଗତୀକରଣର ପରିପ୍ରେକ୍ଷୀରେ ନାରୀକୁ ବ୍ୟବସାୟ ବୃଦ୍ଧିର ମାଧ୍ୟମ ଭାବରେ ଚିତ୍ରିତ କରାଯାଉଛି । ମୂଳତଃ ନାରୀ, ଶୃଙ୍ଗାର ଓ ସୌନ୍ଦର୍ଯ୍ୟର ପ୍ରତୀକ ଭାବରେ ବିବେଚିତ ହୋଇ ଆସିଛି । ବହୁ ରାଷ୍ଟ୍ରୀୟ କଂପାନୀ ତାଙ୍କ ମନାଫା ପାଇଁ ନାରୀକୁ ଏହାର ମାଧ୍ୟମ ଭାବରେ ବ୍ୟବହାର କରି ଚାଲିଛନ୍ତି । ଭାରତୀୟ ନାରୀ ଆତ୍ମିକ ଶୃଙ୍ଖଳାକୁ ବିଶ୍ୱାସ କରୁଥିବା ବେଳେ ଏହି ପାଶ୍ଚାତ୍ୟ କଂପାନୀମାନ ତାକୁ ବହିର୍ମୁଖୀ କରିବାର ପ୍ରଚେଷ୍ଟାରେ ଉଦ୍ୟମରତ । ନାନା ଆଳରେ ପ୍ରଲୁବ୍ଧ କରି, ତା'ର ଶରୀରକୁ ଉପଜୀବ୍ୟ କରି ତାଙ୍କର ଉପଭୋକ୍ତା (customer)ଙ୍କୁ ଆକୃଷ୍ଟ କରୁଛନ୍ତି । ପରୋକ୍ଷରେ ଏହା ନାରୀକୁ ଶୋଷଣ କରି ଆପଣାର ସ୍ୱାର୍ଥ ହାସଲରେ ବ୍ୟବହାର କରିବାରେ ଲାଗିଛନ୍ତି । ଯୌନ-ଉତ୍ତେଜକ ଦ୍ରବ୍ୟ ଠାରୁ ଆରମ୍ଭ କରି ସୌନ୍ଦର୍ଯ୍ୟବର୍ଦ୍ଧକ ଅନେକ ପ୍ରସାଧନ ସାମଗ୍ରୀ ବ୍ୟବହାର କରି ସୁନ୍ଦର ଦିଶିବାର ଲାଳସା ସୃଷ୍ଟି କରିଚାଲିଛନ୍ତି । ଭାରତୀୟ ସଂସ୍କୃତିର ମୂଲ୍ୟବୋଧ କ୍ରମଶଃ

ଦୁର୍ବଳ ହେବାରେ ଲାଗିଛି । ପୁରୁଷ ମାନଙ୍କୁ ନିଜ ପ୍ରତି ଆକର୍ଷଣ କରିବାକୁ ଯାଇ ନାରୀ ସୌନ୍ଦର୍ଯ୍ୟ-ବର୍ଦ୍ଧକ ସାମଗ୍ରୀର ବ୍ୟବହାର ସହିତ ପାଶ୍ଚାତ୍ୟ ସଂସ୍କୃତିର ଆଦବ-କାଇଦା ମଧ୍ୟ ଆପଣେଇବାରେ ଲାଗିଛି । ଏ କ'ଣ ସ୍ୱାଧୀନତାର ପରିଭାଷା । ସ୍ୱାଧୀନ ହେବାକୁ ହେଲେ, ଜଣେ ମାନସିକ କ୍ଷେତ୍ରରେ ମୁକ୍ତ, ବ୍ୟାପକ ହେବା ଆବଶ୍ୟକ ।

ଭାରତୀୟ ସଂସ୍କୃତିରେ ଆପାଦମସ୍ତକ ଆବୃତ୍ତା ନାରୀ କ୍ରମଶଃ ଉଲଗ୍ନ-ଉଚ୍ଛୃଙ୍ଖଳ ହୋଇ ବାର ଗାର୍ଲ-ଚିୟରଗାର୍ଲ-ବିୟରଗାର୍ଲ- କର୍ଲଗାଲରେ ପରିଣତ ହେବାକୁ ଲାଗିଲାଣି । ସେ' ଗଙ୍ଗାଧର ବର୍ଣ୍ଣିତା ତପସ୍ୱିନୀ ନୁହେଁ ବରଂ ପରପୁରୁଷ ମାନଙ୍କ 'ଡାର୍ଲିଙ୍ଗ୍'ରେ ପରଣତ ହେଲାଣି । ଭାରତୀୟ ନାରୀ ଜୀବନର ଏ ଅଧୋଗତି ସମାଜରେ ସୁସ୍ଥ ପରଂପରା ଗଠନରେ ଅନ୍ତରାୟ ହେବ ଏକଥାରେ ବାଧା ନାହିଁ । କାରଣ, ଭାରତୀୟ ନାରୀ ସ୍ନେହ-ପ୍ରେମ ଏବଂ ମମତାର ତ୍ରିବେଣୀ । ଏକ ସୁସ୍ଥ -ଶୃଙ୍ଖଳିତ ସମାଜ ଗଠନରେ ନାରୀର ଭୂମିକା ଅତ୍ୟନ୍ତ ଗୁରୁତ୍ୱପୂର୍ଣ୍ଣ । କିନ୍ତୁ ଏହାର ଅର୍ଥ ନୁହେଁ ଯେ' ନାରୀର ସ୍ୱାଧୀନଚେତା ମନୋବୃତ୍ତି ଉପରେ ଅଙ୍କୁଶ ଲାଗିବା ସମୀଚୀନ । ପରିବେଶ- ପରିସ୍ଥିତି ବଦଳିଛି, ବଦଳିଯାଇଛି ରକ୍ଷିବାଦୀ ମାନସିକତା । ଏକ ସୁସ୍ଥ ଦୃଷ୍ଟିକୋଣ, ପ୍ରଗତିର ସୂଚକ । ଓଡିଶା ଭଳି ଏକ ଉଦରବାଦୀ ରାଜ୍ୟରେ ଅନେକାଂଶରେ ନାରୀର ଜୀବନ ଏତେଟା ଜଟିଳ ନୁହେଁ ସତ କିନ୍ତୁ ସ୍ଥିତି ମଧ୍ୟ ତଦନୁପାତରେ ସବଳ ନୁହେଁ । ଯଦିଓ ନୂଆ ବ୍ୟବସ୍ଥା ପରିବର୍ତ୍ତନମୁଖୀ । ଯୁଗରୁଚି ଅନୁଯାୟୀ ନୂତନ ପାଣି-ପବନର ସ୍ପର୍ଶରେ ନାରୀ ଜୀବନ- ଜୀବିକା ବହୁ କ୍ଷେତ୍ରରେ ପରିବର୍ତ୍ତନ ହୋଇଛି, କିନ୍ତୁ ତାହା ଆଖିଦୃଶିଆ ନୁହେଁ ବୋଲି ଅନୁଭବ ହୁଏ । ନାରୀ ନିର୍ଯ୍ୟାତନା, କର୍ମ କ୍ଷେତ୍ରରେ ମାନସିକ-ଶାରୀରିକ ଶୋଷଣ, ଘରୋଇ ହିଂସା, ଉତ୍ପୀଡ଼ନ, ଏସିଡ୍ ଆଟାକ୍ ତଥା ଧର୍ଷଣ, ଯୌତୁକ ଭଳି ସାମାଜିକ ବ୍ୟାଧି ଅଦ୍ୟାବଧି ନାରୀ ପ୍ରଗତିର ଅନ୍ତରାୟ ସାଜିଛି । ଏସବୁ ଅନ୍ତରାଳରେ ପୁରୁଷତନ୍ତ୍ରର ମାନସିକତା ହିଁ ମୁଖ୍ୟ । ଯାହାକୁ 'ନାରୀବାଦ' ବିରୋଧ କରେ ।

ନାରୀ ଅସ୍ମିତା ଅନ୍ୱେଷଣ କଲାବେଳେ 'ନାରୀବାଦ' ଆମ ସମ୍ମୁଖରେ ପ୍ରତିଭାତ ହୁଏ । ସ୍ୱାଧୀନତା ପୂର୍ବବର୍ତ୍ତୀ ସମାଜର ମାନସିକତା ଆଜି ଜଗତୀକରଣ ପ୍ରେକ୍ଷାପଟରେ ଅନେକ ପରିବର୍ତ୍ତିତ ହୋଇଛି । ନାରୀ ଆଜି ଆର୍ଥିକ ଦୃଷ୍ଟିରୁ ସ୍ୱଚ୍ଛଳ

ହୋଇଛି, ଶିକ୍ଷିତ ହୋଇଛି, ସ୍ୱାବଲମ୍ବୀ ହୋଇଛି । ବହୁଳ ଭାବରେ ତା'ର ସ୍ଥିତି ସୁଧୁରି ଯାଇଛି ସତ, କିନ୍ତୁ କେଉଁଠି ନା' କେଉଁଠି ଗୃହ ହେଉ ଅବା ବାହାରେ ସେ' ନିର୍ଯ୍ୟାତିତ ହେଉଛି । ଅଦ୍ୟାବଧି ତା'ର ସଂଘର୍ଷର ଅନ୍ତ ଘଟିନି ବରଂ ଭିନ୍ନ ଭିନ୍ନ ଭାବରେ ସେ' ଦୁଃଖ- ଅନୁଶୋଚନାର ଶରବ୍ୟ ହୋଇଚାଲିଛି ।

'ନାରୀବାଦ' ବାସ୍ତବରେ ଏହି ସବୁ ସମସ୍ୟା ବିରୁଦ୍ଧରେ ପ୍ରତିବାଦର କଥା କୁହେ । 'ନାରୀବାଦ' ର ଅଭ୍ୟୁଦୟ ଓ ବିକାଶ କେବଳ ସାରସ୍ୱତ ଜଗତ ଅନ୍ତର୍ଭୁକ୍ତ ନୁହେଁ । ବରଂ ଏହାର କ୍ଷେତ୍ର ବ୍ୟାପକ ଓ ବିସ୍ତୃତ ବୋଲି ଧରିବାକୁ ହୁଏ । ସାମାଜିକ-ଅର୍ଥନୈତିକ ଦୃଷ୍ଟିରୁ ଦେଖିଲେ ନାରୀର ସ୍ଥିତି ଦୁର୍ବଳ ଯଦିଓ ନୁହେଁ, କିନ୍ତୁ ସଶକ୍ତ ମଧ୍ୟ ସଂପୂର୍ଣ୍ଣ ବୋଲି ଦୃଢ ଭାବରେ କୁହାଯାଇପାରିବ ନାହିଁ । କାରଣ, ଅଦ୍ୟାବଧି ମଧ୍ୟ ନାରୀର ସ୍ଥିତି ପୁରୁଷର କ୍ଷମତା ଉପରେ ନିର୍ଭରଶୀଳ । ସେ' ଗୃହ ହେଉ ଅବା କର୍ମ କ୍ଷେତ୍ର ସବୁଠି ପୁରୁଷତନ୍ତ୍ରର ଅହମିକା ହେତୁ ନାରୀର ସାମର୍ଥ୍ୟ ଓ ବୁଦ୍ଧିମତା ଅବଦମିତ ହୁଏ, ପାତର-ଅନ୍ତରର ଶିକାର ହୁଏ । ବହୁ ପ୍ରଚଳିତ ଶବ୍ଦ ଏପରିକି ବିକଶିତ ରାଷ୍ଟ୍ରରେ ମଧ୍ୟ ଇଂରାଜୀ ଶବ୍ଦ Mankind, Chairman, Spokesman, Poet, Author ଏହାର ଜ୍ୱଳନ୍ତ ଉଦାହରଣ । ନାରୀକୁ କେବଳ ନାରୀ ଭାବରେ ବିଚାର କରାଗଲେ ହିଁ ତା'ର ସ୍ୱାଧୀକାର ଓ ମର୍ଯ୍ୟାଦା ରକ୍ଷା ହୋଇପାରିବ ଭାବିବା ଭୁଲ୍ ହେବ । ବରଂ ଏକ ମଣିଷ ଭାବରେ ବିଚାର କରାଗଲେ, ତାହା ହେବ ତା' ପାଇଁ ପ୍ରକୃତ ସମ୍ମାନ । କାରଣ ପୁରୁଷତାନ୍ତ୍ରିକ ସମାଜରେ ନାରୀ ସମ୍ପର୍କିତ ଦୁଇ ଧାରଣାର ପରିବର୍ତ୍ତନ ନ ଘଟିଲେ ନାରୀ ସଶକ୍ତ ହେବା ଅସମ୍ଭବ ମନେହେବ । ଯାହାକୁ ଇଂରାଜୀରେ 'Sex Difference' ଏବଂ 'Gender Difference' କୁହାଯାଏ । 'Sex' ଏବଂ 'Gender' ତେବେ କଣ ପୃଥକ୍ । ହଁ, ପୃଥକ୍ 'sex' ବା 'ଲିଙ୍ଗ' ନାରୀର ଶରୀର ତଥା ତା'ର ପ୍ରାକୃତିକ କ୍ରିୟା-ପ୍ରତିକ୍ରିୟାକୁ ବିଶ୍ଳେଷଣ କରୁଥିବାବେଳେ 'Gender' ତାହାର ସ୍ଥିତିକୁ ସାମାଜିକ- ସାଂସ୍କୃତିକ ପରିପ୍ରେକ୍ଷୀରେ ବିଚାରକୁ ନିଏ । ଏ ପରିପ୍ରେକ୍ଷୀରେ ଡ଼. କୃଷ୍ଣଚନ୍ଦ୍ର ପ୍ରଧାନଙ୍କର ଏକ ବଳିଷ୍ଠ ବକ୍ତବ୍ୟକୁ ଉଲ୍ଲେଖ କରାଯାଇପାରେ ।

"ନାରୀକୁ ଚିହ୍ନିବା ଏବଂ ମଣିଷ ଭାବରେ ବିବେଚନା କରିବାରେ ଆମର ଉଦ୍ୟମ ଠିକ୍ ସେହି ସ୍ତରକୁ ଯାଇପାରୁ ନାହିଁ ବୋଲି 'ନାରୀ' କୁ ଗୋଟିଏ ରହସ୍ୟମୟ ଉପାଦାନ ବୋଲି ଆମେ ମନେକରୁ ।"

ବାସ୍ତବରେ, ନାରୀ ସ୍ୱରୂପ ପୁରୁଷ ସୁଲଭ ଦୃଷ୍ଟିଭେଦ କରିପାରେ ନାହିଁ । ସେ' ନାନା ବିଶେଷଣ ନେଇ ନାରୀକୁ ତର୍ଜମା କରିବାକୁ ଚେଷ୍ଟାକରେ ।

ଯାବତୀୟ ଅସଙ୍ଗତି ସତ୍ତ୍ୱେ ନାରୀ ସଶକ୍ତ ହୋଇ ଛିଡା ହେବାକୁ ଶ୍ରେଷ୍ଠମଣେ । ଆପଣାକୁ ବ୍ୟକ୍ତ କରିବାର ପ୍ରଗଲ୍ଭତା ଭିତରେ ସେ' ପଡ଼େନା ବରଂ ନିଜ ସାମର୍ଥ୍ୟ ଓ ନିଷ୍ଠାରେ ନିଜ ଦୁର୍ଗତିକୁ ଦୂର କରିବାକୁ ଶତତ ଉଦ୍ୟମ କରେ । ଆପଣାର ଆକାଂକ୍ଷା ପୂରଣ ନିମନ୍ତେ ଆତ୍ମନିରୀକ୍ଷଣ କରେ ଏବଂ ନିଜ ଅସ୍ମିତା ରକ୍ଷା କରିବାରେ ପ୍ରୟାସୀ ହୁଏ ।

ତୃତୀୟ ଅଧ୍ୟାୟ

ନାରୀ ସାମର୍ଥ୍ୟ- ସଂପୃକ୍ତି-ସହଭାଗିତା

(ନାରୀ ଅବସାଦ-ଅବଶୋଷ-ଅସନ୍ତୋଷ ପରିପ୍ରେକ୍ଷୀରେ)

ନାରୀ ଜୀବନର ମିଥ୍‌, ମୋଟିଫ୍‌ ଓ ମେଟାଫର୍‌

ମଣିଷର ଜୀବନ ସତେ ଯେପରି ଜଟିଳ ଜ୍ୟାମିତି । ଆଉ, ନାରୀ ଜୀବନ ଏହି ଜ୍ୟାମିତିର ସମୀକରଣ, ଯେଉଁଠି ଭାଗଶେଷ ସର୍ବଦା ଶୂନ୍ୟରେ ହିଁ ଛିଡ଼େ । ବୁଢ଼ୀ ମାଆର କାହାଣୀ ପରି ନାରୀ ଜୀବନ ଏକ ପ୍ରଲମ୍ବିତ ଅଧ୍ୟାୟ ହୋଇ ଆଗକୁ ଗତି କରୁଥାଏ । ଯେପରିକି ତା'ର ପରିସମାପ୍ତି ନଥାଏ । ସାତ ତାଳ ପଙ୍କ, ପଙ୍କ ଭିତରେ ଫରୁଆ ଆଉ ଫରୁଆ ଭିତରେ ନିଜକୁ ହିଁ ଆବିଷ୍କାର କରୁଥାଏ ଅହରହ । ଏକ ବିଡ଼ମ୍ବିତ ଜୀବନରେ ଅହରହ ଆତଙ୍କ ଓ ଦ୍ୱନ୍ଦ୍ୱର ଆର୍ତ୍ତନାଦ ଭିତରେ ସେ' ସ୍ୱପ୍ନ ଦେଖେ । ଆଶା ଓ ଉନ୍ମୋଦନାର ବୀଜ ବପନ କରେ ଆଉ ଅଙ୍କୁରିତ ହେଲାପରେ ଭାବ ବିହ୍ୱଳିତ ହୁଏ । ଏଇତ ଜୀବନ ନାରୀର । ନଈଟିଏ ପରି ବହୁଥାଏ ଅହରହ । ସବୁବେଳେ ଛଳ ଛଳ ତା'ର ଅନ୍ତର । ଏଠି ଆବେଗ ଥାଏ, ମହଣ-ମହଣ ଭଲପାଇବା ଥାଏ । ଥାଏ ପୁଣି ତା'ର ପରିବାର ପାଇଁ ତା' ସଂସାର ପାଇଁ ଆନୁଗତ୍ୟ ଓ ଅଙ୍ଗୀକାର । ସାଧାରଣ ନାରୀଟିଏ ହେଉ ଅବା କର୍ମଜୀବୀ ମହିଳା ସବୁରି ଜୀବନ ଧାରାକୁ ଲକ୍ଷ୍ୟ କଲେ ଅନୁଭବ ହୁଏ ସେହି ଗୋଟେ ଭାବ । କେଉଁଠି ନା କେଉଁଠି କିଛି ଗୋଟେ ଅଜଣା ଅଭାବବୋଧ ତାକୁ ଗ୍ରାସିବାକୁ ଲାଗିଥାଏ । ଏହି ସମସ୍ୟା ଗୁଡିକ ବାସ୍ତବିକ୍ ଅଭ୍ୟନ୍ତରୀଣ ବ୍ୟାପାର । ଜୀବନରେ ଅନେକ ସମସ୍ୟା ସହ ଏକୀଭୂତ ଥିଲେ ମଧ୍ୟ ନାରୀକୁ ଆଗକୁ ବଢ଼ିବାକୁ ପଡ଼େ । ନିଜ ପାରିବାରିକ ପରିସ୍ଥିତିର ଦାୟରେ ସେ' ନିଜ ଇଚ୍ଛାକୁ ବଳି ଦିଏ । ନାରୀ ସୃଜନ ଓ ଲାଳନର ପ୍ରତିମୂର୍ତ୍ତି । ତା'ର ଏ ଧାତ୍ରୀପଣ ଅନେକବାର ପୁରୁଷ ଦୃଷ୍ଟିରେ ଚକ୍ଷୁଶୂଳ ହୁଏ, ସେ' ତା'ର ଯଥେଷ୍ଟ ଫାଇଦା ଉଠାଏ । ପୁରୁଷର ଅହମିକା, ନାରୀକୁ କରେ ଗୌଣ । ସେ' ଅବହେଳିତା ହୁଏ, ନିର୍ଯ୍ୟାତିତା ହୁଏ । ଶକ୍ତି ଓ ସାମର୍ଥ୍ୟ ଥିବା ସତ୍ତ୍ୱେ ପକ୍ଷପାତିତାର ଶିକାର ହୁଏ ।

ବିଶ୍ୱ ଇତିହାସକୁ ତର୍ଜମା କରିବାକୁ ଗଲାବେଳେ, ନାରୀ ସ୍ୱାତନ୍ତ୍ର୍ୟର ସଙ୍କୁଚିତ ସ୍ୱରୂପକୁ ଦେଖିବାକୁ ମିଳେ । ଉନବିଂଶ ଶତକ ବେଳକୁ ମଣିଷର ଜୀବନ ଶୈଳୀ

ହୋଇଛି ପରିବର୍ତ୍ତିତ । ରାଜନୀତି- ରାଷ୍ଟ୍ରନୀତି ଏବଂ କ୍ରମଶଃ ବିଶ୍ୱନୀତିରେ ରୂପାନ୍ତରିତ ହୋଇଛି । ମଣିଷର ଜୀବନ-ଜୀବିକା ମଧ୍ୟ ସ୍ଥାନାନ୍ତରିତ ହୋଇଛି । ସଭ୍ୟତାର କଂକ୍ରିଟ ଜଙ୍ଗଲ ସୃଷ୍ଟି ହୋଇଛି । ଉନବିଂଶ ଶତାବ୍ଦୀର ଶେଷାର୍ଦ୍ଧ ବେଳକୁ ସାମାଜିକ ଓ ଆର୍ଥିକ ଜୀବନ ହୋଇଛି ସୁଦୃଢ଼ । ନୂତନ ଜ୍ଞାନ-କୌଶଳ, ପ୍ରଯୁକ୍ତି ବିଦ୍ୟାର ପ୍ରଭାବରେ ମଣିଷ ହୋଇଛି ବାସ୍ତବାଦୀ । ଏହି ବସ୍ତୁବାଦୀର ଦୁନିଆ ଭିତରେ ସେ' ସାଉଁଟିଛି ଐଶ୍ୱର୍ଯ୍ୟ, ଆନନ୍ଦ, ବିଳାସପୂର୍ଣ୍ଣ ଜୀବନ ।

ଜ୍ଞାନ-ବିଜ୍ଞାନର ଅହେତୁକ ପ୍ରଚାର ଓ ପ୍ରସାର ଯୋଗୁଁ ମନୁଷ୍ୟର ପାରଂପରିକ ବିଶ୍ୱାସ ଓ ଧାରଣା ବଦଳିବାରେ ଲାଗିଛି । ସାମାଜିକ ବ୍ୟବସ୍ଥା, ରାଷ୍ଟ୍ରନୀତିର ଦୁର୍ବଳତା ତା'ଆଖିରେ ଧରା ପଡ଼ିଛି । ସେ' ସମାଜ ଓ ରାଷ୍ଟ୍ରରେ ଅବ୍ୟବସ୍ଥିତ ରୂପକୁ ପରିବର୍ତ୍ତନ କରିବାକୁ ଚାହିଁଛି । ଏହାର ସମାଧାନ ପାଇଁ ସଂଗଠିତ ହୋଇ ତା'ର ସଂପୃକ୍ତି ଓ ସହଭାଗୀତା ଦେଇଛି । ସେ' ଫରାସୀ ବିପ୍ଳବ, ୧୭୮୯ (French revolution-1789) ହେଉ ଅବା ଆମେରିକାର ସ୍ୱାଧୀନତା ସଂଗ୍ରାମ, ୧୭୭୬ (Freedom movement of America, 1776) ହେଉ ସବୁଠି ନାରୀର ସାହାଯ୍ୟ ଓ ସହଯୋଗରେ ସମାଜରେ ବିପ୍ଳବ ସୃଷ୍ଟି ହେଇଛି । ଭାରତୀୟ ସମାଜ ମଧ୍ୟ ରଢିବାଦୀ ଚିନ୍ତାଧାରାକୁ ଦୂରୀଭୂତ କରି ସମାଜ ସଂସ୍କାରରେ ପଦକ୍ଷେପ ନେଇଛି । ମୁକ୍ତି ସଂଗ୍ରାମରେ ଉଭୟ ନାରୀ ଓ ପୁରୁଷ ସମାନ ଭାବରେ ନିଜର ଶ୍ରମଦାନ କରିଛନ୍ତି । ନାରୀଶକ୍ତି ପୁନଃ ଜାଗ୍ରତ ହୋଇଛି । କ୍ରମଶଃ ନାରୀ ସଚେତନ ଭାବରେ ସମାଜରେ ତା'ର ଭୂମିକାକୁ ସାବ୍ୟସ୍ତ କରିବାର ସୁଯୋଗ ପାଇଛି । ଗୃହ-ପରିବାର-ସନ୍ତାନ-ପାଳନ ଭିତରେ ସୀମିତ ନ ରହି ରାଷ୍ଟ୍ରହିତ ପାଇଁ ନିଜର ସାହାଯ୍ୟ ଓ ସହଯୋଗ ଦେଇଛି । ପୁରୁଷତାନ୍ତ୍ରିକ ସମାଜର ତଥାକଥିତ ଅନ୍ଧ ବୁଝାମଣାକୁ ଅଗ୍ରାହ୍ୟ କରିଛି । ଶିକ୍ଷିତ ହେଲାପରେ ସେ' ଅଧିକରୁ ଅଧିକ ସଚେତନ ହୋଇଛି । ନିଜ ଅଧିକାର ସଂପର୍କରେ ମୁହଁ ଖୋଲିଛି । ସମାଜର ଅନ୍ୟାୟ-ପକ୍ଷପାତିତା ବିରୁଦ୍ଧରେ ନିଜର ମତବ୍ୟକ୍ତ କରିଛି । ପରିବର୍ତ୍ତିତ ହୋଇଛି ନାରୀର ଚିନ୍ତା-ଚେତନା, ସେ' ଉର୍ଦ୍ଧ୍ୱମୁଖୀ ହୋଇଛି । ନିଜର ଇଚ୍ଛା-ଅନିଚ୍ଛା, ଭାଗ୍ୟ-ଭବିତବ୍ୟକୁ ଅସ୍ୱୀକାର କରି ମୁକ୍ତ ଭାବରେ ବଞ୍ଚିବାର ସ୍ୱପ୍ନ ଦେଖିଛି । ନିଜ ପ୍ରତିଭା ଓ ସାମର୍ଥ୍ୟରେ ନିଜକୁ ଅଗ୍ରସର କରିଛି ।

ସମୟ ସହିତ ବଦଳିଛି ପ୍ରାଣ ସ୍ପନ୍ଦନ । ନୂତନ ସ୍ୱର ଝଙ୍କାରରେ ନାରୀର ଅନ୍ତଃକରଣ ନିଜ ଅସ୍ମିତାର ପରିଚୟ ଦେଉଛି । ଲିଙ୍ଗଗତ ବୈଷମ୍ୟ, ସମାଜରୁ ଦୂର ହେଇ ଏକ ଶାନ୍ତି-ସୌହାର୍ଦ୍ଦ୍ୟପୂର୍ଣ୍ଣ ପରିବେଶ ସପକ୍ଷରେ ସେ' ଜାଗ୍ରତ ହୋଇଛି । ଏରୁଣ୍ଡି ଭିତରୁ ସେ' ଗୋଡ କାଢି ଦୁନିଆ ଦେଖିବାର ସ୍ପର୍ଦ୍ଧା କରିଛି । ଏଣୁ, ତା'ର ମୌଳିକ ସତ୍ତାଟି ଆଲୋକମୁଖୀ ହେଇଛି । ସେ' ମୁକ୍ତିର ସଙ୍ଗୀତରେ ମୁଖରିତ ହେଇଛି । ତା'ପ୍ରତି କରାଯାଇଥିବା ସମସ୍ତ ଅନ୍ୟାୟ, ଅତ୍ୟାଚାର ଓ ପକ୍ଷପାତିତା ବିରୋଧରେ ସଂଗ୍ରାମ କରିବାର ମାନସିକ ବଳ ସାଉଁଟିଛି ବାସ୍ତବରେ ସେ' ସମ୍ପଦା-ବରଦା-ସ୍ୱୟଂସିଦ୍ଧା । ସେ' ନାରୀ-କଲ୍ୟାଣୀ-ଜନନୀ-ସାରଦା । ଏ ପରିପ୍ରେକ୍ଷୀରେ ନାରୀ ଅସ୍ମିତାର ରକ୍ଷା କରିବାରେ 'ନାରୀବାଦ' ମୁଣ୍ଡ ଟେକିଛି, ଯାହା ନିମ୍ନମତେ ଲକ୍ଷ୍ୟ କରାଯାଇପାରେ ।

(କ) ନାରୀବାଦୀ ଆନ୍ଦୋଳନ : କିଛି ଆକ୍ରୋଶ, କିଛି ଅଭିମାନ-

(Feminist Movement): ପାଶ୍ଚାତ୍ୟ ନାରୀବାଦ: ବ୍ୟାପ୍ତି ଓ ଦୀପ୍ତି-

ଗତ ଷାଠିଏ /ସତୁରି ଦଶକ ବେଳକୁ ଚହଳ ସୃଷ୍ଟି କରିଥିବା 'ନାରୀବାଦ' ଏକ ଚେତନା ଭାବରେ ପରିପ୍ରକାଶ ହୋଇଛି । ଏହାର ମୂଳବୀଜ ଥିଲା ପାଶ୍ଚାତ୍ୟ ରାଷ୍ଟ୍ରରେ । ଯାହା , ପରବର୍ତ୍ତୀ କାଳରେ 'ପାଶ୍ଚାତ୍ୟ ନାରୀବାଦ' ଭାବରେ ପ୍ରଭାବ ବିସ୍ତାର କରିଛି । ପାଶ୍ଚାତ୍ୟ ନାରୀବାଦ, ଏକ ଦର୍ଶନ ନୁହେଁ ; ଏହା ଏକ ଭାବାବେଗ, ଏକ ପ୍ରତିବାଦ । ସମାଜର ରକ୍ଷଣଶୀଳ ଚିନ୍ତାଧାରା (Steriotype concept) କୁ ଆଗ୍ରାହ୍ୟ କରି ଲିଙ୍ଗଗତ ବୈଷମ୍ୟ (Gender Inequality) ରୁ ଉର୍ଦ୍ଧ୍ୱକୁ ଉଠି ନାରୀମାନଙ୍କୁ ନ୍ୟାୟପ୍ରଦାନ କ୍ଷେତ୍ରରେ ପାଶ୍ଚାତ୍ୟର ନାରୀବାଦୀ ଆନ୍ଦୋଳନ ମୁଖ୍ୟ ଭୂମିକା ଗ୍ରହଣ କରିଛି । ଏ ଆନ୍ଦୋଳନ ପୁରୁଷ ବିରୁଦ୍ଧରେ ନୁହେଁ, ବରଂ ପୁରୁଷ କୈନ୍ଦ୍ରିକ ସମାଜର ଅବିଚାର ଓ ପକ୍ଷପାତିତା ବିରୁଦ୍ଧରେ ଆହ୍ୱାନ । ଏହା ଏକ ସମ୍ମିଳିତ ଉଦ୍ୟମ, ଯେଉଁଠି ନାରୀ ମୁଖ୍ୟ । ନାରୀମାନଙ୍କ ଅଧିକାର ପାଇଁ ଏ ଜାଗରଣ । ଏହି ଆନ୍ଦୋଳନ ନାରୀମାନଙ୍କର, ନାରୀମାନଙ୍କ ପାଇଁ ଏବଂ ନାରୀମାନଙ୍କ ଦ୍ୱାରା ସଂଗଠିତ ଆନ୍ଦୋଳନ । ଯାହାକୁ ଇଂରାଜୀରେ "Of the women, for the women and by the women" ବୋଲି କୁହାଯାଇପାରେ ।

ନାରୀର ସ୍ୱାଭିମାନ, ତା'ର ଅସ୍ମିତା ଏବଂ ତା'ର ମର୍ଯ୍ୟାଦାର ସୁରକ୍ଷା କ୍ଷେତ୍ରରେ କରାଯାଇଥିବା ଏ ପ୍ରତିବାଦ ବାସ୍ତବରେ ନାରୀ ପ୍ରଗତିରେ ସହାୟକ ହୋଇଛି ।

ଏହି "ନାରୀବାଦ" ବା "Feminism Concept" ଟି ପାଶ୍ଚାତ୍ୟର ପ୍ରଭାବରେ ବିଶେଷତଃ ପ୍ରଭାବିତ । ପିତୃକୈନ୍ଦ୍ରିକ ସମାଜ (Patriachal Society) ରେ ସମସ୍ତ ବିଚାରଧାରା ଗୃହର ମୁଖ୍ୟ ବା ବୟୋଜ୍ୟେଷ୍ଠ ଉପରେ ନ୍ୟସ୍ତ ଥାଏ । ପୁରୁଷ ହିଁ ସକଳ ବ୍ୟବସ୍ଥାର ମୁଖ୍ୟ । ଏପରିକି ପ୍ରାଚ୍ୟ ସଂସ୍କୃତି ପରି ପାଶ୍ଚାତ୍ୟ ଦେଶମାନଙ୍କରେ ପୁରୁଷର ଭୂମିକା ମୁଖ୍ୟ ଏବଂ ନାରୀ ଗୌଣ । ସାମାଜିକ ବ୍ୟବସ୍ଥାରେ ପୁରୁଷର ମତକୁ ପ୍ରାଧାନ୍ୟ ଦିଆଯାଏ । ସମାଜର ଏ ଅବିଚାର ଭିତରେ ନାରୀ ଅନ୍ତରାତ୍ମା ଅନେକ ସଂଘର୍ଷର ଶୀକାର ହୁଏ । ଯଦ୍ଦ୍ୱାରା ଯନ୍ତ୍ରଣାରେ ତିଳତିଳ ହୋଇ ଦଗ୍ଧୀଭୂତ ହୁଏ ନାରୀର ଚିନ୍ତା ଓ ଚେତନା । ନିଜର ଅସ୍ମିତା ଓ ମର୍ଯ୍ୟାଦାର ହାନୀରେ ସେ' ବାରବାର ହୁଏ କ୍ଷତାକ୍ତ । ତା'ର ଅନ୍ତଃକରଣ ଅକ୍ରୋଶ ଓ ଅଭିମାନ ରେ ହୁଏ ପୁଞ୍ଜୀଭୂତ । ନିଜର ସ୍ୱତନ୍ତ୍ର ପରିଚୟ ନିର୍ମାଣ ପାଇଁ ସେ' ହୁଏ ବ୍ୟାକୁଳ । ତା'ର ଏହି ଅସନ୍ତୋଷ ଓ ଅଭିମାନ କ୍ରମଶଃ ଆନ୍ଦୋଳନର ରୂପନିଏ । ନାରୀ ଅନ୍ତର ଅବଦମିତ ଇଚ୍ଛା ଆକାଙ୍କ୍ଷା କ୍ରମେ ସମାଜରେ ଏକ ଜାଗରଣ ସୃଷ୍ଟି କରେ । ଫଳ ସ୍ୱରୂପ ପାଶ୍ଚାତ୍ୟ ସମାଜରେ ଯେଉଁ ସାମାଜିକ, ରାଜନୀତିକ କ୍ରିୟାଶୀଳ ଭାବାବେଗ ମୁଣ୍ଡ ଟେକିଛି, ତାହାର ପରିଣତି ନାରୀବାଦ ବା Feminism.

ଏହି ନାରୀବାଦ, ଏକ ସୁଦୂରପ୍ରସାରୀ ଚେତନା ଭାବରେ ବିଚାରକୁ ନିଆଯାଇପାରେ । ଏହା କୌଣସି ମତବାଦ, ଦର୍ଶନ ବା ଆଦର୍ଶ ମଧ୍ୟ ନୁହେଁ । ସମ୍ମିଳିତ ନାରୀମାନଙ୍କର ଆକ୍ରୋଶ ଓ ଅଭିମାନର ପୁଞ୍ଜିଭୂତ ରୂପ ବୋଲି କୁହାଯାଇପାରେ । ନାରୀବାଦ, ନାରୀର ଅସ୍ମିତାର କଥା କୁହେ । ପ୍ରଥମରୁ କହି ରଖିଲେ, ଏହା ପୁରୁଷ ବିରୋଧରେ ନୁହେଁ, ପୁରୁଷ ସମାଜର ଅବିଚାର ଓ ଅନ୍ୟାୟ ବିରୁଦ୍ଧରେ ଏକ ନ୍ୟାୟଗତ ସଂଗ୍ରାମ ବା ଆନ୍ଦୋଳନ । ପାଶ୍ଚାତ୍ୟ ସମାଜର ଲିଙ୍ଗଗତ ବୈଷମ୍ୟ (Gender inequality) କୁ ଆଧାର କରି ଗଢି ଉଠିଥିବା ଏହି ନାରୀବାଦ, ସମାଜରେ ଏକ ସୁଦୃଢ଼-ସୁସ୍ଥ-ସଂପର୍କ ଗଠନ କରିବାର କଥା କୁହେ । ଏହା ପୁରୁଷବାଦ ବିରୋଧରେ ନୁହେଁ ବରଂ ଏହି ଅବିଚାର ବିରୁଦ୍ଧରେ ଲଢେଇ । ପୁରୁଷତନ୍ତ୍ର ସମାଜରେ ନାରୀର ଅସ୍ମିତା, ସ୍ୱାଭିମାନ, ମର୍ଯ୍ୟାଦା, ସ୍ୱତନ୍ତ୍ରତାର ରକ୍ଷା

ନିମନ୍ତେ ଏହା ଏକ ବୌଦ୍ଧିକ ଆହ୍ୱାନ । ଯେହେତୁ, ପୁରୁଷ ହସ୍ତରେ ଶାସନର ଚାବିକାଠି, ତେଣୁ ନାରୀକୁ ଦୁର୍ବଳଜ୍ଞାନରେ ସେ' ତା'ର କ୍ରୀତଦାସୀ ସଜାଏ । ତା'ର ଇଚ୍ଛା-ଅନିଚ୍ଛାକୁ ଅବମାନନା କରେ । ନାରୀ, ପୁରୁଷର ଆୟତ୍ତାଧୀନ ନୁହେଁ, ବରଂ ସେ' ଏକ ସ୍ୱତନ୍ତ୍ର ସତ୍ତା । ଯାହାର ନିଜସ୍ୱ ପରିଚୟ ଅଛି । ସେ' କାହାର ଉପାର୍ଜିତ ସଂପତ୍ତି ନୁହେଁ । ତେଣୁ ସେ' ନିର୍ବିବାଦରେ ପୁରୁଷର ଅହମିକାକୁ ଭ୍ରୂକ୍ଷେପ ନ କରି ତା'ର ମତବ୍ୟକ୍ତ କରିଛି । ଧୀରେ ଧୀରେ ନାରୀ ପୁରୁଷ ତାନ୍ତ୍ରିକ ସମାଜର ଅନ୍ୟାୟ ବିରୋଧରେ ବିକ୍ଷୋଦ୍‌ଗାର କରିବାକୁ କୁଣ୍ଠା ପ୍ରକାଶ କରିନାହିଁ । ସେ' ଗୃହକୋଣରୁ ବାହାରି କର୍ମକ୍ଷେତ୍ର, ରାଜନୀତି, ଅର୍ଥନୀତିର ବ୍ୟବସ୍ଥାରେ ମୁହଁ ଖୋଲିବାର ସତ୍ ସାହାସ କରିଛି ।

ଏହି ଅସନ୍ତୋଷ-ଅବସାଦ-ଅବଶୋଷର ପୁଞ୍ଜୀଭୂତ ପ୍ରତିକ୍ରିୟା "ନାରୀବାଦୀ ଚିନ୍ତନ" । ଏହା ମୁଖ୍ୟତଃ ୧୮୪୮ ମସିହାରେ ଜୁଲାଇ ମାସ ଆମେରିକାର Seneca Falls, New York ଠାରେ '1st formal women's rights conventiuon" ଅଧିନରେ ଅନୁଷ୍ଠିତ ହୋଇଥିଲା । ପ୍ରଥମ ବିଧିବଦ୍ଧ ମହିଳା ଅଧିକାର ସଂପର୍କିତ ସମ୍ମିଳନୀ ମାଧ୍ୟମରେ, ପ୍ରାୟତଃ ୩୦୦ ପୁରୁଷ ଓ ମହିଳାଙ୍କ ସମ୍ମତିକ୍ରମେ ଦିଆଯାଇଥିବା ପଦକ୍ଷେପ ପରବର୍ତ୍ତୀ ସମୟରେ ଏକ ବିପ୍ଲବର ସ୍ୱାକ୍ଷର ତୋଳିଲା । ଏହାର ମୁଖ୍ୟ ଥିଲେ Lucretia Mott ଏବଂ Elizabeth Cady Stanton । ଯାହାଙ୍କ ଆବାହନରେ ପ୍ରକାଶ ପାଉଥିବା ଘୋଷଣାନାମାରେ କୁହାଗଲା:-

"We hold these truths to be self evident that all men and women are created equal.

ଏପରିକି Elizea beth cady stanton ଙ୍କ ବହୁବିତର୍କର ପତ୍ରିକା "The Revolution (1868-1872) ରେ ସେ' ନାରୀମାନଙ୍କର ଅଧିକାର ସଂପର୍କରେ କୁହନ୍ତି :

"The Revolution (1868-72), explicity promoted a women's right to vote, divorce, own property, organize and to voluntary motherhood."

ଏପରିକି ନାରୀମାନଙ୍କ ଜୀବନର ଦୁର୍ବିସହ ଇତିହାସକୁ ସେ' ତାଙ୍କ ପୁସ୍ତକରେ ଚିତ୍ରିତ କରିଛନ୍ତି । "The woman's Bible and Eighty years and more" ତାଙ୍କର ଆତ୍ମଜୀବନୀ ନାରୀର ମୌଳିକ ଅଧିକାର, ତା'ର ମାତୃତ୍ୱ ଉପରେ ତା'ର ଅଧିକାର ଏପରିକି ସଂପତ୍ତିଗତ ଅଧିକାର, ଭୋଟ ବା ମତଦାନର ଅଧିକାର ସଂପର୍କରେ ନିଜର ଯୁକ୍ତି ଉପସ୍ଥାପନ କରିଛନ୍ତି । ଏପରିକି ସମାଜରେ କେତେଗୁଡିଏ ନକରାତ୍ମକ ଦୃଷ୍ଟିକୋଣକୁ ପରିହାର କରିବାର ପ୍ରସ୍ତାବ ମଧ୍ୟ ଗୃହୀତ କରାଯାଇଥିଲା । ଏହି ନାରୀ ଅଧିକାର ସମ୍ମିଳିତ ଅଧିବେଶନରେ ମୁଖ୍ୟତଃ ଆବେଗାତ୍ମକ ପଦକ୍ଷେପ (Declaration of Sentiments) ମାନ ଗ୍ରହଣ କରାଯାଇଥିଲା, ଯାହା ସମାଜରୁ:

୧. Abolition of Slavery (ଦାସତ୍ୱ ପ୍ରଥା ଉଚ୍ଛେଦ)

୨. Guardianship of Infants (ଶିଶୁମାନଙ୍କ ଉତ୍ତର ଦାୟିତ୍ୱର ଭାଇ ବା ଅଭିଭାବକତ୍ୱ)

୩. Law for women worker (ମହିଳା ଶ୍ରମିକ ମାନଙ୍କ ପାଇଁ ଆଇନ୍)

୪. Eual pay status (ସମାନ ମଜୁରୀ)

୫. Right to vote (ଭୋଟ୍ ଅଧିକାର)

୬. Legal right to have divorce (ଛାଡପତ୍ର ଅଧିକାର)

ଆଦି କ୍ଷେତ୍ରରେ କାର୍ଯ୍ୟକରିବାର ସ୍ଥିରକରାଗଲା । ଏପରିକି ଏହି ପ୍ରଥମ ଅଧିବେଶନ "to discuss the social, civil and religious rights of women" ସଂପର୍କରେ ଆଲୋଚନା କଲା । ଫଳସ୍ୱରୂପ ନାରୀର ସାମାଜିକ, ମୌଳିକ ଏବଂ ସାଂସ୍କୃତିକ ଅଧିକାର ସଂପର୍କରେ ସ୍ୱର ଉତ୍ତୋଳନ ହେଲା । ନାରୀର ଅଧିକାର ଓ ଅସ୍ତିତ୍ୱର ରକ୍ଷା କ୍ଷେତ୍ରରେ ଏହି ପ୍ରଥମ ସ୍ରୋତ, ଏକ ସୁଦୂରପ୍ରସାରୀ ଭବିଷ୍ୟତର ମୂଳଦୁଆ ସ୍ଥାପନରେ ସହାୟକ ହୋଇପାରିଲା । ଯାହାକୁ 1st wave of Feminism ଭାବରେ ପାଶ୍ଚାତ୍ୟ ରାଷ୍ଟ୍ରମାନେ ଗ୍ରହଣ କଲେ । ଏହି 1st wave ବା ପ୍ରଥମ ସ୍ରୋତ, ଯଥାର୍ଥରେ 'ନାରୀବାଦ'କୁ ସୁଦୃଢ଼ କରିବାରେ ମୁଖ୍ୟ ଭୂମିକା ଗ୍ରହଣ କଲା ।

ଆମେରିକାରେ ଜନ୍ମିତ ଲୁସି ଷ୍ଟୋନ୍ (Lucy Stone- Aug 13, 1818) ଏକ ବାଗ୍ମୀ ପ୍ରଥମ କରି ନାରୀର ଅସ୍ମିତାର କଥା କହି ନିଜ ସ୍ୱାମୀଙ୍କର କୁଳନାମ ବା ସାଙ୍ଗିଆ (Sure name) ଧାରଣ କରିବାକୁ ଅଗ୍ରାହ୍ୟ କରିଥିଲେ । ନାରୀର ପରିଚୟ ସ୍ୱତନ୍ତ୍ର ଏଣୁ, ସେ' କାହାର ପରିଚୟରେ ପରିଚିତ ନୁହେଁ । ଏହି କଥା ବା ବକ୍ତବ୍ୟ ତତ୍‌କାଳୀନ ପରିବେଶକୁ ଆହୁରି ପ୍ରେରିତ କରିଥିଲା । ଏପରିକି antislavery ଅଧିବେଶନରେ ସେ' ନିୟୁ ଇଂଲଣ୍ଡରେ ଅନୁଷ୍ଠିତ ଏକ ବାର୍ଷିକ ଉତ୍ସବରେ ଯୋଗଦାନ କରି କହିଲେ:

"I was a woman before i was an abolitionist. I must speak for women."

ଏଥିରୁ ଏହା ସ୍ପଷ୍ଟ ହୋଇଉଠେ, ପାଶ୍ଚାତ୍ୟ ଦେଶମାନଙ୍କରେ ମଧ୍ୟ ନାରୀର ସ୍ଥିତି ବିପନ୍ନ ଥିଲା । ତା'ର ଅଧିକାରକୁ ପୁରୁଷ ବ୍ୟବସ୍ଥାରେ ଗୌଣ ମନେକରାଯାଉଥିଲା । ପୁରୁଷର ଏକଚାଟିଆ ଆଧିପତ୍ୟ ନାରୀ ଅଧିକାରକୁ ସଙ୍କୁଚିତ କରି ରଖୁଥିଲା । ନାରୀବାଦୀମାନଙ୍କର ଏ ଆନ୍ଦୋଳନର ଫଳସ୍ୱରୂପ ୧୮୭୨ ମସିହାରେ charlo Hee Eray ହାୱାର୍ଡ଼ ବିଶ୍ୱବିଦ୍ୟାଳୟ (Howward University) ରେ ପ୍ରଥମ କୃଷ୍ଣକାୟ- ଆମେରିକୀୟ (Black Amercian) ଭାବରେ ଆଇନରେ ସ୍ନାତକ ଶିକ୍ଷା ସମାପ୍ତ କରି ଆମେରିକାର ବାର୍ କାଉନ୍‌ସିଲରେ ଯୋଗ ଦେଇଥିଲେ । ଆଇନ କ୍ଷେତ୍ରରେ ନାରୀର ସ୍ଥିତି ସୁଦୃଢ଼ ହେବା ଫଳରେ ନାରୀମାନଙ୍କର ସମସ୍ୟାର ନିରାକରଣର ଆଶା ସଞ୍ଚାର ହେଲା ।

ପ୍ରତିବାଦର ସ୍ୱରୂପ ନାରୀ ଅସ୍ତିତ୍ୱର ପ୍ରତିଷ୍ଠା ଏବଂ ତା'ର ସ୍ଥିତିକୁ ସମାଜର ପ୍ରତି କ୍ଷେତ୍ରରେ ବଳିଷ୍ଠ କରିବା ଏହାର ଆଭିମୁଖ୍ୟ । ନାରୀ ନିଜସ୍ୱ ପରିଚୟରେ ନିଜ ଅସ୍ତିତ୍ୱର ନିର୍ମାଣ କରିପାରିବ, ତାହା ହିଁ ଏହି ଚିନ୍ତନର ଆତ୍ମିକ ରୂପରେଖ । ନାରୀବାଦୀ ଚିନ୍ତକ ମାନନେ Social injustice ବା ସାମାଜିକ ବୈଷମ୍ୟକୁ ଅଗ୍ରାହ୍ୟ କରନ୍ତି । ବାସ୍ତବରେ ନାରୀବାଦ, ନାରୀତ୍ୱର ଦୀପ୍ତିରେ ଉଦ୍‌ଭାଷିତ ଚରମ ସତ୍ୟର ଅବତାରଣା କରେ । ଯେଉଁ ସତ୍ୟ ଅନୁଯାୟୀ, ନାରୀର ନିଜସ୍ୱ ପରିଚୟ ଅଛି । ପିତା-ଭ୍ରାତା-ପତି-ପୁତ୍ର ଯେ' ତା'ର ପରିଚୟ ନିର୍ମାଣ କରିବାର ଅଧିକାର ପାଇଛନ୍ତି, ଏକଥାକୁ ଅମାନ୍ୟ କରିଥାଏ "ନାରୀବାଦ" ।

ଏହି ପରିପ୍ରେକ୍ଷୀରେ ନାରୀବାଦ ସଂପର୍କରେ ଯେଉଁ କେତୋଟି ଗୁରୁତ୍ୱପୂର୍ଣ୍ଣ ବକ୍ତବ୍ୟ ଆମ ଦୃଷ୍ଟି ପରିସରକୁ ଆସନ୍ତି, ସେ' ସଂପର୍କରେ ନିମ୍ନମତେ ଆଲୋଚନା କରାଯାଇଛି :

(1) Simone De Beauvoir -

The second sex (1949)

" One isn't born a woman, becomes one

(a)Women are measured bu the standard of men and found inferior.

(b) There is no essence of a woman. A woman is constructed as such by man and society.

(c) Motherhood became a Symbol of the true female.

(1) No woman is complete unless she bears her children.

(2) Naturing a child is the woman's natural job.

(d) World still belongs to men: men have no doubt about it, and women barely doubt it.

(e) Biological need - Sexual desire and desire for posterity-which makes the male dependant on the female, hasnt liberated women socially master and slave are also linked by a reciprocal economic need that doesn't free the slave.

2. Aristotle

"The relation of male to female by nature and relation of superior to inferior and of ruler to rule"

3. Thomus eferson -

"Woman position is in housen't in public n't in politics."

4. Charlas Reobert Darwn

" Aman is intellectual suprior to woman."

5. Bette Davis

"When a man gives his opinion, he is a man, when a woman gives her, she is a bitch."

6. Mary Woustone craft

(Mother of 1st wave- Feminism)

" A vindication of the Rights of woman" - 1972

(a) " I don't wish (women) to have power over men; but over themselves."

(b) " Let woman share the rights and she will emulate the virtue of man."

ଉପରୋକ୍ତ ବକ୍ତବ୍ୟରୁ ବସ୍ତୁତଃ ଏତିକି ସ୍ପଷ୍ଟ ହୋଇ ଉଠିଲା, ଯେ' ପୁରୁଷ ଚକ୍ଷୁରେ ନାରୀର ସ୍ଥିତି ଏବଂ ତା'ର ଅସ୍ତିତ୍ୱର ଚିତ୍ର କିଭଳି ନ୍ୟୁନ । ନାରୀ କିଭଳି ମନ୍ତବ୍ୟ ଦେଲେ 'Bitch' ପାଲଟେ । ନାରୀ, ପୁରୁଷର ସହ ସମକକ୍ଷ ନୁହେଁ ବରଂ ତା'ର ଅଧିନସ୍ଥ । ଛୁଆ ଜନ୍ମ କରିବା ଏବଂ ପାଳନ କରିବା ହିଁ ତା'ର ନିୟତି ନାରୀର ସ୍ୱତନ୍ତ୍ରତା ବୋଲି କିଛି ନାହିଁ ।

ନାରୀ ଜୀବନ ସଂପର୍କିତ ଏ ଚିତ୍ର ଅତ୍ୟନ୍ତ ଚିନ୍ତା ଉଦ୍ରେକକାରୀ । ନାରୀବାଦୀ ଚିନ୍ତକ ମାନେ ପୁରୁଷର ପକ୍ଷପାତିତା ଏବଂ ଅବିଚାର ବିରୁଦ୍ଧରେ ସ୍ୱର ଉତ୍ତୋଳନ କରି ନାରୀ ଶକ୍ତିକୁ ଜାଗ୍ରତ କରିବାର ବାର୍ତ୍ତା ରଖିଥିଲେ । ଏହି ନାରୀବାଦୀ ତତ୍ତ୍ୱ ଏକ ପରିବର୍ତ୍ତନର ମାଧ୍ୟମ ସାଜି ନାରୀ ଜୀବନ ଓ ଜଗତକୁ ନୂତନତ୍ୱର ସ୍ପର୍ଶରେ ମୁଖରିତ କରିଥିଲା । ଲିଙ୍ଗଗତ ବୈଷମ୍ୟ ବିରୁଦ୍ଧରେ ବିଦ୍ରୋହ କରିବା ଏମାନଙ୍କର ମୂଳ ଆଭିମୁଖ୍ୟ । ଏହି ମର୍ମରେ ନାରୀବାଦ, ରାଜନୀତିକ ଆନ୍ଦୋଳନରେ ସକ୍ରିୟ ରହି ନାରୀମାନଙ୍କୁ, ସେମାନଙ୍କର ରାଜନୀତିକ ଅଧିକାର, ଆର୍ଥିକ ସ୍ୱାଧୀନତା, ଶିକ୍ଷାଗତ ଅଧିକାର, ସାମାଜିକ ଓ ପାରିବାରିକ ହିଂସା ରୁ ସୁରକ୍ଷା ଏବଂ ପୁରୁଷ ଭଳି ସମାନତା ସପକ୍ଷରେ ଆନ୍ଦୋଳ କରେ । ଏଠି ନାରୀର ଅଧିକାର ଓ ତା'ର Identity (ଅସ୍ମିତା) ମୁଖ୍ୟ ।

ନାରୀବାଦୀ ଆନ୍ଦୋଳନର ପୃଷ୍ଠଭୂମି :-

ଏହି ପରିପ୍ରେକ୍ଷୀରେ ନାରୀବାଦୀ ଆନ୍ଦୋଳନର ପୃଷ୍ଠଭୂମିକୁ ବିଚାରକୁ ନିଆଯାଇପାରେ । ଫ୍ରାନ୍ସରୁ ଆମେରିକା ନାରୀବାଦୀ ଆନ୍ଦୋଳନର ମୂଖ୍ୟ ପୃଷ୍ଠପଟ । ଯାହା, ପ୍ରଥମେ ଫ୍ରାନ୍ସରୁ ଆରମ୍ଭ ହୋଇ ଆମେରିକାର ସକ୍ରିୟ ଭାବରେ ମୁଣ୍ଡ

ଟେକିଥିଲା । ଏହା ନାରୀମାନଙ୍କ ଆକ୍ରୋଶରୁ ଉତ୍ପନ୍ନ ହେଇଥିବା ସଂଗ୍ରାମ ବା ଆନ୍ଦୋଳନ । କେବଳ ପ୍ରାଚ୍ୟ ଜଗତରେ ନାରୀର ସ୍ଥିତି ଯେ' ଦୁର୍ବିସହ ଥିଲା ତା' ନୁହେଁ, ପାଶ୍ଚାତ୍ୟ ଦେଶମାନଙ୍କରେ ମଧ୍ୟ ନାରୀର ସ୍ଥିତି ଅତ୍ୟନ୍ତ ଦୟନୀୟ ଥିଲା । ଏପରିକି ସାମାଜିକ-ଆଧାତ୍ମିକ ବିଧି-ବ୍ୟବସ୍ଥାରେ ସେମାନଙ୍କ ଭୂମିକା ଅତ୍ୟନ୍ତ ସୀମିତ ଓ ଗୌଣ ଥିଲା । ଅର୍ଥନୈତିକ ସ୍ୱାଧୀନତା ନଥିଲା, ନଥିଲା ମତବ୍ୟକ୍ତ ଅଧିକାର । ଅତଏବ, ନାରୀର ସ୍ଥିତି ଅତ୍ୟନ୍ତ ଦୁର୍ବଳ ଥିଲା । ତା'ର କୌଣସି ଇଚ୍ଛାବ୍ୟକ୍ତ କରିବାର ଅଧିକାର ନଥିଲା । ସେ' କେବଳ ଗୃହପାଳିତ ପଶୁବତ୍ ଜୀବନ ଜୀଇଁ ଚାଲିଥିଲା । ସନ୍ତାନ ଜନ୍ମ, ତା'ର ପାଳନରେ ନିୟୋଜିତ ଥିଲା ତା'ର ଜୀବନ । ଏପରିକି ଶିକ୍ଷା-ନିଯୁକ୍ତି କ୍ଷେତ୍ରରେ ପୁରୁଷମାନଙ୍କର ଏକଚାଟିଆ ଅଧିକାର ଥିଲା । ଖୁବ୍ କମ୍ ସଂଖ୍ୟକ ସମ୍ଭ୍ରାନ୍ତ ଘରର ନାରୀମାନଙ୍କର ଗୃହ ଶିକ୍ଷକ ଦ୍ୱାରା ଶିକ୍ଷା ଗ୍ରହଣର ସୁବିଧା ଥିଲା । କ୍ୱଚିତ୍ ଅତି ଭଲ ଶିକ୍ଷିତା ନାରୀମାନଙ୍କର ପୁରୁଷ ମାନଙ୍କ ସହ ଶିକ୍ଷା ଗ୍ରହଣର ବ୍ୟବସ୍ଥା ଥିଲା । ପୁରୁଷ ସହ କୌଣସି କ୍ଷେତ୍ରରେ ସମକକ୍ଷ ନଥିଲା ନାରୀ । ଏତଦ୍‌ବ୍ୟତୀତ ତତ୍କାଳୀନ ସମାଜର ମହିଳା ଶ୍ରମିକମାନଙ୍କ ସ୍ଥିତି ଦୟନୀୟ ଥିଲା । କଳକାରଖାନାରେ ଅକ୍ଲାନ୍ତ ପରିଶ୍ରମ ସତ୍ତ୍ୱେ ପୁରୁଷ ତୁଳନାରେ ନାରୀର ପାରିଶ୍ରମିକ କମ୍ ରହୁଥିଲା । ବିଶ୍ୱଯୁଦ୍ଧ ପରବର୍ତ୍ତୀ ସମୟ ବେଳକୁ ଧୀରେ ଧୀରେ ପରିବର୍ତ୍ତନ ହେଲା ପରିସ୍ଥିତି ମାର୍କ୍ସବାଦୀ ଚିନ୍ତାଧାରାର ପ୍ରଭାବରେ ଥିଲାବାଲା-ନଥିଲାବାଲାର ବ୍ୟବସ୍ଥା ବହୁଦିଗ ପ୍ରତି ଆଙ୍ଗୁଳି ନିକ୍ଷେପ କଲା । କ୍ରମଶଃ ପରିବର୍ତ୍ତନ ହେବାକୁ ବାଧ୍ୟ ହେଲା ସମାଜ । ଏ ପରିପ୍ରେକ୍ଷୀରେ 'ନାରୀବାଦ' ଏକ ବିପ୍ଳବର ସ୍ୱର ହୋଇ ଛିଡା ହେଲା । ସମାଜର ଅନ୍ୟାୟ - ଅସୁୟାଭାବ ବିରୁଦ୍ଧରେ ସଂଗଠିତ ଜନମତ ହିଁ 'ନାରୀବାଦ' କୁ ଜନ୍ମ ଦେଲା । ଏହିକ୍ରମରେ ନାରୀ ତା'ର ଅଧିକାର ପ୍ରତି ସଚେତନ ହେଲା । ଜାଗରଣ କରିବା ଆଳରେ ସଂଗଠନ କଲା, ସ୍ଥାନେ ସ୍ଥାନେ ଜନସେଚନତା ସୃଷ୍ଟି ହେଲା । ସବୁ ବର୍ଗର ନାରୀମାନେ ନିଜ ଅଧିକାର ବିରୋଧରେ ସ୍ୱର ଉତ୍ତୋଳନ କଲେ । ଏହି ଆନ୍ଦୋଳନ ମୁଖ୍ୟତଃ ବିଂଶ ଶତକରେ ଶେଷ ପର୍ଯ୍ୟାୟ, ଆନୁମାନିକ ପଚଶ ବର୍ଷର କ୍ରିୟାଶୀଳ ରୂପରେଖକୁ ପରିପ୍ରକାଶ କରିବାରେ ସମର୍ଥ ହେଲା । ବିଶ୍ୱଯୁଦ୍ଧ ପରବର୍ତ୍ତୀ ସମୟର ଏକ ମୁଖ୍ୟ ଆହ୍ୱାନ ରୂପେ ନାରୀ ଜୀବନରେ ଏକ ବିରାଟ ବଡ଼ ପରିବର୍ତ୍ତନ ସ୍ରୋତ ନେଇ ଆସିଲା

କହିଲେ ଭୁଲ୍ ହେବ ନାହିଁ । ଏହି ନାରୀବାଦୀ ଆନ୍ଦୋଳନର ଆୟମାରମ୍ଭ ଅଷ୍ଟାଦଶ ଶତକର ଶେଷ ପର୍ଯ୍ୟାୟ ବେଳକୁ ମୁଣ୍ଡ ଟେକିଥିଲେ ହେଁ ଧିରେ ଧିରେ ବିଂଶ ଶତକ ବେଳକୁ ସିକ୍ରିୟ ଭାବେ ପରିପ୍ରକାଶ କରିସାରିଲାଣି । ଏହି ନାରୀବାଦୀ ଅନେକ ପ୍ରବାହ ଦେଇ, ପାଶ୍ଚାତ୍ୟ ଜଗତରେ ପ୍ରଭାବ ବିସ୍ତାର କରିଛି । ମୁଖ୍ୟତଃ ଯେଉଁ କେତୋଟି ଗୁରୁତ୍ୱପୂର୍ଣ୍ଣ ସ୍ତର ବା ପର୍ଯ୍ୟାୟ ଦେଇ ଆଗକୁ ବଢ଼ିଛି, ତାହାକୁ ନିମ୍ନମତେ ଆଲୋଚନା ପରିସରଭୁକ୍ତ କରାଯାଇଛି । ଯଥା :-

୧.ପ୍ରଥମ ପ୍ରବାହ: ଆତ୍ମଜାଗୃତିର ପର୍ଯ୍ୟାୟ :- (୧୮୪୮-୧୯୨୦) 1st wave of Feminism:

ନାରୀବାଦୀ ଆନ୍ଦୋଳନର ପ୍ରାରମ୍ଭିକ ପର୍ଯ୍ୟାୟ କହିଲେ ଆମ୍ଭେ ୧୮୪୮ ମସିହାକୁ ମୁଖ୍ୟତଃ ବୁଝୁ । ଏହି ପର୍ଯ୍ୟାୟରେ ନାରୀମାନଙ୍କର ମୌଳିକ ଅଧିକାର ସଂପର୍କିତ ସଚେତନତାର ଆୟମାରମ୍ଭ ଘଟେ । ନିଜର ସାମାଜିକ ସ୍ଥିତିର ସଂକଟ, ତା'ର ଅଧିକାର, ଆର୍ଥିକ ସୁଖ-ସୁବିଧା ଆଦି ମୁଖ୍ୟ ଆଲୋଚନାର ବିଷୟ ଭାବେ ଗ୍ରହଣ କରାଯାଇଥିଲା । ପୁରୁଷ କୈନ୍ଦ୍ରିକ ସମାଜରେ ନାରୀର ସର୍ବନିମ୍ନ ଅଧିକାର କିଭଳି ସୀମିତ ଥିଲା, ତାହାହିଁ ଥିଲା ମୁଖ୍ୟ ପ୍ରତିବାଦର ପ୍ରସଙ୍ଗ । ପ୍ରଥମତଃ ସମ୍ମିଳିତ ଭାବେ ଗଠନ ମୂଳକ ପ୍ରତିବାଦର ସ୍ୱର ଶୁଭିଥିଲା । ଏହା ଥିଲା ନାରୀର ଅଧିକାର ଓ ତା'ର ଅସ୍ମିତା (Rights and Identity) ବିରୋଧରେ ଦୃଢ଼ ପ୍ରତିବାଦ । ଏହା ବାସ୍ତବିକ ନାରୀମାନଙ୍କର ଆତ୍ମଜାଗୃତିର କଥା କୁହେ । ନାରୀର ସ୍ୱାଧୀକାର ସଂପର୍କରେ ଯୁକ୍ତି ଉପସ୍ଥାପନ କରେ ।

ଏ ପରିପ୍ରେକ୍ଷୀରେ Mary woll stone Craft ଙ୍କ ଦ୍ୱାରା ପ୍ରଣୀତ 'The vindication of the Rights of women (1790)" ଗ୍ରନ୍ଥର ଉଲ୍ଲେଖନୀୟ ଭୂମିକା ରହିଛି । ଏଥିରେ ନାରୀର ଅଧିକାର ଓ ତା'ର ସ୍ୱାଧୀନତା ସଂପର୍କରେ ଅନେକ ଆଲୋଚନା ହୋଇଛି । ନାରୀର ସ୍ୱାତନ୍ତ୍ର୍ୟ କିପରି ଅଣଦେଖା ହେଇଛି । କିପରି ତା'ର ମୌଳିକ ଅଧିକାରରୁ ମଧ୍ୟ ତାକୁ ବଞ୍ଚିତ କରାଯାଇଛି । ଏସବୁ ସମ୍ଭବ ହେଇଛି କେବଳ ପୁରୁଷର ଏକଛଟିଆ ନିୟନ୍ତ୍ରଣ ଯୋଗୁଁ । ବସ୍ତୁତଃ ଆତ୍ମ ନିରୀକ୍ଷଣରୁ ସେ' ଉପଲବ୍ଧି କରିପାରିଲା ଯେ' ପୁରୁଷର ମନୋମୁଖୀ ଶାସନ ତା'ର ଭବଷ୍ୟତକୁ ଅନ୍ଧାର ଗହ୍ୱରକୁ ଠେଲିବାରେ ଲାଗିଛି । ଅତୀତର ସ୍ଥିତି ଯାହା ହେଉନା କାହିଁକି

ବର୍ତ୍ତମାନ ମଧ୍ୟ ବିପନ୍ନ ହୋଇ ଉଠିଛି । ତେଣୁ, ସେ' ହାହାକାର କରିଛି । ତା'ର ସରଳତାର ଆଢୁଆଳରେ ତାକୁ ସାମାଜିକ-ରାଜନୀତିକ ତଥା ଆର୍ଥିକ ବ୍ୟବସ୍ଥା ଠାରୁ ଦୂରରେ ରଖାଯାଇଛି । ଏପରିକି ନାରୀମାନଙ୍କ ବିଧିବଦ୍ଧ ସଂଗଠନ ଓ ଜାଗରଣ ହେତୁ, ନାରୀଶକ୍ତି ତା'ର ନ୍ୟାର୍ଯ୍ୟଦାବୀ ଉତ୍ଥାପନ କରିପାରିଛି । ୧୮୫୭ ମସିହା, ମାର୍ଚ୍ଚ, ୮ ତାରିଖରେ ଶିଳ୍ପ କ୍ଷେତ୍ରରେ କାର୍ଯ୍ୟରତ ମହିଳାମାନେ ଏକତ୍ରିତ ହୋଇ ସମାନ ମଜୁରୀ ପାଇଁ ଧର୍ମଘଟ କରିଛନ୍ତି । ଏହି ପୁଞ୍ଜିଭୁତ ଆକ୍ରୋଶ ହିଁ ପରବର୍ତ୍ତୀ ସମୟରେ ନାରୀମାନଙ୍କ ଅଧିକାର ପ୍ରତି ସଚେତନତା ସୃଷ୍ଟି କରିଛି ।

Craft ଙ୍କର ପ୍ରସିଦ୍ଧ ବକ୍ତବ୍ୟ ଅନେକ ଆଦୃତି ଲଭିଥିଲା । ଅଦ୍ୟାବଧି ତା'ର ସାର୍ବକାଳୀନ ଆବେଦନକୁ ଅସ୍ୱୀକାର କରାଯାଇନପାରେ । ତାଙ୍କ ମତରେ : ନାରୀ ତା' ନିଜ ଉପରେ ତା'ର ଅଧିକାର ସାବ୍ୟସ୍ତ କରୁ । ଅର୍ଥାତ୍ " I don't wish women to have power over men; but over themsevles." -A vindication of Rights of women, 1792

ଏଥିରୁ ସ୍ପଷ୍ଟ ହୋଇ ଉଠେ, ନାରୀର ନିଜ ଶରୀର ଉପରେ ମଧ୍ୟ ତତ୍କାଳୀନ ସମାଜରେ ଅଧିକାର ନଥିଲା । ତା'ର ଇଚ୍ଛା-ଅନିଚ୍ଛା ପୁରୁଷ ନିୟନ୍ତ୍ରଣ କରି ଆସୁଥିଲା । ଏପରିକି ତା'ର ମୌଳିକ ଅଧିକାର ମଧ୍ୟ ପୁରୁଷ କର୍ତ୍ତୃକ ସମାଜର ଆୟତ୍ତାଧୀନ ଥିଲା । ଏ ସମୟରେ J.S. mill " The subjection of will" ନାମକ ପ୍ରବନ୍ଧ ପତ୍ର ମାଧ୍ୟମରେ ପୁରୁଷ ସହ ନାରୀକୁ ସମକକ୍ଷ କରିବାର ଦାବୀ ରଖିଲେ । ଫଳରେ ନାରୀର ସୁରକ୍ଷା, ତା'ର ଅଧିକାର ସଂପର୍କରେ ଅନେକ ଅଧିବେଶନମାନ ଅନୁଷ୍ଠିତ ହେଲା । ନାରୀ ତା'ର ଅସ୍ତିତ୍ୱ ସଂପର୍କରେ ଅଧିକରୁ ଅଧିକ ସଚେତନ ହେଲା । ନାରୀର ଶରୀର ଉପରେ ପୁରୁଷର ଆଧିପତ୍ୟକୁ ସେ' ଅଗ୍ରାହ୍ୟ କଲା । ସେ' ଭୋଗ୍ୟ କି ପଣ୍ୟବସ୍ତୁ ନୁହେଁ ସେ' ଏକ ସ୍ୱତନ୍ତ୍ର ସତ୍ତା ବୋଲି ହୃଦ୍‌ବୋଧ କଲା । ଯାହାର ସମାଜରେ ପୁରୁଷ ଭଳି ସମାନ ଅଧିକାର ଅଛି । ନାରୀ ପୁରୁଷର ଅର୍ଜିତ ସଂପତ୍ତି ନୁହେଁ । ପୁରୁଷ ପ୍ରବର୍ତ୍ତିତ ରୀତି ଓ ସଂସ୍କାରର ଅବମାନନା କରିବାକୁ ସକ୍ରିୟ ଭାବରେ ସଂଗଠନରେ ଯୋଡ଼ି ହେଲା ନାରୀ । ସମ୍ମିଳିତ ଅଧିବେଶନ ମାନଙ୍କରେ ନାରୀ ଅସ୍ମିତା ଓ ତା'ର ସମସ୍ୟାର ନିରାକରଣ ଦିଗରେ ଚେଷ୍ଟିତ ହେଲା । ଏହା ମୂଳରେ ରହିଛି ନାରୀବାଦୀ ଚିନ୍ତକ ମାନଙ୍କର ପ୍ରୟାସ । ଏତାଦୃଶ

ଆଭିମୁଖ୍ୟକୁ ମାଧ୍ୟମ କରି ନାରୀବାଦ ଗଢି ଉଠିଲା । ଯାହାର ପରିପୂର୍ତ୍ତି କରି ସମାଜରେ ଏକ ସୁସ୍ଥ ବାତାବରଣ ସୃଷ୍ଟି କରିବା ଥିଲା 'ନାରୀବାଦ' ର ଅଭିପ୍ରାୟ ।

'ନାରୀବାଦ' ଆନ୍ଦୋଳନ ସଂପର୍କରେ ମଧ୍ୟଯୁଗୀୟ ଲେଖିକା 'ଖ୍ରୀଷ୍ଟିନ୍‌ଡି, ପିଜାନ' (Christine de pizan) ପାଶ୍ଚାତ୍ୟ ପରମ୍ପରାର ପ୍ରଥମ ନାରୀବାଦୀ ଲେଖିକା ଭାବରେ ପରିଚିତା । ଇଟାଲିରେ ସେପ୍ଟେମ୍ବର ୧୩୬୪ରେ ଜନ୍ମିତ ଏହି ଲେଖିକା ନାରୀମାନଙ୍କ ସପକ୍ଷରେ ଲେଖନୀ ଚାଳନା କରିଥିଲେ । ସେ' ହେଉଛନ୍ତି ପ୍ରଥମ ନାରୀବାଦୀ ଲେଖିକା ଭାବରେ ନାରୀ ଅଧିକାର, ତା'ର ସୁରକ୍ଷାର କଥା କହିଥିଲେ । ସମାଜର ରତିବାଦୀ ଚିନ୍ତାଧାରା (Stereotypes) କୁ ସେ' ଅଙ୍ଗୁଳି ନିକ୍ଷେପ କରିଥିଲେ । ତାଙ୍କର ଅନେକ କୃତି ମଧ୍ୟରୁ ୧୪୦୫ ରେ ଲିଖିତ "The book of the city of Ladies" ଏବଂ "The Treasure of the city of ladies" ରେ ନାରୀର ଅସ୍ମିତା ଓ ଅଧିକାର ସଂପର୍କରେ ଅନେକ ବର୍ଣ୍ଣନା ରହିଛି । ସେହିପରି ୧୭୮୫ ମସିହାରେ ମିଡିଲବର୍ଗ ଠାରେ ନାରୀମାନଙ୍କ ପାଇଁ ପ୍ରଥମ ବିଜ୍ଞାନ ପରିଷଦ (First scientific society for women) ଗଠନ କରାଯାଇ ନାରୀ ପ୍ରଗତିର ମୂଳଦୁଆ ପଡ଼ିଥିଲା । ଏହା ନାରୀବାଦୀ ଆନ୍ଦୋଳନର ପ୍ରଥମ ପର୍ଯ୍ୟାୟ ତେଣୁ ଏହା ନାରୀସୁଲଭ ଆନ୍ଦୋଳନ ଭାବରେ ଗୃହୀତ ହୋଇଛି । ପୁରୁଷ ସଂସ୍କୃତିର ଅନୁସରଣରେ ଏହି ପର୍ଯ୍ୟାୟର ଆନ୍ଦୋଳନ ଗଠନ ହୋଇଛି ବୋଲି ଅନେକ ଆଲୋଚନା ହୋଇଥିବାର ମନେହୁଏ । ତେଣୁ, Elaine Showalter ଙ୍କ ପରି ନାରୀବାଦୀମାନେ ଏହି ପର୍ଯ୍ୟାୟର ଆନ୍ଦୋଳନକୁ ଅନୁକରଣ (Imitation) ପର୍ଯ୍ୟାୟ ବୋଲି ମତବ୍ୟକ୍ତ କରିଛନ୍ତି । ପୁରୁଷଶାସିତ ସମାଜରେ ଲିଙ୍ଗଗତ ବୈଷମ୍ୟ ଦୂର କରିବା ହେଉ ଅବା ପୁରୁଷ ଆୟତ୍ତରୁ ନାରୀକୁ ମୁକ୍ତ କରିବା ହେଉ ଅବା ତା'ର ଜୀବନର ଉତ୍ପୀଡ଼ନ ଓ ନିର୍ଯ୍ୟାତନାର ଅନ୍ତ କରିବାରେ ପ୍ରଥମ ପର୍ଯ୍ୟାୟର ସଫଳ ହୋଇଛି । ସାଇମନ ଡି. ବୁଭା (Simone De Beavour)ଙ୍କର "Second Sex" ହେଉ ଅବା Viriginia woolf (ଭିରିଜିନିଆ ଉଲଫ୍) ଙ୍କର "A Room of one's own" ହେଉ ପ୍ରତିଟି ପୁସ୍ତକରେ ନାରୀ ଅସ୍ମିତାର ଯେଉଁ ବାସ୍ତବ ଚିତ୍ର ପ୍ରଦାନ କରିଛି, ତାହା ମହିଳା ସମ୍ମିଳନୀର ସଫଳତାକୁ ପ୍ରତ୍ୟକ୍ଷରେ ହେଉ ଅବା ପରୋକ୍ଷରେ ପ୍ରଭାବିତ କରିଛି ଏବଂ ପ୍ରତିଫଳିତ ମଧ୍ୟ କରିବାରେ ସଫଳ ହୋଇଛି ।

"Viriginia woolf ଙ୍କର A Room of one's own" ର ଅବଦାନ ବିଂଶ ଶତକର ନାରୀବାଦୀ ସାହିତ୍ୟକୁ ଯଥେଷ୍ଟ ପ୍ରଭାବିତ ଓ ପ୍ରେରିତ କରିଛି । ତାଙ୍କ ଭାଷାରେ:

" A woman must have money and a room of her own, if she is to write fiction." (1929) ଅର୍ଥାତ୍ ନାରୀ ମାନଙ୍କର ନିଜସ୍ୱ ଅର୍ଥ ଏବଂ କୋଠରୀ ରହିବା ନିହାତି ଆବଶ୍ୟକ ।

ବସ୍ତୁତଃ ଏକଥା ସ୍ପଷ୍ଟଯେ' ଏହି ମହିଳା ସମ୍ମିଳନୀର ପ୍ରଭାବ, ସମାଜରେ ପରିବର୍ତ୍ତନ ଆଣିବାରେ ସହାୟତା ହେଲା । ନାରୀ ତା'ର ପୂର୍ଣ୍ଣ ନାଗରିକତ୍ୱ ପାଇଲା । ମତଦାନ ଅଧିକାର ମଧ୍ୟ ବହୁ ଦେଶମାନଙ୍କରେ ବୈଧ କରାଗଲା । ଏପରିକି ନାରୀର right to vote ଅଧିକାର ସପକ୍ଷରେ ୧୮୯୩ରେ ନିଉଜିଲ୍ୟାଣ୍ଡ, ପ୍ରଥମ ଦେଶ ଯିଏ, ନାରୀକୁ ଏହି ମତଦାନର ଅଧିକାର ପ୍ରଦାନ କଲା । ୧୯୧୮ ମସିହାରେ, ବ୍ରିଟିଶ୍ ସରକାର ନାରୀମାନଙ୍କୁ ମତଦାନର ଅଧିକାର ଦେଲାବେଳେ, ଜର୍ମାନ୍‌ରେ ୧୯୧୯, ୧୯୨୦ରେ ଯୁକ୍ତରାଷ୍ଟ୍ର ଆମେରିକା ଏବଂ ୧୯୧୭ ମସିହାରେ ସୋଭିଏତ୍ ଋଷ ନାରୀମାନଙ୍କୁ ଭୋଟ ଦେବାର ଅଧିକାର ପ୍ରଦାନ କରିଛି ।

ପ୍ରଥମ ବିଶ୍ୱଯୁଦ୍ଧ ପରବର୍ତ୍ତୀ ପରିସ୍ଥିତି ସହ ନାରୀବାଦୀ ଆନ୍ଦୋଳନ ପ୍ରତ୍ୟକ୍ଷରେ ସଂପୃକ୍ତି ହେତୁ, ନାରୀର ସାମାଜିକ-ରାଜନୀତିକ ସ୍ଥିତି ଅନେକାଂଶରେ ସୁଦୃଢ଼ ହୋଇଛି । ଯେଉଁ ସମାଜ ନାରୀମାନଙ୍କୁ 'ନର୍କରଦ୍ୱାର' ବୋଲି ମନ୍ତବ୍ୟ ଦେଲାବେଳେ, ସେହି ସମାଜ ପୁଣି ନିଜସ୍ୱ ମତ ବଦଳାଇବାକୁ ବାଧ୍ୟ ହୋଇଛି । ପରିବର୍ତ୍ତିତ ହୋଇଛି ସାମାଜିକ ବିଧି ବ୍ୟବସ୍ଥା । ନାରୀର ଅଧିକାର ଓ ତା'ର ସାମାଜିକ-ରାଜନୀତିକ ବ୍ୟବସ୍ଥାରେ ତା'ର ଭୂମିକା ନିର୍ଦ୍ଧାରଣ ହେଲାପରେ ସେ' ତା'ର ଆତ୍ମପ୍ରତ୍ୟୟ ଫେରିପାଇଛି । ମହିଳାମାନଙ୍କର ମତଦାନର ଅଧିକାର ଏକ ସର୍ବଶ୍ରେଷ୍ଠ ଉପଲବ୍ଧି ଦେଇ ପ୍ରଥମ ପର୍ଯ୍ୟାୟର ନାରୀବାଦୀ ଆନ୍ଦୋଳନ ଏକ ଉତ୍ତରଣ ପର୍ଯ୍ୟାୟ ଦେଇ ଗତି କରିଛି ।

୨.ଦ୍ୱିତୀୟ ପ୍ରବାହ : ଆତ୍ମ ବିଶ୍ଲେଷଣର ପର୍ଯ୍ୟାୟ (2nd wave of Feminism) (୧୯୨୦-୧୯୬୦-୭୦)

ନାରୀବାଦର ଏହି ଦ୍ୱିତୀୟ ପର୍ଯ୍ୟାୟ ବା ଦ୍ୱିତୀୟ ସ୍ରୋତ ଯଥାର୍ଥରେ ପ୍ରତିବାଦର ପର୍ଯ୍ୟାୟ ବୋଲି ଧରିନେବାକୁ ହେବ । ନାରୀ ତା'ର ସ୍ଥିତି ଓ ଅଧିକାର ସଂପର୍କରେ ସଚେତନ ହେଲାପରେ ସେ' ଆତ୍ମବିଶ୍ଲେଷଣ କରିଛି । କେଉଁଠି ନା' କେଉଁଠି ସେ' ନିଜକୁ ସଶକ୍ତ କରିପାରିନି । ଯାହାକିଛି ପ୍ରଗତି ଘଟିଛି, ତାହା ଉଣା- ଅଧିକେ ତାକୁ ପରିଚୟ ଦେଇଛି । କିନ୍ତୁ, ତାହା କେବଳ ପ୍ରାଥମିକ ପର୍ଯ୍ୟାୟ । ତାକୁ ଅନେକ ପଥ, ଅତିକ୍ରମ କରିବାର ଅଛି । ସେ' ଅଧିକରୁ ଅଧିକ ସକ୍ରିୟ ହୋଇଛି । ରାଜନୀତିକ କ୍ଷେତ୍ରରେ ମତଦାନର ଅଧିକାର ପାଇବା ପରେ, ତା'ର ନିଜ ଉପରେ ଆସ୍ଥା ସୁଦୃଢ଼ ହୋଇଛି । ସେ' ପୁରୁଷସମାଜର ଶୋଷଣ ବିରୁଦ୍ଧରେ ଆହୁରି ବଳିଷ୍ଠ ହୋଇ ଛିଡ଼ା ହୋଇଛି ।

ପ୍ରଥମ ବିଶ୍ୱଯୁଦ୍ଧର ପରବର୍ତ୍ତୀ ଧୂସର- ଜୀବନ-ଜିଜ୍ଞାସାର ବିଡ଼ମ୍ବିତ ଅଧ୍ୟାୟ ଭିତରୁ ଦ୍ୱିତୀୟ ପର୍ଯ୍ୟାୟଟି ଯଥେଷ୍ଟ ଅନୁଭୂତି ଓ ଅଭିଜ୍ଞତାକୁ ପାଥେୟ କରି ଆଗକୁ ବଢ଼ିଛି । ଲେଖନୀର ସ୍ୱର ଏଇ ପର୍ଯ୍ୟାୟରେ ଆହୁରି ଶାଣିତ ଓ ତୀର୍ଯ୍ୟକ୍ ହୋଇଛି । ପାରପଂରିକତାର ଅନ୍ଧ ଅନୁସରଣକୁ ନାରୀ ସଂପୂର୍ଣ୍ଣ ରୂପେ ବର୍ଜନ କରିଛି । ନାରୀ ଅସମାନତା ଓ ପକ୍ଷପାତିତାକୁ ଏଠି ଦୃଢ଼ କଣ୍ଠରେ ପ୍ରତିବାଦ କରିଛି । ଏହି ଦ୍ୱିତୀୟ ପର୍ଯ୍ୟାୟର ନାରୀବାଦ ମୁଖ୍ୟତଃ ଯେଉଁ ଯେଉଁ ପ୍ରସଙ୍ଗକୁ ଗୁରୁତ୍ୱ ଦିଏ, ତାହା ନିମ୍ନମତେ ଲକ୍ଷ୍ୟ କରାଯାଇପାରେ । ଯଥା :-

" Second- Wave Feminism focus on the legal, economic and social reights of women. Its top priorties included gender roles, reprpoductive rights, financial independence work place equality and domestic- violence." ଉପରେ ଗୁରୁତ୍ୱ ଦିଏ । ଏହି ନାରୀବାଦ ଏକ ରାଜନୀତିକ ଆନ୍ଦୋଳନ । ସାମାଜିକ ବିଧି-ବ୍ୟବସ୍ଥାର ପକ୍ଷପାତିତାରେ ଅସମ୍ମତି ପ୍ରକାଶ ପୂର୍ବକ ନାରୀ ଯେତେବେଳେ ଗୃହରୁ ତା ଗୋଡ଼ କାଢ଼େ, ସେତେବେଳେ ତା'ର ସ୍ଥିତି ସଂପର୍କରେ ସନ୍ଦିହାନ ହୁଏ । କାରଣ ବାହାର ଦୁନିଆ ମଧ୍ୟ ପୁରୁଷର ନିୟନ୍ତ୍ରଣାଧିନ । କେଉଁଠି ମଧ୍ୟ ତା'ର ନିସ୍ତାର ନାହିଁ । ଏହି ଲିଙ୍ଗଗତ ବୈଷମ୍ୟ

ଦୂରୀଭୂତ ନ ହେଲାଯାଏଁ ତା'ର ପରିବର୍ତ୍ତନ ଅସମ୍ଭବ । ଫଳସ୍ୱରୂପ, ସେ' କୁସଂସ୍କାରପୂର୍ଣ୍ଣ ସମାଜ ବିରୁଦ୍ଧରେ ମୁହଁ ଖୋଲେ । ବିଦ୍ରୋହର ଡାକରା ଦିଏ । ଏହି ନାରୀବାଦୀ ଚିନ୍ତକମାନେ, ଲେଖନୀ ମାଧ୍ୟମରେ ଯେଉଁ ଜାଗରଣର କଥା କହିଲେ, ତାହା ନାରୀଶକ୍ତିକୁ ଏକଜୁଟ କଲା । ନିଜ ଅଧିକାର ଓ ଅସ୍ମିତା ସଂପର୍କରେ କ୍ରମଶଃ ନାରୀ ହେଲା ଜାଗ୍ରତ । ଏହି ନାରୀବାଦୀ ଆନ୍ଦୋଳନ (Feminist movement) ସାମାଜିକ ବିଧି-ବ୍ୟବସ୍ଥା ବିରୁଦ୍ଧରେ ଆନ୍ଦୋଳନ । ରାଜନୀତିକ ଅଧିକାର, ନାରୀର ପ୍ରାପ୍ୟ । ସେ' ସମାଜର ମୁଖ୍ୟ ସ୍ରୋତ ସହ ଜଡ଼ିତ, ତେଣୁ ସେ' କଦାପି second sex (ଦ୍ୱିତୀୟ ଲିଙ୍ଗ) ମଧ୍ୟରେ ଆବଦ୍ଧ ହୋଇପାରେନା । ପୁରୁଷ ଭଳି ତା'ର ମଧ୍ୟ ସମାନ ଅଧିକାର ରହିଛି । ଲିଙ୍ଗଗତ ବୈଷମ୍ୟ ବିରୁଦ୍ଧରେ ସ୍ୱର ଉତ୍ତୋଳନ କରିବା ଏହି ଚିନ୍ତକମାନଙ୍କ ମୁଖ୍ୟ ଅଭିପ୍ରାୟ । ଯେଉଁଠି ନାରୀର ରାଜନୀତିକ, ଆର୍ଥିକ, ସାମାଜିକ, ଆଧ୍ୟାତ୍ମିକ ଏବଂ ବ୍ୟକ୍ତିଗତ ଅଧିକାର କଥା ଆସେ । ସେଠି ସମାନ ବୃତ୍ତି-ସମାନ ପାରିଶ୍ରମିକ ମଧ୍ୟ ନାରୀମାନଙ୍କର ପ୍ରାପ୍ୟ । ପୁରୁଷମାନଙ୍କ ଭଳି ସମାନ ସୁଯୋଗ ଅଧିକାର ଏବଂ ସମାନତା ପାଇବା ପ୍ରତ୍ୟେକ ନାରୀର ମୌଳିକ ଅଧିକାର । ଅତଏବ, ପାଶ୍ଚାତ୍ୟ ନାରୀବାଦୀ ଆନ୍ଦୋଳନର ଏହି ଦ୍ୱିତୀୟ ପର୍ଯ୍ୟାୟ ଏକ ଯୁଗାନ୍ତକାରୀ ପଦକ୍ଷେପ ନେବାରେ ସହାୟକ ହୋଇଛି ବୋଲି ସ୍ୱୀକାର କରିବାକୁ ହେବ । Right to equality (ସମାନତାର ଅଧିକାର), Right to caste Vote. (ମତଦାନର ଅଧିକାର), Right to get same wages (ସମାନ ମଜୁରୀର ଅଧିକାର), Right to live, (ମନୁଷ୍ୟ ଭଳି ଜୀବନ ଜୀଇଁବାର ଅଧିକାର) ପ୍ରଭୃତି ନାରୀ ଜୀବନରେ ଅଭୂତପୂର୍ବ ପରିବର୍ତ୍ତନ ଆଣିଥିଲା ।

ଦେଖିବାକୁ ଗଲେ, ପ୍ରଥମ ପର୍ଯ୍ୟାୟରେ ନାରୀବାଦୀ ମାନେ ସେହି ଧରାବନ୍ଧା ନିୟମକୁ ଅନୁସରଣ କରି କେବଳ ପୁରୁଷମାନଙ୍କର ନୀତି-ନିୟମକୁ ଅନୁସରଣ କରି ନିଜ ପାଇଁ ବାଟ ବାଛିଲେ । ଏହା ପରୋକ୍ଷରେ ତାଙ୍କ ଚିତ୍ତବୃତ୍ତି ଏବଂ ଆତ୍ମିକ ମର୍ଯ୍ୟାଦାକୁ ପରାଧିନ କରି ରଖିଲା । ତେଣୁ, ତାହା ପରବର୍ତ୍ତୀ ସମୟରେ ଅନେକ ତ୍ରୁଟି-ବିଚ୍ୟୁତି ସହ ଉଭା ହେଲା । ଫଳରେ ତା'ର ସର୍ବକାଳୀନ ଆବେଦନ ସମସ୍ତଙ୍କୁ ଧରି ରଖି ପାରିଲା ନାହିଁ । ଏହି ପର୍ଯ୍ୟାୟକୁ ଅନେକ ସମାଲୋଚିକାମାନେ ନାରୀ ସୁଲଭ ପର୍ଯ୍ୟାୟ (Femine) ଦେଇ ବୁଝିବାକୁ ଲାଗିଲେ । ଏହି ସମୟରେ ବିଶିଷ୍ଟ

ବ୍ରିଟିଶ ଲେଖିକା 'ମେରିଆନ୍ ଇଭାନସ', ଯାହାଙ୍କ ଛଦ୍ମ ନାମ 'George Elliot' ଭାବରେ ରଖି ଛଦ୍ମ ଭାବରେ ନିଜର ଲେଖାମାନ ପ୍ରକାଶ କରିଛନ୍ତି । ସେହିପରି Thornton, UK (1818) ରେ ଜନ୍ମିତ ଏମିଲି ବ୍ରୋନ୍‌ଟେ (Emily Bronte) ତାଙ୍କର ୧୮୪୭ ମସିହାରେ ପ୍ରକାଶିତ "Jane Eure" ଉପନ୍ୟାସ ନାରୀ ଚରିତ୍ର ମାଧ୍ୟମରେ ଜୀବନ ଯନ୍ତ୍ରଣା (Hard ship) ର ଯେଉଁ ଚିତ୍ର ପ୍ରଦାନ କରିଛନ୍ତି, ତାହା ବାସ୍ତବିକ୍ ପ୍ରେରଣାପ୍ରଦ । ସେ' ମଧ୍ୟ 'ମେରିଆନ୍ ଇଭାନସ୍'ଙ୍କ ପରି 'Currer Bell' ର ଛଦ୍ମନାମରେ ନିଜର ଲେଖନୀ ଚାଳନା କରିଛନ୍ତି । ଏଥିରୁ ଏହା ଅନୁମାନ କରାଯାଇପାରେ, ଏହି ପର୍ଯ୍ୟାୟଭୁକ୍ତ ନାରୀବାଦୀ ଲେଖିକାମାନେ କେଉଁଠି ନା' କେଉଁଠି ପୁରୁଷ ପାଖରେ ନିଜକୁ ସମର୍ପଣ କରିଛନ୍ତି । ଯାହା, ସ୍ୱାଭାବିକ୍ ଭାବେ ନାରୀ ସୁଲଭ ଭାବ ଦ୍ୟୋତକକୁ ଦର୍ଶାଏ । ଏପରିକି ବ୍ରିଟିଶ୍ ଔପନ୍ୟାସିକ Elaine showalter ତାଙ୍କର "A literature of their own" (୧୯୭୭) ପ୍ରକାଶିତ 'ନାରୀବାଦ-ସମାଲୋଚନା' ରେ ନାରୀର ସ୍ଥିତିକୁ ଚିତ୍ରଣ କରିଛନ୍ତି । ପୁରୁଷ ପ୍ରବର୍ତ୍ତିତ ନୀତି-ନିୟମ ସମ୍ମୁଖରେ ନାରୀର ଅସହାୟତାର ଚିତ୍ର ଅତ୍ୟନ୍ତ ମାର୍ମିକ । ତାଙ୍କ ଭାଷାରେ:

"The Femine phase (1840- 1880), during which women writers imitated the dominant tradition."

ବସ୍ତୁତଃ ନାରୀର ଅବଦମିତ ସ୍ୱରୂପ, ଏହି ପର୍ଯ୍ୟାୟ ଚିନ୍ତନ ରେ ପ୍ରତିଫଳିତ ହୋଇଛି । ଯାହା ପୁରୁଷତାନ୍ତ୍ରିକ ବିଧି-ବ୍ୟବସ୍ଥା ଠାରୁ ମୁକ୍ତ ନୁହେଁ, ବରଂ ପ୍ରଭାବିତ ବୋଲି ଧରି ନେବାକୁ ହୁଏ ।

ଏପରିକି ସାରସ୍ୱତ ଜଗତରେ ମଧ୍ୟ ପରିବର୍ତ୍ତନର ସ୍ୱର ତୀର୍ଯ୍ୟକ୍ ଓ ଦୃଢ଼ ହେଉଛି । ଇବସନଙ୍କ "A Dolls house" ରେ ନାୟିକା "ନୋରା" (Nora) ତା'ର ସ୍ୱାମୀକୁ ପରିତ୍ୟାଗ କରିଛି । ଏହା ବାସ୍ତବରେ ପୁରୁଷ ବିରୁଦ୍ଧରେ ତା'ର ଅହମିକା ବିରୋଧରେ ଏକ ଶକ୍ତ ପ୍ରତିରୋଧ । ଦ୍ୱିତୀୟ ପର୍ଯ୍ୟାୟର ନାରୀବାଦ, ମୁକ୍ତ ଓ ସ୍ୱାଧୀନଚେତା ନାରୀମାନଙ୍କର କଥା କୁହେ । ବିଶେଷତଃ ସମ୍ଭ୍ରାନ୍ତ, ଉଚ୍ଚଶିକ୍ଷିତା-କର୍ମଜୀବୀ-ନାରୀମାନଙ୍କ ଅନ୍ତର୍ଦ୍ୱନ୍ଦ୍ୱ ଓ ଦହନର କଥା କୁହେ । ନିର୍ଯ୍ୟାତିତା-ଅବହେଳିତା ନାରୀମାନଙ୍କ ଜୀବନର ମାନବୃଦ୍ଧି ଓ ଜୀବିକାର ସ୍ୱାଚ୍ଛନ୍ଦ୍ୟକୁ ଗୁରୁତ୍ୱ

ଦିଏ । ୧୯୩୫ ମସିହାରେ 'Mary Mcleod Bethune', ନିଗ୍ରୋ ସ୍ତ୍ରୀମାନଙ୍କର ଏକ ଜାତୀୟ ସମ୍ମିଳନୀ ଆୟୋଜନ କରି ରଙ୍ଗ ଭେଦ, ଅସଂଗତି ସଂପର୍କରେ ଆଲୋଚନା କଲେ । ଏପରିକି ନାରୀମାନଙ୍କ ସମସ୍ୟାମାନଙ୍କୁ ନେଇ ଏକାଧିକ ସମ୍ମିଳନୀମାନ ଅନୁଷ୍ଠିତ ହେଲା । ବିଶେଷତଃ ନାରୀର ନିଜ ଶରୀର ଉପରେ ଯେଉଁ ଅଧିକାର ମାନ ରହିଛି । ତାକୁ ଗୁରୁତ୍ୱ ଦିଆଗଲା । ଏହି କାର୍ଯ୍ୟକ୍ରମ ମାଧ୍ୟମରେ ମୂଳତଃ ନାରୀମାନଙ୍କର :

(କ) ଯୌନତା (Sexuality)

(ଖ) ପ୍ରଜନନ ଅଧିକାର (Reproducitive Rights)

(ଗ) ଘରୋଇ ହିଂସା (Domestic violence)

(ଘ) ବିବାହ ଜନିତ ଶାରୀରିକ ଶୋଷଣ (Marital rape or exploaitation)

(ଙ) ମହିଳା ଆଶ୍ରୟସ୍ଥଳ (Women's shelter home)

(ଚ) ରଙ୍ଗଗତ ବୈଷମ୍ୟ (colour discrimination)

(ଛ) ସମାନ ମଜୁରୀ (equal wages)

(ଜ) କର୍ମ ସଂସ୍ଥାନରେ ସୁରକ୍ଷା (Work place securityor safety)

(ଝ) ନିରାପଦ ଭ୍ରୁଣ ହତ୍ୟା ବା ଗର୍ଭପାତ (Safe legal Abortions for all women)

(ଞ) ସଂପତ୍ତି ଗତ ଅଧିକାର (Rights for Property)

ଏହିପରି ନାନା ସମସ୍ୟା ଓ ତାହାର ନ୍ୟାୟଗତ ନିଦାନ ସଂପର୍କରେ ବହୁ ଗୁରୁତ୍ୱପୂର୍ଣ୍ଣ ପଦକ୍ଷେପ ନିଆଗଲା । ଏହି ପର୍ଯ୍ୟାୟର ନାରୀବାଦୀ ଆନ୍ଦୋଳନ ପ୍ରଥମ ପର୍ଯ୍ୟାୟ ଠାରୁ ଅଧିକ ସ୍ୱାଧୀନ ଓ ମୁକ୍ତ । ନାରୀର ଯୌନ ଇଚ୍ଛା ତା'ର ବ୍ୟକ୍ତିଗତ ବ୍ୟାପାର । ଏସବୁରେ ହସ୍ତକ୍ଷେପ ଆଦୌ ଶୁଭଙ୍କରୀ ନୁହେଁ । ଯେହେତୁ ନାରୀ ଏକ ସ୍ୱତନ୍ତ୍ର ସତ୍ତା (Special entity) ତାହାର ନିଜର ଶରୀର ଓ ମନ ଉପରେ ନିଜସ୍ୱ ଅଧିକାର ଅଛି । ଯାହା ପୁରୁଷମାନଙ୍କର ଆଧିପତ୍ୟକୁ ଅସ୍ୱୀକାର କରେ । "ମାତୃତ୍ୱ" ସଂପୂର୍ଣ୍ଣତଃ ନାରୀର ଅଧିକାର । ଆବଶ୍ୟକ ସ୍ଥଳେ ନାରୀ ତା'ର ଅବିକଶିତ ଭ୍ରୁଣକୁ ନଷ୍ଟ ବା

(abort) କରିବାର ଅଧିକାର ରଖେ । ଏସବୁ ତା'ର ବ୍ୟକ୍ତିଗତ ସୁରକ୍ଷା ଓ ପରିସ୍ଥିତିର ଦାୟକୁ ଆଖି ଆଗରେ ରଖି ଚିନ୍ତା କରାଯାଇପାରେ ।

ଏପରିକି ବିଶିଷ୍ଟ ନାରୀବାଦୀ ଲେଖିକା 'Elaine showalter' ତାଙ୍କର "A literature of their own" (1970) ଗ୍ରନ୍ଥରେ ନାରୀର ସର୍ଜନ କ୍ଷମତା ଏବଂ ତା'ର ଅଧିକାର ସଂପର୍କରେ ବର୍ଣ୍ଣନା କରିଛନ୍ତି । ତାଙ୍କ ମତରେ : ନାରୀର 'right of reproduction' ବା 'ନିଜସ୍ୱ ପ୍ରଜନନର ଅଧିକାର' ଅଛି । ମାତୃତ୍ୱ ସଂପୂର୍ଣ୍ଣତଃ ତା'ର ଆଭ୍ୟନ୍ତରୀଣ ସ୍ୱୀକୃତି ଉପରେ ଗୁରୁତ୍ୱ ରଖେ ।

Elaine showater ଙ୍କୁ "Gynocriticism"ର ଜନନୀ ଭାବରେ ଗ୍ରହଣ କରାଯାଏ । ତାଙ୍କ ମତରେ: "When a woman is a reader, se absorbs all the works produced by men. Hence, feminist critique focues on how women are depicted in liteary texts written by men. It studies women's characters, conditions and experiences as written by men."

ଏପରିକି ତାଙ୍କ ମତରେ ନାରୀ ଲେଖିକା ଓ ନାରୀ ସାହିତ୍ୟ ସର୍ଜନାର ମୁଖ୍ୟତଃ ୩ଟି ପର୍ଯ୍ୟାୟ ଦେଇ ଗତି କରେ । ଯଥା:-

(କ) **Feminine Phase- (ନାରୀସୁଲଭ ସ୍ତର):**

ନାରୀ ଲେଖିକା ମାନେ ମୂଳତଃ ନାରୀ ସୁଲଭ ଭାବନେଇ ଲେଖନୀ ଚଳନା କରନ୍ତି । ଏହି ସ୍ତରର ନାରୀବାଦୀ ଲେଖିକାମାନେ ପୁରୁଷ ଲେଖକଙ୍କ ପ୍ରଭାବରେ ପ୍ରଭାବିତ, ମୁକ୍ତ ନୁହଁନ୍ତି । ସେମାନେ ପୁରୁଷ ଭଳି ଲେଖିବାର ପ୍ରୟାସ କରିଛନ୍ତି ।

(ଖ) **Feminist Phase (ନାରୀବାଦୀ ସ୍ତର):-**

ଏହି ପର୍ଯ୍ୟାୟରେ ନାରୀବାଦୀ ଲେଖିକାମାନେ ନାରୀ ଅସ୍ମିତା ଓ ଅଧିକାର ସଂପର୍କିତ ସମସ୍ୟାର ନିରାକରଣ ପାଇଁ ଜନସେଚତନତା ଏପରିକି ସମାଜରେ ନାରୀର ସ୍ଥିତି ସୁଦୃଢ଼ ପାଇଁ ସାହିତ୍ୟ ରଚନା କରାଗଲା ।

(ଗ) **Female Phase (ନାରୀମାନଙ୍କର ସ୍ତର):**

ଯେଉଁ ସ୍ତରରେ ନାରୀମାନଙ୍କର ସ୍ୱତନ୍ତ୍ର ସ୍ଥିତି (individuality) ସଂପର୍କରେ ଆଲୋଚନା କରାଗଲା । ଏଠି ନାରୀ, ପୁରୁଷ ଲେଖକଙ୍କ ଠାରୁ ସ୍ୱତନ୍ତ୍ର ଭାବେ ନିଜ

ସର୍ଜନଶୀଳତାର ପରିଚୟ ଦେଇଛି । ସମାଜର ମାନସିକତାକୁ ପ୍ରଭାବିତ କରିବାକୁ ଏହି ପର୍ଯ୍ୟାୟ ବା ସ୍ତରର ଲେଖିକାମାନ ତାଙ୍କ ଲେଖନୀ ମାଧ୍ୟମରେ ଚେଷ୍ଟିତ ଅଛନ୍ତି ।

ମୁଖ୍ୟତଃ ନାରୀବାଦୀ ଆନ୍ଦୋଳନର ଦ୍ୱିତୀୟ ସ୍ରୋତ ବା ତାହାର Second wave, ସମାଜରେ ଏକ ପ୍ରମୁଖ ଭୂମିକା ଗ୍ରହଣ କରିଛି । ଏହି ସମୟରେ ଯେଉଁ ଯେଉଁ ନାରୀବାଦୀ ଲେଖିକାମାନ ଲେଖନୀ ଚାଳନା କରିଛନ୍ତି, ସେମାନଙ୍କ ମଧ୍ୟରେ Bretty Friedan, ଆମେରିକାନ୍ ନାରୀବାଦୀ ଲେଖିକା ଅନ୍ୟତମ । ତାଙ୍କ ଲିଖିତ 'The Feminine mystique (1963), Kathies Sarachild ଙ୍କର "Sister hood is powerful (1970)", "Carol Hanish" ଙ୍କର ପ୍ରସିଦ୍ଧ ପଂକ୍ତି "The personal is political" (1969), Gloria steinems ଙ୍କର "Revolution from with in" (1992) ଆଦିରେ ନାରୀର ଅଧିକାର ତା'ର ଅସ୍ତିତ୍ୱ ସଂପର୍କରେ ଆଲୋଚନା କରାଯାଇଛି । ଏହି ପର୍ଯ୍ୟାୟରେ ନାରୀବାଦୀମାନେ ଟିକେ ଉଗ୍ରବାଦୀ ବା ଚରମପନ୍ଥୀ ମନୋଭାବ ନେଇ ପିତୃ ପ୍ରଧାନ ସମାଜର ଉଚ୍ଛେଦ ପାଇଁ ସ୍ୱର ଉତ୍ତୋଳନ କରିଛନ୍ତି । ଏପରିକି ଏହି ଦ୍ୱିତୀୟ ପର୍ଯ୍ୟାୟର ନାରୀବାଦୀମାନେ ମୁକ୍ତ ଭାବରେ ନାରୀର ବଞ୍ଚିବାର ଅଧିକାରକୁ ଗୁରୁତ୍ୱ ଦେଇଛନ୍ତି । ପ୍ରଥମ ପର୍ଯ୍ୟାୟରେ ନାରୀର ମତଦାନର ଅଧିକାର ବା 'Right to vote' ବା 'women's sufferage' କୁ ଗୁରୁତ୍ୱ ଦିଆଯାଇଥିବା ବେଳେ, ଦ୍ୱିତୀୟ ପର୍ଯ୍ୟାୟରେ ନାରୀବାଦୀ ଆନ୍ଦୋଳନରେ ନାରୀର "Reproductive Rights" ବା "ପ୍ରଜନନର ଅଧିକାର ଏବଂ "Right to abotion" (ଗର୍ଭପାତର ଅଧିକାର) ସଂପର୍କରେ ଦାବୀ ଉପସ୍ଥାପନ ହୋଇଛି । ପୁରୁଷ ଭଳି ନାରୀର 'Right to equality' ବା (ସମାନତା ଅଧିକାର) ରହିଛି । ଏହି ପର୍ଯ୍ୟାୟରେ ବାସ୍ତବରେ ପୁରୁଷତନ୍ତ୍ର ବିରୁଦ୍ଧରେ ପ୍ରତିବାଦର ସ୍ୱର ଫୁଟି ଉଠିଛି । ଯଦିଓ ଏ ସ୍ୱର ଟିକେ ତୀର୍ଯ୍ୟକ ଓ କଠୋର ବୋଲି ଧରାଯିବ, ତଥାପି ଏହା ସମାଜରେ ଯଥେଷ୍ଟ ପ୍ରଭାବ ପକେଇବାରେ ସମର୍ଥ ହୋଇପାରିଛି ।

୩.ତୃତୀୟ ପ୍ରବାହ: ଆତ୍ମାନୁସନ୍ଧାନର ପର୍ଯ୍ୟାୟ (୧୯୯୦-୨୦୧୦)

(Third wave of Feminism)

ଆନୁମାନିକ ୧୯୯୦ ପରବର୍ତ୍ତୀ ପର୍ଯ୍ୟାୟ, ନାରୀଶକ୍ତି ଆତ୍ମ ଅନୁସନ୍ଧାନର ପର୍ଯ୍ୟାୟ ବୋଲି ଧରିବାକୁ ହେବ । ଏହା ନାରୀବାଦୀ ଆନ୍ଦୋଳନର ଦ୍ୱିତୀୟ ସ୍ରୋତର ବ୍ୟାପକ ରୂପ ବୋଲି ବିବେଚନା କରାଯାଏ । ଯେଉଁ ତ୍ରୁଟି ବିଚ୍ୟୁତି ଦ୍ୱିତୀୟ ପର୍ଯ୍ୟାୟରେ ଦେଖାଦେଉଥିଲା, ତାକୁ ଏହି ପର୍ଯ୍ୟାୟରେ ଦୂର କରାଯାଇ ଏକ ମୁକ୍ତ ଓ ସ୍ୱଚ୍ଛନ୍ଦ ରୂପରେ ନାରୀବାଦୀ ମାନେ ବର୍ଣ୍ଣନା କରିଛନ୍ତି । ନାରୀର ସ୍ଥିତି ଓ ଅଧିକାରକୁ, ଏହି ପର୍ଯ୍ୟାୟରେ ନାରୀବାଦୀ, ଆନ୍ଦୋଳନ, ଅତ୍ୟାଧୁନିକ ସମାଜ ପରିପ୍ରେକ୍ଷୀରେ ବିଚାରକୁ ନେଇଛି । ବିଂଶ ଶତାବ୍ଦୀ, ନାରୀ ଜାଗରଣ ଦୃଷ୍ଟିରୁ ଅତ୍ୟନ୍ତ ବଳିଷ୍ଠ । ବିଶ୍ୱ ଜଗତୀକରଣ ଦୃଷ୍ଟିରୁ ପୁରୁଷ-ନାରୀର ସହଯୋଗ ଲୋଡ଼ିବାର କୁଣ୍ଠା ପ୍ରକାଶ କରିନି, ବରଂ ସହଯାତ୍ରୀ ମନେକରି ଆଗକୁ ବଢ଼ିଛି । ଅତଏବ, ଏ ପର୍ଯ୍ୟାୟରେ ନାରୀ ତା'ର ଅନ୍ତଃକରଣକୁ ଆହୁରି ନିକଟରୁ ଅନୁଭବୀବାରେ ଲାଗିଛି । ୧୯୧୦ ପରବର୍ତ୍ତୀ ସମୟବେଳକୁ ଆନ୍ତର୍ଜାତୀୟ ନାରୀ ସମ୍ମିଳନୀରେ ମାର୍ଚ୍ଚ, ୮ ତାରିଖକୁ 'ବିଶ୍ୱ ମହିଳା ଦିବସ' ଭାବେ ପାଳନ କରିବାକୁ ପ୍ରସ୍ତାବ ଆଗତ ହୋଇଛି । ନାରୀ ଶିକ୍ଷା, ନାରୀ ସ୍ୱାଧୀନତା, ନାରୀ ସଶକ୍ତିକରଣ ପରି ବହୁ ପ୍ରସଙ୍ଗ ଏ ପର୍ଯ୍ୟାୟରେ ସଫଳ ହୋଇଛି । ଏହି ପର୍ଯ୍ୟାୟକୁ ପାଶ୍ଚାତ୍ୟ ନାରୀବାଦୀ ମାନେ (Autonomy) ପର୍ଯ୍ୟାୟ ବା Female Identity (ମହିଳା-ଅସ୍ମିତା)ର ପର୍ଯ୍ୟାୟ ବୋଲି ଗ୍ରହଣ କରିଛନ୍ତି । ନାରୀ ପ୍ରତି ସମାଜର ଦୃଷ୍ଟିକୋଣ ପରିବର୍ତ୍ତନରେ ଏହି ପର୍ଯ୍ୟାୟର ଭୂମିକା ବହୁ ଗୁରୁତ୍ୱପୂର୍ଣ୍ଣ ।

ଏହି ପର୍ଯ୍ୟାୟରେ ମୁଖ୍ୟତଃ ୩ଟି ଗୁରୁତ୍ୱପୂର୍ଣ୍ଣ ସମସ୍ୟାକୁ ବିଚାର କରାଯାଇଛି । ଏହି ପର୍ଯ୍ୟାୟରେ 'Gender' ଏବଂ 'Sex'କୁ ନେଇ ବହୁ ପଥ ପରିଷ୍କାର ହେଇଛି ।ଯଥା:

୧. Inter sectionality ବା (ସାମାଜିକ ବିଭାଗୀକରଣ)

୨. Bodily autonmy ବା (ଶରୀର ଉପରେ ଅଧିକାର)

୩. Denconstrtuction of gender ବା (ଲିଙ୍ଗଗତ ବିଘଟନ)

ସାଧାରଣତଃ ବହୁସ୍ତରର ନାରୀ, ଏହି ପର୍ଯ୍ୟାୟରେ ଦୃଷ୍ଟି ପରିସରକୁ ଆସନ୍ତି । ଯେଉଁଠି ଧର୍ମ, ବିଶ୍ୱାସ, ଜାତି, କର୍ମ, ସଂସ୍କୃତି ଆଧାରରେ ନାରୀର ସମସ୍ୟା ମାନ ଭିନ୍ନ, ଭିନ୍ନ ହୋଇଥାଏ । ଲିଙ୍ଗଗତ ବୈଷମ୍ୟ, (Gender inequality) ରଙ୍ଗଭେଦ (racism) ଆଧାରରେ ନାରୀ ମାନଙ୍କୁ ବହୁ ପକ୍ଷପାତିତାର ଶୀକାର ହେବାକୁ ହୁଏ । ଏହି ପର୍ଯ୍ୟାୟରେ ଚିନ୍ତକମାନେ, ନାରୀର ନିଜ ଶରୀର ଉପରେ ପୂର୍ଣ୍ଣ ଅଧିକାର ସଂପର୍କରେ ଗୁରୁତ୍ୱ ଦେଇଛନ୍ତି । କର୍ମ କ୍ଷେତ୍ରରେ ଶୋଷଣ (Molestation), ତା'ର ଇଚ୍ଛା ବିରୁଦ୍ଧରେ ତା' ପ୍ରତି ଶାରୀରିକ ବଳତ୍କାର (Rape) ଆଦିକୁ କଠୋର ଭାବେ ନିନ୍ଦା କରାଯାଇଛି ।

ରେବେକା ୱାକର (Rebeka Walker) ତାଙ୍କର ପ୍ରବନ୍ଧ "Becoming the third wave" (1992) ରେ ସେ' ପ୍ରଥମ କରି ଏହି ତୃତୀୟ ସ୍ରୋତ ସଂପର୍କରେ ନିଜ ମତ ରଖିଥିଲେ । ଏଥିରୁ ସ୍ପଷ୍ଟ ହୋଇଉଠେ ଏହି ତୃତୀୟ ପର୍ଯ୍ୟାୟର ଆଭିମୁଖ୍ୟରେ ଲିଙ୍ଗଗତ ଏବଂ ବର୍ଣ୍ଣଗତ ବୈଷମ୍ୟ ଆଦିକୁ ବହୁ ସୂକ୍ଷ୍ମତାର ସହ ବିଚାରକୁ ନିଆଯାଇଛି । ଯଥା, ଏହି ପର୍ଯ୍ୟାୟ :-

"Emphasizing discursive power and the ambiguity of gender third wave theory usually incorporates elemen of queer theory, trans gender politics and rejection of the gender binary, anti-racism and women- of colour consciousness, secual assult awarness, and feminist theory." ଯାହା, ନାରୀମାନଙ୍କ ସଂପର୍କରେ ଯେଉଁ ମୂଳକଥାଟି ଉତ୍‌ଥାପନ କରିଛି, ତାହା ନାରୀକୁ ସୁରକ୍ଷା ପ୍ରଦାନ କରିବାରେ ସହାୟ ହୋଇଛି । ତେଣୁ 'ରେବେକା ୱାକର'ଙ୍କ ମନ୍ତବ୍ୟରେ "I am the third wave" ବାକ୍ୟ ତତ୍‌କାଳୀନ ସମାଜରେ ବହୁ ଆଲୋଡ଼ନ ସୃଷ୍ଟି କରିଛି । ପରୀକ୍ଷାମୂଳକ ଭାବେ, ଦ୍ୱିତୀୟ ବିଶ୍ୱଯୁଦ୍ଧ-ପରବର୍ତ୍ତୀ ପର୍ଯ୍ୟାୟର ମନୋଭାବ ବହୁ କ୍ଷେତ୍ରରେ ତୃତୀୟ ପର୍ଯ୍ୟାୟ ବା "Third wave of Feminisim" କୁ ପ୍ରଭାବିତ କରିଥିଲା । ବସ୍ତୁତଃ ପୁରୁଷ ସହ ସମାନତା, ରାଜନୀତିକ ଏବଂ ସାମାଜିକ ଅଧିକାର ପାଇବା ପାଇଁ ଏହି ନାରୀବାଦୀ ଆନ୍ଦୋଳନ ଉତ୍ତର ଆଧୁନିକ କାଳରେ ଆହୁରି ସକ୍ରିୟ ଭାବରେ ନିଜର ପକ୍ଷ ରଖିଛି । ଏପରିକି ଚରମପନ୍ଥା ଆପଣେଇ ନାରୀବାଦୀ

ଚିନ୍ତକମାନେ ନାରୀର ସ୍ୱାଧୀକାର ଏବଂ ତା'ର ନିଜ ଉପରେ ଥିବା ପ୍ରତ୍ୟୟକୁ ଦୃଢ କରିବାର ପଥରେ କାର୍ଯ୍ୟ କରିବାକୁ ଲାଗିଛନ୍ତି । ସ୍ୱତନ୍ତତଃ ଦେଖିବାକୁ ଗଲେ ଆଫ୍ରୋ-ଆମେରିକାର ନାରୀ ମାନଙ୍କ ମଧ୍ୟରେ ଥିବା ରଙ୍ଗଭେଦ, ଜାତିଭେଦ ଆଧାରରେ ଯେଉଁ ଯେଉଁ ସମସ୍ୟାମାନ ମୁଣ୍ଡ ଟେକିଲା, ତା'ର ଆଧାରରେ ଦଳିତ, ଅସବର୍ଣ୍ଣ ମହିଳାମାନଙ୍କର ସ୍ୱାଧୀକାର ପ୍ରସଙ୍ଗ ଉଠିଲା । ଯାହା ପରବର୍ତ୍ତୀ ନାରୀବାଦୀ ଆନ୍ଦୋଳନକୁ ପ୍ରେରିତ କରିବାରେ ମୁଖ୍ୟ ଭୂମିକା ଗ୍ରହଣ କଲା ବୋଲି ସ୍ୱୀକାର କରିବାକୁ ହେବ ।

(ଖ) "ଚତୁର୍ଥ ପ୍ରବାହ: ଆତ୍ମ ପ୍ରଗତିର ପର୍ଯ୍ୟାୟ" (୧୯୧୦ରୁ ଅଦ୍ୟାବଧି) :
"Fourth wave of Feminism"

ଏହି ପର୍ଯ୍ୟାୟ ମୁଖ୍ୟତଃ ୧୯୧୦ ରୁ ଆୟମାରମ୍ଭ ହୋଇ ଅଦ୍ୟାବଧି, ଉତ୍ତର ଆଧୁନିକତାର ପର୍ଯ୍ୟାୟ ଦେଇ ଗତି କରିଛି । ମୁଖ୍ୟତଃ ଏହା ନାରୀ ପ୍ରଗତିର ପର୍ଯ୍ୟାୟ ଭାବରେ ବିଚ୍ଚରକୁ ନିଆଯାଇଥାଏ । କାରଣ, ଏହି ପର୍ଯ୍ୟାୟରେ ନାରୀ ଜୀବନରେ ଅନେକ ପରିବର୍ତ୍ତନ ଦେଖିବାକୁ ମିଳେ ।

ଏହି ଚତୁର୍ଥ ପର୍ଯ୍ୟାୟର ଲହରରେ ମୁଖ୍ୟତଃ ୩ ଗୋଟି ପ୍ରସଙ୍ଗକୁ ଗୁରୁତ୍ୱର ସହ ବିଚାରକୁ ନିଆଯାଇଛି । ଉଦାହରଣ ସ୍ୱରୂପ :-

(କ) ନାରୀ ସଶକ୍ତିକରଣ (Empowerment of women)

(ଖ) ସାମାଜିକ ବିଭାଗୀକରଣ (Intersectionality)

(ଗ) ସାମାଜିକ ଗଣମାଧ୍ୟମ ବା (Internet activism/ Social Networking)

ଏହି ପ୍ରସଙ୍ଗ ଗୁଡ଼ିକ ଦୃଷ୍ଟି ପରିସରକୁ ଆସେ । ଏହି ୪ର୍ଥ ଲହର ଅନେକ ନୂତନତ୍ୱର ସହ ସମସ୍ୟାର ନିରାକରଣ ସଂପର୍କରେ ବିଶ୍ଳେଷଣ କରେ । ଏପରିକି ନାରୀର ଜୈବିକ ସଂରଚନା (Bio-logical construction) କୁ ଗୁରୁତ୍ୱ ଦେଇଥାଏ । 'Sexuality' (ଯୌନକ୍ରିୟାତ୍ମକତା), 'Homosexuality' (ସମଲିଙ୍ଗ ପ୍ରତି ଦୁର୍ବଳତା), 'Transgender' (ତୃତୀୟ ଲିଙ୍ଗ), 'Sexual assault' (ଯୌନ ଶୋଷଣ), 'Body Shaming' (ଶରୀର ପ୍ରତି ଲଜ୍ଜା) ଆଦି ପ୍ରସଙ୍ଗ ଓ ତା'ର ନିଦାନ ସମ୍ପର୍କରେ ଚର୍ଚ୍ଚା କରେ । ଏହି ୪ର୍ଥ ଲହର, ନାରୀର ଯୌନଇଚ୍ଛା ବା

(Sexual need) କୁ ଗୁରୁତ୍ୱ ଦିଏ । ଏପରିକି (L.G.B.T.) ଅଧିକାରକୁ ମଧ୍ୟ ବୈଧ (Legal) ବୋଲି ଘୋଷଣା କରେ । ନାରୀବାଦୀ ଆନ୍ଦୋଳନର ଏକ ଗୁରୁତ୍ୱପୂର୍ଣ୍ଣ ପ୍ରସଙ୍ଗ ଭାବେ ୪ର୍ଥ ଲହର ଏହାର ଆବଶ୍ୟକତାକୁ ପରିବର୍ତ୍ତିତ ସମାଜ ଆଧାରରେ ବିଚାରକୁ ନିଏ । ସମଲିଙ୍ଗୀ ବା ଉଭୟ ଲିଙ୍ଗୀ, ଲିଙ୍ଗ ପରିବର୍ତ୍ତନରୁ ଅଧିକାର ଆଦି ପ୍ରସଙ୍ଗକୁ ଉଦାରତାର ସହ ଗ୍ରହଣ କରେ । ପାଶ୍ଚାତ୍ୟ ସଂସ୍କୃତିରେ ଏକ "ବିକଳ୍ପ ଦାମ୍ପତ୍ୟ" ଭାବରେ ଏହି L.G.B.T. ଅଧିକାରକୁ ମଧ୍ୟ ସ୍ୱୀକୃତି ମିଳିଥିବାର ପ୍ରମାଣ ରହିଛି । ଏକ ସୁସ୍ଥ ମାନସିକତା ନେଇ ଏ ସବୁ ବିଚାରକୁ ନିଏ । ଯ'ଦ୍ୱାରା ସାମାଜିକ ସ୍ୱୀକୃତି ଏବଂ ନ୍ୟାୟଗତ ଅଧିକାରର ପ୍ରଶ୍ନଉଠେ । ଏହି ୪ର୍ଥ ଲହର, ନାରୀର ଅଧିକାର ସଙ୍ଗେ ସଙ୍ଗେ ଏହି ତୃତୀୟ ଲିଙ୍ଗ (Third Sex)ଙ୍କ ଅଧିକାର ସଂପର୍କରେ ଆଲୋଚନା କରେ । ସାମାଜିକ ଗଣମାଧ୍ୟମ ଯୁଗରେ (Internet) କୁ ମୁଖ୍ୟତଃ ଜ୍ଞାନ-ବିଜ୍ଞାନ ପ୍ରସାର ମାଧ୍ୟମ ଭାବରେ ଗୁରୁତ୍ୱ ଦିଆଯାଇଛି । ଦୃଷ୍ଟିକୋଣ ବ୍ୟାପକ ହେଇଛି । ଚିନ୍ତା- ଚେତନାର ବଳୟ ମଧ୍ୟ ପ୍ରସାରିତ ହୋଇଛି । ଏକ ସୁସ୍ଥ ମାନସିକତା ହିଁ ପରିବର୍ତ୍ତନକୁ ସ୍ୱୀକୃତି ଦିଏ, ଯାହା ଆମକୁ 'Internet friendly' କରାଇବାରେ ସହାୟ ହୁଏ । ବୈଷୟିକ ବିଜ୍ଞାନ କୌଶଳକୁ ଆଜିର ଯୁଗରେ ମୁଖ୍ୟ ଅଙ୍ଗ ଭାବରେ ବିବେଚନା କରାଯାଇଥାଏ । ଯାହାକୁ ମାଧ୍ୟମ କରି ଅନେକ ପ୍ରସଙ୍ଗମାନ ଜଟିଳରୁ ସରଳ ହୋଇଛି ଏବଂ ଅନ୍ୟ ଅର୍ଥରେ ସରଳତାରୁ ଜଟିଳତାର ପର୍ଯ୍ୟାୟ ଦେଇ ଗତି କରିଛି । ନିମ୍ନମତେ ତାହା ଲକ୍ଷ୍ୟ କରାଯାଇପାରେ । ଯଥା :-

ଶାରୀରିକ ସକରାତ୍ମକତା (Body Positivily)

ଏହି ୪ର୍ଥ ଲହର ଅନ୍ତର୍ଗତ ଅନେକ ଆନ୍ଦୋଳନ ମଧ୍ୟରେ ଏହି ଶାରୀରିକ ସକରାତ୍ମକତାକୁ ମୁକ୍ତ ଓ ସ୍ୱାଧୀନ ଭାବରେ ବିଶ୍ଳେଷଣ କରାଯାଏ । ଏହି ଯୁଗ ଉତ୍ତର ଆଧୁନିକତାର ଯୁଗ, ଯେଉଁଠି ନାରୀବାଦୀ ଆନ୍ଦୋଳନର ଆଭିମୁଖ୍ୟ ଏକ ଭିନ୍ନ ମୋଡ଼ ନେଇଥିବାର ମନେହୁଏ । ଏହି ଆନ୍ଦୋଳନରେ ଏକ ପ୍ରସଙ୍ଗ ବିଗତ ଦିନମାନଙ୍କର ଖୁବ୍ ଚର୍ଚ୍ଚାର ପ୍ରସଙ୍ଗ ପାଲଟି ଥିଲା । ଯାହା 'Body shaming' ବା ଶରୀର ଜନିତ ଲଜ୍ଜା ଉପରେ ପର୍ଯ୍ୟବେଶିତ । ଏହା ମୁଖ୍ୟତଃ 'Body positivity' ଉଦ୍ଦେଶ୍ୟରେ ଏକ ସକରାତ୍ମକ ଆହ୍ୱାନ । ଯାହା, ଶାରୀରିକ ସକରାତ୍ମକତା ବିରୁଦ୍ଧରେ ଏକ ନୂତନ ଆହ୍ୱାନ ବା 'challange' ଭାବରେ ବିଚାରକୁ ନିଆଯାଇପାରେ ।

ପାଶ୍ଚାତ୍ୟ ଦେଶମାନଙ୍କରେ ମେଦବହୁଳତା ର ହାର ଅଧିକା । ଏପରିକି ଏହି 'obesity' ବା 'ମୋଟାପଣ' ରେ ୟୁରୋପ (Eurpoean adult) ଏବଂ ଆମେରିକା ସର୍ବାଧିକ ମୋଟାପା ରେ ଗ୍ରସ୍ତ । ଏ କ୍ଷେତ୍ରରେ ନାରୀମାନଙ୍କ ଅନୁପାତ ମଧ୍ୟ କିଛି କମ୍ ନୁହେଁ । ମେଦ ବହୁଳ ନାରୀମାନଙ୍କ ମନୋଦଶା ଅତ୍ୟନ୍ତ ଦୁର୍ବି ସହ ପରିସ୍ଥିତି ଦେଇ ଗତି କରେ । ଅଯଥା ମାନସିକ ଚାପ ଓ ଅବସାଦ ରୁ ମୁକ୍ତି ଲାଗି ନାରୀବାଦୀ ଚିନ୍ତକମାନେ ଶାରୀରିକ 'ସକରାତ୍ମକତା' କୁ ଗୁରୁତ୍ୱ ଦେଇଛନ୍ତି । ଏପରିକି ବିଭିନ୍ନ ଅସ୍ତ୍ରୋପଚାର (ପ୍ଲାଷ୍ଟିକ୍ ସର୍ଜରୀ) ମାଧ୍ୟମରେ ଶରୀରର ସୌନ୍ଦର୍ଯ୍ୟ ବର୍ଦ୍ଧନ କରିବା ଏହି ପର୍ଯ୍ୟାୟ ଅନ୍ତର୍ଗତ । ସବୁ ବର୍ଗର ମହିଳାମାନଙ୍କୁ ନେଇ ଏକ ପର୍ଯ୍ୟବେକ୍ଷଣରୁ ଜଣା ପଡ଼ିଛି ଯେ' ଯେଉଁ ମହିଳାମାନଙ୍କୁ ମେଦ ବହୁଳତାର ଶୀକାର ହୋଇଥାନ୍ତି ବା ଶାରୀରିକ କ୍ଷେତ୍ରରେ ଆକର୍ଷଣୀୟ ନଥାନ୍ତି, ତାଙ୍କ ମାନସିକ ଅବସାଦ (High depression) ସର୍ବାଧିକ । ଏ କ୍ଷେତ୍ରରେ ପ୍ଲାଷ୍ଟିକ୍ ସର୍ଜରୀ ମାଧ୍ୟମରେ ମେଦ ନିୟନ୍ତ୍ରଣ ଠାରୁ ଆରମ୍ଭ କରି ଅଙ୍ଗସୌଷ୍ଠବକୁ ଆକର୍ଷଣୀୟ କରିବାକୁ ନାନା ପ୍ରଚେଷ୍ଟା ହେଉଛି । ଏପରିକି ନାରୀ ନିଜର ଓଷ୍ଠ, ଭ୍ରୁଲତା, ଗଣ୍ଡ, ନାକ, ସ୍ତନ, ନିତମ୍ବ ଆଦିର ପ୍ଲାଷ୍ଟିକ୍ ସର୍ଜରୀ କରିପାରୁଛି । ଯାହା ଶାରୀରିକ ସକରାତ୍ମକତାକୁ ପ୍ରୋତ୍ସାହନ ଦିଏ । ଏହି 'Body Positivity' ଏକ ସାମାଜିକ ଆନ୍ଦୋଳନର ଅଙ୍ଗ । ଏହା "Promotes a positive view of all bodies gegardless of size, shape, skin tone, gender and physical abilities."- Wikipedia ଏହି ଆନ୍ଦୋଳନ ମାନସିକ କ୍ଷେତ୍ରରେ ସକରାତ୍ମକ ଭାବର ଉଦ୍ରେକ କରିବା ସହିତ ଆତ୍ମବିଶ୍ୱାସ ସହ ବଞ୍ଚିବାର ସହାୟକ ହୁଏ । ଏପରିକି ଏହା, ମୁଖ୍ୟତଃ ସମାଜର ଚିନ୍ତାଧାରାକୁ ବହୁ କ୍ଷେତ୍ରରେ ପ୍ରଭାବିତ କରିବାର ସାମର୍ଥ୍ୟ ରଖେ । ଏହି ଆନ୍ଦୋଳନ ମୁଖ୍ୟତଃ: "Aims to change societal and indiviual Perception of weight, size and apperance to be more accepting of all bodies specially of women regard less of their diverse characterstics." - Wikipedia (http:/en:m wikipedia.org >wiki)

ଅଷ୍ଟ୍ରେଲିଆର ପ୍ରସିଦ୍ଧ ଲେଖିକା, ଆଡ୍‌ଭୋକେଟ୍ (ଓକିଲ)Tryan Brumflt ତାଙ୍କର "Body image movement" ମାଧ୍ୟମରେ ଗୋଟେ ଡକ୍ୟୁମେଣ୍ଟାରୀ

ଚଳଚିତ୍ର "Embrace" (ଆଲିଙ୍ଗନ) ମାଧ୍ୟମରେ ଶାରୀରିକ ସକରାତ୍ମକତା ଉପରେ ଗୁରୁତ୍ୱ(୨୦୧୬) ଦେଇଥିବାର ସୂଚନା ମିଳେ । ସମାଜରେ ସବୁ ବର୍ଗର ମେଦ ବହୁଳ ମହିଳା ମାନଙ୍କର ସ୍ୱାଧୀନ ଭାବେ ବଞ୍ଚିବାର ଅଧିକାର ଅଛି । ଶାରୀରିକ ସକରାତ୍ମକତା ବା (Body shaming) କୁ ଘୃଣା ଓ ନିନ୍ଦା କରିବା ସହ, ଏହା କିଭଳି ଆତ୍ମବିଶ୍ୱାସକୁ କ୍ଷତି କରେ, ସେ' ସଂପର୍କରେ ବର୍ଣ୍ଣନା କରିଛନ୍ତି । ତତ୍‌ମଧ୍ୟରେ ସୌନ୍ଦର୍ଯ୍ୟ ଗୌନ ଥିବା ବେଳେ, ବୁଦ୍ଧିମତା ବା ସାମର୍ଥ୍ୟ ମୁଖ୍ୟ ଭୂମିକା ଗ୍ରହଣ କରେ । ତେବେ, ଦେଖିବା କ'ଣ ଏହି ସକରାତ୍ମାକତା ।

■ **"Beauty and intelligency" : (ସୌନ୍ଦର୍ଯ୍ୟ ଏବଂ ବୁଦ୍ଧିମତା) -** ନାରୀ ଈଶ୍ୱରଙ୍କ ଅଦ୍ୱିତିୟ ସୃଷ୍ଟି । ତା'ର ସୌନ୍ଦର୍ଯ୍ୟ ଓ ବୁଦ୍ଧିମତ୍ତା, ସମାଜ ପ୍ରଗତିରେ ସହାୟକ ହୁଏ । ନାରୀ ସୌନ୍ଦର୍ଯ୍ୟର ପ୍ରତୀକ । ସ୍ୱାଭାବିକ୍ ଭାବେ ସେ'ପୁରୁଷକୁ ଆକର୍ଷିତ କରେ । ତା'ର ବୌଦ୍ଧିକତା-ପ୍ରତ୍ୟୁତ୍ପନ୍ନମତିତା ତା'ର ସୌନ୍ଦର୍ଯ୍ୟକୁ ବହୁଗୁଣିତ କରେ । ଶାରୀରିକ ସୌନ୍ଦର୍ଯ୍ୟ ସହିତ ତା'ର ପ୍ରଜ୍ଞା, ବିଚାରଶୀଳତା ତାକୁ ପୁରୁଷ ଠାରୁ ସ୍ୱତନ୍ତ୍ର କରେ । ନାରୀର ଅନେକ ରୂପ । ସବୁ ରୂପରେ ସେ' ସୁନ୍ଦର ଓ ଆକର୍ଷଣୀୟ । ତା'ର ସୌନ୍ଦର୍ଯ୍ୟ ଓ ବୌଦ୍ଧିକତା ତାକୁ ଶିଖରରେ ପହଞ୍ଚାଇଥାଏ । ଏହାର ପ୍ରମାଣ ହେଉଛି ବିଶ୍ୱସୁନ୍ଦରୀ (Miss world), ବ୍ରହ୍ମାଣ୍ଡ ସୁନ୍ଦରୀ (miss universe), ଏସିଆ ସୁନ୍ଦରୀ (Asia miss pacific) ଇତ୍ୟାଦି ପ୍ରତିଯୋଗିତାର ଫଳାଫଳ । ଯେଉଁଠି, ନାରୀର ଦକ୍ଷତା ଓ ସୌନ୍ଦର୍ଯ୍ୟ ଆଧାରରେ ତା'ର ସ୍ଥିତି ନିରୂପଣ କରାଯାଏ । ସେ'ଯାହା ହେଉନା କାହିଁକି ବେଳେବେଳେ ନାରୀର ସୌନ୍ଦର୍ଯ୍ୟ ତା'ର ବଇରୀ ସାଜେ ଏବଂ ଦେଖାଯାଏ ନାରୀ ମଧ୍ୟ ଏହି ସୌନ୍ଦର୍ଯ୍ୟ ଓ ପ୍ରଜ୍ଞାର ମାଧ୍ୟମରେ ସ୍ୱେଚ୍ଛାଚାରିତାକୁ ନିମନ୍ତ୍ରଣ ଦିଏ । ସୌନ୍ଦର୍ଯ୍ୟକୁ ହାତ ବାରିଶି କରି ବହୁ କ୍ଷେତ୍ରରେ ସୁଯୋଗ ହାତେଇ ଥାଏ । ଏହା ବାସ୍ତବରେ ଶାରୀରିକ ସକରାତ୍ମକତା ନୁହେଁ ବରଂ ନକରାତ୍ମକ ଦିଗର ସୂଚକ ।

■ **ଯୌନ ସକରାତ୍ମକ ଆନ୍ଦୋଳନ (Movement of Sex positivity)**

ମନୋସ୍ତତ୍ତ୍ୱବିଦ୍ Wilhelm Reich, ୧୯୨୦ ପରବର୍ତ୍ତୀ ପର୍ଯ୍ୟାୟ ବେଳକୁ ଏହି ଯୌନ ସକରାତ୍ମକ ଆନ୍ଦୋଳନକୁ ଆରମ୍ଭ କରିଥିବା ପ୍ରଥମ ବ୍ୟକ୍ତି । ସେ'ଜଣେ 'Psychoanalyst' ବା 'ମନୋବିଶ୍ଳେଷକ' । ତାଙ୍କ ମତରେ ଯୌନ ସକରାତ୍ମକତା,

ନାରୀ ଜୀବନକୁ ସକରାତ୍ମକ ଶକ୍ତି ଭିତରେ ଭରି ଦିଏ । ତେଣୁ, "Sex positivety as a term used to descibe individuals and communities who emphasize openess, non-judgemental attitudes, freedom and liberation about sexuality and sexual expression. (Donaghue, 2015)

ଏ ପରିପ୍ରେକ୍ଷୀରେ ବିଚାର କଲେ, 'ଯୌନ ସକରାତ୍ମକତା' ବା 'sex positivity' ନାରୀକୁ ସଦା ସକରାତ୍ମକ ଉର୍ଜାରେ ପ୍ରେରିତ କରେ । ନାରୀ ତା'ର ଜୀବନରେ ଅନେକ ଇଚ୍ଛାକୁ ଅବଦମିତ କରି ରଖିଦିଏ । ତା'ର ମଧ୍ୟ ପୁରୁଷ ଭଳି ଯୌନ ପ୍ରବଣତା ବା ଆକାଙ୍କ୍ଷା (sexual desire) ଥାଏ, ତାହା ଯଦିଓ ଲୋକଲଜ୍ଜା ଭୟରେ ବାହାରେ ପରିପ୍ରକଶ କରିପାରେ ନାହିଁ । କିନ୍ତୁ, ଅନ୍ତରର ଏହି ଇଚ୍ଛା ପରବର୍ତ୍ତୀ ସମୟରେ ଅନେକ ଜଟିଳ ମାନସିକ ରୋଗକୁ ସୃଷ୍ଟି କରିବାରେ ସହାୟକ ହୁଏ । କେହି, କେହି ନାରୀବାଦୀମାନେ ଏହି ଯୌନ ସକରାତ୍ମକତାକୁ, 'Prox-sex feminism', 'sex radical Feminism' ଏବଂ 'Sex-Liberal femism' ଭାବରେ ଅଭିହିତ କରିଥାନ୍ତି । କିନ୍ତୁ, ଦେଖାଯାଏ ଏହି ଧରଣର 'Feminine Concept' ବା ମତବାଦକୁ ଭୁଲ୍ ଭାବରେ ବିଶ୍ଳେଷଣ କରାଯାଇ, ସମାଜରେ ବିଶୃଙ୍ଖଳା ସୃଷ୍ଟି କରାଯାଏ । ଯେପରି ନାରୀ ଶରୀରକୁ ମାଧ୍ୟମ କରି ବିଭିନ୍ନ ବାର, ମଲ୍, ହୋଟେଲ୍‌ରେ ତାକୁ ଏକ 'Sextoy' ବା 'medium of Entertainment' ସଜେଇ ଉପଭୋଗ କରାଯାଏ, ତାହା ପ୍ରକୃତରେ ଏହି ଆନ୍ଦୋଳନର ଅଭିପ୍ରାୟ ନୁହେଁ । ନାରୀର 'sexual need', ପୁରୁଷମାନଙ୍କ ଭଳି ସ୍ୱାଭାବିକ ଏବଂ ସେ' ଏହାକୁ ବାଧ୍ୟବାଧକତା ବା ପରିସ୍ଥିତିର ଦାୟରେ ନୁହେଁ ବରଂ ସ୍ୱାଧୀନ ଭାବରେ ଉପଭୋଗ କରିବା ହିଁ ଥିଲା ଏହି ଆନ୍ଦୋଳନର ଆଭିମୁଖ୍ୟ ।

ଏହି 'sex positivety' ଆଳରେ ବହୁ ରାଷ୍ଟ୍ରୀୟଗ୍ତ କମ୍ପାନୀ ଏବଂ ଦେହଦଲାଲ ହୋଇ ତାହାର ଫାଇଦା ଉଠାଇବାରେ ଲାଗିଛନ୍ତି । "Sex is just like another activity" ଯାହା ପ୍ରତ୍ୟେକ ମନୁଷ୍ୟର ଆବଶ୍ୟକତା ଭିତରୁ ଗୋଟିଏ ବୋଲି ବିଚାରକୁ ନିଅନ୍ତି ଏହି ନାରୀବାଦୀମାନେ । କିନ୍ତୁ, ଦେଖାଯାଏ ଏହି "Sex positivty" ବା ଯୌନ ସକରାତ୍ମକତାକୁ ଅତ୍ୟନ୍ତ ତ୍ରୁଟିପୂର୍ଣ୍ଣ ଭାବରେ ପ୍ରଚାର କରାଯାଉଛି । ଏହାର ସୁଦିଗ ପ୍ରତି ଗୁରୁତ୍ୱାରୋପ କରନ୍ତି ନାରୀବାଦୀ ଚିନ୍ତକମାନେ ।

କିନ୍ତୁ, ଦୁର୍ଭାଗ୍ୟର ବିଷୟ ଏହି ଆନ୍ଦୋଳନକୁ ନାରୀମାନଙ୍କ ମର୍ଯ୍ୟାଦା ବିରୁଦ୍ଧରେ ଅସ୍ତ୍ର ଭାବରେ ବ୍ୟବହାର କରାଯାଇ ତାହାର ନକରାତ୍ମକ ଦିଗ ପ୍ରତି ଦୃଷ୍ଟି ଦିଆଯାଉଛି । ଯାହାକୁ ଏହି 'ଯୌନ ସକରାତ୍ମକ' ଆନ୍ଦୋଳନ ଦୃଢ଼ ଭାବରେ ନିନ୍ଦା କରେ ଏବଂ ଅସ୍ୱୀକାର କରେ । ଏହାର ଅନ୍ତର୍ଭୁକ୍ତ ଏହି 'ମୁଁ ମଧ୍ୟ' ବା 'me too' ଆନ୍ଦୋଳନ ବୋଲି ଧରାଯାଏ ।

■ **'ମୁଁ ମଧ୍ୟ' ଆନ୍ଦୋଳନ (Me too movement)**

ସମାଜ ବଦଳିଛି ଆଉ ସମାଜ ସହ ବଦଳିଛି ଏହାର ପ୍ରାଣସ୍ପନ୍ଦନ । ଏକବିଂଶ ଶତାବ୍ଦୀର ବିଶ୍ୱ ଏକ ନୂତନତ୍ୱର ଝଙ୍କାର ତୋଳିଛି । ଯେଉଁଠି ଅନେକାଂଶରେ ନାରୀର ଜୀବନ ବଦଳିଯାଇଛି । ନିଜ ଅଧିକାର ପ୍ରତି ନାରୀ ସଚେତନ ହୋଇଛି । ତା' ପ୍ରତି କରାଯାଉଥିବା ଅନ୍ୟାୟ-ଅତ୍ୟାଚାର-ଶୋଷଣ-ଅରାଜକତା ବିରୁଦ୍ଧରେ ମୁହଁ ଖୋଲିବାର ସତ୍‌ସାହାସ କରିଛି । ଏହି ପ୍ରତିବାଦର ସ୍ୱର ଶୁଭିଛି ସମାଜର ପକ୍ଷପାତିତା, ଅନୀତି ବିରୁଦ୍ଧରେ । ପୁରୁଷ ତାନ୍ତ୍ରିକ ସମାଜ ନାରୀକୁ ନିୟନ୍ତ୍ରଣାଧୀନ କରିବାର ଅଭିପ୍ସା ବିରୁଦ୍ଧରେ ନାରୀ ଛିଡ଼ା ହେଇଛି । "ମି'ଟୁ' ଆନ୍ଦୋଳନ" (Me too movement) ଏହାର ପ୍ରମାଣ । ଶିକ୍ଷା-କର୍ମ ସଂସ୍ଥାନ, ଏପରିକି ପରିବାରରେ ଘଟୁଥିବା ନାରୀପ୍ରତି ଅସଦାଚରଣର ଜବାବ୍ ଦେଇଛି ନାରୀ । ଶରୀର ଶୋଷଣକୁ ଏହି ଆନ୍ଦୋଳନ ବିଶେଷତଃ ଦୃଢ କଣ୍ଠରେ ପ୍ରତିବାଦ କରିଛି । ଯାହା, ଯୁବତୀମାନଙ୍କ ଦ୍ୱାରା କର୍ମ କ୍ଷେତ୍ରରେ କରାଯାଉଥିବା 'Sexually assault' କୁ ବିରୋଧ କରେ । ଯାହା, 'Young Feminist movement' ଭାବରେ ବହୁ ଚର୍ଚ୍ଚିତ ହୋଇଛି । Social media (ସାମାଜିକ ଗଣ ମାଧ୍ୟମ) ମାଧ୍ୟମରେ ଆଜିର ଯୁବପୀଢ଼ି ଏହାର ନିନ୍ଦା କରିଛି । ସମାଜ ବ୍ୟବସ୍ଥାରେ ପୁରୁଷ ମନର ଅବଦମିତ sexual desire (ଯୌନକାଙ୍‌କ୍ଷା)କୁ ଲୋକଲୋଚନକୁ ଆଣିଛି । ଏଠି ପୁରୁଷତନ୍ତ୍ର ସମାଜର ହିପୋକ୍ରେସି (Hypocrcay) ର ପର୍ଦ୍ଦାଫାଶ ହୋଇଛି । ଏପରିକି କଳା, ସଂସ୍କୃତି, ଶିକ୍ଷା ତଥା ବହୁ ରାଷ୍ଟ୍ରୀୟ କଂପାନୀରେ କାର୍ଯ୍ୟରତ ମହିଳାମାନଙ୍କ ପ୍ରତି ହେଉଥିବା ଶୋଷଣକୁ ବିରୋଧ କରିଛି । ବିଶେଷତଃ Taran Burke, ଆମେରିକୀୟ ବ୍ୟବସାୟୀ ଏବଂ ନାରୀ ନେତ୍ରୀ, ୨୦୦୬ ମସିହାରେ ଏହି "Me too movement" ଆରମ୍ଭ କରିଥିଲେ ।

କର୍ମକ୍ଷେତ୍ରରେ ମହିଳାଙ୍କ ପ୍ରତି ହେଉଥିବା ଉତ୍ପୀଡ଼ନ (molestation) ଏବଂ ଶାରୀରିକ ଶୋଷଣ (physical exploaitation), ମାନସିକ ନିର୍ଯ୍ୟାତନା (Mental harrashment) ବିରୁଦ୍ଧରେ ଏହି କ୍ଷେତ୍ର ମୁଖ୍ୟତଃ ସ୍ୱର ଉତ୍ତୋଳନ କରେ । ଏହି "me too" ଆନ୍ଦୋଳନ: "Belives in the radical possibilities of a movement against sexual violence, led by survivours of sexual violence, led by women of color from low-wealth communities, to find pat ways to healing." - Wikipedia (http://metoo.movement)

ଏହି ଆନ୍ଦୋଳନ, ମୁହୂର୍ତ୍ତର ଆବେଦନ ନୁହେଁ ବରଂ ସାର୍ବକାଳୀକ ଶୋଷଣ ବିରୁଦ୍ଧରେ ଏକ ସଂଗ୍ରାମ । Taran Burkaଙ୍କ ମତରେ: "In Nov, 2018 , Tarna gave a talk and said "Me too is a movement. not a moment" and indeed, this state of me too was essential in the development of the weinstein case as a moment in to a fully-fledged feminist movement. - Wikipedia (http://open text books: library arizona. edu...>)

ସାମାଜିକ ଗଣମାଧ୍ୟମ (Social networking/ Internet) ର ସହଯୋଗରେ ଏହି "Me too Movement" (ମୁଁ ମଧ୍ୟ..) ଆନ୍ଦୋଳନ ସମଗ୍ର ବିଶ୍ୱର ଜୀବନ ଧାରାକୁ ପ୍ରଭାବିତ କରିଛି ।

ଉଚ୍ଚପଦସ୍ଥ ଅଧିକାରୀ ବା କମ୍ପାନୀରୀ Boss ପ୍ରଭୃତିଙ୍କର ଅଧିନସ୍ଥ କର୍ମଚାରୀ (Subordinates /employee) ମାନଙ୍କ ପ୍ରତି ଯେଉଁ ମାନସିକ- ଶାରୀରିକ ନିର୍ଯ୍ୟାତନା ଦେଖାଯାଏ, ତାହା ବିରୁଦ୍ଧରେ ଏହା ଏକ ଆନ୍ଦୋଳନ । ସେ' ରଙ୍ଗ ବୈଷମ୍ୟ (raceism) ହେଉ ଅବା ଲିଙ୍ଗଗତ ବୈଷମ୍ୟ (Inequality of sex) ଆଧାରରେ ଯେଉଁ ଶୋଷଣ କରାଯାଉଛି, ତାହା ବିରୋଧରେ ଏହା ଏକ ଉଗ୍ର ପ୍ରତିବାଦ । ଭାରତରେ ମଧ୍ୟ ଏହି Me too movement ର ପ୍ରଭାବ ପଡ଼ିଥିବାର ଦେଖାଯାଏ । ପୁରୁଷର ଯୌନ ଶୋଷଣ (Sexual exploitation) ଏବଂ ତା'ର ଉଚ୍ଛୃଙ୍ଖଳ ପ୍ରବୃତି ଏହା ମାଧ୍ୟମରେ ପଦାରେ ପଡ଼ିଛି । ଏପରିକି ସ୍କୁଲ, କଲେଜ ଏବଂ ବିଭିନ୍ନ ଶୈକ୍ଷିକ ଅନୁଷ୍ଠାନମାନଙ୍କରେ ହେଉଥିବା ଉତ୍ପୀଡ଼ନ ବିରୁଦ୍ଧରେ ଏହା ଏକ ଦୃଢ଼ ପ୍ରତିବାଦ ସ୍ୱର ଉତ୍‌ଥାପନ କରିଛି । କେବଳ କର୍ମ କ୍ଷେତ୍ର ବା ଶିକ୍ଷା

ଅନୁଷ୍ଠାନ ମାନଙ୍କରେ ଏହି ଉତ୍ପୀଡ଼ନ ସୀମିତ ନୁହେଁ କଳା-ସଂସ୍କୃତି, ଚଳଚ୍ଚିତ୍ର ଜଗତରେ ଏହାର ପାର୍ଦ୍ଦୁର୍ଭାବ ଅଧିକା ଦେଖାଯାଏ । ଏପରିକି ପ୍ରସିଦ୍ଧ 'ନାନା ପାଟେକର'ଙ୍କ ବିରୁଦ୍ଧରେ ଏହି 'me too movement 2008' ମସିହା ବେଳକୁ ଜୋର୍ ଧରିଥିଲା । ନାୟିକା ତନୁଶ୍ରୀଦତ୍ତାଙ୍କ ଅନୁଯାୟୀ:

" She alleged that Nana Patekar tried to harass her on the sets of the film "Horn ok Please" in 2008." କେବଳ ନାନା ପାଟେକର ନୁହଁନ୍ତି, ମଧୁର ଭଣ୍ଡାରକର ଏବଂ ବହୁ ଚର୍ଚ୍ଚିତ ନିର୍ଦ୍ଦେଶକ ତଥା କଳାକାର ମଧ୍ୟ ଏହିଭଳି ଘୃଣ୍ୟ ଆରୋପରେ ଦୋଷୀ ହୋଇଛନ୍ତି ।

ଏଥିରୁ ଏହା ସ୍ପଷ୍ଟ ହୋଇଉଠେ, ଏହି "Me too movement" ସମାଜର ଏହି ଘୃଣ୍ୟ ମନୋଭାବ ବିରୁଦ୍ଧରେ ଏକ ସଂଗଠିତ ଆନ୍ଦୋଳନ । ଯାହା ନାରୀର ଅଧିକାର ଓ ମର୍ଯ୍ୟାଦା ର ହନନ ବିରୁଦ୍ଧରେ ବିଧିବଦ୍ଧ ସଂଗ୍ରାମ । ପୁରୁଷମାନଙ୍କର ଯୌନ ଉଚ୍ଛୃଙ୍ଖଳତା ବିରୋଧରେ ଏକ ଲଗାମ ବୋଲି ଧରି ନେବାକୁ ହେବ । ସମାଜର ଅଧୋଗତି ଚିତ୍ର ଏହି ଆନ୍ଦୋଳନ ମାଧ୍ୟମରେ ଲୋକଲୋଚନକୁ ଆସିଛି । ଲୋକଲଜ୍ଜା ଭୟରେ ହେଉ ଅବା ସମାଜର ପ୍ରତିଷ୍ଠିତ ଲୋକମାନଙ୍କ କ୍ଷମତାର ଭୟ ଯୋଗୁଁ ହେଉ, ନାରୀଟିଏ ମୁହଁ ଖୋଲିବାକୁ ପଛଘୁଞ୍ଚା ଦିଏ । ଏହି ଆନ୍ଦୋଳନ ପୁରୁଷ ସମାଜର ଏକଚାଟିଆ ମନୋବୃତ୍ତି ଯୌନ ପ୍ରବଣତାକୁ ଏକ ଶକ୍ତ ଧକ୍କା ବୋଲି ଧରିନେବାକୁ ହେବ । ସାମାଜିକ ଗଣଯୋଗାଯୋଗର ମାଧ୍ୟମ ହ୍ୱାଟସ୍ ଆପ୍, ଟୁଇଟର, ଫେସ୍‌ବୁକ୍, ଇନ୍‌ଷ୍ଟାଗ୍ରାମ୍, ଟେଲିଗ୍ରାମ୍ ଭଳି ସୋସିଆଲ ସାଇଟସ୍ ଯୋଗେ ଏହି ଆନ୍ଦୋଳନ ଖୁବ୍ ଶୀଘ୍ର ବ୍ୟାପିଯାଇଥିଲା । ସେ' ଯାହା ବି ହେଉ ଏହି ୪ର୍ଥ ପର୍ଯ୍ୟାୟ 'ନାରୀବାଦର ଲହର' ସମାଜର ଦୃଷ୍ଟିକୋଣକୁ ପରିବର୍ତ୍ତନ କରିବାରେ ସହାୟ ହୋଇଛି ବୋଲି ସ୍ୱୀକାର କରିବାକୁ ହେବ । ମୂଳତଃ ଏହି ୪ର୍ଥ ପ୍ରବାହ, ବୈଷୟିକ ଜ୍ଞାନ କୌଶଳକୁ ଉପଜୀବ୍ୟ କରି ଗଢ଼ି ଉଠିଥିବା 'ନାରୀବାଦ' କହିଲେ ଅତ୍ୟୁକ୍ତି ହେବନାହିଁ । ନାରୀର ସୁରକ୍ଷା ଏବଂ ମର୍ଯ୍ୟାଦାର ରକ୍ଷା କ୍ଷେତ୍ରରେ ଏହାର ଅବଦାନ ରହିଛି ।

■ (ଗ) ନାରୀବାଦ: ନାରୀ ଅନ୍ତରର ଆର୍ତ୍ତନାଦ:-

ପାଶ୍ଚାତ୍ୟ ଦେଶମାନଙ୍କର ଗଢ଼ିଉଠିଥିବା ଏହି ନାରୀବାଦ (Feminism) ମୁଖ୍ୟତଃ ନାରୀମାନଙ୍କର । ଲିଙ୍ଗଗତ ବୈଷମ୍ୟ, ରଙ୍ଗ ଭେଦ ଅସଂଗତି ବିରୁଦ୍ଧରେ ଏକ ସାଂଗଠନିକ ସଂଗ୍ରାମ । ଏହି ସଂଗ୍ରାମ ନାରୀ ଆର୍ତ୍ତନାଦର କଥା କୁହେ । ଏହି ଆର୍ତ୍ତନାଦ, ପୁରୁଷ ବିରୁଦ୍ଧରେ ନୁହେଁ, ବରଂ ପୁରୁଷ କୈନ୍ଦ୍ରିକ ସମାଜର ଅବ୍ୟବସ୍ଥା ବିରୁଦ୍ଧରେ ଏକ ଗଠନମୂଳକ ପ୍ରତିବାଦ । ଲିଙ୍ଗଗତ ନ୍ୟାୟ (Gender Justice) ରୁ ଏହି ଆନ୍ଦୋଳନ ପ୍ରଲମ୍ବିତ ହୋଇ Radical Feminism (ଚରମ ପନ୍ଥୀ-ନାରୀବାଦ), Liberal Feminism (ଉଦାରବାଦୀ-ନାରୀବାଦ), Cultural Femisim (ସାଂସ୍କୃତିକ-ନାରୀବାଦ), Marvist Femisim (ସାମ୍ୟବାଦୀ, ନାରୀବାଦ), Black Femisim (କୃଷ୍ଣାଙ୍ଗ- ନାରୀବାଦ), Eco-Feminism (ପରିବେଶ-ନାରୀବାଦ)ରେ ନାରୀର ଅଧିକାର ଓ ମର୍ଯ୍ୟାଦା ରକ୍ଷା କ୍ଷେତ୍ରରେ ସ୍ୱର ଉତ୍ତୋଳନ କରିଛି ।

ବସ୍ତୁତଃ, ନାରୀ ସମାଜ ପ୍ରତି ହେଇଥିବା ବା ହେଇଆସୁଥିବା ଅନ୍ୟାୟ-ଅତ୍ୟାଚର-ପକ୍ଷପାତିତା ବିରୋଧରେ ଏକ ଆନ୍ଦୋଳନ ବୋଲି ଧରିନେବାକୁ ହେବ । ନାରୀ ଶକ୍ତି ଓ ସାମର୍ଥ୍ୟ ଥିବା ସତ୍ତ୍ୱେ ତା'ପ୍ରତି କରାଯାଉଥିବା ପାତର-ଅନ୍ତର ନୀତି ପ୍ରତି ଏହା ଏକ ଦୃଢ଼ ପ୍ରତିବାଦ । ପାଶ୍ଚାତ୍ୟ ନାରୀବାଦ, କେବଳ ନାରୀର ସ୍ୱାତନ୍ତ୍ୟ କଥା କହିନାହିଁ ବରଂ ତା'ର ସ୍ୱାଭୀମାନ-ଅସ୍ମିତା-ମର୍ଯ୍ୟାଦା-ସାମାଜିକ-ସାଂସ୍କୃତିକ ସ୍ଥିତିର ଗାରିମା ଏବଂ ରାଷ୍ଟ୍ର ପ୍ରଗତିରେ ତା'ର ଭାଗୀଦାରିତା ସଂପର୍କରେ ବର୍ଣ୍ଣନା କରିଛି । ଏହା ନାରୀ ଅସ୍ମିତା ପ୍ରତି ହୋଇଥିବା କୁଠାରଘାତ ବିରୁଦ୍ଧରେ ସଂଗ୍ରାମ । ପୁରୁଷତନ୍ତ୍ର ସମାଜର ଏକଚାଟିଆ ଆଧିପତ୍ୟ ବିରୋଧରେ ନାରୀ ସମାଜର ଲଢ଼େଇ ।

ନାରୀବାଦ: ଅନ୍ୟାୟ-ଅନୀତି ବିରୁଦ୍ଧରେ ପ୍ରତିବାଦ:

ନାରୀର ବ୍ୟକ୍ତି ସ୍ୱାତନ୍ତ୍ୟ ଓ ଆତ୍ମମର୍ଯ୍ୟାଦା ପ୍ରତି ହେଉଥିବା କୁଠାରଘାତ ବିରୋଧ ହିଁ ପ୍ରକୃତ ନାରୀବାଦ । ସମାଜର ଅନ୍ୟାୟ-ଅନୀତି ବିରୁଦ୍ଧରେ ଏହା ଏକ ବିଧିବଦ୍ଧ ପ୍ରତିବାଦ । ୧୯୧୭ରେ ସଂଘଟିତ ରୁଷ୍ ବିପ୍ଳବ ହେତୁ ସ୍ୱେଚ୍ଛାଚାରୀ ଜାର ଶାସର ବିଲୋପ ତଥା ଏଥିରେ ଲେନିନ୍‌ଙ୍କର ସାଂଗଠନିକ ଭାବେ ନାରୀମାନଙ୍କୁ ଅନ୍ୟାୟ ବିରୁଦ୍ଧରେ ସ୍ୱର ଉତ୍ତୋଳନ କରିବାର ପ୍ରେରଣା ହିଁ ପରବର୍ତ୍ତୀ ସମୟରେ

ନାରୀବାଦକୁ ଜନ୍ମ ଦିଏ । ବସ୍ତୁତଃ, ନାରୀମାନେ ଏକଜୁଟ୍ ହୋଇ ନିଜ ପକ୍ଷ ରଖିବାକୁ ଚେଷ୍ଟିତ ହେଲେ । ଏହି ପୃଷ୍ଠଭୂମିରୁ ପରବର୍ତ୍ତୀ ପର୍ଯ୍ୟାୟରେ ବିଧିବଦ୍ଧ ମ୍ୟାରି ଉଇଲ୍‌ଷ୍ଟୋନ (Mary Wollstone Craft) ଙ୍କର ଉଦ୍ୟମ ଏ କ୍ଷେତ୍ରରେ ଥିଲା ପ୍ରଶଂସନୀୟ । ତାଙ୍କ ଲିଖିତ ପୁସ୍ତକ, "A Vindication of the rights of women, 1972" ରେ ସେ' ନାରୀର ସ୍ଥିତିକୁ ବର୍ଣ୍ଣନା କଲେ, ଏକ ବଳିଷ୍ଠ ସତ୍ତା ଭାବରେ ଯାହାର ନିଜସ୍ୱ ପରିଚୟ ଅଛି । ଏପରିକି, ସେ' ସମାଜର ତଥାକଥିତ ଚିନ୍ତାଧାରାକୁ ଅଗ୍ରାହ୍ୟ କରି କହିଲେ: " She rejected the established truth that women are natually weaker and inferior to men."

ଏହା ପଛରେ ସେ' କେତେଗୁଡ଼ିଏ ପ୍ରତିବନ୍ଧକକୁ ସାମ୍ନା କଲେ । ଯେପରି ତା'ର ଶିକ୍ଷାର ଅଭାବ । ଯାହା, ତାକୁ ପୁରୁଷ ଠାରୁ ଦୁର୍ବଳ କରିଥାଏ । ରଷୋଙ୍କର ନାରୀମାନଙ୍କ ପ୍ରତି ରହିଥିବା ଦୃଷ୍ଟିକୋଣକୁ ସେ' କଡ଼ା ସ୍ୱରରେ ନିନ୍ଦାକଲେ । ତାଙ୍କ ମତରେ: "Gender roles aren't natural but social". ସମାଜରେ ଏହି ଲିଙ୍ଗଗତ ବୈଷମ୍ୟ, ପ୍ରାକୃତିକ ନୁହେଁ ବରଂ ପୁରୁଷ ତନ୍ତ୍ର ଦ୍ୱାରା ପ୍ରବର୍ତ୍ତିତ ସାମାଜିକ ନିୟମ ଆଧାରିତ । Mary Wollston ପ୍ରଥମ ମହିଳା, ଯେ' ପୁରୁଷ ଓ ନାରୀ ଭିତରେ ଲିଙ୍ଗଗତ ଅସଂଗତିକୁ ଦୂର କରିବା ପାଇଁ ସ୍ୱର ଉତ୍ତୋଳନ କଲେ । ତାଙ୍କ ମତରେ: "Women must be treated as equal as men because they play a crucial role in society namely bringing up children. ××× Even she saw social norms, values, law and cultural ractices as demanding or imposing from women. If she didn't obey or denied to adopt, she would be treated as freak, a monster or a witch".

ଏଥିରୁ ସ୍ପଷ୍ଟ ଅନୁମାନ କରିହୁଏ, ତତ୍କାଳୀନ ସମାଜର ରଢ଼ିବାଦୀ ଚିନ୍ତାଧାରା ନାରୀମାନଙ୍କର ଅଧିକାର ଓ ବ୍ୟକ୍ତି ସ୍ୱାତନ୍ତ୍ର୍ୟକୁ କିଭଳି ସୀମିତ କରିଥିଲା । ପୁରୁଷର କ୍ଷମତା ନିକଟରେ ନାରୀର ମୌଳିକ ଅଧିକାର ସଂକୁଚିତ କରାଯାଇଛି । ନାରୀ, ପୁରୁଷର ଅଧିନସ୍ଥ, ଯାହାର ମତବ୍ୟକ୍ତ କରିବାର ଅଧିକାର ନାହିଁ ।

Radical thinker (ଚରମ ପନ୍ଥୀ) ମାର୍ଗାରେଟ ଫୁଲର୍ Margaret Fuller ତାଙ୍କର ଲିଖିତ "Womens Education and Reform (1845)" ରେ

ସେ' ଏହି ଲିଙ୍ଗଗତ ବୈଷମ୍ୟ (Gender Ineuqlity) ବିରୁଦ୍ଧରେ ନିଜର ଚିନ୍ତା ପ୍ରକଟ କରିଥିଲେ । ସେ' ମୁଖ୍ୟତଃ ନାରୀ ଜୀବନରେ ସଂସ୍କାରିତ ରୂପକୁ ଦେଖିବାକୁ ଯାଇ, ଶିକ୍ଷାର ଗୁରୁତ୍ୱକୁ ଅନୁଭବ କରିଥିଲେ ।

ତାଙ୍କ ଅନୁଯାୟୀ:

"Education is the means of emancipation for women. Even she supported prison. reforms specially for women prisoners. She was also concerned with gender inequalities."

ଏପରିକି ବ୍ରିଟିଶ ଲେଖକ Virginia woolf (ଭିରଜିନିଆ ଉଲଫ) ନାରୀର ସ୍ୱାଧୀନତା, ବିଶେଷତଃ ଆର୍ଥିକ ସ୍ୱତନ୍ତ୍ରତାକୁ ଗୁରୁତ୍ୱ ଦେଇଥିଲେ । ସମାଜର ତଥାକଥିତ ଦୃଷ୍ଟିଭଙ୍ଗୀ କିଭଳି ନାରୀ ସ୍ୱାଧୀନତା ଓ ଅଧିକାରକୁ ସଙ୍କୁଚିତ କରିଥାଏ, ତାହା ସେ' ବର୍ଣ୍ଣନା କରିଛନ୍ତି । ସେ' ତାଙ୍କର ବହୁ ଚର୍ଚ୍ଚିତ ପୁସ୍ତକ " A room of one's own" ରେ କୁହନ୍ତି:

(a) " A woman must have money and a room of her own, if she is to write fiction."

(b) "As a woman i have no country. As a woman my country is the whole world."

ତାଙ୍କଦ୍ୱାରା ଲିଖିତ "Or lando" (୧୯୨୮) ରେ ସେ' ନାରୀକୁ ପୁରୁଷ ଠାରୁ ଉନ୍ନତ ବୋଲି ଅସ୍ୱୀକାର କରି ଉଭୟ ଲିଙ୍ଗର ଅସ୍ତିତ୍ୱକୁ ଗୁରୁତ୍ୱ ଦେଇଛନ୍ତି । ତାଙ୍କ ଭାଷାରେ:

"She belived, n't that women were superior to men, but that both were equally necessary and useful."

ଏପରିକି ଫ୍ରେଞ୍ଚ ଲେଖିକା ହେଲେନ୍ ସିକ୍ସୋସ୍ (Helen Cixous) ନାରୀମାନଙ୍କର ନାନ୍ଦନିକ କଳାକୁ ଗୁରୁତ୍ୱ ଦେବାକୁ ଯାଇ ନାରୀ ସୁଲଭ ଲେଖା (Feminine mode of writing) କୁ 'White ink' ଏବଂ ecriture Femine ସଂପର୍କରେ ମତବ୍ୟକ୍ତ କରିବାକୁ ଯାଇ ନାରୀମାନଙ୍କ ଲେଖିବା ଶୈଳୀର ସ୍ୱାଧୀନତା ସଂପର୍କରେ କୁହନ୍ତି: "Write! Writing is for you, you are for you: your body is yours, take it... write yours self, your body must be heard."

- Cixous

ସେହିପରି ଫ୍ରେଞ୍ଚଦାର୍ଶନିକା, ନାରୀବାଦୀ ଲେଖିକା Luce Irigary ତାଙ୍କର "Sexual difference" ଲିଙ୍ଗଗତ ଭେଦ ବା ଅସମାନତା ଉପରେ ଗୁରୁତ୍ୱ ଦିଅନ୍ତି । ତାଙ୍କ ମତରେ:

" If ethical relationahsip are to occur between men and women, men must over come nostalgia for the womb. Thus will they develop their identity, and open up a space for women to creat their own."

ନାରୀବାଦୀ ଲେଖିକାମାନଙ୍କର ନାରୀ ସୁଲଭ ଲେଖା, ପୁରୁଷମାନଙ୍କ ଦ୍ୱାରା ପ୍ରତ୍ୟକ୍ଷ ବା ପରୋକ୍ଷରେ ପ୍ରଭାବିତ ଥିଲା । ତେଣୁ ଚରମପନ୍ଥୀ ନାରୀବାଦୀମାନେ ପୁରୁଷତନ୍ତ୍ରର ଉଚ୍ଛେଦ ପାଇଁ ସ୍ୱର ଉତ୍ତୋଳନ କଲେ । ସେହିମାନଙ୍କୁ 'extremists' ବା ଉଗ୍ର ନାରୀବାଦୀ (Radicial Feminist) ଭାବରେ ଅଭିହିତ କରାଗଲା । ନାରୀବାଦର ଜେଜେମା' ବା (Grand mother of Feminism) ଭାବରେ ଅଭିହିତ ନାରୀବାଦୀ ଲେଖିକା 'Simone De Beaviour' ତାଙ୍କର ୧୯୪୯ରେ ଲିଖିତ "The Second Sex" ନାରୀର ଅଧିକାର ଓ ତା'ର ମର୍ଯ୍ୟାଦା ସଂପର୍କରେ ଯେଉଁ ମତବ୍ୟକ୍ତ କଲେ, ତାହା ନାରୀବାଦୀମାନଙ୍କୁ ଯଥେଷ୍ଟ ପ୍ରେରିତ କରିଥିଲା । ତାଙ୍କ ମତରେ:

"Women are measured by the standard of men and found inferior. XXX There is no essence of a woman. A woman is constructge as such by men and society."

ଅର୍ଥାତ୍, ନାରୀର ସ୍ଥିତି ପୁରୁଷର ମାନ ଉପରେ ନିର୍ଭର କରେ । ନାରୀର ନିଜସ୍ୱ ସୁଗନ୍ଧ ବୋଲି କିଛି ନାହିଁ । ନାରୀର ସ୍ଥିତି ପୁରୁଷତାନ୍ତ୍ରିକ ସମାଜ ଅନୁସାରେ ବିଚାର କରାଯାଉଥିଲା ।

ବାସ୍ତବିକ, ନାରୀର ସ୍ୱାଧୀକାର କେତେ ମାତ୍ରାରେ ପୁରୁଷକେନ୍ଦ୍ରିକ ସମାଜ ଦ୍ୱାରା ନିୟନ୍ତ୍ରିତ ହେଉଥିଲା । ତତ୍‌କାଳୀନ ସମାଜର ସ୍ୱେଚ୍ଛାଚାରିତା, ନାରୀକୁ ଦ୍ୱିତୀୟ ଲିଙ୍ଗ ବିବେଚନା କରି ତା'ର ଅଧିକାରକୁ ସୀମିତ କରି ରଖିଥିଲା । ତାଙ୍କ ମତରେ, କେହି କେବେ ଜନ୍ମରୁ ନାରୀ ହୋଇ ଜନ୍ମ ନେଇ ନଥାଏ ବରଂ ହେଇଯାଏ ।

ପରିସ୍ଥିତିରେ ପଡ଼ି ନାରୀ ଜନ୍ମ ନିଏ । ଏଥିରୁ ସ୍ପଷ୍ଟ ହୁଏ, ନାରୀ ହେବା ଥିଲା ତତ୍‌କାଳୀନ ସମାଜର ବିଡ଼ମ୍ବନା ।

ତାଙ୍କର ପ୍ରସିଦ୍ଧ ପଂକ୍ତି, "One isn't born a woman, becomes one"

ତତ୍‌କାଳୀନ ସମାଜରେ ନାରୀ ଜୀବନର ଅସହାୟତାକୁ ବ୍ୟାଖ୍ୟା କରେ । ତାଙ୍କର ମୁଖ୍ୟ ବକ୍ତବ୍ୟମାନଙ୍କ ଭିତରେ ନାରୀର ସଂକୁଚିତ ସ୍ଥିତି ସ୍ପଷ୍ଟ ଭାବେ ପ୍ରତିଫଳିତ ହୋଇଥିବାର ମନେହୁଏ । ତାଙ୍କ ଭାଷାରେ :

(a) "The social Construction of gender where women accept their men or ordained roles as women."

(b) "The necessity for women to take responsiblity and choose for themselves when women choose for themselves, they choose for society."

ସମାଜର ଏକପାକ୍ଷିଆ ବିଚାର ବିରୁଦ୍ଧରେ ନାରୀବାଦୀମାନେ ବାସ୍ତବରେ ଚିନ୍ତା ପ୍ରକଟ କରିଛନ୍ତି । ଲିଙ୍ଗଗତ ବୈଷମ୍ୟ, ରଙ୍ଗଗତ-ଅସଂଗତି ପାଶ୍ଚାତ୍ୟ ଦେଶମାନଙ୍କର ମୁଖ୍ୟ ସମସ୍ୟା ହୋଇ ଛିଡ଼ା ହୋଇଛି । (Post Coloneal literature) ବା 'ଉପନିବେଶବାଦୀ ସାହିତ୍ୟ' ଏହା ବିରୁଦ୍ଧରେ ସ୍ୱର ଉତ୍ତୋଳନ କରେ । ଲିଙ୍ଗଗତ ଭେଦଭାବ (raceism) ରୁ ପରବର୍ତ୍ତୀ ସମୟରେ "Black Feminism" କୃଷ୍ଣାଙ୍ଗ ନାରୀବାଦୀ ଚିନ୍ତାଧାରାଟି ପ୍ରକଟ ହୋଇଛି । ରଙ୍ଗଗତ ବୈଷମ୍ୟ ଯୋଗୁଁ ଦେଖାଗଲା ସମାଜରେ ଉତ୍ପୀଡ଼ନ ଭୋଗୁଥିବା ଶ୍ୱେତାଙ୍ଗ ନାରୀମାନେ, କୃଷ୍ଣାଙ୍ଗୀ ମାନଙ୍କୁ ନିଜର ଦାସୀ (slave) ରୂପେ ଶୋଷଣ କରିବାକୁ ଲାଗିଲେ । ଫଳସ୍ୱରୂପ ଏହି କୃଷ୍ଣାଙ୍ଗମାନଙ୍କ ଜୀବନ ଦୁର୍ବିସହ ହୋଇ ପଡ଼ିଲା । କ୍ରମଶଃ ଏହି ରଙ୍ଗଗତ ବୈଷମ୍ୟରୁ ସୃଷ୍ଟି ହେଲା(କୃଷ୍ଣାଙ୍ଗୀ-ନାରୀବାଦ) ବା 'Black Femisim'. ଏହି Black Feminism କୁ "Branch of Feminism" ବୋଲି କୁହାଯାଏ । ଯାହା ଆଫ୍ରୋ-ଆମେରକୀୟ ମହିଳାମାନଙ୍କ ଜୀବନ ଓ ଅଧିକାର କଥା କୁହେ । ଏହି ମତବାଦ ଅନୁସାରେ : "Black women are inherently valuable. This Black Feminism Focuses on the African- American woman's experiences and recognise the inter sectionality of racism and sexism."

ଏହିଭଳି ଭାବେ ୧୯୮୦ (Sex war) ପର୍ଯ୍ୟନ୍ତ ନାରୀବାଦୀ ଆନ୍ଦୋଳନ ପରୀକ୍ଷାମୂଳକ ଭାବେ ନାରୀ ସମସ୍ୟା ଓ ଅସ୍ମିତା ସଂପର୍କିତ ନୂଆ, ନୂଆ ପ୍ରସଙ୍ଗର ଅବତାରଣା କଲା । ଏହି ନାରୀବାଦ ସଂପର୍କିତ ନୂତନ ଦିଗ 'Kate Millett' ଙ୍କର ପ୍ରସିଦ୍ଧ ଗବେଷଣାତ୍ମକ ସଂଦର୍ଭ (Sexual politics), ଯାହା ସମଗ୍ର ବିଶ୍ୱରେ ଚହଲ ପକେଇ ଥିଲା । ୧୯୬୯ ମସିହାରେ ପ୍ରକାଶିତ ଏହି ସନ୍ଦର୍ଭ ସର୍ବାଧିକ ପାଠକୀୟ ଆଦୃତି ସାଉଁଟିଥିବା ଏବଂ ସର୍ବାଧିକ ବିକ୍ରି ହୋଇଥିବା Ph.D Thesis. ଏହି ପୁସ୍ତକରେ ସେ' ପୁରୁଷର ସ୍ୱେଚ୍ଛାଚାରିତା ସଂପର୍କରେ ବର୍ଣ୍ଣନା କରିଥିଲେ । ନାରୀକୁ ତା'ର ଅଧିନସ୍ଥ (slave) କରି ନିରଙ୍କୁଶ କ୍ଷମତାକୁ ଉପଭୋଗ କରିବାରେ ତତ୍କାଳୀନ ପୁରୁଷ ସମାଜ ଥିଲା ଏହି ନିର୍ଯ୍ୟାତନାର ମୂଳ । ପୁରୁଷର ଉପରେ ନାରୀର ଅଧିକାର ଥିଲା ସଂକୁଚିତ ପୁରୁଷର ହାତ ମୁଠାରେ ରହି ନାରୀର ଇଚ୍ଛା ଅନିଚ୍ଛାର କୌଣସି ଅର୍ଥ ହିଁ ନଥିଲା । ଅର୍ଥାତ୍, ନାରୀର ଜୀବନ ମୂକ ପ୍ରାଣୀ ସଙ୍ଗେ ସମାନ ଥିଲା ।

ବସ୍ତୁତଃ, ପୁରୁଷ ସହ ସମକକ୍ଷ ତା' ରାଜନୀତିକ ଅଧିକାର ଓ ସାମାଜିକ ମର୍ଯ୍ୟାଦା ପାଇବା ପାଇଁ ଯେଉଁ ନାରୀବାଦୀ ଆନ୍ଦୋଳନ ମୁଣ୍ଡ ଟେକିଥିଲା, ତାହା କ୍ରମଶଃ ଉତ୍ତର ଆଧୁନିକ କାଳ ବେଳକୁ ଆହୁରି ବୈଚିତ୍ର୍ୟମୟ ମନେହେଲା । ଏପରିକି ବିଶିଷ୍ଟ ନାରୀବାଦୀ ସୁସାନ୍ ବୋଡ଼େ ତାଙ୍କ ସ୍ମରଣୀୟ ପ୍ରବନ୍ଧ "Unbearable weight Femisim, Western Culture and the Body" ରେ ଏ ପ୍ରସଙ୍ଗରେ ଏକ ଚମତ୍କାର ଆଲୋଚନା କରିଛନ୍ତି: ତାଙ୍କ ମତରେ:

"ଆଜିର ନାରୀ ନିଜ ଦେହରୁ ପୁରୁଷକୁ ପ୍ରଲୁବ୍ଧ କରୁଥିବା ଅଙ୍ଗପ୍ରତ୍ୟଙ୍ଗ ଗୁଡ଼ିକୁ ଖର୍ବ, କୃଶ ଓ ଲାବଣ୍ୟମୟ କରିବା ପାଇଁ ବିଭିନ୍ନ ଉଦ୍ୟମ ମାନ କରେ । ସେ' ନିଜ ଦେହକୁ ଅସମ୍ଭବ ଭାବେ ପତଳା ଓ ଆକର୍ଷଣୀୟ କରିବାକୁ ଚାହେଁ । ଏହି ପତଳା ଶରୀରର ଆଦର୍ଶକୁ ସେ' ପ୍ରତିଦିନ ଅସଂଖ୍ୟ ଗଣମାଧମରେ ପ୍ରଦର୍ଶିତ କୃଶାଙ୍ଗୀ ନାରୀମାନଙ୍କର ପ୍ରତିଛବି ଗୁଡିକରୁ ଅନୁକରଣ କରିବା ପାଇଁ ଚେଷ୍ଟାକରେ ।"

ଏଥିରୁ ସ୍ପଷ୍ଟ ଭାବରେ ଅନୁମାନ କରିହୁଏ, ଏହି 'Weight Feminism' ବା 'Body fit Feminism' ପରବର୍ତ୍ତୀ ପର୍ଯ୍ୟାୟବେଳକୁ 'Body Positivity' (ଶାରୀରିକ ସକରାତ୍ମକତା)କୁ ଜନ୍ମଦିଏ । ଯାହା ନାରୀର ଶରୀର ପ୍ରତି ରହିଥିବା ମନୋଭାବ ଏବଂ ସମାଜର ଦୃଷ୍ଟିକୋଣକୁ ସୂଚେଇଥାଏ ।

କ୍ରମଶଃ ଏହା ଅନୁଭୂତ ହୁଏ ଯେ' ଉତ୍ତର ଆଧୁନିକ ପର୍ଯ୍ୟାୟର ନାରୀବାଦ, ପୁରୁଷର ନିୟନ୍ତ୍ରଣକୁ ସଂପୂର୍ଣ୍ଣ ଭାବେ ଅମାନ୍ୟ କରେ । ଆର୍ଥିକ କ୍ଷେତ୍ରରେ ସ୍ୱାବଲମ୍ବୀ ହେବାପରେ ଅଧିକରୁ ଅଧିକ ସ୍ୱାଧୀନଚେତ୍ତା ହୋଇ ପୁରୁଷର ବିକଳ୍ପ ଭାବେ Lesbianism/Homosexuality କୁ ଶ୍ରେଷ୍ଠ ମଣେ । ସମଲିଙ୍ଗୀ ବିବାହ ଏହାର ପରିଣାମ । Adrienne Rich (ଆଡ୍ରିନେ ରିଚ୍) ୧୯୮୦ରେ ପ୍ରକାଶିତ ତାଙ୍କର ପ୍ରବନ୍ଧ- "Compusory Heterosexualiuty and Lesbian existence" ପରବର୍ତ୍ତୀ ସମୟରେ ତାଙ୍କର ପୁସ୍ତକ ଭାବରେ ୧୯୮୬ ମସିହାରେ, "Blood, Bread and Poetry : Selected Prose.?? ରେ ପ୍ରକାଶିତ ହୋଇଥିଲା । ଯାହା Radical Feminism କୁ ଗ୍ରହଣ କରେ । ତାଙ୍କ ମତରେ: "ବିପରୀତ ଲିଙ୍ଗ ପ୍ରତି ନାରୀର ଯୌନକାଙ୍‌କ୍ଷା ସ୍ୱାଭାବିକ ନୁହେଁ । ଏହା କେବଳ ସାମାଜିକ ସଂପର୍କରୁ ଉତ୍ପନ୍ନ ।" ଏଥିରୁ ସ୍ପଷ୍ଟ ହୋଇଉଠେ, ଉତ୍ତର ଆଧୁନିକ ପର୍ଯ୍ୟାୟ ବେଳକୁ ନାରୀବାଦୀ ଆନ୍ଦୋଳନର ଆଭିମୁଖ୍ୟ ମୂଳ ଲକ୍ଷ୍ୟ ଠାରୁ ବିଚ୍ୟୁତ ହୋଇଛି । ଏ ପର୍ଯ୍ୟାୟ ବେଳକୁ ନାରୀ, ତା'ର ସ୍ୱତନ୍ତ୍ର ବ୍ୟକ୍ତି ସତ୍ତାକୁ ନେଇ ସମାଜରେ ଛିଡ଼ା ହେବାକୁ ତତ୍ପର ହୋଇଛି । ପୁରୁଷର ସଖ୍ୟକୁ ମଧ୍ୟ ସେ' ଅସ୍ୱୀକାର କରିଛି । ଏହି ପର୍ଯ୍ୟାୟ ବେଳକୁ ବିଭିନ୍ନ, ବିଭିନ୍ନ ମନୋସ୍ତାତ୍ତ୍ୱିକ ଦିଗର ଉଦ୍‌ଘାଟନ ଘଟିଛି । କ୍ରମଶଃ ନାରୀବାଦୀ ଲେଖିକାମାନେ ସମାଜତାତ୍ତ୍ୱିକ ଦିଗ ସହ ମନସ୍ତାତ୍ତ୍ୱିକ କ୍ରିୟା ଓ କଳାପ ଆଧାରରେ ଲେଖନୀ ଚାଳନା କରିଛନ୍ତି । ଫଳସ୍ୱରୂପ ସମାଲୋଚନାର ନୂତନଧାରା ସୃଷ୍ଟି ହେଇଛି । ଏହି ପର୍ଯ୍ୟାୟରେ ମୁଣ୍ଡ ଟେକିଛି ସମାଲୋଚନାର ନୂତନ ରୂପ ରେଖ । 'ନାରୀବାଦୀ ସମାଲୋଚନା' (Feminist criticism), 'ନାରୀ ନନ୍ଦନତ୍ତ୍ୱ' (Female Aesthetics), 'ଗାଏନୋ ସମାଲୋଚନା' (Gynocriticism) ପର୍ଯ୍ୟାୟ ଦେଇ ଗତି କରିଛି । ଏହି ପର୍ଯ୍ୟାୟର ସମାଲୋଚନା ଧାରା, ନାରୀ ଅସ୍ତିତ୍ୱ (Female Identity) କୁ ପ୍ରାଧାନ୍ୟ ଦେଉଛି । "ନାରୀବାଦ" ପରି ନାରୀବାଦୀ ସମାଲୋଚନା,

ସାଂପ୍ରତିକ ସାହିତ୍ୟ ସମୀକ୍ଷା ପରିପ୍ରେକ୍ଷୀରେ ନାରୀର କଳାତ୍ମକତା, ତା'ର ଅସ୍ମିତା, ତା'ର ସ୍ୱାଭିମାନକୁ ବ୍ୟାଖ୍ୟା କରିବା ସହ ଲିଙ୍ଗଗତ ବୈଷମ୍ୟ, ପିତୃକୈନ୍ଦ୍ରିକତାକୁ ପରିହାର କରି ଏକ ସୁସ୍ଥ ସମାଜ ଗଠନରେ ସହାୟକ ହୋଇପାରିଛି ବୋଲି କୁହାଯାଇପାରେ ।

ନାରୀବାଦୀ ଆନ୍ଦୋଳନର ସ୍ଥିତି ଓ ସ୍ୱରୂପ

ଯଦିଓ, ନାରୀବାଦୀ ଆନ୍ଦୋଳନର ସ୍ୱରୂପ ଏବଂ ସ୍ଥିତି ଷାଠିଏ/ସତୁରି ଦଶକ ବେଳକୁ ବିଶ୍ୱରେ ଏକ ଚେତନା ଭାବରେ ପ୍ରଭାବ ବିସ୍ତାର କରିବାକୁ ଲାଗିଥିଲା, ତଥାପି ଅଦ୍ୟାବଧି ମଧ୍ୟ ନାରୀବାଦୀମାନେ ତାହାକୁ ଏକ ଆନ୍ଦୋଳନ ବା Revolt Against Patriarchy ବୋଲି ଦୃଢ ଭାବରେ ମତବ୍ୟକ୍ତ କରନ୍ତି । ପଞ୍ଚଦଶ ଶତକ ବେଳକୁ ଭିନ୍ନ ଭିନ୍ନ ଭାବରେ ଏହି ନାରୀବାଦୀ ଆନ୍ଦୋଳନ ତା ଲକ୍ଷ୍ୟରେ ଅଗ୍ରସର ହେବାର ଲକ୍ଷ୍ୟ କରାଯାଏ । ଠିକ୍ ଭାବରେ ବିଶ୍ଳେଷଣ କଲେ, ବିଂଶ ଶତକ ବେଳକୁ ଅଧିକାଂଶ କ୍ଷେତ୍ରରେ ଏହି 'ନାରୀବାଦ' ତା'ର ଆଭିମୁଖ୍ୟକୁ ସ୍ପଷ୍ଟ ଭାବରେ ବ୍ୟକ୍ତ କରିଛି । ଦେଖାଯାଏ ବିଂଶ ଶତକ ବେଳକୁ ଏହି ନାରୀବାଦୀ ଆନ୍ଦୋଳନ ବା ଚେତନା (consciousness) ହୋଇ ନାରୀ ସ୍ୱାଧୀନତା ଓ ସ୍ୱାଧୀକାରର ପଥ ପରିଷ୍କାର କରିଛି । ସ୍ଥିତିବାଦୀ ଦାର୍ଶନିକ ଜାଁପାଲ ସାର୍ତ୍ରେ (Jean Paul Sartre) ଙ୍କ ପ୍ରେମିକା ସାଇମନ ଡି ବୋଭା (Simon de Beauvoir) ଏହି ନାରୀବାଦୀ ଚେତନାକୁ ସର୍ବତ୍ର ପ୍ରଚାରିତ କରିଥିଲେ । ୧୯୫୩ ରେ ପ୍ରକାଶିତ ଇଂରାଜୀ ଭାଷାରେ 'The second sex' ପୁସ୍ତକ, କ୍ରମଶଃ ଏହି 'ନାରୀବାଦୀ ଚେତନା' କୁ ଗୋଟିଏ ଆନ୍ଦୋଳନର ରୂପ ଦେଇ ସାରିଥିଲା କହିଲେ ଅତ୍ୟୁକ୍ତି ହେବ ନାହିଁ । ଏହାର ମୁଖ୍ୟ ଆଭିମୁଖ୍ୟ ଥିଲା ସମାଜର ମୁଖ୍ୟ ସ୍ରୋତରୁ ବଞ୍ଚିତା, ଅସହାୟ ନାରୀମାନଙ୍କ ଜୀବନର ମାନ ବୃଦ୍ଧି କରିବା ଏବଂ ତାଙ୍କର ନ୍ୟାର୍ଯ୍ୟ ଦାବି ପ୍ରଦାନ କରିବା କ୍ଷେତ୍ରରେ ଜନ ସଚେତନତା ସୃଷ୍ଟି କରିବା ।

ପ୍ରସିଦ୍ଧ ନାରୀବାଦୀ ଆବାହିକା Simone de Beavoir ଙ୍କ ମତରେ, "ନାରୀ ନିଜକୁ ନାରୀ ମନେ କରିବା ତା'ର ସବୁଠୁ ବଡ ଦୁର୍ବଳତା । ପୁରୁଷ ଯେପରି ମାନବ ଜାତିର ପ୍ରତିନିଧି ରୂପେ ନିଜକୁ ଦାବି କରିପାରେ, ନାରୀ ସେହିପରି କରିପାରେ ନାହିଁ ।"

ତାଙ୍କରି ଭାଷାରେ :

"Woman is a female to the extent that she feels herself as such." ଅବଶ୍ୟ ଏଥିପାଇଁ ପୁରୁଷ ସମାଜ ଦାୟୀ । ପୁରୁଷ ସୁଲଭ ଦୃଷ୍ଟିଭଙ୍ଗୀ ନେଇ ନାରୀକୁ ପୁରୁଷ କେବଳ ଶରୀର ସର୍ବସ୍ୱ ମନେକରେ । ଯାହାକୁ ଦୃଢ ଭାବରେ ବିରୋଧ କରେ 'ନାରୀବାଦ' । ଏହି ଆନ୍ଦୋଳନକୁ ଯେଉଁ କେତୋଟି ଗୁରୁତ୍ୱପୂର୍ଣ୍ଣ ପୁସ୍ତକ ଆହୁରି ବ୍ୟାପକ କରିଥିଲେ, ସେମାନଙ୍କ ମଧ୍ୟରେ ସାଇମନ-ଡି – ବୋଭାଙ୍କ ଚର୍ଚ୍ଚିତ ପୁସ୍ତକ 'The Second Sex' ମେରୀ ଉଲଷ୍ଟୋନ କ୍ରାଫ୍ଟ ଙ୍କର "A vindication of the rights of women" ବେଟି ଫ୍ରିଡ୍‌ମ୍ୟାନଙ୍କର "The Feminine Mystic" କେଟ୍ ମିଲେଟ୍ ଙ୍କର "Sexual Politics"ର ଭୂମିକା ଅବିସ୍ମରଣୀୟ । ସମ୍ପ୍ରତି ନାରୀର ଏହି ସ୍ୱାଧିକାରବୋଧଟି ପ୍ରାଚ୍ୟ ଓ ପାଶ୍ଚାତ୍ୟ ଜଗତରେ ନାରୀବାଦ' ବା 'Feminism' ନାମରେ ପ୍ରସିଦ୍ଧି ଲାଭ କରିଛି । ଯାହାର ମୂଳରେ ଲିଙ୍ଗଗତ ବୈଷମ୍ୟ ହିଁ ମୁଖ୍ୟ ବୋଲି 'ନାରୀବାଦ' ସ୍ୱୀକାର କରେ । ସେଥିପାଇଁ କେଟ୍ ମିଲେଟ୍ ତାଙ୍କର 'Sexual Politics' ପୁସ୍ତକରେ କୁହନ୍ତି :

"As women in patriarchy are for the most part marginal citizens when they are citizens at all. their Situation is like that of their minorities here defined not as dependent upon numerical size of the group, but on its status."

ନାରୀର ଅସହାୟ ସ୍ୱରୂପ ଦୃଢ କଣ୍ଠରେ ନିନ୍ଦା କରେ 'ନାରୀବାଦ'। ପୁରୁଷ ସମ ନାରୀ କୌଣସି ଗୁଣରେ ନ୍ୟୁନ ନୁହେଁ । ଶାରୀରିକ- କୋମଳତା ତା'ର ଦୁର୍ବଳତାର ପରିଚାୟକ ନୁହେଁ ବରଂ ଜୈବିକ ସଂରଚନା । ସେଥିପାଇଁ ସେ' ନାରୀର ରାଜନୀତିକ, ସାମାଜିକ ଓ ଅର୍ଥନୈତିକ ସ୍ୱାଧୀନତା ଦାବି କରେ । ସାଇମନ ଡି. ବୁଭାଙ୍କ ଭାଷାରେ :

"The word Feminism however must be understood in its broadest as refering to an intense awarness of identity as a woman."

ବାସ୍ତବରେ ପୁରୁଷ, ନାରୀର ସ୍ଥିତିକୁ ଆପଣାର କ୍ଷମତା ଅନୁସାରେ ମୂଲ୍ୟାଙ୍କନ କରିଥାଏ । ଏପରିକି ପୁରୁଷ ଦୃଷ୍ଟିରେ ନାରୀ ନଗଣ୍ୟ । ଏପରିକି ତା'ର ସୃଜନୀ ଶକ୍ତି ଉପରେ ମଧ୍ୟ ପୁରୁଷର ଅସହିଷ୍ଣୁତା ବାରି ହୋଇପଡେ । ପୁରୁଷଙ୍କର ଏହି ସ୍ୱାର୍ଥପର ମନୋବୃତ୍ତିକୁ Virginia Woolf ତାଙ୍କର "A room of one's own" ଗ୍ରନ୍ଥରେ ସମାଲୋଚନା କରିବାକୁ ଯାଇ କହିଛନ୍ତି :

"This is an important look, Critics assumes because it deals with the feelings of women in a drawing room."

ପୁରୁଷର ସ୍ୱେଚ୍ଛାଚାରୀ ମନୋବୃତ୍ତିକୁ ନାରୀବାଦ ଘୃଣାକରେ, ବିରୋଧ କରେ । ପୁରୁଷର ଏହି ଏକଚାଟିଆ ମନୋଦଶା ଉଲଫ୍ ଅସ୍ୱୀକାର କରନ୍ତି । ମୁସୋଲିନ୍ ଯେପରି ଇଟାଲୀରେ ମନୋମୁଖୀ ଶାସନ ଚଳେଇ ସମସ୍ତଙ୍କର ଅଧିକାରକୁ ଆପଣା ମୁତାବକ ବ୍ୟବହାର କରିଥିଲେ । ଠିକ୍ ସେହିପରି ପୁରୁଷକୈନ୍ଦ୍ରିକ ଶାସନ ବିରୁଦ୍ଧରେ ଯିବା ଅର୍ଥ 'ଫାସିଜିମ୍' ବିରୁଦ୍ଧରେ ଯିବା ସମାନ ମନେହେବ ।

Virginia Woolf ଙ୍କ ମତରେ: "The fights to liberate women is the fight against Fascism."

ନାରୀ ଜନ୍ମ ନେବା ତତ୍କାଳୀନ ସମାଜରେ ଭାଗ୍ୟର ବିଡମ୍ବନା ବୋଲି ବିଚାର କରାଯାଉଥିଲା । ଏହି କାରଣରୁ Simon De Beauvoir ପ୍ରଶ୍ନ କରିଥିଲେ – "ନାରୀ ଜନ୍ମରୁ ନାରୀ ହୋଇ ଜନ୍ମ ହୋଇଥାଏ, ନା ଏପରି ଏକ ସଂଜ୍ଞା ତା ଉପରେ ଲଦି ଦିଆଯାଇଥାଏ" । ତାଙ୍କ ଭାଷାରେ: "Is woman born or made?"

ନାରୀର ସ୍ଥିତି ଓ ସ୍ୱରୂପ କିଭଳି ହେବ, ତାହା ପୁରୁଷକୈନ୍ଦ୍ରିକ ସମାଜ ଉପରେ ନିର୍ଭର କରୁଥିଲା । ସେଇଥିପାଇଁ ସମାଜରେ ତା'ର ସ୍ଥିତି ଥିଲା ଗୌଣ ବା ଅନ୍ୟ (Otherness) । ଯାହାକୁ ବିରୋଧ କରେ ନାରୀବାଦ । ପୁରୁଷଭଳି ସମାଜର ଏକ ଅଙ୍ଗ ନାରୀ, ଅଥଚ ତା'ର ଭୂମିକାକୁ ପୁରୁଷ ଗୌଣ, ଅପାଙ୍କ୍ତେୟ ମନେକରେ । ବାସ୍ତବରେ ମିଲେଟ୍‌ଙ୍କର ଏହି ଉକ୍ତି ଏଠାରେ ଉଲ୍ଲେଖନୀୟ । ମିଲେଟ୍‌ଙ୍କ ପୁସ୍ତକ "Sexual Politics" ରେ ଯଥାର୍ଥରେ କୁହାଯାଇଛି :

"The image of women as we know it is an image created by men and fashioned to suit their needs. These needs bring form a fear of the 'otherness of women'."

ଠିକ୍ ଏହି କଥା 'ବୁଭା' ମଧ୍ୟ ସ୍ୱୀକାର କରିଛନ୍ତି । ଯୁଗ ଯୁଗ ଧରି ପୁରୁଷତନ୍ତ୍ରର ମନୋମୁଖୀ ବିଧିବ୍ୟବସ୍ଥା ନାରୀର ସ୍ଥିତିକୁ ଗୌଣ କରି ଆସିଛି । ସେହି କାରଣରୁ ପୁରୁଷ ନାରୀକୁ ନିଜର ଅଧସ୍ତନ ମନେକରି ନାନା ଅତ୍ୟାଚାର କରି ଆସିଛି । ବାସ୍ତବରେ, ପୁରୁଷ ନାରୀକୁ ଦୟାର ପାତ୍ରୀ ମନେକରି ଯାହା ଦେଇଛି, ତାହା ହିଁ ନାରୀ ଗ୍ରହଣ କରିବାକୁ ବାଧ୍ୟ ହୋଇଛି ।

"Throughout history they have been Subordinated to men. They have gained only what men have been willing to grant, they have taken nothing only received."

ଏହି ପୁରୁଷତନ୍ତ୍ରର ଅବିଚାର ହିଁ ନାରୀବାଦ ବିରୋଧ କରେ । ସବୁ କ୍ଷେତ୍ରରେ ପୁରୁଷର ସମକକ୍ଷ ଭାବରେ ନାରୀ ଛିଡା ହେବାର ସ୍ପର୍ଦ୍ଧା ରଖେ । ଅଥଚ, ତା'ର ଏ ସାମର୍ଥ୍ୟ ପୁରୁଷ ଦୃଷ୍ଟିରେ ଅଣଦେଖା ହୁଏ । 'ନାରୀବାଦ' ଏହା ବିରୋଧରେ ସ୍ୱର ଉତ୍ତୋଳନ କରେ । ଏହି ପରିପ୍ରେକ୍ଷୀରେ ଓଡ଼ିଆ କବିତା ଜଗତର ସ୍ପର୍ଦ୍ଧିତ ଉଚ୍ଚାରଣ ଭାବରେ କବି ମନୋରମା ମହାପାତ୍ର, କବି ପ୍ରତିଭା ଶତପଥି, କବି ଗିରିବାଳା ମହାନ୍ତି ଏବଂ କବି ଅପର୍ଣ୍ଣା ମହାନ୍ତିଙ୍କୁ ବିଶେଷ ଭାବେ ବିଶ୍ଳେଷଣ କଲେ, ଆମେ ଜାଣିପାରିବା ତାଙ୍କ କାବ୍ୟର ଅନ୍ତଃସ୍ୱରକୁ ଯାହା ମାନବୀୟ ସମ୍ବେଦନରେ ଭରା । ସେମାନେ ମଣିଷ ପଣିଆକୁ ଭଲ ପାଆନ୍ତି । ପ୍ରେମ ଓ ତ୍ୟାଗର ପରାକାଷ୍ଠାରେ ତାଙ୍କ କବିତାର ସୌନ୍ଦର୍ଯ୍ୟ ବହୁଗୁଣିତ ହୁଏ । ତାଙ୍କ କବିତାରେ ପ୍ରେମ ଅଛି, ସମର୍ପଣ ଅଛି, ତା ସହିତ ଦ୍ରୋହ ଅଛି, ବିପ୍ଳବ ଅଛି, ଅବିଚାର ବିରୁଦ୍ଧରେ ଲଢ଼ିବାର ସାମର୍ଥ୍ୟ ବି ଅଛି ।

ପ୍ରତିବଦ୍ଧତାର ସ୍ୱରରେ ଉଦ୍ଭାସିତ ତାଙ୍କ କବିତା ପୁରୁଷକୃତ 'ନେତିବାଦୀ' ଦୃଷ୍ଟିଭଙ୍ଗୀ ଏବଂ ବିଧି-ବ୍ୟବସ୍ଥାକୁ ଅଗ୍ରାହ୍ୟ କରିବାର ସ୍ପର୍ଦ୍ଧା କରିଛି । ମନୋରମା ମହାପାତ୍ରଙ୍କ ଠାରୁ ଆରମ୍ଭ କରି ଅପର୍ଣ୍ଣା ମହାନ୍ତିଙ୍କ ପର୍ଯ୍ୟନ୍ତ ଏବଂ ଅପର୍ଣ୍ଣା ମହାନ୍ତିଙ୍କ ଠାରୁ ଆରମ୍ଭ କରି କବି ସ୍ୱପ୍ନା ମିଶ୍ରଙ୍କ ପର୍ଯ୍ୟନ୍ତ କାବ୍ୟିକ ପ୍ରତିଫଳନ ନାରୀର

ସ୍ୱାଧୀକାର ରକ୍ଷା କରିବାର ଦୃଢ ସଂକଳ୍ପ ଅଛି । ବାସ୍ତବିକ ଡ଼ କୃଷ୍ଣଚନ୍ଦ୍ର ପ୍ରବନ୍ଧ 'ବାମାବାଦୀ ଚେତନା' ଓ କବି 'ଅପର୍ଣ୍ଣା ମହାନ୍ତି' ରେ ତାଙ୍କ ବକ୍ତବ୍ୟ ଏଠାରେ ଉଲ୍ଲେଖନୀୟ । ତାଙ୍କ ଭାଷାରେ :

"ମୋର ବିଶ୍ୱାସ କୌଣସି ସ୍ରଷ୍ଟା ନିର୍ଦ୍ଦିଷ୍ଟ ବାଦକୁ ନେଇ କବିତା ଲେଖେ ନାହିଁ ବରଂ କବିତାର ଭାବ ଚେତନା ମଧ୍ୟରୁ 'ବାଦ' ଜନ୍ମ ନେଇଥାଏ ।"

– ଅସ୍ମିତା ଅନ୍ୱେଷଣ : ନାରୀବାଦ

ଏଥିରୁ ଏହା ସ୍ପଷ୍ଟ ହୋଇ ଉଠେ, ନାରୀବାଦୀ ଆଭିମୁଖ୍ୟ ନେଇ କେହି କେବେ ଲେଖନ୍ତି ନାହିଁ । ପ୍ରକାରନ୍ତରେ କହିଲେ, ଲେଖି ହେଇଯାନ୍ତି । କବି ବା ଲେଖକ ସ୍ୱଭାବତଃ ସମ୍ବେଦନଶୀଳ ସତ୍ତା ଟିଏ । ସମାଜରେ ଘଟୁଥିବା ନିତ୍ୟ ନୈମିତ୍ତିକ ଅବିଚାର ଓ ଅନ୍ୟାୟ ଦେଖି ସେ' ମର୍ମାହତ ହୁଏ, ବିଚଳିତ ହୁଏ ତା ଲେଖନୀ ଏବଂ ସିଏ ଲେଖି ହେଇ ଯାନ୍ତି ସ୍ୱତଃସ୍ଫୁର୍ତ୍ତ ଭାବରେ । ସେହିଭଳି ଜଣେ ମାନବବାଦୀ ହେଉଛନ୍ତି ଭର୍ଜିନିଆ ଉଲଫ୍, ତାଙ୍କର "Three Guineas" ରେ ସେ' ତିନିଗୋଟି ପ୍ରସଙ୍ଗକୁ ଗୁରୁତ୍ୱର ସହ ବିଚାର କରି କୁହନ୍ତି :

ପ୍ରଥମତଃ – ଏକ ଆଶାବାଦୀ ସମାଜ ତିଆରି କରିବାକୁ ହେଲେ, ପ୍ରଥମେ ତୁମକୁ ଯୁଦ୍ଧରୁ ବିରତ ହେବାକୁ ପଡିବ ।

ଦ୍ୱିତୀୟତଃ – ଶିକ୍ଷା ଓ ସମତା ରକ୍ଷା ନିମନ୍ତେ ମହିଳା ମାନଙ୍କ ପାଇଁ ମହିଳା ମହାବିଦ୍ୟାଳୟ ବା College ଗଢିବାକୁ ହେବ ।

ତୃତୀୟତଃ – ଏକ ସୁସ୍ଥ ସମାଜ ଗଠନ ପାଇଁ ତ୍ୟାଗମୟୀ ମହିଳା ମାନଙ୍କ ସାହାଯ୍ୟ ନେବାକୁ ହେବ ।

ଏଥିରୁ ସ୍ପଷ୍ଟତଃ ଏତିକି ବୁଝାଇ ଦିଆଯାଇପାରେ, "ଆପାତତଃ ନାରୀର ସ୍ୱତନ୍ତ୍ର ମର୍ଯ୍ୟାଦା ଅଛି" । ତା' ଉପରେ କରାଯାଉଥିବା ଅମାନବୀୟ ଅତ୍ୟାଚାର ବନ୍ଦ ହେବା ଆବଶ୍ୟକ । ତେବେ ଯାଇ ଏକ ନୂତନ ପୃଥିବୀର ପରିକଳ୍ପନା ସମ୍ଭବ ହେବ । ଯାହାକୁ Emily Dickinson "kingdom of Heaven" ବୋଲି କହିଛନ୍ତି । ଠିକ୍ ସେହିପରି Thomas More ଙ୍କର 'Utopia' (ୟୁଟୋପିଆ) ଏହାର ପ୍ରତିନିଧିତ୍ୱ କରେ । ଏହି ଗ୍ରନ୍ଥରେ ଥୋମାସ ନାରୀ ଓ ପୁରୁଷଙ୍କର ସମାଜ

ଗଠନରେ ଥିବା ଗୁରୁତ୍ୱପୂର୍ଣ୍ଣ ଭୂମିକାର ଅବତାରଣା କରିଛନ୍ତି । ଉଭୟଙ୍କର ସମାନ ଅଧିକାର ରହିଛି । ତାଙ୍କ ଭାଷାରେ :

"Feminist conceive of an eqitable world, a world in which women and man can be equal and different."

ନାରୀ ଓ ପୁରୁଷ ଉଭୟ ସମାନ । ଯେଉଁଠି ପୁରୁଷ ନାରୀ ପ୍ରଗତିର ଅନ୍ତରାୟ ସାଜେ, ସେଠି ସମାଜର ବିକାଶ ଅସମ୍ଭବ । କବିବା ବାହୁଲ୍ୟ ଏହି 'ନାରୀବାଦୀ' ମାନଙ୍କର ବକ୍ତବ୍ୟ ନାରୀର ପ୍ରଗତି, ତା'ର ଇତିହାସ, ସାମାଜିକ-ରାଜନୀତିକ- ଆର୍ଥିକ ତଥା ଯୌନଗତ ଜୀବନର ଦୁର୍ବିପାକ ଦୂର କରିବାରେ ଅନେକାଂଶରେ ସଫଳ ବୋଲି ବୁଝିବାକୁ ହେବ । ନାରୀବାଦୀ ଆନ୍ଦୋଳନ ନାରୀର ସ୍ୱତନ୍ତ୍ରତା, ସ୍ୱାଧୀନତା, ମୁକ୍ତି, ବିଦ୍ରୋହର ଏକ ବଳିଷ୍ଠ ଅସ୍ତ୍ର ଭାବରେ ପରିଗଣିତ ହୋଇଛି କହିଲେ ଅତ୍ୟୁକ୍ତି ହେବ ନାହିଁ । ନାରୀ ସ୍ୱାତନ୍ତ୍ର୍ୟ, ଭୋଟ ଦେବାର ଅଧିକାର (Right to caste vote) ପାଇଁ ସଂଗ୍ରାମ, ତତ୍‌ସହିତ ଜଡିତ ନାନା ସଭା, ସମ୍ମିଳନୀ ଆରମ୍ଭ ହୋଇଥିଲା ଆମେରିକା ମାଟିରୁ । ଏ କ୍ଷେତ୍ରରେ Elizabeth candy stanton ଙ୍କ ନାଁ ସର୍ବାଗ୍ରେ ସ୍ମରଣୀୟ । ନ୍ୟୁୟର୍କରେ ଜନ୍ମିତ ଏଲିଜାବେଥ୍ ପ୍ରଥମେ ନାରୀ ନିର୍ଯ୍ୟାତନାକୁ ନେଇ Seneca Falls ସମ୍ମିଳନୀରେ ଯେଉଁ ଓଜସ୍ୱିନୀ ମନ୍ତବ୍ୟ ଦେଇଥିଲେ, ତାହା ପରବର୍ତ୍ତୀ ପର୍ଯ୍ୟାୟକୁ ବହୁ ମାତ୍ରାରେ ପ୍ରଭାବିତ କରିଥିଲା । ଯାହା "womens right movement" ନାମରେ ନାମିତ । Feminist ଚିନ୍ତାଧାରା କୁ ନେଇ ତାଙ୍କର ବିଖ୍ୟାତ ପୁସ୍ତକ "The solitude of self" (୧୮୯୨) ରେ ସେ' ଉଲ୍ଲେଖ କରିଥିବା ମନ୍ତବ୍ୟକୁ ନିମ୍ନମତେ ଲକ୍ଷ୍ୟ କରାଯାଇପାରେ ।

"In discussing the rights of women, we are to consider first, what belongs to her as an individual in a world of her own, the arbiter of her women, Friday on a solitary Island."

-Elizebeth Candy Stanton

ଏହାର ଯଥେଷ୍ଟ ପୂର୍ବରୁ Mary wollstone craft ଙ୍କର Avindication of the rights of woman (୧୯୭୧) ନାମକ ଗ୍ରନ୍ଥ ପ୍ରକାଶିତ ହୋଇ ନାରୀବାଦୀ

ଆନ୍ଦୋଳନର ଆଭିମୁଖ୍ୟକୁ ଏକ ନୂଆ ମୋଡ ପ୍ରଦାନ କରିସାରିଥିଲା । କାରଣ ମ୍ୟାରୀ ଠିକ୍ ଠିକ୍ କରି ବୁଝିଥିଲେ, ଏହା ପଛରେ ଥିବା ପୁରୁଷକୈନ୍ଦ୍ରିକ ସମାଜର ମନୋଭାବକୁ । ତାଙ୍କ ମତରେ ନାରୀକୁ ଜଣେ ସ୍ନେହଶୀଳା ଜନନୀ ଓ ପ୍ରେମମୟୀ ପତ୍ନୀ ଭିତରେ ପୁରୁଷ ଦେଖିବାକୁ ଚାହେଁ, କିନ୍ତୁ ତା'ର ଅସ୍ତିତ୍ୱକୁ ପଦାଘାତ କରି ତା'ର ଅଧିକାର ଓ ସ୍ୱାତନ୍ତ୍ର୍ୟକୁ ଆପଣାର ଅଧସ୍ଥନ କରି ରଖିବାକୁ ଚାହେଁ । ପୁରୁଷ ପାଇଁ ଯୌନତା ଅବାଧ, ବନ୍ଧନମୁକ୍ତ ଥିଲାବେଳେ ନାରୀ ପାଇଁ ଯାବତୀୟ ନୀତି ନିୟମର ଲକ୍ଷ୍ମଣରେଖା । ଏ ସବୁ ଅବିଚାର ନୁହେଁ ତ' ଆଉ କ'ଣ ?

ତେଣୁ, ନାରୀକୁ ଏ ପରିସ୍ଥିତିରୁ ମୁକ୍ତି ପାଇବାକୁ ହେଲେ ଶିକ୍ଷା ରୂପକ ଶାସ୍ତ୍ରର ସାହାଯ୍ୟ ନେବାକୁ ହେବ । କାରଣ ଶିକ୍ଷିତା ନାରୀ ନିଜ ପରିଚୟ ଖୋଜିବାରେ ବିଶ୍ୱାସ କରେ । ଗୃହକୋଣରେ ବନ୍ଦୀ ନ ହୋଇ ସ୍ୱାଧୀନତାର ସ୍ୱାଦ ଚାଖିବାକୁ ବିଶ୍ୱାସ ରଖେ । ଏହି ସମୟରେ ଅନ୍ୟଜଣେ ଫରାସୀ ମହିଳା 'ହାନ୍ନା ମେଥର କ୍ରକର' (Hannah Mather Crocker)ନାରୀ ଉଇଲଷ୍ଟୋନକୁ ସମର୍ଥନ ଜଣାଇ ଫ୍ରାନ୍ସରେ ନାରୀବାଦୀ ଆନ୍ଦୋଳନକୁ ଆହୁରି ପ୍ରଚାର ପ୍ରସାର କରିବାକୁ ଲାଗିଲେ । ୧୯୨୦ ମସିହା ବେଳକୁ ବହୁ ମହିଳାମାନେ ସଚେତନ ହୋଇ ସାରିଲେଣି । ଆପଣାର ସ୍ୱାଧୀନତା ଓ ସ୍ୱାଧିକାରର ଲଢେଇରେ ସମର୍ଥନ ଦେଲେଣି । ୧୯୩୦ ମସିହା ବେଳକୁ ପ୍ରଚଣ୍ଡ ବାଗ୍ମୀ ମହିଳା catherine Beecher ଙ୍କ ଓଜସ୍ୱିନୀ ଭାଷଣ ସର୍ବତ୍ର ଚହଳ ପକାଇ ସାରିଲାଣି । ଶିକ୍ଷା ବିନା ନାରୀର ଜୀବନ କେବଳ ସନ୍ତାନ ପ୍ରସବ ଓ ପାଳନ ଭିତରେ ହିଁ ସୀମିତ ରହିଯିବ ବୋଲି ଏକ ବଦ୍ଧମୂଳ ଧାରଣା ପ୍ରଚଳିତ ହୋଇସାରିଲାଣି ।

Chiristine de pisan (୧୩୬୪ -୧୪୩୦) ଯିଏକି ଆଧୁନିକ ନାରୀବାଦୀ ଚିନ୍ତିକା (modern feminist) ଭାବରେ ନାମିତ । ତାଙ୍କ ମତରେ ନାରୀବାଦୀ ମାନଙ୍କୁ 'feminist' ନ କହି 'Defenders' ବା 'advocate' ବୋଲି କହିବା ଅଧିକ ଯୁକ୍ତିଯୁକ୍ତ ।

କହିବାର ଅଭିପ୍ରାୟ ଏହିକି ଆମେ ଯେଉଁ ନାରୀବାଦୀ ବା 'feminism'କୁ ନେଇ ଏତେ ତର୍ଜମା, ସମୀକ୍ଷା ବା ହୋ- ହଲ୍ଲା କରୁଛୁ, ତାହା ଆଜକୁ ପ୍ରାୟ ଆନୁମାନିକ ଛ' ଶହ ବର୍ଷ ତଳୁ 'John kelly', 'Anne Hutchinson',

'Christine de-Pizan' ଙ୍କ ଭଳି ନାରୀବାଦୀ ଚିନ୍ତିକା ମାନଙ୍କଦ୍ୱାରା ଜନ୍ମଲାଭ କରିଥିଲା । ଯାହାର ଉତ୍ତରାଧିକାରୀ ଭାବେ ଊନବିଂଶ, ବିଂଶ ତଥା ଏକବିଂଶର ମହିଳାମାନେ ଆମ ଦୃଷ୍ଟି ପରିସରକୁ ଆସନ୍ତି । ସେମାନଙ୍କ ମଧ୍ୟରୁ ତତ୍କାଳୀନ ମହାନ ଦାର୍ଶନିକ 'William Godwin' ଙ୍କ ପତ୍ନୀ 'Mary Wollistone Craft' ପ୍ରଚଳିତ ବିଧିବ୍ୟବସ୍ଥା ବିରୁଦ୍ଧରେ ସ୍ୱର ଉତ୍ତୋଳନ କରିଥିବା ନାରୀବାଦୀ ମହିଳା ଅନ୍ୟତମା । ନାରୀର ଶିକ୍ଷା ଅର୍ଜନ କରିବାର ଅଧିକାର ସହିତ ଭୋଟ ଦେବାର ଅଧିକାର, ପୈତୃକ ସମ୍ପତ୍ତିର ଅଧିକାର ସପକ୍ଷରେ ସେ' ଯୁକ୍ତି ବାଢ଼ିଥିବାର ଦେଖିବାକୁ ମିଳେ । କେବଳ ମହିଳା ଚିନ୍ତିକା ନୁହନ୍ତି ବହୁ ପୁରୁଷ ଲେଖକ ମଧ୍ୟ ଏଭଳି ନକରାତ୍ମକତାକୁ ଦୃଢ କଣ୍ଠରେ ନିନ୍ଦା କରିବାର ଦେଖାଯାଏ । ସେହି ମାନଙ୍କ ମଧ୍ୟରୁ 'James Mill' ଙ୍କ ସୁପୁତ୍ର 'ଜନ୍ ଷ୍ଟୁଆର୍ଟ ମିଲ୍' ତାଙ୍କର ଅନ୍ୟତମ ଗ୍ରନ୍ଥ 'The Subjection of Women' (୧୮୬୯) ଆମ ଦୃଷ୍ଟି ପରିସରକୁ ଆସେ । ଏଥିରେ ସେ' ନାରୀ ମାନଙ୍କ ପ୍ରତିଭା, ବ୍ୟକ୍ତିତ୍ୱର ବିକାଶ, ପାରଦର୍ଶିତାର ଭୁରି ଭୁରି ପ୍ରଶଂସା କରିଥିଲେ । ଏପରିକି 'ମିଲ' ମହିଳାଙ୍କର ଭୋଟ ଦେବାର ଅଧିକାର ସପକ୍ଷରେ ମନ୍ତବ୍ୟ ଦେଇ ଅନେକ ସମାଲୋଚନାର ଶରବ୍ୟ ହେଇଛନ୍ତି । ଯଦିଓ ନିର୍ବାଚନରେ ଜୟଯୁକ୍ତ ପରେ 'ଜନ୍ ଷ୍ଟୁଆର୍ଟ ମିଲ୍' ଏକ ପାର୍ଲିଆମେଣ୍ଟରୁ ଏ ସମ୍ପର୍କରେ ଏକ ବିଲ୍ ପାରିତ (୧୮୬୬) କରିଥିଲେ, କିନ୍ତୁ ତାହା ସର୍ବଜନ ଗ୍ରହଣୀୟ ନ ହେବାରୁ ଖାରଜ ହେଇଯାଇଥିଲା । ତେବେ, jhon stuart ଙ୍କର ଏ ପ୍ରୟାସ ନାରୀବାଦୀ ଚେତନାକୁ ଏକ ନୂତନ ଦିଗ ପ୍ରଦାନରେ ସାହାଯ୍ୟ ହୋଇପାରିଥିଲା । ପରବର୍ତ୍ତୀ କାଳରେ ଷ୍ଟୁଆର୍ଟ ଙ୍କ ସ୍ୱପ୍ନ ସାକାର ହୋଇଥିଲା । Elizebeth candy Stantion ଙ୍କ ପ୍ରୟାଶରୁ ପରବର୍ତ୍ତୀ କାଳରେ ମହିଳା ମାନଙ୍କ ପାଇଁ ରାଜନୈତିକ ଅଧିକାର ସ୍ୱରୂପ 'ଭୋଟ ଦାନର ଅଧିକାର' ଫଳବତୀ ହୋଇଥିଲା । ଏହିପରି ଭାବେ 'ନାରୀବାଦୀ ଆନ୍ଦୋଳନ' ପର୍ଯ୍ୟାୟ ପରେ ପର୍ଯ୍ୟାୟ ଅତିକ୍ରମ କରି ଚାଲିଲା । କେହି କେହି ସମୀକ୍ଷକ ଏହାକୁ 'New feminist Movement' ଭାବରେ ଅଭିହିତ କରିଛନ୍ତି ।

ଦେଖିବାକୁ ଗଲେ ଏହି ନାରୀବାଦୀ ଆନ୍ଦୋଳନକୁ ଅଦ୍ୟାବଧି ଏକ 'ଚେତନା' ପର୍ଯ୍ୟାୟଭୁକ୍ତ କରିବାକୁ ସମାଲୋଚକ ମାନେ ଦାବି କରୁଛନ୍ତି । ସେ' ଯାହାବି

ହେଉ, ନାରୀବାଦୀ ମାନେ 'ନାରୀବାଦ' କୁ ମୁଖ୍ୟତଃ ୩ଟି ଶ୍ରେଣୀରେ ବିଭକ୍ତ କରିଛନ୍ତି । ତାହା ହେଲା,

୧. Liberal Feminism (ଉଦାରବାଦୀ ନାରୀବାଦ)

୨. Radical Feminism (ଚରମପନ୍ଥୀ ନାରୀବାଦ)

୩. Classical Marxist Feminism (ଶାସ୍ତ୍ରୀୟ- ମାର୍କ୍ସବାଦୀ ନାରୀବାଦ)

ଏହା ନାରୀର ସ୍ୱାଧୀକାର ଓ ସ୍ୱାତନ୍ତ୍ର୍ୟତା ସପକ୍ଷରେ ମତବ୍ୟକ୍ତ କରିଥିବାର ଦେଖିବାକୁ ମିଳେ । ଏହା ପୁରୁଷ ଭଳି ନାରୀର ସମାଜ ଗଠନରେ ସମାନ ଭୂମିକାକୁ ଗୁରୁତ୍ୱ ଦେବାର କୁହେ । ପରମ୍ପରା- ପରିସ୍ଥିତିକୁ ସମ୍ପୂର୍ଣ୍ଣ ବଦଳାଇବା କଥା ଏହା କହି ନଥାଏ । ପରମ୍ପରା-ପରିସ୍ଥିତି ଅପେକ୍ଷା ଉଦାରବାଦୀ (liberal Feminism) ନାରୀବାଦ ବ୍ୟକ୍ତି ସ୍ୱାତନ୍ତ୍ୟ ଉପରେ ଗୁରୁତ୍ୱ ଦେଇଥାଏ । କିନ୍ତୁ ଅନ୍ୟ ପକ୍ଷରେ ଚରମପନ୍ଥୀ ନାରୀବାଦ ପରମ୍ପରା ଓ ପରିସ୍ଥିତିକୁ ସମ୍ପୂର୍ଣ୍ଣ ପରିବର୍ତ୍ତନ କରିବାର ଦ୍ୱାହି ଦେଇ ପିତୃତନ୍ତ୍ରକୁ ସମୂଳେ ନାଶ କରିବାର କଥା କୁହେ । ଏପରିକି ପୁତ୍ର ସନ୍ତାନ ଭଳି କନ୍ୟା ସନ୍ତାନର ମଧ୍ୟ ପିତୃ ଦତ୍ତ ସମ୍ପତ୍ତି ଉପରେ ସମାନ ଅଧିକାର ମିଳିବା କଥାକୁ ଗ୍ରହଣ କରେ । ଏହି ମାର୍କ୍ସବାଦୀ ନାରୀବାଦ । ବ୍ୟକ୍ତିଗତ ଜୀବନରେ ନାରୀ-ପୁରୁଷର ସମପରିମାଣରେ କାର୍ଯ୍ୟବଣ୍ଟନ କୁ ଗୁରୁତ୍ୱ ଦେଇଥାଏ । ସ୍ତ୍ରୀମାନେ ବିନା ପାରିଶ୍ରମିକରେ ଗୃହର ସମସ୍ତ କାର୍ଯ୍ୟ ସମ୍ପାଦନା କରିବା ସତ୍ତ୍ୱେ ତାଙ୍କର ଅଧିକାରକୁ ସଂକୁଚିତ କରାଯାଇଥାଏ । ଆର୍ଥିକ ଦୃଷ୍ଟିରୁ ସ୍ୱାବଲମ୍ବୀ ମହିଳା ମାନଙ୍କର ଅଧିକାର ମଧ୍ୟ ବହୁ କ୍ଷେତ୍ରରେ ସଂକୁଚିତ ଥାଏ । କାରଣ ନାରୀର ଅଧିକାର ଓ ସ୍ୱାଧୀନତା ପୁରୁଷଦ୍ୱାରା ନିୟନ୍ତ୍ରିତ ହୁଏ । ଯେ ପର୍ଯ୍ୟନ୍ତ ନାରୀଟିଏ ତା'ର ସ୍ୱାଧିକାର ପ୍ରତି ସଚେତନ ନ ହୋଇଛି, ସେ' ପର୍ଯ୍ୟନ୍ତ ତା'ର ଅଧିକାର ଓ ମୁକ୍ତି ଉପରେ ଏଭଳି ଅଙ୍କୁଶ ଲାଗୁଥିବ ବୋଲି ଏହି ମାକ୍ସବାଦୀ- ନାରୀବାଦ ଚିନ୍ତିକାମାନେ ସ୍ୱୀକାର କରିଛନ୍ତି । କିନ୍ତୁ, ଅନ୍ୟ ଅର୍ଥରେ ବୁଝିବାକୁ ଗଲେ ନାରୀର ଇଚ୍ଛା - ଅନିଚ୍ଛାକୁ ଗୁରୁତ୍ୱ ଦେବା ଉପରେ ଜୋର ଦିଅନ୍ତି ଏହି ଚରମପନ୍ଥୀ ନାରୀବାଦୀ ମାନେ । ତେଣୁ କେବଳ ସାମାଜିକ କ୍ଷେତ୍ରରେ ନୁହେଁ ବରଂ ତା'ର ଯୌନ ଇଚ୍ଛା କ୍ଷେତ୍ରରେ ମଧ୍ୟ ପୁରୁଷ ଭଳି ସମାନ ଅଧିକାର ଅଛି ବୋଲି ଏହି ଚରମପନ୍ଥୀ ନାରୀବାଦୀ (Radical Feminist) ମାନେ ଗୁରୁତ୍ୱାରୋପ କରିଛନ୍ତି । ଏପରିକି

ତା'ର ଶରୀର ଉପରେ ତା'ର ସମ୍ପୂର୍ଣ୍ଣ ଅଧିକାର ଅଛି । ସେ' ଚାହିଁଲେ ଗର୍ଭଧାରଣ କରିପାରିବ ଏବଂ ଆବଶ୍ୟକ ସ୍ଥଳେ ଗର୍ଭପାତ ମଧ୍ୟ କରିବାର ପ୍ରାଧାନ୍ୟ ରହିବା ଜରୁରୀ ବୋଲି, ଏହି ପର୍ଯ୍ୟାୟର ନାରୀବାଦୀମାନେ ମନ୍ତବ୍ୟ ରଖନ୍ତି । ଏହି ପରିପ୍ରେକ୍ଷୀରେ ଫ୍ରଏଡ ଙ୍କ "Dialectic of sex" ର ମନ୍ତବ୍ୟ ଏଠାରେ ଉଲ୍ଲେଖ ଯୋଗ୍ୟ । ତାଙ୍କ ମତରେ : "The crucial problem of modern life is sexuality. This is the only Feminist theory which argues explicity that women's liberation also necessaitates children's liberation."

ଏଥିରୁ ଏହା ସ୍ପଷ୍ଟ ହୋଇଉଠେ ଯେ:-

"Feminism holds that roots of women's oppression are biological."

ତେଣୁ ବସ୍ତୁତଃ ଏହି Radical Feminist ବା ଚରମପନ୍ଥୀ ନାରୀବାଦ ନାରୀର ଜୈବିକ ଇଛା - ଅନିଛାକୁ ଗୁରୁତ୍ୱ ଦେବାର ଦେଖାଯାଏ । ନାରୀ ତା'ର ଶାରୀରିକ ଗଠନ, ଗର୍ଭଧାରଣ ବା ମାତୃତ୍ୱ, ଆର୍ଥିକ ଦୁରବସ୍ଥା ପ୍ରଭୃତି ଯୋଗୁଁ ପୁରୁଷ ଉପରେ ନିର୍ଭରଶୀଳା ହେବାକୁ ବାଧ୍ୟ ହୁଏ । ଫଳତଃ ପୁରୁଷ ତା'ର ଏହି ଯୌନ ସ୍ୱାଧୀନତା (sexuality) ଉପରେ ଆପଣାର ଇଛାକୁ ବଳପୂର୍ବକ ଦମନ କରେ । ଯାହାକୁ ବିରୋଧ କରନ୍ତି ଏହି ଚରମପନ୍ଥୀ ବା Radical Feminist ମାନେ । ତେଣୁ ଏହିମାନେ ମତ ଦିଅନ୍ତି :

"Hence the radical feminists conclude that women's liberation requires a biological revolution."

ତେଣୁ, 'ନାରୀବାଦ' ନାରୀର ଜନ୍ମରୁ ଶୈଶବ, କୈଶୋର, ଯୌବନ ଏବଂ ପୌଢତ୍ୱର ପ୍ରଲମ୍ବିତ ପୀଡା, ଅବସାଦ, ଅସନ୍ତୋଷକୁ ପ୍ରତିଫଳନ କରିବାରେ ସମର୍ଥ ବୋଲି ସ୍ୱୀକାର କରାଯିବ । Rising of the Consciousness ଆଧାରରେ ଏହି ନାରୀବାଦୀମାନେ ନାରୀର ସ୍ୱାଭିମାନ ଓ ଅସ୍ମିତା ରକ୍ଷା କରି ତାକୁ ପୁରୁଷ ଭଳି ସଶକ୍ତ କରିବାରେ ପ୍ରୟାସୀ ବୋଲି ବୁଝାଯିବ ସାମଗ୍ରିକ ଭାବେ କହିଲେ, ନାରୀବାଦର ସ୍ଥିତି ଓ ସ୍ୱରୂପ ଅନେକ ଉତ୍‌ଥାନ- ପତନ ଦେଇ ଆପଣାର ଆଭିମୁଖ୍ୟକୁ ପୁରଣ କରିବାରେ ସଫଳ ହୋଇଛି ବୋଲି ଧରାଯିବ ।

ବାସ୍ତବରେ, ପୁରୁଷତନ୍ତ୍ରର ମାନସିକତା ପରିବର୍ତ୍ତନ ନ ହେଲେ 'ନାରୀବାଦ' ଶିଖରଚୁମ୍ବି ହୋଇପାରିବ ନାହିଁ । ଏଠାରେ ପୁଣି ଥରେ କହିରଖେ 'ନାରୀବାଦ' ଉଚ୍ଛୃଙ୍ଖଳତାକୁ ପ୍ରସୟ ଦିଏନା କି' ସ୍ୱେଚ୍ଛାଚାରିତାକୁ ଗ୍ରହଣ କରେନା । ଏଠାରେ ଏହା ସ୍ପଷ୍ଟ କରିବାକୁ ଚାହେଁ, ଯେଉଁମାନେ ସ୍ୱାଧୀନତା ନାଁରେ ସ୍ୱେଚ୍ଛାଚାରିତା, ଉଚ୍ଛୃଙ୍ଖଳତାକୁ ନିମନ୍ତ୍ରଣ କରୁଛନ୍ତି, ତାଙ୍କ ପାଇଁ Feminism ର ଅବବୋଧଟି ଆଦୌ ଗ୍ରହଣୀୟ ହୋଇନପାରେ । ଏ ପରିପ୍ରେକ୍ଷୀରେ 'ନାରୀବାଦ' ର ସ୍ଥିତି ଓ ସ୍ୱରୂପ ପ୍ରାଚ୍ୟ ଓ ପାଶ୍ଚାତ୍ୟର ଅବବୋଧକୁ ନେଇ କିଭଳି ପର୍ଯ୍ୟାୟ ପରେ ପର୍ଯ୍ୟାୟ ଅତିକ୍ରମ କରିଚାଲିଛି, ତାହାର ଏକ ସୁକ୍ଷ୍ମ ବିଶ୍ଳେଷଣ କରିବାର ଚେଷ୍ଟା କରାଯାଇଛି ।

ପରିଶେଷରେ ଏତିକି କୁହାଯାଇପାରେ, ନାରୀକୁ ଦେହର ଦେହଳୀ ଭିତରୁ ଖୋଜିବାର ପ୍ରୟାସ ନ କରି ଏକ ସୂକ୍ଷ୍ମତର ଅବବୋଧ ନେଇ ଅନୁଭବ କରାଗଲେ, ବାସ୍ତବରେ ଧରାଧାମରେ ସମତା ଓ ମୈତ୍ରୀର ମନ୍ଦାକିନୀ ପ୍ରବାହିତ ହୋଇ ପାରିବ ଏବଂ ପୁରୁଷ- ନାରୀ ନିର୍ବିଶେଷରେ 'ମାନବିକତା' ର ନିରାଜନା ହେବ ।

ଚତୁର୍ଥ ଅଧ୍ୟାୟ

ନାରୀ ଅସ୍ତିତ୍ୱ-ଅଭୀପ୍ସା-ଅନ୍ତର୍ଦହନ
(ସ୍ୱାଧୀନତା ପରବର୍ତ୍ତୀ ଓଡ଼ିଆ କବିତା
ପରିପ୍ରେକ୍ଷୀରେ "ନାରୀବାଦ")

୧୭୬ ନାରୀ ଜୀବନର ମିଥ୍‌, ମୋଟିଫ୍‌ ଓ ମେଟାଫର୍‌

ପ୍ରାଚ୍ୟ ସଂସ୍କୃତିର ଆତ୍ମିକ ନିର୍ଯ୍ୟାସ ସହ କିଛି ଅଭିପ୍ସା, କିଛି ଅସ୍ମିତା ଏବଂ କିଛି ଅର୍ନ୍ତଦହନକୁ ନେଇ ନାରୀ ଜୀବନ ପ୍ରଲମ୍ବିତ ହୋଇଛି । ଏଠି କୋହ ଅଛି, ଦ୍ରୋହ ଅଛି, ଅଛି ପୁଣି ପାରିବାରିକ ଦାୟ, ସମାଜ ପ୍ରତି ଆନୁଗତ୍ୟର ବିସ୍ତୀର୍ଣ୍ଣ ଇଲାକା । ଯେଉଁଠି ଅହରହ ବିଡ଼ମ୍ବିତ ମୁହୂର୍ତ୍ତର ଆଧିପତ୍ୟ । ନାରୀ ଜୀବନର ଇତିହାସ ଖୁବ୍ ବିସ୍ତୃତ । ଏଠି ସଫଳତା ଅଛି, ଅଛି ମଧ୍ୟ ବିଫଳତାର କାରୁଣ୍ୟ । ଏଠି ସ୍ୱପ୍ନ ଅଛି, ଅଛି ମଧ୍ୟ ସ୍ୱପ୍ନ ଭଙ୍ଗର ବର୍ଣ୍ଣନ । ଆତ୍ମମଗ୍ନତାର ବାସ୍ତବ ଉତ୍ତରଣ, ନାରୀକୁ କରେ ଦେହାତୀତ । ବସ୍ତୁ ଚେତନା ଭିତରେ ନିୟାମକ ନ ସାଜି, ବାସ୍ତବ ଜୀବନର ଲୁହ-ଲହୁ ଭିତରେ ସେ' ତା ଜୀବନ ସହ ଏକାତ୍ମ୍ୟ ହୁଏ ବାରମ୍ବାର । ତା'ର ଚେତନାର ଚଉହଦୀ ଭିତରେ ସେ' ଗୁମୁରୁଥାଏ କେବଳ । ନାରୀ ଜୀବନର ହା' ହୁତାଶନ ଭିତରେ ସେ' ତମାମ କର୍ତ୍ତବ୍ୟ କରେ । ପାଇବା-ହରେଇବାର ବହୁ ଉର୍ଦ୍ଧ୍ୱରେ ତା'ର ଆନୁଗତ୍ୟ । ଅନୁଭବର ତୀବ୍ରତାରେ ସେ' ଜୀବନକୁ ଭେଟେ । ପରିବାର ପାଇଁ ଶତଧା ବିଭକ୍ତ ହୁଏ ତା'ର ପ୍ରତ୍ୟୟ । ବିନା ଦ୍ୱିଧାରେ ସେ' ସମର୍ପଣ କରେ ଆୟୁଷ । ପ୍ରତିବଦଳରେ ସେ' ଲୋଡ଼େ ନିର୍ମଳ, ନିଷ୍କପଟ, ଛଳନା ବିହୀନ ଆନ୍ତରିକତା । ସେତିକି ହିଁ ତା'ର ପ୍ରାପ୍ୟ । ଅଜାଡ଼ି ଦେବାରେ ତା'ର ଆନନ୍ଦ । ଏଇ ତ' ତା'ର ଅଭିପ୍ସା, ଆନ୍ତରିକ ଅଭିଳାଷା । ନିରୁତା ଭଲପାଇବାର ମୂର୍ତ୍ତିମନ୍ତ ପ୍ରତିଛବି ନାରୀ । ସେ' ଦେବୀ ନୁହେଁ,ସେ ମାନବୀ । ସ୍ନେହ-ମମତ୍ୱ-ଶ୍ରଦ୍ଧାର ତ୍ରିବେଣୀ । ସେ' ନାରୀ ନୁହେଁ ସେ' ନାରାୟଣୀ ।

ନାରୀ ଜୀବନର ଅନାବିଳ ଆତ୍ମୀୟତାରେ, ପୁରୁଷକୁ କରେ ଆପଣାର । ସେ' ସବୁ ସ୍ୱରୂପରେ ସମର୍ପିତା-ସୁଖଦା-ବରଦା । ତା'ର ଆକର୍ଷଣର ନିସର୍ଗ ବନ୍ଧନ ପୁରୁଷ ଜୀବନରେ ଆଣେ ସୁଖ-ସମୃଦ୍ଧିର ପ୍ଲାବନ । ତା'ର ଆତ୍ମିକ ଶୃଙ୍ଖଳା, ମର୍ଯ୍ୟାଦାର ଯେତେବେଳେ ହନନ ହୁଏ, ସେ' ହୋଇ ଉଠେ ରକ୍ତମୁଖା । ଇତିହାସ ସାକ୍ଷୀ ଯେବେ, ଯେବେ ନାରୀ ମର୍ଯ୍ୟାଦାର ଉଲଙ୍ଘନ ହୋଇଛି, ସେବେ ସେବେ କାଳର କରାଳ ଶିଖା ତା'ର ସବିଗ୍ରାସୀ ସ୍ପର୍ଶରେ ଧ୍ୱଂସର ଲେଲିହାନ କାୟା ବିସ୍ତାର

କରିଛି । ସେ' ମମତାମୟୀ-ବାତ୍ସଲ୍ୟମୟୀ ଜନନୀ, ସେ' ପ୍ରେମ-ସମର୍ପଣର ସହଧର୍ମିଣୀ- ସେ' ନମନୀୟା-କମନୀୟା, ସେ' ମାନିନୀ-ଅଭିମାନିନୀ-କନ୍ୟା ସ୍ୱରୂପିଣୀ । ଅତି ଦୂର୍ଭାଗ୍ୟର ବିଷୟ । ସମସ୍ତ ତ୍ୟାଗ ଓ ସମର୍ପଣରେ ନିଃସ୍ୱ ପରେ ବି ନାରୀର ଭବିତବ୍ୟ ପରିବର୍ତ୍ତନ ହୁଏନା । ଯନ୍ତ୍ରଣାର ଉହ୍ନେଇ କୁହୁଳୁଥାଏ ତା'ର ନାରୀତ୍ୱ । ସୁଖର ସଂସାର ଭିତରେ ଅଚାନକ୍ କଳା ମେଘ ଘନେଇ ଆସେ । ଦଇବ ବି' ଦାଉ ସାଜେ । ସେ' ହୁଏ ଉପେକ୍ଷିତା-ପତିତା-କଳଙ୍କିତା । ପ୍ରମାଣ ଲୋଡ଼େ ସମାଜ । ତା'ର ସତୀତ୍ୱ ହୁଏ ପରୀକ୍ଷିତ, ସେ' ହୁଏ ଅଗ୍ନିସ୍ନାତ । ବିସର୍ଜିତ ହୁଏ ତା'ର ଅସ୍ତିତ୍ୱ । ବିଭାଜିତ ହୁଏ ତା'ର ବ୍ୟକ୍ତିତ୍ୱ । ଏଇ କ'ଣ ତେବେ ତା'ର ପ୍ରାପ୍ୟ ? ଏ ପ୍ରଶ୍ନର ଉତ୍ତର ଅଦ୍ୟାବଧି ଅସମାହିତ ହୋଇ ରହିଛି ।

ଯୁଗେ, ଯୁଗେ ନାରୀର ମହନୀୟତା-ତାର ଅସ୍ମିତା-ତାର ନମନୀୟତା ଉପରେ ହୋଇଛି କୁଠାରଘାତ । ସେ' ହୋଇଛି କ୍ଷତାକ୍ତ । ତା'ର ଅନ୍ତରାତ୍ମା ହୋଇଛି ଆହାତ । ପୁରୁଷ କୈନ୍ଦ୍ରିକ ସମାଜର ବିଧି ବ୍ୟବସ୍ଥା ଏଥିପାଇଁ ଦାୟୀ । ଅବଳା-ଦୁର୍ବଳା କହି ଯଥେଷ୍ଟ ଫାଇଦା ଉଠେଇଛି ଏହି ବାସ୍ତୁବାଦୀ ସଭ୍ୟତା । ତା'ର ସ୍ୱପ୍ନ ପ୍ରବଣତା, ହୃଦୟବତ୍ତା ଏବଂ ଉଦାରତାର ଆଢୁଆଳରେ ତା'ର ପାରିବାପଣିଆକୁ ସମାଜ ଅଣଦେଖା କରିଛି । ସେ' ଘର ହେଉ ଅବା ବାହାର, ସବୁଠି ହୋଇଛି ପକ୍ଷପାତିତାର ଶିକାର । ତା'ର ଅସହାୟତା, ନିଃସଙ୍ଗତା, ବ୍ୟର୍ଥତା ତାକୁ ଏଭଳି ଦୁର୍ବଳ ଭାବରେ ପ୍ରଦର୍ଶନ କରିଛି ସେଥିରୁ ତା'ର ଯେପରି ନିସ୍ତାର ନାହିଁ । ଅତଏବ, ନାରୀ ଜୀବନର ଏହି ନୈରାଶ୍ୟ ସ୍ୱାଧୀନତା ପରବର୍ତ୍ତୀ ପର୍ଯ୍ୟାୟ ବେଳକୁ ଆହୁରି ଜଟିଳ ପରିସ୍ଥିତି ଧାରଣ କଲାଣି । ନାରୀର ସ୍ୱପ୍ନ, ସମ୍ଭାବନା, ମାନସିକ ସ୍ଥିତି, ସାମାଜିକ ପ୍ରତିପତ୍ତି, ଦାମ୍ପତ୍ୟ, ଯୌନଜୀବନ, ଆକାଙ୍କ୍ଷା ଅଭାବବୋଧ, ଅସହାୟତା, ଗ୍ଲାନି, ପୁରୁଷମାନଙ୍କ ଦ୍ୱାରା ନିୟନ୍ତ୍ରିତ ହେଉଛି । ସତେକି' ତା'ର ନିଜସ୍ୱ ସ୍ଥିତି କିଛି ନାହିଁ । ସମାଜର ତଥାକଥିତ ରଢ଼ିବାଦୀ ଚିନ୍ତାଧାରା ତା ପ୍ରତି ଯେଉଁ ଅବିଚାର କରିଛି ସେଥିପ୍ରତି ସେ' କ୍ଷୁବ୍ଧ । ନାରୀର ସାମାଜିକ ସ୍ଥିତି ସ୍ୱାତନ୍ତ୍ର୍ୟ, ସ୍ୱାଧୀକାର ପୁରୁଷ ଦ୍ୱାରା ଧ୍ୱସ୍ତ-ବିଧ୍ୱସ୍ତ ହୋଇଛି । ଦ୍ୱିତୀୟ ବିଶ୍ୱଯୁଦ୍ଧ ପରବର୍ତ୍ତୀ ସମାଜ ବିଳାସକୁ ପ୍ରାଧାନ୍ୟ ଦେଇଥାଏ । ଏହି ଉଚ୍ଛୃଙ୍ଖଳ ମନୋବୃତ୍ତି ନାରୀକୁ କରେ 'ପଣ୍ୟ' । ଦେହ ସର୍ବସ୍ୱ ସତ୍ତା ବ୍ୟତିରେକ ପୁରୁଷ ଚକ୍ଷୁରେ ତା'ର

ସ୍ଥିତି ନାହିଁ । ଏଭଳି ଏକ ଦୁର୍ବିସହ ଜୀବନରେ ନାରୀ ବଞ୍ଚିଛି ସତ ହେଲେ ମୃତପ୍ରାୟ । ତା'ର ଅନ୍ତଃକରଣରେ ଭରି ରହିଛି ବିଷାଦ । କ୍ରମଶଃ ସଭ୍ୟତାର ଆଲୋକରେ ଆଲୋକିତ ହେଲାପରେ ସମାଜର କୁସଂସ୍କାର-ଅନ୍ଧବିଶ୍ୱାସ ଦୂର ହେବାରେ ଲାଗିଛି । ଜୀବନ ହେଇଛି ଆଶା-ପ୍ରତ୍ୟାଶାରେ ଭରା । ନାରୀ ଆତ୍ମପ୍ରତ୍ୟୟ ପୁଣିଥରେ ଫେରିଆସିଛି । ନିଜର ପରିଚୟ, ନିଜର ସ୍ୱତନ୍ତ୍ରତା ଆଦିକୁ ରକ୍ଷା କରିଛି ନିଜେ । ଊନବିଂଶ ଶତାବ୍ଦୀର ଆୟମାରମ୍ଭ ତଥା ଇଂରେଜମାନଙ୍କର ଓଡ଼ିଶା ଆଗମନ ଓଡ଼ିଆ ବାଙ୍ମୟ ଜଗତକୁ ବହୁ ପ୍ରଭାବିତ କରିଛି । ନୂତନ ପାଣି-ପବନରେ ହିଲ୍ଲୋଳିତ ହୋଇଛି ଚେତନା ଜଗତ । କ୍ରମଶଃ ସୃଷ୍ଟି ହୋଇଛି ଜୀବନର ନୂତନ ପରିଭାଷା । ଯାହା କବିତା ମାଧମରେ ପ୍ରସ୍ଫୁଟିତ ହୋଇଛି । ଧୀରେ ଧୀରେ କାବ୍ୟ-କବିତାର ସଂରଚନା ଧାରାରେ ନୂତନତ୍ୱର ପ୍ରଭାବ ପରିଲକ୍ଷିତ ହୋଇଛି । ଜୀବନ ଓ ଜଗତକୁ ନୂତନ ଭାବରେ ଦେଖିବାର କଳ୍ପନା କରିଛି କବି । ସୃଜନ ନିମନ୍ତେ ବ୍ୟାକୁଳିତ ଅଭିପ୍ସା ଅନୁରୂପ ଭାବେ ଆତ୍ମାର ପ୍ରତିଫଳନ ଘଟାଏ । ମଣିଷ ହୁଏ ତନ୍ମୟ । ଏହି ତନ୍ମୟତା ଭାବ-ଜଗତକୁ ଆନ୍ଦୋଳିତ କରେ । ଫଳରେ ସୃଷ୍ଟି ହୁଏ ଜୀବନବାଦୀ ସାହିତ୍ୟ । ଆଉ ଏହି ସାହିତ୍ୟର ବଳିଷ୍ଠତମ ଅଙ୍ଗ ହେଉଛି 'କବିତା' । ବିଶେଷତଃ ସ୍ୱାଧୀନତା ପରବର୍ତ୍ତୀ କାବ୍ୟିକ ସ୍ଫୁରଣରେ ନାରୀ ଜୀବନର ବାସ୍ତବ ଚିତ୍ର ଫୁଟିଉଠିଛି ।

ସ୍ୱାଧୀନତା ପରବର୍ତ୍ତୀ ଆଧୁନିକ ଓଡ଼ିଆ କବିତା ବହୁ ବର୍ଣ୍ଣନାର ଘନଘଟାରେ ପୂର୍ଣ୍ଣ । ଏଥିରେ ପ୍ରାଚ୍ୟଭୂମିର ଆକର୍ଷଣ ଯେତିକି, ପାଶ୍ଚାତ୍ୟର ପ୍ରବଞ୍ଚନା ସେତିକି । ସାମାଜିକ ଜୀବନରୁ ଆରମ୍ଭ କରି ବ୍ୟକ୍ତି ଜୀବନର ସାମଗ୍ରିକତା ଏଥିରେ ପ୍ରତିଫଳନ ହୁଏ । ଏହି ସମୟର କବିତା କିଛି ପ୍ରୟୋଗ, କିଛି ଅଭିଯୋଗ ଆଧାରରେ ନାରୀ ଜୀବନକୁ ନୂଆ କରି ଦେଖିବାର ପ୍ରୟାସ କରେ । ଶିଳ୍ପାୟନର ଦ୍ରୁତ ପ୍ରଗତି, ମନୁଷ୍ୟକୁ କରେ ମହତ୍ୱାକାଂକ୍ଷୀ । ଗ୍ରାମ୍ୟ ଜୀବନର ସଂକଟରୁ ସେ' ମୁହଁ ଫେରେଇ ସହରାଭିମୁଖୀ ହୁଏ । ନାନାବିଧ ଦ୍ୱନ୍ଦ, ସଂକଟକୁ ପଛ କରି ସହରର ଚାକଚକ୍ୟରେ ହଜେ । ନୂତନତାର ଆଲୋକରେ ଅନେକ ଅନୁଭୂତି ସାଉଁଟେ । ପ୍ରଯୁକ୍ତି ବିଦ୍ୟାର ଅହେତୁକ ବ୍ୟବହାର ତା'ର ଜୀବନକୁ କରେ ଆଧୁନିକ । ସେ' ଏ ଚାକଚକ୍ୟକୁ ଅସଲି ଦୁନିଆଭାବେ । ଛଳନାର ମାୟା ଜାଲରେ ସଂପର୍କକୁ ଦେଖେ, ନୈତିକ ସ୍ଖଳନ ହେତୁ ପରକୀୟାରେ ଲିପ୍ତ ରହେ । ଆଧୁନିକ ପାଣି ପବନ, ଉଚ୍ଛୃଙ୍ଖଳତା

ଓ ବ୍ୟଭିଚାରକୁ ନିମନ୍ତ୍ରଣ କରିଛି । ପ୍ରାଚ୍ୟ ମୂଲ୍ୟବୋଧର ଅବକ୍ଷୟ ହୋଇଛି । ସମାଜ ବଦଳିଛି ଆଉ ତତ୍‌ସହିତ ବଦଳିଚାଲିଛି ମାନବୀୟ- ମୂଲ୍ୟବୋଧ । ରାଜନୀତିରେ ବଢ଼ିଛି ଭ୍ରଷ୍ଟାଚାର । ଅର୍ଥନୀତିରେ ବଢ଼ିଛି ମୁନାଫାଖୋରଙ୍କ କଳାବଜାରୀ । ଧର୍ମରେ ଭାଣ୍ଡାମି ଆଉ ପାରିବାରିକ ସଂପର୍କରେ ଲାଗିଛି କଳାଦାଗ । ଆଧୁନିକତାର ତୁମୂଳ ପରିବର୍ତ୍ତନ ଜୀବନକୁ କରିଛି ଜଟିଳରୁ ଜଟିଳତର । ଶିଳ୍ପ, କାରଖାନା, ଫ୍ୟାକ୍ଟ୍ରି ମୁଣ୍ଡ ଟେକିଛି, ରୋଜଗାର ବଢ଼ିଛି କିନ୍ତୁ ଏଣେ ଜୀବନର ମାନ କମିବାରେ ଲାଗିଛି । ଚତୁର୍ଦ୍ଦିଗ ପ୍ରଦୂଷଣର ପରିବେଶ । କଳୁଷିତ ହୋଇଛି ଆଧୁନିକ ମଣିଷର ମନ-ପ୍ରାଣ-ଆତ୍ମା । ମାନବିକତା ବିଚ୍ ବଜାରରେ ହୋଇଛି ନିଲାମ୍ । ନାରୀ ହୋଇଛି ବିଳାସର ଅନ୍ୟନାମ । ଆଧୁନିକତାର ମୋହରେ ଆପଣାକୁ ନଗ୍ନ କରିବାକୁ ପଛଉ ନାହିଁ । କ୍ରମଶଃ ତା'ପ୍ରତି ସମାଜର ମନୋଭାବ ମଧ୍ୟ ବଦଳିବାରେ ଲାଗିଛି । ବହୁରାଷ୍ଟ୍ରୀୟଉ କଂପାନୀ, ତାଙ୍କର ଲାଭପାଇଁ ନାରୀର ସୌନ୍ଦର୍ଯ୍ୟକୁ ମୁଖ୍ୟ ଅସ୍ତ୍ର ଭାବରେ ବ୍ୟବହାର କରୁଛନ୍ତି । ନାନା ପ୍ରଲୋଭନ ଆଳରେ ବିକ୍ରି ହେଉଛି ମଣିଷପଣିଆ । ଏହା କଣ ସ୍ୱାଧିନତା ? ଅତଏବ ଯେଉଁଯେଉଁ ଆଭିମୁଖ୍ୟକୁ ତା'ର କାବ୍ୟିକ ପ୍ରତିଫଳନ ଦେଇ ପ୍ରକାଶ ପାଇଛି, ନିମ୍ନମତେ ତାହା ଲକ୍ଷ୍ୟ କରାଯାଇପାରେ ।

କିଛି ଦ୍ରୋହ, କିଛି କୋହର ସନ୍ଧିକ୍ଷଣରେ ନାରୀବାଦ:

ସ୍ୱାଧୀନତା ପରବର୍ତ୍ତୀ ଓଡ଼ିଆ କବିତା ମୁଖ୍ୟତଃ ପରୀକ୍ଷାଧର୍ମୀତାକୁ ଗୁରୁତ୍ୱ ଦେଇ ଆସିଛି କହିଲେ ଅତ୍ୟୁକ୍ତି ହେବନାହିଁ । ବିଶେଷତଃ, ନାରୀବାଦ ପରିପ୍ରେକ୍ଷୀରେ ବିଚାର କରିବାକୁ ଗଲାବେଳେ, ଆମେ ନାରୀର ଆଭ୍ୟନ୍ତରୀଣ ସଂଘର୍ଷ ଓ ନୈରାଶ୍ୟକୁ ଭେଟୁ । ନାରୀର ବହୁବିଧ ସମସ୍ୟା ତା'ର ଅସ୍ମିତା ସହ ଜଡ଼ିତ ଥାଏ । ତା'ର ଏହି ସମସ୍ୟା ଗୁଡ଼ିକ, ସ୍ୱାଧୀନତା ପରବର୍ତ୍ତୀ ପର୍ଯ୍ୟାୟ ବେଳକୁ ବହୁ ଜଟିଳତା ଦେଇ ଗତି କରିଛି । ଯାହା, ତତ୍‌କାଳୀନ ପୃଷ୍ଠଭୂମି ଆଧାରରେ ସାହିତ୍ୟ ମାଧ୍ୟମରେ ପ୍ରତିଫଳିତ ହୋଇଛି । କେବଳ ସମସ୍ୟା ନୁହେଁ ତା'ର ନିରାକରଣ ମଧ୍ୟ ଓଡ଼ିଆ-କାବ୍ୟ-କବିତା ମାଧ୍ୟମରେ ଫୁଟି ଉଠିଛି । ବସ୍ତୁତଃ, ସ୍ୱାଧୀନତା ପରବର୍ତ୍ତୀ ଓଡ଼ିଆ କବିତାରେ ନାରୀର ଅସହାୟତା-ନିଃସଙ୍ଗତା-ଜୀବନ ଜଞ୍ଜାଳର କ୍ଳିଷ୍ଟତା ରୂପ ପାଇଛି । ଅର୍ଦ୍ଧେକ ନାରୀ ଜୀବନର ସମସ୍ୟା ସହ ପ୍ରକଟିତ ହେଲାବେଳେ ଆଉ

ଅର୍ଦ୍ଧେକ ଏହି ସମସ୍ୟାର ବିଶ୍ଲେଷଣ ସହ ପ୍ରତିଫଳିତ ହୋଇଛି । ପୁରାତନତ୍ୱ ଭିତରେ ନୂତନତ୍ୱର ଅନ୍ୱେଷଣ, ଚିତ୍ର ମଧ୍ୟରେ ଚରିତ୍ରର ଉଦ୍‌ଘାଟନ, ସମସ୍ୟା ମଧ୍ୟରେ ତା'ର ନିରାକରଣ କରିବା ଦିଗରେ ଆଧୁନିକ କବିତାର ଆଭିମୁଖ୍ୟ ବହୁ ଭାବରେ ପ୍ରତିଫଳିତ ହୋଇଛି । ଏ ପରିପ୍ରକ୍ଷୀରେ ଊନବିଂଶ-ବିଂଶ ଏବଂ ଅଧୁନା ଏକବିଂଶ ଶତାବ୍ଦୀରେ ଚିତ୍ରିତ ନାରୀ ଜୀବନ ଓ ଜୀବିକା ପ୍ରତିଫଳିତ ହେବାର ପରିଲକ୍ଷିତ ହୁଏ । ପ୍ରାକ୍-ସ୍ୱାଧୀନତାକାଳୀନ ନାରୀର ଜୀବନ ଏବଂ ସ୍ୱାଧୀନତା ପରବର୍ତ୍ତୀକାଳୀନ ଜୀବନକୁ ଦେଇ ନେଇ ସମ୍ୟକ୍ ଆଲୋଚନା କରାଯାଇଛି ।

ସ୍ୱାଧୀନତା ପରବର୍ତ୍ତୀ ଓଡ଼ିଆ କବିତାର ସ୍ୱର ଓ ସ୍ୱାକ୍ଷର :

ସ୍ୱାଧୀନତା ପରବର୍ତ୍ତୀ ଓଡ଼ିଆ କବିତା ନିଶ୍ଚିତ ଭାବେ ମନୁଷ୍ୟ ଜୀବନର ସଂଘାତକୁ ବହୁକ୍ଷେତ୍ରରେ ପ୍ରତିଫଳିତ କରିଛି । ପାଶ୍ଚାତ୍ୟର ପ୍ରଭାବରେ ନୂତନତ୍ୱ ରାଗିଣୀ ଗାଇଛି ଓଡ଼ିଆ କବିତା ସତ, କିନ୍ତୁ ପ୍ରାଚ୍ୟର ମର୍ଯ୍ୟାଦାକୁ ଉଲଂଘନ କରିନି । ବରଂ ନିଜସ୍ୱ ଦୀପ୍ତିରେ ବହୁଗୁଣିତ ହୋଇଛି । ଅତଏବ ପରିବର୍ତ୍ତନର ସ୍ୱର ଓ ସ୍ୱାକ୍ଷରରେ ସ୍ୱାଧୀନତା ପରବର୍ତ୍ତୀ ଓଡ଼ିଆ କବିତା ଚିନ୍ତା ଓ ଚେତନାର ବଳୟକୁ ଆହୁରି ବିସ୍ତୃତ କରିଛି । କିଛି ପ୍ରୟୋଗ ଓ କିଛି ଅଭିଯୋଗ ଆଧାରରେ ଜୀବନର ଜଟିଳତାକୁ ସମ୍ମୁଖୀନ ହୋଇଛି । ସନ୍ତୁଳିତ ସମସ୍ୟାରେ ଆକ୍ରା-ମାକ୍ରା ମନ ଯେତେବେଳେ ଚତୁର୍ଦ୍ଦିଗକୁ ଆହ୍ୱାନ କରୁଛି, ସେ' ସେଥିରୁ ନିସ୍ତାର ପାଉଛି । ଠିକ୍ ସେହିପରି ନାରୀ ମନର ଗହନ କଥା ସବୁ ପ୍ରାଞ୍ଜଳ ଭାବରେ ପ୍ରତିଫଳିତ ହୋଇଛି । ଓଡ଼ିଆ କବିତାରେ ପ୍ରକୃତପକ୍ଷେ ଦେଖିବାକୁ ଗଲେ, ନାରୀ ସ୍ୱୟଂ କାବ୍ୟମୟୀ । କୋମଳତା ଓ ଲାଳିତ୍ୟରେ ତା'ର ଜୀବନର ଗତି । ତେଣୁ, କବିତା ସହ ନାରୀର ପ୍ରତ୍ୟକ୍ଷ ଓ ପରୋକ୍ଷ ସମ୍ବନ୍ଧ ରହିଛି । ସେ' ଚିରକାଳ କାବ୍ୟିକତାର ମହାମନ୍ତ୍ରରେ ଉଦ୍‌ଭାଷିତ । ତା'ର ଅନ୍ତଃକରଣ ପ୍ରେମ ଓ ବାତ୍ସଲ୍ୟରେ ଆନ୍ଦୋଳିତ । ଏଣୁ, କବି ମନ କେତେବେଳେ ତା'ର ରୂପ-ଲାବଣ୍ୟର ପ୍ରଶସ୍ତି କରିଛି ତ' କେତେବେଳେ ତା'ର ଦୁର୍ଦ୍ଦଶାରେ ହତୋତ୍ସାହିତ ହୋଇ କାରୁଣ୍ୟର ଲୁହ ହୋଇ ବୋହିଛି । କବି ମନ ଚିରକାଳ ସମ୍ବେଦନଶୀଳ । ତମାମ୍ ସୁଖକୁ ଭୋଗିଥିଲେ ହେଁ, ଦୁଃଖର ଅନୁଭବକୁ ସାଉଁଟୁଥାଏ । ସମାଜର ଅବହେଳିତ ନିଷ୍ପେସିତ ମନକୁ ସେ' ଭୋଗେ, ରୂପ ଦିଏ ତା'ର କବିତାରେ । ଯଦିଓ, ପ୍ରାରମ୍ଭିକ ପର୍ଯ୍ୟାୟ

(ଉନବିଂଶ ଶତାବ୍ଦୀ)ରେ ନାରୀ ଚରିତ୍ରକୁ ନେଇ ଅନେକ କାବ୍ୟ-କବିତା ମାନ ରଚନା କରାଯାଇଛି । କିନ୍ତୁ, ତାହା ନାରୀ ଅସ୍ମିତାର କଥା କହିନାହିଁ । ଅବଶ୍ୟ, ରାଧାନାଥ ରାୟଙ୍କ 'ପାର୍ବତୀ', 'ନନ୍ଦିକାକେଶରୀ', ନନ୍ଦକିଶୋରଙ୍କର 'ଶର୍ମିଷ୍ଠା' ଗଙ୍ଗାଧର ମେହେରଙ୍କ 'ତପସ୍ୱିନୀ' ନାରୀର ଚାରିତ୍ରିକ ବିଶ୍ଳେଷଣ କରିଛନ୍ତି, ତା'ର ମର୍ଯ୍ୟାଦା, ଶୃଙ୍ଖଳା, କର୍ତ୍ତବ୍ୟର ଗାଥା ଗାଇଛନ୍ତି କିନ୍ତୁ ତାହା ସବିଶେଷ ନୁହେଁ ଆମକୁ ସ୍ୱୀକାର କରିବାକୁ ହେବ । ନାରୀର ଅଧିକାର, ତା'ର ଇଚ୍ଛା-ଅନିଚ୍ଛା କେଉଁଠି ନା' କେଉଁଠି ଭାରତୀୟ ଆଦର୍ଶ ଭିତରେ ଲୁକ୍କାୟିତ ହୋଇ ରହିଯାଇଛି । ଅବଦମିତ ହୋଇଛି ତା' ଅଭ୍ୟନ୍ତରୀଣ ଆକାଙ୍କ୍ଷା । ମର୍ଯ୍ୟାଦା ଭିତରେ ସଂକୁଚିତ ହୋଇଛି ତା' ସ୍ୱାଧୀନତା । ସତ୍ୟବାଦୀ ସାଧକ ଗୋପବନ୍ଧୁ ହୁଅନ୍ତୁ ଅବା ଗୋଦାବରୀଶ- ନୀଳକଣ୍ଠ ଆଦି ଜାତୀୟତାବାଦୀ କବିମାନେ, ନାରୀର ତ୍ୟାଗପୁତ ଜୀବନ, ପ୍ରେମାସ୍ପଦା ପତ୍ନୀ, ମମତାମୟୀ ଜନନୀ, ସ୍ନେହାସ୍ପଦା ଭଗ୍ନୀର ସ୍ୱରୂପର ନିରାଜନା କରିଛନ୍ତି । ବସ୍ତୁତଃ, ନାରୀ ଅସ୍ତିତ୍ୱର ବିଶେଷ ଦିଗଟି ଅଣହେଳା ହୋଇ ରହିଗଲା ପରି ମନେହୁଏ । ତଥା କଥିତ ଚିତ୍ରଣରେ କାବ୍ୟ-କବିତାରେ ନାରୀ ଚରିତ୍ର ପ୍ରତିଫଳିତ ହୋଇଛି । ନାରୀ ପ୍ରତି ତତ୍କାଳୀନ ସମାଜର ଦୃଷ୍ଟିଭଙ୍ଗୀ, ଆର୍ଯ୍ୟ ନାରୀମାନଙ୍କ ଜୀବନ ଶୃଙ୍ଖଳା, ନାରୀ ଚରିତ୍ରର ମର୍ଯ୍ୟାଦା, ତା'ର ତ୍ୟାଗ-ସହନଶୀଳତା ମମତ୍ୱ-ସାନ୍ନିଧ ଦାୟିନୀ ରୂପ ଆଦିର ଅବତାରଣା ଘଟିଛି । ଯାହା ଚିରାଚରିତ ଧାରା । କାବ୍ୟିକ ପ୍ରାଣ ସ୍ପନ୍ଦନରେ ନାରୀର ସୌନ୍ଦର୍ଯ୍ୟର ଚିତ୍ରଣ । ଏଣୁ ତତ୍କାଳୀନ ପୃଷ୍ଠଭୂମିରେ, ସଂସ୍କୃତ କାବ୍ୟାଦର୍ଶ ଆଧାରରେ ନାରୀର ପ୍ରେମ-ପ୍ରଣୟିନୀ ରୂପକୁ ଚିତ୍ରଣ କରିଛନ୍ତି କବିମାନେ । ସତେ ଯେପରି ମଧ୍ୟଯୁଗୀୟ କାବ୍ୟ ପରଂପରାର ଆଦର୍ଶ ହିଁ ଅନୁସରଣ ହୋଇଛି କେବଳ । ନାରୀର ଚରିତ୍ର ଚିତ୍ରଣ ଆଙ୍ଗିକ ନୁହେଁ ବରଂ ଆତ୍ମିକ ହେଲେ ଯାଇ, ନାରୀର ଅଭ୍ୟନ୍ତରୀଣ ସୌନ୍ଦର୍ଯ୍ୟ ଫୁଟି ଉଠେ । ନାରୀକୁ ନେଇ ଅନେକ ବିଶେଷଣ । ଏସବୁ କେଉଁଠି ନା କେଉଁଠି ନାରୀର ଆଙ୍ଗିକ ସୌନ୍ଦର୍ଯ୍ୟକୁ ଚିତ୍ରଣ କରେ । କିନ୍ତୁ ତା'ର ଆତ୍ମିକ ଉପଲବ୍ଧି ଏ ସବୁର ଧାରା ଧରେନା । ନାରୀ ଦେହର ଦେହଳୀ ଠାରୁ ଅନେକ ଉର୍ଦ୍ଧ୍ୱରେ ଏକ ସ୍ୱତନ୍ତ୍ର ସତ୍ତା । ତା'ର ନିଜସ୍ୱ ପରିଚୟ ଅଛି, ସ୍ୱାଭିମାନ ଅଛି । କିନ୍ତୁ ଦେଖାଯାଏ ପୁରୁଷତନ୍ତ୍ରର ଆଧିପତ୍ୟରେ ତା'ର ଅସ୍ତିତ୍ୱ, ନ୍ୟାଯ୍ୟ ଦାବି ପାଏନା ବରଂ ଅତ୍ୟାଚାରିତ ହୁଏ । କ୍ଷତାକ୍ତ ହୁଏ ତା ଅନ୍ତରାତ୍ମା ।

ବସ୍ତୁତଃ, ନାରୀର ଅସ୍ମିତା (Identity) ଏବଂ ବହୁବିଧ ସମସ୍ୟା ଓ ଭାବଧାରାକୁ ଉପଜୀବ୍ୟ କରି ସ୍ୱାଧୀନୋତ୍ତର କବିତା ଗତିଶୀଳ ହୋଇଛି । ପ୍ରାଚ୍ୟ ସଂସ୍କୃତି ଆଧାରରେ ନାରୀ ତ୍ୟାଗ ଓ ସମର୍ପଣର ସ୍ୱରୂପା । ଏହି ଚାରିତ୍ରିକ ଶୁଦ୍ଧତା ଓ ଆତ୍ମିକ ମର୍ଯ୍ୟାଦାର ଶୈଳ୍ପିକ ଅଭିବ୍ୟକ୍ତିରେ ନାରୀଶକ୍ତି ହୋଇଛନ୍ତି ବନ୍ଦନୀୟା, ସହନୀୟା । ଭାରତୀୟ ପରମ୍ପରାର ପ୍ରତିଧ୍ୱନିତ୍ୱ କରିଥିବା ଆର୍ଯ୍ୟ ନାରୀମାନେ ନିଜସ୍ୱ ଦୀପ୍ତିରେ ଓଡ଼ିଆ କାବ୍ୟ କବିତାକୁ ମହିମାନ୍ୱିତ କରିଛନ୍ତି । ଦେଖିବାକୁ ଗଲେ, ସ୍ୱାଧୀନତା ପରବର୍ତ୍ତୀ କାବ୍ୟଧାରାକୁ ଉଭୟ ପ୍ରାଚ୍ୟ ଓ ପାଶ୍ଚାତ୍ୟର ଭାବଚେତନା ପ୍ରଭାବିତ କରିଛି । ଫଳତଃ ନାରୀର ଚରିତ୍ରଚିତ୍ରଣ ଧାରା ବ୍ୟାପକ ଭାବେ ପ୍ରତିଷ୍ଠିତ ହୋଇଛି । ନାରୀ ଜୀବନର ଦ୍ୱନ୍ଦ୍ୱ, ସଂଘାତ ବାସ୍ତବାୟିତ ହୋଇଛି । ପୁରୁଷ କୈନ୍ଦ୍ରିକ ବିଧି-ବ୍ୟବସ୍ଥା ପଦାରେ ପଡିଛି ।

ବିଂଶ ଶତାବ୍ଦୀର ପ୍ରଥମାର୍ଦ୍ଧ ନାରୀ ସଶକ୍ତିକରଣର ପ୍ରାରମ୍ଭିକ ପର୍ଯ୍ୟାୟ ବୋଲି ବୁଝିବାକୁ ହେବ । ଏହା ନିଶ୍ଚିତ ଯେ, ଏହି ପର୍ଯ୍ୟାୟବେଳକୁ ନାରୀର ବହୁମୁଖୀ ବ୍ୟକ୍ତିତ୍ୱ ଓ ଭୂମିକାର ପରିପ୍ରକାଶ ଘଟିଲାଣି । ବାସ୍ତବରେ ଏହି ସମୟବେଳକୁ ପାଶ୍ଚାତ୍ୟ ଶିକ୍ଷା, ସଭ୍ୟତା, ସଂସ୍କୃତିର କ୍ଷେତ୍ର ବ୍ୟାପକ ଓ ପ୍ରଶସ୍ତ ହେଲାଣି । ଫଳସ୍ୱରୂପ ନାରୀ ସଚେତନତା ଉଦ୍ରେକ ହେଲାଣି । ନାରୀ ଜୀବନର ବହୁବିଧ ରୂପ କଳା-ସାହିତ୍ୟ କ୍ଷେତ୍ରରେ ପ୍ରତିଫଳିତ ହୋଇଛି । ଏପରିକି ପୁରୁଷ କବି ମାନେ ମଧ୍ୟ ନାରୀ ଦୁଃଖ ଦୁର୍ଦ୍ଦଶାରେ ସମଦୁଃଖୀ ହେଇ ଲେଖନୀ ଚାଳନା କରିଛନ୍ତି । ନାରୀର ଉନ୍ନତି, ସମାଜର ଉନ୍ନତି ଏହାକୁ ମର୍ମେ-ମର୍ମେ ଅନୁଭବ କଲାଣି ସମାଜ । ନାରୀ ଜୀବନର ଦୁର୍ଦ୍ଦଶା-ଗ୍ଳାନି-ବିଫଳତା-ପୀଡ଼ା-ସଂଘାତ ଆଦିର ଚିତ୍ର ଆଙ୍କିବାକୁ ଲାଗିଲେ କବି । ତା'ର ସୌନ୍ଦର୍ଯ୍ୟ କେବଳ ତା'ର ପରିଚୟ ନୁହେଁ, ବରଂ ତା'ର ସାମର୍ଥ୍ୟ, ତା'ର ପ୍ରତିଭା ମଧ୍ୟ ସମାନ ଭୂମିକା ଗ୍ରହଣ କରେ । ବିଂଶ ଶତକରେ ଆୟମାରମ୍ଭ ନାରୀ ଶକ୍ତିର ପ୍ରାଧାନ୍ୟକୁ ସର୍ବାଧିକ ଗୁରୁତ୍ୱ ଦେଇଛି । ମଧୁସୂଦନଙ୍କ ଠାରୁ ଆରମ୍ଭ କରି ଫକୀର ମୋହନ, ନନ୍ଦକିଶୋର, ଗଙ୍ଗାଧର, ଗୋପବନ୍ଧୁ, ମାନସିଂହଙ୍କ ପର୍ଯ୍ୟନ୍ତ କବିମାନଙ୍କ ଲେଖନୀରେ ନାରୀର ମର୍ଯ୍ୟାଦା ଫୁଟି ଉଠିଛି । ନାରୀ ତ୍ୟାଗ ଓ ସେବାର ମୂର୍ତ୍ତିମନ୍ତ ଛବି ହୋଇ ରହିନାହିଁ ବରଂ ତା' ପ୍ରତିବଦ୍ଧତାର ସ୍ୱର ସଶକ୍ତ ଭାବେ ପ୍ରକଟିତ ହୋଇଛି । ନାରୀର ମର୍ଯ୍ୟାଦା ଓ ଶୃଙ୍ଖଳାରେ ସମାଜ ହୁଏ ସୁସ୍ଥ-

ସମୃଦ୍ଧ । ନାରୀର ଅସମ୍ମାନ-ଅମର୍ଯ୍ୟାଦାରେ ସମାଜର ପ୍ରଗତି ହୁଏନା ବରଂ ହୁଏ ପତନ । ପରିବର୍ତ୍ତିତ ସମାଜରେ ମଣିଷର ପ୍ରବୃତ୍ତି ହୋଇଛି ପାଶବିକ । ଚିନ୍ତାରେ ଚେତନାରେ ଦେଖା ଦେଇଛି ଦ୍ୱୈତତା (dauality) । ଦ୍ୱନ୍ଦ୍ୱ ଓ ସଂକଟ ଦେଇ ଗତି କରୁଛି ସମାଜ । ଏ ସଂକଟ ମାନସିକତାର, ଏ ସଂକଟ ମାନବିକତାର, ଏ ସଂକଟ ମୂଲ୍ୟବୋଧର ଆଉ ଏ ସଂକଟ ମଣିଷପଣିଆର । ବିଶେଷତଃ, ଜଗତିକରଣ ପରବର୍ତ୍ତୀ ସାମାଜିକ-ଆର୍ଥିକ ସଂକଟ ସଂପୂର୍ଣ୍ଣତଃ ମୂଲ୍ୟବୋଧକୁ ପରିବର୍ତ୍ତିତ କରିଛି ।

ପାଶ୍ଚାତ୍ୟ ସଂସ୍କୃତିର ପ୍ରଭାବ, ବିଲାତି ଶିକ୍ଷାର ଆଧିପତ୍ୟ ମଣିଷକୁ କ୍ରମଶଃ ତା'ର ବୁନିଆଦୀ-ପରମ୍ପରା ଭିଟାମାଟିରୁ ବିସ୍ଥାପିତ କରିଛି । ତା ଭିତରର ଅସହାୟତା, ସଂଶୟ, ଅଭାବବୋଧ ତା'କୁ ପାଶ୍ଚାତ୍ୟ ମୋହରେ ବାନ୍ଧି ଚାଲିଛି । ବସ୍ତୁବାଦୀ ମଣିଷକୁ ଗ୍ରାସ କରିଛି, ମୋହ-ମାୟା-ଅର୍ଥ ଲାଳସା । ସେ' ହରେଇ ବସିଛି ତା'ର ମୂଲ୍ୟବୋଧ- ଆଦର୍ଶ । ଯାହାକୁ ପାଥେୟ କରି ତା'ର ବାପ-ଦାଦା ବାଟ ଚାଲିଥିଲେ ତାକୁ ସେ' ପାଶୋରି ବସିଛି । ସହୃଦୟତାକୁ ସେ' ଛିନ୍ନମୂଳ ସଂସ୍କୃତିର ମଣିଷରେ ରୂପାନ୍ତରିତ ହୋଇଛି । ଏଭଳି ଏକ ମାନସିକ ସଂକଟ ଓ ଅବସାଦର ସନ୍ଧିକ୍ଷଣ ଭିତରେ ଆଧୁନିକ ଜୀବନ ସନ୍ତୁଳିତ ହେଉଛି । ଏହିସବୁ ଅନୁଭବ ଅନୁଭୂତି ଏବଂ ଅଭିମାନକୁ ସାଉଁଟି ଆଧୁନିକ କବିତାର ଧାରା ଆଗକୁ ଆଗକୁ ବଢ଼ିଛି । ମୂଖ୍ୟତଃ ସାହିତ୍ୟ ସମାଲୋଚକମାନେ ଏହି ଆଧୁନିକ ଓଡ଼ିଆ କବିତାର ଧାରାକୁ ୩ଟି ସ୍ତର ଦେଇ ବିଚାର କରିଛନ୍ତି । ଏ ସବୁ ଆପାତଃ ଜୀବନ ଯନ୍ତ୍ରଣା ଜନିତ ନାନାବିଧ ସଂକଟକୁ ଚିତ୍ରିତ କରିବାରେ ସମର୍ଥ ହୋଇଛି । ଉ:ଦା-

୧. ପ୍ରୟୋଗବାଦୀ କାବ୍ୟଧାରା- (Experimental) ୧୯୪୭-୧୯୮୦
(ମୁଖ୍ୟତଃ ପରୀକ୍ଷା ଧର୍ମିତାକୁ ଗୁରୁତ୍ୱ ଦିଏ ।)

୨. ଉତ୍ତର ଆଧୁନିକ କାବ୍ୟଧାରା- (Post Modernity) (୧୯୮୦-୨୦୦୦)
(ମୁକ୍ତ ସ୍ୱଚ୍ଛନ୍ଦ ଭାବରେ ପ୍ରକାଶିତ)

୩. ବିଂଶ ଶତାବ୍ଦୀର କାବ୍ୟଧାରା-(Twentieth Century Complexity, ୨୦୦୦ ପରବର୍ତ୍ତୀ) (ଜୀବନର ଜଟିଳତା ପରିପ୍ରେକ୍ଷୀରେ)

ବାସ୍ତବିକ୍, ସମାଜର ଦର୍ପଣ ସାହିତ୍ୟ । ଏହି ସାହିତ୍ୟ ମାଧ୍ୟମରେ ପ୍ରତିବିମ୍ବିତ ହୁଏ ଜୀବନର ବାସ୍ତବ ରୂପରେଖ । ବସ୍ତୁତଃ ସାମନ୍ତବାଦ ଓ ପୁଞ୍ଜିବାଦର ମିଳିତ

ସଂସର୍ଗରୁ ସମାଜ ଯେଉଁ ଅର୍ଥନୀତିର ସଂକଟ ଦେଇ ଗତି କରିଛି, ତାହା ମନୁଷ୍ୟର ସାମାଜିକ ଜୀବନକୁ ବହୁ ଭାବରେ ପ୍ରଭାବିତ କରିଛି । ଏହି ଆର୍ଥିକ ସଂକଟ ମନୁଷ୍ୟ ଜୀବନର ସୁଖ-ସୌହାର୍ଦ୍ଦ୍ୟକୁ ନଷ୍ଟ କରି ଦେଇଛି । ସେ' ଅଯଥା ରୋଗ ଗ୍ରସ୍ତ-ବ୍ୟାଧିଗ୍ରସ୍ତ ହୋଇଛି । ଜୀବନର ଏ ଅଭାବ ଦୁଇଓଳା ଦୁଇ ମୁଠା ପାଇଁ ନୁହେଁ ବରଂ ସ୍ନେହ-ବନ୍ଧୁତା- ପ୍ରେମ-ପ୍ରଣୟର ଅଭାବ ତାକୁ ବିଷାଦ ଭିତରକୁ ଠେଲି ଦେଇଛି । ମାନସିକ ବିକୃତି-ବିଲକ୍ଷଣ ଦେଖାଦେଇଛି । ଏ ହେଉଛି ବାସ୍ତବିକ୍ ଅଧୋପତନ । ପରିବର୍ତ୍ତିତ ସଂସ୍କୃତିକୁ ଆପଣେଇଛି କିନ୍ତୁ ତାହା ଅନ୍ତରରୁ ନୁହେଁ । ଫଳସ୍ୱରୂପ ବିବର୍ତ୍ତିତ ମୂଲ୍ୟବୋଧ ସହ ନିଜକୁ ସାଲିସ୍ କରିପାରି ନାହିଁ । ସୁତରାଂ ବିଭାଜିତ ହୋଇଛି ତା'ର ଦେହ ଓ ମନ । ମନୁଷ୍ୟର ଏହି ବିଭାଜିତ ପ୍ରତ୍ୟୟ-ମିଶ୍ରିତ ଅନୁଭବ ରୂପ ପାଇଛି କବିର ଲେଖନୀରେ । ଏପରିକି ସ୍ୱାଧୀନତା ପରବର୍ତ୍ତୀ ଓଡ଼ିଆ କାବ୍ୟଧାରାରେ ବ୍ୟାପକ ପରିବର୍ତ୍ତନ ଦେଖାଦେଇଛି । ବିଶେଷତଃ ନାରୀଜୀବନର ହର୍ଷ-ବିଷାଦ, ଦ୍ୱନ୍ଦ୍ୱ-ସଂଘାତ ଆଦ ପ୍ରତିଫଳିତ ହୋଇଛି । ପ୍ରାଚ୍ୟ ତତ୍ତ୍ୱ ଭଳି ବହୁ ପାଶ୍ଚାତ୍ୟ କାବ୍ୟତତ୍ତ୍ୱର ପ୍ରୟୋଗ ହୋଇଛି ଓଡିଆ କବିତାରେ । ଯାହା, ଦ୍ୱିତୀୟ ବିଶ୍ୱଯୁଦ୍ଧ ପରବର୍ତ୍ତୀ ସମୟର ସଙ୍କଟକୁ ଆହୁରି ବିସ୍ତୃତ କରିଛି । କ୍ରମଶଃ କବି ଦୃଷ୍ଟି ନୂତନ ଚେତନାରେ ହୋଇଛି ସଂପ୍ରସାରିତ । ପାଶ୍ଚାତ୍ୟ ରାଷ୍ଟ୍ରମାନଙ୍କରେ ଯେଉଁ ବିଳାସିକତାର ମନୋବୃତ୍ତି ସୃଷ୍ଟି ହେଇଛି, ତାହାର ପ୍ରଭାବରେ ପ୍ରଭାବିତ ହୋଇଛି ପ୍ରାଚ୍ୟ କଳା-ସଂସ୍କୃତି ଓ ସାମାଜିକ ବିଧିବ୍ୟବସ୍ଥା । ଏକ, ମୁକ୍ତ, ଅବାଧ, ସ୍ୱଚ୍ଛନ୍ଦ ଜୀବନ ଜୀଇଁବା ସହିତ ଉଚ୍ଛୃଙ୍ଖଳତା-ଅମାନବିକତା-ଅସହିଷ୍ଣୁତା-ପରଶ୍ରୀକାତରତା-ସଂକୀର୍ଣ୍ଣତା ଆଦି ନକରାତ୍ମକ ଚିନ୍ତାଧାରାକୁ ଆମନ୍ତ୍ରଣ କରିଛି ସମାଜ । ଦ୍ୱିତୀୟ ବିଶ୍ୱଯୁଦ୍ଧର ଘନଘଟା ନେଇ ଆସିଲା ଅରାଜକତା- ସ୍ୱେଚ୍ଛାଚାରିତା । ଫଳତଃ "ଉପଭୋଗ ହିଁ ଜୀବନର ଅନ୍ୟନାମ" ବୋଲି ଆଧୁନିକ ମଣିଷ ଗ୍ରହଣ କରିବାକୁ ଲାଗିଲା । ଭୁଲିଗଲା ଆର୍ଯ୍ୟ ସଂସ୍କୃତିର ଆଦର୍ଶ ଓ ମୂଲ୍ୟବୋଧ । ତେଣୁ ଭାରତୀୟ ସଂସ୍କୃତିର ବେଦ-ଶ୍ରୁତି-କର୍ମକାଣ୍ଡ ଆଦିକୁ ଅଗ୍ରାହ୍ୟ କଲା ମଣିଷ । ଯନ୍ତ୍ର ସଭ୍ୟତା ମଣିଷକୁ ଗଢ଼ି ତୋଳିଲା 'ଯନ୍ତ୍ର ମାନବ'ରେ । ସେ' ନୂଆ ମଣିଷ ହେଇ ଠିଆ ହେଲା । କୂଟନୀତି ହେଲା ରାଷ୍ଟ୍ରନୀତି । ସେ' ଅସୂୟା ପରବଶ ହୋଇ ଅନ୍ୟ ରାଷ୍ଟ୍ରକୁ ଆୟତ୍ତ କରିବାକୁ ଚାହିଁଲା । ଭିନ୍ନ ଭିନ୍ନ ମାରଣାସ୍ତ୍ର, ବୋମା-ଗୁଳି ବାରୁଦ

ତିଆରିରେ ଲିପ୍ତ ହେଲା । 'ଜୋର୍ ଯାହାର, ମୂଲକ ତାହାର' ଆଳରେ ଦୁର୍ବଳ-ନିଷ୍ପେସିତ ମାନଙ୍କୁ ନିଜ ନିୟନ୍ତ୍ରଣାଧୀନ କଲା । ଆକାଶରେ ଜହ୍ନ ନୁହେଁ, ବରଂ ଦେଖାଗଲା ବାରୁଦର ଧୂଆଁ । ହୃଦୟରେ ପ୍ରେମ ନୁହେଁ ବରଂ ଛଳନା, ସଂପର୍କରେ ଅବିଶ୍ୱାସର ବିଷ ଘୋଳି ହେଇଗଲା । ସବୁଠି ମୃତ୍ୟୁର ଆତଙ୍କ, ଭୟ-ସଂଶୟର କଳାବାଦଲ ଛାଇଗଲା । ମଣିଷ ତା'ର ଅହମିକା ଓ ଅବିଚାରରେ ନିଜକୁ ଶ୍ରେଷ୍ଠ ମଣିଲା । ପ୍ରକୃତିକୁ ଅଣଦେଖା କଲା । ଯନ୍ତ୍ର ସଭ୍ୟତାର ଚାକଚକ୍ୟରେ ବଣ-ଜଙ୍ଗଲ କାଟିବାକୁ ଲାଗିଲା । ଖଣି, ଖାଦାନ, ମଲ୍, ମିଲ୍, କାରଖାନା ଗଢ଼ିଲା । ବଡ଼ ବଡ଼ ଅଟ୍ଟାଳିକା ତୋଳିଲା । ସହରୀ ମଣିଷରେ ହେଲା ରୂପାନ୍ତରିତ । ଉପଭୋଗୀ ମନୋବୃତ୍ତି ଆଳରେ ସେ' ସମାଜରେ ଅନ୍ୟାୟ-ଅନୀତିକୁ ପ୍ରଶୟ ଦେଲା । ନାରୀକୁ କ୍ରୀତଦାସୀ କଲା । ତା'ର ଭାଗ୍ୟ ଭବିତବ୍ୟକୁ ନିଜ ହାତ ମୁଠାରେ ରଖିଲା । ଉଭୟ ପ୍ରକୃତି ଓ ନାରୀ ଉପରେ ଅତ୍ୟାଚାର କଲା । ନାନାବିଧ ଆଳରେ ସେମାନଙ୍କୁ ଶୋଷଣ କରିବାକୁ ଲାଗିଲା । ମଣିଷପଣିଆ ଟିକକ ହଜିଗଲା ।

ପ୍ରକୃତପକ୍ଷେ ଦେଖିବାକୁ ଗଲେ, ବାଇବେଲ୍‌ର ପ୍ରସିଦ୍ଧ ପଂକ୍ତି ଏଠାରେ ଉଲ୍ଲେଖ ଯୋଗ୍ୟ: "Uneless ye became thee, ye Can't Understand." ଅର୍ଥାତ୍ "ଯେ ପର୍ଯ୍ୟନ୍ତ ସିଏ, ତୁମେ ହେଇ ନାହଁ, ତୁମେ ବୁଝିପାରିବ ନାହିଁ ।" କହିବାର ବାହୁଲ୍ୟ ଏହିକି ନାରୀ ହିଁ ନାରୀ ଅନ୍ତରକୁ ପୁରୁଷ ଠାରୁ ଯଥେଷ୍ଟ ଅଧିକା ବୁଝିପାରେ । ଏ ଦୃଷ୍ଟିରୁ ବିଚାର କଲେ, ଯଥାର୍ଥରେ ନାରୀ ଅସ୍ତିତ୍ୱର ଚିତ୍ରଲିପି ଆଙ୍କିବାରେ ସମର୍ଥ ହୋଇଛି ଆଧୁନିକ କାବ୍ୟକବିତା । ଏଠି କାଳ୍ପନିକତାର ଗୋଲାପି ଶଯ୍ୟା ନୁହେଁ ବରଂ ନାରୀ ଜୀବନର କଣ୍ଟକିତ ଅଧ୍ୟାୟକୁ ଉନ୍ମୋଚନ କରାଯିବାର ଚେଷ୍ଟା କରିଛନ୍ତି କବିମାନେ ।

ନାରୀ ହୃଦୟର ଆବେଗିକ ପ୍ରତିଫଳନ:

କବିତା ହେଉଛି ସ୍ୱତଃସ୍ଫୂର୍ତ୍ତ ଝରି ଆସୁଥିବା ଆବେଗର ସ୍ଫୁରଣ । ତେଣୁ, ଏ ପରିପ୍ରେକ୍ଷୀରେ କୁନ୍ତଳାକୁମାରୀ ସାବତଙ୍କ କାବ୍ୟ ସ୍ଫୁରଣକୁ ଲକ୍ଷ୍ୟ କରାଯାଇପାରେ । ତାଙ୍କ କାବ୍ୟ-କବିତା ନାରୀ ସୁଲଭ ମନୋଭାବ ନେଇ ନାରୀର ଦୁଃଖ-ଦୁର୍ଦ୍ଦଶାକୁ ରୂପ ଦେଇଛି । ଏଠି ନାରୀ ସାଧାରଣ, ରକ୍ତ ମାଂସ ଧାରୀ, ଆଶା-ସ୍ୱପ୍ନ-ସଫଳତା-ବ୍ୟର୍ଥତାକୁ ଆଦରି ଜୀବନ ଜୀଉଁଥିବା ନାରୀ ଯେ' ସୁଖରେ ଆହ୍ଲାଦିତ ହୁଏ,

ଦୁଃଖରେ ହୁଏ ମର୍ମାହତ । ନାରୀର ସକଳ ଯନ୍ତ୍ରଣା, ଇଚ୍ଛା-ଆକାଙ୍‌କ୍ଷା, ପ୍ରେମ-ପ୍ରଣୟ ପୁରୁଷ ଭଳି । ନାରୀର ଅନ୍ତର୍ଦ୍ଦଶାକୁ ଗଭୀର ଭାବେ ଅନୁଭବ କରିଛନ୍ତି କୁନ୍ତଳା କୁମାରୀ । ଜୀବନର ପ୍ରତିକୂଳତାକୁ ସମ୍ମୁଖୀନ ହୋଇ ସଶକ୍ତ ଭାବରେ ପ୍ରେରଣା ହୋଇ ଛିଡ଼ା ହୋଇଛନ୍ତି ସମାଜରେ । ଓଡ଼ିଆ କାବ୍ୟ ଜଗତରେ ନାରୀର ଅନ୍ତର୍ବେଦନାକୁ ସୂକ୍ଷ୍ମାତିସୂକ୍ଷ୍ମ ଭାବେ ଅନୁଶୀଳନ କରିବାରେ କୁନ୍ତଳା କୁମାରୀ ଅନ୍ୟତମା । କବି ସ୍ୱଭାବତଃ ଆବେଗରେ ଛଳଛଳ, ଆଉ କବି କୁନ୍ତଳା ଏହି ଆବେଗର ଉଚ୍ଛୁଳା ନଈ । ତେଣୁ ସେ' ତତ୍କାଳୀନ ଆବଶ୍ୟକତା ଅନୁସାରେ ଜାତୀୟତାବାଦୀ ଭାବଧାରା, ସତ୍ୟବାଦୀ କାବ୍ୟ-କବିତାକୁ ଜାତିମନସ୍କ କରିଥିବାର ଦେଖାଯାଏ । ଯେଉଁଠି ନାରୀ ବ୍ୟକ୍ତିତ୍ୱର ଆଭ୍ୟନ୍ତରୀଣ ଜଗତ ପ୍ରତି ଧ୍ୟାନଶୀଳ ନଥିଲେ କବି ଗୋଷ୍ଠୀ ସେଇଠି ନାରୀ ମନୋଦଶା ବର୍ଣ୍ଣନରେ କୁନ୍ତଳାକୁମାରୀ ଥିଲେ ଅବିସ୍ମରଣୀୟ କବି ପ୍ରତିଭା । ଅବଶ୍ୟ ଅନ୍ନଦାଶଙ୍କର କାବ୍ୟ-କବିତାରେ ନାରୀ କେବଳ ସଖି-ପ୍ରେୟସୀ ଭାବରେ ଫୁଟି ଉଠିଛି । ଯାହା ନାରୀର ପ୍ରଣୟିନୀର ସତ୍ତା, କବି ଚିତ୍ତକୁ ସ୍ୱପ୍ନିଳ ଜଗତରେ ବିଚରଣ କରାଏ । ସତେକି, ଆକାଶରେ ପ୍ରେମ-ପ୍ରତିମାକୁ ଆହ୍ୱାନ ଜଣାଇଛନ୍ତି କବି । ସମସାମୟିକ କାଳିନ୍ଦୀ ଚରଣଙ୍କ କାବ୍ୟ କବିତାରେ ଅନୁରୂପ ଭାବେ 'ନାରୀ' ସୁଦୂରର ଆକର୍ଷଣକୁ ନେଇ ଗଢ଼ି ଉଠିଥିବା ଏକ ବିଦେହୀ ସତ୍ତା । ଯାହାର ବିଶ୍ଳେଷଣରେ କବି ମନ ସ୍ୱପ୍ନବିଳାସୀ ହୋଇପଡ଼ିଛି । ସେ' ନାରୀ ଭିତରେ କେଉଁଠି ନା' କେଉଁଠି ସଖୀ'- ଦରଦୀ ବନ୍ଧୁତ୍ୱକୁ ଅନୁଭବ କରିଛନ୍ତି । ପ୍ରେମ-ପ୍ରଣୟ-କାଞ୍ଚନିକ ଜଗତ ଭିତରେ ନାରୀକୁ ସେ' ପ୍ରଣୟିନୀ ଭାବରେ ଅଭିହିତ କରିଛନ୍ତି । ମନର ମାନସୀ ଭାବି ବିରହରେ ଝୁରି ହେଇଛି କବିଚିତ୍ତ । କିନ୍ତୁ ଦେଖାଯାଏ କେଉଁଠି ନା କେଉଁଠି ନାରୀର ଆଙ୍ଗିକ ସୌନ୍ଦର୍ଯ୍ୟ ସହିତ ତା'ର ବିଦେହୀ ସତ୍ତାଟି ଜଡିତ ଅଛି । ଏପରିକି ଅନ୍ୟତମ ସବୁଜରଥୀ ବୈକୁଣ୍ଠନାଥ ମଧ୍ୟ 'ନାରୀ'କୁ ଏକ ମୁଗ୍ଧ ଦୃଷ୍ଟି ସମ୍ବଳିତ ଭାବ ନେଇ ଚିତ୍ରିତ କରିଛନ୍ତି । କାବ୍ୟ ନାୟିକା ସହ ପ୍ରଣୟସ୍ୱପରେ ବିଭୋର ହେଇଛି ତାଙ୍କ କାବ୍ୟ ପୁରୁଷ । ତାଙ୍କର "ରୂପକଥା"ରେ କାବ୍ୟ ନାୟକର ଅଭିପ୍ସା ଫୁଟି ଉଠିଛି ।

"ମରଣ ଛାୟା ମୋର ପରାଣ ଘେରିଥିଲା ସୋହାଗୀ
ଜିଣିଛି ମରଣକୁ ପୀରତି ଗୀତେ ଆଜି ତୋ ଲାଗି ।"

ଏହିସବୁ ସବୁଜ କବିମାନଙ୍କର କାବ୍ୟ-କବିତାରେ ନାରୀ ପ୍ରଣୟିନୀ ଭାବରେ ଫୁଟି ଉଠିଛି । ଏଣୁ ବାସ୍ତବାଶ୍ରୟୀ ନାରୀର ପୀଡ଼ା କାହୁଁ ବା ଆସିବ ? ସବୁଜ ଯୁଗର ଶେଷାର୍ଦ୍ଧରେ ନାରୀକୁ ପ୍ରେମ ଓ ପ୍ରଣୟର ମୂର୍ତ୍ତିମନ୍ତ ଛବି ଭାବରେ ରୂପ ଦେଇଛନ୍ତି ପ୍ରେମୀକ କବି ମାୟାଧର ମାନସିଂହ । ତାରୁଣ୍ୟର ସ୍ୱର ତାଙ୍କ କାବ୍ୟ-କବିତାର ପ୍ରାଣର ସ୍ପନ୍ଦନ । ଏଠି ନାରୀର ରୂପଲାବଣ୍ୟ, ସେଇ ତଥାକଥିତ ପ୍ରଣୟିନୀର ଚରିତ୍ର ଦେଇ ଉତ୍‌କୀର୍ଣ୍ଣ । ସେ' ଶରୀର ଧାରିଣୀ-ରୂପସୀ-ପ୍ରେୟସୀ-ମାନସୀ । କିନ୍ତୁ, ନାରୀ ଏଠି ପରକୀୟା ଓ ସ୍ଥଳ ବିଶେଷରେ ସ୍ୱକୀୟାର ମର୍ଯ୍ୟାଦାରେ ଉଦ୍‌ଭାଷିତ ହୋଇଛି ସତ କିନ୍ତୁ ସଂପୂର୍ଣ୍ଣ ଭାବେ ତା'ର ଅର୍ନ୍ତଦଶା ଅଣଦେଖା ହେଲାଭଳି ମନେ ହେଇଛି । ତଥାପି, ତାଙ୍କ କବିତାରେ କିଞ୍ଚିତ୍ ଭାବେ ନାରୀ ଅଭ୍ୟନ୍ତରୀଣ ମନର ସ୍ନେହ-ସୋହାଗ ଫୁଟି ପଡିଛି । ଯଥା କବିଙ୍କ ଭାଷାରେ, କାବ୍ୟନାୟିକାର ଜୈବିକ ସତ୍ତାର ବିଚ୍ଛେଦ ଘଟିଲେ ମଧ୍ୟ ତା'ର ସ୍ନେହ ଓ ରୂପର ମରଣ ନାହିଁ ବୋଲି ସ୍ୱୀକାର ପୂର୍ବକ କୁହନ୍ତି:

"ସେ' କିନ୍ତୁ ମରି ଯେ' ନାହିଁ -ମିଥ୍ୟା ସେ' ବଚନ/
ବିଶ୍ୱେ ନାହିଁ ରୂପ ଆଉ ସ୍ନେହର ମରଣ ।"
ମାୟାଧର ମାନସିଂହ ଗ୍ରନ୍ଥାବଳୀ, (ପୃ:୩୦୮)

ଯଦିଓ, ମାନସିଂହଙ୍କ କାବ୍ୟ-କବିତାରେ ନାରୀର ଆବେଗ, ପ୍ରେମ ପ୍ରତିଫଳିତ ହୋଇଛି । ମାତ୍ର ଏହା ମଧ୍ୟ ତଥାକଥିତ ପ୍ରଣୟିନୀ ରୂପ, ସାନ୍ନିଧ୍ୟ ଓ ପ୍ରେମଭାବାପନ୍ନ, ମାନସିକତା ମଧ୍ୟେ ପ୍ରତିଫଳିତ ହୋଇଛି । ସେହିପରି ରାଧାମୋହନ ଗଡ଼ନାୟକ ମଧ୍ୟ ନାରୀର ପାରଂପରିକ ରୂପ ମଧ୍ୟରେ ଏକ ଚିରନ୍ତନୀ ଦେବୀତ୍ୱ ମଧ୍ୟେ ଉପଲବ୍ଧି କରିଛନ୍ତି । ଡ. ପ୍ରତିଭା ଶତପଥିଙ୍କର "ନାରୀ ଅସ୍ତିତ୍ୱର ବାସ୍ତବତା:ବିବର୍ତ୍ତିତ ଓଡ଼ିଆ କବିତା" ଗ୍ରନ୍ଥରେ ସେ' କୁହନ୍ତି:

"ବିଂଶ ଶତାବ୍ଦୀ ବେଳକୁ ଯେଉଁ ନୂତନ ନାରୀତ୍ୱର ବିକାଶ ଲାଭ କରିବା ନିମନ୍ତେ ଅପେକ୍ଷାମାଣା ଥିଲା, କେତେକାଂଶରେ ସେ' ଆମ ସଚେତନତାର ଅଧିକାରିଣୀ ହୋଇସାରିଥିଲା । ବିଶେଷତଃ ଏହି ପର୍ଯ୍ୟାୟ କବିମାନଙ୍କର ରଚନାରେ, ସେହି ନାରୀତ୍ୱର ଭବ୍ୟ ରୂପ ର ଚିତ୍ର ଅନୁପସ୍ଥିତ ଥିଲା । ଚିରାଚରିତ ଆବେଗ

ଜର୍ଜର, କଲ୍ୟାଣମୟ, ଆଦର୍ଶ ନାରୀଚିତ୍ର ଏହି କବିମାନଙ୍କ କବିତାରେ ରୂପ ପରିଗ୍ରହଣ କରିଅଛି ।"

ଏଥିରୁ ଏହାର ଅନୁମେୟ, ଉନବିଂଶ ଶତାବ୍ଦୀର ପ୍ରାରମ୍ଭିକ ପର୍ଯ୍ୟାୟ ବେଳକୁ ନାରୀର ତଥାକଥିତ-ପାରଂପରିକ ଚିତ୍ର ହିଁ ପ୍ରତିଫଳିତ ହୋଇଛି । କବିର ଲେଖନୀରେ ରୂପ ପାଇଛି ନାରୀର କମନୀୟ ରୂପ । ତା'ର ଆଙ୍ଗିକ ସୌନ୍ଦର୍ଯ୍ୟ ପାଖରେ କବିସତ୍ତା ସମର୍ପିତ ହୋଇଛି । ସେ' ଦେହରୁ ଉର୍ଦ୍ଧ୍ୱରେ ଉଠି ଦେହାତୀତର ଚିରନ୍ତନୀ ସ୍ୱରୂପରେ ପ୍ରେରିତ କରିଛି କବିପ୍ରାଣକୁ । ସେ' ବିଦେହୀ ପ୍ରେୟସୀ; ଯିଏ ସ୍ୱପ୍ନମୟ ଜଗତକୁ ପଳାୟନ କରିବାରେ କବିଚିତ୍ତକୁ ସହାୟ ହୁଏ । ସେ' ପ୍ରେୟସୀ ହୋଇ ପ୍ରେରିତ କରାଏ । କିନ୍ତୁ ତା'ର ଏହି ପ୍ରେୟସୀର ଅଭ୍ୟନ୍ତରରେ ନାରୀ ସତ୍ତାର ଆତ୍ମିକ ମହକ କିନ୍ତୁ ପ୍ରତିଫଳିତ ହୋଇପାରିନାହିଁ । ଅବଶ୍ୟ ଏ କଥା ସ୍ୱୀକାର କରିବାକୁ ହେବ, ବିଂଶ ଶତାବ୍ଦୀର ଆୟମାରମ୍ଭ ବେଳକୁ ନାରୀର ସାମାଜିକ, ସାଂସ୍କୃତିକ, ଆଧାତ୍ମିକ ଓ ଆର୍ଥିକ ସ୍ଥିତି ବହୁ ଭାବରେ ଉନ୍ନତ ହୋଇଛି । ଏପରିକି ନାରୀର ମର୍ଯ୍ୟାଦା ଓ ତା'ର ଅସ୍ତିତ୍ୱ ପ୍ରତି ହେଉଥିବା ଅନ୍ୟାୟ-ଅବିଚାର ବିରୁଦ୍ଧରେ ଲେଖକମାନେ ସ୍ୱର ଉତ୍ତୋଳନ କଲେଣି । କେବଳ ନାରୀ କବି ନୁହଁନ୍ତି ପୁରୁଷ କବିମାନେ ମଧ୍ୟ ଏହି ସାମାଜିକ ଅବିଚାର ପ୍ରତି ଲେଖନୀ ଚାଳନା କଲେଣି । "ଓଡ଼ିଆ ସାହିତ୍ୟରେ ନାରୀ ପ୍ରତିଭା" ଗ୍ରନ୍ଥରେ ଡ଼. ସାବିତ୍ରୀ ରାଉତ୍‌ଙ୍କ ମତ ଏଠାରେ ପ୍ରଣିଧାନ ଯୋଗ୍ୟ । ତାଙ୍କ ମତରେ:

"ପୁରୁଷର ସାହିତ୍ୟ ଓ ନାରୀର ସାହିତ୍ୟ ବିପରୀତ ଧର୍ମୀ । ପୁରୁଷର ସାହିତ୍ୟ ପ୍ରଜ୍ଞା ଓ ଓଜଃପୂର୍ଣ୍ଣ । ନାରୀ ସାହିତ୍ୟ ଅନାବନା ବନଫୁଲର ମାଳା ବନମର୍ମର ପରି ନାରୀ ସାହିତ୍ୟ ଅବ୍ୟକ୍ତ-ଆହ୍ଲାଦ ଆଣେ । ପୁରୁଷର ସାହିତ୍ୟ ବ୍ରହ୍ମାନନ୍ଦ ସହୋଦର ଜ୍ଞାନ ଓ ବୁଦ୍ଧିମତାର ଆଡ଼ମ୍ବର ସମାରୋହ ।"

ଏ ନାରୀର ମହାନତା । ପ୍ରଜ୍ଞା ଓ ବୁଦ୍ଧିମତାରେ କୌଣସି ଗୁଣରେ ପୁରୁଷ, ଠାରୁ ଦୁର୍ବଳ ନୁହେଁ ବରଂ ସମକକ୍ଷ । କିନ୍ତୁ ତା'ର ଉଦାରତା ଏତେ ସେ' ସ୍ୱୟଂକୁ ଅପରଠାରୁ ଗୌଣ ମଣେ । ଗଭୀର ଅରଣ୍ୟରେ ସଂସାର ତ୍ୟାଗ କରି ତପସ୍ୟାରତ ହୋଇ ଜ୍ଞାନଚକ୍ଷୁ ଲାଭରୁ ବଞ୍ଚିତା ଓ ବେଦମନ୍ତ୍ର ପାଠରୁ ଓ ପ୍ରତ୍ୟାକ୍ଷିତା କାହୁଁ ଗାଇପାରିବ ସୃଷ୍ଟିର ଆଦ୍ୟଶ୍ଳୋକ 'ମା ନିଷାଦ ପ୍ରତିଷ୍ଠାଂ' ତ୍ୱମାଗମ୍ ଶାସ୍ୱତୀ ସମା" ।

ବରଂ ସେ' ଗୁଣୁଗୁଣୁ ହୋଇ ଅନ୍ତରରୁ ତା' ପରିବାର ପାଇଁ, ସନ୍ତାନ ପାଇଁ, ପ୍ରିୟମଣିଷଟିଏ ପାଇଁ ରଚିପାରିବ ଜୀବନ କାବ୍ୟ । ସକଳ ତ୍ୟାଗ ଓ ମମତ୍ୱ ସତ୍ତ୍ୱେ ଉପେକ୍ଷିତା ହେଲାପରି ବି' ସୃଷ୍ଟିକରିପାରିବ ଆଶୀର୍ବାଦର ମେଘମହ୍ଲାର । ପତି-ପୁତ୍ର-କନ୍ୟାର ସଂସାର ଚକ୍ରରେ ଘୂରିଘୂରି ସେ' ଯେଉଁ ଅନୁଭବ-ଅଭିଜ୍ଞତାର ରାଗିଣୀ ତୋଳିଛି, ତାହା ହେତୁ ସମଗ୍ର ସସାଗରା ଧରା ମଧୁକ୍ଷରାରେ ରୂପାନ୍ତରିତ ହୋଇପାରିଛି । ଏହା ହିଁ ତା'ର କାମ୍ୟ, ଏହା ହିଁ ତା'ର ସନ୍ତୁଷ୍ଟି । କେବଳ ଏତିକି ନୁହେଁ, "ନ ସ୍ତ୍ରୀ ସ୍ୱାତନ୍ତ୍ର୍ୟଂ ଅର୍ହତି"-ସ୍ତ୍ରୀ ସ୍ୱାଧୀନ ହେବାର ଯୋଗ୍ୟା ନୁହେ, ମନୁଙ୍କର ଏହି ବଜ୍ରନିର୍ଘୋଷ ବାଣୀକୁ ସସମ୍ମାନେ ଅସ୍ୱୀକାର କରିବାର ସ୍ପର୍ଦ୍ଧା କରିଛି । ଆପଣାର ପରାକାଷ୍ଠା ଓ ବୁଦ୍ଧିମତାରେ ନମ୍ରତାର ସହ ନିଜ ସାମର୍ଥ୍ୟକୁ ପ୍ରମାଣିତ କରିଛି । ଏ ହେଉଛି ନାରୀର ନମନୀୟତା-ଉଦାରତା-ମହନୀୟତାର ସ୍ପନ୍ଦିତ ସ୍ୱର ଝଙ୍କାର । ଯାହାର ନିକ୍ୱଣର ସ୍ପନ୍ଦନରେ ପୃଥ୍ୱୀ ହୋଇଛି ମଧୁମୟ-ଅମୃତମୟ । ବାସ୍ତବରେ, - "ନାରୀ କବିତ୍ୱଂ ଅର୍ହତି" ଅର୍ଥାତ୍ ନାରୀ କବି ହେବାର ଯୋଗ୍ୟ, ଏହାକୁ ପ୍ରମାଣିତ କରିଛି ନାରୀ । ନାରୀର ଅନ୍ତର୍ନିହିତ ପ୍ରତିଭା ଆଜି ସାହିତ୍ୟର ପ୍ରତିସ୍ତରରେ ପ୍ରସିଦ୍ଧ ଲାଭ କରିଛି । କେବଳ ଗଳ୍ପ, ଉପନ୍ୟାସ ନୁହେଁ ପ୍ରବନ୍ଧ, ନାଟକ ଏପରିକି କାବ୍ୟ ଜଗତରେ ମଧ୍ୟ ତା'ର ସ୍ଥିତିକୁ ସେ' ଦୃଢ଼ ଭାବରେ ପ୍ରତିପାଦିତ କରିଛି ।

ଏକଥା ସ୍ୱୀକାର କରିବାକୁ ହେବ, ଯେ' ଆଧୁନିକ ସାହିତ୍ୟର ପ୍ରାରମ୍ଭିକ ପର୍ଯ୍ୟାୟ ବେଳକୁ ଲେଖନୀ ଜଗତରେ ନାରୀର ସ୍ଥିତି ଗୌଣ ଥିଲା । ଅବଶ୍ୟ, ସତ୍ୟବାଦୀ ସାହିତ୍ୟର ଉନ୍ମେଷ କାଳରେ ନାରୀମାନେ ଅବଗୁଣ୍ଠନ ତଳୁ ବାହାରି ଜାତୀୟ ଆନ୍ଦୋଳନରେ ନିଜର ସହଭାଗିତା ପ୍ରଦର୍ଶନ କରିଥିଲେ । ଏ କ୍ଷେତ୍ରରେ ସବୁଜଯୁଗର ଆଦ୍ୟ ପର୍ଯ୍ୟାୟ ବେଳକୁ ବିଶିଷ୍ଟ ନାରୀ କବିମାନଙ୍କର ସୃଜନର ଉନ୍ମେଷ ଘଟାଇବାରେ ଏହା ମୁଖ୍ୟତଃ ସହାୟକ ହୋଇଥିବାର ମନେହୁଏ । ଏପରିକି, କୁନ୍ତଳା କୁମାରୀ ଓ ତତ୍ପରବର୍ତ୍ତୀ କବିମାନେ ଏହି ସମୟ ବେଳକୁ ନାରୀର ସ୍ଥିତିକୁ ବଳିଷ୍ଠ କରେଇବାରେ ପ୍ରମୁଖ ଭୂମିକାରେ ଅବତୀର୍ଣ୍ଣ ହେଲେଣି । କୁନ୍ତଳାକୁମାରୀଙ୍କ ପୂର୍ବବର୍ତ୍ତୀ କାଳକୁ ଅନୁମାନ କଲେ ଯେଉଁ ନାରୀ ପ୍ରତିଭାମାନ ତାଙ୍କ ଲେଖନୀର ସ୍ପର୍ଶରେ ସମାଜକୁ ଏକ ସଚେତନତାର ବାର୍ତ୍ତା ଦେଇଛନ୍ତି, ସେମାନଙ୍କ ମଧ୍ୟରେ ୧୮୨୯ ସାଲରେ ଜନ୍ମିତା ସୁଲକ୍ଷଣା ଦେବୀ (ତିଗିରିଆର ଗଡ଼ଜାତ ଅଞ୍ଚଳ)

ନିଜର ପ୍ରତିଭାର ପ୍ରମାଣ ସ୍ୱରୂପ, 'ପାରିଜାତ ମାଳା' ରଚନା କରିସାରିଲେଣି । ନାରୀ ତା'ର ଆନ୍ତରିକ ଅଭିପ୍ସା-ପୀଡ଼ା-ଗ୍ଲାନି ତା'ର ଇଚ୍ଛା-ଅନିଚ୍ଛା, ତା'ର ବିଶ୍ୱାସ-ଅବବୋଧକୁ ରୂପ ଦେବାର ସ୍ୱାଧୀନତା କ୍ରମଶଃ ପରିସ୍ଫୁଟ କଲାଣି । ଏ କ୍ଷେତ୍ରରେ ଅନ୍ନପୂର୍ଣ୍ଣା ମହାରଣାଙ୍କ ଭଳି ନାରୀ ପ୍ରତିଭା ଅନ୍ୟତମା । ତାଙ୍କର ଆତ୍ମଜୀବନୀ 'ଅମୃତ ଅନୁଭବ'ରୁ ତତ୍କାଳୀନ ସମାଜ, ଏପରିକି ସମ୍ଭ୍ରାନ୍ତ ଘରର କୁଳବଧୂ ମାନଙ୍କର ଲୋକାଚାର ମାଧ୍ୟମରେ ନାରୀ ଜୀବନର ପ୍ରମାଦ ବେଶ୍ ହୃଦୟଙ୍ଗମ କରିହୁଏ । ତାଙ୍କ ଭାଷାରେ, "ଝିଅ ଜନମ କରିଛି, ତେଣୁ ମୋ ବୋଉ ଛାତିରେ କାତେ ପାଣି- କାଳେ ଝିଅ ନାଆଁ ପକେଇବ, ବୋଲଣା ଶୁଣିବ ।" ଝିଅ ଜନ୍ମ ହେଉ, ହେଉ, ଶାଶୁଘରର ବ୍ୟାପାରଟା ବେଶ୍ ପରିଲକ୍ଷିତ ହୋଇଥାଏ, ଝିଅକୁ ଆଗାମୀ ଭବିଷ୍ୟତ ପ୍ରତି ସଚେତନ କରିବାକୁ ଯାଇ ମା' ଅନ୍ତରରୁ ଯେଉଁ ଆଶ୍ୱାସନା ଟିକକ ଝରିପଡ଼ିଛି, ତାହା କବିଙ୍କ ଭାଷାରେ:

"ମୋ କୁନିକୁ ମାଇଲେ ଶାଶୁ/
ଦେଇ ପଠାଇବି ଡୋଲା ଗଉଡ଼କୁ
ମୋ କୁନି ଶାଶୁଘରୁ ଆସୁ
× ×× ମୁଁ ଡୋଲା ଆଗେ ଦେବି ଗାଇ
ସାଇ ପଡ଼ିଶା ଦେଖି କହୁଥିବେ/ଧନ୍ୟ ତା'ର ବାପ-ଭାଇ ।"

ଏଥିରୁ ସ୍ପଷ୍ଟ ବାରି ହୋଇପଡ଼େ, ନାରୀର ବୈବାହିକ ଜୀବନ ତତ୍କାଳୀନ ସମାଜରେ କେଡ଼େ ଦୁର୍ବିସହ ଥିଲା । ସେ' ଶାଶୁ ଠୁ ମାଡ଼ ଖାଇବ ନିଶ୍ଚିତ । ସେଥିପାଇଁ ମା'ମନ ଭାର-ଥୁର ଦେବାରେ ଯତ୍ନଶୀଳା ଥିଲା । ଏ ନାନା ବାୟା ଗୀତରେ ମାତୃ ହୃଦୟର ବେଦନାବୋଳା ଅଭିବ୍ୟକ୍ତି ପ୍ରକଟିତ ହୋଇନି ଯେ' ଝିଅ ଜୀବନର ଅସହାୟତା ଓ କାରୁଣ୍ୟ ଫୁଟି ଉଠିଛି । କବି ହୃଦୟ ଆବେଗରେ ଢଳଢଳ ହୋଇଛି । ନାରୀ ଜୀବନର ଦୁର୍ଦ୍ଦଶା ଅଙ୍କନରେ କବି ଅନ୍ନପୂର୍ଣ୍ଣା ତତ୍କାଳୀନ ସମାଜର ଅନ୍ଧବିଶ୍ୱାସକୁ ରୂପ ଦେଇଛନ୍ତି ।

ଯେଉଁ ସମୟରେ, ପାଶ୍ଚାତ୍ୟ ନାରୀବାଦର ଅସ୍ତିତ୍ୱ କିଛି ନଥିଲା । ସେ' ସମୟର ବହୁପୂର୍ବରୁ ନାରୀ ନେତ୍ରୀ-ଲେଖିକା-ସ୍ୱାଧୀନତା ସଂଗ୍ରାମୀ ସରଳା ଦେବୀଙ୍କ

'ନାରୀ ଅସ୍ମିତା' ସପକ୍ଷରେ ତାଙ୍କର ପ୍ରବନ୍ଧ ପୁସ୍ତକ "ନାରୀର ଦାବି" ପ୍ରକାଶିତ ହୋଇଛି । ଏଥିରେ ସରଳା ଦେବୀଙ୍କର ଯେଉଁ ଅଗ୍ନି ବର୍ଷୀ ବାଣୀ ବ୍ୟକ୍ତ ହେଇଛି, ତାହା ବାସ୍ତବିକ୍ ନାରୀ ମନୋଦଶାକୁ ପ୍ରକଟ କରିଥିବାର ମନେହୁଏ । ତାଙ୍କ ପ୍ରବନ୍ଧରେ ସେ' କହିଛନ୍ତି "ମୁଁ କହୁଛି, ସ୍ତ୍ରୀ ଦେହ ସ୍ୱାମୀର ହୋଇପାରେନା, ଏହା ତା'ର ନିଜସ୍ୱ ସଂପତ୍ତି, ସ୍ୱାମୀର ନୁହେଁ । ନିଜ ଇଚ୍ଛା ଅନୁସାରେ ସେ' ସ୍ୱାମୀକୁ ପରିତ୍ୟାଗ କରିପାରେ । ସେ' ତା'ର ବ୍ୟବସାୟ ନିର୍ବାଚନ କରିପାରେ, ମନମୁତାବକ ରାଜନୀତିକି ଦଳରେ ଯୋଗଦାନ କରିପାରେ । ସନ୍ତାନ-ପ୍ରସବ କରିବ କି' ନା ଏ ସମ୍ବନ୍ଧରେ ତା'ର ସମ୍ପୂର୍ଣ୍ଣ ଅଧିକାର ଅଛି, ଏବଂ କେବେ ସନ୍ତାନ ଜନ୍ମ କରିବ, ତାହା ସେ' ସ୍ଥିର କରିପାରେ । ବିବାହକୁ ମୂଳକରି କୌଣସି ସ୍ତ୍ରୀ ଲୋକକୁ ନିଜ ଅଧୀନରେ ରଖିପାରିବ ନାହିଁ । ପରସ୍ପରର ଦୟା, ପରସ୍ପରର ଶାଳୀନତା, ପରସ୍ପର କ୍ଷମା ଓ ତ୍ୟାଗ ସର୍ବୋପରି ବିବାହ ପରସ୍ପରର ନୈତିକତା ଉପରେ ପୁରା ନିର୍ଭରକରେ ।"

ନାରୀ ସୁରକ୍ଷା ଓ ତା'ର ଆତ୍ମିକ ମର୍ଯ୍ୟାଦା ନିମିତ୍ତ ସରଳା ଦେବୀ ଯେଉଁ ଦୃଢ଼ ମନ୍ତବ୍ୟ ଦେଇଥିଲେ, ତାହାର ପ୍ରାସଙ୍ଗିକତାକୁ ଉପଲବ୍ଧି କରାଯାଇପାରେ । ଯେଉଁ ସମୟରେ ବିଶ୍ୱର ପାଶ୍ଚାତ୍ୟ ଦେଶମାନଙ୍କରେ 'ନାରୀବାଦ'ର ଜନନୀ ଭାବରେ "ସାଇମନଡି ବୁଭା" (Simon de Beauvoir) ଙ୍କ ନାମ ଶ୍ରୁତିଗୋଚର ହୋଇନାହିଁ, ସେ' ସମୟ ବେଳକୁ ଓଡ଼ିଶାର ନାରୀ ପ୍ରତିଭା ସରଳା ଦେବୀଙ୍କର ନାରୀ ସ୍ୱାଧୀକାର ସଂପର୍କିତ ପ୍ରବନ୍ଧମାନ ପ୍ରକାଶିତ ହେଲାଣି । ସରଳା ଦେବୀ ଥିଲେ ଦୃଢ଼ମନା, ସ୍ୱାଧୀନତା ସଂଗ୍ରାମୀ ଏବଂ ବଳିଷ୍ଠ ଲେଖିକା । ସେ' କେବଳ ନାରୀର ମର୍ଯ୍ୟାଦାର କଥା ନୁହେଁ, ତା'ର ନାରୀ ହୋଇ ଜନ୍ମର ବିଡ଼ମ୍ବନାକୁ ଅସ୍ୱୀକାର କରିଥିଲେ । କନ୍ୟା ଓ ପୁତ୍ର ମଧ୍ୟରେ ସାମାଜିକ ବାଛନ୍ଦକୁ ସେ' ଦୃଢ଼କଣ୍ଠରେ ନିନ୍ଦା କରିଥିଲେ । ଊନବିଂଶ ଶତାବ୍ଦୀର ଆୟମାରମ୍ଭ ଥିଲା ନାରୀ ଅସ୍ତିତ୍ୱର ଆବାହନ କାଳ । ଏହି ସମୟ ବେଳକୁ ନାରୀ ସମାଜର ପ୍ରତିଟି କ୍ଷେତ୍ରରେ ନିଜର ପ୍ରବେଶକୁ ଦୃଢ଼ତାର ସହ ପ୍ରତିପାଦନ କରିବାକୁ ଆଗେଇ ଆସିଲାଣି । ଏପରିକି ବିପ୍ଲବିନୀ ଭାବରେ ପୁରୁଷ ସହ ସମକକ୍ଷ ହୋଇ ଦେଶ ଗଠନରେ ନିଜର ଅଧିକାର ସାବ୍ୟସ୍ତ କରିଲାଣି ।

ଏ ପରିପ୍ରେକ୍ଷୀରେ ନାରୀ କବି ବିଦ୍ୟୁତ୍‌ପ୍ରଭା ଦେବୀ ନାରୀର ଜୀବନ ସଂଗ୍ରାମକୁ ନେଇ ଅନେକ କାବ୍ୟ-କବିତା ଲେଖିଲେଣି । ନାରୀ ହବାର ବିଡ଼ମ୍ବନା

ନାରୀଟିଏ ବେଶ୍ ଭୋଗେ । ପାରିବାରିକ ଗଂଜଣା, ଶାଶୁ-ନଣନ୍ଦଙ୍କ କଷଣକୁ ନୀରବରେ ସହିବା ଛଡ଼ା ନାରୀର ଅନ୍ୟ କୌଣସି ଗତି ହିଁ ନଥିଲା । ତାଙ୍କ ରଚିତ କବିତା, "ଶିଉଳି ପଡ଼େ ଝରି" ତତ୍‌କାଳୀନ ସମାଜର ପରଂପରା ଏବଂ ଶାଶୁଘରର ଅକଥନୀୟ ଯନ୍ତ୍ରଣାର ସ୍ପଷ୍ଟଚିତ୍ର ଦେଖିବାକୁ ମିଳେ । ନାରୀ ଜୀବନର ଅସହାୟତା ଏଥିରୁ ବେଶ୍ ବାରି ହୋଇପଡେ । କବିଙ୍କ ଭାଷାରେ :

"ଏଣେ ନାରୀ ଜୀବନ ତ ରଡ଼ ନିଆଁ
ତେଣେ ଗୃହ ଜଂଜାଳ କିରୋସିନି"

× × ×

"ଏଣେ ପିଠଉ ହେଇଚି ଦରବଟା
ଆଲୋ କୁଆଡ଼େ ଗଲାକି ବଡ଼ବୋହୂ

× × ×

"ମୁଁ କି ଲେଖି ଦେଇଛି ଯେ ଜୀବନଟା
ସଦା ବିକି ଦେଇଥିବି ଘରକାମେ ।"

(ଶାଶୁଘର ଜନିତ ପୀଡ଼ା ଅବସାଦ)

ବିଭାଘର ପରେ ନାରୀ ଜୀବନ ଯାବତୀୟ ଗୃହ ଜଂଜାଳ ଭିତରେ କଟିଯାଏ । ତା'ର ସ୍ୱପ୍ନ, ଆବେଗ, ଇଚ୍ଛା-ଅନିଚ୍ଛା ଚାରି କାନ୍ଥ ଭିତରେ ହିଁ ରହିଯାଏ । ସନ୍ତାନ ଜନ୍ମଠୁ ତା'ର ପାଳନ-ପୋଷଣ ତଥା ଗୃହର ସମସ୍ତ କାମ ଘରଠୁ ବାଡ଼ି ପର୍ଯ୍ୟନ୍ତ ଲମ୍ବିଥାଏ । ଏ ଭିତରେ ସୁଖ ମିଳୁ ବା ନ ମିଳୁ, ଦୁଃଖ ଗଂଜଣା, ନାନା ଟାହି ଟାପରା ମିଳୁଥାଏ ତାକୁ । ଜୀବନର ସମସ୍ତ ହଳାହଳ କୁ ପିଇ ତା'ର ଜୀବନ ଚାଲିଥାଏ । ତ୍ୟାଗ ଓ ସେବାରେ ନାରୀ ହୁଏତ ତା' ଜୀବନର ସାର୍ଥକତା ଦେଖେ । ତେଣୁ, ଜୀବନକୁ ଆଦରି ନେବା ଛଡ଼ା ଅନ୍ୟ ଉପାୟ ହିଁ ନଥାଏ ତା'ରି ପାଇଁ । ନାରୀ ଏକ ସ୍ୱୟଂ ସଂପୂର୍ଣ୍ଣ ସତ୍ତା । ତା'ର କାମନା-ବାସନା ଅଛି, ତା'ର ମନ ଅଛି ଆଉ ଏଇ ମନ ଟିକକରେ ଅନେକ ଅଭିପ୍ସା, ସେସବୁ ବୁଝିବାକୁ କାହାର ବେଳ ନଥାଏ । କିନ୍ତୁ, ଦେଖିବାକୁ ଗଲେ, ୧୯୭୦ ପରବର୍ତ୍ତୀ କାବ୍ୟଚେତନାରେ ନାରୀର ପ୍ରତିବଦ୍ଧତାର ସ୍ୱର ଫୁଟି ଉଠିଛି । ବହୁକ୍ଷେତ୍ରରେ ତା'ର ପ୍ରତିଭା ବିକଶିତ ହୋଇଛି ।

ଆଲୋଚ୍ୟ କାଳରେ ନାରୀର ସଶକ୍ତ ସ୍ୱର ବେଶ୍ ପରିଲକ୍ଷିତ ହୁଏ । ସେ' ଘରିକାନ୍ଥରୁ ବାହାରି ପୁରୁଷ ସହ ସମକକ୍ଷ ହୋଇଛି । ଆପଣା ପ୍ରତିଭା ଓ ପାଣ୍ଡିତ୍ୟରେ ବିଶ୍ୱଦରବାରରେ ସୁନାମ ଅର୍ଜନ କରିଛି । ନାରୀ କାନ୍ଧରେ ବସିଥିବା ପତି ପରମ ଗୁରୁ-ପତି ଇହକାଳ-ପରକାଳର ଦେବତାର ବୁଚ୍ କୁ ସେ' ଅଗ୍ରାହ୍ୟ କରିବାର ସ୍ପର୍ଦ୍ଧା କରିଛି । ତା'ର ଅନ୍ୟାୟ-ଅବିଚାର ବିରୁଦ୍ଧରେ ସ୍ୱର ଉତ୍ତୋଳନର ସାମର୍ଥ୍ୟ ରଖିଛି । ସେ' ଦୃଢ଼ମନା ହୋଇ ଛିଡ଼ା ହୋଇଛି । ପୁରୁଷ ତାନ୍ତ୍ରିକ ସମାଜର ଏକଚାଟିଆ ବ୍ୟବସ୍ଥା ବିରୁଦ୍ଧରେ ମୁହଁ ଖୋଲିଛି । ଅନ୍ୟାୟ-ଅବିଚାର ବିରୁଦ୍ଧରେ ସ୍ୱର ଉତ୍ତୋଳନ କରିଛି ସାହିତ୍ୟରେ । ବିଶେଷତଃ ଓଡ଼ିଆ କାବ୍ୟ-କବିତା ମାଧ୍ୟମରେ ନାରୀ ସଚେତନତାର ସ୍ୱର ପ୍ରତିଫଳିତ ହୋଇଛି । ସାଧାରଣତଃ 'ନାରୀବାଦ'କୁ ସଂକୁଚିତ ଦୃଷ୍ଟି ନେଇ ସମାଜର ତଥାକଥିତ ବଡପଣ୍ଡାମାନେ ଦେଖୁଥିବାବେଳେ ଆଉକିଛି, ଏହ ନାରୀବାଦୀ ସାହିତ୍ୟକୁ ନାରୀ ଲିଖିତ ସାହିତ୍ୟ ଭାବରେ ବିବେଚନା କରନ୍ତି । ନାରୀ ଅସ୍ମିତା ସହ ଜଡ଼ିତ ସମସ୍ୟା ମାନଙ୍କୁ ସେମାନଙ୍କର ଉଚ୍ଛୃଙ୍ଖଳତାର ପରିଣାମ ବୋଲି ଧରି ନିଅନ୍ତି । ଖବରକାଗଜ ଖୋଲିଲା ମାନେ ହିଁ ଅନେକ କାହାଣୀର ଘନଘଟା । ପ୍ରତିଦିନ ନାରୀ ଉପରେ ଏପରିକି ଶିଶୁ କନ୍ୟା ଉପରେ ହେଉଥିବା ଦୁଷ୍କର୍ମ ମାନଙ୍କର ଚିତ୍ର ଦେଖିବାକୁ ମିଳେ । ଏସବୁ ଅନ୍ୟାୟ ନୁହେଁ ତ ଆଉ କ'ଣ ? ସମାଜର ଏ ନିମ୍ନ ମାନସିକତାର ପରିବର୍ତ୍ତନ ନହେଲେ ନାରୀବାଦ କ'ଣ ପୁରୁଷବାଦ ମଧ୍ୟ ପରବର୍ତ୍ତୀ ପର୍ଯ୍ୟାୟରେ ମୁଣ୍ଡ ନ ଟେକିବ ଏକଥା କିଏ କହିବ ? ଆଧୁନିକ ଓଡିଆ କବିତାରେ, ନାରୀର ଅବସାଦ ଓ ଆର୍ତ୍ତନାଦ ପ୍ରତିଫଳିତ ହୋଇଛି । ଯାହା ସମାଜର ପକ୍ଷପାତ ନୀତିକୁ ପ୍ରତିଫଳିତ କରିଛି କହିଲେ ଅତ୍ୟୁକ୍ତି ହେବ ନାହିଁ ।

ବିଶେଷତଃ, ଓଡ଼ିଆ ସାହିତ୍ୟରେ 'ନାରୀବାଦ' କୁ ନେଇ ବହୁ ମତଭେଦ ଦେଖାଯାଏ । ତେଣୁ, ନାରୀବାଦୀ ସାହିତ୍ୟକୁ ନେଇ ଗୋଟେ ଅସ୍ପଷ୍ଟ ଧାରଣା ଦେଖିବାକୁ ମିଳେ । ନାରୀର ନୀରବ ଯନ୍ତ୍ରଣାର ଚିତ୍ରକୁ ଓଡ଼ିଆ କାବ୍ୟ-କବିତାରେ ସ୍ପଷ୍ଟ ଭାବରେ ଚିତ୍ରଣ କରାଯାଇଛି । ଏ କ୍ଷେତ୍ରରେ କୁନ୍ତଳା କୁମାରୀଙ୍କ ଜୀବନ ଯନ୍ତ୍ରଣା କିଛି କମ୍ ନୁହେଁ । ଉଚ୍ଚ ଶିକ୍ଷିତା ନାରୀ ହେଲେ ମଧ୍ୟ ତାଙ୍କ ଜୀବନରେ ଅନେକ ଘାତ-ପ୍ରତିଘାତ ଆସିଛି । ସ୍ୱାଧୀନତା ସଂଗ୍ରାମରେ ରମାଦେବୀ, ମାଳତୀ

ଚୌଧୁରୀ, ସରଳା ଦେବୀ ଆଦି ମହୀୟସୀ ନାରୀମାନଙ୍କ ପ୍ରେରଣାରେ ଓଡ଼ିଶାର ସାଧାରଣ ନାରୀମାନେ ମଧ୍ୟ ଅବଗୁଣ୍ଠନରୁ ବାହାରି ଆସିଥିଲେ । ପୁରୁଷ ଓ ନାରୀ ଯେ' ସମାନ ଗୁରୁତ୍ୱ ବହନ କରନ୍ତି, ଏ କଥା କ୍ରମଶଃ ସେ' ସମୟ ବେଳକୁ ଓଡ଼ିଶାର ନାରୀମାନେ ବୁଝିସାରିଲେଣି । ଯଦିଓ ବିଂଶ ଶତକ ବେଳକୁ ନାରୀ ଅସ୍ମିତାର ସ୍ୱର ତୀର୍ଯ୍ୟକ୍ ଭାବରେ ଫୁଟି ଉଠିଲାଣି, କିନ୍ତୁ ସ୍ୱାଧୀନତା ପୂର୍ବବର୍ତ୍ତୀ ସମୟରୁ ନାରୀ ସଚେତନତା କ୍ରମଶଃ ଜାଗ୍ରତ ହୋଇଛି ବୋଲି ଧରିନେବାକୁ ହେବ । ଏହାଦ୍ୱାରା ବହୁଯୁଗରୁ ନିଷ୍ପେସିତା-ଲାଞ୍ଛିତା ନାରୀମାନଙ୍କର ସ୍ଥିତି ଧୀରେ ଧୀରେ ପରିବର୍ତ୍ତନ ମାର୍ଗରେ ଗତି କରିଛି ବୋଲି ବୁଝିବାକୁ ହେବ । ଏଥିରୁ ସ୍ପଷ୍ଟ ଅନୁମାନ କରି ହୁଏ, ଯେଉଁ ନାରୀ କବିମାନେ ନାରୀ ଅସ୍ମିତା ଓ ତା'ର ଜୀବନ ଯନ୍ତ୍ରଣାର ଚିତ୍ର ଆଙ୍କିବାକୁ ଯାଇ କବିତାମାନ ରଚନା କରିଛନ୍ତି, ସେହି କବିତା ପରୋକ୍ଷରେ ସମାଜର ପକ୍ଷପାତିତା-ଅବିଚାର ପ୍ରତି ଅଙ୍ଗୁଳି ନିକ୍ଷେପ କରୁନାହିଁ କି ? ପୁରୁଷତନ୍ତ୍ରର କ୍ଷମତାଧିକ ଶକ୍ତିର ପରିଣାମ ଏଥିରୁ ସ୍ପଷ୍ଟ ଭାବରେ ପରିପ୍ରକାଶ ହୋଇଛି ।

ନାରୀ ଏକ ମଣିଷ, ତା'ର ସ୍ୱାତନ୍ତ୍ର୍ୟ ଅଛି । ଏକଥା ସମାଜ ଆଖିରେ ଯାଏନା । ଆପଣାକୃତ ଛଳନା, ପ୍ରବଞ୍ଚନାର ମାୟାଜାଲରେ ନାରୀକୁ ସଂକୁଚିତ କରିବାର ଚେଷ୍ଟା କରେ । ସମାଜର ବିଧି-ବ୍ୟବସ୍ଥାକୁ ଯଦି ବିଚାର କରିବା, ଆମେ କୁସଂସ୍କାର ପୂର୍ଣ୍ଣ ପରଂପରା ହିଁ ପାଇବା । ଯାହା, ପୁରୁଷ ଦ୍ୱାରା ସୃଷ୍ଟ, ନାରୀମାନଙ୍କ ନିମିତ୍ତ ଉଦ୍ଦିଷ୍ଟ । ଏ ସଂସାର ଉଭୟଙ୍କର । ଉଭୟଙ୍କ ସାହାଯ୍ୟ ଓ ସହଯୋଗରେ ସମାଜର ପ୍ରଗତି ସମ୍ଭବ ହେବ । ମାତ୍ର ଦୁର୍ଭାଗ୍ୟର ବିଷୟ ପୁରୁଷମାନେ ପ୍ରଥମ ଶ୍ରେଣୀର ନାଗରିକ ଭାବରେ ଜୀବନ ନିର୍ବାହ କଲାବେଳେ, ନାରୀକୁ ଦ୍ୱିତୀୟ ଲିଙ୍ଗ (Second Sex) ଭାବରେ ବିବେଚନା କରାଯାଏ । ଏହି ଅବିଚାର ଓ ବିଦ୍ୱେଷକୁ ବିରୋଧ କରିବାକୁ ଯାଇ ଶ୍ରୀମତୀ ସରୋଜିନୀ ସାହୁ ତାଙ୍କର 'ଓଡ଼ିଆ କଥା-ସାହିତ୍ୟରେ ନାରୀବାଦ' ପ୍ରବନ୍ଧରେ ଯେଉଁ ଯୁକ୍ତି ବାଢ଼ନ୍ତି, ତାକୁ ନିମ୍ନମତେ ଉଲ୍ଲେଖ କରାଯାଇପାରେ:

" 'XX' ଏବଂ 'XY' କ'ଣ ଦୁଇଟି ନିରୀହ ବର୍ଣ୍ଣମାଳା ? ତେବେ, ଗୋଟେ 'Y' ରହିବା ନ ରହିବା ଉପରେ ହିଁ କାହିଁକି ବଦଳିଯାଏ ଜୀବଟିଏର

ସମଗ୍ର ଜୀବନ । ସେଇ ଜୀବର ସମାଜ, ରାଜନୀତି, ଇତିହାସ, ଭୂଗୋଳ,ଅର୍ଥନୀତି ସହ ଯାବତୀୟ ମାନଚିତ୍ର । XXX ହିଁ ଯେଉଁମାନେ 'XX' କ୍ରୋମୋଜମରୁ ତିଆରି ସେମାନେ ଭିନ୍ନ 'XY' କ୍ରୋମଜମ୍‌ରୁ । ଅଲଗା ତାଙ୍କର ଦୃଷ୍ଟିଭଙ୍ଗୀ ଅଲଗା ତାଙ୍କର ଅନୁଭୂତି ବୋଧେ । ସେମାନଙ୍କର ଅସହାୟତା ବି' ଅଲଗା ।"

– ସରୋଜିନୀ ସାହୁ:ଓଡ଼ିଆ କଥା- ସାହିତ୍ୟରେ ନାରୀବାଦ

ବାସ୍ତବରେ ନାରୀ-ପୁରୁଷ ଭିତରେ ଚିରାଚରିତ ବୈଷମ୍ୟ ଆଜିର ନୁହେଁ । ଏପରିକି ଈଶ୍ୱରଙ୍କର ଅର୍ଦ୍ଧନାରୀଶ୍ୱରଙ୍କର ମଧ୍ୟ ଏହି ସମାନତା ନାହିଁ । ଈଶ୍ୱରଙ୍କ ଡାହାଣ ପଟଟି ପୁରୁଷ ହେଲାବେଳେ ବାମପାର୍ଶ୍ୱଟି ନାରୀ । ସେ'ଲାଗି ସେ' ବାମାଙ୍ଗୀ-ବାମା । ବାମ ପାର୍ଶ୍ୱ ଦୁର୍ବଳ, ଡାହାଣ ପାର୍ଶ୍ୱରେ ମନୁଷ୍ୟ ସବୁ କାର୍ଯ୍ୟ ସଂପାଦନ କରିଥାଏ । ଏଥିରୁ ସ୍ପଷ୍ଟ ଜାଣିହୁଏ, ଈଶ୍ୱରଙ୍କ ବାମ ପାର୍ଶ୍ୱରେ ନାରୀର ସ୍ଥାନ କାହିଁକି ? କାରଣ ସେ' ଦୁର୍ବଳା, ଅବଳା । ପୁରାଣରେ ଅନେକ କାହାଣୀ ଆମ ଦୃଷ୍ଟି ପରିସରକୁ ଆସେ, ଯେଉଁଠି ନାରୀ ପାଇଁ ପରମ୍ପରାର ଲକ୍ଷ୍ମଣ ରେଖା କିନ୍ତୁ ପୁରୁଷ ପାଇଁ, ଏସବୁର ମାନେ କିଛି ନାହିଁ । କାରଣ ସବୁ ବିଧି-ବ୍ୟବସ୍ଥା ପୁରୁଷ କୃତ । ତେଣୁ ସମସ୍ତ ନୀତି-ନିୟମ ନାରୀପାଇଁ ।

ଶଙ୍କରାଚାର୍ଯ୍ୟଙ୍କ ପରି ପଣ୍ଡିତ ମଧ୍ୟ ଏହି ନିମ୍ନ ମାନସିକତାରୁ ମୁକ୍ତ ନଥିଲେ । ନିଜେ ମାତୃ ଶକ୍ତିର ନିରାଜନା କରୁଥିଲେ ହେଁ "ନାରୀକୁ ନର୍କର ଦ୍ୱାର" ବୋଲି ବିବେଚନା କରୁଥିଲେ । ବଡ଼ ଦୁଃଖ ଓ ପରିତାପର ବିଷୟ । ଯେଉଁ ନାରୀ ସୃଷ୍ଟିର ମାଧ୍ୟମ, ସେ' କିଭଳି ନର୍କର ଦ୍ୱାର, ଯେଉଁ ନାରୀ ସୃଷ୍ଟିର ମାଧ୍ୟମ, ସେ' କିଭଳି ବିପଦର ହେତୁ । ନାରୀ ପ୍ରତି ଏଭଳି ମାନସିକତା ରଖୁଥିବା ମଣିଷ ଯେ' ଈଶ୍ୱରଙ୍କ ନିରାଜନା କରିବାର ଅଧିକାର ରଖନ୍ତି, ତାହା ଖୁବ୍ ଆଶ୍ଚର୍ଯ୍ୟ ଲାଗେ ।

ଏ ସବୁ ଅନ୍ତରାଳରେ ପୁରୁଷତାନ୍ତ୍ରିକ ସମାଜର ଆଧିପତ୍ୟ ହିଁ ପ୍ରତିଫଳିତ ହୋଇଛି । ବିଷାଦ ବୋଧର ଏହି ବ୍ୟୁହ ଭିତରୁ ନାରୀଟିଏ ମୁକ୍ତିର ମାର୍ଗ ଖୋଜିଛି । ଏହି ମୁକ୍ତିକାମୀ ମାର୍ଗ ହେଉଛି ଶିକ୍ଷା । ଯାହାର ପ୍ରଭାବରେ ନାରୀ ସଶକ୍ତ ହୋଇ ଛିଡା ହେବାର ଆସ୍ପର୍ଦ୍ଧା କରିଛି । ବିଶେଷତଃ ଦେଖିବାକୁ ଗଲେ ସ୍ୱାଧୀନତା ପରବର୍ତ୍ତୀ କାବ୍ୟ ଧାରାରେ ନାରୀର ଏହି ସବୁ ସମସ୍ୟା ଏବଂ ତା'ର ନିଦାନର ପଥ ପରିଷ୍କାର କରାଯିବାର ସଚେଷ୍ଟ ହୋଇଛି । କବି ସ୍ୱଭାବତଃ ସମାଜ ସୁଧାରକ । ସ୍ୱତନ୍ତ୍ରତଃ

ଓଡ଼ିଆ କବିତା (ସ୍ୱାଧୀନତା ପରବର୍ତ୍ତୀ) ଏ କ୍ଷେତ୍ରରେ ଏକ ବଳିଷ୍ଠ ଭୂମିକା ଗ୍ରହଣ କରିଛି । ସାମଗ୍ରିକ ଭାବରେ ଦେଖିବାକୁ ଗଲେ ୧୯୫୦ ପରବର୍ତ୍ତୀ କବିତା ସବୁ ମନୁଷ୍ୟର ବାସ୍ତବାୟିତ ପ୍ରତିଚ୍ଛବିକୁ ଉତ୍କୀର୍ଣ୍ଣ କରିବାରେ ସଫଳ ହୋଇଛି । ଆଧୁନିକ ଜନଜୀବନରେ ସମସ୍ୟା ଅନେକ । ଏହି ସମସ୍ୟା ମାନଙ୍କର କେବଳ ସଫଳ ରୂପାୟନରେ କବିତା ସମର୍ଥ ହୋଇଛି ତା ନୁହେଁ ବରଂ ତା'ର ନିରାକରଣ ଦିଗରେ ମଧ୍ୟ କାର୍ଯ୍ୟ କରିଛି । ଏ ପରିପ୍ରେକ୍ଷୀରେ ୧୯୫୦ ରୁ ୧୯୮୦ (୩୦ବର୍ଷ) ର କାବ୍ୟଧାରାରେ ଅନେକ ପରିବର୍ତ୍ତନର ସ୍ୱର ଅନୁରଣିତ ହେବାର ମନେହୁଏ । ଏହିସବୁ ପର୍ଯ୍ୟାୟର କବିତାରେ ନାରୀ ଜୀବନ ଓ ଜଞ୍ଜାଳ ଜଡିତ ବହୁବିଧ ସମସ୍ୟାମାନ ପ୍ରତିଫଳିତ ହୋଇଛି । ଦେଶ ବିଭାଜନ, ବିସ୍ଥାପନ, ଜୀବନ ଜୀବିକାର ସନ୍ଧାନ ଏବଂ ପରିସ୍ଥିତିର ତାଡ଼ନାରେ ନାରୀର ଜୀବନ ସନ୍ତୁଳି ହୋଇଛି । ଜଗତୀକରଣର ଅବ୍ୟବହିତ ପୂର୍ବରୁ ଜୀବନର ମାନ ମଧ୍ୟ ବଳିଷ୍ଠ ହେବାକୁ ଆରମ୍ଭିଛି । ନୂତନ ଜ୍ଞାନ-ବିଜ୍ଞାନର ଆବାହନୀ ଭିତରେ ନାରୀର ଜୀବନ ଦୋ'ଛକି ଭିତରେ ଛିଡା ହେଇଛି । ତା ସମ୍ମୁଖରେ ଦୁଇଟି ମାର୍ଗ । ପାରମ୍ପରିକତାକୁ ଅଗ୍ରାହ୍ୟ କରିବାର ଆସ୍ପର୍ଦ୍ଧା କରିବ ନା' ଆଧୁନିକତାକୁ ଆହ୍ୱାନ କରିବ ? ଏହିସବୁ ଦ୍ୱନ୍ଦ୍ୱ ଭିତରେ ନାରୀର ଅସ୍ମିତା ରକ୍ଷା ଏକ ମୁଖ୍ୟ ପ୍ରସଙ୍ଗ ହୋଇ ଛିଡା ହୋଇଛି, ଏ ପର୍ଯ୍ୟାୟର କବିତା ମାନଙ୍କରେ ନାରୀର ସ୍ଥିତି ସାମାନ୍ୟ ସୁଦୃଢ ହୋଇଛି, କିନ୍ତୁ ବଳିଷ୍ଠ ନୁହେଁ । ଯଦିଓ ତା'ର ମନୋଦଶା ବହୁ ଭାବରେ ମିଶ୍ରିତ ଆଶଙ୍କା ଓ ଆତଙ୍କ ଭିତରେ ପ୍ରତିବିମ୍ବିତ ହୋଇଛି । କିନ୍ତୁ ତାହା ସ୍ପଷ୍ଟ ଓ ନିଶ୍ଚିତ ବୋଲି କୁହାଯାଇନପାରେ ।

ନାରୀ ଜୀବନର ଘାତ, ପ୍ରତିଘାତ, ସାମାଜିକ ସ୍ଥିତି ସେହି ତଥାକଥିତ ପରମ୍ପରିକତାର ବଳୟ ଭିତରେ ଫୁଟିଉଠିଛି । ତଥାପି ଏହି ପରିସ୍ଥିତିରୁ ମୁକୁଳିବାର ପ୍ରତିଶ୍ରୁତି ଦେବାରେ ସ୍ୱାଧୀନତା ପରବର୍ତ୍ତୀ ଓଡ଼ିଆ କବିତାର ପ୍ରଧାନ୍ୟକୁ ସ୍ୱୀକାର କରିବାକୁ ହେବ । ସଚ୍ଚି ରାଉତରାୟ, କୃଷ୍ଣଚରଣ ବେହେରା, ଗୁରୁପ୍ରସାଦ ମହାନ୍ତି, ବିଭୁଦତ୍ତ ମିଶ୍ର, ରମାକାନ୍ତ ରଥ, ସୀତାକାନ୍ତ ମହାପାତ୍ର, ବେଣୁଧର ରାଉତ, ପ୍ରସନ୍ନ କୁମାର ମିଶ୍ର, ପ୍ରତିଭା ଶତପଥି, ଗିରିବାଳା ମହାନ୍ତି, ସୁଚେତା ମିଶ୍ର, ରାଜେନ୍ଦ୍ର କିଶୋର ପଣ୍ଡା, ସୌଭାଗ୍ୟ କୁମାର ମିଶ୍ର, ହୃଷିକେଶ ମଲ୍ଲିକ, ମନୋରମା ମହାପାତ୍ର, ଅପର୍ଣ୍ଣା ମହାନ୍ତି, ଶତ୍ରୁଘ୍ନ ପାଣ୍ଡବ, ମନୋରମା ବିଶ୍ୱାଳ ମହାପାତ୍ର, ଫନି ମହାନ୍ତିଙ୍କର

କାବ୍ୟିକ ସ୍ଫୁରଣରେ ନାରୀର ଚରିତ୍ର ଏବଂ ତଦ୍‌ଜନିତ ନାନା ସମସ୍ୟାମାନ ପ୍ରତିଫଳିତ ହୋଇଛି । ଏପରିକି ୧୯୮୦ ପରବର୍ତ୍ତୀ କାବ୍ୟଧାରାର ସ୍ୱର ମଧ୍ୟ ନାରୀ ସମସ୍ୟା ଓ ତା'ର ଅସ୍ମିତା ସହ ଯୋଡି ହେଇଯାଇଛି । ବିଶେଷତଃ ୧୯୮୧ ପରବର୍ତ୍ତୀ ପର୍ଯ୍ୟାୟ ବେଳକୁ ଯେଉଁ ଯେଉଁ କବି ଓ କବିତାମାନ ତଥାକଥିତ ପରମ୍ପରାକୁ ତ୍ୟାଗ କରିଛନ୍ତି, ତାହା ମୂଳତଃ ନାରୀ ଅସ୍ମିତାକୁ ପାଥେୟ କରି ପ୍ରତିଫଳିତ ହୋଇଥିବାର ମନେହୁଏ । ନାରୀର ଆତ୍ମପ୍ରତ୍ୟୟର ସ୍ତର ଖୁବ୍ ସୁଦୃଢ଼ ହୋଇ ରୂପ ପାଇଛି । ଏହି ପର୍ଯ୍ୟାୟର କବିତାରେ ନାରୀ ମୁକ୍ତିର ମାର୍ଗ ଫିଟିପଡ଼ିଛି । ଦେହର ଦେହଳୀ ଭିତରୁ ଉର୍ଦ୍ଧ୍ୱକୁ ଉଠି ନାରୀକୁ ବିଚାର କରାଯିବାର ମାର୍ଗ ମଧ୍ୟ ପରିଷ୍କାର ହୋଇଛି । ଜଗତୀକରଣ ପ୍ରଭାବରେ କ୍ରମଶଃ ମନୁଷ୍ୟର ଚିନ୍ତା ଓ ଚେତନା ପ୍ରଭାବିତ ହେବାରେ ଲାଗିଛି । ଆଲୋଚ୍ୟ କାବ୍ୟଧାରାରେ ଆପାତତଃ ନାରୀର ଜୀବନ ବହୁଳ ଭାବରେ ପରିବର୍ତ୍ତନ ହୋଇଛି । ଏକବିଂଶ ଶତାବ୍ଦୀ ବେଳକୁ ନାରୀର ସ୍ୱେଚ୍ଛାଚାରିତା ଏବଂ ବିଡମ୍ବନା ଏକ ନୂଆ ଢଙ୍ଗରେ ପ୍ରକଟିତ ହୋଇଛି । ନାରୀ ଜୀବନର ଅବ୍ୟକ୍ତ ଆତ୍ମୀୟତା ସବୁ ଚାରିକାନ୍ଥରୁ ବାହାରି ଯାଇଛି । ଏଠି ପୁରୁଷ ସହ କାନ୍ଧକୁ କାନ୍ଧ ମିଳେଇ ନାରୀ ମଧ୍ୟ ତା'ର ସହଭାଗିତା ଦେଇଛି । ଅନ୍ୟ ସମୟ ତୁଳନାରେ ବିଂଶ ଶତାବ୍ଦୀର କାବ୍ୟଧାରା ସହ ବହୁଳ ଭାବରେ ନାରୀର କାବ୍ୟିକ ଉତ୍ତରଣ ଘଟିଛି । ପୁରୁଷ କବି ଅପେକ୍ଷା ନାରୀ କବି ମାନଙ୍କର ଲେଖନୀ ପ୍ରାଣବନ୍ତ ହୋଇଛି । ଉଭୟେ ନାରୀ ଓ ପୁରୁଷ କବି ସୃଜନର ଧାରାରେ ଅଗ୍ରସର ହୋଇଛନ୍ତି । ବିଶେଷ ଭାବରେ ନାରୀ ସମସ୍ୟାଧର୍ମୀ ଲେଖାମାନ ପ୍ରକାଶ ପାଇଛି । କବି ସୁଚେତା ମିଶ୍ର, ଗିରିଜା କୁମାର ବଳିୟାରସିଂ, ସେନାପତି ପ୍ରଦ୍ୟୁମ୍ନ କେଶରୀ, ଅପର୍ଣ୍ଣା ମହାନ୍ତି, ହରିହର ମିଶ୍ର, ବୀଣାପାଣି ପଣ୍ଡା, ରନୁ ମହାନ୍ତି, ସ୍ୱପ୍ନା ମିଶ୍ର, ପ୍ରଜ୍ଞାଶ୍ରୀ ରଥ ଏବଂ ପ୍ରତୀକ୍ଷା ଜେନାଙ୍କ ଭଳି ବହୁ ଉଦୀୟମାନ ପ୍ରତିଭାମାନେ ସ୍ୱକୀୟ ଲେଖନୀ ମାଧ୍ୟମରେ ସମାଜର ବାସ୍ତବାୟିତ ସ୍ୱରୂପର ଉଦ୍‌ଘାଟନ କରିଛନ୍ତି । ଏହିସବୁ କବିମାନେ ଆପଣାର କାବ୍ୟିକ ନିଦାନଦ୍ୱାରା ଅନେକ ଜଟିଳତାକୁ ଦୂରୀଭୂତ କରିବାର ଚେଷ୍ଟା କରିଛନ୍ତି । ନାରୀ ସମସ୍ୟା ଓ ତା'ର ଅସ୍ମିତା ସହ ଜଡିତ ନାନା ବିଡ଼ମ୍ବନାକୁ ପ୍ରତିଫଳିତ କରିଛନ୍ତି । ଏହିସବୁ କବିତା ଗୁଡିକରେ ନାରୀ ବ୍ୟକ୍ତିତ୍ୱର ମହନୀୟତା ଏବଂ ସମାଜପ୍ରତି ତା'ର ଦାୟବଦ୍ଧତା ବେଶ୍ ପ୍ରତିଫଳିତ ହୋଇଥିବାର ଦେଖିବାକୁ

ମିଳେ । ସମସାମୟିକ ପରିସ୍ଥିତିରେ ନାରୀଧର୍ମୀ କବିତା ଗୁଡିକରେ ନାରୀ ଜୀବନ ସହ ଜଡିତ ତୃଣମୂଳସ୍ତରର ସମସ୍ୟା ପ୍ରତିଫଳିତ ହୋଇଛି । ସବୁବର୍ଗ ଏବଂ ସବୁଶ୍ରେଣୀର ନାରୀଙ୍କ ଜୀବନ ଓ ଜୀବିକାକୁ ନେଇ ଅନେକ ପ୍ରତିନିଧି ଶ୍ରେଣୀୟ କବିତାକୁ ନିମ୍ନମତେ ଦୃଷ୍ଟି ଦିଆଯାଇପାରେ ।

ଏ ପରିପ୍ରେକ୍ଷୀରେ ଆମର ଦୃଷ୍ଟି ଆକର୍ଷଣ କରନ୍ତି କବି ସଚ୍ଚି ରାଉତରାୟ । ପରିବର୍ତ୍ତିତ ମୂଲ୍ୟବୋଧ ଭିତରେ ନାରୀର ଆତ୍ମିକ ମର୍ଯ୍ୟାଦାର ହାନି ଘଟିଛି । ଦ୍ୱିତୀୟ ବିଶ୍ୱଯୁଦ୍ଧ ପରବର୍ତ୍ତୀ ପ୍ରେକ୍ଷାପଟରେ ଯେଉଁ ସାମାଜିକ- ଆର୍ଥିକ ସ୍ଥିତି ଦୋହଲି ଯାଇଛି, ସେଠି ନାରୀର ଜୀବନ-ଜୀବିକା ପ୍ରଭାବିତ ହୋଇଛି । କେବେ ପରିସ୍ଥିତିର ଦାୟ ତ କେବେ ବସ୍ତୁବାଦୀ ସଭ୍ୟତାର ମହାଫାଶରେ ଭୁଶୁଡି ପଡିଛି ତା'ର ବ୍ୟକ୍ତିତ୍ୱ । ସୁରା ଓ ସାକୀ ଭିତରେ ହଜୁଥିବା ମାନବୀୟ ମୂଲ୍ୟବୋଧ ନିଶ୍ଚିହ୍ନ ପ୍ରାୟ । ଯୁବ ଉଦ୍ଦାମତା ଓ ବିଶୃଙ୍ଖଳତା ଭିତରେ ମଣିଷ ହଜେଇ ଦେଇଛି ତା'ର ମଣିଷ ପଣିଆକୁ । ଏଠି ନାରୀ ସାଜିଛି ପଣ୍ୟ । ଦେହକୁ ମାଧ୍ୟମ କରି ଯାବତୀୟ କଷଣ ଭୋଗିଚି ନାରୀ । ଏଠି ପ୍ରତିମା ନାୟକମାନେ ଜୀବନ ସଂଗ୍ରାମରେ କ୍ଳାନ୍ତ-ଶ୍ରାନ୍ତ ହୋଇ ପଡିଛନ୍ତି । ଅର୍ଥ ରୋଜଗାରର ଲାଳସାରେ ଆପଣାକୁ ବିକ୍ରି କରିବାକୁ ପଛାଇ ନାହାନ୍ତି । ନାରୀତ୍ୱର ମହନୀୟତା ଧୂସର ମନେହୋଇଛି । କବି ସଚ୍ଚିଦାନନ୍ଦ ରାଉତରାୟଙ୍କ 'ପାଣ୍ଡୁଲିପି' (୧୯୪୭) କବିତା ଗ୍ରନ୍ଥରେ 'ପ୍ରତିମା ନାୟକ' ଚରିତ୍ର ଯେପରି ଜୀବନରେ ସଂଘର୍ଷ କରିଛି, ଗୁରୁପ୍ରସାଦ ମହାନ୍ତିଙ୍କ କବିତାରେ କିନ୍ତୁ ଜୀବନକୁ ଉପଭୋଗ କରିବାର ସୌଖୀନ ମାର୍ଗ ବାଛିଚି ।

ଯଥା :- "ମୁଁ ତୁମକୁ ଦେଖେ ଆଜି ତୁମେ ଦିଅ ବ୍ଲାଉଜର ବୋତାମ
ଚା ଦାଗ ତୁମେ ଧୁଅ ସେମିଜରୁ ଗରମ ପାଣିରେ
ତୁମେ ପୁଣି କଥା କୁହ ମୁହଁ ପୋତି ଟେବୁଲ ସେପାଖେ
ତୁମେ ପୁଣି ଉଠି ଆସି ଆସ୍ତେ ବସ ପାଖ ଚୌକିରେ ।"

-(ଅଳକା ସାନ୍ୟାଲ:ଗୁରୁପ୍ରସାଦ ମହାନ୍ତି)

ଆଭିଜାତ୍ୟ ବର୍ଗର ନାରୀ ହେଉଛି ଅଳକା ସାନ୍ୟାଲ । ଯିଏ ଜୀବନକୁ ସଂଘର୍ଷ ଭିତରେ ଦେଖିବାକୁ ଚାହେଁନା ବରଂ ଉପଭୋଗର ଦୁନିଆ ଭିତରେ ହଜିବାକୁ ଚାହେଁ । ପରପୁରୁଷମାନଙ୍କ ବାହୁ ବନ୍ଧନ ଭିତରେ ସ୍ୱର୍ଗୀୟ ସୁଖ ଅନୁଭବ

କରିବାକୁ ଶ୍ରେଷ୍ଠମଣେ । ପରିବର୍ତ୍ତିତ ସାମାଜିକ ବ୍ୟବସ୍ଥା ଭିତରେ ନାରୀର ଅଧୋଗତି ଅତ୍ୟନ୍ତ ଦୁଃଖଦ । ବରନାରୀ ରୁ କ୍ରମଶଃ ତା'ର ଏ ଯାତ୍ରା ବାରନାରୀ ପର୍ଯ୍ୟନ୍ତ ; ଯେଉଁଠି ଚାରିତ୍ରିକ ସ୍ଖଳନ ଦେଖାଯାଏ । ସ୍ୱାଧୀନତା ପରବର୍ତ୍ତୀ କବିତା, ବିଶେଷତଃ ଏହି ଯୁଦ୍ଧୋତ୍ତର ପରବର୍ତ୍ତୀ ପୃଷ୍ଠଭୂମି ସହିତ ନେଇ ଆସିଛି ଅନେକ ବିପର୍ଯ୍ୟୟ । ବେଳେବେଳେ ମନରେ ପ୍ରଶ୍ନଉଠେ, କିଏ ଏହି ଅଳକା, ଯାହାକୁ କବି ଖୋଜିଛନ୍ତି ଆପଣାର ଢିଲା ପାଇଜାମା ତଳେ । ଯିଏ, ଅନାୟାସରେ ରାଜନୀତିର ବିଜ୍ଞାପନ ସାଜେ, ଟାଉନ ହଲ୍‌ରେ ବକ୍ତୃତା ରଖେ, ଅନେକ ପୁରୁଷ ବନ୍ଧୁଙ୍କ ସହ ମିଶି ମଉଜ କରେ ।

ବାସ୍ତବରେ ଦ୍ୱିତୀୟ ବିଶ୍ୱଯୁଦ୍ଧ ପରବର୍ତ୍ତୀ ପରିସ୍ଥିତିରେ ଯେଉଁ ନକରାତ୍ମକତାର କଳାବାଦଲ ଘନେଇ ଆସିଛି, ତାହାର ପରିଣାମ ହେଉଛି ପ୍ରତିମା ନାୟକ-ଅଳକା ସାନ୍ୟାଲ ଭଳି ନାରୀମାନେ । କିନ୍ତୁ, ଏହାପଛର ପରିସ୍ଥିତିକୁ ସୂକ୍ଷ୍ମ ଦୃଷ୍ଟି ନେଇ ଅବଲୋକନ କରିଛନ୍ତି ସଚ୍ଚିଦାନନ୍ଦ ରାଉତରାୟ । ଦେଶ- ବିଭାଜନର ଦାୟରେ ନାରୀର ଜୀବନ ମଧ୍ୟ ଶତଧା ବିଭକ୍ତ ହୋଇଛି । ଅତ୍ୟାଚାରର ସବୁ ସୀମା ଲଙ୍ଘନ କରିଛି । ପୁରୁଷତାନ୍ତ୍ରିକ ସମାଜ ଚକ୍ଷୁରେ ନାରୀର ଜୀବନ ପଶୁବତ୍ ମନେହୋଇଛି । ଅହମିକାପୂର୍ଣ୍ଣ- ପୌରୁଷ ସମାଜରେ ଅରାଜକତାର ଲୀଳା ଚଳେଇଛି । ଏହି ଉତ୍ପୀଡ଼ନରେ ସବୁଠୁ ଅଧିକା ନିଷ୍ପେସିତ ହୋଇଛନ୍ତି ନାରୀମାନେ । ସ୍ଥାନେସ୍ଥାନେ ଦଙ୍ଗା, ପୋଡାଜଳା, ପିକେଟିଂ ଭିତରେ ନାରୀକୁ ବିଭତ୍ସ ଭାବରେ ହତ୍ୟା କରାଯାଇଛି । ଦେଶ ବିଭାଜନ କାଳୀନ ହିଂସାରେ ଉତ୍ପୀଡ଼ିତ ହୋଇଛନ୍ତି ଝିଅ, ବୋହୂମାନେ । କବିଙ୍କ ଭାଷାରେ :

"ସେଇ ଝାଳ-ଲହୁ ଲୁହେ/ କିଏ କାଟିଲା ନାରୀର ସ୍ତନ
କିଏ ତା'ର ଯୌନଦ୍ୱାରେ ବିନ୍ଧ କଲା ଛୁରୀ
ରାସ୍ତାର ସିମେଣ୍ଟ ଗଲା ଲୁହ ଆଉ ଲହୁରେ ବତୁରି
ବିଧର୍ମୀ ନାରୀର ଶବ/ ଶିଶୁ, ବୃଦ୍ଧ, ରୁଦ୍ଧ ଆର୍ତ୍ତରକ
ଗଲା ନାହିଁ ଶୁଣା ।"

-ମାଟିଆ ବୁରୁଜର ଜହ୍ନ : ପାଣ୍ଡୁଲିପି: ସଚ୍ଚିଦାନନ୍ଦ ରାଉତରାୟ

୨୦୦ ନାରୀ ଜୀବନର ମିଥ୍, ମୋଟିଫ୍ ଓ ମେଟାଫର୍

ସେହିଭଳି ଅନ୍ୟ ଏକ ଚରିତ୍ର ଭାନୁବାଈ ଆମର ଆଲୋଚନା ପରିସରକୁ ଆସେ । ଯେଉଁଠି ଅଲକା ସାନ୍ୟାଲ ଭଳି ଅଭିଜାତ୍ୟ ବର୍ଗର ନାରୀ ପୁରୁଷମାନଙ୍କ ଦେହ ସଂଖ୍ୟାରେ ସୁଖକୁ ଭେଟେ, ସେଠି 'ମାନୁବାଈ' ଭଳି ନାରୀମାନେ ବାଧବାଧକତାରେ ଆପଣାକୁ 'ବେଶ୍ୟା' ସଜାଏ । ଉଭୟଙ୍କ ଜୀବନ ଓ ଜୀବିକା ଭିନ୍ନ ହେଲେ ହେଁ ଦୁର୍ଦ୍ଦଶା ବା ବିପର୍ଯ୍ୟୟ ଏକା ମନେହୁଏ । ଜଣେ ଯୌନାଚାରକୁ ସ୍ୱନିମନ୍ତ୍ରଣ କଲାବେଳେ ଆଉ ଜଣେ ପରିସ୍ଥିତିର ତାଡ଼ନାରେ ନିଜକୁ ବିକିଛି । ବଞ୍ଚିବାର ସଂଘର୍ଷ ଭିତରେ ନାରୀର ଶେଷରାସ୍ତା ହୁଏ ବେଶ୍ୟାବୃତ୍ତି । କିନ୍ତୁ ଦେଖାଯାଏ ଏହି ବୃତ୍ତିର ତାଡନାରୁ ମୁକ୍ତ ହେବା ପାଇଁ ଜଣେ ବେଶ୍ୟାର କନ୍ୟା ସାମାଜିକ କର୍ମୀ ସାଜିବାର ସ୍ପର୍ଦ୍ଧା କରିଛି । ଏଭଳି ଏକ କାବ୍ୟିକ ନିଦାନ ଦେବାରେ ବିଶ୍ୱାସ କରିଛନ୍ତି କବି କୃଷ୍ଣଚରଣ ବେହେରା ତାଙ୍କ '୫୪, ଭାନୁବାଈ ଲେନ' କବିତା ସଙ୍କଳନରେ ।

"ଭାନୁବାଈ କଂପରେ / ଯୋଗ୍ୟ କନ୍ୟା ମାନୁବାଈ
ନିଜର କୌଳିକ ବୃତ୍ତି ବରିନେଲେ / ସମାଜରେ
ସେତେବେଳେ ସେ' ପଡାରେ / ପ୍ରତିଦ୍ୱନ୍ଦୀ ଅନେକ ତାଙ୍କର
ଭାନୁବାଈ ଲେନ୍ ବୋଇଲେ / ଦେହ ବିକାର ବଡ ବଜାର ।
× × ×
ଭଉଣୀମାନେ / ନାରୀ ଜାଗରଣର ଏ ଶୁଭଦିନେ
ଦେଖ ଆମର ଦୁରବସ୍ଥା / ଆତ୍ମନିର୍ଭରଶୀଳ ହେବା ପାଇଁ
ଆମଲାଗି ନାହିଁ ଅନ୍ୟପନ୍ଥା ।
× × ×
ଏ ସମାଜ ନା ସରକାର
କିଏ ଦେବ ଯାଚି ?
ନିଜେ ଆମକୁ ଜାଗିବାକୁ ହେବ
ନାରୀ ଜାତିର ଆତ୍ମରକ୍ଷା
ନାରୀ ଆଜି ନିଜେ ହିଁ କରିବ ।"

-(୫୪, ଭାନୁବାଈ ଲେନ: କୃଷ୍ଣଚରଣ ବେହେରା)

କଲିକତାର ପୃଷ୍ଠଭୂମିକୁ ନେଇ ରଚିତ ଏହି କବିତାରେ କବି କୃଷ୍ଣଚରଣ ଯେଉଁ କାବ୍ୟିକ ନିଦାନର ଅବତାରଣା କରିଛନ୍ତି, ତାହା ନାରୀ ଅସ୍ମିତା ରକ୍ଷା କ୍ଷେତ୍ରରେ ସାହାଯ୍ୟ ବୋଲି ଧରି ନେବାକୁ ହୁଏ । ଏ ସେଇ ମାଟି, ଯେଉଁଠି ରକ୍ତରେ ଲାଲ ହୋଇଥିଲା ପ୍ରତିଟି ଗଳି-କନ୍ଦି-ହାଟ-ବଜାର । ସ୍ୱାଧିନତାକାଳୀନ ଦଙ୍ଗାରେ ନାରୀ ଦୁଷ୍କର୍ମ ଚରମ ସୀମାରେ ପହଞ୍ଚିଥିଲା । ଅତଏବ, ନାରୀର ସ୍ଥିତିକୁ ସୁଦୃଢ କରି ଏକ ନୂତନ ସମାଜର ପରିକଳ୍ପନାରେ କବିମାନେ ଆଗେଇ ଆସିଥିବାର ମନେହୁଏ । ନାରୀ ଜୀବନର ସଂସ୍କାର ପାଇଁ ଅଭିପ୍ରେତ ଏ ସବୁ ପ୍ରତିନିଧି ଶ୍ରେଣୀୟ କବିତା, ପରବର୍ତ୍ତୀ ପ୍ରେକ୍ଷାପଟକୁ ପ୍ରେରିତ କରିଛି । ଠିକ୍ ସେହିପରି ଭାବେ କବି ରମାକାନ୍ତ ରଥଙ୍କ ଦ୍ୱାରା ରଚିତ 'ଚନ୍ଦ୍ରମାର ଚୂଡ଼ି' କବିତାରେ ନାରୀର ଆତ୍ମଦାହର ଚିତ୍ର ପ୍ରତିଫଳିତ ହୋଇଛି । ଏଠି ନାରୀ ଅଭିଜାତ୍ୟମୟୀ ନୁହେଁ ବରଂ ତୃଣମୂଳସ୍ତରର । ଜଠର ଯନ୍ତ୍ରଣା ଯାହା ପାଇଁ ମୂଳ । ଆପଣାର ସ୍ୱାମୀର ମୃତ୍ୟୁପରେ ପରିବାର ପୋଷଣ ପାଇଁ ଦେହକୁ ଜୀବିକା କରି ବଞ୍ଚିଛି । ବିବେକର ଦଂଶନରେ ସେ' ବର୍ବର କ୍ଷତାକ୍ତ ହେଉଛି । ଏପରି ଏକ ବୃତ୍ତି କିନ୍ତୁ ତାକୁ ଭିତରୁ ଆଘାତ ଦେଇଛି । ମୃତ ସ୍ୱାମୀର ସ୍ମୃତି ତାକୁ ଅଧୀର କରିଛି । ପେଟର ଜ୍ୱାଳା ତାକୁ ବାଧ କରିଛି । ପାପ-ପୁଣ୍ୟର ଉର୍ଦ୍ଧ୍ୱରେ ସେ' ଆତ୍ମଗ୍ଲାନିର ସଂଘର୍ଷ ନେଇ ବଞ୍ଚିଛି । କବି ରମାକାନ୍ତଙ୍କ କାବ୍ୟ ନାୟିକା କିନ୍ତୁ 'ଭାନୁବାଇ' ପରି ସଶକ୍ତ ନୁହେଁ, ସେ' ଏଠି ବିଦ୍ରୋହ କରିନି ବରଂ ସାଲିସ କରିଛି ତା ପରିସ୍ଥିତି ସହ । କବିଙ୍କ ଭାଷାରେ :

"ଜିଇଁବାଟା ବୋଧ ହୁଏ ଜୀବନର ସବୁଠାରୁ ସତ,
ତା ଠାରୁ ବି ସତ ବୋଧେ ଆଦର୍ଶର ହତ୍ୟା
ଆଉ ବିବେକର ମୃତ୍ୟୁର କାହାଣୀ

× × ×

ଭାଙ୍ଗୁ ଏଇ ଚୁଡ଼ି ମୋର ଲିଭୁ ମୋର ମଥାର ସିନ୍ଦୁର
ଜଳୁ ଏଇ ପେଟ ଯାର ଭୋକେ ମୁଁହି ବସିଲି ବାଟରେ
ଫାଟନ୍ତା ହେଲେ ଏ ଭୂଇଁ ତା ଭିତରେ ପଶି ମୁଁ କୁହନ୍ତି
ମତେ ତମେ କ୍ଷମା ଦିଅ, ମୁଁ ନିଜକୁ ବିକିଛି ହାଟରେ

ବିଶ୍ୱାସ ଓ ପ୍ରଣୟର ପ୍ରତୀକ ଏ କାଚ କେତେ ପଟ /

ପ୍ରତ୍ୟକ ରାତିରେ କରେ ନିଲାମ ମୁଁ ନୂତନ ଗ୍ରାହାକେ/

ଦାମ୍ ଦିଆ ଚାଟୁକଥା କହିକହି ନିଜକୁ ଠକିଚି/

ମଦ୍ୟାଶକ୍ତ କାମୁକର ଆଖିରେ ଓ ଦେହର ତାତିରେ/

ରୂପବତୀ ସୋହାଗିନି ଚନ୍ଦ୍ରମା ବି ଅଦ୍ୟାପି ଜୀଇଁଛି ।"

- (ଚନ୍ଦ୍ରମାର ଚୁଡ଼ି : କେତେଦିନର: ରମାକାନ୍ତ ରଥ)

'ଚନ୍ଦ୍ରମା' ର ଅସହାୟତା ଭିତରେ ପରିସ୍ଥିତିର ଚାପ ବାରି ହୋଇପଡେ । 'ଚନ୍ଦ୍ରମା' ସେହିସବୁ ଅସହାୟ- ବିପର୍ଯ୍ୟସ୍ତ ଜୀବନ ଓ ଜୀବିକାର ଦାୟରେ ସନ୍ତୁଳି ହେଉଥିବା ନାରୀ ମାନଙ୍କର ପ୍ରତିନିଧିତ୍ୱ କରେ । ଦେଖିବାକୁ ଗଲେ, ଏହି ସବୁ ବିପର୍ଯ୍ୟସ୍ତ ଜୀବନ ଓ ଜୀବିକା ପଛରେ ନିଅଣ୍ଟିଆ ଅର୍ଥ ବ୍ୟବସ୍ଥାର ଭୂମିକା ରହିଥିବାର ଦେଖାଯାଏ । ଯାହାକୁ ଦର୍ଶାଇବାକୁ ଯାଇ ତତ୍କାଳୀନ ସମାଜର ଚିତ୍ର ଅବତାରଣା କରନ୍ତି, କବି କୁନ୍ତଳା କୁମାରୀ ସାବତ । ତାଙ୍କ ମତରେ :

"ତତ୍କାଳୀନ ପାରିବାରିକ ଦୁର୍ଦ୍ଦଶା ଖୁବ୍ ଅସହାୟ ଥିଲା । କରଜ ଶୁଝିବା ପାଇଁ ବର୍ମା ଚାଲିଯାଉଥିବା ଓଡ଼ିଆ ମାନଙ୍କର କୁଳବଧୂର କାନ୍ଦଣା, ଓଡ଼ିଶାର ବିପର୍ଯ୍ୟସ୍ତ ଅର୍ଥ ବ୍ୟବସ୍ଥାର ଚିତ୍ର ଦେଉଛି । ଖାଦ୍ୟ ସଂଗ୍ରହ ପାଇଁ ଭିଟାମାଟିରୁ ବିସ୍ଥାପିତ ହେବା ପ୍ରକ୍ରିୟା ନ' ଅଙ୍କ ଦୁର୍ଭିକ୍ଷ ଠାରୁ ଆରମ୍ଭ ହୋଇ ସ୍ୱାଧୀନତା ପର୍ଯ୍ୟନ୍ତ ସକ୍ରିୟ ଥିଲା ।"

କୁନ୍ତଳା କୁମାରୀଙ୍କ ଓଡ଼ିଆଙ୍କ କାନ୍ଦଣା :

ଦିଲୀପ କୁମାର ସ୍ୱାଇଁ : ଉତ୍କଳ ଭାରତୀ :

କୁନ୍ତଳା କୁମାରୀ ସାବତ : ସାରଳା ସାହିତ୍ୟ ସଂସଦ, ପୃ:୧୦୩

ଦାରିଦ୍ର୍ୟର କଷାଘାତରେ ପାରିବାରିକ-

ଶୃଙ୍ଖଳା ଭୁଶୁଡ଼ି ଯାଇଛି । ହୋଇଛି ମୂଲ୍ୟବୋଧର ହତ୍ୟା । ଯଦି ଜୀବନ ଓ ଜୀବିକାର ବିକଳ୍ପ ମିଳିଯାଇଥାନ୍ତା, ବୋଧହୁଏ ବିବେକର ହତ୍ୟା କରିନଥାନ୍ତା ନାରୀ । ବାସ୍ତବରେ ଏହି ଦାରିଦ୍ର୍ୟ ହିଁ ନାରୀର ଜୀବନକୁ କରେ ବିସ୍ମୟ । ଏତ ଗଲା ପରିସ୍ଥିତିର ତାଡନା, କିନ୍ତୁ ବେଳେବେଳେ ଆପଣାଛାଏଁ ଅନେକ ନକାରାତ୍ମକ ପରିସ୍ଥିତିକୁ ଆଧୁନିକ ନାରୀ ନିମନ୍ତ୍ରଣ କରି ବସେ । ତା'ର ଯୌନାକାଙ୍କ୍ଷା ପରିପୂର୍ତ୍ତି

ନିମନ୍ତେ ନିଜକୁ ବିଜ୍ଞାପିତ କରେ । ଏପରିକି ଦେହର ବଜାରରେ ଦରକଷା ଚାଲେ । ଉଚିତ ପ୍ରାପ୍ୟ ପାଇଗଲେ, ଭୁଲିବସେ ତା'ର ମର୍ଯ୍ୟାଦାକୁ । ପରିବାର ଉଜୁଡ଼ାଇବ, ସମ୍ପର୍କରେ ଲାଗେ କଳାଦାଗ । କ୍ରମଶଃ ନାରୀର ଇଚ୍ଛା-ଅନିଚ୍ଛା ତା'ର ଯୌନ ଅଭିଳାଷର ଖୋଲାଖୋଲି ପ୍ରଦର୍ଶନ ହେଲା । ଶାଳୀନତା-ସମ୍ଭ୍ରମତା ଭେଳିକି ମନେହେଲା । ସାମାଜିକ ଜୀବନ ହେଲା ବିସ୍ମୟ । ଏହିସବୁ ପରିସ୍ଥିତିକୁ ରୂପ ଦେବାରେ ସ୍ୱାଧୀନତା ପରବର୍ତ୍ତୀ କବିତାମାନଙ୍କ ଭୂମିକା ବହୁ ଗୁରୁତ୍ୱପୂର୍ଣ୍ଣ । ନିମ୍ନମତେ ନାରୀ ଜୀବନର ଅଧୋଗତିକୁ କବି ଗୁରୁପ୍ରସାଦ ମହାନ୍ତିଙ୍କର ଏକ କବିତାକୁ ଲକ୍ଷ୍ୟ କରାଯାଇପାରେ ।

"ସ୍ମାର୍ତ୍ତ ଦାସ ଇଞ୍ଜିନିଅର ଛିଡା ହୁଏ / କାର୍ ରଖି ସାକାର ଓ ପୁଣି ନିରାକାର

ପ୍ରତିମା ନାୟକ ହସେ/ତା ଦେହରେ କଳା ଶାଢ଼ୀ- ରୋଜ ଆଉ ବ୍ରଣର ବିକାର ତା' ଓଠର ଲାଲ ଛେପ/ନମସ୍କାର, ନମସ୍କାର, ସାର ସ୍ମାର୍ତ୍ତ ଦାସ ଛିଡା ହୁଏ ହଠାତ୍ ନିଜକୁ ଚିହ୍ନି / ମିନତୀ ନାୟକ ଆସେ ମଲ୍ଲିଫୁଲ ଫୋପାଡ଼ି ଫୋପାଡ଼ି ।"

-କାଳପୁରୁଷ: ସମୁଦ୍ର ସ୍ନାନ : ଗୁରୁପ୍ରସାଦ ମହାନ୍ତି : କବିତା ସମଗ୍ର, ଚତୁରଙ୍ଗ ପ୍ରକାଶନୀ, ଭୁବନେଶ୍ୱର, ପୃ:୫୭

ଏ ହେଉଛି ଯୁଦ୍ଧୋତ୍ତର ସମାଜର ବିଡମ୍ବନା । ବିପର୍ଯ୍ୟସ୍ତ ମଣିଷର ଜୀବନ । ସ୍ୱାଧୀନତା ପରବର୍ତ୍ତୀ ସମୟ ଅଜସ୍ର ସମସ୍ୟା ନେଇ ଛିଡ଼ା ହେଇଚି । ସାମାଜିକ-ଆର୍ଥିକ ଜୀବନ ଭୁଶୁଡ଼ି ପଡ଼ିଛି । ସହରୀକରଣ ସହ ବସ୍ତି ସଂସ୍କୃତି ଗଢ଼ି ଉଠିଛି । ପେଟର ଜ୍ୱାଳାରେ ଅତିଷ୍ଠ ଜୀବନ ବିବେକକୁ ପଛ କରି ବଞ୍ଚିବାର ସଂଘର୍ଷ କରିଛି । ଏହି ସହରୀ ବ୍ୟବସ୍ଥାର ଘନଘଟା ଭିତରେ ପରିସ୍ଥିତି ଦୁର୍ବିସହ ହୋଇଛି । ବିଶେଷତଃ, ନାରୀର ଜୀବନ ଯନ୍ତ୍ରଣା ଅବିଶ୍ୱସନୀୟ ହୋଇଛି । ଏକଦା ଯେଉଁ ନାରୀ ତା'ର ସତୀତ୍ୱ, ପବିତ୍ରତା ଓ ପ୍ରତିବଦ୍ଧତା ପାଇଁ ଜଗତ ବନ୍ଦିତା ଥିଲା, କିନ୍ତୁ ପରିସ୍ଥିତିର ତାଡ଼ନାରେ ସେ' ଆପଣାକୁ ବିକ୍ରି କରିବା ପାଇଁ ମଧ୍ୟ ପଛଘୁଞ୍ଚା ଦେଇ ନାହିଁ । ସ୍ୱାଧୀନତା ପରବର୍ତ୍ତୀ ସମୟରେ ନାରୀ ଜୀବନର ଅବକ୍ଷୟ ସହ ନାରୀ ଜାଗରଣ ସମାନ୍ତରାଳ ଭାବେ ଗତି କରିଛି । ଯଦିଓ ତାହା ନାରୀର ପ୍ରଗତି ଦିଗରେ ଆଶାନୁରୂପକ ନୁହେଁ । ନ' ଅଙ୍କ ଦୁର୍ଭିକ୍ଷ (୧୮୬୬) ପରବର୍ତ୍ତୀ ସମୟରେ ଓଡ଼ିଶାର ସାମାଜିକ- ଆର୍ଥିକ ସ୍ଥିତି ଯେପରି ଦୋହଲି ଯାଇଥିଲା ଠିକ୍ ସେହିପରି ସ୍ୱାଧୀନତା

ପରବର୍ତ୍ତୀ ପର୍ଯ୍ୟାୟରେ ମଧ୍ୟ ନିଅଣ୍ଟିଆ ଅର୍ଥ ବ୍ୟବସ୍ଥାରେ ହାହାକାର କରିଛି ମଣିଷର ଅନ୍ତରାତ୍ମା । ପ୍ରାଣ ବିକଳରେ ମଣିଷ ଦାଦନ ଖଟିଚି । ବର୍ମା-ରେଙ୍ଗୁନ ଯାଇଛି । ଏଣେ ପତ୍ନୀର ଦୁରବସ୍ଥା କହିଲେ ନ ସରେ । ଯୁଗେ ଯୁଗେ ଅବଳା ଉପରେ ସବଳ ହିଁ ଅତ୍ୟାଚାର କରେ । ଏ ପରିପ୍ରେକ୍ଷୀରେ ନାରୀ ଜୀବନ ଶୋଚନୀୟ ହୋଇଛି । ଥିଲାବାଲା ଆଖି ଘୁରି ବୁଲେ ତା' ଉପରେ । ଅନେକ ଅତ୍ୟାଚାର ଓ ଶୋଷଣର ଶିକାର ହୁଏ ନାରୀ । କେଉଁଠି ପରିସ୍ଥିତିର ଦାୟ ତ କେଉଁଠି ଆପଣ ଛାଏଁ ଆବୋରି ବସିଛି ବେଶ୍ୟାବୃତ୍ତି । ପେଟ ପାଇଁ ବନ୍ଧା ପଡିଛି ତା' ଦେହ । କେବେ ଦଲାଲ ହାତରେ ତ' କେବେ ସାହୁକାର, କଣ୍ଟ୍ରାକ୍ଟର ପାଖରେ ଆପଣାକୁ ସମର୍ପି ଦେଇଛି ସେ । ଏଭଳି ଅସହାୟତା ଭିତରେ ବିସ୍ମୟ ହୋଇଛି ପରିସ୍ଥିତି । ଦେଖିବାକୁ ଗଲେ ଉତ୍ତର ପଚାଶ ପରବର୍ତ୍ତୀ ପ୍ରେକ୍ଷାପଟରେ ଓଡ଼ିଆ ନାରୀର ଦୁର୍ଦ୍ଦଶା ଯେତିକି, ସେତିକି ତା'ର ସମସ୍ୟାର ନିଦାନ । ଏ ନିଦାନ କବିତାରେ ପ୍ରକଟିତ ହୋଇଛି । ଆନ୍ତର୍ଜାତିକ ସମସ୍ୟା ଭିତର ଦେଇ ଗତି କରିଛି ଆଞ୍ଚଳିକ ଜୀବନ । ପ୍ରଭାବିତ ହୋଇଛି ଚତୁର୍ଦ୍ଦିଗ । ଯାହାର ପ୍ରଭାବରେ କବିପ୍ରାଣ ମର୍ମାହତ ହେଇଛି । ଅତଏବ ପାରିବାରିକ ଜଞ୍ଜାଳକୁ ମୁଣ୍ଡେଇବାକୁ ଯାଇ ଦେହକୁ ଏକମାତ୍ର ବିକଳ୍ପ ବୋଲି ଭାବି ନେଇଛି ନାରୀ । ନାରୀର ଏ ବିପର୍ଯ୍ୟୟ ଭିତରେ କବି ମନ କ୍ଷତାକ୍ତ ହୋଇଛି । ଏକେ ତ ଅର୍ଥର ସଙ୍କଟ, ଦ୍ୱିତୀୟତଃ ମୂଲ୍ୟବୋଧର ସଙ୍କଟ ଭିତରେ କୁହୁଳୁଥିବା ପରିସ୍ଥିତିକୁ ନେଇ କବି କହିଛନ୍ତି :-

"ହାୟ ! ଆଗୋ ମୋ' ବସ୍ତିର କିଶୋରୀ
ନୟନରେ ନାଇଁ ଶର, ନାଇଁ ପୁଣି ସୁବର୍ଣ୍ଣ ସପନ
ମନର ମଣିଷ ନାଇଁ ନାଇଁ କାନେ କୋକିଳ ବା ଚକ୍ରବାକ ଧ୍ୱନି
ଅଛି ନୂଆ କାରଖାନା- ଚିମିନିର ଧ୍ୱନି
ଅନାଗତ ମୁହୂର୍ତ୍ତର / ପୁରୋଗାମୀ ସନ୍ଦିଗ୍ଧ ଯୋଜନା
ବଞ୍ଚିବାର ବାସ୍ତବ ଓ ବିପୁଳ ସମସ୍ୟା
କାରଖାନା କାହାଳୀର ମର୍ମଭେଦି ଉତ୍କଟ ଆବାଜ ।"

-ମଳୟର ଆତ୍ମହତ୍ୟା : ପିଙ୍ଗଳାର ସୂର୍ଯ୍ୟ : ବେଣୁଧର ରାଉତ

ଏହା ଏକ ନଗ୍ନ ବାସ୍ତବତା । ଯାହାକୁ ଅବସାଦମୟ ପ୍ରାଣ ନେଇ କବି ଚାହିଁ ନାହାନ୍ତି ବରଂ ସାମାଜିକ ବିଧି ବ୍ୟବସ୍ଥାର ବିଫଳତାକୁ ଆଙ୍ଗୁଠି ଦେଖେଇଛନ୍ତି । T.S. Eliot ଙ୍କ 'ୱେଷ୍ଟଲ୍ୟାଣ୍ଡ' ସଙ୍କଳନରେ ସେ' ଦେଇଥିବା ବକ୍ତବ୍ୟ ଭିତରେ ତତ୍କାଳୀନ ପରିସ୍ଥିତିର ବିଡମ୍ବନା ହିଁ ପ୍ରତିଫଳିତ ହୁଏ । ତାଙ୍କ ଭାଷାରେ :

"I will show you fear in a handful of dust."

ଏପରିକି ଏଲିଅଟଙ୍କ ଦୃଷ୍ଟିରେ ମହିଳାମାନେ କ୍ରିତଦାସୀ ହୋଇ ସମାଜର ସମସ୍ତ ଅନ୍ୟାୟ-ଅତ୍ୟାଚାର ଭିତରେ ହିଁ ବଞ୍ଚିଥାନ୍ତି । ତାଙ୍କ ଭାଷାରେ :

"Seeing women like slaves n't just of their own husband but also slaves of the torturous and malitreating society."

ଏଥିରୁ ସ୍ପଷ୍ଟତଃ ଅନୁମାନ କରିହୁଏ ଯୁଦ୍ଧୋତ୍ତର ପୃଥିବୀର ଭୟ ଓ ଆତଙ୍କର ସନ୍ଧିକ୍ଷଣ ଭିତରେ ନାରୀର ଜୀବନ କିଭଳି ଜର୍ଜରିତ । ଯେଉଁଠି ମାଟି ମୁଠାଏ ଭିତରେ ଭୟାଭୟ ଜୀବନର ସ୍ଥିତି, ସେଠି ନାରୀର ପରିସ୍ଥିତି ବା କିଭଳି ପ୍ରବର୍ତ୍ତନ ଦେଇ ଗତି କରିବ । ସତୁରୀ ଦଶକର କାବ୍ୟଧାରା ଭିତରେ କବି ମନ ଶ୍ଳେଷୋକ୍ତି ବାଢିଛି । ସମାଜର ବ୍ୟବସ୍ଥାକୁ ଦୃଢ କଣ୍ଠରେ କଟାକ୍ଷ କରିଛି । ଏ ଦୃଷ୍ଟିରୁ କବି ରବି ସିଂ ଓଡିଆଙ୍କ ବିପ୍ଳବୀ କବି ଭାବରେ ବେଶ୍ ପରିଚିତ ।ସେ ସର୍ବହରାର କବି, ମଣିଷମାନଙ୍କର କବି । ସମକାଳୀନ ପରିସ୍ଥିତି ପ୍ରତି ବିଦ୍ରୋହୀ ସାଜନ୍ତି କବି ରବି ସିଂ ତାଙ୍କ କବିତାରେ :

"ଭଗବାନ କେବେ ହେଁ କରିଛୁ କଳନା /
ଜନନୀ, ଭଗିନୀ, କନ୍ୟା, ଲଳନା/
ତମ ସୃଷ୍ଟି ବଜାରେ ପଣ୍ୟ ରୂପେ ବିକ୍ରୟ ହେବା ?
ଜଠର ଜଳେ କା କ୍ଷୁଧା ଅନଳ/
ନିଜ ମାଂସ କେ ବିକେ ପଳପଳ
କିଏ ଗଢେ, କିଏ ସଢେ ତିଳ ତିଳ ।"

-ଚରମ ପତ୍ର : କବି ରବି ସିଂ : ପୂର୍ବପର୍ବ : ଆରୋହୀ ପ୍ରକାଶନ, କଟକ : ପୃ- ୧୮୫

ବାସ୍ତବରେ, କ୍ୱିଚିତ୍ ଆବେଗରେ ଢଳଢଳ । ସମାଜର ଅନ୍ୟାୟ- ଅନୀତି ଦେଖି ସେ' ବିବ୍ରତ ହୁଏ । ତା'ର କାବ୍ୟିକ ପରିଣତି ବିଦ୍ରୋହ କରେ, ବିପ୍ଳବର ନିଆଁ ଜଳେ ସମାଜରେ । ଲୋକ ଜାଗ୍ରତ ହୁଅନ୍ତି, ଅନ୍ୟାୟ- ଅନୀତି ବିପକ୍ଷରେ ମୁହଁ ଖୋଲନ୍ତି । ଏ ହେଉଛି ମାନବବାଦୀ ଆଭିମୁଖ୍ୟ । ଯାହାକୁ ପାଥେୟ କରି କବି ଲେଖନୀ ଧରନ୍ତି । ଏ ପରିପ୍ରେକ୍ଷୀରେ ୧୯୫୦ ମସିହା ପରବର୍ତ୍ତୀ ସମୟର କବି ମାନଙ୍କ ସର୍ଜନାରେ ସମକାଳୀନ ପ୍ରେକ୍ଷାପଟ ପ୍ରତିଫଳିତ ହୋଇଥାଏ । ବିଶେଷତଃ ଦ୍ୱିତୀୟ ବିଶ୍ୱଯୁଦ୍ଧର ଭୟାବହତା ସମଗ୍ର ସମାଜକୁ ଆଚ୍ଛନ୍ନ କରି ରଖିଥିଲା । ଏହି ଆତଙ୍କବୋଧ ଗଲାଣି, ନର ସଂହାରର ହିଂସା, ପରମାଣବିକ ବିସ୍ଫୋରଣ ଜନିତ କ୍ଷୟକ୍ଷତି ଆଦି ପରବର୍ତ୍ତୀ କାବ୍ୟଧାରାକୁ ପ୍ରଭାବିତ କରିଥିବାର ଦେଖାଯାଏ । ମୁଖ୍ୟତଃ ଏହି କ୍ଷୟକ୍ଷତି ଜନିତ ବିପର୍ଯ୍ୟୟ ନାରୀ ଜୀବନକୁ ସଂଘାତରେ ଭରି ଦେଇଛି । ଅତଏବ ନାରୀର ସମସ୍ୟା ଜଟିଳରୁ ଜଟିଳତର ହୋଇପଡିଛି । ଏହି ସମସ୍ୟାରୁ ମୁକ୍ତି ପାଇବା ପାଇଁ ପାଶ୍ଚାତ୍ୟର ନାରୀବାଦୀ ଆନ୍ଦୋଳନ ମୁଣ୍ଡ ଟେକିଚି । ନାରୀ ଜୀବନର ଉତ୍ଥାନ ଓ ପତନର କାରଣ ହେଉଛି ପୁରୁଷତାନ୍ତ୍ରିକ ସମାଜ । ଏହି ପୁରୁଷତାନ୍ତ୍ରିକ ସମାଜର ଅବିଚାରରେ ନାରୀ ଜୀବନରେ ବହୁବିଧ ସମସ୍ୟାମାନ ଦେଖାଦେଇଛି । ନାରୀ କେବଳ ଲାବଣ୍ୟମୟୀ- ପ୍ରେମଶିଳା ନୁହେଁ, ସେ' ଏକ ସ୍ୱତନ୍ତ୍ର ସତ୍ତା । ଯାହାର ପୁରୁଷ ଭଳି ଇଚ୍ଛା- ଅନିଚ୍ଛା ଅଛି । ସେ' ପୁରୁଷ ଦୃଷ୍ଟିରେ ନୁହେଁ ବରଂ ନିଜସ୍ୱ ଦୃଷ୍ଟିରେ ଆପଣାକୁ ପରିପ୍ରକାଶ କରିବାକୁ ଚାହିଁଛି । ଏଠାରେ ଲକ୍ଷ୍ୟ କରିବାର କଥା ୧୯୪୭ ରୁ ୧୯୯୦ ପର୍ଯ୍ୟାୟର କାବ୍ୟଧାରାରେ ପୁରୁଷ ଲେଖକଙ୍କ ପ୍ରତିପତ୍ୟ ଦେଖିବାକୁ ମିଳେ । ଯଦିଓ ସମତାଳରେ କିଛି ନାରୀକବିମାନେ ଆପଣାର ମୌଳିକ ସୃଜନୀପଣରେ ପରିଚୟ ସୃଷ୍ଟି କରିଛନ୍ତି, ତାହା କିନ୍ତୁ ପୁରୁଷକବିଙ୍କ ଅନୁପାତରେ ଗୌଣ । କିନ୍ତୁ, ଏହାର ପରବର୍ତ୍ତୀ ପର୍ଯ୍ୟାୟ ବେଳକୁ, ବିଶେଷତଃ ୧୯୯୦ ପରବର୍ତ୍ତୀ ସମୟରେ ନାରୀକବି ମାନଙ୍କ ଆଶାନୁରୂପ ପ୍ରବେଶ ଘଟିଲାଣି । ଶିକ୍ଷା- ସଂସ୍କୃତିର ପ୍ରଭାବରେ ତଥାକଥିତ କୁସଂସ୍କାର ଦୂରୀଭୁତ ହେଇଚି । ନାରୀ ଏଠି ସ୍ୱୟଂସିଦ୍ଧାରେ ଅବତୀର୍ଣ୍ଣ । ଏହି ପର୍ଯ୍ୟାୟରେ ନାରୀର ସ୍ୱର ଖୁବ୍ ତୀର୍ଯ୍ୟକ୍ ଓ ସ୍ପଷ୍ଟ ଭାବରେ ପ୍ରତିଫଳିତ ହୋଇଛି ।

୧୯୩୬ ମସିହାର ପରବର୍ତ୍ତୀ ପର୍ଯ୍ୟାୟର ପରିସ୍ଥିତିକୁ ଆଖି ଆଗରେ ରଖି କୁନ୍ତଳା କୁମାରୀଙ୍କ 'ଓଡ଼ିଆଙ୍କ କାନ୍ଦଣା' ରେ ନାରୀ ଜୀବନର ବିପର୍ଯ୍ୟୟ ପ୍ରତିଫଳିତ

ହୋଇଛି । ପାରିବାରିକ ଜଞ୍ଜାଳର ଦାୟରେ ଓଡ଼ିଆ ନାରୀ ଦେହକୁ ଜୀବିକା କରି ବଞ୍ଚିବାକୁ ବାଧ୍ୟ ହୋଇଛି । ଋଣ ଭାରରେ ନଇଁ ପଡିଛି ଓଡ଼ିଆ ପୁଅର ଅଂଟା । କ୍ଷୁଧାର ତାଡ଼ନାରେ ବିବେକ ବୋଧର ଗ୍ଲାନି ହାର୍ ମାନେ । ଏଠି ସାମାନ୍ୟ ନାରୀଟିର ବା କ'ଣ ଆସ୍ପର୍ଦ୍ଧା ?

'କବିତା-୧୯୬୨' ରେ ଲିଖିତ ଅନେକ କବିତାରେ ସଚ୍ଚିଦାନନ୍ଦ ସହରୀ ଜୀବନର ଉପଭୋକ୍ତା ସଂସ୍କୃତିକୁ ପରୋକ୍ଷରେ ଇଙ୍ଗିତ କରିଛନ୍ତି । ଏଭଳି ଏକ ବିସ୍ମୟ ପରିବେଶରେ ମୁଖ୍ୟ ଯଦି କିଛି ଥାଏ, ତେବେ ତାହା ଜୀବନ ବଂଚେଇବାର ଦାୟ । ଦାରିଦ୍ର୍ୟ ହିଁ ମୁଖ୍ୟ କାରଣ ସାଜିଛି । ସମାଜର ଏଭଳି ମାନସିକତା ପଛରେ ସାମାଜିକ-ଆର୍ଥିକ ବିପର୍ଯ୍ୟୟ ହିଁ ପ୍ରଧାନ ମନେହେଉଛି । ଏହି ଆର୍ଥ-ସାମାଜିକ ସ୍ଥିତି, ନାରୀ ବିପର୍ଯ୍ୟୟର କାରଣ ସାଜିଛି । କବି ସଚ୍ଚିଦାନନ୍ଦଙ୍କ ଭାଷାରେ :

"ଆଜିର ଏ ଭେଜାଲ ଯୁଗରେ /
ଚାଉଳ, ଅଟା, ତେଲ, ପରିବା ସବୁ ଯେତେବେଳେ ବିଷାକ୍ତ /
ଖାଦ୍ୟ, ପ୍ରାଣହୀନ/ ତାପରେ ଦାମ୍ ଯେତେବେଳେ
ହୁ ହୁ ଯାଏ ବଢି / ସେତେବେଳେ ବଞ୍ଚିବା ଯେ କି ଶକ୍ତ /
ଆପଣମାନେ ହିଁ କୁହନ୍ତୁ ।

-କବିତା ୧୯୬୨, ସଚ୍ଚିଦାନନ୍ଦ ରାଉତରାୟ, ପୃ-୮୧

ଏହି ବିଡ଼ମ୍ବିତ ଅବବୋଧ ଭିତରେ ନାରୀ ଜୀବନ ଜନିତ ଅସହାୟତା, ନୈରାଶ୍ୟ ଏବଂ ଅବସାଦ ମାନ ଫୁଟିଉଠିଛି । ନିଜ ଦେହସର୍ବସ୍ୱ ଆଭିମୁଖ୍ୟକୁ ତ୍ୟାଗ କରି ନାରୀଟିଏ ଇଛା କରି ମଧ୍ୟ ଛିଡା ହେବାର ସତ୍ ସାହସ କରିପାରୁନାହିଁ । କିନ୍ତୁ, ଦେଖାଯାଏ ୧୯୭୦ ପରବର୍ତ୍ତୀ ପର୍ଯ୍ୟାୟ ବେଳକୁ ନାରୀ ନିଜର ଅସ୍ମିତାବୋଧର ଅନ୍ୱେଷଣ କରୁଛି । ବିଷାଦବୋଧର ଜ୍ୱାଳା ଭିତରୁ ବାହାରି ଆସିବାର ଆସ୍ପର୍ଦ୍ଧା କରିଛି । ଏହି ଦେହର ଦେହଳୀ ଭିତରୁ ବାହାରି ପ୍ରତିବଦ୍ଧତାର ସଶକ୍ତ ସ୍ୱରଟିଏ ହୋଇ ଉତ୍କୀର୍ଣ୍ଣ ହୋଇଛି । ବିଶେଷତଃ (୧୯୮୦-୨୦୦୦) ପରବର୍ତ୍ତୀ ପର୍ଯ୍ୟାୟ ବେଳକୁ ନାରୀର ତଥାକଥିତ ରୂପ (Myth) ପରିବର୍ତ୍ତନ ହୋଇଛି । ସଚ୍ଚିଦାନନ୍ଦ-ଗୁରୁପ୍ରସାଦ-ଭାନୁଜୀ-ସୌଭାଗ୍ୟମିଶ୍ର-ଦୀପକ ମିଶ୍ର- ରମାକାନ୍ତ ରଥ-ସୀତାକାନ୍ତ

ମହାପାତ୍ରଙ୍କ ପରି କବିମାନେ ନାରୀ ଜୀବନକୁ ନେଇ ଅନେକ ପରୀକ୍ଷା-ପ୍ରୟୋଗ ମଧ୍ୟ ଦେଇ ସ୍ୱୀୟ ଲେଖନୀରେ ପରିପ୍ରକାଶ କରିଛନ୍ତି । ନାରୀ ଅବଚେତନ ମନର ଅନେକ ସଂଗୁପିତ ଭାବନା, ତା'ର ଯୌନ ଆକାଂକ୍ଷା ସ୍ୱଚ୍ଛନ୍ଦ ଭାବରେ ରୂପ ପାଇଛି । କିନ୍ତୁ, ଦ୍ୱିତୀୟ ପର୍ଯ୍ୟାୟ (୨୦୦୦-୨୦୨୨) ଯାହା ସମ୍ପୂର୍ଣ୍ଣ ଭାବରେ ନିତ୍ୟ- ନୂତନ ଦୃଷ୍ଟିଭଙ୍ଗୀ ନେଇ ପ୍ରତିଭାତ ହୋଇଥିବାର ଅନୁମାନ କରାଯାଏ । ଏ ପରିପ୍ରେକ୍ଷୀରେ ବିଚାର କଲେ କବି ସୌଭାଗ୍ୟ ମିଶ୍ରଙ୍କର ଏକ କବିତାକୁ ଲକ୍ଷ୍ୟ କରାଯାଇପାରେ ।

"ସେ ଆସି ପହଁଚିଲା ବାରନ୍ଦାରେ /
ଛତରା, ଡେଙ୍ଗା, ହସକୁରା, ଜୋତା ମଚ ମଚ/
ମୋ ସାନ ଝିଅ ମୁଣ୍ଡ ଗୁଂଜି ଦେଲା/
ମୋ ଛାତିରେ, ବଡଟି କଣ୍ଢେଇ ଫିଙ୍ଗି ଦେଇ ପାଟିକଲା
ମା ! ବାପା ଆସିଲେ, ବାପା ଆସିଲେ...
ମୁଁ ଜାଣେ, ଜାଣେ କିଏ ଆସିଲା, କିଏ ଗଲା
ସାତବର୍ଷ ତଳର ମାର୍ଚ୍ଚରେ ।"

-ଶଶୀଦେଇର କାନ୍ଦ : ଅନ୍ଧ ମହୁମାଛି : କବି ସୌଭାଗ୍ୟ କୁମାର ମିଶ୍ର

ଏଥିରୁ ସ୍ପଷ୍ଟ ଭାବରେ ନାରୀ ଜୀବନର ଅବଚେତନ ଆକାଂକ୍ଷା କିପରି ବାସ୍ତବ ରୂପ ନେଇଛି, ତାହା ଅନୁମାନ କରିହୁଏ । ପରିବର୍ତ୍ତିତ ପରିସ୍ଥିତି ଏଥିପ୍ରତି ଦାୟୀ । ପାଶ୍ଚାତ୍ୟ ନାରୀବାଦର ପ୍ରବାହରେ କ୍ରମେ ଭାରତୀୟ- ସାମାଜିକ ବ୍ୟବସ୍ଥା ପ୍ରଭାବିତ ହୋଇଛି । ଜଗତୀକରଣର ପ୍ରଭୁତ୍ୱ ଏଠି ପାରିବାରିକ ଜୀବନକୁ ବିପର୍ଯ୍ୟୟ ଆଡକୁ ଟାଣି ନେଇଛି । ଦାମ୍ପତ୍ୟର ବିଫଳତା କ୍ରମଶଃ ଉଭୟ ନାରୀ ଓ ପୁରୁଷକୁ ବାହାର ମୁହାଁ କରିଛି । ସେ' ବାଧ୍ୟବାଧକତାରେ ହେଉ ଅବା ପରିସ୍ଥିତିର ତାଡ଼ନାରେ ପୁରୁଷ ଭଳି ନାରୀ ମଧ୍ୟ ସ୍ୱେଚ୍ଛାଚାରିତାକୁ ପ୍ରଶ୍ରୟ ଦେଇଛି । ପରପୁରୁଷକୁ ଶ୍ରେୟମଣିଛି । ଆପଣା ସ୍ୱାମୀର ଅନୁପସ୍ଥିତିର ସୁଯୋଗରେ ଅନ୍ୟ ପୁରୁଷ ସହ ସମ୍ପର୍କ ସ୍ଥାପନ କରିଛି । ଜଗତୀକରଣର ପ୍ରଭାବରେ ଯୌନ ଉଚ୍ଛୃଙ୍ଖଳାକୁ ଗୁରୁତ୍ୱ ଦେଇଛି । ଉପଭୋଗକୁ ମାଧ୍ୟମ କରିଛି । ଏଠି ଶଶିଦେଇ ଭଳି ବିବାହିତା ସ୍ତ୍ରୀର ଯୌନ

ଆକାଂକ୍ଷାର ସ୍ପଷ୍ଟ ଚିତ୍ର ଦେଖିବାକୁ ମିଳେ । କେବଳ ପୁରୁଷ ନୁହେଁ ନାରୀ ମଧ୍ୟ ଶାଳୀନତାର ସୀମା ଲଙ୍ଘନ କରିଛି । କେଉଁଠି ଜୀବିକାର ଦାୟ ତ' କେଉଁଠି ଆପଣାଛାଏଁ ଗୋଡ ଖସେଇବାକୁ ତିଳେ ମାତ୍ର କୁଣ୍ଠା କରିନାହିଁ । ଭୁଷୁଡ଼ି ପଡ଼ିଛି ସ୍ୱାମୀ-ସ୍ତ୍ରୀର ମଧୁର ସମ୍ପର୍କ । ପାଶ୍ଚାତ୍ୟର ଯୌନ କ୍ରିୟାତ୍ମକ ବିବିଧ ବ୍ୟବସ୍ଥାମାନ (Extra-Mavital/live-in/relationship Adultry) ଢେର ପ୍ରୋତ୍ସାହନ ଦେଇଛି । ପୁରୁଷ ସହ ସମାନ ହେବାକୁ ଦାବି କରୁ କରୁ ନିଜେ ଅଜାଣତେ ପୁରୁଷ ଠାରୁ ବଳିଯାଇଛି । ଏହିସବୁ ଯାବତୀୟ ଅବଚେତନ-ଭାବାବେଗ କବିତା ଛଳରେ ପ୍ରକାଶିତ ହୋଇଛି । ବିଶେଷତଃ ତୃତୀୟ ପର୍ଯ୍ୟାୟ ବେଳକୁ କବିତାର ଶ୍ରୀ ବୃଦ୍ଧି କରିବାରେ ନାରୀ କବିଙ୍କ ଭୂମିକା ସର୍ବାଗ୍ରେ ସ୍ମରଣୀୟ । ଏହି ପୃଷ୍ଠଭୂମି ଜନିତ ସାମାଜିକ-ପାରିବାରିକ ତଥା ସାଂସ୍କୃତିକ ପରିମଣ୍ଡଳରେ ନାରୀର, ମନୋଦଶା ପ୍ରତିଫଳିତ ହେବା ସହ ସାମାଜିକ ଦାୟବଦ୍ଧତା ପ୍ରତି ବ୍ୟଙ୍ଗ କରାଯିବାର ଲକ୍ଷ୍ୟ କରାଯାଇଛି । କବି ବାସ୍ତବରେ ସଂସ୍କାରକ । ସମାଜକୁ ସୁଧାରିବାର ଆଭିମୁଖ୍ୟ ହିଁ ତାଙ୍କ କବିତାକୁ ବେଗବତୀ କରାଏ । ଏହି ସଂସ୍କାର ପ୍ରବଣତା ହିଁ କବିକୁ କରେ ସ୍ୱତନ୍ତ୍ର । ସମାଜର ଅନ୍ୟାୟ-ଅବିଚାର ପ୍ରତି କବି ଲେଖନୀ ଯେଉଁ ବିପ୍ଳବର ଶଙ୍ଖଧ୍ୱନି କରେ, ସେହି ପ୍ରେରଣାରେ ପ୍ରେରିତ ହୋଇ ଜନ ସଚେତନତା ସୃଷ୍ଟି ହୁଏ । କବିର ବିପ୍ଳବ ଲେଖନୀ ମାଧ୍ୟମରେ । ଶବ୍ଦକୁ ପାଥେୟ କରି କବିତା ସମାଜରେ ପ୍ରଭାବ ପକାଏ । ଏ ପରିପ୍ରେକ୍ଷୀରେ ୧୯୮୦ ମସିହାରେ ଅକ୍ଟୋବର ୩ ତାରିଖରେ କଟକ ସହର ଠାରୁ ୨୫ କି.ମି. ଦୂରବର୍ତ୍ତୀ ବିଲୁଆଖାଇ ନଦୀ ଶଯ୍ୟାରେ ଯେଉଁ ବିଭତ୍ସ ହତ୍ୟା ଘଟିଥିଲା, ତାକୁ ନେଇ ରଚିତ କବି ରବି ସିଂଙ୍କ ସମାଜର ବଡପଣ୍ଡାମାନଙ୍କୁ କରାଯାଇଥିବା କଟାକ୍ଷକୁ ଲକ୍ଷ୍ୟ କରାଯାଇପାରେ । ସାମ୍ବାଦିକ (ବିରିଡି ବ୍ଲକ) ନବକିଶୋର ମହାପାତ୍ରଙ୍କ ପତ୍ନୀ 'ଛବିରାଣୀ' ଙ୍କୁ ଧର୍ଷଣ ପରେ ଅମାନୁଷିକ-ବର୍ବର ହତ୍ୟା କବି ଚିତ୍ତକୁ ଦୋହଲେଇ ଦେଇଛି । ବିଦ୍ରୋହ କରିଛି କବି ଚିତ୍ତ । ତାଙ୍କ କଣ୍ଠରୁ ଝରି ପଡିଛି ବିପ୍ଳବର କବିତା । କବି ରବି ସିଂ ଙ୍କ କବିତାର କିଛି ପଂକ୍ତି ନିମ୍ନମତେ ଆଲୋଚନା କରାଯାଇପାରେ:

"ମୁଁ କି' ଓଡ଼ିଶାର ପ୍ରଥମ ଓ ଶେଷ ଶିରୋମଣି ସତୀ ନାରୀ ?
ବାକି ସବୁତକ ତପୀ, କୁଳଟା, ଦୋଚାରୁଣୀ, ବାରନାରୀ ?

ଯୋନି-ଜାନୁ-ସ୍ତନ-ଅଧର-ଆନନ/ ତାଙ୍କର ଯାହା କିଛି
ହୋଇଥିଲା କିହୋ' ଜନତାକରଣ (୧) କୁହ, ମୁଁ ଯା ପଚାରୁଛି
ତମରି ଶାସନ କାଳରେ ହତ୍ୟା, ଧର୍ଷଣ, ଜନାକାରୀ,
ତା ଦେହେ 'ଜନତା' ମାର୍କ ଥିବାରୁ ଥିଲା ପବିତ୍ର ଭାରି ?

× × ×

ମୋତେ ଧର୍ଷଣ କରି ମାରିଥିବା ପଶୁଠୁ ଘୃଣ୍ୟ ତମେ,
ତମରି ପାଇଁକି ବ୍ୟଥା-ବିଦ୍ରୋହ ଏ ମୋର ପ୍ରେତିନୀ ପ୍ରାଣେ ।"

- କେବଳ ସଂଗ୍ରାମ : ରବି ସିଂହ

ଏ ସବୁ ସହରୀ ଜୀବନର ନଗ୍ନ ବାସ୍ତବତା । ଯେଉଁଠି, ନାରୀଟିଏ ହିଁ ଶିକାର ହୁଏ, କଷଣ ଲଭେ । ସେ' ସାମାଜିକ ସ୍ଥିତିର ବିପର୍ଯ୍ୟୟ ହେଉ ଅବା ରାଜନୀତିକ ଅପାରଗତା ସର୍ବତ୍ର ନାରୀଟିଏ ହିଁ ବିପନ୍ନ ହୁଏ । ସରକାରୀ କଳରେ ଅସାଧୁତାର ଆତ୍ମପ୍ରବେଶ ଯୋଗୁଁ ସାଧାରଣ ଜନଜୀବନ କିଭଳି ଦୁର୍ଭାଗ୍ୟକୁ ସାମ୍ନା କରେ, ତାହା ଉପରୋକ୍ତ କବିତାରୁ ସ୍ପଷ୍ଟ ପ୍ରତିଫଳିତ ହୋଇଥିବାର ଦେଖାଯାଏ । ସ୍ୱାଧୀନତା ପରବର୍ତ୍ତୀ ସମାଜ ଯାବତୀୟ ଅନର୍ଥକୁ ସମ୍ମୁଖୀନ ହେଇଚି । ଆର୍ଥିକ ସଙ୍କଟ, ନୈତିକ ସଙ୍କଟ ଏପରିକି ମାନବିକତାର ସଙ୍କଟ ଏକ ପ୍ରତିବନ୍ଧକ ସାଜିଛି । କେଉଁଠି ଋଣ ପରିଶୋଧ କରି ନପାରି ମା' ଟିଏ ଜୀବନ ହାରୁଛି ତ' କେଉଁଠି ଝିଅ, ବୋହୁ ବନ୍ଧା ପଡିଛନ୍ତି ସାହୁକାର ପାଖରେ । ଜମିଦାର, ସାହୁକାର, କଣ୍ଟ୍ରାକ୍ଟର, କାବୁ-ଭୟ ଗୋଷ୍ଠୀ ଭିନ୍ନ, ଭିନ୍ନ ଭାବରେ ସାମାଜିକ ଜୀବନକୁ ପ୍ରଭାବିତ କରିଛନ୍ତି । ଏହିସବୁ ପରିସ୍ଥିତି ମଧ୍ୟରୁ ସୃଷ୍ଟି ହୋଇଥିବା 'ଥିଲାବାଲା-ନଥିଲାବାଲା' ର ଶ୍ରେଣୀ ପରବର୍ତ୍ତୀ ପର୍ଯ୍ୟାୟ ବେଳକୁ କମ୍ୟୁନିଷ୍ଟ ଆନ୍ଦୋଳନକୁ ପ୍ରୋତ୍ସାହିତ କରିଛି । ଯାହାର ପ୍ରତିଫଳନ ଓଡ଼ିଆ କବିତା ବିଶେଷତଃ ସ୍ୱାଧୀନତା ପରବର୍ତ୍ତୀ ପ୍ରେକ୍ଷାପଟର ଜନଜୀବନକୁ ପ୍ରଭାବିତ କରିରଖିଛି । ଏଠି ଅତ୍ୟାଚାରିତ ହେଇଛନ୍ତି ତୃଣମୂଳ ସ୍ତରର ନର-ନାରୀ । ସାମାଜିକ-ରାଜନୀତିକ ଘଟଣାମାନ ବହୁ ଭାବରେ ନାରୀ ଜୀବନକୁ ଅମା ଅନ୍ଧକାର ମଧ୍ୟକୁ ଠେଲି ଦେଇଛି । ଦେଖିବାକୁ ଗଲେ ୧୯୮୦ ପରବର୍ତ୍ତୀ ଓଡିଆଙ୍କ ଜୀବନଧାରାରେ ପରିବର୍ତ୍ତନ ଲକ୍ଷ୍ୟ କରାଯାଇପାରେ ।

ହେନେରିଟା ମିଶ୍ର ୨୧୧

ପାରମ୍ପରିକତାକୁ ଭାଙ୍ଗି ଏକ ନୂତନ ଢଙ୍ଗରେ ଜୀବନର ଗତି ବିପନ୍ନ ହେବାକୁ ଲାଗିଛି । ନାରୀମାନେ ସମ୍ମୁଖୀନ ହେଇଛନ୍ତି ଯାବତୀୟ ଅତ୍ୟାଚାର । ସେ' ସାମାଜିକ କ୍ଷେତ୍ର ହେଉ ଅବା ଆର୍ଥିକ, ସେ' ରାଜନୀତିକ ଶୋଷଣ ହେଉ ଅବା ମନସ୍ତାତ୍ତ୍ୱିକ ଦିଗରୁ ଅନେକ ବାଧା ବିଘ୍ନକୁ ସାମ୍ନା କରିଛନ୍ତି । ତମାମ ଅସହାୟତା ସତ୍ତ୍ୱେ ନାରୀ ଟିଏ ବଞ୍ଚିବାର ସଂଘର୍ଷ କରିଛି । କେଉଁଠି ଦେହକୁ ଜୀବିକା କରି ବଞ୍ଚିଛି ତ' କେଉଁଠି ପରଦୁଆରେ ବାସି ପାଇଟି କରିଛି । ଏ ସବୁ ନାରୀ ଜୀବନର ଅସୁସ୍ଥ ପରିବେଶକୁ ଇଙ୍ଗିତ କରିଛି । ଆର୍ଥିକ ଅସହାୟତାରୁ ଗୋଟିଏ ପରିବାରର ତିନିଗୋଟି କନ୍ୟାଙ୍କ ଆତ୍ମହତ୍ୟାର କରୁଣ ଦୃଶ୍ୟ ରୂପପାଇଛି କବିତାରେ ।

"ତୁମେ ଦେଖିଛ ସେଇ ପାହାଡ
ଯେଉଁଠି ଉଡ଼ନ୍ତା ପକ୍ଷୀମାନେ / ମୁଣ୍ଡ ପିଟି ପିଟି ରକ୍ତାକ୍ତ ହୁଅନ୍ତି
ତୁମେ ଦେଖିଛ ସେଇ ହ୍ରଦ / ଯେଉଁଠି ରୌଦ୍ରଦଗ୍ଧ ପକ୍ଷୀମାନେ
ଆତ୍ମହତ୍ୟା କରନ୍ତି ।"

- ଶବଯାତ୍ରା : କେତେଦୂର : ଗୋପାଳକୃଷ୍ଣ ରଥ, ପୃ-୧୬

ଗୋଟେ ସୁସ୍ଥ, ସମୃଦ୍ଧ, ସମ୍ପନ୍ନ ସମାଜର ସ୍ୱପ୍ନ ପରାଧୀନ ଭାରତରେ ଯେଉଁ କବିମାନେ ଦେଖିଥିଲେ, ତାହାର ବିପର୍ଯ୍ୟୟର ଚିତ୍ର କବି ପ୍ରତିଭା ଶତପଥୀଙ୍କର କବିତାମାନଙ୍କରେ ବେଶ୍ ଅନୁଭବ୍ୟ । ନାରୀ ମାନଙ୍କ ପ୍ରତି ହେଉଥିବା ଶାରୀରିକ ଶୋଷଣକୁ ଦୃଢ କଣ୍ଠରେ ପ୍ରତିବାଦ କରନ୍ତି କବି । କ୍ଷମତା ମଣିଷର ବିଳାସିକତା, ନାରୀକୁ କରେ ପଣ୍ୟ । ସ୍ୱାଧୀନତା ପରବର୍ତ୍ତୀ ସମୟ ବେଳକୁ ନାରୀ ନିର୍ଯ୍ୟାତନା କମିବା ଦୂରେ ଥାଉ ବଢି ବଢି ଚାଲିଛି । ତଥାକଥିତ ଭଦ୍ରମୁଖ ତଳେ ଅଭଦ୍ର ମଣିଷ ନାନା ଆଳରେ ଯୌନ ଆକ୍ରମଣ କରିଛି । ୧୯୮୮ ମସିହାରେ ରଚିତ 'ମହାମେଘ' ରେ ଏହାର ସ୍ପଷ୍ଟ ଚିତ୍ର ଦେଖିବାକୁ ମିଳେ । କ୍ଷମତା ପ୍ରତିଭୂ ମଣିଷର ଉଚ୍ଛୃଙ୍ଖଳତା ସମସ୍ତ ସୀମା ଲଘଂନ କରିଛି । କବିଙ୍କର 'କୁରୁପତି ସଭାସ୍ଥଳେ' ଅତୀତର ପୌରାଣିକ କାହାଣୀ, ସମକାଳୀନ ପରିସ୍ଥିତି ସହ ବେଶ୍ ମେଳ ଖାଇଛି । ଯାବତୀୟ ଦୁର୍ଦ୍ଦଶା ଭିତରେ ନାରୀ ଗୁମୁରି ଉଠୁଛି । ଘରୋଇ ହିଂସା ଠାରୁ ସାମାଜିକ ଅନ୍ୟାୟ-ଅବିଚାର, ଦାମ୍ପତ୍ୟର ବିଫଳତା ଆଦି ମୁଖ୍ୟ ସମସ୍ୟା ହେଇ ଛିଡା ହେଇଛି । ଏଠି

ଦେହ ତ ଦେହ ମନ ବି' ମରିଯାଏ । ତମାମ ବୟସ ସର୍ବସ୍ୱ ଦେଇ ସନ୍ତୁଷ୍ଟି କରିବାକୁ ଚାହିଁଲେ ବି' ନାରୀଟିଏ ହାରିଯାଏ । କେବେ ପାରିବାରିକ ହିଂସା ତ କେବେ ସାମାଜିକ ପ୍ରତିବନ୍ଧକ ତା'ର ବାଟ ଓଗାଳେ । ଏଠି, ତୃଣମୂଳ ସ୍ତରର ନାରୀ ତା'ର ଦୁଃଖ, ସମ୍ପନ୍ନା ନାରୀର ଦୁଃଖ ସହ ସମାନ ହୋଇଯାଏ । ସବୁ ପରିସ୍ଥିତିରେ ଶାରୀରିକ ଓ ମାନସିକ ନିର୍ଯ୍ୟାତନାକୁ ଭୋଗୁଥାଏ ନାରୀ । ନିଜ ଅସ୍ତିତ୍ୱ ପ୍ରତି ସନ୍ଦିହାନ ହୋଇ ଅବସାଦକୁ ବରିନିଏ । କବିଙ୍କ ଭାଷାରେ :

" ଅଥଚ ତା' ଆନୁଗତ୍ୟ, ମାଣିକ ମୁଦ୍ରିକା ପିନ୍ଧି
ମୁଁ ଏଠାରେ/ ମୋ ବିଶୁଦ୍ଧ ପ୍ରେମ ଆବେଗକୁ /
ପ୍ରତିଶ୍ରୁତିହୀନ ଏହି ଅନଳ ଗର୍ଭରେ /
ଆଞ୍ଜୁଳା ଆଞ୍ଜୁଳା କରି ଆହୁତି ଦେଉଛି ।

– ଅଗ୍ନି ପରୀକ୍ଷା : ପ୍ରତିଭା ଶତପଥୀ : ପୃ:୧୭

ଜଣେ ବିବାହିତା ନାରୀର ଦାମ୍ପତ୍ୟ ବିଫଳତା, ତା'ର ସାମାଜିକ ନିର୍ଯ୍ୟାତନା, ମାନସିକ ଅବସାଦ ଏବଂ ପାରିବାରିକ ବ୍ୟର୍ଥତା ଆଦି ବେଶ୍ ନିଖୁଣତାର ସହ ବ୍ୟକ୍ତ କରିଛନ୍ତି ପ୍ରତିଭା ଶତପଥି । ଦୁଃଖ-ନିନ୍ଦାରେ ଜୀବନକୁ ତିଳ ତିଳ କରି ଜାଳିବା ପରିବର୍ତ୍ତେ ଆତ୍ମବିଶ୍ଳେଷଣ ପୂର୍ବକ ଆଗକୁ ବଢ଼ିବାର ମାନସିକ ପ୍ରେରଣା ଦେବାରେ ବିଶ୍ୱାସ କରନ୍ତି କବି । ନାରୀ ସ୍ୱୟଂସିଦ୍ଧା, ଆପଣାର କର୍ତ୍ତବ୍ୟ ଓ ଅସାମର୍ଥ୍ୟରେ ସେ' ନିଜ ପାଇଁ ଏକ ସମୃଦ୍ଧ ଜଗତର ପରିକଳ୍ପନା କରିପାରେ । ପ୍ରତିଭା ଶତପଥିଙ୍କ ପରି କବିମାନେ ଏଇମିତି ପ୍ରେରଣାଟିଏ ହୋଇ ନିୟତ ବୋହୁଥାନ୍ତି କାହାରି ନା କାହାରି ମନ ତଳେ । ଜଣେ ସମ୍ବେଦନଶୀଳ କବିସତ୍ତା ପ୍ରତିଭାଙ୍କର । ଅପରର ଦୁଃଖ-ଦୈନ୍ୟ ଭିତରେ ଆପଣାକୁ ଦେଖାନ୍ତି । କେବଳ ଦେଖାନ୍ତିନି, ଅନୁଭବ କରନ୍ତି ତା'ର ସମସ୍ତ ଅବ୍ୟକ୍ତ ମନୋଦଶାକୁ । ଚରିତ୍ର ସହ ଏକାତ୍ମ୍ୟ ହୋଇ ପଡନ୍ତି କବି । ତାଙ୍କ କଣ୍ଠରୁ ଆପେ ଆପେ ଝରିପଡ଼େ କିଛି ଯେମିତି ଅବ୍ୟକ୍ତ- ଆତ୍ମୀୟତା, ଯାହା ନିମ୍ନମତେ ଲକ୍ଷ୍ୟ କରାଯାଇପାରେ ।

"ମୁଁ ବା କୋଉ ଭିନ୍ନ ଲୋକ / ତୋର ଆଖିଦୃଶିଆ ରୂପ
ହସେ, କାନ୍ଦେ କଥା କହେ / ଇସ୍ତ୍ରୀ ଶାଢ଼ୀ ପିନ୍ଧି/

ପେନ୍‌ସିଲ୍‌ରେ ଭୁରୁଟାଣି ବୁଲିଯାଏ / ବଜାର କରେ, ଘରକୁ ସଜାଡ଼େ

ଏକୁଟିଆ ବେଳେ ଯାହା ବିଷର୍ଣ୍ଣତା ତୋର / ମୋ ଆଖିରେ ପଡେ ।"

– ସାହାଡ଼ା ସୁନ୍ଦରୀ : ପ୍ରତିଭା ଶତପଥି

ଯେଉଁ ସବୁ ଅବ୍ୟକ୍ତ ନିରବତାକୁ ନେଇ ନାରୀ ଅନ୍ତର ଗୁମୁରୁ ଥାଏ, ତାକୁ ପ୍ରତିଫଳିତ କରିବାରେ କବି ପ୍ରତିଭା ଅନନ୍ୟ ମନେହୁଅନ୍ତି । ୧୯୮୦ ପରବର୍ତ୍ତୀ କବିତାରେ ନାରୀ ଜୀବନର ବିଡମ୍ବନା, ଦ୍ୱନ୍ଦ୍ୱ, ଅସହାୟତା ଏବଂ ଅସଙ୍ଗତିବୋଧ ତୀର୍ଯ୍ୟକ୍ ଭାବେ ଚିତ୍ରଣ ହୋଇଥିବାର ମନେହୁଏ । ସ୍ୱାଧିନୋତ୍ତର ଭାରତୀୟ ଅବବୋଧ ଏବଂ ଜଗତିକରଣର ଆନ୍ତର୍ଜାତୀୟ ପରିମଣ୍ଡଳ ମଧ୍ୟରେ ଆଧୁନିକ ନାରୀର ଜୀବନ ବିଷାଦବୋଧ ଆଡକୁ ଠେଲି ହୋଇଯାଇଛି କହିଲେ ଅତ୍ୟୁକ୍ତି ହେବନାହିଁ । ଦାରିଦ୍ର୍ୟ ଓ କ୍ଷୁଧାର ଅନଳ ପାଖରେ ଦେହ ହୋଇଛି ମୁଖ୍ୟ ମାଧ୍ୟମ । ଶତାବ୍ଦୀ-ଶତାବ୍ଦୀ ଧରି ନାରୀ ଜୀବନର ଏ ବିପର୍ଯ୍ୟୟ ତାକୁ 'ବରନାରୀ' ରୁ 'ବାରନାରୀ' କରିବାକୁ ବାଧ୍ୟ ହେଇଛି । ଏପରି ଏକ ବିକୃତ ତଥା ଅସ୍ୱଚ୍ଛ ପରିବେଶକୁ ନେଇ ଅସନ୍ତୋଷ ପ୍ରକାଶ କରିଛନ୍ତି କବି ମଣିଷ । ଯେଉଁମାନଙ୍କ ଲେଖନୀ ଫୁଟି ପଡିଛ ଶ୍ଳେଷ ମିଶ୍ରିତ କବିତା । ତେଣୁ ଆବଶ୍ୟକ ସ୍ଥଳେ ପରୀକ୍ଷା ଓ ପ୍ରୟୋଗ ଭିତରେ ପୁଞ୍ଜିଭୂତ ହୋଇ ପ୍ରତିବାଦ ଫୁଟି ଉଠିଛି । କବି ପ୍ରତିଭା ଶତପଥିଙ୍କର ଲିଖିତ 'ସାହାଡ଼ା ସୁନ୍ଦରୀ' ଏଭଳି ଏକ ମିଶ୍ରିତ ମାନସିକତାକୁ ନେଇ ରଚିତ ହୋଇଥିବାର ଦେଖାଯାଏ । ୧୯୭୮ ମସିହାରେ ଲିଖିତ ଉକ୍ତ କବିତା ସଂକଳନଟି ବାସ୍ତବରେ ନାରୀ ଜୀବନର ତଥାକଥିତ ରୂପକଳ୍ପକୁ ପରିପ୍ରକାଶ କରିବାରେ ସମର୍ଥ ହୋଇଛି । ସତେକି ସାହାଡ଼ା ବୃକ୍ଷରେ ବନ୍ଦୀ ଥିବା ନାୟିକା, କାବ୍ୟନାୟିକା ଭାବରେ ଅବତୀର୍ଣ୍ଣା । ଆଜିର ଯୁଗରେ ସୁନାର ପଞ୍ଜୁରୀ ଭିତରେ ବଣିଟିଏ ଛଟପଟ ହେଉଛି । ସକଳ ବୈଭବ ସତ୍ତ୍ୱେ କେଉଁ ଏକ ଅଜଣା ଅଭାବବୋଧ ତାକୁ ଘେରି ରହିଛି । ତା' ଅନ୍ତଃକରଣରେ ଅବସାଦ ରୂପକ କଳାଛାଇ ଘନେଇ ଆସୁଛି । ଆଧୁନିକ ଯୁଗର ନାରୀର ସାମାଜିକ ସମସ୍ୟା ଓ ଅସନ୍ତୋଷ ସହ ଯୋଡି ହେଇଛନ୍ତି କବିର ଲେଖକୀୟ ସତ୍ତା । ଉଭୟେ ସମଦଶାପନ୍ନ ମନେ ହେଇଛନ୍ତି । ନାରୀର ପୀଡା ଓ ଅସହାୟତାକୁ ତା'ର ଦୂର୍ବଳତା ନଭାବି ବରଂ ତାକୁ ସଶକ୍ତ କରିବାର ପ୍ରଚେଷ୍ଟାରେ ବ୍ରତୀ ହୋଇଛନ୍ତି କବି ରାଜେନ୍ଦ୍ର କିଶୋର ପଣ୍ଡା । ତାଙ୍କ ଲିଖିତ 'ଶୈଳକଳ୍ପ'

(୧୯୮୨) ଅନ୍ତର୍ଗତ 'ଝିଅ ପାଇଁ ଗୋଟିଏ କବିତା' କୁ ଲକ୍ଷ୍ୟ କରାଯାଇପାରେ । ସମକାଳୀନ ସମାଜରେ ସବୁ ଝିଅମାନଙ୍କ ଭିତରେ ଏକ ବଳିଷ୍ଠ ଭାବ ଫୁଟାଇବାକୁ ପ୍ରୟାସ କରନ୍ତି କବି । କବି ହୃଦୟର ବାତ୍ସଲ୍ୟପଣ ଝିଅମାନଙ୍କ ଭିତରେ ଆପଣାର ଝିଅକୁ ଅନୁଭବ କରନ୍ତି । ତାଙ୍କ ପିତୃତ୍ୱ ସମାଜର ଅବିଚାର-ଅସଙ୍ଗତି ପ୍ରତି ଅନାସ୍ଥା ପ୍ରକଟ କରେ । ଝିଅ ବଡ ହେଇ ଶାଶୁଘର ଚାଲିଯିବା ପରବର୍ତ୍ତୀ ପରିବେଶ ଓ ପରିସ୍ଥିତିକୁ ନେଇ ତାଙ୍କର ଏ କବିତା ଏକ ମୁଖ୍ୟ ଭୂମିକା ଗ୍ରହଣ କରେ ।

କବିଙ୍କ ଭାଷାରେ ନାରୀ ହେଉଛି ସ୍ୱୟଂସିଦ୍ଧା । ଆପଣାର ଦୁର୍ଗତିକୁ ଦୂର କରିବାରେ ସମର୍ଥା । ସର୍ବଗୁଣ ସମ୍ପନ୍ନା, ନିପୁଣା ନାରୀ ଆପଣାର ଧୈର୍ଯ୍ୟ ଓ ବୁଦ୍ଧିମତାରେ ଅନେକ ସମସ୍ୟାକୁ ଦୂର କରିବାର କ୍ଷମତା ରଖେ ।

"ମାଟିକୁ ଫାଟି ଯା' ବୋଲି କେବେ କହିବୁନି ଝିଅ/
ବରଂ ତୁ ଦେବକୀ ପରି ନିଜେ ଫାଟିଯିବୁ /
ଈଶ୍ୱରଙ୍କ ଜନ୍ମ ପାଇଁ ଦ୍ୱାର ଖୋଲିଦବୁ /
ବରଂ ଯଦି ପାରୁ ପଦ୍ମାମୟ ହେଇଯିବୁ /
ନିଜକୁ ଟିକେ ଉଖାରି ଦବୁ ।

× × ×

ଲାଜକୁଳୀ ବୁଦା ପରି ମୁଦି ହୋଇ ସଙ୍କୁଡ଼ି ଯାଇ /
କୁଜି ହୋଇ ରହିବୁ କାହିଁକି ?
ଛୁଆଁ ବାଜିବା ମାତ୍ରେ ଠିଆ ହେବୁ ସିଧା ହୋଇ /
ତରୁପରି, ପଲ୍ଲବିବୁ / ମେଲି ଦବୁ ଫୁଲ ମେଢ /
ଫଳ ଭରା ପକ୍ଷୀବସାରେ ଦଳ ଦଳ /
ପୁଣି କିଛି କଣ୍ଟାର ସମ୍ଭାର ମେଲି ଦବୁ,
ଦେବୁ ଆଉ ଦିଆଇବୁ, ଦେ ପଦ ବୋଲିବୁ ।"

– ଝିଅ ପାଇଁ ଗୋଟିଏ କବିତା : ରାଜେନ୍ଦ୍ର କିଶୋର ପଣ୍ଡା,
ଶୈଳକକ୍ଷ: ପୃ:୩୪୯

ଏଇଠି ଲକ୍ଷ୍ୟ କରାଯିବାର କଥା, କବିମନର ଅସଲ ଆଭିମୁଖ୍ୟକୁ । ସ୍ୱାଧୀନତା ପରବର୍ତ୍ତୀ ଆର୍ଥ- ସାମାଜିକ ପ୍ରେକ୍ଷାପଟରେ ନାରୀ ଜୀବନର ମାନସିକ ଯନ୍ତ୍ରଣା ତଥା ଘାତ-ପ୍ରତିଘାତକୁ । ଯାହା ପ୍ରକାଶ ପାଇଛି ୧୯୮୦ ପରବର୍ତ୍ତୀ କବିତା ମାନଙ୍କରେ । ଗଣତାନ୍ତ୍ରିକ ପ୍ରଦେଶରେ ବଢି ଚାଲିଥିବା ରାଜନୀତିକ କ୍ଷୋଭ, ଅପାରଗତା, କଳାବଜାରୀ, କ୍ଷମତାନ୍ଧ ମଣିଷର ନୈତିକ ଅଧୋପତନ ସାଙ୍ଗକୁ ନାରୀ ଜୀବନରେ ଘଟୁଥିବା ଦୁର୍ନୀତି, ଦୁଷ୍କର୍ମ, ଶୋଷଣ ତଥା ଅବିଚାର ଆଦି କବିତାର ମୁଖ୍ୟ ପ୍ରସଙ୍ଗ ପାଲଟିଛି । ଏହି ତମାମ ସାମାଜିକ-ରାଜନୀତିକ ଘଡ଼ିସନ୍ଧି ଭିତରେ ନାରୀ କୁହୁଳିଛି । ଏଣୁ ପୂର୍ବାପେକ୍ଷା ୧୯୮୦ ପରବର୍ତ୍ତୀ କବିତାରେ ସମକାଳୀନ ବିଡମ୍ବନା ପ୍ରକାଶ ପାଇଛି । ଯାବତୀୟ ଅସଙ୍ଗତିକୁ ପାଥେୟ କରି ନାରୀଟିଏ ବଞ୍ଚିବାର ପ୍ରଚେଷ୍ଟା ଭିତରେ ତା'ର ପ୍ରତିବଦ୍ଧତାକୁ ମଧ୍ୟ ବେଶ୍ ଫୁଟି ଉଠୁଥିବାର ଲକ୍ଷ୍ୟ କରାଯାଏ । ଏହି ପ୍ରେକ୍ଷାପଟରେ ତୃଣମୂଳ ସ୍ତରର ନାରୀମାନଙ୍କ ଜୀବନର ସଂଘାତ ଠାରୁ ଆଧୁନିକ-ଅଭିଜାତ୍ୟ ବର୍ଗର ମହିଳାମାନଙ୍କ ଜୀବନର ଦୁଃଖ ବଳି ପଡିଛି । ଏହି ପର୍ଯ୍ୟାୟର କବିତା ମାନଙ୍କରେ ନାରୀର ଦୁଃଖ ସହିତ ତା'ର ଅସ୍ମିତା ମଧ୍ୟ ପ୍ରତିଫଳିତ ହୋଇଛି । ଜଗତୀକରଣ (୧୯୯୦ ପରବର୍ତ୍ତୀ) ଲବ୍ଧ ବୈଷୟିକ ଉପଲବ୍ଧି, ନାରୀର ଜୀବନକୁ ସ୍ୱାଧୀନ ଓ ଆଧୁନିକ କରିଥିଲେ ହେଁ ତା'ର ଅନ୍ତର୍ଦ୍ୱନ୍ଦ୍ୱ, ଆତଙ୍କ ଏବଂ ତା ପ୍ରତି ହେଉଥିବା ହିଂସା ଆଦିକୁ ଦୂର କରିପାରିଲା ନାହିଁ । ଯାହା, ଅଶୀଦଶକର କାବ୍ୟଧାରାରେ ପ୍ରତିଫଳିତ ହୋଇଛି । ଏପରିକି ଆଦିବାସୀ- ଅଧ୍ୟୁଷିତ ଅଞ୍ଚଳରେ ଘଟୁଥିବା ନକ୍ସଲ ଆନ୍ଦୋଳନ ଜନିତ ହିଂସା ଓଡ଼ିଶାର ସୀମାନ୍ତରେ ଉତ୍କଟ ଭାବରେ ଦେଖାଦେଇଛି । ଯାହା, ଅନେକାଂଶରେ ଆଦିବାସୀ ନାରୀମାନଙ୍କ ଜୀବନ ଓ ଜୀବିକାକୁ ପ୍ରଭାବିତ କରିଛି । କ୍ଷୁଧା, ଦାରିଦ୍ର୍ୟ, ପୀଡ଼ନ, ଆତ୍ମଦାହ ଭିତରେ ବଞ୍ଚିବାର ସଂଘର୍ଷ କରିଛି ନାରୀ । ଏହିସବୁ ପ୍ରସଙ୍ଗର ବାସ୍ତବାୟିତ ରୂପ କବିତା ମାଧ୍ୟମରେ ପ୍ରତିଫଳିତ ହୋଇଥିବାର ଦେଖିବାକୁ ମିଳେ । ବିଶେଷତଃ ନବେ ଦଶକ ବେଳକୁ କାବ୍ୟଧାରାରେ ସାମାନ୍ୟ ପରିବର୍ତ୍ତନ ଲକ୍ଷ୍ୟ କରାଯାଇପାରେ । ଏ ପରିବର୍ତ୍ତନ ନାରୀକୁ ସଶକ୍ତ କରେଇବା ପାଇଁ ଏକ କାବ୍ୟିକ ନିଦାନ ମାତ୍ର । ନାରୀ ଭିତରର ସାମର୍ଥ୍ୟ ଓ ପାରିବାପଣ ଉପରେ ଆସ୍ଥା ପ୍ରକଟ କରନ୍ତି କବି । ସାମାଜିକ ବିଧି-ବ୍ୟବସ୍ଥାକୁ କେବଳ ସେ' ଲକ୍ଷ୍ୟ କରିନାହାନ୍ତି, ବରଂ

ନାରୀ ମଧ୍ୟରେ ସମ୍ଭାବନା ଓ ବିପ୍ଳବର ବୀଜ ବପନ କରିଛନ୍ତି କବି ହୁସେନ ରବି । ଦାରିଦ୍ର୍ୟର କଷାଘାତରେ ନାରୀ ଜୀବନ ଦୁର୍ବିସହ ହୋଇପଡେ । ତା'ର ଜଠର ଯନ୍ତ୍ରଣା ଆଗରେ ଦେହ ହୋଇଯାଏ ପଣ୍ୟ । କିନ୍ତୁ କବି ଏଥିରେ ହତୋତ୍ସାହିତ ନ ହୋଇ ନାରୀ ଭିତରେ ବିସ୍ଫୋରଣ ମୁଖୀ ଚରିତ୍ରକୁ ଦେଖିଛନ୍ତି । ତାଙ୍କ ଭାଷାରେ :

"ତୋ ହାତର ପୂର୍ଣ୍ଣକୁମ୍ଭ

ବାରୁଦରେ ପୂର୍ଣ୍ଣ ହେଉ ।"

-ଏକ ସଂଜ୍ଞା ବିପ୍ଳବର : ମୁକ୍ତି ପୂର୍ବାଷା : ହୁସେନ ରବିଗାନ୍ଧୀ : ପୃ-୨୭

ଜଗତିକରଣର ସଫଳତା ଯେତିକି ବିଫଳତା ତତୋଽଧିକ କହିଲେ କଦାଚିତ୍ ଭୁଲ ହେବ ନାହିଁ । ଆଧୁନିକୀକରଣ ସହିତ ଆସିଛି ବେକାରୀ, ଦାଦନ, ବିସ୍ଥାପନ, ଅନାହାର, ମହାମାରୀ, ବେଶ୍ୟାବୃତ୍ତି ଭଳି ଅନେକ ସଙ୍କଟ । ଏପରିକି ଅନେକ କବିତାରେ ମଣିଷ ପଣିଆର ମୃତ୍ୟୁ ଅନୁଭବ କରିହୁଏ । ବିଶେଷତଃ କଷଣ-ଅଭାବବୋଧର ଶିକାର ହୁଏ ଯୁବତୀ । ସାମାଜିକ- ସାଂସ୍କୃତିକ ବିଶୃଙ୍ଖଳତାରେ ନାରୀ ମଧ୍ୟ ପାପ କରେ । ଭାରତୀୟ ସଂସ୍କୃତିର ମୂଲ୍ୟବୋଧ ନାରୀକୁ ନିର୍ଜନ କରେ । ଶକ୍ତି ସ୍ୱରୂପିଣୀ ମା ଦୁର୍ଗା ବୋଲି ଉପାସନା କରେ । କିନ୍ତୁ ସମକାଳୀନ ପରିସ୍ଥିତିରେ ସେ' ମୋହଗ୍ରସ୍ତ ହୁଏ । ଆପଣାର ପଦମର୍ଯ୍ୟାଦାକୁ ହେୟ ମଣି ବିଳାସ ଓ ସ୍ୱେଚ୍ଛାଚାରିତାରେ ବୁଡି ରହେ । ଆଧୁନିକତାର ପ୍ରଭାବରେ ଆପଣାକୁ କାମପିପାସର ମାୟାଜାଲ ଭିତରେ ଛନ୍ଦି ଚାଲେ । ଏଭଳି ଏକ ନକାରାତ୍ମକ ପରିସ୍ଥିତି ପ୍ରତି କ୍ଷୋଭ ପ୍ରକାଶ କରିଛି କବି ସତ୍ତା ।

କବି ବ୍ରଜନାଥ ରଥଙ୍କ ଭାଷାରେ :

"କେଶ ଆଉ ବେଶର ଦର୍ପଣରେ /

ଝଲସି ଉଠୁଛି ସଂସ୍କୃତିର ବାଟି /

ଯୌବନର ଉଲଗ୍ନ ନୃତ୍ୟର ତଳେ ତଳେ /

ତ୍ରସ୍ତା ଓ ଲଜ୍ଜିତା ଆଜି /

ଶତାବ୍ଦୀର ଶ୍ୱେତ- ବାସନା ସରସ୍ୱତୀ ।"

-ସଭ୍ୟତାର ମୁହଁ : କବି ବ୍ରଜନାଥ ରଥ : ପୃ: ୧୪୭

ହେନେରିଟା ମିଶ୍ର ୨୧୭

ଅବକ୍ଷୟୀ ସମାଜର ବିଶୃଙ୍ଖଳିତ ରୂପକୁ ଅତି ସ୍ପଷ୍ଟ ଭାବରେ ପ୍ରତିଫଳିତ କରିଛନ୍ତି, କବି ବ୍ରଜନାଥ ରଥ । ଯେଉଁଠି ନାରୀର ଚାରିତ୍ରିକ ସ୍ଖଳନ ଘଟିଛି । ବିପର୍ଯ୍ୟସ୍ତ ସାମାଜିକ ବ୍ୟବସ୍ଥା ଭିତରେ ସମାଜର ବାସ୍ତବ ଚିତ୍ର ପ୍ରକାଶ ପାଇଛି । ଆଧୁନିକତା ଛଡେଇ ନେଇଛି ନିରୀହପଣ ଓ ଯାବତୀୟ ମୂଲ୍ୟବୋଧକୁ । ପରିସ୍ଥିତିର ତାଡ଼ନାରେ ନାରୀଟିଏ କେଉଁଠି ଦେହକୁ ଜୀବିକା କରିଛି ତ କେଉଁଠି ଆପଣା ଛାଏଁ ବରି ନେଇଛି ବିଳାସ ଓ ସୌଖିନମୟ ଜୀବନକୁ, ଯେଉଁଠି କେବଳ ଦେହ ଓ ଦେହ । ଚତୁର୍ଦ୍ଦିଗ ବିସ୍ମୟ ପରିସ୍ଥିତି । ସାମାଜିକ ଅବ୍ୟବସ୍ଥା ଭିତରେ ନାରୀ ଜୀବନର ଅଧୋପତନ ଘଟିଛି । ବେଶ୍ୟାବୃତ୍ତି ଭଳି ହୀନ ବୃତ୍ତିକୁ ସ୍ୱଇଚ୍ଛାରେ ବରି ନେଇଛି ନାରୀ । ସମାଜର ତଥାକଥିତ ଚନ୍ଦ୍ରଭାନୁମାନେ ବେଶ୍ୟାଳୟରେ ଖୋଜୁଥାନ୍ତି ଆପଣାର ଲାବଣ୍ୟବତୀମାନଙ୍କୁ । କବି, ଭାନୁଜୀ ରାଓ ଅତ୍ୟନ୍ତ ଅବସାଦ ମନ ନେଇ ସମାଜକୁ ବିଦ୍ରୁପ କରିଛନ୍ତି । ଯାହା ନାରୀର ବିଡ଼ମ୍ବିତ ଜୀବନକୁ ପ୍ରତିଫଳିତ କରିବାରେ ସମର୍ଥ । ତେବେ, ଲକ୍ଷ୍ୟ କରାଯାଇପାରେ :

"ଏ ସହର କାନ୍ଥଯାକ /
ଜହ୍ନ ମାରେ ହଜାରେ ପୋଷ୍ଟର ଜନତାର ଭିଡ ଠେଲି ଚନ୍ଦ୍ରଭାନୁ /
ପଶେ ବେଶ୍ୟାଘର ।"

– ହେ ସହର, ହେ ମୋର ସହର : ବିଷାଦ ଏକ ଋତୁ :
କବି ଭାନୁଜୀ ରାଓ : ପୃ :୪୦

କବି ସ୍ୱଭାବତଃ ସମାଜ ମନସ୍କ । ସମାଜର ସମସ୍ତ ରୂପରେଖ ତା ଆଖିରୁ ବାଦ୍ ପଡ଼େନା ବରଂ ଆହୁରି ବାସ୍ତବାୟିତ ଭାବରେ ରୂପପାଏ । ବିଶେଷତଃ ୮୦-୯୦ ଦଶକ ପର୍ଯ୍ୟାୟରେ କବିତା ଅନେକ ପ୍ରୟୋଗ ଓ ପ୍ରତିବାଦ ସହିତ ପରୀକ୍ଷା ଧର୍ମିତାକୁ ଗୁରୁତ୍ୱ ଦେଇଥିବାର ଦେଖାଯାଏ । ୧୯୯୩ ମସିହାରେ ଲିଖିତ କବି ଶୈଳଜ ରବିଙ୍କର ଏକ କବିତାକୁ ଲକ୍ଷ୍ୟ କରାଯାଇପାରେ । ଯେଉଁଠି ନାରୀ ଜୀବନର ଅବକ୍ଷୟୀ ରୂପ 'ଧୂମାବତୀ' ଚରିତ୍ର ମାଧ୍ୟମରେ ପ୍ରତିବିମ୍ବିତ ହୋଇଛି । ଏକଦା ପୌରାଣିକ ଚରିତ୍ର 'ଧୂମାବତୀ' କ୍ଷୁଧାତୁରା ହୋଇ ଆପଣାର ସ୍ୱାମୀ ମହାଦେବଙ୍କୁ ଗ୍ରାସ କରିବାକୁ ଉଦ୍ୟତ ହୋଇଥିଲେ । କିନ୍ତୁ, ଏଠାରେ ବାଲୁ ବଜାରର

'ଧୂମାବତୀ' ଜଠର ଜ୍ୱାଳାରେ ଅତିଷ୍ଠ ହୋଇ ନିଜକୁ ଖାଇବାକୁ ଲାଗେ । ଭୋକର ଉଦ୍ବେଳଇରେ ନିଜେ ସିଝେ । କବିଙ୍କ ଭାଷାରେ :

"ଜଙ୍କ୍ ଲଗା ଟିଣ ଡବା, ଚେପଟା ତାଟିଆ/
ଏବଂ ତା'ର ଦଦରା ଯୋନିକୁ ଗଛମୂଳେ ଫିଙ୍ଗି ଦେଇ /
ପାଂପେଲି ପଡ଼ିଯାଏ ନଘୋଡ ନିଦରେ ।"

– ଧୂମାବତୀ : ମିଛୁଆ ଗାଇଆଳ ଟୋକା ମଲାପୂର୍ବରୁ ଗାଇଥିବା ଗୀତ : ପୃ : ୩୪

ବଞ୍ଚିବା ପାଇଁ ସଂଘର୍ଷ କରେ ନାରୀଟିଏ । ଯାବତୀୟ ଅସଙ୍ଗତି ଭିତରେ ଜୀବନ ଓ ଜୀବିକାକୁ ବଂଚେଇବାରେ ଲାଗିଥାଏ । ଜୀବନରେ ସୁଖ ଆସୁ ବା ନ ଆସୁ ଲୁହ କିନ୍ତୁ ଝରୁଥାଏ ଚିରକାଳ । ନିଅଣ୍ଟିଆ ଅର୍ଥବ୍ୟବସ୍ଥାର କଷାଘାତରେ ସନ୍ତୁଳୁଥାଏ ନାରୀଟିଏ । ତୃଣମୂଳସ୍ତରର ନାରୀ ଏଠି ଅନେକ ଅଭାବକୁ ଭେଟେ । କେବେ ଦେହର ତ ପୁଣି କେବେ ପେଟର । ତେଣୁ ଏ ଭଳି ସାଧାରଣ ଅଭାବ-ଅସୁବିଧା ଭିତରେ ସନ୍ତୁଳି ଚାଲିଥିବା ମହିଳାମାନେ କବିତାର ଚରିତ୍ର ସାଜନ୍ତି । ସେ' ପ୍ରତିମା ନାୟକ ହେଉ ଅବା ଅଳକା, ମିନତୀ, ମୀରା, ରାଧା ନୋଳିଆଣୀ, ଧୂମାବତୀ । ସ୍ତ୍ରୀ ମାନେ ଅନେକ କଷଣ ଭିତରେ ଦହଗଞ୍ଜ ହୁଅନ୍ତି । ବେଶ୍ୟାବୃତ୍ତିକୁ ସାମାଜିକ ବ୍ୟାଧି ଭାବରେ ବିବେଚନା କରାଯାଏ । କିନ୍ତୁ ଏ ସବୁ କ'ଣ ଆର୍ଥିକ ଦୁରବସ୍ଥାକୁ ସୂଚାଏ ନାହିଁ? ରାଜନୀତିକ ଅବ୍ୟବସ୍ଥା ତଥା ଅର୍ଥନୈତିକ ସଙ୍କଟ ମଧ୍ୟରେ ଯଦି କିଏ ଅଧିକ ବିପର୍ଯ୍ୟସ୍ତ ହେଉଥାଏ, ତେବେ ସେ' ହେଉଛି ନାରୀ । ସେ' ଛବିରାଣୀ ହେଉ ଅବା ଅଞ୍ଜନା ମିଶ୍ର, ବେବିନାଙ୍କ ପର୍ଯ୍ୟନ୍ତ ଯେତେ ସବୁ ନାରୀମାନେ ଆଖି ଆଗକୁ ଆସନ୍ତି, ସମସ୍ତେ କେଉଁଠି ନା କେଉଁଠି ଅନ୍ୟାୟ-ଅବିଚାରର ଶିକାର ହୁଅନ୍ତି । କବି ଶତ୍ରୁଘ୍ନ ପାଣ୍ଡବଙ୍କ ଲିଖିତ କବିତାକୁ ଲକ୍ଷ୍ୟ କରାଯାଇପାରେ ।

"ଏଥିରୁ କଣ ହେଲା ନା ଖଣ୍ଡଗିରି, ବାରି ଓ ବିଲୁଆଖାଇର /
ବାଲି ପାନ୍ତରାରୁ ଶୃଗାଳମାନେ
ଉଠି ଆସି ଛପିଥିଲେ /

ଖୋଦ ଚନ୍ଦକା ବଣରେ
ବେଲ ଗଛିଆ ଗହୀରରେ /
ଋତୁମତୀ ନାରୀର
କେଇ ଟୋପା ରକ୍ତରେ ଭିଜିଲା ନା ଭିଜିଲା
ଜାନୁଆରୀ ନ ତାରିଖ ରାତିର କୁହୁଡ଼ିଆ ପଣତ
ଶୁଖିଲା ନା ଶୁଖିଲା ରକ୍ତ ଝରା କ୍ଷତ ।"

– କଳିଙ୍ଗ:କଥା ଉପକଥା ୨ : ସାବରମତି : ଶତ୍ରୁଘ୍ନ ପାଣ୍ଡବ : ପୃ:୭୩

ନାରୀ ଶୋଷଣ-ଅତ୍ୟାଚାରକୁ ନେଇ ଏଭଳି ଅନେକ କବିତା ପରିପୂର୍ଣ୍ଣ ହୋଇଛି । ଲୁହ ଓ ଲହୁରେ ବତୁରି ପଡିଥିବା ନାରୀର ପଣତ ଏଠି ନିଜର ଅସହାୟତା ହିଁ ଦର୍ଶେଇଛି । ଘର-ପରିବାର ଭିତରେ ବି କାମ ଦୁର୍ଦ୍ଦଶା ଭୋଗୁନାହିଁ ନାରୀ । ସମସ୍ତଙ୍କୁ ସନ୍ତୁଷ୍ଟ କରିବାକୁ ଯାଇ ଆପଣାକୁ ଶତଧା ବିଭକ୍ତ କରୁଥାଏ ସିଏ । ଅଥଚ, କେଉଁଠି ନା' କେଉଁଠି ଊଣା ରହିଗଲା ପରି ଜୀବନ ତମାମ କଷଣ ଲଭେ । କବିଙ୍କ ସମ୍ବେଦନଶୀଳ ମନ ଏଭଳି ଅବିଚାରକୁ ଅଗ୍ରାହ୍ୟ କରିଛି । ଯାହାର ପରିପ୍ରକାଶ ଘଟିଛି ନିମ୍ନ କବିତା ଛଳରେ : ଯେଉଁଠି ନାରୀ ଜୀବନର ବିଡମ୍ବନା ପ୍ରତିଫଳିତ ହୋଇଛି ।

"ଚୁଲିରେ ତା'ର ପାଦକୁ ସେକାଯାଏ /
ନଖ ଦାନ୍ତରେ ଚିରାଯାଏ ତା'ର ଦେହ /
ସେ ରନ୍ଧାହାଣ୍ଡି ହୋଇ / ନିଆଁ ଉପରେ ବସେ
ତାର ଉତୁରି ଆସୁଥିବା ବାମ୍ଫ / ବାସ୍ନାମୟ କରିଦିଏ ଘରକୁ ।"

– ସ୍ତ୍ରୀଲୋକ ୧ : ସାବରାମତି : ତତ୍ରୈବ : ପୃ :୫୦

ସମକାଳୀନ ସଙ୍କଟ ଏବଂ ଅଭାବବୋଧକୁ ସାମ୍ନା କରିଥିବା କବିମାନେ ମାନବୀୟ ମୂଲ୍ୟବୋଧର ପ୍ରତିଷ୍ଠା ନିମନ୍ତେ ଲେଖନୀ ଚାଳନା କରିଛନ୍ତି । କଳଙ୍କିତ ସାମାଜିକ ବ୍ୟବସ୍ଥା ଭିତରେ ବଢିଚାଲିଛି ଅନ୍ୟାୟ-ଅନୀତି । ରାଜନୀତିର ଅପାରଗତା ତୋଷାମଦକୁ ଗୁରୁତ୍ୱ ଦେଇଛି । ପାରମ୍ପରିକ-ଧର୍ମାବୋଧର ଅବକ୍ଷୟ ନାରୀ ଜୀବନକୁ ଅମା-ଅନ୍ଧକାର ଭିତରକୁ ଠେଲି ଚାଲିଛି । କ୍ରମଶଃ ବିସ୍ମୟ ପରିସ୍ଥିତି ଓ

ଅସହାୟତା ଭିତରେ ହଜିଯାଇଛି ମଣିଷ ପଣିଆ । ଗାଁରୁ ସହର ଯାଏଁ ସବୁଠି ଲୁହର ବର୍ଣ୍ଣବୋଧ ଭିତରେ ନାରୀର ସ୍ଥିତି ଦୋଦୁଲ୍ୟମାନ ଅବସ୍ଥା ଦେଇ ଗତି କରିଛି । ପ୍ରେମହୀନ ପୃଥିବୀରେ କେବଳ ନାରୀ ହେଇଚି ଦେହ ଓ ଦାହର ସାମଗ୍ରୀ । ଯାହାର ମନ ନାହିଁ, ପ୍ରାଣ ନାହିଁ, ଇଛା କି ଆକାଂକ୍ଷା ନାହିଁ । ନିର୍ଜୀବ ସଉାଟିଏ ପରି ତାକୁ କେବଳ ବ୍ୟବହାର କରାଯାଇଛି ।

କବି ଏସବୁ ବଦଳି ଯାଉଥିବା ମୂଲ୍ୟବୋଧ ଭିତରେ ଅଣନିଶ୍ୱାସୀ ହୋଇ ପଡିଛନ୍ତି । ତେଣୁ ଶେଷ ଦଶକ ବେଳକୁ ବିଶେଷତଃ ୧୯୯୦ ପରବର୍ତ୍ତୀ କାବ୍ୟଧାରାରେ ତା'ର ପ୍ରତିଫଳନ ଦେଖିବାକୁ ମିଳେ । ବହୁ ଦୃଷ୍ଟିରୁ ଏ ପର୍ଯ୍ୟାୟର କବିତାରେ କାବ୍ୟିକ ନିରାକରଣ ମଧ୍ୟ ପ୍ରଦତ୍ତ ହେବାର ଲକ୍ଷ୍ୟ କରାଯାଇଥାଏ । ଆର୍ଥ-ସାମାଜିକ ବିଶ୍ଳେଷଣ ଆଧାରରେ ଲିଖିତ ଅନେକ କବିତା ଏ ଦୃଷ୍ଟିକୋଣରୁ ଅଧିକ ଗୁରୁତ୍ୱପୂର୍ଣ୍ଣ ମନେହୁଏ । ନାରୀର ସମସ୍ୟା ଏବଂ ଏହି ସମସ୍ୟା ସହିତ ଜଡିତ କାବ୍ୟିକ ନିଦାନ ଦେବାରେ ବହୁଭାବରେ ଶେଷ ଦଶକର କବିତା ଗୁଡିକ ପାଠକୀୟ ଶ୍ରଦ୍ଧାରେ ସାଉଁଟିଛି । ଯଦିଓ ବୌଦ୍ଧିକତାପୂର୍ଣ୍ଣ କିଛି, କିଛି କବିତା ଠାରୁ ପାଠକୀୟ ଅନୁରକ୍ତି ଦୂରେଇଯିବାର ଅନୁଭବ କରିହୁଏ । ଏଭଳି ଏକ ମିଶ୍ରିତ ଅନୁଭୂତିକୁ ନେଇ କବିତା ଆଗେଇ ଯିବାରେ ଲାଗିଛି । ଅତଏବ, ବିଂଶ ଶତାବ୍ଦୀ ବେଳକୁ ଯେଉଁ ଯେଉଁ କବିତାମାନ ନାରୀ ଜୀବନ ଯନ୍ତ୍ରଣାକୁ ପ୍ରତିଫଳିତ ହେବାର ଲକ୍ଷ୍ୟ କରାଯାଏ, ତାହା ଅନେକାଂଶରେ ବିଡ଼ମ୍ବିତ ଅବବୋଧ ଭିତରେ ହିଁ ପ୍ରକାଶିତ ହେବାର ଦେଖାଯାଏ । ନାରୀ ଜୀବନର ଆହ୍ଲାଦିତ ଅପେକ୍ଷା ଅବସାଦ-ଅବସୋସ ଏବଂ ଅସନ୍ତୋଷ ଭିତରେ ହିଁ ତା'ର ମୁହୂର୍ତ୍ତମାନ କୁହୁଳୁଥିବାର ମନେହୁଏ । ଜଗତୀକରଣ ପରବର୍ତ୍ତୀ ଜୀବନରେ ପ୍ରାଚୁର୍ଯ୍ୟ ଥିବା ସତ୍ତ୍ୱେ ଅବଶୋଷର ଗ୍ଲାନିରେ କିନ୍ତୁ ସନ୍ତୁଳିତ ହୁଏ ଜୀବନର ପ୍ରଲମ୍ବିତ ଆକାଂକ୍ଷା । ଯାହାର ଆଦି ଅଛି କିନ୍ତୁ ଅନ୍ତ ନାହିଁ । ପ୍ରୟୋଗ ଓ ପରୀକ୍ଷା ଆଧାରରେ ଅନେକ ତତ୍ତ୍ୱ ଭିତରେ କବିତା ଭାରାକ୍ରାନ୍ତ ହେଲାଭଳି ମନେହୋଇଛି । ଏହା ଅର୍ଥ ନୁହେଁ ଯେ' ଶେଷଦଶକ ପର୍ଯ୍ୟାୟର କବିତା ସବୁ ପାଠକୀୟ ଶ୍ରଦ୍ଧା ଠାରୁ ଦୁରେଇ ଯାଇଛି । ବିଶେଷତଃ 'ନାରୀବାଦ' ଏକ ସମ୍ଭାବନା ନେଇ ଛିଡା ହୋଇଛି । ଯେଉଁଠି ନାରୀ ଜୀବନର ଅନ୍ଧକାର ଅସ୍ତ ହେବାକୁ ପ୍ରଚେଷ୍ଟା ହୋଇଛି । ଓଡ଼ିଶାର ସମକାଳୀନ ସାମାଜିକ-ରାଜନୈତିକ-

ଅର୍ଥନୈତିକ ସମସ୍ୟା ଭିତରେ ନାରୀ ଜୀବନର କାରୁଣ୍ୟ କେଉଁଠି ନା କେଉଁଠି ଦାୟୀ ବୋଲି ବୁଝାଯାଉଛି । ଏ ପରିପ୍ରେକ୍ଷୀରେ କବି ପ୍ରସନ୍ନ କୁମାର ମିଶ୍ରଙ୍କ ଲିଖିତ ଏକ କବିତାରୁ ଲକ୍ଷ୍ୟ କରାଯାଇପାରେ । ନାରୀ ଚରିତ୍ରର ବହୁଳତା ଭିତରେ ସମସ୍ୟମାନ କିଭଳି ଉଙ୍କି ମାରିଚି, ତାହା ଆଲୋଚ୍ୟ ପ୍ରସଙ୍ଗ । ଏଥିରେ ସ୍ଥାନିତ ହୋଇଥିବା ପୁନି, ବେବି, ପ୍ରିୟମ୍ବଦା, ସୁଷମା ଏବଂ ରାନୁ ଭଳି ନାରୀ ଚରିତ୍ରମାନେ ସମାଜର ବିଭିନ୍ନ ବର୍ଗର ମଣିଷର ପ୍ରତିନିଧିତ୍ୱ କରନ୍ତି । ଯଦିଓ ଆର୍ଥ-ସାମାଜିକ ଦୃଷ୍ଟିରେ ଏମାନଙ୍କର ପରିସ୍ଥିତି ଭିନ୍ନ, କିନ୍ତୁ ଆତ୍ମପୀଡ଼ନର କାହାଣୀ ସମାନ କହିଲେ ଭୁଲ୍ ହେବ ନାହିଁ । ସମକାଳୀନ ସମାଜର ପରିବେଶ ଆଦୌ ସୁଲଭ ନୁହେଁ । ସେ' ପୁନି ହେଉ ଅବା ପ୍ରିୟମ୍ବଦା, ସବୁଠି ଆତ୍ମଦାହର ବିଭୀଷିକା । କବିଙ୍କ ଭାଷାରେ ଏଭଳି ଜୀବନ ସଂଗ୍ରାମକୁ ନିୟତି ଜୁଟାଉ ଥିବା ନାରୀମାନଙ୍କ ଜୀବନରେ ଅସଂଖ୍ୟ ଦୁଃଖ ବାଟ ଓଗାଳି ବସିଥାଏ । ଅର୍ଥନୈତିକ- ସାମାଜିକ ବିପର୍ଯ୍ୟୟ ଭିତରେ ତୃଣମୂଳସ୍ତରର ନାରୀଟିଏ କିଭଳି ପରିବାରର ବୋଝ ମୁଣ୍ଡାଏ ଏବଂ ଅନ୍ୟକିଛି ଉପାୟ ନ ଦେଖାଗଲେ, ନିଜକୁ ବିକ୍ରି କରିବାକୁ ଶ୍ରେୟସ୍କର ମଣେ, ତାହା ଅତ୍ୟନ୍ତ ହୃଦୟ ବିଦାରକ । ଦିନକୁ ଦିନ ବଢ଼ିଚାଲିଥିବା ନାରୀ ନିର୍ଯ୍ୟାତନା, ଘରୋଇ ହିଂସା, କର୍ମ କ୍ଷେତ୍ରରେ ଅସୁରକ୍ଷା, ଅଶ୍ଳୀଳ ମନ୍ତବ୍ୟ, ଗଣଦୁଷ୍କର୍ମ, ଯୌତୁକ ଜନିତ ଅତ୍ୟାଚାର ଆଦି ନାରୀ ଜୀବନକୁ ଦୁର୍ବିସହ କରିଦିଏ । କବିଙ୍କ ଭାଷାରେ :

"ଅନେକ କ୍ଷଣ ପର୍ଯ୍ୟନ୍ତ /
ଲଣ୍ଠନକୁ/
ପ୍ରେମ ବୋଲି ଧରି ନିଏ
କିନ୍ତୁ, ଶେଷତମ ମହୁମାଛିକୁ /
ଅଙ୍ଗେ ନିଭାଇବା ପରେ ମାଛି ଠାରୁ ହାତୀ ଯାଏଁ/
ଯେଉଁ ପୁରୁଷକୁ ଦେଖୁଚି ପ୍ରିୟମ୍ବଦା କରୁଛି ଛି ଛି ।"

– ଶେଷତମ ପ୍ରେମିକ : ଷଷ୍ଠ ମହଲାର ସ୍ତ୍ରୀ ଲୋକ : ପୃ : ୨୧ :
କବି ପ୍ରସନ୍ନ ମିଶ୍ର

କବି କିନ୍ତୁ ପ୍ରେରଣା ଦିଅନ୍ତି ଏହିଭଳି ନାରୀମାନଙ୍କୁ । ଏହି ଅସହାୟତା ଭିତରେ ପ୍ରତିବଦ୍ଧତାର ସଶକ୍ତ ସ୍ୱରଟିଏ ଅନୁରଣିତ କରିବାର ମାନସିକ ପ୍ରେରଣା

ଦିଅନ୍ତି କବି । ଅବାଶ୍ୟକତା ସ୍ଥଳେ ପ୍ରତିକ୍ରିୟାଶୀଳ ହେବାକୁ ପରାମର୍ଶ ଦେଇ ଯେଉଁ ଗଠନମୂଳକ ନିଦାନ ଭେଟି ଦେଇଛନ୍ତି, ତାହାକୁ ଲକ୍ଷ୍ୟ କରାଯାଇପାରେ ।

"ତୁମକୁ ଦେଖିଲେ /
ଭୟରେ ଖିଲି କାଟିରେ/
ଆଙ୍ଗୁଳି କାଟି ପକେଇବ ପାନ ଦୋକାନୀ
ତୁମେ କାହାକୁ କାମୁଡିବା ଆବଶ୍ୟକ ହବନି /
ଏକୁଟିଆ ସ୍ତ୍ରୀ ଲୋକକୁ /
ଇଙ୍ଗିତ କରୁଥିବା ଲୋକ/
ଏମିତି ଏକ ନପୁଂସକ /
ଯେ ସାପର ନା ଶୁଣିଲେ ଡରିଯିବେ ।"

-ସାପ ଶୋଷିନେବ : ତତୈବ : ପୃ: ୨୪

କେବଳ ଏତିକିରେ ଅଟକି ଯାଇନି କବିଙ୍କର ଶବ୍ଦ । ସବୁ ଅବ୍ୟବସ୍ଥା ବିରୋଧରେ ସଶକ୍ତ ହବାର ପ୍ରତିଶ୍ରୁତି ଦେଇଛି ଏ କବିତା । ଏଥିରେ ଉଲ୍ଲିଖିତ ବିଡମ୍ବନା ଭିତରେ ଲୁହ ପୋଛିଦେବାର ସାମର୍ଥ୍ୟ ରଖନ୍ତି କବିର ଶବ୍ଦମାନେ । ସମକାଳୀନ ସମାଜରେ ସ୍ୱଇଚ୍ଛାରେ ବଞ୍ଚିବା ନାରୀଟିଏ ପାଇଁ ଏତେଟା ସହଜ ନୁହେଁ । ପ୍ରତିଟି ପାଦେପାଦେ ବିପଦର ଘନଘଟା । ତଥାପି, ଜୀବନରେ, ମୋହ ଅଛି, ଆଶା-ସମ୍ଭାବନା ଅଛି । ଏ ସବୁ ଭିତରେ କବି, ଏହି ଅସହାୟ ନାରୀମାନଙ୍କ ପ୍ରତି ସମ୍ବେଦନଶୀଳ ହୋଇ ଅଭୟବାଣୀ ଶୁଣେଇଛନ୍ତି, ତାହା ନିମ୍ନ କବିତାର ପଂକ୍ତିରେ ଦେଖାଯାଏ । କବିଙ୍କ ଭାଷାରେ :

"ଅପେକ୍ଷା କର ସୁଷମା / ମୁଁ ଆସୁଛି
ତୁମକୁ ନିଜ ପାପୁଲିରେ ପୋଛିବାକୁ ପଡ଼ିବନି /
ନିଜର ଅଶ୍ରୁ / ମୁଁ ଅଛି, କବି ଅଛି, ତୁମର ପ୍ରିୟ କବି ।"

- ସୁଷମାର ଦୁଃଖରେ : କବି ପ୍ରସନ୍ନ ମିଶ୍ର : ତତ୍ରୈବ : ପୃ-୧୨

ଏଇତ' ଯଥେଷ୍ଟ । ସହାନୁଭୂତିରେ ଆଦର କେଇପଦ ଶବ୍ଦ ଅତୀବ ଆପଣାର ମନେହୁଏ । କେବଳ ଏତିକି ନୁହେଁ କବି 'ରାନୁ' ଚରିତ୍ର ମାଧ୍ୟମରେ ସମାଜକୁ

ବିଦ୍ରୋହର ଯେଉଁ ଅଗ୍ନିବର୍ଷୀ ବାଣୀ ଶୁଣେଇଛନ୍ତି, ତାହା ବାସ୍ତବିକ୍ ଅସଙ୍ଗତି ବିରୋଧରେ ଏକ ପ୍ରତିକ୍ରିୟା ବୋଲି ଧରିନେବାକୁ ହେବ । ପୁଣି, ସୁଷମା ବା ପ୍ରିୟମ୍ବଦା ଯାହା କରି ନ ପାରିଛନ୍ତି, ତାହା 'ରାନୁ' ମାଧ୍ୟମରେ ଫଳପ୍ରଦ କରିବାକୁ ଚେଷ୍ଟା କରାଯାଇଛି । ପରିବର୍ତ୍ତିତ ମୂଲ୍ୟବୋଧ ଭିତରେ ପ୍ରେମ ପରିବର୍ତ୍ତେ ଶଠତା, ପ୍ରତାରଣା, ପ୍ରବଞ୍ଚନା ମିଳିବାଟା ସତ । ରାସ୍ତାକୁ ଗୋଡ କାଢ଼ିଲେ ନାନା ସଂଘାତର ଭେଳିକି । ଏପରିକି ଅନେକ ଚିତ୍ରକଳ୍ପକୁ କବି ମାଧ୍ୟମ କରିଛନ୍ତି ତାଙ୍କ ଆଭିମୁଖ୍ୟ ପୂରଣ ପାଇଁ । ଏ ବାସ୍ତବତା ଭିତରେ ସମାଜର ନଗ୍ନତା ବେଶ୍ ଫୁଟିଉଠେ ।

"ଏବେ ରାସ୍ତାକୁ ଯିବା କଥା କୁହନା /
ପ୍ରତ୍ୟକ ବତିଖୁଣ୍ଟସ୍ଥା ଆଜି ଗଞ୍ଜୋଡ଼ /
ପ୍ରତିଟି ପୋଲ ଉପରେ ଧାଡି ଧାଡି ହେଟା ବାଘ/
ଯାହା ସହିତ ବିଶ୍ୱାସରେ ପାର୍କ ଯିବ /
ବାଟ ମଝିରେ ସେ' ପାଲଟି ଯାଉଥିବ ରାକ୍ଷସ ।"

-ଭଲରେ ଥିବ : ତତ୍ରୈବ, ପୃ : ୨୧

ଏଭଳି ଏକ ଅସ୍ୱାସ୍ଥ୍ୟକର ପରିବେଶ ଭିତରେ ନାରୀର ସ୍ୱାଧୀନତା ଏକ ପ୍ରବଞ୍ଚନା ନୁହେଁ ତ ଆଉ କଣ ? 'ରାନୁ' ଏକ ପ୍ରତିଷୋଧର ଜ୍ୱାଳା, ଏକ ବିଦ୍ରୋହର ସ୍ଫୁଲିଙ୍ଗଟିଏ ମାତ୍ର । ଜଣେ, ମାଓବାଦୀ ବିଦ୍ରୋହୀକୁ ବାଗ୍‌ଦତ୍ତା କରି ଜୀବନ ଜିଇଁବାର ପ୍ରଯତ୍ନ କରିଛି । ସମାଜ ଆଖିରେ ସେ' ମାଓବାଦୀ ହେଇପାରେ କିନ୍ତୁ ରାନୁ ଆଖିରେ ସେ' ବିପ୍ଳବୀ । ରାନୁ ଭିତରେ ଯେଉଁ ଦୁନ୍ଦୁଭିର ସ୍ୱର ଶୁଣାଇଛନ୍ତି ପ୍ରସନ୍ନ, ତାହା ବାସ୍ତବିକ୍ ସମକାଳୀନ ସମାଜର ଅବ୍ୟବସ୍ଥା- ଅନୀତି ବିରୁଦ୍ଧରେ ଏକ ବୃହତ୍ତର ବିଦ୍ରୋହର ବିପ୍ଳବ ଡାକରା କହିଲେ ଅତ୍ୟୁକ୍ତି ହେବ ନାହିଁ ।

ଅତଏବ, ଏଥିରୁ ଲକ୍ଷ୍ୟ କରାଯାଇପାରେ ନାରୀ ଜୀବନର ଯାବତୀୟ କଷଣ ଓ ଅସଙ୍ଗତି ଏହି ସାମାଜିକ- ଆର୍ଥିକ ବିପର୍ଯ୍ୟୟରୁ ହିଁ ଜନ୍ମ ନେଇଛି । ମଣିଷର ସମକାଳୀନ ସଙ୍କଟ କଥା କହିଲା ବେଳେ, ଆଖି ସମ୍ମୁଖରେ ଯେଉଁ ଯେଉଁ ଅସହାୟ ନାରୀମାନଙ୍କ ବିଡମ୍ବନା ଭାସି ଉଠେ, ତାହା ବାସ୍ତବରେ ସମାଜର ଅପାରଗତାକୁ ହିଁ ପ୍ରତିଫଳିତ କରେ । ଜଗତୀକରଣ ପରବର୍ତ୍ତୀ ପ୍ରେକ୍ଷାପଟରେ

ସମୟ ବଦଳିଛି ଆଉ ବଦଳିଛି ପରମ୍ପରିକତାର ଉର୍ବର ପ୍ରାଣ ସ୍ପନ୍ଦନ । କଂକ୍ରିଟ୍ ସହର ଭିତରେ ମଣିଷପଣିଆ ଟିକକ ମୃତ, ନିଷ୍ପ୍ରାଣ ପ୍ରାୟ ମନେହେଉଛି । ଐଶ୍ୱର୍ଯ୍ୟ ଭିତରେ ଅଭାବିପଣର ରାଜୁତି । ଏହି ବିରୋଧାଭାସ ଭିତରେ ଗ୍ରାମରୁ ସହର ଯାଏଁ ସମସ୍ତେ ଭୟ, ତ୍ରସ୍ତ, ଶଙ୍କିତ । ସନ୍ତ୍ରାସବାଦ, ଗଣଦୁଷ୍କର୍ମ, ମହିଳା ଅସୁରକ୍ଷାର ସହିତ ପାରିବାରିକ-ରାଜନୀତିକ ବ୍ୟବସ୍ଥାମାନ ଭୁଶୁଡି ପଡିଛି । କବି ଜଗନ୍ନାଥ ପ୍ରସାଦ ଦାସଙ୍କ ଭାଷାରେ :

"ଏଠାରେ ଆକାଶର ରଙ୍ଗ ବାରୁଦ/ ପବନରେ ପୋଡା
ପେଟ୍ରୋଲର ଗନ୍ଧ/ ରାସ୍ତାକୁ ଓହ୍ଲାଇଲେ ଦୁର୍ଘଟଣା/
ପଛଗଳିର ଉତ୍କଟ ଅନ୍ଧାର ଭିତରେ/ ମୁଖାପିନ୍ଧି ବସିଥାଏ
ସନ୍ତ୍ରାସ/ ଅଶ୍ଳୀଳତା ଚଢ଼ିଯାଏ ଝିଅଙ୍କ ବସ୍‌ରେ/
ଜୋର କରି ହାତରେ ଛୁରୀ ଧରି ।"

– ମହାନଗର:ପରିକ୍ରମା:ଜଗନ୍ନାଥ ପ୍ରସାଦ ଦାସ : ପୃ :୫୯

ଏଭଳି ଏକ ଅସ୍ୱାସ୍ଥ୍ୟକର ପରିବେଶରେ ଜୀବନର ଦୁର୍ବିସହ ପ୍ରତିଛବି ବେଶ୍ ପ୍ରତିଫଳିତ । ବିଶେଷତଃ ନାରୀ ଜୀବନର ଯାବତୀୟ ସଂଘାତ ପଛରେ ନିଅଣ୍ଟିଆ ଆର୍ଥନୀତିକ- ସାମାଜିକ ଅବ୍ୟବସ୍ଥା ଦାୟୀ । ଜଗତିକରଣର ପ୍ରାଚୁର୍ଯ୍ୟ, ବୈଷୟିକ ସମୃଦ୍ଧି ଆଣିଛି ସତ କିନ୍ତୁ କେଉଁଠି ନା କେଉଁଠି ନାରୀ ଜୀବନର ବିପର୍ଯ୍ୟୟକୁ ରୋକିପାରି ନାହିଁ । ସେ' ଗୃହ ହେଉ ଅବା କର୍ମକ୍ଷେତ୍ର, ସେ' ଶୈଶବ ହେଉ ଅବା ବାର୍ଦ୍ଧକ୍ୟ ସର୍ବତ୍ର ନିର୍ଯ୍ୟାତନା ଲଭୁଛି । ଶାରୀରିକ ଶୋଷଣ ସହିତ ମାନସିକ ଯାତନା ମଧ୍ୟ ଭୋଗୁଛି । ତୃଣମୂଳସ୍ତରର ନାରୀ ଠାରୁ ଆରମ୍ଭ କରି ଅଭିଜାତ୍ୟ ବର୍ଗର ନାରୀ ପର୍ଯ୍ୟନ୍ତ ଅନେକ ଯାତନା ଭିତରେ ନାରୀର ଜୀବନ ଓ ଜୀବିକା ଗତି କରିଛି । କେଉଁଠି ଅମାନବୀୟ ଅତ୍ୟାଚାର ଲଭୁଛି ତ କେଉଁଠି ଆପଣାଛାଏଁ ଆଦରି ନେଉଛି ବେଶ୍ୟାବୃତ୍ତି । ସ୍ୱାଧୀନ ଭାବରେ ବଞ୍ଚିବା ସତେକି ଦୁର୍ବିସହ ହୋଇପଡୁଛି । ପିତୃକୈନ୍ଦ୍ରିକ ବିଧିବ୍ୟବସ୍ଥା, ରାଜନୈତିକ ଅପାରଗତା ସାଙ୍ଗକୁ ନିଅଣ୍ଟିଆ ଅର୍ଥନୀତି ନାରୀ ଜୀବନକୁ ବିପର୍ଯ୍ୟୟ ଆଡକୁ ଟାଣି ନେଉଛି । ତେବେ, ମନରେ ସ୍ୱତଃ ପ୍ରଶ୍ନ ଆସିବା ସ୍ୱାଭାବିକ । ଏ ସବୁ ଅସଙ୍ଗତି- ଅନ୍ୟାୟ

କ'ଣ ଦୂରୀଭୂତ ହେବା ଉଚିତ ନୁହେଁ କି ? ଯଦି ହଁ, ତେବେ ଅସୁବିଧାଟା କେଉଁଠି ? ଅସୁବିଧା ରହିଛି ଆମର ମାନସିକତାରେ, ଦୃଷ୍ଟିକୋଣରେ, ଯାହାର ପରିବର୍ତ୍ତନ ନ ଘଟିଲେ ନାରୀ ଜୀବନର ସଂଘାତ ଦୂର ହେବା ଅସମ୍ଭବ ।

ଉତ୍ତର ପଚାଶ କାବ୍ୟଧାରାରେ ନାରୀ ଜୀବନର ସମସ୍ୟା ଯେଉଁଭଳି ପ୍ରତିଫଳିତ ହୋଇଥିବାର ଦେଖାଯାଇଛି, ତାହା ଅଶୀ-ନବେ ଦଶକ ବେଳକୁ ଅତ୍ୟନ୍ତ ବିକଟାଳ ରୂପ ଧାରଣ କରିଛି । ଏହା ଅନ୍ତରାଳରେ ସାମାଜିକ- ଆର୍ଥନୀତିକ ପୃଷ୍ଠଭୂମି ଯେ ଏକାନ୍ତ ଭାବରେ ଦାୟୀ, ତାହାକୁ ଅସ୍ୱୀକାର କରାଯାଇପାରିବ ନାହିଁ । ଯଦିଓ ଅନେକାଂଶରେ ନାରୀ ଜୀବନର ସମସ୍ୟାମାନ ସୁଧୁରିବାରେ ଲାଗିଛି, କିନ୍ତୁ ତାହା ଆଶାନୁରୂପ ଭାବେ ନୁହେଁ । ନାରୀ ଶିକ୍ଷିତ ହୋଇଛି କିନ୍ତୁ ସଶକ୍ତ ନୁହେଁ । ଅର୍ଥନୀତି ଦୃଷ୍ଟିରୁ ସ୍ୱାବଲମ୍ବୀ ହୋଇଛି, କିନ୍ତୁ ସ୍ୱାଧୀନ ନୁହେଁ । ଅଦ୍ୟାବଧି ମଧ୍ୟ ପାରିବାରିକ କନ୍ଦଳ ଜନିତ ଘରୋଇ ହିଂସା, ଯୌତୁକ ଜନିତ ଅପମୃତ୍ୟୁ, ଗଣ ଦୁଷ୍କର୍ମ ଜନିତ ଅମାନବୀୟ ଅତ୍ୟାଚାର ଥମି ନାହିଁ ବରଂ ବଢ଼ିବାରେ ଲାଗିଛି । ଏ ସବୁ ପ୍ରକାଶ ପାଇଛି କବିତାରେ । ବିଶେଷତଃ ନାରୀ ଜୀବନର ଦୁର୍ଦ୍ଦଶା ଆଦି ପ୍ରତିଫଳିତ ହୋଇଛି ଉତ୍ତର ପଚାଶ/ଷାଠିଏ କବିତାରେ । ଆଲୋଚ୍ୟ କାଳରେ ଯେଉଁ କେତେଜଣ ନାରୀକବି ମାନେ ଲେଖନୀ ଚାଳନା କରନ୍ତି, ତାହା ପରିମାଣ ଦୃଷ୍ଟିରୁ ସ୍ୱଳ୍ପ ହେଲେ ମଧ୍ୟ ଏକ ସ୍ୱତନ୍ତ୍ର ସ୍ଥାନ ଯେ ଦାବି କରନ୍ତି ତାହାକୁ ସ୍ୱୀକାର କରିବାକୁ ହେବ ।

ସମୟ ବଦଳିବା ସହ ନାରୀର ସମସ୍ୟାମାନ ବଦଳିବାକୁ ଲାଗିଛି । ଦେଖିବାକୁ ଗଲେ ୧୯୮୦ ପରବର୍ତ୍ତୀ ଓଡ଼ିଶାରେ ନାରୀର ସ୍ଥିତି ବହୁ ଭାବରେ ପରିବର୍ତ୍ତିତ ହୋଇଛି । ନାରୀ ଶିକ୍ଷିତା ହେଇଚି, ସ୍ୱାବଲମ୍ବୀ ହେଇଚି । କିନ୍ତୁ ତୃଣମୂଳ ସ୍ତରରେ ନାରୀର ପୀଡା, ଆର୍ଥିକ ଅଭାବ ଭିତରେ ବଢି ଚାଲିଛି । ଏଠି ପୁଣି ପ୍ରତିମା ନାୟକଙ୍କ ସହ ଅଳକା ସାନ୍ୟାଲମାନେ ଆଗେଇ ଆସିଛନ୍ତି । ଯେଉଁମାନେ ପରିସ୍ଥିତି ସହ ବୁଝାମଣା କରି ଆପଣାକୁ ପରପୁରୁଷର ବାହୁବନ୍ଧନରେ ସମର୍ପି ଦେଇଛନ୍ତି । କୁଳନାରୀ ବିଟପୀ ହେବାକୁ ପଛଘୁଞ୍ଚା ଦେଇନି । ରମାକାନ୍ତଙ୍କ 'ମାଷ୍ଟ୍ରାଣୀ' ଆଗରେ 'ଚନ୍ଦ୍ରା ବେହେରାଣୀ' ର ଚରିତ୍ର ବଳିଷ୍ଠ ହୋଇଛି । ୧୯୬୨ ରେ ଲିଖିତ 'ଚନ୍ଦ୍ରା' ବିଡ଼ମ୍ବିତ ଭାଗ୍ୟ ଏବଂ ୧୯୭୪ ରେ ଲିଖିତ 'ସାବିତ୍ରୀ' ଭିତରେ ବାରବର୍ଷର

ବ୍ୟବଧାନ ଥିଲେ ମଧ୍ୟ ସମସ୍ୟା କିନ୍ତୁ ସମାନ ଭାବରେ ପ୍ରତିଫଳିତ ହୋଇଛି । ଏଠି ସମୟ ବଦଳିଛି, କିନ୍ତୁ ପରିସ୍ଥିତି ନୁହେଁ । ଅତଏବ, ୧୯୮୦ ମସିହା ପର୍ଯ୍ୟନ୍ତ ନାରୀ ଜୀବନରେ ଆସିଥିବା ସୁଧାର ଆଶାନୁରୂପକ ନୁହେଁ । କବିଙ୍କ ଭାଷାରେ :

"ବିକଟ ଭଲ୍ଲୁକ ହସେ କେଉଁ ଘଞ୍ଚ ବୁଦା ଅନ୍ତରାଳେ /
ନିରୀହ ପଥିକ ଜାଣେ ରକ୍ଷା ପାଇବାର ପଥ /
ନିଃଶ୍ୱାସକୁ ରୋକି ଦେଇ ଆଖିବୁଜା ନିଃଶ୍ଚୁପ ପଡିବା /
ପୁନଶ୍ଚ ତା ଉପଦ୍ରବ/ ନଖଠାରୁ କେଶ ଯାଏଁ ଚାଟିଯିବା/
ସୁଂଘିଯିବ ତାଳୁରୁ ତଳିପା ।"

– ସାବିତ୍ରୀ ଉବାଚ : ଗ୍ରସ୍ତ ସମୟ : ପ୍ରତିଭା ଶତପଥି

ଉଦାରଜ୍ୱାଳା ଆଗରେ ନୈତିକତା ହାରମାନେ । ସାବିତ୍ରୀ ଭଳି ଉଚ୍ଚଶିକ୍ଷିତା ପରିବାର ପାଇଁ ଦେହକୁ ଜୀବିକା କରି ବଞ୍ଚିବାର ପଥ ବାଛିଚି । ଚନ୍ଦ୍ରା ବେହେରାଣୀ ବିବେକବୋଧର ଗ୍ଲାନି ସତ୍ତ୍ୱେ ବାରନାରୀ ସାଜିଛି । ରାସ୍ତାର ଗଳି କନ୍ଦିରେ ହେଉ ଅବା ଷ୍ଟେସନର ଫାଟକ ପାଖରେ ଆଖିରେ ପଡନ୍ତି ଏହି ସବୁ ଅନାମଧେୟମାନେ । ତାଙ୍କର ନା' ଅଛି ନା' ଗାଁ ଅଛି । ନିର୍ଦ୍ଦିଷ୍ଟ ଠିକଣା ନଥାଏ ତାଙ୍କର । କବିଙ୍କ ଭାଷାରେ ଏହି ଦେଶାନ୍ତରୀମାନେ ଧୂମାବତୀ ଭଳି ଇତଃସ୍ତତଃ ବୁଲୁଥାନ୍ତି । ସରକାରୀ ଯୋଜନାର ଧାର ଧରନ୍ତି ନାହିଁ । କେହି ବୁଝିବାକୁ ଚାହନ୍ତିନି ଏମାନଙ୍କ ଭଲ-ମନ୍ଦ । ବେଳ-ଅବେଳରେ ଲୋଡ଼ା ଖୋଜା ହୁଅନ୍ତି କେବଳ ଦେହସୁଖ ପାଇଁ । ଏହିସବୁ ଅସହାୟ ମହିଳାଙ୍କ ଜୀବନର ବିପର୍ଯ୍ୟୟ ସମାଜର ଅପାରଗତା ନୁହେଁ କି ? କବି ଶୈଳଜଙ୍କ ଭାଷାରେ :

"କେହି ଜଣେ ଜାଣିବାକୁ ଚାହେଁ / ପୂର୍ବଜନ୍ମେ ସେ' ଥିଲା କି'
ପ୍ରତିମା ନାୟକ/ ଅବା ଥିଲା କ୍ରିତଦାସୀ ରୋମ ନଗରୀର /
ଟେପ ରେକର୍ଡର ଧରି କେ ଯଦି ପଚ୍ଛରେ/ ଦାରିଦ୍ର୍ୟ ଓ ଭିକ୍ଷା ବୃତ୍ତି
ଉପରେ ତା' ମତ / ହଳଦିଆ ଅଘଷା ଦାନ୍ତକୁ/ ଖୁଣ୍ଟୁ ଖୁଣ୍ଟୁ
ସେ ହସି ଦିଏ ଏବେ ଲମ୍ବି ଆସେ ଧାରା, ବନ୍ଧା ସଂକ୍ଷିପ୍ତ ଉତ୍ତର/

ଧରାବନ୍ଧା ରେ ଗୋଟିଏ ଫରମାୟିଶ'/ ବାବୁ ଭାତ ଦେଏ
ନଇଁଲେ ଗୋଟାଏ ଦଶ ।"

-ଧୂମାବତୀ : ମିଛୁଆ ଗାଈଆଳ ଟୋକା ମଲା ପୂର୍ବରୁ ଗାଇଥିବା ଗୀତ : ଶୈଳଜ ରବି : ପୃ:୩୬

ଜୀବନର ଚକ୍ର ଘୁରୁଥାଏ, ଆଉ ତା ଭିତରେ ଘୁରୁଥାଏ ନାରୀର ଜୀବନ । ଯେଉଁଠି ସ୍ଥିରତା ନାହିଁ, ଏଇମିତି ଘୁରି-ଘୁରି ଜୀବନ ତମାମ ବିତୁଥାଏ ତା ଅନ୍ତରର କୋହ । ମୁହଁ ଖୋଲିବାର ଗ୍ଲାନିରେ ଝଟପଟ ହେବା ସାର ହୁଏ । ତିଳତିଳ ଅର୍ନ୍ତଦାହ ଭିତରେ ଜୀବନକୁ ଭେଟୁଥାଏ ଅହରହ । ଝିଅରୁ ପତ୍ନୀ, ପତ୍ନୀରୁ ବୋହୂ ଆଉ ବୋହୂରୁ ମା ପାଲଟି ଯାଉଥାଏ ସିଏ । ପ୍ରତି ରୂପରେ ତା ଠାରୁ କରାଯାଏ ଅଜସ୍ର ଦାବି । କେବେ ପତ୍ନୀ ହେବାର ଦାୟ, କେବେ ମା ହେବାର ତ' କେବେ ଝିଅ ତ ପୁଣି କେବେ ବଧୂ ହେବାର ଉତ୍ତର ଦାୟିତ୍ୱ ଭିତରେ ଅହରହ ଦେଇ ଚାଲିବାଟା ନିୟତି । କବି ପ୍ରତିଭା ଶତପଥି ଅତ୍ୟନ୍ତ ନିଖୁଣତାର ସହ ନାରୀ ଅନ୍ତରର ମନସ୍ତତ୍ତ୍ୱକୁ ବାଢ଼ିବାର ପ୍ରୟାସ କରିଛନ୍ତି ।

"ପୁରୁଷ/ ସେ' ଦେବତା ହେଉ କି ମାନବ ହେଉକି /
ଦାନବ ହେଉ / ପତି ହେଉ କି ପ୍ରେମିକ ହେଉ ବା ଦସ୍ୟୁ ହେଉ /
ତା ହାତରେ / ନିର୍ଯ୍ୟାତିତ ହେବା ତ / ମୋର ଭାଗ୍ୟ ।"

– ଅଭିଳକ୍ଷିତ ଭାଗ୍ୟ : ମହାମେଘ : କବି- ପ୍ରତିଭା ଶତପଥି: ପୃ:୮

ଏଠାରେ ଲକ୍ଷ୍ୟ କରାଯାଇପାରେ, ନାରୀର ବିଡ଼ମ୍ବିତ ଭାଗ୍ୟକୁ । ଯାହାକୁ ସେ' ଚାହିଁବି ପରିବର୍ତ୍ତନ କରିପାରେନା । ସ୍ୱାଧୀନତା ପରେ ନାରୀ ସଶକ୍ତ ସୁରକ୍ଷିତ କରିବା ପାଇଁ ସରକାରୀ ସ୍ତରରେ ଯେତେ ସବୁ ପ୍ରଚେଷ୍ଟା ହୋଇଛି ତାହା ସମୁଦ୍ରକୁ ସଙ୍ଖେ ମାତ୍ର । ଶିକ୍ଷିତା ନାରୀ ହେଉ ଅବା ତୃଣମୂଳସ୍ତରର ନାରୀ ବଞ୍ଚିବାର ବିକଳ୍ପ ଭାବରେ ଦେହକୁ ମାଧ୍ୟମ କରି ବାଟ ଚାଲିବା ଆମ ସମାଜର ଆର୍ଥିକ ଅବସ୍ଥାକୁ ଇଙ୍ଗିତ କରୁନାହିଁ କି ? ସହର ଗଢ଼ିହେବା ସହିତ ତଳିଆ ଅଞ୍ଚଳରେ ଗଢ଼ି ଉଠୁଛି ବସ୍ତି । ଏହି ବସ୍ତି ସ୍ଥାନ ଦଉଚି ଏହି ସର୍ବହରା-ଦେହଜୀବୀମାନଙ୍କୁ । ଯେଉଁମାନେ ବୃତ୍ତି ଅନ୍ୱେଷଣରେ ଗାଁ ଛାଡି ସହର ଅଭିମୁଖୀ ହୁଅନ୍ତି, ସେହିମାନେ ସ୍ୱାମୀର

ଅବର୍ତ୍ତମାନରେ ପରିବାର ଚଳେଇବା ପାଇଁ ଦେହକୁ ବିକଳ୍ପ କରି ବଞ୍ଚନ୍ତି । ସେ' ଚନ୍ଦ୍ରା ବେହେରାଣୀ ହେଉ ଅବା ସାବିତ୍ରୀ । କିନ୍ତୁ ୟା ଅର୍ଥ ନୁହେଁ ଯେ ନାରୀ ଅସହାୟତାକୁ ଦୂର କରିପାରିବାର ଆସ୍ପର୍ଦ୍ଧା ନ ରଖେ । 'ପୁନି' ଭଳି ପଳାତକ ସ୍ୱାମୀର ସ୍ଥାନରେ ଷଷ୍ଠ ମହଲାରେ କାମ କରେ । ପରିବାର ବୋଝ ମୁଣ୍ଡାଏ । ସୁବିଧାବାଦୀ- ଭୀରୁ ସ୍ୱାମୀର ବିକଳ୍ପ ନ ବାଛି ବରଂ ଆପଣାର ପରିଶ୍ରମରେ ନିଜ ପରିବାର ଚଳାଏ । ଅତଏବ, ଦେହକୁ ଜୀବିକା କରି ବଞ୍ଚିବାର ଚିରାଚରିତ ଧାରାକୁ ଭାଙ୍ଗିବାର ସ୍ପର୍ଦ୍ଧା ନାରୀଟିଏ ହିଁ କରିପାରେ । କାମୁକ -ଲମ୍ପଟ ମାନଙ୍କ ଠାରୁ ନିଜକୁ ସୁରକ୍ଷିତ କରି ରଖିବାର ସାମର୍ଥ୍ୟ ନାରୀଟିର ଅଛି । ତେଣୁ ପ୍ରସନ୍ନ ମିଶ୍ରଙ୍କ ଭଳି ହିତାକାଂକ୍ଷୀ କବିମାନେ ନାରୀ ଭିତରର ପ୍ରତିବଦ୍ଧତାକୁ ଉଖାରି ଦିଅନ୍ତି ଆଉ ଚେତେଇ ଦିଅନ୍ତି ବଞ୍ଚିବାର ଅସଲ ଅର୍ଥ । ଯାହାକୁ ପାଥେୟ କରି ନାରୀଟିଏ ବଞ୍ଚିବାର ସ୍ପର୍ଦ୍ଧା କରିପାରେ ।

" ଯେଉଁ ଝିଅ ତୁମ ପରି ଟଲ ଆଉ ଥିନ୍/
ତାର ଶିଖିବା ଉଚିତ୍ କେମିତି ଥ୍ରୋ ହୁଏ ଜାଭେଲିନ /

× × ×

ରାନୁ ବର୍ତ୍ତମାନ ରାନୁ ମାତ୍ର ନୁହେଁ /
ସେ ରାଧାନାଥଙ୍କର ଉଷା / ପୁରାଣର ଚଣ୍ଡିକା /
ଏକ ଅବତୀର୍ଣ୍ଣ ଆଲୋକ/ ସୃଷ୍ଟିର ରକ୍ଷକ /
ସବୁ ସ୍ତ୍ରୀ ଲୋକଙ୍କ ଆଶା- ସଂସ୍ଥାପକ ।"

- ଜାଭେଲିନ : ଷଷ୍ଠ ମହଲାର ସ୍ତ୍ରୀ ଲୋକ : କବି ପ୍ରସନ୍ନ ମିଶ୍ର : ପୃ : ୬୪

ବାସ୍ତବରେ ନାରୀ ଦୁଷ୍କର୍ମ ଜନିତ ଅତ୍ୟାଚାରରରୁ ମୁକ୍ତି ପାଇବାକୁ ହେଲେ, ନାରୀକୁ ଚଣ୍ଡିକାଙ୍କ ରୂପ ଧାରଣ କରିବାକୁ ହେବ । ଶାରୀରିକ କୋମଳତା ଆଦୌ ନାରୀତ୍ୱର ଦୁର୍ବଳତା ନୁହେଁ ବରଂ ତା'ର ଉଦାର ବ୍ୟକ୍ତିତ୍ୱର ପ୍ରତୀକ । ଯାହା ଆବଶ୍ୟକ ସ୍ଥଳେ କଠୋର ଏବଂ ସଶକ୍ତ ହେଇପାରେ । ଯୌନାଚାର ଏବଂ ନାରୀ ଜୀବନର ଏହି ଅସୁରକ୍ଷିତ ପ୍ରେକ୍ଷାପଟରେ ଭିତରେ ନାରୀକୁ ଅନେକ ସମସ୍ୟା ଦେଇ ଗତି କରିବାକୁ ପଡେ । ଏକ ସଶକ୍ତ ମାନସିକତା ହିଁ ନାରୀକୁ ବଳିଷ୍ଠ କରି

ଗଢିତୋଳିବା ଏ କଥାରେ ଦ୍ୱିମତ ନାହିଁ । ଏହି ହରିତ୍‌ବୋଧ ବା ହରିତ୍‌କ୍ରାନ୍ତି କେବଳ ପ୍ରକୃତିକୁ ସୁରକ୍ଷିତ କରିବା ତ ନୁହେଁ ନାରୀ ଜୀବନରେ ମଧ୍ୟ ଅବସାଦମୟତାକୁ ଦୂରୀଭୂତ କରିବାରେ ସହାୟ ହୋଇପାରିବ । କବି ସ୍ୱଭାବତଃ ଆଶାକୁ ନେଇ ବଞ୍ଚିବାର ବିକଳ୍ପଟିଏ ସାଜନ୍ତି । ଅତଏବ, କବି ଭାବପ୍ରବଣ ହୋଇ କହି ଉଠନ୍ତି ସଦ୍ୟ ବିଧବା ଭଉଣୀକୁ ଜୀବନ ଜିଇଁବାର ମାନେ :

"ଗଛଟିଏ ଉପୁଡି ପଡିଥିଲା/ ତା ସହ ଡାଳ କାଟି
ନେଇଗଲେ ଲୋକମାନେ/ ତଥାପି ଦିଓଟି ଚେର ଲାଗି ରହିଥିଲା ମାଟିରେ
ଏବେ ସେ' ଗଛରେ ପୁଣି ଛନଛନ ଡାଳ
ପୁଣି ପେନ୍ଥା ପେନ୍ଥା ଫୁଲ / ସଦ୍ୟ ବିଧବା ହେଇ କାନ୍ଦୁଥିବା/
ମୋ ଭଉଣୀକୁ ଦେଖେଇ ଦେଲି ସେ' ଗଛ/
କହିଲି: ତତେ ବି ବଞ୍ଚିବାକୁ ପଡିବ / ପ୍ରତିକୂଳ ପରିସ୍ଥିତି ସବୁକୁ
ସାମ୍ନା କରି ଠିକ୍ ଏଇ ଗଛ ପରି ।"

– ରାସ୍ତା ଧାରର ଗଛ : ଜଣେ ପଦାତିକର କବିତା : ବ୍ରହ୍ମାନନ୍ଦ ଦାସ

ସତେତ ଆଶା ହିଁ ଜୀବନର ଧୂସରତାକୁ ହରିତ ଆଶ୍ୱାସନାରେ ଭରିଦିଏ । ବିଷାଦଗ୍ରସ୍ତ ଜୀବନକୁ ଶ୍ୟାମାୟିତ କରିବାର ପ୍ରଚେଷ୍ଟା ଭିତରେ ଜୀବନର ସ୍ୱପ୍ନମାନେ ପୁଣି ଅଙ୍କୁରିତ ହୁଏ । ଏହି ପରିପ୍ରେକ୍ଷୀରେ ଏକବିଂଶ କାବ୍ୟଧାରାରେ କବିତାର ସ୍ୱର ଆହୁରି ଶାଣିତ ଓ ତୀର୍ଯ୍ୟକ୍ ମନେହୁଏ । ବିଶେଷତଃ ନାରୀର ସର୍ବଗୁଣ ସମ୍ପନ୍ନ ସତ୍ତାଟି ପାଖରେ ସମସ୍ତଙ୍କୁ ନଇଁବାକୁ ହୁଏ । ସେ' ବାସ୍ତବିକ୍ ଶକ୍ତିମୟୀ । ଏହି ଶକ୍ତିମୟୀ ରୂପର ଅନନ୍ୟ ପ୍ରତିଫଳନ କବି ଖଗେଶ୍ୱର ମହତାବଙ୍କର କାବ୍ୟିକ ସ୍ଫୁରଣରେ ଅନୁଭବ କରିହୁଏ । ତେବେ ଲକ୍ଷ୍ୟ କରାଯାଇପାରେ :

" ଈଶ୍ୱରଙ୍କୁ ଛାଡିଦେଲେ / ନାରୀ ହିଁ ଦେଖେଇ ପାରେ ବିଶ୍ୱରୂପ
ସେଥିପାଇଁ ନାରୀ ନିଆରା / ବିଶ୍ୱାସର ବଟବୃକ୍ଷ /
ବୁଭୁକ୍ଷାର ବାଇଶି ପାହାଚ ।"

– ସବୁ ନାରୀ : ପାଖଲୋକ : କବି ଖଗେଶ୍ୱର ମହତାବ

ନାରୀ କଦାପି ବସ୍ତୁ ନୁହେଁ, ପଣ୍ୟ ନୁହେଁ । ସେ' ଅମୃତମୟୀ ଜନନୀ, ସ୍ନେହାଙ୍ଗିନୀ କନ୍ୟା, ସୋହାଗିନୀ ଭଗିନୀ ଏବଂ ପ୍ରେମାଙ୍ଗିନୀ, ପତ୍ନୀସ୍ୱରୂପା । ସବୁ ରୂପରେ, ସବୁ ଭାବରେ ଅନନ୍ୟା । କିନ୍ତୁ ପାପିଷ୍ଠ ପୁରୁଷ ଆଖିରେ ସେ' କେବଳ ଶରୀର ସର୍ବସ୍ୱ ସତ୍ତାଟିଏ । ନିଜର କାମୁକତାକୁ ଲୁଚେଇବାକୁ ଯାଇ ଯେଉଁମାନେ ଧର୍ଷଣ ଘଟାଇଥିବା ନାରୀମାନଙ୍କୁ ସମାଜର ନାଲି ଆଖିରୁ ମୁକ୍ତି ପାଇଁ ବିବାହ କରନ୍ତି, କବି ତାଙ୍କୁ ଭର୍ତ୍ସନା କରନ୍ତି । ହୋମର ନିଆଁ କ'ଣ ପାଷାଣ୍ଡକୁ ଈଶ୍ୱର ସଜେଇପାରେ ? ନା କଦାପି ନୁହେଁ । ଏଭଳି ଶ୍ଳେଷୋକ୍ତି କବି ଶରତ କୁମାର ନାୟକଙ୍କ କବିତାରେ ଦୃଷ୍ଟିଗୋଚର ହୁଏ । କବିଙ୍କ ଭାଷାରେ :

"ହୋମ ନିଆଁରେ ଜଳିଗଲା /
ବଳାତ୍କାର ଓ ଗଣ ଧର୍ଷଣର /
ଯେତେ, ଯେତେ ରକ୍ତାକ୍ତ ପ୍ରମାଣପତ୍ର /
ଗଣ ମାଧ୍ୟମର ପ୍ରଚାର- ଫଟୋଚିତ୍ର /
ହାତଗଣ୍ଠି ଭିତରେ ରହିଗଲା /
ଧର୍ଷିତା ସମୟ ଓ ନିରୀହ ଜୀବନ/
ଆଗରେ ନୂଆ ଏକ ରାସ୍ତା ଅସରନ୍ତି ।"

-ରୁନିର ବାହାଘର : ସ୍ୱପ୍ନ ଯାତ୍ରା: କବି ଶରତ କୁମାର ନାୟକ

ସମକାଳୀନ ଜୀବନ ଯନ୍ତ୍ରଣାକୁ ନାରୀଟିଏ କିଭଳି ସହି ଚାଲୁଥାଏ, ତା'ର ଏକ ଅବିକଳ ଚିତ୍ରକୁ ଶବ୍ଦରେ ଆଙ୍କିଛନ୍ତି କବି ଶରତ କୁମାର । ଠିକ୍ ସେହିଭଳି ନାରୀକୈନ୍ଦ୍ରିକ ବା ନାରୀମନସ୍କ ଚିତ୍ର ଉପସ୍ଥାପନ କରିବାରେ କବି ସୁଚେତା ମିଶ୍ର ଏକ ସ୍ୱର୍ଦ୍ଧିତ କାବ୍ୟସ୍ୱର । ନାରୀ ଜୀବନ ଜନିତ ଯାବତୀୟ ଅସଙ୍ଗତି ବିରୁଦ୍ଧରେ ଲେଖନୀ ଚାଳନା କରନ୍ତି ଏଇ ସୁଚେତା ମିଶ୍ରଙ୍କ ଭଳି କବିମାନେ । ନାରୀ ଜୀବନର ଦୁଃଖ, ଯାତନା, ଅବିଚାର, ସଂଘାତକୁ ଅତି ସନ୍ତର୍ପଣରେ ଆଙ୍କିପାରନ୍ତି କବି ସୁଚେତା ମିଶ୍ର । କବିଙ୍କ ଲିଖିତ 'ଅଜନ୍ମା'(୨୦୧୨) ମସିହାରେ ଲିଖିତ କବିତା ସଂକଳନ ନାରୀ ଜୀବନର ଦୁଃଖକୁ ରୂପ ଦେବାରେ ସମର୍ଥ । କବି ଏହି କବିତା ସଙ୍କଳନରେ ଯେଉଁ ନାରୀମାନଙ୍କ ଜୀବନକୁ ନେଇ ଯେଉଁ ବକ୍ତବ୍ୟ ରଖନ୍ତି, ତାହା ପରୋକ୍ଷରେ

ପୁରୁଷକେନ୍ଦ୍ରିକ ସମାଜକୁ କଟାକ୍ଷ କରେ । ଯଦିଓ ନାରୀ ଅସ୍ମିତା ଓ ତତ୍‌ସହିତ ଜଡିତ ଅନେକ ସମସ୍ୟାକୁ ନେଇ କବିତା ଲେଖାଯାଇଛି, କିନ୍ତୁ ତାହା କାହିଁକି କେଜାଣି ନାରୀ ଜୀବନ ସହିତ ଜଡିତ myth ବା ରୂପକଳ୍ପକୁ ଭାଙ୍ଗିବାରେ ସମର୍ଥ ନୁହେଁ । ଜଠର ଜ୍ୱାଳାର ନିର୍ବାପିତ ହେଉଥିବା ବାଧ୍ୟବାଧକତାରେ ନାରୀ ଜୀବନର ଯାବତୀୟ ଅସଙ୍ଗତି ଦୂର ହୁଏନା ବରଂ ଆହୁରି ବଢ଼ିବାକୁ ଲାଗେ ।

କବିଙ୍କ ଭାଷାରେ :

"ଯେବେ ନାରୀ ନିଜ ଲୁହ ବଦଳରେ /
ଝାଳ ଦେଇ ଉପୁଜାଏ ଶସ୍ୟ /
ଆପଣାର ପବିତ୍ର କ୍ଷୋଭକୁ ଜଳାଇ/
ରାନ୍ଧେ ନିଜ ଲାଗି ଖାଦ୍ୟ /
ଯେବେ ଜନ୍ମ-ଜନ୍ମର ବେଦନାର ତନ୍ତୁକୁ ବୁଣି /
ନିଜ ପାଇଁ ତିଆରେ ଅମ୍ଳାନ ବସ୍ତ୍ର /
ଯେବେ ଉଠା-ପକା ରାସ୍ତାକୁ କାଟିକୁଟି/
ନିଜ ପାଦ ଲାଗି ତିଆରେ ହଳେ ଚପଲ /
ସେ ଆତ୍ମନିର୍ଭରଶୀଳା ହୋଇଯାଏ ।"

- ଆତ୍ମନିର୍ଭରଶୀଳା- ଅଜନ୍ମା : କବି ସୁଚେତା ମିଶ୍ର

ଏକବିଂଶ ଶତାବ୍ଦୀର ଓଡ଼ିଆ କାବ୍ୟଧାରାରେ ସୁଚେତା ମିଶ୍ରଙ୍କ ପରି ଅନେକ କବି ନାରୀ ଅସ୍ମିତାର କଥା କୁହନ୍ତି ଏବଂ ତା'ର ଅସ୍ମିତା ସହ ଜଡିତ ସମସ୍ୟାର କାବ୍ୟିକ - ନିଦାନ ଦିଅନ୍ତି । ସେମାନେ କ'ଣ ସତରେ ନାରୀ ସମସ୍ୟାକୁ ଦୂର କରିବାରେ ସାହାଯ୍ୟ ହୁଅନ୍ତି ? ଯଦି ହଁ, ତେବେ ନାରୀକବି କ'ଣ ଖାଲି ନାରୀମାନଙ୍କ ସମସ୍ୟା ହିଁ ଉତ୍‌ଥାପନ କରନ୍ତି ? ଏ ସବୁ ଅନେକ ବିତର୍କ ଭିତରେ ନାରୀର ସମସ୍ୟାମାନ ଦୂର ହୁଏନି ବରଂ ସମୟର ଆହ୍ୱାନରେ ନୂଆ ନୂଆ ପ୍ରସଙ୍ଗମାନ ଛିଡାହୁଏ । ସମକାଳୀନ ସମାଜର ସମସ୍ୟାରୁ ମୁକ୍ତି ପାଇବାକୁ ହେଲେ ନାରୀକୁ ପୁଣି ଥରେ ମହିଷା ମର୍ଦ୍ଦିନୀଙ୍କ ବିକଟାଳ ରୂପ ଧରିବାକୁ ହେବ । ଆପଣାର ପଥ ପରିଷ୍କାର କରିବାକୁ ହେବ ।

ବାସ୍ତବିକ୍, ନାରୀ ଜୀବନର ଦୁଃଖ ତା'ର ଜନ୍ମ ସମୟରୁ ତା' ସହିତ ସଲଗ୍ନ ହୋଇଥାଏ । ପୁତ୍ର ଜନ୍ମ ହେଲେ ଆନନ୍ଦ-ଉଲ୍ଲାସରେ ଘର ଫାଟିପଡ଼େ, କିନ୍ତୁ କନ୍ୟା ଜନ୍ମ ହେଲେ ଯାବତୀୟ ଶଙ୍କା ଓ ଅପବାଦ ମୁଣ୍ଡେଇବାକୁ ପଡେ । ଅଦ୍ୟାବଧି ମଧ୍ୟ କନ୍ୟାର ମାତା, ପିତା ଠାରୁ ପୁତ୍ରର ମା' ବାପାଙ୍କ ଖାତିର ଅଧିକ ଦେଖାଯାଏ । କେତେକାଂଶରେ କନ୍ୟା ଜନ୍ମକୁ ଶୁଭ ବୋଲି ଗ୍ରହଣ କରାଯାଉଥିବା ବେଳେ ଗାଁ ଗହଳିରେ ଚିନ୍ତା ଓ ଛନକା ପଶିଯାଏ । ଦେଖୁ ଦେଖୁ କନ୍ୟା ବୟଃପ୍ରାପ୍ତି ହୁଏ, କିନ୍ତୁ ବହୁକ୍ଷେତ୍ରରେ ତା'ର ରୂପ, ରଙ୍ଗକୁ ନେଇ ନାନା ଅପଯଶ ଶୁଣିବାକୁ ହୁଏ । ଘର ମଣିଷ ହିଁ ବେଳେବେଳେ ଦାଉ ସାଧନ୍ତି । ଏପରିକି ବାଲ୍ୟକାଳରୁ ଶାରୀରିକ ଶୋଷଣର ଶିକାର ହୁଏ କନ୍ୟାଟିଏ । ଉପଭୋଗୀ ମଣିଷ ଆଖିରେ କାମନାର ବିଷ ଯେତେବେଳେ ଚରେ, ସେ' କାମନାର ନିଆଁରେ ଅନ୍ଧ ହୁଏ । ସାମାନ୍ୟ ଶିଶୁକୁ ମଧ୍ୟ ଛାଡେନା । ଏ ବାତ୍ସଲ୍ୟ ବିଡମ୍ବନା ନୁହେଁ ତ' ଆଉ କ'ଣ ?

"ଛୋଟ ଝିଅ ଏବେ, ଏବେ ଫେରିଛି
ତା ଧୂଳି ଖେଳରୁ /
ଏବେ ସେ' ପ୍ରାର୍ଥନା ବୋଲିଥାନ୍ତା /
ପାଠ ଲେଖିଥାନ୍ତା/ ଜେଜୀ ମା ଠାରୁ ଗପ
ଶୁଣିଥାନ୍ତା / ଆସନ୍ତାକାଲି ହେବାକୁ ଥିବା /
କଣ୍ଢେଇ ବାହାଘର ଲାଗି ସ୍ୱପ୍ନ ଦେଖିଥାନ୍ତା /
ସେ ଜାଣି ପାରିଲାନି / କାହିଁକି ତା ନିଜ ଘରର
ଏରୁଣ୍ଡିବନ୍ଧ / ସାପ ଭଳି କାମୁଡି ଧରିଲା ତା ଗୋଡ଼କୁ
ଘରର ଗୋଟେ ସ୍ନେହୀ ବିଶ୍ୱସ୍ତ କାନ୍ଥ /
କାହିଁକି ହଠାତ୍ ଜନ୍ତୁ ଭଳି / ମାଡି ବସିଲା ତା କଅଁଳ ଦେହକୁ ।"

- ଛୋଟ ଝିଅ : ଅଜନ୍ମା : କବି ସୁଚେତା ମିଶ୍ର

ଏ ସମସ୍ୟା, ନାରୀ ସହ ଚିରକାଳରୁ ଯୋଡି ହେଇ ଚାଲିଛି । ଯାହା ସମକାଳୀନ କବିତାରେ ପ୍ରତିଫଳିତ ହେବାର ଦେଖିବାକୁ ମିଳେ । ଏ ସମୟର

ପ୍ରେକ୍ଷାପଟରେ ନାରୀ ପ୍ରତି ବଢିଥିବା ପାରିବାରିକ ହିଂସା, ଦାମ୍ପତ୍ୟ ଜନିତ ଜାଗରଣରେ, ପରକୀୟା-ପ୍ରବଣତା ଜନିତ ସାମାଜିକ ଅବ୍ୟବସ୍ଥା, ଯୌତୁକ ପୀଡ଼ନ, କର୍ମକ୍ଷେତ୍ରରେ ଅବିଚାର- ଶୋଷଣ ତଥା ବୈଧବ୍ୟଜନିତ ନିଃସଙ୍ଗତା ସାଙ୍ଗକୁ ବାର୍ଦ୍ଧକ୍ୟର ପୀଡା-ଅସହାୟତା ଆଦି ପ୍ରତିଫଳିତ ହୋଇଛି । ଏସବୁ ଅସଙ୍ଗତି ନୂଆ ନୁହେଁ । ସମୟର ଆହ୍ୱାନରେ ଭାବସ୍ପନ୍ଦନ ବଦଳିଛି ଆଉ ଯାହା ବଦଳିନି, ତାହା ହେଉଛି ନାରୀର ବିଡ଼ମ୍ୱିତ ନିୟତି । ଏ ପରିପ୍ରେକ୍ଷୀରେ କବି ପ୍ରସନ୍ନ କୁମାର ମିଶ୍ର, ଗିରିବାଳା ମହାନ୍ତି, ହୃଷିକେଶ ମଲ୍ଲିକ, କବି ଶତ୍ରୁଘ୍ନ ପାଣ୍ଡବ, ଅପର୍ଣ୍ଣା ମହାନ୍ତି, ରୁନୁ ମହାନ୍ତି, କବି ସ୍ୱପ୍ନା ମିଶ୍ର, ବୀଣାପାଣି ପଣ୍ଡା, ବୀଣାପାଣି ଦେବତାଙ୍କ ଭଳି କବିମାନଙ୍କ କବିତାରେ ବେଶ୍ ନିଷ୍ଠାର ସହ ନାରୀ ଜୀବନ ଯନ୍ତ୍ରଣା ପ୍ରକଟିତ ହୋଇଛି । କେବଳ ସମସ୍ୟାର ପ୍ରତିଫଳନ ନୁହେଁ ବରଂ ସମସ୍ତ ଅସଙ୍ଗତି ବିରୁଦ୍ଧରେ ସଶକ୍ତ ହୋଇ ଛିଡା ହେବାର ନିର୍ଭର ପ୍ରତିଶ୍ରୁତି ଭିତରେ ଏକବିଂଶ ଶତାବ୍ଦୀର କାବ୍ୟଧାରା ପରିପୂର୍ଣ୍ଣ ହୋଇଛି ।

ଏକବିଂଶ ଶତାବ୍ଦୀର ଓଡ଼ିଆ କାବ୍ୟଧାରାର ଆଉ ଜଣେ ଉଦୀୟମାନ ବ୍ୟକ୍ତିତ୍ୱର ଅଧିକାରିଣୀ ଭାବରେ କବି ସ୍ୱପ୍ନା ମିଶ୍ର ଅନନ୍ୟା । ସମକାଳୀନ ସମାଜର ଅବ୍ୟବସ୍ଥା ଭିତରେ ନାରୀର ଜୀବନ ସଂଗ୍ରାମକୁ ବାସ୍ତବାୟିତ କରିବାରେ କବି ଧୂରୀଣ ଅଟନ୍ତି । ରାଜନୀତିକ ଅପାରଗତା କିଭଳି ନାରୀର ଭବିଷ୍ୟତକୁ ଧୂଆଁଳିଆ କରିଦିଏ, ତାକୁ ଅବତାରଣା କରିବାରେ କବି ସ୍ୱପ୍ନା ମିଶ୍ର ସିଦ୍ଧହସ୍ତା ।

"ଛୁଆଙ୍କୁ ଛାତିରେ ଜାକି/ କୂଅକୁ ଡ଼େଉଁଥିଲା ମାତୃତ୍ୱ
ପ୍ରକୃତିକୁ ଧର୍ଷଣ କରୁଥିଲା ପ୍ରଳୟ/ ଓ ବିବେକର କ୍ଷତବିକ୍ଷତ
ଶବ ଦିଶୁଥିଲା ବିଭତ୍ସ/ ଆଖପାଖରୁ ଆସୁଥିଲା ଗଣତନ୍ତ୍ର ଓ
ସମାଜବାଦର ପଚାଗନ୍ଧ ।"

- ହାତ:୨,ଶବ୍ଦ ବର୍ଞ୍ଚି ରୁହେ : ୨୦୧୨ : କବି ସ୍ୱପ୍ନା ମିଶ୍ର

ଉପେକ୍ଷିତ, ନିଷ୍ପେସିତ ମଣିଷର ହୃଦୟ ଯେ କାହିଁ, କେତେବାର ବିଭକ୍ତ ହେଉଥାଏ, ସେ' କଥାର ହିସାବ ରଖେନା ସରକାର । କ୍ଷୁଧା ଓ ପୀଡ଼ନରେ ନାରୀ ଜୀବନ କିଭଳି ଦୁର୍ବିସହ ହୁଏ, ଏହା କ'ଣ ସରକାରୀ କଳ ବୁଝିବାକୁ ବେଳ

କାହିଁ ? ଜଗତୀକରଣ ପରବର୍ତ୍ତୀ କ୍ଷୟମାଣ ମାନବୀୟ ମୂଲ୍ୟବୋଧ ଭିତରେ ପରମ୍ପରିକତାର ବୁନିଆଦି କବର ନିଏ । ମଣିଷପଣିଆର ଅପମୃତ୍ୟୁ ଘଟେ । ନାରୀ ଜୀବନ ଓ ଜୀବିକା କାରୁଣ୍ୟର ଶୂଳି ଚଢେ । ନାରୀ ଭିତରେ ଆତ୍ମଗୋପନ କରିଥିବା ମୂଲ୍ୟବୋଧ ବିବେକର ଦଂଶନ ସତ୍ତ୍ୱେ ବରାବର ସୀମା ଲଙ୍ଘନ କରେ । ଭୁସୁଡ଼ିପଡ଼େ ସାମାଜିକ ଚିତ୍ରପଟ । ନାରୀର ଏ ଅବସାଦ ଓ ବିଷାଦ କଥା କହିଲା ବେଳେ ଏକବିଂଶ ଶତାବ୍ଦୀର କବିମାନେ ସ୍ୱାଧୀନ ଓ ସ୍ୱଚ୍ଛନ୍ଦ ଭାବରେ ଗ୍ଲାନିବୋଧ ଟିକକୁ ସ୍ୱୀକାର କରି ନେଲା ଭଳି ମନେହୁଏ । ଏ କ୍ଷେତ୍ରରେ କବି ବୀଣାପାଣି ପଣ୍ଡା ଏକ ଚର୍ଚ୍ଚିତ ନାମ । 'ଦ୍ୱିପର୍ଣ୍ଣା' କବିତା ସଙ୍କଳନରେ ରଚିତ କେଇ ପଂକ୍ତି ଆଲୋଚ୍ୟ ପ୍ରସଙ୍ଗକୁ ଚିତ୍ରିତ କରିଛି, ଯାହା ହୃଦୟକୁ ବିଦାରଣ କରିବାରେ ସମର୍ଥ ବୋଲି ସ୍ୱୀକାର କରିବାକୁ ହେବ ।

"ନାରୀ ହେବାର ଦୁଃଖ ଠାରୁ ବଳି ଦୁଃଖ
ଆଉ କିଛି ନାହିଁ /
ହାତ ପାଇଁ ନଥିବା ଡାଳ / ମାଟିରେ ଲାଗି ନଥିବା ମୂଳ /
ଭାଗ୍ୟରୁ ବଳେଇ ପଡିଥିବା ଭାଗ୍ୟଫଳ ଏବଂ
ପରକାଳ ଆଶାରେ /
ଭୁଶୁଡି ଯାଇଥିବା ଇହକାଳର /
ବନ୍ଧନୀ ମଧ୍ୟରେ ଗୋଟେ ସ୍ଥିର ଚିତ୍ର /
ସଂଜ୍ଞାହୀନ, ଅଦ୍ଭୁତ, ବିଚିତ୍ର ।"

-କବି ବୀଣାପାଣି ପଣ୍ଡା : ଦ୍ୱିପର୍ଣ୍ଣା

କବି, କେତେବେଳେ ସୃଷ୍ଟି ସହ ଜଡିତ ତ କେତେବେଳେ ସୃଷ୍ଟି ଠାରୁ ବିଭକ୍ତ ଆବେଗଟିଏ ହୋଇ ପ୍ରତିଫଳିତ ହେଉଥାନ୍ତି । ବାସ୍ତବରେ ଆବେଗର ଉଚ୍ଛୁଳା ନଈଟିଏ ହୋଇ ପ୍ରବାହିତ ହୋଇଚାଲିଥାନ୍ତି କବି । ବୀଣାପାଣିଙ୍କ କାବ୍ୟିକ ଆବେଦନ ଭିତରେ ନାରୀର ଅସ୍ମିତା ବାସ୍ତବାୟିତ ହୁଏ । ଠିକ୍ ସେହିପରି ଏକ ସ୍ପର୍ଶକାତର, କବିତ୍ୱରେ ଉବୁଟୁବୁ କାବ୍ୟ ସତ୍ତାର ଅନନ୍ୟ ଉଚ୍ଚାରଣ କବି ଇନ୍ଦିରା ଦାସ । କେଉଁଠି, କେଜାଣି ଛାଡି ଆସିଥିବା କିଛି କାରୁଣ୍ୟକୁ କାନିରେ ଗଣ୍ଠେଇ

ବାଟ ଚାଲିବାର ସ୍ପର୍ଶ କରନ୍ତି କବି ସତ୍ତା । ତାଙ୍କ କବିତାରେ ବିଭୋରପଣ ଭିତରେ, ନାରୀଟିଏ ଓଦା ହେଉଥାଏ ଲୁହରେ । ନାରୀ ଜୀବନର ଯାବତୀୟ କାରୁକାର୍ଯ୍ୟ ଭିତରେ ଲହୁରେ ଆକ୍ତା- ମାକ୍ତା ହେଉଥାଏ କବି ।

"ଏତେ ସବୁ ସମ୍ପର୍କ ଏମିତି ଯେ'
ଗଛ ତା'ର ପ୍ରଥମ ଫଳ ଦେବା ଆଗରୁ
ମାଲିକୁ ମୂଲ ମାଗୁଛି /
କଢ଼ି ଫୁଟିବା ଆଗରୁ / ଗରାଖ ସହ ଚୁକ୍ତି ସାରିଛି /
ଘରର ନକ୍ସା କରିବା ଆଗରୁ /
ଲାଭ-କ୍ଷତିର ହିସାବ ଫର୍ଦ୍ଦରେ /
ସ୍ୱପ୍ନର କୋଠରୀ ଚୁରମାର ହୋଇଯାଉଛି ।"

- ଗୁମ୍‌ସୁମ୍ ଝିଅ : ଅଧା ନକ୍ସା ଘର : କବି ଇନ୍ଦିରା ଦାଶ

ଏଠାରେ, କବି ଯେଉଁ ଅବ୍ୟକ୍ତ- ଯନ୍ତ୍ରଣାର କଥା କହିଛନ୍ତି, ତାହା ବୌଦ୍ଧିକ ନୁହେଁ ବରଂ ଏହା ସାମାଜିକ - ଅର୍ଥ ବ୍ୟବସ୍ଥାର ନିଅଣ୍ଟିଆ ପୃଷ୍ଠଭୂମିର ଫଳଶ୍ରୁତି । ଏକବିଂଶ ଶତକ (୨୦୦୦-୨୦୨୦) ପର୍ଯ୍ୟାୟର ସମସ୍ତ କବିତା ସମକାଳୀନ ପୃଷ୍ଠଭୂମିକୁ ଆଖି ଆଗରେ ରଖି ଲେଖିବାର ପ୍ରଚେଷ୍ଟା ହୋଇଥିବାର ମନେହୁଏ । ଏକବିଂଶ ଶତକରେ ସମାଜରେ ବୃଦ୍ଧି ପାଇବାରେ ଲାଗିଛି ନାରୀ ନିର୍ଯ୍ୟାତନା-ଗଣବଳାତ୍କାରର ବିଭୀଷିକା । ପ୍ରତିଟି ପଦକ୍ଷେପରେ ନିର୍ଭୟା-ଦାମିନୀ ଭଳି ପୀଡ଼ିତାମାନେ ପ୍ରଶ୍ନ କରନ୍ତି ସମାଜକୁ । କିଏ ଦେବ ତାଙ୍କର ପ୍ରଶ୍ନର ଉତ୍ତର । ସେ' ଭୁବନେଶ୍ୱର ହେଉ କି କଲିକତା ଅବା ଦିଲ୍ଲୀ ଭଳି ବିକାଶଶୀଳ ସହର ପୀଡ଼ିତା ମାନଙ୍କ ଆର୍ତ୍ତ ଚିତ୍କାରରେ ଭୁଶୁଡ଼ି ପଡ଼ିଛି ମଣିଷ ମୁହଁର ମୁଖା । ଏଭଳି ଏକ ସମ୍ବେଦନଶୀଳ ପ୍ରସଙ୍ଗମାନ କବିତାରେ ରୂପ ପାଇଛି । ନାରୀ ପ୍ରତି କରାଯାଉଥିବା ଅମାନବୀୟ ଅତ୍ୟାଚାର ଆମର ଶାସନକଳରେ ଅପାରଗତା ନୁହେଁ ତ' ଆଉ କ'ଣ ? ଏଭଳି ଏକ ପ୍ରସଙ୍ଗକୁ ନେଇ କବି ହରିହର ମିଶ୍ରଙ୍କ କବିତାକୁ ଆଲୋଚନା କରାଯାଇପାରେ ।

"ସେ ଫେରନ୍ତି ସିଟି ବସ୍‌ରେ /
ଡାହଳ କୁକୁର ପଲ / ଚାଟିଚୁଟି ଭକ୍ଷୀ ଯାନ୍ତି

ଯେଉଁ ରାତି ଅଧର ଦେହ / ସେ' ନିର୍ଭୟର ନୁହଁ
ସେ ଦାମିନୀର / ଭାରତର ହୃତପିଣ୍ଡରେ/
ସେହି ଟୋପାଏ ନୀଳ ବିଷ / ପ୍ରସରି ଯାଉଛି
ସାରାଟା ଶରୀର ଆମ ଦେଶ- ମାତୃକାର ।"

- ନିର୍ଭୟା ନୁହେଁ ତୁ ଦାମିନୀ : ଗୁଢ଼ପାଦ, ହରିହର ମିଶ୍ର

ସକଳ ଅସଙ୍ଗତି ସତ୍ତ୍ୱେ କବି କିନ୍ତୁ 'ନିର୍ଭୟାର' ର ଅନ୍ତଃକରଣରେ 'ଦାମିନୀ' କୁ ଖୋଜିବସନ୍ତି । ଯେଉଁ ଦାମିନୀର ପ୍ରଚେଷ୍ଟାରେ ପାପିଷ୍ଠମାନେ ଏକଦା ସଜା ପାଇବାର ନଜିର ଅଛି । ନାରୀ ଦୁର୍ବଳା କି ଅବଳା ନୁହେଁ ସେ' ସ୍ୱୟଂସିଦ୍ଧା । କିନ୍ତୁ ବିଡମ୍ବନା ପୁରୁଷ ଆଖିରେ ସେ' ଯୁଗେ ଯୁଗେ ଶରୀର ସର୍ବସ୍ୱ । କାମାନ୍ଧ ପୁରୁଷ ଆଖି ତାକୁ ଗୋଟାପଣେ ଗ୍ରାସୀ ଯିବାର ପ୍ରଚେଷ୍ଟାରେ ଥାଏ । ବେଳେବେଳେ କାମୁକର ଦୃଷ୍ଟି ଭିତରେ ଏଭଳି ଅଶ୍ଳୀଳତା ଚରିଯାଏ, ସେ' ଶାରୀରିକ ଶୋଷଣ ଠାରୁ ମଧ୍ୟ ବଳିଯାଏ । କର୍ମ କ୍ଷେତ୍ରରେ ନାରୀପ୍ରତି କରାଯାଉଥିବା ପାତର-ଅନ୍ତର ନୀତି, ଶୋଷଣ ତଥା ଅବିଚାର ଆଦି ତାକୁ ମାନସିକ ଦୁଶ୍ଚିନ୍ତା ଭିତରକୁ ଠେଲି ଦେବାର ଦେଖାଯାଏ । ପ୍ରତିଟି କ୍ଷେତ୍ରରେ ଦେଖାଯାଉଥିବା ସମସ୍ୟାମାନ ନାରୀକୁ ଯେତିକି ସଶକ୍ତ କରାଏ, ତା ଠାରୁ ଢେର ଅଧିକା ଦୁର୍ବଳ କରିଦିଏ । ଏଭଳି ସ୍ୱାଧୀନ ଭାରତର ସ୍ୱପ୍ନ କଦାପି ଆମେ ଦେଖି ନଥିଲେ । ସ୍ୱାଧୀନତାର ୭୭ ବର୍ଷ ପରେ ମଧ୍ୟ ନାରୀ ପ୍ରତି କରାଯାଉଥିବା ଅବିଚାର ଏବଂ ଅତ୍ୟାଚାରର ସୀମା ଲଙ୍ଘନ କରିଛି । ୨୦୨୪ , ସେପ୍ଟେମ୍ବର ୧୦ରେ ଘଟିଥିବା ଜଣେ ଉଚ୍ଚ ଶିକ୍ଷିତା ଡାକ୍ତରୀ ମହିଳାଙ୍କ ପ୍ରତି କରାଯାଇଥିବା ଗଣଦୁଷ୍କର୍ମ ଏହାର ଜ୍ୱଳନ୍ତ ଉଦାହରଣ । ଏଥିରୁ ସ୍ପଷ୍ଟ ବୁଝି ହୁଏ ନାରୀ କେତେଦୂର ସୁରକ୍ଷିତ । ନା ଘରେ ନା ବାହାରେ ସବୁ ପରିସ୍ଥିତିରେ ବିପଦକୁ ସମ୍ମୁଖୀନ ହୋଇ ଚାଲେ । ଏଭଳି ଏକ ଘଡ଼ିସନ୍ଧି ମୁହୂର୍ତ୍ତରେ, ଜୀବନକୁ ପାଣି ଛଡଉଥିବା ନାରୀ ଜୀବନର କାରୁଣ୍ୟ ଏକବିଂଶ କବିତା ମାନଙ୍କରେ ଉତ୍କୀର୍ଣ୍ଣ ହୋଇଥିବାର ଦେଖାଯାଏ । ନାରୀ ଭିତରେ ଆତ୍ମଗୋପନ କରି ରହିଥିବା ସଶକ୍ତ ପଣଟି ଯେତେ ପର୍ଯ୍ୟନ୍ତ ଆତ୍ମପ୍ରକାଶିତ ନ ହୋଇଛି ସେ' ପର୍ଯ୍ୟନ୍ତ ନାରୀର ବିପର୍ଯ୍ୟୟ ସୁଧୁରିବା ଅସମ୍ଭବ ହୋଇପଡିବ । ଯୁଗ ଯୁଗ ଧରି ସମାଜ ପୁରୁଷ ପ୍ରବଣ ଦୃଷ୍ଟିଭଙ୍ଗୀ ନେଇ ନାରୀକୁ ତଉଲି ଚାଲିଛି, ଏଣୁ ତା ପ୍ରତି କରାଯାଉଥିବା

ଅବିଚାର ତା ଆଖିରେ ଧରା ପଡୁନି । ନାରୀ ଜୀବନର ବିଡମ୍ବନା ସମାଜକୃତ । ଏଣୁ, ସାମାଜିକ ଦୃଷ୍ଟିଭଙ୍ଗୀ ନ ବଦଳିବା ଯାଏଁ ନାରୀର ଭବିତବ୍ୟ ପରିବର୍ତ୍ତନ ହେବା ଅସମ୍ଭବ । ଏହିସବୁ ବିରୋଧାଭାସ ଭିତରେ ନାରୀର ଅସ୍ମିତା ସୃଷ୍ଟି ହେବାର କାବ୍ୟିକ ପ୍ରଚେଷ୍ଟା କରିଛନ୍ତି କବିମାନେ । ପୁରୁଷର ଅହମିକା ଆଗରେ ନାରୀର ଇଛା, ଅନିଛାର ମାନେ ନାହିଁ । ସେ' ଯେପରି ପୁରୁଷର ଅର୍ଜିତ ସମ୍ପତ୍ତି । ସେ' ତୃଣମୂଳ ସ୍ତରର ନାରୀ ହେଉ ଅବା ଅଭିଜାତ୍ୟ ବର୍ଗର ଉଚ୍ଚ ଶିକ୍ଷିତା ମହିଳା ପୁରୁଷକୈନ୍ଦ୍ରିକ ବ୍ୟବସ୍ଥା ଦ୍ୱାରା ପ୍ରତାରିତ ହୁଏ । ଆଉ, କଦବା କ୍ୱଚିତ ଏଥିରୁ ସେ' ନିବୃତି ଆଶା କରେ, ତେବେ ସେ' କଳଙ୍କିନୀ-ବିଟପୀ- ପତିତ୍ୱର ଆଖ୍ୟା ପାଏ । ଏ ହେଉଛି ନାରୀ ଅସ୍ମିତାର ମର୍ମକଥା ; ଯାହାକୁ ଆମର ବିଧିବ୍ୟବସ୍ଥା ଅସ୍ୱୀକାର କରେ । ଏହିସବୁ ବିରୋଧାଭାଷାକୁ ଅଗ୍ରାହ୍ୟ କରିବାର ସ୍ପର୍ଦ୍ଧା କରିପାରେ ନାରୀ । ସାମ୍ପ୍ରତିକ ସମୟ ଖଣ୍ଡରେ ପ୍ରକାଶ ପାଉଥିବା ପ୍ରାୟତଃ ସମସ୍ତ କବିତାରେ ନାରୀର ଅବ୍ୟକ୍ତ ଆକାଂକ୍ଷା ପ୍ରକାଶ ପାଇଛି । ସାମ୍ପ୍ରତିକ ସମସ୍ୟା ଏବଂ ବାସ୍ତବତାର ନଗ୍ନ ପରିପ୍ରକାଶ ଭିତରେ ନାରୀ ଜୀବନର ଅବ୍ୟକ୍ତ ମନୋଦଶାକୁ ପ୍ରକାଶ କରିବାରେ ସ୍ୱାଧୀନୋତ୍ତର କାବ୍ୟଧାରାର ଭୂମିକାକୁ ଅସ୍ୱୀକାର କରାଯାଇନପାରେ ।

"The poets are unacknowleged legislature of the World."

ବାସ୍ତବରେ କବିଟିଏ କବିତା ସର୍ଜନା କରିବା ବିଧିରେ ଏକ ଦାୟିତ୍ୱ ମୁଣ୍ଡେଇ ଥାଏ । ଏ ଦାୟିତ୍ୱ ସମାଜ ସଂସ୍କାର ଦିଗରେ ଅଗ୍ରସର ହୁଏ । ଅର୍ଥାତ୍ କବି କବିତା ରଚନା କରନ୍ତି ଏକ ବୃହତ୍ତର ଦାୟିତ୍ୱବୋଧକୁ ପାଥେୟ କରି । ଏ ପରିପ୍ରକ୍ଷୀରେ ଉତ୍ତର ଆଧୁନିକ କବିତା ଭେଦରେ ଆମେ ଯେଉଁ ବିଂଶ ଶତକର କବିତାମାନଙ୍କୁ ଭେଟିଥାଉ, ତାହା ଅନେକାଂଶରେ କାବ୍ୟିକ ନିଦାନ ଦେବା ଛଳରେ ପ୍ରତିଫଳିତ ହୁଏ । ଏ କାବ୍ୟିକ ପ୍ରଚେଷ୍ଟାଟିଏ ମାତ୍ର ; ଯାହାକୁ ଅବଲମ୍ବନ କରି ଜୀବନର ମାର୍ଗ ସୁଗମ ହୋଇପାରେ । ସମକାଳୀନ ପ୍ରେକ୍ଷାପଟକୁ ଦୃଷ୍ଟିରେ ରଖି ନାରୀ ମନସ୍କ ବା ନାରୀକୈନ୍ଦ୍ରିକ ଅନେକ କବିତା ପ୍ରକାଶିତ ହେବାର ଅନୁଭୂତ ହୁଏ । ବିଶେଷତଃ ଅଶୀ-ନବେ ଶତକ ବେଳକୁ ଯେଉଁ ସବୁ କବିତା ପ୍ରମୁଖ ସ୍ଥାନ ଅଧିକାର କରିଛି ତାହା ଆଧୁନିକ ମଣିଷର ଜୀବନ ଓ ଜୀବିକାକୁ ନେଇ । ଏପରିକି ଏହି ପର୍ଯ୍ୟାୟରେ ଓଡିଶା କାହିଁକି ବିଶ୍ୱର ସମସ୍ତ ସାହିତ୍ୟରେ ନାରୀବାଦୀ ଚିନ୍ତାଧାରା

(Feminist Concept) ମୁଣ୍ଡ ଟେକିଚି । ଏପରି ସ୍ଥଳେ ଓଡ଼ିଆ କାବ୍ୟଧାରାରେ (ଉତ୍ତର ଆଧୁନିକ ବା Post -Modernism) ନାରୀ-କୈନ୍ଦ୍ରିକ କବିତାମାନ ବିଶେଷତଃ ପ୍ରତିଫଳିତ ହୋଇଥିବାର ଦେଖାଯାଏ ।

ଏହାକୁ କେହି କେହି 'ନାରୀବାଦ' ବା 'ବାମାବାଦ' ର ପ୍ରବାହ ଭିତରେ ବାନ୍ଧିବାକୁ ଚାହିଁଲେ । କିନ୍ତୁ, ଏକଥା ସତ୍ୟ ଯେ ଏହି ନାରୀବାଦ କୌଣସି ତତ୍ତ୍ୱ ବା ଦର୍ଶନ ନୁହେଁ ବରଂ ଏହା ଏକ ସ୍ୱାଧୀକାର ପ୍ରସଙ୍ଗ । ଯାହା, ନାରୀର ଭାବାବେଗ ସହ ଜଡିତ । ପିତୃ ପ୍ରଧାନ ସମାଜରେ ନାରୀ ପ୍ରତି ହେଉଥିବା ଅବିଚାର-ଅନ୍ୟାୟ ବିରୋଧରେ ଏକ ଶୃଙ୍ଖଳିତ ପ୍ରତିକ୍ରିୟା । ପୁରୁଷ ଶାସିତ ସମାଜର ନିରଙ୍କୁଶ କ୍ଷମତା ନାରୀକୁ ତା'ର ଅଧସ୍ତନ ବା ଅଧିନସ୍ଥ କରି ରଖିଛି । ଦ୍ୱିତୀୟ ଲିଙ୍ଗ (Second - sex) ଭାବରେ ତାକୁ ଗୌଣ ମନେକରାଯାଇ ସମସ୍ତ ବିଧିବ୍ୟବସ୍ଥା ଠାରୁ ବିଛିନ୍ନ କରାଯାଏ । ଦୁର୍ଭାଗ୍ୟବଶତଃ ଏହିସବୁ ବିପର୍ଯ୍ୟୟ ପାଇଁ ନାରୀଟିଏ ଧର୍ମ-ଭାଗ୍ୟ-ବିଧାତାଙ୍କୁ ଦାୟୀକରି ସହ୍ୟ କରିଛି । ଏଭଳି ଏକ ଅସନ୍ତୁଳନ-ସାମାଜିକ ବ୍ୟବସ୍ଥା ବିରୁଦ୍ଧରେ ବିଷୋଦଗାର କରିଛି 'ନାରୀବାଦ' ବା 'Feminism' ।

ଯେଉଁଠି ବିଷାଦ ଅଛି, ସେଠାରୁ ଯୁଗପତ୍ ଆନନ୍ଦ-ଉଲ୍ଲାସ ବି ଅଛି । ଏଣୁ ଏକ ପ୍ରଚଣ୍ଡ ଆତ୍ମବିଶ୍ୱାସ ସହ ନାରୀର ସ୍ୱାଧୀକାର ଓ ଅସ୍ମିତା ରକ୍ଷା କ୍ଷେତ୍ରରେ ଏହି ନାରୀବାଦୀମାନେ ବିପ୍ଳବ ମୁହାଁ ହୋଇଛନ୍ତି । ଯେଉଁଠି ବିପ୍ଳବ, ସେଇଠି ସମ୍ଭାବନା ଆଉ ଯେଉଁଠି ସମ୍ଭାବନା ସେଇଠି ଜୀବନ ଜିଇଁବାର ପ୍ରଚୁର ପ୍ରବଣତା । ଏହିସବୁ ଭିତରେ ଉତ୍ତର ଅଶୀ ଓଡ଼ିଆ କାବ୍ୟଧାରାରେ ନାରୀ ଜୀବନର ମାନ ପରିବର୍ତ୍ତନ ହୋଇଛି ସତ କିନ୍ତୁ ଉନ୍ନତ ନୁହେଁ । ନାରୀ ପୁରୁଷର ସହଯାତ୍ରୀଣି । ନାରୀର ଏହି ବହୁବିଧ ରୁପକୁ ବର୍ଣ୍ଣନା କରିବାରେ କବି ଗିରିବାଳା, ଅପର୍ଣ୍ଣା, ମନୋରମା-ବିଶ୍ୱାଳ ମହାପାତ୍ର, ଇନ୍ଦିରା ଦାଶ ଆଦି ନାରୀ କବିମାନେ ଆତ୍ମପ୍ରକାଶ କରନ୍ତି । ନାରୀ ଜୀବନର ବ୍ୟଥା ଓ ବେଦନାକୁ ରୂପ ଦେବା ସହ ତା'ର ପ୍ରତିବନ୍ଧ ସ୍ୱରକୁ ବଳିଷ୍ଠ କରିବାରେ ଏହି ନାରୀକବିମାନଙ୍କ ଭୂମିକା ଅଗ୍ରସ୍ମରଣୀୟ ।

ତେଣୁ ଯଥାର୍ଥରେ କୁହାଯାଇଛି :

"Heard melodies are sweet, but those unheard are sweeter."

ଯେଉଁ ସବୁ ଅବ୍ୟକ୍ତ ଅମ୍ଳୀୟତା କବିତାର ଲାଳିତ୍ୟମୟ ଆବେଗ ଦେଇ ବୋହିଯାଏ, ତାହା ପ୍ରକୃତରେ ଶ୍ରୁତିମଧୁର । ନାରୀ ସ୍ନେହ- ପ୍ରେମବୋଳା ଆଶ୍ଲେଷରେ ଜୀବନର ଛନ୍ଦ ହୁଏ ମଧୁର । କିନ୍ତୁ ଦୁର୍ଭାଗ୍ୟବଶତଃ ସେ’ ବାରବାର ପରୀକ୍ଷିତ ହୁଏ । ଯାବତୀୟ ଜଂଜାଳ ହସି ହସି ମୁଣ୍ଡେଇ ଚାଲିବ ସତ୍ତ୍ୱେ ଆଘାତ ପାଏ, ଅବହେଳିତ, ନିର୍ଯ୍ୟାତିତ ହୁଏ । ଭାରତୀୟ ସଂସ୍କୃତିରେ ନାରୀ ଶକ୍ତିସ୍ୱରୂପା । ସେ’ ଏକାଧାରରେ ନୀଳାମ୍ବରୀ, ଶ୍ୱେତାମ୍ବରୀ, ଦିଗମ୍ବରୀ, ପୀତାମ୍ବରୀ, ଧୂମ୍ରାମ୍ବରୀ ଭାବେ ପୂଜିତା ଥିବା ସତ୍ତ୍ୱେ ଅପମାନିତା ହୁଏ । ସୁତରାଂ ନାରୀ କେତେବେଳେ ମମତାମୟୀ- ବାତ୍ସଲ୍ୟମୟୀ ରୂପେ ଜଗତଜନନୀ ଭାବେ ଆବିର୍ଭୁତା ହୁଏ ତ କେତେବେଳେ ସଂହାରକାରିଣୀ ଚଣ୍ଡିକା ରୂପରେ ଅବତୀର୍ଣ୍ଣ ହୁଏ । ଏ ପରିପ୍ରେକ୍ଷୀରେ ସମାଲୋଚକ ଡ଼. ଆଦିକନ୍ଦ ସାହୁଙ୍କ ବକ୍ତବ୍ୟ ଏଠାରେ ଉଲ୍ଲେଖନୀୟ ।

"ଭାରତୀୟ କାବ୍ୟ ଜିଜ୍ଞାସାରେ ତେଣୁ କଳା ଓ କଳ୍ପନା କ୍ଷେତ୍ରରେ ପ୍ରାଧାନ୍ୟ ବିରୁଦ୍ଧରେ ନାରୀର ସଂଘଟିତ ପ୍ରତିବାଦର ପରମ୍ପରା ନାହିଁ । ଏକ ଉଚ୍ଚ ମାନସିକ ସ୍ତରରେ ଭାରତୀୟ କଳାବୋଧ ନାରୀର ଶକ୍ତି ଚେତନାମୟ ସତ୍ତାକୁ (ଶକ୍ତି ରୂପେଣ ସଂସ୍ଥିତା) ବରଂ ଅଧିକ ସ୍ୱୀକାର କରିଛି ।

– ବାମାବାଦୀ ସାହିତ୍ୟ ସମାଲୋଚନା – ଏଷଣା ୧୬ଶ ଖଣ୍ଡ- ଜୁନ ୧୯୮୮

ଏଥିରୁ ସ୍ପଷ୍ଟ ମନେହୁଏ, ଭାରତୀୟ ସଂସ୍କୃତିରେ ନାରୀର ପୂର୍ଣ୍ଣ ମର୍ଯ୍ୟାଦା ରହିଛି । ତଥାପି, କାହିଁକି କେଜାଣି କେଉଁ ଏକ ଅଭାବବୋଧ, ବିଚ୍ଛିନ୍ନତା ବୋଧ ଭିତରେ ନାରୀର ଅଶ୍ଲୀଳ ସଂଗୀତ ଫୁଟି ଉଠେ । କବି ମମତା ଦାଶଙ୍କ ଭାଷାରେ :

"ନିଜକୁ ଦେଖେ ତ, କିଏ ଏଇ ? / ପିନ୍ଧିଚି ଏତେସବୁ
ଇନ୍ଦ୍ରନୀଳମଣୀ / ଅଳଙ୍କାର ନୀଳ କରି ଶାଢ଼ୀ ? / ଦେହରେ,
ମନରେ ମୋର / ପଲ୍ଲବିତ କଅଁଳ ବନାନୀ /
ଅଶ୍ରୁତ ସଂଗୀତ ଏକ ବାଜି ଉଠେ /
ସତେ ଅବା ମୋର ତନ୍ତ୍ରୀଙ୍କର / କମ୍ପନକୁ ଯୋଡି ?"

(ନୀଳନାରୀ ହିରଣ୍ୟବର୍ଣ୍ଣା)

ସାମ୍ପ୍ରତିକ କାଳଖଣ୍ଡରେ ଓଡ଼ିଆ କାବ୍ୟଧାରାରେ ଯେଉଁ 'ନାରୀବାଦୀ' ଆଭିମୁଖ୍ୟଟି ମୁଣ୍ଡ ଟେକିଚି, ତାହା ସମ୍ପୂର୍ଣ୍ଣତଃ ଗତାନୁଗତିକତା ଓ ପାରମ୍ପରିକତାକୁ

ଅସ୍ୱୀକାର କରିବାର ଦେଖାଯାଏ । ସମାଜକୃତ ଅବିଚାରରୁ ନାରୀ ଜୀବନର ଯାତନା ସୃଷ୍ଟି । ଯାହାକୁ ବିରୋଧ କରିବାର ଆସ୍ପର୍ଦ୍ଧା କରନ୍ତି ନାରୀବାଦୀ ଲେଖିକାମାନେ । ମନୁଷ୍ୟର ଜୀବନଚର୍ଯ୍ୟା ଭିତରେ କେତେ ଘାତ-ପ୍ରତିଘାତ, ସଂଘର୍ଷ- ସଂଘାତ, ଉତ୍‌ଥାନ-ପତନ ଆସିଥାଏ । ଏହିସବୁ ସତ୍ତ୍ୱେ ଜୀବନରେ ହର୍ଷ- ଉଲ୍ଲାସ- ଉଦ୍ଦୀପନାକୁ ପାଥେୟ କରି ଆଗକୁ ବଢିବାକୁ ହୁଏ । ଠିକ୍ ସେହିପରି ନାରୀର ଜୀବନରେ ଏପରି ଅନେକ ଯନ୍ତ୍ରଣାମାନ ଦେଖିବାକୁ ମିଳେ । ଏ ସବୁ ସମାଜକୃତ । ପିତୃକୈନ୍ଦ୍ରିକ ବିଧି-ବ୍ୟବସ୍ଥା ବିରୁଦ୍ଧରେ ନାରୀଟିଏ ଛିଡା ହେବାର ସାହସ ଯୋଗାଡ଼ କରିପାରେନା । ତେଣୁ, ନୀରବରେ ସହ୍ୟ କରିବା ଛଡା ଅନ୍ୟ ଉପାୟ ନଥାଏ ତାର । ସେ' ଦେଖେ ପୁରୁଷର ଅହମିକା ଭେଦି ତା ସ୍ନେହ-ଶ୍ରଦ୍ଧା ଯାଇପାରେନା । ବରଂ ସେ' ଗୁମୁରି -ଗୁମୁରି ଭାଗ୍ୟକୁ ଆଦରିବାର ପ୍ରଚେଷ୍ଟାରେ ଜୀବନ କାଟେ । ବିଶେଷତଃ ତୃଣମୂଳସ୍ତରର ନାରୀର ଭାଗ୍ୟ ଅତ୍ୟନ୍ତ ଦୁର୍ବିସହ ହୋଇଉଠେ । ଆଦିବାସୀ ସମ୍ପ୍ରଦାୟର କଥା ନ କହିଲେ ଭଲ । ଯେଉଁଠି ଶୈଶବ ଅବହେଳିତ ହୁଏ, ଯୌବନ ଶୋଷିତ ଏବଂ ବାର୍ଦ୍ଧକ୍ୟ ଲାଂଛିତ ହେଉଥାଏ । କେତେବେଳେ ଅଭାବର ନାଲିଆଖିରେ ନାବାଳିକାର ରଙ୍ଗ-ରୂପ ବଳିପଡିଯାଏ ତ କେତେବେଳେ ଇଟାଭାଟି-ଖଣି-ଖାଦାନରେ ତା'ର ମୂଲଚାଲ ହୁଏ । ତିରିଲା ଝିଅର ଭାଗ୍ୟ ଗୋଟେ କଣ ଯେ ? ଖେଳ ଘର କଣ ଯେ ?

"ରଇବାରିଆ ହଁ ହାଟ/ ମିଞ୍ଜ୍ ଯାଏ/ ସର୍ଦାର ମୁଲାଏ ପରିବା/
ମିଞ୍ଜ୍ ଥଳି ଧରେ / ମିଞ୍ଜ୍ ର ନଥାଏ ଖେଳ ଘର, ଓଷାବାର /
ମିଞ୍ଜର ମଜୁରୀ କେତେ ? ଇଟାଭାଟି ଖଟରେ ଥାଏ ଉତ୍ତର/
ମିଞ୍ଜର ଉମର କେତେ ? / ଇଟାଭାଟି ଖାତରେ ଥାଉ ଉତ୍ତର ।"

-(ଇଟାଭାଟିର ନାବାଳିକା-ନବଲିପି/ ଜାନୁୟାରୀ-ଫେବୃଆରୀ, ୨୦୧୪)

ବାସ୍ତବରେ ମଣିଷ ପାଖରୁ ନିଖୋଜ ହେଉଛି ମଣିଷ ପଣିଆ । କ୍ରମଶଃ ସେ' ହରେଇ ବସୁଛି ସହୃଦୟତା । କ୍ରମଶଃ ପଙ୍ଗୁ, ଅଥର୍ବ ହୋଇଛି । କ୍ଷମତାର ଅପବ୍ୟବହାର କରୁଛି । ଦୁର୍ବଳ, ଦଳିତ ମାନଙ୍କୁ ଅତ୍ୟାଚାର କରୁଛି । ଏଣୁ କାବ୍ୟିକ ପ୍ରଚେଷ୍ଟା ଭିତରେ ସମାଜରୁ ଏ ଅବିଚାର-ଅନ୍ୟାୟ ବିରୁଦ୍ଧରେ ଲେଖନୀ ଚାଳନା

ହୋଇଛି । ବିଶେଷତଃ ସାମ୍ପ୍ରତିକ କାଳଖଣ୍ଡରେ ଓଡ଼ିଆ କବିତାର ଅତ୍ୟାଧୁନିକତା ନାରୀ ଅସ୍ମିତା ଓ ସମସ୍ୟା ସହ ଜଡିତ ହୋଇ ତା'ର ନିରାକରଣ ଦିଗରେ କାର୍ଯ୍ୟ କରିବାର ଆୟାସ କରିଛି । ଏଣୁ ସାହିତ୍ୟ ଭିତରେ ମାନବୀୟ ଅଭିବ୍ୟକ୍ତିର ସାର୍ଥକ ପ୍ରତିଫଳନ ଦେଖିବାକୁ ମିଳେ । ଯାହା ଆଧୁନିକ କବିତାର ଅନ୍ତଃସ୍ୱର । ସୁତରାଂ ଅବହେଳିତ, ନିଷ୍ପେସିତ ଅନ୍ତରାତ୍ମାର ପ୍ରତିଫଳନ କାବ୍ୟ-କବିତାରେ ଦେଖିବାକୁ ମିଳେ । ବିଶେଷତଃ ଉତ୍ତର ଆଧୁନିକ କାଳରେ କବିତାରେ ନାରୀର ଅନ୍ତର୍ମନର ପ୍ରତିବେଦନା ବଳିଷ୍ଠ ଭାବରେ ଅନୁରଣିତ ହୋଇଛି ।

ସାମ୍ପ୍ରତିକ ଓଡ଼ିଆ କବିତା ବହୁବର୍ଣ୍ଣା । ଏଥିରେ ଜୀବନ ଯନ୍ତ୍ରଣା ସହିତ ସେହି ଯନ୍ତ୍ରଣାରୁ ମୁକ୍ତି ପାଇବାର ମାର୍ଗ ମଧ୍ୟ ନିହିତ ଥାଏ । ଏ ପରିପ୍ରେକ୍ଷୀରେ ବିଂଶ ଶତକ ବେଳକୁ ଯେଉଁ କବିତାମାନ ପ୍ରତିଫଳିତ ହୋଇଛି ତାହା ନାରୀ ଜୀବନକୁ ବ୍ୟକ୍ତ କରିବା କ୍ଷେତ୍ରରେ ଅନେକାଂଶରେ ସଫଳ ବୋଲି ଧରି ନେବାକୁ ହବ । ଏ ଦୃଷ୍ଟିରୁ କବି ରୁନୁମହାନ୍ତିଙ୍କ ସ୍ୱଷ୍ଟ ବକ୍ତବ୍ୟ, ନିର୍ଭୀକ ପ୍ରକାଶ ଭଙ୍ଗୀ ନାରୀ ଅନ୍ତର୍ଦ୍ଦଶାକୁ ରୂପ ଦେବାରେ ପ୍ରବୀଣା । ପ୍ରଥାବଦ୍ଧ କୁସଂସ୍କାରକୁ ଅଗ୍ରାହ୍ୟ କରନ୍ତି କବି । ବରଂ ସ୍ୱାଧୀନ-ସ୍ୱଚ୍ଛନ୍ଦରେ ଗାଉଥାନ୍ତି ଜୀବନର ଗୀତି । ତାଙ୍କ କବିତାରୁ କେଇ ପଂକ୍ତି ଏଠାରେ ପ୍ରଣିଧାନ ଯୋଗ୍ୟ, ଯାହା ନାରୀ ଅସ୍ତିତ୍ୱର ଗାଥା ଶୁଣାଏ ଭାରି ସନ୍ତର୍ପଣରେ ନାରୀ ଜୀବନର ବିଡମ୍ବନାକୁ ଶବ୍ଦରେ ପ୍ରତିଫଳିତ କରିବାରେ କବି ରୁନୁ ମହାନ୍ତିଙ୍କ କାବ୍ୟିକ ସ୍ଫୁରଣକୁ ଲକ୍ଷ୍ୟ କରାଯାଇପାରେ । କବିଙ୍କ ଭାଷାରେ :

"ଯିଏ କହୁଥିଲା, 'ପଥର ତଳେ ପଡ଼ିଛି ଭାଗ୍ୟ ମୋର'

× × ×

କୋଉ ଦେଶରେ ଘର ତୋର ?
କେଜାଣି ଏବେ କେଉଁଠି ସେ' ନାରୀ
କୋରାନ ପଢ଼େକି ପୁରାଣ ପଢ଼େ
ଦୋହା ଦୋହୁରେ କି ଦେଉଳ ଗଢ଼େ କେଜାଣି ?
ଦେଶ ଛାଡ଼ିଲା କି' ଦେହାନ୍ତ ହେଲା
ଦେବତୀ ହେଲାକି' ଦୈତେୟୀ ହେଲା

ଦେବଦାସୀ, ଦେବକନ୍ୟା

ବିଳାସିନୀ, ବାରଙ୍ଗନା

ମୁଁ କହିପାରୁନି, କଣ କୁହାଯିବ ତାକୁ

କୁମ୍ଭ ରାଶିର ସେ' କୃଶାଙ୍ଗୀ, କେଶବତୀ

କୁଆଡ଼େ ଗ୍ଭଲିଗଲା ?

କିଏ ଦେଖିଚ କି ସେ' ଉଦାସୀ ନୋଳିଆଣୀକୁ ?"

- ରାଧାନୋଳିଆଣୀ: ରୁନୁ ମହାନ୍ତି

ପୁରୁଷତାନ୍ତ୍ରିକ ସମାଜରେ, ନାରୀ ଅବହେଳିତ ନିର୍ଯ୍ୟାତିତ ହୁଏ । ଏପରିକି ତା' ଇଚ୍ଛା-ଅନିଚ୍ଛାର ମାନେ କିଛି ନଥାଏ । ଏହିସବୁ ଅନ୍ୟାୟ ବବିରୁଦ୍ଧରେ ଲେଖନୀ ଚାଳନା କରନ୍ତି କବି ଅପର୍ଣ୍ଣା ମହାନ୍ତି । ତାଙ୍କ ମତରେ:

"ବୟସର ଭେଦ ନଥାଇ/ନାରୀ ଖାଦକ ହେଉଛି

ପୁରୁଷର ପ୍ରଥମ ଓ ଶେଷ ପରିଚୟ

ପୁରୁଷ ପାଇଁ/ନାରୀ ମନ ଆତ୍ମା ଚେତନା ବୋଲି/

କେବେ କିଛି ନଥିଲା କି ନାହିଁ/ ସେ' କେବଳ ତା'ର ଭୟଙ୍କର/ କ୍ଷୁଧିତ ପୁରୁଷାଙ୍ଗ ଆଗରେ ଗୋଟାଏ ଦେହର ଥାଳିରେ କିଛି ସଜ ରକ୍ତ ମାଂସରେ/ମହ ମହ ଯୌବନର ସ୍ୱାଦ"

-(ଏଥର ଉଝାଳିନିଅ କୂଅ: ଅପୂର୍ଣ୍ଣା ମହାନ୍ତି)

ଖୁବ୍ ଦାମ୍ଭିକତା ସହ ନାରୀର ଇଚ୍ଛା-ଅନିଚ୍ଛାକୁ ବ୍ୟକ୍ତ କରିବାରେ ସ୍ପର୍ଦ୍ଧା କରନ୍ତି କବି ଅପର୍ଣ୍ଣା । ପରକୀୟା ପ୍ରୀତିକୁ ମଧ୍ୟ ଆବଶ୍ୟକ ସ୍ଥଳେ ସେ' ସ୍ୱୀକାର କରିଥିବାର ମନେହୁଏ । ପୁରୁଷ ପରି ନାରୀର ମଧ୍ୟ ଶରୀର ସୁଖ କରିବାରେ ଦ୍ୱିଧାକୁ ସେ' ଅଗ୍ରାହ୍ୟ କରନ୍ତି । ନାରୀ ପୁରୁଷ ଭଳି ମଣିଷ । ତା'ର ଅଧିକାରକୁ ସଂକୁଚିତ କରି ପୁରୁଷ ଆପଣାର ଇଚ୍ଛାକୁ ତା' ଉପରେ ଲଦିଥାଏ । ପୁରୁଷ ପାଇଁ ଯଦି ପରକୀୟା ପ୍ରୀତି ଯଦି ବୈଧ ତେବେ ନାରୀପାଇଁ ଅବୈଧର ଲକ୍ଷ୍ମଣଗାର କାହିଁକି ? ତାଙ୍କ ମନ ବିଦ୍ରୋହ କରିଛି । ସେ' ସମାଜର ଅବିଗ୍ଭରକୁ ଅଗ୍ରାହ୍ୟ କରିଛନ୍ତି । ତଥାକଥିତ ପରଂପରାର ଏକପାକ୍ଷିଆ ନୀତିକୁ ଅଗ୍ରାହ୍ୟ କରିଛି ତାଙ୍କ ମନ । ଏ ଅବିଚାର ପ୍ରତି ସେ' ବିଦ୍ରୋହ କରିଛନ୍ତି,

ତାଙ୍କ ଭାଷାରେ : " କ'ଣ ହେଇଗଲା ସେଠୁ
ମତେ କଲବଲ କରୁଥିବା ଯେତେସବୁ ସୁବିଧା ଭୋଗୀ ମାନଙ୍କର
ପ୍ଲାବନ୍-ବୈକୁଣ୍ଠ ଛାଡ଼ି କେଉଁ ଏକ କୋରକିତ କଦମ୍ବ ମୂଳରେ
ମୁଁ ଯଦି ମୋ ଖୁସିରେ ରାତିଟିଏ ପରିପୂର୍ଣ୍ଣ ସୁଖେ ବିତାଇଲି ।"

- ଅସତୀ: ଅପର୍ଣ୍ଣା ମହାନ୍ତି

ଅପର୍ଣ୍ଣାଙ୍କ ନାରୀ ଅଗ୍ନି କମଳିନୀ, ଅସତୀ, ନଷ୍ଟନାରୀ ପୁଣି ଅପାପବିଦ୍ଧା । ସତୀତ୍ୱର ଚିରାଚରିତ ସଂଜ୍ଞାକୁ ସେ' ଅଗ୍ରାହ୍ୟ କରନ୍ତି । କାରଣ,ଏ ସଂଜ୍ଞା ସମାଜର ଅବଧାରିତ ପରିଭାଷା । ପୁରୁଷପ୍ରବଣ ଚିନ୍ତାଦ୍ୱାରା ପ୍ରଭାବିତ ସମାଜର ବିଧିବ୍ୟବସ୍ଥା ପରିଚାଳିତ । ତାଙ୍କ ମତରେ, ନାରୀର ଏ ଅନ୍ୟାୟ-ଅତ୍ୟାଚାର ଯୁଗ-ଯୁଗରୁ ଚାଲି ଆସିଛି । ସାମ୍ପ୍ରତିକ ସମୟ ମଧ୍ୟ ଏଥିରୁ ମୁକ୍ତ ନୁହେଁ ।

"ଆଜି ଶ୍ରୀରାମ ରାଜ୍ୟରେ ନିରୀହ ବାଳିକାଙ୍କ କଅଁଳ
ଦେହ ଗଛ ଡାଳରେ ଝୁଲେ ସାମୂହିକ ବଳାତ୍କାର ପରେ

× × ×

ଆଜି ଶ୍ରୀରାମ ରାଜ୍ୟରେ/ରାଜଦଣ୍ଡ ସମ୍ଭାଳିଥିବା
ମୁକୁଟ ମାନେ କୁହନ୍ତି/ମାଇପିଟିକୁ ମାରିପିଟି ଭୋଗ ଦଖଲ କରିବା
କିଛି ଅପରାଧ ନୁହେଁ/
ଏମିତି ଘଟିଥାଏ ସଚରାଚର ମରଦଙ୍କ ବୟସ ବେଳରେ"

- ଆଜି ଶ୍ରୀରାମ ରାଜ୍ୟରେ : ଅଗ୍ନି କମଳିନୀ

ସମାଜର ହୀନ ମାନସିକାତା ପ୍ରତି ଘୃଣା ଓ ତାଚ୍ଛଲ୍ୟର ବାଣୀ । କବି ଅପର୍ଣ୍ଣାଙ୍କ ଭାଷାରେ ସେ'ଅତିଥି ହେଉ ଅବା ନଷ୍ଟନାରୀ, ଅଗ୍ନି କମଳିନୀ, ପ୍ରତିଟି ନାରୀ ଜୀବନ ଅବଦମିତ ସଂଘାତକୁ ସେ' ରୂପ ଦେଇଛନ୍ତି । ରକ୍ଷଣଶୀଳତା, ଅବିଚ୍ଛର ଅନ୍ୟାୟ ବିରୁଦ୍ଧରେ ଯେଉଁ ସ୍ପର୍ଦ୍ଧିତ ଉଚ୍ଚାରଣ ସେ' କରିଛନ୍ତି, ତାହା ଅତ୍ୟନ୍ତ ମାର୍ମିକ ଭାବରେ ପ୍ରକଟିତ ହୋଇଛି । ଏପରିକି ତାଙ୍କ 'ଅତିଥି' କାବ୍ୟ ଗ୍ରନ୍ଥରେ ତାଙ୍କର ପରିଚୟ ଦେଇ କୁହାଯାଇଛି, "ସମକାଳୀନ ଓଡ଼ିଆ କବିତାରେ ଅପର୍ଣ୍ଣା ମହାନ୍ତି ଏକ ଛଳନାବିହୀନ, ନିର୍ଭୀକ ପ୍ରତିଶ୍ରୁତି ।"

ଏଥିରୁ ସ୍ପଷ୍ଟ ଅନୁଭବ୍ୟ କବି ଅପର୍ଣ୍ଣା ମହାନ୍ତିଙ୍କ ବ୍ୟକ୍ତିତ୍ୱର ପ୍ରଖରତା, ତାଙ୍କ ନିର୍ଭୀକପଣତାର ଗଭୀରତା ଓ ତାଙ୍କର ବ୍ୟକ୍ତିତ୍ୱର ବିଶିଷ୍ଟତା । ନାରୀଧର୍ମୀ କବିତାର ଏକ ଦାମ୍ଭିକ ସ୍ୱର ହେଉଛନ୍ତି କବି ଅପର୍ଣ୍ଣା ମହାନ୍ତି । ତାଙ୍କ କବିତାରେ ନଷ୍ଟନାରୀରୁ ଅପାପବିଦ୍ଧା ମାନେ ସହାନୁଭୂତିର ଅପେକ୍ଷା ରଖନ୍ତି । ସ୍ତ୍ରୀ ଅର୍ଦ୍ଧାଙ୍ଗିନୀ ହେଲେ ହେଁ, ବସ୍ତୁ ନୁହେଁ କି' ଅଭିଶପ୍ତ ଅର୍ଦ୍ଧାଂଶ ବି ନୁହେଁ । ଡ. କୁମୁଦ ଚନ୍ଦ୍ର ଦାଶଙ୍କର "ଓଡ଼ିଆ ସାହିତ୍ୟରେ ବାମାବାଦୀ ଚିନ୍ତନ" ପ୍ରବନ୍ଧରେ ପ୍ରାବନ୍ଧିକ କୁହନ୍ତି: " ଜଣେ ନାରୀ ହେଇ ମଧ୍ୟ ଦେହକୁ ନେଇ ସେ' ଯେପରି ଦୁଃସାହସିକ ପ୍ରେମଶୀଳତାରେ ଶକ୍ତ ଓ ଆସକ୍ତ ଆଲେଖ୍ୟ ଅଙ୍କନ କରିଛନ୍ତି, ତାହା ଓଡ଼ିଆ ସାହିତ୍ୟରେ ଅପୂର୍ବ ଓ ଅତୁଳନୀୟ । × × × ଏ ପ୍ରସଙ୍ଗରେ D.H. Lawrence ଙ୍କର ଶରୀର ରହସ୍ୟବାଦ (Flesh mysticism) ର କଥା କୁହାଯାଇ ପାରିବ ।"

ପ୍ରତିକ୍ରିୟାଶୀଳ ନାରୀବାଦୀ ଦୃଷ୍ଟିକୋଣ ନେଇ ସେ' ନାରୀ ସପକ୍ଷରେ ଆପଣା ମତ ରଖନ୍ତି ତ' କେତେବେଳେ ସମାଜର ଅବିଚାର ପ୍ରତି ଶ୍ଳେଷୋକ୍ତି ମାଧ୍ୟମରେ ତାକୁ ତାଚ୍ଛଲ୍ୟ କରନ୍ତି । ତାଙ୍କର କବିତାର ବିଶେଷତ୍ୱ ଦୁଇ ବିରୋଧାଭାଷର ପ୍ରତ୍ୟୟ ନେଇ ଉଜାଗର ହୁଏ । ଏକ ବଳିଷ୍ଠ ବ୍ୟକ୍ତିତ୍ୱରେ ଝଲସି ଉଠୁଥିବା କବି ଅପର୍ଣ୍ଣା, ନାରୀ ପ୍ରତି ଯେତିକି ଦୟାଶୀଳ, ସମାଜ ପ୍ରତି ସେତିକି କଠୋର । ତାଙ୍କ ଭାଷାରେ :

"ପୁରୁଷଙ୍କ ସ୍ୱରୂପ/ସବୁ କଥାରେ ମୁଣ୍ଡ ଟୁଙ୍ଗାରୁଥିବା ଏବଂ /
ପାଗ ଅନୁସାରେ ରଙ୍ଗ ବଦଳଉଥିବା
ଜୀବଟିର ନାଁ ଏଣ୍ଡୁଅ/ଗତକାଲି ଦେଖିଥିଲି
ରୁଦ୍ରାକ୍ଷମାଳା ଶୋଭିତ / ଗୈରିକ ରୂପରେ ତା'ର/
କେଉଁ ଏକ ଧର୍ମ ସଭା/ଅଳଙ୍କୃତ କରିଥିବା ବେଳେ ।"

-(ଏଣ୍ଡୁଅ: ଅସତୀ)

ଏ ତାଚ୍ଛଲ୍ୟ ଅବିଚାର- ଅନୀତି ବିରୁଦ୍ଧରେ କବି ଅପର୍ଣ୍ଣାଙ୍କ ଚେତାବନୀ ସଦୃଶ । ସାଂପ୍ରତିକ ସମାଜର ଯୌନ ବିଶୃଙ୍ଖଳ ମନୋବୃତ୍ତିକୁ ସେ' ଘୃଣା ଚକ୍ଷୁରେ ଦେଖିଛନ୍ତି । ନାରୀକୁ ଶରୀର ସର୍ବସ୍ୱ ମନେକରୁଥିବା ପୁରୁଷସମାଜର ମନୋଭାବକୁ କଡ଼ା ଭାଷାରେ ନିନ୍ଦା କରିଛନ୍ତି । ତାଙ୍କ ଭାଷାରେ :

"ଦେହ କଣ ଜାଣିବା ଆଗରୁ/ ପିତା ହିଁ ପ୍ରଥମେ ଭକ୍ଷଣ କରେ

କନ୍ୟାର କିଶୋରୀ ଦେହ/ ପାଞ୍ଚ କି ପନ୍ଦର ବର୍ଷ ।"

କେବଳ ଅପର୍ଣ୍ଣା ମହାନ୍ତିଙ୍କ କବିତାରେ ନାରୀ ମନସ୍ତତ୍ତ୍ୱ ଯେ' ପ୍ରତିଫଳିତ ତା' ନୁହେଁ । କବି ସୁଚେତା ମିଶ୍ର ମଧ୍ୟ ଏକ ସ୍ୱର୍ଦ୍ଧିତ ଉଚ୍ଚାରଣ । ତାଙ୍କ ଭାଷାରେ :

"ସତୀଙ୍କ ମେଳରେ ଜାଗା ପାଇବ ବୋଲି

ତୁଳସୀ ରୋପିଲା ଆଉ କେତେ ବର୍ଷ ଧରି

କେତେବାଟ ଚାଲିଲା ନାରୀ

ତା'ପାଦ ତାକୁ ଚିହ୍ନିଲାନି

ତାକୁ ମିଳିଥିବା ନାଁ ତାକୁ ଚିହ୍ନିଲାନି ।"

– ନାରୀ ବାହାରୁଛି : ସୁଚେତା ମିଶ୍ର

ସମାଜର ନଗ୍ନ ବାସ୍ତବତାକୁ ଅଗ୍ରାହ୍ୟ କରିବାକୁ ଯାଇ ନାରୀ ଅନ୍ତର କ୍ଷୋଭରେ ଜଳୁଛି । ଦେହ ସର୍ବସ୍ୱ ହିଁ ତା'ର ଅସ୍ତିତ୍ୱ । ମନ ବୋଲି ତା'ର କିଛି ନାହିଁ । ସାଂପ୍ରତିକ ସମାଜରେ ମଧ୍ୟ ନାରୀ ଅନେକ ତାସ୍ଲ୍ୟର ଶୀକାର ହୁଏ । ସେଇ ପ୍ରତିବାଦରେ ନାରୀ ନଗ୍ନତାକୁ ଆବୋରି ବସିଛି, ବୋଲି କବି ସୁଚେତା ମିଶ୍ର କୁହନ୍ତି:

"ଏ ସଂସାର ନାରୀର ସଂଜ୍ଞାକୁ ତା'ର ନଗ୍ନତାରେ ତୋଉଲୁଛି

ସେଇ କ୍ଷୋଭରେ ଏବେ ନାରୀ ଖୋଲି ଫିଙ୍ଗୁଛି/ନିଜ ଦେହରୁ ବସ୍ତ୍ର ।"

– ଦୁଷ୍ଟ ପିଲା: ସୁଚେତା ମିଶ୍ର

ନାରୀର ଦୟନୀୟ ସ୍ଥିତି ଓ ତା'ର ବାସ୍ତବତାକୁ ସମାଜର ଅଯାଚିତ ଦାନ ବୋଲି କବି ସ୍ୱୀକାର କରିଛନ୍ତି । କବିର ଅନ୍ତର୍ମନ ଶ୍ଳେଷୋକ୍ତି ଛଳରେ ଯେଉଁ କଟାକ୍ଷ କରିଛି, ତାହା ସମାଜର ଅବିଚାର ପ୍ରତି ଅଙ୍ଗୁଳି ନିକ୍ଷେପ କରୁଛି । କବି ସୁଚେତା ମିଶ୍ରଙ୍କ ଭାଷାରେ:

"ଦିନେ ନାରୀକୁ ମନାଥିଲା ବଜାର ଯିବାକୁ

ଏବେ ସାରା ବଜାରକୁ ଉଠାଇ ଆଣି ପାରୁଛି/ଖାଦ୍ୟ, ପାନୀୟ

ପୋଷାକ-ପରିଚ୍ଛଦ, କ୍ରିମ-ଲୋସନ/କେଉଁ ନାଁ କେଉଁ
ଅନଟନରେ/ଥରେ ଥରେ ସେ' ନିର୍ବିଘ୍ନରେ/
ବିକି ଦେଇ ପାରୁଛି ତା' ଦେହ/ ତା'ର ମନ ତା'ର ସବୁ ।"

ବାସ୍ତବରେ, କି ! ବିଡମ୍ବନା ନାରୀର । ବଜାର ସୌଖିନ ସାମଗ୍ରୀ ଭାବରେ ସେ' ସଜାଏ ତା'ର ଦେହ । ବେଳ ଅବେଳରେ ଅଭାବକୁ କିଣି ନିଅନ୍ତି- ଭଦ୍ର ମୁଖାପିନ୍ଧା ବାବୁ, ଭାୟାମାନେ । ନାରୀବାଦୀ ଚେତନାକୁ ସେ' ପ୍ରତିକ୍ରିୟାଶୀଳ ନ ହୋଇ ପ୍ରଗତିବାଦୀ ଦୃଷ୍ଟି ନେଇ ତଉଲନ୍ତି । ତା'ର ଅଭ୍ୟନ୍ତରୀଣ କାମନା, ତା'ର ଅବ୍ୟକ୍ତ ଆତ୍ମୀୟତାକୁ ଯିଏ ମୁକ୍ତ କଣ୍ଠରେ ସ୍ୱୀକାର କରନ୍ତି, ସେହି ଅପର୍ଣ୍ଣା ମହାନ୍ତି ନାରୀବାଦୀ ଚେତନାର ପୃଷ୍ଠପୋଷକ ଭାବେ ଓଡ଼ିଆ କବିତାକୁ ନାରୀର ଅସ୍ମିତାର ମୁଗ୍ଧ ଉଚ୍ଚାରଣ ଭାବରେ ତୋଳି ଧରନ୍ତି । କବି ଅପର୍ଣ୍ଣା ମହାନ୍ତି ବାସ୍ତବରେ ନାରୀ ଜୀବନର ବିଡ଼ମ୍ବିତ ଅବବୋଧକୁ ଆତ୍ମନିରୀକ୍ଷଣ କରି ରୂପ ଦିଅନ୍ତି ତାଙ୍କ କବିତାମାନଙ୍କରେ । ତେବେ, ଲକ୍ଷ୍ୟ କରାଯାଇପାରେ :

(୧) "ବେଶ୍ କେତେଦିନ ମତେ ନେଇ ଖେଳ ହୁଏ /
ବେଶ୍ କେତେଦିନ ମତେ ମୋ ପାଖରୁ ଲୁଚେଇ ରଖି ଧରେଇ ଦିଆଯାଏ
ମୋ ଅପାରଗତାର କାହାଣୀ ।"

(୨) "ତୋ ଦେହ ରଙ୍ଗ କଳା
ତୋ ବାପା କିଛି ଦେଇନି
ଖାଲି ଭାଙ୍ଗି/ ଶିଖିଚୁ ତୁ.... ।" !!!

ନାରୀ ଜୀବନରେ ଅନେକ ଯନ୍ତ୍ରଣା । ତା'ଝିଅ ହବାର ଦାୟ, ତା ବଧୂ ହେବାର ଦାୟ, ତା'ର ପତ୍ନୀ ହେବାର ଦାୟ ପୁଣି ଦାୟ ତା' ମା ହେବାର । ସବୁ ଦାୟବଦ୍ଧତାକୁ କାନିରେ ଗଣ୍ଠି ପକେଇ ଚାଲୁଥାଏ ସେ । ଝିଅ ହେଇ ଜନ୍ମିବାର ଦୁଃଖ, ବଧୂ ହେଇ ପୋଡ଼ି ହେବାର ଦୁଃଖ, ସ୍ୱାମୀ-ଶାଶୁ-ନଣନ୍ଦର ବୋଲଣାର ଦୁଃଖ ତା'ର ଅନ୍ତର ଜାଳି ପୋଡ଼ି ଦିଏ । ସମାଜର ଅବିଚାରରେ ଜୀବନରେ ତା'ର କଳାମେଘ ଘନେଇ ଆସେ । ତା'ର ମୂଳଚାଲ ହୁଏ, ବିବାହ ବେଦୀରେ ସାତ ଜନ୍ମକୁ ସାକ୍ଷୀ ରଖି ଜଳୁଥାଏ ସେ । ନାରୀର ଅସହାୟତା କବି ଇନ୍ଦିରା

ଦାଶଙ୍କ କବିତାରେ ଉତ୍‌କୀର୍ଣ୍ଣ । ନାରୀର ବିବଶତା ତାଙ୍କର ମନରେ ଯେଉଁ ପ୍ରତିବାଦର ସ୍ୱର ହୋଇ ଫୁଟେ, ତାକୁ ସେ' ବ୍ୟକ୍ତ କରନ୍ତି ତାଙ୍କ କବିତା ଛଳରେ । ବଜାରର ସୌଖିନ ସାମଗ୍ରୀ ଭାବରେ ତାକୁ ବିଚାର କରାଯାଏ । ଯଥା,

"ବଜାରରେ ଦାମ୍ ବଢ଼େ କୁକୁର ଛେଳି ଗାଈ ଓ ମେଣ୍ଢାର
ଆଳୁ-ପିଆଜ-ଅଟା-ଚାଉଳର
ପ୍ରସାଧନ ସାମଗ୍ରୀର
ଅଥଚ ଅତି ଶସ୍ତାରେ
ସୁଲଭ ମୂଲ୍ୟରେ
ବିବାହ ହାଟରେ
ବାରମ୍ବାର ମୂଲଚାଲ ହୋଇ
ବିନା ମୂଲ୍ୟେ ମିଳିଯାଏ ନାରୀ
ଯାହାର ପାଦରେ, ହାତରେ
ମନରେ ଲଗାଯାଇ ପାରେ
ଲୁହାର ଶିକୁଳି ।"

ସେହିପରି କବି ସୁଚେତା ମିଶ୍ର ଆଉଜଣେ ସ୍ୱଚ୍ଛଚେତନାର ନାରୀବାଦୀ କବି । ଅବଶ୍ୟ, ତାହା ତାଙ୍କର ଏକମାତ୍ର ପରିଚୟ ନୁହେଁ । ନାରୀର ଅନ୍ତର୍ଦହନ ଓ ତା'ର ଅସହାୟତାର ଚିତ୍ରକୁ ସେ' ରୂପ ଦେଇଛନ୍ତି ତାଙ୍କ କବିତା ମାନଙ୍କରେ । ନାରୀ ତା'ର ସମସ୍ତ କର୍ତ୍ତବ୍ୟ ସତ୍ତ୍ୱେ କିଭଳି ତା'ର ସ୍ଥିତି ବୋଲି କିଛି ନାହିଁ, ସେହି ନାରୀ ଅଭ୍ୟନ୍ତରୀଣ ମନୋସ୍ଥିତିକୁ ଖୁବ୍ ନିଖୁଣତାର ସହ ରୂପ ଦେଇଛନ୍ତି । ସମାଜର ଅନୀତି-ଅନ୍ୟାୟ ତଥା ଅବିଚାରର ଶିକାର ହୁଏ ନାରୀ, ତା ଶରୀର ହିଁ ତା'ର କାଳ ହୁଏ । ନାରୀ ଜୀବନର ଅବ୍ୟକ୍ତ ମନୋଦଶାକୁ ବ୍ୟକ୍ତ କରିବାରେ କବି ସୁଚେତା ମିଶ୍ର ଏକ ମୁଖ୍ୟ ଉଚ୍ଚାରଣ ବୋଲି ସ୍ୱୀକାର କରିବାକୁ ହେବ । ଏହି, କାରୁଣ୍ୟ ଜର୍ଜରିତ ନାରୀର ଅନ୍ତଃସ୍ୱର କେତେ ଆକୁଳତାରେ କଥା କହିଛି କବିତାରେ । ଏଭଳି ଏକ ଦରଦୀ କବି, ଯାହାଙ୍କ କବିତାରେ ନାରୀବାଦର ଝଲକ ବେଶ୍ ଉପଭୋଗ୍ୟ । ସେ' ହେଉଛନ୍ତି କବି, ପ୍ରବାସିନୀ ମହାକୁଡ଼ । ତାଙ୍କ କବିତାରେ ନାରୀ ଅସ୍ମିତା ପରିଲକ୍ଷିତ ହୁଏ । ତାଙ୍କ ଭାଷାରେ, ଭାବରେ ନାରୀ ଅର୍ନ୍ତଦ୍ୱନ୍ଦ୍ୱ ବେଶ୍

ପ୍ରତିଫଳିତ ହୋଇଥାଏ । ନାରୀର ପୀଡ଼ା-କଷଣକୁ ଅନୁଭବ କରିଥାନ୍ତି କବି । ତାଙ୍କ କବିତାରେ :

"ନାରୀଟିଏ ଜାଣେନା ସମ୍ପୂର୍ଣ୍ଣତାର ମାନେ କଣ
ନାରୀଟି ଜାଣେନା ସେଇ ସବୁ ଅସମ୍ପୂର୍ଣ୍ଣତାରେ
ସିଏ କେତେ ବେଶୀ ପରିପୂର୍ଣ୍ଣ ।"

ସବୁ ଅସମ୍ପୂର୍ଣ୍ଣତାକୁ ଦେଖିବାରେ କବି ମହାକୁଡ଼ ଧୂରୀଣା । ଉତ୍ତର ଆଧୁନିକ କାବ୍ୟଧାରାକୁ ବାସ୍ତବାୟିତ ରୂପ ଦେବାରେ ସେହିଭଳି ଜଣେ ସମ୍ବେଦନଶୀଳ କବି ହେଉଛନ୍ତି ପ୍ରଜ୍ଞାଶ୍ରୀ ରଥ । ସେ' ମଧ୍ୟ ନାରୀମନସ୍କ ଭାବ ନେଇ ଲେଖି ବସନ୍ତି ଅନେକ କବିତା । ଯେଉଁଥିରେ ଜଣେ ସାଧାରଣ ନାରୀର ସଂସାରୀପଣ ଭିତରେ ମା'ଟିଏ, ସ୍ତ୍ରୀଟିଏ, କନ୍ୟାଟିଏ ଲୁଚିକି ରହିଥାଏ । ତା' ମନ ତଳର ଦ୍ୱନ୍ଦ୍ୱ, ସଂଘାତ, ପ୍ରାପ୍ତି-ଅପ୍ରାପ୍ତିକୁ ଅତି ସନ୍ତର୍ପଣରେ ବାଢ଼ି ଦିଅନ୍ତି କବି । ତାଙ୍କ ଲିଖିତ 'ପାରଦର ପାଦ' କବିତାରେ :

"ଯେତେବେଳେ ମୁଁ ଭୋକକଥା କହେ
ସେମାନେ ଭାବନ୍ତି ମୁଁ ସେଇ ପରଶା ହୋଇଥିବା ଥାଳି....
ଯେଉଁଥିରୁ ଉଠାଇ ନେଇ ହବ ଫାଳେ ପୋଡ଼ା ଆଳୁର ଇଚ୍ଛା
ଟିକ୍‌ଟିକ୍ କରି କଟିଯାଇଥିବା ସଜା କାକୁଡ଼ି ପରି ମହତ୍ୱାକାଙ୍କ୍ଷା,
ସିଝି ସିଝି ମହକୁଥିବା ସମର୍ପଣର କୋଉ ଚାମଚ ବାସମତୀ
ନାଲି ଟକ୍ ଟକ୍ ମାଂସ ଝୋଳ କି ଲଜ୍ଜାର ଟୋପାଏ ଲୁଣ...

× × ×

ଏଠି ମୋର ପାଦକୁ ନେଇ ଚର୍ଚ୍ଚା
ଗତିକୁ ନେଇ ରାଜନୀତି /ଲୁହକୁ ନେଇ ମୂଲଚାଲ
ଦେହକୁ ନେଇ ବ୍ୟବସାୟ/ କେବେ ପ୍ରେମ ପୁଣି କେବେ ପ୍ରତାରଣାର/
ନିଛକ ନିଖୁଣି ଅଭିନୟ ।"

– ପାରଦର ପାଦ : କବି ପ୍ରଜ୍ଞାଶ୍ରୀ ରଥ

ଅସହ୍ୟ ଦହନରେ ଛଟପଟ ହେଉଥିବା ନାରୀ ମନରେ ଅପ୍ରତ୍ୟାଶିତ ସାହାସ ଓ ଅସ୍ମିତା ଭରି ଦେଇଥିବା କବିମନ, ନାରୀର ସଶକ୍ତ ସ୍ୱରୂପକୁ ଦେଖି-ଦେଖେଇବାର ସ୍ପର୍ଦ୍ଧା ରଖନ୍ତି । ସାଂପ୍ରତିକ କାଳରେ ନାରୀ ଜୀବନର ଦୁର୍ଗତି ପ୍ରତିଦିନ ଖବର କାଗଜ ପୃଷ୍ଠାରେ କଣ୍ଟା ହୋଇ ଫୁଟେ । ଶୂଳ ହୋଇ ବିନ୍ଧ କରେ ଛାତିକୁ । ଦାମ୍ପତ୍ୟ କଳହର ଅନ୍ତିମ ପରିଣତି, ତା'ର ବିଭତ୍ସ ହତ୍ୟାରେ ପୂର୍ଣ୍ଣଛେଦ ଟାଣେ । ଏକ ସଦ୍ୟ ଘଟଣା ଉପରେ, ନାରୀ ଜୀବନର ଦୁର୍ବିସହ ଚିତ୍ରକୁ ବାଢ଼ିଛନ୍ତି କବି ସରୋଜିନୀ ଷଡଙ୍ଗୀ । ପେଶାରେ ଚିକିତ୍ସିକା କବି ସରୋଜିନୀ ଭାବନାର ଉଚ୍ଛୁଳା ନଈଟି ବୋଲି ବୁଝିବାକୁ ହେବ । ସ୍ୱର୍ଣ୍ଣକାତର ପ୍ରସଙ୍ଗକୁ ନେଇ ଲେଖିଥିବା କବିତା ଆମର ଆଲୋଚ୍ୟର ପ୍ରସଙ୍ଗ । କବିଙ୍କ ଭାଷାରେ :

"ସତ କୁହ...
କେତେ ଖଣ୍ଡ କରି କାଟିଥିଲ ମୋ' ଦେହକୁ /
ସତୁରି ଖଣ୍ଡ ନା/ ସତର ଶହ ଖଣ୍ଡ କରି /
ଆଉ, ସଜେଇ ଦେଇଥିଲ/ଫ୍ରିଜ୍‌ର ଥାକରେ/
ଯେଉଁଠି ମୁଁ ସଜାଇ ରଖୁଥିଲି /
ତୁମ ପାଇଁ ଭଲିକି ଭଲି ସୁସ୍ୱାଦୁକର ଖାଦ୍ୟ ଓ ଆଇସ୍‌କ୍ରିମ୍ ।/
ପୁଣି ପ୍ରଶ୍ନ କରିଛି, ଅଶରୀରୀ ସ୍ତ୍ରୀର ପ୍ରେତାତ୍ମା /
ମୋର କେଉଁ ଅଂଶକୁ ପ୍ରଥମେ କାଟିଥିଲ ? /
ତୁମ ପାଇଁ ଅବିରତ ସ୍ପନ୍ଦନଶୀଳ ମୋର ହୃଦୟକୁ ? /
ନା' ମୋ'ର ହାତକୁ ? ଯେଉଁ ହାତ ଅସରନ୍ତି /
ଶ୍ରଦ୍ଧାରେ ସ୍ପର୍ଶ ଦେଇ ଆଉଁସି ଦେଉଥିଲା କ୍ଳାନ୍ତ-ଶ୍ରାନ୍ତ /
ହୋଇ ଘରକୁ ଫେରିବା ବେଳେ/ଯେଉଁ ହାତ ପରଶି ଦଉଥିଲା ଗରମ-
ଗରମ ଖାଦ୍ୟ /
ନା ମୋର ଆଖିକୁ ? ଯେଉଁ ଆଖି ତୁମ ବିନା ନିରନ୍ତର ଅଶ୍ରୁସ୍ନାନ କରୁଥିଲା
ନା' ମୋର କପାଳକୁ ? /

ଯେଉଁ କପାଳରେ ସିନ୍ଦୂର ଝଟକୁ ଥିଲା ତୁମର ସନ୍ତକ ହୋଇ/ନା' ମୋର ପାଦକୁ ? /

ଯେଉଁ ପାଦ ଅଳତା ଓ ରୂପା ପାଉଁଜି ପିନ୍ଧି/

ଗୃହାଙ୍ଗନରେ ପ୍ରୀତି ଝଙ୍କାରର ଅନୁରଣନ ସୃଷ୍ଟି କରୁଥିଲା ।"

– ମା ନୁହେଁ ପତିତା: ଅଶରୀରୀର ପ୍ରଶ୍ନ

ସାମ୍ପ୍ରତିକ କାଳର ସମସ୍ୟାର ସାର୍ଥକ ପ୍ରତିଫଳନ ଦେଖିବାକୁ ହୁଏ ଆଧୁନିକ କାବ୍ୟଧାରାରେ । ବିଶେଷତଃ ଉତ୍ତର-ଆଧୁନିକ ପର୍ବରେ ଏହି ନାରୀବାଦୀ ସଚେତନତା ବିଶେଷ ଭାବରେ ପରିଲକ୍ଷିତ ହୁଏ । ନାରୀକୁ ନେଇ ସୃଷ୍ଟିର ପରିକଳ୍ପନା । ନାରୀ ବିହୁନେ ସୃଷ୍ଟି ଅକଳ୍ପନୀୟ । ତେଣୁତ, ନାରୀକୁ ନେଇ ଯାବତୀୟ ସଂଶୟ-ବିତର୍କ । ନାରୀକୁ ନେଇ କବି ଓ କବିତା, ନାରୀକୁ ନେଇ ରଙ୍ଗ, ତୂଳୀ, କାନଭାସ୍ ଆଉ ଚିତ୍ରର ଚୌହଦୀ । ନାରୀ ପ୍ରକାଶିତ ହୁଏ ଭିନ୍ନ ଭିନ୍ନ ଭାବରେ, ସେ' ସାହିତ୍ୟ ହେଉ ଅବା ସଂସ୍କୃତି । ପ୍ରତିଟି କ୍ଷେତ୍ରରେ ନାରୀ ହିଁ ଉପଜୀବ୍ୟ । କିନ୍ତୁ, ବିଡ଼ମ୍ବିତ ଭବିତବ୍ୟ ମଧ୍ୟ ନାରୀର । ସେ' ନାରୀ ହୋଇ ଜନ୍ମିବା, ବଢ଼ିବା, ଯୌବନରେ ପାଦ ଥାପିବା ଠାରୁ ଆରମ୍ଭ ହୁଏ ଯାବତୀୟ ଦହନ । ଓଡ଼ିଆ କବିତାକୁ ଆପଣାର କାବ୍ୟ ବଲ୍ଲରୀ ମାଧ୍ୟମରେ ଦୀର୍ଘ ପାଞ୍ଚଦଶନ୍ଧି ଆଚ୍ଛାଦିତ କରିଥିବା କବି ଗିରିବାଳା, ନାରୀଧର୍ମୀ ଚିନ୍ତା-ଚେତନାର ଊର୍ଦ୍ଧ୍ୱରେ ଉଠି ନାରୀକୁ ଆପଣା ଅଭିଜ୍ଞତା ଓ ଅବବୋଧ ନେଇ ରୂପ ଦେଇଛନ୍ତି । ତାଙ୍କର ସ୍ତ୍ରୀଲୋକ (୧୯୯୦) କାବ୍ୟ ସଂକଳନରେ ନାରୀବାଦର ଝଲକ ଦେଖିବାକୁ ମିଳେ :

ନାରୀର ସଶକ୍ତ ରୂପ ହିଁ କବିଙ୍କର କାମ୍ୟ । ତାଙ୍କର କାବ୍ୟର ଅନ୍ତଃସ୍ୱର ନାରୀର ପୀଡା ଓ ଅସହାୟତା ନୁହେଁ ବରଂ ପ୍ରତିବଦ୍ଧତାର ଅମ୍ଳାନ ସ୍ୱାକ୍ଷର କହିଲେ ଅତ୍ୟୁକ୍ତି ହେବ ନାହିଁ । ଅନେକ ଅସଙ୍ଗତି ଭିତରେ ଜୀବନ ଯନ୍ତ୍ରଣାକୁ ସମ୍ମୁଖୀନ ହେବାରେ ବିଶ୍ୱାସ ରଖନ୍ତି କବି ଗିରିବାଳା । ବିଶେଷତଃ ନାରୀ ଆଭ୍ୟନ୍ତରୀଣ ଜଗତର ଅନେକ ଅକୁହା ଭାବାବେଗକୁ ଅତୀବ ସରଳ, ସାବଲୀଳ ଢଙ୍ଗରେ ବାଢି ଦେବାରେ କବିଙ୍କର ପଟାନ୍ତର ନାହିଁ । ନାରୀ ଅସ୍ମିତା ଏବଂ ତତ୍‌ସହିତ ଜଡିତ ଯାବତୀୟ ସମସ୍ୟାକୁ ପ୍ରତିବିମ୍ବିତ କରିଥାନ୍ତି କବି ଗିରିବାଳା । କେବଳ ସମସ୍ୟା ନୁହେଁ, ଏହି ସମସ୍ୟାରୁ ମୁକ୍ତି ପାଇବାର ନିଦାନ ମଧ୍ୟ ଦେଇଥାନ୍ତି କବି । ସାଧାରଣତଃ

କବି, ସ୍ୱଭାବତଃ ସମ୍ବେଦନଶୀଳ । ସମାଜରେ ଘଟିଚାଲୁଥିବା ଅନ୍ୟାୟ, ଅବିଚାରକୁ ଦେଖି ନିରବ ରୁହନ୍ତି ନାହିଁ ବରଂ ବିଦ୍ରୋହ କରନ୍ତି ଲେଖନୀ ମାଧ୍ୟମରେ । ରୂଢ଼ିବାଦୀ ଚିନ୍ତାଧାରା ତଥା ପାରମ୍ପରିକତାକୁ ଅଗ୍ରାହ୍ୟ ନ କରି ବରଂ ଏକ ସୁସ୍ଥ, ସମୃଦ୍ଧ ଆଧୁନିକତାର ଦୃଷ୍ଟିରେ ଏହାକୁ ଗ୍ରହଣ କରିବାର ବାଟ ବତାନ୍ତି କବି ଜଣକ । ଆପଣାର ଅବବୋଧ ଓ ଅନ୍ତର୍ଦୃଷ୍ଟିକୁ ପାଥେୟ କରି ନାରୀ ଜୀବନର ଅନେକ ଜଟିଳତାକୁ ସମ୍ମୁଖୀନ ହେବା ଏବଂ ପ୍ରତିବଦ୍ଧତାର ସହ ନିଜକୁ ପ୍ରମାଣ କରିବାରେ ବିଶ୍ୱାସ ରଖନ୍ତି କବି ଗିରିବାଳା ମହାନ୍ତି । ସମାଜର ଅବିଚାର ଓ ପକ୍ଷପାତିତାକୁ ଅଗ୍ରାହ୍ୟ କରନ୍ତି କବି । କବି ଗିରିବାଳାଙ୍କ ଭାଷାରେ :

"ଜୀଇଁବାର ଅଛି/ମୋ ଇଚ୍ଛାରେ ମୋ ମର୍ଜିରେ
କିଛି ସ୍ୱପ୍ନ ଅଛି ମୋର/ଅଛି ସମକକ୍ଷ ହୋଇ ବଞ୍ଚିବାର ବାସନା
ନିଜକୁ ନିଜର ସ୍ଥିତିକୁ ଜାହିର୍ କରିବାର ଆକାଙ୍କ୍ଷା

× × ×

ମୁଁ ମା ନୁହେଁ ଆଉ ଜଣେ ମଣିଷ/ମୁଁ ଉଠିଛି, ମୁଁ ଜାଣିଛି
ମତେ ଏବେ ଚିହ୍ନାଅ ନାହିଁ ଯେ ମୁଁ କେବଳ କନ୍ୟା, ଅର୍ଦ୍ଧାଙ୍ଗିନୀ,
କେବଳ ଭାର୍ଯ୍ୟା/ମୁଁ ଯେ ଏବେ ଘର ବାହାର ଦି'ଟା ସମ୍ଭାଳୁଛି

ନାରୀର ସକଳ ପରିବାରିକ ଦାୟିତ୍ୱ ସତ୍ତ୍ୱେ, ତାକୁ ଗୌଣ ବିବେଚନା କରାଯାଏ । ପୁରୁଷ, ନାରୀକୁ ଆପଣାର ଅଧସ୍ତନ ମନେକରେ । ଏପରିକି ପ୍ରାଚୀନ 'ମନୁ ସଂହିତା' ରେ ମଧ୍ୟ ପୁରୁଷର ଆଧିପତ୍ୟ ପ୍ରତିଫଳିତ ହୋଇଥିବାର ଦେଖିବାକୁ ମିଳେ । ଯଥା :

ପିତା ରକ୍ଷତି କୌମାରେ ଭର୍ତ୍ତା ରକ୍ଷତି ଯୌବନେ
ରକ୍ଷତି ସ୍ଥବିରେ ପୁତ୍ରାଃ ନସ୍ତ୍ରୀ ସ୍ୱାତନ୍ତ୍ର୍ୟର୍ମହତି ।

-(ମନୁ ସଂହିତା : ୩ୟ ଶ୍ଳୋକ)

ଏଥିରୁ ସ୍ପଷ୍ଟ ଅନୁମାନ କରିହୁଏ, ନାରୀର ସ୍ଥିତି । ତତ୍କାଳୀନ ସମାଜର ରକ୍ଷଣଶୀଳତା କେତେ ତୀବ୍ର କଠୋର ଥିଲା । ସ୍ଥୂଳତଃ ଏହି ସାମାଜିକ ଅବିଚାର ବିରୁଦ୍ଧରେ ନାରୀ-ଅନ୍ତରର ପ୍ରତିବାଦ ଏବଂ ପୁରୁଷ ସହିତ ନାରୀର ସମାନ ଅଧିକାରକୁ

ସାବ୍ୟସ୍ତ କରିବା ହେଉଛି ନାରୀବାଦୀ ଆନ୍ଦୋଳନର ଆଭିମୁଖ୍ୟ । ଅତଏବ, ଏହି ସବୁ ଆନ୍ଦୋଳନର ସାର୍ବଜନୀନ ଆବେଦନକୁ ହୃଦୟଙ୍ଗମ କରି ଭାରତ ବର୍ଷରେ କେବଳ ନୁହେଁ ଓଡ଼ିଆ ସାହିତ୍ୟ କ୍ଷେତ୍ରରେ ମଧ୍ୟ କ୍ରମଶଃ ଊନବିଂଶ ଶତକର ଶେଷ ପର୍ଯ୍ୟାୟ ଆଡ଼କୁ ତାହା ପ୍ରକାଶ ପାଇଲା । ଓଡ଼ିଶା ଭଳି ଏକ ପୁରୁଷ ପ୍ରଧାନ ସମାଜର ବିଚାର କ୍ରମଶଃ ନାରୀକୁ ଅବଗୁଣ୍ଠନବତୀ, ଅସୂର୍ଯ୍ୟଂପଶ୍ୟା ଭାବିବାର ପ୍ରବଣତା ଦୁର୍ବଳ ହେବାକୁ ଲାଗିଲା । ଏପରିକି ଓଡ଼ିଆ କାବ୍ୟ-କବିତା କ୍ଷେତ୍ରରେ ପ୍ରତିଫଳିତ ଏହି ମନ୍ତବ୍ୟରୁ ବେଶ୍ ନାରୀର ସ୍ଥିତି ପ୍ରତିଫଳିତ ହୋଇଥିବାର ଦେଖାଯାଏ । କୁହାଯାଏ :

"ବିନା ଆଶ୍ରୟେ ନ ବର୍ଦ୍ଧନ୍ତି କବିତା-ବନିତା-ଲତା" କ୍ରମଶଃ ଅଗ୍ରାହ୍ୟ ହେଲା । ଓଡ଼ିଆ ସାହିତ୍ୟରେ ଏହି ପରିବର୍ତ୍ତନଶୀଳତାକୁ ଅନୁଭବ କରାଗଲା । ନାରୀବାଦୀ ଚେତନା ସ୍ୱତନ୍ତ୍ରଃ ନାରୀର ମନସ୍ତତ୍ତ୍ୱ ଏବଂ ତା' ପ୍ରତି କରାଯାଉଥିବା ଅନ୍ୟାୟ ପ୍ରତି ଏକ ପ୍ରତିବାଦର ସ୍ୱର ହୋଇ କାବ୍ୟ-କବିତା ମାଧ୍ୟମରେ ଫୁଟି ଉଠିଲା । ଏ କ୍ଷେତ୍ରରେ ପ୍ରଥମେ ଷୋଡ଼ଶ ଶତକର କବି ମତ୍ତ ବଳରାମ ଦାସଙ୍କ କୃତି 'ଲକ୍ଷ୍ମୀପୁରାଣ'କୁ ନାରୀ ଅସ୍ମିତାର ନିଦର୍ଶନ ବୋଲି ଗ୍ରହଣ କରାଯାଏ । ଯଦିଓ ସମାଲୋଚକ ଦାଶରଥି ଦାସ ଏହାକୁ ଅସ୍ୱୀକାର କରନ୍ତି, ତଥାପି ସେଥିରେ ନାରୀ ଅସ୍ମିତାର ସ୍ୱର ଯେ'ଅଭିବ୍ୟଞ୍ଜିତ ହୋଇଛି ତାହାକୁ ଅସ୍ୱୀକାର କରାଯାଇ ନପାରେ । ସ୍ୱାଧୀନତା ପରବର୍ତ୍ତୀ ଓଡ଼ିଆ କବିତାରେ ନାରୀର ଅସ୍ମିତା ଭିନ୍ନଭିନ୍ନ ଭାବରେ କବିତା ମାଧ୍ୟମରେ ପ୍ରୟୋଗ ହୋଇଛି । କେଉଁଠି ତା'ର ହର୍ଷ-ଉଲ୍ଲାସ ତ' କେଉଁଠି ତା'ର କାରୁଣ୍ୟ ଫୁଟି ଉଠିଛି । ସେ' 'ଲକ୍ଷ୍ମୀପୁରଣ' ଠାରୁ 'ନଷ୍ଟ ନାରୀ' ପର୍ଯ୍ୟନ୍ତ ନାରୀ ଆଭ୍ୟନ୍ତରୀଣ ମନୋଦଶା କବିତାରେ ସ୍ପଷ୍ଟ ହୋଇ ପ୍ରତିଫଳିତ ହୋଇଛି ।

ନାରୀ ସୃଜନର ମୂର୍ତ୍ତିମନ୍ତ ସ୍ୱରୂପ କିନ୍ତୁ, ଆବଶ୍ୟକ ସ୍ଥଳେ ପ୍ରଳୟର ଲେଲିହାନ କାୟା ବିସ୍ତାର କରିପାରେ । ଦୁରାଚାରୀ, କାମୁକ ମଣିଷଙ୍କୁ ଉଚିତ୍ ଶିକ୍ଷା ଦେବା ଲାଗି ନାରୀ ସାଜିପାରେ ସଂହାର କାରିଣୀ- ମା ଦୁର୍ଗା । ବାସ୍ତବିକ୍ ସବୁ ଅନିଶ୍ଚିତତା ମଧ୍ୟରେ କବି ଚିତ୍ତ ଦେଖି ପାରେ ସମ୍ଭାବନା । କରିପାରେ ନୂତନ ସୂର୍ଯ୍ୟୋଦୟର ପରିକଳ୍ପନା । ଏ ଆଶା, ଆକାଙ୍କ୍ଷା ଏକ ନୂତନ ପୃଥିବୀର, ନବ ନିର୍ମାଣର । ସେଇଥିପାଇଁ କବି ମାନବତାର ପୁନଃ ନିର୍ମାଣର ସ୍ୱପ୍ନ ଓ ସମ୍ଭାବନା ଭିତରେ

ଲେଖନୀ ଚାଳନା କରୁଥାନ୍ତି । ଯାହାକୁ ପୁରୁଷ ସୁଲଭ ଦୃଷ୍ଟି କହେ 'ନାରୀବାଦ' / 'ବାମାବାଦ' । କବି ଗିରିବାଳା ଏ ସବୁର ଧାର ଧାରନ୍ତିନି ବରଂ ଆହୁରି ବଳିଷ୍ଠ କରି ଲେଖନୀରେ ରୂପ ଦିଅନ୍ତି । ନାରୀ କଦାପି 'second sex' (ଦ୍ୱିତୀୟ ଲିଙ୍ଗ) ନୁହେଁ । ସେ' ପୁରୁଷର ପ୍ରତିସ୍ପର୍ଦ୍ଧି ନୁହେଁ ବରଂ ସହଯାତ୍ରୀ । ତାହାର ମଧ୍ୟ ପୁରୁଷ ଭଳି ସମାନ ଭାବରେ ଜୀବନ ଧାରଣର ଅଧିକାର ଅଛି । ବ୍ୟବସ୍ଥା ବିରୁଦ୍ଧରେ ଛିଡା ହେବାର ଦମ୍ଭ କରିପାରିଲେ ହିଁ ଯଥାର୍ଥରେ ନାରୀର ଅସ୍ମିତା ପ୍ରତିଷ୍ଠା ହୋଇପାରିବ ବୋଲି କବି ଗିରିବାଳା କୁହନ୍ତି । ନାରୀ ଓ ପୁରୁଷର ସହଭାଗିତାରେ ସମାଜ ହେବ ସମୃଦ୍ଧ । ତେବେ ନାରୀର 'ଦ୍ୱିତୀୟ ଲିଙ୍ଗ' ହେବାର ପ୍ରଶ୍ନ ଉଠୁଛି କାହିଁକି ? କିନ୍ତୁ ଦେଖାଯାଏ ସକଳ କର୍ତ୍ତବ୍ୟ ସତ୍ତ୍ୱେ ନାରୀ ଅବହେଳିତ ହୁଏ, ନିର୍ଯ୍ୟାତିତ ହୁଏ । ଜୀବନ ଓ ଜଗତକୁ ମନ ପୁରେଇ ଦେଖିବା ଆଗରୁ ବେଳେବେଳେ ଜୀବନ୍ତ ଦଗ୍ଧ ହୁଏ । ଏ ବିଡମ୍ବନା ନୁହେଁ ତ' ଆଉ କ'ଣ ? ଏହି ଅବିଚାର ଓ ଅସଙ୍ଗତିକୁ ଅସ୍ୱୀକାର କରନ୍ତି କବି ଗିରିବାଳା ।

ବାସ୍ତବରେ 'କବି' ମାନେ ହିଁ ତ' ଈଶ୍ୱର । ସେ' ସୃଜି ପାରନ୍ତି ପୁଣି ଅନାୟାସରେ ପ୍ରଳୟ କରନ୍ତି । ବାରମ୍ବାର ଜୀବନ ଓ ଜଗତକୁ ବୁଝି ବୁଝାଇବାରେ ଲାଗିଥାନ୍ତି । ସେ' ଦେଖିପାରନ୍ତି ନୂତନ ପୃଥିବୀର ସ୍ୱପ୍ନ ଓ ସମ୍ଭାବନାକୁ, ଯାହାକୁ ପାଥେୟ କରି ହାତରେ ଲେଖନୀ ଧରିବାର ଆସ୍ପର୍ଦ୍ଧା କରନ୍ତି । ସେହିଭଳି ଜଣେ କବି ହେଉଛନ୍ତି ଗିରିବାଳା ମହାନ୍ତି । ତାଙ୍କ ପ୍ରକାଶିତ 'ସ୍ତ୍ରୀ ଲୋକ'(୧୯୯୦) କବିତା ସଙ୍କଳନରେ 'ନାରୀବାଦ' ର ଝଲକ୍ ବେଶ୍ ସ୍ପଷ୍ଟ ଭାବରେ ପ୍ରତିଫଳିତ ହୁଏ ।

'ଛାର ସ୍ତ୍ରୀ ଲୋକଟା / ଏତେ ଆଶା-ଆକାଂକ୍ଷା ଗୋଟେ କ'ଣ ?
ଅମୁକର ଝିଅ, ସମୁକର ସ୍ତ୍ରୀ / ସମୁକର ମା ହୋଇ ରହିବ
ସ୍ୱତନ୍ତ୍ର ନା ଖୋଜା ଗୋଟେ କ'ଣ ?'

ବାସ୍ତବରେ ପୁରୁଷର ଇଚ୍ଛା ଅନୁସାରେ ନିୟନ୍ତ୍ରିତ ସ୍ତ୍ରୀ ଲୋକର ଜୀବନ । ସବୁବେଳେ ତା ସମ୍ମୁଖରେ ସମାଜ ଟାଣିଥାଏ ଅନେକ ନୀତି- ନିୟମ । ଯାହାକୁ ଅତିକ୍ରମ କରିବା ଦୂରେ ଥାଉ ସେ' ନୀରବରେ ସବୁ ସହ୍ୟ କରିବା ଛଡା ଅନ୍ୟ

ଉପାୟ ନାହିଁ । କବିଙ୍କର ମତରେ 'କ୍ରୋଟନ ଗଛ' ପରି ନାରୀର ଜୀବନ । ସମାଜ ତାକୁ କାଣ୍ଟ୍-ଛାଟ୍ କରି ନିଜ ଇଚ୍ଛାରେ ବଢେଇବ । ଏହି ଶାଣିତ ଶେଷୋକ୍ତି ହିଁ କବିଙ୍କର ଆଭ୍ୟନ୍ତରୀଣ ଭାବାବେଗ, ଯାହା ପ୍ରକଟିତ ହୋଇଛି ନିମ୍ନ କବିତାର ପଂକ୍ତିରେ ।

ବାସ୍ତବରେ ଖୁବ୍ ଅସହାୟ ନାରୀର ନିୟତି । ସମାଜରେ, ପରିବାରରେ ଏପରିକି କାର୍ଯ୍ୟ କ୍ଷେତ୍ରରେ ତା ପାଇଁ ଟଣାଯାଏ ଯାବତୀୟ ଲକ୍ଷ୍ମଣ ଗାର । ଯାହାକୁ ଅତିକ୍ରମ କରିବା ମନା । ଆଉ, ଯଦି କଦବା- କ୍ୱଚିତ୍ ନାରୀଟିଏ ଏହାକୁ ଟପିଯିବାର ଆସ୍ପର୍ଦ୍ଧା କରିଛି, ତେବେ ସେ' ହୋଇଛି ଅନେକ ବିଶେଷଣରେ ଅଳଂକୃତା । ଏ ବିଶେଷଣ ଦେବା ପଛରେ ପୁରୁଷତନ୍ତ୍ରର ଅବିଚାର ଓ ଅନ୍ୟାୟ ସ୍ପଷ୍ଟ ଭାବେ ପ୍ରତିଫଳିତ ହୋଇଥାଏ । ମାତ୍ର ଯାବତୀୟ କଷଣ ସତ୍ତ୍ୱେ କବି ଗିରିବାଳାଙ୍କ ଲେଖନୀ କେତେବେଳେ ବିପ୍ଳବର ଲେଲିହାନ ଶିଖାଟିଏ ହୋଇଛି ତ' କେତେବେଳେ ତ୍ୟାଗ ଓ ମମତ୍ୱର ଅବିଶ୍ରାନ୍ତ ଧାରା ହୋଇ ଝରିଛି । କବି ଗିରିବାଳାଙ୍କ ଭାଷାରେ :

'ବିପ୍ରଲବ୍ଧକୁ କିପରି କଣ ବୁଝେଇ ହବ ଯେ'
ଯାହା ଦେଖିଲୁ ତାହା କେଉଁଠି କହିବୁ ନାହିଁ
ଯାହା ମାଗିଲୁ ତାହା ପୁନଃ ପ୍ରକାଶ କରିବୁ ନାହିଁ
କିପରି କହିହବ ଯେ'/ ତୁ ତ ସମାଜରେ
ସେକେଣ୍ଡ ସେକ୍ସ/ ତୋର ପାଟି ଫିଟେଇବାର 'ଯୁ' ନାହିଁ ।'

– ସ୍ତ୍ରୀ ଲୋକ : ସଂ: କହେ ଗିରିବାଳା: ପୃ:୯୭

ଏ କବିତାର ଭାଷା ଅଭିମାନରେ ଆଦ୍ର । ସମାଜର ଅବିଚାରର ଶିକାର ହୁଏ ନାରୀ । ପୁରୁଷତାନ୍ତ୍ରିକ ସମାଜ ଦୃଷ୍ଟିରେ ନାରୀ 'ଦ୍ୱିତୀୟ ଲିଙ୍ଗ' ବା 'second sex' । ବାସ୍ତବରେ କବି ଚିତ୍ତ ସହୃଦୟ । ମାନବୀୟ ସମ୍ବେଦନାରେ ଭରପୁର କବି ଗିରିବାଳା କିନ୍ତୁ ଏ ସବୁକୁ ମାଥାପାତି ସହ୍ୟ କରିବାରେ ବିଶ୍ୱାସ କରନ୍ତି ନାହିଁ ବରଂ ପ୍ରତିକ୍ରିୟାଶୀଳ ହୁଅନ୍ତି । ଏହିସବୁ ପକ୍ଷପାତ ଏବଂ ଅବିଚାର ବିରୁଦ୍ଧରେ ବିଦ୍ରୋହ କରନ୍ତି । ସ୍ପର୍ଶକାତର କବି ଚିତ୍ତ ଆର୍ତ୍ତନାଦ କରି ବସେ, ଫଳସ୍ୱରୂପ ପ୍ରତିବାଦର ନିଆଁଝୁଲ ଖସିପଡ଼େ ତାଙ୍କ-ଲେଖନୀରେ । ତାଙ୍କର ସମସ୍ତ କବିତା

ମାନବିକତାର ଦୀପ୍ତିରେ ଭାସ୍ୱର । ଆବେଗଦୀପ୍ତ ଭାଷାରେ ସେ' ନାରୀର ସଶକ୍ତ ସ୍ୱରୂପକୁ ଆବାହନ କରି ବସନ୍ତି । ସକଳ ସଂଘାତ, ଅବିଚାର ତଥା କଷଣ ବିରୁଦ୍ଧରେ ମୁହଁ ଖୋଲିବାର ଦମ୍ଭୋକ୍ତି ଦିଅନ୍ତି, କେବଳ ଏତିକି ନୁହେଁ, କବି ଗିରିବାଳା ଚେତାବନୀ ଦେଇଛନ୍ତି ପାପିଷ୍ଠ-ଦୁରାଚାରୀ ମାନଙ୍କୁ । ତାଙ୍କ ଭାଷାରେ :

'ତୁମେ ଅହଂକାର ଦେଇ ମତେ / ଆୟତ୍ତ କରିବ
ଏତେଟା ସୁଲଭ ନୁହେଁ ପ୍ରକୃତି ମୁଁ / ପ୍ରୀତିରେ ପରମ ତୁମ
ମାତା ସମ / ଅନାଦର ପ୍ରଳୟର ସାକ୍ଷାତ ମୂରତି ।'

– ସ୍ତ୍ରୀ ଲୋକ -୩ : ସଂ: କହେ ଗିରିବାଳା : ପୃ:୯୯

ବାସ୍ତବରେ ନାରୀ ଜୀବନର ବିଡ଼ମ୍ବିତ ଅଧ୍ୟାୟ ଅନେକାଂଶରେ ସମାଜର ନଗ୍ନ ବାସ୍ତବତା ପ୍ରତି ଆଙ୍ଗୁଳି ନିର୍ଦ୍ଦେଶ କରୁଛି । ଏହାହିଁ ପରିବର୍ତ୍ତିତ ସମୟର ଆହ୍ୱାନ । ଉତ୍ତର ଅଶୀ ପରବର୍ତ୍ତୀ କାବ୍ୟ ଧାରାରେ ନାରୀ ଜୀବନର ଜଟିଳତା ଅନେକାଂଶରେ ସ୍ପଷ୍ଟ ଭାବରେ ଚିତ୍ରିତ ହୋଇଛି । ବିଶେଷତଃ ଏକବିଂଶ ଶତକର କାବ୍ୟଧାରାରେ ନାରୀ ଜୀବନର ସାମାଜିକ ତଥା ଆର୍ଥିକ ସ୍ଥିତିଟି ସୁଦୃଢ଼ ହୋଇଛି ସତ କିନ୍ତୁ ତାହା ଯେ ଆଖିଦୃଶିଆ ନୁହେଁ, ତାହାକୁ ସ୍ୱୀକାର କରିବାକୁ ହେବ । କବି ରାଜେନ୍ଦ୍ର କିଶୋର ପଣ୍ଡାଙ୍କର 'ଆପଣ ଅଛନ୍ତି' ସଂକଳନଟିରେ ବର୍ଣ୍ଣିତ 'ର଼ାମିଆର ସଂସାର' ଏଠାରେ ଉଲ୍ଲେଖଯୋଗ୍ୟ । ଯେଉଁଠି ନାରୀ ଜୀବନର ଅଭାବୀ ସଂସାରର କାରୁଣ୍ୟ ସହିତ ଜଠର ଯନ୍ତ୍ରଣାର ତାଡନା ଏବଂ ଅସହାୟବୋଧ ବେଶ୍ ପ୍ରତିଫଳିତ ହୋଇଥିବାର ଦେଖିବାକୁ ମିଳେ ।

'ଦିଓଳି ତୋରାଣି ମୁନ୍ଦେ / ମିଳିଲେ କେଡେ କଥା
ଏଇ ମାଟିର ଝିଅ / ଏଣେ ମାଂସ ତରକାରୀ /
କଥା ଭାବୁଛି / କଷା ମାଂସର ମହକ ଅବଶ୍ୟ /
ଚମତ୍କାର / କେବେ କେମିତି ର଼ାମିଆର ସ୍ତ୍ରୀ' ବି
ପବନ ଦୟାରୁ ଶୁଙ୍ଘିଛି /
ସୁଆଦ କେବେ ପାଇଥିଲା /
କୋଉ ଯୁଗରେ କେଜାଣି ।'

-ରମିଆର ସଂସାର : ସଂ : ଆପଣ ଅଛନ୍ତି : (୨୦୧୬)

୨୫୬ ନାରୀ ଜୀବନର ମିଥ୍, ମୋଟିଫ୍ ଓ ମେଟାଫର୍

ଆର୍ଥିକ ଅନଟନ ଭିତରେ ବଞ୍ଚୁଥିବା ମଣିଷର ଅସହାୟତା କେତେ ବାସ୍ତବ ହୋଇପାରେ, ତାହା ଏଠାରେ ସୁସ୍ପଷ୍ଟ । ଅଭାବୀ ନାରୀର ବିବସତା ଓ ଅସହାୟତା ଭିତରେ ତା'ର ତେଲ-ଲୁଣ ସଂସାରର ବିକଳ୍ପ ଚିତ୍ର ଛଳରେ ଆର୍ଥ-ସାମାଜିକ ସ୍ଥିତି ପ୍ରତି ଇଙ୍ଗିତ କରୁଛି ।

ବାସ୍ତବରେ ଏଇ ନିଅଣ୍ଟିଆ ଅର୍ଥବ୍ୟବସ୍ଥା ସହ ବିଶ୍ୱାୟନ ଅନେକ କିଛି ଦେଇଛି । ଏଠି ହଜିଯାଇଛି ମୂଲ୍ୟବୋଧ । ଉପଭୋକ୍ତାବାଦର ଛତ୍ରଛାୟା ତଳେ ମଣିଷପଣିଆ ଟିକକ ଆଧ୍ୟାତ୍ମିକ ଶଠତା ଭିତରେ ଧର୍ମକୁ ଆଖିଠାର ମାରିଚି । ମୁଖାପିନ୍ଧା ମଣିଷର ନୈତିକ ଅବନତି ଘଟିଛି । ସେ' ଧର୍ମକୁ ମାଧ୍ୟମ କରି ନାନା ବ୍ୟଭିଚାରକୁ ଆଦରିଛି । ପରଦାର ପ୍ରତି ଆସକ୍ତ ହୋଇଛି । ସାମ୍ପ୍ରତିକ ସମାଜର ନଗ୍ନ ବାସ୍ତବତା କିଭଳି ଭଗବାନ ଜୟସିଂହ ତାଙ୍କ କାବ୍ୟ ଚେତନାରେ ଫୁଟେଇଛନ୍ତି, ତାହା ଏଠି ଲକ୍ଷ୍ୟ କରାଯାଇପାରେ ।

'ନାରୀ ଯେ ନର୍କର ଦ୍ୱାର/ ଯାବତୀୟ କଳଙ୍କର ଆଧାର' ଭାବରେ କ୍ଷମତାନ୍ଧ ମଣିଷର କାମ ଲାଲସାର ଶିକାର ହେଉଚି । ସାରଥୀ ବାବାର ଯୌନାଚାର ପ୍ରତି କଡା ବିଦ୍ରୁପ କରନ୍ତି କବି । ନାରୀ ଦୁଷ୍କର୍ମର ପ୍ରତିବାଦ ମାଧ୍ୟମରେ ଏକ ଯୌନ କେଲେଙ୍କାରୀ ଭଣ୍ଡ ବାବାର ଫର୍ଦ୍ଦାଫାସ କରିବାକୁ ପଛେଇ ନାହାନ୍ତି । କବିଙ୍କ ଭାଷାରେ :

'କାଲି ଗଞ୍ଜାମର ସନ୍ତୋଷ ରାଉଳ /
ଆଜି ସାଥିହୀନ ସାରଥୀ ବାବା
କାଲି ଯିଏ ଫେରୁଥିଲେ ସିଂହକୁ
ବିବଶ କରି ମୃଗୟାରୁ
ଆଜି ନାରୀ ନାମକ ନର୍କରେ/
ପାର ହେଉଛନ୍ତି ନଦୀ/ ବାହୁରଖି ପୁଅର କାନ୍ଧରେ

- କାଲି ଯେ ରାଜେନ୍ଦ୍ରାସନେ : ଲାଲ ଡଙ୍ଗାରେ :
କବି ଭଗବାନ ଜୟ ସିଂହ : ୨୦୧୯

ବାସ୍ତବରେ କବି ଚିତ୍ତ ସମାଜର ବାସ୍ତବାୟିତ ପ୍ରତିଛବିକୁ ଆପଣାର କାବ୍ୟିକ ଅବବୋଧ ଭିତରେ ନିୟତ ପ୍ରତିଫଳିତ କରୁଥାଏ । ସାମ୍ପ୍ରତିକ ସମୟରେ ସମାଜର

ଅବ୍ୟବସ୍ଥିତ ରୂପରେଖ ଭିତରେ ନାରୀ ଜୀବନର ଅସହାୟତା କବି ଲେଖନୀରେ ରୂପ ପାଉଥାଏ । ନାରୀ ସଶକ୍ତିକରଣର ଭେଲିକି ଭିତରେ ନାରୀ ଜୀବନର କାରୁଣ୍ୟ ବେଶ୍ ସ୍ପଷ୍ଟ ହୋଇ ଉକୁଟି ଉଠେ । କବିଙ୍କ ସମ୍ବେଦନଶୀଳ ଚିତ୍ତକୁ ଏଠାରେ ଲକ୍ଷ୍ୟ କରାଯାଇପାରେ ।

‘ଘିଅ ବୋଲି ବେଶୀ ଦିନ / ରଖିଲେନି ବାପା /
ଖାଦ୍ୟ ପାଇଁ, ସ୍ୱାଦ ପାଇଁ / ତତବତ ଭାବରେ ତାକୁ /
ବଳି ଦେଲେ ନଣନ୍ଦ ଓ ଶାଶୁ / ଅବଶ୍ୟ କେହି ପ୍ରେମୀ /
ଦୀପ କରି ଜାଳି ଦେଲେ ତାକୁ / ରୁଦ୍ଧ ମନ୍ଦିରରେ /
ତଥାପି ଝିଅର କପାଳରୁ କେବେ ଲିଭିଲାନି ନିଆଁ ।’

– ନାରୀବାଦର କବିତା:ଅପୁସ୍ତକ:କବି ବିପିନ ନାୟକ (୨୦୧୮)

ଦେଖିବାକୁ ଗଲେ, କ୍ରମଶଃ କବିତାର ଆଧୁନିକ କଳେବର ସମ୍ପ୍ରସାରିତ ଦୃଷ୍ଟିଭଙ୍ଗୀ ଭିତରେ ଆତ୍ମପ୍ରକାଶ କରିବାକୁ ଲାଗିଲା । ଆଧୁନିକ ଯୁଗର ପ୍ରବର୍ତ୍ତକଙ୍କର ‘ନନ୍ଦିକେଶ୍ୱରୀ’ କାବ୍ୟରେ ଯେଉଁ ନାରୀବାଦର ସମ୍ୟକ୍ ସ୍ଥିତିର ସୂଚନା ମିଳେ, ତାହା ଅନୁମାନ କଲେ ନାରୀର ଅସ୍ତିତ୍ୱର ସଂକୁଚିତ ସ୍ୱରୂପକୁ ଅନୁମାନ କରି ହୁଏ । କବିବର ରାଧାନାଥ ରାୟଙ୍କ ମତରେ:

“ସୁତାରେ ପିତାର ପୂର୍ଣ୍ଣ ଅଧିକାର
ଭଣେ ଯେଣୁ ଶାସ୍ତ୍ର ତାକୁ ନମସ୍କାର ।”

ନାରୀବାଦୀ ଚିନ୍ତାର ଝଲକ, ଓଡ଼ିଆ ସାହିତ୍ୟରେ ବିଶେଷତଃ ଆଧୁନିକ କାଳ ଖଣ୍ଡରେ ହିଁ ବହୁ ଭାବରେ ଦୃଷ୍ଟି ଗୋଚର ହେଇଆସିଛି । ‘ନାରୀବାଦ’ (Feminism) ଶବ୍ଦଟି ଭାରତୀୟ ପାଣିପାଗ, ସାମାଜିକ, ରାଜନୀତିକ ଏପରିକି ସାହିତ୍ୟିକ ଆଲୋଚନାରେ ପାଶ୍ଚାତ୍ୟ ଦେଶମାନଙ୍କ ଅନୁପାତରେ ସେହି ପରିମାଣରେ ସୁପ୍ରଚଳିତ ନୁହେଁ, ଯଦିଓ ଏହା ପଶ୍ଚିମ ଦେଶମାନଙ୍କଠାରୁ ପ୍ରଲମ୍ବିତ ଏକ ଆହ୍ୱାନ । କିନ୍ତୁ, ଭାରତୀୟ ସଂସ୍କୃତି ଓ ତା’ର ଅସ୍ଥି-ମଜ୍ଜାରେ ଏହି ନାରୀ ଅସ୍ମିତାର ପ୍ରସଙ୍ଗ କଦାପି ନୂଆ ନୁହେଁ ତାହା ସ୍ୱୀକାର କରିବାକୁ ହେବ । କିନ୍ତୁ, କଥା ହେଲା ଆମର ପାରଂପରିକ-ସମାଜରେ ନାରୀ-ପୁରୁଷର ବୈଷମ୍ୟ ଲିଙ୍ଗଗତ ଆଧାର ଦୃଷ୍ଟିରୁ ହିଁ

ବିବେଚନା କରାଯାଇଛି । ଯା'ଫଳରେ ଏ ଯାବତ୍ ତାହାର ପ୍ରଭାବ ସ୍ୱରୂପ କନ୍ୟାସନ୍ତାନ ଜନ୍ମ ହେଉ, ହେଉ ତାକୁ ଏହି ମନୋଭାବ ନେଇ ବଡ କରାଯାଏ ଯେ ସେ' ପରଘରୀ ବା ପର ଗୋତ୍ରୀ । ତା'ର ଜନ୍ମ ପରଘରକୁ । "ଦୁହିତା ସେ' ଦୁଇକୁଳକୁ ହିତା ନହେଲେ ଦୁଇକୁଳକୁ ପିତା ।" ତେବେ ଦେଖିବାକୁ ଗଲେ, ଏହି ନାରୀବାଦ, ସାମାଜିକ, ରାଜନୀତିକ ଏବଂ ସାହିତ୍ୟିକ ଦୃଷ୍ଟିକୋଣରୁ ଏକ ସଚେତନତା ବୋଲି ବିଶ୍ୱାସ କରିବାକୁ ହୁଏ । ଯଦିଓ 'ନାରୀବାଦ' ସିଦ୍ଧାନ୍ତର ବ୍ୟାଖ୍ୟା ଭାରତୀୟ ପାଣିପାଗ ଦୁର୍ବଳ, କିନ୍ତୁ, ତା' ଅର୍ଥ ନୁହେଁ ଯେ' 'ନାରୀବାଦ' ବା ନାରୀ ଅସ୍ମିତାର ପ୍ରସଙ୍ଗମାନ ଓଡ଼ିଆ କାବ୍ୟଜଗତ ପାଇଁ ଅର୍ବାଚୀନ । ନାରୀ ଈଶ୍ୱରୀ, ତମାମ ଜୀବନ ସ୍ନେହ-ପ୍ରେମର ମନ୍ଦାକିନୀ ସମ ପ୍ରବାହିତ ହେଉଥାଏ । ସେ' ଭାଙ୍ଗିପାରେନା, ବରଂ ଯୋଡ଼ିବାର ଅବବୋଧ ଭିତରେ ମା' ଟିଏ, ଝିଅଟିଏ, ଭଗିନୀଟିଏ ଏବଂ ଅର୍ଦ୍ଧାଙ୍ଗିନୀଟିଏ ହୋଇଯାଏ ।

ଏ ପରିପ୍ରେକ୍ଷୀରେ ବିଚାର କଲେ 'ନାରୀବାଦ' ନାରୀ ଅସ୍ମିତା, ତା'ର ଇଚ୍ଛା-ଅନିଚ୍ଛା, ତା'ର ସ୍ୱାଧୀକାର-ସମସ୍ୟା, ସମାଜର ଅବିଚାର ଆଦିକୁ ମାଧ୍ୟମ କରି ଆଗେଇ ଚାଲିଛି । ୧୯୬୦ ପରବର୍ତ୍ତୀ ବହୁ ଦେଶରେ ଏହା ଏକ ବିପ୍ଳବର ସ୍ୱର ହେଇ ଫୁଟି ଉଠିଛି । ପରବର୍ତ୍ତୀ ୭୦ ଦଶକ ବେଳକୁ ନାରୀ ମୁକ୍ତି ଆନ୍ଦୋଳନର ସ୍ଫୁଲିଙ୍ଗ ହୋଇ ପ୍ରଲମ୍ବିତ ହୋଇଛି । ଏହାର ଲକ୍ଷ୍ୟ ଥିଲା ନାରୀ-ସମାଜର ପ୍ରଗତି ଓ ପରିବର୍ତ୍ତନ । ତଥାକଥିତ ଅବିଚାର ଓ ପକ୍ଷପାତ ବିରୁଦ୍ଧରେ ସଂଗ୍ରାମ । ଏ ସଂଗ୍ରାମ ପୁରୁଷତନ୍ତ୍ରର ଅବିଚାର, ଅସଙ୍ଗତିକୁ ନେଇ ଏକ ପୁଞ୍ଜିଭୂତ ଆକ୍ରୋଶର ସ୍ୱର । ସାଧାରଣତଃ, ସାମାଜିକ ଦୃଷ୍ଟିକୋଣରୁ ସ୍ତ୍ରୀର ଯେଉଁ ସ୍ଥାନ ନିର୍ଣ୍ଣିତ ହୋଇଛି, ସେଠାରେ ପୁରୁଷ ଠାରୁ ତା'ର ମୂଳ ପାର୍ଥକ୍ୟ ହେଲା ଜୀବତତ୍ତ୍ୱ । ଅର୍ଥାତ୍ ଜୈବିକ ସଂରଚନା ବା ଲିଙ୍ଗଗତ ତାରତମ୍ୟ ଦୃଷ୍ଟିରୁ ନାରୀ ଓ ପୁରୁଷ ଭିନ୍ନ ଓ ପୃଥକ୍ । ଦାର୍ଶନିକ ଆରିଷ୍ଟୋଟଲଙ୍କ ମତରେ:

"The female is female by virtue of a certain lack of qualities." (Sueden 1985: P:128)

କିନ୍ତୁ, ଏହାର ଅର୍ଥ ନୁହେଁ ଯେ ପୁରୁଷ ଠାରୁ କୌଣସି ଗୁଣରେ ନାରୀଟିଏ ନ୍ୟୁନ ଓ ଗୌଣ । ଏପରିକି ' ସ୍ତ୍ରୀ କେବଳ ଗର୍ଭାଶୟ' ବୋଲି ମଧ୍ୟ ବିବେଚନା

କରାଯାଇଛି । ଠିକ୍ ସେହିଭଳି ଭାରତୀୟ ସଂସ୍କୃତି ମଧ୍ୟ ନାରୀର ସ୍ଥିତିକୁ ବହୁଭାବରେ ସଂକୁଚିତ କରିଛି । ନାରୀ କେବଳ ଗୃହକାର୍ଯ୍ୟ-ସନ୍ତାନ ପାଳନ ଆଦି କ୍ଷେତ୍ରରେ ତା'ର କର୍ମ କରିବ । ତା'ର ନିଜସ୍ୱ ସ୍ଥିତି ନାହିଁ । କୁମାରୀ ଅବସ୍ଥାରେ ପିତାଙ୍କ ଦ୍ୱାରା ଏବଂ ବିବାହ ପରେ ସ୍ୱାମୀର ଆଶ୍ରୟରେ ଜୀବନ ବିବାହ କରିବ ବୋଲି କୁହାଯାଇଛି । ଏପରିକି ବାର୍ଦ୍ଧକ୍ୟରେ ପୁତ୍ରଦ୍ୱାରା ପାଳିତ ବୋଲି କୁହାଯାଇଛି । ଏହି ପ୍ରାଚ୍ୟ ସଂସ୍କୃତିର ପ୍ରଭାବ କିପରି ନାରୀ ଜୀବନକୁ ପ୍ରଭାବିତ କରିଛି ତାହା ନିମ୍ନମତେ ଦୃଷ୍ଟି ଦିଆଯାଇପାରେ ।

ନାରୀ ଅସ୍ତିତ୍ୱର ବାସ୍ତବତା: ପ୍ରାଚ୍ୟ ସଂସ୍କୃତି ଓ ନାରୀବାଦ:

'ନାରୀବାଦ' ବା 'ବାମାବାଦ' ଭାବରେ ମୁଣ୍ଡ ଟେକିଥିବା ଏହି ମତବାଦଟି କ'ଣ ? ଓଡ଼ିଆ ଭାଷା-ସାହିତ୍ୟରେ ଏହା କିଭଳି ପ୍ରଭାବ ବିସ୍ତାର କରିଛି, ସେ' ସଂପର୍କରେ ଏ ପ୍ରବନ୍ଧଟି ଏକ ସୂଚନା ମାତ୍ର । ଏହି ପ୍ରବନ୍ଧରେ ସ୍ଥାନିତ ସମସ୍ତ ତଥ୍ୟ, ଗବେଷଣା-ପ୍ରସୂତ ଓ ନିରୀକ୍ଷଣ ଧର୍ମୀ । ଏ ପରିପ୍ରେକ୍ଷୀରେ ବିଚାର କହେ, 'Feminism'କୁ କାହିଁକି 'ବାମାବାଦ' ଭାବରେ ବିଚାର କରାଗଲା, ତାହା ଚିନ୍ତାର ବାହାରେ । କାରଣ, ନାରୀ କେବଳ ବାମା ନୁହେଁ । 'ବାମା' ଅର୍ଥାତ୍ 'ପତ୍ନୀ' (ପୁରୁଷର ବାମାଙ୍ଗୀ) ଭାବରେ ଆମ ପ୍ରାଚ୍ୟ ସଂସ୍କୃତିର ବିଚାର । କିନ୍ତୁ, ଦେଖାଯାଏ ବହୁ ଗ୍ରନ୍ଥମାନଙ୍କରେ 'ବାମାବାଦ' ପ୍ରତ୍ୟୟଟି ମୁଖ୍ୟତଃ ଆଲୋଚନାକୁ ନିଆଯାଏ । କିନ୍ତୁ, ଏଠାରେ ଆମେ ସଂପ୍ରସାରିତ ଦୃଷ୍ଟିଭଙ୍ଗୀ ନେଇ 'ନାରୀବାଦ' ପ୍ରତ୍ୟୟଟିକୁ ଗ୍ରହଣ କରିବା । ନାରୀର ପରିଚୟ କେବଳ ପତ୍ନୀ ବା ଅର୍ଦ୍ଧାଙ୍ଗିନୀ ନୁହେଁ । ନାରୀର ପରିଚୟ କେବଳ ନାରୀ ।

ଡ଼. ବିରଞ୍ଚି କୁମାର ସାହୁଙ୍କର "ଅସ୍ମିତା ଅନ୍ୱେଷଣ: ନାରୀବାଦ" ସମାଲୋଚକ ଗ୍ରନ୍ଥ ଅନୁସାରେ:

"ଆମେ ଯୌନାଚାର-ଜନିତ ମନୋଭାବ ଓ ଆଦର୍ଶବାଦର ରକ୍ଷଣଶୀଳତା ଭିତରେ ଏପରି ବାନ୍ଧି ହୋଇ ରହିଛୁ ଯେ' ଆନୁଷ୍ଠାନିକ ପ୍ରଶିକ୍ଷଣ ବ୍ୟବସ୍ଥା, ସାହିତ୍ୟିକ ଓ ସାଂସ୍କୃତିକ 'ପାଠ୍ୟ' (Text) ସହିତ ବ୍ୟକ୍ତିକ ବ୍ୟବହାର ଓ ଏପରିକି ବାମପନ୍ଥୀ ଆଦର୍ଶବାଦ ସହିତ ଏହା ଆଦୌ ଖାପ ଖାଉନାହିଁ, ବରଂ ଏହି 'ପଶ୍ଚିମାଚିନ୍ତାଧାରା' ଏକ ନୂତନ ଗଣତାନ୍ତ୍ରିକ-ବାର୍ତ୍ତାଳାପ, ସଂଳାପ, ଚିନ୍ତନ-

ବିତର୍କ କେବଳ ନିର୍ଦ୍ଦିଷ୍ଟ ଗୋଷ୍ଠୀ (ଏହାବି ପାଠୁଆ-ପଶ୍ଚିମା-ଚିନ୍ତା-ଅନୁରକ୍ତ) ମଧ୍ୟରେ ଏକ 'ଚେତନା ଉଦ୍ରେକ' ସଚେତନତା ସୃଷ୍ଟି କରିବା ମଧ୍ୟରେ ସୀମାବଦ୍ଧ ।"

ସେ' ଯାହା ବି ହେଉ ଏହି ଚିନ୍ତାଧାରା ଅନେକାଂଶରେ ନାରୀର ଅସ୍ମିତା ଏବଂ ତା' ପ୍ରତି କରାଯାଇଥିବା ପିତୃତାନ୍ତ୍ରିକ ସମାଜର ଅନ୍ଧାରୀ ଦିଗକୁ ଯେ' ଉଦ୍‌ଘାଟନ କରିଛି ତା'କୁ ସ୍ୱୀକାର କରିବାକୁ ହେବ । ନାରୀ ସମସ୍ୟା ବହୁଳ ଜୀବନରେ ଅନେକ ପ୍ରସଙ୍ଗ ଉଙ୍କିମାରେ । ଏହି ଅନାଲୋଚିତ ଦିଗ ନାରୀର ଜୀବନ ସହ ଜଡ଼ିତ । ଏହି ସମସ୍ୟା ଗୁଡିକ ମୁଖ୍ୟତଃ ତା'ର ମନସ୍ତାତ୍ତ୍ୱିକ ଦିଗକୁ ଯେତିକି ଦର୍ଶାଏ ତା'ର ଶାରୀରିକ ସ୍ୱାସ୍ଥ୍ୟ ଉପରେ ସେତିକି ଗୁରୁତ୍ୱ ଦେଇଥାଏ । ଏହି ସମସ୍ୟା ଗୁଡିକ ମଧ୍ୟରେ ପ୍ରାଧାନ୍ୟ ଲାଭ କରିଥିବା ଦିଗ ଗୁଡିକ ମଧ୍ୟରୁ ଲିଙ୍ଗଗତ ବୈଷମ୍ୟ ଦୂରୀକରଣ, ବା (Gender -inequality) ର ମୂଳୋତ୍ପାଟନ, ନାରୀର ସ୍ୱାସ୍ଥ୍ୟଗତ ସମସ୍ୟା (ମାନସିକ ଓ ଶାରୀରିକ), ପାରିବାରିକ ଜଂଜାଳ (ସନ୍ତାନ ପାଳନ, ଗୃହ ପରିଚାଳନା) ତଥା ସାମାଜିକ ବୈଷମ୍ୟ ଅନ୍ୟତମ ।

ବସ୍ତୁତଃ ଏହି ପ୍ରବହମାନ ଧାରାରେ ଭାରତୀୟ ସାହିତ୍ୟ ଓ ବିଶେଷତଃ ଓଡ଼ିଆ ସାହିତ୍ୟରେ 'ନାରୀବାଦ' ପ୍ରତ୍ୟୟ ବା ଚେତନାଟିକୁ ଅନୁଧ୍ୟାନ କରାଯାଇପାରେ । ପୁରୁଷ ପ୍ରଧାନ ସମାଜ ବ୍ୟବସ୍ଥାରେ ନାରୀକୁ ସମାନ ସ୍ଥିତି ଓ ସ୍ୱତନ୍ତ୍ରତା ଯୋଗାଇଦେବାକୁ ଆଗେଇ ଆସିଥିବା ନାରୀବାଦ, ନାରୀ ସ୍ୱାଧୀକାର ସଂପର୍କରେ ଆନ୍ଦୋଳନ କରିଛି । ବିଶେଷତଃ ପାଶ୍ଚାତ୍ୟ ନାରୀବାଦ (Western Feminism) ନାରୀମାନଙ୍କୁ 'right to sufferage' ବା ଭୋଟଦେବାର ଅଧିକାର ଯୋଗାଇଦେବାରେ ବିକାଶ ଲାଭ କରିଛି । ତାହା ପରବର୍ତ୍ତୀ ପର୍ଯ୍ୟାୟ ବେଳକୁ ନାରୀର ସାମାଜିକ-ସାଂସ୍କୃତିକ ଆର୍ଥିକ ଅଧିକାର ସଂପର୍କରେ ସଚେତନ କରିଛି । ଏପରିକି ୧୯୬୦ ମସିହାର ଆୟମାରମ୍ଭ ବେଳକୁ ଆମେରିକା, ଇଂଲଣ୍ଡ, ଫ୍ରାନ୍ସ ଆଦି ରାଷ୍ଟ୍ରମାନଙ୍କରେ ଏକ ସ୍ୱତନ୍ତ୍ର ଅଭିଯାନ ହେଇଛି । ନାରୀର ସର୍ଜନ-ପ୍ରବଣତା ପୁରୁଷମାନଙ୍କ ଦ୍ୱାରା ଅସ୍ୱୀକାର ହୋଇଥିବା ବିରୋଧରେ ବାମାବାଦୀ ଚିନ୍ତକମାନେ ସ୍ୱର ଉତ୍ତୋଳନ କରିଛନ୍ତି । ଯାହାର ପ୍ରଭାବ ପଡ଼ିଛି ପ୍ରାଚ୍ୟ ସଂସ୍କୃତିରେ । ଭାରତରେ ନାରୀର ସ୍ଥିତି ଯେଉଁଭଳି ଭାବରେ ଥିଲା, ତାହା ପାଶ୍ଚାତ୍ୟ ଦେଶମାନଙ୍କଠାରୁ କିଛିକାଂଶରେ ଉନ୍ନତ ଥିଲା ବୋଲି କୁହାଯାଇପାରେ । କିନ୍ତୁ, ଏହା ଅର୍ଥ ନୁହେଁ

ଯେ' ଭାରତୀୟ ନାରୀର ଜୀବନରେ ଅନ୍ଧକାର ନଥିଲା । ପାଶ୍ଚାତ୍ୟ ନାରୀବାଦ ଆନ୍ଦୋଳନ ଯେଉଁ ପାଣିପାଗ ଉପରେ ପର୍ଯ୍ୟବେଶିତ ଥିଲା ତଦନୁପାତରେ ଭାରତରେ ଏବଂ ଓଡ଼ିଶାରେ ଉତ୍ସାହିତ ହେଲାଭଳି ସ୍ଥିତି ପରିଲକ୍ଷିତ ହୁଏ ନାହିଁ ।

ତତ୍କାଳୀନ ସମାଜରେ ନାରୀମାନଙ୍କ ମୁଖ୍ୟ ପ୍ରତିବନ୍ଧକ ସାଜିଥିଲା ନିରକ୍ଷରତା । ବିଶେଷତଃ ସ୍ୱାଧୀନତା ପୂର୍ବବର୍ତ୍ତୀ ସମାଜରେ କିଛି ହାତଗଣତି ସମ୍ଭ୍ରାନ୍ତ ମହିଳାମାନଙ୍କୁ ଛାଡ଼ିଦେଲେ ସାଧାରଣ ଗ୍ରାମୀଣ ମହିଳାମାନେ ନିରକ୍ଷରତାର ଅନ୍ଧକାର ଭିତରେ ବଞ୍ଚୁଥିଲେ । ଏହି ସମୟରେ ନୂତନ ଆଶାରେ କିରଣ ନେଇ ଜନ୍ମିଥିଲେ ଯେଉଁ ମହୟସୀ ମହିଳା,ସେ ହେଉଛନ୍ତି ସାବିତ୍ରୀବାଇ ଫୁଲେ । ତାଙ୍କ ସ୍ୱାମୀଙ୍କ ସହ ମିଶି ସେ' ପ୍ରଥମ କନ୍ୟା-ବିଦ୍ୟାଳୟ (୧୮୪୮ ମସିହା) ଆରମ୍ଭ କଲେ "She is the mother of Indian Femisim" ଭାବରେ ପ୍ରସିଦ୍ଧ । ଅର୍ଥାତ୍ ନାରୀ ଅସ୍ମିତାର ରକ୍ଷା କ୍ଷେତ୍ରରେ ସାବିତ୍ରୀବାଈ ପ୍ରଥମ ଉଦ୍‌ଗାତା ବୋଲି କହିଲେ ଅତ୍ୟୁକ୍ତି ହେବା ନାହିଁ । ଭାରତୀୟ ବାତାବରଣ ତତ୍‌କାଳୀନ ସମୟରେ ଆଦୌ ଅନୁକୂଳ ନଥିଲା । ସମାଜରେ ଅନ୍ଧବିଶ୍ୱାସ-କୁ ସଂସ୍କାର, ଜାତିଆଣ ଭେଦ ସହିତ ନିରକ୍ଷରତାର ବିଷବଳୟ ଭିତରେ ନାରୀଟିଏ ଉତ୍ପୀଡ଼ନର ଶିକାର ହେଉଥିଲା । ଏହିସବୁ ପ୍ରତିବନ୍ଧକକୁ ପଦାଘାତ କରି ସାବିତ୍ରୀବାଈ ନାରୀ ଶିକ୍ଷାର ସୌଧ ପକେଇଥିଲେ । ଶିକ୍ଷାର ଆଲୋକ ବର୍ତ୍ତିକା ହିଁ ନାରୀ ଜୀବନର ଅନ୍ଧକାରକୁ ଦୂର କରିପାରିବ ବୋଲି ସଚେତନତା ସୃଷ୍ଟି କରିବାରେ ଏହି ମହିୟସୀ ନାରୀ ନେତ୍ରୀଙ୍କ ଭୂମିକା ଅଗ୍ରସ୍ମରଣୀୟ । 'ନାରୀବାଦ' ଆନ୍ଦୋଳନର ପ୍ରଥମ ପ୍ରବାହରେ ଯେଉଁ ବଦ୍ଧମୂଳ ଧାରଣା ସୃଷ୍ଟି ହୋଇଥିଲା, ତାହା ନିମ୍ନମତେ ଦୃଷ୍ଟି ଦିଆଯାଇପାରେ ।

"First Phase (1850-1915) in the Pre-independence era, the women's movement began as a social refrom movement in the 19th Century. At this time, the western idea of libety, equality and fraternity was being embibed by our educated elite through the study of English and the Contact with the west".

ଏଥିରୁ ସ୍ପଷ୍ଟ ଅନୁମେୟ, ପାଶ୍ଚାତ୍ୟର ପ୍ରଭାବରେ ପ୍ରାଚ୍ୟ ନାରୀବାଦ ବହୁଳ ଭାବରେ ପ୍ରଭାବିତ ହୋଇଛି । ପ୍ରଥମ ନାରୀବାଦୀ ଲେଖିକା ଭାବରେ ବୁଲ୍‌ଧାନାରେ

ଜନ୍ମିତ ତାରାବାଇ ସିନ୍ଦେ ଅନ୍ୟତମା । ତାଙ୍କ ପୁସ୍ତକ 'ସ୍ତ୍ରୀ' ରେ ସେ' ନାରୀ ଓ ପୁରୁଷର ସାମାଜିକ ସ୍ଥିତି ସଂପର୍କରେ ତୁଳନା କରି ନାରୀମାନଙ୍କ ପ୍ରତି ହେଉଥିବା ପକ୍ଷପାତିତା ସଂପର୍କରେ ମତ ବ୍ୟକ୍ତ କରିଛନ୍ତି । ଏପରିକି ଜାତିଭେଦ, ଲିଙ୍ଗଗତ ବୈଷମ୍ୟ ବିରୁଦ୍ଧରେ ସ୍ୱର ଉତ୍ତୋଳନ କରିଛନ୍ତି । ନାରୀ ଓ ପୁରୁଷର ଲିଙ୍ଗଗତ ବୈଷମ୍ୟ ଦୂରୀକରଣ ଦିଗରେ ତାଙ୍କର ଏ ପୁସ୍ତକ ଅନେକ ଅନାଲୋଚିତ ପ୍ରସଙ୍ଗଙ୍କୁ ଉଜାଗର କରିଛି । ୧୮୮୨ ମସିହାରେ ତାଙ୍କର ଅନ୍ୟତମ 'ନାରୀବାଦ' ପୁସ୍ତକ " ସ୍ତ୍ରୀ ପୁରୁଷ ତୁଳନା" ପ୍ରକାଶିତ ହୋଇ ଏକ ବିପ୍ଳବର ରଣହୁଙ୍କାର ତୋଳିଥିଲା । ତେଣୁ ତାଙ୍କ ପୁସ୍ତକକୁ 'First Feminist Book' ଭାବରେ ଅଭିହିତ କରାଯାଏ । ଯାହା ପ୍ରଥମ ନାରୀବାଦୀ ପୁସ୍ତକ ଭାବରେ ଲୋକ ଆଦୃତି ପାଇବାର ଦେଖାଯାଏ ।

ଏହାପରେ ପରେ ଭାରତୀୟ ସାହିତ୍ୟରେ ଅନେକ ନାରୀବାଦୀ ଲେଖିକା ମୁଣ୍ଡ ଟେକିଛନ୍ତି । କିନ୍ତୁ ଏ କ୍ଷେତ୍ରରେ ଖୁସୱନ୍ତ ସିଂହଙ୍କ ଅବଦାନ ଉଲ୍ଲେଖନୀୟ । ତାଙ୍କର ବହୁଚର୍ଚ୍ଚିତ ଗ୍ରନ୍ଥ "On Women", The Company of Women, Love and Sex'ଙ୍କର ନାରୀ ଜୀବନ ଓ ଯୌନ ସମ୍ବନ୍ଧୀୟ ଲେଖା ପ୍ରକାଶିତ ହୋଇଛି । ସେହିପରି ବିଶିଷ୍ଟ ନାରୀବାଦୀ ଲେଖିକା ଶୋଭାଦେଙ୍କର ଯୌନ-ସ୍ୱେଚ୍ଛାଚାର ସମ୍ବଳିତ ଲେଖା 'Socialite Evenings' (1989), 'Starry Nights' (1991), 'Second thoughts' (1996), ଆଦି ପ୍ରକାଶ ପାଏ । ସେହିଭଳି, ଅମ୍ରିତା ପ୍ରିତମ (୧୯୧୯-୨୦୦୫) ଯଶୋଧାରା ବାଗ୍‌ଚି (୧୯୩୭-୨୦୧୫), ମହାଦେବୀ ବର୍ମା (୧୯୦୭-୧୯୮୭), କମ୍‌ଲା ଭାସିନ୍ (୧୯୪୬-୨୦୨୧), ରିତୁମେନନ୍ (୧୯୪୯ ରୁ ଅଦ୍ୟାବଧି), ତସ୍‌ଲିମା ନସ୍‌ରିନ୍ (୧୯୬୨ ରୁ ଅଦ୍ୟାବଧି) ଆଦି ପ୍ରମୁଖ ନାରୀବାଦୀ ଲେଖିକାମାନଙ୍କ ଅବଦାନ ଅଦ୍ୟାବଧି ରହିଆସିଛି । ଦେଶ ବିଭାଜନ କାଳର ବହୁଲେଖିକା ନାରୀ ଜୀବନ ସହ ତତ୍‌ସହିତ ଦୁର୍ବିସହ ସ୍ଥିତି ବଖାଣିବା ସହିତ ଧର୍ମାନ୍ଧତା ଆଳରେ ନାରୀ ପ୍ରତି କରାଯାଇଥିବା ନାରକୀୟ କାଣ୍ଡର ବର୍ଣ୍ଣନା କରିଛନ୍ତି । ଭାରତୀୟ ସାହିତ୍ୟ ନାରୀ ଜୀବନର ଅଧୋଗତିରେ ଭରା । ସେ' ସୀତା ହେଉ ଅବା ଦ୍ରୌପଦୀ ଭିନ୍ନ ଅନ୍ୟାନ୍ୟ ନାରୀ 'ମିଥ୍' ଗୁଡିକର ଅବତାରଣା କରାଯାଇ ଭାରତୀୟ ସାହିତ୍ୟ ବିଶେଷତଃ ଓଡ଼ିଆ ସାହିତ୍ୟରେ ବର୍ଣ୍ଣନା କରାଯାଇଛି । ନାରୀ ଜୀବନର ଅନେକ ସମସ୍ୟା ଏବଂ ତା'ର

ଅସ୍ମିତା ସମ୍ପର୍କିତ ଅନାଲୋଚିତ ଦିଗଗୁଡିକ ପ୍ରତି ଆଲୋଚନା କରାଯିବାର ସମୟ ଆସିଛି । ନାରୀ ଜୀବନ ଅନେକ ଜଟିଳତାରେ ଭରା । ତେଣୁ,"Women are born with chians and die with chains" ବୋଲି କେହି କେହି ଅଭିହିତ କରିଥିବାର ଦେଖିବାକୁ ମିଳେ ।

ଏହି ଶୃଙ୍ଖଳକୁ ଅଗ୍ରାହ୍ୟ କରନ୍ତି ନାରୀବାଦୀମାନେ । ସମାଜର ଅବିଚାରକୁ ପଦାଘାତ କରି ନିଜ ଇଚ୍ଛା ମୁତାବକ ଜୀବନ ଜିଇଁବାକୁ ବାଟ ଦେଖାନ୍ତି ନାରୀକୁ । ସେ' ମଣିଷ, ତା'ର ବି ମନ ଅଛି, ସ୍ୱପ୍ନ ଅଛି ଏବଂ ସ୍ୱପ୍ନ ପୂରଣ କରିବାର ସାମର୍ଥ୍ୟ ଅଛି । ଓଡ଼ିଆ କବିତାରେ ଏହି ଧାରା ନଗଣ୍ୟ ହେଲେ ହେଁ ନ୍ୟୁନ ନୁହେଁ । ପରିମାଣାତ୍ମକ ଦୃଷ୍ଟିରୁ ଯଦିଓ ଓଡ଼ିଆ କବିତାରେ ନାରୀ ଜୀବନର ସ୍ୱଚ୍ଛଳଚିତ୍ର ଖୁବ୍ କମ୍ ଦେଖିବାକୁ ମିଳେ, କିନ୍ତୁ ଦେଖାଯାଏ ନାରୀ କବିମାନେ ଗୁଣାତ୍ମକ ତା ଦୃଷ୍ଟିରୁ ଅନେକ ପରିବାର-ସଂସାରର ଶୃଙ୍ଖଳକୁ ଖୋଲିବାର ପ୍ରୟାସ କରିଛନ୍ତି । ନାରୀର ସାମର୍ଥ୍ୟ ଓ ପ୍ରତିବନ୍ଧ ସ୍ୱର ପ୍ରକଟ ହୋଇଛି ଓଡ଼ିଆ କବିତାରେ । ବିଶେଷତଃ 'ନାରୀବାଦ'ରପ୍ରଥମ ପର୍ଯ୍ୟାୟ ବେଳକୁ ଯେତିକି ମୁକ୍ତ ଓ ସ୍ୱାଧୀନ ଥିଲା ନାରୀ, ଦ୍ୱିତୀୟ ପର୍ଯ୍ୟାୟ ବେଳକୁ ସ୍ୱଚ୍ଛନ୍ଦ ଭାବରେ ନିଜ ଅବଦମିତ ଇଚ୍ଛାର ପରିପୂର୍ତ୍ତି ପାଇଁ ସ୍ୱର ଉତ୍ତୋଳନ କରିଛନ୍ତି । ପୁରୁଷର ବ୍ୟକ୍ତି ସ୍ୱତନ୍ତ୍ରତା ବିରୋଧରେ ନାରୀବାଦୀମାନେ ପ୍ରତିବାଦ କରିଛନ୍ତି । ଏକ ନିର୍ଯ୍ୟାତିତା-ଅବହେଳିତା ନାରୀଟି ଆର୍ତ୍ତନାଦ କରିଛି । ଘରର ଚାରି କାନ୍ଥ ଭିତରୁ ଆସିଛି । ସ୍ୱାମୀର ଅନ୍ୟାୟରେ ନିଯ୍ୟାତିତା ପତ୍ନୀର ସ୍ୱର ସ୍ପଷ୍ଟତାର ସହ ଫୁଟି ଉଠିଛି ।

କବି ପ୍ରତିଭା ଶତପଥିଙ୍କ ଭାଷାରେ :

"କେତେ ଦିନ ଆଉ ଏ ଚାଲବାଜି ?/ମାରିବତ ମାରିଦିଅ
ଛଟପଟ କରନା ଏମିତି/ଚୁମୁଚେ ଆଶାର ଲହୁଣୀ ଚଟାଇ/
ଠେଲିଦିଅନା ଗ୍ଲାନିର ପାତାଳକୁ/ହୃଦ ସମ୍ପୁଟଇ ସୁକୁମାର ଫୁଲକୁ
ବଣିକର ପାଦତଳେ ଭେଟି ଦବାକୁ/ମତେ ବାଧ୍ୟ କରନା ।"-ବଳାତ୍କାର କରନା: ମହାମେଘ: ପ୍ରତିଭା ଶତପଥି

କବି ପ୍ରତିଭା ଶତପଥି ଉତ୍ତର ଆଧୁନିକ କବିତାରେ ନାରୀ ଜୀବନର ଅନାଲୋଚିତ ଦିଗକୁ ଅଭିମାନିନୀ ମନନେଇ ବଖାଣିଛନ୍ତି । ଆପଣାର ଅନୁଭବ ଓ

ଅବବୋଧକୁ ବାସ୍ତବାୟିତ କରି ନାରୀର ଅବ୍ୟକ୍ତ ମନୋଦଶାକୁ ପ୍ରତିଫଳିତ କରିବାକୁ ଚେଷ୍ଟା କରିଛନ୍ତି । କବି ପ୍ରତିଭା ଶତପଥୀଙ୍କ ଭାଷାରେ 'ଭାରତୀୟ ପ୍ରେକ୍ଷାପଟରେ ନାରୀ ସ୍ଥିତିର ବାସ୍ତବତା ଯାହା ଥିଲା, ଓଡ଼ିଶାରେ ମଧ୍ୟ ତାହା ସମସ୍ତରରେ ରହିଥିଲା । ନାରୀ ଶିକ୍ଷାର ପ୍ରଚଳନ ନାରୀକୁ ସଚେତନ କରାଇବାରେ ସାହାଯ୍ୟ କଲା । ନିଜକୁ ନିରୀକ୍ଷଣ ଓ ବିଶ୍ଳେଷଣ କରିବାକୁ ନାରୀକୁ ଉଦ୍‌ବୁଦ୍ଧ କଲା ।'

– ନାରୀ ଅସ୍ତିତ୍ୱର ବାସ୍ତବତା : ବିବର୍ତ୍ତିତ ଓଡ଼ିଆ କବିତା

ବିଶେଷତଃ ୧୯୭୦-୭୫ କାବ୍ୟଧାରାରେ ନାରୀର ଜୀବନରେ ଅନେକ ବିପର୍ଯ୍ୟୟ ଦେଖାଦେଇଛି । ଏପରିକି ସାମାଜିକ-ପାରିବାରିକ ତଥା ମନସ୍ତାତ୍ତ୍ୱିକ ଦୃଷ୍ଟିରୁ ନାରୀ ଜୀବନ ଦୁର୍ବିସହ ହୋଇପଡିଛି । ପାରିବାରିକ ସ୍ଖଳନ, ଦାମ୍ପତ୍ୟର ବିପର୍ଯ୍ୟନ୍ତ, ଘଟିଛି । ପରକୀୟା- ପ୍ରେମ ଓ ବେଶ୍ୟାମୋହ ଭିତରେ ସଂପର୍କ କଳୁଷିତ ହୋଇପଡିଛି । ଯଦିଓ ଏ ପର୍ଯ୍ୟାୟରେ ନାରୀବାଦୀ ସ୍ୱର ଧୂମିଳ ହେଲାଭଳି ପରିଲକ୍ଷିତ ହୋଇଛି, ତଥାପି ପରୋକ୍ଷରେ ଏହାର ଦୀପ୍ତି କିନ୍ତୁ ଅମଳିନ, ତାହାକୁ ଅସ୍ୱୀକାର କରାଯାଇପାରେନା । ଏ ପର୍ଯ୍ୟାୟର କବିତାମାନ ଧ୍ୱଂସ ପ୍ରବୃତ୍ତି ପ୍ରତି ଅଙ୍ଗୁଳି ନିର୍ଦ୍ଦେଶ କରାଇବାରେ ସମର୍ଥ ମନେହୁଏ । କେବଳ ନାରୀ କବି ନୁହଁନ୍ତି ପୁରୁଷ କବିମାନଙ୍କ ଲେଖନୀରେ ନାରୀ ଦୁର୍ଗତିର ଚିତ୍ର ପରିସ୍ଫୁଟ ହେଇଛି । ନାରୀ ଜୀବନର ଦୈନନ୍ଦିନ ଯନ୍ତ୍ରଣା କବିଙ୍କ ଆଖିରୁ ବାଦ୍ ପଡ଼ିନି । ବିଷାଦଗ୍ରସ୍ତ ଜୀବନର ଅସହାୟତାକୁ ଆଙ୍କିବାକୁ ଯାଇ କବି ଜଗନ୍ନାଥ ପ୍ରସାଦ ଦାଶ ନାରୀ ଜୀବନର ଦୁର୍ବିସହ ରୂପକୁ ବର୍ଣ୍ଣନା କରିଛନ୍ତି । ଝିଅଟିଏ ଆଖିରେ ଅନେକ ସ୍ୱପ୍ନ ଅଧାଗଢ଼ା ହୋଇ ରହିଯାଏ । ପରିସ୍ଥିତିର ତାଡ଼ନାରେ ଶିକାର ହୁଏ ଝିଅଟିଏ । ସ୍ୱାବଲମ୍ବୀ ଝିଅର ବି' ଅନେକ ଅଭାବ, ଯାହା ବାହାରକୁ ନ ଦେଖାଗଲେ ବି' ଅନ୍ତରରୁ ଫୁଟିପଡ଼େ ।

"ଝିଅଟିଏ ସ୍ୱପ୍ନ ଦେଖେ ଏବଂ ମନକୁ ବୁଝାଏ/
ଦୁଃଖକୁ ଦୂରେଇବାକୁ ଚେଷ୍ଟାକରେ/ଅଧାପଢ଼ା-
ଉପନ୍ୟାସ ପୃଷ୍ଠାରେ ରଖିଦିଏ ଦୁଃଖକୁ/ ଟାଇପ୍ ରାଇଟ୍
ରେ ଛାଡ଼ି ଆସେ ଦୁଃଖର ବର୍ଣ୍ଣମାଳା/ ଅଫିସ୍ ଡ୍ରୟରରେ
ଛାଡ଼ିଆସେ .. × × ଘୁଙ୍ଗୁର ସହିତ ପାଦରୁ ଓହ୍ଲାଇ/
ଦିଏ/ରୋଷେଇ ଘର ଡେକେଚିରେ ଢ଼ାଙ୍କି ରଖେ /

କିନ୍ତୁ ରାତିରେ ବିଛଣାକୁ ଆସିବା ବେଳକୁ/
ଦୁଃଖ ଆଗରୁ ସେଠାରେ ତା' ପାଇଁ ଜଗି ବସିଥାଏ ।"

-ଜଗନ୍ନାଥ ପ୍ରସାଦ ଦାଶ : ଝିଅଟିର ଦୁଃଖ: ଶ୍ରେଷ୍ଠ କବିତା

ବାସ୍ତବିକ୍ ନାରୀର ବିଡମ୍ବନା ଚିର ସହଚର । ସାମ୍ପ୍ରତିକ କାଳରେ ଏପରି ଅନେକ ସମସ୍ୟା ଭିତରେ ନାରୀଟିଏ ସନ୍ତୁଳୁଥାଏ ଅହରହ । ଏତେ ପରିସ୍ଥିତିର ତାଡନା, ତେଣେ ନାରୀ ହୋଇ ଜନ୍ମିବାର ବିଡମ୍ବନା ।ନାରୀର ଜୀବନ ସହ ଦୁଃଖ-ଦୁର୍ଦ୍ଦଶା ସନ୍ଧି କରିଥାନ୍ତି । ତା'ର ପାଦେ ପାଦେ ଦୁଃଖ । ସମାଜରେ ସେ' ଅବିଚାରର ଶିକାର ହୁଏ, ତା'ର ପରିଚୟ କିଛି ନଥାଏ । ଅମୁକର ମା, ଅମୁକର ସ୍ତ୍ରୀ, ଅମୁକର ବୋହୂ ଭିତରେ ସରିଯାଏ ତା' ଜୀବନ । କବି କିନ୍ତୁ ଏସବୁକୁ ଅଗ୍ରାହ୍ୟ କରନ୍ତି । ପାରମ୍ପରିକତାର ଅର୍ଗଳିରୁ ବାହାରିବାର ସ୍ପର୍ଦ୍ଧା ରଖନ୍ତି । ସେ' ନୁହଁନ୍ତି କାହା ହାତର କଣ୍ଢେଇ । ସମାଜରେ ପୁରୁଷତନ୍ତ୍ର ହିଁ ନାରୀକୁ କରିଛି 'Second Sex' । ଏସବୁକୁ ପଦାଘାତ କରି ନାରୀକୁ ତାଙ୍କର ପ୍ରତିବଦ୍ଧତାର ସ୍ୱରରେ ଆହ୍ୱାନ କରନ୍ତି ଗିରିବାଳା ।

କବି ଗିରିବାଳାଙ୍କ ଭାଷାରେ:

"ସହସ୍ର ଭୁଜା ହୋଇ ଉଠ୍ ଝିଅ
ଭୂମିକମ୍ପ ହେଉ, ବିଦୀର୍ଣ୍ଣ ହେଉ
ବସୁମତୀ ତା'ରି ଭିତରୁ ଉଠି ଆସୁ
ତୋର ତିତିକ୍ଷା ଓ ନମ୍ରତାର
ଏକାକାର ମେଢ଼, ମୁକ୍ତି ଦେବାକୁ
ତୋର ପୁତ୍ରକୁ । ଦିଗ ଭାଗରେ
ଧ୍ୱନିତ ହେଉ ସନ୍ଧି ପୂଜାର ଶଙ୍ଖ
ମୁକ୍ତି ଦେ, ମୁକ୍ତି ଦେ, ମୁକ୍ତି ଦେ ।"

- ଗିରିବାଳା ମହାନ୍ତି: କାଳି ଝିଅ ସଂ- କହେ ଗିରିବାଳା: ପୃ: ୨୧୩

ବିଶେଷତଃ ଆଧୁନିକତାର ଶେଷଦଶକ (୧୯୯୦-୨୦୦୦)ରେ ପ୍ରକାଶିତ ଓଡ଼ିଆ କବିତାରେ ସଫଳ ଭାବରେ ନାରୀବାଦୀ ଚେତନା ଉତ୍କୀର୍ଣ୍ଣ ହେବାର ବୋଲି ପରିଲକ୍ଷିତ ହେଇଛି । ଭିନ୍ନ ଭିନ୍ନ ପ୍ରୟୋଗ, ପରୀକ୍ଷା ସହିତ ଚିତ୍ରକଳ୍ପ ଓ

ମେଟାଫର୍ ମାଧ୍ୟମରେ ସମାଜର ସମସ୍ତ ରୂପରେଖକୁ ପରୋକ୍ଷ ଭାବରେ ବ୍ୟକ୍ତ କରାଯାଇଛି । ବିଂଶ ଶତକର ପ୍ରାରମ୍ଭିକ ସମୟ ଥିଲା ନାରୀକୁ ସଶକ୍ତ କରିବାର ସମୟ । ପୌରାଣିକ ମିଥ୍ ପ୍ରସଙ୍ଗକୁ ଉଜାଗର କରି ନାରୀକୁ ସ୍ୱୟଂସିଦ୍ଧା କରିବା । ନାରୀ ଭିତରେ ଆତ୍ମ ପ୍ରତ୍ୟୟ ସୃଷ୍ଟି କରି କାବ୍ୟଧାରାରେ ଏକ ନୂତନ ଚେତନାର ସମ୍ଭାବନା ସୃଷ୍ଟି ହେଇଛି । ପରିମାଣ ଦୃଷ୍ଟିରୁ ତାହା ନଗଣ୍ୟ ମନେହେଲେ ହେଁ ତା'ର ଗୁଣାତ୍ମକ ମୂଲ୍ୟର ତୁଳନା ନାହିଁ । କ୍ରମଶଃ କବିତାରେ ନାରୀର ସଶକ୍ତ ସ୍ୱର ପରିଲକ୍ଷିତ ହେଲାଣି । ନାରୀ ତା'ର ସ୍ଥିତି, ସାଫଲ୍ୟ ଏବଂ ପ୍ରତିବଦ୍ଧତାରେ ପୁରୁଷ ସହ ସମକକ୍ଷ ହେଲାଣି । ଏହି କାବ୍ୟଧାରା ବେଳକୁ ନାରୀବାଦୀ ସ୍ୱର ଖୁବ୍ ଶାଣିତ ଓ ଶ୍ଳେଷୋକ୍ତି ମାଧ୍ୟମରେ ଫୁଟି ଉଠିଲାଣି । ଏହି ଦୃଷ୍ଟିରୁ ବିଚାର କଲେ, ଓଡ଼ିଆ କାବ୍ୟଧାରାରେ ନାରୀବାଦ ଏକ ସଶକ୍ତ-ପ୍ରତ୍ୟୟ ନେଇ ଆତ୍ମବିସ୍ତାର କରିଥିବାର ମନେହୁଏ । ନାରୀ ଜୀବନର ସମସ୍ତ ଅନୁଭବ ପ୍ରାୟତଃ କବିତା ମାନଙ୍କରେ ପ୍ରତିଫଳିତ ହେବାର ଦେଖିବାକୁ ମିଳେ ।

ନାରୀ ଜୀବନର ଶିଳା-ଶୈଳ-ସଙ୍କଟ ଓ ତା'ର କାବ୍ୟିକ ପ୍ରତିଫଳନ :

ସ୍ୱାଧୀନତା ପରବର୍ତ୍ତୀ ଓଡ଼ିଆ କବିତାକୁ ଉନ୍ମୋଚନ କଲେ ଆମେ ନାରୀର ବିଡ଼ମ୍ବିତ ଅବବୋଧକୁ ଦେଖୁ । ଯେଉଁଠି ନାରୀର ଅତୀତ-ବର୍ତ୍ତମାନ ଏବଂ ଭବିଷ୍ୟତର ପ୍ରଲମ୍ବିତ ମୁହୂର୍ତ୍ତମାନ କଥା କୁହେ, ଶୁଣାଏ ଜୀବନର ନାନାବାୟା । ଊନବିଂଶ ଶତକର ପ୍ରାରମ୍ଭିକ ପର୍ଯ୍ୟାୟ ବେଳକୁ ନାରୀ ସଚେତନ ମୁଖ୍ୟ ହୋଇ ଉଠିଛି । କ୍ରମଶଃ ନାରୀର ଜୀବନକୁ ନେଇ ପରିବେଶ-ପରିସ୍ଥିତିର ଦାୟରେ ଆଗକୁ ବଢ଼ିଚାଲିଛି ସତ, ହେଲେ ବହୁବିଧ ସମସ୍ୟାକୁ ନେଇ ଜଟିଳ ହୋଇଛି । ଏ ସମସ୍ୟା ତା'ର ମର୍ଯ୍ୟାଦା ସହିତ ଜଡ଼ିତ । ଯେଉଁ ପୀଡ଼ା ଅସହାୟତା ତା'ର ମାନସିକ ଅବସାଦକୁ ବଢ଼େଇ ଦେଇଛି । ତାହାର ନିରାକରଣ ବା ନିଦାନ ଅନେକାଂଶରେ ତା'ରି ପାଖରେ ଅଛି । କସ୍ତୁରୀମୃଗ ପ୍ରାୟେ ଘୁରିବୁଲୁଛି ସିଏ । ଏହା ନାରୀର ବିଡ଼ମ୍ବନା ନୁହେଁ ତ ଆଉ କ'ଣ ? ନଗର ସଭ୍ୟତାର ମୋହଫାଶରୁ ମୁକୁଳିବାକୁ ତା' ମନ ବ୍ୟାକୁଳିତ ହେଉଛି । ନାରୀର ଏ ସଂକଟ ପରିବର୍ତ୍ତିତ ମୂଲ୍ୟବୋଧ ସହ ଜଡ଼ିତ କିନ୍ତୁ ଏହା କଦାପି ନୂତନ ନୁହେଁ । କାହିଁ କେଉଁ ଅନାଦି କାଳରୁ ତା'ର ଏ ଅବବୋଧଟି ଗତି କରିଛି, ଯାହା ପାରଂପାରିକ ଏବଂ ସମାଜକୃତ ।

ବିଶେଷତଃ ଆଧୁନିକ କାଳର କବିତାରେ ନାରୀ ଜୀବନର ସଂଘାତ ଫୁଟି ଉଠିଛି । ତା'ର ଦାମ୍ପତ୍ୟର ବିଫଳତା, ସ୍ୱପ୍ନଭଙ୍ଗ, ପରକୀୟା-ପ୍ରବଣତା, ଦାରିଦ୍ର୍ୟର କଷାଘାତରେ ବେଶ୍ୟାବୃତ୍ତିର ଜୀବନ ପ୍ରଭୃତି ଆଧୁନିକ କବିର ଲେଖନୀରେ ପ୍ରତିଫଳିତ ହୋଇଛି । ବିଶେଷତଃ ବସ୍ତୁବାଦୀ ମୋହ ତାକୁ ବିପର୍ଯ୍ୟୟ ଆଡ଼କୁ ଠେଲି ଚାଲିଛି । ଦେହକୁ ଜୀବିକା କରି ବଞ୍ଚିବା, ଏଠି ବିକଳ୍ପ ନୁହେଁ ପରକୀୟାରେ ମାତି ଅପରର ସୁନାର ସଂସାରକୁ ଛାରଖାର କରିବା, ଏଠି ବିକଳ୍ପ ନୁହେଁ ସଂପର୍କକୁ କଳୁଷିତ କରିବା, ଏଠି ବିକଳ୍ପ ବି' ନୁହେଁ ସ୍ୱାଧୀନତାର ଆଢୁଆଳରେ ସ୍ୱେଚ୍ଛାଚାରୀରେ ପରିଣତ ହେବା । ଏହିସବୁ ବିରୋଧାଭାଷ ଭିତରେ ନାରୀ ଅନ୍ତରର ଅବ୍ୟକ୍ତ ଯନ୍ତ୍ରଣା ରୂପ ପାଇଛି । ଯାହା ଆଧୁନିକ କବିତାରେ ବହୁ ଭାବରେ ପ୍ରକଟିତ ହୋଇଛି । ବିଂଶ ଶତକର ପ୍ରାରମ୍ଭିକ କାଳ ବେଳକୁ ନାରୀର ଆତ୍ମିକ ପ୍ରତ୍ୟୟ ସୁଦୃଢ଼ ହୋଇଛି ସତ କିନ୍ତୁ, ଅନେକ ସଂଶୟ ଭିତରେ ଗତି କରିଛି । ପରିବର୍ତ୍ତିତ ପୃଷ୍ଠଭୂମି ଏଥିପାଇଁ ଦାୟୀ । ପ୍ରଗତିବାଦୀ ପର୍ଯ୍ୟାୟ ବେଳକୁ ନାରୀ ଭିତରେ ଅର୍ଥ ପ୍ରତି ଲାଳସା ପ୍ରମୁଖ ହେଲାଣି । ନାରୀକୁ 'ପଣ୍ୟ' ସଜେଇ ସାରିଲାଣି ପରିସ୍ଥିତି । ତା'ର ଭିତରର ଅସ୍ମିତା ଟିକକ ଧ୍ୱସ୍ତ-ବିଧ୍ୱସ୍ତ ହୋଇ ସାରିଲାଣି । ଏସବୁ ସଂକଟକୁ ନେଇ ସ୍ୱାଧୀନତା ପରବର୍ତ୍ତୀ ଓଡ଼ିଆ କବିତାରେ ନାରୀର ଅନ୍ଧାରି ଦିଗ ସବୁ ଉନ୍ମୋଚନ ହୋଇଥିବାର ମନେହୁଏ । ନାରୀର ଏ ପରିବର୍ତ୍ତିତ ବ୍ୟକ୍ତିତ୍ୱ ଦ୍ୱିତୀୟ ବିଶ୍ୱଯୁଦ୍ଧ ପରବର୍ତ୍ତୀ ସମାଜର କୁପରିଣାମ ପ୍ରତି ଅଙ୍ଗୁଳି ନିର୍ଦ୍ଦେଶ କରୁଛି । ବାସ୍ତବରେ ନାରୀର ସମସ୍ୟା ବହୁବିଧ । ଏହି ସମସ୍ୟାମାନ ଆଧୁନିକ କବିତାରେ ପ୍ରକାଶ ପାଇଛି । ନାରୀର ଅସହାୟତା-ନିଃସଙ୍ଗତା-ସାମାଜିକ ବାଛନ୍ଦ ଅବିଚାର ଆଦି ପ୍ରତିଫଳିତ ହୋଇଥିବାର ଦେଖିବାକୁ ମିଳେ । ତତ୍‌କାଳୀନ କବିତାରେ ମୁଖ୍ୟତଃ କବି ସଚ୍ଚି ରାଉତରାୟଙ୍କ ଠାରୁ ଆରମ୍ଭ କରି କବି ଗୁରୁପ୍ରସାଦ ମହାନ୍ତିଙ୍କ 'ନୂତନ କବିତା (୧୯୫୫)', ବେଣୁଧର ରାଉତଙ୍କ 'ପିଙ୍ଗଳାର ସୂର୍ଯ୍ୟ'(୧୯୬୭) କୃଷ୍ଣଚରଣ ବେହେରାଙ୍କ 'ଭାନୁବାଈ ଲେନ' (୧୯୫୪)', ପ୍ରସନ୍ନ କୁମାର ମିଶ୍ରଙ୍କର 'ବସନ୍ତର ସ୍କେଚ୍‌ (୧୯୬୮), ବିଭୁଦତ୍ତ ମିଶ୍ରଙ୍କର 'ଉର୍ବଶୀର ଚିଠି' (୧୯୦୧)', ପ୍ରତିଭା ଶତପଥିଙ୍କର 'ସାହାଡ଼ା ସୁନ୍ଦରୀ' (୧୯୭୮), 'ନିୟତ ବସୁଧା' (୧୯୮୦), ରମାକାନ୍ତ ରଥଙ୍କର କେତେଦିନର (୧୯୬୨), ସୀତାକାନ୍ତ ମହାପାତ୍ରଙ୍କର 'ଦୀପ୍ତି

ଓ ଦ୍ୟୁତି' (୧୯୬୩) ଆଦି କାବ୍ୟଧାରାରେ ନାରୀ ଜୀବନର ସ୍ୱଚ୍ଛଳତା ଅପେକ୍ଷା ବିପର୍ଯ୍ୟୟର ଚିତ୍ର ଅଧିକ ଭାବରେ ଫୁଟି ଉଠିଛି । ଦେଖିବାକୁ ଗଲେ ୧୯୫୦ ମସିହାରୁ ପାଖାପାଖି ୩ ଦଶନ୍ଧି ଧରି ଗଡି ଚାଲିଥିବା କାବ୍ୟଧାରାରେ ନାରୀଜୀବନର ଜଟିଳତା ସାଙ୍ଗକୁ ତା'ର ଯୌନ ଉଚ୍ଛୃଙ୍ଖଳତା, ବିଚ୍ଛିନ୍ନ ଚିନ୍ତାଧାରା ଆଦିର ପରିପ୍ରକାଶ ହୋଇଛି । ବିଶେଷତଃ ଏ ପର୍ଯ୍ୟାୟର କବିତାମାନଙ୍କରେ ନାରୀ ପ୍ରାପ୍ତିର ସୁଖ ବଖାଣେନା ବରଂ ତା'ର ଅପ୍ରାପ୍ତିର ଦୁଃଖ ହୋଇ ଫୁଟୁଥାଏ । ପାଖାପାଖି ଅଶୀ ଦଶକ ବେଳକୁ ନାରୀ ଜୀବନର ସମସ୍ୟା ଓ ତତ୍‌ସହିତ ତା'ର ଆତ୍ମପ୍ରତ୍ୟୟର ଚିତ୍ର ଦେଖିବାକୁ ମିଳିଛି । ଏପରିକି ୧୯୮୦ ମସିହା ପରବର୍ତ୍ତୀ ଆଧୁନିକ କବିତା ସବୁ ନାରୀ ଅସ୍ମିତାର ଗାଥା ଗାଇଛି । ଯାହା ନାରୀ ଅନ୍ତଃସ୍ୱରର ସଫଳ ପରିପ୍ରକାଶ ବୋଲି ଧରିନେବାକୁ ହୁଏ । କବି ଗିରିବାଳା ମହାନ୍ତିଙ୍କର ସ୍ତ୍ରୀଲୋକ (୧୯୯୦), କବି ରାଜେନ୍ଦ୍ର କିଶୋର ପଣ୍ଡାଙ୍କ 'ଶୈଳକଳ୍ପ' (୧୯୮୨), ଦେବଦାସ ଛୋଟରାୟଙ୍କ 'ନୀଳସରସ୍ୱତୀ (୧୯୮୩), ରମାକାନ୍ତ ରଥଙ୍କର 'ଶ୍ରୀରାଧା'(୧୯୮୫), ମନୋରମା ମହାପାତ୍ରଙ୍କ 'ଅର୍ଦ୍ଧନାରୀଶ୍ୱର' (୧୯୯୧), ପ୍ରତିଭା ଶତପଥିଙ୍କର 'ଶବରୀ' (୧୯୯୧), ଅପର୍ଣ୍ଣା ମହାନ୍ତିଙ୍କ 'ଅବ୍ୟକ୍ତ ଆତ୍ମୀୟତା', (୧୯୯୧) ସୁଚେତା ମିଶ୍ରଙ୍କର 'ଶିଳାଲିପି' (୧୯୯୫), ଫନୀ ମହାନ୍ତିଙ୍କର 'ଅହଲ୍ୟା' (୧୯୯୬), ମନୋରମା ବିଶ୍ୱାଳ ମହାପାତ୍ରଙ୍କର 'ଫାଲଗୁନି ତିଥିର ଝିଅ' (୧୯୯୭), ହୃଷିକେଶ ମଲ୍ଲିକଙ୍କ ' ଧାନ ସାଉଁଟା ଝିଅ' (୧୯୮୭), ଜଗନ୍ନାଥ ପ୍ରସାଦ ଦାସଙ୍କ 'ଆହ୍ନିକ', (୧୯୯୦) ଏହିଭଳି ଅନେକ କବିତା ସବୁ ନାରୀର ମନୋଦଶାକୁ ଫୁଟେଇବାରେ ସମର୍ଥ ହୋଇପାରିଛି । ଏତଦ୍‌ବ୍ୟତୀତ ଉତ୍ତର ଅଶୀଦଶକ ବେଳକୁ ନାରୀ ଜୀବନର ଭିନ୍ନ ଏକ ସ୍ୱରୂପ କବି ଦୃଷ୍ଟିରେ ଆଲୋଚିତ ହୋଇଛି । ଆଲୋଚ୍ୟ କାଳରେ ନାରୀର ସଶକ୍ତ ବ୍ୟକ୍ତିତ୍ୱର ପରିଚୟ ମଧ୍ୟ ମିଳିଛି । ଏ ପର୍ଯ୍ୟାୟର ଅନେକ କବିତାକୁ ନିରୀକ୍ଷଣ କଲେ, ଆମେ ନାରୀ ଜୀବନର ବିବିଧ ଦିଗକୁ ଆବିଷ୍କାର କରୁ । ବିଶେଷତଃ ନାରୀ ଜୀବନର ଜଟିଳତା ଭିତରେ ତା'ର ଆତ୍ମାନୁଭୂତି ମଧ୍ୟ ବେଶ୍ ସ୍ୱଚ୍ଛ ହୋଇ ଉଠିଥିବାର ଉପଲବ୍ଧି କରିହୁଏ ।

ଏପରିକି ଉତ୍ତର ଆଧୁନିକ ପର୍ଯ୍ୟାୟର ବହୁ କବିତା ମାନଙ୍କରେ ଆମେ ନାରୀ ସ୍ୱାଧୀକାର ଏବଂ ତା'ର ଅସ୍ମିତା ସଂପର୍କରେ ବହୁ ଅନାଲୋଚିତ ଦିଗକୁ

ଭେଟୁ ।" ଉଦାହରଣ ସ୍ୱରୂପ ବିପିନ୍ ନାୟକଙ୍କ ନଈର ନକ୍ସା (୧୯୯୬),ଦେବ ଦାସ ଛୋଟରାୟଙ୍କ ନୀଳ ସରସ୍ୱତୀ (୧୯୮୩), ହରପ୍ରସାଦ ଦାସଙ୍କର , ଆଲୋକିତ ବନବାସ (୧୯୬୮), ମମତା ଦାଶଙ୍କର ଏକତ୍ର ଚନ୍ଦ୍ର, ସୂର୍ଯ୍ୟ (୧୯୮୯), ପ୍ରହରାଜ ସତ୍ୟ ନାରାୟଣ ନନ୍ଦଙ୍କର ରେଶମୀ ଡ଼ୋରରେ ବନ୍ଧା ଗୋଟିଏ ପକ୍ଷୀ (୧୯୯୪), ରାଜେନ୍ଦ୍ର କିଶୋର ପଣ୍ଡାଙ୍କର ଅନ୍ୟା (୧୯୮୮), ପ୍ରସନ୍ନ ପାଟଶାଣୀଙ୍କ ଦେଖା ହେଲେ କହିବି ସେ' କଥା (୧୯୯୦), ସୌରିନ୍ଦ୍ର ବାରିକ୍ଙ୍କ ଆମେ ଦୁହେଁ (୧୯୯୧), ଯଦୁନାଥ ଦାଶଙ୍କ ଯନ୍ତ୍ରଣାର ଅନ୍ୟନାମ (୧୯୬୪), ମନୋରମା ମହାପାତ୍ରଙ୍କର ଅର୍ଦ୍ଧନାରୀଶ୍ୱର (୧୯୯୧), ବୈଦେହୀ ବିସର୍ଜିତା (୧୯୯୭), ମନୋରମା ବିଶ୍ୱାଳ ମହାପାତ୍ରଙ୍କ ଏକଲା ନଈର ଗୀତ (୧୯୯୦), ଫନୀ ମହାନ୍ତିଙ୍କ ପ୍ରିୟତମା (୧୯୯୮), ଅପର୍ଣ୍ଣା ମହାନ୍ତିଙ୍କ 'ଅସତୀ' (୧୯୯୫), ସୌଭାଗ୍ୟବନ୍ତ ମହାରଣାଙ୍କ ଶାଗୁଆ କ୍ଷେତର ସହର (୧୯୮୮), ପ୍ରତିଭା ଶତପଥୀଙ୍କର ସାହାଡ଼ା ସୁନ୍ଦରୀ, (୧୯୭୮), ଗିରିବାଳା ମହାନ୍ତିଙ୍କ ସ୍ତ୍ରୀ ଲୋକ (୧୯୯୦), କାଳି ଝିଅ (୧୯୯୯), 'ମା' ହବାର ଦୁଃଖ' (୨୦୦୨), କାତିକାତିଆ ବାତ୍ୟାୟନୀ (୨୦୧୩), ଇପ୍‌ସିତା ଷଡ଼ଙ୍ଗୀଙ୍କ 'ପୁନଶ୍ଚବୁନ୍ଧ (୨୦୧୨), ପ୍ରଜ୍ଞାଶ୍ରୀ ରଥଙ୍କ 'ପାରଦର ପାଦ' (୨୦୧୩), ଦିଲ୍ଲୀପ ସ୍ୱାଇଁଙ୍କର ଧାନଫୁଲ କାନଫୁଲ (୨୦୧୫) 'ପାଣିବୁନ୍ଦାକୁ ଲୁହବୁନ୍ଦା' (୨୦୨୧), ହୃଷୀକେଶ ମଲ୍ଲିକଙ୍କ 'ଧର୍ମପତ୍ନୀ' (୨୦୧୦) ପ୍ରଭୃତିଙ୍କ କାବ୍ୟାକାଶରେ ନାରୀ କେତେବେଳେ ନୀଳ ଯନ୍ତ୍ରଣା ହେଇ ଛିଡ଼ା ହେଇଛନ୍ତି' କେବେ ପ୍ରଣୟର ମୂର୍ଚ୍ଛନା ହୋଇ ଚିତ୍ରିତ ହୋଇଛି । ବିବିଧବର୍ଣ୍ଣା ନାରୀର ଜୀବନ । ଯେଉଁଠି ଲୁହ ଅଛି ଲହୁ ଅଛି । ଅଛି ପୁଣି ସ୍ୱଚ୍ଛଳ ଜୀବନର ନାନାଦି ରୂପରେଖ । ଏଭଳି ଯାବତୀୟ ଅନୁଭୂତି ଏବଂ ବହୁବିଧ ସମସ୍ୟା ଭିତରେ ନାରୀର ଅସହାୟତା ଫୁଟି ଉଠିଛି । ବିଶେଷତଃ ସ୍ୱାଧୀନତା ପରବର୍ତ୍ତୀ ଚିନ୍ତା-ଚେତନାରେ ପାଶ୍ଚାତ୍ୟ ସଂସ୍କୃତିର ପ୍ରଭାବ ପରିଲକ୍ଷିତ ହୋଇଛି । ସ୍ୱାଧୀନତା ପରବର୍ତ୍ତୀ ଓଡ଼ିଆ କବିତାରେ କ୍ରମଶଃ ପାଶ୍ଚାତ୍ୟ ସାହିତ୍ୟ ପ୍ରତି ମୋହ, ବିଶ୍ୱ ଯୁଦ୍ଧର ଘନଘଟା, ଗାନ୍ଧୀ, ଫ୍ରଏଡ, ମାର୍କସୀୟ ଚେତନାରେ ପ୍ରଭାବ ଆଧୁନିକ ମଣିଷର ମନକୁ ବହୁମାତ୍ରାରେ ପ୍ରଭାବିତ କରିଥିବାର ମନେହୁଏ । ସାତ୍ରେ, କାମ୍ୟୁ, ନିତସେ ଏବଂ କାଫ୍‌କା ପ୍ରଭୃତି ଦାର୍ଶନିକମାନଙ୍କ ପ୍ରଭାବରେ ପ୍ରଭାବିତ ହୋଇ

କବିତା ମାନଙ୍କରେ ପ୍ରକଟିତ କରିଛି ମଣିଷ ମନର ନୂଆ ନୂଆ ଭାବ । ଯାହା ସ୍ୱାଧୀନତା ପରବର୍ତ୍ତୀ କାବ୍ୟ-କବିତା ମାନଙ୍କରେ ପ୍ରତିଫଳିତ ହୋଇଛି । ବିବିଧ ଘଟଣା ଓ ଦୁର୍ଘଟଣାକୁ ପାଥେୟ କରି ଏକ ନୂତନ ଢଙ୍ଗରେ ପ୍ରକଟିତ ହୋଇଛି । ଏପରିକି ୧୯୮୦ ପରବର୍ତ୍ତୀ ପ୍ରେକ୍ଷାପଟରେ ନାରୀ ଜୀବନର ଆଭିଜାତ୍ୟ ଅପେକ୍ଷା ତା'ର ନିଃସଙ୍ଗର ଯନ୍ତ୍ରଣା ପ୍ରତିଫଳିତ ହୋଇଛି । ଅବଚେତନ ମନର ଅନେକ ଅବ୍ୟକ୍ତ କାମନା ସବୁ ପରସ୍ତ ପରସ୍ତ ହୋଇ ଖୋଲିବାରେ ଲାଗିଛି । ମଣିଷର ଆଭ୍ୟନ୍ତରୀଣ ରୂପରେଖ । ଏହି ପର୍ଯ୍ୟାୟରେ ନାରୀର ରୂପଲାବଣ୍ୟ ଠାରୁ ତା'ର ଦକ୍ଷତା, ପାଣ୍ଡିତ୍ୟ ଏବଂ ପ୍ରତିଭାର ପରାକାଷ୍ଠା ମଧ୍ୟ ପ୍ରତିବିମ୍ବିତ ହେବାର ଉପଲବ୍ଧି କରାଯାଇପାରେ । ବିଶେଷତଃ ପୌରାଣିକ ସତ୍ୟତା 'ମିଥ୍' ଭାବରେ ଜୀବନ୍ୟାସ ଲଭିଛି ।

ଏ ପରିପ୍ରେକ୍ଷୀରେ ବିଶିଷ୍ଟ ଭାଷାତତ୍ତ୍ୱବିତ୍ ପ୍ରଫେସର ଗୋଲକ ବିହାରୀ ଧଳଙ୍କ ମତରେ: "ଆଧୁନିକ କବିତାକୁ ପରଂପରା ପ୍ରଚଳିତ ଓଡ଼ିଆ କବିତା ସହ ମିଳାଇ ଦେଖିଲେ, ତା'ର କ୍ରମ ପରିବର୍ତ୍ତନ ଆଖିରେ ପଡ଼େ ନାହିଁ । ହଠାତ୍ ଅନ୍ୟ ଜଳବାୟୁ ଆସି ରୋପିତ ହେଲାପରି ଲାଗେ ।" ଏଥିରୁ ସ୍ପଷ୍ଟ ଅନୁମାନ କରିହୁଏ, ଓଡ଼ିଆ କବିତାର ଆଧୁନିକ ଛାପ, ନାରୀ ଜୀବନର କୁହେଳିକାକୁ ବହୁଭାବରେ ଅପସରି ଦେବାର ପ୍ରଯତ୍ନ କରିଛି ।

ବସ୍ତୁତଃ, ଆଧୁନିକ ଓଡ଼ିଆ କବିତାରେ ବୌଦ୍ଧିକ ଜଟିଳତା ଫୁଟି ଉଠିଛି । ତତ୍ ସହିତ ମଣିଷ ଜୀବନର ନାନା ସମସ୍ୟାମାନ ରୂପ ପାଇଛି । ୧୯୮୦ ମସିହା ପରବର୍ତ୍ତୀ ଓଡ଼ିଆ କବିତାରେ ଭାରତୀୟ ଆଦର୍ଶର ଅନୁସୃତ ଧାରା ପରିଲକ୍ଷିତ ହେବାବେଳେ, ଉତ୍ତର ପର୍ଯ୍ୟାୟ ବେଳକୁ ତାହା ପରିବର୍ତ୍ତନ ହୋଇଛି । ଯାହା ଫଳରେ କେତେକାଂଶରେ ବିଦେଶୀ ସଂସ୍କୃତିର ଚର୍ବଣ ବୋଲି ଏ ପର୍ଯ୍ୟାୟର କବିତା ମାନଙ୍କଠାରେ ପାଠକୀୟ ଆକର୍ଷଣ କମ୍ ବୋଲି ଅନୁମାନ କରାଯାଇପାରେ । ଏପରିକି ସ୍ୱାଧୀନତା ପୂର୍ବର ଜନସମାଜ, ସ୍ୱାଧୀନତା ପରବର୍ତ୍ତୀ ସମୟ ବେଳକୁ ବହୁ ଭାବରେ ନିଜ ପ୍ରାଚୀନ ପରଂପରା- ଐତିହ୍ୟ ଠାରୁ ମୁହଁ ଫେରେଇ ବସିଲେଣି । ପାଶ୍ଚାତ୍ୟ ସଭ୍ୟତା ପ୍ରତି ଅନ୍ଧ ଅନୁକରଣ ଯୋଗୁଁ କାବ୍ୟ -କବିତାରେ ମଧ୍ୟ ବ୍ୟକ୍ତିବାଦର ନିଃସଙ୍ଗତା, ବିଚ୍ଛିନ୍ନବୋଧ, ମୃତ୍ୟୁ ଚେତନା, ଉଦ୍ଭଟତା ବା 'Absudity', ଉଚ୍ଛୃଙ୍ଖଳ

ଯୌନ କ୍ରିୟା (Sexuality) ଆଦି ପ୍ରକାଶ ପାଇଛି । ଏ ପରିପ୍ରେକ୍ଷୀରେ ନାରୀ ଜୀବନର ବିଡ଼ମ୍ବନା ମଧ୍ୟ ପ୍ରତିଫଳିତ ହୁଏ । ଏହି ନକରାତ୍ମକତା ସତ୍ତ୍ୱେ, ଜୀବନରେ ଅନେକ କିଛି ପରିବର୍ତ୍ତନ ହୋଇଛି । ମନୁଷ୍ୟ ବ୍ୟକ୍ତି ସ୍ୱତନ୍ତତା ଉପରେ ଗୁରୁତ୍ୱ ଦେଇଛି । ଫଳସ୍ୱରୂପ ସୃଷ୍ଟି ହେଇଛି 'ନାରୀକୈନ୍ଦ୍ରିକ' ମତବାଦ । ନାରୀର ଅସ୍ମିତା ଓ ତତ୍‌ସହିତ ସଂପୃକ୍ତ ସମସ୍ୟାମାନ ଲୋକଲୋଚନକୁ ଆସିଛି । ଊନବିଂଶ ଶତକ ବେଳକୁ ତଥାକଥିତ ଚିନ୍ତାନାୟକ, ଲେଖକ, କବିଗୋଷ୍ଠୀଙ୍କ କାବ୍ୟ-କବିତା ଏକ ପରିବର୍ତ୍ତନର ନୂତନ ସୂର୍ଯ୍ୟୋଦୟ ଦେଖିଛି । ରାଧାନାଥଙ୍କ ଠାରୁ ଆରମ୍ଭ କରି ବ୍ୟାସକବି ଫକୀର ମୋହନ, ନନ୍ଦକିଶୋର, ମଧୁସୂଦନ ରାଓ, କବିତା ମାନଙ୍କରେ ଏକ ସଂସ୍କାରଗତ ସମାଜର ଅଭୀପ୍‌ସା ସୃଷ୍ଟି ହେଇଛି । ନ'ଅଙ୍କ ଦୁର୍ଭିକ୍ଷର କରାଳ ଆଁ ଭିତରେ ସବୁକିଛି ନିଃଶେଷ ହେଇଛି । ନାରୀର ଧୈର୍ଯ୍ୟ ଭାଙ୍ଗିଛି । ସମାଜର ଅବିଚାର ବାଛନ୍ଦ ଶିକାର ହୋଇ ପାରିବାରିକ ଜଞ୍ଜାଳ ଭିତରେ ନାରୀଟିଏ ଗ୍ଲାନିବୋଧରେ ବଞ୍ଚିଛି । ତାକୁ ଅଭାବରେ ଘାଣ୍ଟିଛି । ସେ' ହୋଇଛି ନିଷ୍ପେସିତା । ଅନେକାଂଶରେ ପାରିବାରିକ ଅଭାବବୋଧ ତାକୁ ବାରନାରୀ ସଜେଇଛି-କଳଙ୍କିତା କରିଛି । ତତ୍‌କାଳୀନ ସମାଜର ଚାପ ଓ ନାରୀର ଅସହାୟତାର ଚିତ୍ର ସାହିତ୍ୟରେ ଫୁଟିଥିଲେ ହେଁ ତାହା କ୍ୱଚିତ୍ ଭାବରେ ଲୋକଲୋଚନକୁ ଆସିଛି । ଅତଏବ, ଊନବିଂଶ ଶତାବ୍ଦୀରୁ କାବ୍ୟକବିତାର ନାରୀ ଜୀବନର ଦୁଃଖ ଦୁର୍ଦ୍ଦଶା ଯେଉଁ ଭାବରେ ଫୁଟି ଉଠିବା କଥା, ତଦନୁପାତରେ ଚିତ୍ରିତ ହେଇପାରି ନାହିଁ । ବିଂଶ ଶତାବ୍ଦୀ ବେଳକୁ ଏହା ସ୍ୱାଧୀନ ଓ ମୁକ୍ତ ଭାବରେ କାବ୍ୟ-କବିତାରେ ଚିତ୍ରିତ ହୋଇଛି ପାଖାପାଖି ପ୍ରାୟ ୫୦ ବର୍ଷ ପରେ (୧୮୬୬ ପରବର୍ତ୍ତୀ) ନାରୀ ଅସହାୟତା-ବିବଶତାର ଚିତ୍ର ସାହିତ୍ୟରେ ପରିଲକ୍ଷିତ ହୋଇଛି । ଏପରିକି, ନାରୀ ଜୀବନର ଅସଫଳତା ତା'ର ଅଭୀପ୍‌ସା ସତ୍ୟବାଦୀ, ସବୁଜ ସାହିତ୍ୟରେ ମଧ୍ୟ ସଂପୂର୍ଣ୍ଣ ଭାବରେ ବ୍ୟକ୍ତ ହେଇପାରିନଥିଲା । ସେ' ପ୍ରଣୟର ସାଥି ହୋଇ ସହକାର ତଳେ ମୁଗ୍ଧ ଅଭିସାର ରଚିଛି ତ'ପୁଣି କେତେବେଳେ କମ୍ରେଡ୍‌ଟିଏ ହୋଇ ପୁରୁଷ ସହିତ ପିକେଟିଂ କରିଛି ଏବଂ ଯାବତୀୟ ଅତ୍ୟାଚାରର ଶିକାର ହୋଇଛି । ଦେଖିବାକୁ ଗଲେ ନାରୀର ବାତ୍ସଲ୍ୟ ଓ ସୌନ୍ଦର୍ଯ୍ୟର ଆଧାରରେ ଯେଉଁ କାବ୍ୟ-କୋଣାର୍କ ଗଢ଼ା ହୋଇଛି, ସେଠି ନାରୀର ଆଙ୍ଗିକ ସୌନ୍ଦର୍ଯ୍ୟ ହିଁ ରୂପ ପାଇଛି । ପ୍ରଗତି ଯୁଗର

ସାହିତ୍ୟ ରଚନା ବେଳକୁ ନାରୀ ଜୀବନ ବିପର୍ଯ୍ୟସ୍ତ ହୋଇପଡ଼ିଛି । ଗଣସଂହାର, ଦଙ୍ଗା ଭିତରେ ନାରୀତ୍ୱ ହୋଇଛି ବିଡ଼ମ୍ବନାର ଶୀକାର । ଏଠି ମଧ୍ୟ, କବିର ଦୃଷ୍ଟିରେ ନାରୀ ଜୀବନର ନଗ୍ନ ବାସ୍ତବତା ପଦାରେ ପଡ଼ିଛି । କେବଳ ସାମାଜିକ ଚଳଣି ଭିତରେ ନୁହେଁ, ରାଜନୀତିକ ଅଭିସନ୍ଧି ପୂରଣ ପାଇଁ ଏକ ଯୋଜନାବଦ୍ଧ ଆଭିମୁଖ୍ୟ ଭାବରେ ସେ' ବ୍ୟବହୃତ ହୋଇଛି । ସ୍ୱାଧୀନତା ପରବର୍ତ୍ତୀ ସୋପାନ ନାରୀ ଜୀବନରେ କରୁଣ ପରିଣତି ଆଣି ଦେଇଛି । ନାରୀ ଜୀବନର ଅସହାୟତା ଏବଂ ତା'ର ଦୟନୀୟ ସ୍ଥିତି ପୂର୍ବବତ୍ ବଳବତ୍ତର ରହିଛି ।

ବସ୍ତୁବାଦୀ ମନୋବୃତ୍ତି ତାକୁ କରିଛି ଶୃଙ୍ଗାର ବିଳାସର ମାଧ୍ୟମ । ଦ୍ୱିତୀୟ ବିଶ୍ୱଯୁଦ୍ଧ ପରବର୍ତ୍ତୀ ହଳାହଳ ଧୂଆଁ ତା'ବିବେକ ଉପରେ କଳଙ୍କର କାଳିମା ଛାଡ଼ି ଦେଇଛି । ସେ' ପାପକୁ ପ୍ରଖ୍ୟାଳନ କରିବ କ'ଣ ନିଜେ ମଧ୍ୟ ସେହି ପାପର କଳଙ୍କକୁ କଳାଜାଇ କରି ନାଇଛି । ଜରିଫୁଲ ଭିତରେ ଜୀବନର ସୁଗନ୍ଧ ଖୋଜିଛି । ଅତଏବ ନାରୀ ହୋଇପଡ଼ିଛି ବିଶୃଙ୍ଖଳ, ସ୍ୱେଚ୍ଛାଚାରୀ । ଯାବତୀୟ ଅନାଚାର, ଅନୀତି ଭିତରେ ପୁରୁଷର ପ୍ରତିସ୍ପର୍ଦ୍ଧୀ ହେଇ ବ୍ୟଭିଚାରକୁ ନିମନ୍ତ୍ରଣ କରିଛି । ଅନ୍ୟାୟ ବିରୁଦ୍ଧରେ ଛିଡ଼ା ହେବାକୁ ଯାଇ ନିଜେ ଅନ୍ୟାୟ-ଅନୀତି କରିଛି । ବିବର୍ତ୍ତିତ ମୂଲ୍ୟବୋଧ ଭିତରେ ସେ' ପୁଣିଥରେ, ଅଳକା ସାନ୍ୟାଲ୍‌ର ଜୀବନ ଜୀଇଁଛି । ଏଠି ପ୍ରେମ ଶସ୍ତା-ସ୍ନେହ ଶସ୍ତା, ପୁଣି ଜୀବନ-ଜୀବିକା ବି ଶସ୍ତା ହୋଇପଡ଼ିଛି । ଏଠି ବଞ୍ଚିବାର ଅନ୍ୟନାମ ଉପଭୋଗ ଆଉ ଉପଭୋଗର ଅନ୍ୟନାମ ଜୀବନରେ ପରିଣତ ହୋଇଛି । ଆଧୁନିକତାର ନାଁ ରେ ମଦର ପିଆଲା ଧରି ପୁରୁଷ ବନ୍ଧୁଙ୍କ ସହ ଜୀବନକୁ ରଙ୍ଗୀନ୍ କରିଛି । ପବ୍, ବାର୍‌ର ଆଲୁଅରେ ନିଜ ଶରୀର ବିକିଛି । ପରିବାର ହେଇଛି ଧ୍ୱସ୍ତ-ବିଧ୍ୱସ୍ତ, ସଂପର୍କ ହେଇଛି କଳୁଷିତ, ମର୍ଯ୍ୟାଦା ହେଇଛି ଭୂଲୁଣ୍ଠିତ ଏବଂ ଶୈଶବ ହେଇଛି ଅବାଞ୍ଛିତ । ଏହି ପରିପ୍ରେକ୍ଷୀରେ ଆଧୁନିକ ସମାଜରେ ନାରୀ ନିର୍ଯ୍ୟାତନା, ଗଣଦୁଷ୍କର୍ମ, ଯୌତୁକ ହତ୍ୟା, ଭ୍ରୁଣ ହତ୍ୟା ବଢ଼ି ବଢ଼ି ଚାଲିଛି । ଅବିଶ୍ୱାସର ହଳାହଳ ବିଷ ସବୁ ସଂପର୍କକୁ ଧ୍ୱଂସ କରିବାରେ ଲାଗିଛି । ଏଭଳି ଏକ ଘଡ଼ିସନ୍ଧିକୁ ସାମ୍‌ନା କରି ଯେଉଁ ଏକ ବିଂଶ ଶତାବ୍ଦୀର କାବ୍ୟ କବିତା ପ୍ରକାଶ ପାଇଲା, ସେଥିରେ ଏହି ବିପର୍ଯ୍ୟସ୍ତ ସମାଜର ଚିତ୍ର ହିଁ ପ୍ରତିଫଳିତ ହେଲା । ବିଶେଷତଃ ଊନବିଂଶ ଶତାବ୍ଦୀର ଉତ୍ତରାର୍ଦ୍ଧ ବିଂଶ ଶତକର ଶେଷ ପର୍ଯ୍ୟାୟର

ସାହିତ୍ୟ ଭିତରେ ନାରୀ ଜୀବନର ଅନ୍ଧାରୀ ଦିଗ ସବୁ ସ୍ପଷ୍ଟ ହୋଇ ପ୍ରତିଫଳିତ ହେବାର ମନେହୁଏ । ପାଖାପାଖି ୧୯୮୦ ପରବର୍ତ୍ତୀ ସମୟରେ ଯେଉଁ ସବୁ କବିତାମାନ ମୁଣ୍ଡ ଟେକିଛି, ତାହା କେବଳ ନାରୀ ଜୀବନର ଜଟିଳତା ନୁହେଁ ବରଂ ପୁରୁଷ ସମାଜର ଅରାଜକତାର ମଧ୍ୟ ପର୍ଦ୍ଦାଫାଶ୍ କରିଛି । କ୍ଷମତା ଆଳରେ ପୁରୁଷ, ନାରୀକୁ ଅଧସ୍ତନ କରିଛି ତ କେଉଁଠି ତା'ର ବଶତା ସ୍ୱୀକାର କରିଛି ।

ଆଧୁନିକତାର ଅନ୍ଧ ଅନୁକରଣରେ ସେ' ହୋଇଛି ପ୍ରମତ୍ତ । କେଉଁଠି ପରକୀୟା ପ୍ରୀତିରେ ଆପଣା ସଂସାରକୁ ନଷ୍ଟ କରିଛି ତ ସମ୍ପତ୍ତି ଲାଳସାରେ ବୃଦ୍ଧ ପିତା-ମାତାଙ୍କୁ ଭାଗ-ଭାଗ କରୁଛି । କେଉଁଠି ଭାଇ-ଭାଇର ସଂପର୍କରେ ଫାଟ କରିଛି ତ କେଉଁଠି ବିଶ୍ୱାସରେ ବିଷ ଦଉଛି । ଏଭଳି ଏକ ଅବକ୍ଷୟ ସଂସ୍କୃତି ଦେଇ ଗତି କରୁଥିବା ଶୈଶବର ଭବିଷ୍ୟତ କେତେ ସୁରକ୍ଷିତ ? ତାହା ଆମକୁ ବିଚାର କରିବାକୁ ପଡ଼ିବ । ଏ ପରିପ୍ରେକ୍ଷୀରେ ଆମ ସମ୍ମୁଖରେ ଏକ ବିରାଟ ଆହ୍ୱାନ ହୋଇ ମୁଣ୍ଡ ଟେକୁଛି, ବୈଷୟିକ ଜ୍ଞାନ କୌଶଳ (Technology) ଯାହା, ପ୍ରତିଟି ପର୍ଯ୍ୟାୟରେ ମାନସିକ ସଂକଟକୁ ନିମନ୍ତ୍ରଣ କରୁଛି । ଏହାର କୁପରିଣାମ ବହୁ ଭାବରେ ସାମାଜିକ ସମ୍ପର୍କକୁ ପ୍ରଭାବିତ କରୁଛି । Virtual world (A.E.) ରେ ଜିଇଁଚାଲିଛି ମଣିଷ । ସ୍ୱାଧୀନତାର ଆଳରେ ସବୁକିଛି ନଗଦି- ଉପଲବ୍ଧ ହେଉଛି । ଏପରିକି ସମାଜରେ ବଢ଼ି ଚାଲୁଥିବା ବିଶୃଙ୍ଖଳା, ଅନୈତିକ ମୂଲ୍ୟବୋଧ, ପ୍ରିୟା-ପ୍ରୀତି ତୋଷଣ ସହ ବହୁ ନକରାତ୍ମକ ପରିସ୍ଥିତି ଅତ୍ୟାଧୁନିକ ମନୁଷ୍ୟକୁ ବିବେକହୀନ କରି ଗଢ଼ି ତୋଳୁଛି । ଅତ୍ୟାଧୁନିକତାର ପ୍ରଭାବରେ ମନୁଷ୍ୟ ହୋଇପଡ଼ିଛି କ୍ରୂର, ନିଷ୍ଠୁର । ପାଶବିକତାର ସମୟ ସୀମା ଲଙ୍ଘନ କରୁଛି । ପାଶ୍ଚାତ୍ୟ ସଂସ୍କୃତିର ନକରାତ୍ମକତା ଏବଂ ଯନ୍ତ୍ର ସଭ୍ୟତାର ବିକାଶ ଫଳରେ ମଣିଷ ପଣିଆ ହଜି ହଜି ଚାଲିଛି । ସ୍ୱାଧୀନତା ନାଁରେ ସ୍ୱେଚ୍ଛାଚାରିତା ବଢ଼ି ବଢ଼ି ଚାଲିଛି । ଯୌନ ଉଚ୍ଛୃଙ୍ଖଳତାର ମୁଖ୍ୟ ମାଧ୍ୟମ ସାଜିଛି ଏହି Online dating App ସବୁ; ଯାହାକୁ ଆପଣା ମନମୁତାବକ ବ୍ୟବହାର କରୁଛନ୍ତି ବହୁ ନାମୀ-ଦାମୀ କଂପାନୀ ମାନେ । ଯାହାର ଶିକାର ଦଳିତ ନିଷ୍ପେସିତ ମଣିଷମାନେ । 'ସବଳ ଉପରେ ଦୁର୍ବଳର ଅତ୍ୟାଚାର' ନ୍ୟାୟରେ ପୁରୁଷର ବାହୁବଳ ଆଗରେ ନାରୀ ହୋଇଛି ଅସହାୟ । ବହୁ ମାନସିକ-ଶାରୀରିକ ସଂଘାତ ଏହିସବୁର ନଗ୍ନ ପରିପ୍ରକାଶ, କାବ୍ୟ-କବିତା ମାଧ୍ୟମରେ ଉଜାଗର

ହୋଇଛି । ନାରୀ ଅସ୍ମିତା ଓ ତତ୍‌ସହିତ ବିବର୍ତ୍ତିତ ମୂଲ୍ୟବୋଧର ରୂପଚିତ୍ର ପ୍ରକଟିତ ହୋଇଛି କବିତାରେ । ସାଂପ୍ରତିକ କବିତାରେ ଅନେକ ପ୍ରୟୋଗ ହୋଇଛି । କେବଳ ପ୍ରୟୋଗ ନୁହେଁ, ବହୁ ପରୀକ୍ଷା ହୋଇଛି । ମିଥ୍ ଆସିଛି, ଚିତ୍ରକଳ୍ପ, ପ୍ରତୀକ ମେଟାଫର ଆସିଛି । ବଦଳିଛି ସାମାଜିକ-ସାଂସ୍କୃତିକ ଆବେଦନ । ଏ ପରିପ୍ରେକ୍ଷୀରେ ଉତ୍ତର ଆଧୁନିକ କାବ୍ୟଶୈଳୀକୁ ବିଚାର କଲେ, ଆମେ ଅନେକ ଆଙ୍ଗିକ ଓ ଆତ୍ମିକ ପରିବର୍ତ୍ତନକୁ ଦେଖୁ । ଦୀର୍ଘଧର୍ମୀ କବିତା ସହ ମୁକ୍ତ ଓ ସ୍ୱାଚ୍ଛନ୍ଦ୍ୟ ଭାବରେ ପରିପ୍ରକାଶ ଲଭିଛି ଜୀବନର ବାସ୍ତବତା । ବିଶେଷତଃ ପ୍ରଭାବିତ ହୋଇଛି ନାରୀର ଜୀବନ ଯାତ୍ରା । ଆଧୁନିକତାର ସ୍ପର୍ଶରେ, ନାରୀର ଆତ୍ମିକ ମର୍ଯ୍ୟାଦା ବଳିଷ୍ଠ ଭାବରେ ଉତ୍‌କୀର୍ଣ୍ଣ ହୋଇଛି । ଶରୀର ସର୍ବସ୍ୱ ଆଭିମୁଖ୍ୟକୁ ନିଜ ପ୍ରତିବଦ୍ଧତାରେ ପରିବର୍ତ୍ତନ କରିବାର ସ୍ପର୍ଦ୍ଧା କରିଛି । ନିଜର ପରିଚୟ ନିଜେ ହିଁ ନିର୍ମାଣ କରିବାର ସାମର୍ଥ୍ୟ ରଖିଛି । କ୍ରମଶଃ ନାରୀ ଜୀବନର ସ୍ୱର ହୋଇଛି ଉଦାତ୍ତ । ଏଠି ଜଟିଳତା ଅଛି ସତ, କିନ୍ତୁ ତାକୁ ସମ୍ମୁଖୀନ ହେବାର ମନୋବୃତ୍ତି ବି ଅଛି । ଯାହା, ନାରୀ ଅସ୍ମିତାର ପରିଚୟ ବହନ କରିଛି । ଜଗତୀକରଣ ବା ବିଶ୍ୱାୟନର ପରିଧି ଭିତରେ ଜୀବନ ହୋଇଛି ସଂପ୍ରସାରିତ । ଜୀବନ ଶୈଳୀ ହୋଇଛି ପରିବର୍ତ୍ତିତ । ଦେଖିବାକୁ ଗଲେ, ଏ କ୍ଷେତ୍ରରେ ନାରୀ ଜୀବନ ଏକ ନୂଆ ପରିଭାଷା ପାଇଛି । ସାମ୍ପ୍ରତିକ ସମୟରେ ନାରୀ କବି ମାନେ ଆହୁରି ମୁକ୍ତ ଓ ସ୍ୱଚ୍ଛନ୍ଦ ଭାବେ ଲେଖନୀ ଚାଳନା କରିଛନ୍ତି । ପୁରୁଷ କବି ମାନଙ୍କ ସମକକ୍ଷ ହୋଇ ନାରୀକବିମାନେ ଜୀବନ ଓ ଜଗତକୁ ନିରୀକ୍ଷଣ କରିଛନ୍ତି । ଆପଣା ଚିନ୍ତା-ଚେତନାର ମାଧ୍ୟମରେ ଜୀବନର ଯାବତୀୟ ଅସଂଗତିକୁ ଦୂର କରିବାକୁ ଚେଷ୍ଟା କରିଛନ୍ତି । ନାରୀଧର୍ମୀ ଚେତନାର ଅସଲ ଆଭିମୁଖ୍ୟ ଏହି ପର୍ଯ୍ୟାୟ ବେଳକୁ ସଫଳ ହୋଇଛି କହିଲେ ଅତ୍ୟୁକ୍ତି ହେବନାହିଁ । ଏହା ଅର୍ଥ ନୁହେଁ ଯେ ନାରୀ ଜୀବନର ସଂଘାତ ସମ୍ପୂର୍ଣ୍ଣ ଭାବରେ ଲୋପପାଇ ବସିଛି । ବହୁଭାବରେ ପରିବର୍ତ୍ତିତ ହୋଇଛି ପରିସ୍ଥିତି । ଜୀବନ-ଜୀବିକାର ଦାୟ ମଧ୍ୟ ବଦଳିଛି ।

ଏ ପରିପ୍ରେକ୍ଷୀରେ ସେନାପତି ପ୍ରଦ୍ୟୁମ୍ନ କେଶରୀଙ୍କ 'ପୂତନା' (୨୦୦୬), ଅପର୍ଣ୍ଣା ମହାନ୍ତିଙ୍କ 'ନଷ୍ଟ ନାରୀ' (୨୦୦୭), ହରିହର ମିଶ୍ରଙ୍କ 'ଶୟନ ପ୍ରତିମା', ରୁନୁ ମହାନ୍ତିଙ୍କ 'ସହଜ ସୁନ୍ଦରୀ' (୨୦୧୧), ସୁଚେତା ମିଶ୍ରଙ୍କ 'ଅଜନ୍ମା'

(୨୦୧୨), ପ୍ରଜ୍ଞାଶ୍ରୀ ରଥଙ୍କର 'ପାରଦର ପାଦ' (୨୦୧୩), ଆଶୁତୋଷ ପରିଡ଼ାଙ୍କ 'ଅପ୍ରସ୍ତୁତ ମୃତ୍ୟୁ' (୨୦୨୦) (୧୯୧୨), ସ୍ୱପ୍ନା ମିଶ୍ରଙ୍କ 'ମୃତ୍ୟୁ ସହ ଆଖି ମିଳାଏ' (୨୦୧୩), ନୃସିଂହ ତ୍ରିପାଠୀଙ୍କ 'ପ୍ରଣୟ ପରମ ବେଦ' (୨୦୧୬), ଫନୀ ମହାନ୍ତିଙ୍କ 'ଚିତ୍ରନାରୀ' (୨୦୦୯), ନିର୍ମଳା ମହାନ୍ତିଙ୍କ 'ସ୍ୱପ୍ନମୟ ଚିରକାଳ' (୨୦୦୪), ଡ. ଉପେନ୍ଦ୍ର ପ୍ରସାଦ ନାୟକଙ୍କ 'ଭିନ୍ନ ଅନ୍ୱେଷଣ' (୨୦୧୪), ଗିରିଜାଶଙ୍କର ଶର୍ମା 'ସୌର ସ୍ନାତ' (୨୦୧୪), କଳ୍ପନା ମହାନ୍ତିଙ୍କ 'ଆମ ଆଭା' (୨୦୧୫), ଭିକାରୀ ଧଳଙ୍କର 'ପ୍ରୀତି ପାଇଁ କବିତା' (୨୦୧୦), ଦେବେନ୍ଦ୍ର ବାଉରୀଙ୍କ 'ପ୍ରିୟପତ୍ନୀ ଓ ଅନ୍ୟାନ୍ୟ କବିତା' (୨୦୦୬), ବିପିନ୍ ମହାନ୍ତିଙ୍କର 'ହଜାଇଛି ତୁମ ପ୍ରୀତିର ଠିକଣା' (୨୦୦୭), ଶରତ କୁମାରୀ ମିଶ୍ରଙ୍କର 'ଇପ୍‌ସିତ ପୃଥିବୀ' (୨୦୧୧), କେଦାର ମିଶ୍ରଙ୍କର 'ଶୋଷର ସ୍ଥାପତ୍ୟ' (୨୦୨୨), 'ଅପର୍ଣ୍ଣା ମହାନ୍ତିଙ୍କ 'ଅଗ୍ନି କମଳିନୀ' (୨୦୧୬), ଶୁଭଶ୍ରୀ ଶୁଭସ୍ମିତାଙ୍କର 'ଅଛେଦା' (୨୦୨୪) ହୃଷିକେଶ ମଲ୍ଲିକଙ୍କର ରେବତୀ (୨୦୧୬), ଚକ୍ରପାଣି ପରିଡ଼ାଙ୍କର 'ନିଜ ପାଇଁ ନିଜେ' ଏପରି ଅନେକ କବି, ଯେପରି ବିଜୟଲକ୍ଷ୍ମୀ ପରିଡ଼ା, ଅଙ୍ଗୁର ବାଳା ପରିଡ଼ା, ଗାୟତ୍ରୀ ବାଳା ପଣ୍ଡାଙ୍କର 'ସ୍ତ୍ରୀଲୋକ', କବି ଶଙ୍କର ପରିଡ଼ା, କବି ପ୍ରହଲାଦ ଶତପଥି, ସୁଜାତା ମିଶ୍ର, ପ୍ରତିଭା ଖିଲାର, ସନ୍ତୋଷ ମିଶ୍ର, ହିମାଂଶୁ ପରିଡ଼ା, ପ୍ରୀତିଧାରା ସାମଲ, ଶର୍ମିଷ୍ଠା ପରିଡ଼ାଳ, କୃଷ୍ଣ କୁମାର ମହାନ୍ତି, ପଦ୍ମଜା ଶରଣ, ବିଷ୍ଣୁ ଚରଣ ପରିଡ଼ା, ନିରୁପମା ବେହେରା, ସୁମିତ୍ରା ମିଶ୍ର, ଶୁଭଶ୍ରୀ ଲେଙ୍କା, ବନ୍ଦିତା ଦାଶ ଆଦି କାବ୍ୟ-କବିତାରେ ନାରୀ ମନସ୍ତତ୍ତ୍ୱର ସାର୍ଥକ ପ୍ରତିଫଳନ ଘଟିଛି ।

ବସ୍ତୁତଃ, ସ୍ୱାଧୀନତା ପରବର୍ତ୍ତୀ ପର୍ଯ୍ୟାୟରୁ ଆରମ୍ଭ ହୋଇ ଅଦ୍ୟାବଧି ଲିଖିତ କାବ୍ୟ-କବିତାରେ ନାରୀର ସଶକ୍ତ ପ୍ରତିଛବି ଦେଖିବାକୁ ମିଳେ । ଯଦିଓ ହତାଶା, ଅପୂର୍ଣ୍ଣତା, ନିଃସଙ୍ଗତା ଓ ଦୁର୍ଭାଗ୍ୟରେ ଜର୍ଜରିତ ନାରୀର ଅନ୍ତଃକରଣ, ତଥାପି ଏକ ଉର୍ବର ପ୍ରତନିଧିତ୍ୱର ପ୍ରମାଣ ବହନ କରିଥିବା ନାରୀଧର୍ମୀ କବିତା ଆମର ଆଲୋଚ୍ୟର ପ୍ରସଙ୍ଗ । କେବଳ ନାରୀ ଯେ' ଅସହାୟ ତା' ନୁହେଁ ଯୁଗ ଯୁଗରୁ ମଣିଷର ଅସହାୟବୋଧ ଜୀବନ ଆମର ଦୃଷ୍ଟିଗୋଚର ହୋଇଆସୁଛି । ସମସାମୟିକ ସମାଜର ଆବେଦନକୁ ବହନ କରି ଓଡ଼ିଆ କବିତା ନାରୀ ଅନ୍ତରର

ପୀଡ଼ାକୁ ବଖାଣି ଚାଲିଛି । ତମାମ୍ ଯନ୍ତ୍ରଣା ସତ୍ତ୍ୱେ ନାରୀଟିଏ ଯେଉଁ ଜୀବନରେ ଆଶାର ଶଙ୍ଖନାଦ କରିଛି, ତାହା ନିଶ୍ଚିତ ଭାବେ ତା'ର ବ୍ୟକ୍ତି ସତ୍ତାର ମାଧୁର୍ଯ୍ୟକୁ ଚିତ୍ରଣ କରିପାରିଛି ବୋଲି ସ୍ୱୀକାର କରିବାକୁ ହେବ । ଏ ପର୍ଯ୍ୟାୟର ନାରୀ ଚେତନା, 'ନାରୀବାଦ' ଭାବରେ ପରିପ୍ରକାଶ ଘଟିଛି । କାବ୍ୟ-କବିତାରେ ଅନେକ ପ୍ରୟୋଗ ଓ ଅଭିଯୋଗ ଆଧାରରେ ନାରୀ ଜୀବନର ବହୁବିଧ ରୂପ ପ୍ରତିଫଳିତ ହୋଇଛି । ମିଥ୍-ମୋଟିଫ୍-ମେଟାଫର୍‌ର କାରୁକାର୍ଯ୍ୟରେ ନାରୀ ଜୀବନର କାବ୍ୟ କୋଣାର୍କ କିଭଳି ପରିପ୍ରକାଶ ହୋଇଛି ତାହା ନିମ୍ନମତେ ଆଲୋଚନା କରାଯାଇପାରେ ।

ନାରୀ ଜୀବନର ମିଥ୍-ମୋଟିଫ୍-ମେଟାଫର୍ :-

ନାରୀ ଜୀବନର କାରୁକାର୍ଯ୍ୟ ଅନେକ ପ୍ରୟୋଗ ଓ ପରୀକ୍ଷା ଦେଇ ଗତି କରିଛି ବୋଲି ଧରିନେବାକୁ ହୁଏ । ନାରୀ ସ୍ୱୟଂସଂପୂର୍ଣ୍ଣା-ସ୍ୱୟଂସିଦ୍ଧା ହେଲେ ମଧ୍ୟ, ସମକାଳୀନ ସମାଜର ତଥାକଥିତ ଚିନ୍ତାଧାରା ତା'ର ଆଙ୍ଗିକ ଓ ଆତ୍ମିକ ବର୍ଣ୍ଣବିଭାରେ ଅନେକ ପ୍ରୟୋଗବାଦର କାରୁକାର୍ଯ୍ୟ ଭରି ଦେଇଛନ୍ତି । ଏ କାରୁକାର୍ଯ୍ୟର ଭେଟି ତାକୁ କେତେଦୂର ଆହ୍ଲାଦ ଦେଇଛି, ତା'ତ ଜାଣେନା କିନ୍ତୁ, ନାରୀ ଅନ୍ତର ଏସବୁ ଲୋଡ଼େନା ଏହା ଦୃଢ଼ ନିଶ୍ଚିତ । ସବୁ ଦୁଃଖ-କଷ୍ଟ, ଜୀବନର ସକଳ ଝଞ୍ଜା ତାକୁ ଏକାକୀ ହିଁ ସହ୍ୟ କରିବାକୁ ହୁଏ । ତା' ପାଇଁ ଅବତାର ନିଅନ୍ତିନି ଶ୍ରୀକୃଷ୍ଣ । ସେ' ନିଜେ ହିଁ ନିଜ ଶକ୍ତି ଓ ସାମର୍ଥ୍ୟରେ ଗରିୟସୀ, ଏଣୁ ନିଜ ସଂଗ୍ରାମରେ ସେ' ନିଜେ ଅବତୀର୍ଣ୍ଣା । ଅନ୍ୟାୟ-ଅତ୍ୟାଚାର ବିରୁଦ୍ଧରେ ନିଜେ ଖଡ୍‌ଗ ହସ୍ତା । ନାରୀତ୍ୱର ମର୍ଯ୍ୟାଦାରେ ସେ' ତା'ର ସ୍ଥିତି ଓ ସ୍ୱରୂପକୁ ସର୍ବତ୍ର ପ୍ରମାଣିତ କରିଛି ।

ଇସ୍ତାହାର ୪୭-୪୮ ସଂ-ରେ ପ୍ରକାଶିତ କବିତା 'ପଚାର ନାରୀତ୍ୱ କ'ଣ' କବି ଚିରଶ୍ରୀ ଇନ୍ଦ୍ରସିଂଙ୍କର ମନ୍ତବ୍ୟ ଏଠାରେ ପ୍ରଣିଧାନ ଯୋଗ୍ୟ ।

"ନାରୀତ୍ୱର ସଂଜ୍ଞା ଦେଇପାରିବେନି ଧାନ କ୍ଷେତରେ ଅଣ୍ଟାଭିଡ଼ି ତଳି ରୋଉଥିବା ନାରୀ, ନା ଓଦା, ଚୁଲି ମୁଣ୍ଡରେ ଆଲୁଆ-ମାଲୁଆ ହେଇ ଚୁଲିକୁ ଫୁଙ୍କୁଥିବା ନାରୀ, ନା ଆକାଶକୁ ଚାହିଁ ତୁଠ ପଥରରେ ଲୁଗା ପିଟୁଥିବା ନାରୀ, ନିଜ ସ୍ତନରୁ ନିଜ ପିଲାକୁ କ୍ଷୀର ପିଆଉଥିବା ନାରୀ, ନା ଝାଳ-ନାଳ ହେଇ ଅଫିସ୍‌ରୁ ଫେରୁଥିବା

ବିବଶ ନାରୀ, ନା ତୁଳସୀ ମୂଳରେ ଜଳଢାଳି ପ୍ରଣତି ବାଢୁଥିବା ନାରୀ, ବା ହୀରାର ହାର ପିନ୍ଧି ଫୁଲ ଦୋଳି ଝୁଲୁଥିବା ନାରୀ!"

ବେଳେବେଳେ ପ୍ରଶ୍ନ କରେ ମନ। ନାରୀତ୍ୱ କ'ଣ? ତା'ର ଉତ୍ତର ଦେଇଛନ୍ତି କବି। ନାରୀତ୍ୱ ଏକ ସବୁଜ ଶସ୍ୟ କ୍ଷେତ୍ର, ଉଜ୍ଜ୍ୱଳ ବହ୍ନିଶିଖା, ଅକାମୀ-ଉଦାର ବିସ୍ମୃତି, ମାତୃତ୍ୱର ମହାନ ଅନୁଭୂତି। ନିଜ ପ୍ରତ୍ୟୟର ଅକ୍ଷୁଣ୍ଣ ପ୍ରତୀକ। କେଉଁ ପୁଣ୍ୟ ବିରହର ପରିଣତି, ମର୍ଯ୍ୟାଦାର ଏକ ମାନଚିତ୍ର। ଏସବୁ ପରେ ବି' ସେ' ପରାଧୀନ। ପୁରୁଷ ନିର୍ମିତ ବ୍ୟବସ୍ଥାରେ ସେ' କ୍ରୀଡ଼ନକ। ଅନେକ ଭାବରେ ଅନେକ ବାଗରେ ନାରୀ ହୁଏ ନିର୍ଯ୍ୟାତିତ। ସମାଜର ବିଧି ବ୍ୟବସ୍ଥା ଠାରୁ କର୍ମକ୍ଷେତ୍ରରେ ସର୍ବୋଚ୍ଚ ସ୍ତର ପର୍ଯ୍ୟନ୍ତ ଅନେକ ପରୀକ୍ଷା ଦିଏ ନାରୀ।

ଏପରିକି ସମକାଳର ସ୍ପର୍ଦ୍ଧିତ ଉଚ୍ଚାରଣ ଡ. ରାଜେନ୍ଦ୍ର କିଶୋର ପଣ୍ଡା ତାଙ୍କ କବିତା "ମୋ ଝିଅ" ରେ ଏହି ଅନୁରୂପ ଚିନ୍ତାକୁ ପ୍ରକଟ କରିଥିବାର ମନେହୁଏ। ବାପଘର ଛାଡି, ଝିଅ ତା' ଶାଶୁଘରର ଅନାଗତ ପରିସ୍ଥିତି ସହ କିଭଳି ନିଜକୁ ଢାଳିପାରିବ, ସେ' ନେଇ ପିତୃ ହୃଦୟର ସଂଶୟ ଓ ଚିନ୍ତା। ଟିକେ ପଛକୁ ଫେରି ଋହିଁଲେ, ଆମେ ବେଣୁଧର ରାଉତଙ୍କର କବିତା 'ପିଙ୍ଗଳାର ସୂର୍ଯ୍ୟ' ରେ ପିଙ୍ଗଳାକୁ ଭେଟୁ। ଏଠି ପିଙ୍ଗଳା ମଧ୍ୟରେ ଏ ଦେହାତୀତ ଉତ୍ତରଣ ଅତ୍ୟନ୍ତ ବିସ୍ମୟକର। ପ୍ରିୟତମର ଅଭିସାରରେ ରତିମଗ୍ନା ପିଙ୍ଗଳା ବେଶ୍ୟା କିଭଳି ଅପେକ୍ଷାମାଣା ହୋଇ ରହିଛି। କିଭଳି ଅବସାଦ-କ୍ଲାନ୍ତିରେ ଭାଙ୍ଗି ପଡ଼ିଛି ତା'ର ମନ-ପ୍ରାଣ-ଆତ୍ମା। ଏ ପରିପ୍ରେକ୍ଷୀରେ ପିଙ୍ଗଳାର ଉତ୍ତରଣ ଘଟିଛି। ବେଣୁଧରଙ୍କ ପିଙ୍ଗଳା ପରମ୍ପରା ଦ୍ୟୋତକ। ଆଧୁନିକ ଜୀବନରେ ପିଙ୍ଗଳାର ଉତ୍ତରଣ, ନୈରାଶ୍ୟରୁ ଉତ୍ତରଣ ବୋଲି ଧରିନେବାକୁ ହେବ। ସେହିଭଳି ନାରୀ ସଶକ୍ତିକଣ ପ୍ରକ୍ରିୟାରେ ନାରୀ ଭିତରର ଦେବୀତ୍ୱ (ସଶକ୍ତ ସ୍ୱରୂପ) ପରିପ୍ରକାଶ ଘଟିଛି। ତା'ର ଇଚ୍ଛା ଓ ଅନିଚ୍ଛାର ବହୁ ଉର୍ଦ୍ଧ୍ୱରେ ତା'ର ଚେତନା ଜଗତକୁ ଆନ୍ଦୋଳିତ କରେ ପୁରାଣ-ପରମ୍ପରା-ମିଥିର ସଂପୃକ୍ତି। ନାରୀତ୍ୱର ସୁରକ୍ଷା ପାଇଁ ସେ' ସ୍ୱୟଂ ସଂପନ୍ନା। ସ୍ୱୟଂ ଈଶ୍ୱରଙ୍କୁ ପରାହତ କରିପାରେ, ନାରୀର ଦର୍ପ-ଗୌରବ। ପୁରୁଷ ଦ୍ୱାରା ଅଭିଶପ୍ତା 'ଅହଲ୍ୟା' ମନତଳର ଦ୍ରୋହକୁ କବି ବାଗ୍ମୀ ମନୋରମା ମହାପାତ୍ର ଅତି ଉଦାତ୍ତ ସ୍ୱରରେ ନାରୀର ପ୍ରତିବଦ୍ଧତାକୁ ଆବାହନ କରିଛନ୍ତି। ନାରୀ ଭିତରର ସାମର୍ଥ୍ୟକୁ ଚିହ୍ନି ଚିହ୍ନାଇବାର ପ୍ରୟାସ କରନ୍ତି କବି ମନୋରମା ମହାପାତ୍ର। ତାଙ୍କ ଭାଷାରେ:

"ଲୋଡ଼ା ନାହିଁ ଏବେ ଆଉ
କାହା ପାଦ ସ୍ପର୍ଶ,
ଏଥର ଉତ୍‌କୀର୍ଣ୍ଣ ହେବ
ସେ ନିଜ ଇଚ୍ଛାରେ,×××
କାହାର ଅଭିସଂପାତ
ଅବରୁଦ୍ଧ କରିବ ତା'
ଅଭୀପ୍‌ସାର ପଥ ?
ଅବା କେଉଁ ଇନ୍ଦ୍ରଜାଲ
ସମ୍ମୋହିତ କରିପାରେ ଏବେ
ତାହାରି ପରିକଳ୍ପିତ / ଅତୀନ୍ଦ୍ରିୟ ଅତନ୍ଦ୍ର ଜଗତ ?
ନିଜେ ହିଁ ସେ' ନିଜ ଚିରକାଳ !
ପରାଶକ୍ତ ନିୟନ୍ତ୍ରିତ କରେ ପରକାଳ !
ଇଷ୍ଟସିଦ୍ଧି କରିପାରେ ନିଜେ ସେ' ନିଜର ପାଦସ୍ପର୍ଶ ?
ପାଦସ୍ପର୍ଶ ଲୋଡ଼ା ନାହିଁ ତା'ର ।"

- ମନୋରମା ମହାପାତ୍ର: (ଅହଲ୍ୟା: ସ୍ୱୟଂସିଦ୍ଧା-ଅର୍ଦ୍ଧନାରୀଶ୍ୱର)

ଏହି ଅବବୋଧକୁ ନେଇ ଉତ୍ତର ଷାଠିଏ ପର୍ଯ୍ୟାୟର କାବ୍ୟ-କବିତାରେ ନାରୀ ବ୍ୟକ୍ତିତ୍ୱର ଏକ ବ୍ୟାପକସତ୍ତାର ପରିଚୟ ଫୁଟିଉଠେ ।

ନାରୀ ଜୀବନର ସଂଘର୍ଷ ଓ ବିପର୍ଯ୍ୟୟ ମିଥ୍-ମେଟାଫର୍ ମାଧ୍ୟମରେ କାବ୍ୟ କବିତାରେ ସଫଳତାର ସହ ରୂପାୟନ ହୋଇଛି । ୧୯୬୦ ମସିହା ବେଳକୁ ଯେଉଁ, ଓଡ଼ିଆ କାବ୍ୟ ସାହିତ୍ୟର ପ୍ରୟୋଗବାଦୀ କବିମାନେ ଦେଖା ଦେଇଛନ୍ତି ସେମାନଙ୍କ ମଧ୍ୟରେ ରମାକାନ୍ତ ରଥ ଅନ୍ୟତମ । ତାଙ୍କ ରଚିତ 'ଚନ୍ଦ୍ରମାର ଚୁଡ଼ି' ନାରୀ ଜୀବନର ଅନ୍ତର୍ଦ୍ଦହନକୁ ଚିତ୍ରିତ କରିବାରେ ସଫଳ ହୋଇଛି । ମୃତ ସ୍ୱାମୀର ସ୍ମୃତିକୁ ପାଥେୟ କରି ବଞ୍ଚିବାର ପଣ କରିଛି ସତ ହେଲେ ଅଭାବବୋଧ ତାକୁ ବାରନାରୀ ସଜେଇ ଦେଇଛି । ପର ପୁରୁଷ ମିଳନର ବିବାଦକର ଅନୁଭୂତି ତା'ର ବିବେକର ଦଂଶନ କରିଛି । ମନୁଷ୍ୟ ଅନୁତପ୍ତ

ହୁଏ । ଏହି ଅନୁତପ୍ତର ଅନଳରେ ସେ' ଯେତେବେଳେ ଦଗ୍ଧୀଭୂତ ହୋଇଛି । ଅତ୍ୟାଧୁନିକ ମନୁଷ୍ୟର ଜଟିଳତା ବିଶେଷତଃ ତା'ର ଅନ୍ତର୍ଦ୍ଦଶା ଏଠି ଉତ୍‌କୀର୍ଣ୍ଣ ହୋଇଛି । କବି ରମାକାନ୍ତଙ୍କ ଭାଷାରେ: "ଆଶ୍ଲେଷ ର ହରିକାଠେ ଚନ୍ଦ୍ରମାର ଅନୁଭୂତି ମଲା

ଝାଳର ଗନ୍ଧରେ ତା'ର ଲୁପ୍ତ ହେଲା ସମଗ୍ର ଚେତନା
ଚୁମ୍ବନର ଚାବୁକ୍‌ରେ ଗାଲ ଆଉ ଛାତିରୁ ଜୀବନ
କୃପଣର ଧନ ପରି ଅନ୍ଧାରର ସିନ୍ଧୁକେ ଲୁଚିଲା ।"

ମୁରବୀ ଶୂନ୍ୟ ହେଲାପରେ, ନାରୀ ଆଗରେ ବିରାଟ ଆହ୍ୱାନ ବାଟ ଓଗାଳି ଛିଡ଼ା ହୁଏ । ଚନ୍ଦ୍ରାର ମାନସିକ ଦ୍ୱନ୍ଦ୍ୱ ଏବଂ ସଂଘାତ ଏଠି ପ୍ରତିଫଳିତ । ଓଡ଼ିଆ କବିତାରେ ଏଭଳି ଏକ ନୈରାଶ୍ୟ ଓ ଅସହାୟତା ଭିତରେ ତତ୍‌କାଳୀନ ସମାଜର ଚନ୍ଦ୍ରା ବେହେରାଣୀମାନଙ୍କ ଜୀବନର ଏ ନଗ୍ନ ବାସ୍ତବ ଚିତ୍ର ଉଙ୍କି ମାରିଛି । ସତ୍ୟତା, ସମାଜର ବିଧି-ବ୍ୟବସ୍ଥାର ଫଳ । ଚନ୍ଦ୍ରମା ଏଠି ଦାରିଦ୍ର୍ୟର ପ୍ରତୀକ । ପରିସ୍ଥିତି ଓ ଅଭାବବୋଧ ମନୁଷ୍ୟଙ୍କୁ ଏଭଳି ଅସହାୟ କରିଦିଏ, ସେ' ବାଧ୍ୟବାଧକତାରେ ପାପ କରିବାକୁ ବାଧ୍ୟ ହୁଏ । ଏଭଳି ଏକ ଅଶୋଭନୀୟ ପରିସ୍ଥିତି ନାରୀ ବିପର୍ଯ୍ୟୟକୁ ନିମନ୍ତ୍ରଣ କରେ । ସେ' ରୂପଜୀବୀର ବିକଳ୍ପ ନେଇ ବଞ୍ଚିବାର ପ୍ରୟାସ କରେ ।

ସାଂପ୍ରତିକ କାଳର କରାଳରେ ନାରୀର ଦୁର୍ଗତି ଘଟିଛି । ନାରୀ ପ୍ରତି ଲୁଣ୍ଠନ, ଶୋଷଣ ଓ ବ୍ୟଭିଚାର ବଢ଼ି ବଢ଼ି ଚାଲିଛି । ବିଂଶ ଶତାବ୍ଦୀର ପୃଷ୍ଠଭୂମି ଅନେକ ନୈରାଶ୍ୟ ଦେଖି-ଦେଖି ଆଗେଇଛି । ତେଣୁ, କାବ୍ୟ-କବିତାରେ ଏହି ଗ୍ଲାନିର ଛାୟା ସଞ୍ଚରି ଯାଇଛି । ଏପରି ଏକ ପୃଷ୍ଠଭୂମି ଭିତରେ ନାରୀ ଜୀବନ ଯନ୍ତ୍ରଣା ଫୁଟି ଉଠିଛି । କବି ମନୋରମା ଏସବୁକୁ ସହ୍ୟ କରିପାରି ନାହାନ୍ତି । ସେ' ହୋଇ ଉଠିଛନ୍ତି ସମ୍ବେଦନଶୀଳ । ନାରୀକୁ ସେ' ଦେବୀତ୍ୱର ଆସନରେ ବସେଇଛନ୍ତି ସତ, କିନ୍ତୁ ତା'ର ଦୁର୍ଦ୍ଦଶାକୁ ଅସହାୟ ଭାବରେ ଅବଲୋକନ ହିଁ କରିଛନ୍ତି । ତାଙ୍କ ଭାଷାରେ :

"ମନଟିଏ ଯା'ର ନାହିଁ
ମନୋମୟୀ ସେ' କି ହୋଇପାରେ?

ଅପର ମରମ ଚିହ୍ନି ସହିବାକୁ ସିନା ଝୁରେ
ଅଲୋଡ଼ା ସେ, ସିଏ କା'ର ଲୋଡ଼ା ହୁଏ ନାହିଁ
ଭୋଗ ସରିଗଲେ ତାକୁ ଅନାଦରେ ଦିଅନ୍ତି ପକାଇ
କମଳାର ଚୋପା ପରି, ଆମ୍ବର ଟାକୁଆ ପରି
ବାଡ଼ିଆଡ଼, ବୁଦାମୂଳେ ଫିଙ୍ଗା ହୁଏ
ଥାନ ତା'ର ଅଳିଆ ଟୋକେଇ ।"

– (ଲୋଡ଼ା ଅଲୋଡ଼ା): ମନୋରମା ମହାପାତ୍ର

ନାରୀର ଏ ଦୁର୍ଦ୍ଦଶାରେ ବିଳପି ଉଠିଛି, ମନୋରମାଙ୍କ ଅନ୍ତରର କୋହ । ସେ' 'ନାରୀର ମାୟା' କବିତାରେ ମାୟାବୀ ମଣିଷର ପ୍ରହେଳିକାକୁ ଛେଦନ କରିବା ପାଇଁ ନାରୀ ହସ୍ତରେ ଅସ୍ତ୍ର ଧରାଇଛନ୍ତି । ଏପରିକି କ୍ରୂର-ବିଧର୍ମୀମାନଙ୍କ ନାଶ ପାଇଁ ନାରୀ ଶକ୍ତିକୁ ଆହ୍ୱାନ କରିଛନ୍ତି । ତାଙ୍କ କବିତାରେ, ନାରୀର ସଶକ୍ତ ସ୍ୱରୂପ ପ୍ରତିଫଳିତ ହୋଇଛି । ଏ ଅବବୋଧ ଭିତରେ ପୁନଃ 'ମିଥ୍' ଜୀବନ୍ୟାସ ଲଭିଛି । କବିଙ୍କ ଭାଷାରେ:

"ପାଶବିକତାର ପାଶ ଛେଦିବାକୁ
ହାତରେ ମୋ ପାଶୁପତ
ପ୍ରାଣିତ ଶାସିତ ପ୍ରାସ ମୁଁ ନାଶିବି
କରିଛି ଜୀବନ ବ୍ରତ ।" (ଅବୁଝା ଚିରକାଳ)

ହେଲେ, ତା ବିବେକ ତାକୁ ପାପବୋଧରେ ଦଂଶୁଥାଏ । ବାସ୍ତବରେ ଅବୁଝା ହୋଇ ରହିଯାଏ ନାରୀର ଜୀବନ । ଏ ପରିପ୍ରେକ୍ଷୀରେ, ସୀତାକାନ୍ତ ମହାପାତ୍ର ନାରୀ ଚରିତ୍ରର ଆତ୍ମିକ ସୌନ୍ଦର୍ଯ୍ୟରେ ଆତ୍ମହରା ହୋଇ ପଡ଼ନ୍ତି । ତାଙ୍କ କାବ୍ୟ ମାନସରେ ନାରୀ ସଚେତନତା ମୁଖ୍ୟତଃ ପୁରାଣ ଚରିତ୍ର (Myth) ମାଧ୍ୟମରେ ପ୍ରକାଶିତ ହୁଏ । 'କୁବଜା' ହେଉ ଅବା 'ଯଶୋଦା' ନାରୀ ଚରିତ୍ର ଆଧ୍ୟାତ୍ମ ଅଭିପ୍ସାରେ ଉତ୍‌କୀର୍ଣ୍ଣା ହୁଏ । ଯେଉଁଠି ସକଳ ବିଡ଼ମ୍ବନା ଭିତରେ ବଞ୍ଚି ରହିବା ଭାଗ୍ୟ । ତଥାପି ସେଇ ବିଶ୍ୱନିୟନ୍ତାଙ୍କ ଉଦ୍ଦେଶ୍ୟରେ ସମର୍ପିତ ହୋଇଛି ଆଜୀବନ । ଏଠି ନାରୀ ଜୀବନ ଏକ ସମ୍ଭାବନା ଭିତରେ ବଞ୍ଚିବାର ପ୍ରଚେଷ୍ଟା କରିଛି । ଏହି

ଆଶାର ପରିପୂର୍ଣ୍ଣତା ତା' ଜୀବନରେ ଅମାପ ଖୁସି ଆଣିଛି । ସେ' ଆଶା କରିଛି ଐଶ୍ୱରୀୟ ସାନ୍ନିଧ । ଏହିଭଳି ଏକ ନୈସର୍ଗିକ ଅବବୋଧ ଭିତରେ ନାରୀ ଜୀବନର ଅବବୋଧ କେବଳ ଯେ ପ୍ରତିଫଳିତ ହୋଇଛି ତା' ନୁହେଁ ବରଂ ଆହୁରି ଅଧିକରୁ ଅଧିକ ବାସ୍ତବାୟିତ ହୋଇଛି । ନାରୀର ଏହି ବ୍ୟାପକ ସ୍ୱରୂପ ଯଦିଓ ମାନବାୟିତ, କିନ୍ତୁ ତା' ଭିତରର ପ୍ରତିବଦ୍ଧତା ତାକୁ ଐଶ୍ୱରୀୟ ସତ୍ତାର ସାନ୍ନିଧ ଦେଉଥିବାର ପରିଲକ୍ଷିତ ହୁଏ ।

ନାରୀ ଏକ ସ୍ୱତନ୍ତ୍ର ସତ୍ତା, ତା'ର ପୁରୁଷ ଭଳି ମନଟିଏ ଅଛି । ତା'ର ସ୍ୱପ୍ନ-କଳ୍ପନା-ଇଚ୍ଛା-ଅନିଚ୍ଛା-କାମନା-ବାସନା ଅଛି । ତ୍ୟାଗ ଓ ସେବାରେ ସେ' କେତେବେଳେ ଦେବୀ ପାଲଟେ ତ' କେବେ ସାଧାରଣ ନାରୀଟିଏ ହୋଇ ନିଜର ଅଭିପ୍ସା, ଆକାଙ୍କ୍ଷାର ପରିପୂର୍ତ୍ତି ଋହେଁ । ଏ ସ୍ୱାଭାବିକ ପ୍ରକ୍ରିୟା । ଆଲୋଚ୍ୟ କାଳରେ ନାରୀ ତା' ମନତଳର ଗହନ ଇଚ୍ଛାକୁ ଭୋଗେ । ବିପୁଳତାରେ ମ୍ରିୟମାଣ ହୁଏ, ତା' ପୁଣି ଆନନ୍ଦରେ ଉଲ୍ଲସିତ ହୁଏ । ବହୁବର୍ଣ୍ଣ ବିଭାରେ ନାରୀତ୍ୱର ଶ୍ରୀ ଫୁଟି ଉଠେ । ଏଇ ଯେମିତି ଦେବକୀ । ମା' ମନତଳର ଆବେଗରେ ଚିରକାଳ ବନ୍ଧା । ସାଧାରଣ ମା'ଟିଏ ତା' ସନ୍ତାନ ପ୍ରତି ଯେଉଁ ଅଭିମାନ କରେ, ଛଳୋକ୍ତି ପ୍ରକାଶ କରେ ଠିକ୍ ସେହିପରି ଦେବକୀ ମନ ମଧ ଝିଂଘାସି ଉଠିଛି । ସାଧାରଣ ଜୀବନ ଅପେକ୍ଷା, ଅସାଧାରଣ ଜୀବନ ଭୋଗିବାରେ କଷ୍ଟକର ହୋଇପଡ଼େ ମା'ଟିଏ ପାଇଁ । ସେହି କଷ୍ଟକୁ ଅନୁଭବିଛି ଦେବକୀଙ୍କ ମନ । ସେଥିପାଇଁ ତ ଅଭିମାନିନୀ ମନ ତାଙ୍କର ବିଳପି ଉଠିଛି । ଏହି ବାତ୍ସଲ୍ୟର ଅବବୋଧକୁ କବି ବୀଣାପାଣି ପଣ୍ଡା ପ୍ରକାଶ କରିବା ପଛରେ ଆଭିମୁଖ୍ୟ ବେଶ୍ ଫୁଟିଉଠେ ।

"ମୁଁ ତ ମୋର ଭଲ ଥିଲି ।
କାରବାସର ଦିନ ସବୁ ବେଶ୍ ଚମତ୍କାର ।
ଚିନ୍ତାଦକ ଶୂନ୍ୟ, ଘଟଣା ବିହୀନ × × ×
ତୁମକୁ କିଏ କହୁଥିଲା ।
ଦୂର ଆକାଶରେ ସ୍ୱପ୍ନ ଅପହଞ୍ଚ ନକ୍ଷତ୍ରକୁ;
ମୋ' ହାତ ମୁଠାରେ ତୋଳି ଦେବାକୁ ।"

(ଦେବକୀ- ସଂ- କିଛି କଥା କିଛି ନୀରବୀ : ବୀଣାପାଣି ପଣ୍ଡା)

ଏ ପରିପ୍ରେକ୍ଷୀରେ ଉତ୍ତର ସତୁରୀ ଦଶକର କବିତାମାନଙ୍କରେ 'Myth' (ପୁରାକଥା) ମାଧ୍ୟମରେ ସମାଜର ନବନିର୍ମାଣର ସ୍ୱପ୍ନ ଦେଖିଛନ୍ତି କବିମାନେ । ଏ କ୍ଷେତ୍ରରେ ମାନବିକ ସମ୍ବେଦନଶୀଳ କବିତା ରଚନାରେ ପ୍ରତିଭା ଶତପଥି ଅନନ୍ୟା- ଅନୁପମା । ଜୀବନର ଅସଂଗତି ଭିତରେ, ନାରୀକୁ ସଗର୍ବେ ଛିଡ଼ା କରାଇବାର ସ୍ପର୍ଦ୍ଧା କରନ୍ତି ପ୍ରତିଭାଙ୍କ ଭଳି ନାରୀ କବିମାନେ । ଜଞ୍ଜାଳ ଗ୍ରସ୍ତ ଜୀବନର ସକଳ ପ୍ରତିକୂଳତା ସତ୍ତ୍ୱେ ନାରୀ ଜୀବନରେ ଏକ ସମ୍ଭାବନାର ଝରଟିଏ ଫିଟେଇ ପାରନ୍ତି । 'ମିଥ୍', 'ରୂପକଳ୍ପ' ବ୍ୟବହାର କରି ଅତ୍ୟନ୍ତ ନିଖୁଣତାର ସହ ନାରୀ ଜୀବନ ଯନ୍ତ୍ରଣାକୁ ବାସ୍ତବାୟିତ କରିଛନ୍ତି କବି । ତାଙ୍କର ଲିଖିତ 'ସାବିତ୍ରୀ ଉବାଚ', 'ଧର୍ଷଣ', 'କୁଷ୍ଠୀର ମଧୁଶଯ୍ୟା'କୁ ଲକ୍ଷ୍ୟକଲେ ଆମେ କବିଚିତ୍ତର ଆବେଗାତ୍ମକ ଦିଗଟିକୁ ଉଦ୍‌ଘାଟିତ କରିପାରିବ । ଏଥିରେ ସନ୍ଦେହ ନାହିଁ । ଏ ଯୁଗର ସାବିତ୍ରୀ କିଭଳି ସତୀତ୍ୱର ସଂଜ୍ଞା ଦେଇପାରେ । ବଞ୍ଚିବା ଓ ବଞ୍ଚେଇବାର ସଂକଟ ଭିତରେ ଆପଣାକୁ ବାଜି ଲଗାଇପାରେ, ତାହା ହିଁ କବିତାର ଅନ୍ତଃସ୍ୱର । ବାସ୍ତବରେ କବି ପ୍ରତିଭା ଶତପଥିଙ୍କର ଏ ଅବବୋଧ ଭିତରେ ନାରୀତ୍ୱର ପରିଭାଷା ପ୍ରତିଫଳିତ ।

"ସତୀତ୍ୱର ସଂଜ୍ଞା କ'ଣ ?
ବଞ୍ଚିବା ଓ ବଞ୍ଚାଇବା ଶତାବ୍ଦୀର ମହାସଙ୍କଟରେ" ?

- ପ୍ରତିଭା ଶତପଥି: ସାବିତ୍ରୀ ଉବାଚ

ମିଥ୍‌ଧର୍ମୀ ରୀତିରେ କୁବ୍ଜା, ଦ୍ରୌପଦୀ ଆଦି ଚରିତ୍ରର ସଂରଚନା କରିଛନ୍ତି । ଆପଣା ଜୀବନର ନୈରାଶ୍ୟବୋଧକୁ ସେ' ପରିପ୍ରକାଶ କରିଛନ୍ତି । ସକଳ ନାରୀର ଜୀବନ-ଯନ୍ତ୍ରଣାକୁ ନିଜ ସହ ଏକାତ୍ମ୍ୟ କରି ସେ' 'ସାହାଡ଼ା ସୁନ୍ଦରୀ' 'ମାନଉଦ୍ଧାରଣ', 'ସୃଷ୍ଟିର ମୂଳ ବୀଜଟି', 'ମୌକ୍ଷ ଲୋକ ଆଦି କବିତା ମାଧ୍ୟମରେ ପରିପ୍ରକାଶ କରିଛନ୍ତି । ଦେବକୀ, ସୀତା, ଅହଲ୍ୟା, ଦ୍ରୌପଦୀ, ଶ୍ରମଣା ଆଦି ପୌରାଣିକ ଚରିତ୍ରମାନଙ୍କୁ ସାଂପ୍ରତିକ ନାରୀମାନଙ୍କ ଜୀବନ ସହ ତୁଳନା କରିଛନ୍ତି । ସେ' ସାହାଡ଼ା ସୁନ୍ଦରୀ'ର ଅପରିଚ୍ଛନ୍ନ ଗଣ୍ଡି ଭିତରେ ନିଜକୁ ହିଁ ଆବିଷ୍କାର କରିଛନ୍ତି ପ୍ରତିଥର । ନାରୀ ଜୀବନର ଭବିତବ୍ୟକୁ ଅଗ୍ରାହ୍ୟ କରି ବିଡ଼ମ୍ବିତ ଜୀବନର ଅଳିକତାକୁ ସମାପ୍ତି କରିବାକୁ ଇଚ୍ଛା କରିଛନ୍ତି । ତାଙ୍କର ସ୍ପର୍ଦ୍ଧା ଏତେ, ସେ' ଈଶ୍ୱରଙ୍କୁ ଅସହାୟ ଭାବରେ ଚିତ୍ରଣ କରିଛନ୍ତି । ତାଙ୍କ ମତରେ :

"ମୁଁ କ'ଣ ଜାଣିନି ସେଇ ଲୀଳାମୟ କେତେ ଏକୁଟିଆ
ପର୍ବତ ପ୍ରମାଣ, ହତାଶା-ଅବସାଦର ସୁଗନ୍ଧିତ ଫୁଲଙ୍କ
ଉପରେ, କି' ଠାଣିରେ ହୋଇଥାନ୍ତି ଠିଆ।"

– ନିମୀଳନ : ପ୍ରତିଭା ଶତପଥି

ଏଠାରେ ଯଦିଓ ବ୍ୟବସ୍ଥାକୁ ପରିବର୍ତ୍ତନ କରିବାର ଦାୟ ନାହିଁ, କିନ୍ତୁ ବିଡ଼ମ୍ବିତ ଅବବୋଧ ଭିତରେ ନାରୀ ଜୀବନର କାରୁଣ୍ୟ ପ୍ରତିଫଳିତ ହୋଇଛି।

ବିଶେଷତଃ ଦେଖିବାକୁ ଗଲେ ଭାରତୀୟ ପାରଂପରିକ ମୂଲ୍ୟବୋଧରେ ଆମର ପୁରାଣ-ଇତିହାସ-କିମ୍ବଦନ୍ତୀ ଜୀବନ୍ତ ଭାବରେ ରୂପ ପାଏ। ମଣିଷ ଯେତେ ଅତ୍ୟାଧୁନିକ ବୋଲାଇଲେ ମଧ୍ୟ କେଉଁଠି, ନା କେଉଁଠି ଆମର ଅତୀତ ରୋମନ୍ଥନ ହୁଏ। ସ୍ୱତନ୍ତ୍ରତଃ କାବ୍ୟ-କବିତାରେ ଫୁଟି ଉଠେ ପୁରାଣ-ପରମ୍ପରା ପ୍ରତି ସମର୍ପିତ ମନୋଭାବ। ଭାରତୀୟ ପରମ୍ପରାରେ ଦେଖାଯାଉଥିବା ନାରୀ ମିଥ୍ ଗୁଡିକ ସବୁ ପୁରୁଷ ଦ୍ୱାରା ନିୟନ୍ତ୍ରିତ ହୋଇ ଆସିଛି। ସେ' ସୀତା ହୁଅନ୍ତୁ ଅବା ଅହଲ୍ୟା। ଶବରୀ ହେଉ ଅବା ଦ୍ରୌପଦୀ, ସେ' ଗାନ୍ଧାରୀ ହୁଅନ୍ତୁ ଅବା କୁନ୍ତୀ, ଉର୍ମି, କୁବ୍‌ଜା ଆଦି ସମସ୍ତ ଚରିତ୍ର ପୁରୁଷ ଦ୍ୱାରା ଅବହେଳିତ, ନିଷ୍ପେସିତ। ପୁରୁଷ ସମାଜର ଆଧିପତ୍ୟ-ଅବିଚାର, ନାରୀକୁ ଅନେକ ମୂଲ୍ୟ ଦେଇ ପରିଶୋଧ କରିବାକୁ ପଡ଼ିଛି। ପୁରୁଷ ପାଇଁ ତମାମ୍ କର୍ତ୍ତବ୍ୟ କରିଥିଲେ ହେଁ, ନାରୀ ଦେବୀ ହୋଇବି, ଅନେକ ପକ୍ଷପାତିତାର ଶିକାର ହୋଇଛି। ଯାହାକୁ ନ୍ୟାୟ ଦେବା ଆଜିର କବିମାନଙ୍କ ଉପରେ ନ୍ୟସ୍ତ। ତେଣୁତ, ମରିପଡ଼ିଥିବା ଇତିହାସର ସମାଧିକୁ କବି ଖୋଳ ତାଡ଼ କରିଛି। ସାଂପ୍ରତିକ ଚରିତ୍ରମାନଙ୍କ ଭିତରେ ଅତୀତର ସ୍ମୃତି ସବୁକୁ ଯୋଡ଼ି ଦେଇଛି। ଅନ୍ୟାୟ-ଅତ୍ୟାଚାର ବିରୁଦ୍ଧରେ ମୁହଁ ଖୋଲିବାର ଆତ୍ମବିଶ୍ୱାସ ଭରି ଦେଇଛି। ଅତୀତ, ବର୍ତ୍ତମାନ ମୁହଁର ଭାଷା ହୋଇ ଭବିଷ୍ୟତକୁ ତାଗିଦ୍ କରିଛି। ଭାରତୀୟ ମୂଲ୍ୟବୋଧର ଅଧୋଗତି, ମାନବିକତାର ଅବକ୍ଷୟ ଭିତରେ ନାରୀ ଜୀବନର ଜଟିଳତାରୁ ମୁକ୍ତି ପାଇବାର ସ୍ୱପ୍ନ ମଧ୍ୟ ବଳବତ୍ତର ହୋଇଛି। ଏ ପରିପ୍ରେକ୍ଷୀରେ, ନାରୀ ଜୀବନରେ କେବଳ ମିଥ୍ (ପୌରାଣିକତା) ନୁହେଁ ବରଂ ମୋଟିଫର୍ (ସାର୍ବକାଳୀନତା) ଏବଂ ମେଟାଫର୍ ବା ରୂପକଳ୍ପ ମାଧ୍ୟମରେ ଜୀବନ-ଯନ୍ତ୍ରଣାକୁ କବିମାନେ ଲୋକଲୋଚନକୁ ଆଣିଛନ୍ତି। ଏକଥାକୁ ସ୍ୱୀକାର କରିବାକୁ ହେବ,

ଏହି 'ମିଥ୍ ବା ସାର୍ବକାଳୀକତା' ଏକ ଚେତନା ହୋଇ ଆମ ଜୀବନ ସହ ଏମିତି ଏକାତ୍ମ୍ୟ ହୋଇ ବାଟ ଦେଖଉଥିବେ । ଏହି ନାରୀ ମିଥ୍ ସବୁ ନୂତନତ୍ୱର ଭାବ ନେଇ ଉଚ୍ଚାରିତ ହୋଇଛନ୍ତି । ନାରୀ ଅସ୍ମିତାର ନୂତନ ଫର୍ଦ୍ଦ ଯେପରି ଉନ୍ମୋଚନ ହେବାରେ ଲାଗିଛି । ଏ ପରିପ୍ରେକ୍ଷୀରେ ଡ. ଗିରିବାଳା ମହାନ୍ତିଙ୍କ 'ସ୍ତ୍ରୀଲୋକ' କବିତା ନାରୀର ଅସ୍ତିତ୍ୱ, ତା'ର ସ୍ୱାଧୀକାର ରକ୍ଷା ନିମନ୍ତେ ଅଭିପ୍ରେତ । ନାରୀର ଏ ସ୍ୱୟଂସମୃଦ୍ଧ ରୂପ ତା'ର ଦେବୀତ୍ୱର ସୂଚନା ମାତ୍ର । ସମାଜରେ ନିଷ୍ପେସିତ, ଲାଞ୍ଛିତ ଜୀବନ ନେଇ ନାରୀଟିଏ ବଞ୍ଚିବାକୁ ଚାହେଁନା, ବରଂ ଏକ ନୂତନ ପରିଚୟରେ ଆଗକୁ ବଢ଼ିବାର କାବ୍ୟିକ ପରିପ୍ରକାଶ ଭିତରେ କବି ଗିରିବାଳା ଏକ ସମ୍ଭାବନାର ଗୁରୁମନ୍ତ୍ର ଦିଅନ୍ତି । ପୁରୁଷ ସମାଜର ତଥାକଥିତ ଅବିଚାର ଏବଂ ହିପୋକ୍ରେସି (Hypocrisy) ବିରୁଦ୍ଧରେ ବିଷଉଦ୍‌ଗାରିଛନ୍ତି କବି ।

"ତୁମ ଅହଂକାର ଦେଇ ମତେ ଆୟତ୍ତ କରିବ
ଏତେଟା ସୁଲଭ ନୁହେଁ
ପ୍ରକୃତି ମୁଁ...
ପ୍ରୀତିରେ ପରମ ତୁମ ମାତା ସମ
ଅନାଦରେ ପ୍ରଳୟର ସାକ୍ଷାତ ମୂରତି ।"

ଏଠି ନାରୀ ଶକ୍ତିର ପ୍ରତୀକ ଭାବରେ ପ୍ରକୃତିକୁ ମାଧ୍ୟମ କରି ନାରୀର ମର୍ଯ୍ୟାଦା - ଆତ୍ମବିଶ୍ୱାସର କଥା କୁହାଯାଇଛି । ହୋଇଛି ବୋଲି ସ୍ୱୀକାର କରିବାକୁ ହେବ ।

କବି ଗିରିବାଳା ମହାନ୍ତି ସମ୍ବେଦନଶୀଳ କବିତ୍ୱରେ ଜଡ଼ସଡ । ଯେ ଜୀବନ ଯନ୍ତ୍ରଣାକୁ ମର୍ମେ ମର୍ମେ ଅନୁଭବ କରନ୍ତି । ଜୀବନକୁ ଜଗତକୁ, ଆପଣାକୁ ଅପରକୁ ବୁଝେଇ ଦିଅନ୍ତି ଜୀବନ ଜିଁଇବାର କଳା । ଏ ହେଉଛି କବି ଗିରିବାଳାଙ୍କ ଅନନ୍ୟ କବି ସତ୍ତାର ବିଶେଷତ୍ୱ । ନାରୀ ଜୀବନର ସବୁ ବେସୁଆଦପଣକୁ ସେ' ଅଗ୍ରାହ୍ୟ କରନ୍ତି । ଆପଣାର ଇଚ୍ଛା ମୁତାବକ ନାରୀଟିର ଯେ ବଞ୍ଚିବାର ଅଧିକାର ଅଛି, ତାକୁ ସେ' ସାବ୍ୟସ୍ତ କରିବାକୁ ଲେଖନୀ ଚାଳନ କରନ୍ତି । ନାରୀ କଦାପି ଦ୍ୱିତୀୟ ଲିଙ୍ଗ ବା second sex ନୁହେଁ । ସେ' ପୁରୁଷର ସହଯାତ୍ରୀର ପୁରୁଷତନ୍ତ୍ର ସମାଜର

ଅବିଚାର ଓ ଅନ୍ୟାୟକୁ ଅସ୍ୱୀକାର କରନ୍ତି କବି ଗିରିବାଳା । ତାଙ୍କ ସ୍ୱର ଶାଣିତ ଓ ତୀକ୍ଷ୍ଣ ହେଲେ ହେଁ ଅଭ୍ୟନ୍ତରୀଣ ପ୍ରଦେଶରୁ ସେ' ପୁଣି ଉଦାର, ସହୃଦୟ । ଏକାଧାରରେ ଦୁଇ ବିରୋଧାଭାଷାକୁ ଜାବୁଡ଼ି ଧରି ଭାରି ସନ୍ତର୍ପଣରେ ନାରୀର ସ୍ୱାଧୀକାର ଓ ଅସ୍ମିତାର କଥା କୁହନ୍ତି । ଅନେକ ଅସଙ୍ଗତି ଭିତରେ ଜୀବନ ଯନ୍ତ୍ରଣାକୁ ସମ୍ମୁଖୀନ ହେବାରେ ବିଶ୍ୱାସ ରଖନ୍ତି କବି । କବିଙ୍କ ପ୍ରତିକ୍ରିୟାଶୀଳ ମନ ଆପଣାର ଅବବୋଧ ଓ ସୂକ୍ଷ୍ମ ମନନଶୀଳତାକୁ ନେଇ ଯାହା ବଖାଣି ବସିଛି, ତାକୁ ନିମ୍ନମତେ ଲକ୍ଷ୍ୟ କରାଯାଇପାରେ ।

"ଛାର ସ୍ତ୍ରୀ ଲୋକଟା
ଏତେ ଆଶା-ଆକାଂକ୍ଷା ଗୋଟେ କଣ !
ଅମୁକର ଝିଅ, ସମୁକର ସ୍ତ୍ରୀ, ସମୁକର ମା ହୋଇ
ରହିଛି, ରହିବ / ସ୍ୱତନ୍ତ୍ର ନା ଖୋଜା ଗୋଟେ କଣ ?

-ସ୍ତ୍ରୀ ଲୋକ-୧ : ସଂ : କହେ ଗିରିବାଳା:ପୃ:୯୫

ସ୍ୱାଧୀନତା ପରବର୍ତ୍ତୀ ଓଡ଼ିଆ କବିତାରେ ପ୍ରତିଫଳିତ ନାରୀ ଜୀବନର ସମସ୍ୟାମାନ ଅତ୍ୟନ୍ତ ବାସ୍ତବାୟିତ ଭାବେ ଚିତ୍ରିତ ହୋଇଥିବାର ଦେଖିବାକୁ ମିଳେ । ନାରୀର ସମସ୍ୟା ବହୁବିଧ । ଏହି ସମସ୍ୟା ପଛରେ ରହିଥିବା ପୁରୁଷତନ୍ତ୍ରର ଅବିଚାର ବିରୁଦ୍ଧରେ ଅନେକ କବିତାରେ ସ୍ୱର ଉତ୍ତୋଳନ ହୋଇଛି । ବଳରାମ ଦାସ କୃତ ପ୍ରସିଦ୍ଧ 'ଲକ୍ଷ୍ମୀପୁରାଣ' ଠାରୁ ପ୍ରଲମ୍ବିତ ନାରୀ ଅସ୍ମିତା ଏଠି 'ଅଗ୍ନି କମଳିନୀ' ଠାରେ ଏକୀଭୂତ ହୋଇଥିବାର ଦେଖିବାକୁ ମିଳେ । ବଳରାମ ଦାସଙ୍କ ଠାରୁ ଅପର୍ଣ୍ଣା ମହାନ୍ତିଙ୍କ ପର୍ଯ୍ୟନ୍ତ ନାରୀ ଜୀବନର ସମସ୍ତ ଅବବୋଧ ଭିତରେ ତା'ର ସାଫଲ୍ୟ-ବିଫଳତା, କାରୁଣ୍ୟ- ଆହ୍ଲାଦ ତଥା ତା'ର ପ୍ରାପ୍ତି- ଅପ୍ରାପ୍ତି ଐକାନ୍ତିକ ଭାବରେ ଫୁଟି ଉଠିଛି । ଅତଏବ ଓଡ଼ିଶାର ସାମାଜିକ-ସାଂସ୍କୃତିକ ପାଣିପାଗ ଭିତରେ ପ୍ରତିଧ୍ୱନିତ ହୋଇଥିବା ନାରୀ ଅସ୍ମିତାର ଅନ୍ତଃସ୍ୱର ବଳିଷ୍ଠତାର ଦୀପ୍ତିରେ ଉଦ୍ଭାସିତ ହୋଇଛି । ନାରୀ ଜୀବନ-ଜୀବିକାର ଦୟା ଆଗରେ ତା'ର ଇଚ୍ଛା-ଅନିଚ୍ଛା କେଉଁଠି ବଳି ପଡିଛି ତ କେଉଁଠି ଆପଣାର ଇଚ୍ଛାରେ ଆଦରି ନେଇଛି ବାରନାରୀର ଜୀବନ କେଉଁଠି ପାରିବାରିକ ଜଂଜାଳ ବାଟ ଓଗାଳିଛି ତ କେଉଁଠି ବିବେକର ଦଂଶନ ସତ୍ତ୍ୱେ ସହଜେ ଆଦରି ନେଇଛି ଅନ୍ଧାରି ମୂଳକକୁ । ବାସ୍ତବରେ ନାରୀ

ସମ୍ମୁଖରେ ଅନେକ ଆହ୍ୱାନ । ସେ' ପରିବାର ହେଉ ଅବା କର୍ମକ୍ଷେତ୍ର । ପ୍ରତିଟି ପରିସ୍ଥିତିରେ ନାରୀ ଶରବ୍ୟ ହୁଏ ସମାଲୋଚନାର । ତଥାପି ନାରୀ ଭାଙ୍ଗିପଡେନା ବରଂ ଆପଣାର ସାମର୍ଥ୍ୟରେ ନିଜ ବାଟ ଗଢି ତୋଳିବାର ପ୍ରଯତ୍ନ କରେ । କେଉଁଠି ଜୀବନ-ଜିବୀକାକୁ ବଞ୍ଚାଇବାକୁ ଯାଇ ଦେହ ବ୍ୟବସାୟ କରେ ତ କେଉଁଠି ବାର ଅପବାଦ ଭିତରେ ଆତ୍ମଦାହର ପଥ ବାଛିନିଏ । କେଉଁଠି ଆତ୍ମସମ୍ମାନର ସହ ବଞ୍ଚିବାକୁ ଏରୁଣ୍ଡି ବାହାରକୁ ଗୋଡ ବଢାଏ ତ କେଉଁଠି ଭାଗ୍ୟ ସହ ସାଲିସ କରି ଜୀବନ ବିତାଏ । କେବଳ ଏତିକିରେ ସରେନା ଜୀବନ ଯନ୍ତ୍ରଣା, ବରଂ ଆହୁରି-ଆହୁରି ଦୁର୍ବିସହ ପରିସ୍ଥିତି ଆସି ତା'ର ପରୀକ୍ଷା ନିଏ । ଖୁବ୍ ଅସହାୟତା ଭିତରେ ସନ୍ତୁଳି ହୁଏ ନାରୀ । ସାମାଜିକ ଅପବାଦ, ଅନ୍ଧବିଶ୍ୱାସ, କୁସଂସ୍କାର ଶିକାର ହୁଏ ସେ, ଅଥଚ ଲୋକଲଜ୍ଜ୍ୟା ଭୟରେ ଅନେକାଂଶରେ ନିରବ ରୁହେ ନାରୀ । ଲିଙ୍ଗଗତ ବିବିଧତା ତଥା ବୈଷମ୍ୟର ଆଢୁଆଳରେ ଅଦ୍ୟାବଧି ନାରୀର ଜୀବନ ଅନେକ ସମସ୍ୟା ଭିତରେ ଗତି କରେ । ତଥାପି, ସମସ୍ତ ପ୍ରତିକୂଳତାକୁ ଭ୍ରୂକ୍ଷେପ ନ କରି ନାରୀ ତା'ର ପ୍ରଜ୍ଞା, ବୁଦ୍ଧିମତା ମାଧ୍ୟମରେ ଆପଣାର ସଶକ୍ତ ସ୍ୱରୂପର ପରିଚୟ ଦିଏ । ଏହି ସବୁ କବିତା ଛଳରେ ପ୍ରତିଫଳିତ ହୋଇଥିବାର ଉପଲବ୍ଧି କରିହୁଏ । ଏପରିକି ନାରୀ ତା'ର ଅସ୍ମିତାକୁ ରକ୍ଷା କରିବାରେ ସାମର୍ଥ୍ୟ ରଖେ ବୋଲି ଅନେକ କବିତାରେ ମତବ୍ୟକ୍ତ ହୋଇଥିବାର ଦେଖିବାକୁ ମିଳେ ।

ନାରୀ ନିଜେ ହିଁ ନିଜର ପରିଚୟ । ଆପଣାର ସମର୍ପଣ ଓ ଆନୁଗତ୍ୟରେ ଗୃହକୁ କରେ ବୈକୁଣ୍ଠ । ଏ କଥା ସ୍ୱାଧୀନତା ପରବର୍ତ୍ତୀ କାବ୍ୟ ଧାରାରେ ପ୍ରତିଫଳିତ ହୋଇଥିବାର ଦେଖାଯାଏ । ଜଗତୀକରଣ ତଥା ଉତ୍ତର ଆଧୁନିକ ପ୍ରେକ୍ଷାପଟରେ ନାରୀର ସ୍ୱରୂପ ପରିବର୍ତ୍ତନ ହୋଇଛି ସତ କିନ୍ତୁ ତା'ର ବାତ୍ସଲ୍ୟପଣ କର୍ମନିଷ୍ଠା ଏବଂ ସାମର୍ଥ୍ୟରେ କିଞ୍ଚିତ ମାତ୍ର ଅଭାବ ହୋଇ ନାହିଁ । ଏ ପରିପ୍ରେକ୍ଷୀରେ ବିଚାର କଲେ, ପାଶ୍ଚାତ୍ୟ ନାରୀବାଦ ଆରମ୍ଭ ହେବାର ବହୁ ପୂର୍ବରୁ ଭାରତୀୟ ପ୍ରେକ୍ଷାପଟରେ ନାରୀ ଅସ୍ମିତାର ସଶକ୍ତ ସ୍ୱରୂପ ପ୍ରତିଫଳିତ ହୋଇଛି । ଯଦିଓ, ଅଧୁନା ପ୍ରବର୍ତ୍ତିତ ନାରୀବାଦୀ ଆଭିମୁଖ୍ୟ ବା ସିଦ୍ଧାନ୍ତ ପ୍ରାଚ୍ୟ ଭୂମିରେ ଦେଖିବାକୁ ମିଳେନା, କିନ୍ତୁ ଏହାର ପ୍ରଭାବକୁ ଅସ୍ୱୀକାର କାଯାଇନପାରେ ।

ବିଶେଷତଃ, ନାରୀମିଥ୍ ଗୁଡିକ ପ୍ରାଚ୍ୟ ଭୂଖଣ୍ଡରେ ଏଭଳି ଅସ୍ଥି-ମଜ୍ଜା ହୋଇଯାଇଛି, ଯାହା ବ୍ୟତିରେକ ନାରୀ ଜୀବନର ବିବିଧ ସ୍ୱରୂପକୁ ଆକଳନ

କରିବା କଷ୍ଟକର ହୋଇପଡିବ । ଇତିହାସର ଅବଗୁଣ୍ଠନ ତଳୁ ଉଙ୍କିମାରୁଥିବା ନାରୀମିଥ୍ ଗୁଡ଼ିକ ବାସ୍ତବରେ ନାରୀ ଜୀବନର ବିପର୍ଯ୍ୟୟକୁ ବହୁ ଭାବରେ ପ୍ରତିଫଳିତ କରୁଛି । କେବଳ ଏତିକି ନୁହେଁ କାରୁଣ୍ୟର ଲୁହ ବୁନ୍ଦା ପରିବର୍ତ୍ତେ ଏକ ସଶକ୍ତ ବର୍ଣ୍ଣମାଳା ହୋଇ ଜୀବନର ହସ୍ତାକ୍ଷର ଲେଖୁଛି କହିଲେ ଅତ୍ୟୁକ୍ତି ହେବ ନାହିଁ । ନାରୀ ଜୀବନରେ କେବଳ ବିପର୍ଯ୍ୟୟ ଯେ ଘଟି ଚାଲିଛି ତା ନୁହେଁ ବରଂ ବହୁ କ୍ଷେତ୍ରରେ ପରିବର୍ତ୍ତନର ସ୍ୱର ଅନୁରଣିତ ହୋଇଛି । ଏହି ପରିବର୍ତ୍ତନ ହିଁ ବିକାଶର ସହାୟକ ବୋଲି ଧରି ନେବାକୁ ହେବ । କାରଣ, ଯେଉଁଠି ପରିବର୍ତ୍ତନ, ସେଇଠି ବିକାଶ ଏବଂ ଯେଉଁଠି ବିକାଶ ସେଇଠି ପ୍ରଗତି ଅବଶ୍ୟମ୍ଭାବୀ ।

ବାସ୍ତବରେ ନାରୀ ଜୀବନର ଯାବତୀୟ ଅସଙ୍ଗତିକୁ ରୂପ ଦେବାରେ 'ମିଥ୍', 'ମୋଟିଫ୍' ଏବଂ ବହୁବିଧ 'ମେଟାଫର୍' ଗୁଡିକ ସଫଳତାର ସହ ଆଧୁନିକ ଓଡ଼ିଆ କବିତାରେ ପ୍ରୟୋଗ ହୋଇଛି । କାରଣ ଅଦ୍ୟାବଧି ମଧ୍ୟ ସୀତା-ସାବିତ୍ରୀ-ଅହଲ୍ୟା-ଲକ୍ଷ୍ମୀ-ଦ୍ରୌପଦୀଙ୍କ ପରି ପୌରାଣିକ ଚରିତ୍ର ବା ନାରୀମିଥ୍ (myth) ଗୁଡିକ ଉଦାହରଣ ସାଜି ନାରୀ ସମାଜକୁ ଆହ୍ୱାନ କରିଛି । ଅତୀତରେ କିନ୍ତୁ ଓଡ଼ିଆ କବିତାର ଧାରାରେ ନାରୀର 'ଶଯ୍ୟାସଂଗୀନୀ' ସ୍ୱରୂପ ଗୁଡିକ ରୂପ ପାଇଥିବା ବେଳେ କିନ୍ତୁ ତାହା ପରିବର୍ତ୍ତିତ ହୋଇଛି । ବିଶେଷତଃ ଊନବିଂଶ ଶତକର ଆଦ୍ୟ ପର୍ବ ବେଳକୁ ନାରୀର ସଶକ୍ତ ରୂପ ଧୀରେ ଧୀରେ ଉଙ୍କି ମରୁଥିବାର ଦେଖିବାକୁ ମିଳେ । ନାରୀର ଅଙ୍ଗିକ ସୌନ୍ଦର୍ଯ୍ୟ ଅପେକ୍ଷା ତା'ର ବାସ୍ତବାୟିତ ସ୍ୱରୂପର ବର୍ଣ୍ଣନା ସହିତ ତା'ର ସମସ୍ୟାମାନ ପ୍ରତିଫଳିତ ହେଲାଣି । କେବଳ ସମସ୍ୟା ନୁହେଁ ସମାଧାନର ପନ୍ଥା ମଧ୍ୟ କାବ୍ୟିକ ନିଦାନ ଭାବେ ପରିପ୍ରକାଶ ଘଟିଲାଣି । କ୍ରମଶଃ ଆଧୁନିକ ଓଡ଼ିଆ କବିତାରେ ନାରୀର ଅସ୍ମିତା ଏକ ପ୍ରମୁଖ ଆହ୍ୱାନ ହୋଇ ପ୍ରତିଫଳିତ ହୋଇଥିବାର ଦେଖିବାକୁ ମିଳେ । 'ସହଜ ସୁନ୍ଦରୀ' କ୍ରମଶଃ ଲାବଣ୍ୟବତୀ ଏବଂ 'ଲାବଣ୍ୟବତୀ' ଧୀରେ ଧୀରେ 'ନନ୍ଦିକା' ଏବଂ 'ନନ୍ଦିକା' କ୍ରମଶଃ 'ଚନ୍ଦ୍ର ବେହେରାଣୀ' ଏବଂ 'ଚନ୍ଦ୍ର ବେହେରାଣୀ' କେତେବେଳେ ରାଧା ନୋଳିଆଣୀ ଦେଇ 'ଅପାପାବିଦ୍ଧା'- 'ନଷ୍ଟନାରୀ' ହୋଇ ଛିଡା ହେଲାଣି । ଏ ପରିବର୍ତ୍ତିତ ସ୍ୱରୂପ ଭିତରେ ନାରୀ ଜୀବନର ବିଡମ୍ବନା କିନ୍ତୁ ଅପସରି ଯାଇନି ବରଂ ଆହୁରି ଅଧିକରୁ ଅଧିକ ଶୋଚନୀୟ ହୋଇପଡିଛି । କିନ୍ତୁ ଅଧିକାଂଶ ସ୍ଥଳରେ

ନାରୀ ଭିତରର ସତ୍ତାଟି ପ୍ରତି ଆଧୁନିକ କବି ହୋଇଛନ୍ତି ସଚେତନ ଓ ସମର୍ପିତ । ତା'ର ବିଶ୍ୱାସବୋଧକୁ, ସମ୍ଭାବନାକୁ ଅଧିକ ସୁଦୃଢ ତଥା ଦିଗନ୍ତ ବିସ୍ତାରି କରିବା ପାଇଁ ସେ' ଯେଉଁ ଆହ୍ୱାନ କରିଛି, ସେଥିରୁ ତା'ର ବଳିଷ୍ଠ ସ୍ୱରୂପ ଯେ ପ୍ରତିଫଳିତ ହୋଇଛି ତାହାକୁ ଅସ୍ୱୀକାର କରାଯାଇନପାରେ । ନାରୀ କଦାପି ଦୋକାନରେ ସଜେଇ ହୋଇ ରହିଥିବା ମ୍ୟାନ୍‌କୁଇନ ନୁହେଁ । ସେ' ସ୍ୱତନ୍ତ୍ର ସତ୍ତା ; ଯାହାର ମନ ଅଛି, ପ୍ରାଣ ଅଛି, ଇଛା- ଆକାଂକ୍ଷା ଅଛି ଏବଂ ତତ୍‌ସହିତ ତା'ର ନିଜସ୍ୱ ପରିଚୟ ଅଛି । ଓଡ଼ିଆ କବିତା ବିଶେଷତଃ, ୧୯୮୦ ପରବର୍ତ୍ତୀ କବିତାରେ ନାରୀର ପ୍ରତିବଦ୍ଧ ସ୍ୱରୂପକୁ ଦେଖେଇବାର ପ୍ରଚେଷ୍ଟା କରାଯାଇଛି । ଫଳତଃ, ନାରୀର ତଥାକଥିତ 'ଭୋଗ୍ୟ' ସ୍ୱରୂପଟି କ୍ରମଶଃ 'ଭଦ୍ରାଣି' ରେ ପରିଣତ ହୋଇଛି । ଏ ପରିପ୍ରେକ୍ଷୀରେ, ଡ଼. ଗୌତମ ଜେନାଙ୍କ ପ୍ରବନ୍ଧରୁ ଉଦ୍ଧୃତାଂଶଟି ନିମ୍ନମତେ ଆଲୋଚନା କରାଯାଇପାରେ:

"ନାରୀର ସଂଜ୍ଞା ଖୋଜୁଥିବା ନାରୀ ସତ୍ତା ଯେତେବେଳେ ପରିବର୍ତ୍ତିତ ହୁଏ ସମୁଦ୍ରରେ, ଅନ୍ତହୀନ ସମୟରେ ; ସେତେବେଳେ ସୂର୍ଯ୍ୟତାପ ପରି ଜ୍ୱାଳା ପୃଥିବୀରୁ ନିଶ୍ଚିହ୍ନ କରିଦିଏ ଯେତେବେଳେ ବିଭାସ୍ୱ ଦୃଶ୍ୟ । ଜୀବନରେ ଘଟେ ଯେଉଁ ନୂତନ ସୂର୍ଯ୍ୟୋଦୟ, ସମସ୍ତ ଧ୍ୱଂସସ୍ତୁପ ଭିତରୁ ପୁନଶ୍ଚ ପ୍ରକାଶ ଲାଭ କରେ ଶାଶ୍ୱତ ପ୍ରେମ ଓ ବିଶ୍ୱାସ, ଯାହା ଆଜିର ନାରୀ ଚେତନାକୁ ନୂଆଢଙ୍ଗ ଓ ନୂଆ ରୂପରେ ପ୍ରକାଶ କରିଛି ।"

- ଅସ୍ମିତା ଅନ୍ୱେଷଣ (ସଂ): ନାରୀବାଦୀ ଚେତନା ଓ
ଓଡ଼ିଆ କବିତା : ପୃ:୧୯୧

ବାସ୍ତବରେ ନାରୀର ତ୍ୟାଗ, ମମତ୍ୱ ଏବଂ ସହନଶୀଳ ସ୍ୱରୂପ ସମାଜକୁ କରେ ମହିମାମଣ୍ଡିତ । ନାରୀ ସତ୍ତାର ଏହି ସଶକ୍ତ ସ୍ୱରୂପକୁ ଆହ୍ୱାନ କରିଛନ୍ତି ଗିରିବାଳା ମହାନ୍ତି । ତାଙ୍କ ଭାଷାରେ :

"ଯେ' ଯାବତ୍ ନିଜେ ନାରୀ ଚେଇଁ ଶୋଇଥିବ ସେ' ଯାଏଁ ସ୍ଲୋଗାନ, ବିପ୍ଳବ ଓ ବିଦ୍ରୋହର ଅର୍ଥ କଣ ? ××× ତଥାପି, କାଳ, କାଳ ଧରି ନିଜକୁ ଚିହ୍ନିବା ତୁମର ଶେଷ ହେଲା ନାହିଁ... ।"

ନାରୀର ଅସ୍ମିତା ହିଁ ତା'ର ପ୍ରତିବନ୍ଧ ସ୍ୱରୂପକୁ ଉଜାଗର କରେ । ପୁରୁଷତାନ୍ତ୍ରିକ ବିଧି ବ୍ୟବସ୍ଥାରେ ନାରୀକୁ ଗୌଣମନେ କରି ତାପ୍ରତି ଅବହେଳା ହୁଏ, ଶୋଷଣ ହୁଏ । ପରିବାରର ସମସ୍ତ କର୍ତ୍ତବ୍ୟ ଠାରୁ ଏରୁଣ୍ଡି ବାହାର ଦୁନିଆରେ ମଧ୍ୟ ତାହା ସହ ଉଚିତ୍ ବ୍ୟବହାର ହୁଏନା । ତା'ର ପ୍ରାପ୍ୟ ତାକୁ ମିଳେନା ବରଂ ଅନେକ ଯନ୍ତ୍ରଣା, ସମାଲୋଚନା ଏବଂ ପ୍ରତିବନ୍ଧକ ଭିତରେ ତାକୁ ବଞ୍ଚିବାକୁ ପଡେ । ଯେପରି:

ଅଣହେଳା ସହି ମା ରୁ ବୁଢ଼ୀ ମାରୁ
ଦରକାରୀ ବୁଢ଼ୀଟିଏ ହୋଇ
ବାଷ୍ପ ହୋଇଯିବା ଯାଏଁ
ଯାହାଠାରୁ ଆସିଥିବ, ଯାହାର ହାତ ଧରି ଆସିଥିବ,
ଆପଣାକୁ ବିଭକ୍ତ କରି ଯାହାକୁ ଆଣିଥିବ
କାହାରି ବେଳ ହେବ ନାହିଁ ତା ପାଇଁ ।"

-ସ୍ତ୍ରୀ ଲୋକ- ୦୬: କବି ଗିରିବାଳା

ଉପଲବ୍ଧି ଯେତେବେଳେ ଆବେଗମୟ ହୋଇ ଉଠେ, ସେତେବେଳେ ହିଁ ଉତୁରି ପଡେ କବିତା । ଯେପରି ଚୁଲିରେ ଉତୁରିପଡେ କ୍ଷୀର । ବାସ୍ତବିକ୍ ନାରୀ ଜୀବନର ବହୁବିଧ ଜଂଜାଳ ଭିତରେ ସେ' ନିଜକୁ ଭୁଲିବସେ । ଝିଅରୁ ମା ପୁଣି ମାରୁ ବୁଢ଼ୀ ମାର ପ୍ରଲମ୍ବିତ ଜୀବନ ଭିତରେ ଦାୟିତ୍ୱକୁ ମୁଣ୍ଡେଇ ଚାଲୁଥାଏ ନାରୀ । କବି ଅପର୍ଣ୍ଣା କିନ୍ତୁ ଏ ସବୁକୁ ଅସ୍ୱୀକାର କରି ନାହାନ୍ତି । ତାଙ୍କ ପ୍ରତିକ୍ରିୟାଶୀଳ କବି ସତ୍ତା କିନ୍ତୁ ଦୁଃଖିତ ନ ହେଇ କେତେ ସସହଜରେ ସମାଜକୁ ମୁହେଁ ମୁହେଁ ଶୁଣାଇ ଚାଲିଛନ୍ତି ନିର୍ଭିକ ବାଣୀ । ଏହି ମର୍ମରେ କବି ଜୀବନର ଉଦାତ୍ତ ସତ୍ୟକୁ ଉଦ୍‌ଘୋଷଣା କରନ୍ତି । ଏ ନାରୀ ଜୀବନର ପୂର୍ଣ୍ଣତା ତୁଛ ଆଦର୍ଶର ନିଗଡ଼ ଭିତରୁ ନୁହେଁ ବରଂ ଏଇ ଧୂଳି ଧୂସରିତ ଜୀବନର ବାସ୍ତବତା ଭିତରୁ ଉକୁଟି ଉଠେ । ତେଲ-ଲୁଣର ସଂସାରର ଯାବତୀୟ ଅଭାବବୋଧ ଭିତରୁ ଜୀବନରେ ଯଦି କିଛି ଅନିନ୍ଦ୍ୟ ଅନୁଭବ ଥାଏ, ତାହା ହେଉଛି ସୁଖ । ତେଣୁ କବି ଅପର୍ଣ୍ଣାଙ୍କ ଭାଷାରେ -

"ସୁଖ ତ ସୁଖ / ସୁଖ ପାଇଁ ବୈଧ କଣ ?
ଅବୈଧ କଣ ?"

ବିଡମ୍ବନା ହେଲେ ହେଁ ସତ୍ୟ । ଯେଉଁ ସମାଜ ନାରୀଟିଏ ପାଇଁ ପରମ୍ପରାର ଲକ୍ଷ୍ମଣରେଖା ଟାଣୁଥାଏ ; ସେ' କିନ୍ତୁ ପୁରୁଷ ପାଇଁ ନୁହେଁ । ଆଧୁନିକ ଜୀବନର ବୋହୂ କଣ ସମସ୍ତେ ସନ୍ତୁଳିଥାନ୍ତି । ନାରୀବାଦୀ ଚେତନା ଏହି ପକ୍ଷପାତିତା ବିରୁଦ୍ଧରେ ଏକ ପୁଞ୍ଜିଭୂତ ଆହ୍ୱାନ ବୋଲି ବୁଝାଯାଏ । ଏ ପରିପ୍ରେକ୍ଷୀରେ ନିମ୍ନମତେ ଏକ ଦୃଷ୍ଟାନ୍ତକୁ ଆଲୋଚନା କରାଯାଇପାରେ ।

A women is a worthy thyng they do the washe and do the waynge a women is a worthy wyght. She serveth man both daye and nyght.

- Mediaval English Lyrics, Ed.
R.T. Devis (London, 1963)
No. 17A (15th Century)

ବାସ୍ତବିକ୍ ଓଡ଼ିଆ କବିତାରେ ନାରୀ ଜୀବନର ମାର୍ମିକ ସ୍ୱର ପ୍ରତିଫଳିତ ହୋଇଥିବାର ଦେଖିବାକୁ ମିଳେ । ଇତିହାସ ପୁନଃ ଜୀବନ୍ୟାସ ନ ପାଇଁ ବରଂ ଏକ ପରିବର୍ତ୍ତିତ ବ୍ୟବସ୍ଥା ଭିତରେ ନାରୀ ଜୀବନର ଅନ୍ଧାରି ଦିଗ ସବୁ ଅପସରି ଯିବାର କାମନା କରନ୍ତି କବି ଅପର୍ଣ୍ଣା ମହାନ୍ତିଙ୍କ ଭଳି ବ୍ୟାପକ କବି ସତ୍ତାମାନେ । କେବଳ ପରିବର୍ତ୍ତନର ଆଶା ନୁହେଁ ବରଂ ଆବଶ୍ୟକ ସ୍ଥଳେ ଚେତନାବାଣୀର ଡାକରା ଦିଅନ୍ତି ଏହିଭଳି ପ୍ରତିକ୍ରିୟାଶୀଳ କବିମାନେ, ଯାହାଙ୍କ ଆହ୍ୱାନରେ ପୁରୁଷ ପ୍ରାଧାନ୍ୟ ବିଧି-ବ୍ୟବସ୍ଥା ପରିବର୍ତ୍ତିତ ହେବାକୁ ବାଧ ହୁଅନ୍ତି । ସମୟର ଆହ୍ୱାନରେ ଆଧୁନିକ କାବ୍ୟଧାରା (ଓଡ଼ିଆ ସାହିତ୍ୟ) ନୂତନ କାବ୍ୟ ବିଧିକୁ ଆପଣେଇ ଫୁଟିଉଠିଛି । କବିଙ୍କ ଭାଷାରେ :

"ଗଙ୍ଗା କଣ / ଆବଦ୍ଧ ହୋଇ ରହିପାରେ /
କୂଅରେ ? କଂସା ବାସ୍ନାରେ କି / ଭାତ ହାଣ୍ଡିରେ ?
× × ×
ନାରୀଟିଏ ଗଙ୍ଗା ହେଉ/ କେହି ଚାହାଁନ୍ତିନି/ ସେ' ଶୋଷ-
ମେଣ୍ଟାଉଥାଏ / ସବୁରି ଦେହର/ ମନର/ ସଂସାରର/

କେହି ତା'ର ମୋକ୍ଷଦା ରୂପକୁ / ଥାପନା କରନ୍ତି ନାହିଁ /
ପିପାସିତା ଆତ୍ମା ମନ୍ଦିରରେ ।"

-କବି ଅପର୍ଣ୍ଣା ମହାନ୍ତି : ଗଙ୍ଗା : ପୃ :୧୫

ବାସ୍ତବରେ ନାରୀର ଅମାପ । ସେଇଥିପାଇଁ ତ ତା' ଲାଗି ଟଣା ହୁଏ ଯାବତୀୟ ଲକ୍ଷ୍ମଣଗାର । କବି ଅପର୍ଣ୍ଣା କିନ୍ତୁ ଏ ସବୁକୁ ଅସ୍ୱୀକାର କରନ୍ତି ଏବଂ ଆହ୍ୱାନ କରନ୍ତି ସକଳ ନାରୀଶକ୍ତିକୁ ; ଯେଉଁଠି ଇତିହାସ ହୁଏ ଜୀବନ୍ତ, ପୁରାଣ ହୁଏ ପ୍ରଗଳ୍‌ଭ ଏବଂ କିମ୍ବଦନ୍ତୀ ହୁଏ ଆବେଗମୟ । ଯେଉଁଠି ଦୁର୍ଗା ହୁଅନ୍ତି ଉଦ୍ଭାସିତା । ଦୁର୍ଗା-ଜଗତ ଜନନୀଙ୍କ ଧର୍ମସଂସ୍ଥାପନା ପାଇଁ ହୁଏ ଆବାହନ । ପୁନଃ ଧର୍ମର ଜୟ ହୁଏ ଏବଂ ଅଧର୍ମର ନାଶ ଘଟେ । ନାରୀ ବନ୍ଦନୀୟା, ସୃଷ୍ଟିକାରିଣୀ କିନ୍ତୁ, ଆବଶ୍ୟକ ସ୍ଥଳେ ସଂହାରକାରିଣୀର ରୂପ ଧରେ, ଅଧର୍ମର ବିନାଶ କରେ । ପୁରୁଷର ଶଠତା, ଲାଳସା ଏବଂ ସ୍ୱାର୍ଥାନ୍ଧ ପ୍ରବୃତ୍ତି ବିରୁଦ୍ଧରେ ଆହ୍ୱାନ କରେ ନାରୀଶକ୍ତି । ବେଦ୍‌, ଉପନିଷଦ, ପୁରାଣଠାରୁ ଆରମ୍ଭ କରି ଇତିହାସ-କିମ୍ବଦନ୍ତୀ ପୁନଃ ଜୀବନ୍ୟାସ ଲଭେ । କାରଣ, ସେ' ପ୍ରକୃତି, ସେ' ଧାତ୍ରୀ, ସେ' ପୁଣି ଧରିତ୍ରୀ ସ୍ୱରୂପା । ସେ' ଜାୟା-ଜନନୀ-ଭଗିନୀ ପୁଣି ଆଦ୍ୟାଶକ୍ତି କାଳରାତ୍ରି, କାତ୍ୟାୟିନୀ ସ୍ୱରୂପା । କବିଙ୍କ ଭାଷାରେ:

"ଗୋଟିଏ ଦେହରେ / କେତେ ନା କେତେ
ଦେହର ଅନୁଭବଙ୍କୁ / ଭୋଗୁଚ, ଭୋଗୁଚ ନଷ୍ଟ ନାରୀ /
× × ×
କେତେ ନା କେତେ ଦେହରେ
× × ×
କ୍ଷଣକେ ଫିଙ୍ଗି ଦିଏ/ ପୋକ-ଯୋକ-ସରୀସୃପ
କୃମି ସାଲୁବାଲୁ / ଚଉରାଶି ନର୍କ ଭିତରକୁ /
କ୍ଷଣକେ ଉତ୍ତୀର୍ଣ୍ଣ କରିଦିଏ / ରମିବାକୁ ପାରିଜାତ ସୁବାସିତ
ସ୍ୱର୍ଣ୍ଣଦୀ ସଚିତ ।"

-କବି ଅପର୍ଣ୍ଣା : ଗୋଟିଏ ଦେହରେ : ପୃ: ୧୯-୨୦

କବି ଅପର୍ଣ୍ଣା ମହାନ୍ତିଙ୍କ ପ୍ରାୟତଃ ସମସ୍ତ କବିତାରେ ନାରୀ ଜୀବନର ମିଥ୍ ଏବଂ ମେଟାଫର ପ୍ରତିବିମ୍ବିତ ହୋଇଥିବାର ଦେଖିବାକୁ ମିଳେ । ସେ, 'ଅପାପବିଦ୍ଧା' ହେଉ ଅବା 'ଅସତୀ', 'ନଷ୍ଟନାରୀ' ବା 'ଅଗ୍ନି କମଳିନୀ' ନାରୀ ଜୀବନର ଚରମ ବାସ୍ତବତା 'ମେଟାଫର୍' ସହାୟତାରେ ଫୁଟି ଉଠିଛି । ଅଦ୍ୟ କବିତାରେ ଏହି ନାରୀ ମନସ୍ତତ୍ତ୍ୱ କୌଣସି 'ବାଦ' ର ପ୍ରଭାବରେ ପ୍ରଭାବିତ ନୁହେଁ ବରଂ ଏକ ପ୍ରତ୍ୟୟ ମଧ୍ୟ ଦେଇ ନାରୀର ସଶକ୍ତ ସ୍ୱରୂପର ପରିଚୟ ଦେଇଛି କହିଲେ ଅଧିକ ଯୁକ୍ତିଯୁକ୍ତ ମନେହେବ ।

ସାଲିସ୍‌ବିହୀନ ଜୀବନ ଜିଇଁବା ଭିତରେ ନାରୀତ୍ୱର ବଳିଷ୍ଠପଣଟି ଫୁଟି ଉଠିଛି । କବି ସରୋଜିନୀ ଷଡଙ୍ଗୀ କିନ୍ତୁ ଏ ଦୃଷ୍ଟିରୁ ନିଆରା କବିପଣଟିଏ ରଖନ୍ତି । ସମାଜର ତଥାକଥିତ ପରମ୍ପରା ବିରୋଧରେ ମୁହଁ ଖୋଲିବାର ସ୍ପର୍ଦ୍ଧା ରଖନ୍ତି ଏବଂ ଆହ୍ୱାନ କରନ୍ତି ସକଳ ନାରୀ ଜାତିକୁ । ଆତ୍ମନିରୀକ୍ଷଣ ପୂର୍ବକ ନାରୀ ଜୀବନର ଅନ୍ତର୍ଦ୍ଦଶାକୁ ବ୍ୟକ୍ତ କରିବାରେ କବି ଅନନ୍ୟା । ନାରୀବାଦୀ ଚେତନାର ସମୃଦ୍ଧମୟ ଅନ୍ତଃସ୍ୱର ହେଉଛି ତାଙ୍କ ଲେଖନୀର ବିଶେଷତ୍ୱ । ତାଙ୍କ କବିତାରେ, ସେ' କୁହନ୍ତି :

"ପ୍ରତିଟି ରକ୍ତ କୋଷରେ/ ମୁହାଁମୁହିଁ ଯୁଦ୍ଧ ପାଇଁ
ଭରି ନେ, ତୁ ଶାଣିତ ସାୟକ
ଇଶାନୀ- ଈଶ୍ୱରୀ/ ପାଦରୁ ଶୃଙ୍ଖଳା ଖୋଲି
ଜାଳି ଦେ ତୁ ଚୌଦିଗେ, ଅନ୍ୟାୟକୁ ଯୁଝିବାର /
ଅଖଣ୍ଡ ମଶାଲ / ଅପର୍ଣ୍ଣା- ଅପରିଚିତା /
କୋମଳ କଙ୍କଣ ନୁହେଁ / ଅଜି ହିଁ ସଂଗ୍ରାମ ପାଇଁ /
ପିନ୍ଧି ଦେ ତୁ ସାହସରେ / ଦିବ୍ୟ ବେହରଣ ।"

- ବଂଶାଇ: ସଂ. ଅସବର୍ଣ୍ଣା: କବି ସରୋଜିନୀ ଷଡଙ୍ଗୀ

ଏ ସବୁ ଦୃପ୍ତତା ଭିତରେ ନାରୀ ଜୀବନର ଦୀପ୍ତି ବେଶ୍ ଉତ୍କୀର୍ଣ୍ଣ ହୋଇଥିବାର ଦେଖିବାକୁ ମିଳେ । ଏକପକ୍ଷରେ କୋମଳ ଆବେଗ ତ ଅନ୍ୟ ପକ୍ଷରେ କଠୋର -କ୍ରୁର ସ୍ୱରରେ ଜଡ଼ସଡ ତାଙ୍କ କବିପ୍ରାଣ ଓଡ଼ିଆ କବିତାରେ ନାରୀ ଜୀବନର ବାସ୍ତବତାକୁ ପ୍ରତିଫଳିତ କରିବାରେ ସମର୍ଥ ହୋଇଚି ।

ନାରୀବାଦର ଅଭ୍ୟୁଦୟ ଏବଂ ବିକାଶ କେବଳ ସାହିତ୍ୟର ପରିସରଭୁକ୍ତ ନୁହେଁ ବରଂ ସମାଜର ତଥା କଥିତ ପକ୍ଷପାତିତା ଏବଂ ଅନ୍ୟାୟର ଫଳଶ୍ରୁତି ବୋଲି ଧରିନେବାକୁ ହେବ । ପୁରୁଷଦ୍ୱାରା ନିର୍ଣ୍ଣିତ ନାରୀର ସଂଜ୍ଞା ଆଜି ସ୍ୱୟଂ ନାରୀ ପରିବର୍ତ୍ତନ କରିବାରେ ସମର୍ଥ ହୋଇଛି । ପୁରାଣ ଯୁଗରୁ ଆରମ୍ଭ କରି ସାମ୍ପ୍ରତିକକାଳ ପର୍ଯ୍ୟନ୍ତ ସମୟ ସ୍ରୋତରେ ନିଜକୁ ନିଜ ଠାରୁ ଅଲଗା କରି ନାରୀଟିଏ ଯେଉଁ ବଞ୍ଚିବାର ବାଟ ବାଛିଥିଲା, ସେଥିପାଇଁ ତାକୁ କମ୍ ମୂଲ୍ୟ ଦେବାକୁ ପଡ଼ିନାହିଁ । ନାରୀ ଜୀବନର ମିଥ୍‌କୁ ବହୁ ନିଖୁଣତାର ସହ କବି ଅପର୍ଣ୍ଣା ବାଢ଼ିପାରନ୍ତି । ଯାହାକୁ ନିମ୍ନମତେ ଆଲୋଚନା କରାଯାଇପାରେ ।

"ତେତ୍ରିଶ କୋଟି ଦେବା ଦେବୀଙ୍କ ଆଗରେ /
ଦୁର୍ଗା ବିବସନା ହେବାଠୁ ଆରମ୍ଭ କରି / ଅହଲ୍ୟା ପଥର ହେବା /
ବୈଦେହୀ ଥରକୁ ଥର ଅଗ୍ନି, ପାତାଳରେ ପଶିବା/
ପାଞ୍ଚାଳୀ, ଜୁଆରେ ବାଜି ରହିବା/
× × ×
ରୂପ କନୱରର ଜୀବନ୍ତ ଦହନ / ବନୱାରୀର ଗଣଧର୍ଷଣ /
ତସଲିମାର ମୁଖ ଫତୱାକୁ / ସେ' ଅଙ୍ଗେ ନିଭାଇଛି
× × ×
ପ୍ରେମିକ, ପତି, ପୁରୁଷର ବିଳାସ /
ସ୍ୱାର୍ଥ, ଅହଂକାର କୁ / କାଳ ଭୋଗିବା ପରେ ବି'/
ତୁଣ୍ଡ ଖୋଲି ନାହିଁ ।"

– ଚିହ୍ନି ରଖ : କବି ଅପର୍ଣ୍ଣା

ଏବେ ମଧ୍ୟ ଝିଅଟିର ଜନ୍ମ ପୂର୍ବରୁ ହତ୍ୟା କରାଯାଏ । ଭୃଣହତ୍ୟା ତ ବଧୂ ହତ୍ୟା ଏଭଳି ଯନ୍ତ୍ରଣାର ଜତୁପାଶରୁ ମୁକୁଳି ପାରେନା ନାରୀର ଜୀବନ । ଝିଅ, ବୋଝ ଭାବି ତାକୁ ଯାବତୀୟ କଷଣ ଭିତରେ ରଖାଯାଏ । ଅନେକ କଟକଣା, ଆକଟ ଭିତରେ ଝିଅର ଶୈଶବ ଅବହେଳିତ ହୁଏ । ସମାଜର ନାଲିଆଖିକୁ ଅହରହ ଡରିଥାଏ ନାରୀଟିଏ । 'ଝିଅ ଜନମ ପର ଘରକୁ' ଭାବି ତାକୁ ଅନ୍ୟହାତକୁ ଟେକି

ଦିଆଯାଏ । ଏପରିକି ଦୋବୋଇ ବର ହେଉ ଅବା ବୟସ୍କ ବର ହାତରେ ବିଚରା ଝିଅଟିଏ ଲହୁଲୁହାଣ ହୁଏ । ବାସ୍ତବରେ ପୁରୁଷର ଭୋଗବାଦୀ ମନ କାହୁଁ ବୁଝିବ ? ନାରୀ ଅନ୍ତରର ବ୍ୟଥା ଓ ବେଦନାକୁ ।

ନାରୀ ଜୀବନ କହିଲେ ଶାଢ଼ୀ, ଅଳଙ୍କାର ତଥା ସୌଖିନ ସାମଗ୍ରୀ ବା ପ୍ରସାଧନ ବସ୍ତୁ ଭିତରେ ନୁହେଁ, ଯଦିଓ ନାରୀର ଦୁର୍ବଳ ମନ ଏଥିପ୍ରତି ଆକର୍ଷିତ ହୁଏ । ତା'ର ଏକ ମନ ଅଛି ଏବଂ ଏହି ମନର ଆଭ୍ୟନ୍ତରୀଣ ଜଗତରେ ଅଛି ମହଣ-ମହଣ ଭଲପାଇବା । କିନ୍ତୁ ବେଳେବେଳେ ତା'ର ଏଇ ଭଲପାଇବାକୁ ଅଣଦେଖା ହୁଏ । ପୁରୁଷ ସୁଲଭ ଦୃଷ୍ଟିଭଙ୍ଗୀ ତାକୁ ଦେହର ଦେହଳୀ ଭିତରେ ତଉଲୁଥାଏ । ତା'ର ପରାଧିନତା ହିଁ ତା'ର ଉନ୍ନତିର ପଥ ଅବରୋଧ କରେ । ପ୍ରସିଦ୍ଧ ନାରୀବାଦୀ ଲେଖିକା ସାଇମନ ଡି. ବୁଭାଙ୍କ ପ୍ରସିଦ୍ଧ ବକ୍ତବ୍ୟ

"One is n't born but rather becomes a woman."

ବାସ୍ତବରେ ନାରୀ ହୋଇ ଜନ୍ମିବାର ବିଡମ୍ବନା ସମାଜର ଦାନ । ତଥାକଥିତ ସମାଜର ପାତର ଅନ୍ତର ନୀତି ନାରୀ-ପୁରୁଷ ଭିତରେ ଲିଙ୍ଗଗତ ବୈଷମ୍ୟ ସୃଷ୍ଟି କରେ । ନାରୀ କେବଳ ଭୋଗ୍ୟବସ୍ତୁ ହୋଇପଡେ । ପୁରୁଷ ପ୍ରଣୀତ ଅଲଂଘ୍ୟ ପ୍ରାଚୀର ନାରୀ ଓ ପୁରୁଷ ମଧ୍ୟରେ ସୀମାହୀନ ଦୂରତ୍ୱ ତୋଳିବସେ । ଏକ ଆରକର ସହଯାତ୍ରୀ ନୁହେଁ ବରଂ ପ୍ରତିଦ୍ୱନ୍ଦୀ ହୋଇ ପଡନ୍ତି । ଜନ୍ମ ହେବା ଠାରୁ ମୃତ୍ୟୁ ପଥର ଯାତ୍ରୀ ହେବା ପର୍ଯ୍ୟନ୍ତ ନାରୀଟିଏ ପୁରୁଷର ସୁଖ-ସମୃଦ୍ଧି ପାଇଁ ନିଜକୁ ତିଳ-ତିଳ କରି ଜାଳୁଥାଏ, ଅଥଚ ପାଏ କଣ ? ସର୍ବସ୍ୱ ଅଜାଡ଼ିବା ସତ୍ତ୍ୱେ ଅବହେଳିତା ହୁଏ, ଅତ୍ୟାଚାରିତା ହୁଏ । ଆମ ପୁରୁଷକୈନ୍ଦ୍ରିକ ସମାଜର ନାରୀ ମର୍ଯ୍ୟାଦା ଓ ସମ୍ମାନ କିପରି ପ୍ରତି ମୁହୂର୍ତ୍ତରେ ଭୂଲୁଣ୍ଠିତ ହୋଇ ଚାଲିଛି, ତାହା ଖବର କାଗଜରୁ ବେଶ୍ ଜାଣିହୁଏ । ଡ. ପ୍ରତିଭା ଶତପଥିଙ୍କ ଭାଷାରେ :

"ଆଧୁନିକ ନାରୀର ଏ ଚିତ୍ର ନୈର୍ବ୍ୟକ୍ତିକ ସତ୍ୟ ; ମାତ୍ର ତା'ର ଅନ୍ତରାତ୍ମାକୁ, ଗ୍ଲାନିକୁ ଲୁହବୁନ୍ଦାକୁ କବି ସ୍ପର୍ଶ କରିବାକୁ ଚାହିଁ ନାହାନ୍ତି । ×××କିନ୍ତୁ ବର୍ତ୍ତମାନର କବି ନାରୀର ଅନ୍ତର୍ନିହିତ ସତ୍ତାକୁ ଉଦ୍‌ଘାଟନ କରିବା ସହିତ, ତା'ର ଅନ୍ତରାତ୍ମାକୁ ଚିହ୍ନି, ତା'ର ପରାକ୍ରମ ଓ ପରାଜୟ ଉଭୟକୁ ଉପଲବ୍ଧି କରୁଛି । ××× ଚିରନ୍ତନ ନାରୀର ଅଭିପ୍ସା ପୁରଣକଳ୍ପ ମାଧ୍ୟମରେ 'ଶ୍ରୀରାଧା' ଓ 'ଶବରୀ' ଆଦି କାବ୍ୟ

ଚରିତ୍ରରେ ଚିହ୍ନିତ ହେଲା ବେଳକୁ ପଲ୍ଲୀର ନୀରୀମାଖି ଝିଅର ଅନ୍ତଃସୌନ୍ଦର୍ଯ୍ୟ ମଧ୍ୟ 'ଧାନ ସାଉଁଟା ଝିଅ' ଆଦି କବିତାରେ ବିଶିଷ୍ଟତା ଲାଭ କରିଛି ।"

– କବିତାର ଉଦ୍ଭାସନ ଓ ନବ୍ୟାଲୋଚନା : ଡ ପ୍ରତିଭା ଶତପଥି : ପୃ:୦୮

ଏତେ ଅବ୍ୟବସ୍ଥା ଏବଂ ଅନିଶ୍ଚିତତା ମଧ୍ୟରେ ନାରୀ ଜୀବନର-ଜଟିଳତାକୁ ରୂପ ଦେବାରେ ଆଧୁନିକ କବିତା ବେଶ ସଫଳ ବୋଲି ଗ୍ରହଣ କରିବାକୁ ହେବ । ଏ ପରିପ୍ରେକ୍ଷୀରେ ଅବବୋଧ ଅପେକ୍ଷା ଆବେଗକୁ ପ୍ରାଧାନ୍ୟ ଦେଇଥାଏ ଆଧୁନିକ କବି । ସ୍ୱପ୍ନ ଏବଂ ସତ୍ୟତାର ବିଡମ୍ବନା ଭିତରେ ଅହରହ ଦ୍ୱନ୍ଦ୍ୱ, ସଂଘାତ ଦେଇ ଗତି କରୁଥିବା ନାରୀ-ଜୀବନକୁ ଆହୁରି ପାଖରୁ ବ୍ୟକ୍ତ କରୁଥିବା ଆଧୁନିକ କବିତା ଧନ୍ୟ । କାଠ ପୁତ୍ତଳିକା ପରାଏ ଧର୍ମର ନିଗଡ଼ ଭିତରୁ ନିଜକୁ ବିଭକ୍ତ କରୁଥାଏ ନାରୀ । ଅଥଚ, ପାଶବିକତାର କଷାଘାତରେ ସନ୍ତୁଳି ହେବାଟା ସାର ହୁଏ । କିନ୍ତୁ, ନାରୀର ପରିଚୟ ଏହା ହୋଇ ନପାରେ । ନାରୀତ୍ୱର ପରାକାଷ୍ଠା ଦେବୀତ୍ୱ ଭିତରେ ଝଲସୁଥାଏ । କବି ଅକାତରେ ନାରୀର ବଳିଷ୍ଠ ସ୍ୱରୂପକୁ ଆହ୍ୱାନ କରିବାକୁ ଯାଇ ପୁରାଣ (myth) କୁ ପୁନଃ ସଂସ୍ଥାପନ କରିଛନ୍ତି । କବିଙ୍କ ଭାଷାରେ :

"ଯେଉଁଠି ପୁରୁଷ ମାନେ ଧାଇଁଆସନ୍ତି ଝାଳ-ନାଳ / ବଟଫଳ ଭଳି
ଆଖି ×× ଅଷ୍ଟଧାତୁ ବେଷ୍ଟଲଗା ଖଡ୍ଗହସ୍ତେ
ମାହାରୀ ତୁ ଠିଆ ହେଉ ×× ଲମ୍ପଟ ଆଗରେ ।"

– ମହାନାରୀ, ସଂ. ଶଙ୍ଖନାଭି : କବି ହରିହର ମିଶ୍ର

ଖୁବ୍ ଆଶ୍ଚର୍ଯ୍ୟ ଲାଗେ, ନାରୀ ତ ନାରୀ ପୁଣି ମହାନାରୀ ହେବା ପରେ ରହସ୍ୟ ଭିତରେ ଜୀବନ ଓ ଜୀବିକା ଆଳରେ ମର୍ଯ୍ୟାଦା ଲୁଣ୍ଠିତ ହୁଏ । କିନ୍ତୁ ଏହି ମାହାନାରୀ ମହାପ୍ରଭୁଙ୍କ ଅଙ୍ଗଲାଗି ନାରୀ, ଏହା ସତ୍ୟ ; ମାତ୍ର କାମୁକ, ଲମ୍ପଟ ପୁରୁଷମାନଙ୍କ ପାଇଁ ସେ' ଖଡ଼୍‌ଗ ଧାରିଣୀ ଚଣ୍ଡୀ । ବାସ୍ତବରେ, ବିଧାତା ଯାହାକୁ ଅସହାୟତା ଭିତରେ ଛାଡ଼ିଦେଇ ଆସନ୍ତି, କବି ଲେଖନୀ ତାକୁ ସଶକ୍ତ କରି ଗଢିତୋଳିବାର ସ୍ପର୍ଦ୍ଧା କରୁଥାଏ । ଏହା ପଛରେ ଥିବା ନୈତିକ ପ୍ରେରଣା କଣ ନୈସର୍ଗିକ ପ୍ରଭାବ ନୁହେଁ ? ଏହାକୁ ଫାଙ୍କି ଦେବା କଣ ଏତେ ସହଜ ହେଇପାରେ ? 'ମହାନାରୀ' ବା 'ମାହାରୀ' ମେଟାଫର ବା ରୂପକଳ୍ପ ଭିତରେ କବିର ଆଧୁନିକ ଦୃଷ୍ଟି ନାରୀର ସଶକ୍ତ ସ୍ୱରୂପକୁ ପରିପ୍ରକାଶ କରିବାର ବଳ ସାଉଁଟେ ।

ବାସ୍ତବିକ୍ ନାରୀ ଜୀବନର ଏହି ମିଥ୍ ଏବଂ ମେଟାଫରର ପ୍ରୟୋଗ ଭିତରେ ଆଧୁନିକ ଓଡ଼ିଆ କବିତା କିଛି କିଛି ପରୀକ୍ଷାଧର୍ମିତାକୁ ମେଟିଫ୍ କରି ଆଗକୁ ବଢେ । ଏହି ପରିପ୍ରେକ୍ଷୀରେ ମିଥ୍ (myth) ଏଭଳି ଏକ ସଚେତନତା, ଯାହା ଅତୀତକୁ ବର୍ତ୍ତମାନ ସହ ଯୋଡି ଭବିଷ୍ୟତ ପ୍ରତି ଏକ ପରିବର୍ତ୍ତନର ଆଶା ରଖେ ।

ବାସ୍ତବରେ, ୧୯୮୦ ପରବର୍ତ୍ତୀ କବିତାର ଧାରାରେ କବିମାନେ ପରିବର୍ତ୍ତିତ ସମୟର ଆହ୍ୱାନକୁ ଗ୍ରହଣ କରିଛନ୍ତି । ବିଶେଷତଃ ନାରୀ ଜୀବନର ଯାବତୀୟ ସମସ୍ୟାକୁ ପ୍ରତିଫଳିତ କରିବା ସହିତ ତାହାର କାବ୍ୟିକ ନିଦାନ ମଧ୍ୟ ଦେବାରେ ଉଣା କରିନାହାନ୍ତି । ଏହି କବି ମଣିଷମାନଙ୍କ ପ୍ରଚେଷ୍ଟାରେ ନାରୀ ସାତ୍ତା କୁ ଗୃହର ସୀମିତ ପରିଧି ଭିତରେ ଆବଦ୍ଧ ନ କରି ମୁକ୍ତ ଭାବରେ ଏକ ସ୍ୱତନ୍ତ୍ର ଅବବୋଧ ଭିତରେ ବ୍ୟକ୍ତ କରିବାକୁ ପ୍ରଚେଷ୍ଟା କରିଛନ୍ତି । ନାରୀ ସ୍ୱରର ଦୃପ୍ତତା ସହ କୋମଳତା କୁ ବ୍ୟକ୍ତ କରିବାରେ ଆଧୁନିକ କବି ସିଦ୍ଧହସ୍ତ । ମିଥ୍‌ର ସଫଳ ପ୍ରୟୋଗରେ କବିତା ହୋଇ ଉଠିଛି ନାରୀ ବେଦନାର ମୁଖପତ୍ର ସଦୃଶ । ଏଭଳି ଏକ କବିତାକୁ ନେଇ କବି ଅପର୍ଣ୍ଣାଙ୍କ ଉଦ୍‌ବୋଧନ ନିମ୍ନମତେ ଲକ୍ଷ୍ୟ କରାଯାଇପାରେ :

"ପ୍ରତିଟି ରକ୍ତ କୋଷରେ / ମୁହଁ ମୁହିଁ ଯୁଦ୍ଧ ପାଇଁ
ଭରିନେ, ତୁ ଶାଣିତ ଶାୟକ / ଇଶାନୀ-ଇଶ୍ୱରୀ/
ପାଦରୁ ଶୃଙ୍ଖଳା ଖୋଲି / ଜାଳି ଦେ ତୁ ଚୌଦିଗେ /
ଅନ୍ୟାୟକୁ ଯୁଝିବାରେ ଅଖଣ୍ଡ ମଶାଲ /
ଅପର୍ଣ୍ଣା- ଅପରିଚିତା / କୋମଳ-କଙ୍କଣ ନୁହେଁ
ଆଜି ହିଁ ସଂଗ୍ରାମ ପାଇଁ / ପିନ୍ଧି ଦେ ତୁ ସାହାସ ରେ
ଦିବ୍ୟ ବେହରଣ ।"

– ସରୋଜିନୀ ଷଡଙ୍ଗୀ : ବଂଶାଇ : ସଂ. ଅସବର୍ଣ୍ଣା

ନାରୀ କ୍ରାନ୍ତିର ଆବାହନୀ କରିବା କ୍ଷେତ୍ରରେ କବି ଗିରିବାଳା ମହାନ୍ତିଙ୍କ ଠାରୁ ଆରମ୍ଭ କରି ଅପର୍ଣ୍ଣା ମହାନ୍ତି, ସରୋଜିନୀ ଷଡଙ୍ଗୀ, ସୁଚେତା ମିଶ୍ର ତଥା ସ୍ୱପ୍ନା ମିଶ୍ରଙ୍କ ପର୍ଯ୍ୟନ୍ତ ଅନେକ ନାରୀକବି ତାଙ୍କ ଲେଖନୀ ମୁନରେ ଯେଉଁ ଅଗ୍ନିବର୍ଷୀ

ବାଣୀର ସ୍ୱରଝଙ୍କାର ତୋଳିଛନ୍ତି, ତାହା ବାସ୍ତବିକ ନାରୀର ସଶକ୍ତ ସ୍ୱରୂପକୁ ଉନ୍ମୋଚନ କରିବାରେ ସମର୍ଥ ବୋଲି ସ୍ୱୀକାର କରିବାକୁ ହେବ । କେବଳ ନାରୀର ବଳିଷ୍ଠ ସ୍ୱରୂପ ଯେ ଉନ୍ମୋଚନ ହୋଇଛି ତା ନୁହେଁ ବରଂ ସମାଜର ତଥାକଥିତ ପକ୍ଷପାତୀ ନୀତିର ମଧ୍ୟ ଫର୍ଦ୍ଦାଫାଶ ଘଟିଛି । ନାରୀ ସଶକ୍ତିକରଣ ପରିପ୍ରେକ୍ଷୀରେ 'ନାରୀମିଥ୍' ଗୁଡିକର ନୂତନ ବିନିର୍ମାଣର ପ୍ରକ୍ରିୟା ମଧ୍ୟ ଆରମ୍ଭ ହୋଇଛି । ଇତିହାସ ଜୀବନ୍ୟାସ ଲଭିଛି । ଜନଶ୍ରୁତି, କିମ୍ବଦନ୍ତୀ ଏବଂ ପୁରାଣ ଚରିତ୍ରର ଅବତାରଣା କରି ଆଧୁନିକ କବିତା ପ୍ରକଟିତ ହୋଇଛି । ଇତିହାସକୁ ନ ଦୋହରାଇ ବରଂ ପୁନର୍ଲିଖନା ହେବାର ପ୍ରଚେଷ୍ଟାରେ ଯେଉଁ କାବ୍ୟିକ ନିରାକରଣର ମାର୍ଗ ପରିଷ୍କାର ହୋଇଛି, ତାହା ବାସ୍ତବିକ ଗୁରୁତ୍ୱପୂର୍ଣ୍ଣ । ଏହି ପରିପ୍ରେକ୍ଷୀ କବି ମନୋରମା ମହାପାତ୍ରଙ୍କ କୃତି ଅବିସ୍ମରଣୀୟ । ବାସ୍ତବରେ ଭାରତୀୟ ନାରୀମିଥ୍ ଗୁଡିକ ପୁରୁଷର ଅହମିକା ତଳେ ଅବଦମିତ, ଅତ୍ୟାଚାରିତ ଏବଂ ନିଷ୍ପେସିତ । ସୀତା, ଦ୍ରୌପଦୀ, ଅହଲ୍ୟା, କୁନ୍ତୀ, ମନ୍ଦୋଦରୀ, ଶକୁନ୍ତଳା ଆଦି ପ୍ରତ୍ୟକ୍ଷରେ ହୁଅନ୍ତୁ ବା ପରୋକ୍ଷରେ ପୁରୁଷଙ୍କ ଦ୍ୱାରା ନିୟନ୍ତ୍ରିତ । ତମାମ ବୟସ ପୁରୁଷକୁ ସନ୍ତୁଷ୍ଟ କରିବାରେ ଲାଗିଥାଏ ନାରୀ, ଅଥଚ ପାରେନା । କବିଙ୍କ ପ୍ରତିକ୍ରିୟାଶୀଳ ମନ କିନ୍ତୁ ଏ ସବୁକୁ ଅସ୍ୱୀକାର କରିଛି । ସମସ୍ତ ନିଷ୍ଠା, କର୍ତ୍ତବ୍ୟ ସତ୍ତ୍ୱେ ମାତା ସୀତାଙ୍କୁ ପତିବ୍ରତା ହେବାର ପ୍ରମାଣ ଦେବାକୁ ହୁଏ, ଅଗ୍ନିସ୍ନାତା ହୁଅନ୍ତି ବୈଦେହୀ ଅଥଚ ସମାଜ ସନ୍ତୁଷ୍ଟ ହୁଏନା । ଦ୍ରୌପଦୀ ଅପମାନିତା ହୁଅନ୍ତି, କୁରୁସଭା ତଳେ ମର୍ଯ୍ୟାଦା ଲୁଣ୍ଠନ ହୁଏ, ମାନହାନି ଘଟେ । ଅହଲ୍ୟା ଶ୍ରାପ୍ୟ ପାଆନ୍ତି, ପ୍ରସ୍ତର ହୁଅନ୍ତି । କୁନ୍ତୀ ଆବୋରି ବସନ୍ତି କୁମାରୀ ମାତୃତ୍ୱର କଳଙ୍କ ଆଉ ଗାନ୍ଧାରୀ ପତି ଧର୍ମ ପାଇଁ ଅନ୍ଧତ୍ୱ ବରି ନିଅନ୍ତି । ଏ ସମର୍ପଣ, ଅଂଗୀକାର ଏବଂ ପତିଧର୍ମର ବିନିମୟରେ ପ୍ରାପ୍ୟ ନିନ୍ଦା, ଶଠତା, ଛଳନା ଏବଂ ପ୍ରତାରଣା । ମହିଳା ସଶକ୍ତିକରଣ କାଳରେ ଏହି ନାରୀମିଥ୍ ଗୁଡିକ ନାରୀ ଜୀବନର ମୋଟିଫ୍‌କୁ ପରିବର୍ତ୍ତନ କରିବାର ଦାୟ ରଖନ୍ତି କହିଲେ ଅତ୍ୟୁକ୍ତି ହେବ ନାହିଁ । ଏହି କ୍ରମରେ କବି ମନୋରମାଙ୍କ କବିତାର କିଛି ପଂକ୍ତି ନିମ୍ନମତେ ଆଲୋଚନା କରାଯାଇପାରେ ।

"କାହାର ଅଭିସଂପାତ
ଅବରୁଦ୍ଧ କରିବ ତା'/ ଅଭିପ୍ସାର ପଥ ?

ଅବା କେଉଁ ଇନ୍ଦ୍ରଜାଲ / ସମ୍ମୋହିତ କରିପାରେ ଏବେ /

× × ×

ନିଜେ ହିଁ ସେ' ନିଜ ଇହକାଳ !

ପରାଶକ୍ତି-ନିୟନ୍ତ୍ରିତ କରେ ପରକାଳ !

ଇଷ୍ଟ ସିଦ୍ଧି କରିପାରେ ନିଜେ ସେ' ନିଜର !

ପାଦ ସ୍ପର୍ଶ ? / ପାଦ ସ୍ପର୍ଶ ଲୋଡ଼ା ନାହିଁ ତାର ।"

– ଅହଲ୍ୟା : ସ୍ୱୟଂସିଦ୍ଧା- ସଂ: ଅର୍ଦ୍ଧନାରୀଶ୍ୱର : ମନୋରମା ମହାପାତ୍ର

ବେଳେବେଳେ ପ୍ରଶ୍ନଆସେ, ସବୁ ବିଡମ୍ବନା- ପ୍ରବଞ୍ଚନା କଣ ନାରୀର ନିୟତି ? ପୁରୁଷଦ୍ୱାରା କାହିଁକି ନାରୀଟିଏ ନିୟନ୍ତ୍ରିତ ହେବ ? ନିଜସ୍ୱ ପରିଚୟରେ ସେ' ପରିଚିତା ; ଅନ୍ୟର ଅଭିସଂପାତ, ଅବାୟା, ତିରସ୍କାରରେ ସେ' ପାପବିଦ୍ଧା ହେବ କାହିଁକି ? ନିଜର ଅସ୍ମିତା ବଳରେ ନିଜର ଭାଗ୍ୟ ପରିବର୍ତ୍ତନ କରିବାର ସ୍ପର୍ଦ୍ଧା ରଖେ ନାରୀ । ବାସ୍ତବିକ ଆଧୁନିକ କବି ମିଥ୍‌ର ସଫଳ ପ୍ରୟୋଗରେ ନାରୀ ଅସ୍ମିତାର ପୁନଃନିର୍ମାଣ କରି ଏକ ନୂତନ ସୂର୍ଯ୍ୟୋଦୟର ଆଶା ବପନ କରିଛନ୍ତି । ସ୍ୱାଧୀନତା ପରବର୍ତ୍ତୀ କାବ୍ୟଧାରାରେ ନାରୀ ଜୀବନର ମିଥ ପରିବର୍ତ୍ତିତ ହୋଇଥିବାର ମନେ ହୁଏ । ସମାଲୋଚକ ମାନଙ୍କ ମତରେ ଏହି ମିଥ୍ ସବୁ ନାରୀ ଜୀବନର ବିଡମ୍ବନାର ସୂଚକ, ଯାହା ନାରୀ ପ୍ରଗତିରେ ଅନ୍ତରାୟ ସୃଷ୍ଟି କରେ । ନାରୀବାଦୀ ଚେତନା ଏହାକୁ ନେଇ ହିଁ ଗତିଶୀଳ ହୋଇଥିବାର ଲକ୍ଷ୍ୟ କରାଯାଇଥାଏ । ତେଣୁ ଏହି 'ନାରୀବାଦ' ବା 'Feminism' କୁ ସଂକ୍ଷେପରେ "Rising Of The Consciousness" ବୋଲି ଅନେକ ନାରୀବାଦୀ ସମାଲୋଚକମାନେ ମତବ୍ୟକ୍ତ କରନ୍ତି । ଏପରିକି ନାରୀ ଜୀବନର ପ୍ରଲମ୍ବିତ ଅବବୋଧ ଭିତରେ ତା'ର ଶୈଶବ ଠାରୁ ବାର୍ଦ୍ଧକ୍ୟ ଜନିତ ସମସ୍ତ ଅନୁଭୂତି, ଉପଲବ୍ଧିର ମିଳିତ ସ୍ୱରୂପ ହିଁ ପ୍ରତିଫଳିତା ହୋଇଥିବାର ଦେଖିବାକୁ ମିଳେ । ଏଭଳି ଏକ ସମ୍ବେଦନଶୀଳ ଭାବାବେଗକୁ ନେଇ କବି ବାସୁଦେବ ସୁନାନୀଙ୍କର କବିତାଂଶଟିକୁ ଲକ୍ଷ୍ୟ କରାଯାଇପାରେ :

"ଏବେ ସୋରିଷ ଦେଖିଲେଇଁ

ତିନ୍ତିଯାଇ ଛାତି କୋହରେ

ଆଖିରେ ଉଠେ ଉଜାଣି ବିନା ମେଘରେ

ଯାହାର ଧାଡ଼ିଏ ସୁନେଲି ଗଳା ହିଁ
ପ୍ରାମାଣିକ ପଥ ହୋଇ ଫୁଟି ଉଠିଲା
ଦେହ ଓ ଦିଅଁ ଲୁଟିନେବାକୁ ଏକା ମୁଦ୍ରାରେ ।"

ମହଣ-ମହଣ ଭଲପାଇବା ଓ ବିଶ୍ୱାସ ସତ୍ତ୍ୱେ ପ୍ରତାରଣାର ଭେଟିପାଏ ପ୍ରେମିକାର ମନ । କାଳେ, କାଳେ ପ୍ରତାରଣା ନାରୀର ମନ ସହ ଛଳନା କରେ, ଅଭିନୟ କରେ । ଲଳିତା-ବିଦ୍ୟାପତିଙ୍କ ଅନୁରାଗର କାହାଣୀ ହେଉ ଅବା ଦୁଷ୍ମନ୍ତ ରାଜା ଏବଂ ଶକୁନ୍ତଳାଙ୍କ ପ୍ରଣୟ ହେଉ ସବୁଠି ପ୍ରତ୍ୟାକ୍ଷିତା ହୋଇଛି ପ୍ରେମିକାଟିଏ, ନାରୀଟିଏ । ଲଳିତା ଥିଲେ ବିଦ୍ୟାପତିଙ୍କ ପ୍ରେମିକା । ସେ' ରୂପକଳ୍ପଟିଏ ମାତ୍ର । ସେ' ଯେ' କେହି ହୋଇପାରନ୍ତି, ମାତ୍ର ପ୍ରତାରିତ ପ୍ରେମିକାଟିଏ ହୋଇ ଲୁହର ବନ୍ଦିନୀ ପ୍ରାୟ ଇତିହାସରେ ଦଣ୍ଡାୟମାନ । ବାସ୍ତବିକ୍ ସମୟ ବଦଳିଛି, ବଦଳିଯାଇଛି ଭାବସ୍ପନ୍ଦନ । ପରିବର୍ତ୍ତିତ ବିଧି-ବ୍ୟବସ୍ଥା ଚକ୍ରରେ ଜୀବନ ଓ ଜୀବିକାର ଦାୟରେ ପେଶି ହୋଇଚାଲିଛି ନାରୀର ଜୀବନ ପ୍ରବାହ ।

ନିତସେଁଙ୍କ ଭଳି ଦାର୍ଶନିକଙ୍କ 'God is dead' ଭଳି ବକ୍ତବ୍ୟ, ମଣିଷର ଈଶ୍ୱରଙ୍କ ପ୍ରତି ସନ୍ଦେହ ବୃଦ୍ଧି କରିଛି । ଏ ପରିପ୍ରେକ୍ଷୀରେ ଉତ୍ତର ଆଧୁନିକ କବିତାରେ ପ୍ରତିଫଳିତ ହୋଇଥିବା ନାରୀ ଜୀବନର ମିଥ୍, କିମ୍ବଦନ୍ତୀ, ଆର୍କିଟାଇପ (ଆଦିକଳ୍ପ), ମେଟାଫର ବା ରୂପକଳ୍ପ, ଚିନ୍ତା-ଚଳଣିରୁ ଅନେକାଂଶରେ ତାହାର ସାମାଜିକ-ସାଂସ୍କୃତିକ-ମନସ୍ତାତ୍ତ୍ୱିକ ଦିଗଟି ପ୍ରତିଫଳିତ କରିଛି । ଏହି ଦୃଷ୍ଟିରୁ ମିଥ୍‌ର ପ୍ରୟୋଗ ଅନେକ ଭାଗରେ ନାରୀ ଜୀବନର ବହୁ ଅନାଲୋଚିତ ଦିଗକୁ ଉନ୍ମୋଚନ କରିବାରେ ସଫଳ ହୋଇଛି ବୋଲି ବୁଝିବାକୁ ହେବ । ତେଣୁ, ନାରୀ ମିଥ୍‌ର ସଫଳ ପ୍ରୟୋଗ କ୍ଷେତ୍ରରେ ରମାକାନ୍ତ ରଥଙ୍କର 'ଶ୍ରୀରାଧା', ପ୍ରତିଭା ଶତପଥୀଙ୍କର 'ଶବରୀ', ସୀତାକାନ୍ତ ମହାପାତ୍ରଙ୍କର 'ମହାମାୟା ଦେବୀ' ବେଣୁଧର ରାଉତଙ୍କର 'ପିଙ୍ଗଳାର ସୂର୍ଯ୍ୟ' ବୀଣାପାଣି ପଣ୍ଡାଙ୍କର 'ଦ୍ୱିପର୍ଣ୍ଣା', କବି ସୌଭାଗ୍ୟ ମିଶ୍ରଙ୍କର 'ଶକୁନ୍ତଳା', ହରିହର ମିଶ୍ରଙ୍କର 'ଦିବ୍ୟନାରୀ' କବି ଗିରିବାଳାଙ୍କର 'କାତି-କାତିଆ-କାତ୍ୟାୟନୀ' ଏବଂ ଅପର୍ଣ୍ଣା ମହାନ୍ତିଙ୍କ 'ନଷ୍ଟନାରୀ' ଆଦି କବିତା ସଙ୍କଳନରେ ବିସ୍ତାରିତ ଭାବରେ ନାରୀର ଅବ୍ୟକ୍ତ ଅସ୍ମୀୟତା ସବୁ ମୁଖରିତ ହୋଇଛି । ବିଶେଷତଃ ଉତ୍ତର ଅଶୀ

ଓଡ଼ିଆ କବିତା କ୍ଷେତ୍ରରେ ବହୁ ସମ୍ଭାବନା ଓ ପ୍ରତିବଦ୍ଧତା ଭିତରେ ନାରୀ ଜୀବନର ସଶକ୍ତ ପଣଟି ମଧ୍ୟ ପ୍ରକଟିତ ହୋଇଛି ।

ଏଠାରେ ସୂଚେଇବାକୁ ଚାହେଁ ଯେ ପୁରୁଷତାନ୍ତ୍ରିକ ବିଧି-ବ୍ୟବସ୍ଥାରେ ଯାବତୀୟ ପକ୍ଷପାତିତା ଭିତରେ କୁହୁଳୁଥିବା ନାରୀର ଅଭିପ୍ସା ଯେତେବେଳେ ଲେଖନୀରେ ଫୁଟି ଉଠିଛି, ସେତେବେଳେ ବହୁ ଅନାଲୋଚିତ ଦିଗ ସବୁ ଉଦ୍‌ଗିରଣ ଘଟିଛି । ବାସ୍ତବରେ ପୁରୁଷ ଯାହା ଦେଇଛି, ନାରୀ ବିନା ଦ୍ୱିଧାରେ ଗ୍ରହଣ କରିଛି ।

"Throughout history they have always been subordinated to men. They have gained only what men have been willing to grant, they have taken nothing rather they have only received."

Simon De Beauvdir ର ମତରେ:

ଏହି, ପୁରୁଷତନ୍ତ୍ରର ପ୍ରାଧାନ୍ୟ ହିଁ ନାରୀକୁ କରେ ଗୌଣ । ନାରୀଟିଏ ପାଇଁ ଅନେକ ସାମାଜିକ କଟକଣା । ସତେକି' ନାରୀ ନୁହେଁ ମୂକପଶୁ । ତା'ର ରାନ୍ଧଣା ସୁଆଦିଆ ହେଲେ ପ୍ରଶଂସା ପାଇବ, ଅଥଚ କବିତା ଲେଖିଲେ ନିନ୍ଦା-ଅପଯଶ ଅରଜିବ । ପୁରାଣରୁ ଅଦ୍ୟାବଧି ପର୍ଯ୍ୟନ୍ତ ପୁରୁଷର ଭୋଗବାଦୀ ଦୃଷ୍ଟିକୋଣ ନାରୀକୁ କରେ ଶରୀର ସର୍ବସ୍ୱ । ସେ' ତନ୍ୱୀ, ଗୌରାଙ୍ଗୀ ହେଲେ ଆକର୍ଷଣର କେନ୍ଦ୍ରବିନ୍ଦୁ ସାଜିବ, ଅଥଚ ରୂପସୌଷ୍ଠବରେ ଶ୍ୟାମାଙ୍ଗୀ ହେଲେ ଅଲୋଡ଼ା, ଅପାଙ୍‌କ୍ତେୟ ହେବ । ଖୁବ ଅଦ୍ଭୁତ ଏ ବିଧାନ । ଏହା ପ୍ରକୃତି କୃତ ନୁହେଁ ବରଂ ମନୁଷ୍ୟକୃତ । ସେଇଥିପାଇଁ ତ Simon De Beauvoir ଙ୍କ ମତରେ:

Women is always other because the male is the seer: he is the subject and she the ××× Given she refers to as the 'eternal feminine' or that vague and basic essence, femininity'. This myth takes many forms - the sanctity of the mother the purity of virgin, the fecundity of the earth and of the womb-but in all cases serves to deny women's individuality and trap then inside unrealizable deals.

- Simone de Beauvoir
(The Second Sex)

ବାସ୍ତବରେ, ନାରୀ ଓ ପୁରୁଷ ମଧ୍ୟରେ ଅଦୃଶ୍ୟ ପ୍ରାଚୀରଟି ଉଭୟଙ୍କର ଭିତରେ ଅନେକ ଦୂରତ୍ୱ ସୃଷ୍ଟି କରିଚାଲିଛି । ଯାହା, ଉତ୍ତର ଅଶୀ ଓଡ଼ିଆ କବିତାରେ ନାରୀର ଅଧିକାର ଓ ଅସ୍ମିତା ସହ ଯୋଡି ହେବାର ଲକ୍ଷ୍ୟ କରାଯାଇପାରେ । ଯଦିଓ ସମୟର ଆହ୍ୱାନରେ ଅନେକାଂଶରେ ନାରୀ ଜୀବନର ସ୍ୱର ପରିବର୍ତ୍ତିତ ହୋଇଛି, କିନ୍ତୁ ତାହା ଯେ ସମ୍ପୂର୍ଣ୍ଣ ଉନ୍ନତ ତାହା କୁହାଯାଇ ନପାରେ । ରକ୍ଷଣଶୀଳତାର ନିଗଡ଼ ଭିତରୁ କ୍ରମଶଃ ମୁକ୍ତ ହୋଇଛି ମାନସିକତା । ଜଗତୀକରଣ ପ୍ରବାହମାନତା ମଧ୍ୟରେ ଜୀବନର ମାନ ପରିବର୍ତ୍ତିତ ହୋଇଛି । ଏ କ୍ଷେତ୍ରରେ ନାରୀର ଜୀବନ ଓ ଜୀବିକା ମଧ୍ୟ ବଦଳିବାରେ ଲାଗିଛି । ସୁରକ୍ଷା ଦେବା ଅଳରେ ସରକାରୀ ସ୍ତରରେ 'ସଂରକ୍ଷଣ' ତଥା ଅନେକ ଯୋଜନାକୁ ପ୍ରୋତ୍ସାହନ କରିଛନ୍ତି ସରକାର କିନ୍ତୁ, ସତରେ କ'ଣ ନାରୀ ସଂରକ୍ଷଣର ଆଶା କରୁଥାଏ ନାରୀ ? ଯେତେଦିନ ପର୍ଯ୍ୟନ୍ତ ପୁରୁଷ ଓ ନାରୀ ଭିତରେ ଏହି ଲିଙ୍ଗଗତ ବୈଷମ୍ୟ ବା ଅସମାନତା ବିଦ୍ୟମାନ ଥିବ, ସେତେ ପର୍ଯ୍ୟନ୍ତ ସଂରକ୍ଷଣ କେବଳ ବୃଥା ଲୋକ ଦେଖାଣିଆ ମାତ୍ର ବୋଲି ବୁଝିବାକୁ ହେବ । ଏ ପରିପ୍ରେକ୍ଷୀରେ କବି ସୁଚେତା ମିଶ୍ରଙ୍କ ଭାଷାରେ :

"ତମ ସଂରକ୍ଷଣ କଥା କୁହାଯାଇଛି/ ତୁମ ଭିତରେ ଥିବା
ତୃଷ୍ଣାକୁ ଖୋଜାଯାଇନି/ ତମ ଦାୟିତ୍ୱ ଓ ଅଧିକାରକୁ ଓ
ଅସ୍ୱୀକାର କେବଳ ନାରୀ / କେବଳ ମଣିଷ ଭଳି ତୁମକୁ
ଲୋଡ଼ା ହେଇନି / ମୁଦା ଲଫାପାରେ ରହିଯାଇଛି ତୁମ
ଅନ୍ତର୍ଦାହର ବିପୁଳ ଗାଥା / ମହିଳା ସଶକ୍ତିକରଣ ଇସ୍ତାହାରରେ /
ସେ ସବୁ ଛପାଯାଇନି ।"

–ସର୍ବଂସହା : ସୁଚେତା ମିଶ୍ର

ଯୁଗେ ଯୁଗେ ନାରୀ ନିପୀଡିତା । ସର୍ବଦା ତ୍ୟାଗ ଓ ମମତ୍ୱର ମୂର୍ତ୍ତିମନ୍ତ ସ୍ୱରୂପଟିଏ ହୋଇ ଫୁଟିଉଠେ । ଯେଉଁ ଦେବୀ ପ୍ରତିବାଦ କରି ଶିଖିନାହିଁ ବରଂ ସହନଶୀଳ ହୋଇ ନିରବ ରହିଛି । ତେଣୁ, ଦେବୀର ଆସନରେ ଅଳଂକୃତା । ଯେଉଁଠି କଦବା-କ୍ୱଚିତ୍ ମୁହଁ ଖୋଲିବାର ସ୍ପର୍ଦ୍ଧା କରିଛି, ସେ' ହୋଇଛି କଳଙ୍କିତା-ପତିତା ରାକ୍ଷସୀ । ପୁରୁଷ ସୁଲଭ ଦୃଷ୍ଟିଭଙ୍ଗୀ ନେଇ ସେ' ନାରୀକୁ ତଉଲିଛି ।

ନିର୍ବିକାର ଭାବରେ ନାରୀଟିଏ ସବୁ ସହ୍ୟ କରିଚାଲିଛି । ଉତ୍ତର ଅଶୀ କବିତାରେ ନାରୀ ଚରିତ୍ରମାନ ସାଧାରଣ, ମଧ୍ୟବିତ୍ତ ପରିବାରର ଜୀବନଯନ୍ତ୍ରଣା ଭିତରେ ପେଷି ହୋଇଥିବାର ଦେଖିବାକୁ ମିଳେ । କେତେବେଳେ ଦାମ୍ପତ୍ୟର ବିଫଳତା ତ କେତେବେଳେ ପାରିବାରିକ ନିନ୍ଦା- ଅପଯଶ, କେତେବେଳେ କନ୍ୟାଟିଏ ହୋଇ ଜନ୍ମିବାର ଦୋଷ ତ କେତେବେଳେ ଅନୂଢ଼ା ହୋଇ ଜୀବନ ଜିଁବାର ବାଧ୍ୟବାଧକତା ଭିତରେ ଅହରହ ଅଣନିଶ୍ୱାସୀ ମନେହେଉଛି । କବି ବହ୍ମୋତ୍ରୀ ମହାନ୍ତିଙ୍କର ଏ ପରିପ୍ରେକ୍ଷୀରେ ଲିଖିତ କବିତାଂଶଟିକୁ ଲକ୍ଷ୍ୟ କରାଯାଇପାରେ ।

"ତମେ ମତେ ଭଲପାଅ, ଭଲପାଅ ମୋ ଦେହକୁ
ନୟନେ ମୋ ସ୍ୱପ୍ନଦେଖ / ଲବ୍ଧ ଆଖି ନ ଧରେ ଭରସେ
ବୈଦୁର୍ଯ୍ୟ ଚିକୁରେ ତୁମ ବିହ୍ୱଳତା ସ୍ମରେକ୍ଷଣେ ଘନକୃଷ୍ଣ ମେଘ
ପ୍ରଣୟ ପରଶ ଚାହିଁ ନବନୀତ ତନୁର ପରଶେ ? xxx
ହଠାତ ମୁଁ ହୁଏ ଯଦି କଦାକାର / ଦୁରାରୋଗ୍ୟ ବ୍ୟାଧିର କବଳେ
ହରାଇ ରାତିର ରୂପ, ଚକ୍ଷୁ ଜ୍ୟୋତି, ତନୁର ତଲିମା /

ଗଳିତ ଅଙ୍ଗ ମୋ, ମତ୍ତ ଆଲିଙ୍ଗନେ / ସତେ ଚାପିରଖି ମଦମତ୍ତେ ଉନ୍ମତ୍ତ ହେବ ସ୍ୱର୍ଶ-ସ୍ୱର୍ଶ ପ୍ରଣୟର ସୀମା ?"

(ପ୍ରଶ୍ନ: ବ୍ରହ୍ମହତ୍ରୀ ମହାନ୍ତି)

ବିଶେଷତଃ ଉତ୍ତର ଅଶୀ ଓଡ଼ିଆ କବିତାରେ ଏହି ସମୟରେ ଯେଉଁ ନାରୀର ସମସ୍ୟା ଓ ଅସ୍ମିତା ସମ୍ପର୍କିତ କାବ୍ୟିକ ପରିପ୍ରକାଶ ଘଟିଛି, ତାହା ବାସ୍ତବରେ ବହୁ ଅନାଲୋଚିତ ଦିଗ ସବୁ ଉନ୍ମୋଚନ କରିବାରେ ସଫଳ ହୋଇଛି ବୋଲି ବୁଝିଯିବ । ପ୍ରାୟ ନାରୀବାଦୀ କବି ଏ ପରିପ୍ରେକ୍ଷୀରେ ଯେଉଁ ସବୁ କାବ୍ୟିକ ନିରାକରଣ ଗୁଡିକୁ ତାଙ୍କ କବିତାରେ ସ୍ଥାନିତ କରିଛନ୍ତି, ତାହା ନାରୀର ସଶକ୍ତ ପଣଟିକୁ ଉଜାଗର କରିଛି । ଖୁବ୍ ଅଦ୍ଭୁତ ସତେ ଆମ ସାମାଜିକ ଚଳଣି, ଯେଉଁଠି ଛୁଆଟି ବେଲୁ ଝିଅକୁ ସହିଯିବା ତ ଶିଖାଯାଏ । ଫଳତଃ, ଅନେକ ନିର୍ଯ୍ୟାତନା ସତ୍ତ୍ୱେ ନାରୀଟି ସହ୍ୟ କରୁଥାଏ । ବେଳେବେଳେ ନିର୍ଯ୍ୟାତନା ଏତେ ମାତ୍ରାରେ ବଢି-ବଢି ଚାଲେ, ଯାହା ପ୍ରତ୍ୟହ ସମ୍ବାଦ ପତ୍ରର ଶିରୋନାମା ମଣ୍ଡନ କରୁଥାଏ ।

ଏ ସବୁ ଅନ୍ୟାୟ-ଅନୀତି ବିରୁଦ୍ଧରେ କିନ୍ତୁ ନାରୀବାଦୀ କବିମାନେ ମୁହଁ ଖୋଲିବାର ସ୍ପର୍ଦ୍ଧା କରନ୍ତି । କାରଣ, ସେ' ସ୍ୱୟଂସିଦ୍ଧା-ପରମେଶ୍ୱରୀ, ଯୁଗବତ୍ ଚାଲିଆସୁଥିବା ଅନ୍ଧ ବୁଝାମଣା ଓ ଅବିଚାରକୁ ଅସ୍ୱୀକାର କରିବା ହିଁ ନାରୀ ଧର୍ମ ହେଉ । ତେଣୁ ତା'ର ଅସ୍ମିତା ଓ ଅସ୍ତିତ୍ୱ ଉପରେ ଗୁରୁତ୍ୱ ଦେଇଛନ୍ତି ଏହି ନାରୀବାଦୀ କବିମାନେ । ତାଙ୍କ କବିତାରେ ଅନ୍ୟାୟ ବିରୁଦ୍ଧରେ ସ୍ୱର ଉତ୍ତୋଳନ କରିବାର ମାନସିକ ବଳପାଏ ନାରୀଟିଏ । ଏଭଳି ଜଣେ ବଳିଷ୍ଠ ସ୍ୱର ହେଉଛନ୍ତି କବି ନଳିନୀ ବେହେରା । ମିଥ୍‌ର ସଫଳ ଚିତ୍ରଣ ଜରିଆରେ ସେ' ନାରୀ ଆଭ୍ୟନ୍ତରୀଣ ଶକ୍ତି ଓ ସାମର୍ଥ୍ୟକୁ ଆବାହନୀ କରିଛନ୍ତି । ନମ୍ନମତେ କବିଙ୍କର ଏକ କବିତାଂଶଟିକୁ ଲକ୍ଷ୍ୟ କରାଯାଇପାରେ ।

ତୁ ଖୋଲିଦେ ତୋ ମୁହଁରୁ ଆବରଣ /
ଫିଙ୍ଗିଦେ ଓଢଣା ଭର୍ତ୍ତି ସରୀସୃପୀୟ ସଂକୋଚ /
ଅପରଦେବତାକୁ ଚୁନୌତି ଦେବାର/ ଏଇ ମାହେନ୍ଦ୍ର ଲଗ୍ନରେ /
ଏଥର ପାଇବାକୁ ହେବ ନିଜେ ନିଜର ଆରତି /
ଶଙ୍ଖ ହୋଇ ବାଜିବାକୁ ହେବ / ପ୍ରଣବ ହୋଇ ଜଳିବାକୁ ହେବ /
ଅଦୃଶ୍ୟ ନିୟତିକୁ ଦେବାକୁ ହେବ / ତୋତେ ନୂଆ ଯୁଗର
ସନ୍ଧାନ / ସାବଧାନ ! ତୋର ଉର୍ଦ୍ଧ୍ୱ ଓ ଅର୍ଦ୍ଧ ସବୁଆଡେ ଅରି/
ତଥାପି ତତେ ଜିଣିବାକୁ ହେବ ରଣ/
କାରଣ ତୁ ବି ଈଶ୍ୱରୀ ।"

-ତୁ ବି ଈଶ୍ୱରୀ : କବି ନଳିନୀ ବେହେରା

ପୁରୁଷ ପାଖରେ ଅନୁଗ୍ରହ ବା ଆନୁଗତ୍ୟ ସ୍ୱୀକାର ନ କରି ବରଂ ନିଜ ଜୀବନ ଯୁଦ୍ଧକୁ ନିଜେ ହିଁ ସମ୍ମୁଖୀନ କରିବାର ସ୍ପର୍ଦ୍ଧା ରଖେ ନାରୀ । ସେ' ସ୍ୱୀକାର କରେନା ଜଗତିକ ଛଳନାକୁ, ବରଂ ଆପଣାର ସାମର୍ଥ୍ୟରେ ନିଜଲାଗି ପଥ ପରିଷ୍କାର କରିପାରେ । ଆବଶ୍ୟକ ସ୍ଥଳେ, ଯୁଦ୍ଧର ଡାକରା ଦେବାକୁ ପଛଘୁଞ୍ଚା ଦିଏ ନାହିଁ । କେବଳ ନଳିନୀ ବେହେରା ନୁହନ୍ତି, କବି ରୁନୁ ମହାନ୍ତି ମଧ୍ୟ ନାରୀ କଣ୍ଠର ସ୍ୱରକୁ

ତୀକ୍ଷ୍ଣ ଓ ଶାଣିତ ଭାବରେ ପରିପ୍ରକାଶ କରିବାର ସ୍ପର୍ଦ୍ଧା କରନ୍ତି । କବିଙ୍କର ଏହି ଦମ୍ଭୋକ୍ତିକୁ ନିମ୍ନମତେ ଅନୁମାନ କରାଯାଇପାରେ ।

"ସେ ସ୍ୱୀକାର କରେ ନା ଧିକ୍କାର କରେ ?
ସିଏ ତା ବିଶିଷ୍ଟ ନାରୀ / ଯିଏ ବଂଶୀକୁ ବନ୍ଦନା କରେ ତା' /
ବଂଶୀକୁ ବେଖାତିର୍ କରେ ।"

- ମଥାମଣି: କବି ରୁନୁ ମହାନ୍ତି

ପ୍ରତ୍ୟକ ନାରୀମନସ୍କ କବି ସତ୍ତା କେବଳ ନାରୀର ଆଦର୍ଶ ଓ କର୍ତ୍ତବ୍ୟ ନୁହେଁ, ତା'ର ଅସ୍ତିତ୍ୱ ଓ ଅସ୍ମିତା ଉପରେ ପ୍ରାଧାନ୍ୟ ଦେଇଛନ୍ତି । କବି ପ୍ରତିଭା ଶତପଥିଙ୍କ ଠାରୁ ଅପର୍ଣ୍ଣା ମହାନ୍ତିଙ୍କ ପର୍ଯ୍ୟନ୍ତ ଅନେକ ନାରୀବାଦୀ-ଚେତନା କବିତା ପରିପ୍ରକାଶ ହୋଇଛି । ଯେଉଁଥିରେ ପ୍ରତିଫଳିତ ହୋଇଛି ରକ୍ଷଣଶୀଳତାକୁ ଅସ୍ୱୀକାର କରିବାର ସ୍ପର୍ଦ୍ଧା । ସେ' ପ୍ରେମ ହେଉ ବା ବିଦ୍ରୋହ, ଦେହ ସୁଖ ହେଉ ଅବା ଦେହ ପୀଡା ଜନିତ ମନୋଦଶାର ପରିପ୍ରକାଶ ହୋଇଛି । ସଂରକ୍ଷଣ ଆଳରେ ତା'ର ଦେହକୁ ଭୋଗ କରିବାର ହୀନ ପ୍ରଚେଷ୍ଟା ତା ଆଖିରୁ ବାଦ୍ ପଡିନି । ସେଇଥିପାଇଁ ସେ' ନିଜେ ହିଁ ନିଜର ମାନରକ୍ଷା କ୍ଷେତ୍ରରେ ସାହାଯ୍ୟ ହୋଇଛି । ନିଜେ ହିଁ ଉଠେଇଚି ଅସ୍ତ୍ର । ସେ' ଭଲ ରୂପେ ପରଖି ନେଇଛି ସମାଜକୁ । ସେଇଥିପାଇଁ ତ' ସେ' ଈଶ୍ୱରୀ ସାଜିଛି । ତଥାକଥିତ ପୁରୁଷତନ୍ତ୍ରର ଅବିଚାର ଓ ହୀନ ମାନସିକତାକୁ ବିଦ୍ରୁପ କରିଛନ୍ତି ଉତ୍ତର ଅଶୀ କବିମାନେ । ଶାଣିତ ଶବ୍ଦ ପ୍ରୟୋଗରେ ସମାଜର ରକ୍ଷଣଶୀଳତାକୁ ନାଲି ଆଖି ଦେଖେଇବାର ସ୍ପର୍ଦ୍ଧା କରନ୍ତି ଏହି କବିମଣିଷମାନେ । ବିଶେଷତଃ ପୁରୁଷର ଅହମିକାକୁ କଟାକ୍ଷ କରିବାକୁ ଯାଇ କବି ପ୍ରତିଭା ଶତପଥି ଯେଉଁ ତୀର୍ଯ୍ୟକ୍ ଶବ୍ଦ ପ୍ରୟୋଗ କରିଛନ୍ତି, ତାହକୁ ନିମ୍ନମତେ ଆଲୋଚନା କରାଯାଇପାରେ । କବି ପ୍ରତିଭାଙ୍କ ଭାଷାରେ :

"ନାରୀତ୍ୱ ଏକ ମର୍ଯ୍ୟାଦା, ଏକ ଗୁଢ ସତ୍ତା / ଯାହା ଖାଲି
ଶରୀରରେ ନଥାଏ / ଥାଏ ନାରୀର ସ୍ୱପ୍ନରେ, କଳ୍ପନାରେ /
ରକ୍ତରେ, ମେଦରେ, ସ୍ୱେଦରେ ଥାଏ ଅବଶ୍ୟ/ ଥାଏ
ମାତୃତ୍ୱରେ, ଦେବୀତ୍ୱରେ ।"

-(ବସ୍ତ୍ରହରଣ:ସଂ-କହି ନହେଲେ : ପ୍ରତିଭା ଶତପଥି)

ବାସ୍ତବରେ ପୁତ୍ର ଜନ୍ମ ଠାରୁ କନ୍ୟା ଜନ୍ମ ହେଲେ, ତା' ସହ ସୁଖ-ସମୃଦ୍ଧି ଯେତିକି ଆସେନା, ତହିଁରୁ ଅଧିକା ଆସେ ସଂଶୟ, ଭୟ, ଶଙ୍କା ଏବଂ ଚିନ୍ତା । ସେ' ଜନ୍ମ ଠାରୁ ମୃତ୍ୟୁ ପର୍ଯ୍ୟନ୍ତ ନିଜକୁ ପ୍ରତି ପାଦେ, ପାଦେ ପ୍ରମାଣିତ କରୁଥାଏ । କେବେ ଝିଅ ହେବାର ଦାୟ ତ କେବେ ଭଉଣୀ ହେବାର, କେବେ ପତ୍ନୀ ହେବାର ଦାୟ ତ କେବେ ବଧୂ ହେବାର, କେବେ ମାତା କେବେ ପ୍ରେୟସୀ ସବୁ କ୍ଷେତ୍ରରେ ନିଜକୁ ହିଁ କାଟିକୁଟି ପରଶୁଥାଏ କେବଳ । ନିଜ ଛାଇକୁ ଦେଖି ଡରେ । ଆଉ କାହା ଦେହର ନିଶ୍ୱାସ ତା ଦେହରେ ବାଜିଲେ, ଭୟରେ ସନ୍ତର୍ପଣରେ ଚାପିଯାଏ । କେଉଁ ଏକ ଅଜଣା ଛାଇ ଭିତରେ ନିଜକୁ ଖୋଜୁଥାଏ ଅହରହ । ପ୍ରତିଟି ମୁହୂର୍ତ୍ତରେ ଭୟ କରେ, ଅବିଶ୍ୱାସ କରେ । ନିଜକୁ ଯେତେ ଲୁଚେଇ ରଖିଲେ ବି ଦେହ ହିଁ ମହମହ ହୋଇ ବାସୁଥାଏ ତା'ର । କବିଙ୍କ ଭାଷାରେ :

"ତୋତେ କେଉଁଠି ଲୁଚେଇବି ଲୋ ଝିଅ /
ଯେଉଁଠି ତତେ ଲୁଚେଇଲେ ବି' / ମହମହ ବସିଯାଏ
ତୋର ଦେହ ।"

-ନଳିନୀ ବେହେରା : ତୁ ବି ଈଶ୍ୱରୀ

ପ୍ରକୃତରେ ନାରୀର ଜୀବନ ଅନେକ ବିଡମ୍ବନା ଭିତରେ ଗତି କରେ । ସେ' ସାଧାରଣ ନାରୀଟିଏ ହେଉ ଅବା- କର୍ମଜିବୀ ମହିଳା । ପୁରୁଷର କାମୁକ ମନ ତାକୁ କେବଳ ଦେହ ସର୍ବସ୍ୱ ମନେକରେ । ତା' ପାଇଁ ପୁରୁଷ ଟାଣେ ଅନେକ ଲକ୍ଷ୍ମଣ ଗାର, ଅଥଚ ନିଜ ପାଇଁ ନୁହେଁ । ସେ' ମାପିଚୁପି କଥା କହିବ, ବିରୋଧ କରିବ ନାହିଁ, ବିଦ୍ରୋହ କରିବ ନାହିଁ । ଚାରିକାନ୍ଥ ଭିତରେ ହିଁ ଗୁମୁରୁ ଥିବ, ଅଥଚ ମୁହଁ ଖୋଲିବ ନାହିଁ । ଝିଅରୁ ବୋହୂ, ବୋହୂରୁ ମା', ଜେଜେ ମା ଯାଏଁ ତମାମ ଜୀବନ ନିଜକୁ ପର କରି ଅପର ଲାଗି ଭାଗ ହେଉଥିବ । ସେଇଥିପାଇଁ ତ ଝିଅଟି ଭିତରେ ମା ପଣ ଟିଏ ଆଗରୁ ସାଇତା ହୋଇଥାଏ । କବିଙ୍କ ଭାଷାରେ, ଅନେକ ଅଭାବ- ଅସୁବିଧା ସତ୍ତ୍ୱେ ଜୀବନକୁ କାଟିବାର ପ୍ରୟାସ ଭିତରେ ନାରୀଟିଏ ବରାବର ମରୁଥାଏ ।

"କୁଟାଖିଅ ନୁହେଁ ଜାଣୁ,ଜାଣୁ ପୁଣି ଥରେ
ଅଣ୍ଟାରେ ଓଷଦ ଘଷି / ମାର୍ଗଶୀର ଗୁରୁବାରେ /

ତୋ ଅଗଣାରେ ଝୋଟି ଲେଖିବାକୁ ×××

ପୋଛୁଥିବି ଦଶଥର / ଝାଡୁଥିବି ତୋ ଦେହରୁ ଧୂଳି /

ଚାଳଘରେ ବସେଇ ଦେବିନି କୁଆ ।"

-ମୋ ଘର, ସଂ- ନିଜର ଭାବିଲା ପରେ, ସଂଘମିତ୍ରା ମିଶ୍ର

ଉଭୟ ନାରୀ ଓ ପୁରୁଷ ପରସ୍ପରର ପରିପୂରକ । ଏକବିନା ଅପରର ସ୍ଥିତି ଅସମ୍ପୂର୍ଣ୍ଣ । କିନ୍ତୁ, ପୁରୁଷ ଏସବୁ ବୁଝିବା ପରିବର୍ତ୍ତେ ନାରୀକୁ କରେ ଆପଣାର ଅଧସ୍ତନ । କିନ୍ତୁ, ବର୍ତ୍ତମାନର ସାମ୍ପ୍ରତିକ ସମୟ ଏସବୁକୁ ଦୃଢ ଭାବରେ ନିନ୍ଦା କରେ, ଅସ୍ୱୀକାର କରେ । ବର୍ତ୍ତମାନର ନାରୀ ଲିଙ୍ଗଗତ-ବୈଷମ୍ୟକୁ ଅସ୍ୱୀକାର କରିବା ସହିତ ଅନ୍ୟାୟ ବିରୁଦ୍ଧରେ ସ୍ୱର ଉତ୍ତୋଳନର ସ୍ପର୍ଦ୍ଧା କରେ । ଆପଣାର ଇଚ୍ଛା, ଆକାଂକ୍ଷାକୁ ପରିପୂର୍ତ୍ତି କରିବା ସହ ବହୁ କ୍ଷେତ୍ରରେ ନିଜସ୍ୱ ପାରଦର୍ଶିତା ପ୍ରଦାନ କରିଛି । ଅନ୍ୟର ଅଧୀନତାକୁ ଅସ୍ୱୀକାର କରିଛି । ରକ୍ଷଣଶୀଳତାର ନିଗଡ଼ରୁ ମୁକ୍ତି ପାଇବା ପାଇଁ ଶିକ୍ଷା ରୂପକ ଅସ୍ତ୍ରକୁ ମାଧ୍ୟମ କରିଛି ଆଧୁନିକ ନାରୀ । ନିଜର ସୁଖ ଓ ଦୁଃଖ ପାଇଁ ଦାୟୀ ସେ' ନିଜେ । ସେ' ଦେହର ସୁଖ ହେଉ ଅବା ଅନ୍ୟ କିଛି । ସେ' ଭଲ ଭାବେ ବୁଝିଯାଇଛି ସମାଜର ଭେଳିକି, ଏଣିକି ନିଜ ଭାଗ୍ୟକୁ ନିଜେ ଗଢିବାର ସ୍ପର୍ଦ୍ଧା କରିପାରେ ନାରୀ । କବିଙ୍କ ଭାଷାରେ :

"ପାରୁଚୁ ଯଦି ନିଜେ ଈଶ୍ୱରୀ ପାଲଟି ଯା /

ଦୁଃଶାସନର ମୁଣ୍ଡକୁ ନିଜେ ହାଣି / ସେଇ ରକ୍ତରେ

ତୁ ରକ୍ତସ୍ନାତା ହୋଇ ଯା ।"

-ତୁ ବି ଈଶ୍ୱରୀ : କବି ନଳିନୀ ବେହେରା

ଉତ୍ତର ଅଶୀ ଓଡ଼ିଆ କବିତାରେ ବହୁ କବିଙ୍କର ନାରୀ ଅସ୍ମିତା ଓ ଜୀବନ ଯନ୍ତ୍ରଣା ସମ୍ପର୍କିତ ବହୁବିଧ ସମସ୍ୟାର ପରିପ୍ରକାଶ ହୋଇଛି । ଏ ପରିପ୍ରେକ୍ଷୀରେ ପୁରାଣର ନାରୀ ଚରିତ୍ରମାନଙ୍କୁ ପୁନଃ ନିର୍ମାଣ କରିବା ଛଳରେ ଅନେକ କବିତା ସବୁ ପ୍ରକାଶିତ ହୋଇଛି । mythର ସଫଳ ପରୀକ୍ଷା ଓ ପ୍ରୟୋଗ କରି ଆଧୁନିକ କବି ନାରୀ ଜୀବନର ଅଂଜ୍ଞାତ ଅଧ୍ୟାୟକୁ ଉନ୍ମୋଚନ କରିବାର ପ୍ରଚେଷ୍ଟା କରିଛନ୍ତି । ଦ୍ରୌପଦୀଙ୍କ ବୁଦ୍ଧିମତା, ସ୍ଥିତପ୍ରଜ୍ଞ ଲକ୍ଷଣ, ସତୀ ସୀତାଙ୍କ କର୍ତ୍ତବ୍ୟ ପରାୟଣତା,

ଚାରିତ୍ରିକ ଶୁଦ୍ଧତା ସଂଗେ ଶକୁନ୍ତଳାଙ୍କ ଆନୁଗତ୍ୟ, ଅତିଥେୟତା ସହିତ ଶ୍ରୁତକୀର୍ତ୍ତି, ଉର୍ମିଳାଙ୍କ ସାଧୁତା, ଅଙ୍ଗିକାରବୋଧକୁ ପାଥେୟ କରି ନାରୀ ଶକ୍ତିର ମହତ୍ତ୍ୱ ପ୍ରଦର୍ଶନ କରାଯାଇଛି । ସାବିତ୍ରୀ, ତାରା, ମନ୍ଦୋଦରୀ, ଦମୟନ୍ତୀ, ଅରୁନ୍ଧତୀ, ରାକ୍ଷସୀ ପୁତନା, ଯଶୋଦା, ଶ୍ରୀରାଧା ଆଦି ପ୍ରମୁଖ ନାରୀ ଚରିତ୍ରର ଅବତାରଣା କରାଯାଇ ନାରୀର ଅସ୍ମିତାକୁ ଉଜାଗର କରାଯାଇଛି । କେବଳ ଏତିକି ନୁହେଁ ନାରୀମୁକ୍ତି କ୍ଷେତ୍ରରେ ତା'ର ଅଲଂଘନୀୟ ମର୍ଯ୍ୟାଦା, ଶିକ୍ଷା ବ୍ୟବସ୍ଥା, କୁସଂସ୍କାର-ଅନ୍ଧବିଶ୍ୱାସର ବିରୋଧ, ଯୌତୁକ ବ୍ୟାଧି, ପାରିବାରିକ ହିଂସା, ବେଶ୍ୟାବୃତ୍ତି ଭଳି ଜଘନ୍ୟ କ୍ରିୟାକଳାପକୁ ମଧ୍ୟ ଆଧୁନିକ କବି ଦୃଢ଼ କଣ୍ଠରେ ନିନ୍ଦା କରିଛନ୍ତି । ଏ ପରିପ୍ରେକ୍ଷୀରେ ମହାତ୍ମା ଗାନ୍ଧୀଙ୍କ ପ୍ରସିଦ୍ଧ ବକ୍ତବ୍ୟ ଏଠାରେ ପ୍ରଣିଧାନ ଯୋଗ୍ୟ ।

"She must revalt against any pretension on the part of man that woman is born to be his playing."

ସ୍ତ୍ରୀ ବା ମହିଳା କେବଳ ଶରୀର ନୁହେଁ ବରଂ ଈଶ୍ୱରଙ୍କ ଅଦ୍ୱିତୀୟ ସୃଷ୍ଟି । ସେ' ବିଳାସର ସାମଗ୍ରୀ, କ୍ରୀଡ଼ନକ, ଅନୁଚର ବା ଭୃତ୍ୟ ନୁହେଁ । ଉଭୟ, ଉଭୟଙ୍କର ସହଯାତ୍ରୀ । ସେ' ଲିଙ୍ଗଗତ ସତ୍ତା ନୁହେଁ ବରଂ ଏକ ଶ୍ରଦ୍ଧାଶୀଳ ସ୍ୱତନ୍ତ୍ର ଉଚ୍ଚାରଣ । ତେଣୁ, ନାରୀର ଆତ୍ମିକମୂଲ୍ୟକୁ ପ୍ରତିଷ୍ଠା ଦେବାକୁ କେଉଁଠି ଆଧୁନିକ କବିର ମାନସିକତାରେ ସ୍ନେହ, ଶ୍ରଦ୍ଧା ଏବଂ ସହାନୁଭୂତି ତ କେଉଁଠି ତା ପ୍ରତି କରାଯାଇଥିବା ଅନ୍ୟାୟ-ଅନୀତି ପ୍ରତି ବିଦ୍ରୋହ ମିଶ୍ରିତ ବିଦ୍ରୂପର ଶାଣିତ ସ୍ୱର ପ୍ରକାଶିତ ହୋଇଛି । କବିର ଚେତନା ମଧ୍ୟରେ ଉପନିଷଦ, ପୁରାଣ, ଇତିହାସର ଏକ ଅବିଚ୍ଛିନ୍ନ ସ୍ରୋତା ଅଦୃଶ୍ୟ ଭାବରେ କାର୍ଯ୍ୟ କରୁଥିବାର ଦେଖାଯାଏ । ଯେଉଁଠି କବି ଚିତ୍ତ ଅତୀତର କବର ଖୋଲି ବର୍ତ୍ତମାନର ପ୍ରୟୋଗ ଛଳରେ ଭବିଷ୍ୟତ ପ୍ରତି ଆଶାୟୀ ହୋଇଛି । ତେଣୁ ତ, ମିଥ୍‌ଧର୍ମୀ ସୃଷ୍ଟିରେ ଗଭୀର ପରମ୍ପରା ପ୍ରୀତି, ପୌରାଣିକ କାହାଣୀର ପ୍ରଭାବ ସହିତ ଐତିହ୍ୟ ପ୍ରତି ଐକାନ୍ତିକ ପ୍ରତ୍ୟୟ ପ୍ରତିଫଳିତ ହୋଇଥିବାର ଦେଖିବାକୁ ମିଳେ । ଏପରିକି ଲୋକାଚାର, ଲୋକ ସଂସ୍କୃତିର ଜୀବନ୍ୟାସ ଘଟିଥାଏ । ଏ ପରିପ୍ରେକ୍ଷୀରେ ବିଶିଷ୍ଟ କବି ତଥା ସମାଲୋଚିକା ଡ. ପ୍ରତିଭା ଶତପଥିଙ୍କ ସମାଲୋଚନାତ୍ମକ ପୁସ୍ତକ "କବିତାର ଉଦ୍ଭାସନ ଓ ନବ୍ୟାଲୋଚନା" ରୁ କିଛି ବକ୍ତବ୍ୟ ନିମ୍ନମତେ ଉଲ୍ଲେଖନୀୟ । କବିଙ୍କ ମତରେ :

"ପୁରାଣ ଓ ଇତିହାସ ଗୋଟାଏ ଅନ୍ତଃସ୍ରୋତ, ଯାହା କେଉଁ ଯୁଗରୁ ଏଯାବତ୍ ବହି ଚାଲିଛି । ମିଥ୍ ଏକ ବାହମାନ ଅବବୋଧ (Phenomenon) ଯାହା, ସର୍ବଦା ଆମ ସହିତ ରହି ଆସିଛି । ସାହିତ୍ୟ ସୃଷ୍ଟିର ପ୍ରାରମ୍ଭ କାଳରୁ ମିଥ୍ ଥିଲା ଏବଂ ଶେଷ ପର୍ଯ୍ୟନ୍ତ ମଧ୍ୟ ଏହା ରହିବ ।"

ଏଥିରୁ ସ୍ପଷ୍ଟ ଅନୁମାନ କରିହୁଏ, ମନୁଷ୍ୟ ସହିତ ଚିରକାଳରୁ ତା'ର ଅତୀତ ଯୋଡି ହୋଇ ରହିଥିବାର ଲକ୍ଷ୍ୟ କରିହୁଏ । ଏକମାତ୍ର ଏହି ମଣିଷ ହିଁ ଆବେଗପ୍ରବଣ । ଏହି ଆବେଗ ପ୍ରବଣତା ହିଁ ତା'ର ଅନୁଭବ, ଅନୁଭୂତିକୁ ପାଥେୟ କରି ପୁନଃ ସୃଜନ ଓ ପୁନର୍ବିନ୍ୟାସ ହୋଇଥାଏ । ଯାହା ପରବର୍ତ୍ତୀ କାଳରେ ତା'ର ଅତୀତ ପ୍ରୀତି, ପରମ୍ପରା-ଐତିହ୍ୟ ପ୍ରତି ତା'ର ଆକର୍ଷଣକୁ ସୂଚାଏ । ମିଥ୍ ବା ଇତିହାସରେ ସତ୍ୟତା ଯେତିକି କଳ୍ପନା ପ୍ରବଣତା ସେତିକି ବୋଲି ବୁଝିବାକୁ ହୁଏ । ତା ଅର୍ଥ ନୁହେଁ ଯେ ଏ ସବୁକୁ ଉଦ୍ଭଟ ବା ଅପ୍ରାସଙ୍ଗିକ ତତ୍ତ୍ୱକୁ ଆଧାର କରି ଗତିଶୀଳ । ଏ ଦୃଷ୍ଟିରୁ 'ମିଥ୍' (Myth) ର ପ୍ରୟୋଗ ଓ ପରୀକ୍ଷା ଦେଇ ସାହିତ୍ୟ ହୁଏ ଋଦ୍ଧିମନ୍ତ । ପରୋକ୍ଷରେ କହିବାକୁ ଗଲେ ମିଥ୍ ଅନେକ ପରିବର୍ତ୍ତନ, ସମ୍ଭାବନାକୁ ମଧ୍ୟ ଆପଣା ବକ୍ଷରେ ସ୍ଥାନିତ କରିଥାଏ । କବିର କଳ୍ପନା, ଭାବପ୍ରବଣତା ଏବଂ ତତ୍‌ସହିତ ଜଡିତ ତା'ର ମାନସିକତା ମିଥ୍ (Myyh) କୁ ପୁନର୍ଲିଖନ କରିବା ସହ ନୂତନ ସମ୍ଭାବନାର କାରଣ ସାଜେ । ବାସ୍ତବରେ, ଜୀବନର ବୈଚିତ୍ର୍ୟମୟ ସଂକଟକୁ ପରିପ୍ରକାଶ କରିବା ଦିଗରେ ଆଧୁନିକ କବି ନାନାଦି ପରୀକ୍ଷା ଓ ପ୍ରୟୋଗର ସଫଳ ରୂପାୟନ କରିଥାଏ । ଏହି ପ୍ରୟୋଗ ଆଧାରରେ ଜୀବନର 'ମୋଟିଫ୍' ସ୍ଥିର ହେବା ସହିତ ମିଥ୍‌ର ସଫଳ ପରୀକ୍ଷଣ ହୋଇଥାଏ । ଠିକ୍ ସେହିପରି ନାରୀ ଜୀବନର ନାନା ସଙ୍କଟ ଓ ଜଟିଳତାକୁ ଅନୁରୂପ ଭାବେ ମିଥ୍ ଓ ମେଟାଫର୍‌ର ପ୍ରୟୋଗ କରି ଆଧୁନିକ କବି ବ୍ୟକ୍ତ କରିବାରେ ଚେଷ୍ଟିତ ଥାଏ । ଏହି ମିଥ୍ ଚେତନା ହିଁ ଅତୀତ ସହିତ ବର୍ତ୍ତମାନକୁ ଯୋଡି ଭବିଷ୍ୟତର ସୁନେଲି ସ୍ୱପ୍ନକୁ ସାକାର କରିବାକୁ ଚେଷ୍ଟା କରୁଥାଏ । ଏ ପରିପ୍ରେକ୍ଷୀରେ ବେଣୁଧର ରାଉତଙ୍କ 'ପିଙ୍ଗଳାର ସୂର୍ଯ୍ୟ' ଠାରୁ ସୀତାକାନ୍ତ ଙ୍କ 'ଅଷ୍ଟପଦୀ' , ହୃଷିକେଶ ମଲ୍ଲିକଙ୍କ 'ଧର୍ମପତ୍ନୀ', ପ୍ରଦ୍ୟୁମ୍ନ କେଶରୀଙ୍କ 'ପୁତନା' ପର୍ଯ୍ୟନ୍ତ ଯେଉଁ ଯେଉଁ କବି ମାନେ ଆସନ୍ତି, ସେମାନେ ମିଥ୍‌ର ସଫଳ ପ୍ରୟୋଗରେ ନାରୀ ଜୀବନରେ ପୁନଃ ପରିବର୍ତ୍ତନ

ନେଇ ଆସିଛନ୍ତି କହିଲେ ଅତ୍ୟୁକ୍ତି ହେବ ନାହିଁ । ତଥାପି ଭାରତୀୟ ନାରୀର ଜୀବନରେ ବିଡମ୍ବନାର ଅନ୍ତ ଘଟିଛି କହିଲେ ଭୁଲ୍ ହେବ । ଆବାହମାନ କାଳରୁ ଶୈଶବରୁ ବାର୍ଦ୍ଧକ୍ୟ ଯାଏଁ ନାରୀଟି ଯେଉଁ ସାମାଜିକ କଟକଣା, ବୈଷମ୍ୟ ତଥା ପାତର-ଅନ୍ତରର ଶିକାର ହୋଇ ଚାଲିଛି, ତାହା ଥମିବାର ନାଁ ନାହିଁ । ନିଜ ସ୍ୱାଧୀକାର ଓ ପଦମର୍ଯ୍ୟାଦାକୁ ଦାବିକରି ବସିବା ତା ପକ୍ଷରେ ଅଶୋଭନୀୟ ବୋଲି ବିବେଚିତ ହୁଏ । ସଦାକାଳେ ପୁରୁଷର ଅବିଚାର-ଅନ୍ୟାୟ ସହ୍ୟ କରୁଥାଏ । କବି ଗିରିବାଳା ମହାନ୍ତି 'ମିଥ୍' ର ସଫଳ ପ୍ରୟୋଗ ଛଳରେ 'କାତ୍ୟାୟନୀ' କୁ ମେଟାଫର (ରୁପକଳ୍ପ) ମାଧ୍ୟମରେ ପରିପ୍ରକାଶ କରି ତା'ର ଅସ୍ତିତ୍ୱ ପ୍ରତି ଷଡଯନ୍ତ୍ରକୁ ଠଉରେଇଛି । ନାରୀର 'ନାମଲୋପ' ପଛରେ ପୁରୁଷତନ୍ତ୍ରର ଅହମିକାକୁ ବ୍ୟଙ୍ଗ କରିଛନ୍ତି । ଏଠି 'କାତ୍ୟାୟିନୀ' ଉପଲକ୍ଷ୍ୟ ମାତ୍ର । କବିଙ୍କ ଭାଷାରେ :

> ବାପଘରି ଗାଁରେ ଆଉ ଥରେ /
> ତା'ର କାତ୍ୟାୟନୀ ନା ଉଚ୍ଚାରିତ
> ହୋଇଥିଲା / ଯେଉଁଦିନ ସେ' ବାହା ହେଲା /
> ବାସ୍, ତା ପରେ ସେ' ନାଁ ଟା
> ପାଟଲୁଗା ସହ ପେଡିରଖା ହୋଇଗଲା ।"

– କାତ୍ୟାୟନୀ : କବି ଗିରିବାଳା

ଏ ପରିପ୍ରେକ୍ଷୀରେ ବିଚାର କଲେ ଇତିହାସରେ ଲିପିବଦ୍ଧ ହୋଇଥିବା ଅନେକ ଅନ୍ୟାୟ - ଅନୀତି ଅଦ୍ୟାବଧି ମଧ୍ୟ ପୁନରାବୃତ୍ତି ହୋଇ ଚାଲିଛି । ନାରୀ ଜୀବନର ଅଭାବବୋଧ ଶୂନ୍ୟତା ଭିତରେ ଆବୋରି ବସୁଛି । ତଥାପି, ନାରୀଟିଏ ବଞ୍ଚିବାର ସ୍ପର୍ଦ୍ଧା କରୁଛି । କେଉଁଠି ପରିସ୍ଥିତିର ଦାୟରେ ପଡି ଆତ୍ମସମ୍ମାନ ବଳି ଦଉଚି ତ' କେଉଁଠି ଅସ୍ମିତାର ସହ ବଞ୍ଚିବାର ସଂଘର୍ଷ କରୁଛି । ଯାହା ସାମ୍ପ୍ରତିକ ସମୟର ନାରୀ ଜୀବନର ସାମାଜିକ, ଆର୍ଥିକ ତଥା ରାଜନୀତିକ ପାଣିପାଗକୁ ନେଇ ଅନେକାଂଶରେ ପରିବର୍ତ୍ତନ ହୋଇଛି । ଏ ପରିପ୍ରେକ୍ଷୀରେ ଭ୍ରୁଣହତ୍ୟା, ଦୁଷ୍କର୍ମ ତଥା ଅନ୍ୟାନ୍ୟ ସାମାଜିକ ସମସ୍ୟା ସହିତ ଏକାକୀ ଲଢ଼ିବାର ସାହସ କରୁଛି ନାରୀଟିଏ । କବି ହୃଷିକେଶ ମଲ୍ଲିକଙ୍କ ଲିଖିତ "ଜେଜେ ଦେଖି ନଥିବା ଭାରତ" (୨୦୧୫) ଏକ ଗୁରୁତ୍ୱପୂର୍ଣ୍ଣ ସ୍ଥିତିର କାରୁଣ୍ୟକୁ ଦର୍ଶାଏ ।

"କାଗଜରୁ ପଢ଼ିଥିବା ଗଣଦଳନ ପରେ
ନ' ବର୍ଷର ଝିଅକୁ ଢେଲାରେ ଛେଚି ହତ୍ୟା
ଛୋଟ, ଛୋଟ ହରଫ୍‌ରେ, ମଝି ପୃଷ୍ଠାରେ
ସେ' ଆମ କଲୋନୀର ସଙ୍ଗୀତା ପଢୁଥିଲା ଦ୍ୱିତୀୟାରେ / ସେଥର
ତମେ ତାକୁ କୁଲଫି ଖୁଆଇଥିଲା /
ବେଦବ୍ୟାସ ମେଳାରେ, ମନେପଡୁଛି ?"

– କେମିତି କାଟିଲା ନୂଆବର୍ଷ : ସଂ : ଜେଜେ ଦେଖିନଥିବା ଭାରତ :
କବି ହୃଷିକେଶ ମଲ୍ଲିକ

ବାସ୍ତବରେ ପୀଡିତ ତଥା ଅସହାୟ ମଣିଷର ଆର୍ତ୍ତ ଶୁଣିଥାନ୍ତି କବି । କବିତ୍ୱର ପ୍ରଖର ପ୍ରବାହ ଭିତରେ ନାରୀ ଅନ୍ତରର ଦୁର୍ଦ୍ଦଶାକୁ ଫୁଟାଇବାକୁ ଯାଇ ସମକାଳୀନ ସମାଜର ସ୍ୱରକୁ ସ୍ପଷ୍ଟତାରେ ସହ ଚିତ୍ରିତ କରିବାରେ କବି ସମରେନ୍ଦ୍ର ମହାପାତ୍ର । ତାଙ୍କ ଲିଖିତ କବିତାରେ ନାରୀ ଜୀବନର ଅଧୋଗତି ବେଶ୍ ସ୍ପଷ୍ଟ । ୨୦୦୧ ମସିହାରେ ଲିଖିତ 'କାଳିକାଳ' କୁ ଦୃଷ୍ଟି ଦିଆଯାଇପାରେ ।

"ମନ୍ଦିର ପୂଜକ / ରାଧାମାଧବ ମୂର୍ତ୍ତି ଧରି ଗାୟବ
ଅଧ୍ୟାପକ ଅପ୍ରାକୃତିକ / ଯୌନ କ୍ରିୟାରେ ଜଡିତ /
ନାରୀ ନେତ୍ରୀଙ୍କ ବିଧବାଶ୍ରମରୁ / ଝିଅ ଚାଲାଣ ,
ପାର୍ଟି ଅଫିସରୁ ହେରୋଇନ୍ ଜବତ / ସାଧୁବାବାଙ୍କ
ଆଶ୍ରମରେ – ବାଳିକା ବଳାତ୍କାର / ଢେର ଏମିତି ଖବର /
ପ୍ରଥମ ପୃଷ୍ଠାରୁ ଶେଷ ଯାଏଁ ଖବର କାଗଜର ।"

–କାଳିକାଳ : ସମରେନ୍ଦ୍ର ମହାପାତ୍ର

ଜଗତିକରଣର ପ୍ରଭାବରୁ କେବଳ ନାରୀ ନୁହେଁ, ପ୍ରକୃତି ମଧ୍ୟ ପ୍ରଦୂଷିତ । ଚତୁର୍ଦ୍ଦିଗ ହଳାହଳ ବିଷର ଜ୍ୱାଳା, ସମଗ୍ର ମଣିଷକୁ କରିଛି ଜଡ, ମୃତବତ୍ । କେଉଁଠି ନାରୀର ଦୁଃଖ ଭିତରେ ନଦୀର ଜଳ ପ୍ରଦୂଷିତ ହେବାର ଭ୍ରମ ହୋଇଛି ତ କେଉଁଠି ନଦୀର ଜଳରେ ନାରୀ ଜୀବନର କଳଙ୍କିତ ଅଧ୍ୟାୟ ବୋହି ଚାଲିଛି ।

ଏଠି 'ମିଥ୍' ର ସଫଳ ପ୍ରୟୋଗରେ 'ସରସ୍ୱତୀ' ନାମକ ନଦୀ – ନାରୀ ଜୀବନର କଥା ବଖାଣିଚି । ଭାରତୀୟ ନାରୀର ପବିତ୍ରତା, ଜଗତିକରଣର ଅନ୍ଧ ଆନୁଗତ୍ୟ ତଳେ କବର ନେଇଛି । ଠିକ୍ ଯେପରି କଳକାରଖାନା ର ପ୍ରଦ୍ୟୁଷିତ ବର୍ଜ୍ୟବସ୍ତୁରେ ନଦୀର ଜଳ ବୈଧବ୍ୟରେ ଶିକାର ହେଇଛି । ଡ. ସେନାପତି ପ୍ରଦ୍ୟୁମ୍ନ କେଶରୀଙ୍କ ଭାଷାରେ :

"ଗାଡିର ଚକତଳେ କାଚ ପେଣ୍ଡୁ ପରି
ଯେଉଁଦିନ ପେଷି ହୋଇଗଲା / ତୋ' ଭେଣ୍ଡିଆ ପିଲାର
ମୁଣ୍ଡ / ସେଦିନ ଶୁଖିଲା ବାଉଁଶ ପରି /
ଫାଟିଗଲା ତା' ବିଧବା ଭାଗ୍ୟ ।"

–ପୁରାଣ ନଦୀ :୨୦୧୬: କବି ସେନାପତି ପ୍ରଦ୍ୟୁମ୍ନ କେଶରୀ

ବାସ୍ତବରେ ବିଶ୍ୱାୟନର ସର୍ବଗ୍ରାସୀ ଆଁ ଭିତରେ ନାରୀର ଭାଗ୍ୟ – ଭାବିତବ୍ୟ ବଳି ପଡୁଛି । ସମକାଳୀନ ସମାଜର ବାସ୍ତବାୟିତ ସମସ୍ୟା ସହ ନାରୀ ଜୀବନର ଜଟିଳତା ମଧ୍ୟ ସ୍ପଷ୍ଟ ହୋଇ ଉଠିଛି । ଏହି ମର୍ମରେ ଭୋଗବାଦୀ ସମାଜର ନଗ୍ନ ସତ୍ୟତାକୁ କବି ଖଗେଶ୍ୱର ମହତାବ ତାଙ୍କର ଲିଖିତ ନିମ୍ନୋକ୍ତ କବିତାରେ ପ୍ରତିଫଳିତ କରିଥିବାର ଦେଖିବାକୁ ମିଳେ ।

"ଈଶ୍ୱରଙ୍କୁ ଛାଡିଦେଲେ / ନାରୀ ହିଁ ଦେଖେଇପାରେ ବିଶ୍ୱରୂପ
ସେଇଥିପାଇଁ ନାରୀ ନିଆରା / ବିଶ୍ୱାସର ବଟବୃକ୍ଷ /
ବୁଦ୍ଧୁସାର ବାଇଶି ପାହାଚ ।"

– (ସବୁ ନାରୀ ଦେବୀ: ପାଖଲୋକ (୨୦୦୭))

ନାରୀର ବିଷାଦ, ପୀଡା ଏବଂ ଅବସାଦ ଯୁଗରୁ ଯୁଗକୁ ଗତି କରୁଥାଏ । ଏଠାରେ ନାରୀ ଅନ୍ତରର ଅଭିପ୍ସାକୁ ଲକ୍ଷ୍ୟ କରାଯାଇପାରେ । କବି ବୀଣାପାଣି ପଣ୍ଡାଙ୍କ ଲିଖିତ 'ଦ୍ୱିପର୍ଣ୍ଣା' ରେ ନାରୀ ଜୀବନର ନୈରାଶ୍ୟକୁ ଆଙ୍କିବାକୁ ଯାଇ କବି ମଧ୍ୟ ସ୍ୱୀକାରୋକ୍ତି କରନ୍ତି :

"ନାରୀ ହେବାର ଦୁଃଖ ଠାରୁ ବଳି ଦୁଃଖ / ଆଉ କିଛି ନାହିଁ
ହାତ ପାଉନଥିବା ଡାଳ / ମାଟିରେ ଲାଗି ନଥିବା ମୂଳ /

ଭାଜ୍ୟରୁ ବଳେଇ ପଡିଥିବା ଭାଗଫଳ / ଏବଂ ପରକାଳ ଆଶାରେ /
ଉଜୁଡି ଯାଇଥିବା ଇହକାଳର ବନ୍ଧନୀ ମଧ୍ୟରେ /
ମୋଟେ ସ୍ଥିର ଚିତ୍ର / ସଂଜ୍ଞାହୀନ, ଅଦ୍ଭୁତ, ବିଚିତ୍ର ।"

– କବି ବୀଣାପାଣି ପଣ୍ଡା (ଦ୍ୱିପର୍ଣ୍ଣା)

ନାରୀ ଜୀବନର ପୀଡ଼ା-ପ୍ରଣୟ-ପ୍ରତିବଦ୍ଧତା:-

ପୁରୁଷତାନ୍ତ୍ରିକ ସାମାଜିକ ବିଧିବ୍ୟବସ୍ଥା ଭିତରେ ନାରୀ ଜୀବନର ଜଟିଳତା ପରିପ୍ରକାଶ ହୋଇଛି । ଅସ୍ମିତାର ଅନ୍ୱେଷଣରେ ତା'ର ପୀଡା-ପ୍ରଣୟ ପରିପ୍ରକାଶ ହେବା ସଂଗେ ସଂଗେ ପ୍ରତିବଦ୍ଧତାର ସ୍ୱର ମଧ୍ୟ ଫୁଟି ଉଠିଛି । ସ୍ୱାଧୀନତା ପରବର୍ତ୍ତୀ ସମୟ ବିଶେଷତଃ ଊନବିଂଶ ଶତକର ଶେଷ ପର୍ଯ୍ୟାୟ ଏବଂ ବିଂଶ ଶତକର ଆଦ୍ୟ ପର୍ଯ୍ୟାୟରେ ଅନେକାଂଶରେ ନାରୀ ଜୀବନ ଓ ଜୀବିକାର ଅସଙ୍ଗତି ଦୂର ହେଇଛି କହିଲେ ଅତ୍ୟୁକ୍ତି ହେବନାହିଁ । ନାରୀର ଆକାଂକ୍ଷା ଓ ଅସ୍ମିତା ଏକ ନୂତନ ରୂପ ନେଇଛି । ଫଳସ୍ୱରୂପ ଏକ ସକ୍ରିୟ ସହଭାଗିତା ନେଇ ନାରୀ ତା'ର ସାମର୍ଥ୍ୟ ଓ ପାଣ୍ଡିତ୍ୟକୁ ପରିପ୍ରକାଶ କରିବାରେ ସହାୟ ହେଲା । ଏ ପର୍ଯ୍ୟାୟରେ ଆମେ ଯେଉଁ ଚରିତ୍ରମାନଙ୍କୁ ଭେଟିବା, ସେମାନେ ଏକାଧାରରେ ପୀଡା-ପ୍ରଣୟ ଓ ପ୍ରତିବଦ୍ଧତାର ସ୍ୱର ନେଇ କଥା କୁହନ୍ତି । ଏଠି ସକଳ ନୈରାଶ୍ୟ ଓ ପକ୍ଷପାତିତା ସତ୍ତ୍ୱେ ନାରୀ ତା'ର ପ୍ରତିବଦ୍ଧତାର ସ୍ୱରରେ ଦୀପ୍ତିମନ୍ତ ହୋଇ ଉଠିଛି । କବିୟିତ୍ରୀ ସୁମିତ୍ରା ପଟ୍ଟନାୟକଙ୍କ ଇଂରାଜୀ କବିତା 'Remainings' ର ପାଦଟୀକାରେ ଯେଉଁ ପ୍ରେମ ସଂପର୍କିତ ମନ୍ତବ୍ୟ ଦେଇଛନ୍ତି, ତାହା ଏଠାରେ ସ୍ମରଣ ଯୋଗ୍ୟ: "When life is in Peril. It is love that Keep us going. Love is just n't an emotion. it is more a commitment, a promise, a value in our every existence." ଏଥିରୁ ସ୍ପଷ୍ଟ ଅନୁମାନ କରି ହୁଏ, ଜୀବନରେ ଏ ପ୍ରେମର ମୂଲ୍ୟ କେତେ ଅଧିକା । ସେ' ନାରୀ ହେଉ ଅବା ପୁରୁଷ ଜୀବନରେ ଏଇ ସ୍ନେହ-ପ୍ରେମ-ଭଲପାଇବା ହିଁ ଜୀବନକୁ କରେ ମହାର୍ଘ୍ୟ । ସଂସାରରେ ପ୍ରେମର ଅନ୍ତ ନାହିଁ । ଏହି ପ୍ରେମ ହିଁ ଜୀବନରେ ଆଶାର ସଞ୍ଚାର କରେ, ତାହା ତାପିତ-ସନ୍ତାପିତ-ଅତୃପ୍ତ ହୃଦୟରେ ବଞ୍ଚିବାର ଉନ୍ମାଦନା ଭରିଦିଏ । ନିରାଶାର ଅମା-ଅନ୍ଧକାର ଭିତରେ, ଆଶାର ଜୁଳୁଜୁଳିଆ ପୋକଟି ଆଲୋକର ସଞ୍ଚାର କରାଏ ।

ଏହି ଆଲୋକ ତମାମ୍ ଯନ୍ତ୍ରଣାକୁ ବେଳେବେଳେ ପୋଛିବାରେ ସମର୍ଥ ହୁଏ । ଜୀବନ ହୋଇ ଉଠେ ଆହ୍ଲାଦିତ କିନ୍ତୁ ଅନେକ ଜଟିଳତାକୁ ସାଙ୍ଗରେ ନେଇ ନାରୀର ଜୀବନ ଆଗକୁ ବଢେ । ପରିବାର-ପରିସ୍ଥିତିର ଦାୟରେ ସେ' ନୀରବ ରହେ । ଏକ ଦୀର୍ଘ ଶ୍ୱାସଟିଏ ବିତେଇବାକୁ ହୁଏ ସାରାଜୀବନ । ନିଃସଙ୍ଗତାର ଜୀବନ ନେଇ କ'ଣ ବଞ୍ଚି ହୁଏ ? ସକଳ ତ୍ୟାଗ-କର୍ତ୍ତବ୍ୟ ସତ୍ତ୍ୱେ ପାରିବାରିକ ସଂପର୍କରେ ନିନ୍ଦା-ଅପକ୍ଷଣ ଅର୍ଜେ । ଏଇ କଣ ତା'ର ପ୍ରାପ୍ୟ ? ପ୍ରେମରେ ବ୍ୟର୍ଥତା-ଶୂନ୍ୟତା-ଅସଫଳତା ବେଳେ ବେଳେ ଜୀବନରେ ପୂର୍ଣ୍ଣଚ୍ଛେଦ ନେଇ ଆସେ । ନାରୀ ଜୀବନର ଯନ୍ତ୍ରଣା ତା' ଜନ୍ମରୁ ହିଁ ତା' ସହ ସାଥିଟିଏ ପରି ଚାଲୁଥାଏ । ନାରୀ ହେବାର ବିଡ଼ମ୍ବିତ ଭାଗ୍ୟକୁ ଅହରହ ଭୋଗି ଚାଲୁଥାଏ ସେ' । ବିଡମ୍ବିତ କୈଶୋରର କାରୁଣ୍ୟ ତାକୁ ସାରା ଜୀବନ ଅନୂଢ଼ା ସଜାଏ । ଦାମ୍ପତ୍ୟର ଅସଫଳତା ତା'ର ସାଂସାରିକ ସୁଖକୁ ଜାଳି ପୋଡ଼ି ଛାରଖାର କରେ ଏବଂ ମାତୃତ୍ୱର ବିଫଳତା ଜୀବନକୁ ଅମା-ଅନ୍ଧକାର ଭିତରକୁ ଠେଲିଦିଏ । ନାରୀ ଜୀବନର ବିଡ଼ମ୍ବନା ଉତ୍ତର ଆଧୁନିକ କାବ୍ୟ-କବିତା ଦେଇ ପ୍ରଲମ୍ବିତ ହୋଇ ଚାଲିଛି । ତା'ର ଦୁଃଖ ଦୁର୍ଦ୍ଦଶା, ହତାଶାବୋଧ, ଅସହାୟତାକୁ ଆଧୁନିକ କବିମାନେ ଅତ୍ୟନ୍ତ ମାର୍ମିକ ଭାବରେ ରୂପ ଦେଇଛନ୍ତି । ସତେକି, ନାରୀର ସୁଖ ନୁହେଁ, ଜୀବନର ସକଳ ଯାତନା ହିଁ ତା'ର ପରିଚୟ । ଏ ପରିପ୍ରେକ୍ଷୀରେ ସାହିତ୍ୟିକ, ଡ. ରଂଜିତ ପରିଡ଼ାଙ୍କ ବକ୍ତବ୍ୟ ପ୍ରଣିଧାନଯୋଗ୍ୟ ।

"ନାରୀ ତା'ର ସୁଖର କଥା କୁହେନା ବରଂ ଯେତେବେଳେ, କୁହେ, ତା'ର ଦୁଃଖ-ନୈରାଶ୍ୟ-ହା ହୁତାସନର କଥା ହିଁ.. ତା'ର କବିତା ଦୁଃଖର ନଈ.. ।"

କବି ଗିରିଜା ବଳୀୟାର ସିଂହଙ୍କ 'ନୀଳନିର୍ବାଣ' ମିଥ୍‌ର ସଫଳ ନବ୍ୟରୋପଣ ନାରୀ ମନସ୍ତତ୍ତ୍ୱର ସାର୍ଥକ ପ୍ରତିଛବି ବହନ କରିଛି । ଭାରତୀୟ ନାରୀ ମିଥ୍ ଗୁଡିକର ଚିନ୍ତନ ଓ ମନନ କରି ଯଥାଯଥ ଶବ୍ଦର ବସାଣରେ ସେ' ନାରୀର ମନୋଦଶାକୁ ଚିତ୍ରଣ କରିଛନ୍ତି । ଦ୍ରୌପଦୀର ଅନ୍ତର୍ଦହନ ଓ ତା'ର କୋହଭରା ଆର୍ତ୍ତନାଦକୁ ସେ'ବର୍ଣ୍ଣନା କରିଛନ୍ତି କବିତାଂଶଟିକୁ ନିମ୍ନମତେ ଲକ୍ଷ୍ୟ କରାଯାଇପାରେ ।

ପଳ ପଳ ପାଞ୍ଚପଳ... ମୁଁ କାଟେ ମୋ ଯୌବନକୁ ନିଜେ
ଭାଗ, ଭାଗ ଭୂଇଁ ବୋଧେ ହବାରଇ ଥିଲା ମୋ'ଭାଗ୍ୟରେ

ଯୁଧିଷ୍ଠିର ଯଜ୍ଞାନ୍ନ ମୁଁ । କାମନାର କଡ଼େଇରେ ସିଝେ
ଭୀମର ବି ଭୋଗ ଏବଂ ଅର୍ଘ୍ୟଟିଏ ଅର୍ଜ୍ଜୁନ ଆଗରେ
ନକୁଳର ନୈବେଦ୍ୟ ମୁଁ । ସିରିଶ ବି ସଦଦେବ ପାଇଁ
ପଞ୍ଚାଙ୍ଗର ପାତ୍ରୀଟିଏ ପାଲଟେ ମୁଁ ପତି ପଞ୍ଚେନ୍ଦ୍ରିୟା

× × × ×

କାହାଁନ୍ତି ପୁରୁଷ କିଏ ? ପଶୁ ଏଠି ସମସ୍ତେ ସମସ୍ତେ
ହେ କେଶବ, କେବଳଇ- ମୋ' ଦୃଷ୍ଟାର ସୁପୁରୁଷ ତୁମେ ।

(ଦ୍ରୌପଦୀ: ନୀଳ ନିର୍ବାଣ: ଗିରିଜା କୁମାର ବଳୀୟାର ସିଂହ)

ଓଡ଼ିଆ କାବ୍ୟ ଜଗତରେ ଏହି ପୌରାଣିକ ଚରିତ୍ର ସବୁ ଆଶା ଓ ହତାଶାର ପ୍ରତୀକ ହୋଇ ଆସନ୍ତି, ଜୀବନର ଯନ୍ତ୍ରଣାକୁ ଆଉ ଟିକେ ଉଖୁରାଇ ଦବାପାଇଁ । ଦ୍ରୌପଦୀ ଏଠି କେବଳ ପାଞ୍ଚାଳୀ ନୁହଁନ୍ତି, ବରଂ ସକଳ ଦୁର୍ଦ୍ଦଶା ଭିତରେ ଜୀବନର ସଂଘର୍ଷକୁ ମୁକାବିଲା କରୁଥିବା ନାରୀମାନଙ୍କ ପ୍ରତିନିଧି । ଏହି ଭାରତୀୟ ନାରୀ ମିଥ୍‌ର ସଫଳ ରୂପାୟନ କରିଥିବା ବାସ୍ତବ ଶିଳ୍ପୀ ହେଲେ, ସେନାପତି ପ୍ରଦ୍ୟୁମ୍ନ କେଶରୀ । ସେ' 'ପୂତନା' ହେଉ ଅବା 'ଗୋପଯାତ୍ରା' ଖୁବ୍ ସୂକ୍ଷ୍ମ ଭାବରେ ପୁରାଣକଳ୍ପ (Myth)ର ପୁନଃନିର୍ମାଣ କରି ନାରୀର ଅଭୀପ୍ସାକୁ ବାସ୍ତବରେ ଚିତ୍ରଣ କରିଛନ୍ତି । ମାତୃ ହୃଦୟର ବିଳାପିତ ମନୋଦଶା, 'ପୂତନା' ଯଥାର୍ଥ ପ୍ରତିନିଧିତ୍ୱ କରେ । ବାତ୍ସଲ୍ୟପଣ ଟିକକୁ ମାଧ୍ୟମ କରି ନାରୀ ଅନ୍ତରର ସଂଗୁପିତ କାମାନା 'ରାକ୍ଷସୀ ପୁତନା' ଛଳରେ ପ୍ରକଟିତ ହୋଇଛି ।

ନିରାଶାର ଅମା ଅନ୍ଧକାର ଭିତରେ ଜୀବନ ଯନ୍ତ୍ରଣାକୁ ସମ୍ମୁଖୀନ ହେବା, ନାରୀ ପାଇଁ ମୁଖ୍ୟ ଆହ୍ୱାନ ଭାବରେ ଛିଡ଼ା ହୋଇଛି । ବାସ୍ତବିକ୍ ନାରୀ ଜୀବନର ମିଥ୍- ମୋଟିଫ୍ ଏବଂ ମେଟାଫର୍ ଆଧୁନିକ କାବ୍ୟ-କବିତାରେ ବହୁ ଭାବରେ ସଫଳତାର ସହ ଚିତ୍ରିତ । ପୁରାଣର ସୌନ୍ଦର୍ଯ୍ୟବୋଧ, ଆବେଗ ପ୍ରବଣତା ମାଧ୍ୟମରେ ପ୍ରକଟିତ ହୋଇଛି । କେବଳ ଏତିକିରେ ଅଟକିଯାଇନି ପ୍ରକାଶଭଙ୍ଗୀ । ଏକବିଂଶ ଶତକର ଅବିଶ୍ୱସ୍ତ ସମୟଖଣ୍ଡ ଭିତରେ ଗୁମୁରି ଉଠୁଥିବା ନାରୀ ଅନ୍ତରର ଆକୁଳତା, ବ୍ୟାକୁଳତା, ଅପ୍ରକଟ ବେଦନାର ପ୍ରତିଭୂ ଭାବରେ ପରିପ୍ରକାଶ ହୋଇଛି କବିତାରେ ।

ଅତୀତର ମାଧୁର୍ଯ୍ୟଟିକକୁ ଖୋଜିବାର ମାଧ୍ୟମ ସାଜିଛି ଆଧୁନିକ କବିତା । ନାରୀ ଜୀବନର ବିଡ଼ମ୍ବିତ ଭାଗ୍ୟଲିପି ଯେ ସମ୍ପୂର୍ଣ୍ଣତଃ ସମାଜକୃତ, ତାହା ବୁଝିବାକୁ ଆଉ ବାକି ରହିନାହିଁ । ଏ ପରିପ୍ରେକ୍ଷୀରେ ବିଶିଷ୍ଟ ସମାଲୋଚକ ଓ କବି ଡ. ଦିଲ୍ଲୀପ ସ୍ୱାଇଁଙ୍କର ଭାଷାରେ :-

"ନାରୀ ତା ଜୀବନରେ ମୁଖରିତ ନିଃସଙ୍ଗତା ଓ ନୀରବ ହୋ-ହଲ୍ଲା ଭିତରେ ଜୀବନର ଗୀତି ଗାଉଥାଏ ।"

ଏହିସବୁ ମନ୍ତବ୍ୟ ଆପେକ୍ଷିକ ଏବଂ ବ୍ୟକ୍ତିଗତ ନିଶ୍ଚିତ । ଯଦିଓ, ତଥାପି ଏହାର ପ୍ରାସଙ୍ଗିକତାକୁ ଅସ୍ୱୀକାର କରାଯାଏନା ।

ଏଥିରୁ ସ୍ପଷ୍ଟ ଅନୁମାନ କରିହୁଏ, ଯେଉଁ ପୁରୁଷ କବିଗଣ ନାରୀ ମନସ୍କତାକୁ ନେଇ ଆପଣାର ପୁରୁଷ ସୁଲଭ ଦୃଷ୍ଟିଭଙ୍ଗୀ ଦେଇ ବ୍ୟାଖ୍ୟା କରନ୍ତି, ତାହା ଯେ' ସର୍ବଶେଷ ମନ୍ତବ୍ୟ ତାହା କୁହାଯାଇପାରେନା । ନାରି ଏକ ସ୍ୱତନ୍ତ୍ର ସତ୍ତା ।

ନାରୀର ଚିନ୍ତା-ଚେତନା, ତା'ର ଭାବପ୍ରବଣତା, ତା'ର ମନନଶୀଳତା, ତା'ର ହୃଦୟବତା ଏସବୁ ତା'ର ମୂହୁର୍ତ୍ତକର ଆବେଦନ ନୁହେଁ ବରଂ ଏକ ସାର୍ବକାଳୀକତା ଭେଦରେ ବିଚାରକୁ ନିଆଯାଇପାରେ । ହଁ, ନାରୀର କଷଣ ଅଛି, ଦୁର୍ଦ୍ଦଶା ଅଛି, ପୀଡ଼ା ଅଛି କିନ୍ତୁ ଅଛି ମଧ୍ୟ ଏହି ସଂଘାତ ସହିତ ଲଢ଼ିବାର ଅସୀମ ସାହାସ ଓ ଧୈର୍ଯ୍ୟ । ସେ' ପରିବାର ପ୍ରତି ସମର୍ପିତ, ସମାଜ ପ୍ରତି ଦାୟବଦ୍ଧ କିନ୍ତୁ ତା' ଅର୍ଥ ନୁହେଁ ଯେ' ସେ' ତା'ର ଅଧିକାର ଓ ମର୍ଯ୍ୟାଦା ପ୍ରତି ସଚେତନ ହେବ ନାହିଁ । ପୁରୁଷତନ୍ତ୍ରର ଅବିଚାର -ଅନାଚାରକୁ ସେ' ତା'ର ମର୍ଯ୍ୟାଦାରେ ପରାହତ କରିପାରେ । ତା'ର ଅନୁଭବ ଓ ଅଭିଜ୍ଞତାକୁ ପାଥେୟ କରି ସେ' ସମାଜ ସମ୍ମୁଖରେ ଟାଣିପାରେ ଲକ୍ଷ୍ମଣରେଖା । ଅଥଚ ସେ' କରେନା । ଏ ତା'ର ଦୁର୍ବଳତା ନୁହେଁ ବରଂ ତା'ର ମର୍ଯ୍ୟାଦା । ସେ' ଠିକ୍ ପରଖି ନେଇପାରେ ପୁରୁଷର ଅହମିକାକୁ । ବୁଝିପାରେ ତା' ଆଖିର ତେଜ । ସେଥିପାଇଁ ତ ତା'ର ଅନ୍ତରର କୋହ ଦ୍ରୋହ ହୋଇ ଫୁଟିପଡ଼େ । ଆବଶ୍ୟକ ସ୍ଥଳେ ସେ' ନରମିଯାଏ ସତ, ହେଲେ ଅଭିମାନରେ କୁହୁଳି ଉଠେ । ତା'ର ଅନ୍ତରରୁ ଯେଉଁ ଅଭିମାନ ଟିକକ କବିତା ଛଳରେ ଉକୁଟି ଉଠେ, ତାହା ନିମ୍ନମତେ ଦୃଷ୍ଟି ଦିଆଯାଇପାରେ ।

"ଏ ଘର ତୋର ନୁହେଁରେ ମାଣିକ,
ଏ ଘର ତୋର ନୁହେଁ ଯେ'
ଯାହା ଚାହିଁବୁ, ତାହା ପାଇବୁ
ଋହିଁବାର ସ୍ପର୍ଦ୍ଧାରେ ଉଦ୍ଭାସିତ ହେବୁ ।
ତୁ ତ ଆଉ ଅରଣ୍ୟର ନୁହଁ, ବଗିଚାର
× × ×
ଡାହି ଯେପରି କାଟି ଦିଆଯିବ
ସେଇ ସାଇଜ୍‌ର ହେଇ ରହିବ,
ମନଇଚ୍ଛା ଡାହି ମେଲା ଏଠି ଚଳିବ ନାହିଁରେ ମାଣିକ !
ଯେପରି କୁହାଯିବ ଫୁଟିବୁ
ଲାଲ ଫୁଟିବୁ କି ଧଳା କି' ନାରଙ୍ଗୀ
ସେ ଚିନ୍ତା ତତେ କରିବାକୁ ଦଉଚି କିଏ ?
ଜୀଇଁବାକୁ ଯେ' ଦିଆଯାଉଛି
ସେଇ କଣ ଯଥେଷ୍ଟ ନୁହେଁରେ ମାଣିକ !
ତା' ପରେ ଫେର୍ ନିଜ ଖୁସିରେ ସ୍ୱପ୍ନ ଦେଖିବୁ ?
କି'ସ୍ପର୍ଦ୍ଧା !
ଛାର ସ୍ତ୍ରୀ ଲୋକଟା ! !
ଦଳି ଦେଲେ ନିଶ୍ଚିହ୍ନ ହୋଇଯିବୁ ।"

ଏ ହେଉଛି ନାରୀ ଜୀବନର ପୀଡ଼ା । ତା' ଜୀବନର ଦୁଃଖ-ହତାଶାବୋଧ, ବିଷାଦ କିଭଳି ତା'ର ମନୋବଳକୁ କ୍ଷୁର୍ଣ୍ଣ କରିଦଉଛି, ତାହା ବେଶ୍ ଅନୁଭବ୍ୟ । ଜୈବିକ ସଂରଚନାରେ ନାରୀ ପ୍ରେରଣାମୟୀ-ଶକ୍ତିମୟୀ, ଭାବରେ ପୁରୁଷ ଦ୍ୱାରା ପୂଜିତ ହୁଏ ସତ, କିନ୍ତୁ ଉପେକ୍ଷିତା-ନିଷ୍ପେସିତା ହୁଏ ଅଧିକା । ସେ' ଦେବୀ ହେବାକୁ ଋହେଁନା, ସେ' ରକ୍ତ ମାଂସ ଶରୀର ଧାରୀ-ନାରୀ । ଜନ୍ମଲଗ୍ନରୁ ହିଁ ଆଶା

ନିରାଶା ସହ ଲୁଚକାଳି ଖେଳୁଥାଏ ସିଏ । ଜୀବନରେ ଆଶା ଅପେକ୍ଷା ନୈରାଶ୍ୟ ଅଧିକା । ଏପରିକି ସକ୍ଷମ ଓ ସମର୍ଥ ନାରୀମାନେ ମଧ୍ୟ ଅନେକ ଅବିଚାରର ଶିକାର ହୁଅନ୍ତି । ଆଉ ଯଦି ଦୈବାତ୍ ଭିନ୍ନକ୍ଷମା ହୋଇ ଜନ୍ମ ନିଏ, ତେବେ ତ ଜୀବନ ଦୁର୍ବିସହ ହୋଇ ପଡ଼େ । ନାରୀ ଅନ୍ତରର କୋହ, ତା'ର ଅଭିପ୍ସା ପୁରୁଷ ବ୍ୟବସ୍ଥାରେ ବାର-ବାର ଆଘାତ ପାଏ । ନାରୀ ନିର୍ଯ୍ୟାତନାର ପରିଧି ଦେଶ-କାଳ-ପାତ୍ର ଲଂଘନ କରିବାର ନଜିର ଅଛି । ଏହି ବୈଷମ୍ୟ ସତ୍ତ୍ୱେ ନାରୀ ସ୍ନେହ-ପ୍ରେମରେ ପରିବାରକୁ ବାନ୍ଧି ରଖେ । କନ୍ୟାଟିଏ ହେଇ ଜନ୍ମ ନେଲାପରେ, ସମସ୍ତଙ୍କ ଭ୍ରୁକୁଞ୍ଚନର ଶୀକାର ହୁଏ । ସେ' ଏକ ସ୍ୱତନ୍ତ୍ର ସତ୍ତା, ତା'ର କାମନା-ବାସନା ଅଛି, ରହିଛି ଅଭିପ୍ସା ଓ ଆକାଙ୍‌କ୍ଷା । ସମାଜ ତା'ର ଏଇ ସ୍ୱାଧୀନ ସତ୍ତାକୁ ଆପାଣାର ମନ ମୁତାବକ ସଂକୁଚିତ କରିବାକୁ ଚାହେଁ । ଉତ୍ତର ଆଧୁନିକ ପର୍ଯ୍ୟାୟରେ ମଧ୍ୟ, ଝିଅଟିଏ ଜନ୍ମ ହେଲେ, ତା' ସହ ଜନ୍ମ ହେଇଥାଏ ଅଜଣା ଭୟ ଓ ଆତଙ୍କ । ମନୁଷ୍ୟ ଯେତେ ଆଧୁନିକ, ସଭ୍ୟ ହେଲେ ମଧ୍ୟ ଝିଅକୁ ଶୃଙ୍ଖଳା ଭିତରେ ବାନ୍ଧି ରଖିବାକୁ ଚାହେଁ, ଅଥଚ ପୁଅକୁ ଏସବୁ କଟକଣାର ବହୁ ଉର୍ଦ୍ଧ୍ୱରେ ରଖାଯାଏ । ଏ ଅବିଚାର ନୁହେଁ ତ ଆଉ କ'ଣ ?

ନାରୀଟିଏ ବଧୂ ପାଲଟି ଗଲାପରେ, ନିଃସ୍ୱ ହେଇଯାଏ, ତା'ର ହୃଦୟ । ନିର୍ବିକାର ଚିତ୍ତରେ ସ୍ୱାମୀ-ଘର ସଂସାର-ସନ୍ତାନଙ୍କ ଅଳିଅର୍ଦ୍ଦଳି ଭିତରେ ନିଜକୁ ଭୁଲିଯାଇଥାଏ ସିଏ । ତା'ର ଏଇ ଅଙ୍ଗୀକାରବୋଧ ତାକୁ ମମତାମୟୀ ସଜାଏ । ଟୋପାଏ ସିନ୍ଦୂରର ମୋହରେ ନିଜର ତମାମ୍ ଆୟୁଷକୁ ଭେଟିଦିଏ ପରିବାର ଆଉ ଘରକରଣାରେ । ସେ' ଗ୍ରାମୀଣ ସ୍ତ୍ରୀଲୋକଟିଏ ହେଉ ଅବା ସହରୀ ନାରୀ । ତା ଅନ୍ତରର ପ୍ରେମମୟୀ ରୂପ, ତାକୁ ଅନୁପମା କରେ । ତା'ର ମମତ୍ୱ ଏବଂ ପରିବାର ପ୍ରତି ଆନୁଗତ୍ୟ ତାକୁ ତ୍ୟାଗମୟୀ-କଲ୍ୟାଣମୟୀ କରେ । ଏହାହିଁ ନାରୀ ପ୍ରତିବଦ୍ଧତାର ସ୍ୱରକୁ ଆହୁରି ଉଦାତ୍ତ କଣ୍ଠରେ ଶୁଣାଏ ଯାହା, କବି ନିର୍ମଳା ମହାନ୍ତିଙ୍କ କବିତାରେ ନାରୀଜୀବନର ପ୍ରତିଫଳନକୁ ଲକ୍ଷ୍ୟ କଲେ ଜଣାଯାଏ । ତାଙ୍କର 'ସ୍ୱପ୍ନମୟ ଚିରକାଳ' କବିତାରେ 'ବିଦାୟବେଳାରେ' ଲିଖିତ କବିତାର ପଂକ୍ତିକରୁ ସ୍ପଷ୍ଟ ପ୍ରତିଭାତ ହୁଏ । କବିଙ୍କ ଭାଷାରେ:

"ଅହରହ ନିଜକୁ ଘୋରି, ଘୋରି ଚନ୍ଦନ ପରି
ଧୂପ ପରି ଜଳି ଜଳି ବାସ୍ନାମୟ କରୁଥିଲେ
ପୂତି ଗନ୍ଧମୟ ସାରା ପରିବେଶ
ନିଜ ପେଟକୁ ହାଲକା କରି
ଭରି ଦେଇଥିଲା ଅନ୍ୟର ପିଠି ପଟେ ।"

– ନିର୍ମଳା ମହାନ୍ତି : ବିଦାୟବେଳାରେ

ସକଳ ସହନଶୀଳତାର ନାଁ ବୋଧେ ନାରୀ । ପ୍ରଶସ୍ତ-ବ୍ୟାପକ ଆକାଶ ପରି ତା'ର ଭଲପାଇବାର ପରିସୀମା । ସେ'ମାତା ହେଉ ଅବା ପତ୍ନୀ,କନ୍ୟା, ଭଗ୍ନୀ ହେଉ ଅବା ସବୁ ରୂପରେ ସମର୍ପଣର ସ୍ୱରୂପା । ତା'ର ତ୍ୟାଗପୂତ ଜୀବନର ନିଃସର୍ତ୍ତ ଆବେଦନ ଯେତେବେଳେ ଉପେକ୍ଷିତା ହୁଏ, ସେ' ଅନ୍ତରରୁ ହୁଏ ଆହତ । ଯୁଗେ ଯୁଗେ ସବୁ ପ୍ରକାରର ଲାଂଛନା-ପରାଜୟକୁ ମଥାପାତି ସହିନେବାର ବଡ଼ପଣ ପୁରୁଷ ଦୃଷ୍ଟିରେ ହୁଏ ଅଣହେଳା । ସେ' କରୁଣାର ମୂର୍ତ୍ତିମନ୍ତ ପ୍ରତୀକ । ସାଂପ୍ରତିକ କାଳ, କିନ୍ତୁ ନାରୀ ପ୍ରଗତିର ଗାଥା ଗାଉଥିଲେ ହେଁ, ଶତ ପ୍ରତିଶତ ନାରୀ ଯାତନାର ଅନ୍ତ କରିପାରିନି । ନାରୀ ଅଦ୍ୟାବଧି ମଧ୍ୟ ଅବହେଳିତ, ଯନ୍ତ୍ରଣାରେ ଜର୍ଜରିତ ମନ ନେଇ ବଞ୍ଚେ । କବି ଶରତ କୁମାରୀ କିନ୍ତୁ, ତାଙ୍କ କବିତାରେ ନାରୀର ସ୍ୱୟଂସିଦ୍ଧା ରୂପକୁ ସ୍ମରଣ କରିଛନ୍ତି । ସତେକି ଏକ ପ୍ରତିବାଦର ସ୍ୱର ହେଇ ଛିଡା ହେଇଛନ୍ତି ଶରତ କୁମାରୀଙ୍କ ମନ । ତାଙ୍କ କବିତା 'ଇପ୍‌ସିତ ପୃଥିବୀରେ ନାରୀ' କବିତାଟିର ଭାବ ଏକ ପ୍ରତିବଦ୍ଧତାର ଚିତ୍ର ଅଙ୍କନ କରିଛି । ତାଙ୍କ କବିତାରେ ଫୁଟିଉଠିଥିବା ନାରୀ ଚରିତ୍ରର ମାହାତ୍ମ୍ୟ, ବେଶ୍ ସୁଦୃଢ଼ । କବିଙ୍କ ଭାଷାରେ :

"ନାରୀ ତୁମେ ଆଜି ନିଜକୁ ପାରୁନା ଚିହ୍ନି
ସୀତା-ସାବିତ୍ରୀ-ଦ୍ରୌପଦୀ ରୂପରେ
ପାଉଅଛ ଯେତେ ଗ୍ଲାନି-ଅପମାନ
ପ୍ରତ୍ୟେକ ଯୁଗରେ ଜଳିଛି ଯେପରି ବହ୍ନି ।"

– ଇପ୍‌ସିତ ପୃଥିବୀରେ ନାରୀ, କବି ଶରତ କୁମାରୀ

ଜୀବନର ରଙ୍ଗମଞ୍ଚରେ ଅନେକ ଭୂମିକାରେ ଅବତୀର୍ଣ୍ଣା ହୁଏ ନାରୀ । କେତେବେଳେ ପ୍ରେୟସୀ ତ' କେତେବେଳେ ଜନନୀ । ବାତ୍ସଲ୍ୟ ପ୍ରେମରେ ତା'ର ଅନ୍ତର ଭରା । ପ୍ରେମର ଦ୍ୱାହି ଦେଇ, କାମୁକ ପୁରୁଷ ତାକୁ ନିଃସ୍ୱ କରେ, ଉପେକ୍ଷିତ କରେ । ଏଠି ମନ ବଦଳରେ ମିଳେ ତାକୁ ପ୍ରବଞ୍ଚନା, ପାଦେ ପାଦେ ଆତ୍ମୀୟଙ୍କ କୁତ୍ସାରରଟନା । ହୃଦୟ ବିନିମୟେ ଅଛି ଦୁର୍ବାର କାମନା ବାସନା । କବି ଶଶାଙ୍କ ଶେଖରଙ୍କ "ସ୍ୱାଗତିକା" କାବ୍ୟରେ ନାରୀ ଜୀବନର ଦୁର୍ଦ୍ଦଶାକୁ ବର୍ଣ୍ଣନା କରିଛନ୍ତି । ତାଙ୍କ କବିତାରେ ନାରୀପ୍ରତି ରହିଛି ଅହେତୁକ ସମବେଦନା । ସମାଜର ଦ୍ୱିବିଧରୂପ ବିରୋଧରେ ମନ ତାଙ୍କ ବିଦ୍ରୋହ କରିଛି । କବିଙ୍କ ଭାଷାରେ :

"ଏ ସମାଜ ବୁଝେନି
ପ୍ରେମର ମହନୀୟତା କିମ୍ବା ଗଭୀରତା
ପ୍ରେମରେ ବାଧାଦବା ପରିଣତି ଯେ'
ଆତ୍ମହତ୍ୟା ଜାଣି-ଜାଣି ଦେଖି ଦେଖି ମଧ୍ୟ
କେବେ ଶିଖି ପାରିନି ଏ ସମାଜ ।"

– କବି ଶଶାଙ୍କଶେଖର, ସଂ: ସ୍ୱାଗତିକା, ସମାଜ

ଜୀବନର ସକଳ ଅସଂଗତି ସତ୍ତ୍ୱେ ନାରୀତ୍ୱର ପ୍ରତିବଦ୍ଧତା ମହ ମହ ହୋଇ ବାସେ । ବିଶେଷତଃ ମା-ମାତୃଭାଷା ପ୍ରତି ମମତ୍ୱ ସମସ୍ତଙ୍କୁ ଅଧୀର କରେ । କିନ୍ତୁ ଆଶ୍ଚର୍ଯ୍ୟ ସେହି ପୁରୁଷ 'ମା' କୁ 'ଭଗିନୀ'କୁ ସମ୍ମାନ ଦେବାବେଳେ ନିଜ ସନ୍ତାନର ମା'କୁ ଏଡ଼ି ଦେଇପାରେ । ସମସ୍ତ ପ୍ରତିକୂଳତା ସତ୍ତ୍ୱେ ଜୀବନ ନାରୀଟିଏ ବଞ୍ଚିବାର ଚେଷ୍ଟାକରେ । ସେଇ ଆଶା ଟିକକ- ପ୍ରାଣରେ ଉନ୍ମାଦନା ଭରେ ଦିନ ଆସିବ ସମସ୍ତ ଅନ୍ୟାୟର କଳାବାଦଲ ହଟିଯିବ । ପ୍ରଚୁର ସମ୍ଭାବନା ଭିତରେ ଜୀବନ ପରିବର୍ତ୍ତନର ଆଶା ରଖେ, ତା'ର ସ୍ପଷ୍ଟଚିତ୍ର ନିମ୍ନୋକ୍ତ ଭାବେ ପ୍ରତିଫଳିତ ।

"ଯେତେସବୁ ଦୁଃସ୍ୱପ୍ନର କଳାଛାଇ/
ନିଦ୍ରାହୀନ ରାତ୍ରିର ଯନ୍ତ୍ରଣା/
ଆଶାର ବିବର୍ଣ୍ଣ ଶବ୍ଦ, ବିଷର୍ଣ୍ଣ ସମୟର ଭାର /
ପିଠିରୁ ଓହ୍ଲାଇ ସେ' ନବ ।"

- କୁବୁଜା: ଭଙ୍ଗା ଆଇନା (ବିଜୟିନୀ ଦାସ)

ସ୍ୱପ୍ନ, ବିଶ୍ୱାସ, ପ୍ରତିବଦ୍ଧତା ଭିତରେ କିଏ ବା' ବଞ୍ଚିବାକୁ ନ ଚାହେଁ ? ନାରୀ ଜୀବନର ପ୍ରତିକୂଳତା ସତ୍ତ୍ୱେ ସେ' ଆଶାବାଦୀ ଜୀବନକୁ ଜଗତକୁ ଆପଣାର ସ୍ନେହାଶିଷରେ ଭରି ଦେବାକୁ । ଜୀବନର ପୀଡ଼ା ଅଛି ସତ, କିନ୍ତୁ ପ୍ରେମର ପରସ ଏସବୁକୁ ଭରି ଦେଇପାରେ । ଆନନ୍ଦରେ, ସନ୍ତୋଷ ରୂପୀ ଲତାଟିଏ ବଞ୍ଚିବାକୁ ଚାହେଁ, ଅଥଚ ଯେତେବେଳେ ସେ' ହୁଏ ବିଷାଦଗ୍ରସ୍ତା, ଜୀବନର ଗ୍ଲାନି ତାକୁ କରେ ହତୋତ୍ସାହିତ । ତଥାପି, ଜୀବନରେ ଆଶା ଅଛି । ଏଇ ଆଶା ଟିକକ ତା ପ୍ରାଣରେ ଯାତନାର କଷ୍ଟକୁ ପୀଡ଼ାକୁ ଅପନୋଦନ କରିବ । ସେ' ତା ପାଇଁ ଗଢ଼ିବ ଏକ ସୁନ୍ଦର ନୀଳୟ; ଯେଉଁଠି ମାନ-ଅଭିମାନର ବହୁ ଉର୍ଦ୍ଧ୍ୱରେ ଥିବ ତା ଜୀବନ, ଏକାନ୍ତ ନିଜସ୍ୱ ଠିକଣା । ଏହିସବୁ ଆଶା, ଅଭିପ୍ସାକୁ ପାଥେୟ କରି ନାରୀଟିଏ ବଞ୍ଚିବାର ବଳପାଏ ।

(ଗ) ନାରୀ ଜୀବନର ବିପର୍ଯ୍ୟୟ- ବିଡ଼ମ୍ବନା-ବିଧ୍ୱଂସ :-

ସ୍ୱାଧୀନତା ପରବର୍ତ୍ତୀ କାବ୍ୟ ଅବବୋଧ ଅନେକ ନୈରାଶ୍ୟ ନେଇ ଆଗକୁ ବଢ଼ିଛି । ଏଠି ନାରୀ ଜୀବନ ବିଶେଷତଃ ପ୍ରଭାବିତ ହୋଇଛି । ସମାଜର ଅବ୍ୟବସ୍ଥା ନାରୀ ଜୀବନରେ ବିଡ଼ମ୍ବିତ ମୁହୂର୍ତ୍ତମାନଙ୍କୁ ନିମନ୍ତ୍ରଣ କରିଛି । ଏ ପର୍ଯ୍ୟାୟର କାବ୍ୟକବିତାରେ ନାରୀର ଜୀବନ ଅତ୍ୟନ୍ତ ବିପର୍ଯ୍ୟୟ ଦେଇ ଗତି କରିଛି । ନଗରକୈନ୍ଦ୍ରିକ ମୋହଫାଶରୁ ଜୀବନ ଜୀବିକା ମଧ୍ୟ ମୁକୁଳି ପାରିନି । ଏହି ସବୁ ପର୍ଯ୍ୟାୟ ଦେଇ ଉତ୍ତର ଆଧୁନିକ ସାହିତ୍ୟ ତା'ର ସ୍ଥିତି ଓ ସ୍ୱରୂପକୁ ବଖାଣିଛି । ଭାରତୀୟ ମୂଲ୍ୟବୋଧ, ଆଦର୍ଶ ଏଠି ଭୁଷୁଡ଼ି ପଡ଼ିଛି । ଜଗତିକରଣର ପ୍ରଲୋଭନରେ ମନୁଷ୍ୟ ହେଇଛି ଅନ୍ଧ । ବିବେକ ବିରୁଦ୍ଧରେ କାର୍ଯ୍ୟ କରିଛି । ନାରୀ ହୋଇଛି ଯୌନ ବିଶୃଙ୍ଖଳତାର ମାଧ୍ୟମ । ଗାଁ ରୁ ସହର ଯାଏଁ, ସବୁଠି ସ୍ଖଳନର ଋତୁ । ଯୋଜନାବଦ୍ଧ ଭାବେ ରାଷ୍ଟ୍ରୀୟ ଶିକ୍ଷ କେନ୍ଦ୍ରମାନ ଗଢ଼ିଉଠିଛି । ତା' ସହ ବଢିଛି ଦୌରାତ୍ମ୍ୟର ଲୀଳା । ନାରୀ ଏଠି ପଣ୍ୟ ପ୍ରାୟ । ପାଶ୍ଚାତ୍ୟ ସଂସ୍କୃତିର ପ୍ରଭାବରେ ନାରୀ ବି' ଆପଣେଇଛି ମୁକ୍ତ-ସ୍ୱଚ୍ଛନ୍ଦର ଜୀବନ ଆଳରେ ଯୌନ ବିଳାସ । ଯେଉଁଠି ଭୁଷୁଡ଼ି ଯାଇଛି ଦାମ୍ପତ୍ୟର ସୁଖ, ସଂପର୍କରେ ଚରି ଯାଇଛି ହଳାହଳ ବିଷ, ବିଶ୍ୱାସରେ ଲାଗିଛି କଳଙ୍କର ଚିହ୍ନ । ଦ୍ୱିତୀୟ ବିଶ୍ୱଯୁଦ୍ଧ ପରବର୍ତ୍ତୀ ଜୀବନ ବଢିଛି ସୁରା ଓ ସାକାର ଆଡୁଆଳରେ । ମଣିଷପଣିଆରେ ଲାଗିଛି ବିଶ୍ୱାସଘାତକତାର କଳଙ୍କି ।

ସର୍ବତ୍ର ଯେପରି ବିସ୍ମୟ ପରିସ୍ଥିତି । ଏଭଳି ଏକ ଘଡ଼ିସନ୍ଧି ମୁହୂର୍ତ୍ତ ଭିତରେ ଅଣନିଶ୍ୱାସୀ ହୋଇଛି ନାରୀର ପ୍ରତ୍ୟୟ । ସାମାଜିକ ସମ୍ପର୍କର ଅଧୋଗତି ଭିତରେ ସନ୍ତୁଳି ହୋଇଛି ମାନବିକତା । ଏ ପରିପ୍ରେକ୍ଷୀରେ ସ୍ନେହ, ପ୍ରେମ, ତ୍ୟାଗ, ସହନଶୀଳତା ହୋଇଛି ସ୍ୱପ୍ନ ମାତ୍ର । "Symble of Status" ହେଇଛି ପରକୀୟା ପ୍ରୀତିର ସଂପର୍କ । ପରଦାରା-ପରଧନ ପ୍ରତି ଆଶ୍ରିତ ପୁରୁଷ ସମାଜ ନାରୀ ଓ ଅର୍ଥ ଭିତରେ ଜୀବନକୁ ଖୋଜିବାରେ ବ୍ୟସ୍ତ । ଏଠି ଶୈଶବ- ଯୌବନ-ବାର୍ଦ୍ଧକ୍ୟରେ ଲାଗିଛି ଅସହାୟତାର କଳା ଦାଗ । ମାତୃ ଗର୍ଭରୁ କନ୍ୟାଭ୍ରୁଣ ହତ୍ୟା, ନାରୀ ନିର୍ଯ୍ୟାତନା, ଗଣଦୁର୍ଷ୍କର୍ମ, ପ୍ରିୟା-ପ୍ରୀତି, କଳାବଜାରୀ-ମୁନାଫାଖୋରଙ୍କ ଦୌରାତ୍ମ୍ୟ, ଯୌତୁକ ନିର୍ଯ୍ୟାତନା ସାଙ୍ଗକୁ ନାରୀ ଦେହ ବ୍ୟବସାୟ ଆଦି ସଙ୍ଗୀନ ଅବ୍ୟବସ୍ଥା ଭିତରେ ସମାଜ ଓ ଜୀବନ ଗତି କରିଛି । ଏଭଳି ଏକ ଅଭିଶପ୍ତ ସମୟ ଭିତରୁ ନାରୀର ବିପର୍ଯ୍ୟୟ-ବିଡ଼ମ୍ବନା-ବିଧ୍ୱଂସର ଚିତ୍ର ହିଁ ପ୍ରକଟିତ ହେଇଛି ।

ଏ ଦୃଷ୍ଟିରୁ କବିର ଅନ୍ତଃକରଣକୁ ଆନ୍ଦୋଳିତ କରିଛି । ଉଦ୍‌ବୁଦ୍ଧ କରିଛି ସମୟର ଆହ୍ୱାନ । ତେଣୁ ପ୍ରାୟତଃ ସମସ୍ତ କବିତା ଏଭଳି ଏକ ରୁଗ୍‌ଣ ପରିସ୍ଥିତିକୁ ନେଇ ଗତୀଶୀତ ହୋଇଥିବାର ଦେଖିବାକୁ ମିଳେ ।

ଏହି ପର୍ଯ୍ୟାୟରେ କବି ସଚ୍ଚିଦାନନ୍ଦ ରାଉତରାୟଙ୍କ ପାଣ୍ଡୁଲିପି (୧୯୪୭) କବିତା ଗ୍ରନ୍ଥର 'ପ୍ରତିମା ନାୟକ' କବିତାଟି ଆଲୋଚ୍ୟ ପ୍ରସଙ୍ଗ । ଏଠି କାବ୍ୟନାୟିକା 'ପ୍ରତିମା ନାୟକ', ବଞ୍ଚିବା ପାଇଁ ସଂଘର୍ଷରତା । ନିଃସଙ୍ଗ ଜୀବନର ପ୍ରତିନିଧିତ୍ୱ କରନ୍ତି ପ୍ରତିମା ନାୟକଙ୍କ ଭଳି ନାରୀ ଚରିତ୍ର ମାନେ । ବିଂଶ ଶତକର ପ୍ରଥମାର୍ଦ୍ଧରେ ଏଭଳି ଚରିତ୍ରମାନେ ଓହ୍ଲାନ୍ତି ପୁଣି ଧରଣୀରେ । ଦ୍ୱିତୀୟ ବିଶ୍ୱଯୁଦ୍ଧ ପରବର୍ତ୍ତୀ ଅସହାୟତା, ବିବଶତା ଦେଇ ଗତି କରନ୍ତି ଏଭଳି ପ୍ରତିମା ନାୟକ ମାନେ । କିନ୍ତୁ 'ଅଳକା ସାନ୍ୟାଲ' ମାନେ ସାଂପ୍ରଦାୟିକ ଜୀବନ ନେଇ ଭେଟନ୍ତି ଏକ ଭିନ୍ନ ରୂପରେ । ଖାକିର ହସ ଓ ସିନେମା ଭିତରେ ଜୀବନ କିନ୍ତୁ ବଦଳେ ନାହିଁ କେବେ । ହିଂସା-ବିଭତ୍ସତା ଭିତରେ ନାରୀର ଅସ୍ତିତ୍ୱ ବିଭକ୍ତ ହୁଏ ଅନେକ ଥର । ପ୍ରତିମା ନାୟକର ଏ ହସ, ଅନ୍ତରରୁ ନୁହେଁ ବରଂ ସମାଜର ଅବିଚାର ପ୍ରତି କପଟତାର ହସ । 'ଅଳକା ସାନ୍ୟାଲ' କିନ୍ତୁ ଭିନ୍ନ । ଏଠି ଦେଶ କାଳ ପରିଧିରୁ ମୁକୁଳି ଦେଶ ବିଭାଜନ, ଦଙ୍ଗା, ହିଂସା ଦେଇ ଧର୍ଷିତା । କିନ୍ତୁ ଗୁରୁପ୍ରସାଦ ମହାନ୍ତିଙ୍କ 'ଅଳକା

ସାନ୍ୟାଲ' ସ୍ୱାଧୀନ ନାରୀର ପ୍ରତିନିଧିତ୍ୱ କରେ । ଏଠି ନାରୀ ଶିକ୍ଷିତା-ଉପାର୍ଜନ କ୍ଷମା, କିନ୍ତୁ ଜୀବନର ସଂକଟ ପାଖାପାଖି ସମାନ । ସେ' କେବେ ବିଜ୍ଞାପିତା ନେତ୍ରୀ ତ କେବେ ବିଫଳ ପ୍ରେମିକା । ଏଠି ବଞ୍ଚିବାର ମାର୍ଗ ଭିନ୍ନ ହୋଇପାରେ କିନ୍ତୁ କଷଣ ସମାନ । ତେଣୁ କବି ଗୁରୁପ୍ରସାଦ ମହାନ୍ତି ନାରୀର ଅନ୍ତଃକରଣକୁ ଚିତ୍ରଣ କରିବାକୁ ଯାଇ ପରୋକ୍ଷରେ ଗୁରୁବାବୁ ଯେଉଁ ସ୍ଖଳନର ଚିତ୍ର ଆଙ୍କି ବସିଛନ୍ତି, ତାହା କ'ଣ ସମାଜର ଦୁଃସ୍ଥିତି ପ୍ରତି ଅଙ୍ଗୁଳି ନିକ୍ଷେପ କରୁନାହିଁ କି ? । ଏହି କାଳଖଣ୍ଡରେ ଓଡ଼ିଆ କବିମାନେ ନାରୀ ଅସ୍ତିତ୍ୱର ବାସ୍ତବତାକୁ ବ୍ୟାଖ୍ୟା କରିବାକୁ ଯାଇ ତା'ର ଅସହାୟତାକୁ ଦର୍ଶେଇବାକୁ ଚେଷ୍ଟା କରିଛନ୍ତି । ଯେପରି :-

"ତା ଭିତରେ ତୁମେ ପୁଣି ପ୍ରେମକର,
ଗର୍ଭବତୀ ହୁଅ/ ସିନେମାର ହ୍ୟାଣ୍ଡବିଲ୍ ମୁଁ
ଦେଖିଛି ତୁମରି ଦେହରେ/ ପବନ ତୁମକୁ ଯେବେ
ଆସ୍ତେ ନିଏ ବାଲିରୁ ସାଉଁଟି/ ମୁଁ ତୁମକୁ ସ୍ୱପ୍ନ ଦେଖେ/
ମୋର ଢ଼ିଲା ପାଇଜାମା-କାମିଜ୍‌ର ଅମରାବତୀରେ ।"

– କବି ଗୁରୁପ୍ରସାଦ ମହାନ୍ତି

ଅଳକା ସାନ୍ୟାଲ : ସଂ ନୂତନ କବିତା

ଯଥାର୍ଥରେ, T.S. Eliot କହିଥିବା ପଂକ୍ତି ଏଠାରେ ଉଲ୍ଲେଖନୀୟ । "Poetry is an escape from an emotions". ସମସ୍ତ ଆବେଗରୁ ପଳାୟନ ବୋଧେ କବିତା । ନଚେତ୍ କାହିଁକି ? ଆପଣାର ଆବେଗମୟତାକୁ କବର ଦେଇ କବିତା ଏଭଳି ଅସହାୟତା ଭିତରେ ଫୁଟିଉଠନ୍ତା ? ବିଶେଷତଃ, ୧୯୮୦ ପରବର୍ତ୍ତୀ କାଳର କବିତା ମାନଙ୍କରେ ନାରୀ ଜୀବନର ଅଧୋଗତି ଅନ୍ତରାଳରେ ନିଅଣ୍ଟିଆ ଅର୍ଥବ୍ୟବସ୍ଥା ସହିତ ସାମାଜିକ-ସାଂସ୍କୃତିକ ବିପର୍ଯ୍ୟୟ ଆଦି ଫୁଟିଉଠୁଥିବାର ଲକ୍ଷ୍ୟ କରିହୁଏ । ଏ ପର୍ଯ୍ୟାୟରେ ଓଡ଼ିଆ କବିତାରେ ନାରୀ ଜୀବନର ଅଧୋଗତିକୁ ନିଖୁଣତାର ସହ ଦର୍ଶାଯାଇଛି ।

ନାରୀ ଜୀବନର ଯନ୍ତ୍ରଣା କେବଳ ସାଂପ୍ରତିକ ସମୟରେ ଅନୁଭବ ହୁଏ ତା' ନୁହେଁ ବରଂ ଏହା ଯୁଗରୁ ଯୁଗକୁ ଗତି କରୁଥିବା ଏକ ନକରାତ୍ମକ ଲୋକାଚାର ।

ଯାହାର ଆଧାରରେ ସମସ୍ୟା, ଭିନ୍ନ ଭିନ୍ନ ଯୁଗରେ ନାରୀ ସହ ଚାଲୁଥାଏ । ବଦଳେ କେବଳ ପରିସ୍ଥିତି ଏବଂ ଜୀବନର ପରିଭାଷା । ନାନା ଲାଞ୍ଛନା-ଅପବାଦକୁ ମୁଣ୍ଡେଇ କେବଳ ବଦଳୁଥାଏ ଯାହା, ତାହା ତା'ର ନିୟତି । ସୃଷ୍ଟିର ଦାୟବଦ୍ଧତାକୁ ଘେନି ନାରୀଟିଏ ହିଁ ବିକଳ୍ପ ଚିରକାଳ । ଅସଂଖ୍ୟ ନିର୍ଯ୍ୟାତନାର ଅନ୍ତ ଲାଗି ନାରୀ ହିଁ ମାଧ୍ୟମ ହୁଏ କେବଳ । ଯେପରି ମହିଷାସୁରଙ୍କୁ ନାଶ ପାଇଁ ଏକମାତ୍ର ନାରୀ ହିଁ ସାଜିପାରେ ଦେବୀ । ଅନ୍ୟାୟର ସଂହାର ପାଇଁ । ସେ' ହିଁ ଉଠାଏ ଖଡ୍‌ଗ ଓ ଖର୍ପରର ଥାଳ । କି ! ବିମୂଢ଼ ଅସହାୟତା ? କବିତାର ମୁଖ୍ୟ ଚରିତ୍ର ହୁଏ ନାରୀ, ସେ' ଦେବୀ ହେଉ କି' ଦାନବୀ ହେଉ ।

ନାରୀର ନିରାଜନା ଏକ ଭ୍ରମ ମାତ୍ର ଏଠି ନିରାପଦ ନୁହେଁ ନାରୀ । ବାସ୍ତବରେ ନିଜର ସର୍ବସ୍ୱ ଉଜାଡ଼ି ନାରୀଟିଏ ତୋଳିଥାଏ ବୈକୁଣ୍ଠ ପରି ଘର । ସଂପର୍କକୁ ଗଢ଼େ କେତେ ସ୍ନେହ, ତ୍ୟାଗ ଦେଇ । ଅଥଚ ପ୍ରତିଦାନରେ ଲଭେ ଅନେକ କଷଣ । ବିଶ୍ୱାସ କଳ୍ପବଟ ତା'ର ଯେବେ ଉପୁଡ଼ି ପଡ଼େ, ସେ' ପାଲଟେ ଲୁହର ମହୋଦଧି । ତିତିକ୍ଷାର ଅପର ନାଁ ନାରୀ । ତା'ର ସ୍ନେହ-ପ୍ରେମରେ ପୃଥିବୀ ହୁଏ ମଧୁକ୍ଷରା । ନାରୀକୁ ନେଇ ଏ ସୃଷ୍ଟିର ଆଦ୍ୟ ଝଙ୍କାର, ଅଥଚ ତା' ପ୍ରତି ଅବିଚାର କାହିଁକି ? ଏ ପ୍ରଶ୍ନର ଅନ୍ତରାଳେ, ନାରୀ ହେବାର ଅସହାୟତା ବୋଧେ ବେଶୀ ଘାରେ । ସେଇଥିପାଇଁ ତ, 'କାଳିଝିଅ' ର ଚିରକାଳ ଦୁଃଖ । ୧୯୯୯ ମସିହାର ରଚିତ 'କାଳିଝିଅ' ନାରୀ ଜୀବନର ବିଡ଼ମ୍ବନାର ସୂଚନା ଦିଏ । ନାରୀଟିଏ ମାଆ ହେବାର ଯେଉଁ ପରମ ଆନନ୍ଦ, ତାହା କେବଳ ମା'ଟିଏ ଜାଣେ । ଆଉ ଦୁର୍ଭାଗ୍ୟରୁ ଯଦି ସେ' ସୁଖରୁ ବଞ୍ଚିତା; ତେବେ ଏ ଦୁଃଖ ପିତା-ଭ୍ରାତା କି' ସ୍ୱାମୀ କେବେ ବୁଝିବାକୁ ସମର୍ଥ ନୁହଁନ୍ତି । ଯାହାର ସଫଳ ରୂପାୟନ କବି ଗିରିବାଳା ମହାନ୍ତିଙ୍କର 'ମା ହେବାର ଦୁଃଖ' (୨୦୦୨) କବିତା ସଂକଳନରେ ପ୍ରତିଫଳିତ ହୋଇଛି । ନାରୀ ହୃଦୟର ଏ ବିଳପିତ ସନ୍ତାପ କବିଙ୍କୁ କରେ ମର୍ମାହତ । ତାଙ୍କ ଭାଷାରେ ରହିଛି ଅଗ୍ନିବର୍ଷୀ ଶବ୍ଦର ସମାଗମ । ଏ ଦୃଢ଼ତା ଭିତରେ ଅନେକ ଅସହାୟତା ଫୁଟିଉଠିଛି । କବିଙ୍କ ଭାଷାରେ :-

"ଯିବି କି' ସାରା ବସୁଧାର ମା'ମାନଙ୍କୁ ଡାକିବି/
ଡାକିବି ଝିଅ ମାନଙ୍କୁ, ଠୁଳ କରିବି ମା' ଜାତିକୁ/କହିବି

ବଂଧ୍ୟା ହୁଅ/ନିବଂଶ ହେଉ ପୃଥିବୀ.. ଯିଏ ଯେଉଁଠି ଅଛ
ମା'ମାନେ, ଝିଅମାନେ/ଅଭିଶାପ-ଦିଅ,ଭୂମିକମ୍ପ ହେଉ/
ଫାଟି ଯାଉ ବସୁଧା ତୁମର ଶାପରେ/ ଧ୍ୱଂସ ହେଉ ସଭ୍ୟତା/
ଥରେ ଧ୍ୱଂଶ-ନିବଂଶ ହେବାପରେ/କେଜାଣି ଜନ୍ମିପାରେ
ନୂଆ ମଣିଷ-ନୂଆ ହୃଦୟ ଧରି/ ଲୋଭ-ପାପ-କ୍ରୁରତା-
ଶୂନ୍ୟ ହୃଦୟଧାରୀ ମଣିଷ ।"

– 'ମାତୃତ୍ୱ', କବି ଗିରିବାଳା ମହାନ୍ତି:ସଂ, କାତି କାତିଆ କାତ୍ୟାୟନୀ:
ପୃ:୧୬-୧୭

ବାସ୍ତବରେ ନାରୀର ବ୍ୟାକୁଳତା, ଭିତରେ ପରିସ୍ଥିତିର ତାଡନା ବେଶ୍ ଅନୁଭବ୍ୟ । ନାରୀ ଜୀବନର ସଂକଟମୟ ଚିତ୍ର ବାସ୍ତବାୟିତ ହେଇଚି । ସଭ୍ୟତାର ଚରମ ପରିବର୍ତ୍ତନ ଭିତରେ ନାରୀ ଜୀବନର ବିଡମ୍ବନା କିନ୍ତୁ ପରିବର୍ତ୍ତନ ହୋଇନାହିଁ । ନାରୀ ମନସ୍ତତ୍ତ୍ୱର ଗଭୀର ବିଶ୍ଳେଷଣରେ କବି ଧୂରିଣ ଅଟନ୍ତି । ନାରୀ ହେବା ଏବଂ ନାରୀ ଭାବରେ ଚିନ୍ତା କରିବା ଭିନ୍ନ ପ୍ରସଙ୍ଗ । ଏ ପରିପ୍ରେକ୍ଷୀରେ ନାରୀଟିଏ ମା ହେବାର ଯେଉଁ ଚରମ ପରିତୃପ୍ତି, ତାହା ମା ମନ ନେଇ ହିଁ ବୁଝିହୁଏ । କବି ଗିରିବାଳା ମହାନ୍ତିଙ୍କର ଏ ସ୍ୱର ଉଦାତ୍ତ ଓ ଶାଣିତ । ବାସ୍ତବରେ ସବୁ ନିଶ୍ଚିତତା ଭିତରେ ନାରୀର ବିଡ଼ମ୍ବିତ ମାତୃତ୍ୱ ବେଳେବେଳେ ଆର୍ତ୍ତନାଦ କରେ । ତେଣୁତ, ସେ' ମା' ହେବାର ଦୁଃଖରେ ଆବୋରିଥାଏ ଜଗତ ଯାକର ଦୁଃଖ । ବାତ୍ସଲ୍ୟତାର ଅବବୋଧ ଭିତରେ ନାରୀଟିଏ ବ୍ୟାକୁଳିତ ଥାଏ ଅହରହ । ସେଇଥିପାଇଁ ତ' ମା' ହବାର ଦୁଃଖ ମା ହିଁ ଅନୁଭବ କରେ ।

"ମା ହେବାର ଦୁଃଖ କେବଳ ମା' ଇ ଜାଣେ
ସେ ଦୁଃଖ ବାପ ହବାରେ ନାହିଁକି ଭାଇ ହବାରେ
ପୁଅ ହବାରେ ନାହିଁକି ପ୍ରେମିକ ହବାରେ ।"

– "ମା ହବାର ଦୁଃଖ" : କବି ଗିରିବାଳା ମାହାନ୍ତି

ଅଶେଷ ଯାତନା ଓ ବିଧ୍ୱଂସ ହେଲା ପରେ ବି' ସେ' ଫୁଲ ହୋଇ ଫୁଟେ । ସ୍ୱପ୍ନ ହୋଇ ନେଶି ହେଇଯାଏ ଆଖିରେ । ସତେତ, କେତେ ଅସହାୟତା ଭିତରେ ନାରୀଟିକୁ ବଞ୍ଚିବାକୁ ହୁଏ ।

ବିଶ୍ୱକବି ରବୀନ୍ଦ୍ରଙ୍କର ମତରେ:

"None can reach heaven wo hasn't passed through hue."

ଜାଗତିକ ଦୁଃଖ-ସଂଘାତ-ସଂଘର୍ଷ ଦେଇ ମନୁଷ୍ୟ କୁଆଡ଼େ ଅମୃତର ସନ୍ଧାନୀ ହୁଏ । ତେଣୁ ତ, ନାରୀ ଭିତରର ସହନଶୀଳତା ଓ ତ୍ୟାଗରେ ସଂବେଦନଶୀଳ ହୋଇପଡ଼ିଛନ୍ତି କବି ଡ. ଭରତ ବେହେରା । କବି କିନ୍ତୁ ତା'ର ଏ ତ୍ୟାଗ ଓ ତିତିକ୍ଷା ଭିତରେ ତା ପ୍ରତି ସମ୍ବେଦନଶୀଳ ହୋଇ ପଡିଛନ୍ତି । କବିଙ୍କ ଭାଷାରେ :

"ତୁଠ ପଥର ଭଳି
ସହିବାର ପରିଭାଷା ମା'
ବରଫ ଭଳି ତରଳି ଯିବାର ଶବ୍ଦ
ବୁଢ଼ୀ ମା'ର ବିବେକ ।"

-ମୁଦ୍ରିତ ମହକ: ୨୦୦୯ (ବୁଢ଼ୀ ମାଆ: ପୃ:୧୫)

ନାରୀ ଯୁଗରୁ ଯୁଗାନ୍ତର ଏଇଭଳି, ତୁଠପଥର ପରି ତା'ର ଭାଗ୍ୟ ନେଇ ବଞ୍ଚେ । ତମାମ୍ ଜୀବନର ତ୍ୟାଗ, ଉଦାରତା ଭିତରେ ଘରକରଣା କରେ । ମା'ରୁ ଜେଜେମା' ପର୍ଯ୍ୟନ୍ତ ତା'ର ଏ ସହଣିକ ରୂପ ତା'ର ଦୁର୍ଦ୍ଦଶାକୁ ବଦଳିପାରେନା ବରଂ ମା' ରୁ ଜେଜମାର ଜୀବନ ଯନ୍ତ୍ରଣା ଭିତରେ କୁହୁଳୁଥାଏ ଅହରହ । ଏକାବେଳେ ନାଗରେ ଓ ନିଃସ୍ୱ ପାଲଟିଯାଏ ନାରୀର ଜୀବନ । ଜୀବନ ବି' ଶୂନ୍ୟ ହା' ହୁତାଶନରେ କଟେ । ମରଣକୁ ଡକେଇଥାଏ କେବଳ । କ୍ଳାନ୍ତି, ବିତୃଷ୍ଣା ଏବଂ ହତାଶାବୋଧରେ କଟେ ନାରୀର ଜୀବନ । ଶୈଳଜ ରବିଙ୍କ ଭାଷାରେ :

"ବାସ୍ ସଛି ବାବୁ/ ନାଳନ୍ଦା ବିହାରେ/ ରଖି ଦେଇ
ଗେରୁଆ କଷ୍ଟ୍ୟୁମ୍/ଅନ୍ତର୍ଦ୍ଧାନ ହେଲେ/ ହଠାତ୍ ଦିନେ
ଗୁରୁ ବାବୁ ସ୍ୱପ୍ନରେ ସ୍ୱପ୍ନରେ/ଅଳକାର ଦେହସାରା/
ନଖରେ ତାଙ୍କର/କେତେ କ'ଣ ଚିଠି ପରି/ପୁଣି ହଠାତ୍ ଦିନେ
ଅଦର୍କାରୀ ହ୍ୟାଣ୍ଡବିଲ୍ ପରି/ ତା'କୁ ଚିରି ଟିକ୍‌ଟିକ୍ କଲେ
ଗଲାସିଏ ଉଡ଼ି ପବନରେ ।"

(ଅଳକା ସାନ୍ୟାଲ: ଏବେ, ଇସ୍ତାହାର, ବିଷୁବ,
୨୦୦୫, ପୃ:୨୦୩)

କେବଳ ଏତିକିରେ ଅନ୍ତ ହୁଏନି, ନାରୀର ଦୁର୍ଦ୍ଦଶା । ଇତିହାସ ବାରମ୍ବାର ଆବୃତ୍ତି କରେ ତା' ପ୍ରତି ହୋଇଥିବା ଅନ୍ୟାୟ-କଷଣକୁ । ସମାଜ ଓ ପରିବାରର ବାଛ-ବିଚାର ସମ୍ମୁଖରେ ସେ' ଅସହାୟ ହୋଇ ଉଠେ । ତଥାପି, ସେ' ବଞ୍ଚି-ବଞ୍ଚାଇବାର ସଘର୍ଷ କରେ । ନିଜ ବ୍ୟକ୍ତିତ୍ୱର ସ୍ୱତନ୍ତ୍ରତା ଦାବି କରିବା ତା' ପକ୍ଷରେ ଅନୈତିକ ବୋଲି ବିବେଚିତ ହୁଏ । ନାରୀର ଏତାଦୃଶ ସ୍ଥିତି, ତା ଦୁର୍ଦ୍ଦଶାର ସୂଚନା ଦିଏ । କବି ସୁଚେତା ମିଶ୍ରଙ୍କ ଭାଷାରେ, ନାରୀର ସ୍ୱାଧିକାର ସମାଜର ଅଲଂଘ୍ୟ ନିୟମ ଆଗରେ ହାର୍ ମାନେ, କ୍ଷୁର୍ଣ୍ଣହୁଏ ତା'ର ମର୍ଯ୍ୟାଦା । ସତେକି,

"ଗୋଟେ ଧର୍ଷିତା ଲଜ୍ଜା
ଗୋଟେ ଜଖମ ନିଆଁ
ଏତେ ଶୀଘ୍ର ଶାନ୍ତ ହେବାର ନୁହେଁ
ମୁଁ ଶବ୍ଦ ଖୋଜୁଛି,
ହେଲେ ଏହାଠାରୁ ଅଧିକ କରିବାର ସ୍ୱାଧୀନତା
କେବେ କ'ଣ ପୁରୁଷ ଦେଇଛି ?

ନାରୀର ଜୀବନ ଅନେକ ଅସହାୟତା ଭିତରେ କଟେ । ତା'ର ମର୍ଯ୍ୟାଦା ଭୂଲୁଣ୍ଠନ ହେବା ସତ୍ତ୍ୱେ ସମାଜର ଅପଯଶ ନ ହେଉ ବୋଲି ନୀରବ ରୁହେ । ସେ' ପରିବାର ହେଉ ଅବା ବାହାର । ତା' ବିପନ୍ନ ମର୍ଯ୍ୟାଦାକୁ ଲୁଚାଇବାକୁ ଚେଷ୍ଟାକରେ, ଅଥଚ ପାରେନା । ପାରିବାରିକ ଦାୟବଦ୍ଧତା ଭିତରେ ବନ୍ଧାପଡିଥାଏ ତା'ର ସ୍ୱାଧୀନତା । ତା'ର ମର୍ଯ୍ୟାଦାର ସୀମାରେଖାକୁ ଅନେକ ଆଙ୍ଗୁଳି ଦେଖାନ୍ତି । ସତେକି ତା'ର

"ସାଢ଼େ ପାଞ୍ଚ ମିଟର ମର୍ଯ୍ୟାଦାରେ
ମୁଁ ନିଜକୁ ଗୁରେଇ ଦେଇଛି
ଓ ନିଜ ମହିମାରେ/ ନିଜେ ଘାରି ହେଉଛି
×× ×× ××
ମୋ ପେଟ ଛାତି ଓ ପିଠି
ତଥାପି ଦିଶି ଯାଉଛି କିଛି ଅଂଶ

ଏତେ ଲମ୍ବା ଶାଢ଼ୀ ଟେ ବି' ଯାହାକୁ
ଲୁଚାଇବାକୁ ନିଅଣ୍ଟ ।"

-ପାରମିତା ଶତପଥି: ଶାଢ଼ି

ସତେତ' ସାଢେ ପାଞ୍ଚ ମିଟର ଶାଢ଼ୀ କ'ଣ ଢାଙ୍କିପାରେ ଲଜ୍ଜା ? ପୁରୁଷର କାମୁକ ଆଖିର ନିଆଁରେ ସେ' ବରାବର ଅଗ୍ନିସ୍ନାତା ହୁଏ ।ଏହି ପୁରୁଷ ପ୍ରଧାନ ସମାଜରେ ନାରୀର ମର୍ଯ୍ୟାଦା ବିପନ୍ନ । କାହିଁ କେଉଁ ଆବହମାନ, କାଳରୁ ଗଢ଼ିଚାଲିଛି ଏ ପୀଡ଼ାର ମହାପର୍ବ । ବେଳେବେଳେ ବିପ୍ଳବର ସ୍ୱର ମଧ ଶାଣିତ । ସମ୍ବେଦନା ଓ ଶ୍ଳେଷ ଛନ୍ଦୋକ୍ତି ମାଧମରେ ଫୁଟିପଡ଼େ । ନାରୀ ଅନ୍ତରର ଦ୍ରୋହ । ସମାଜର ସକଳ ଅବହେଳା ସତ୍ତ୍ୱେ ସେ' ତାରା ହୋଇ ଫୁଟେ । ଶ୍ରାବଣ ହୋଇ ଝରେ । ନାରୀର ବ୍ୟକ୍ତିତ୍ୱ ଓ ତା'ର ସ୍ୱାଧୀକାର ପ୍ରସଙ୍ଗ ସବୁ ଯୁଗରେ ଅଣହେଳା । ତଥାପି, ନାରୀଟି ମରିପାରେନା, ସକଳ ଯନ୍ତ୍ରଣାର ହଳାହଳ ପିଇ ତା' ପରିବାର ପାଇଁ, ସନ୍ତାନ ପାଇଁ ଆଉ ପ୍ରିୟଜନଙ୍କ ପାଇଁ । ମୁକ୍ତ ଭାବେ ଅମକର ସ୍ତ୍ରୀ, ଅମକର ମା', ଅମକର ବୋହୂ, ଅମକର ଝିଅ ଭିତରେ ତା'ର ଅସ୍ତିତ୍ୱ କୁହୁଳୁଥାଏ । ନିଜସ୍ୱ ପରିଚୟକୁ ହଜେଇ ତମାମ ବୟସ ପାରିବାରିକ ଜଂଜାଳ ଭିତରେ ଆଗଉଥାଏ । ପ୍ରତି କ୍ଷେତ୍ରରେ ନାରୀର ମମତ୍ୱ, ସ୍ନେହ, ପ୍ରେମ ପରିବର୍ତ୍ତେ କଷଣ ହିଁ ଲଭେ । ତା'ର ଦେହ ହିଁ ତା'ର ବଇରୀ ସାଜେ । ଜୀବନର ତମାମ କ୍ଷତ ସବୁକୁ ସେ' ଅନାୟାସରେ ସହ୍ୟ କରୁଥାଏ । କେବେ ପାପିଷ୍ଠମାନଙ୍କଦ୍ୱାରା ଅତ୍ୟାଚାରିତ ହୁଏ । ଗଣ ଧର୍ଷଣର ଶିକାର ହୁଏ । ଏହି ଅସହାୟତାକୁ କବି ଅଭୟ ନାରାୟଣ ନାୟକ ରୂପ ଦିଅନ୍ତି :

"କେଉଁଠି ଦୁଷ୍କର୍ମର ଉତ୍ପୀଡ଼ନରେ
ଆତ୍ମା ହୋଇଯାଉଛି କୋହମୟ ଶବ୍ଦର ବିନ୍ୟାସରେ / ରୋକି ହେଉନି/
ଉତ୍ପୀଡ଼ନର/ ଏବେ ରୋଗଗ୍ରସ୍ତ ସବୁ ସମୟ.........।"

- ଅର୍କ୍ଷିତ ସମୟ: ସଂ: ଅସୀମ ଆକାଶ ।

ନାରୀର ଏତାଦୃଶ ବିବଶତା, ଅସହାୟତା ଖୁବ୍ ଯନ୍ତ୍ରଣାଦାୟକ । ଜନ୍ମ ହେବା ସହ, ତା' ସହ କିଏ ରହିଲୁ ବା ନରହିଲୁ ରହିଲୁଥାଏ ତା'ବିଡମ୍ବନା ଯାହା,

ବେଳ ଅବେଳରେ ତା' ଅସ୍ତିତ୍ୱ ପ୍ରତି ପ୍ରଶ୍ନ କରେ, ଦାନ୍ତ ନିକୁଟେଇ ତାଚ୍ଛଲ୍ୟରେ ହସେ । ସମୟ ଓ ସଂସାରର ସକଳ ଅବହେଳା ସତ୍ତ୍ୱେ ଜାରି ରଖେ ତା' ଜୀଇଁବାର ସଂଘର୍ଷ । ପରିଦୃଶ୍ୟମାନ ଜଗତରେ ଯାବତୀୟ ଦୁର୍ଦ୍ଦଶା ଭିତରେ ନିଜକୁ ହିଁ ଖୋଜୁଥାଏ ଅହରହ । ତେଣୁ ତ କବିଙ୍କ କଣ୍ଠରୁ ଫୁଟିଉଠେ:

"ଇତିହାସରେ ଲିପିବଦ୍ଧ ହୁଏ
ପ୍ରତିଟି ନୂଆ ଲଜ୍ଜା
ଅଶ୍ଳୀଳ ରୋଚକ ଦୃଶ୍ୟ

× × ×

ତଥାପି, ମରିପାରୁନଥିବା ସେ' ସ୍ତ୍ରୀ ଲୋକ
ଥରକୁ ଥର ଯୋନିରୁ ଆଡ଼ଉଥାଏ ତା ଲୁଗା
ଇତିହାସରୁ ଛେଲୁଥାଏ ବକଳା
ଦୁନିଆକୁ ଏଇଆ ଦେଖେଇବାକୁ ଯେ
କେହି କେବେ କରିପାରିନି
ତା' କ୍ଷତର ଆକଳନ
ନା' ସମୟ ନା ସଂସାର ।"

–ମରି ପାରିନଥିବା ଗୋଟେ ସ୍ତ୍ରୀ ଲୋକ : କବି ଗାୟତ୍ରୀବାଳା ପଣ୍ଡା

ସାହସିନୀ ରୂପେ ପ୍ରକୀର୍ତ୍ତିତା ନାରୀର ଏ ବିବଶତା, ସମାଜ ପାଇଁ ଆଦୌ ମଙ୍ଗଳ ପ୍ରଦ ନୁହେଁ । ନାରୀତ୍ୱର ଲାଞ୍ଛନାରେ କବିର ଅନ୍ତଃକରଣ ଯନ୍ତ୍ରଣାରେ ଆର୍ଦ୍ର । ପୁରୁଷ ଶାସିତ ରୀତି, ନୀତି, ବିଶ୍ୱାସ-ଅବବୋଧ ଭିତରେ ନାରୀ କେତେବେଳେ ଈଶ୍ୱରୀ ତ କେବେ ମାନବୀ । ପୁରୁଷ ନାରୀକୁ ଶକ୍ତିମତୀ କରି ଗଢ଼ି ତୋଳିଛି ସତ, ମାତ୍ର ତା'ର ଏହି ଇଚ୍ଛା ନିଷ୍କାମ ନୁହେଁ । ଏହାର ଅନ୍ତରାଳରେ ଭରି ରହିଛି ନାରୀ ପ୍ରତି କାମୁକତାର ଭାବ । ଦୁର୍ଗା ଦେବୀଙ୍କ ଅହଂକାରରେ କାମୁକ ଅସୁର ସମ୍ମୁଖରେ ଉଲଗ୍ନ ହୋଇ ହୀନବୀର୍ଯ୍ୟ କରାନ୍ତି ଓ ତାକୁ ନିଧନ କରନ୍ତି । କି ! ବିଚିତ୍ର ଏ ବ୍ୟବସ୍ଥା, ନାରୀଟିଏ ଉଲଗ୍ନ ହେଉ/ ବିବସ୍ତ୍ରା ହେଉ,

ଦେବତା ବି ଚାହାଁନ୍ତି । ସେ' ଦେବୀ ହେଉକି ଦାନବୀ ସେ' ନାରୀ । ନାନା, ଭାବରେ ସେ' ନିଷ୍ପେସିତା-ଲାଂଛିତା । ତାକୁ ମାଧ୍ୟମ କରି ସୃଷ୍ଟି ଅଥଚ, ତାହାର ଅମର୍ଯ୍ୟାଦାରେ ପୁରୁଷ ହୁଏ ସନ୍ତୁଷ୍ଟ, ତୃପ୍ତ, କବିଙ୍କ ଚିତ୍ତ ଏଥିପ୍ରତି କଟାକ୍ଷ କରିଛି । ଏ ସବୁ ଅନ୍ୟାୟ, ଅନୀତିକୁ ଅସ୍ୱୀକାର କରିଛି କବିଙ୍କ ସମ୍ବେଦନଶୀଳ ମନ । କବିଙ୍କ ଭାଷାରେ :

"ଉଭା ଲଙ୍ଗଳା ହେଲ, ଅସୁର ବଧିଲ
ଏପରି ଅସହାୟ ଅବସ୍ଥାରେ ଗଡ଼ ଜିଣିବା
କୋଉ ବଡ଼ କଥା ଯେ ।"

– (ପିତାମ୍ବର ତରାଇ: ଦେବୀ)

ପୁରୁଷର ଅଜଗରୀ କୂଟକପଟ, ବିଦ୍ୱେଷୀ ମାନସିକତା ନାରୀକୁ ଦେହ ସର୍ବସ୍ୱ ହିଁ ମଣେ । ସେ' ଦେବୀ ହେଉ ବା' ମାନବୀ; ତାକୁ ନିଜ କାମନା-ବାସନା ପରିପୂର୍ତ୍ତି ଦେଇ ଗଣେ । ପ୍ରତିଷ୍ଠିତ ଅନାଗ୍ରହକୁ ଭାଙ୍ଗି ନିଜ ନାରୀତ୍ୱର ସୁରକ୍ଷା ହିଁ ବାସ୍ତବରେ ନାରୀ ଜୀବନର ବିପର୍ଯ୍ୟୟକୁ ରକ୍ଷା କରିବ, ଏଥିରେ ସନ୍ଦେହ ନାହିଁ । ତାଚ୍ଛଲ୍ୟ, ଅପବାଦର କଳାମେଘ ଆପେ ହଟେନା, ବରଂ ହଟେଇବାକୁ ନିଜ ଅଙ୍ଗୀକାରରେ, ଆନୁଗତ୍ୟରେ ଏବଂ ପ୍ରତିରୋଧରେ ଓ ପ୍ରତିବାଦରେ । ଏସବୁ ନାରୀକୁ ବୁଝିବାକୁ ହେବ । ତେବେ ଯାଇ ପ୍ରତିଷ୍ଠିତ ହେବ ନାରୀତ୍ୱର ପରାକାଷ୍ଠା । ଆଶା ଓ ସମ୍ଭାବନା ଭିତରେ ଜୀବନ ପୁଣିଥରେ ନୂଆ ରୂପେ ଉଦ୍‌ଭାଷିତ ହେବ । କବିଙ୍କ ଭାଷାରେ :

"ଅନେକ ଗୁଡାଏ ଖେଳ ବିପର୍ଯ୍ୟୟ, ବିଧ୍ୱଂସ ପରେ ବି/
ଫୁଲ ଫୁଟେ, ତରା ଉଏଁ
ପରାଜୟର ପଙ୍କରୁ ଆବିର୍ଭାବ ହୁଏ/
ପୁଣ୍ୟ, ପ୍ରେମ ଆଉ ପ୍ରଗତିର
ଶୁଭ, ସତେଜ ପଦ୍ମ ।"

– (ଅଣାୟତ: କବି ଗାୟତ୍ରୀବାଳା ପଣ୍ଡା)

ବାସ୍ତବରେ, ନୈରାଶ୍ୟର କଳାଛାଇ ଅପସରି ଗଲାପରେ ଯାଇ ଅସ୍ମିତାର ସୂର୍ଯ୍ୟୋଦୟ ହୁଏ । ଜୀବନ ଓ ଜଗତ ପୁଣିଥରେ ନୂତନ ଭାବରେ ଉଦ୍ଭାସିତ ହୁଏ । ନାରୀ ଶକ୍ତିମୟୀ, ଅସ୍ମିତାର ମହାମାୟୀ । ଜୀବନର ସକଳ ଅସଂଗତି ଭିତରେ ତାକୁ ବଢିବାକୁ ହୁଏ । ନାରୀ ଜୀବନରେ ପ୍ରେମ ଆସେ ଆଉ ତା' ସହ ଅନେକ ପ୍ରତାରଣା । ବିଶ୍ୱାସର ଲକ୍ଷ୍ମଣରେଖା ଡେଇଁ ସେ' କେତେବେଳେ ପିତାଙ୍କ ଜୈତ୍ରମଣି ଚୋରାଏ ତ' କେତେବେଳେ ସୋରିଷ ଧାରେ ନିଜ ଯନ୍ତ୍ରଣାକୁ ଭେଟେ । ଏତେ ଭଲ ପାଇବା- ବିଶ୍ୱାସ ସତ୍ତ୍ୱେ ବି' ହାରିଯାଏ ତା'ର ମନ । ବିଶ୍ୱାସରେ ବିଷ ଦିଏ ଜଗତ । ଚିରକାଳ ପ୍ରତାରଣା, ପ୍ରବଞ୍ଚନା ଏବଂ ପ୍ରତ୍ୟାଖ୍ୟାନକୁ ଭେଟୁଥାଏ ସେ । ପୁରାଣକୁ ଯଦି ଦୃଷ୍ଟି ଦେବା, ସମସ୍ତେ ବିଶ୍ୱାବସୁଙ୍କୁ ଦେଖିଲେ, ନୀଳ ମାଧବଙ୍କୁ ପାଇଲେ । ହେଲେ, ବିଦ୍ୟାପତିର ପ୍ରତାରଣା, ଲଳିତାର ନୀରବ ଯନ୍ତ୍ରଣା, କାହା ଆଖିରେ ପଡ଼ିଲାନି । ଆଜି ବି' କାହାର ଦୀର୍ଘଶ୍ୱାସ ଶୁଭେ, ଅନ୍ତର୍ଦାହ ଅନୁଭବ ହୁଏ ସେଇ ସୋରିଷର କ୍ଷେତ ଧାରେ । ବିଦ୍ୟାପତିର ଲକ୍ଷ୍ୟ ପୂର୍ଣ୍ଣତା ନିମନ୍ତେ ସେ' ପ୍ରଣୟାସିକ୍ତ ହେଲେ ଲଳିତା ସହ । କାମନା ପରିପୂର୍ତ୍ତି ପରେ, ଲଳିତାଙ୍କୁ ପରିତ୍ୟାଗ କରି ଚାଲିଗଲେ ବିଦ୍ୟାପତି । ଏ ପ୍ରତାରଣା ନୂଆ ନୁହେଁ । ନାରୀକୁ ଏ ପ୍ରେମ ଜନିତ ଅସଫଳତାକୁ ଏକା-ଏକା ଭୋଗିବାକୁ ହୁଏ । ଉଦ୍ଦେଶ୍ୟମୂଳକ ପ୍ରେମାଭିନୟରେ ଆହତ ଲଳିତା ଉପେକ୍ଷିତ ହୋଇ ଭୋଗି ଚାଲିଛି ତା'ର ନିୟତି । ଏଇ କ'ଣ ତେବେ ତା'ର ପ୍ରାପ୍ୟ ? ଭଲ ପାଇବାର ନିଷ୍ଠୁର ପରିଣତି ? ନିରୀହ ଲଳିତାର ବିଶ୍ୱାସ ଓ ଭଲପାଇବାର ପରିଣତି କ'ଣ ତେବେ ବିଦ୍ୟାପତିଙ୍କ ପରି ପୁରୁଷମାନଙ୍କ ପାଇଁ ସାଧାରଣ କଥା ।

"ଏବେ ସୋରିଷ ଦେଖିଲେଇଁ/
ଡିନ୍ଥି ଯାଏ ଛାତି କୋହରେ/
ଆଖିରେ ଉଠେ ଉଜାଣି ବିନା ମେଘରେ/
ଯାହାର ଧାଡ଼ିଏ ସୁନେଲି ଗଜା ହିଁ
ପ୍ରାମାଣିକ ପଥ ହେଇ ଫୁଟିଥିଲା
ଦେହ ଓ ଦିଅଁ ଲୁଟି ନେବାକୁ/ ଏକା ମୁଦ୍ରାରେ ।"

– କାଳେ କାଳେ ପ୍ରତାରଣା : କବି ବାସୁଦେବ ସୁନାନୀ

ନାରୀର ନିବିଡ଼ ଆଶ୍ଳେଷ, ପୁରୁଷ ଦୃଷ୍ଟିରେ ଅର୍ଥହୀନ ହୋଇପାରେ । କିନ୍ତୁ ନାରୀ ପାଇଁ ଏହି ଭାବାବେଗ ଚିରଦିନ ସାଇତା ହୋଇରହିପାରେ । ନୀରବତାର ଦୀର୍ଘଶ୍ୱାସଟିଏ ନାରୀ ହେଲେ, ପୁରୁଷ ହୁଏ ମୁଖରିତ ଅବବୋଧ । କିନ୍ତୁ ବାସ୍ତବରେ ନୀରବତାର ଭାଷା ଥାଏ । ତାକୁ ବାଙ୍ମୟତା ଭିତରେ ବାନ୍ଧି ରଖିବାକୁ ବହୁତବେଳେ ପ୍ରୟାସ କରେ ପୁରୁଷ ଅଥଚ ନାରୀ ନୁହେଁ । ଏଇ ତା'ର ଆନୁଗତ୍ୟର ବିପୁଳତା । ସେଇଥିପାଇଁ ତ କବିଙ୍କ ଭାଷାରେ :

"Love is pleasure, when it is secret, it ceases to be a pleasure when it ceased to be a secret."

- Aphra Behn: The Amorous Prince

ଏତାଦୃଶ ଭାବରେ ବୁଡ଼ି ରହିଥାଏ ନାରୀର ଅନ୍ତର । ଯେଉଁଠି ସେ' ବିଡ଼ମ୍ବିତ ଭାଗ୍ୟ ନେଇ ଛିଡ଼ା ହୁଏ । ନୀରବରେ ଗୁମୁରୁଥାଏ ତା' ଅଭ୍ୟନ୍ତରୀଣ, ଅଥଚ ଯୁ' ନାହିଁ କହିବାକୁ । କିନ୍ତୁ କବି ସତ୍ତା ଏ ସବୁକୁ ଅମାନ୍ୟ କରେ, ଅସ୍ୱୀକାର କରେ । ପୁରୁଷ ସୁଲଭ ଅହଂକାରକୁ ସର୍ବସମ୍ମୁଖରେ ଉଜାଗର କରିବାର ସ୍ପର୍ଦ୍ଧା ରଖେ । ସେଇଥିପାଇଁ ତ କବି ଚିତ୍ତ ପରିବର୍ତ୍ତନର ଆଶାୟୀ ହୁଏ । ଓଡ଼ିଆ କବିତା ବିଶେଷତଃ ସ୍ୱାଧୀନତା ପରବର୍ତ୍ତୀ ପର୍ଯ୍ୟାୟରେ (ଉତ୍ତର ଆଧୁନିକ) ଇତିହାସର ପୁନରାବୃତ୍ତି ନ ହୋଇ ବରଂ ଏକ ଆହ୍ୱାନ ହୋଇ ପ୍ରତିଫଳିତ ହୋଇଛି । ଏହି ଆହ୍ୱାନ, ପରିବର୍ତ୍ତନ ଆଶା ରଖେ । ନୂତନ ପ୍ରାଣପ୍ରାଚୁର୍ଯ୍ୟ ଭିତରେ ଏକ ସୁସ୍ଥ ସମାଜର ଅପେକ୍ଷା ରଖେ । ଏହି କାରଣରୁ ସାଇମନ ଡି. ବୁଭା ପ୍ରଶ୍ନ କରିଥିଲେ - "Is woman born or made" । ବାସ୍ତବରେ, ନାରୀର ସ୍ଥିତି ଏବଂ ତା ଭୂମିକା ସମାଜରେ କିଭଳି ହେବ, ତାହାର ଏକ ପ୍ରତିକୃତି ପୁରୁଷ ସମାଜ ହିଁ ସ୍ଥିର କରିଥାଏ, ଯେଉଁଥିପାଇଁ ନାରୀକୁ ଦ୍ୱିତୀୟ ଲିଙ୍ଗ ବା (second sex) ବୋଲି ଗ୍ରହଣ କରାଯାଏ । ଏ ଦୃଷ୍ଟିରୁ ନାରୀର ମନସ୍ତତ୍ତ୍ୱ କବିତା ମାନଙ୍କରେ ପ୍ରତିଫଳିତ ।

ବିଶେଷତଃ ସ୍ୱାଧୀନତା ପରବର୍ତ୍ତୀ କବିତାମାନଙ୍କରେ ନାରୀର ବିଧ୍ୱଂସକୁ ହିଁ ଦେଖିବାକୁ ମିଳେ । ନାରୀ ସଶକ୍ତିକରଣ କେବଳ ନୀତି ନିୟମ ପ୍ରଣୟନ, ସଂରକ୍ଷଣ ଓ ତା'ର ସୁରକ୍ଷା ଦ୍ୱାରା ଫଳବତୀ ହୁଏନା । ବରଂ ତଥାକଥିତ ଚିନ୍ତାଧାରା-ପାଶବିକ କାମନାର ନିଷ୍କୃତିରୁ ସମ୍ଭବ ହୋଇ ଆସିଲେ, ନାରୀ ବ୍ୟକ୍ତିତ୍ୱର ନିର୍ମାଣ

ହୋଇପାରିବ । ଏହି ନାରୀବାଦୀ ଆନ୍ଦୋଳନ, ନାରୀମାନଙ୍କର ସ୍ୱାଧୀକାର ଓ ଅସ୍ମିତାକୁ ନେଇ ଅଗ୍ରସର । ନାରୀ ନିଜସ୍ୱ ମର୍ଯ୍ୟାଦା ଓ ସ୍ୱତନ୍ତ୍ରତାରେ ପରିଚିତା । ନାରୀ ବ୍ୟକ୍ତିତ୍ୱର ପରାକାଷ୍ଠା ତା'ର ସାମାଜିକ- ଆର୍ଥିକ ଜୀବନକୁ ବହୁ ଭାବରେ ପ୍ରଭାବିତ କରେ । ନାରୀର ଅସ୍ମିତା ତା'ର ପରିଚୟ ବହୁଭାବରେ କୁସଂସ୍କାରପୂର୍ଣ୍ଣ ସମାଜ ଯୋଗୁଁ କ୍ଷୁର୍ଣ୍ଣ ହୋଇଛି । ସେ' ତା'ର ସାମର୍ଥ ଓ ପ୍ରତିବଦ୍ଧତା ସତ୍ତ୍ୱେ ବହୁ ବାଛ-ବିଚାରର ଶିକାର ହେଇଛି । ତା'ର ବ୍ୟକ୍ତିତ୍ୱ, ଏବଂ ମର୍ଯ୍ୟାଦା ତା'ର ନିଜସ୍ୱ, ଯାହା ପୁରୁଷ ତିଆରି କରିପାରିବ ନାହିଁ । କେବଳ ନାରୀଠାରୁ ହିଁ ମର୍ଯ୍ୟାଦା-ଶୃଙ୍ଖଳାର କବଚ ଲୋଡ଼ାଯାଏ । ପୁରୁଷ ଏଥିରୁ ମୁକ୍ତ । ଏ ଅବିଚାର ନୁହେଁ କି? ସମସ୍ତ ନୀତି-ନିୟମର ଉର୍ଦ୍ଧ୍ୱରେ ପୁରୁଷର ଆଦେଶକୁ ନାରୀଟିଏ ଗ୍ରହଣ କରିବାକୁ ବାଧ୍ୟ ଅଥଚ, ପୁରୁଷ ନୁହେଁ ।

ନାରୀ-ପୁରୁଷର ସମକକ୍ଷ । କିନ୍ତୁ, ଦେଖାଯାଏ ପୁରୁଷ ହିଁ ତା' ପାଇଁ ମର୍ଯ୍ୟାଦାର ଲକ୍ଷ୍ମଣଗାର ଟାଣେ । ତା'ର ସ୍ୱାଧୀକାରକୁ ଭଙ୍ଗ କରିବାକୁ ଚେଷ୍ଟାକରେ । ଆପଣା ପୌରୁଷର ଅହଂକାର (male ego) ରେ ନାରୀର ଅସ୍ମିତାକୁ ଖଣ୍ଡ -ବିଖଣ୍ଡିତ କରେ । ଏହି ଘାତ-ପ୍ରତିଘାତ ପ୍ରାକୃତିକ ନୁହେଁ, ବରଂ ସମାଜକୃତ-ମନୁଷ୍ୟକୃତ । ପୁରୁଷତନ୍ତ୍ରର ଏ ଅବିଚାର ବିରୁଦ୍ଧରେ ନାରୀବାଦ (Feminism) ଛିଡ଼ା ହେଇଛି । ପୌରୁଷର ଅହମିକା ବିରୁଦ୍ଧରେ ଏହା ଏକ ଗଠନମୂଳକ ପ୍ରତିବାଦ ନାରୀ ଅସ୍ମିତାର ରକ୍ଷା ଦିଗରେ 'ନାରୀବାଦ' ମୁଣ୍ଡ ଟେକିଛି । ଏହି ଅସ୍ମିତାବୋଧର ଯଥାର୍ଥ ଅଙ୍କନ ହିଁ " ନାରୀବାଦ" । ନାରୀମାନଙ୍କ ପ୍ରତି କରାଯାଉଥିବା ଅନ୍ୟାୟ-ଅନାଚାର ବିରୋଧରେ ଏକ ପ୍ରତିବାଦ ବୋଲି ବୁଝିବାକୁ ହୁଏ । ଯାହା, ନାରୀକୁ ବହୁ ଶତାବ୍ଦୀ ଧରି କେବଳ ଶରୀର ଆଧାରରେ ବିଚାର କରାଯିବାର ଘୃଣ୍ୟ ପରଂପରାକୁ ବିରୋଧ କରିଆସିଛି । ଏସବୁର ସଫଳ ନିଦର୍ଶନ, ସ୍ୱାଧୀନତା ପରବର୍ତ୍ତୀ କାବ୍ୟ ଚେତନାରେ ଉପଲବ୍ଧ ହୋଇଛି । ଯେଉଁଠି ନାରୀର ସ୍ୱାତନ୍ତ୍ର୍ୟକୁ ଗୁରୁତ୍ୱ ଦିଆଯିବାର ଅନୁଭବ କରିହୁଏ । ନାରୀର ଅସ୍ମିତା ପ୍ରତି ସଚେତନ କରାଇବା, ତା'ର ସ୍ଥିତି ପ୍ରତି ତାକୁ ଅବଗତ କରିବା ହିଁ ମୁଖ୍ୟ ଆଭିମୁଖ୍ୟ । ଯେଉଁଠି ସମ୍ବେଦନଶୀଳ କବି ଚଡ଼ ସ୍ୱୀକାର କରି କହିଛି :

"ମୁଁ ଯେ' ଭାବିପାରେ ଅନୁଭବ କରିପାରେ /

ମୋର ଏ ରକ୍ତ ମାଂସର ଛାଞ୍ଚ/ ଆତ୍ମାର ଅନନ୍ୟସ୍ପର୍ଶରେ
ଯେ ଧନ୍ୟ ହୋଇପାରେ/ ପରମାର୍ଥ ଦାବି କରିପାରେ/
ଏ ଶରୀର ରେଶମ ସୂତାରେ ଢ଼ଙ୍କା ମୂର୍ତ୍ତିଟିଏ ନୁହେଁ/
ସ୍ପର୍ଦ୍ଧାରେ ମଥାଟେକି ଉଭା ହୋଇପାରେ ।

– 'ମୁଁ' : ଅବ୍ୟକ୍ତ ଆତ୍ମୀୟତା, ପୃ:୪୬ ଅପର୍ଣ୍ଣା ମହାନ୍ତି

ନାରୀର ଶରୀର ଭିତରେ ଯେଉଁ ଚୈତନ୍ୟ ଟିକକ ଝଲସୁଛି, ତାହା ବାରମ୍ବାର ହତାଦାର ଲଭେ । ପ୍ରଚୁର ଅବହେଳା, ନୈରାଶ୍ୟ, ପକ୍ଷପାତିତାର ଶିକାର ସତ୍ତ୍ୱେ ନାରୀର ଅନତିକ୍ରମଣୀୟ ଅଭୀପ୍‌ସାଟି ଫୁଟି ଉଠେ । ତାହା ବାସ୍ତବିକ୍‌ତାର ଆବେଗ, ସଂବେଦନଶୀଳତାକୁ ରୂପ ଦିଏ । ନାରୀଟିଏ ସନ୍ତାନ ପ୍ରସବ କରିବା, ରାନ୍ଧି-ବାଢ଼ି ସମସ୍ତଙ୍କୁ ପରଷିବା ଭିନ୍ନ ଆଉ ଯେ' ଅନେକ କାର୍ଯ୍ୟରେ ସମର୍ଥ ହୋଇଛି ତାହା ପୁରୁଷ ଚକ୍ଷୁରେ ଯାଏନା । ଫଳରେ ସେ' ତା'ର ଅଧିକାରକୁ ସଂକୁଚିତ କରିବାକୁ ଚେଷ୍ଟା କରେ । ନାନା ଆଳରେ ଅବଦମିତ କରେ । ଗୃହ କୋଣରେ ଏମିତି ମାନସିକ ସଂକଟକୁ ଜୁଝିବାରେ ବେଳ ସରିଯାଏ ତାର । ପୁରୁଷ ଠିକ୍ ଜାଣେ, ନାରୀର କ୍ଷମତାର ଦିଗ-ଦିଗନ୍ତ କେତେ ପ୍ରଶସ୍ତ ଓ ବ୍ୟାପ୍ତ । ତେଣୁ ସେ' ତିଆରି କରେ ଆପଣା ମନ ମୁତାବକ ନିୟମ -ଶୃଙ୍ଖଳା । ସେ' ନିୟମର ଦାୟବଦ୍ଧତା ତା' ପାଇଁ ଲାଗୁ ହୁଏନା ବରଂ ସ୍ତ୍ରୀ ପାଇଁ । ସେ' ଯାବତୀୟ ଜଞ୍ଜାଳ ସହେ, ସନ୍ତାନଙ୍କ ଭଲ ମନ୍ଦ ବୁଝେ । ନିଜ ଅସ୍ତିତ୍ୱର ମହାର୍ଘ୍ୟତା କୁ ସେ' ତା' ସଂସାର ପାଇଁ ଉତ୍ସର୍ଗ କରେ । ଏଇ ତା'ର ସନ୍ତୁଷ୍ଟି । ଅଥଚ, ସେ' ହୁଏ ନିର୍ଯ୍ୟାତିତା-ପତିତା-ଭର୍ତ୍ସିତା । ସାଂପ୍ରତିକ କାଳ ଖଣ୍ଡରେ ନାରୀଟିର ବଞ୍ଚିବାର ବାଧାବିଘ୍ନ ସତ୍ତ୍ୱେ ନିଜ ସ୍ପର୍ଦ୍ଧାରେ ବାଟ ତିଆରି କରିବାର ପ୍ରତିବଦ୍ଧତା ତାକୁ କରେ ସ୍ୱତନ୍ତ୍ର । ସେ' ଆଶା କରେ ଏକ ସୁନ୍ଦର ମୁହୂର୍ତ୍ତକୁ, ଯେଉଁଠି ସବୁ ଦୁଃଖର ହେବ ଅନ୍ତ । ସେ' ଧର୍ମପତ୍ନୀ ଯୁଗେ, ଯୁଗେ, ସେ' କିନ୍ତୁ ତା'ର ତୁଚ୍ଛ ଘରକରଣା ଭିତରେ ଆଉ କାହାର ଆବାହନ କରେ । ନିରାଶାର ଅନ୍ଧକାର ଭିତରେ ଆଶାର ଦିହୁଡ଼ି ଜଳାଏ । ଅନ୍ତଃକରଣରେ ସମ୍ଭାବନାର ଅପେକ୍ଷା ରଖେ । ଏଭଳି ଏକ ଆଶା ଓ ସମ୍ଭାବନା ଭିତରେ କବିଚିତ୍ତ ସ୍ୱୀକାର କରିଛି ।

"ସେ ଆସିଲେ ନିବୁଜ କୋଠରୀ ଗୁଡ଼ା ଖୋଲିଯିବ/
ଦେହ ଓ ମନର ବିଷାଦ, କ୍ଳାନ୍ତି, ଲୁଗାରୁ ହଳଦୀ ଦାଗ ଓ କଳା ଦାଗ
ପେନ୍‌ସିଲ୍ ଗାରରେ ଆଖିତଳେ ଟଣା ସମସ୍ତ ପ୍ରସାଧନ/
ବଙ୍କା-ତେଢ଼ା ଅକର୍ମଣିଳାର ଜୀବନ, ସବୁଶେଷ ହେଇଯିବ,
ସେ ଆକାଶ ଆଡ଼କୁ ଉଡ଼ିଯିବ ।"

- ଧର୍ମପତ୍ନୀ : ପ୍ରତିଭା ଶତପଥି

ଷ୍ଟୁଆଟ ମିଲ୍‌ଙ୍କ ମତରେ: "ପୁରୁଷର ପ୍ରେମପୂର୍ଣ୍ଣ ଛଳନା ହେତୁ ନାରୀ ତା ଦାସତ୍ୱ ସ୍ୱୟଂ ସ୍ୱୀକାର କରିଛି ।" ବିଡମ୍ବନା ମନେ ହେଲେ ହେଁ ସତ୍ୟ । ଏ ଅସହାୟତା ଭିତରେ ନାରୀର ପୀଡା ବେଶ୍ ଅନୁଭବ୍ୟ ।

ନାରୀକୁ ଗୌଣ କରି ସମାଜରେ ପ୍ରଦର୍ଶନ କରିବା ପୁରୁଷ ସମାଜର ଏକ ଯୋଜନାବଦ୍ଧ ନିୟମ । ଯାହା ଆଧାରରେ ନାରୀକୁ ତା' ନ୍ୟାର୍ଯ୍ୟ ଦାବିଠାରୁ ବଞ୍ଚିତ କରାଯାଏ । ପୁରୁଷୋଚିତ ମାନ୍ୟତା, ସାମାଜିକ ପରଂପରା, ଧାର୍ମିକ ଲୋକାଚାର ଏବଂ ଲିଙ୍ଗଗତ ବୈଷମ୍ୟ ଆଧାରରେ ତତ୍କାଳୀନ ସମାଜ ନାରୀର ସ୍ଥିତି ସ୍ଥିର କରୁଥିଲା । ନାରୀ ଥିଲା ମୁଖ୍ୟସ୍ରୋତ ଠାରୁ ଦୂରରେ । କିନ୍ତୁ, ସଭ୍ୟତାର ଆଲୋକରେ ଆଲୋକିତ ହେଲାପରେ କେତେକାଂଶରେ ପରିସ୍ଥିତି ବଦଳିଛି । କ୍ରମଶଃ ପରିବର୍ତ୍ତିତ ହୋଇଛି ସମାଜ ଓ ତା'ର ଚିନ୍ତାଧାରା । ଶିକ୍ଷା, ସଭ୍ୟତା, ଆଧୁନିକତା ଓ ବିଶ୍ୱାୟନ (Globalisation) ପରିପ୍ରେକ୍ଷୀରେ ଏକବିଂଶ ଶତକର ସମାଜ ଯେଉଁ ଅବକ୍ଷୟ ଦେଇ ଗତି କରୁଛି । ତାହା ମୁଖ୍ୟତଃ ଚିନ୍ତାର ପ୍ରସଙ୍ଗ ସାଜିଛି । ଏ ଦୃଷ୍ଟିରୁ ଅନେକ ଭାବରେ ନାରୀର ସ୍ୱରୂପ ମଧ୍ୟ ପରିବର୍ତ୍ତିତ ହୋଇଛି । ନାରୀର ଦୁର୍ଗତି ଘଟିଛି ସତ, କିନ୍ତୁ କେତେକାଂଶରେ ଆପଣାର ଉଚ୍ଛୃଙ୍ଖଳତା ଯୋଗୁଁ ଅନେକ ଅଭାବନୀୟ ପରିସ୍ଥିତି ମଧ୍ୟ ସେ' ନିମନ୍ତ୍ରଣ କରିଛି । ଏହା ସ୍ୱୀକାର କରିବାକୁ ହୁଏ, ଆଜିର ଏକବିଂଶ ଶତକର ନାରୀର ଜୀବନ ଅନେକାଂଶରେ ସ୍ୱାଧୀନ ଓ ସ୍ୱଚ୍ଛନ୍ଦ । ସେ' ଆପଣା ଇଚ୍ଛା ମୁତାବକ ନିଜ ଭଲ ମନ୍ଦର ବିଚାର କରିପାରିଛି । କିନ୍ତୁ ସାଧାରଣ-ଅଭାବୀ ନାରୀଟିର ଜୀବନ ଅଧୋଗତି ଦେଇ ଗତି କରିଛି । ପେଟ-ପାଟଣା ପାଇଁ ଦେହ ବିକ୍ରି କରିଛି । ନର୍କର ଜୀବନ ଜୀଇଁ ଚାଲିଛି ନାରୀ । ବହୁ କ୍ଷେତ୍ରରେ

ନିଅଣ୍ଟିଆ ଜୀବନର ଅଭାବ ତାକୁ ବେଶ୍ୟା ସଜାଏ । ଏହି ନାରୀମାନେ ଅସହାୟତାର ଜୀବନ ଜୀଇଁ ଚାଲନ୍ତି । ଆଉ, କେଉଁଠି ଆଭିଜାତ୍ୟ, ଐଶ୍ୱର୍ଯ୍ୟରେ ଥାଇ ମଧ୍ୟ ଯୌନ ଉଚ୍ଛୃଙ୍ଖଳତା ଆଢୁଆଳରେ ଦେହ ବ୍ୟବସାୟ (Sex racker) ଚଲାନ୍ତି । ନାରୀ ଆଉ ନାରୀ ନୁହେଁ । ସେ' ସ୍ୱାଧୀନ- (Modern) । ତା' ଇଚ୍ଛା ଅନୁସାରେ ସେ' ଦାଂପତ୍ୟର ସୁଖ ଭୋଗିବ, ଆଉ ଯଦି ନଯାଏ ତେବେ ସେ' ପରକୀୟା ପ୍ରୀତି (Sexual affair)ରେ ଲିପ୍ତ ହେବ । ନାରୀର ଏ ଉଦ୍ଦାମ ଲାଳସା ତାକୁ ବିପର୍ଯ୍ୟୟ ଆଡ଼କୁ ଠେଲି ଚାଲିଛି । ନାରୀ ଅନ୍ତରର ଯୌନ ଇଚ୍ଛା ତାକୁ ଉଚ୍ଛୃଙ୍ଖଳ କରିଛି । ଉତ୍ତର ଆଧୁନିକ କବିତା ଏହାର ମୂକ ସାକ୍ଷୀ ହୋଇ ଚାଲିଛି । ପୁରୁଷର ଅବ୍ୟବସ୍ଥିତ ଆଚରଣ ବିରୁଦ୍ଧରେ ନାରୀର ଏ ଉଚ୍ଛୃଙ୍ଖଳତା କେବେ ପ୍ରତିବାଦ ହୋଇପାରେନା । ପାଶ୍ଚାତ୍ୟ ଦେଶମାନଙ୍କର ପାଣି ପବନର ପ୍ରଭାବରେ ନାରୀ ମୁକ୍ତ- ସ୍ୱେଚ୍ଛାଚାରିତାକୁ ଆପଣେଇ ଚାଲିଛି । ନିଜ ମର୍ଯ୍ୟାଦାକୁ ଅଧୋପତନ ଆଡ଼କୁ ଠେଲି ଚାଲିଛି ।

କ୍ରମଶଃ, ସେ' ମୁକ୍ତ ଓ ବ୍ୟାପକ ଭାବରେ ନିଜର ଇଚ୍ଛା-ଅନିଚ୍ଛା ଜାହିର୍ କରିଛନ୍ତି । ଫଳତଃ ନାରୀ ଅବଚେତନ ମନର ନିଷିଦ୍ଧ ଇଲାକା ପରିପ୍ରକାଶ ପାଇଲା ତା' ଚିନ୍ତା-ଚେତନାରେ । ଦେଖାଗଲା, ସାହିତ୍ୟରେ ମଧ୍ୟ ମୁକ୍ତ ଭାବରେ ନାରୀର ପରକୀୟା ପ୍ରୀତି-ଯୌନ ବିମୁଗ୍ଧତା ରୂପ ପାଇଲା । କ୍ରମଶଃ, ସ୍ୱାଧୀନୋତ୍ତର ଓଡ଼ିଆ କବିତାରେ ନାରୀର ମୁକ୍ତ ଯୌନ ଆକର୍ଷଣ (Sexual attraction) ଚିତ୍ରଣ ହେଲା । ଏଠି ଲଜ୍ଜା-ମର୍ଯ୍ୟାଦାର ସମସ୍ତ ସୀମା ଲଂଘନ କଲା ନାରୀ । ସେ' ସଚ୍ଚି ରାଉତରାୟ-ହୁଅନ୍ତୁ ଅବା ଗୁରୁପ୍ରସାଦ ମହାନ୍ତି, ସେ' ସୌଭାଗ୍ୟ ମିଶ୍ର ହୁଅନ୍ତୁ ଅବା ଦୀପକ୍ ମିଶ୍ର ବା ରାଜେନ୍ଦ୍ର କିଶୋର ପଣ୍ଡାଙ୍କ ଭଳି ଉତ୍ତର ଆଧୁନିକ ପର୍ଯ୍ୟାୟର ପୁରୁଷ କବିମାନଙ୍କ ଦ୍ୱାରା ନାରୀର ଉଚ୍ଛୃଙ୍ଖଳ-ଯୌନାଚାର ପ୍ରକାଶ ପାଇଲା କାବ୍ୟ-କବିତାରେ । ପରବର୍ତ୍ତୀ ପର୍ଯ୍ୟାୟବେଳକୁ ତାହା ନାରୀ କବିଙ୍କ ଭାଷା ହୋଇ ଫୁଟିଲା । କେତେକାଂଶରେ ନାରୀ, ତା'ର ଅନ୍ତରର ଗୋପନୀୟ ଇଚ୍ଛାକୁ ପରିପ୍ରକାଶ କଲା । ନାରୀ ଅନ୍ତରର ଯୌନ ଇଚ୍ଛା ବା Sexual desire, ଭିନ୍ନ ଭିନ୍ନ ତତ୍ତ୍ୱର ପ୍ରୟୋଗ ଆଧାରରେ ପରିପ୍ରକାଶ ହେଲା । ପ୍ରତ୍ୟକ୍ଷରେ ହେଉ ଅବା ପରୋକ୍ଷରେ ରୂପ ପାଇଲା ସମାଜର ମାନସିକତା ଏବଂ ତା'ର ଅନ୍ତରାଳରେ ନାରୀର ମନୋଦଶା । କ୍ରମଶଃ ପରବର୍ତ୍ତୀ ପର୍ଯ୍ୟାୟ ବେଳକୁ ।

ନବେଦଶକ ପରବର୍ତ୍ତୀ କାବ୍ୟ-କବିତା ବସ୍ତୁତଃ ବହୁ ପରୀକ୍ଷା-ପ୍ରୟୋଗ-ପ୍ରତିବାଦର ସୁରଟିଏ ହୋଇ ଉଭା ହେଲା । ଦ୍ୱିତୀୟ ବିଶ୍ୱଯୁଦ୍ଧ କାଳୀନ ପରିବେଶ-ପରିସ୍ଥିତି ଏକ ସ୍ଖଳନର ରୂପରେଖ ଭାବରେ ପ୍ରକାଶ ପାଇଲା । ମାଧ୍ୟମ ଥିଲା ନାରୀ । ତେଣୁ କବିମାନେ ଆପଣାର ଏ ସଂଗୁପିତ ଇଚ୍ଛାକୁ ପରିପୂର୍ତ୍ତି ପାଇଁ ନାରୀକୁ 'ବାରନାରୀ' ସଜେଇଲେ । ନାନା ପରିସ୍ଥିତିର ତାଡନା ଦେଖାଇ ତାକୁ ବ୍ୟବହାର କଲେ । ତା'ର ଶରୀରର କୁଟିକମ ଭିତରେ ଯାବତୀୟ ବ୍ୟଭିଚାରକୁ ନିମନ୍ତ୍ରଣ ଦେଲେ । ନାରୀର ଅଭାବବୋଧକୁ କିଣି ନେଲା ସମାଜ । ଜଠର ଯନ୍ତ୍ରଣା, ପାରିବାରିକ ଦାୟବଦ୍ଧତା ପାଇଁ ସେ' ହେଲା କୁଳଟା । ବ୍ୟଭିଚାର- କଲା ପୁରୁଷ, ଅଥଚ କଳଙ୍କିତା ହେଲା ନାରୀ । କିଛି ପରିସ୍ଥିତିର ଦାୟତ କିଛି ଆପଣାର ନିହିତ ସ୍ୱାର୍ଥ (ଅର୍ଥ ଉପାର୍ଜନ)- ପାଇଁ ନାରୀ ସାଜିଲା ବେଶ୍ୟା । ନାରୀର ସ୍ଖଳନରେ ପୁରୁଷ ପାଇଲା ତୃପ୍ତି । କିନ୍ତୁ ଦିବାଲୋକରେ ସେ' ହେଲା ସୁନାପୁଅ-ବାବୁ-ଭାୟା-ମନ୍ତ୍ରୀ । ଆଉ ନାରୀ ହେଲା ଅଳକା ସାନ୍ୟାଲ-ପ୍ରତିମା ନାୟକ-ଶଶିଦେଇ, ଚନ୍ଦ୍ରା ବେହେରାଣୀ ପରି ଚରିତ୍ରମାନ । ନିମ୍ନମତେ ସୌଭାଗ୍ୟ ମିଶ୍ରଙ୍କର 'ଶଶିଦେଈ' ଚରିତ୍ର ମାଧ୍ୟମରେ ଯେଉଁ ନାରୀ ଚରିତ୍ରକୁ ଅବତାରଣା କରାଯାଇଛି, ତାହା ଆମର ଆଲୋଚନାର ପ୍ରସଙ୍ଗ । କବି ସୌଭାଗ୍ୟ ମିଶ୍ର ନାରୀ ଜୀବନର କ୍ରୁର ବାସ୍ତବତାକୁ ରୂପ ଦେବାକୁ ଯାଇ କୁହନ୍ତି :-

"ମାର୍ଚ୍ଚର ପ୍ରଥମ ଖରା/
ତାତିଲା ଦ୍ୱିପହର, ଅଇଁଠା ଥାଳିରେ ମାଛ କଣ୍ଟା ପରି ମୁଁ
ଖଟ ଉପରେ ସ୍ୱାମୀ ବାହାରେ, ଡ୍ୟୁଟିରେ /
କୋଉ ଦୂରରୁ ହଠାତ୍ ଗାଡ଼ି ଶବ୍ଦ/
ମୋ' ନାହିମୁଣ୍ଡାରୁ, ମୁଣ୍ଡ ଗହୀରରୁ/
ସିପେଇ ପରି ସିଧା ଠିଆ ହୋଇଗଲେ ମୋ' ହାତର ରୁମ
ମୁଣ୍ଡ ଭିତରେ ଘଣ୍ଟା ପିଟି ହେଲା/
ସେ ଆସି ପହଞ୍ଚିଲା ବାରନ୍ଦାରେ,
ଛତରା, ଡ଼େଙ୍ଗା, ହସକୁରା, ଜୋତା ମଚମଚ

ହେନେରିଟା ମିଶ୍ର ୩୩୭

ମୋ ସାନଝିଅ ମୁଣ୍ଡ ଗୁଂଜି ଦେଲା/ ମୋ ଛାତିରେ,

ବଡ଼ଟି କଣ୍ଢେଇ ଫିଙ୍ଗିଦେଇ ପାଟି କଲା

ମା! ବାପା ଆସିଲେ, ବାପା ଆସିଲେ

ମୁଁ ଜାଣେ କିଏ ଆସିଲା, କିଏ ଗଲା

ସାତ ବର୍ଷ ତଳର ମାର୍ଚ୍ଚରେ ।"

ଶଶି ଦେଇ ଏଠି ଅଭାବବୋଧରେ ବା ବାଧ୍ୟବାଧକତାରେ ଦେହ ଦେଇନି ବରଂ ନିଜ ଇଚ୍ଛାରେ ପର ପୁରୁଷ ସହ ସମ୍ଭୋଗ କରିଛି । ସ୍ୱାମୀ ନଥିଲା ବେଳେ ସିଏ ଆସେ । ଦାଂପତ୍ୟର ସମର୍ପଣ ଏଠି ନାହିଁ । ଅଙ୍ଗୀକାର, ଆନୁଗତ୍ୟ କୁ ଆଖିଠାର ମାରି ସ୍ତ୍ରୀଟିଏ ଦେହ ସୁଖରେ ମାତେ । ବିବର୍ତ୍ତିତ ମୂଲ୍ୟବୋଧ, ସାମାଜିକ-ପରଂପରାକୁ ନଷ୍ଟ କରିଦିଏ । ନାରୀର ଯୌନ ଉଚ୍ଛୃଙ୍ଖଳତା, ଆଦୌ ଶୁଭଙ୍କର ନୁହେଁ । ୧୯୭୭ ମସିହାରେ ସୌଭାଗ୍ୟ ମିଶ୍ରଙ୍କର ଲିଖିତ ଏ କବିତା ନାରୀ ସ୍ଖଳନର କାହାଣୀ ବଖାଣେ । ସିଧାସଳଖ ନକହି, ଚିତ୍ରକଳ୍ପ-ପ୍ରତୀକ ମାଧ୍ୟମରେ ଏହି ପ୍ରୟୋଗବାଦୀ କବିତା ଜୀବନର ବିପର୍ଯ୍ୟୟ ଚିତ୍ରଣ କରିଛି । ଯାହା ତତ୍କାଳୀନ ସମାଜର ଅବ୍ୟବସ୍ଥିତ କଳଙ୍କିତ ରୂପରେଖ ସହିତ ଯୌନାଚାରର କଦର୍ଯ୍ୟ ରୂପକୁ ଉଜାଗର କରିଛି । ଯେଉଁଠି, ନାରୀ ମଧ୍ୟ ପୁରୁଷ ସହିତ ସମାନ ହେବାକୁ ଯାଇ ନିଜର ମର୍ଯ୍ୟାଦା ଉଲ୍ଲଙ୍ଘନ କରିଛି । ଶରୀରକୁ ମାଧ୍ୟମ କରି ଶରୀର ସୁଖକୁ ମୁଖ୍ୟ ମଣିଛି । ଯାହା, ନାରୀ ଜୀବନର ଅବକ୍ଷୟର ଚିତ୍ର କିନ୍ତୁ ଯେତେବେଳେ, ଆମେ 'ସେତୁବନ୍ଧ' କବିତାକୁ ଭେଟିବା । ସେଠି କବି ଚିତ୍ତ କିନ୍ତୁ ନାରୀ ଅନ୍ତରର ଅବଦମିତ ଚିତ୍ରକୁ ଭେଟି ଦିଅନ୍ତି ଏକ ନିଆରା ଢଙ୍ଗରେ । କବି ବ୍ରହ୍ମୋତ୍ରୀଙ୍କର ଏ ସ୍ୱୀକାରୋକ୍ତି ନାରୀ ଅଭିବ୍ୟକ୍ତିର ସ୍ୱାଧୀନତା ଜାହିର କରେ ।

"ନିର୍ଜନ ମୁହୂର୍ତ୍ତର ମୋର ଗୀତମାନେ/

ମୋ ମନର ଠିକ୍ ପରିଚୟ, ଅଥଚ ମୁଁ ସେମାନଙ୍କୁ

ଲିପିବଦ୍ଧ କରିବାକୁ ଯାଇ ଶବ୍ଦହୀନ ହୁଏ,

ବ୍ୟକ୍ତ ମୁଁ କରିବି ଅବା କରିବିନି ଆପଣାକୁ

୩୩୮ ନାରୀ ଜୀବନର ମିଥ୍, ମୋଟିଫ୍ ଓ ମେଟାଫର୍

ଭାବି-ଭାବି ପରିଶେଷେ ଲୁଚାଏ ନିଜକୁ,
ମାତ୍ର ସେଇ ସଂଗୋପନେ ମୋ' କବିତା/
ନୀରବରେ ହୁଏ ରସମୟ ।
ସେ କବିତାମାନେ ଯଦି କେବେ ମୋର
ଲେଖନୀରେ ପ୍ରକାଶ ପାଆନ୍ତେ,
ସହ୍ୟ କରିପାରନ୍ତେ କି ସ୍ୱାମୀ ମୋର ?
ସନ୍ତାନ ମାନେ ମୋ' କେବେ ଦିଅନ୍ତେ କି
ଜନନୀ ସମ୍ମାନ
ଆତ୍ମୀୟ ସ୍ୱଜନ ଏବଂ ପ୍ରିୟଜନ ଯେତେ ମୋର/
ଛି, ଛି କହି କରନ୍ତେ ଭ୍ରୂକୁଟି-
ମୋର ରୁଚି ଓ ଇଛାମାନେ ଏତିକି ଅଶ୍ଳୀଳ,
ମୁଁ ପୁଣି ଏଡ଼ିକି ନିର୍ଲଜ
ଅଥଚ, ସେ' ଆବେଗମାନ କେତେ ସତ୍ୟ,
କେତେ ଭାବମୟ ।"

– 'ସ୍ରୋତସ୍ୱତୀ' ପୃ୬: ବ୍ରହ୍ମୋତ୍ରୀ ମହାନ୍ତି: କବିତା ସମଗ୍ର

ଅତଏବ, ଏକଥା ସ୍ୱୀକାର କରିବାକୁ ହେବ ଯେ' ଉତ୍ତର ଆଧୁନିକର କାଳଖଣ୍ଡରେ ନାରୀ ଜୀବନର ଅନେକ ଦିଗ ଯାହା ଅନାଲୋଚିତ, ତାହା ହିଁ ଉଜାଗର କରିପାରିଛନ୍ତି ପୁରୁଷ,ନାରୀ କବିମାନେ । ବିଶେଷତଃ ସୁରା ଓ ଶାକୀର ଆଡୁଆଳରେ ପବ, ଡିସ୍କୋ, ବାର୍‌ରେ ସମୟ ବିତେଇଥିବାବେଳେ, ତା' ଘରର କୁଳବଧୂ ମର୍ଯ୍ୟାଦା ଲୁଣ୍ଠନରେ ବ୍ୟସ୍ତ । ନିଜେ ପରକୀୟା ପ୍ରୀତି (Extramrital-affiars) ରେ ଲିପ୍ତ ରହି ନିଜ ପାରିବାରିକ ପ୍ରେମକୁ ଧ୍ୱସ୍ତ-ବିଧ୍ୱସ୍ତ କଲାବେଳେ, ଆପଣାର ପତ୍ନୀ ଅନ୍ୟ କାହା ପ୍ରେମରେ ଆତୁର । ଏଠି ବିପର୍ଯ୍ୟୟ ନାରୀ ଜୀବନରେ କେବଳ ଆସିନି, ଆସିଛି ପ୍ରେମରେ, ପରଂପରାରେ ସାମାଜିକ ଲୋକାଚାର ଏବଂ ଦାମ୍ପତ୍ୟରେ । ପଶ୍ଚିମ ରାଷ୍ଟ୍ରର ପରଂପରାକୁ ଆପଣେଇବାକୁ ଯାଇ ପୁରୁଷ ଆପଣାର

ପରିବାର, ସମାଜକୁ ଧ୍ୱସ୍ତ-ବିଧ୍ୱସ୍ତ କରିବାରେ ଲାଗିଛି । ପୁଞ୍ଜିବାଦ ମନୋବୃତ୍ତି କ୍ଷମତାର ଆଢୁଆଳରେ ସମାଜକୁ କରିଛି ବିକଳାଙ୍ଗ । ଯଦିଓ ଉତ୍ତର ଆଧୁନିକ ସମାଜ ପ୍ରଗତି ନାଁ ରେ ଜଗତୀକରଣର ବାର୍ତ୍ତା ଦଉଛି, ସଂପର୍କର ସେତୁବନ୍ଧ ସାଜି ଗାଁ ସହରକୁ ଯୋଡୁଛି କିନ୍ତୁ ଅପରପକ୍ଷେ ସମାଜକୁ ଅନ୍ତଃସାର ଶୂନ୍ୟତାରେ ଭରି ଦଉଛି କହିଲେ ଅତ୍ୟୁକ୍ତି ହେବ ନାହିଁ । ଗୋଟିଏ ପକ୍ଷେ ନାରୀ, ନାରୀବାଦର କଥା କହିଛି । ତା'ର ସ୍ୱାଧୀକାର-ଅସ୍ମିତାର ଗୀତ ଗାଇଛି । ଅପରପଟେ କିନ୍ତୁ, ନିଜ ସୀମା ଲଂଘନ କରି ଯୌନ-ଉଚ୍ଛୃଙ୍ଖଳତାର ସମସ୍ତ ସୀମା ଟପିଛି । ପାରିବାରିକ ସ୍ନେହ ବନ୍ଧନକୁ ତୁଚ୍ଛ କରି ବାହ୍ୟ ଆଡ଼ମ୍ବର ଭିତରେ ହଜିଛି । 'ନାରୀବାଦ'ର ପରିଭାଷା ବଦଳିବାରେ ଲାଗିଛି । ଏଠି ନାରୀର ଅଧିକାର ଓ ଅସ୍ମିତାର ପ୍ରସଙ୍ଗ ଆସିଛି । କିନ୍ତୁ, ବିବର୍ତ୍ତିତ ମୂଲ୍ୟବୋଧରେ ନାରୀ ସ୍ୱୟଂ ହିଁ ତା'ର ଅମର୍ଯ୍ୟାଦାକୁ ନିମନ୍ତ୍ରଣ କରିଛି । ପରିବାର-ସନ୍ତାନ-ବୃଦ୍ଧ-ମାତା-ପିତା, ଶାଶୁ-ଶ୍ୱଶୁରଙ୍କୁ ଅମାନ୍ୟ କରିଛି । ଆଧୁନିକତାର ନାଁ'ରେ କଳୁଷିତ କରିଛି ତା'ର ଅନ୍ତଃକରଣ । ସ୍ନେହ, ପ୍ରେମ, ତ୍ୟାଗ, ମମତ୍ୱ ପରିବର୍ତ୍ତେ ସେ' ଉଚ୍ଛୃଙ୍ଖଳତାକୁ ଆଦରି ନେଇଛି । ବଦଳିଯାଇଛି ନାରୀତ୍ୱର ପରିଭାଷା ।

କିନ୍ତୁ ନାରୀ ଆହ୍ଲାଦ ଦାୟିନୀ, ବ୍ୟଭିଚାରିଣୀ ନୁହେଁ ତାହା ନାରୀ ଶକ୍ତିକୁ ବୁଝିବାକୁ ହେବ । କ୍ରମଶଃ ନାରୀବାଦକୁ ମାଧ୍ୟମ କରି ନାରୀ ପୁରୁଷର ପ୍ରତିଦ୍ୱନ୍ଦ୍ୱୀ ହେଇ ଠିଆ ହେଲା ସମାଜରେ, ଯାହାର ପ୍ରଭାବ ପଡିଲା ସାହିତ୍ୟର ପ୍ରତିଟି ଅଙ୍ଗରେ । ଓଡ଼ିଆ କବିତାରେ ଏ ବିବର୍ତ୍ତନ ଧାରାଟି କେତେ ଦୂର ପ୍ରଭାବ ପକଉଛି, ତାହା ସମାଜ ହାତରେ । ସାହିତ୍ୟ ଓ ସମାଜ ପରସ୍ପରର ସହିତ ଅଙ୍ଗାଙ୍ଗୀ ଭାବେ ଜଡ଼ିତ । ଏଣୁ ସମାଜରେ ଯାହା ଘଟେ, ତାହା ସାହିତ୍ୟରେ ଫୁଲ ହୋଇ ଫୁଟେ, ଆକାଶରେ ତରା ହୋଇ ଦିଶେ ଆଉ ଜୀବନରେ ମହକ ହୋଇ ଖେଳିଯାଏ । ଠିକ୍ ସେହିପରି ସାହିତ୍ୟରେ ଯାହା ପ୍ରତିଫଳିତ ବା ପ୍ରତିଧ୍ୱନିତ ହୁଏ; ତାହା ଜୀବନର ପରିପ୍ରକାଶଟିଏ ମାତ୍ର ବୋଲି ସ୍ୱୀକାର କରିବାକୁ ହେବ । ତେଣୁ ଏଦୃଷ୍ଟିରୁ ନାରୀବାଦ ପୁରୁଷ ବିରୁଦ୍ଧରେ ପ୍ରତିବାଦ ନୁହେଁ ବରଂ ନାରୀର ସ୍ୱାଧୀକାର ଏବଂ ମର୍ଯ୍ୟାଦାର ପକ୍ଷରଖେ ।

ବିଶେଷତଃ ଜଗତୀକରଣ ହିଁ ଉତ୍ତର ଆଧୁନିକତାକୁ ପ୍ରଭାବିତ କରିଛି । ଉଦ୍ୟୋଗ-ଜ୍ଞାନ କୌଶଳ- ଯୋଗାଯୋଗ ନାଁ ରେ ପରୋକ୍ଷରେ ଅନେକ ନକରାତ୍ମକତା ସମାଜ ଭିତରେ ପ୍ରବେଶ କରିଛି । ବାତାବରଣ କଳୁଷିତ ହୋଇଛି । ମନ-ପ୍ରାଣ-ଆତ୍ମା ମଧ୍ୟ ସଂକୁଚିତ ହୋଇଛି । ନାରୀତ୍ୱ ଭୁଲୁଣ୍ଠିତ ହୋଇଛି । ଏହିଭଳି ଏକ ବିପର୍ଯ୍ୟସ୍ତ ସାମାଜିକ-ଆର୍ଥ ବ୍ୟବସ୍ଥା ଭିତରେ ଯେଉଁ ସାହିତ୍ୟ ରୂପ ପାଇବ, ତାହା ଆଗାମୀ ଭବିଷ୍ୟତ ପାଇଁ ଯେ' ପ୍ରେରଣା ସାଜିବ, ତାହା ବିଶ୍ୱାସ ହେଉ ନାହିଁ । ତଥାପି, ଆଶା ଓ ବିଶ୍ୱାସକୁ ପୁଞ୍ଜି କରି ଜୀବନକୁ ନୂଆ କରି ଗଢ଼ି ତୋଳିବାର ସମ୍ଭାବନା ଭିତରେ ଜୀବନ ଏମିତି ଆଗଉଥିବ ଆଉ କବିତା ବି... । ଏ ପରିପ୍ରେକ୍ଷୀରେ କବି ବ୍ରହ୍ମୋତ୍ରୀଙ୍କ କବିତା ଏଠାରେ ପ୍ରଣିଧାନ ଯୋଗ୍ୟ ।

"ନାରୀ ମୁଁ ବାଧୁଛି ତେଣୁ/ ଆଭିଜାତ୍ୟ, ସଭ୍ୟତାର ନାମେ
ଏ ଯେଉଁ ଚାଲିଛି ନିତି ସମାଜରେ/ ଘୃଣ୍ୟ ବ୍ୟଭିଚାର,
କଞ୍ଚା ମାଂସ ପ୍ରଦର୍ଶନୀ/ ଏହାର କି ଇତି ନାହିଁ ?
ନାହିଁ କମା, ନାହିଁ ପୂର୍ଣ୍ଣଚ୍ଛେଦ/ ନାରୀ ସାଥେ ମାଆ-
ମୃତ୍ୟୁଲଭେ, ଚତୁର୍ଦ୍ଦିଗେ ମଉକାଣି କେବଳ ସଜନୀ
× × ×
ହେ ନାରୀ ତୋ ପଦ ଧରେ, ମୁଁ ବି ନାରୀ /
ଥରେ ଚାହାଁ ମତେ/ ମୋ ନୟନେ ଅବଲୋକ/
'ମା' ଜାତିର କରୁଣ ମିନତି/ ଫେରିଆ, ଫେରିଆ/
ତେଜି ରୂପଜୀବି ରୁଗଣ ମନୋବୃତ୍ତି/ ଜନନୀ ଅମୀୟ
ପୁରେ, ତୁ ତ ଖାଲି ରତି ନୋହୁ, ସଖୀ ନୋହୁ,
ଏ ଜାତି ଅନ୍ତରର ଅନନ୍ତ ଶକତି ।
ଶିଶୁର ଅଧର ସ୍ପର୍ଶେ ସ୍ତନ ତୋର ଲଭୁ ସାର୍ଥକତା/
ଅମୃତ ମାଆର ଡ଼ାକେ, ଘୁଞ୍ଚି ଯାଉ/ ମୋହଚ୍ଛନ୍ନ
ସଜନୀର ସକଳ ଜଡ଼ତା ।"

-ଜନନୀ ସଜନୀ: ପୃ:୧୩୮ କବିତା ସମଗ୍ର: ବ୍ରହ୍ମୋତ୍ରୀ ମହାନ୍ତି

ଯଥାର୍ଥରେ ଯୁଦ୍ଧ ପରବର୍ତ୍ତୀ ପୃଥିବୀରେ ଜୀବନ, ସକଳ ପ୍ରାଚୁର୍ଯ୍ୟ ଭିତରେ ବିଡ଼ମ୍ବନା ନେଇ ଆସେ । ବ୍ୟକ୍ତିଗତ ଜୀବନର ନୈରାଶ୍ୟ, ପ୍ରେମରେ ବିଫଳତା ନିଃସଙ୍ଗତା ବୋଧ ସହିତ ନୈତିକ ଅଧୋପତନ ଜୀବନ ଓ ସମାଜକୁ ଏକ ଭୟାବହ ପରିସ୍ଥିତି ଆଡ଼କୁ ଠେଲିବାରେ ଲାଗିଛି । ଏହି ସମୟର କବିମାନେ ତାଙ୍କ କବିତା ମାଧ୍ୟମରେ ଯେଉଁ ଅନିଶ୍ଚିତତାକୁ ଭେଟି ଚାଲିଛନ୍ତି, ତାହା ଆଦୌ ମଙ୍ଗଳଦାୟକ ନୁହେଁ । ଶବ୍ଦର ବିଳାସ- ଭାଷାର ଚାତୁର୍ଯ୍ୟ ସାଙ୍ଗକୁ ବ୍ୟଙ୍ଗାର୍ଥ ମାଧ୍ୟମରେ ଯେଉଁ ଶାଣିତ -ତୀବ୍ର ସ୍ୱର ପ୍ରକାଶ ପାଇଛି, ତାହା ପରୋକ୍ଷରେ ଏକ ଚେତାବନୀ ସଦୃଶ ମନେହେଇଛି । ସ୍ୱାଧୀନତା ପରବର୍ତ୍ତୀ ସମୟରେ ପ୍ରୟୋଗବାଦୀ କବିତାର ଧାରା ମୁଣ୍ଡ ଟେକିଛି । ସେହି କବିତା ମାନଙ୍କରେ ମାନସିକ ସଂକଟ, ମୃତ୍ୟୁଚେତନା ସହ ନିଜ ପରଂପରା-ବୁନିଆଦୀ ପ୍ରତି ବିଚ୍ଛିନ୍ନତା-ବୋଧ ପ୍ରକାଶ ପାଇଛି । ତ୍ୟାଗପୂତ ଆଦର୍ଶର ଭୂଖଣ୍ଡରେ କ୍ରମଶଃ ଦେଣ-ନେଣ (Give & Take) ମାନସିକତା ଛିଡ଼ା ହେଇଛି । ଏଠି ଜୀବନ-ଜୀବିକା-ଜଙ୍ଗଲ ଭୁଷୁଡୁଛି, ତା ସହିତ ଭୁଷୁଡ଼ିଛି ପ୍ରେମ-ପ୍ରତ୍ୟୟ-ପ୍ରତିବଦ୍ଧତା । ନାରୀ ଜୀବନ ହେଇଛି ଅର୍ଥକୈନ୍ଦ୍ରିକ-ସ୍ୱାର୍ଥ ସର୍ବସ୍ୱ । ଯେଉଁଠି ଆବେଗ ନାହ, ପ୍ରଣୟ ନାହିଁ ଭାବାବେଗ ନାହିଁ । ଅଛି କେବଳ ବିଜ୍ଞାପିତ-ପ୍ରଚାରିତ ହେବାର କୁତ୍ସିତ କାମନା । ଏଠି ପରକୀୟା ପ୍ରୀତିରେ ଉନ୍ମାଦିନୀ ନାରୀ ସମାଜ ବିରୁଦ୍ଧରେ ବିରୁଦ୍ଧାଚରଣ କରୁଛି । ସେ' ପ୍ରଶ୍ନ କରିଛି ସମାଜକୁ, ତା'ର ବିଧି ବ୍ୟବସ୍ଥାକୁ । କାରଣ, ସେ' ସ୍ୱାଧୀନା-ଶିକ୍ଷିତା ନାରୀ । ପୁରୁଷ ସହ ସମକକ୍ଷ । ପୁରୁଷ ଭଳି ଜୀବନକୁ ଭୋଗ କରିବାର ଅଧିକାର ମଧ୍ୟ ତା'ର ଅଛି । ଏଣୁ କବିଚିତ୍ତ ତାହାକୁ ସ୍ୱୀକାର କରିଛି ।

"ସୁଖ ତ ସୁଖ/ ସୁଖ ପାଇଁ ବୈଧ କଣ ?
ଅବୈଧ କ'ଣ ?
×× ×
କେବଳ ଜଣେ ଉତ୍ତରାଧିକାରୀର/
ଜାତକ ଚକ୍ର ଭାବରେ/ କ'ଣ ସୁଖରେ
ସମାହିତ କରିହୁଏ ଦେହକୁ ।"

-(ଦେହସୁଖ: ପୂର୍ଣ୍ଣତମା: ଅପର୍ଣ୍ଣା ମହାନ୍ତି)

ନାରୀ ମଧ୍ୟ ପୁରୁଷ ପରି ସୁଖ-ସମ୍ଭୋଗର ଆଶା ରଖେ । ଯାହା ପୁରୁଷ ପାଇଁ ବୈଧ, ତାହା ନାରୀ ପାଇଁ କାହିଁକି ନ' ହେଇପାରେ ? ଏହି ବୈଧ ଅବୈଧର ପ୍ରଶ୍ନ ଅନ୍ତରାଳରେ ନାରୀକୁ ପୁରୁଷର ଅବିଚାରର ବିପକ୍ଷରେ ଛିଡ଼ା କରାଇବାରେ ଏଭଳି କବିତାର ଭୂମିକା ଅଗ୍ରଗନ୍ୟ ସର୍ଜନା । ଏସବୁ ପ୍ରଶ୍ନର ଉତ୍ତର ସମାଜ ପାଖରେ ନଥାଏ । କାରଣ, ସମାଜ ଗଢ଼େ ପୁରୁଷର ମାନସିକତା । ତେଣୁ, ତା'ର ବିପକ୍ଷରେ ଛିଡ଼ା ହବାର ସ୍ପର୍ଦ୍ଧା କ'ଣ ନାରୀ କରିପାରେ ? ଲିଙ୍ଗଗତ ବୈଷମ୍ୟର ଦୂରୀକରଣ ହିଁ ଏହି କବିତାରେ ଆଭିମୁଖ୍ୟ ବୋଲି ଧରିନେବାକୁ ହେବ । ଏସବୁ କବିତା, ପୁରୁଷ ଯୌନାଚାରର ଆଧିପତ୍ୟ ବିରୁଦ୍ଧରେ ଏକ ପ୍ରଶ୍ନବାଚୀ ବୋଲି ବୁଝିବାକୁ ହେବ । "Wife is beautiful if she is others" ଆଢୁଆଳରେ ପୁରୁଷର ପରକୀୟା ପ୍ରୀତିକୁ ବିରୋଧ କରି ଆସିଛି ନାରୀ । ଯୁଗେଯୁଗେ ପୁରୁଷର ଯୌନ ଆଧିପତ୍ୟକୁ ଆଙ୍ଗୁଳି ଦେଖେଇବାର ସାମର୍ଥ୍ୟ ନାହିଁ ନାରୀର । କିନ୍ତୁ, ନାରୀ ତଥାକଥିତ ରୂପରେଖ ବିରୁଦ୍ଧରେ ଲେଖନୀ ଚାଳନା କରିବାର ପଣ କରିଛି ।

ଜଣେ ନାରୀ ଭାବରେ ନାରୀ ଜୀବନର ଅସହାୟତା, ଆତ୍ମଗ୍ଲାନି, ସ୍ୱପ୍ନଭଙ୍ଗ, ବ୍ୟର୍ଥତା, ଆବେଗ, ଯନ୍ତ୍ରଣାକୁ ଅନୁଭବ କରିଛନ୍ତି ଶ୍ରୀମତୀ ବ୍ରହ୍ମୋତ୍ରୀ ମହାନ୍ତି । ପରନ୍ତୁ, ପୁରୁଷ ଏହି ମୁକ୍ତ-ସ୍ୱଚ୍ଛନ୍ଦ ଅଭିପ୍ସାକୁ ତା'ର ବିରୁଦ୍ଧାଚରଣ ମଣେ, ବିରୋଧ କରେ । ବାସ୍ତବିକ୍ ପ୍ରଥମ ବିଶ୍ୱଯୁଦ୍ଧ ଜନିତ କ୍ଷୟକ୍ଷତି (୧୯୧୪-୧୮) ଠାରୁ ଦ୍ୱିତୀୟ ବିଶ୍ୱଯୁଦ୍ଧର ପରମାଣବିକ ଆତଙ୍କ (୧୯୩୯-୪୫) ପୃଥିବୀକୁ ଏକ ଅନିଶ୍ଚିତତା ଆଡ଼କୁ ଠେଲି ଦେଇଛି । ସବୁଜ ପ୍ରତ୍ୟୟମାନ ଧିରେ ଧିରେ ଧୂସର-ବିବର୍ଣ୍ଣ ପାଲଟିଛି । ଅପ୍ରାସଙ୍ଗିତ ମୂଲ୍ୟବୋଧ, ବିବର୍ତ୍ତିତ ପରଂପରା ଭିତରେ ମଣିଷ ଅନ୍ତଃସାରଶୂନ୍ୟ ପ୍ରତ୍ୟୟ ନେଇ ବଞ୍ଚି ରହୁଛି । ନୂଆଖଲି-କଲିକତା ଠାରୁ ଆରମ୍ଭ କରି ଆମେରିକା ଚିନ୍ ଭଳି ବଳିଷ୍ଠ ରାଷ୍ଟ୍ର (Super Country Power) ମାନଙ୍କ ମଧ୍ୟରେ ମାନବିକତାର ଗଣସଂହାର ମୁଣ୍ଡ ଟେକିଛି । ଏହି ପରିପ୍ରେକ୍ଷୀରେ ନାରୀର ଜୀବନ ପ୍ରେମ କି ମମତ୍ୱର ଉପପାଦ୍ୟ ହୋଇ ରହିନି ବରଂ ବିଡ଼ମ୍ବିତ ଅବବୋଧଟିଏ ହୋଇ ସଂଘର୍ଷ କରିଛି । ପାରିବାରିକ ଜୀବନ ଠାରୁ କର୍ମମୟ ଜୀବନ ଆହୁରି ଦୁର୍ବିସହ ହୋଇପଡ଼ିଛି । ଗଣ ଦୁଷ୍କର୍ମର ଶିକାର ହେଇଛି ନାରୀ । ଜୀବନ ନର୍କରେ ପରିଣତ ହେଇଛି । ସେ' ହୋଇଛି ନର୍କର ଈଶ୍ୱରୀ- ବାରନାରୀ । ନାରୀ ଜୀବନର

ଅବମୂଲ୍ୟାୟନ ପରିପ୍ରେକ୍ଷୀରେ ଆଧୁନିକ ଓଡ଼ିଆ କାବ୍ୟ-କବିତା ମୁଖରିତ ହୋଇଛି । ନାରୀ ମନଗହନର ଅବ୍ୟକ୍ତର ରହସ୍ୟ କ୍ରମଶଃ ମୁଖରିତ ହୋଇଛି । ସେ' ନାରୀକବି ହୁଅନ୍ତୁ ଅବା ପୁରୁଷକବି ତାଙ୍କ କାବ୍ୟିକ ପରିଚର୍ଚ୍ଚା ମଧ୍ୟରେ ନାରୀ ଅନ୍ତରର ପ୍ରତିଫଳନ ଦେଖିବାକୁ ମିଳିଛି । ଏଠି ନାରୀ କେବଳ 'ସ୍ତ୍ରୀ' ନୁହେଁ, ବରଂ କାହା କନ୍ୟା, ଭଗିନୀ, ଜନନୀ ଭାବରେ ପ୍ରତିବିମ୍ବିତ ହୋଇଛି । କବି ଶକୁନ୍ତଳା ଦେବୀଙ୍କ ନମ୍ନୋକ୍ତ ଛଳରେ ଏହା ବେଶ୍ ପ୍ରତିଫଳିତ ହୋଇଥିବାର ଦେଖିବାକୁ ମିଳେ ।

"ବାଉଁଶ ରାଣୀର ଖେଳ ଦେଖିବା ଓ /
ବାଉଁଶରେ ଚଢ଼ିଚଢ଼ି ଦଉଡ଼ିରେ ଝୁଲି /
କେଳାର ବାଉଁଶରାଣୀ ହେବା କ'ଣ /
କେବେ ଏକା କଥା ?"

-ଶକୁନ୍ତଳା ଦେବୀ -(ବନ୍ଦୀ: କାଚ ଝୁଲଣା ପୃ: ୬୭)

ସଂସାରର ସମସ୍ତ ଅସଂଗତି ସତ୍ତ୍ୱେ ନାରୀ ପ୍ରେମକରେ, ମାତୃତ୍ୱର ଗର୍ଭ କଷ୍ଟ ଲଭେ ଏବଂ ସନ୍ତାନ ଲାଳନରେ ତା'ର ସମସ୍ତ ଦୁଃଖ ଭୁଲିଯାଏ । ଭାଗ୍ୟର ବିପର୍ଯ୍ୟୟରେ ସେ' ଯଦି ମାତୃତ୍ୱ ସୁଖରୁ ବଞ୍ଚିତା ହୁଏ, ତେବେ ଜୀବନ ମରଣଯନ୍ତା ପାଲଟେ । ସାମାଜିକ ଲୋକାଚାର ହେଉ ଅବା ଅନ୍ତରର ବ୍ୟର୍ଥତା ତାକୁ ଖିନ୍ ଭିନ୍ କରେ । କବି ବ୍ରହ୍ମୋତ୍ରୀ ମହାନ୍ତିଙ୍କ ଭାଷାରେ ନାରୀ ଜୀବନର ବିଡମ୍ବନା ନିମ୍ନମତେ ପ୍ରତିଫଳିତ ହୋଇଛି :

"ଜନନୀ ହେବାର ସୌଭାଗ୍ୟରୁ ବଞ୍ଚିତା ମୁଁ
ଅଥଚ କଲୋନୀର ଅପତ୍ୟମାନେ
ପ୍ରତି ମୁହୂର୍ତ୍ତରେ ଘେରି ରହିଛନ୍ତି ମତେ
×× ×
ରକ୍ତର ସନ୍ତାନ କ'ଣ ସଦା ନିଜର ହୁଏ ?
ଅଥଚ, ପର ପିଲାକୁ ନିଜର ପିଲା ପରି
ଭଲ ପାଇ ବସିଲେ, ମୁରୁକି ହସନ୍ତି କାହିଁକି ଅନ୍ୟମାନେ ?
×× ×

ଅପତ୍ୟ ଶୂନ୍ୟା ନାରୀ
ଅନ୍ୟର ସନ୍ତାନ ମାନଙ୍କୁ ଅନାଇ ରହେ
ବାତ୍ସଲ୍ୟ ସ୍ନେହରେ
ନା ଈର୍ଷାରେ ?"

-କବିତା ସମଗ୍ର :ବ୍ରହ୍ମୋତ୍ରୀ ମହାନ୍ତି : ସ୍ରୋତସ୍ୱତୀ (୧୯୯୫) :ପୃ: ୩୧୬-୩୧୭

ଭାଗ୍ୟର ବିଡ଼ମ୍ବନାରେ ନାରୀ ଜୀବନ ଗଢ଼ା ଚାଲିଥାଏ । ମା' ହବାର ଦୁଃଖ ବେଳେ ବେଳେ ମା' ନହେବାର ଦୁଃଖ ଠୁ ବଳି ପଡ଼େ । ତା'ର ପ୍ରାର୍ଥନାର ସ୍ୱର, ତା'ର ସଂଜବତୀର ଅନୁନୟ ଭିତରେ ତା'ର ସନ୍ତାନ ନିମନ୍ତେ ଅସରନ୍ତି କଲ୍ୟାଣ କାମନା ଥାଏ । ସତରେ ମା'ର ଜୀବନ କେଡ଼େ ଚିନ୍ତିତ-ଉଦ୍‌ବେଳିତ ଥାଏ ତା'ର ସନ୍ତାନ ମାନଙ୍କ ପାଇଁ । ତେଣୁ ତ ସର୍ବସ୍ୱ ଅଜାଡି ଦିଏ ଆପଣାର ସମସ୍ତ ପୁଣ୍ୟ ତା'ର ସନ୍ତାନ ପାଇଁ । ଅଥଚ, ସନ୍ତାନମାନେ, ନୀଡ଼ ଫେରନ୍ତା ହୁଅନ୍ତି କି ? ଖଣ୍ଡି ଉଡ଼ା ଶିଖିଲା ପରେ ଘର ମୁହାଁ ହୁଅନ୍ତିକି ? ମା'ର ଅସହାୟତା, ତା'ର ଶେଷହୀନ ପ୍ରତୀକ୍ଷାର ଅନ୍ତ ନାହିଁ । ସମସ୍ତ ଅବହେଳା ସତ୍ତ୍ୱେ ସେ' କଲ୍ୟାଣ କରୁଥାଏ ତା'ର ସନ୍ତାନମାନଙ୍କୁ । ମା'ର ଆକୁଳତା ମା'ଟି ବୁଝିପାରୁଥିବା ଭଳି କବି ଗିରିବାଳାଙ୍କ ଅନ୍ତରରୁ ଝରି ପଡ଼େ ଯେଉଁ ସହାନୁଭୁତିର ସ୍ୱର, ତାହା ବେଶ ମର୍ମସ୍ପର୍ଶୀ । ନାରୀଟିଏ ସବୁ ଅବସ୍ଥାରେ ଏକାକୀ ଲଢୁଥାଏ ତା ଭାଗ୍ୟ ସହ । ନିଃସଙ୍ଗତାକୁ ପାଥେୟ କରି ଏଇ ଯେମିତି ମା ଟିଏ ପଡ଼ିରହେ ତା ଭିଟାମାଟିକୁ ଜାବୁଡ଼ି । କବିଙ୍କ ଭାଷାରେ :

"ଏକୁଟିଆ ମାଆଟିଏ ପଡ଼ିଅଛି ଜାବୁଡ଼ି ମାଟିକୁ /
ଜଗିଛି କାଳେ ସିଏ ଫେରୁଥିବ ତା' ଶୂନ୍ୟକୋଳକୁ
× × ×
ଅଖିଆ-ଅପିଆ କାହା ବାଟ ଚାହିଁ ବସିଅଛୁ/
ବିନିଦ୍ର, ଏକେଲା/ ଭାତ ପଖାଳେ ମାଣିକ,
ଯିଏ ଯାଏ ସିଏ କି' କେବେ ଫେରି ଆସେ ଭଲା ।"

-ଗିରିବାଳା ମହାନ୍ତି (ମା' ହବାର ଦୁଃଖ: ପୃ:୧୭)

ଦୁଃଖର ଗରଳକୁ ପିଇ ତମାମ୍ ଜୀବନ ଜଂଜାଳରେ ଛନ୍ଦା ସେ' ସେ' ନାରୀ, ସେ' ଜନନୀ । ତା'ର ବାତ୍ସଲ୍ୟର ସ୍ପର୍ଶରେ ଯୋଉ କରୁଣା ଟିକକ ବାଣ୍ଟୁଥାଏ ତାକୁ ସମୟ ଅତିକ୍ରାନ୍ତ ପରେ ସନ୍ତାନମାନେ ଅଣହେଳା କରନ୍ତି । ନାରୀ ସବୁ ରୂପରେ, ସବୁ ଭାବରେ ଜୀବନକୁ କରେ ଅମୃତମୟ; ଅଥଚ ସେ' ସବୁଠୁ ଅଧିକା ଭୋଗେ ଅବହେଳା ତାତ୍ସଲ୍ୟ-ନିନ୍ଦା ଅପଯଶ । ମା'ର ସୁମନାସକୁ ଆଡ଼େଇ ଦେଇ ଆଗକୁ ବଢ଼ି ଯାଆନ୍ତି ସନ୍ତାନମାନେ । ମାଆ ଅଭିମାନ କରେନା, ନିନ୍ଦା କି' ଅଭିଶାପ ଦିଏନା, ବରଂ ସ୍ନେହରେ-ବାତ୍ସଲ୍ୟରେ ଆହୁରି ରସାଣିତ କରେ । ସେଇଥିପାଇଁ ତା କବିଚତ୍ତ ଦୟାର୍ଦ୍ରର ହୁଏ, ପ୍ରଶ୍ନକରେ :

"କାହିଁକିରେ ସବୁବେଳେ/ ଆତ୍ମାରେ ତୋର/ରହିଚିରେ
ଏ ଅଜର ଅନ୍ଧାର/ଅର୍ପିତ ଫୁଲ ତଳେ କାହିଁକି ଜଳେ
ହୁତୁହୁତୁ ନିଆଁ ?"-
(ମାଆକୁ ଚିଠିଟିଏ, ସଂ 'ଟିକିଏ ଛାଇ', ଜୟନ୍ତ ମହାପାତ୍ର)

ଉତ୍ତର ଆଧୁନିକ କାଳରେ ଲିଖିତ ସମସ୍ତ କବିତା ଯେ' କେବଳ ନାରୀର ଦୁର୍ଦ୍ଦଶା ଆଙ୍କିଥାଏ, ତା' ନୁହେଁ । କେତେକାଂଶରେ ନାରୀ ଅନ୍ତରର ଆଲୋକିତ ମୁହୂର୍ତ୍ତକୁ ମଧ୍ୟ ବ୍ୟକ୍ତ କରୁଥାଏ । ନାରୀଶକ୍ତିର ପରିସୀମା କେତେ ଯେ' ବ୍ୟାପ୍ତ ଓ ବିସ୍ତୃତ, ତାହାକୁ ବୁଝିବାର ସମୟ ଉପଗତ ହୋଇଛି କହିଲେ ଭୁଲ୍ ହେବନାହିଁ । ନାରୀର ସହଭାଗିତାକୁ ଅଣଦେଖା କରି ପୁରୁଷ ପ୍ରଗତିର ଶିଖରକୁ ସ୍ପର୍ଶ କରିପାରିବ ନାହିଁ । ସେ' ଜନନୀ ହେଉ କି' ଭଗିନୀ, ଅର୍ଦ୍ଧାଙ୍ଗିନୀ, କନ୍ୟା ବା ବାନ୍ଧବୀ ତାହାର ସହଚର୍ଯ୍ୟ ଓ ସହଯୋଗରେ ସମାଜରେ ଉନ୍ନତି ହେବ । ଏକଥା ଅନ୍ତତଃ କେଉଁଠି ନା କେଉଁଠି ପୁରୁଷର ଚିନ୍ତାଧାରାରେ ପ୍ରତିଫଳିତ ହେବାର ଅନୁଭୂତ ହେଲାଣି । ନାରୀ, ବିପର୍ଯ୍ୟୟର ମାଧ୍ୟମ ନୁହେଁ ବରଂ ବିପର୍ଯ୍ୟୟ ମୁଖରୁ ବଞ୍ଚିବାର ମାଧ୍ୟମ । ଏପରିକି ଧର୍ମ ପତ୍ନୀ-ପ୍ରୀତିସ୍ପଦା-ସ୍ନେହ-ଶ୍ରଦ୍ଧାର ଭାଜନ ରୂପେ ପତ୍ନୀର କଲ୍ୟାଣମୟ ରୂପକୁ ନିରାଜନା କରିବାର ବେଳ ଉପଗତ, ହେଲାଣି । କ୍ରମଶଃ କନ୍ୟା ଏବଂ କନ୍ୟାରୁ ବଧୂ ଏବଂ ବଧୂରୁ ଅର୍ଦ୍ଧାଙ୍ଗିନୀ ଏବଂ ଅର୍ଦ୍ଧାଙ୍ଗିନୀରୁ ମାତା-ଜନନୀ ଭାବରେ ପୁରୁଷର ସହଯାତ୍ରୀ ସାଜିଲାଣି । ତେଣୁ ତା'ର ସବୁ ରୁପକୁ ନିରଜନା କରିବାର ବେଳ ଫେରିଲାଣି । ତେଣୁ ତ କବିକଣ୍ଠରୁ ଝରିପଡ଼ିଛି :

"ଦେଖ, ଅବଶିଷ୍ଟ ହୋଇ ଆଉକିଛି ନାହିଁ/
ଯେଉଁଥିରେ ଅବଶିଷ୍ଟ ହୋଇ ଆଉ କିଛି ନାହିଁ/
ସମୁଦ୍ର ବା ଆକାଶ ତ ନୁହେଁ ମୋର ଆଖି/
ହେବ ତମ ସୌନ୍ଦର୍ଯ୍ୟ ଗୋଚର ।"

(ଧର୍ମ ପତ୍ନୀ: ହୃଷିକେଶ ମଲ୍ଲିକ)

ପତ୍ନୀର ସ୍ୱାଧୀକାର ଓ ତା'ପ୍ରତି ଯେଉଁ କରାଯାଇଥିବା ଅବିଚାରକୁ ଦୃଢ଼କଣ୍ଠରେ ନିନ୍ଦା କରିଛନ୍ତି ପୁରୁଷ କବିମାନେ । ପତ୍ନୀ ଭିତର ଯେ' ନାରୀଟିଏ-ମା'ଟିଏ ଉକୁଟି ଉଠୁଛି ତାକୁ ବୁଝିଗଲାଣି ସମାଜ । ପତ୍ନୀଙ୍କୁ ନେଇ ତେଣୁ ଅନେକ ଶାଶ୍ୱତ ପ୍ରଣୟର ଚିତ୍ର ଫୁଟି ଉଠିଛି । କବି ପାଇଁ ଦୃଶ୍ୟ ଯେତିକି: ଅଦୃଶ୍ୟ ବି' ସେତିକି । ତେଣୁ ତ, ଜୀବନର ସବୁ ଅନ୍ଧକାରକୁ ଆଲୁଅ ମୁହାଁ କରିପାରୁଥାଏ ସେ । ପତ୍ନୀର ପ୍ରେମ, ବାତ୍ସଲ୍ୟ ହୋଇ ଝରୁଥାଏ ତା' ପତିର ହୃଦୟ କନ୍ଦରରେ । ମା'ର ନିଃସ୍ୱାର୍ଥପର ମୁହଁକୁ ସେ' ପତ୍ନୀର ସ୍ନେହ-ଶ୍ରଦ୍ଧା ଭିତରେ ଅନୁଭବ କରେ । କବିଙ୍କ ଭାଷାରେ:

"ତୁମେ ଠାକୁରଘରକୁ ଗଲେ/
ଯା'ର ପାଦ ଓଦା-ଓଦା/କୁହୁଡ଼ି ଭଳିଆ ଭାବାଳୁ/
ଆଖି/ ମୁଁ ସ୍ୱର୍ଗ ମଞ୍ଚ ଯେଉଁଠି ଥିଲେ ବି /
ସେ ଚାହାଣି କାଞ୍ଚନ ଫୁଲର ଡାଳ ହେଇ ଲମ୍ବି ଆସୁଛି... ।"

(ଚିତ୍ରଘର: ପ୍ରମୋଦ କୁମାର ମହାନ୍ତି)

ପତ୍ନୀକୁ ନେଇ ତେଣୁ କବିର ମୁଗ୍ଧ ସ୍ୱୀକାରୋକ୍ତି ଦେଖିବାକୁ ମିଳୁଛି । ପୁରୁଷ ପାଇଁ ନାରୀ, କାମନାର ଚରିତାର୍ଥ ନିମନ୍ତେ ଗଢ଼ା ନୁହେଁ ବରଂ ପ୍ରେମ-ପ୍ରଣୟର ପ୍ରେରଣା ହେଇ ଫୁଟେ । ପତ୍ନୀର ଗଭୀର ସଂସାରୀପଣ ତା'ର ତ୍ୟାଗ-ତିତିକ୍ଷାର ରୂପ ତାକୁ ମା' ପରି ମନେ ହୁଏ । ସତରେ, ନାରୀର ଏ ଲୋଡ଼ିବାପଣ ପୁରୁଷକୁ କରେ ଧନ୍ୟ । ସେଇଥିପାଇଁ ତ କବିର ଅନ୍ତରରୁ ଝରିପଡ଼େ:

"ପତ୍ନୀ ଏମିତି ଏକ ସମୁଦ୍ର,
ଯାହାକୁ ନିରବଧି ମନ୍ଥୁଥିଲେ ବି'
ହଳାହଳ ନିଗିଡ଼େ ନାହିଁ ।"

(ପତ୍ନୀପ୍ରତି: ଶୈଳକକ୍ଷ: ରାଜେନ୍ଦ୍ର କିଶୋର ପଣ୍ଡା)

ପତ୍ନୀର ଅନୁରକ୍ତି, ନିର୍ବିଘ୍ନ ଭଲପାଇବା, ସମର୍ପଣ ପୁରୁଷକୁ ଦିଗଭ୍ରଷ୍ଟ କରାଇବାରୁ ନିବୃତ୍ତି କରାଏ । ନାରୀଟିଏ କେତେ ଭାବରେ, କେତେ ରୂପରେ ସଂସାରକୁ କରେ ଧନ୍ୟ । ସେ' ତା' ପାଇଁ ନୁହେଁ ତା'ର ପିଲାଙ୍କ ପାଇଁ ପିତା-ମାତାଙ୍କ ପାଇଁ, ସ୍ୱାମୀ-ସଂସାର ପାଇଁ ଓଷାବ୍ରତ କରେ । ପ୍ରାର୍ଥନା କରେ ତା'ର ଏହି ଆନୁଗତ୍ୟ ପାଇଁ ସେ' ଅନେକ ଦୁଃଖ ଯାତନା ଭୋଗେ । କବିଙ୍କ ଭାଷାରେ :

"ତୁମେ ସଂକଳ୍ପ କଲ
× × ×
ମୋ' ପାଖରେ ଥାଆନ୍ତୁ ।
ମୋର ସ୍ୱାମୀ- ମୋର ପିଲା/ ମୋର ପ୍ରେମ୍‌ରେ ବନ୍ଧା ଠାକୁରମାନେ
× × × × × ତମର ସମର୍ପଣକୁ ମୁଁ ଭାବିନିଏ ଅଦୃଷ୍ଟ ବୋଲି
× × × ସେଇଥିପାଇଁ ତ ଦେବତାମାନେ ତୁମକୁ
କନ୍ଦାନ୍ତି, ସାରା ରାତି ।"

-(ଅପାର୍ଥିବ ପ୍ରେମକବିତା-୫: ହରପ୍ରସାଦ ଦାସ)

ଏ ହେଉଛି ସମର୍ପିତ ଭାବନା, ଯେଉଁଠି ତା ପତି-ସନ୍ତାନ ହିଁ ମୁଖ୍ୟ । ପତ୍ନୀତ୍ୱର ଆନୁଗତ୍ୟ, ଲୋଡ଼ିବାପଣ ଭିତରେ ପୁରୁଷର ପବିତ୍ର ପ୍ରମାଣ ଦୁଃଖ ଉଭେଇଯାଏ । ଖୁବ୍ ଆଶ୍ଚର୍ଯ୍ୟ ଏ ନାରୀର ଅନ୍ତର । ସବୁବେଳେ ମମତାର ଧାରେ ଆଲୁଅ ହୋଇ ଖେଳିଯାଏ ଓଠରେ । ପ୍ରେମ ହୋଇ ବହୁଥାଏ ଅନ୍ତରେ । ନାରୀଟିଏ ବଧୂ ପାଲଟିଲା ପରେ ବଦଳେ ତା' ଧୂଳି ଖେଳର ସଂସାର । ମିଛି ମିଛିକା ଖେଳ ତା ପାଇଁ ସତ-ସତିକା ଜଂଜାଳରେ ପରିଣତ ହୁଏ । ସେ' ସାଜେ କାହା ପତ୍ନୀ, କାହା ମା', କାହା ଭଗିନୀ ତ କାହା ଅର୍ଦ୍ଧାଙ୍ଗିନୀ । ସେ' ସବୁ ରୂପରେ ଅନନ୍ୟା-ଅନୁପମା । ପତ୍ନୀ ରୂପରେ ସେ' ସର୍ବସ୍ୱ ଦେଇ ତା' ସଂସାରକୁ ବାନ୍ଧି ରଖେ ।

କ୍ରମଶଃ ସେ' ହୁଏ ବୃଦ୍ଧା । ଆଦର- ଆତ୍ମୀୟତା ଦେଇ ବାନ୍ଧିଥିବା ନାରୀଟିଏ ଯେତେବେଳେ ଧର୍ମପତ୍ନୀ ହୁଏ, ତାକୁ ଅଣହେଲା କରପାରେନି ପୁରୁଷ । କ୍ରମଶଃ ପରିଣତ ବୟସରେ ତା'ର ସାନ୍ନିଧ୍ୟରେ ପ୍ରାଣକୁ ତୃପ୍ତ କରେ । ଏକ ସୁଖୀ ଦାଂପତ୍ୟର ଏ ହେଉଛି ଲକ୍ଷଣ । ଦୁଃଖରେ ସୁଖରେ, ଯୌବନରେ ବାର୍ଦ୍ଧକ୍ୟରେ ପରସ୍ପରକୁ ଆପଣେଇ ନେବା ଭିତରେ ଜୀବନ ଏମିତି ହସୁଥାଏ । କବିର ଭାଷାରେ ବାର୍ଦ୍ଧକ୍ୟରେ ହିଁ ଅନେକ ଲୋଡ଼ିବାପଣ ଥାଏ । ଏକ ଆନ ପ୍ରତି ସମର୍ପଣ ଏବଂ ନିର୍ଭରଶୀଳତା ହିଁ ପରସ୍ପରଙ୍କୁ ନିବିଡ ଭାବବନ୍ଧନରେ ହିଁ ବାନ୍ଧିରଖେ ।

"ଆଜି ସେ' କୁଆଡେ ମୋଟା ହୋଇଗଲେଣି /
ଆଖି ତଳେ କଳାଦାଗ ପଡ଼ିଲାଣି ଆଉ ହଳଦିଆ ପତ୍ର ପରି/
ଗୋଟେ-ଗୋଟେ ବାଳ ବି' ପାଚି ଆସିଲାଣି/ ତଥାପି, ତାଙ୍କୁ ଦେଖିଲେ
ଖାଲି ସେଦିନ ସେ'ଦିନ ଲାଗେ/ ସିଏ ତ ସ୍ମୃତିର ସ୍ଥାପତ୍ୟ ଟିଏ
ଯା' ପାଖରେ କାଳ ନବପୁସଂକ ହୁଏ/ବର୍ତ୍ତମାନ-ଭବିଷ୍ୟତ ସବୁ ହୁଏ ମିଛ ।"

– ଆକାଶ ପରି ନିବିଡ଼, କବି ସୌରିନ୍ଦ୍ର ବାରିକ୍

ନାରୀର ଜୀବନ ଚିରକାଳ ଏଇମିତି ନିଜ ସନ୍ତାନ-ନିଜ ପରିବାର ପାଇଁ ଉତ୍ସର୍ଗୀକୃତ । ସେ' ଝିଅ ଥିବା ଠୁ ହିଁ ତା'ରି ଭିତରେ ଗଢ଼ି ଚାଲିଥାଏ ସଂସାର ପ୍ରତି ମାୟା-ମୋହ-ବନ୍ଧନ । ଝିଅଟିଏ ଜନ୍ମ ନେଲାପରେ କେଉଁଠି ତା' ପାଇଁ ସୁଖର ଝୁଲଣା ଥାଏ ତ' କେଉଁଠି ନିନ୍ଦା-ଗ୍ଲାନିର ବୋଲଣା ଥାଏ । ସେ' ସବୁକାଳେ ମା' ହୃଦୟର କୋହ ଆଉ ବାପ ହୃଦୟର ମୋହଟିଏ ହୋଇ ଝୁଲୁଥାଏ । ପିତା ହୃଦୟରେ ବି ଜୁଆର ଆସେ ଭୟର-ସଂଶୟର । ସତରେ ଝିଅଟିଏ ପାଇଁ ଜୀବନ ଜୀଇଁବା ଏତେ ସହଜ ନୁହେଁ । ବାହାରକୁ ଭିନ୍ନ ଦୃଶ୍ୟମାନ ହେଲେ ହେଁ ନାରୀର ଜୀବନରେ ପରିବର୍ତ୍ତନ ଆଖିଦୃଶିଆ ନୁହେଁ । ତା' ଆଭ୍ୟନ୍ତରୀଣ ଜଗତ ଚିରକାଳ ସନ୍ତୁଳୁଥାଏ । କହିବାକୁ ଗଲେ ସାଂପ୍ରତିକ ନାରୀ ଜୀବନ, ଅତୀତ ଠାରୁ ଏତେ ବେଶୀ ଉନ୍ନତ ନୁହେଁ । ହଁ ପରିବେଶ ବଦଳିଛି ଆଉ ପରିସ୍ଥିତି ବି, କିନ୍ତୁ ଯାହା ବଦଳି ପାରିନି ସେ' ହେଉଛି ନାରୀ ଜୀବନର ନିୟତି । ସେ' ଘର ହଉ ବା' ବାହାର ସେ' ପ୍ରାୟତଃ ଅବହେଳିତା ହୁଏ । ନାରୀର ମହିମାମୟ ବ୍ୟକ୍ତିତ୍ୱ ସତ୍ତ୍ୱେ ବହୁ ନିନ୍ଦା-ପକ୍ଷପାତିତାର ଶରବ୍ୟ ହୁଏ । କବିର ଅନ୍ତର କିନ୍ତୁ ଏହି ଅବିଚାରକୁ ସ୍ୱୀକୃତି ଦେଇପାରେନା ।

ସେ' ଝିଅଟି ଭିତରେ ନିଜ ମାତୃ ହୃଦୟର ଆବିଳତାକୁ ଅନୁଭବ କରେ, ତା ଅସହାୟତା ବିରୁଦ୍ଧରେ ମୁହଁ ଖୋଲିବାର ମନ୍ତ୍ର ଦିଏ । କବିର ଭାଷାରେ ଝିଅ ହୋଇ ଜନ୍ମ ନେଇଛମାନେ, ଆପଣାକୁ ବାରବାର ପ୍ରେରିତ କରିବାର ସାମର୍ଥ୍ୟ ଥିବା ଆବଶ୍ୟକ ।

"ଝିଅ ହୋଇ ଜନ୍ମ ହୋଇଛୁ ଯେ, ଝିଅ/
ମନେରଖିବୁ × × × କଥା-କଥାକେ ଶୋଇ ପଡ଼ିବୁ ନାହିଁ
ଠିଆ ହେବୁ ସିଧାସଳଖ ।"
ସୌଦାମିନୀ ନନ୍ଦ

– (ଅବଧୂତୀ: ଆବାକ୍ ସୁନ୍ଦରୀ: ପୃ:୩୧)

ଏ ତ ମାତୃହୃଦୟର ଆକୁଳତା । ପିତୃ ହୃଦୟ ବି' ଝିଅର ଦୁଃଖରେ ସନ୍ତାପିତ ହୁଏ । ଝିଅ ହେଲେ ବି' ସ୍ନେହ-ଶ୍ରଦ୍ଧାର ପାତ୍ରୀ । ତେଣୁତ, ପିତାର ହୃଦୟ କନ୍ୟାର ଦୁଃଖରେ ହୁଏ ମ୍ରିୟମାଣ । କବିର ଭାଷାରେ, ପିତୃତ୍ୱର ସଂଶୟ, ଭୟ ସ୍ୱାଭାବିକ୍ । ଆପଣା କନ୍ୟାର ସୁଖ ଟିକକ ପାଇଁ ସେ' ବ୍ୟାକୁଳିତ ହୁଏ । ତେଣୁତ' ପିତୃତ୍ୱ ବିଳପି ଉଠିଛି ।

"କାହିଁକି କେଜାଣି ତୋତେ ଦେଖୁ ଦେଖୁ
ଏକ ଶ୍ୱେତ ନିସ୍ତବ୍ଧତାରେ ବିଦୀର୍ଣ୍ଣ ହୋଇଯାଏ ଜୀବନ/
ଶୂନ୍ୟ ମୋର ଶରୀରରେ ସଞ୍ଚରି ଯାଆନ୍ତି /
ଆଶଙ୍କା ଓ ଭୟ/ ତୋର ଥପ୍ ଥପ୍ ଆଖିର ଲୁହରେ
କେମିତି, କେଜାଣି ଭାସିଆସେ × ×
ଶୋକ ଆଉ କୋହ ।"

(ଝିଅ ପାଇଁ କବିତାଟିଏ : ପୃ: ୬୮: ସଂ: ଘୋଷଯାତ୍ରା ,
ଭଗବାନ୍ ଜୟସିଂହ)

ନାରୀ, ପୁରୁଷ ଠାରୁ ଭିନ୍ନ । ଜୈବିକ ସଂରଚନା ଅନୁଯାୟୀ ଶରୀର ତା'ର କୋମଳତାରେ ଗଢ଼ା, ତେଣୁ ପୁରୁଷ ଏହି କୋମଳତାକୁ ଦୁର୍ବଳତା ମନେକରି

ତାକୁ ଅବଳା-ଦୁର୍ବଳାର ବିଶେଷଣ ଭିତରେ ବାନ୍ଧିବାର ପ୍ରୟାସ କରେ । ସେ' ଶକ୍ତିମୟୀ ସମସ୍ତ ଶକ୍ତି ଓ ସାମର୍ଥ୍ୟର ମୂଳ ଉତ୍ସ । ସେ' କ୍ରିୟାଶକ୍ତି ପୁଣି ହ୍ଲାଦିନୀ ଶକ୍ତି ଭାବରେ ସୃଷ୍ଟିର ଆଦ୍ୟରୁ ସଂପୃକ୍ତ । ଏତେ ବିଶିଷ୍ଟତା ସତ୍ତ୍ୱେ ସେ' ହୁଏ ନିର୍ଯ୍ୟାତିତା । ଏହି ଅନୁଭବର ନକରାତ୍ମକତା, ତାକୁ ଶିଥିଳ କରିଦିଏ । କ୍ରମଶଃ ସେ' ଆପଣାକୁ ଦୁର୍ବଳ ମନେକରି ସମସ୍ତ କଷଣକୁ ତା'ର ନିୟତି ଭାବି ସହିଯାଏ ।ପ୍ରକୃତରେ ନାରୀ ଅବଳା କି ଦୁର୍ବଳା ନୁହେଁ ବରଂ ଶକ୍ତିସ୍ୱରୂପିଣି ସ୍ୱରୂପା । ସେ' ଅନନ୍ୟା-ଅପର୍ଣ୍ଣା-କାତ୍ୟାୟିନୀ । ତା'ର ଏହି ସ୍ୱରୂପ, ତାରି ଭିତରେ ଅଦମ୍ୟ ଶକ୍ତିର ସଞ୍ଚାର କରାଏ । କବିଙ୍କ ଭାଷାରେ ନାରୀର ସାମର୍ଥ୍ୟ ସମ୍ମୁଖରେ ଅପଶକ୍ତିର ପତନ ଘଟେ, ଯାହାର ମୂକସାକ୍ଷୀ ଆମର ଗୌରବମୟ ଅତୀତ । ତେଣୁ,କବିମନର ଦମ୍ଭୋକ୍ତି ନିମ୍ନମତେ ଫୁଟିଉଠିଛି ।

"ମୋ ଚୁଟି ଫିଟିଲେ
ଉପୁଡ଼ି ପଡ଼ିବ କେତେ ଦୁଃଶାସନର ବାହୁ/
ମୋ ବାସ ଫିଟିଲେ, ଗୁଳିବିଦ୍ଧ ହେବ/
କେତେ ମହିଷାର ବୁକୁ/
ମୁଁ ତିନିଗାର ଡେଇଁଲେ/ଭସ୍ମୀଭୂତ ହେବେ/
କେତେ ସ୍ୱର୍ଣ୍ଣ ଲଙ୍କା ।"

(ଅବ୍ୟକ୍ତ ଆତ୍ମୀୟତା: ଅପର୍ଣ୍ଣା ମହାନ୍ତି)

ନିଜ ଅସ୍ତିତ୍ୱ ପ୍ରତି ଏ ବିଶ୍ୱାସ ଓ ସ୍ପର୍ଦ୍ଧା କେବଳ ସ୍ତ୍ରୀ ଲୋକ ହିଁ କରିପାରେ । ଯାବତୀୟ ବିଡ଼ମ୍ବନା ସତ୍ତ୍ୱେ ଜୀବନର ଭଗ୍ନାଂଶକୁ ନିଜ ଆୟାସରେ କରିପାରେ ପୂର୍ଣ୍ଣତମା । ସେ' କେବଳ ନାରୀ, ସ୍ତ୍ରୀ ଲୋକ । ଯେ' ନିଜ ଇଚ୍ଛାରେ ସୃଷ୍ଟିପାରେ ପୃଥିବୀ ଏବଂ ଧ୍ୱସ କରିପାରେ ପରକାଳ ।

ଏ ସାମର୍ଥ୍ୟ ଏକାନ୍ତ ନାରୀର । ନିଜ ବ୍ୟକ୍ତିତ୍ୱ ପରାକାଷ୍ଠାରେ ସେ' ପ୍ରତିବଦ୍ଧତାର ସୁର ହୋଇ ବାଜି ଉଠେ । ଏକ ବିଶ୍ୱସ୍ତ-ସୁରକ୍ଷିତ ବଳୟଟିଏ ତିଆରି କରିପାରେ ନିଜ ପାଇଁ । ଉତ୍ତର ଆଧୁନିକ ପର୍ଯ୍ୟାୟର ସାହିତ୍ୟରେ ନାରୀର ସଂକଟ ଓ ପୀଡା ସହିତ ତା'ର ପ୍ରତିବଦ୍ଧତାର ସ୍ୱର ଝଙ୍କୃତ ହୋଇଛି । ସେ' ତା'ର

ବ୍ୟାପକ-ପ୍ରଶସ୍ତ-ଗଭୀର ପୁଣି ସଂପ୍ରସାରିତ ଭାବ ନେଇ ଆପଣାର ସ୍ୱାଧିକାରକୁ ରକ୍ଷା କରିଛି । ଏକ ଉନ୍ନତ ବଳିଷ୍ଠ ସମାଜ ନିର୍ମାଣରେ ନାରୀର ଏ ଗୁରୁତ୍ୱପୂର୍ଣ୍ଣ ସ୍ଥିତିକୁ କବିମାନେ ରୂପ ଦେଲେଣି କବିତାରେ । ଯେଉଁଠି ନାରୀର ସ୍ୱୟଂସମୃଦ୍ଧ ବ୍ୟକ୍ତିତ୍ୱ ପ୍ରତି ଆସ୍ଥା ରଖିଛନ୍ତି କବିମାନେ । ନାରୀର ସଶକ୍ତ ସ୍ୱରୂପ ଏଠି ବେଶ୍ ପ୍ରତିଫଳିତ ହୋଇଥିବାର ମନେହୁଏ । କବିଙ୍କ ଭାଷାରେ ଇତିହାସ ହେଉ ଅବା କିମ୍ବଦନ୍ତୀ ତା'ର ପ୍ରତିଟି ପୃଷ୍ଠା ନାରୀର ଦ୍ୟୁତିରେ ପୂର୍ଣ୍ଣଗର୍ଭା । କବିଙ୍କ ଭାଷାରେ :

"ମହାଶକ୍ତି ତୁମେ
ତମେ ପୁଣି ସାଗର ଦୁଲଣୀ
ଆସ,ଆସ କିଏ ସାଧବାଣୀ ଅଛ
କିଏ ଚଣ୍ଡାଲୁଣୀ
ହାତେ ହାତ ଛନ୍ଦି ଆସ/ ଯିଏ ଯେଉଁଠାରେ ଅଛ
ନିହାଣ ମୁଗୁର ଆଉ ଲେଖନୀ କରଣୀ /
ପୋଡ଼ା ମାଟି ହାତୀ-ଘୋଡ଼ା ଛାଞ୍ଚୁଣି ଆଟିକା ଧରି/
ଯେତେ ଅଲୋଡ଼ାକୁ ଲୋଡ଼ି/ ମହାସରସ୍ୱତୀ ଆସ
ସକଳ ଦୁର୍ବିପାକରୁ ରକ୍ଷାକଲ ଆଜିଯାଏଁ /
ସନ୍ତାନ ମନେକରି ପ୍ରତିଟି ମଣିଷକୁ/ହେ କରୁଣାମୟୀ ।"

-ଦିବ୍ୟନାରୀ: ଶୟନ ପ୍ରତିମା: ହରିହର ମିଶ୍ର

ଅତଏବ, ଏତେସବୁ ବୈଶିଷ୍ଟ୍ୟ ଓ ସାମର୍ଥ୍ୟ ଥିବା ସତ୍ତ୍ୱେ, ନାରୀ କେବେ ଅବଳା-ଦୁର୍ବଳା ହୋଇପାରେନା, ବାରନାରୀ ସାଜିପାରେନା । ଅଭାବ -ଅନଟନ କେବେ କ'ଣ ସତୀତ୍ୱକୁ କିଣିପାରେ ? ଏସବୁ ପ୍ରଶ୍ନ ଭିତରେ କବିର ମନ ହୁଏ ଆନ୍ଦୋଳିତ । ବାସ୍ତବରେ ନାରୀର ଉଚ୍ଛୃଙ୍ଖଳତା, ସମାଜକୁ ବିପର୍ଯ୍ୟସ୍ତ ଭିତରକୁ ଠେଲିଚାଲିଛି । ଏକଥା ସତ୍ୟ, ତେବେ ନାରୀ କାହିଁକି ? ପୁରୁଷର ଉଚ୍ଛୃଙ୍ଖଳତାର ଉପରେ ମଧ୍ୟ ନିୟନ୍ତ୍ରଣ ଆସିବା ଆବଶ୍ୟକ । ଉଚ୍ଛୃଙ୍ଖଳତା ହିଁ ପତନକୁ ଆମନ୍ତ୍ରଣ କରେ, ସେ' ନାରୀ ହେଉ ଅବା ପୁରୁଷ । ନାରୀର ଅସ୍ମିତା, ଯେପରି ସମାଜର

ପ୍ରଗତିକୁ ତ୍ୱରାନ୍ୱିତ କରେ ଠିକ୍ ସେହିପରି ପୁରୁଷର ମର୍ଯ୍ୟାଦା ମଧ୍ୟ ଏକ ସୁସ୍ଥ-ସୁଦୃଢ଼ ସମାଜ ନିର୍ମାଣରେ ସହାୟକ ହୁଏ । ନାରୀ ଭିତରେ ଦେବୀତ୍ୱକୁ ସଂନ୍ଦର୍ଶନ କରୁଥିବା ପୁରୁଷ କିପରି ଭୁଲିବ ? ସେ' ଯେ' ସେ' ମଧ୍ୟ ସୃଷ୍ଟି ସର୍ଜନ ପ୍ରକ୍ରିୟାରେ ମୁଖ୍ୟ ତା' ଭିତରେ ବି ଦେବତ୍ୱ ଝଲସୁଥାଏ । କିନ୍ତୁ, ନାରୀ ଭିତରେ ହିଁ ଦେବୀତ୍ୱ ଆରୋପ କରି ଆପଣାର ନୀତି-ନିୟମ-ଶୃଙ୍ଖଳାରେ ବାନ୍ଧି ରଖିବାକୁ ଚେଷ୍ଟା ଆଉ, ନିଜର ଦେବତ୍ୱକୁ ଦେଖି ମଧ୍ୟ ନ ଦେଖିବାର ଅଭିନୟ କରେ । ଏ ଅବିଚାର ନୁହେଁ ତ' ଆଉ କ'ଣ ?

ସ୍ୱାଧୀନତା ପରବର୍ତ୍ତୀ ଓଡ଼ିଆ କବିତାରେ ନାରୀର ଅସ୍ମିତା ଭିନ୍ନ ଭିନ୍ନ ଭାବରେ ରୂପାୟିତ ହୋଇଛି । ଏଠି ସମସ୍ୟା ଅଛି, କିନ୍ତୁ ତା ସହିତ ବି ରହିଛି ନିଦାନ । ଏଠି ଭାବପ୍ରବଣତା ଅଛି କିନ୍ତୁ, ତା ସହିତ ଅଛି ବାସ୍ତବତା ପ୍ରତି ସମ୍ମାନ । ନାରୀ ପାଇଁ ଅନେକ ଆହ୍ୱାନ ଅଛି ସମାଜରେ । ସେ' ପରିବାର ହେଉ ଅବା କର୍ମକ୍ଷେତ୍ର । ପ୍ରତି ସ୍ତରରେ ସେ' ଅନେକ ଜଂଜାଳ ଦେଇ ଗତି କରେ । ପୁରୁଷ କର୍ତ୍ତୃକ ବ୍ୟବସ୍ଥା ଭିତରେ ଅନେକ ସ୍ଥାନରେ ସେ' ଅସୂୟା-ଅସହିଷ୍ଣୁତା-ଅବିଚାରର ଶୀକାର ହୁଏ । ଆହତ ହୁଏ ତା'ର ଅସ୍ମିତା । ଜୀବନ ସଂଗ୍ରାମ ସତେକି' ଚିରନ୍ତନ । ଜନ୍ମ ଠାରୁ ପରିଣତି ପର୍ଯ୍ୟନ୍ତ ସନ୍ତୁଳୁ ଥାଏ ତା'ର ଅସ୍ତିତ୍ୱ, ତା' ପାରିବାପଣିଆ । ସେ' ପ୍ରକୃତି ପରି ସହନଶୀଳା । ନାରୀ ଅସ୍ତିତ୍ୱ ସହିତ ସମସ୍ୟା ବି' ଅନେକ ଭାବରେ ପ୍ରକଟିତ ହୁଏ । ସମୟ ବଦଳେ, ପରିସ୍ଥିତି ବଦଳେ, କିନ୍ତୁ ନାରୀର ଜୀବନରେ ବିଶେଷ କିଛି ବଦଳେନା । ଯୌତୁକ ଜୁଇରେ ଜଳେ, ପାରିବାରିକ ହିଂସାର ଶୀକାର ହୁଏ, ମାଡ଼ ଖାଏ- ଯାତନା ଭୋଗେ ଅଥଚ ଜୀବନ ଜିଇଁବା ଛାଡ଼େନି । ନାରୀମାନଙ୍କର ଏହିସବୁ ଯନ୍ତ୍ରଣାର କାବ୍ୟିକ ନିଦାନ, ଆଧୁନିକ କାବ୍ୟ-କବିତା ମାଧ୍ୟମରେ ପ୍ରତିଫଳିତ କରିବାର ଚେଷ୍ଟା କରାଯାଇଛି । ଆଲୋଚ୍ୟ ପ୍ରସଙ୍ଗମାନଙ୍କରେ ନାରୀ ମନ ଗହନର କଥା ସବୁ ବଖାଣିବାର ମଧ୍ୟ ପ୍ରୟାସ କରାଯାଇଛି । କବିତା ମାଧ୍ୟମରେ ଅନେକ ଅନାଲୋଚିତ ଦିଗ ସବୁ ପ୍ରକାଶ ପାଇଛି ।

ବସ୍ତୁତଃ, ଓଡ଼ିଶାର ସାମାଜିକ ଲୋକାଚାର-ସାଂସ୍କୃତିକ ଭାବାବେଗ ଆଢୁଆଳରେ ନାରୀ ଜୀବନର ଅବସାଦ-ସଂଘାତ ରୂପ ପାଇଛି । ଏହି ପ୍ରବନ୍ଧ ମାଧ୍ୟମରେ ନାରୀ ଅସ୍ମିତା ସହିତ ତଥାକଥିତ ଅନ୍ଧବୁଝାମଣା, ସାମନ୍ତବାଦୀ ବିଳାସର

ନଗ୍ନତା ଫୁଟି ଉଠିଛି । ନାରୀ ସୃଜନମୟୀ । ସେ' ଭାଙ୍ଗେନା ବରଂ ଗଢ଼ିବାରେ-ଯୋଡ଼ିବାରେ ବିଶ୍ୱାସ ରଖେ । ନାରୀ ଭାବ-ସମ୍ବଳିତ ଦୃଷ୍ଟିକୋଣ କିପରି ସମାଜର ପ୍ରଗତିରେ ମୁଖ୍ୟ ସହାୟକ ସାଜିଛି, ତାହାର ଏକ ବିଶ୍ଳେଷଣାତ୍ମକ ନିଷ୍କର୍ଷ ଏଠାରେ ପ୍ରଦାନ କରିବାକୁ ଚେଷ୍ଟା ହୋଇଛି । 'ଲାବଣ୍ୟବତୀ'ରୁ 'ପ୍ରଣୟବଲ୍ଲରୀ', ପ୍ରଣୟବଲ୍ଲରୀରୁ ନନ୍ଦିକା, ନନ୍ଦିକାରୁ ଅଳକାସାନ୍ୟାଲ, ଅଳକାସାନ୍ୟାଲରୁ ଚନ୍ଦ୍ରାବେହେରାଣୀ, ଚନ୍ଦ୍ରାବେହେରାଣୀ ରୁ ମହାନାରୀ, ମହାନାରୀରୁ କାତ୍ୟାୟନୀ ଏବଂ ପରିଶେଷରେ କାତ୍ୟାୟିନୀରୁ ନଷ୍ଟନାରୀ ପର୍ଯ୍ୟନ୍ତ ଏ ସଂଘର୍ଷମୟ ଯାତ୍ରାର ପ୍ରଲମ୍ବିତ କାବ୍ୟିକ ମୂର୍ଚ୍ଛନା ମଧ୍ୟରେ ନାରୀ ଜୀବନର ଆଦ୍ୟରୁ ଅଦ୍ୟାବଧି ବ୍ୟାଖ୍ୟାନ ହୋଇଛି । ଏଠି ପରିବେଶ ଭିନ୍ନ ଭିନ୍ନ ଆଳ ଦେଇ ଛିଡ଼ା ହେଇଛି ଏବଂ ହେଉଥିବ ମଧ୍ୟ । ସ୍ୱାଧୀନତା ପରବର୍ତ୍ତୀ କବିତାରେ ଅନେକାଂଶ କେତେ ନାରୀ ଚରିତ୍ର ଆସିଛି ଓ ଯାଇଛି । ତନ୍ମଧ୍ୟରୁ କିଛି, କିଛି ଆମ ଚିନ୍ତା-ଚେତନାକୁ ଆଲୋଡ଼ିତ କରିଛି ଏବଂ କରୁଥିବ ମଧ୍ୟ । ସେ' ଚନ୍ଦ୍ରଭାନୁର ଲାବଣ୍ୟବତୀ ହେଉ ବା' କେଦାରର ପ୍ରଣୟିନୀ ଗୌରୀ, ସେ' ରେଢ଼ଗଙ୍ଗଙ୍କ ପ୍ରେମପିଆସୀ ନନ୍ଦିକା ହେଉ ଅବା ଅନିରୁଦ୍ଧଙ୍କର ଉଷା, ସେ' ପ୍ରିୟତମର ଶର୍ମିଷ୍ଠା ହେଉ ବା' ଶ୍ରୀରାମଙ୍କର ତପସ୍ୱିନୀ ହୁଅନ୍ତୁ ସବୁଠି, ସବୁ ପରିସ୍ଥିତିରେ ନାରୀର ପ୍ରେମ-ପ୍ରଣୟ-ପ୍ରତିବଦ୍ଧତାର ବଳିଷ୍ଠ ରୂପ ଆମେ ଦେଖୁଥାଉ । ସ୍ୱାଧୀନତା ଉତ୍ତର ପର୍ଯ୍ୟାୟ ବେଳକୁ ନାରୀ ଚରିତ୍ରମାନେ ପୁଣି ନୂଆ, ନୂଆ ସଂକଟର ସମ୍ମୁଖୀନ ହେଲେଣି । ଏଠି ମିଥ୍, ମେଟାଫର ଏବଂ ପ୍ରତୀକର ପ୍ରୟୋଗ ଆଧାରରେ କବିତା ମାଧ୍ୟମରେ ନାରୀ ଅଭ୍ୟନ୍ତରୀଣ ଦହନକୁ ପରିପ୍ରକାଶ କରାଯାଇଛି । ଚରିତ୍ର ବଦଳିଛି ସତ, କିନ୍ତୁ ବଦଳିନି ଯାହା ଭବିତବ୍ୟ ସେମାନଙ୍କର । ଏଠି, ପ୍ରଗତି ନାଁ ରେ ପଞ୍ଜୁରୀର କାରିଗରୀ ବଦଳିଛି । ସେ' ସୁନାର ହେଉ ଅବା ରୂପାର, ପଞ୍ଜୁରୀ ପରାଧିନତାର ଶୃଙ୍ଖଳ ଦିଏ । ଏଠି କାଚକାନ୍ଥ ଭିତରେ, ଐଶ୍ୱର୍ଯ୍ୟର ଚାରୁଚିତ୍ର ପଟ୍ଟରେ ନାରୀର ଅନ୍ତର୍ଦାହ ଫୁଟିଛି । କେଉଁଠି ସାହାଡ଼ା ସୁନ୍ଦରୀର ଅପରିଚ୍ଛନ୍ନ ଗଣ୍ଡି ଭିତରେ ନାରୀ ନିଜକୁ ଆବିଷ୍କାର କରିଛି ତ' କେଉଁଠି କାତ୍ୟାୟିନୀ ସାଜି ବିଦ୍ରୋହର ରାଗିଣୀ ତୋଳିଛି । କେଉଁଠି ସବୁ ମା' ଭିତରେ ଈଶ୍ୱରୀ ସାଜି ଜନ୍ମ ନେଇଛି 'ଫାଲଗୁନି' ତ, କେଉଁଠି ସବୁ ମା' ଭିତରେ ଈଶ୍ୱରୀ ସାଜିଛି ସ୍ୱୟଂସିଦ୍ଧା । ସାଧାରଣ ନାରୀଟିଏ ତା'ର ଅସ୍ମିତାର ବଳରେ ଦିବ୍ୟତ୍ୱ ଲାଭ କରିଛି । ସେ'

ପୁରାଣର (myth) ର ସୀତା-ଦ୍ରୌପଦୀ-ଶକୁନ୍ତଳା-ଶ୍ରୀରାଧା-ଶର୍ବରୀ- ଦେଇ ଅପାପବିଦ୍ଧାରେ ପହଞ୍ଚିଛି । ନୂଆ-ନୂଆ ରୂପରେ ନୂଆ ନୂଆ ସଂକଟର ସମ୍ମୁଖୀନ ହେଇଛି ନାରୀ । ବଞ୍ଚିବାର ସଂଘର୍ଷରେ ସେ' ହୋଇଛି କଳଙ୍କିତା- ନାୟିକା- ବାରନାରୀ । ଜୀଇଁଛି ନର୍କର ଜୀବନ । ନିଜ ପରିବାର ସନ୍ତାନର ପାଳନ ପାଇଁ ସେ' ପିନ୍ଧିଛି ପାଦରେ ଘୁଙ୍ଗୁର ଆଉ ଆଖିରେ ନାଇଛି କଳଙ୍କର କଜ୍ୱଳ । ଓଠରେ ତା' ବିବଶତାର ସଂଗୀତ । ସେ' ନୃତ୍ୟ କରିଛି, କିନ୍ତୁ ଏ ନୃତ୍ୟ ତା' ଅନ୍ତରର ନୁହେଁ ବରଂ ତା ଅସହାୟତାର । ସେ' ଜୀଇଁଛି, ଜୀଇଁ ଚାଲୁଥିବ ମଧ୍ୟ । କିନ୍ତୁ ସକଳ ଅନ୍ଧକାର ସତ୍ତ୍ୱେ ସେ' ପୁଣି ଆଲୋକମୁଖୀ ହେଉ । ଛିନ୍ନ ହେଉ ତା'ର ସମସ୍ତ ଶୃଙ୍ଖଳ । ସେ' ପୁଣି ଜନ୍ମ ନେଉ ବାରବାର ପୁଣି ଏକ ସ୍ତ୍ରୀ ଲୋକ ରୂପରେ ଏକ ଭିନ୍ନ ଏକ ଚରିତ୍ର ସାଜୁ କେଉଁ କବିର କବିତାରେ । ଏକଥା ସ୍ୱୀକାର କରିବାକୁ ହୁଏ, ସ୍ୱାଧୀନତାର ବହୁବର୍ଷ ପୂର୍ବରୁ ନାରୀ ଅସ୍ମିତାର ଶଙ୍ଖନାଦ ହୋଇସାରିଛି । ଷୋଡଶ ଶତାବ୍ଦୀର କର୍ଣ୍ଣଧାର ମତ୍ତ ବଳରାମ ଦାସଙ୍କର 'ଲକ୍ଷ୍ମୀପୁରାଣ' ଅସ୍ମିତା ଓ ମର୍ଯ୍ୟାଦାର ଯେଉଁ ଭିତ୍ତି ପ୍ରସ୍ତର ସ୍ଥାପନ କରିଛି । ତାହା ବାସ୍ତବିକ୍ ଅନନ୍ୟ । ଅତଏବ, ନାରୀ ଜୀବନର ସଶକ୍ତ ପ୍ରତିଛବି ବହନ କରିବାରେ 'ଲକ୍ଷ୍ମୀପୁରାଣ'ରୁ ଅବଦାନ ଅଦ୍ୟାବଧି ସ୍ମରଣୀୟ । ନାରୀର ମର୍ଯ୍ୟାଦା ଓ ଶୃଙ୍ଖଳା ଯେତିକି ସମାଜର ପ୍ରଗତିକୁ ତ୍ୱରାନ୍ୱିତ କରେ, ତା'ର ଅମର୍ଯ୍ୟାଦା ଏବଂ ଉଚ୍ଛୃଙ୍ଖଳତା ସମାଜକୁ ତତୋଽଧିକ ପତନ ଏବଂ ବିନାଶ ଆଡକୁ ଟାଣିନିଏ । ଠିକ୍ ସେହିପରି ପୁରୁଷର ସ୍ଥିତି ଓ ସ୍ୱରୂପ ମଧ୍ୟ ଖୁବ୍ ଗୁରୁତ୍ୱପୂର୍ଣ୍ଣ ଭୂମିକା ବହନ କରେ । ପୁରୁଷର ଶୃଙ୍ଖଳା ଏବଂ ମାନସିକତା ସମାଜକୁ ସୁସ୍ଥ ଏବଂ ସମୃଦ୍ଧମୟ ପଥ ଆଡକୁ ନେବାରେ ମୁଖ୍ୟ ଦାୟିତ୍ୱ ରହିଛି ।

ଏହି ପରିପ୍ରେକ୍ଷୀରେ ନାରୀ ଅସ୍ମିତା ସହ ଜଡ଼ିତ ଅନେକ ସମସ୍ୟାମାନଙ୍କୁ ଉତ୍ତର ଆଧୁନିକ କବିତାରେ ବର୍ଣ୍ଣନା କରିବା ସହିତ ତା'ର ନିଦାନ ସଂପର୍କରେ ମାର୍ଗଦର୍ଶନ କରାଯାଇଛି । ସ୍ୱାଧୀନତା ପରବର୍ତ୍ତୀ ସମାଜର ରୂପରେଖ, ନାରୀ ଜୀବନରେ ଅନେକାଂଶରେ ସମୃଦ୍ଧି ଆଣିଛି । ସେ' ଆପଣା ଗୋଡ଼ରେ ଛିଡ଼ା ହେଇଛି । ଆର୍ଥିକ ସୁଧାର ହେତୁ ତା'ର ଜୀବନ ଓ ଜୀବିକାର ପନ୍ଥା ବଦଳିଛି । ଶିକ୍ଷା ଅର୍ଜନ କରି ନିଜ ଜୀବନର ମାନ ବୃଦ୍ଧି କରିଛି । ଏଠି ଜଠର ଜଞ୍ଜାଳ

ଆଡୁଆଳରେ ସେ' ଆଉ ଅଶୋଭନୀୟ ପନ୍ଥାକୁ ଆଦରୁ ନାହିଁ ବରଂ ନିଜ ପ୍ରତିଭା ଓ ସାମର୍ଥ୍ୟ ବଳରେ ସ୍ୱାବଲମ୍ବୀ ହେଇ ନିଜ ପରିବାରର ଖର୍ଚ୍ଚ ବହନ କରିଛି । ଦୁର୍ଭାଗ୍ୟରୁ ଯଦି ସ୍ୱାମୀ ଦ୍ୱାରା ନିର୍ଯ୍ୟାତିତା ହେଉଛି, ସେ' ନ୍ୟାୟର ଆଶ୍ରୟ ଲୋଡ଼ୁଛି । ଏକାକୀ ନିଜ ଜୀବନ ଜୀଇଁବାର ସ୍ପର୍ଦ୍ଧା କରୁଛି । ନିଜ ସନ୍ତାନ ପାଳନ କରୁଛି । Single mother ଭାବରେ ସମାଜରେ ଏକ ସ୍ୱାଧୀନ-ସ୍ୱଚ୍ଛନ୍ଦ ଜୀବନ ଜୀଉଁଛି । ଦାଂପତ୍ୟର ବିପର୍ଯ୍ୟୟରେ ନ ଭାଙ୍ଗି ବରଂ ଆଗକୁ ବଢ଼ୁଛି ସମାଜର ମୁଖ୍ୟ ସ୍ରୋତରେ ସାମିଲ୍ ହେଉଛି । ଏପରିକି ଅନେକ ନାରୀ ମଙ୍ଗଳ ସଂଗଠନ (NGO) ମାନଙ୍କ ସହଯୋଗରେ ନିଜ ଜୀବନ ଜୀଇଁବାର ପନ୍ଥା ଖୋଜୁଛି । ଶାରୀରିକ-ଶୋଷଣ ବା' କର୍ମକ୍ଷେତ୍ରରେ ହେଉଥିବା ହିଂସା ବିରୁଦ୍ଧରେ ମୁହଁ ଖୋଲୁଛି । ଅବିବାହିତା ନାରୀ ଜୀବନରେ ନୂଆ ରାହାଟିଏ ହୋଇ ଛିଡ଼ା ହୋଇଛି 'ଶିକ୍ଷା' । ଏହି ଶିକ୍ଷାର ମାଧ୍ୟମରେ ସେ' ନିଜ ଜୀବନକୁ ବିନା ଦ୍ୱିଧାରେ ଜୀଉଁଛି । ବାସ୍ତବରେ ବହୁକ୍ଷେତ୍ରରେ ନାରୀ ତା'ର ଜୀବନ ଯନ୍ତ୍ରଣାର ସମ୍ମୁଖୀନ ନିଜେ ହିଁ ହେଉଛି । ଏ ସମସ୍ତ ବିପର୍ଯ୍ୟୟ ଭିତରେ ନାରୀର ଅସ୍ମିତା କଦାପି ମ୍ଳାନ ପଡ଼ିନି ବରଂ ଅଗ୍ନିରେ ଦହନ ପରେ ସୁବର୍ଣ୍ଣର ଜ୍ୟୋତି ଫୁଟି ଉଠିବା ଭଳି ନାରୀ ଜୀବନର ଦ୍ୟୁତି ଫୁଟି ଉଠୁଛି । ବାସ୍ତବିକ୍ ନାରୀ ଅସ୍ମିତାର ମହକ ଆଜି ସର୍ବତ୍ର ସଞ୍ଚରିତ ହୋଇଛି । ସେଥିପାଇଁତ' କବି ଶରତ କୁମାରୀଙ୍କ କଣ୍ଠରେ ଫୁଟି ଉଠିଛି :

"ନାରୀ ତୁମେ ଆଜି ନିଜକୁ ପାରୁନା ଚିହ୍ନି
ସୀତା ସାବିତ୍ରୀ ଦ୍ରୌପଦୀ ରୂପରେ
ପାଉଅଛ ଯେତେ ଗ୍ଲାନି-ଅପମାନ
ପ୍ରତ୍ୟେକ ଯୁଗରେ ଜଳିଛି ଯେପରି ବହ୍ନି ।" -"ନାରୀ"

ଜଗତୀକରଣ ଯେ' ପ୍ରଗତି ସହିତ ଅନେକ ମୂଲ୍ୟବୋଧକୁ ବିପର୍ଯ୍ୟସ୍ତ କରିବାରେ ଲାଗିଛି, ତାହା ସ୍ପଷ୍ଟ ପ୍ରତିଫଳିତ । ଆର୍ଥିକ ସ୍ଥିତି ସୁଧୁରୁଛି କିନ୍ତୁ ମାନସିକ ସଂକଟ ଭିତରେ କେଉଁଠି ନା' କେଉଁଠି ମଣିଷ ଭିତରେ ଅଭାବବୋଧଟିଏ ସୃଷ୍ଟି ହୋଇଛି । ଏ ଅଭାବ, ଜଠର ଯନ୍ତ୍ରଣା ନୁହେଁ ବରଂ ମନଜନିତ ନିଃସଙ୍ଗତକୁ ସୂଚାଏ । ଉତ୍ତର ଆଧୁନିକ ସମାଜର ବିଡମ୍ବିତ ଅବବୋଧ ଗୁଡିକ ସମାଜର ଅନ୍ଧାରୀ ଦିଗକୁ ଉଜାଗର କରିବା ସହିତ ମଣିଷର ନଗ୍ନତାକୁ ଆଲୋକପାତ କରିଛି । ଏଠି

ନାରୀର ଜୀବନ ବହୁକ୍ଷେତ୍ରରେ ଅସହାୟ ହୋଇପଡ଼ିଛି । ସେ' ପରିସ୍ଥିତିର ତାଡ଼ନାରେ ଦେହକୁ ଜୀବିକା କରିଛି । ନିଜ ପରିବାର ପୋଷଣ ପାଇଁ ବହୁ ଅଶୋଭନୀୟ କାର୍ଯ୍ୟରେ ପାଦ ଦେଇଛି । ପ୍ରଗତିର ଏ ଦିଗ ଅନେକ ନକରାତ୍ମକ ପ୍ରତିକ୍ରିୟା ଆଳରେ ରୂପ ପାଇଛି । ସାହିତ୍ୟ ହେଇଛି ବହୁ ଭାବରେ ପ୍ରଭାବିତ । ବିଶେଷତଃ ଓଡ଼ିଆ କବିତା (ଉତ୍ତର ଆଧୁନିକ) ଏହି ଅଭାବନୀୟ ଚିତ୍ରକୁ ଆଙ୍କିଛି । ଦଳିତ-ନିଷ୍ପେସିତ-ଗରିବ ଆଦିବାସୀ ମହିଳା ହେଉ ଅବା ସମ୍ଭ୍ରାନ୍ତ, ଉଚ୍ଚଶିକ୍ଷିତ କର୍ମଜୀବୀ ମହିଳା ପ୍ରତ୍ୟେକଙ୍କ ଜୀବନର ଅନ୍ତର୍ଦହନ ପ୍ରକାଶ ପାଇଛି । କେବଳ ସମସ୍ୟା ପ୍ରତି ଅଙ୍ଗୁଳି ନିର୍ଦ୍ଦେଶ କରିଛି, ତା ନୁହେଁ ବରଂ ଏକ ସୁସ୍ଥ-ସମୃଦ୍ଧ ପରଂପରା ପ୍ରତି ବିଶ୍ୱାସ ରଖିଛି । ପାଶ୍ଚାତ୍ୟ ସଂସ୍କୃତି ଏବଂ ପ୍ରାଚ୍ୟ ସଂସ୍କୃତିର ଭାବସ୍ପନ୍ଦନ ଭିନ୍ନ । ପରଂପରା, ମୂଲ୍ୟବୋଧ, ଆର୍ଯ୍ୟ ମୁନିଋଷିଙ୍କ ବାଣୀ, ପୁରାଣ-ଇତିହାସ ଆମର ପୁଞ୍ଜି ହୋଇଛି । ଏଠି ସକଳ ଜଂଞ୍ଜାଳ ସତ୍ତ୍ୱେ ଭାରତୀୟ ନାରୀ ବିଶେଷତଃ ଓଡ଼ିଆ ନାରୀର ଜୀବନ ବହୁ ଭାବରେ ପଭାବିତ । ଏଠି ନାରୀ କହିଲେ କେବଳ ନାରୀତ୍ୱକୁ ବୁଝାଏନା, ବରଂ ତା'ର ପରିବାର, ତା' ଆତ୍ମୀୟ ସ୍ୱଜନ, ତା'ର ସଂସାର, ତା'ର ସନ୍ତାନ, ବୃଦ୍ଧ ପିତାମାତା-ଶାଶୁ-ଶ୍ୱଶୁର ଆଦି ସମସ୍ତ ପରିଜନକୁ ବୁଝାଏ । ତା'ର ସାମାଜିକ ବନ୍ଧନ, ତା'ର ଶୃଙ୍ଖଳ ନୁହେଁ ବରଂ ତା'ର ଶକ୍ତି । ପାଶ୍ଚାତ୍ୟ ନାରୀବାଦ ଯେଉଁ ଅସ୍ମିତାର କଥା କହିଛି, ତାହା ଅର୍ବାଚୀନ । ବହୁ ପୂର୍ବରୁ ଏ ସଂପର୍କୀୟ ମତ ନେଇ ନାରୀ ଅସ୍ତିତ୍ୱର ଚିତ୍ରଲିପି ଲେଖା ସରିଛି । 'ଲକ୍ଷ୍ମୀପୁରାଣ' ଏହି କଥା ହିଁ ଉଜାଗର କରିଛି । ନାରୀ ଅସ୍ମିତାକୁ ପ୍ରତିଷ୍ଠା କରିବାର କଥା କହିଛି । ଅତଏବ ଦେଖିବାକୁ ଗଲେ ଷୋଡ଼ଷ ଶତକରେ ଏହି ନାରୀ ଅସ୍ମିତାର କଥା କୁହାସରିଛି । ମା' ଲକ୍ଷ୍ମୀଙ୍କର ଅସ୍ମିତା ପ୍ରତିଷ୍ଠା ହୋଇଛି । ଓଡ଼ିଆ ନାରୀର ଐତିହ୍ୟ, ତା'ର ଅସ୍ତିତ୍ୱର ବାସ୍ତବତା ହୋଇ ପ୍ରତିଫଳିତ ହୋଇଛି । ସତ୍ୟପାଇଁ, ନ୍ୟାୟପାଇଁ ସାଧାରଣ ନାରୀ ହେଉ ଅବା ଦେବୀ ମଧ୍ୟ ଲଢ଼ିବାର ଦେଖିବାକୁ ମିଳିଛି । ଗତାନୁଗତିକ କୁସଂସ୍କାରକୁ ଦୂର କରିବାକୁ ଯାଇ, 'ଲକ୍ଷ୍ମୀପୁରାଣ' ଏକ ସ୍ଫୁଲିଙ୍ଗଟିଏ ହୋଇ ଜଳିଉଠିଛି କହିଲେ ଅତ୍ୟୁକ୍ତି ହେବନାହିଁ ।

ଓଡ଼ିଆ କବିତାରେ ବିଶେଷତଃ ଆଧୁନିକ କବିତାରେ ନାରୀର ସ୍ୱାଧୀକାର ଓ ତତ୍‌ସହିତ ଜଡ଼ିତ ତା'ର ସମସ୍ୟା ସଂପର୍କରେ ବହୁ ବିଶ୍ଳେଷଣ ହୋଇଛି । ଏବେ

ମଧ୍ୟ ବହୁ ପୌରାଣିକ ଚରିତ୍ର ମାଧ୍ୟମରେ ନାରୀ ମିଥ୍‌ର ନବ୍ୟପରିକଳ୍ପନା କରାଯାଇଛି । ଅତୀତ ପୁଣି ଥରେ ନୂଆ ରୂପରେ ଛିଡ଼ା ହୋଇଛି । ପୌରାଣିକ ମୂଲ୍ୟବୋଧ ଜରିଆରେ ନାରୀ ସ୍ୱାଧୀକାର କଥା କୁହାଯାଇଛି । ଯଦିଓ ସାଇମନ ଡି.ବୁଭା, ଭିରଜିନିଆ ଉଲଫ୍‌ଙ୍କର ଭୂମିକା ଗୌଣ ଭାବରେ ପରିଗଣିତ ହେଇଛି, ତଥାପି, ତାହା ଆଧୁନିକ ସମୟରେ ଏକ ନୂତନ ବିପ୍ଲବର ବାଟଟିଏ ଯେ' ଫିଟେଇ ପାରିଛି ତାହାକୁ ଅସ୍ୱୀକାର କରାଯାଇନପାରେ । ଏହାର ଅର୍ଥ ନୁହେଁ ଯେ "ନାରୀବାଦ" (Feminism) ମତବାଦଟି ଅଲୋଡ଼ା, ଅପାଂକ୍ତେୟ ହୋଇଛି । ନାରୀ ଅସ୍ତିତ୍ୱର ମର୍ମ କଥାକୁ ଏକ ନୂଆ ରୂପରେ ଲୋକଲୋଚନକୁ ଆଣିବାରେ ପାଶ୍ଚାତ୍ୟ ସଂସ୍କୃତିର ଏ ଦାନ ଆଦୌ ଗୌଣ ବୋଲି କୁହାଯାଇପାରିବ ନାହିଁ । ତେଣୁ ଏ ପ୍ରବନ୍ଧ ମାଧ୍ୟମରେ ନାରୀ ଅସ୍ତିତ୍ୱର ସଶକ୍ତ ସ୍ୱରୂପକୁ ଦେଖେଇବାରେ ଆୟାସ କରାଯାଇଛି । ବ୍ୟକ୍ତିଗତ ଅଭିଜ୍ଞତା ଏବଂ ବହୁତଥ୍ୟର ବିଶ୍ଳେଷଣ ଆଧାରରେ ନାରୀର ଅସହାୟତା ଏବଂ ପୁରୁଷତନ୍ତ୍ରର ଆଧିପତ୍ୟକୁ ଚିତ୍ରଣ କରାଯାଇଛି । ପ୍ରଥମରୁ କହି ରଖୁଛି, 'ନାରୀବାଦ' ପୁରୁଷର ବିରୋଧରେ ପ୍ରତିବାଦ ନୁହେଁ ବରଂ ପୁରୁଷ ତନ୍ତ୍ରର ଅବିଚାର ବିରୋଧରେ ପ୍ରତିବାଦ । ଯାହା, ନାରୀର ଅସ୍ମିତା ଏବଂ ଜୀବନ-ଜୀବିକାର ଜଟିଳତାକୁ ଉଜାଗର କରିବାର ପ୍ରଚେଷ୍ଟା କରିଛି । ଏଠାରେ 'ନାରୀବାଦ' ବା ଆଧାରରେ ବହୁଦିଗ ପ୍ରତି ଅଙ୍ଗୁଳି ନିର୍ଦ୍ଦେଶ କରିବାର ପ୍ରଚେଷ୍ଟା ହୋଇଛି । ଭାରତୀୟ ପୃଷ୍ଠଭୂମିକୁ ଅବଲମ୍ବନ କରି ପୁରୁଷତନ୍ତ୍ରର ଅବିଚାର, ଅନ୍ୟାୟ ଆଧାରରେ 'ନାରୀ' ପ୍ରତି କରାଯାଇଥିବା ସାମାଜିକ ବାଛନ୍ଦକୁ ବିରୋଧ କରାଯିବାର କାବ୍ୟିକ ପ୍ରଚେଷ୍ଟା ହୋଇଛି । ଏକଥା ସ୍ୱୀକାରଯୋଗ୍ୟ, 'ପ୍ରାଚ୍ୟ ନାରୀବାଦ' ଏବଂ ସକ୍ରିୟ ନଥିଲେ ମଧ୍ୟ ଦୁର୍ବଳ ବୋଲି ମାନେ କରାଯାଇନପାରେ । ସମାଜର ମାନସିକତା ପରିବର୍ତ୍ତନ ନ ହେଲେ 'ନାରୀବାଦ' ଯଥାର୍ଥରେ ପ୍ରତିଷ୍ଠା ହୋଇପାରିବ ନାହିଁ ।

ବସ୍ତୁତଃ, ବିଶ୍ୱାୟନ (Globalisation) ପରିପ୍ରେକ୍ଷୀରେ ବିଚାର କଲେ ନାରୀ ଜୀବନରେ ଅନେକ ପ୍ରଗତିର ପଥ ଫିଟିଛି । ସେ' ଗୃହକୋଣରୁ ବାହାରି ଦେଶ, ଦୁନିଆ ଦେଖିଛି । ସ୍ୱାମୀର କାନ୍ଧରେ କାନ୍ଧ ମିଶେଇ ଗୃହର ଜଂଜାଳ ମୁଣ୍ଡେଇଛି । ମଣିଷର ପାରମ୍ପରିକତା, ଆଧୁନିକ ହେଇଛି । ବୈଷୟିକ ସଂସ୍କୃତି ବହୁ ଭାବରେ ପରିବର୍ତ୍ତନ ର ମୂଳଦୁଆ ପକେଇଛି । ଜୀବନ ବଦଳିଛି, ଆଉ ତା'

ସହ ବଦଳିଛି ତଥାକଥିତ ରଢ଼ିବାଦୀ ଚିନ୍ତାଧାରା । ସମାଜ ସଂସ୍କାରାଭିମୁଖୀ ହୋଇଛି । ପରିବର୍ତ୍ତନର ନୂଆ ସକାଳ ଆସିଛି । ଫକୀର ମୋହନଙ୍କ 'ରେବତୀ' ଏବେ ପାଠ ପଢ଼ିଛି, ଦେଶ-ବିଦେଶର ନେତୃତ୍ୱ ନେଇଛି । ନନ୍ଦକିଶୋର ବଳଙ୍କ 'କନକଲତା' ଏବେ ଯୌତୁକ ନୁହେଁ । ଯୌତୁକ ବିରୁଦ୍ଧରେ ସ୍ଲୋଗାନ୍ ଦେଇଛି, ପିକେଟିଂ କରିଛି । ଗୋଦାବରୀଶଙ୍କ "ନୀଳ ମାଷ୍ଟରାଣୀ" ଏବେ ସୋସିଆଲ ସାଇଟ୍ (Social sight)ର ମେଟ୍ରିମୋନିଆଲ୍ ଆପ୍ (Matirimonial app) ରେ ସ୍ୱଇଚ୍ଛାରେ ନିଜ ପାଇଁ ଜୀବନ ସାଥି (ମଦନା) ଖୋଜିବାର ଚେଷ୍ଟା କରିଛି ।

ପୁଣି, ସଚ୍ଚିବାବୁଙ୍କ 'ଅଲକା ସାନ୍ୟାଲ' ଦେଶାନ୍ତରୀ ହୋଇନି କି' ତା' ଦେହର ଭୂଗୋଳରେ ହ୍ୟାଣ୍ଡବିଲ୍ ଦେଖିନି ବରଂ ବହୁରାଷ୍ଟ୍ରୀୟ କଂପାନୀର 'Ambassador' ବା 'ରାଷ୍ଟ୍ରଦୂତ' ଦେଶକୁ ପ୍ରତିନିଧିତ୍ୱ କରିଛି । ଏଣେ, ପ୍ରତିଭା ଶତପଥିଙ୍କର 'ସାହାଡ଼ା ସୁନ୍ଦରୀ' ଏବେ 'Miss world' ର Crown (ମୁକୁଟ) ଧାରୀ । ଗିରିବାଳାଙ୍କ 'କାତ୍ୟାୟିନୀ' ଏବେ ପୋଲିସ୍ ବିଭାଗର ଦାୟିତ୍ୱରେ, ନିଜ ନାମଫଳକ ଏବେ ସଗର୍ବେ ଝୁଲୁଚି ତା'ର ଦ୍ୱିତଳ ପ୍ରାସାଦରେ । ଆଉ ପ୍ରତିଭା ରାୟଙ୍କର "ଯାଜ୍ଞସେନୀ" ଏଠି ମନଖୋଲା ହସିଛି । ଉଡ଼ିଛି ନୀଳଗଗନରେ । ମନଭର୍ତ୍ତି କରି ଜୀବନ ଜିଇଁଛି । କାରଣ ସେ' ଅନ୍ୟା-ଅପର୍ଣ୍ଣା-ଅପୂର୍ବା-ଅପାପବିଦ୍ଧା-ସ୍ରୋତସ୍ୱିନୀ-ଆତ୍ମଜା । ଏହି ପରିବର୍ତ୍ତନରେ ସମସ୍ୟା ଯେତିକି ତାକୁ ସଂକୁଚିତ କରିଛି, ତା'ର ଆତ୍ମବିଶ୍ୱାସ-ଅସ୍ମିତା ତାକୁ ସେତିକି ସଂପ୍ରସାରିତ କରିଛି । ପୁରାଣ-ଇତିହାସ ପୃଷ୍ଠାର ଲୁହ, ଏବେ ମୋହରେ ପ୍ରବର୍ତ୍ତିତ ହୋଇଛି । ନାରୀ ଜୀବନର ଏ ଦ୍ରୁତ ପ୍ରଗତି, ପାଶ୍ଚାତ୍ୟ ପାଣି-ପବନରେ ପ୍ରଭାବିତ ହୋଇଛି । ପରୋକ୍ଷରେ କହିଲେ ଏହି ବିଶ୍ୱାୟନ (ଜଗତୀକରଣ) ହିଁ ବହୁ କ୍ଷେତ୍ରରେ ନାରୀ ଅସ୍ମିତାର ସ୍ୱର ପ୍ରତିଫଳିତ ହୋଇଛି । ନାରୀ ଜୀବନର ଏହି ପରିବର୍ତ୍ତନ ର ବେଗ ଏତେ କ୍ଷିପ୍ର ଯେ' ସମାଜ ତାକୁ ସହଜରେ ସ୍ୱୀକୃତି ଦେଇ ପାରିନି ।

ବସ୍ତୁତଃ ସ୍ୱାଧୀନତା ପରବର୍ତ୍ତୀ ମୂଲ୍ୟବୋଧ, ଦୁଇ ବିରୋଧାଭାଷର ପ୍ରତ୍ୟୟକୁ ନେଇ ଗତି କରିଛି । ଯେଉଁଠି ପ୍ରଗତି ଅଛି କିନ୍ତୁ ତା ସହିତ ଅଛି ବିବର୍ତ୍ତନ । ଏଠି ବିବର୍ତ୍ତନ ଆସିଛି କିନ୍ତୁ ଏ ବିବର୍ତ୍ତନ କୌଣସି ତଥାକଥିତ ମାନସିକତାକୁ ପରିବର୍ତ୍ତନ ପରିବର୍ତ୍ତେ ସେହି ପୁରୁଷତନ୍ତ୍ରର ଅନ୍ଧବୁଝାମଣାକୁ ଗୁରୁତ୍ୱ ଦିଏ । ତେଣୁ, ଜୀବନର

ଅର୍ଦ୍ଧାଂଶ ଭାବେ, ପ୍ରକୃତିର ଅଦ୍ୱିତୀୟ ସୃଜନ । ନାରୀର ସମସ୍ୟା ଅନେକାଂଶରେ ଜଟିଳରୁ ଜଟିଳତର ହୋଇଛି । ପୁରୁଷ ନିଜର ପ୍ରାଧାନ୍ୟ ଘୋଷଣା କରି ନାରୀକୁ ଅଧସ୍ତନ କରିବାର ପ୍ରଚେଷ୍ଟା କରିଛି ।

ଆପାତତଃ ଓଡ଼ିଆ କବିତାରେ ଏହି ଧାରା ମୁଣ୍ଡ ଟେକିଛି । ମୂଳତଃ ନାରୀ, ପ୍ରଣୟିନୀ-ପ୍ରୀତିସ୍ପଦା-ପ୍ରିୟତମା- ଷୋଡ଼ଶୀ ଭାବରେ ପରିପ୍ରକାଶ ହୋଇ ଆସୁଥିବା ବେଳେ ସାଂପ୍ରତିକ କାଳବେଳକୁ ଏହି ସବୁ ବିଶେଷଣର ବହୁ ଉର୍ଦ୍ଧ୍ୱକୁ ଉଠି ସେ' "ସ୍ୱୟଂସିଦ୍ଧା"ରେ ପରିଣତ ହୋଇଛି । ନାରୀ କେବଳ ଦେହ ସର୍ବସ୍ୱ ନୁହେଁ, ବରଂ ଏକ ସ୍ୱତନ୍ତ୍ର ସତ୍ତା ତାହା ପରିପ୍ରକାଶ ହୋଇଛି । ଯାହା ଆଧୁନିକ ସାହିତ୍ୟରେ ଦେଖିବାକୁ ମିଳିଛି ।

ମୁଖ୍ୟତଃ ସାଂପ୍ରତିକ କାଳଖଣ୍ଡରେ ନାରୀର ନାରୀ ସୁଲଭ ବିଶେଷୋକ୍ତିମାନ ପରିବର୍ତ୍ତିତ ହୋଇ ତା'ର ଅସ୍ମିତା ପରିପ୍ରକାଶରେ ସହାୟ ହୋଇଛି । ଦେଖାଯାଏ, ଆଧୁନିକ କବିତାର ଉତ୍ତର ଅଶୀ ପର୍ଯ୍ୟାୟ ବେଳକୁ ନାରୀର ସ୍ଥିତି-ସ୍ୱରୂପ- ଅସ୍ତିତ୍ୱର ସଶକ୍ତ ବର୍ଣ୍ଣମାଳାଟିଏ ପରିପ୍ରକାଶ ଘଟିଛି । ନାରୀର ଅଙ୍ଗ ସୌଷ୍ଠବର ସୌନ୍ଦର୍ଯ୍ୟ ଏଠି ଗୌଣ ବରଂ ତା'ର ଆତ୍ମିକ ସୌନ୍ଦର୍ଯ୍ୟ ମୁଖ୍ୟ ହେଇଯାଇଛି । କବିତା ମାଧ୍ୟମରେ ନାରୀ ଅସ୍ତିତ୍ୱର ବାସ୍ତବତା ଓ ତତ୍‌ସହିତ ଜଡ଼ିତ ସମସ୍ୟା ଓ ତା'ର ସମାଧାନର ସୂତ୍ର ପରିପ୍ରକାଶ ହୋଇଛି । ବିଶେଷତଃ ବିଂଶ ଶତକ ପରବର୍ତ୍ତୀ ଓଡ଼ିଆ କବିତାରେ ଏ ପରିବର୍ତ୍ତନ ଏକ ଚେତନା ରୂପରେ ଚିତ୍ରିତ ହୋଇଛି । ଏଠି ନାରୀବାଦ (Feminism) ଏକ ମତବାଦ ନୁହେଁ ବରଂ ଚେତନା ଅସ୍ତିତ୍ୱଧର୍ମୀ (Consciousness of Identity) ହୋଇ ରୂପ ପାଇଛି । ଏଠି ପୁଣି ଥରେ ବିବର୍ତ୍ତିତ ମୂଲ୍ୟବୋଧକୁ ଭେଟିବା, ଯେଉଁଠି ନାରୀବାଦ ବା Feminism କୁ ତ୍ରୁଟିପୂର୍ଣ୍ଣ ଭାବରେ ବିଶ୍ଳେଷଣ କରିଛି ନାରୀ । ଯଦି ଆମେ ପାଶ୍ଚାତ୍ୟ ନାରୀବାଦକୁ ଦେଖିବା : Mary wollstone craft ଙ୍କର ବକ୍ତବ୍ୟ ଅନୁସାରେ

"I don't wish women to have powe over men, but over them selves."

- A Vindication of the Rights of Women: 1792 Wollstone

ନାରୀମାନଙ୍କ ନିଜ ଉପରେ ଥିବା ଅଧିକାର ସଂପର୍କରେ ବକ୍ତବ୍ୟ ବାଢ଼ିଛନ୍ତି । ସେ'

କେଉଁଠି ମଧ୍ୟ ଏହା କହି ନାହାଁନ୍ତି ଯେ' ନାରୀ ପୁରୁଷ ଉପରେ ତା' ଅଧିକାର ସାବ୍ୟସ୍ତ କରୁ । ବରଂ ତା'ର ଅଧିକାର ହେଉ ତା' ନିଜ ଉପରେ । ନିଜ ଆବେଗ, ଭାବପ୍ରବଣତା ଉପରେ । ନିଜ ଶରୀର ଉପରେ । କାରଣ, ତତ୍‌କାଳୀନ ସମାଜ ଥିଲା ସେହିଭଳି, ଯେଉଁଠି ନାରୀର ଇଚ୍ଛା-ଆକାଙ୍‌କ୍ଷା ଏପରିକି ତା'ର ଶରୀର ଉପରେ ମଧ୍ୟ ପୁରୁଷ ଆଧିପତ୍ୟ ରହୁଥିଲା । କିନ୍ତୁ, ସାଂପ୍ରତିକ କାଳଖଣ୍ଡରେ ଦେଖାଯାଏ ନାରୀ ହେଉ ଅବା ପୁରୁଷ 'Feminisim' କୁ ବାମାବାଦୀ ଚିନ୍ତନ ମଧ୍ୟରେ ସୀମିତ କରି ଏହାକୁ ବାମାବାଦ, ବାମାପନ୍ଥୀ, ବାମା ସଂହିତା ଏପରିକି ବାମା ବିମର୍ଷ କହି ତାକୁ ସଂକୁଚିତ କରିବାକୁ ଚେଷ୍ଟା କରିଛନ୍ତି । 'Feminisim' କଦାପି ବାମାବାଦ ନୁହେଁ ବରଂ ନାରୀବାଦ । ଯେଉଁଠି ନାରୀ କେବଳ ପୁରୁଷର 'ବାମାଙ୍ଗୀ' ବା ଅର୍ଦ୍ଧାଙ୍ଗିନୀ ନୁହେଁ । ସେ' ଜନନୀ ହେଇପାରେ, କନ୍ୟା ହେଇପାରେ, ଅବା ଭଗ୍ନୀ ହେଇପାରେ ନାରୀର ବାମାଙ୍ଗୀ ସତ୍ତା ବା ଅର୍ଦ୍ଧାଙ୍ଗିନୀ ସ୍ୱରୂପ ହିଁ ତା'ର ଏକମାତ୍ର ପରିଚୟ ନୁହେଁ । ତେଣୁ ତାକୁ 'ବାମା' ଭାବରେ ହିଁ ବିଚାରକୁ ନେବା କାହିଁକି ? କିନ୍ତୁ, ବିଡ଼ମ୍ବନାର ବିଷୟ ଯେଉଁ ସମାଜ ତା'ର ସ୍ୱାଧୀକାର-ଅସ୍ମିତାର ଲଢ଼େଇ ସପକ୍ଷରେ ଯୁକ୍ତି କରିଛି, ସେ' ପୁଣି ସଂକୁଚିତ କରିଛି ତାକୁ "ବାମାଙ୍ଗୀ" କରି । ପତିର ବାମାଙ୍ଗୀ ହେବା ସୌଭାଗ୍ୟର କଥା, କିନ୍ତୁ ଏ କ'ଣ ତା'ର ଏକମାତ୍ର ପରିଚୟ ? ସେହି ପରିଚୟର ଅନ୍ୱେଷଣରେ ନାରୀର ଅତୀତ ଓ ସମକାଳ ସଂପର୍କିତ । "Feminism" କୁ ମାଧ୍ୟମ କରି ନାରୀ ଯେଉଁ ଉଚ୍ଛୃଙ୍ଖଳତାର ସୀମା ଲଂଘନ କରିଚାଲିଛି ବା' ପୁରୁଷ ଯେଉଁ ଅମର୍ଯ୍ୟାଦା ଆଚରୁଛି, ତାହା କଦାପି "Feminisim" ହେଇନପାରେ ବରଂ ଅନ୍ୟକିଛି -ବୋଲି ବୁଝିବାକୁ ହେବ ।

ନାରୀର ସ୍ଥିତିକୁ ଅନୁଧ୍ୟାନ କରିବା ଦିଗରେ ତା'ର ଅତୀତ ଏବଂ ସମକାଳର ଭୂମିକାକୁ ଦୃଷ୍ଟି ଦେବାର କିଞ୍ଚିତ ପ୍ରଚେଷ୍ଟା କରାଯାଇଛି । ତେଣୁ ଏକ ନିର୍ଦ୍ଦିଷ୍ଟ କାଳଖଣ୍ଡର କାବ୍ୟିକ ପ୍ରତିବେଦନା ଆଧାରରେ ନାରୀ ଜୀବନ ଓ ଜୀବିକା ସମ୍ପର୍କିତ ଯେଉଁ ପ୍ରଚେଷ୍ଟାଟିଏ ହୋଇଛି, ତାହା ନିଶ୍ଚିତ ଭାବରେ ସମାଜର ଏବଂ କେଉଁଠି ନା କେଉଁଠି ନିଜ ସ୍ଥିତି ପ୍ରତି ନାରୀର ଅଚେତୟନତାକୁ ଅଙ୍ଗୁଳି ନିର୍ଦ୍ଦେଶ କରିଛି ବୋଲି ବୁଝିବାକୁ ହୁଏ । କ୍ରମଶଃ ନାରୀସ୍ଥିତି ପରିବର୍ତ୍ତିତ ହୋଇ ତା'ର ମର୍ଯ୍ୟାଦାର ଉତ୍ତରଣ ଦିଗରେ ଗତି କରିଛି ବୋଲି ପ୍ରତିଟି ହୋଇଛି ବୋଲି ସ୍ୱୀକାର କରିବାକୁ

ହେବ । ଭାରତୀୟ ପ୍ରେକ୍ଷାପଟ୍ଟରେ ନାରୀ ସ୍ଥିତିର ବାସ୍ତବତା, ଓଡିଶା ଠାରୁ ପୃଥକ ନୁହେଁ ବରଂ ସମାନ ବୋଲି ଦେଖିବାକୁ ମିଳେ । ଉପରୋକ୍ତ ବାସ୍ତବତାକୁ ଆଖି ଆଗରେ ରଖି ଯେଉଁ କିଛି କବିତା ମାନଙ୍କୁ ଆଲୋଚନା କରାଯିବାର ପ୍ରଚେଷ୍ଟା ହୋଇଛି, ତ ଏଠାରେ ସମ୍ୟକ୍ ଭାବେ ସମାଜର ପକ୍ଷପାତିତାକୁ ଇଙ୍ଗିତ କରୁଛି ବୋଲି ଅନୁମାନ କରି ହୁଏ ।

ଏ ପରିପ୍ରେକ୍ଷୀରେ ଡ. ପ୍ରତିଭା ଶତପଥିଙ୍କର ଏକ ବକ୍ତବ୍ୟକୁ ଏଠି ଉଲ୍ଲେଖ କରିବା ପ୍ରାସଙ୍ଗିକ ମନେହେବ ।

"ନାରୀ ନିଜର କାର୍ଯ୍ୟଦକ୍ଷତା, ବିଦ୍‌ବତ୍ତା, ବିଚାର ଓ ସୃଜନଶୀଳତାରେ ନିଜ ଅସ୍ମିତା ଓ ବିବେକକୁ ଉନ୍ମୋଚିତ କରି ନିଜସ୍ୱ ପରିଚୟର ଏକ ଉଜ୍ଜ୍ୱଳ ସ୍ୱାକ୍ଷର ଉତ୍କୀର୍ଣ୍ଣ କରିପାରିଛି । ଏହିସବୁ ସତ୍ତ୍ୱେ କେଉଁଠି ରହିଛି ଅନ୍ଧକାର ? ××× ପୁରୁଷର ସଫଳ କ୍ରିୟା କଳାପ ତା'ର ବୀରତ୍ୱର ମାପକାଠି ହେବା ସ୍ଥଳେ ନାରୀର ଏତାଦୃଶ ସଫଳତା ଓ ସାହାସିକତା ତା'ର ନାରୀତ୍ୱର ପ୍ରତିଷ୍ଠା ଦିଗରେ ସହାୟକ ହୋଇଛି ତ ?"

– ନାରୀ ଅସ୍ତିତ୍ୱର ବାସ୍ତବତା : ବିବର୍ତ୍ତିତ ଓଡ଼ିଆ କବିତା

ଏ ସବୁ ପ୍ରଶ୍ନର ଅନ୍ତରାଳରେ ଏକମାତ୍ର ସମାଧାନ ହେଉଛି, ସମାଜର ପରିବର୍ତ୍ତନ । ଏ ପରିବର୍ତ୍ତନ ପୁରୁଷତନ୍ତ୍ରର ମାନସିକତାର ହେବା ଏକାନ୍ତ ବାଞ୍ଛନୀୟ । ଯଦ୍ୱାରା ନାରୀ ଅସ୍ମିତାର ପ୍ରତିଷ୍ଠା ହୋଇପାରିବ । ପରିମାଣାତ୍ମକ ଭାବରେ ନ ହେଲେ ହେଁ ଗୁଣନାତ୍ମକ ଭାବରେ ନାରୀ ଓ ପୁରୁଷର ସମାନ ଭାବରେ କାବ୍ୟିକ ସମ୍ପୃକ୍ତି ବା ସାରସ୍ୱତ ଆଶ୍ଲେଷ ଏକ ସୁସ୍ଥ, ସମୃଦ୍ଧ ସମାଜ ଗଠନରେ ସହାୟକ ହେବ ବୋଲି ବୁଝିବାକୁ ହେବ । ଅନ୍ୟଥା, ଶଶୀଦେଇ, ଜେମାଦେଇ , ରାଧାମଣୀ, ଚନ୍ଦ୍ରା, ଭଳି ବାସ୍ତବ ଚରିତ୍ର ମାନଙ୍କ ସହିତ କାହିଁ କେଉଁ ଯୁଗରୁ ଚାହିଁ ବସିଥିବା ସାହାଡ଼ା ସୁନ୍ଦରୀ, କାଳିଝିଅ ଏବଂ ନଷ୍ଟନାରୀ ମାନେ ବାରମ୍ବାର ଜନ୍ମ ନେଉଥିବେ । ବାସ୍ତବରେ, ଯାହା ଏକଦା ବିଶିଷ୍ଟ ଦାର୍ଶନିକ ଓ ଲେଖକ ଜ୍ୟାଁ ପଲ ସର୍ତ୍ତେ କହିଥିବା ବକ୍ତବ୍ୟ –

"Life has no meaning, the moment you loose the ilusion of being eternal."

ଅସ୍ତିତ୍ୱବାଦର ପ୍ରବକ୍ତା ଏହି ଉଚ୍ଚତର ଅଭିଳାଷକୁ Illusion ବା ମାୟାର ନା ଦେଲେ, ତାହା ବ୍ୟତିରକେ କଣ ଜୀବନକୁ ଜିଁଇ ହେବ ? ଏହି ମାୟା ହିଁ ମୋହାଚ୍ଛନ୍ନ କରି ରଖେ ମଣିଷର ଆନ୍ତରିକ ଅଭିପ୍ସାକୁ । ସେଠି ନାରୀର ସ୍ଥିତି କଣ ? ପ୍ରଚୁର ଅବହେଳା, ଅବମାନନା, ତିରସ୍କାର, ଅପଯଶକୁ ମୁଣ୍ଡେଇ ସେ' ଜନ୍ମେ ଏବଂ ବଞ୍ଚିବାର ପ୍ରୟତ୍ନ କରେ । ଯଥାର୍ଥରେ ଡ. ଗାୟତ୍ରୀବାଳା ପଣ୍ଡା କୁହନ୍ତି -

"ନାରୀ ମନର କ୍ଷତକୁ ନା ସମୟ ବୁଝିଛି ନା ସଂସାର ।"

ବାସ୍ତବିକ୍, କବିଙ୍କ ସାମାଜିକ ଅବ୍ୟବସ୍ଥା ପ୍ରତି ଯେଉଁ ଶେଷୋକ୍ତିଟିକକ ଉକୁଟି ଉଠିଛି, ତାହା ପରୋକ୍ଷରେ ମାନବିକତାର ବିପର୍ଯ୍ୟୟ ଆଡକୁ ଇଙ୍ଗିତ କରୁଛି । ପ୍ରତିକ୍ରିୟାଶୀଳ ମନୋଦଶା ଭିତରେ ସେ' ସମାଜର ବଡ଼ପଣ୍ଡା ମାନଙ୍କୁ ପ୍ରଶ୍ନିଳ ଦୃଷ୍ଟିଭଙ୍ଗି ନେଇ ଆପଣାର କ୍ଷୋଭ ବାଢ଼ିଛନ୍ତି । କବିଙ୍କ ଭାଷାରେ :

"ସେଇଥିପାଇଁ କହୁଛି /
ଲୁଚି ରହିଲେ କଣ ହେବ /
କବାଟ କଣାରେ /
ଦେଖିବା, ଦିନେ ନା ଦିନେ /
ଶେଷ ହୋଇଯିବ ତମେ ଗଣଧର୍ଷଣରେ ହଉ କି'/
ଯୌତୁକ ଜୁଇରେ
କି ପ୍ରତାରଣାର .,..../
× × ×
ବାହାରି ଆସ ପଦାକୁ/ ରାଜରାସ୍ତାକୁ
ଦରବାରକୁ, ଅଦାଲତକୁ /
ନ୍ୟାୟ ମାଗନା / ନ୍ୟାୟ ଓଟାରି ଆଣ
ସଂଗ୍ରାମ, ସଂଘର୍ଷ କର/ ଦଳବଦ୍ଧ, ସୁସଙ୍ଗଠିତ ବିଦ୍ରୋହ , ବିରୋଧ କର ।
ପଶୁ ମାନଙ୍କୁ, ଶ୍ୱାପଦ ମାନଙ୍କୁ ବୁଝେଇ ଦିଅ ସ୍ୱାଧୀନତା ର ମାନେ ।"

– ଝିଅ, କବି ଗାୟତ୍ରୀବାଳା ପଣ୍ଡା, ସଂ: ସ୍ତ୍ରୀ ଲୋକ, ପୃ: ୧୩୦

ବାସ୍ତବରେ, ସାହିତ୍ୟ ବିପ୍ଳବ, ବିଦ୍ରୋହର ସୁର ହୋଇ ସଞ୍ଚରିଯାଏ । ସେ' ବିଶ୍ୱ ସାହିତ୍ୟ ହେଉ ଅବା ଭାରତୀୟ ସାହିତ୍ୟ (ପ୍ରାନ୍ତୀୟ ସାହିତ୍ୟ) ପ୍ରତିଟି ସର୍ଜନଶୀଳତାର ହେତୁ ହେଉଛି ତା'ର କଳାତ୍ମକ ପରିପ୍ରକାଶ । ଏହି କଳାତ୍ମକତାରେ ପ୍ରଚୋଦିତ ହୋଇ କାବ୍ୟିକ ପରିପ୍ରକାଶ ଘଟାନ୍ତି କବିମାନେ, ସାହିତ୍ୟ ସ୍ରଷ୍ଟାମାନେ, ଯାହାଙ୍କ ସାରସ୍ୱତ ପ୍ରତିବେଦନା, ସମାଜକୁ ସଂସ୍କାରାଭିମୁଖୀ କରାଇଥାଏ । ଫଳସ୍ୱରୂପ ସମାଜର ହୁଏ ନବନିର୍ମାଣ । ଏହି ନବନିର୍ମିତ ସାମାଜିକ ଦୟବଦ୍ଧତା ଭିତରେ ନାରୀ ଜୀବନର ମିଥ୍ ମଧ୍ୟ ପରିବର୍ତ୍ତନ ହେବା ଆବଶ୍ୟକ । ସରକାରୀ ସ୍ତରରେ ଅନେକ ଯୋଜନା କାର୍ଯ୍ୟକାରୀ ହେଲେ ହେଁ, ନାରୀତ୍ୱ ଜୀବନ ଓ ଜିବୀକାର ଅନ୍ଧାରି ଦିଗକୁ ସମ୍ପୂର୍ଣ୍ଣ ଭାବେ ଦୂରୀଭୂତ କରୁଛି, ତାହା କହିହେବ ନାହିଁ । ସାଧାରଣ ନାରୀର ଜୀବନ ଯେଉଁ ଦୁର୍ବିସହକୁ ସେହି ଦୁର୍ବିସହ ଭିତରେ ଗତିକରିଛି । ଜୀବନ ଯୁଦ୍ଧରେ କ୍ଳାନ୍ତ, ଶ୍ରାନ୍ତ, ଅବିଶ୍ରାନ୍ତ ଭାବରେ ଯେଉଁ, ଯେଉଁ ନାରୀମାନେ ଆଖି ସାମ୍ନାକୁ ଆସନ୍ତି, ସେମାନଙ୍କ ବାସ୍ତବ ସ୍ଥିତିକୁ ନିରୀକ୍ଷଣ କରିବାକୁ ଯାଇ ଅନେକ କାବ୍ୟିକ ପରିଚର୍ଚ୍ଚାକୁ ଗୁରୁତ୍ୱ ଦିଆଯାଇଛି । କେଉଁଠି କବିର ଲେଖନୀରେ ନାରୀର ପ୍ରତିବଦ୍ଧତା ଫୁଟି ଉଠୁଛି ତ କେଉଁଠି ତା'ର ଅସହାୟତା ଦାନ୍ତ ନିକୁଟି ହସିଚି । ଏ ପରିପ୍ରେକ୍ଷୀରେ ଚନ୍ଦ୍ରା ବେହେରାଣୀ ପରି ନାରୀ ଚରିତ୍ରମାନେ ଆସିଛନ୍ତି ତ ପୁଣି ଶଶିଦେଇ ପରି ନାରୀ ମଧ୍ୟ ମୁଣ୍ଡ ଟେକିଛନ୍ତି । କେଉଁଠି ଚନ୍ଦ୍ରମାର ଅସହାୟତା, ବିବସତା ଦେଖି ପାଠକ ମନ ସହାନୁଭୁତିରେ ଆଦର ହୋଇପଡିଛି ତ କେଉଁଠି 'ଶଶୀଦେଇ' ଭଳି ନାରୀର ଉଚ୍ଛୃଙ୍ଖଳତା, ଯୌନ ବ୍ୟଭିଚାର ଦେଖି ବ୍ୟଥିତ ହୋଇପଡିଛି । ଏପରିକି ନାରୀର ଅସହାୟତା ପ୍ରତି ପୁରୁଷର କୌତୁହଳି ମନ ସୁଯୋଗକୁ ହଟେଇବାର ପ୍ରଚେଷ୍ଟା ଭିତରେ ନାରୀ ଜୀବନର ବିଡମ୍ବନା ପ୍ରତିଫଳିତ ହୋଇଛି । ତା ଶରୀରର ସମ୍ଭୋଗ ଆଢୁଆଳରେ ତାକୁ ଅନ୍ତଃସତ୍ତ୍ୱା କରି ପାପଗର୍ଭା କହି ପ୍ରତ୍ୟାଖ୍ୟାନ କରିଛି । ଯଦିଓ, ବିଂଶ ଶତକ ବେଳକୁ ନାରୀ ଜୀବନର ଏ ବିପର୍ଯ୍ୟୟ କେତେକାଂଶରେ ବଦଳିବାରେ ଦେଖାଯାଏ । ପରିସ୍ଥିତିର ତାଡ଼ନାରେ ନାରୀ ଆଉ ଆତ୍ମହତ୍ୟାର ପଥ ବାଛିନି, ବରଂ ଆଦରି ନେଇଛି ବଞ୍ଚିବାର ବାଟ । ହେଉପଛେ, ଦେହକୁ ମାଧ୍ୟମ କରି ବଞ୍ଚି-ବଞ୍ଚାଇବାର ମାଧ୍ୟମ, ନାରୀ ପୁଣି ଥରେ ଅଣ୍ଟା ଭିଡିଛି । ଆଧୁନିକତାର ସ୍ପର୍ଶରେ ପୁରୁଷ ପରି ନାରୀ ଜୀବନର ମଧ୍ୟ ବହୁଭାବରେ

ବେପାରୁଆ ହୋଇଛି । ତଥାପି, ଅଦ୍ୟାବଧି ଆମ ଦେଶରେ ନାରୀଟିଏ ପ୍ରେମ-ପ୍ରଣୟସିକ୍ତ ହୋଇ ଗର୍ଭବତୀ ହେଲେ, ନାରୀକୁ ହିଁ ଏକମାତ୍ର ଦୋଷୀ ସଜେଇ ଦିଆଯାଏ । କେଉଁଠି ଏ ଅସହାୟତା ଭିତରେ ନାରୀ ପ୍ରାଣତ୍ୟାଗ କରେ ତ କେଉଁଠି ତା'ର ଫାଇଦା ଉଠାଏ । ଯାହାକୁ ଅତି ନିଖୁଣତାର ସହ ବ୍ୟକ୍ତ କରିଛନ୍ତି କବି ଦୀପକ ମିଶ୍ର :

"ବାଜିମାର୍, ତତେ ଏଇ ମେଳାରେ ଚ଼ିହ୍ନେଇଦେବି
ଘରୋଇ ଚିକିତ୍ସାରେ ଭ୍ରୂଣହତ୍ୟା କରି ହସି ହସି ବୁଲୁଥିବା ଯୁବତୀକୁ"

-ନିରବଧି ନାଭିଶ୍ୱାସ :ସଂ: ବାଜିମାର୍

ସକଳ ବିରୋଧ ଓ ବିଡମ୍ବନା ଅନ୍ତରାଳରେ ନାରୀ ଜୀବନର ଅସହାୟତାକୁ ସାମ୍ନା କରନ୍ତି ଏଇ ଚନ୍ଦ୍ରା, ମାଧବୀ, ଯଶୋଦା, ଜେମାଦେଇ, ଛବି ଏବଂ ରାଧାମଣୀ ଭଳି ନାରୀ ଚରିତ୍ରମାନେ । ବାସ୍ତବିକ୍, ଜଗତୀକରଣ ନାରୀ ଜୀବନର ସଂକଟକୁ ଦୂର କରିବାରେ କେତେକାଂଶରେ ସମର୍ଥ ହୋଇଛି ସତ, କିନ୍ତୁ ପୂର୍ଣ୍ଣତଃ ନୁହେଁ । କାରଣ ଚିରକାଳରୁ ହିଁ ନାରୀର ଏ ବ୍ୟକ୍ତିଗତ ପୀଡା ଓ ମାନସିକ ସଙ୍କଟ ତା ସହ ଛାଇ ଭଳି ରହିଥାଏ । ତେଣୁ ତ, ତା'ର ଭାଗ୍ୟ ସହ ସେ' ଏକାକୀ ହିଁ ଲଢ଼ିବାର ଦେଖିବାକୁ ମିଳେ । ସ୍ୱାମୀ ବୋଲି ଯାହାର ହାତ ଧରେ, ଆପଣାର ଭାବି ଯାହା ପାଖରେ ନିଜର ସମସ୍ତ କଥାକୁ କହିଥାଏ, ସେମାନେ ପରିସ୍ଥିତି ସଦୟ ନ ହେଲେ ଭଗାରୀ ସାଜନ୍ତି । ଶତଧା ବିଭକ୍ତ ହୁଏ ତା'ର ଆଭ୍ୟନ୍ତରୀଣ । କିନ୍ତୁ ଯାବତୀୟ ଅସଙ୍ଗତି ସତ୍ତ୍ୱେ ନାରୀ ବୁଝେଇ ଦେବାକୁ ଚାହେଁ, ସେ' କଦାପି ପଣ୍ୟ ନୁହେଁ, ତା'ର ଅସ୍ମିତା ହିଁ ତା'ର ପରିଚୟ । ଶରୀର ପରିବର୍ତ୍ତେ ଶ୍ରଦ୍ଧା ଓ ସମ୍ମାନ ଚାହେଁ । ଶାଢ଼ୀ, ଗହଣା ବା ଅଳଙ୍କାରରେ ନାରୀ ଦୁଃଖୀ ହୁଏନା ସତ, କିନ୍ତୁ ଯେ ତା ସୁଖର ଏକମାତ୍ର ହେତୁ ତାକୁ ଭାବିବା ଭୁଲ । ସେଇଥିପାଇଁ ସମ୍ବେଦନଶୀଳା କ୍ୱଚିତ୍ ଗାଇଉଠେ :

"ଦୀର୍ଘ ଶ୍ୱାସ ଓ ହାହାକାର ର କାଠିକୁଟାରେ ତିଆରି ମୁଁ
ବାସ ବାନ୍ଧିବାତ ବାନ୍ଧ / ଝରି ପଡିଥିବା ଝିଏ ବଣ ମହୁଲ ମୁଁ /
ମହୁ ନବ ତ ନିଅ/ ପାଉଣା ଦବ ?
ଦିଅ ତେବେ, ଶ୍ରଦ୍ଧା ଓ ବିଶ୍ୱାସ ।"

- ପାମେଲା-୨ କବି ହୃଷିକେଶ ମଲ୍ଲିକ

ବାସ୍ତବରେ ସ୍ନେହ ଓ ଶ୍ରଦ୍ଧାର ବିନିମୟରେ ନିଃସ୍ୱାର୍ଥପର ଭାବେ ନାରୀ ଟିଏ ମର୍ଯ୍ୟାଦା ହିଁ ଆଶା କରେ । ନାରୀ ପ୍ରତି ସଚେତନ ହେବାର ବେଳା ଯେ ଉପଗତ, ତାହା ନାରୀ ସତ୍ତ୍ୱାକୁ ବୁଝିବାକୁ ହେବ । ନାରୀ ଜାଗରଣ କାଳରେ, ନାରୀ ଜୀବନର ବିଡମ୍ବନା କିଛି କମ୍ ନୁହେଁ । ରୂପ କନ୍‌ୱର' ଭଳି ନାରୀ ତାହାର ଜ୍ୱଳନ୍ତ ଉଦାହରଣ । ଅନ୍ଧବିଶ୍ୱାସ ଜନିତ ସତୀଦାହ ପ୍ରଥା ଭଳି ଘୃଣ୍ୟ ପରମ୍ପରା ସମାଜର ବ୍ୟାଧି, ଯାହାର ଶିକାର ହେଉଛନ୍ତି ନାରୀମାନେ । କେଉଁଠି ଏସିଡ୍ ଆକ୍ରମଣ ତ କେଉଁଠି ଯୌତୁକରେ ଯୁପ କାଠରେ ପଡ଼ିଲାଣି ନାରୀ । କେଉଁଠି ଗଣ ଦୁଷ୍କର୍ମର ଶିକାର ତ କେଉଁଠି ମାତୃ ଗର୍ଭରୁ ମୃତ୍ୟୁ ଲଭିଲାଣି କନ୍ୟାଭ୍ରୁଣ ।

ନାରୀର ଏ ଚିରାଚରିତ ଭାବିତବ୍ୟ ଅନେକ ଜଟିଳତାରେ ଘେରା । ପ୍ରେମ ଓ ପ୍ରଣୟର ଚିରନ୍ତନତା ପୁରୁଷ ପାଇଁ ଯେତିକି ଗୁରୁତ୍ୱପୂର୍ଣ୍ଣ, ନାରୀ ପାଇଁ ଯେ ତତୋଽଧିକ, ତାକୁ ବୁଝିବାକୁ ହୁଏ । ପ୍ରେମ ବିନିମୟରେ ପ୍ରତାରଣା, ଲାଂଛନା ଓ ପ୍ରତ୍ୟାଖ୍ୟାନ ହେବାର ପୀଡ଼ା ନାରୀଟିଏ ଭୋଗେ ଚିରକାଳ । ପୁରୁଷର କାମୁକମନକୁ ସେ' ଖୁବ୍ ବୁଝିନିଏ । ତେଣୁ ସେ' କହେ -

"ଅନ୍ତରର ଅନୂଢ଼ା ଅବଶୋଷ ଗୀତ କହିପାରିବି, ଶୁଣିବା ?
ହୃଦୟକୁ ହୃଦୟ ଚିହିଁବା, ତାହା ମିଛ /
ଜିଭରୁ ନିଗିଡ଼ି ଲାଳ / ସାମ୍ନାରେ, ଦେଖିଲେ
କଷି ମାଂସର ଭୂଗୋଳ ।"

-ଉଆଁସୀ- କବି ସେନାପତି ପ୍ରଦ୍ୟୁମ୍ନ କେଶରୀ

ବାସ୍ତବରେ ସକଳ ବ୍ୟର୍ଥତା ଓ ପୀଡ଼ାକୁ ପାଥେୟ କରି ନାରୀଟିଏ ବଞ୍ଚିବାର ସାମର୍ଥ୍ୟ ଯୋଗାଡ କରେ । ପ୍ରେମ ଓ ଅତ୍ମୀୟତା ଖୋଜି ନାରୀ ଶେଷରେ ନିରାଶ ହୁଏ । ପ୍ରେମୀର କାମନାର ଅନ୍ତ ଘଟିଲେ, ସେ' ହତାଦର ଲଭେ, ଅଣଦେଖା ହୁଏ । ଏକଦା ପ୍ରିୟ ଥିବା ନାରୀ ଅପାଙ୍‌କ୍ତେୟ ହୁଏ । ପ୍ରେମରେ ପୂର୍ଣ୍ଣ ହୃଦୟ ପ୍ରତାରଣାର ସ୍ୱୀକାର ହୁଏ । କବିଙ୍କ ଭାଷାରେ :

"କେହି ମତେ ବୁଝନ୍ତିନି ଥରେ / ହେଲେ, ଯାହାକୁ ମୁଁ
ଠାବ ଦିଏ ହାତ ପାପୁଲିରେ / ସେଇ ପୁଣି ଠେଲି ଦିଏ,
ସାମାନ୍ୟ ମଇଳା ଭାବି / ଘଷି, ଘଷି ସାବୁନ ଓ ଗରମ ପାଣିରେ ।"

– ଭିଜା ଗୟସ : ସଂ : ନିଜର କବିତା : ଶକୁନ୍ତଳା ଦେବୀ

ପ୍ରେମାନୁଭବ ସ୍ୱର୍ଗୀୟ ଚିରକାଳ ଅନୁରକ୍ତିରେ ଗଢ଼ା । ଅଥଚ, ଲମ୍ପଟତା ଯେପରି ପ୍ରେମିକତ୍ୱର ଏକାନ୍ତ ଗୌରବ । ଅବଶ୍ୟ ପ୍ରତାରଣା, ଛଳନା ଏବଂ ଶଠତା ପ୍ରେମିକାର ପରିଚୟ ସାଜେ । ବାସ୍ତବରେ ବିଶ୍ୱାସ ହିଁ ସମ୍ପର୍କର ମୂଳଦୁଆକୁ ମଜବୁତ କରେ । ଏଠାରେ ତେଣୁ, ବାରମ୍ବାର ପ୍ରେମିକାର ମନ ଲଭେ କରୁଣ ପରିଣତି । ଯେପରି ପ୍ରତାରଣା ହେବା ପ୍ରେମିକାର ନିୟତି । ତେଣୁ, ନାରୀ ଜୀବନର ବିଡମ୍ବନା 'ମିଥ ବା ପ୍ରକଳ୍ପ' ଦେଇ ଫୁଟିଉଠେ । ମେଟାଫର ବା ରୂପକଳ୍ପ ମାଧ୍ୟମରେ ପୁନଃ ଜୀବନ୍ୟାସ ଲଭେ ଜଗତିକ ଚରିତ୍ର ଛଳରେ ପୁରାଣ । ଯେଉଁଠି ପ୍ରେମିକା ସାଜିପାରନ୍ତି ଶ୍ରୀରାଧା, ଶକୁନ୍ତଳା, ଅହଲ୍ୟା ବା ଲଳିତା ଆଉ ପ୍ରେମାସ୍ପଦ ସାଜିପାରନ୍ତି ଶ୍ରୀକୃଷ୍ଣ, ଦୁଷ୍ମନ୍ତ, ଗୌତମ ବା ବିଦ୍ୟାପତି । ନାରୀ ଜୀବନର ବିଡ଼ମ୍ବିତ ଅବବୋଧ ଓ ଅପ୍ରାପ୍ତି ଜନିତ ଉପଲବ୍ଧି ଭିତରେ, ଯାହା କିଛି ଅବଶେଷ ରହେ ତାହାକୁ ତମାମ ଜୀବନ କାଟିଚାଲେ ନାରୀ । କିନ୍ତୁ ଏ କଥା ମଧ୍ୟ ସତ୍ୟ ଏବଂ ସ୍ୱୀକାର ଯୋଗ୍ୟ ଯେ' ନାରୀ ଜୀବନର ଅଧୋଗତି ସମାଜକୃତ, ଈଶ୍ୱରାକୃତ ନୁହେଁ । ସେଇଥିପାଇଁ ବ୍ୟଥିତ କବି ଚିତ୍ତ ସ୍ୱୀକୃତି ଦେଇଛି -

"ଜାଣି ନଥିଲି ଆଦିମ ଅରଣ୍ୟରୁ ଆହୁରି ଆଦିମ /
ମଣିଷର ମନ / ଯେଉଁଠାରେ ଚିରକାଳ ମିଥ୍ୟାର ରାଜୁତି /
ଛାଳନାର ଅନ୍ଧାରି ଶାସନ ।"
-(ମୁଦି, ସଁ: କିଛି କଥା, କିଛି ନୀରବତା, ପୃ: ୩୩ ବୀଣାପାଣି ପଣ୍ଡା)

ପ୍ରେମ ଏକ ମହତ୍ତର ଭାବାବେଗ । ସମସ୍ତ ମହନୀୟତାର ମହାର୍ଘ୍ୟ ବାସ୍ତବତାକୁ ଜଡେଇ ଧରିଥାଏ ପ୍ରେମାସ୍ପଦର ଅନ୍ତଃକରଣ, ଯେଉଁଠିଥାଏ ଶ୍ରଦ୍ଧା, ସମର୍ପଣର ଅହେତୁକ ଆବେଗ । ନାରୀ କ୍ଷମାମୟୀ, ଯୁଗେ-ଯୁଗେ ତା'ର ମମତ୍ୱ ଓ ସରାଗରେ କ୍ଷମା ଦେଇ ଚାଲେ । ସେ' ଅଭିନୟ ଜାଣେନା, ନିରୋଳା ଆବେଗରେ ଜଡସଡ ତା'ର ଆଭ୍ୟନ୍ତରୀଣ, ଯେଉଁଠି ପ୍ରେମ ଓ ପ୍ରଣୟର ମନ୍ଦାକିନୀ ନିୟତ ବୋହୁଥାଏ । କିନ୍ତୁ, ସେ' ଅଭିମାନ କରେ, ଆଉ ଉଚ୍ଚାରଣ କରେ ଅତୀତର କିଛି ସ୍ମୃତିପଟଳ ।

"ନରମି ଆସୁଛି ସାତବର୍ଷ ତଳର ଗୋଟେ ଛଳଛଳ ଝିଅର ମୁହଁ /
ଯଦି, ଅଭିନୟ କରିପାରିଥାନ୍ତି / ଆଜି ତା ×××

ହେନେରିଟା ମିଶ୍ର ୩୬୭

ଜାଳିଥାନ୍ତି ଖୁସିର ରୋଷଣୀ / କବିତାରେ କହିବାକୁ ପଡ଼ି ନଥାନ୍ତା /
ଏ ଆତ୍ମକାହାଣୀ ।"

-ସିଦ୍ଧାର୍ଥକୁ ଗୋଟେ ଦୀର୍ଘ ଚିଠି: ସଂ: ମୁହୂର୍ତ୍ତ ମୁହୂର୍ତ୍ତ, ପୃ-୩୧,
ପ୍ରବେଶିନୀ ମହାକୁଡ଼

ବାସ୍ତବରେ ନାରୀ ଜୀବନରେ ପ୍ରେମ, ବିଶ୍ୱସ୍ତତାକୁ ପାଥେୟ କରି ଆଗକୁ ବଢ଼ିବାର ପ୍ରୟତ୍ନ କରେ । ଏହି ବିଶ୍ୱସ୍ତତା ପ୍ରେମକୁ କରେ ଉଜ୍ଜ୍ୱଳ ଓ ମହତ୍ତର । ଅଥଚ ଝିଅଟିଏ ବେଳେ ବେଳେ ଆପଣାର ଆବେଗକୁ ଅବଦମିତ କରେ । ତା'ର ଶଙ୍କାକୁଳ ମନ ବିଶ୍ୱାସ କରିବାକୁ ଭୟ କରେ, ସ୍ୱପ୍ନ ଦେଖିବାକୁ ଡରେ । କବି ଗାୟତ୍ରୀବାଳା ପଣ୍ଡା କିନ୍ତୁ ଏହି ପ୍ରେମକୁ ସମ୍ମାନ ଦିଅନ୍ତି, କିନ୍ତୁ ପୁରୁଷ ସୁଲଭ ଦୃଷ୍ଟିପ୍ରତି ସନ୍ଦିଗ୍ଧ ହୁଅନ୍ତି । ପ୍ରେମିକାର ଏହି ଅବବୋଧ ଏବଂ ଅନ୍ତରଙ୍ଗ ତାକୁ ଶ୍ଳେଷୋକ୍ତି କରନ୍ତି । କବିଙ୍କ ଭାଷାରେ :

"ଜୀବନ ସାରା ଖାଲି ଅଣ୍ଟାଳିଛି /
××× ମୋର ଆଉ ସ୍ୱପ୍ନ କାହିଁ ?
ଦିନ ସାରା ବି ଏତେ ଅନ୍ଧାର ଯେ/ ମନର ସବୁତକ କବାଟ
କିଳିଲା ପରେ ବି / ଭୟରେ ଥରୁଥାଏ ବରଡ଼ା ପତ୍ର ପରି
ମୋ ପାଇଁ ଘର ଯାହା ବଣ ତାହା/ କେତେବେଳେ ଯେ ହଜିଯିବି/
ହିଂସ୍ରତାର ପଞ୍ଝାରେ / କିଏ ଜାଣିଚି ।"

– କବି ଗାୟତ୍ରୀବାଳା ପଣ୍ଡା, ଅନ୍ଧୁଣୀ: ସଂ-ସ୍ତ୍ରୀଲୋକ, ପୃ: ୨୩୦

ଏହିଭଳି ଯାବତୀୟ ଅସଙ୍ଗତି ଓ ବୈଷମ୍ୟକୁ ନିୟତ ସାମ୍ନା କରିବାକୁ ବାଧ୍ୟ ହୁଏ ନାରୀ । କିନ୍ତୁ, ଏହା ଅର୍ଥ ନୁହେଁ ଯେ ନାରୀ କୌଣସି କ୍ଷେତ୍ରରେ ବିଶୃଙ୍ଖଳତାକୁ ନିମନ୍ତ୍ରଣ କରୁ ନାହିଁ । ତେଣୁ, କେବଳ ଭୋଗ ସର୍ବସ୍ୱ- କାମୁକ ପୁରୁଷମାନଙ୍କୁ ଯେ ନାରୀର ଚାରିତ୍ରିକ ସ୍ଖଳନ ପାଇଁ ଦାୟୀ କରାଯିବ ତା ନୁହେଁ, ବରଂ ଅନୁରୂପ ଭାବରେ ଅନେକାଂଶରେ ନାରୀର ଅବକ୍ଷୟୀ ସ୍ୱରୂପକୁ ମଧ୍ୟ ଦୋଷାରୋପ କରାଯିବ । ତେଣୁ ଦେଖିବାକୁ ଗଲେ ଅନେକ ସମୟରେ ସମାଜ ନାରୀକୁ କେବଳ ଭୋଗ୍ୟ ବା ରମ୍ୟ ଭାବରେ ଦୃଷ୍ଟିପାତ କରିଛି ବୋଲି କୁହାଯାଇନି ପରେ ବରଂ ଅନେକ

କ୍ଷେତ୍ରରେ ନାରୀ ନିଜ ଦେହର ଦାହକୁ ପ୍ରଶମିତ କରି ସମାଜକୁ କ୍ରୀଡ଼ନକ ସଜାଇଛି ଏବଂ ପରୋକ୍ଷରେ ବଡ଼ପଣ୍ଡା ମାନଙ୍କ ରକ୍ଷିତା / ଗଣିକା ଭାବରେ ଜୀବନକୁ ଆଦରି ନେଇଛି । ସେଇଥିପାଇଁ ତ କବି ସଚ୍ଚି ରାଉତରାୟ 'ମିଥ୍' ର ଅବଲମ୍ବନ ପ୍ରକଳ୍ପର ପ୍ରୟୋଗ ପୂର୍ବକ ଚେତନାଶ୍ରୟୀ କାବ୍ୟରେ ନାରୀର ବହୁବିଧ ସ୍ୱରୂପର ସତ୍ୟକୁ ଉଦ୍ଘାଟନ କରିବାର ସ୍ପର୍ଦ୍ଧା କରନ୍ତି । ପୁରୁଷ ପରି ନାରୀ ମଧ୍ୟ ବହୁପୁରୁଷ ପ୍ରତି ଦୁର୍ବଳତା ରଖେ । କବିଙ୍କର ଭାଷାରେ :

"ପାଞ୍ଚ ସ୍ୱାମୀ ଥାଉ ଥାଉ / ତୁମେ କିଆଁ ଭଲପାଉଥିଲ
ଆଉ ଜଣେ କାହାକୁ କିମ୍ପାଇଁ / ସେ' ଜଣକ ମୁଁ ହୋଇପାରେ /
କିମ୍ବା ଆଉ, କିଏ / ସେଥିରେ କିଛି ଯାଏ ଆସେ ନାହିଁ ।"

– ସତ୍ୟଆତ୍ମ, କବିତା- ୧୯୮୩, କବି ସଚ୍ଚି ରାଉତରାୟ , ପୃ : ୬୯

ବାସ୍ତବରେ ଯୁଦ୍ଧୋତ୍ତର ସାମାଜିକ ପ୍ରେକ୍ଷାପଟ ଓ ସ୍ୱାଧୀନୋତ୍ତର ଜନଜୀବନରେ ଯେଉଁ ବୈଚିତ୍ର୍ୟ ନାରୀ ଜୀବନକୁ ଏକ ଭିନ୍ନ ମୋଡରେ ଛିଡ଼ା କରାଇଛି, ତାହା କେତେଦୂର ଶୁଭଙ୍କରୀ ତାହାକୁ ବୁଝିବାକୁ ହେବ । ଜୀବନ ଓ ଜୀବିକାର ଦୋ ଛକିରେ ନାରୀ ଜୀବନର ଘନଘଟା ବ୍ୟଙ୍ଗବାଦୀ ଦୃଷ୍ଟିଭଙ୍ଗୀ ଭିତରେ ହିଁ ପ୍ରତିଫଳିତ ହୋଇଥିବାର ଦେଖିବାକୁ ମିଳେ । ଏପରିକି ବିଂଶ ଶତକର ଚତୁର୍ଥ ଦଶକ ବେଳକୁ, ଓଡ଼ିଶା ତଥା ଭାରତୀୟ ପାଣି-ପବନ ବିଶେଷ ଭାବରେ ଆଧୁନିକତାର ମୋହଫାଶର ମଣିଷ ଛନ୍ଦି ହେବାକୁ ଲାଗିଛି, ତତୋଽଧିକ ତା'ର ମଣିଷପଣିଆ ଟିକକ ପାଶ୍ଚାତ୍ୟ ହାୱାରେ ପରିବର୍ତ୍ତିତ ହୋଇଛି । ସେ' ହରେଇ ବସିଛି ତା'ର ମୌଳିକତା, ପରମ୍ପରା ଓ ମୂଲ୍ୟବୋଧ ଟିକକୁ । ଏଥିରୁ ନାରୀ ବି ବାଦ୍ ପଡିନି । ଗୋଟିଏ ବସ୍ତୁବାଦୀ ମୋହ ଯେପରି ତା'ର ଆତ୍ମାକୁ ଢାଙ୍କି ଦେଇଛି । ଅର୍ଥ ଉପାର୍ଜନରେ ସହଜପନ୍ଥା ହୋଇଛି ତା'ର ଦେହ, ଯାହାକୁ ପାଥେୟ କରି ସେ' ସାଜିଛି ବାରନାରୀ । ସେ' ପରିସ୍ଥିତିର ଦାୟ ହେଉ ଅବା ଆପଣାଛାଏଁ ରାଜରାସ୍ତାକୁ ଓହ୍ଲାଇ ପଡିଛି ତା'ର ମନ । ସେ' ପାଲଟିଛି ସୌଖିନ ସାମଗ୍ରୀ । 'ମ୍ୟାନିକୁଇନ' ସାଜି ଭଲିକି ଭଲିକି ଗ୍ରାହକଙ୍କୁ ଆକୃଷ୍ଟ କରିବାରେ ଲାଗିଛି । 'Babydoll' ଭାବରେ ସେ' ସର୍ବତ୍ର ପରିଚୟ ଲଭିଛି । ସେ' କଳା ହେଉ କି ସାହିତ୍ୟ ସଂସ୍କୃତି ବା ବିଜ୍ଞାପନର ମାଧ୍ୟମ ସାଜିଛି । ମାତ୍ର ଏ ସବୁ ସତ୍ତ୍ୱେ "ପ୍ରତିମା

ନାୟକ ହସେ/ ଓଠେ ତା'ର ସ୍ୱପ୍ନର ଆଭାସ" ମଧ୍ୟରେ ଅଲକାସାନ୍ୟାଲ ଠାରୁ ବିନିତା ଏବଂ ଚନ୍ଦ୍ରା ବେହେରାଣୀ ଠାରୁ ରାଧା ନୋଳିଆଣୀ, ଅଗ୍ନି କମଳିନୀ ମଧ୍ୟରେ ବଞ୍ଚିରହିଥିବା 'ସ୍ତ୍ରୀଲୋକ' ଟିଏ କେତେ ଅସହାୟ ଭାବରେ ଛିଡା ହେଇଛି ତାହା ହିଁ ଆମର ଆଲୋଚନାର ପ୍ରସଙ୍ଗ । ମଣିଷର ସ୍ୱାର୍ଥାଲିପ୍ସୁ ମନୋବୃତ୍ତି ତାକୁ ମଦମତ୍ତ କରାଏ, ସେ' ଭୁଲିବସେ ତା'ର ହିତାହିତ ଜ୍ଞାନ । ନାରୀକୁ ମଣେ ବିଳାସର ମାଧ୍ୟମ । ପ୍ରେମ ନୁହେଁ କେଉଁ ଏକ ଜାନ୍ତବ କ୍ଷୁଧାରେ ଅତିଷ୍ଠ ହୋଇ ପାଶବିକତାର ସମସ୍ତ ସୀମା ଲଙ୍ଘନ କରେ । ଯେଉଁଠି ବୟସର ସୀମା ନଥାଏ, ସେ' ପାଞ୍ଚବର୍ଷର ନିରୀହ ଶିଶୁ ହେଉ ଅବା ପରିଣତ ବୟସର ବୃଦ୍ଧା । ସଭିଏଁ ଶିକାର ହୁଅନ୍ତି । ପ୍ରଚଳିତ ସମାଜର ବୁଭୁକ୍ଷା ଆଜି ପ୍ରବଳ । ନାରୀର ପ୍ରତ୍ୟକଟି ଅଙ୍ଗକୁ ନେଇ ଭୋଗବାଦୀ ସମାଜ ରଚେ ଅଭିସାର । ପୁରାଣ ପୃଷ୍ଠାର 'ଦ୍ରୌପଦୀ' ନାରୀ ନିର୍ଯ୍ୟାତନା ଓ ସଂଘାତିକ ବ୍ୟଭିଚାରିତାର ଏକ ଜ୍ୱଳନ୍ତ ଉଦାହରଣ । ଯେଉଁଠି, ନୀତିନିଷ୍ଠ ବଡ଼ପଣ୍ଡାମାନେ ନିରବ ରୁହନ୍ତି, ପ୍ରତିବାଦ କରନ୍ତି ନାହିଁ । ତା'ର ଅମର୍ଯ୍ୟାଦା, ଅସମ୍ମାନକୁ ନିରବଦ୍ରଷ୍ଟା ହୋଇ ଦେଖନ୍ତି ।

ନାରୀ ପୃଥ୍ୱୀ ତୁଲ୍ୟା ସହନଶୀଳା ହେଲେ ମଧ୍ୟ କ୍ଷତାକ୍ତ ହୋଇ ତା'ର କର୍ତ୍ତବ୍ୟ କରେ । ଅଥଚ, ଭୋଗବାଦୀ ପୁରୁଷତାନ୍ତ୍ରିକ ସମାଜ ଏ ସବୁର ମୂଲ୍ୟ ବୁଝେନା, ସେଇଥିପାଇଁ ତା କବିଚିତ୍ତ ବିଦ୍ରୋହ କରିବାକୁ ପଛାଇନାହାନ୍ତି । ସମାଜର ଏ ନୈତିକ ସ୍ଖଳନକୁ ପରୋକ୍ଷରେ ଇଙ୍ଗିତ କରିଛନ୍ତି ।

"ନାରୀକି' ପୃଥିବୀ / କର୍ଷଣର ଅତ୍ୟାଚାରେ
ଧର୍ଷଣ ସୁହାରେ / ଅନନ୍ତ ପୀଡ଼ନ ମଧ୍ୟେ ଫଳବତୀ ହୁଏ !
ଆଉ, ଅତ୍ୟାଚାରୀ ପୁରୁଷ ସେ' /
ଦନ୍ତାଘାତେ, କରାଘାତେ
ଅଗଣିତ, ଅସହ୍ୟ ପିଡାରେ
କାମନାର କମଣ୍ଡଳୁ ନିଃସ୍ୱ କରି ପିଏ ??"

-ଦ୍ରୌପଦୀର ଶାଢ଼ୀ: ସଂ: କବିତା ୧୯୬୯, ଗ୍ରନ୍ଥ ମନ୍ଦିର, ୧୯୭୦, ପୃ:୨

ବାସ୍ତବରେ, ସମାଜରେ ନାରୀର ଭାବଭୂମି ବିସ୍ଫୋରିତ ବଳୟ ଭିତରେ ଗତି କରୁଥାଏ ସତ କିନ୍ତୁ ସାମ୍ପ୍ରତିକ ସମାଜ ତାକୁ ଏକ ସଂକୀର୍ଣ୍ଣ ଦୃଷ୍ଟିଭଙ୍ଗୀ ନେଇ

ସଦାକାଳେ ତଉଲୁଥାଏ । ଏକ ଦୈହିକ ଆକର୍ଷଣର ହେତୁ ଭାବରେ ସେ' ହୁଏ ପରିଚିତା । ସାମ୍ରାଜ୍ୟବାଦ ଠାରୁ ଗଣତାନ୍ତ୍ରିକ ପ୍ରକ୍ରିୟା ମଧ୍ୟରେ ସେ' ହୁଏ ବ୍ୟବହୃତା, ଏଠି ତା'ର ସହଭାଗିତା ଅପେକ୍ଷା ତା'ର ସାନ୍ନିଧ୍ୟକୁ ଆଶା କରାଯାଏ । T.S. Eliot ଙ୍କର 'West land' କବିତା ପୁସ୍ତକରେ ବର୍ଣ୍ଣିତ 'Typist Girl' ହେଉ ଅବା ଗୁରୁପ୍ରସାଦଙ୍କ 'ଅଳକା ସାନ୍ୟାଲ' ସବୁ ପରିସ୍ଥିତି ରେ ସେଇ ଗୋଟିଏ ଭାବ, ଗୋଟିଏ ରୂପରେଖ, ଯାହାକୁ ପାଥେୟ କରି ସମାଜରେ ସେ' ହୁଏ ଆତଯାତ ।

ଏହି ପରିପ୍ରେକ୍ଷୀରେ ନାରୀର ବହୁବିଧ ସ୍ୱରୂପ ଭିନ୍ନ ଭିନ୍ନ ଭାବରେ, ଭିନ୍ନ ଭିନ୍ନ ବାଗରେ କାବ୍ୟ-କବିତାରେ ପ୍ରତିବିମ୍ବିତ ହୋଇଛି । ବିଶେଷତଃ ଆଧୁନିକ ପ୍ରେକ୍ଷାପଟ (ଉତ୍ତର ଅଶୀ ପରବର୍ତ୍ତୀ) କାବ୍ୟ ଚେତନାରେ ନାରୀ ମନସ୍ତତ୍ତ୍ୱ ବେଶ୍ ସ୍ପଷ୍ଟ ହୋଇ ଉଠିଥିବାର ଦେଖିବାକୁ ମିଳେ । କେତେବେଳେ ସେ' ଶାନ୍ତା-କାନ୍ତା ପ୍ରେମମୟୀ- ବାତ୍ସଲ୍ୟମୟୀ ତ କେତେବେଳେ ଉଗ୍ର-ଛିନ୍ନମସ୍ତା-ବିପ୍ଳବିନୀ ପୁଣି କେବେ ପରିସ୍ଥିତି ଏବଂ ସମୟର ଆହ୍ୱାନରେ କର୍ମଜୀବୀ ତ କେତେବେଳେ ସଂଘର୍ଷ - ସଂଘାତରେ ନିୟତ ବିବ୍ରତ ହେଉଥିବା ଗୃହିଣୀ । ସବୁ ରୂପରେ, ସବୁ ଭାବରେ ସେ' ଆନନ୍ଦଦାୟିନୀ-କଲ୍ୟାଣୀ ସ୍ୱରୂପା । ନାରୀର ଏହି ସାମଗ୍ରିକ ସ୍ୱରୂପ ତା'ର ଜୀବନ-ଜୀବିକା ଭିତରେ ଅହରହ ଯୁଝୁଥାନ୍ତି । ତଥାପି ସେ' ତା'ର ମର୍ଯ୍ୟାଦାର ଦୀପ୍ତି ଚିରକାଳ ଉଦ୍ଭାସିତ ହୋଇ ରହିବ । ସେଥିପାଇଁ ତ କବି କଣ୍ଠରୁ ଫୁଟିଉଠେ :

"ଶୁଣ, ମୋର କନ୍ୟା/ ସକଳର ମେଳେ ତୁହି /
ଚିରଦିନ ରହିବୁ ଅନନ୍ୟ...

-ନବ ଜାତକ, ମଞ୍ଜୁଶ୍ରୀ ପ୍ରତି : ସଚ୍ଚିଦାନନ୍ଦ ରାଉତରାୟ

ଏକ ସଚେତନଶୀଳ ସତ୍ତା ଭାବରେ ନାରୀର ଅସ୍ମିତା ଯେ ସଶକ୍ତ ସ୍ୱରମାଳାଟିଏ ହୋଇ ନାରୀ ଜୀବନର ସାରେ-ଗାମା ଗାଇବାରେ ସମର୍ଥ ହୋଇପାରିବ ବୋଲି ଦୃଢବିଶ୍ୱାସ କରାଯାଇପାରେ । ସେ' ଏକ ଆତ୍ମପ୍ରତ୍ୟୟର ଅଲିଖିତ ଶ୍ରୁତି, ଯାହାକୁ କେବଳ କାନ ଡେରି ଶୁଣାଯାଇପାରେ, ସେ' ଏକ ଅଧାଲେଖା ଚିଠି, ଯାହାର ଠିକଣା ନଥାଏ । ସେଇଥିପାଇଁ ତ, କବି ଗାୟତ୍ରୀବାଳା କୁହନ୍ତି ନାରୀଟିଏ କଲମ ଧରିଲା ବେଳେ ଓହ୍ଲାଇ ଆଶେ ଆକାଶ, ଉଦ୍‌ବେଳିତ

ହେବ ଭୁଲିବସେ ସମୁଦ୍ର ଏଇମିତି ଅନେକ କିଛି .....। ବାସ୍ତବରେ, ନାରୀଟିଏ କବିତା ଲେଖିଲା ବେଳେ କବିତା ହୋଇ ଝରୁଥାଏ ତା'ର ଇହକାଳ- ପରକାଳର ପୃଥିବୀ। ସେଇଥିପାଇଁ ତ, କବିକଣ୍ଠରୁ ଫୁଟୁଥାଏ ଯାହା, ନିମ୍ନମତେ ଦୃଷ୍ଟି ଦିଆଯାଇପାରେ :

"ନାରୀଟିଏ କବିତା ଲେଖିଲା ବେଳେ / ତା ଭିତରେ ମର୍ତ୍ତ୍ୟ, ପାତାଳ,
ଆକାଶ ଏକାକାର/ ତା ଭିତରେ ଦୁଇଟି ପୃଥିବୀ ଗତିଶୀଳ /
ସ୍ୱାଭାବିକ ଓ ସମାନ୍ତରାଳ / ଗୋଟିଏ ରେ ପ୍ରେମ, ପ୍ରାର୍ଥନା ଓ ପ୍ରତିବଦ୍ଧତା
ତ ଆରଟିର ଶବ୍ଦ ପଛରେ ଭାଗ ଦୌଡ।
ନାରୀଟିଏ କବିତା ଲେଖିଲା ବେଳେ /
ପୀଡ଼ା ସହ ପୀଡ଼ା ଧକ୍କା ଖାଇ ପାଲଟିଯାଏ ନିଆଁଝୁଲ।
ଗୋଟେ ଝିଅ, ଗୋଟେ ସ୍ତ୍ରୀ, ଗୋଟେ ମା'/
ତଥାପି ସଜାଗ ଥାଏ ତା' ଭିତରେ ଚିରକାଳ।"

-କବି ଗାୟତ୍ରୀବାଳା ପଣ୍ଡା, ନାରୀଟିଏ କବିତା ଲେଖିଲା ବେଳେ : ସଂ: ସ୍ତ୍ରୀ ଲୋକ, ପୃ: ୨୬୨

ଏ ପରିପ୍ରେକ୍ଷୀରେ ବିଚାରକଲେ ଓଡ଼ିଆ କାବ୍ୟ ଚିନ୍ତନ ଓ ଚେତନାରେ ନାରୀର ଚୌହଦୀ ସ୍ଥିରୀକୃତ ହୋଇଥିଲେ ହେଁ, ତାହା କେତେଦୂର ତା'ର ବ୍ୟକ୍ତିତ୍ୱର ପରିସୀମାକୁ ସଂକୁଚିତ କରିଛି କି ପ୍ରସାରିତ କରିଛି ତାହା ଆଗାମୀ ପିଢ଼ି ହିଁ ଆକଳନ କରିବେ ବୋଲି ଆଶା ଓ ବିଶ୍ୱାସ। ପ୍ରଥମରୁ ହିଁ ସ୍ପଷ୍ଟ କରାଯାଇଛି ଯେ ଏହି ନାରୀବାଦୀ କବିତାମାନ କୌଣସି ନିର୍ଦ୍ଦିଷ୍ଟ ଆଦର୍ଶକୁ ଆଖି ଆଗରେ ରଖି ଲେଖାଯାଇନି ବରଂ ସ୍ୱତଃ ଆପଣାଛାଏଁ ଲେଖି ହୋଇଯାଇଛନ୍ତି। କ୍ୱଚିତ୍ ସମ୍ବେଦନଶୀଳତାର ଆଦର, ଏଠି ଯେଉଁ ଯେଉଁ କବିତା ସବୁକୁ ଆଲୋଚନା କରିବାର ଧୃଷ୍ଟତା ହୋଇଛି, ସେସବୁ ଏକରୁ ଅରକ ବଳି। ସମୟର ଭାବସ୍ପନ୍ଦନକୁ ଆଖିଆଗରେ ରଖି ଯେଉଁ ଯେଉଁ ସମୟଖଣ୍ଡର କବିମାନଙ୍କୁ ଆଲୋଚନାର ପ୍ରସଙ୍ଗ ଭାବରେ ନିଆଯାଇଛି, ତାହା ନିଶ୍ଚିତ ଭାବରେ ନାରୀ ଜୀବନ ଓ ଜୀବିକାର ବହୁ ଦିଗକୁ ଉଦ୍‌ଘାଟନ କରିବାରେ ସମର୍ଥ ହୋଇଛି ବୋଲି ଧରିନେବାକୁ ହେବ।

ପରମ୍ପରାର ଅନ୍ଧ ଆନୁଗତ୍ୟକୁ ଅସ୍ୱୀକାର କରିବାର ସ୍ପର୍ଦ୍ଧା ରଖନ୍ତି ନାରୀବାଦୀମାନେ । ବିଶେଷତଃ ସମାଜକୁ ସଂସ୍କାରମୁଖୀ ମନୋବୃତ୍ତି ନେଇ ନିଜର ନୈଷ୍ଠିକ ସ୍ୱୀକାରୋକ୍ତି ବାଢ଼ନ୍ତି ଏହି ଜୀବନବାଦୀ ଶିଳ୍ପୀମାନେ । ସମ୍ଭାବନାର ନୂତନ ସୂର୍ଯ୍ୟୋଦୟକୁ ସଲାମ କରନ୍ତି ଏବଂ ତତ୍‌ସହିତ ସମୟର ଆହ୍ୱାନରେ ପ୍ରେରିତ ହୋଇ ଏକ ସମୟ- ମୈତ୍ରୀର ରାଷ୍ଟ୍ରଗଠନର ସ୍ୱପ୍ନ ଦେଖନ୍ତି, ଯାହାକୁ ଏକଦା ସ୍ୱପ୍ନ ଦେଖିଥିଲେ ଆମ ଜାତିର ପିତା । ସେଇଥିପାଇଁ ତ କବି ସ୍ୱପ୍ନା ମିଶ୍ରଙ୍କ ଭଳି ଜୀବନବାଦୀ କବି ଦୃପ୍ତ ସ୍ୱରରେ ଗାଇଉଠନ୍ତି :

"କାହାର କାମନା ପାଇଁ / ଚୁଲି ଭିତରେ ଶୁଖିଲାଯାଏ କାଠ ପରି /
ଜଳନି ଆଉ / ଏବେ ତାରି ଇଚ୍ଛାକୁ ଜଙ୍ଗଲରେ ମଞ୍ଜି ପରି ବୁଣିଚି
କଅଁଳ ପତ୍ର ପରି ହସୁଚି ତା'ର ସ୍ୱପ୍ନ /
ସମ୍ଭାବନା ମାନଙ୍କୁ ସବୁଜିମା ପରି ଛାଟି ଦେଇଛି ।

- ଅସଙ୍ଗତି: କବି ସ୍ୱପ୍ନା ମିଶ୍ର

ବାସ୍ତବରେ ନାରୀ ପ୍ରତି ସମାଜର ତଥାକଥିତ ଚିନ୍ତାଧାରା ପରିବର୍ତ୍ତନ ନହେଲେ ନାରୀ ଜୀବନର ଅସଙ୍ଗତି ଦୂରୀଭୂତ ହେବ ନାହିଁ । ଯେ ପର୍ଯ୍ୟନ୍ତ ନାରୀର ସ୍ଥିତି, ସମାନତା ତଥା ସ୍ୱାଧୀକାର ର ପ୍ରସଙ୍ଗ ଉପସ୍ଥାପିତ ହେଉଥିବ, ସେ' ପର୍ଯ୍ୟନ୍ତ 'ନାରୀବାଦ'ର କଥା ଆସୁଥିବ । 'ନାରୀବାଦ', ନାରୀର ବ୍ୟକ୍ତିତ୍ୱରେ , ସ୍ୱପ୍ନ ଓ କଳ୍ପନାର ଉଡାଣରେ ନାରୀତ୍ୱ କେବେ ବାଟ ଓଗାଳି ଛିଡା ହୋଇନି ବରଂ ଏକ ଦୃଢ ମର୍ଯ୍ୟାଦାବୋଧକୁ ଅଂଗୀକାର କରି ଆପଣାର ପଥ ପରିଷ୍କାର କରିଛି ।

ଏ ପରିପ୍ରେକ୍ଷୀରେ ଦେଖିବାକୁ ଗଲେ, ସ୍ୱାଧୀନତା ପୂର୍ବବର୍ତ୍ତୀ କାଳଖଣ୍ଡ ଠାରୁ ଏକବିଂଶ ଶତକର କାବ୍ୟିକ ପ୍ରତିବେଦନା ଭିତରେ ନାରୀ ଜୀବନର ନାନାବିଧ ସମସ୍ୟା ଏବଂ ତା'ର ସମସ୍ୟାକୁ ସହ ନିରାକରଣର ସୂତ୍ର ମଧ୍ୟ ଖୋଜିବାର ପ୍ରୟାସ କରାଯାଇଛି । ଯେକୌଣସି ପରିସ୍ଥିତିରେ ନିଜକୁ ସାଲିସ କରି ନାନାଦି କଷଣ, ପୀଡ଼ନ ତଥା ଯୌନ ନିର୍ଯ୍ୟାତନା ଭୋଗି ଚାଲିଥିବା ନାରୀ ହେଉ ଅବା ନ୍ୟାୟର ଦ୍ୱାରସ୍ଥ ହୋଇ ଏ ଅଦାଲତରୁ ସେ' ଅଦାଲତକୁ ଦୌଡୁଥିବା ନାରୀ ଅବା ଶାଶୂଘର ଗଞ୍ଜଣାକୁ ଆକଣ୍ଠ ପାନ କରି ନୀରବରେ ଲୁହ ଢାଳୁଥିବା ନାରୀ ହେଉ ଅବା ସ୍ୱାମୀ–ଗେରସ୍ତ ହାତରୁ ନିସ୍ତୁକ ମାଡ ଖାଇ ବାରଘର ବାସନ ମାଜୁଥିବା ନାରୀ ଅବା କର୍ମ ସଂସ୍ଥାନରେ ଉପରିସ୍ଥଙ୍କ ତତଲା ନଜରକୁ ସାମ୍ନା କରୁଥିବା ନାରୀ

ଭିତରେ କେଉଁଠି ନା କେଉଁଠି ଆପଣା ଜୀବନ ଓ ଜୀବିକାକୁ ନେଇ ସନ୍ତୁଳି ଚାଲିଥିବା ମନୋଦଶାକୁ ପ୍ରତିଫଳିତ କରାଯିବାର କାବ୍ୟିକ ପ୍ରଚେଷ୍ଟାଟିଏ ହୋଇଛି, ଯାହା କେତେଦୂର ନାରୀର ଜୀବନ-ଜିଂଜ୍ଞାସାକୁ ସମାଧାନ କରିପାରିଛି ତାହା ଦେଖିବାର କଥା ।

ବାସ୍ତବରେ ନାରୀ ଦେହର ଦେହଳୀରୁ ଯଥେଷ୍ଟ ଊର୍ଦ୍ଧ୍ୱରେ ଏକ ସ୍ୱତନ୍ତ୍ର ସତ୍ତା, ଯାହାର ମନ ଅଛି- ପ୍ରାଣ ଅଛି, ଆଉ ଅଛି ଅନାବିଳ ସ୍ପର୍ଦ୍ଧା ..... । ସେଇଥିପାଇଁ ତ ସେ' ଅସ୍ମିତାର ଐକାନ୍ତିକ ପରାକାଷ୍ଠା ।

ନାରୀ ଭୋଗ୍ୟା ନୁହେଁ, ସେ' ଅନାୟାସରେ ପ୍ରତ୍ୟାଖ୍ୟାନ କରିପାରେ ପୁରୁଷ ତିଆରି ଲକ୍ଷ୍ମଣ ରେଖାକୁ, ଗଢ଼ିପାରେ ଆପଣାର ଇଚ୍ଛା ମୁତାବକ ପୃଥ୍ୱୀ । ଯେଉଁଠି ସମସ୍ତେ ସମାନ । କେହି କାହାର ଭୃତ୍ୟ ନୁହେଁ ଅବା କେହି, କାହାର ସ୍ୱାମୀ । ଏଭଳି ଏକ ସମତା ଓ ମୈତ୍ରୀର ଜଗତ ଯେ ସମସ୍ତଙ୍କର ଧ୍ୟେୟ ହେଉ ଏତିକି ବିଶ୍ୱାସ ।

ପରିଶେଷରେ ଏତିକି କହିବି, ଓଡ଼ିଆ ଆଧୁନିକ କାବ୍ୟିକ ଅନୁଶୀଳନ ଛଳରେ ଅନେକ କବିଙ୍କ ନାରୀ ଅସ୍ମିତାଧର୍ମୀ କବିତାକୁ ସ୍ଥାନିତ କରିବାର ଚେଷ୍ଟା କରିଛି । ସୀମିତ କଳେବର ଭିତରେ ଏଭଳି ଅନେକ କବିଙ୍କ କବିତା ଯେ ଆଢୁଆଳ ହୋଇ ନଥିବ ତା ନୁହେଁ । ଏହା କିନ୍ତୁ ମୋର ସ୍ୱେଚ୍ଛାକୃତ ନୁହେଁ ।

ପୁନଶ୍ଚ କହିରଖେ, ନାରୀବାଦ ପ୍ରସଙ୍ଗ ନୂତନ ନୁହେଁ, ତଥାପି କିଛି ନୂତନତ୍ୱ ଚିନ୍ତା ଚେତନା ଦେଇ ନାରୀ ଜୀବନର ସମସ୍ୟା ଏବଂ ତତ୍‌ସହିତ ତା'ର ଅସ୍ମିତା ପ୍ରସଙ୍ଗରେ ଅନେକ କବିତାକୁ ଦୃଷ୍ଟିରେ ରଖି ସ୍ଥାନିତ କରାଯାଇଛି । ଏ ପରିପ୍ରେକ୍ଷୀରେ ନାରୀ ଚେତନାର ଉତ୍ତରିତ ଉପଲବ୍ଧି ଏବଂ ତା'ର ବାସ୍ତବାୟିତ ପ୍ରତିଛବି ଭିତରେ ଯେଉଁ ଯେଉଁ ଦ୍ୱନ୍ଦ୍ୱ, ଶଙ୍କା ଏବଂ ସଂଶୟ ବାଟ ଓଗାଳିଛି । ସେସବୁକୁ ପାଥେୟ କରି 'ନାରୀ ଜୀବନର ମିଥ, ମୋଟିଫ ଓ ମେଟାଫର୍' ଗତି କରିଛି । ସମକାଳୀନ କାବ୍ୟଧାରାରେ ନାରୀ ପ୍ରତି ହେଉଚାଲୁଥିବା ଅନ୍ୟାୟ, ଅବିଚାରର କାହାଣୀ ଛଳରେ ପୁରୁଷତାନ୍ତ୍ରିକ ସମାଜର ଏକତରଫା ନୀତିକୁ ଆଙ୍ଗୁଳି ଦେଖାଯାଇଛି । ତେଣୁ ସମକାଳୀନ କାବ୍ୟ ଚେତନା ଭିତରେ ନାରୀ ବିମର୍ଷଟି କେଉଁଠି ନା କେଉଁଠି ତା'ର ସ୍ଥିତି ଓ ସ୍ୱରୂପକୁ ସୂଚେଇବାରେ ସମର୍ଥ ବୋଲି କହିବାକୁ ହେବ । ଏଠି

ନାରୀ କେବଳ ତା'ର ସାମର୍ଥ୍ୟ ଓ ପରାକାଷ୍ଠାରେ ପ୍ରମାଣ ଦେଇ ନାହିଁ ବରଂ ଖୋଲାଖୋଲି ଭାବରେ ଆପଣାର ଅବଦମିତ ଇଚ୍ଛାର ପରିପୂର୍ତ୍ତି ପାଇଁ ସ୍ୱପ୍ନ ଦେଖିଛି । ପୁରୁଷ ଭଳି ସେ' ମଧ୍ୟ ଉଚ୍ଛୃଙ୍ଖଳତାକୁ ଆଦରି ନେଇଛି, ଅସ୍ୱୀକାର କରିଛି, ତା'ର ଏକଚାଟିଆ ନିୟନ୍ତ୍ରଣ ଚାହିଁଛି । ଯାହାକୁ ଅନାୟାସରେ ପୁରୁଷ ସୁଲଭ ଦୃଷ୍ଟିଭଙ୍ଗୀ 'ନାରୀବାଦ' / 'ବାମାବାଦ' ବୋଲି ନାଁ ଦେଇଛି । ସମକାଳର ନାରୀ ସ୍ୱାଧୀନ ଭାବରେ ବଞ୍ଚିବାର ସ୍ପର୍ଦ୍ଧା କରିଛି । ଆବଶ୍ୟକ ଥିଲେ ସମାଜକୁ ତା'ର ପ୍ରତି କରାଯାଇଥିବା ଅବିଚାରର କୈଫିୟତ୍ ମାଗିଛି । ଯାହା କବି ଚିରଶ୍ରୀ ଇନ୍ଦ୍ରସିଂହଙ୍କ ଦମ୍ଭୋକ୍ତିରୁ ବେଶ୍ ସ୍ପଷ୍ଟ ଭାବରେ ପ୍ରତିଫଳିତ ହୋଇଥିବାର ଦେଖିବାକୁ ମିଳେ ।

"ପଚାର କାହିଁକି, ସେମାନେ କହିପାରନ୍ତିନି
କାହିଁକି ? ଧାନ ଖେତ ର ମାଲିକ ହୁଏ ପୁରୁଷ
ଭାତ ଖାଇ ସାରି / ଧୋବଲୁଗା ପିନ୍ଧି/ ଦାଣ୍ଡରେ ବୁଲେ ମରଦ
ଶିଶୁ ମାନଙ୍କର ପରିଚୟ ହୁଏ ପିତୃତ୍ୱରେ
କାହିଁକି ପୁରୁଷ ଝିଙ୍କି ନିଏ ନାରୀ ହାତରୁ ମଜୁରୀ /
ବରାଦିଆ ଶାଢ଼ୀ ଗହଣାରେ / କାହିଁକି ? କଣ୍ଢେଇ
ପାଲଟିଯାଏ ନାରୀର ଜୀବନ, ପଚାର ପଚାରିଚାଲ ।"

- ପଚାର: ଚିରଶ୍ରୀ ଇନ୍ଦ୍ରସିଂ

ବାସ୍ତବରେ ନାରୀର ଶୋଷଣ ସମାଜକୃତ । ତେଣୁ ନାରୀଟିଏ ଏ ସବୁ କାହିଁକିର ପ୍ରଶ୍ନକୁ ଆଡେଇ ଚାଲୁଥାଏ ବୋଲି ସଂସାର ତା'ର ସୁଖୀ ହୁଏ । ଯେବେ ଏସବୁ କାହିଁକିର ପ୍ରଶ୍ନ ମାଗି ବସିଲା / ଉଜୁଡ଼ିପଡ଼ିଲା ପାଦ ତଳର ମାଟି, ଏ ହେଉଛି ବାସ୍ତବତା । ସାମାଜିକ ବିଧିବ୍ୟବସ୍ଥାର ଅବିଚାରକୁ ଅସ୍ୱୀକାର ପୂର୍ବକ ନାରୀବାଦୀ ସାହିତ୍ୟ ତା ପକ୍ଷ ରଖିବାର ସ୍ପର୍ଦ୍ଧା କରିଛି । ଏହାର ଅର୍ଥ ନୁହେଁ, ନାରୀ ତା'ର ସ୍ୱାଧୀନତାକୁ ଅପବ୍ୟବହାର କରିବା । ପୁରୁଷର ପ୍ରତିଦ୍ୱନ୍ଦୀ ହେବାକୁ ଯାଇ ଭୁଲିବସିବ ତା'ର ଗାରିମା ଏବଂ ମର୍ଯ୍ୟାଦା ।

ତେଣୁ 'ନାରୀବାଦ' ଏକ ଦର୍ଶନ କି ସିଦ୍ଧାନ୍ତ ନୁହେଁ ବରଂ ନାରୀ ସ୍ୱାଧୀକାରର ପ୍ରସଙ୍ଗ ; ଯାହା ପୁରୁଷତନ୍ତ୍ରର ଅବିଚାର, ଅନ୍ୟାୟ ତଥା ପକ୍ଷପାତିତାକୁ ଅସ୍ୱୀକାର କରିବାର ସ୍ପର୍ଦ୍ଧା ରଖେ ।

ପଞ୍ଚମ ଅଧ୍ୟାୟ

ନାରୀ କରୁଣା-କାମନା- କଳ୍ପତରୁ
(ଅର୍ଥନୈତିକ - ସାମାଜିକ- ପାରିପାର୍ଶ୍ୱିକ ଅବ୍ୟବସ୍ଥା ପରିପ୍ରେକ୍ଷୀରେ)

ନାରୀ ଜୀବନର ମିଥ୍, ମୋଟିଫ୍ ଓ ମେଟାଫର୍

ନାରୀ ହେଉଛି ବାସ୍ତବିକ୍ କାମନାର କଳ୍ପବୃକ୍ଷ । ମମତ୍ୱ ଓ କରୁଣାରେ ଆର୍ଦ୍ର ତା'ର ପଣତ । ସେ' ପ୍ରକୃତିସମା କଲ୍ୟାଣମୟୀ-କ୍ଷମାମୟୀ-ଆନନ୍ଦମୟୀ । ପ୍ରକୃତିର ସୁରକ୍ଷା, ନାରୀ ସୁରକ୍ଷା । ପ୍ରକୃତିର ଅବକ୍ଷୟ ସମଗ୍ର ନାରୀ ସତ୍ତାର ଅବକ୍ଷୟ ସଂଗେ ସମାନ । ଉଭୟ ପ୍ରକୃତି ଓ ନାରୀର ବାତ୍ସଲ୍ୟରେ ପୁରୁଷ ଜୀବନ ହୁଏ ମଧୁମୟ । ପ୍ରକୃତି ସୁଖଦ ଅନୁଭୂତି ଆଣେ ତତ୍ସହିତ ବନ୍ୟା-ବିତ୍ପାତ-ପ୍ରଳୟମନା ହୋଇ କାରୁଣ୍ୟର ଲୁହ ହୋଇ ଝରେ, ଲହୁ ହୋଇ ବୁହେ । ଠିକ୍ ସେହିପରି ନାରୀ ଆନନ୍ଦମନା ହେଲେ ଜୀବନ ହୋଇଉଠେ ସୁଖର ଫଗୁଣ ପରି ଆଉ ବିଷାଦଗ୍ରସ୍ତା ହେଲେ ଲୁହର ଶ୍ରାବଣ ହୋଇ ଜୀବନକୁ ଧ୍ୱସ୍ତ-ବିଧ୍ୱସ୍ତ କରିପକାଏ । ବିଶିଷ୍ଟ ସମାଲୋଚକ ଡ. ଦିଲୀପ କୁମାର ସ୍ୱାଇଁ ଙ୍କ ଭାଷାରେ :

"ନାରୀ ଆନନ୍ଦରେ ରହିଲେ ଯେପରି ପ୍ରେମ ଓ କରୁଣାର ବର୍ଷା ହୁଏ- ସେପରି ପ୍ରକୃତି ଶାନ୍ତି ହେଲେ ଫୁଲ ଫୁଟେ, ମଳୟ ପବନ ବହେ । ନାରୀ କ୍ଷୁବ୍ଧ ହେଲେ ପାଲଟି ଯାଏ ଉଗ୍ରତାରା, ଛିନ୍ନମସ୍ତା, ଉଦଣ୍ଡୀ । ପ୍ରକୃତି କ୍ଷୁବ୍ଧ ହେଲେ ସୃଷ୍ଟି ହୁଏ ମହାବାତ୍ୟା ।' (ବାମାବିମର୍ଶ, ପୃ:୫୬)

ଏହି ଅବବୋଧରୁ ସୃଷ୍ଟିହେଲା Eco-feminism ବା ହରିତ୍ ନାରୀବାଦ । ପ୍ରକୃତି ଆଦ୍ୟାଶକ୍ତି, ସ୍ୱୟଂସମ୍ପୂର୍ଣ୍ଣା । ପ୍ରକୃତି ସାମାଜିକ ଏବଂ ପାରିପାର୍ଶ୍ୱିକ ସୁସ୍ଥତା ଆଣେ । ପରୋକ୍ଷରେ ପାରିପାର୍ଶ୍ୱିକ ସହବସ୍ଥାନ ସୃଷ୍ଟି କରିବାରେ ସହାୟ ହୁଏ । ପୁରୁଷକୈନ୍ଦ୍ରିକ ବ୍ୟବସ୍ଥାରେ ପ୍ରକୃତି ପରି ନାରୀ ମଧ୍ୟ ଅସୂୟାର ଶିକାର ହୁଏ, ନିର୍ଯ୍ୟାତିତା ହୁଏ । ନିରଙ୍କୁଶ କ୍ଷମତା, ଯୁଗେ-ଯୁଗେ ପ୍ରଳୟ ଆଣେ, ଏକଥା ନିତ୍ୟାନ୍ତ ସତ୍ୟ । ପୁରୁଷ ପ୍ରଧାନ ସମାଜରେ ପୁରୁଷ ହୁଏ ସମ୍ରାଟ, ନାରୀ ହୁଏ ଦାସୀ । ଆପଣାର ଇଚ୍ଛା ଅନୁସାରେ ପୁରୁଷ ଏକ 'ବ୍ୟବହୃତ ବସ୍ତୁ' (Used Commodity) ଭାବରେ ନାରୀକୁ ଦେଖେ । ଠିକ୍ ସେହିପରି ପୁରୁଷର ବସ୍ତୁବାଦୀ ମୋହ-ପୁଞ୍ଜିବାଦୀ ଦୃଷ୍ଟିକୋଣ ଯୋଗୁଁ ପ୍ରକୃତି ହୁଏ ପ୍ରଦୂଷିତ-ଅତ୍ୟାଚାରିତ । ସବୁଜିମା ପରିବର୍ତ୍ତେ ଚତୁର୍ଦ୍ଦିଗ ଗଢିଉଠେ, ଖଣି-ଖାଦାନ- କଳକାରଖାନା- ବ୍ୟବସାୟିକ

ଅନୁଷ୍ଠାନ । ଜଙ୍ଗଲ ହୁଏ କ୍ଷତିଗ୍ରସ୍ତ, ପ୍ରକୃତି ହୁଏ ନିର୍ଯ୍ୟାତିତ । ଏହି ପରିପ୍ରେକ୍ଷୀରେ (ପରିବେଶ-ନାରୀବାଦ ସିଦ୍ଧାନ୍ତ) Eco feminism concept ଟିକୁ ବିଶ୍ଳେଷଣ ପୂର୍ବକ ପ୍ରଫେସର M.C Dash କୁହନ୍ତି :

"Ecology, a word derived from the Greek word 'Oikos', meaning house, has a wide scope. Broadly speaking, ecology is a study of the house holds of the planet earth. These house holds consist of non-living matter, such as soil and water and living organism i.e.Micro organisms, plants animol and man."

- Dash, M.C- Fundamentals of ecology,p.21

ଏଥିରୁ ସ୍ପଷ୍ଟ ହୋଇଉଠେ ଏହି ecology ବା eco-feminism (ପରିବେଶ-ନାରୀବାଦ) ସିଦ୍ଧାନ୍ତଟି ଯାହା ସମ୍ପୂର୍ଣ୍ଣତଃ ପରିବେଶ ଓ ନାରୀ ସତ୍ତା ଉପରେ ପର୍ଯ୍ୟବେସିତ । ଯାହା, ନାରୀବାଦ (Feminism) ଅଧୀନରେ ଆଲୋଚିତ ପ୍ରସଙ୍ଗ । ତାତ୍ତ୍ୱିକ ଦୃଷ୍ଟିରୁ ଏଥିରେ ପର୍ଯ୍ୟାବରଣ ଓ ନାରୀବାଦର ସମନ୍ୱିତ ଚେତନା ପ୍ରତିଫଳିତ ହୋଇଛି । ବିଶେଷତଃ ବିଂଶଶତାବ୍ଦୀର ଏହି ସିଦ୍ଧାନ୍ତ ସମଗ୍ର ବିଶ୍ୱରେ ଏକ ବିପ୍ଳବର ବହ୍ନି ପ୍ରଜ୍ୱଳିତ କରିବାରେ ସକ୍ଷମ ହୋଇଥିଲା ; ଯାହା ଅଦ୍ୟାବଧି ନାରୀ ଓ ପ୍ରକୃତିର ସୁରକ୍ଷା ସମ୍ପର୍କରେ ସ୍ୱର ଉତ୍ତୋଳନ କଥା କହି ଆସିଛି । ବିଶିଷ୍ଟ ପରିବେଶ -ନାରୀବାଦୀ ଚିନ୍ତକ ଓ ଡ. ବନ୍ଦନା ଶିବାଙ୍କ ଭାଷାରେ :-

"Ecofeminism are recognition of the conquest of nature and the conquest of human beings. According to her eco-apartheid means holding the illusion in our minds and lives that humans are separated from nature. It is necessary to remove such disharmony with nature and finally to violence against nature and people."

ଡ. ବନ୍ଦନା ଶିବାଙ୍କପରି 'father of ecofeminism', India ବା ପରିବେଶ- ନାରୀବାଦର ଜନକ ଭାବରେ ପଦ୍ମଶ୍ରୀ ପୁରସ୍କୃତ ଶ୍ୟାମସୁନ୍ଦର ପାଲିୱାଲ୍ ତାଙ୍କର ସାମାଜିକ ବିପ୍ଳବ ପାଇଁ ପ୍ରସିଦ୍ଧି ଲାଭ କରିଛନ୍ତି । ରାଜସ୍ଥାନର ପିପିଲାନ୍ତ୍ରି (Pipilantri) ଆଦର୍ଶ ଗ୍ରାମ ପ୍ରତିଷ୍ଠା କରିଛନ୍ତି । ଯେଉଁଠି ୧୧୧ ଗୋଟି ବୃକ୍ଷରୋପଣ କରାଯାଇଛି । ଏହାର ବିଶେଷତ୍ୱ ହେଉଛି ଗ୍ରାମର ଜନ୍ମିତ ପ୍ରତ୍ୟକ କନ୍ୟା ସନ୍ତାନ

ନାଁରେ ବୃକ୍ଷ ନାମିତ ହୋଇଛି । ଯାହା ଭାରତରେ ସବୁଜ କ୍ରାନ୍ତି ବା Green Revolution କୁ ସକ୍ରିୟ କରିବାରେ ସହାୟକ ସାଜିଛି । ପରିବେଶ ନାରୀବାଦ ବାସ୍ତବରେ ନାରୀ ଉପରେ ପୁରୁଷର ଅବଦମନ ଏବଂ ପ୍ରକୃତି ଉପରେ ଅମାନବୀୟ ଲୀଳାକୁ ଦୃଢ ନିନ୍ଦା କରିବାକୁ କୁହେ ।

"The domination of women and the degradation of the environment are consequences of patriarchy and capitalism."

ଏକଥା ସତ୍ୟ, ପୁରୁଷତାନ୍ତ୍ରିକ ସମାଜର ନିରଙ୍କୁଶ କ୍ଷମତା, ସଦାକାଳେ ପତନକୁ ନିମନ୍ତ୍ରଣ କରେ । ଏସବୁ ପରିପ୍ରେକ୍ଷୀରେ ନାରୀବାଦୀ ବନ୍ଦନା ଶିବା, ବିନା ଅଗ୍ରୱାଲ ଏବଂ ବ୍ରିନ୍ଦା କରାଟଙ୍କ ଭଳି ପରିବେଶ-ନାରୀବାଦୀମାନେ ଭାରତରେ ଯେଉଁ ହରିତ କ୍ରାନ୍ତିର ଯୁଗ ସୃଷ୍ଟି କରିଛନ୍ତି, ତାହା ଏକ ସୁସ୍ଥ- ନିରାମୟ ସାମାଜିକ ସହାବସ୍ଥାନ ଗଠନ କରିବାରେ ସହାୟ ହେବ ବୋଲି ଆଶା କରାଯାଏ । ପ୍ରକୃତି ନାରୀ ଏକ-ଅଭିନ୍ନ ଭାବରେ ପରସ୍ପର ପ୍ରତି ନିର୍ଭରଶୀଳ । ପ୍ରକୃତିର ସୁରକ୍ଷା ଏବଂ ନାରୀ ମର୍ଯ୍ୟାଦାର ରକ୍ଷା ସମସ୍ତଙ୍କର କର୍ତ୍ତବ୍ୟ । କିନ୍ତୁ, ଯେତେବେଳେ ପୁରୁଷତାନ୍ତ୍ରିକ ସମାଜ ନାରୀକୁ ନିଜର ଅଧସ୍ତନ ମନେକରି ନାନା ଅନ୍ୟାୟ-ଅନୀତି ଚଳାଏ, ତେବେ ତା'ର ପ୍ରତିଫଳନ 'ପ୍ରକୃତି' ଉପରେ ଦେଖାଯାଏ । ସେ' ପରୋକ୍ଷରେ ହେଉ ଅବା ପ୍ରତ୍ୟକ୍ଷରେ ଉଭୟେ ଅତ୍ୟାଚାରିତ ହୁଅନ୍ତି ।

ନାରୀର ଆକାଂକ୍ଷା- ଅନ୍ତର୍ଦହନ- ଅଭିପ୍ସା :-

(ଭାରତୀୟ ପ୍ରେକ୍ଷାପଟରେ ପରିବେଶ ଓ ନାରୀବାଦ)

ଭାରତୀୟ ଶାସ୍ତ୍ର ପରମ୍ପରା ହେଉ ଅବା ବୈଦିକ କାଳର ବେଦ-ପୁରାଣ-ସଂହିତାର ସଂସ୍କୃତି ପ୍ରତିଟି କ୍ଷେତ୍ରରେ ନାରୀ ଶକ୍ତିର ନିରାଜନା କରାଯାଇଛି । ନାରୀ ଆଦିଶକ୍ତି, ପରମା-ପ୍ରକୃତି-ପରମେଶ୍ୱରୀ ଭାବରେ ସମାଜରେ ଏକ ମର୍ଯ୍ୟାଦାବନ୍ତ ସ୍ଥାନର ଅଧିକାରିଣୀ । ସେ' ଗୃହର ରକ୍ଷୟିତ୍ରୀ ବୋଲି ଗୃହିଣୀ, ସେ' ସମସ୍ତଙ୍କ କଲ୍ୟାଣ କରେ ବୋଲି କଲ୍ୟାଣୀ । ସେ' ବସୁଧା-ଜନ୍ମଦାତ୍ରୀ-ଜନନୀ । ପ୍ରକୃତି ସମା ସେ' ଭୂମି- ଭୂମା-ଜନନୀ । ସେ' ମାଟି-ମା-ମହୋଦଧିର ପ୍ରତୀକ । ମାଟି ଓ ମା ଉଭୟେ ଜନ୍ମଦାତ୍ରୀ- ପାଳନ କର୍ତ୍ତୀ ଭାବରେ ବନ୍ଦନୀୟା । ଭାରତୀୟ ସନାତନ ସଂସ୍କୃତିରେ ବାୟୁ-ଜଳ-ଅଗ୍ନି, ସୂର୍ଯ୍ୟ,ବୃକ୍ଷ, ମାଟି, ଗୋସମ୍ପଦ ଆଦି

ଦେବା-ଦେବୀ ଆସନରେ ଅଧିଷ୍ଠିତ । ଅତୀତରେ ମନୁଷ୍ୟ ପ୍ରକୃତି ପ୍ରୀତି ଥିଲା ସହାନୁଭୂତିଶୀଳ । ଭାରତୀୟ ପରମ୍ପରା ଅନୁସାରେ ପ୍ରକୃତି ଓ ନାରୀକୁ ଦେବୀ ତୁଲ୍ୟ ମଣି ପୂଜା କରୁଥିଲା । ଆପଣାର ପରମାର୍ଥିକ ବିଶ୍ୱାସ ବୋଧରେ ସେ' ନଦୀ ମାତୃକାକୁ ଆରାଧନା କରୁଥିଲା । ସ୍ନାନ-ଆଚମନ ଆଦି ପୂର୍ବକ ସେ' ବିଧି-ବିଧାନରେ ପୂଜା କରି ପୂର୍ବପୁରୁଷ ଉଦ୍ଦେଶ୍ୟରେ ନିଜର ଶ୍ରଦ୍ଧା ଆଦି ଜ୍ଞାପନ କରୁଥିଲା । ଗୋ ମାତୃକା କହି ଗୋ ପୂଜାର ପରମ୍ପରା ପାଳୁଥିଲା । ବନ-ଜଙ୍ଗଲ ଅଧ୍ୟୁଷିତ ଅଞ୍ଚଳର ଅଧିବାସୀ ବନ ମାତୃକା ବା ବନଦେବୀଙ୍କୁ ଆରାଧନା କରୁଥିଲା । ଅଦ୍ୟାବଧି ଏହି ପରମ୍ପରା ବିଦ୍ୟମାନ ଅଛି । ପରିବେଶର ଉପକାରୀ ଶକ୍ତିଙ୍କୁ ସ୍ତୁତି କରି ସମାଜ-କଲ୍ୟାଣ ନିମନ୍ତେ ମନୁଷ୍ୟ ଭକ୍ତି କରି ଆସିଛି ଏହି ପରିବେଶ ଜନନୀସମା ।

ଅଥର୍ବ ବେଦ ଅନୁସାରେ :

"ମାତା ପୃଥ୍ୱୀ ପୁତ୍ରୋଽହଂ ପୃଥିବ୍ୟାଃ ।'

ଅର୍ଥାତ୍, ପୃଥିବୀ ମୋର ମାତା, ମୁଁ ପୃଥିବୀର ପୁତ୍ର ଅଟେ । ଏହି ନ୍ୟାୟରେ ମନୁଷ୍ୟ ଭାରତୀୟ ପରମ୍ପରାକୁ ସମ୍ମାନ ଦେଇ ଆସୁଥିଲା । କ୍ରମଶଃ ଯାନ୍ତ୍ରିକ କଳା-କୌଶଳ, ନବୀନ ଆଲୋକର ପ୍ରଭାବରେ ମନୁଷ୍ୟ ମନର ସମ୍ବେଦନଶୀଳତା ଧୀରେ ଧୀରେ ଲୋପ ପାଇବାକୁ ବସିଲାଣି । ଫଳସ୍ୱରୂପ, ମନୁଷ୍ୟ ତା'ର ପାଶବିକ ଲାଳସାର ପରିପୂର୍ତ୍ତି ପାଇଁ ପ୍ରକୃତିକୁ ଅବକ୍ଷୟ କରିବାକୁ ଲାଗିଲାଣି । ନାରୀ ଓ ପ୍ରକୃତି ସମଦଶାପନ୍ନ । ଯେଉଁ ନାରୀକୁ ଶକ୍ତି ବୋଲି କହି ପୂଜା କରୁଥିଲା, ସେହି ନାରୀ ପ୍ରତି ଅମର୍ଯ୍ୟାଦା କରିବାକୁ ପଛାଉ ନାହିଁ । ଦେହ ସର୍ବସ୍ୱ ମନେକରି ତାକୁ ନିଃସ୍ୱ କରିବାକୁ ଲାଗିଛି । ପାଶ୍ଚାତ୍ୟ ସଂସ୍କୃତିର କୁପରିଣାମ ସ୍ୱରୂପ ମଣିଷର ହୃଦୟ ଯନ୍ତ୍ରରେ ପରିବର୍ତ୍ତନ ହେଲାଣି । ମାନବୀୟ ମୂଲ୍ୟବୋଧ, ଚାରିତ୍ରିକ ଶୁଦ୍ଧତା ପରିବର୍ତ୍ତେ ଜାନ୍ତବ୍ୟ କ୍ଷୁଧା ଓ ଅହଂ ପରାୟଣରେ ନିଜର କର୍ତ୍ତବ୍ୟ ଓ ସମାଜ ପ୍ରତି ଦାୟବଦ୍ଧତାକୁ ଭୁଲି ବସିଲାଣି । ଫଳରେ ନାରୀ ନିର୍ଯ୍ୟାତିତା-ଧର୍ଷିତା ହୋଇଛି । ଯୌତୁକ ନିର୍ଯ୍ୟାତନା, ବଧୂହତ୍ୟା କନ୍ୟା-ଭ୍ରୂଣ ହତ୍ୟା ଆଦି ମୁଣ୍ଡ ଟେକିଛି । ଗୃହ କୋଣରେ ନାରୀ ଅସହାୟ ମଣୁଛି, ଅସୁରକ୍ଷିତ ମଣୁଛି ବୃକ୍ଷ ପରି ନାରୀ ଓ ମୃତ୍ତିକାର ସୁରକ୍ଷା ନ ହେଲେ ସଭ୍ୟତା ପ୍ରତି ପ୍ରଳୟ ମାଡି ଆସିବ । ଅନ୍ୟ ଅର୍ଥରେ ବୁଝିଲେ, ନାରୀକୁ ଧ୍ୱଂସ କରିଲା ଭଳି ପ୍ରକୃତିକୁ ମଧ୍ୟ ଧ୍ୱଂସ କରିବାରେ ଲାଗିପଡିଛି ଏ ମଣିଷ

ସମାଜ । ଫଳସ୍ୱରୂପ ପରିବେଶରେ ଅସନ୍ତୁଳନତା ଦେଖାଦେଇଛି 'Global Warming' ଭଳି ପରିସ୍ଥିତିକୁ ସମ୍ମୁଖୀନ ହେଉଛି ମଣିଷ । ଆଶ୍ଚର୍ଯ୍ୟ ଭାବେ ଓଜନ ସ୍ତର ବୃଦ୍ଧି ପାଉଛି । ସର୍ବତ୍ର ବିଷମୟ ପରିସ୍ଥିତି ।

ପୌରାଣିକ ଯୁଗକୁ ଫେରିଗଲେ, ନାରୀର ସ୍ଥିତି ଯେତିକି ସୁଖଦ ମନେ ହେଉଥିଲା, ବାସ୍ତବିକ ତତୋଽଧିକ ଦୁର୍ବଳ ଥିଲା ବୋଲି କହିଲେ ଭୁଲ ହେବ ନାହିଁ । ଅଗ୍ନିସ୍ନାତା ସତୀ-ସ୍ୱାଧୀ ସୀତାଙ୍କ ସ୍ଥିତି ଏଠି ସ୍ମରଣକୁ ଆସେ । କୁନ୍ତଳା କୁମାରୀଙ୍କ 'ନାରୀଶିକ୍ଷା' ପ୍ରବନ୍ଧରେ ଉଦ୍ଧୃତାଂଶ ବାକ୍ୟଟି ଏଠାରେ ପ୍ରଣିଧାନ ଯୋଗ୍ୟ ।ତାଙ୍କ ଭାଷାରେ :

"ଅଗ୍ନିରେ ପରୀକ୍ଷା ଦେବାପରେ ବେଶ୍ୟା କହି ସ୍ତ୍ରୀକୁ ମଧ୍ୟ ତଡିଦିଆଯାଇପାରେ । ଭାରତୀୟ ସମାଜ ବ୍ୟବସ୍ଥାରେ ନାରୀ ଘୃଣା, ଲାଞ୍ଛନା, ଅପବାଦ ଓ ଦାସତ୍ୱର ପ୍ରତୀକ ।'

ନିଜ ଜୀବନର ବିଡ଼ମ୍ବିତ ସ୍ଥିତି ସହ ପୁରାଣ ଯୁଗ ପ୍ରତି ଦୃଷ୍ଟିପାତ କରି କବି କୁନ୍ତଳା କୁମାରୀ ଉପରୋକ୍ତ ଯେଉଁ ନାସ୍ତିବାଣୀ ଶୁଣାଇଛନ୍ତି, ତାହା ଅତ୍ୟନ୍ତ କାରୁଣ୍ୟମୟ । ସମସାମୟିକ ଅନ୍ୟାନ୍ୟ ନାରୀ ପ୍ରତିଭା, ବିଶେଷତଃ ରମାଦେବୀ, ସରଳାଦେବୀ, ମାଳତୀ ଚୌଧୁରୀଙ୍କର ନାରୀଜୀବନର ଅନୁଭୂତି ମଧ୍ୟ ଅନେକ ନିନ୍ଦା ସମାଲୋଚନାରେ ଘେରା ।

ପୁରୁଷତାନ୍ତ୍ରିକ ସମାଜରେ ନାରୀ ଅସ୍ମିତାର କଥା ପ୍ରକାଶ କରିବା ଥିଲା ତତ୍କାଳୀନ ସମୟର ଏକ ବିରାଟ ପ୍ରଶ୍ନବାଚୀ । ଏ ସବୁ ସତ୍ତ୍ୱେ ମଧ୍ୟ ସ୍ୱାଧୀନତା ସଂଗ୍ରାମରେ ନିଜକୁ ଏକନିଷ୍ଠତାର ସହ ଯୋଡ଼ିବାରେ ରମାଦେବୀ ଥିଲେ ଅନ୍ୟତମ । ମୁଖ୍ୟତଃ ନାରୀମାନଙ୍କର ସୁରକ୍ଷା ଓ ହିତ ଅର୍ଥେ ସେ' ଥିଲେ ନିୟୋଜିତ । ସରଳାଦେବୀଙ୍କ ଅବଦାନ ମଧ୍ୟ ଅବିସ୍ମରଣୀୟ । ସବୁଜରଥୀ ମାନଙ୍କ ସହ ମିଶି 'ବାସନ୍ତୀ'ଉପନ୍ୟାସ ରଚନା କରିବା ହେଉ ଅବା ପୁରୁଷକର୍ମୀ ମାନଙ୍କ ସହ ମିଶି ସ୍ୱରାଜ ଆନ୍ଦୋଳନରେ ଝାସ ଦେବା ହେଉ, ପ୍ରତିଟି କ୍ଷେତ୍ରରେ ସେ' ଥିଲେ ଅଦ୍ୱିତୀୟ । ନାରୀ ଶିକ୍ଷା - ସଚେତନତାର ବାର୍ତ୍ତା ଦେବାରେ ସେ' ଥିଲେ ଅଗ୍ରସ୍ମରଣୀୟା ।

"ନାରୀ ଅସ୍ତିତ୍ୱର ବାସ୍ତବତା : ବିବର୍ତ୍ତିତ ଓଡ଼ିଆ କବିତା" ଗ୍ରନ୍ଥରେ ଡ ପ୍ରତିଭା ଶତପଥୀ, ସରଳାଦେବୀଙ୍କ ସମ୍ପର୍କରେ କୁହନ୍ତି :

"ଓଡ଼ିଶାରେ ନାରୀ ଶିକ୍ଷା, ନାରୀ ଜାଗରଣ, ବାଲ୍ୟ ବିବାହ ବିରୋଧ କ୍ଷେତ୍ରରେ ସେ' ପ୍ରମୁଖ ଭୂମିକା ନିର୍ବାହ କରିଛନ୍ତି । ତାଙ୍କର ମୁଖ୍ୟ ବିଶେଷତ୍ୱ ଏହି ଯେ, ଗୃହର ଚାରିକୋଣ ମଧ୍ୟରେ ଆବଦ୍ଧ, ପାରିବାରିକ ନିଷ୍ଠୁର ନିୟମରେ ରୁଦ୍ଧ ନାରୀ ଜାତିକୁ ସଚେତନତାର ମନ୍ତ୍ରରେ ଦୀକ୍ଷିତ କରାଇଥିଲେ । x x x" ନାରୀର ଶରୀର ଉପରେ ନାରୀର ନିଜ ଅଧିକାରର ଗୁରୁତ୍ୱ ସପକ୍ଷରେ ସେ' ଯୁକ୍ତି ଉପସ୍ଥାପନ କରିଥିଲେ ।"

ଏଥିରୁ ଏହା ସ୍ପଷ୍ଟ ହୋଇ ଉଠେ, ନାରୀର ଆଶା-ଆକାଂକ୍ଷାର ଅଧିକାରୀ ନାରୀ ସ୍ୱୟଂ ନିଜେ, ଅନ୍ୟ କେହି ନୁହେଁ । ତାହା ନାରୀ ବୁଝିଲା ପରେ ଯାଇ ସେ' ସଶକ୍ତ ହୋଇପାରିବ । ଏହାକୁ ନାରୀଜାତି ହୃଦୟଙ୍ଗମ କଲେ ଯାଇ ତା'ର ଅନ୍ତର୍ଦହନରୁ ମୁକ୍ତି ପାଇପାରିବ । ନିଜ ସ୍ୱାଧିକାର ସଂପର୍କରେ ସଚେତନତା ହିଁ ଏକମାତ୍ର ସମାଧାନ ବୋଲି ଧରିନେବାକୁ ହେବ ।

ତତ୍କାଳୀନ ସମାଜରେ ନାରୀ କ୍ରମଶଃ ସଚେତନ ହୋଇ ସ୍ୱାଧୀନତା ଆନ୍ଦୋଳନରେ ନିଜର ସହଭାଗିତା ଦେଇଛି । ସମାଜ ସେବିକା ରମାଦେବୀ, ମାଳତୀ ଚୌଧୁରୀ, ସରଳାଦେବୀଙ୍କ ପ୍ରେରଣାରେ ଓଡ଼ିଶାର ନାରୀଶକ୍ତି ଜାଗ୍ରତ ହୋଇଛି । ରାଜନୀତିକ ସମ୍ପୃକ୍ତି ଏବଂ ଅର୍ଥନୀତିକ ସ୍ୱାଧୀନତା, ନାରୀର ସାମାଜିକ ସ୍ଥିତିକୁ ବଳିଷ୍ଠ କରିବାରେ ସହାୟକ ହୋଇଛି । ବସ୍ତ୍ରଭୂଷଣ ମଧ୍ୟରେ ନାରୀ ସୁଖୀ ନୁହେଁ, ବରଂ ମର୍ଯ୍ୟାଦା ଓ ସମ୍ମାନର ଅଳଙ୍କାରରେ ଅଳଂକୃତା ନାରୀ ମନ ଉଡ଼ିବୁଲେ ସ୍ୱାଧୀନ ପକ୍ଷୀଟିଏ ପରି । ସ୍ୱାଧୀନ ଭାବରେ ବଞ୍ଚିବାର ସମସ୍ତଙ୍କର ଅଧିକାର ଅଛି । ଉଭୟ ପୁରୁଷ ଓ ନାରୀ ସମାନ । ଉଭୟଙ୍କର ଭୂମିକା ମଧ୍ୟ ସମାନ ଗୁରୁତ୍ୱ ବହନ କରେ । ସମାଜ କଲ୍ୟାଣରେ ଉଭୟଙ୍କ ସମ୍ପୃକ୍ତି ଓ ସହଯୋଗ ରହିବା ଆବଶ୍ୟକ । ଏହି ସାମାଜିକ ଆବେଦନର ସ୍ୱର ବେଶ୍ ତୀର୍ଯ୍ୟକ ହେଲାଣି । ସମୟ ସହ ତାଳ ଦେଇ ନାରୀର ଅସ୍ତିତ୍ୱ ଏକ ପରିଚୟ ସୃଷ୍ଟି କରିଛି କହିଲେ ଅତ୍ୟୁକ୍ତି ହେବ ନାହିଁ । ନାରୀର ପ୍ରଗତି ଯଥାର୍ଥରେ ଦେଶର ପ୍ରଗତିରେ ସହାୟକ । ଅନେକ ପ୍ରତିବନ୍ଧକ

ସତ୍ତ୍ୱେ ଆଜିର ଯୁଗରେ ନାରୀ-ପୁରୁଷର ସମକକ୍ଷ ହୋଇପାରିଛି । ପୁରୁଷ ସହ ମିଶି ସମାଜକୁ ସମୃଦ୍ଧ ଓ ଉନ୍ନତ କରିବାରେ ସହାୟ ହୋଇପାରିଛି ।

ଭାରତୀୟ ପ୍ରେକ୍ଷାପଟ୍ଟରେ ନାରୀର ସ୍ଥିତି ତତ୍କାଳୀନ - ସମାଜରେ ଯେଉଁଭଳି ଭାବରେ ଥିଲା, ଓଡିଶା ପରି ଏକ ପ୍ରାକୃତିକ ସମ୍ପଦରେ ଭରପୁର ପ୍ରଦେଶରେ ମଧ୍ୟ ସେହିଭଳି ଥିଲା କହିଲେ ଅତ୍ୟୁକ୍ତି ହେବ ନାହିଁ । ଶିକ୍ଷାର ପ୍ରଚଳନ ନାରୀକୁ ସଶକ୍ତ କରି ଗଢି ତୋଳିଲା । ସେ' ନିଜର ଅଧିକାର ସମ୍ପର୍କରେ ସଚେତନ ହେଲା । ନିଜକୁ ନିଜେ ନିରୀକ୍ଷଣ କରିବାର ସୁଯୋଗ ପାଇଲା । ଫଳରେ ନିଜର ଦୁର୍ବଳତା ପ୍ରତି ସଚେତନ ହେଲା । ନିଜର ବ୍ୟକ୍ତିତ୍ୱକୁ ଗଢି ସବଳ କରିବାର ସୁଯୋଗ ପାଇଲା । ଏହାଦ୍ୱାରା କେବଳ ଯେ ତା'ର ସାମାଜିକ ସ୍ଥିତି ଉନ୍ନତ ହେଲା ତା ନୁହେଁ ବରଂ ତା'ର ଆର୍ଥିକ ଓ ରାଜନୀତିକ ସ୍ଥିତି ମଜବୁତ ହେଲା । ତା'ର ଆଶା ଆକାଂକ୍ଷା ଏକ ନୂଆ ତରଙ୍ଗରେ ଉଦ୍ଭାସିତ ହେଲା । ସେ' ପୁରୁଷର ଦାସୀ ନୁହେଁ ବରଂ ସହଯାତ୍ରୀ ମନେକଲା । ନିଜ ସୁରକ୍ଷା ଓ ଦୁର୍ଗତି ପାଇଁ ନିଜେ ଉତ୍ତରଦାୟୀ ରହିଲା । କ୍ରମଶଃ ସଶକ୍ତ ହେଲା ନାରୀର ସ୍ଥିତି । ତା'ର ଆବେଗ, ସଂଘାତ, ଅନ୍ତର୍ଦ୍ୱନ୍ଦ୍ୱ ଏବଂ ଆନ୍ତରିକ ଅଭିପ୍ସା ଏକ ନୂତନ ଦିଗ୍‌ବଳୟ ସ୍ପର୍ଶ କଲା । ଫଳସ୍ୱରୂପ ସେ' ପ୍ରଗଲ୍‌ଭା ହେଲା, ତା'ର ପରିପ୍ରକାଶ କରିବାର ଅଧିକାର ପାଇଲା । ଏପରିକି, ପାଶ୍ଚାତ୍ୟଦେଶରେ ପିତୃକୈନ୍ଦ୍ରିକ ବ୍ୟବସ୍ଥା ଆଜକୁ ପ୍ରାୟ ୭ହଜାର ବର୍ଷ ତଳୁ ହୋଇଥିବାର ଅନୁମାନ କରାଯାଏ । ଯେଉଁଠି ପୁରୁଷର ବିଚାର ଓ ଚିନ୍ତନ ସର୍ବମାନ୍ୟ ଥିଲା । ଏଥିରୁ ସ୍ପଷ୍ଟ ପ୍ରତୀୟମାନ ହୁଏ, ପୁରୁଷର ଆଧିପତ୍ୟ ଓ ଭୂମିକା । ପୁରୁଷର ଅହମିକା, ଆତ୍ମବଡ଼ିମା ଥିଲା ଏହା ଅନ୍ତରାଳରେ କାରଣ । ଯାହା ଅଦ୍ୟାବଧି ଆମ ଜୀବନକୁ କ୍ଳୀବ-ମୃତପ୍ରାୟ କରିବାରେ ଲାଗିଛି । ତତ୍‌ଦ୍ୱାରା ଜୀବନଚକ୍ର ମଧ୍ୟ ଅବସ୍ଥିତ ହେବାରେ ଲାଗିଛି । ଏହି ପୃଷ୍ଠଭୂମିରେ 'ପରିବେଶ-ନାରୀବାଦ' (Eco -feminism) ତତ୍ତ୍ୱଟି ମୁଣ୍ଡ ଟେକିଚି କହିଲେ ଅତ୍ୟୁକ୍ତି ହେବ ନାହିଁ । ତେବେ, ଦେଖିବା ଏ 'Eco -feminism concept' ଟି କ'ଣ ? ଅବା 'ପରିବେଶ - ନାରୀବାଦ' ତତ୍ତ୍ୱଟି କିଭଳି ସାମାଜିକ ବ୍ୟବସ୍ଥା ମଧ୍ୟରେ ପ୍ରତିଫଳିତ ହେଉଛି । ନାରୀ ଓ ପ୍ରକୃତି ପରସ୍ପର ପରିପୂରକ । ଏ ଉଭୟ ପୁରୁଷ ତାନ୍ତ୍ରିକ ସମାଜରେ ଅବମୂଲ୍ୟାୟନ ତଥା ଅବହେଳିତ ହୁଅନ୍ତି, ତାହାର ବ୍ୟାଖ୍ୟା କରେ ପରିବେଶ-

ନାରୀବାଦ । ଏ ତତ୍ତ୍ୱ ଅନୁଯାୟୀ ନାରୀ ଓ ପ୍ରକୃତି ଉଭୟେ ସମାଦଶାପନ୍ନ ଓ ସମଧର୍ମୀୟ ଅଟନ୍ତି । ଉଭୟଙ୍କ ଦୁର୍ଗତି ସମାନ ଉତ୍ସରୁ ଜାତ । ଏପରିକି ଉଭୟ ପୁରୁଷର ଅହଂ ଓ ଔଦ୍ଧତ୍ୟ ଏତେ ଅବଦମିତ ଓ ନିଷ୍ପେସିତ । ପରିବେଶ- ନାରୀବାଦୀ ମାନଙ୍କ ମତରେ ପୁରୁଷ ପରିବେଶ ବା ପ୍ରକୃତି ଉପରେ ଯେଉଁ ଅମାନବୀୟ ଦମନଲୀଳା ଚଳାଏ, ନାରୀ ଉପରେ ମଧ୍ୟ ସମାନ ଭାବେ ଅସୂୟାପୋଷଣ ପୂର୍ବକ ଅତ୍ୟାଚାର କରେ । ତେଣୁ କହିବାକୁ ଗଲେ ପ୍ରକୃତି ଓ ନାରୀ ଉଭୟେ ପୁରୁଷ ଦ୍ୱାରା ସମଭାବରେ ନିର୍ଯ୍ୟାତିତ ଏବଂ ନିପୀଡିତ । ନିଜ ମା-ମାଟି-ମାତୃଭାଷାର ବନ୍ଦନା କଲେ ମଧ୍ୟ ଏହାର ତିରସ୍କାର କରିବାକୁ ପଛାଏ ନାହିଁ । ନିଜର ସ୍ୱାର୍ଥର ପରିପୂର୍ତ୍ତି ନିମନ୍ତେ ପ୍ରକୃତିକୁ ଦେବୀ କହି ପୂଜେ ତ ତାହାର ବେଳେବେଳେ ସଂହାର କରି ଧ୍ୱଂସର ତାଣ୍ଡବ ଲୀଳା ରଚେ । ନିଜ ମା-ମାଟି ଉପରେ ନିୟନ୍ତ୍ରଣ କରିବାକୁ ଯାଇ ଆପଣାର କର୍ତ୍ତୃତ୍ୱ ଜାହିର କରେ । ଠିକ୍ ସେହିପରି ନାରୀ ଉପରେ ନିଜର ପ୍ରାଧାନ୍ୟ ଓ ଆଧିପତ୍ୟ ଦର୍ଶାଇବାକୁ ଯାଇ ତାକୁ କର୍ତ୍ତୃତ୍ୱାଧିନ କରାଏ । ଏ ସବୁ ପାଇଁ ଦାୟୀ ପୁରୁଷ ସମାଜ । ନାରୀବାଦୀ ମାନେ, ନାରୀର ଅବଦମିତ ସ୍ଥିତି ପାଇଁ ପୁରୁଷର ଏ ଶାସନ ତନ୍ତ୍ରକୁ ଇଙ୍ଗିତ କରିଛନ୍ତି । ଏପରିକି ଲିଙ୍ଗଗତ ତାରତମ୍ୟ ମଧ୍ୟ ସମାଜରେ ନାରୀକୁ ଦ୍ୱିତୀୟ ଶ୍ରେଣୀ ନାଗରିକତା ଦେବାରେ ସାହାଯ୍ୟ ହୁଏ । ସଂଖ୍ୟାଲଘୁ ଗୋଷ୍ଠୀ ଯେ ଯୁଗେ-ଯୁଗେ ପକ୍ଷପାତିତାର ଶିକାର ହୁଏ, ଏହାକୁ ଅସ୍ୱୀକାର କରାଯାଇନପାରେ ।

ନାରୀବାଦୀ ମାନଙ୍କ ମତରେ 'ନାରୀ' ମଧ୍ୟ ଈଶ୍ୱରଙ୍କର ଅନ୍ୟତମ ସୃଷ୍ଟି । ପୁରୁଷ ଭଳି ତାହାର ମଧ୍ୟ ସମାନ ଭବରେ ଜୀବନ ଧାରଣର ଅଧିକାର ରହିଛି । ତେଣୁ ପୁରୁଷ ଓ ନାରୀ ମଧ୍ୟରେ ଲିଙ୍ଗଗତ ପ୍ରଭେଦକୁ ଦୂରେଇ ଦେବା ଉଚିତ୍ । ଫଳସ୍ୱରୂପ ପୁରୁଷ ଓ ନାରୀ ମଧ୍ୟରେ ଏକ ଆତ୍ମୀୟତାର ସମ୍ପର୍କ ସୃଷ୍ଟି ହେବ । ଉଭୟଙ୍କ ମଧ୍ୟରେ ଏକ ସୌହାର୍ଦ୍ଦ୍ୟପୂର୍ଣ୍ଣ ସମାନତା ସ୍ଥାପନ ହେବ । ଉଭୟଙ୍କ ମଧୁରତମ ସଂପର୍କରେ ପୃଥିବୀ ହେବ ମଧୁମୟ ।

ନାରୀ ଓ ପୁରୁଷ ଦୁଇ ସମାନ୍ତରାଳ ସରଳରେଖା ଭଳି । ଉଭୟଙ୍କ ସ୍ଥିତି, ସମାଜରେ ଗୁରୁତ୍ୱପୂର୍ଣ୍ଣ । ଜଣେ ଅଶ୍ରୁ ହେଲେ ଅନ୍ୟ ଜଣେ ନୟନ, ଜଣେ ଶରୀର ହେଲେ ଅନ୍ୟ ଜଣେ ଜୀବନ । ତେଣୁ ଉଭୟ- ଉଭୟଙ୍କ ସହଯୋଗୀ । ଏକ ବିନା

ଆରକର ସ୍ଥିତି ଶୂନ୍ୟ । ମାତ୍ର ଆମର ତଥାକଥିତ ସାମାଜିକ ବ୍ୟବସ୍ଥା ସେମାନଙ୍କୁ ଭିନ୍ନ ମନେ କରେ । ଜଣଙ୍କୁ ବଳିଷ୍ଠ - ସବଳ ବୋଲି ମନେକଲାବେଳେ ଅନ୍ୟଜଣଙ୍କୁ ଅବଳା-ଦୁର୍ବଳା ବୋଲି ବିବେଚନା କରେ । ନାରୀର ଯାବତୀୟ ସ୍ୱାଧୀନତାକୁ ତା'ର ଉଚ୍ଛୃଙ୍ଖଳତା ମନେକରେ । ତାକୁ ଗୌଣ ବା ନ୍ୟୁନ ମନେକରି ତା'ର ଅସ୍ମିତାକୁ କୁଠାରଘାତ କରେ । ନାରୀଟିଏ ଯେ ପୁରୁଷ ଠାରୁ ଭିନ୍ନ ଏହି ରଢିବାଦୀ ଚିନ୍ତାଧାରା (Stereotyped thinking) ତା'ର ସ୍ଥିତିକୁ ସଂକୁଚିତ କରାଇଦିଏ । ତାକୁ ନିମ୍ନବର୍ଗ - ଦୁର୍ବଳ ଶ୍ରେଣୀ ମନେକରି ସଂରକ୍ଷଣର ଦାବି କରେ । ପରୋକ୍ଷରେ ପୁରୁଷ ତିଆରି ଶାସନକଳରେ ଏକ ସଖି କଣ୍ଢେଇ ସଜେଇ ଦିଏ । ଏହି ପୁରୁଷ-ପ୍ରବର୍ତ୍ତିତ ନୀତି-ନିୟମରେ ସେ' ଜର୍ଜରିତା ହୁଏ, ପୀଡା ଲଭେ । ଏହି ପରିପ୍ରେକ୍ଷୀରେ ବିଚାର କଲେ, 'ପରିବେଶ-ନାରୀବାଦ', ନାରୀ ଓ ପ୍ରକୃତି ପ୍ରତି ସହାନୁଭୂତିଶୀଳ ହେବାର କଥା କହେ । ଉଭୟେ ସହନଶୀଳା- କ୍ଷମାମୟୀ- କଲ୍ୟାଣମୟୀ ଅଥଚ, ଅତ୍ୟାଚାର- କଷଣ ଲଭନ୍ତି । ଯାହା ସୁସ୍ଥ ସମାଜର ପରିଚୟ ନୁହେଁ ହେଇପାରେ । ଏ ଦୃଷ୍ଟିରୁ ବିଚାର କଲେ 'ପରିବେଶ - ନାରୀବାଦୀ' ମାନେ ସନ୍ତୁଳନ ରକ୍ଷା କରି ସାମାଜିକ ସହବସ୍ଥାନକୁ ସୁରକ୍ଷା ଦେବାରେ ଯୁକ୍ତି ବାଢ଼ନ୍ତି । ଉଭୟଙ୍କ ମିଳିତ ପ୍ରଚେଷ୍ଟା ହିଁ ସମାଜକୁ ପ୍ରଗତି ପଥରେ ଅଗ୍ରଗାମୀ କରିପାରିବ ବୋଲି 'ପରିବେଶ-ନାରୀବାଦୀ' ମାନେ "Chills G lendinning" ଙ୍କ ପରି ନାରୀବାଦୀ (Eco - Feminist) ଙ୍କ ମତରେ :

"ଆରଣ୍ୟକ ମଣିଷ କ୍ରମେ ଶିକାର କରିବା ସହିତ ଧୀରେ ଧୀରେ କୃଷିକାର୍ଯ୍ୟରେ ମନୋନିବେଶ କରିଛି । ଚାରା ରୋପଣ କରି ଖାଦ୍ୟ ସଂଗ୍ରହ କରିବାର ପ୍ରଣାଳୀ ଶିଖିଚି, ସେ' ପଶୁମାନଙ୍କୁ ନିଜ କାର୍ଯ୍ୟରେ ବିନିଯୋଗ କରିଲା ଏବଂ କୃଷିକାର୍ଯ୍ୟରେ ପଶୁ ମାନଙ୍କୁ ଖଟାଇଲା । ଆପାତତଃ ୨୦ ହଜାର ବର୍ଷ ତଳର ଘଟଣା । କ୍ରମଶଃ ମନୁଷ୍ୟ ପଶୁ ଓ ପ୍ରକୃତିକୁ ନିଜ ଆୟତାଧିନ କରିଲା । ପ୍ରକାରାନ୍ତରେ ପ୍ରକୃତି ଠାରୁ ଦୁରେଇ ଗଲା ।"

ଏ ସବୁରୁ ଅନୁମାନ କରିହୁଏ, ମନୁଷ୍ୟ କିଭଳି ପ୍ରକୃତି ପ୍ରତି ସମ୍ବେଦନଶୀଳ ନ ହୋଇ ତା'ର ବିପକ୍ଷରେ କାର୍ଯ୍ୟ କରିଛି । ପ୍ରକୃତି ଆମର ମାତୃକାସମ । ତାହାର ସୁରକ୍ଷା ପ୍ରତି ଦୃଷ୍ଟି ଦେବା ଆମର ମୌଳିକ କର୍ତ୍ତବ୍ୟ । ଅଥଚ ମନୁଷ୍ୟ, ଏଥିପ୍ରତି

ଦୃଷ୍ଟି ନ ଦେଇ ପ୍ରକୃତି ପ୍ରତି ବିରୁଦ୍ଧାଚରଣ କରିବାକୁ ପଛାଉନାହିଁ । ପ୍ରାକୃତିକ ସବୁଜିମା ପରିବର୍ତ୍ତେ କଂକ୍ରିଟର ଜଙ୍ଗଲ ନିର୍ମାଣ କରୁଛି । ପରିବେଶ, ଜୀବ ଜଗତର ଜୀବନରେଖା ସଦୃଶ ଅଟେ । ତେଣୁ ପରିବେଶ, ପର୍ଯ୍ୟାବରଣ ବ୍ୟତିରେକ ଆମ ସଚରାଚର ଜୀବମଣ୍ଡଳଙ୍କ ଜୀବନ ଧାରଣ ଅସମ୍ଭବ ହୋଇପଡିବ । ପଞ୍ଚଭୂତରୁ ଶରୀର ଆମର । ମାଟି, ଜଳ, ବାୟୁ, ଆଲୋକ ବିନା କେହି ମଧ୍ୟ ଜୀବନ ଧାରଣ କରିପାରିବେ ନାହିଁ । ଯଥାର୍ଥରେ ପରିବେଶ ବା ପ୍ରକୃତି ବା Mother Earth ଜୀବନ ରେଖା ସଦୃଶ, ଯାହା ଚିରନ୍ତନ ସତ୍ୟ । ଅତି ଦୁର୍ଭାଗ୍ୟର ବିଷୟ ମନୁଷ୍ୟ ଏ ସବୁ ଜାଣି ମଧ୍ୟ ଅଜ୍ଞତାର ଅନ୍ଧକାରରେ ବୁଡି ରହିଛି । ଦୁଃଖ ଓ ପରିତାପର ବିଷୟ, ପ୍ରକୃତି ପ୍ରତି ଏ ଅସୂୟାଭାବ ମଣିଷକୁ ପତନ ଆଡକୁ ନେବାର ପଥ ପରିଷ୍କାର କରିଚାଲିଛି । ମଣିଷ, ନିଜକୁ ବିବେକୀ- ଶ୍ରେଷ୍ଠପ୍ରାଣୀ ମନେକଲେ ମଧ୍ୟ, ସମାଜ ପ୍ରତି ତା'ର ଉତ୍ତରଦାୟିତ୍ୱକୁ ଭୁଲିବାକୁ ବସିଛି । ପ୍ରଗତି ନାଁରେ କ୍ରୂରତାର ବିଭୀଷିକା ଚରମ ସ୍ତରରେ ପହଞ୍ଚିଲାଣି । ସମଗ୍ର ବସୁଧା କ୍ରମଶଃ ପ୍ରଦୂଷିତ ଓ କ୍ଷୟ ହେବାକୁ ବସିଲାଣି । ଏଥିପାଇଁ ଦାୟୀ କେବଳ ପୁରୁଷ ତାନ୍ତ୍ରିକ ସମାଜର ଅହମିକା । ଆଧୁନିକତାର ନାଁରେ ଚତୁର୍ଦ୍ଦିଗ କେବଳ ସହରୀକରଣ । କୃତ୍ରିମତାର ମାଳମାଳ ନଭଶ୍ଚୁମ୍ବୀ ଅଟ୍ଟାଳିକା । ଅରଣ୍ୟ ଧ୍ୱଂସ ହେବାକୁ ବସିଲାଣି, ନଦୀ-ନାଳ ତା'ର ଅସ୍ତିତ୍ୱ ଭୁଲିବାକୁ ବସିଲେଣି, ପଶୁ- ପକ୍ଷୀର କାକଳି ପ୍ରାୟ ନିଶ୍ଚିହ୍ନ ହେଲାଣି । ସର୍ବତ୍ର ପ୍ରଦୂଷିତ ବାୟୁମଣ୍ଡଳ, ପରିବେଶ ଧୂସର- ମୃତପ୍ରାୟ । ଜଗତରେ ଅନ୍ୟାନ୍ୟ ପ୍ରାଣୀ ନୁହେଁ, ଏଥିପାଇଁ ଦାୟୀ କେବଳ ମନୁଷ୍ୟ । କ୍ଷମତାନ୍ଧ ହୋଇ ସମଗ୍ର ସଂସାରକୁ ନିଜ ହାତମୁଠାକୁ ଆଣିବାକୁ ବ୍ୟାକୁଳିତ ହେଉଛି । ଅଥଚ ଭୁଲିଯାଉଛି, ତା'ର ଭବିଷ୍ୟତର ସ୍ଥିତି । ଯାହା ଧ୍ୱଂସ ଆଡକୁ ମୁହାଁଇବାରେ ଲାଗିଛି । ତେବେ ମନରେ ପ୍ରଶ୍ନ ଉଠେ, ମନୁଷ୍ୟ ଜାଣି ମଧ୍ୟ ଏଭଳି ଅପରିଣାମଦର୍ଶୀ କାର୍ଯ୍ୟ କରିବାକୁ ବିବ୍ରତ କାହିଁକି ? ଯେଉଁ ପରିବେଶ, ତା'ର ଜୀବନ ଧାରଣର ଆଶ୍ରା ତାକୁ କାହିଁକି ? ସେ' ନଷ୍ଟ କରିବାରେ ଲାଗିଛି ।

ସର୍ବଶ୍ରେଷ୍ଠ ପ୍ରାଣୀ ହୋଇ ମଧ୍ୟ ଏତେ ନିମ୍ନମାନର କାର୍ଯ୍ୟ କରିବାରେ ବ୍ୟଗ୍ର କାହିଁକି ? ଏହାର ଉତ୍ତର ହେଉଛି ମନୁଷ୍ୟର କ୍ଷମତା ପିପାସୁ ଚିନ୍ତାଧାରା, ବସ୍ତୁବାଦୀ ମୋହ ଏବଂ ଅହଂପ୍ରବଣତା । ଯାହାକୁ ନ ଛାଡିଲେ ମାନବ ସଭ୍ୟତାର ଧ୍ୱଂସ

ଅନିର୍ବାର୍ଯ୍ୟ । ପୁରୁଷକେନ୍ଦ୍ରିକ ସମାଜର ଏହି ଏକଚାଟିଆ ବା ନିରଙ୍କୁଶ କ୍ଷମତା ଏଥିପାଇଁ ମୁଖ୍ୟତଃ ଦାୟୀ । 'ପରିବେଶ-ନାରୀବାଦ' ଏହି ସବୁ ବିଡମ୍ବନା ବିରୁଦ୍ଧରେ ଏକ ବନ୍ଧମୂଳକ ସଂଗଠିତ ପ୍ରୟାସ କରିବାକୁ ଯାଇ ପ୍ରତିବାଦ କରନ୍ତି । ତାଙ୍କ ମତରେ 'ପରିବେଶ-ନୈତିକତା' ହିଁ ସମାଧାନର ପଥ ପରିଷ୍କାରର ସହାୟ ହୋଇପାରିବ । ଏହି ପରିବେଶ ନୈତିକତାରୁ ସୃଷ୍ଟି ହେଲା, ପରିବେଶ ସଚେତନତା । ଯାହାକୁ, ନିବିଡ ପ୍ରକୃତି ବା (Deep Ecology) ବୋଲି ବୁଝାଯିବ । ତେବେ ଦେଖିବା, ଏହି ନିବିଡ ପ୍ରକୃତି ନୀତି କ'ଣ ?

ନିବିଡ ପ୍ରକୃତି ନୀତି ବା (Deep Ecology)

୧୯୭୨ -୭୩ ରେ ନରୱେର ଦାର୍ଶନିକ ତଥା ସାମାଜିକ କର୍ମୀ Arne Nacss ତାଙ୍କର 'The Deep love range Ecology movement' ପ୍ରବନ୍ଧରେ 'Deep Ecology' ବା ନିବିଡ ପ୍ରକୃତି ନୀତି ଶବ୍ଦକୁ ବ୍ୟବହାର କରି ଏହାର ଗୁରୁତ୍ୱାରୋପ କରିଥିଲେ । ତାଙ୍କ ମତରେ : ମନୁଷ୍ୟ ଯେପରି ସ୍ୱାସ୍ଥ୍ୟବାନ ହେବା ଆବଶ୍ୟକ, ପ୍ରକୃତି ମଧ୍ୟ ସ୍ୱାସ୍ଥ୍ୟପ୍ରଦ ହେବା ଜରୁରୀ । ଏପରିକି କେତେଗୁଡିଏ ମନ୍ତବ୍ୟ ଉପରେ ଗୁରୁତ୍ୱାରୋପ କରିବାକୁ ଯାଇ Arne Nacss କୁହନ୍ତି :

(୧) Prioritize the health of the enviroment

(ପ୍ରକୃତିର ସ୍ୱାସ୍ଥ୍ୟ ଉପରେ ପ୍ରାଥମିକତା)

(୨) Guard the integrity of Nature

(ପ୍ରକୃତିର ସୁରକ୍ଷା କବଚ)

(୩) Develop an ecosophical approach

(ସମ୍ବେଦନଶୀଳ ଦୃଷ୍ଟିଭଙ୍ଗୀ)

(୪) Seeing humans as equal to other species

(ମାନବୀୟ ଦୃଷ୍ଟି- ଯିବା ନିର୍ବିଶେଷରେ ମଣିଷ ଓ ଅନନ୍ୟାନ୍ୟା ଜୀବ ଉଦ୍ଭିଦ ସମାଜ)

(୫) Viewing nature as having inherent value

(ମାନବୀୟ ମୂଲ୍ୟବୋଧ ପରିପ୍ରେକ୍ଷୀରେ ପ୍ରକୃତି ପ୍ରତି ସହାନୁଭୁତିଶୀଳତା) ଅର୍ଥାତ୍, ନିବିଡ ପ୍ରକୃତିବାଦୀ ମାନେ ମନେକରନ୍ତି ମାନବିକତାର ଯେପରି ସ୍ୱକୀୟ ମୂଲ୍ୟବୋଧ ମାନ ଅଛି. ଠିକ୍ ସେହିପରି ପ୍ରାକୃତିକ ସଂପଦ ମାନଙ୍କର ମଧ୍ୟ ସେପରି ମୂଲ୍ୟ ରହିଛି । ଅର୍ଥାତ୍, ମନୁଷ୍ୟର ସମ୍ବେଦନଶୀଳ ଦୃଷ୍ଟିଭଙ୍ଗୀ ନେଇ ପ୍ରକୃତିକୁ ଗୁରୁତ୍ୱାରୋପ କରାଯାଇଛି । ସମସ୍ତଙ୍କର ସମାନ ଭାବରେ ବଞ୍ଚିବାର, ବଢିବାର ଅଧିକାର ଅଛି । ମନୁଷ୍ୟ ଓ ପ୍ରକୃତି ମଧ୍ୟରେ ଯେଉଁ ଅଦୃଶ୍ୟ ସମ୍ପର୍କଟିଏ ଅଛି, ତାହା ସମାନ୍ତରାଳ ଭାବରେ ରହିଲେ ଯାଇ ହିଁ ପରିବେଶର ବିକାଶ ହେଇପାରିବ । ଏହି Deep Ecology ର ଚିନ୍ତାଧାରା ଏବଂ Eco feminism ର ଚିନ୍ତାଧାରା ମଧ୍ୟରେ ଏକ ସୂକ୍ଷ୍ମ ପାର୍ଥକ୍ୟବୋଧକୁ ଅନୁଭବ କରାଯାଏ । ଏହି Deep Ecology ବା ନିବିଡ ପ୍ରକୃତି ନୀତି କେଉଁଠି ନା କେଉଁଠି ସମାଜର ନିରଙ୍କୁଶ ସତ୍ତାର ପ୍ରଭାବର ମୁକ୍ତ ନୁହନ୍ତି । ଏ ପରିପ୍ରେକ୍ଷୀରେ ପରିବେଶ-ନାରୀବାଦୀ ମାନେ ଚିନ୍ତାରେ ସ୍ୱତନ୍ତ୍ର ଏବଂ ମୁକ୍ତ । ନିବିଡ ପ୍ରକୃତିବାଦ କୌଣସି ଦର୍ଶନ ବା ସିଦ୍ଧାନ୍ତ ନୁହେଁ ବରଂ ଏକ ମାନସିକ ପ୍ରକଳ୍ପ, ଯୋଉଥିପାଇଁ ନୈତିକ ସ୍ତରରେ ଶୁଦ୍ଧ ହେବା ନିହାତି ଆବଶ୍ୟକ । ଏ ହେଉଛି ନିବିଡ ପ୍ରକୃତିବାଦ ବା Deep Ecology ।

ଦେଖିବାକୁ ଗଲେ, ପୁରୁଷ ତାନ୍ତ୍ରିକ ସମାଜ ନାରୀ ଓ ପ୍ରକୃତିକୁ ନିଜର ଅଧସ୍ତନ ମନେ କରି ତାଙ୍କ ଉପରେ ନାନାଦି ଅକଥନୀୟ ଲୀଳା ଭିଆଏ । ନାରୀର ମାନ-ମର୍ଯ୍ୟାଦା ଦହନ କରେ ତ କେତେବେଳେ ପ୍ରକୃତିର ଧ୍ୱଂସ କରିବାକୁ ଆପଣାର ଗୌରବ ମନେକରେ । ଲିଙ୍ଗଗତ ଅସମାନତା ଏହାରି ମୂଳରେ ମୁଖ୍ୟ ଭୂମିକା ଗ୍ରହଣ କରେ । ଯାହାକୁ ବିରୋଧ କରେ ଏହି ନିସର୍ଗ 'ନାରୀବାଦ' । ନାରୀବାଦୀ ଆନ୍ଦୋଳନ ଗୁଡିକ ସହ ଏହି Eco Feminism ବା ପରିବେଶ-ନାରୀବାଦ ର ଭୂମିକା ଅଗ୍ରଗଣ୍ୟ । ନାରୀବାଦୀ ଆନ୍ଦୋଳନ ଅନେକ ପର୍ଯ୍ୟାୟ ବା ସ୍ରୋତ ଦେଇ ଗତି କରୁଥିବା ବେଳେ ଏହି ନିସର୍ଗ ନାରୀବାଦ ମଧ୍ୟ ଅନେକ ସ୍ତର ଦେଇ ଗତି କରିଛି ।

ଡ. ଶରତ କୁମାର ଜେନଙ୍କର 'ନାରୀ ଓ ନାରୀବାଦ ପ୍ରସଙ୍ଗ' ରୁ ଏକ ବକ୍ତବ୍ୟ ଏଠାରେ ପ୍ରଣିଧାନ ଯୋଗ୍ୟ । ଡ. ଜେନାଙ୍କ ମତରେ : 'ବୈଷମ୍ୟ, ଶୃଙ୍ଖଳା ଓ ନିର୍ମାଣ' ଆଦି ବିଭିନ୍ନ ଦୃଷ୍ଟିଭଙ୍ଗୀ ମଧ୍ୟରେ 'ନିସର୍ଗ ନାରୀବାଦ' ପ୍ରତିବିମ୍ବିତ

ହୋଇଛି । ସ୍ୱଭାବତଃ ନିସର୍ଗ ନାରୀବାଦର ଆଲୋଚନାରେ ନାରୀ ନିସର୍ଗବାଦ ଓ ନିସର୍ଗ ନାରୀର ସମ୍ପର୍କ ନିର୍ଦ୍ଧାରଣରେ ଅତ୍ୟାଚାର ଓ ପରବେଶ ଧ୍ୱଂସର କଥା ଉଠେ ।

-ନାରୀ ଓ ନାରୀବାଦ ପ୍ରସଙ୍ଗ : ପୃ: ୧୧୨

ଲକ୍ଷ୍ୟକଲେ ଜଣାଯାଏ, ସାମାଜିକ ବିଧି - ବ୍ୟବସ୍ଥା ଏଭଳି ଭାବରେ ପୁରୁଷ ତାନ୍ତ୍ରିକ ପ୍ରଭାବରେ ପ୍ରଭାବିତ ଯେ ଯେଉଁଠି ଉଭୟେ ପ୍ରକୃତି ଓ ନାରୀର ଭୂମିକା ଗୌଣ । ଏଠି ରାଜନୀତିକ ପରିସ୍ଥିତି ହେଉ ଅବା ସାମାଜିକ- ଆର୍ଥିକ - ସାଂସ୍କୃତିକ ପ୍ରତିଟି ସ୍ତରରେ ପୁରୁଷର ନିରଙ୍କୁଶ କ୍ଷମତାର ଆଧିପତ୍ୟ ବିସ୍ତାର । ଯାହାର ଭରପୁର ଫାଇଦା ଉଠାଇବାରେ ପୁରୁଷତନ୍ତ୍ର ସର୍ବାଗ୍ରେ । ଫଳସ୍ୱରୂପ ଆଜିର ଏ ପ୍ରାସଙ୍ଗିକ ପରିସ୍ଥିତି । ପ୍ରକୃତିର ବିଭିଷୀକା ତଥା ନାନାଦି ଅକଥନୀୟ ପରିସ୍ଥିତି ।

ଏହି ଔଦ୍ଧତ୍ୟର ଚରମ ପରିଣତି ସମଗ୍ର ଜୀବ- ଜଗତକୁ ଭୋଗିବାକୁ ହେବ ।ପରିବର୍ତ୍ତିତ ସାମାଜିକ ବ୍ୟବସ୍ଥା ଏଥିପାଇଁ ମୂଳତଃ ଦାୟୀ ଏହି ମଣିଷ । କିନ୍ତୁ ସେ' ଅତୀତରେ ମନୁଷ୍ୟ ଏଭଳି ନଥିଲା । ଧୀରେ ଧୀରେ ଆଧୁନିକତାର ଆଲୋକରେ ଉଦ୍ଭାସିତ ହେବା ଛଳରେ ତା'ର ମାନବୀୟ- ମୂଲ୍ୟବୋଧ ମଧ୍ୟ ଅପସରି ଗଲା । ଏକଦା ପ୍ରକୃତି କୋଳରେ ଅତ୍ୟନ୍ତ ଆନନ୍ଦରେ ଜୀବନଯାପନ କରୁଥିଲା । ପ୍ରକୃତି ଥିଲା ତା'ର ପ୍ରେରଣା । ତା'ର ଦୁଃଖ- ସୁଖର ଦେବୀ ତୁଲ୍ୟ କଲ୍ୟାଣମୟୀ ମାତୃକା । ସମାଜ ତତ୍ତ୍ୱବିଦ ମାନଙ୍କ ମତରେ, ଆଜକୁ ପ୍ରାୟ ୨୫୦ ବର୍ଷ ତଳେ- ମନୁଷ୍ୟର ସହାବସ୍ଥାନ, ପ୍ରକୃତି ସହିତ ତା'ର ସଂପର୍କ ଅତ୍ୟନ୍ତ ନିବିଡରୁ ନିବିଡତର ଥିଲା । ଧୀରେ ଧୀରେ ଏସବୁ ପରିବର୍ତ୍ତନ ଦେଖାଗଲା । ମଣିଷ ହେଲା ଯନ୍ତ୍ର, ତା ଭିତରୁ ଅପସରି ଗଲା ଯାବତୀୟ ସ୍ନେହ- ପ୍ରେମ- ତିତିକ୍ଷାର ଓ ଦୟାର ଭାବ । ସେ' କ୍ରମଶଃ ହେଲା ବସ୍ତୁବାଦୀ- କ୍ଷମତାନ୍ଧ ଯନ୍ତ୍ରମାନବରେ ରୂପାନ୍ତରିତ ।

ଅତୀତର ପ୍ରାକ୍-ଐତିହାସିକ କାଳକୁ ଅନୁମାନ କଲେ, ଆମେ ଜାଣିପାରିବା, ସେତେବେଳର ସାମାଜିକ ବ୍ୟବସ୍ଥା ନାରୀ-ପୁରୁଷ ଓ ପ୍ରକୃତି ତଥା ସମାଜ ମଧ୍ୟରେ ଥିବା ଏକ ଭାବମୟ ସଂପର୍କ । ମାତ୍ର ପରବର୍ତ୍ତୀ ପର୍ଯ୍ୟାୟ ବେଳକୁ ମନୁଷ୍ୟ ସଭ୍ୟ- ଶିକ୍ଷିତ ହେଲା । ସଭ୍ୟତାର ସ୍ପର୍ଶରେ ତା'ର ଆଭ୍ୟନ୍ତରୀଣ ଜଗତ ଧୀରେ ଧୀରେ କଳୁଷିତ ହେବାକୁ ଲାଗିଲା । ସେ' କ୍ରମଶଃ ନିଜର କ୍ଷମତା ଓ କର୍ତ୍ତୃତ୍ୱ ଜାହିର

କରିବାକୁ ଯାଇ ନିଜର ପରାକ୍ରମ ଦେଖାଇଲା । ଯୁଗେ ଯୁଗେ ଦୁର୍ବଳ ଉପରେ ସବଳର ଅତ୍ୟାଚାର ହୁଏ । ଏ ପରିପ୍ରେକ୍ଷୀରେ ମନୁଷ୍ୟ ପ୍ରଥମେ "ଭୂମି ଓ ବାସସ୍ଥାନ" ଉପରେ ନିଜର ଅଧିକାର ସାବ୍ୟସ୍ତ କଲା । ପ୍ରକୃତିତତ୍ତ୍ୱବିଦ୍ ଚାର୍ଲସ ଡାରୱିନ ଙ୍କର "Survival of the fittest" ନ୍ୟାୟରେ ସବଳ ଯେ' ଦୁର୍ବଳ ଉପରେ ପ୍ରଭୁତ୍ୱ ଜାରି କଲା, ତାହା ଭାବିଲା ବେଳକୁ ଆଶ୍ଚର୍ଯ୍ୟ ହେବାକୁ ହୁଏ । ସର୍ବଶକ୍ତିମାନ ପୁରୁଷ ତା'ର ବଳ ଓ କ୍ଷମତା ପ୍ରୟୋଗ ପୂର୍ବକ ସମଗ୍ର ଧରାକୁ ନିଜ ଅଧୀନକୁ ଆଣିବାକୁ ଚେଷ୍ଟା କଲା । ଏହା ଫଳରେ ନାରୀ ଓ ପ୍ରକୃତି ହେଲେ ଅଧିକ କ୍ଷତିଗ୍ରସ୍ତ । ପରିବେଶ – ନାରୀବାଦୀମାନେ ଏହା ଉପରେ ନିଜ ମତ ଉପସ୍ଥାପନା କରିବାକୁ ଯାଇ ଯେଉଁ ସବୁ ତଥ୍ୟମାନ ଉନ୍ମୋଚନ କଲେ, ତାହା ବାସ୍ତବିକ ମଣିଷ ସମାଜକୁ ବୁଝିବାକୁ ହେବ, ଅନ୍ୟଥା ପତନ ଅବଶ୍ୟମ୍ଭାବୀ ହୋଇପଡିବ ଏଥିରେ ଦ୍ୱିମତ ନାହିଁ ।

'ପରିବେଶ ନାରୀବାଦ' (Eco-Feminism) ସିଦ୍ଧାନ୍ତ ମୁଖ୍ୟତଃ 'ଜାତିବାଦ'କୁ ଗୁରୁତ୍ୱ ଦିଏ । ଯେପରି 'ସ୍ତ୍ରୀ' ଜାତି, 'ପଶୁପକ୍ଷୀ' ଜାତି, 'ପୁରୁଷ' ଜାତିକୁ ବୁଝାଏ । ବିଶେଷତଃ ବିଂଶ ଶତାବ୍ଦୀର ଶେଷ ପର୍ଯ୍ୟାୟବେଳକୁ ଏହି ସିଦ୍ଧାନ୍ତ ସମ୍ପର୍କରେ ପାଶ୍ଚାତ୍ୟ ଦେଶ ମାନଙ୍କରେ ଚର୍ଚ୍ଚା ଜୋର ଧରିଲା । ଏକ ନିର୍ଦ୍ଦିଷ୍ଟ ଭାବରେ କହିବାକୁ ଗଲେ, ଏହି 'ପରିବେଶ-ନାରୀବାଦ' ପ୍ରକୃତି ଓ ନାରୀର ଅଧିକାର ସୁରକ୍ଷା ପ୍ରତି ସଚେତନ ହେବାର ବାର୍ତ୍ତା ପ୍ରଚାର କରେ ବୋଲି ଧରିନେବାକୁ ହେବ । ବିଶିଷ୍ଟ ଫରାସୀ ନାରୀବାଦୀ franoise D'Eaubonne (1920-2005) (ଫ୍ରାଙ୍କୋଇଜଡ଼ି ଏବୋନ୍) ତାଙ୍କ ପୁସ୍ତକ 'Lefeminismoula mort' (1974) ରେ Eco Feminism 'ଇକୋ ଫେମିନିଜିମ' ବା 'ପରିବେଶ-ନାରୀବାଦ' ଶବ୍ଦର ପ୍ରୟୋଗ କରିଥିଲେ । ତାଙ୍କ ମତରେ ନାରୀବାଦର ଏକ ଅଙ୍ଗ ଭାବରେ ଏହି Eco Feminism କୁ ବୁଝିବାକୁ ହୁଏ । ବିଶେଷତଃ ପ୍ରକୃତି ଏବଂ ନାରୀର ସ୍ଥିତି ସମାନ । ଉଭୟେ ଏକ ଏବଂ ଅଭିନ୍ନ ସତ୍ତା । ଉଭୟଙ୍କ ସୁରକ୍ଷା ଏକାନ୍ତ ଆବଶ୍ୟକ । ତାଙ୍କ ଭାଷାରେ :

"Ecofeminism, branch of Feminism that examins the connection between women and nature. It's a part of political ecology."

ଏଥିରୁ ସ୍ପଷ୍ଟ ଅନୁମାନ କରାଯାଏ 'Ecology' ବା 'ପର୍ଯ୍ୟାବରଣ' ଏବଂ 'ନାରୀବାଦ' ତତ୍‌ସଂଲଗ୍ନ ସମସ୍ୟା ସମ୍ପର୍କରେ ସଚେତନ କରାଏ । ଏହା ନାରୀବାଦର ଏକ ଅନ୍ୟତମ ଶାଖା ସଦୃଶ । କେହି କେହି ଏହାକୁ ନାରୀବାଦର ତୃତୀୟ ସ୍ରୋତ ବୋଲି ଅଭିହିତ କରନ୍ତି । ମୂଳତଃ 'Ecology' (ଇକୋଲୋଜି) ଶବ୍ଦ ଗ୍ରୀକ ଶବ୍ଦ 'OikoS' ରୁ ଗୃହୀତ , ଯାହାର ଅର୍ଥ 'House' ବା ଘର । ଅବଶ୍ୟ ଗୃହର ଦୃଷ୍ଟିକୋଣ ଅନୁସାରେ ଏହା ପର୍ଯ୍ୟାବରଣ ସହିତ ସମ୍ପୃକ୍ତ । ଏହି ଇକୋଫେମିନିଜିମ (Ecofeminism) ସିଦ୍ଧାନ୍ତରେ ତତ୍ତ୍ୱବିତ ମାନେ ନାରୀ ଓ ପ୍ରକୃତିକୁ ବସ୍ତୁ ମନେ କରିବାର ଚିନ୍ତାଧାରା ପ୍ରତି ଆଙ୍ଗୁଳି ନିର୍ଦ୍ଦେଶ କରିଛନ୍ତି । ଏପରିକି ସମାଜର ନାରୀ ଓ ପ୍ରକୃତି ରହିଥିବା ଉପଭୋଗବାଦୀ ଦୃଷ୍ଟି କୋଣକୁ ମଧ୍ୟ ଇଙ୍ଗିତ କରାଯାଇଛି । 'ପରିବେଶ - ନାରୀବାଦୀ' ମାନଙ୍କ ମତରେ ନାରୀ ଓ ପ୍ରକୃତିର ଅବକ୍ଷୟ ପୁରୁଷଦ୍ୱାରା ହୋଇଅଛି । ଯାହା କଦାପି ସୁସ୍ଥ ସମାଜ ଗଠନରେ ସହାୟକ ହେବନାହିଁ । ସ୍ତ୍ରୀ ଶୋଷଣ ଏବଂ ପ୍ରକୃତିର ସଙ୍କଟ ବର୍ତ୍ତମାନ ମୁଖ୍ୟ ସମସ୍ୟା ଭାବରେ ମୁଣ୍ଡ ଟେକିଛି । ଅତୀତରେ ନାରୀ ହସ୍ତରେ କୃଷି କାର୍ଯ୍ୟ ଆଦି ସମ୍ପର୍ଣ୍ଣ ହେଉଥିଲା । ପରବର୍ତ୍ତୀ ସମୟରେ ଏହା ପୁରୁଷ ହସ୍ତକୁ ଆସିଲା, ଫଳସ୍ୱରୂପ କୃଷିକାର୍ଯ୍ୟ- ପରିବେଶ ସୁରକ୍ଷାରେ ବାଧାପାପ୍ତ ହେବାକୁ ଲାଗିଲା । ବସ୍ତୁବାଦୀ ସଭ୍ୟତାର ମୋହରେ ପୁରୁଷ ତା'ର ଚତୁର୍ପାର୍ଶ୍ୱର ପର୍ଯ୍ୟାବରଣକୁ ମୂଳୋତ୍ପାଟନ କରିବାକୁ ଲାଗିଲା । ତତ୍‌ସ୍ଥାନରେ କଳକାରଖାନା ତଥା ନଭଶ୍ଚୁମ୍ବୀ ଅଟ୍ଟାଳିକାମାନ ଗଢିବାକୁ ଲାଗିଲା । ଉନ୍ନତିର ଆଳରେ ସବୁଜ ବନାନୀ ଉଜୁଡିବାକୁ ବସିଲାଣି । ପ୍ରକାରାନ୍ତରେ ପରିବେଶର ସୁରକ୍ଷା ଯେ ନିହାତି ଜରୁରୀ ଏକଥାକୁ ସୂଚେଇଦେଲେ ଏହି ପରିବେଶ- ନାରୀବାଦୀମାନେ ।

ପରିବେଶ - ନାରୀବାଦୀ ମାନଙ୍କ ମତରେ, ନାରୀ ପର୍ଯ୍ୟାବରଣ ବା ପ୍ରକୃତି ସଂରକ୍ଷଣର ସପକ୍ଷବାଦୀ । 'ଚିପ୍‌କୋ ଆନ୍ଦୋଳନ' ଏହାର ସପକ୍ଷରେ ଯୁକ୍ତି ବାଢେ । ଏତଦ୍‌ବ୍ୟତୀତ ନାରୀ ମାନଙ୍କ ହସ୍ତରେ ନେତୃତ୍ୱ ଓ ପ୍ରତିନିଧିତ୍ୱ କରିବା ଲାଗି ପରିବେଶ- ନାରୀବାଦୀମାନେ ମତବ୍ୟକ୍ତ କରନ୍ତି । ପ୍ରକୃତିର ସୁରକ୍ଷା କ୍ଷେତ୍ରରେ ନାରୀର ଭୂମିକା ଅଗ୍ରଗଣ୍ୟ । କାହିଁ କେଉଁ ପ୍ରାଚୀନ କାଳରୁ ଧର୍ମକାର୍ଯ୍ୟ ହେଉ ଅବା ସାମାଜିକ ପ୍ରଥା- ପରମ୍ପରାର ମାନ୍ୟତା ଆଧାରରେ ନାରୀ ବୃକ୍ଷପୂଜା କରି ଆସୁଛି ।

ତୁଳସୀ, ଅଶ୍ୱ, ବରଗଛ, ନିମଗଛ, ସାହାଡା ବୃକ୍ଷ ଆଦି ପୂଜା କରିଆସୁଛି । ଏଥିରୁ ଏହା ସ୍ପଷ୍ଟହୁଏ, ନାରୀର ପରିବେଶ ବା ପ୍ରକୃତିର ସଂରକ୍ଷଣ ପ୍ରତି ଅହେତୁକ ଦୁର୍ବଳତା ଥିବାର ପ୍ରମାଣ ମିଳେ । ଅନ୍ତତଃ ଏତିକି ହୃଦୟଙ୍ଗମ କରି ହୁଏ ଯେ ନାରୀ ଓ ପ୍ରକୃତି ସମଧର୍ମା । ଏ ପ୍ରେକ୍ଷାପଟ୍ଟରୁ ଆମେ Ecofeminism ର ଆଭ୍ୟନ୍ତରୀଣ ରୂପରେଖରୁ ଏହା ଅନୁମାନ କରିପାରିବା ଯେ ଏହି ପରିବେଶ, ନାରୀବାଦର ବର୍ତ୍ତମାନ ସମୟରେ ଥିବା ପ୍ରାସଙ୍ଗିକତା । ପରିବେଶ ସଂରକ୍ଷଣ ଓ ନାରୀ ଜାତି ପ୍ରତି ହେଉଥିବା ଅନ୍ୟାୟ- କଷଣ ବିରୁଦ୍ଧରେ ପ୍ରତିବାଦ କରିବା ହେଉଛି ଏହି ସିଦ୍ଧାନ୍ତବାଦୀ ମାନଙ୍କର ଆଭିମୁଖ୍ୟ । ନାରୀ ଓ ପୁରୁଷ ମଧ୍ୟରେ ଥିବା ଲିଙ୍ଗଭିତ୍ତିକ ତାରତମ୍ୟକୁ ଦୂରେଇ ଦେଇ ଏକ ସୁସ୍ଥ ସମାଜ ଗଠନ କରିବା ସପକ୍ଷରେ ଏମାନେ ଯୁକ୍ତି ବାଢ଼ନ୍ତି । ପରିବେଶ ଓ ନାରୀବାଦୀ ମାନଙ୍କ ମତରେ :-

"Ecofeminism believes that patriarchal Society is built on four locking pillars ; sexism, racism, coals exploitation and environmental destruction. Ecofeminist analysis reveals that its not only women who are portrayed as being- Closer to nature, oppressed races and social classes have also been closely as sociated with nature"

ପିତୃ ପ୍ରଧାନ ସାମାଜିକ ବିଧି ବ୍ୟବସ୍ଥା ଅନୁସାରେ, ନାରୀର ସ୍ଥିତି ଓ ଭୂମିକା ଗୌଣ । ଏପରିକି ଏହି ବ୍ୟବସ୍ଥା ନାରୀକୁ ଦୁର୍ବଳ ଓ ପ୍ରକୃତିକୁ ଗୌଣମନେକରି ଏହା ଉପରେ ନିଜର କର୍ତ୍ତୃତ୍ୱ ଜାହିର କରେ । ନାରୀକୁ ପରିବାର ଦାୟିତ୍ୱ ମଧ୍ୟରେ ସୀମିତ କରାଇଲା ବେଳେ ପୁରୁଷକୁ ଶକ୍ତିଶାଳୀ ମନେକରି ଯୁକ୍ତିପ୍ରବଣ ତଥା ଯାନ୍ତ୍ରିକ ଜ୍ଞାନ କୌଶଳରେ ସିଦ୍ଧହସ୍ତ କରାଏ । ଏହି ବ୍ୟବସ୍ଥା ନାରୀ ସହିତ ପକ୍ଷପାତିତା କରେ । ସରଳମନା- ବିଶ୍ୱାସୀ- ଆବେଗପ୍ରବଣା ଓ ଦୁର୍ବଳମନେକରେ । ପରୋକ୍ଷରେ ହୀନ ଚକ୍ଷୁରେ ଦେଖେ । ପୁରୁଷକୈନ୍ଦ୍ରିକ ଏହି ବ୍ୟବସ୍ଥା ବିରୁଦ୍ଧରେ ସ୍ୱର ଉତ୍ତୋଳନ କରନ୍ତି ଏହି ପରିବେଶ- ନାରୀବାଦୀ ମାନେ । ତାଙ୍କ ମତରେ ତ୍ୟାଗ- ମମତ୍ୱ - ଦୟା ସେବା -ଅହିଂସା ଆଦି ନାରୀର ଗୁଣ, ଯାହା ସୁସ୍ଥ ପରିବେଶ ସରଞ୍ଜନାରେ ମୁଖ୍ୟ ଭୂମିକା ଗ୍ରହଣ କରିଥାଏ । ତେଣୁ ନାରୀ ଓ ପ୍ରକୃତି ଆମର ବନ୍ଦନୀୟା, ଅତି ଅନ୍ତରଙ୍ଗ ।

ପ୍ରକୃତରେ ନାରୀ ଓ ପରିବେଶର ମର୍ଯ୍ୟାଦା ହାନି ଉପରେ ପୁରୁଷ ପ୍ରଧାନ ସମାଜ ଦାୟୀ । ବସ୍ତୁବାଦୀ ଚିନ୍ତାଧାରା, କ୍ଷମତା ଲିପ୍‌ସୁ ମନୋବୃତ୍ତି ଏବଂ ଭୋଗବାଦୀ ଦୃଷ୍ଟିକୋଣ ହେତୁ ପୁରୁଷ ଅହଂପ୍ରମତ୍ତ ହୁଏ । ନିଜ ବଳବୀର୍ଯ୍ୟର ପ୍ରଭାବରେ ଅନ୍ୟକୁ ପୀଡା ଦିଏ, କଷଣ ଦିଏ । ୟୁରୋପୀୟ ଶିଳ୍ପବିପ୍ଳବ ଏବଂ ବିଶ୍ୱଯୁଦ୍ଧ ପରବର୍ତ୍ତୀ ପର୍ଯ୍ୟାୟରେ ଅହେତୁକ ପାଶ୍ଚାତ୍ୟ ପ୍ରୀତି ଓ ଯାନ୍ତ୍ରିକ ମନୋଭାବ ଯୋଗୁଁ ମନୁଷ୍ୟ ପ୍ରକୃତିର କ୍ଷତି କରିଚାଲିଲା । ସର୍ବତ୍ର ନିଜ ଇଚ୍ଛା ମୁତାବକ କଂକ୍ରିଟର ସହର ତୋଳିଲା । ବିଜ୍ଞାନ ଓ ପ୍ରଯୁକ୍ତି ବିଦ୍ୟାର ବିପୁଳ ପ୍ରୟୋଗ କରି କରି ଯନ୍ତ୍ରଦାନବରେ ପରିଣତ ହେଲା । କ୍ରମଶଃ ମୂଲ୍ୟବୋଧ ଭୁଶୁଡିବାରେ ଲାଗିଲା । ପାରମ୍ପରିକ ବିଶ୍ୱାସ, ସାମାଜିକ ଚଳଣି ଆଦି ବାଧାପ୍ରାପ୍ତ ହେଲା । ଡ. ବବ୍ରୁବାହନ ମହାପାତ୍ରଙ୍କର "ପରିବେଶ-ନାରୀବାଦ" ଓ ହୃଷିକେଶ ପଣ୍ଡାଙ୍କ "କଥା ସମ୍ଭାର" ଗ୍ରନ୍ଥରେ ସେ' କୁହନ୍ତି :

"ପୁଞ୍ଜିବାଦୀ ସଂସ୍କୃତିରେ ଅର୍ଥନୈତିକ ବିକାଶକୁ ଦେଶର ଅସଲ ପ୍ରଗତି ରୂପେ ଧରି ନିଆଗଲା । ତେଣୁ କଳକାରଖାନା ବସିଲା ଓ ଜଙ୍ଗଲ ଧ୍ୱଂସ ହେଲା । ଅର୍ଥ ଓ ମେସିନ ହେଲା ସଭ୍ୟତା ବିକାଶର ଚାବିକାଠି ।"

ଏଥିରୁ ସ୍ପଷ୍ଟ ଅନୁମାନ କରାଯାଇପାରେ, ଆଧୁନିକ ବୋଲାଉଥିବା, ସଭ୍ୟ-ଶିକ୍ଷିତ ଭାବେ ପରିଚୟ ପାଇଥିବା ମଣିଷର ଅଦୂରଦର୍ଶିତାର କୁପରିଣାମ ଯାହା ଆଜି ସମସ୍ତ ବିଶ୍ୱକୁ ଭୋଗିବାକୁ ପଡୁଛି ।

ଏପରିକି ବିଶିଷ୍ଟ ପରିବେଶ- ନାରୀବାଦୀ Carolyn merchant ତାଙ୍କର "The death of nature" ଗ୍ରନ୍ଥରେ ମଧ୍ୟ ମନୁଷ୍ୟ ସଭ୍ୟତାର ଏ ଅପରିଣାମଦର୍ଶିତାକୁ ଦର୍ଶେଇଛନ୍ତି । ତାଙ୍କ ମତରେ, ଏ ସବୁ ଏହି ପୁରୁଷକୈନ୍ଦ୍ରିକ ବା ପିତୃ କୈନ୍ଦ୍ରିକ ସମାଜ ଯୋଗୁଁ ପ୍ରକୃତିର ଅବକ୍ଷୟ ଘଟିଛି । ପ୍ରକୃତିକୁ ଅବାରିତ ଭାବେ ଦହନ କରିବା ଅଷ୍ଟାଦଶ ଶତାବ୍ଦୀର ଶିଳ୍ପବିପ୍ଳବ ଦାୟୀ ।

ପରବର୍ତ୍ତୀ ପର୍ଯ୍ୟାୟରେ ପ୍ରକୃତିର ମାର୍ମିକ ମନୋଦଶା କଳା-ସାହିତ୍ୟ-ସଂସ୍କୃତି ମାଧ୍ୟମରେ ପ୍ରତିଫଳିତ ହୋଇଛି । ବିଶେଷତଃ ସାହିତ୍ୟିକମାନେ ତାଙ୍କ ଲିଖିତ ବାଙ୍‌ମୟ ଶିଳ୍ପ ମାଧ୍ୟମରେ ଏ ସବୁ ବର୍ଣ୍ଣନା କରିଛନ୍ତି । ଯାହା

"Anthroprocene in Literature" ର ଭାବରେ ପାଶ୍ଚାତ୍ୟ ଦେଶ ମାନଙ୍କରେ ପ୍ରସିଦ୍ଧିଲାଭ କରିଛି । ପରିବେଶ- ନାରୀବାଦ ପରସ୍ପରର ସହାୟତାରେ ଏହି ସମସ୍ୟାକୁ ଉଜାଗର କରିଛନ୍ତି ।ତାଙ୍କ ମତରେ :

"The Anthroprocen is sometimes used to simply describe the time during which humans have had a substantial impact on our, planet. It means when human activity started to have significant impact on the climate and our eco-systems."

ଏହି ଅନଥ୍ରୋପ୍ରୋସିନ (Anthroprocene) ଶବ୍ଦଟି ବିଶେଷତଃ Eugene Stormer ଏବଂ Paul crutzen ଙ୍କ ଦ୍ୱାରା ୧୯୮୦ ଏବଂ ୨୦୦୦ ମସିହାରେ ଲୋକଲୋଚନକୁ ଆସି ବହୁପ୍ରସିଦ୍ଧି ସାଉଁଟି ଥିଲା । ସେହିପରି Judith Plant ତାଙ୍କ ରଚିତ "Women and Nature" ରଚନାରେ କବି ମାନଙ୍କର ସୌନ୍ଦର୍ଯ୍ୟାନୁଭୂତି ବର୍ଣ୍ଣନାରେ 'ପ୍ରାକୃତିକ ରୁପକଳ୍ପ' (OrganicMetaphor) ବ୍ୟବହାର କରିଥିବାର କଥା ଆଲୋଚନା କରିଛନ୍ତି । ଯାହା ଆମର ସାଂସ୍କୃତିକ ପ୍ରତ୍ୟୟର ଦ୍ୟୋତକ ବୋଲି କୁହାଯାଇପାରେ । ଫଳସ୍ୱରୂପ ପୃଥିବୀ ବା World ଏକ ଜୀବନ୍ତ ସତ୍ତା ବୋଲି ପ୍ରମାଣ ମିଳୁଥିଲା । କିନ୍ତୁ କ୍ରମଶଃ ଯନ୍ତ୍ର ସଭ୍ୟତାର ବିକାଶ ଫଳରେ, ଏହି ପ୍ରାକୃତିକ ରୁପକଳ୍ପରେ (Organic Metaphor) କ୍ରମେ ଯାନ୍ତ୍ରିକ ରୁପକଳ୍ପରେ (Mechanical Metaphor) ପରିବର୍ତ୍ତିତ ହୋଇଛି । ଏହା ପୃଥିବୀର ନିର୍ଜୀବତାକୁ ସୂଚେଇବା ସହ ଯନ୍ତ୍ର ସଭ୍ୟତାର କ୍ଲୀବ ଜଡତ୍ୱକୁ ଦର୍ଶାଉଛି । ଏହାହିଁ Anthroprocene in literaturର କୁ ଦର୍ଶାଏ । ପରିବେଶ ସୁରକ୍ଷା କ୍ରମେ କାବ୍ୟକାର ତଥା ବୁଦ୍ଧିଜୀବୀଙ୍କ ସମ୍ମୁଖରେ ଏକ ବିରାଟ ପ୍ରଶ୍ନବାଚୀ ହୋଇ ଛିଡା ହୋଇଛି । ଏ ସବୁ ମୂଳରେ ସେହି ଯନ୍ତ୍ର ସଭ୍ୟତା ; ଯାହା ମଣିଷର ସମସ୍ତ କୋମଳତା, ମାନବୀୟ ମୂଲ୍ୟବୋଧକୁ ନାଶ କରି ଚାଲିଛି । ହୃଦୟରେ କୋମଳତା ବଦଳରେ ରୁକ୍ଷତା- କଠୋରତାର ରାଜୁତି । ପ୍ରକୃତି ପ୍ରତି ସହାନୁଭୂତିଶୀଳ ହେବା ପରିବର୍ତ୍ତେ ହିଂସାତ୍ମକ ମନୋଭାବକୁ ପ୍ରଦର୍ଶନ କରୁଛି । ହୃଦୟହୀନ ଭାବରେ ଆଜି ସଭ୍ୟତାର ଧ୍ୱଂସ ସ୍ତୁପ ହିଁ ଦେଖିବାକୁ ଇଚ୍ଛା କରୁଛି । ଆଜିର ଯନ୍ତ୍ର ଯୁଗରେ ସମ୍ବେଦନଶୀଳତା ହଜିବାକୁ ବସିଛି । ପ୍ରକୃତିକୁ ନିଜର ଦାସୀ ତୁଲ୍ୟ ମାନି ମଣିଷ

ଯେଉଁ ସଂହାର ଲୀଳା ଚଳେଇଚି । ସେଥିପାଇଁ ତାକୁ ବହୁମୂଲ୍ୟ ପରିଶୋଧ କରିବାକୁ ପଡିବ, ଏଥିରେ ସନ୍ଦେହର ଅବକାଶ ନାହିଁ ।

ଭୌତିକ ସୁଖ ସାଧନାର ମାଧ୍ୟମ ମନେକରି ମଣିଷ, ପ୍ରକୃତିକୁ ଯେଉଁ ବ୍ୟବହାର କରିଚାଲିଛି, ତାହା ପରୋକ୍ଷରେ ଯେ ତାହାର ପତନର କାରଣ ହେବ ତାହା ସେ' ବୁଝିପାରୁନାହିଁ । ଗର୍ବ-ଅହମିକା-ଔଦ୍ଧତ୍ୟର ଚରମ ସୀମା ଲଙ୍ଘିଯାଇଛି । ଈଶ୍ୱର ଯେ ସର୍ବଶକ୍ତିମାନ ସତ୍ତା ତାହାଙ୍କୁ ମଧ୍ୟ ଅଗ୍ରାହ୍ୟ, ଅମାନ୍ୟ କରୁଛି । ନିଜକୁ ବିଶ୍ୱର ଅଧୀଶ୍ୱର ମନେକରି 'ଈଶ୍ୱର' ଙ୍କ ଅସ୍ତିତ୍ୱକୁ ଅବମାନନା କରୁଛି । ସ୍ଥିତିବାଦୀ ଦାର୍ଶନିକ ନିତ୍‌ସେ ଙ୍କର 'God is Dead' ଏହାର ଜ୍ୱଳନ୍ତ ଉଦାହରଣ । ପୁରୁଷର ଦୁର୍ବାର ଲାଳସା, ଯଶ-ମାନ- ପ୍ରତିପତ୍ତି ପ୍ରତି ଅହେତୁକ ଆକର୍ଷଣ ତା'ର ଚାରିତ୍ରିକ ସ୍ଖଳନ କରିଚାଲିଛି । Godly spiritually କୁ ଅମର୍ଯ୍ୟାଦା କରି ଉଭୟ ପ୍ରକୃତି ଓ ନାରୀକୁ ହେୟ ଜ୍ଞାନ କରିଛି । ଆପଣାକୁ ଶ୍ରେଷ୍ଠ ମନେକରି ପ୍ରକୃତି ଓ ନାରୀ ଅନ୍ୟାୟ କରିଛି ।

ସାମ୍ପ୍ରତିକ ସମାଜରେ ମନୁଷ୍ୟ ପ୍ରକୃତିର ଯେଉଁ ଅଧୋଗତି ଘଟାଇଛି, ସେଥିପାଇଁ ଏ ୟୁରୋପୀୟ ଶିକ୍ଷା ସଭ୍ୟତା ଯେ ଉତ୍ତରଦାୟୀ ତାହାକୁ ସ୍ୱୀକାର କରିବାକୁ ହେବ । ପ୍ରତିଟି ପର୍ଯ୍ୟାୟରେ ଉଭୟ ନାରୀ ଓ ପ୍ରକୃତି ଅତ୍ୟାଚାରିତା-ନିଷ୍ପେସିତା ହେଉଛି । ମନୁଷ୍ୟର ନୈରାଶ୍ୟ, ଅସନ୍ତୋଷ, ଅସହାୟତା କ୍ରମଶଃ ବଢି ବଢି ଚାଲିଛି । ପରିବେଶ- ପ୍ରଦୂଷଣ ଏବଂ ନାରୀ କଷଣ ଆଦି ସର୍ବୋଚ୍ଚ ସ୍ତରରେ ପହଞ୍ଚିଛି । ସମଗ୍ର ବିଶ୍ୱ ଯେପରି ହାହାକାର କରୁଛି । ସର୍ବତ୍ର ବିସ୍ମୟ- ଅଶାନ୍ତିର ଲେଲିହାନ କାୟା ସବୁକିଛି ଧ୍ୱଂସ କରିବାରେ ଚେଷ୍ଟିତ, ବୋଲି ମନେ ହେଉଛି । ସାମାଜିକ ଶୃଙ୍ଖଳା- ଶୁଦ୍ଧତା ଅପସରି ଚାଲିଛି । ନାରୀ- ନିର୍ଯ୍ୟାତନା, କନ୍ୟାଭ୍ରୁଣ ହତ୍ୟା, ଯୌତୁକ ହତ୍ୟା, ଯୌନ ଶୋଷଣ, ପାରିବାରିକ ହିଂସା ଆଦି ସାମାଜିକ ବ୍ୟବସ୍ଥାକୁ ଦୋହଲେଇ ଦେଇଛି । ନାରୀର ଦୁର୍ଗତି ପରି ପ୍ରକୃତିର ଦୁର୍ଦ୍ଦଶା ହୋଇଛି । ସମଗ୍ର ଉଦ୍ଭିଦ ଜଗତ, ଜୀବମଣ୍ଡଳ ଆଜି ମଣିଷର ଦାଉରେ ପ୍ରପୀଡ଼ିତ ହେଉଛନ୍ତି । ଯେହେତୁ ସହରୀକରଣ ନାଁରେ ଅସଂଖ୍ୟ ବୃକ୍ଷଲତା ଛେଦନ ହଉଚି । ସ୍ଥଳମଣ୍ଡଳରେ ଅସ୍ୱାସ୍ଥ୍ୟକର ପରିବେଶ ସୃଷ୍ଟି ହେଉଛି । ପଶୁ-ପକ୍ଷୀ- ଜୀବଜନ୍ତୁ ଆଦି ହାହାକାର କରୁଛନ୍ତି । ପରିବେଶ ସନ୍ତୁଳନ ହୋଇପାରୁନାହିଁ । ପାଣିପାଗ - ଜଳବାୟୁ

ଅସ୍ୱାଭାବିକ ପରିବର୍ତ୍ତନ ଦେଇ ଗତି କରୁଛି । ଚତୁର୍ଦ୍ଦିଗରେ ଉତାପ ବିଚ୍ଛୁରିତ ହେଉଛି, ଯାହାର ପରିଣାମ ହେଉଛି 'Global Worming' ଶିଳ୍ପ ବିକାଶ ନାଁରେ ପ୍ରକୃତିର ଅବକ୍ଷୟ ହେଉଛି । ପ୍ରାକୃତିକ ବିଭବର ଖନନ ହେଉଛି । ମନୁଷ୍ୟ ତା'ର ଦୁରୂପଯୋଗ କରୁଛି । ଫଳରେ ଜୈବିକ ସନ୍ତୁଳନ ରକ୍ଷା ହୋଇପାରୁନାହିଁ । ଜଳ ସଙ୍କଟ, ଜୀବ ସଙ୍କଟ, ମୁକ୍ତବାୟୁ ସଙ୍କଟ ଦେଖା ଦେଉଛି । ସୁତରାଂ ବନୀକରଣ ମାଧ୍ୟମରେ ବୃକ୍ଷରୋପଣର ପ୍ରଚେଷ୍ଟା କରାଯାଉଛି । ଆମର ବୈଦିକ ପରମ୍ପରା ଅନୁସାରେ ବୃକ୍ଷ 'ଦାରୁ' ଭାବରେ ପୂଜା ପାଉଛନ୍ତି । ଏହି ଦାରବୀୟ ସଂସ୍କୃତିର ପ୍ରତୀକ ରୂପେ ନୀଳାଦ୍ରିରେ ପୂଜିତ ଦେବତା 'ଶ୍ରୀଜଗନ୍ନାଥ' । ଓଡ଼ିଆ ସଂସ୍କୃତିର ପରିଚୟ ଅସ୍ମିତା ତଥା ସ୍ୱାଭିମାନର ପ୍ରତୀକ 'ପ୍ରଭୁ ଜଗନ୍ନାଥ' ଆଜି ବିଶ୍ୱ ସଂସ୍କୃତି ପାଇଁ ଏକ ମହାର୍ଘ ଦାନ ବୋଲି ଗ୍ରହଣ କରାଯାଇଛି ।

ଯଜୁର୍ବେଦ ଅନୁଯାୟୀ :

"ବନସ୍ପତି ଶମିତାରମ୍" ଅର୍ଥାତ୍ ବୃକ୍ଷ ପ୍ରଦ୍ୟୁଷଣ ପ୍ରଶମନକାରୀ ଅଟନ୍ତି । ଏପରିକି ମହର୍ଷି ମନୁଙ୍କ ବିଚାରରେ ବୃକ୍ଷ ଛେଦନ, ମନୁଷ୍ୟର ଅଙ୍ଗ ଛେଦନ ସଦୃଶ ଏକ ଗର୍ହିତ ଅପରାଧ ଅଟେ । ତେଣୁ, ଫଳନ୍ତି ବୃକ୍ଷ ଛେଦନ ରେ ପଶ୍ଚାତାପ ସ୍ୱରୂପ ଶତବାର ଗାୟତ୍ରୀ ମନ୍ତ୍ର ଜପ କରିବାର ବିଧାନ ରହିଛି । ଯଥା :

"ଫଳ ଦାନାନ୍ତୁ ବୃକ୍ଷାଣାଂ ଛେଦନ୍ତେ ଜପ୍ୟମୃକ୍‌ଶତମ୍
ଗୁଳ୍ମ ବଲ୍ଲିତାନାଂ ଚ ପୁଷ୍ପିତାଞ୍ଚବୀରୁଧାମ୍ ।"

ଏପରିକି ବୃକ୍ଷ ରୋପଣର ପରମ୍ପରାକୁ ଅତୀବ ପବିତ୍ର କର୍ତ୍ତବ୍ୟ ମନେ କରାଯାଇଥାଏ ।ବୃକ୍ଷ ପୁତ୍ରତୁଲ୍ୟ । ଦଶଟି ପୁତ୍ର ଥିବା ସହିତ ଏକ ବୃକ୍ଷ ତୁଳନୀୟ ବୋଲି ବିଶ୍ୱାସ ଅଛି । ମତ୍ସ୍ୟ ପୁରାଣରେ କୁହାଯାଇଛି :

"ଦଶକୂପ ସମାଃ ବାପି ଦଶ ବାପି ସମୋ ହ୍ରଦ
ଦଶ ହ୍ରଦ ସମଃ ପୁତ୍ର ଦଶ ପୁତ୍ର ସମୋ ଦ୍ରୁମୈଃ"

ଅର୍ଥାତ୍ ଦଶଟି କୂପ ସହ ଗୋଟିଏ ବାପି ସମାନ । ଦଶଟି ବାପି ସହ ଗୋଟିଏ ହ୍ରଦ ଏବଂ ଦଶଟି ହ୍ରଦ ସହ ଗୋଟିଏ ପୁତ୍ର ସମାନ । ସେହିପରି ଦଶଟି ପୁତ୍ର ସହ ଏକ ବୃକ୍ଷ ତୁଳନୀୟ ।

ସୁତରାଂ ପ୍ରାକୃତିକ ସଂପଦର ସୁରକ୍ଷା ଆବଶ୍ୟକ ।କେବଳ ନାରୀ ନୁହେଁ, ପୁରୁଷର ଶିକାର ହୋଇ ଚାଲିଛି ପରିବେଶ-ପ୍ରକୃତି-ପର୍ଯ୍ୟାବରଣ । ପ୍ରତ୍ୟକ୍ଷରେ ହେଉ ଅବା ପରୋକ୍ଷରେ ପ୍ରାକୃତିକ ସଂସାଧନ କ୍ଷୟ ହୋଇ ଚାଲିଛି । ଏହା କଦାପି ଶୁଭଙ୍କରୀ ନୁହେଁ । ସମଗ୍ର ଜୀବସତ୍ତା ଓ ସମାଜ ପ୍ରତି ଆସନ୍ନ ବିପଦକୁ ନିମନ୍ତ୍ରଣ କରୁଛି । 'ପରିବେଶ- ନାରୀବାଦ' ଏହାହିଁ ବିରୋଧ କରେ । ଏହି ସମସ୍ୟା ମାନଙ୍କର ସମାଧାନ ଯଥା ସମ୍ଭବ ହେବା ଉଚିତ । ଅନ୍ୟଥା ପ୍ରଳୟ ହେବା ହିଁ ସତ୍ୟ ବୋଲି ମତବ୍ୟକ୍ତ କରନ୍ତି ପରିବେଶ-ନାରୀବାଦୀମାନେ ।

"ସର୍ବଜନ ସୁଖାୟ, ସର୍ବଜନ ହିତାୟ" ନ୍ୟାୟରେ ଉଭୟ ପୁରୁଷ ଓ ନାରୀଙ୍କ ହିତ ସାଧନରେ ପୃଥିବୀ ହେବ ଅମୃତମୟୀ । ପ୍ରକୃତି ଓ ନାରୀ ପୁରୁଷର ବିରୋଧୀ ନୁହେଁ ବରଂ ସହଯାତ୍ରୀ । ପୁରୁଷ ତାନ୍ତ୍ରିକ ଶାସନକଳରୁ ଏ ପାତର-ଅନ୍ତର ନୀତି ବିରୁଦ୍ଧରେ ପରିବେଶ-ନାରୀବାଦୀମାନେ ନିଜ ମତ ଦିଅନ୍ତି । ପାରିପାର୍ଶ୍ୱିକ ସହାବସ୍ଥାନ ମୂଳକ ବସୁଧା ଯେ' ସମସ୍ତଙ୍କର କାମ୍ୟ, ଏକଥା ବୁଝିବାର ସମୟ ଆସିଛି । "justice for all beings" ସଭିଙ୍କର ଅଧିକାର କଥା କୁହେ । ଏହି ନୀତି ସପକ୍ଷରେ ଆହ୍ୱାନ କରନ୍ତି ପରିବେଶ-ନାରୀବାଦୀ ମାନେ । ସମସ୍ତ ପ୍ରାଣୀଙ୍କର ଐକ୍ୟଗତ ସମ୍ପର୍କରେ ରହିବାର ଅଧିକାର ରହିଛି । ଏହି ନାରୀତତ୍ତ୍ୱବିତ୍ ମାନେ ପ୍ରକୃତି ଓ ନାରୀକୁ ସମଦୃଷ୍ଟିରେ ଅବଲୋକନ କରି ତାଙ୍କର ସମସ୍ୟାର ନିଦାନ ସମ୍ପର୍କରେ ଯୁକ୍ତି କରନ୍ତି । ପୁରୁଷ ଶୋଷଣରୁ ମୁକ୍ତ ଏକ ଶାନ୍ତିପୂର୍ଣ୍ଣ ବାତାବରଣର ସ୍ୱପ୍ନ ଦେଖନ୍ତି । 'ପରିବେଶ-ନାରୀବାଦ' ପ୍ରକୃତିର ସୁରକ୍ଷା ଏବଂ ନାରୀ ସମାଜର ସୁସ୍ଥତା କାମନା କରନ୍ତି ।

'ପରିବେଶ- ନାରୀବାଦ'ର ଉନ୍ମେଷ ଓ ଉତ୍ତରଣ :

(ପ୍ରକୃତି ପରମେଶ୍ୱରୀ- ମାନବୀ- ଈଶ୍ୱରୀ ପରିପ୍ରେକ୍ଷୀରେ)

ପରିବେଶ ନାରୀବାଦ ବା Eco-feminisme ର ଉନ୍ମେଷ ସମ୍ପର୍କରେ ନାନା ଆଲୋଚନା- ପର୍ଯ୍ୟାଲୋଚନା ହୋଇଛି । ସମ୍ପ୍ରତି ବିଶ୍ୱରେ ଏହାର ଏକ ସ୍ୱତନ୍ତ୍ର ଆବେଦନ ଅନୁଭବ କରିହୁଏ । ଏହାକୁ କେହି କେହି ଆଲୋଚକଗଣ (Distinct social movement) ବା ସାମାଜିକ ଆନ୍ଦୋଳନ ବୋଲି କହିଥାନ୍ତି । ପରିବେଶ-ନାରୀବାଦ ଏକ ଦର୍ଶନ ନୁହେଁ ଅବା ସିଦ୍ଧାନ୍ତ ନୁହେଁ ବରଂ ଏକ ଚେତନା ଭାବରେ

ଅଭିହିତ କରାଯାଇପାରେ । କେହି କେହି ରହସ୍ୟାତ୍ମକ ନାରୀବାଦ (Meta feminism) ବୋଲି ଦର୍ଶାଇଛନ୍ତି । ପୁରୁଷ ପ୍ରଧାନ ସମାଜରେ ପରିବେଶ ସୁରକ୍ଷା ଓ ନାରୀର ଅସ୍ମିତା ରକ୍ଷା ମୁଖ୍ୟ ସମସ୍ୟା ଭାବରେ ଦେଖା ଦେଇଛି । ଉଭୟ ଅବହେଳାର ଶିକାର । ଏଣୁ ଏହାର କୁପରିଣାମ କେତେଯେ ଭୟଙ୍କର ହୋଇପାରେ, ତାହାକୁ ସମାଜ ଆଗରେ ଉଜାଗର କରିବା ପରିବେଶ- ନାରୀବାଦର ମୁଖ୍ୟ ଆଭିମୁଖ୍ୟ । କେବଳ ସମସ୍ୟା ନୁହେଁ, ତା'ର ନିରାକରଣ ସମ୍ପର୍କରେ ସଚେତନ କରିବା ଏହି ମତବାଦୀ ମାନଙ୍କର ମୂଳଲକ୍ଷ୍ୟ ।

ପରିବେଶ-ନାରୀବାଦ (Eco-Feminism) ର ଆଦ୍ୟ ପ୍ରବକ୍ତା D'Eaubonneଙ୍କ ମତରେ ପ୍ରାଚୀନ କାବ୍ୟ ପୁରାଣ ମାନଙ୍କରେ ସୃଷ୍ଟି ହେଇଥିବା ପୌରାଣିକ କନ୍ଦଳ ବା ହିଂସା ପଛରେ ରହିଛି ପୁରୁଷର ଔଦ୍ଧତ୍ୟ ଏବଂ ଉଚ୍ଛୃଙ୍ଖଳ ପ୍ରବଣତା । ଏହି ପୌରାଣିକ ହିଂସା ବା Epic -violenc ର ଫଳସ୍ୱରୂପ ନାରୀ ଓ ପ୍ରକୃତି ଉପରେ କଷଣ ବା ନିର୍ଯ୍ୟାତନା ହୋଇଛି । ପରବର୍ତ୍ତୀ ପର୍ଯ୍ୟାୟରେ D'Eaubonne ର ଏହି ଚିନ୍ତାଧାରାର ପରିବର୍ଦ୍ଧିତ ଓ ସଂସ୍କାରିତ ରୂପ 'ଲିଙ୍ଗଭେଦ' ନିର୍ବିଶେଷରେ ଏକ ନୂତନ ଚିନ୍ତାର ଉଦ୍ରେକ କରାଇଛି । ଏହି 'ପରିବେଶ - ନାରୀବାଦ' ବା 'Eco -Feminism concept' ଟି ସମାଜରେ ନାରୀ ଓ ପ୍ରକୃତି ପ୍ରତି ସମବେଦନା ଉଦ୍ରେକ କରିବାରେ ସହାୟକ ମଧ୍ୟ ହୋଇଛି । ଯାହା ନିମ୍ନମତେ ଆଲୋଚନା କରାଯାଇପାରେ ।

"Eco-feminism, like the social movements, it has emerged from both political activism and intellectual critique. On the other hand it argues that the domination of women and the degradation of the environment are consequences of patriarchy and capitalism."

ଏଥିରୁ ସ୍ପଷ୍ଟ ହୋଇ ଉଠେ, ଏହି ପିତୃ ପ୍ରଧାନ ସମାଜ ଉଭୟ ନାରୀ ଓ ପ୍ରକୃତି ଉପରେ ଯୁଗେ ଯୁଗେ ଯେଉଁ ଅନ୍ୟାୟ -ଅନୀତି କରି ଆସିଛି ତାହା ସମ୍ପୂର୍ଣ୍ଣତଃ ଅସ୍ୱାସ୍ଥ୍ୟକର ସମାଜ ସୃଷ୍ଟିକରିବାରେ ସହାୟ ହୁଏ । ବିଶିଷ୍ଟ ନାରୀବାଦୀ Susan Griffin ତାଙ୍କର "women and nature : the roaring inside her) (1978) " ରଚନାରେ ଆଲୋଚନା କରି ଲିଙ୍ଗଗତ ବୈଷମ୍ୟ ଓ ନାରୀ ସୁରକ୍ଷା

ସମ୍ପର୍କରେ ଯେଉଁ ତତ୍ତ୍ୱ ପରିପ୍ରକାଶ କଲେ, ତାହା ପଛରେ ପୁରୁଷ ପ୍ରଧାନ ସମାଜ ଥିବାର ସୂଚନା ମିଳେ । ୧୯୮୩ ମସିହାରେ ଯେତେବେଳେ 'ନାରୀବାଦ' ଉପରେ ଆଇସଲ୍ୟାଣ୍ଡ ଠାରେ ଏକ ସମ୍ମିଳନୀ ଅନୁଷ୍ଠିତ ହେଲା, ସେଠି ପ୍ରାୟ ଛ' ଶହରୁ ଊର୍ଦ୍ଧ୍ୱ ମହିଳାଙ୍କ ଯୋଗଦାନ ଥିଲା । ଏ ସମ୍ମିଳନୀର ବିଷୟଥିଲା, "Women and life on Earth : A conference on Ecofeminism in the eighties." ଯାହାର ଆଲୋଚନା ଏତେ ସୁଦୂରପ୍ରସାରୀ ହେଲା, ସମଗ୍ର ବିଶ୍ୱ ଏଥିପ୍ରତି ଚିନ୍ତା ପ୍ରକଟ କରିବାକୁ ବାଧ ହେଲା । ଏହି ସମ୍ମିଳନୀ ମୁଖ୍ୟତଃ ଯେଉଁ ଯେଉଁ ପ୍ରସଙ୍ଗକୁ ମୁଖ୍ୟ ପ୍ରସଙ୍ଗ ଭାବରେ ଉତ୍‌ଥାପନ କରିଛି, ତାହା ନିମ୍ନମତେ ଆଲୋଚନା କରାଯାଇପାରେ:

"It is associated with the terms of thired world political ecology, patriarchy, social justice, decision making, environmentalism, essentialism, Intersectionality and influencer."

-Susan Buckingham, in International encyclopedia of the social Behavioral sciences, (2nd edition, 2015)

ପରିବେଶ-ନାରୀବାଦୀ Carolyn Merchant, USA ଏବଂ Val Plumwood , Australia ରେ ନାରୀବାଦରତତ୍ତ୍ୱକୁ ନେଇ ଯୁକ୍ତି ବାଢ଼ିଲେ ତାଙ୍କ ମତରେ :

"The Feminism Principle as an antidote to environmental destruction, through attributes, which nurture nature. This essentialist perspective often adopting an ideal of woman as earth mother/ Goddess."

ଏହି ମତ ଅନୁଯାୟୀ, ସର୍ବତ୍ର ଭିନ୍ନ ଭିନ୍ନ ସାଙ୍ଗଠନିକ କାର୍ଯ୍ୟପନ୍ଥାମାନ ସ୍ଥିର କରାଗଲା । ଫଳସ୍ୱରୂପ କେନିଆର (Wangari Maathai) ଙ୍କ ନେତୃତ୍ୱରେ ଗଢି ଉଠିଲା "Green But Movement ବା 'ସବୁଜପଟି' ଆନ୍ଦୋଳନ । ଏହି ଆନ୍ଦୋଳନରେ ସାମିଲ ହେଲେ ଅନେକ ଗ୍ରାମୀଣ ମହିଳା,ଯେଉଁମାନେ ନିଜ ନିଜ ଚାଷଜମିରେ ବ୍ୟାପକ ଭାବରେ ବୃକ୍ଷ ରୋପଣ କଲେ ଏବଂ ପରିବେଶ ସୁରକ୍ଷା ଦିଗରେ ପ୍ରଥମ ସୋପାନରେ ଉତ୍ତୀର୍ଣ୍ଣ ହେଲେ । ଏପରିକି ଇଂଲଣ୍ଡର ବହୁ ମହିଳା କର୍ମୀ "Green Home Common Place Camp" ରେ ଯୋଗଦେଇ ମିଶାଇଲ

ପରୀକ୍ଷଣକୁ ବିରୋଧ କରିବାରେ ଦେଖାଗଲା । କେତେକ ନାରୀସଂଗଠନ, ଶିଶୁମାନଙ୍କ ପାଇଁ ସ୍ତନ୍ୟପାନକୁ ବାଧ୍ୟତାମୂଳକ କରିବାରେ ଅଭିଯାନ ଚଳାଇଲେ ଉତ୍ତର କାର୍ଲିଫର୍ଣ୍ଣିଆରେ 'ଜୁଦି ବରି' (Judi Bari) ଶ୍ରମିକ ଓ ପରିବେଶ ସୁରକ୍ଷା ସଂସ୍ଥାନ ଗୁଡିକ ଶିଳ୍ପାୟନ ନିର୍ମିତ କ୍ଷୟପ୍ରାପ୍ତ ହେଉଥିବା 'ରକ୍ତ-କାଷ୍ଠ' ଜଙ୍ଗଲର ସୁରକ୍ଷା ଅଭିଯାନରେ ସାମିଲ ହେଲେ । ସେହିପରି ୧୯୪୯ ମେ ୧୭ ରେ ଜନ୍ମିତ ଆମେରିକାର Bernadette cozart (ବର୍ଣ୍ଣାଡେଟ କୋଜାଇଟ୍) ନାମକ ଚାଷୀ, ପତି ପରିତ୍ୟକ୍ତା ମହିଳାମାନଙ୍କୁ ନେଇ ଯେଉଁ ହାରଲେମର ପ୍ରତିଷ୍ଠା କଲେ, ତାହା ବାସ୍ତବିକ ପ୍ରଶଂସନୀୟ । ୧୯୮୯ ମସିହାରେ ନିଜ ସମାଜର ମହିଳା ମାନଙ୍କୁ ନେଇ ସେ' ଫଳ, ପୁଷ୍ପ ଉଦ୍ୟାନ କରିବାର ଯୋଜନା କଲେ । ନିଉର୍ୱ୍କ ସହରର ପ୍ରତିବେଶୀ ମାନଙ୍କୁ ସେ' ଭିନ୍ନ ବିଦ୍ୟାଳୟ ମାନଙ୍କରେ ଉଦ୍ୟାନ ମାନ ସୃଷ୍ଟି କରାଇଲେ ।ଏହି ପରି ପ୍ରେକ୍ଷୀରେ ଚିପକୋ ଆନ୍ଦୋଳନ (Chipko Movement) ଅନ୍ୟତମ । ବନ୍ୟ ସଂରକ୍ଷଣ ଏହାର ମୂଳ ଉଦ୍ଦେଶ୍ୟ ।

ଏହି ଆନ୍ଦୋଳନ ଅନୁଯାୟୀ :

"In the 1970s, an organized resistance to the destruction of forests spread through out India and came to be known as the Chipko Movement. The name of the movement comes from the word 'embrace', as the villager hugged the trees, and prevented the contractors from felling them."

ସୁନ୍ଦରଲାଲ ବହୁଗୁଣାଙ୍କ ନେତୃତ୍ୱରେ ସଂଗଠିତ ଏହି 'ଚିପକୋ ଆନ୍ଦୋଳନ' ହିମାଳୟ ପର୍ବତ ଏବଂ ତାହାର ସଂରକ୍ଷଣ ନିମନ୍ତେ ଏକ ସାମୂହିକ ଅଭିଯାନ । Garhwal ଅରଣ୍ୟରେ ପ୍ରଥମେ ଏହି ଅଭିଯାନ ଆରମ୍ଭ ହୋଇଥିଲା । ବ୍ୟବସାୟିକ ପ୍ରତିଷ୍ଠାନ ତଥା କଳକାରଖାନା ନିର୍ମାଣ ନିମନ୍ତେ ବୃକ୍ଷ କାଟିବା ବିରୁଦ୍ଧରେ ଏହି ଆନ୍ଦୋଳନମୁଣ୍ଡ ଟେକିଥିଲା । ଏହି ଆନ୍ଦୋଳନରେ ମୁଖ୍ୟତଃ ଅମ୍ରିତା ଦେବୀ ବିଷ୍ଣୋୟୀ, ମେଧା ପାଟେକର , ଏ.କେ ବାନାର୍ଜୀ ଏବଂ ସୁନ୍ଦରଲାଲ ବହୁଗୁଣା ଭଳି ବ୍ୟକ୍ତିତ୍ୱମାନେ ସାମିଲ ହୋଇଥିଲେ । ଯାହା ପରବର୍ତ୍ତୀ ପର୍ଯ୍ୟାୟରେ ବିପ୍ଳବ ସୃଷ୍ଟି କରିପାରିଥିଲା । ଯାହା '5 Fs' ଭାବରେ ପ୍ରସିଦ୍ଧି ଲାଭ କରିଥିଲା । ଏହା ହେଉଛି :

ସେମାନଙ୍କ ମତରେ :

"five Fs, of 'Chipko Movement' are food, fodder, fuli, fibre and fertilizer required for a self-sustained society."

ବୃକ୍ଷ ରୋପଣ ଥିଲା ଏହି ଆନ୍ଦୋଳନର ମୁଖ୍ୟ ଲକ୍ଷ୍ୟ । "ଜଣେ ବ୍ୟକ୍ତି ଜଣେ ବୃକ୍ଷ ଚାରା" ରୋପଣ କରି ଜୀବନ ବ୍ୟାପୀ ତା'ର ଯତ୍ନ ନେବା ହିଁ ମୂଳ । ଏହି ପରିପ୍ରେକ୍ଷୀରେ ପୁନଃ ନବୀକରଣ, ବୃକ୍ଷ ରୋପଣ ଆଦି ସ୍ମରଣୀୟ ପଦକ୍ଷେପ ଭାବେ କାର୍ଯ୍ୟ କରିଥିଲା । ଏଥିରୁ ସ୍ପଷ୍ଟ ଅନୁମାନ କରାଯାଇପାରେ । "ପରିବେଶ-ନାରୀବାଦ" ଏକ ସୁସ୍ଥ ସମାଜ ବା ସୁସ୍ଥ ବିଶ୍ୱ ଗଠନ ନିମନ୍ତେ ଅଭିପ୍ରେତ ରହିଛି । K.Sall ତାଙ୍କର "Eco-feminism – A new Perspective (1987)" ପ୍ରବନ୍ଧରେ ବିଭିନ୍ନ ଯୁକ୍ତି ଉପସ୍ଥାପନା ସହ 'ପରିବେଶ-ନାରୀବାଦ'କୁ ଏକ ଆନ୍ଦୋଳନ ବା ଦର୍ଶନ ନୁହେଁ, ବରଂ ଏକ ଉତ୍ତମ ବିଚାର ବୋଲି ଦର୍ଶାଇଥିଲେ । କିନ୍ତୁ ଏ ଯୁକ୍ତିକୁ ବହୁବର୍ଷ ଉପରାନ୍ତ Irene diamond Georgia Femanorestein ଖଣ୍ଡନ କରି ଏକ "ତତ୍ତ୍ୱର ଇସ୍ତାହାର" ବା 'statement of ideology' ବୋଲି ମତବ୍ୟକ୍ତ କରିଛନ୍ତି ।

ସାମଗ୍ରିକ ଭାବେ ଅନୁମାନ କଲେ, ଏହା ଦୃଢ ନିଶ୍ଚିତହୁଏ ଯେ'ପରିବେଶ ନାରୀବାଦ ଏକ ଉଦରବାଦୀ ଚେତନା । ଯେଉଁ ଚେତନାରେ ଜଣେ ଅନ୍ୱିତ ହେଲେ ତା' ମନରେ ବିସ୍ତୃତ ମନୋଭାବ ଏବଂ ପରିବେଶ-ନାରୀମାନଙ୍କ ପ୍ରତି ନିଜର ଉତ୍ତର ଦାୟିତ୍ୱର ଭାବନା ଜାଗ୍ରତ ହେବ । ଉଭୟ ଏକ ଓ ଅଭିନ୍ନ ଜୀବନସତ୍ତା । ସମାଜ କଲ୍ୟାଣ ନିମନ୍ତେ ଉଭୟେ ଉଦ୍ଦିଷ୍ଟ । ତେଣୁ, କୌଣସି କ୍ଷଣିକ ସ୍ୱପ୍ନମୟ। ସିଦ୍ଧାନ୍ତ ନୁହେଁ ବରଂ ଏକ ଚିରନ୍ତନ ଉଦାରବାଦୀ ଚେତନା । ଏ ପ୍ରସଙ୍ଗରେ Diamond ଏବଂ Orestein କୁହନ୍ତି :

"The presence of these different strairs indicates that eco-feminism is not a monolithic, homogenous idealogy."

ଏହି ସାରନିର୍ଯାସକୁ ତର୍ଜମା କରି ପରବର୍ତ୍ତୀ ୧୯୮୮ ସମ୍ମିଳନୀରେ ବିଶିଷ୍ଟ ସମାଲୋଚିକା Leila R. Brammer ନ୍ୟୁୟର୍କ ଜାତୀୟ ଯୋଗାଯୋଗ ସଂସଦରେ ଉପସ୍ଥାପିତ ତାଙ୍କ "Ecofeminism, The Environment And Social

Movements"ରେ ପରିବେଶ ନାରୀବାଦକୁ ୩ଟି ଦୃଷ୍ଟି କୋଣରୁ ବିଚାର କରିଛନ୍ତି ଯଥା :-

(କ) ଆଧ୍ୟାତ୍ମିକ ଦୃଷ୍ଟିକୋଣ (Spiritual vision)

(ଖ) ନାରୀବାଦ ଦୃଷ୍ଟିକୋଣ (Feminism Vision)

(ଗ) ପାରିପାର୍ଶ୍ୱିକ ଦୃଷ୍ଟିକୋଣ (Environmental Vision)

(କ) ଆଧ୍ୟାତ୍ମିକ ଦୃଷ୍ଟିକୋଣ (Spiritual Vision)-

ଆଧ୍ୟାତ୍ମିକ ଦୃଷ୍ଟିକୋଣ ବା Spiritual vision, କୌଣସି ନିର୍ଦ୍ଦିଷ୍ଟ ଧର୍ମର ଗଣ୍ଡି ମଧ୍ୟରେ ଆବଦ୍ଧ ନୁହେଁ । ବିଶ୍ୱ ବ୍ରହ୍ମାଣ୍ଡର ଅଂଶବିଶେଷ ଏ ସଚରାଚର ଜଗତ ଈଶ୍ୱରଙ୍କ ସୃଷ୍ଟି । ଈଶ୍ୱରଙ୍କ ଦ୍ୱାରା ସୃଷ୍ଟ ଏ ସଂସାରରେ ପୁରୁଷ ଭଳି ନାରୀର ମଧ୍ୟ ସମାନ ସ୍ଥିତି ରହିଛି । ଉଭୟଙ୍କ ସୁସ୍ଥ-ସମ୍ପର୍କ ସମାଜ ହୁଏ ପଲ୍ଲବିତ-ପୁଷ୍ପିତ । ଉଭୟ ଉଭୟଙ୍କର ଶକ୍ତି ଓ ସାମର୍ଥ୍ୟକୁ ମର୍ଯ୍ୟାଦା ଓ ସମ୍ମାନ ଦେବା ବିଧେୟ । ଏହି ଧୂଳି-ମାଟିର ଧରଣୀରେ ଏକ ସୁସ୍ଥ ସହାବସ୍ଥାନ ଆମ ସମସ୍ତଙ୍କର କାମ୍ୟ । ଆମର ପରମ୍ପରା ଗୌରବମୟ । ଯେଉଁଠି ଲିଙ୍ଗଗତ-ଜାତିଗତ ବୈଷମ୍ୟରୁ ବହୁ ଉର୍ଦ୍ଧ୍ୱରେ ମାନବୀୟ ସଂସ୍କୃତି ଦଣ୍ଡାୟମାନ ହୋଇଛି । ଏହି ସଂସ୍କୃତି ସମାନତାରେ ବିଶ୍ୱାସ କରନ୍ତି ନାରୀ-ପୁରୁଷ କେହି କାହାର ପ୍ରତିଦ୍ୱନ୍ଦୀ ନୁହନ୍ତି ବରଂ ସହଯାତ୍ରୀ । ସେଠି ଉଚ୍ଚନୀଚ, ସବଳ-ଦୁର୍ବଳର ମାନେ କିଛିନାହିଁ । ଉଭୟ-ଉଭୟଙ୍କର ଗର୍ବ-ଗୌରବ ହେଲେ ଯାଇ ସମାଜ ହେବ ପ୍ରତିଷ୍ଠିତ । ଜନ୍ମମାଟି ଆମର ମାତୃକାସମା । ସେପରି ନାରୀ ମହିୟସୀ ଜନ୍ମଦିଏ, ସନ୍ତାନର ଲାଳନ ପାଳନ କରେ । ଜନ୍ମମାଟି ଆମର କ୍ଷୁଧା-ତୃଷା ନିବାରଣ କରେ । ତାରି ଉପରେ ଆମେ ଅକଥନୀୟ ଅତ୍ୟାଚାର କରୁ । ସେ' ଧରିତ୍ରୀ କ୍ଷମାମୟୀ-କଲ୍ୟାଣମୟୀ ବସୁଧା । ଯେପରି ନାରୀ ଭଗିନୀ-ମାତା-ପତ୍ନୀ-କନ୍ୟା ଆଦି ରୂପରେ ଆମ ଜୀବନକୁ କରେ କୁସୁମିତ ।

ଆମ ସଂସ୍କୃତି ନାରୀମର୍ଯ୍ୟାଦାର କଥା କୁହେ । ଅତୀତରେ ମାତୃ ପ୍ରଧାନ ଥିଲା ଆମ ପ୍ରଥା -ପରମ୍ପରା ନାରୀକୁ ସମ୍ମାନସ୍ପଦା ମଣେ, ତାକୁ ପୂଜା କରେ । ସେ' ମାନବୀ ନୁହେଁ ଈଶ୍ୱରୀ ପାଲଟେ । ଠିକ୍ ସେହିପରି ପ୍ରକୃତି ମଧ୍ୟ ପରମେଶ୍ୱରୀ ହୁଏ, ଆମର କଲ୍ୟାଣ କରେ ଆଜକୁ ପ୍ରାୟ ୫୦୦୦ ବର୍ଷ ପୂର୍ବକୁ ଫେରିଗଲେ,

ଆମେ ଦେଖିବା ନାରୀ ଶକ୍ତିର ପ୍ରଧାନ୍ୟର କଥା । ଏପରିକି ମିଶର ସଭ୍ୟତା (ଇଜିପ୍ଟ ବା Egyptian civilization) ରେ, ନାରୀ ମାନଙ୍କ ସ୍ଥିତି ଖୁବ୍ ବଳିଷ୍ଠ ଥିବାର ପ୍ରମାଣ ମିଳେ । ଏହି ସଭ୍ୟତା ଅନୁସାରେ:

"In ancient Egyption times, women were seen and honoured as greater and holier than a man. The woman is the mother of all, giving life and teaching.XXX

"There is a saying that still floating around today behind every successful man is a strong women holding him down."

-(Ancient History and Ancient Roman Amazing Egyptian Fact)

ଏ ପରିପ୍ରେକ୍ଷୀରେ ବିଚାର କଲେ, ପ୍ରାଗ୍-ଐତିହାସିକ କାଳରେ ନାରୀ ଓ ପୁରୁଷ ମଧ୍ୟରେ କୌଣସି ପାତର-ଅନ୍ତର ନ ଥିଲା । ବରଂ ନାରୀର ସ୍ଥିତି ବଳିଷ୍ଠ ଥିଲା । ଧରାପୃଷ୍ଠରେ ସମସ୍ତେ ସମାନ ଭାବରେ, ସୁଖ ସ୍ୱାଚ୍ଛନ୍ଦ୍ୟରେ ଜୀବନ ନିର୍ବାହ କରୁଥିଲେ । କ୍ରମଶଃ ଧୀରେ ଧୀରେ ପିତୃ ପ୍ରଧାନ (patriarchy) ସମାଜ ଗଢି ଉଠିଲା । ଫଳରେ ପୁରୁଷର ନିଷ୍ପତ୍ତି ସର୍ବମାନ୍ୟ ହେଲା । ନାରୀକୁ ଗୌଣ ମନେକରି କୌଣସି ନିଷ୍ପତି ଦେବାର ଅଧିକାରକୁ ବଞ୍ଚିତ କରାଗଲା । କେବଳ ପରିବାରରେ ରହି ସନ୍ତାନ ପାଳନ ତଥା ଗୃହ କର୍ମରେ ସୀମିତ କରାଗଲା । ଫଳରେ ନାରୀ ହେଲା ଅବହେଳିତା । ଏପରିକି ଦେବୀ ଓ ଦେବତାଙ୍କ ମଧ୍ୟରେ ପୁରୁଷ ସୁଲଭ ଦୃଷ୍ଟି ବାଛ- ବିଚାର କଲା । ଦେବତା ମାନଙ୍କ ପାଇଁ ସୁରମ୍ୟ ଅଟ୍ଟାଳିକା ବା ମନ୍ଦିର ଗଢି ଉଠିଲା । ଦେବୀ ମାନଙ୍କ ପାଇଁ ଗ୍ରାମର ଶେଷ ପ୍ରାନ୍ତରରେ ବୃକ୍ଷ ତଳେ ଆସ୍ଥାନଟିଏ ହେଲା । ସଭ୍ୟତାର ବିକାଶ ସଙ୍ଗେସଙ୍ଗେ ମନୁଷ୍ୟ ଅନ୍ତରରୁ ସମସ୍ତ ଦୟା-ସହାନୁଭୂତି- ସ୍ନେହ ପ୍ରବଣତା ଲୋପ ପାଇବାକୁବସିଲା । ସେ' ପରୋକ୍ଷରେ 'Emotional' (ଆବେଗପ୍ରବଣତା) ଠାରୁ ଦୁରେଇ ଗଲା । ନିଜକୁ ବାସ୍ତବବାଦୀ ଭାବେ ପରିଚିତ କଲା । ହୃଦୟ ହୀନ ମଣିଷ ଯନ୍ତ୍ର ବା Machine ରେ ପରିଣତ ହେଲା । ତା' ଆଖିରେ ଯେଉଁମାନେ ଦୁର୍ବଳ ମନେହେଲେ ସେ' ତାକୁ ଅତ୍ୟାଚାର କରିବାକୁ ଆରମ୍ଭ କଲା । ନାରୀ ହେଲା ଭୋଗ୍ୟା । ଦେବୀ ହେଲେ ତିରସ୍କୃତା - ଅପମାନିତା । ଦେହ ସର୍ବସ୍ୱ ହେଲା ନାରୀ । ଭୋଗବାଦୀ ଦୃଷ୍ଟି ନେଇ ମଣିଷ-

ମଣିଷକୁ ଦେଖିବାକୁ ଆରମ୍ଭ କଲା । ପ୍ରକୃତି ବା ବାଦ୍ ପଡିବ କେଉଁଠୁ ? ବସ୍ତୁବାଦୀ ମୋହରେ ଅଡିଷ୍ଟ ହେଲା ମଣିଷ । ଜଙ୍ଗଲ- ଜମି- ଭିଟାମାଟିକୁ ବିସ୍ଥାପିତ ହୋଇ ସହର ବଜାର ମୋହରେ ପଡିଲା । କଲକାରଖାନା ବସିଲା, ଜଙ୍ଗଲ କାଟି ପ୍ରାକୃତିକ ସମ୍ପଦର ଦୁରୁପଯୋଗ କରିବା ଆରମ୍ଭ କଲା । ପ୍ରଦୂଷିତ ହେଲା ସଚରାଚର ବିଶ୍ୱ । ପୌରୁଷର ଅହମିକାରେ ନିପୀଡିତ ହେଲା ସସାଗର ଧରା । ଫଳତଃ ସମଗ୍ର ଜୀବଜଗତ, ପ୍ରାକୃତିକ ସମ୍ପଦ ତଥା ସଂସାଧନର କ୍ଷୟକ୍ଷତି ଘଟୁଛି ଏବଂ ମାନବ ସମ୍ବଳ ମଧ୍ୟ ନଷ୍ଟଭ୍ରଷ୍ଟ ହେବାରେ ଲାଗିଛି ।

ସୁତରାଂ, ଏହାର ନିରାକରଣ ହେବା ଆବଶ୍ୟକ । ପରିବେଶ ନାରୀବାଦୀ ମାନେ ଏହି ଆଧାତ୍ମିକ ଦୃଷ୍ଟିକୋଣ ଦେଇ ବିଶ୍ୱକୁ ଦେଖିବାର ପ୍ରଚେଷ୍ଟା କରିଛନ୍ତି । ଏହି ଆଧାତ୍ମିକ ଦୃଷ୍ଟିକୋଣ ଅନୁଯାୟୀ : 'ପରିବେଶ- ନାରୀବାଦ' କୁହେ :

"Spritual ecofeminism is not linked to one specific religion, but is centered around values of caring, compassion and non-violence. Often ecofeminists refer to more ancient traditions, such as worship of cows, the goddess of nature and spreituality, also known as Mother Earth

ସୁତରାଂ, ମନୁଷ୍ୟ ସମାଜକୁ ବୁଝିବାକୁ ହେବ, ଏ ଜୀବଜଗତ ଏ ପ୍ରକୃତି ଆମର ଜୀବନୀ ଶକ୍ତି । ଯାହାର 'ସୁରକ୍ଷା ସକଳ ବିଶ୍ୱର ସୁରକ୍ଷା' । ମାତୃଭୂମିର ଆରାଧନା- ନାରୀ ଶକ୍ତିର ବନ୍ଦନା ହିଁ ଏକ ସୁସ୍ଥ - ନିରାମୟ ବିଶ୍ୱ ଗଢିବାରେ ସହାୟକ ହୁଏ । ତେଣୁ ସମସ୍ତଙ୍କ ମିଳିତ ସଖ୍ୟ ହେଲେ ଏ ଜୀବ ମଣ୍ଡଳ ଏ ସସାଗର ଧରା ହସିଉଠିବ । ଏକ ସୁସ୍ଥ ପରିବେଶ ଏକ ନିର୍ମଳ ସହାବସ୍ଥାନ ସମସ୍ତଙ୍କର ପ୍ରାପ୍ୟ ହେବା ଉଚିତ୍ । ଫଳତଃ ପୃଥିବୀ ହେବ ଶାନ୍ତିମୟ- ସୌନ୍ଦର୍ଯ୍ୟମୟ ଏବଂ ନିରାମୟ । ପ୍ରକୃତି ହେବ ସବୁଜିମା ଭରା ।

(ଖ) ନାରୀବାଦ ଦୃଷ୍ଟିକୋଣ (Feminist Vision) –

ଅବଶ୍ୟ, ଆଧାତ୍ମିକ ଦୃଷ୍ଟିକୋଣ ଭଳି ନାରୀବାଦ ଦୃଷ୍ଟିକୋଣ ମଧ୍ୟ ଉଭୟ ପ୍ରକୃତି ଓ ନାରୀର ସୁରକ୍ଷାକୁ ନେଇ ଚିନ୍ତା ପ୍ରକଟ କରିଛି । ଅତୀତର ଗୌରବମୟ ସ୍ଥିତି ପ୍ରତି ଦୃଷ୍ଟିପାତ କରିଛନ୍ତି । ଯେଉଁଠି ମନୁଷ୍ୟର ପ୍ରକୃତି ସହିତ ସମ୍ପର୍କ ନିବିଡରୁ

ନିବିଡତର ଥିଲା ଓ ପ୍ରକୃତି ଉପରେ ନିର୍ଭରଶୀଳ ଥିଲା ମଣିଷ । ସେଠି ସଭ୍ୟତାର ବିକାଶ କ୍ରମଶଃ ଅନେକ କିଛି ପରିବର୍ତ୍ତନ ହେବାକୁ ଲାଗିଲା । ମଣିଷ ହେଲା କ୍ଷମତାନ୍ଧ, ଅନ୍ୟକୁ ନିଜ ଅଧିନରୁ ଆଣିବାରେ ତା'ର ବିଜୟ ମଣୁଥିଲା । ସମାଜରେ ଦୁର୍ବଳ-ନିର୍ଦ୍ଧନ-ସଂଖ୍ୟାଲଘୁ ଭାବେ ପରିଗଣିତ ନାରୀ ତଥା ଜାତିଗତ ଦୃଷ୍ଟିରୁ ନିଜଠାରୁ ନିକୃଷ୍ଟ ମଣୁଥିବା ସଂପ୍ରଦାୟ ମାନଙ୍କୁ ଅତ୍ୟାଚାର-ଶୋଷଣ କରିବାକୁ ପଛଉନଥିଲା । ନାରୀବାଦୀ ଦୃଷ୍ଟିକୋଣ, ସମସ୍ତଙ୍କୁ ସମାନ ଭାବେ ବଞ୍ଚିବାର ଅଧିକାର ଉପରେ ଗୁରୁତ୍ୱ ଦେଇଆସିଛନ୍ତି ।

ପିତୃକୈନ୍ଦ୍ରିକ ସମାଜ ବ୍ୟବସ୍ଥାରେ ନାରୀ ଓ ପ୍ରକୃତି ଉଭୟେ ସମଭାବେ ପ୍ରପୀଡ଼ିତ ହୋଇଛନ୍ତି । ସମାଜରେ ପୁରୁଷକୁ ପ୍ରାଧାନ୍ୟ ଦିଆଗଲାବେଳେ, ନାରୀକୁ ଗୌଣ ମନେକରାଗଲା । ନାରୀ ଏହାଦ୍ୱାରା ପାତର-ଅନ୍ତରର ଶିକାର ହେବାକୁ ଲାଗିଲା । କୃଷି ସଭ୍ୟତା କ୍ରମେ ଯାନ୍ତ୍ରିକ ସଭ୍ୟତାରେ ରୂପାନ୍ତରିତ ହେଲା । ପ୍ରଗତି ଓ ଉନ୍ନତି ନାଁରେ ଜଙ୍ଗଲ ଛେଦନ ହେଲା । କଂକ୍ରିଟର ସହର ସ୍ଥାପନ ହେଲା । ଭୂମିରେ ଅଧିକରୁ ଅଧିକ ଉତ୍ପାଦନ କ୍ଷମତାର ବୃଦ୍ଧି ନିମନ୍ତେ ଜୈବିକ ସାର ପରିବର୍ତ୍ତେ ବିଭିନ୍ନ ରାସାୟନିକ ସାର, କୀଟନାଶକ ଔଷଧର ସିଞ୍ଚନ ତଥା ପରମାଣୁ ବୋମା-କ୍ଷେପଣାସ୍ତ୍ର ପରୀକ୍ଷଣ,ପରିବେଶ ପ୍ରଦୂଷଣ, ଖଣି ଖନନ, ବୃକ୍ଷ ଛେଦନ ଆଦି ପ୍ରାକୃତିକ ସଂଶାଧନର କ୍ଷୟ ହେବାକୁ ଲାଗିଲା । ଏ ପରିପ୍ରେକ୍ଷୀରେ ନାରୀ କିନ୍ତୁ ଉଦାରମନା । ପ୍ରକୃତିର ସୁରକ୍ଷା କରିବାରେ ଦୁଇପାଦ ଆଗୁଆ । ପ୍ରକୃତି ସମା ନାରୀ କଲ୍ୟାଣମୟୀ-ସ୍ନେହମୟୀ । ତେଣୁ ପ୍ରକୃତି ପ୍ରତି ସହାନୁଭୂତିସଂପନ୍ନା ନାରୀ । ଉତ୍ତରାଖଣ୍ଡ (ହିମାଚଳ ପ୍ରଦେଶ) ରେ ୧୯୭୩ ମସିହାରେ ହୋଇଥିବା 'ଚିପକୋ ଆନ୍ଦୋଳନ' ଏବଂ କେରଳରେ ହୋଇଥିବା ଏହି ଅଭିଯାନ ସ୍ମରଣୀୟ । ଯେଉଁଠି ନାରୀର ଭୂମିକା ଅଗ୍ରଗଣ୍ୟ ଥିଲା । ସ୍ୱତନ୍ତ୍ରତଃ ଭାରତୀୟ ସଂସ୍କୃତିରେ ନାରୀମାନଙ୍କ ଦ୍ୱାରା ଉପାସିତ ବୃକ୍ଷ ତୁଳସୀ, ବିଲ୍ୱ ଅଁଳା, ନିମ୍ବ, ଅଶ୍ୱ, ପିପ୍ପଳ, ବଟବୃକ୍ଷ,ଅଶୋକ, ପୁନାଗ ଅନ୍ୟତମ । ବୃକ୍ଷକୁ ଦେବତା ଜ୍ଞାନ କରିବା ପରଂପରା କାହିଁ କେଉଁ ବୈଦିକ ଯୁଗରୁ ରହିଛି । ଯାହାକୁ ଅଦ୍ୟାବଧି ନାରୀ ଜାତି ହିଁ ସମ୍ମାନ ଦିଏ ।

ବସ୍ତୁତଃ, ଏକ ସୁସ୍ଥ-ନିରାମୟ ବିଶ୍ୱ ପରିକଳ୍ପନାରେ ନାରୀର ଅବଦାନ ଅବିସ୍ମରଣୀୟ, ଯାହାକୁ ନାରୀବାଦୀ ଚିନ୍ତକମାନେ ଗ୍ରହଣ କରିଛନ୍ତି । ପ୍ରକୃତି ସହ

ଏକାତ୍ମ୍ୟ ହୋଇ ନାରୀବାଦୀମାନେ ପ୍ରକୃତି ଓ ନାରୀ ସୁରକ୍ଷାର ଜାଗ୍ରତ ପ୍ରହରୀ ଭଳି କାର୍ଯ୍ୟ କରିଛନ୍ତି । ଯେହେତୁ ଉଭୟ 'ନାରୀ ପ୍ରକୃତି' ସମଧର୍ମା ଏବଂ ସମଦଶାପନ୍ନ ତେଣୁ ସ୍ୱାଭାବିକ୍ ଭାବେ ଉଭୟଙ୍କ ସଂପର୍କ ଅବିଚ୍ଛେଦ୍ୟ ।

(ଗ) ପାରିପାର୍ଶ୍ୱିକ ଦୃଷ୍ଟିକୋଣ (Environmental vision) -

ଏ ଦୃଷ୍ଟିକୋଣ ଅନୁସାରେ ପରିବେଶ ଓ ମନୁଷ୍ୟର ସମ୍ପର୍କ ଚିରନ୍ତନ ଓ ଶାଶ୍ୱତ । ଏ ପାରିବେଶିକ ସନ୍ତୁଳନ ରକ୍ଷା କରିବା ସମସ୍ତଙ୍କ ଆଭିମୁଖ୍ୟ ହେବା ଉଚିତ୍ । ଅତୀତରେ ପ୍ରକୃତି ସହ ମନୁଷ୍ୟର ସମ୍ପର୍କ ଥିଲା ଅତି ଆପଣାର ବନ୍ଧୁ ସଦୃଶ । କୌଣସି ଶତ୍ରୁତା ନ ଥିଲା । ମନୁଷ୍ୟର ପ୍ରକୃତି ସହ ସମ୍ପର୍କ ଥିଲା ଅବିଚ୍ଛେଦ୍ୟ । ପ୍ରକୃତି ଥିଲା ମନୁଷ୍ୟର ଚିରସହଚର । କିନ୍ତୁ ସଭ୍ୟତାର ଆଲୋକରେ ମନୁଷ୍ୟ, ଆଲୋକିତ ହେବାପରେ ଧୀରେ ଧୀରେସବୁପରିବର୍ତ୍ତନ ହେବାକୁ ଲାଗିଲା । ସେ' ପ୍ରକୃତିକୁ ଶୋଷଣ କରିବା ଆରମ୍ଭ କଲା ପ୍ରକୃତିର ସଂସାଧନକୁ ନିଜ ମୁତାବକ ଖର୍ଚ୍ଚ କରିବାକୁ ଲାଗିଲା । ଯନ୍ତ୍ର ସଭ୍ୟତାର ପ୍ରଭାବରେ ଶିଳ୍ପ କଳକାରଖାନା ମାନଗଢି ଉଠିଲା । ଫଳରେ ପରିବେଶ ପ୍ରଦୂଷିତ ହେବାକୁ ଲାଗିଲା । ସାମାଜିକ ସ୍ତରରେ ମଧ୍ୟ ନାରୀ ସୁରକ୍ଷାରେ ପ୍ରଶ୍ନବାଚୀ ସୃଷ୍ଟିହେଲା ନାରୀ ନିର୍ଯାତିତା ଅତ୍ୟାଚାରିତା ହେଲା । ବସ୍ତୁବାଦୀ ହେବାର ମୋହରେ ନାରୀକୁ ଭୋଗ୍ୟ ଦୃଷ୍ଟିରେ ଦେଖିଲା । ପୁରୁଷ ପ୍ରକୃତି ଓ ନାରୀ ଉଭୟେ ପୁରୁଷର କ୍ଷମତା ଓ ଅହମିକାରେ ପ୍ରପିଡିତ ହେଲେ । ଏ ପୃଥିବୀ ସମସ୍ତଙ୍କର । ସମସ୍ତଙ୍କର ସମାନ ଭାବରେ ବଞ୍ଚିବାର ଅଧିକାର ରହିଛି । ତେଣୁ ପୁରୁଷର ଔଦ୍ଧତ୍ୟ ଓ ଉଚ୍ଛୃଙ୍ଖଳତାର ବିନାଶ ହେଲେ ସମାଜ ଏକ ସୁସ୍ଥ ପରଂପରାର ପ୍ରତିଷ୍ଠା ହେବ ।

ଅତଏବ, ପାଶ୍ଚାତ୍ୟ ନାରୀବାଦ ଜୀବଜଗତ ଓ ମନୁଷ୍ୟ ମଧ୍ୟରେ ସନ୍ତୁଳନ ରକ୍ଷା କରିବାର କଥା କୁହେ । ପରିବେଶ ପ୍ରଦୂଷଣ ମୁକ୍ତ ଓ ସାମାଜିକ ସ୍ଥିତି ସୁସ୍ଥ ଓ ସୌହାର୍ଦ୍ଦ୍ୟପୂର୍ଣ୍ଣ ରହିଲେ ସମସ୍ତଙ୍କ ପାଇଁ କଲ୍ୟାଣମୟ ହେବ । ପାରିବେଶିକ ଦୃଷ୍ଟିକୋଣ ଉଭୟ ପ୍ରକୃତି ଓ ନାରୀର କଲ୍ୟାଣ ଉଦ୍ଦେଶ୍ୟରେ ଶୁଭଚିନ୍ତା କରେ । ଲିଙ୍ଗଗତ ବୈଷମ୍ୟ ଦୃଷ୍ଟିରୁ ନାରୀ କଦାପି ପୁରୁଷ ଠାରୁ ଦୁର୍ବଳ ନୁହେଁ । ରୁଢିବାଦୀ ଚିନ୍ତାଧାରାକୁ ପାରିବେଶିକ-ନାରିବାଦୀମାନେ ଅଗ୍ରାହ୍ୟ କରିଛନ୍ତି । ନାରୀ ମର୍ଯ୍ୟାଦାର ପକ୍ଷକୁ ସମର୍ଥନ କରି ଉଭୟ ପ୍ରକୃତି ଓ ନାରୀର ସୁରକ୍ଷା ଓ ମାନରକ୍ଷା ପାଇଁ ଯୁକ୍ତି ବାଢିଛନ୍ତି । ଏ ପରିପ୍ରେକ୍ଷୀରେ ପାରିବେଶିକ ଦୃଷ୍ଟିକୋଣ ଉଭୟ ନାରୀର ସ୍ଥିତି

ଏବଂ ପ୍ରକୃତିର ସନ୍ତୁଳନ ରକ୍ଷା ପାଇଁ ସ୍ୱର ଉତ୍ତୋଳନ କରିବାରେ ସହାୟକ ହୋଇଛି । ପୁରୁଷ ପ୍ରଧାନ ସମାଜରେ ନାରୀର ଭୂମିକା ଗୌଣ ରହେ । ଏଣୁ ସହଜେ ନାରୀ ପ୍ରତି ପକ୍ଷପାତିତା ହେବା ସ୍ୱାଭାବିକ । ନାରୀ ଓ ପୁରୁଷ ମଧ୍ୟରେ କୌଣସି ଭେଦଭାବକୁ ପାରିବେଶିକ ଚିନ୍ତନମାନେ ଅସ୍ୱୀକାର କରିବା ସହ ନିନ୍ଦା କରିଛନ୍ତି । ଠିକ୍ ସେହିପରି ପରିବେଶ ସୁରକ୍ଷା ଉପରେ ଗୁରୁତ୍ୱ ଦେବା ସହ ବିଶ୍ୱକୁ ପ୍ରଦୂଷିତ ହେବାରୁ ମୁକ୍ତ ରଖିବାକୁ ଚେଷ୍ଟା କରିଛନ୍ତି ଏହି ନାରୀବାଦୀ ଚିନ୍ତକମାନେ ।

ଷଷ୍ଠ ଅଧ୍ୟାୟ

ନାରୀବାଦ ଆଦ୍ୟରୁ ଅଦ୍ୟାବଧି

ନାରୀବାଦ ବା Feminism ସାମ୍ପ୍ରତିକ କାଳଖଣ୍ଡରେ ଏକ ନୂତନ ପ୍ରସଙ୍ଗ ହେଇନାହିଁ । ସବୁ ତର୍କ-ବିତର୍କର ଉର୍ଦ୍ଧ୍ୱରେ 'ନାରୀବାଦ' ଏକ ଦୃଢ ପ୍ରତ୍ୟୟ ହୋଇ ଛିଡା ହୋଇ ପାରିଛି କହିଲେ ଅତ୍ୟୁକ୍ତି ହେବ ନାହିଁ । 'ନାରୀବାଦ' ଏକ ଚେତନା । ଯେଉଁ ଚେତନାରେ ଅନ୍ୱିତ ହେଲେ ଜଣେ ଲିଙ୍ଗ ଭେଦ (Gender inequality) ଉର୍ଦ୍ଧ୍ୱରେ ଉଠି ନାରୀ ପୁରୁଷ ମଧ୍ୟରେ ଥିବା ବୈଷମ୍ୟକୁ ଅଗ୍ରାହ୍ୟ କରିପାରିବ । ସମାଲୋଚନା ଜଗତରେ ଏହି 'ନାରୀବାଦ' 'ବାମାବାଦ' ଭାବରେ ବିବେଚିତ ହୋଇ ଆସୁଥିବାର ଦେଖାଯାଏ । ଯାହା ପରବର୍ତ୍ତୀ ବେଳକୁ "Feminist Literacy Criticism" ବା ନାରୀବାଦୀ ସାହିତ୍ୟ ସମାଲୋଚନା ମାଧ୍ୟମରେ ପରିପ୍ରକାଶ କରେ । ଏହି 'Feminism' ବା ନାରୀବାଦ ବାସ୍ତବରେ ଯେଉଁ ଆଭିମୁଖ୍ୟ ଦେଇ ଗତି କରିଛି ତା'ର ଅର୍ଥ ହେଉଛି :

"The principle that women should have the same rights and chances as man."

ଅର୍ଥାତ୍, ପୁରୁଷ ଭଳି ନାରୀର ସମ୍ମାନ ଅଧିକାର ଓ ସୁଯୋଗ ରହିଛି । ଯାହାର ହନନରେ ସାମାଜିକ ବିଶୃଙ୍ଖଳାର ସୃଷ୍ଟି । ନାରୀର ପୁରୁଷ ଭଳି ସମାନ ଅଧିକାର ଦାବି କରିବା ଉଚ୍ଛୃଙ୍ଖଳତା ନୁହେଁ, ବରଂ ନ୍ୟାର୍ଯ୍ୟ ଅଧିକାର । ଏହା କେବଳ ନାରୀର ରାଜନୀତିକ ଆର୍ଥିକ ତଥା ସାମାଜିକ ଅଧିକାର କଥା କୁହେ ତା' ନୁହେଁ ଏହା ତା'ର ଶରୀର ଉପରେ ଅଧିକାରକୁ ଦର୍ଶାଏ । ନାରୀ, ପୁରୁଷ ହବାକୁ ଚାହେଁନା, ସେ' ନାରୀ ହୋଇ ବଞ୍ଚିବାକୁ ଚାହେଁ । ତା ଉପରେ ଅଯଥା ଚାପ, ଜଂଜାଳ କାହିଁକି ଲଦା ହେଇଥାଏ ? ଝିଅ ବେଳେ ପିତାର ଲଜ୍ୟା ଭିତରେ ତା ଜୀବନ ସରିଯାଏ । ଯୁଗ ଯୁଗ ଧରି ଅତ୍ୟାଚାରିତ ହୋଇ ଆସିଛି ନାରୀ । ପୁରୁଷର ଉପଯୋଗିତା ଅନୁଯାୟୀ ନାରୀ ହୁଏ ଲାବଣ୍ୟବତୀ ତ କେତେବେଳେ ଉଦଣ୍ଡି ଉଗ୍ରା ହୋଇ ପରିଭାଷିତ ହୁଏ । ବୈଧବ୍ୟ, ଧର୍ଷଣ, କର୍ଷଣ, ଲାଞ୍ଛନା, ପ୍ରତ୍ୟାକ୍ଷିତା ଜୀବନ ନେଇ ତାକୁ ସାରା ଜୀବନ ବଞ୍ଚିବାକୁ ହୁଏ । କଦବା କ୍ୱଚିତ୍ ସେ' ଯଦି ଏହି ଅନୁଶାସନରୁ ମୁକ୍ତ ହେବାକୁ ଚାହେଁ, ତେବେ ସେ' ହୁଏ ରଣଚଣ୍ଡୀ-ଉଦ୍ଧତ-ସ୍ୱାର୍ଥୀ । ଇତିହାସର ବିବର୍ତ୍ତନ ଧାରାରେ ଆମେ ଯଦି ଅତୀତର ପୃଷ୍ଠା ଉନ୍ମୋଚନ କରୁ, ତେବେ ନାରୀବାଦର ସ୍ୱରୂପକୁ ଆମେ କେଉଁଠି ନା କେଉଁଠି ଭେଟୁ । ଯଦିଓ

ଏହାର ରୂପ ଏତେ ଉଗ୍ର ନୁହେଁ । ତଥାପି, ତତ୍କାଳୀନ ସମାଜରେ ଏହାର ଅସ୍ତିତ୍ୱ ସ୍ପଷ୍ଟ ଓ ସ୍ୱତନ୍ତ୍ର ତାହାକୁ ଅସ୍ୱୀକାର କରାଯାଇ ନପାରେ । ଏ ପରିପ୍ରେକ୍ଷୀରେ ନାରୀର ସ୍ୱାଧିକାର ଓ ସ୍ୱାଧିନତା ମୁଖ୍ୟ ।

ନାରୀ ଓ ପୁରୁଷ ନିର୍ବିଶେଷରେ ଜୈବିକ ସରଞ୍ଚନା ଈଶ୍ୱରଦତ୍ତ ହେଲେ ମଧ୍ୟ ତା'ର ବୈଷମ୍ୟ, ମନୁଷ୍ୟକୃତ । ନାରୀକୁ ସମ୍ମାନ ଦେବା, ଦେବୀ ଜ୍ଞାନରେ ଉପାସନା କରିବାର ପରମ୍ପରା ଆମର ସୁପ୍ରାଚୀନ । ଲିଙ୍ଗଗତ ଭିନ୍ନତା ଥିବା ସତ୍ତ୍ୱେ ନାରୀ ଓ ପୁରୁଷର ଭୂମିକା ଆମ ସଂସ୍କୃତିରେ ସମାନ ବୋଲି ବିଚାର କରାଯାଏ । ପତିର ମାନ ରକ୍ଷା ପାଇଁ ନାରୀ ଅଗ୍ନିସ୍ନାତା ହୁଏ ଯେପରି ତା'ର ଅମର୍ଯ୍ୟାଦାରେ ପତିର ପ୍ରତିଶୋଧ ମଧ୍ୟ ତଦନୁପାତରେ କମ୍ ନୁହେଁ । ଏ ଦୃଷ୍ଟିରୁ ଡ. ବିଜୟ ଶତପଥି ଙ୍କ "ଫେମିନିଷ୍ଟ ଆନ୍ଦୋଳନ ଓ ଜଗତୀକରଣ" ପ୍ରବନ୍ଧରୁ ଏକ ମନ୍ତବ୍ୟ ଉଦ୍ଧାର କରାଯାଇପାରେ । ତାଙ୍କ ମତରେ : "ପତିର ସମ୍ମାନ ରକ୍ଷା ପାଇଁ ଏଠି ନାରୀ ଯଜ୍ଞରେ ଆପଣାକୁ ଯେପରି ବିସର୍ଜନ କରେ ସେମିତି ବି ପତ୍ନୀ ଅପମାନର ପ୍ରତିଶୋଧ ନିମନ୍ତେ, ଶତ୍ରୁର ବକ୍ଷ ଶୋଣିତ ତା ଆଞ୍ଜୁଳିରେ ଭରି ପାନ କରିପାରେ । ଜଳିଯାଏ ସୁବର୍ଣ୍ଣ ଲଙ୍କା, ହତଶିରୀ ହୁଏ ହସ୍ତିନା,ଟ୍ରୋଜାନ ଯୁଦ୍ଧ ଆତଙ୍କରେ ଶିହରି ଉଠେ ଭୂମି ।" (ଅସ୍ମିତା ଅନ୍ୱେଷଣ :ପୃ:୭୯)

ଦେଖାଯାଏ, ପ୍ରାଣୀ ତତ୍ତ୍ୱବିଦ୍ ମାନେ ମଣିଷକୁ (Bi -sexual) ବୋଲି ଯାହା କୁହନ୍ତି ତାହା ଅନେକାଂଶରେ ମନସ୍ତତ୍ତ୍ୱ ଦୃଷ୍ଟିରୁ ସାର୍ଥକ । କିନ୍ତୁ, ଦୁର୍ଭାଗ୍ୟର ବିଷୟ ସାମାଜିକ ବିଧି-ବ୍ୟବସ୍ଥା ପରମ୍ପରା ନାଁରେ ନାରୀ ଓ ପୁରୁଷ ମଧ୍ୟରେ ଯେଉଁ ବାଛ- ବିଚାରର ଲକ୍ଷ୍ମଣରେଖା ଟଣା ଚାଲିଛି, ତାହା ଆଦୌ ଶୁଭଙ୍କର ନୁହେଁ । ଏହି ବୈଷମ୍ୟ ହିଁ ଯାବତୀୟ ଜଟିଳତାକୁ ନିମନ୍ତ୍ରଣ ଦିଏ । ବୈଦିକ ଯୁଗର ନାରୀମାନେ ଥିଲେ ବିଦୁଷୀ, ଏପରିକି ସତ୍ୟକାମ-ଜାବାଳ ଉପାଖ୍ୟାନରୁ ଜଣାଯାଏ ଯେ ପିତାର ପରିଚୟକୁ ଅପେକ୍ଷା ନ ରଖି କିଭଳି 'ଏକକ ମାତୃତ୍ୱ'ର ପରିଚୟ (Single Mother identity) ରେ ସତ୍ୟକାମର ପାଳନ କରାଯାଇଥିଲା । ଦଣ୍ଡି ମହାଦେବୀ, ତ୍ରିଭୁବନ ମହାଦେବୀ ଏପରିକି ବ୍ରିଟିଶ ଅଧ୍ୟୁସିତ ରାଣୀ ସୁକଦେଈଙ୍କ ବୀରତ୍ୱର ଗାଥା ପ୍ରାଚୀନ ଇତିହାସରୁ ଜଣାଯାଏ । ତେବେ ମନରେ ପ୍ରଶ୍ନ ଉଠେ, ତେବେ ନାରୀର ସଶକ୍ତ ସ୍ୱରୂପ ଥିବା ସତ୍ତ୍ୱେ ତାକୁ କ୍ରୀଡ଼ନକ ସଜେଇଲା କିଏ ? ତା ପ୍ରତି

ଅନ୍ୟାୟ- ଅତ୍ୟାଚାର କଲା କିଏ ? ପୁରୁଷର ବିଧି- ବ୍ୟବସ୍ଥା ଏବଂ ପରିବର୍ତ୍ତିତ ସାମାଜିକ ବ୍ୟବସ୍ଥା ଏଥିପ୍ରତି ଦାୟୀ, ଏଥିରେ ସନ୍ଦେହ ନାହିଁ । ଯିଏ, ନାରୀର ସ୍ୱାତନ୍ତ୍ର୍ୟତାକୁ ଆପଣାର ନିୟମ - ଶୃଙ୍ଖଳା ଦ୍ୱାରା ଅବରୋଧ କଲା । ଏପରିକି ପରବର୍ତ୍ତୀ ସମୟରେ ଯେଉଁ ସଂହିତାମାନ ରଚନା କରାଗଲା, ସେହିସବୁ ଗ୍ରନ୍ଥ ମାନଙ୍କରେ ନାରୀର ସ୍ଥିତିକୁ ସଂକୁଚିତ କରାଗଲା । ମନୁ ସଂହିତା, ପରାଶର ସଂହିତା ମାନଙ୍କରେ ନାରୀର ଶୃଙ୍ଖଳାକୁ ଗୁରୁତ୍ୱ ଦିଆଗଲା । ଏପରିକି 'ମନୁଶାସ୍ତ୍ର'ରେ ମଧ୍ୟ "ଢୋଲ-ଗୱାଁର-ଶୁଦ୍ର-ପଶୁ ନାରୀ / ଯେ ସବ୍ ହେ ତାଡନ କେ ଅଧିକାରୀ" ଭାବରେ ବର୍ଣ୍ଣିତ ହୋଇଥିବାର ଦେଖିବାକୁ ମିଳେ ।

ଯାହା ସଂକୀର୍ଣ୍ଣ ଚିନ୍ତାଧାରାର ସୂଚକ ବୋଲି କୁହାଯାଇପାରିବ । ତତ୍କାଳୀନ ସମାଜରେ ବର୍ଣ୍ଣରେ କଳା, ନିରକ୍ଷର ବ୍ୟକ୍ତି , ଶୂଦ୍ର, ପଶୁ ଏବଂ ନାରୀର ସ୍ଥିତି ଅତ୍ୟନ୍ତ ଦୁର୍ବିସହ ଥିବାର ମନେହୁଏ । ଯାବତୀୟ ଅନ୍ୟାୟ ଅତ୍ୟାଚାରକୁ ଭୋଗୁଥିବା ଏହି ସବୁ ଦୁର୍ବଳ ପ୍ରଜାତି ମାନଙ୍କ ଭାଗ୍ୟରେ ବିଡମ୍ବନା ହିଁ ମୁଖ୍ୟ ଥିଲା । କ୍ରମଶଃ ସଭ୍ୟତାର ଆଲୁଅରେ ସର୍ବହରା ମାନଙ୍କ ସ୍ଥିତି ଆହୁରି ଅଧିକରୁ ଅଧିକ ଶୋଚନୀୟ ହୋଇ ଉଠିଲା । ଏହାର ମୂଳରେ ପୁଞ୍ଜିବାଦୀ ମନୋବୃତ୍ତି ମୁଖ୍ୟ । ଏହି ସାମାଜିକ ବୈଷମ୍ୟ ଆଢୁଆଳରେ ନାରୀ' ସର୍ବହରା (Haves n't) ର ପ୍ରତିନିଧିତ୍ୱ କଲାବେଳେ ପୁଞ୍ଜିପତି ମାନେ (Have's) ର ମୁଖ୍ୟ ସାଜିଛନ୍ତି । ଯେଉଁମାନେ ଦୁର୍ବଳ , ଅସହାୟ, ନିଷ୍ପେସିତ ଜାତି ମାନଙ୍କୁ ନିଜ ଅଧିନସ୍ଥ କରିଛନ୍ତି । ଯାହାର ମୁଖ୍ୟ 'ନାରୀ' । ଯାହାକୁ କେନ୍ଦ୍ର କରି ନିଜର ଆଧିପତ୍ୟକୁ କ୍ରମଶଃ ବିସ୍ତାର କରନ୍ତି । ଏମାନେ ହିଁ ସମାଜର ବିଧିବିଧାନକୁ ଆପଣା ମୁତାବକ ସୃଷ୍ଟି କରନ୍ତି । ସବଳର ଯୁଗେ ଯୁଗେ ଦୁର୍ବଳ ଉପରେ ଅତ୍ୟାଚାର ହୁଏ । ଏହି ପରିପ୍ରେକ୍ଷୀରେ ନାରୀ ବିଶେଷତଃ ଦୁର୍ଦ୍ଦଶା ଭୋଗେ । ତା'ର ଶରୀର ଆଧାରରେ ସେ' ହୁଏ ଶୋଷିତ - ନିଷ୍ପେସିତ । ନାରୀର ଦେହ ସର୍ବସ୍ୱ ଭାବକୁ ନେଇ ମଧ୍ୟଯୁଗୀୟ ବିଳାସ ସମସ୍ତ ସୀମା ଲଙ୍ଘନ କରିଛି । ସେ' ହୋଇଛି ଲାବଣ୍ୟବତୀ, କୋଟି ବ୍ରହ୍ମାଣ୍ଡ ସୁନ୍ଦରୀ, ଭୁବନ ମୋହିନୀ, ମଦନ ମଞ୍ଜରୀ, ତ୍ରିପୁରା ମୋହିନୀ, ରୂପବତୀ ଇତ୍ୟାଦି ଇତ୍ୟାଦି । ତା ଶରୀରର ଲାବଣ୍ୟ ଆଧାରରେ ରଚିତ ହୋଇଛି ସାହିତ୍ୟର କାବ୍ୟ କୋଣାର୍କ । ବିଶେଷତଃ କାବ୍ୟ କବିତାରେ ହୋଇଛି ତା'ର ଦେହର ଚର୍ଚ୍ଚା । ନାୟିକାର ନଖ-ଶିଖ ବର୍ଣ୍ଣନାରେ

କାବ୍ୟ ହୋଇଛି ଗଢ଼ା । ଏହି ମୋଗଲୀୟ ବିଳାସ ନାରୀକୁ କରିଛି ଭୋଗ୍ୟା । ସଭ୍ୟତାର ପରିବର୍ତ୍ତନ ଦାୟରେ କ୍ରମଶଃ ନାରୀର ସ୍ଥିତି ହୋଇଛି ଉନ୍ନତ । ଦେହର ଦେହଲୀ ଭିତରୁ ବାହାରି ମୁକ୍ତିର ବାଟ ଖୋଜିଛି ନାରୀ । ଶିକ୍ଷା ହେଇଛି ମୁଖ୍ୟ । ଏହି ଶିକ୍ଷାକୁ ମାଧ୍ୟମ କରି ତା ବାଟ ନିଜେ ଗଢ଼ିଛି ନାରୀ । ଆଧୁନିକତାର ଆଲୋକରେ ଆଲୋକିତ ହୋଇଛି ତା ଅନ୍ତଃକରଣ । ସେ' ମୁକ୍ତିର ମାର୍ଗ ଖୋଜିଛି । ସେ' କେବଳ ସନ୍ତାନ ଜନ୍ମ କରିବାର ମାଧ୍ୟମ ନୁହେଁ । ତା'ର ସ୍ଥିତି ଅଛି, ସ୍ୱରୂପ ଅଛି ତା'ର ସ୍ୱାଧୀକାର ଅଛି । ସମାଜର ତଥା କଥିତ ବିଧି ବ୍ୟବସ୍ଥାକୁ ସେ' ଅଗ୍ରାହ୍ୟ କରିଛି । ତା'ର ଚିନ୍ତା ଚେତନା କ୍ରମଶଃ ଜାଗ୍ରତ ହୋଇଛି । ତା'ର ଅସ୍ମିତା, ମର୍ଯ୍ୟାଦା ଏବଂ ତା'ର ମହତ ଆକାଂକ୍ଷାକୁ ସେ' ନିଜସ୍ୱ ଭାବରେ ପରିଭାଷିତ କରିବାକୁ ଚାହିଁଛି । ଏହି ଦ୍ରୋହ ଓ କୋହର ସନ୍ଧିକ୍ଷଣରେ ସୃଷ୍ଟି ହେଇଛି 'ନାରୀବାଦ', ନାରୀ ଅସ୍ମିତାର ଅନ୍ୱେଷଣ । ଯାହା ସମାଜର ପକ୍ଷପାତିତା ବିରୁଦ୍ଧରେ ପ୍ରତିବାଦ କରିଛି । ଆପଣାର ଅଧିକାର ଓ ଅସ୍ତିତ୍ୱ ପାଇଁ ଲଢ଼ିଚି । ଏ ହେଉଛି ନାରୀ ଅନ୍ତରର ପ୍ରତିବାଦ । ନାରୀ ଅନ୍ତରର ଦ୍ରୋହ,କୋହ ଏଠି ପୁଞ୍ଜିଭୂତ ହୋଇ ପ୍ରତିବାଦର ରୂପ ନେଇଛି । ଏ ହେଉଛି 'ନାରୀବାଦ', ନାରୀ ଅନ୍ତରର ପ୍ରତିବାଦ ।

ନାରୀ ବିଶ୍ୱ ସୃଷ୍ଟିର ଏକ ବିସ୍ମୟ । ସୃଷ୍ଟି ସର୍ଜନାର ମୂଳ ହେତୁ ନାରୀ । ଅଥଚ ପୁରୁଷତନ୍ତ୍ରର ଅନ୍ୟାୟ କଷଣର ଶିକାର ହୁଏ ନାରୀ । ନାରୀ ଯେପରି ପୁରୁଷ ଦ୍ୱାରା ଅବହେଳିତା, ନିର୍ଯ୍ୟାତିତା ଏବଂ ପ୍ରତ୍ୟାଖ୍ୟାତା ହୋଇଛି । ସତେକି ସେ' ଏକ ଦ୍ରବ୍ୟ ବା Comodity , ଏକ ସାମଗ୍ରୀ, ଏକ ଉପଭୋଗର ଯନ୍ତ୍ର । ତା'ର ଯେମିତି ଜୀବନ ନାହିଁ, ଆତ୍ମା ନାହିଁ, ଆଶା ଓ ଆକାଂକ୍ଷା ନାହିଁ । ପୁରୁଷ ହାତର କ୍ରୀଡ଼ନକ । ଏଇଥିପାଇଁ ନାରୀ ବିମର୍ଶର ଆବଶ୍ୟକତା ରହିଛି । ତା'ର ଜୀବନର ହର୍ଷ ବିଷାଦ ଯେପରି ପୁରୁଷତନ୍ତ୍ର ଅଧୀନରେ । ତେବେ ଦେଖିବା ନାରୀ ବିମର୍ଷ କଣ ? ଏହା କଣ ନାରୀର ରୂପ, ଗୁଣ ବା ଧର୍ମ ଆଧାରରେ ନା ତା'ର ସ୍ୱାଧୀକାର- ସ୍ୱାତନ୍ତ୍ୟ - ଅସ୍ମିତାର ବିଚାରରେ ? ଏହି ପରିପ୍ରେକ୍ଷୀରେ ଆମେ 'ନାରୀବାଦ' କୁ ଆଲୋଚନା କରିବାକୁ ଗଲାବେଳେ ଆମ ସମ୍ମୁଖରେ ନାରୀ ଅସ୍ତିତ୍ୱର ମର୍ମ କଥା ପ୍ରଥମେ ଆସେ । ନାରୀର ଶୋଷଣ- ଅବଦମିତ ଚିତ୍ରର (explotation - Oppression) ପୃଥିବୀ ବ୍ୟାପି ଏକ ଇତିହାସ ରହିଛି ତାକୁ

ଏଡାଇ ଦିଆଯାଇ ନପାରେ । ସାମାଜିକ ବ୍ୟାଧି ଭାବରେ ବା କୁସଂସ୍କାର - ଅନ୍ଧବିଶ୍ୱାସ ଭାବରେ ହେଉ, ଆମର ପରମ୍ପରାରେ ନାରୀକୁ ଦୁର୍ବଳା- ଗୌଣ ବୋଲି ମନେକରାଯାଏ । ସକଳ ପ୍ରତିକୂଳ ପରିସ୍ଥିତି ସତ୍ତ୍ୱେ ନାରୀର ସ୍ଥିତି ଅନେକାଂଶରେ ଉନ୍ନତ । ସମୟର ବିବର୍ତ୍ତନରେ ବିପୁଳ ଭାବରେ ନାରୀ ଜୀବନର ମାନ ବଦଳି ଚାଲିଛି । ଏ କ୍ଷେତ୍ରରେ ଶିକ୍ଷିତ- ସମ୍ଭ୍ରାନ୍ତ ନାରୀ ମାନଙ୍କର ସ୍ଥିତି ନିଶ୍ଚିତ ଭାବେ ପରିବର୍ତ୍ତିତ ହେଇଚି । କିନ୍ତୁ ସାଧାରଣ ଅଶିକ୍ଷିତ, ଗାଉଁଲି - ସ୍ତ୍ରୀ ମାନଙ୍କର ସ୍ଥିତି ତଦନୁପାତରେ ବଦଳିନି ବରଂ, ଆହୁରି ତମସାଛନ୍ନ ହୋଇ ପଡିଛି କହିଲେ ଅତ୍ୟୁକ୍ତି ହେବ ନାହିଁ । ଊନବିଂଶ ଶତାବ୍ଦୀର ପ୍ରାରମ୍ଭିକ ପର୍ଯ୍ୟାୟ ବେଳକୁ କ୍ରମଶଃ ନାରୀର ସ୍ଥିତିରେ ସୁଧାର ଆସିଛି । ଶିକ୍ଷାର ପ୍ରଚାର- ପ୍ରସାର ହେତୁ ନାରୀ ଜୀବନର ମାନ ବା ନାରୀ ମୁକ୍ତି (Women's Emancipation) ସମ୍ପର୍କରେ ସଚେତନତା ସୃଷ୍ଟି ହେଇଛି । ପରିବର୍ତ୍ତିତ ହେଇଚି ନାରୀର ଭାଗ୍ୟ ଓ ଭବିତବ୍ୟ । ପୁରାଣ - ଯୁଗକୁ ଫେରିଗଲେ 'ନାରୀ' ର ସ୍ଥିତି ଖୁବ୍ ଉନ୍ନତ ଥିଲା ବୋଲି ସ୍ୱୀକାର କରିବାକୁ ହେବ । ତେଣୁ ତ, ନାରୀ ହେଇଛି ସକଳ ସୌଭାଗ୍ୟର ପ୍ରତୀକ । ଏହି ସୌଭାଗ୍ୟପ୍ରାପ୍ତି ନିମନ୍ତେ ପୁରୁଷ, ସ୍ତ୍ରୀର ପାଣିଗ୍ରହଣ କରେ । ନାରୀ ସ୍ୱାମୀର ଜୀବନ ବ୍ୟାପି କେବଳ ସହଯାତ୍ରୀ ନୁହେଁ ବରଂ ଦୁଃଖରେ ସୁଖରେ ଛାଇଟିଏ ପରି ତା'ର ସଖ୍ୟ ପ୍ରଦାନ କରେ । ନାରୀ ଧର୍ମପତ୍ନୀ, ପୁରୁଷ ଗୃହପତି- ଗୃହକର୍ତ୍ତା । ବୈଦିକ ଶବ୍ଦ 'ଦମ୍ପତି' ସୂଚାଏ ଯେ ସମସ୍ତ କର୍ମରେ ପୁରୁଷ ଓ ସ୍ତ୍ରୀ ସମାନ ଅଧିକାର ଅଛି । ଏପରିକି ଶାସ୍ତ୍ରରେ ବିପତ୍ନୀକୁ ଯଂଜ୍ଞ କରିବାକୁ ନିଷେଧ କରାଯାଇଛି । ତୈତ୍ତରୀୟ ଉପନିଷଦ ଠାରୁ ଆରମ୍ଭ କରି ତୈତ୍ତରୀୟ ବ୍ରାହ୍ମଣ, ଶତପଥୀ ବ୍ରାହ୍ମଣ, ଐତରିୟ ବ୍ରାହ୍ମଣ ଆଦି ଗ୍ରନ୍ଥରେ ନାରୀର ସ୍ଥିତି ଖୁବ ଉଚ୍ଚତର ଭାବରେ ଉଲ୍ଲେଖ କରାଯାଇଛି । ବୈଦିକ ନାରୀର ଉକ୍ତି : 'ଅହମସ୍ମି ବୀରଣୀନ୍ଦ୍ର ପତ୍ନୀ' (ର ୧୦,୮,୯) ଅର୍ଥାତ୍ 'ମୁଁ ହେଉଛି ବୀରାଂଗନା ଓ ବୀରପତ୍ନୀ' ।

ଏଥିରୁ ସ୍ପଷ୍ଟ ଅନୁମାନ କରାଯାଏ, ନାରୀର ସ୍ଥିତି ଅତୀତରେ କେତେ ସୁଦୃଢ ଥିଲା । ଏପରିକି ବାଲ୍ୟ ବିଧବାଙ୍କର ପୁନଃ ବିବାହର ମଧ୍ୟ ବିଧି ଥିଲା । ବିଶିଷ୍ଟ ଗାନ୍ଧିବାଦୀ ରାଜନୀତିଜ୍ଞ ଓ ସମାଜସେବୀ ସୁଚେତା କୃପାଳିନୀ ତତ୍କାଳୀନ ସମାଜରେ ନାରୀ ସ୍ଥିତି ସମ୍ପର୍କରେ କୁହନ୍ତି :

"She was free in her movements, attended public assemblies. She often choose her husband Marriage was usual but n't obligatory and the women who so those could spend their life in literary and intectual pursuits.

କ୍ରମଶଃ ପୁରାତନ ପରମ୍ପରାର ଅବକ୍ଷୟ ଘଟିଲା । ହିନ୍ଦୁ ସମାଜର ସ୍ଖଳନର ଚିତ୍ର ପରବର୍ତ୍ତୀ ପର୍ଯ୍ୟାୟ ବେଳକୁ ବୈଦିକ ଧର୍ମକାଣ୍ଡ, ସଂହିତା ଆଦି ଗ୍ରନ୍ଥ ମାନଙ୍କରେ ପଡିଲା । ନାରୀ ପୁନଶ୍ଚ ଅସୂର୍ଯ୍ୟଂପଶ୍ୟା ବିଭିନ୍ନ ଧର୍ମ - ଆଦି କର୍ମକ୍ରିୟା ମାନଙ୍କରେ ସେ' ହେଲା ନିଷିଦ୍ଧ । ଏପରିକି ଉପନୟନ କ୍ରିୟାରୁ ମଧ୍ୟ ସେ' ହେଲା ବଞ୍ଚିତା । ଘୋର କଟକଣା ଭିତରେ ନାରୀର ଜୀବନ ଯନ୍ତ୍ରଣା ଦୁର୍ବିସହ ହୋଇ ଉଠିଲା । ଶ୍ରୀମଦ୍ ଭାଗବତ ଗୀତା ରଚିତ ହେଲା ବେଳକୁ ନାରୀ ସମାଜରେ ଗୌଣ ବିବେଚିତ ହୋଇ ଗଲାଣି । ଏଥିରେ ସ୍ପଷ୍ଟ ଉଲ୍ଲେଖ ଅଛି ଯେ ସ୍ତ୍ରୀ, ବୈଶ୍ୟ, ଶୂଦ୍ର, ଆଦି ଭଗବାନଙ୍କ ଠାରେ ଶରଣ ଗଲେ ମୁକ୍ତି ପାଇପାରିବେ ।

"ସ୍ତ୍ରୀ ୟୋ ବୈଶ୍ୟା - ସ୍ତଥା ଶୁଦ୍ରା ସ୍ତେଽପି ଯାନ୍ତି ପରାଂ ଗତିମ୍ ।"

ଅର୍ଥାତ୍, ସ୍ତ୍ରୀ, ବୈଶ୍ୟ, ଶୁଦ୍ର ପ୍ରଜାତି ସହ ତୁଳନୀୟ । ଯାହାର ସ୍ଥିତି ଦୁର୍ବଳ ଏଥିରୁ ସ୍ପଷ୍ଟ । ପୁରୁଷର ସ୍ଖଳନ ଓ ସମାଜର ଅଧୋଗତିରେ ନାରୀ ହିଁ ଯେପରି ଦାୟୀ । ତେଣୁ ବୌଦ୍ଧ ସଂସ୍କୃତିରେ ପ୍ରାରମ୍ଭିକ ପର୍ଯ୍ୟାୟ ବେଳକୁ ବୁଦ୍ଧଦେବ ନାରୀ ମାନଙ୍କୁ ଏଥିରୁ ନିବୃତ୍ତ ରଖିଥିଲେ । ଯଦିଓ ପରବର୍ତ୍ତୀ ସମୟ ବେଳକୁ ନାରୀ ମାନଙ୍କର ପ୍ରବେଶକୁ ନିଷିଦ୍ଧ କରାଯାଇ ନଥିଲା । ଦେଖିବାକୁ ଗଲେ ପ୍ରାଚୀନ ସଂସ୍କୃତିର ଅବକ୍ଷୟ ସ୍ୱରୂପ ନାରୀ ଅବହେଳିତା, ନିଷ୍ପେସିତା ହେଲା । ସମାଜରେ ତା'ର ଭୂମିକାକୁ ସଂକୁଚିତ କରାଯାଇ ତାକୁ ସବୁଥିରୁ ବଞ୍ଚିତ କରାଗଲା । ଫଳରେ ସାମାଜିକ ବିଚାରରେ ସେ' ହେଲା ଅପାଂକ୍ତେୟ, ଅବାଂଛିତା । ପୁରୁଷ ସମାଜ ତା'ର ଯାବତୀୟ ଅବିଗୁଣ, ଅସଙ୍ଗତି ସତ୍ତ୍ୱେ ହେଲା ମୁଖ୍ୟ । ସ୍ୱାମୀ ବିବେକାନନ୍ଦଙ୍କ ଭାଷାରେ ନାରୀର ସ୍ନିଗ୍ଧ ରୂପ ହେଉଛି ମା'-ଜନନୀ ସ୍ୱରୂପା ସାକ୍ଷାତ୍ ଦେବୀତୁଲ୍ୟା । ତାଙ୍କ ମତରେ :

"Now the ideal woman in india is the Mother, the mother first, and the mother last . the word woman calls up to the mind of the Hindu motherhood; and God is called mother XXX in the west the mother is wife. The idea of motherhood is concentrated there as wife. In the western home, the wife rules. Wife-mother always lives in our homes."

ଯେଉଁ ପୁରୁଷ ନାରୀକୁ ହତାଦର କରେ, ଅସମ୍ମାନ କରେ, ତା'ର ପତନ ଅବଶ୍ୟମ୍ଭାବୀ ବୋଲି ଶାସ୍ତ୍ର - ପୁରାଣ ମଧ୍ୟ ସ୍ୱୀକାର କରେ । ଯାବତୀୟ ବିଚାର ସତ୍ତ୍ୱେ ପୁରୁଷ ଦ୍ୱାରା ନାରୀ ହୁଏ ଭର୍ତ୍ସିତା- ଅବହେଳିତା । ନାରୀ କେବଳ ସ୍ତ୍ରୀ ବା ପତ୍ନୀ ନୁହେଁ ସେ' ମା' । ସର୍ବକଲ୍ୟାଣର ସେ' ହୁଏ କ୍ଷମାମୟୀ- ମମତାମୟୀ । ପାଶ୍ଚାତ୍ୟ ଦେଶ ମାନଙ୍କରେ ନାରୀ ସ୍ତ୍ରୀ ଭାବରେ ଅଧିକ ଅଧିକ ବିବେଚିତ ହୁଏ । ସନ୍ତାନ ଜନ୍ମର ମାଧ୍ୟମ ଭାବରେ ତାକୁ ପରିଗଣିତ କରାଯାଏ । ତା'ର ମାତୃମୟୀ ରୂପକୁ ସମ୍ମାନ ଦିଆଯାଏନା ବରଂ ତା'ର ପତ୍ନୀ ରୂପକୁ ଗୁରୁତ୍ୱ ଦିଆଯାଏ । ଯେ କେବଳ ପୁରୁଷର କାମ- ପିପାସାକୁ ଚରିତାର୍ଥ କରିବାର ହେତୁ । ଏପରିକି ମନୁ ମଧ୍ୟ ତାଙ୍କ ସଂହିତାରେ ନାରୀକୁ ଗୌଣ ଭାବରେ ଅଭିହିତ କରିବାକୁ ଯାଇ ଯେଉଁ ମନ୍ତବ୍ୟ ଦିଅନ୍ତି ତାହା ହେଉଛି -

"ବ୍ରାହ୍ମଣାଃ ପାଦତୋ ମେଧ୍ୟାଃ ଗାବମେଧ୍ୟାଃ ତୁ ପୃଷ୍ଠତଃ
ଅଜାଶ୍ୱାନ ମୁଖତୋ ମେଧ୍ୟାଃ ସ୍ତ୍ରୀୟୋ ମେଧ୍ୟାଃ ତୁ ସର୍ବତଃ ।"

-(ମାନବ ଧର୍ମଶାସ୍ତ୍ର : ପୃ : ୮)

ଅର୍ଥାତ୍ ବ୍ରାହ୍ମଣର ଶୁଦ୍ଧତା ତା'ର ପାଦ, ଗାଭୀର ଶୁଦ୍ଧତା ତା'ର ପାଟି, ମାତ୍ର ନାରୀର ଶୁଦ୍ଧତା ତା'ର ସର୍ବାଙ୍ଗ । ପ୍ରାଚୀନ ଯୁଗରେ ନାରୀର ସ୍ଥିତି ପରବର୍ତ୍ତୀ କାଳକୁ ବିବର୍ତ୍ତିତ ହେବାକୁ ଲାଗିଛି । ସତୀତ୍ୱ କଥାଟି କେବଳ ନାରୀ କ୍ଷେତ୍ରରେ ବିଚାର କଲାବେଳେ ପୁରୁଷ କ୍ଷେତ୍ରରେ ନଥାଏ । ନାରୀ ଯେପରି ପୁରୁଷର ସ୍ଥାବର- ଅସ୍ଥାବର ସମ୍ପତ୍ତି । ଏପରିକି କେତେକ ଦେଶରେ ମଧ୍ୟ ନାରୀକୁ ଅତିଥି ମାନଙ୍କୁ ସମର୍ପଣ କରାଯିବାର ବିଧି ରହିଛି । କେତେକ ଆଦିବାସୀ ସମାଜରେ ଋଣ ପରିଶୋଧ ନ ହେଇପାରିଲେ ଆପଣା କନ୍ୟା ବା ସ୍ତ୍ରୀ କୁ ସମର୍ପଣ କରିବାର ପ୍ରଥା ମଧ୍ୟ ପ୍ରଚଳିତ ଅଛି । ଏଥିରୁ ନାରୀମାନଙ୍କର ସ୍ୱତନ୍ତ୍ରତା କେତେଦୂର ସଂକୁଚିତ ତାହା ସ୍ପଷ୍ଟ ଅନୁମେୟ ।

ନାରୀକୁ କେବଳ ଉପଭୋଗର ମାଧ୍ୟମ ମନେକରିବା ହେତୁ ନାରୀ ପ୍ରତି ପୁରୁଷ ସମାଜର ନାନାଦି ଅବିଚାର କଥା ଆସୁଛି । ତେଣୁ ପୁରୁଷ ଆପଣାର ଆଧିପତ୍ୟ ଜାହିର କରିଛି ଏବଂ ତତ୍‌ଅନୁସାରେ ନାରୀର ଭାଗ୍ୟ ନିୟନ୍ତ୍ରଣ କରିଛି ପୁରୁଷ । ଶଙ୍କରାଚାର୍ଯ୍ୟଙ୍କ ପରି ବହୁ ଶାସ୍ତ୍ରଦର୍ଶୀ ପଣ୍ଡିତ ମଧ୍ୟ ନାରୀର ସ୍ଥିତି ପ୍ରତି ଉଦାସୀନ ମନେ ହୁଅନ୍ତି । 'The art of the devils gate, the betrayer of the true'ଭାବରେ ନାରୀକୁ ପରିଗଣିତ କରାଯାଇଛି । ସେଣ୍ଟପଲ୍ ମଧ୍ୟ ଆହୁରି ପାଦେ ଆଗେଇଯାଇ "ନାରୀର କୌଣସି ଅଧିକାର ନାହିଁ । ବିଶେଷତଃ ପୁରୁଷ ପରି ନାରୀର ପ୍ରଶ୍ନ ପଚାରିବାର ଅଧିକାର ନାହିଁ । ନାରୀ ସର୍ବଦା ପୁରୁଷର ଅଧିନସ୍ଥ ବୋଲି ମତବ୍ୟକ୍ତ କରିଛନ୍ତି । ସେମାନଙ୍କର ସଦ୍‌ଗତିର ଏକମାତ୍ର ପନ୍ଥା ହେଉଛି ଗର୍ଭରେ ସନ୍ତାନ ଧାରଣ କରିବା ।"

ଏଥିରୁ ସ୍ପଷ୍ଟ ଅନୁମାନ କରିହୁଏ, ତତ୍କାଳୀନ ସମାଜରେ ନାରୀ ପ୍ରତି ହେଉଥିବା ଅତ୍ୟାଚାର ପଛର ମାନସିକତା । ଯେତେବେଳେ ନାରୀର ବିକାଶ ଉପରେ ନିୟନ୍ତ୍ରଣ ଜାରି ହେଲା, ଶିକ୍ଷା କ୍ଷେତ୍ରରେ ତା'ର ଅଧିକାରକୁ ସଂକୁଚିତ କରାଗଲା । ରାଜତନ୍ତ୍ର - ସାମନ୍ତବାଦୀ ମନୋବୃତ୍ତି କ୍ରମଶଃ ନାରୀ ଉପରେ ଅଙ୍କୁଶ ଲଗେଇ ତାହାର ସ୍ୱାଧୀନତାକୁ ଆପଣାର ଆୟତାଧିନ କଲା । ଫଳସ୍ୱରୂପ ସୃଷ୍ଟି ହେଲା ତା'ର ଦେହକୁ ନେଇ ଯାବତୀୟ କଷଣ । ସୃଷ୍ଟି ହେଲା ସ୍ଥାନେ ସ୍ଥାନେ ବେଶ୍ୟାଳୟ-ହାରେମ୍‌ର ସଂସ୍କୃତି । ଏପରିକି ସାମନ୍ତବାଦୀ ମନୋବୃତ୍ତି ଏତେ ପ୍ରବଳ ଥିଲା ଯେ, ରାଜାରାଜୁଡ଼ା ମାନେ ଆପଣା ରାଜପ୍ରାସାଦରେ ଗଢିଲେ ନାରୀ ଅନ୍ତଃପୁର । ଆଉ ସେଥିରେ ଶୋଭାପାଇଲେ ଗଣିକାମାନେ, ବାରନାରୀ, ଦାସୀ ମାନେ ସେମାନଙ୍କ ପରିସ୍ଥିତିକୁ କିଣି ନେଲେ ଏହି ବିଳାସୀ ରାଜାମାନେ । ନୃତ୍ୟ- ସଂଗୀତର ତାଳେ ତାଳେ ସେମାନେ ଆପଣାକୁ ଭୋଗିବାର ସୁଯୋଗ ଦେଲେ । ଏଇଠୁ ଆରମ୍ଭ ହେଲା ନାରୀର ବାରନାରୀର ଜୀବନ । ଏହିଭଳି ଭାବେ ନାରୀର ଜୀବନ- ଜୀବିକା ପରିବର୍ତ୍ତନ ହେଲା । ଏ ତ ଗଲା ସାମନ୍ତ ରାଜା - ମୋଗଲ ସଂସ୍କୃତିର ପରିଣାମ । ନାରୀ ଜୀବନ ଯନ୍ତ୍ରଣା ଏତିକିରେ ସମାପ୍ତ ହେଲାନି, ବରଂ ଆହୁରି ଦୁର୍ବିସହ ହେବାକୁ ଲାଗିଛି ଦିନକୁ ଦିନ । ନାରୀର ଏ ଦୁର୍ଗତି ପାଇଁ ଦାୟୀ କିଏ ? ଅର୍ଥଲୋଭୀ, ପୁରୁଷ ସମାଜର ମାନସିକତା କ'ଣ ଏଥିପାଇଁ ଦାୟୀ ନୁହେଁ କି ? ବେଳେବେଳେ

ପ୍ରଶ୍ନ ଉଠେ ଏଇ ବେଶ୍ୟାବୃତ୍ତି କରୁଥିବା ନାରୀ କଣ ହୃଦୟର ଆବେଗ ନେଇ ସମ୍ଭୋଗ କରେ ? ନା ଅର୍ଥର ପ୍ରଲୋଭନରେ ନିଜ ଶରୀରକୁ ସମର୍ପଣ କରେ ? ଏ ସମ୍ପର୍କରେ କୁହାଯାଇଛି :

"Prostitution is the granting of sexual acess on a relatively indiscriminate basis for payment either in money or goods, depending on the complexity of the local economic system. Payment is acknowledged to be for a specific sexual performance."

-International encyclopedia of social science 1968,P.592

ନାରୀକୁ ଏହି ବାରନାରୀ ସଜେଇବାରେ ନିଅଣ୍ଟିଆ ଅର୍ଥନୀତି ଏବଂ ପୁରୁଷତନ୍ତ୍ର ଯେ' ଦାୟୀ ତାହାକୁ ସ୍ୱୀକାର କରିବାକୁ ହେବ । ଅତୀତର ଏଇ ବେଶ୍ୟାବୃତ୍ତି ଆପଣେଇଥିବା ବାରନାରୀ କ୍ରମଶଃ ସାମ୍ପ୍ରତିକ କାଳରେ ବୈଧ ଭାବରେ ଚାଲିଛି । ବାରନାରୀ ଏଠି Bar Dancer ବା Call girl ନାଁରେ ସ୍ୱାଧୀନ ଓ ଖୋଲାଖୋଲି ଭାବରେ ଦେହ ବ୍ୟାପାରରେ ବ୍ୟସ୍ତ । ଅବଶ୍ୟ ଏ କଥା ସ୍ୱୀକାର କରାଯାଇପାରେ, ଇଂରେଜ ମାନଙ୍କର ଉପନିବେଶବାଦୀ ଶାସନର ଫଳଶ୍ରୁତି ହିଁ ଏହି 'callgirl' ପ୍ରଥାର ମୂଳଦୁଆ ପକେଇଛି । ଉପଭୋଗୀ ପୁରୁଷ ମାନଙ୍କ ଲାଳସାରେ ଆଜି ମଧ୍ୟ ନିର୍ଯ୍ୟାତନାର ଶିକାର ହେଉଛି ନାରୀ । ଏ ପୃଷ୍ଠଭୂମିକୁ ଆଖି ଆଗରେ ରଖି ନାରୀ ମୁକ୍ତିର ପଥ ପରିଷ୍କାର ହେଇଛି । ବିଶ୍ୱବ୍ୟାପୀ ନାରୀ ମୁକ୍ତି ସ୍ୱାତନ୍ତ୍ର୍ୟ ଓ ତା'ର ସ୍ୱାଧୀକାର ପାଇଁ ଚେଷ୍ଟା କରାଯାଇଛି । ନାରୀର ଅସ୍ମିତା, ତା'ର ପରିଚୟ ତା'ର ଇଚ୍ଛା-ଅନିଚ୍ଛା । କ୍ରମଶଃ ସଂରକ୍ଷଣ କରାଯିବାର ପ୍ରଚେଷ୍ଟା ହୋଇଛି ।

୧୯୪୫ ମସିହା ନଭେମ୍ବର ୨୬ ତାରିଖରେ ପ୍ୟାରିସ୍ ସହରରେ ୪୧ ଟି ଦେଶର ମହିଳାମାନେ ଯୋଗଦେଇ ଯେଉଁ ଆନ୍ତର୍ଜାତିକ ମହିଳା ସଂଗଠନ (Womens international democratic federation) ଗଠନ କରିଥିଲେ ତା'ର ମୂଳରେ ଥିଲେ ଫରାସୀ ବୈଜ୍ଞାନିକ ଇଉଜିନ କଟନ । ବିବିଧ ପ୍ରସ୍ତାବମାନ ଗୃହୀତ ହୋଇ ନାରୀ ସ୍ୱାଧୀକାର ସମ୍ପର୍କରେ ପଥ ପରିଷ୍କାର ହେଲା । ମହିଳା ମାନଙ୍କ ମାନବିକ ଅଧିକାର ସୁରକ୍ଷା ନିମନ୍ତେ ଯେଉଁ ଆଭିମୁଖ୍ୟ ଗ୍ରହଣ କରାଗଲା, ତାହା ବାସ୍ତବରେ ନାରୀ ଅସ୍ମିତାର ପ୍ରଥମ ଶଙ୍ଖନାଦ ବୋଲି ଗ୍ରହଣ କରାଯାଏ । ଦେଖିବାକୁ

ଗଲେ, ଓଡ଼ିଶାରେ ସ୍ୱାଧୀନତାର ପ୍ରାୟ ୬୬ ବର୍ଷ ପରେ ମଧ୍ୟ ନାରୀର ସାମାଜିକ – ଆର୍ଥିକ ସ୍ଥିତି ସେତେ ସୁଦୃଢ ହୋଇନାହିଁ । ବିଶେଷତଃ ଯୌତୁକ ପ୍ରଥା, ଅଶିକ୍ଷା, ସ୍ୱାମୀ- ପିତାଙ୍କ ସମ୍ପତି ଉପରେ ଅନଧିକାର, ଲିଙ୍ଗନିରୂପଣ ଓ ହତ୍ୟା ଆଦି ମୁଖ୍ୟ ସମସ୍ୟାମାନ ନାରୀ ପ୍ରଗତିର ଅନ୍ତରାୟ ଭାବରେ ଛିଡା ହୋଇଛି । ଏପରିକି 'ଉତ୍କଳ ମହିଳା ସମିତି' ନାରୀର ମର୍ଯ୍ୟାଦା ରକ୍ଷା କରିବାରେ ସ୍ୱର ଉତ୍ତୋଳନ କରିଛି । 'ମହିଳା ବାର୍ତ୍ତା'(୧୯୮୦) ପତ୍ରିକା ପ୍ରକାଶନ ମାଧ୍ୟମରେ ଯାବତୀୟ ଅଶ୍ଳୀଳ ମନ୍ତବ୍ୟ, ନାରୀକୁ ବିଜ୍ଞାପିତ କରିବା ଆଳରେ ନଗ୍ନଚିତ୍ର ପ୍ରଦର୍ଶନ ଆଦି ଉପରେ କଡା ସମାଲୋଚନା କରାଯାଇଛି । ଫଳରେ ୧୯୫୪ ମସିହାରେ 'National Federation of Women' ତରଫରୁ ହିନ୍ଦୁ ବିବାହ ଆଇନ, ଛାଡପତ୍ର ଓ ଭରଣପୋଷଣ ଆଇନ ସମ୍ପର୍କରେ ଚର୍ଚ୍ଚା କରାଗଲା ଓ ସେ' ସବୁ କ୍ରମେ ଆଇନରେ ପରିଣତ ହେଇ ନାରୀ ସୁରକ୍ଷା ଓ ସ୍ୱାଧୀନତା ନିମନ୍ତେ କାର୍ଯ୍ୟ କରାଗଲା । ପୁନଶ୍ଚ ଏକପତ୍ନୀ ଗ୍ରହଣ ହେଲା ବାଧ୍ୟତାମୂଳକ । ନୂତନ ପୋଷ୍ୟ ସନ୍ତାନ ଆଇନ ଫଳରେ କନ୍ୟାମାନେ ମଧ୍ୟ ପୋଷ୍ୟ ସନ୍ତାନ ଭାବରେ ଗୃହୀତ ହେଲେ । ଯୌତୁକ ନିରୋଧ ଆଇନ (୧୯୮୪-୮୬), ନାରୀ ଧର୍ଷଣ ଆଇନ (୧୯୮୩) ପ୍ରଣୟନ ହୋଇଗଲା ଫଳରେ ନାରୀ ଜୀବନର ସଂଘାତ ବହୁ ଭାବରେ ଦୂରୀଭୂତ ହେବାକୁ ଲାଗିଲା । କ୍ରମଶଃ ପରିସ୍ଥିତିର ଦାଉରୁ ନିସ୍ତାର ଲଭିଛି ନାରୀ । ଯଦିଓ ନାରୀ ପ୍ରଗତି ଆଶାନୁରୂପ ଭାବରେ ବୃଦ୍ଧି ପାଇନାହିଁ ତଥାପି ଅନେକାଂଶରେ ସୁଦୃଢ ହୋଇଛି ।

ନାରୀ ସମସ୍ୟାର ନିଦାନ, ନାରୀର ସ୍ୱାତନ୍ତ୍ର୍ୟ ପ୍ରତିଷ୍ଠା, ନାରୀ-ପୁରୁଷ ସହିତ ସମାନ ଅଧିକାର, ଆର୍ଥିକ ସ୍ୱଚ୍ଛଳତା ତଥା କର୍ମ କ୍ଷେତ୍ରରେ ସୁରକ୍ଷା, ରାଜନୀତିକ ଅଧିକାର ଆଦି ପ୍ରସଙ୍ଗକୁ ଗୁରୁତ୍ୱ ଦେଇ ପାଶ୍ଚାତ୍ୟ ନାରୀବାଦ ସୃଷ୍ଟି ହେଲା । ଯାହାର ପ୍ରଭାବ ସାହିତ୍ୟରେ ପରିଲକ୍ଷିତ ହୋଇଛି । ବିଶେଷତଃ ଓଡ଼ିଆ କାବ୍ୟ-କବିତାରେ ଏହାର ପ୍ରଭାବ ବହୁଳ ଭାବରେ ପ୍ରତିଫଳିତ ହୋଇଛି । ନାରୀ ନିର୍ଯ୍ୟାତନାର ପରିଧି ଖୁବ୍ ବ୍ୟାପକ । ଦେଖିବାକୁ ଗଲେ ପରିବାର ଓ ସମାଜରେ ନାରୀର ସ୍ଥିତି ଖୁବ୍ ଅପରିହାର୍ଯ୍ୟ ହେଲେ ଏ ସବୁକୁ ମାନିବାରେ ପୁରୁଷ କିନ୍ତୁ କାର୍ପଣ୍ୟ । ଦେଶ- କାଳ- ପାତ୍ର ନିର୍ବିଶେଷରେ ନାରୀର ସ୍ଥିତି ଭିନ୍ନ ଭିନ୍ନ ଦେଖିବାକୁ ଗଲେ ଦେଶ ବିଭାଜନର ଭୟାବହତା ନାରୀ ଜୀବନରେ ଅନେକ ବିଡମ୍ବନା ନେଇ ଆସେ । ହିନ୍ଦୁ- ମୁସଲିମ୍- ଶିଖ ଆଦି ମାନଙ୍କର କନ୍ଦଳରେ ସବୁଠୁ ଅଧିକ

ନିଷ୍ପେସିତ କିଏ ବୋଲି ପ୍ରଶ୍ନ କଲେ, ଉତ୍ତର ଆସିବ ନାରୀ । ଗୋଷ୍ଠିଗତ ବିଭେଦ, ଜାତିଗତ ବୈଷମ୍ୟ ଆଳରେ ନାରୀ ହୁଏ ନିର୍ଯାତିତା । ବିଭତ୍ସ ଓ ଅମାନବୀୟ ଆଚରଣର ଶିକାର ହେଲା ସେ' । ଧର୍ଷଣ - ହତ୍ୟା ଏ ତ ଯେପରି ସାଧାରଣ ବ୍ୟାପାରରେ ପରିଣତ ହେଲାଣି । ଧର୍ମାନ୍ଧତାର ଦାଢ଼ରେ ନାରୀ ହେଲା ରକ୍ତାକ୍ତ । ସକଳ ବିଭୀଷିକାର ସମ୍ମୁଖୀନ ହେଲା ସେ' । ସାମ୍ପ୍ରଦାୟିକ ଦଙ୍ଗା କାଳରେ କେତେକ ଗାଁରେ ଝିଅ - ବୋହୁଙ୍କ ଏ ଅକଥନୀୟ ଅତ୍ୟାଚାରରୁ ବଞ୍ଚିତ କରିବା ପାଇଁ କୂଅ, ପୋଖରୀରେ ପକେଇ ଦେଲେ ତ କିଏ କିଏ ଆପଣା ଛାଏଁ ନିଜ ଦେହରେ ନିଆଁ ଲଗେଇଦେଲେ । ଅମାନୁଷିକ ବର୍ବରତାରୁ ରକ୍ଷା ପାଇବା ପାଇଁ ନାରୀ ମାନଙ୍କର ଏ ନିଷ୍ଠୁର ପରିଣତି ଖୁବ୍ ଅସହ୍ୟ । ଏପରିକି ଗଣ ଦୁଷ୍କର୍ମର ଶିକାର ହେଲେ ଅଳ୍ପ ବୟସ୍କା ଯୁବତୀ କନ୍ୟାମାନେ । ମଣିଷର ଅମାନବିକତା ସବୁ ସୀମା ଲଙ୍ଘନ କଲା । ତାଙ୍କର ମୁଖକୁ କ୍ଷତାକ୍ତ କରିବା, ବଳାତ୍କାର ପରେ ଜୀବନ୍ତ ଜାଳିଦେବା, ତାଙ୍କ ସ୍ତନକୁ କାଟି ଦେଇ ମାରିଦେବା ଆଜି ଅସଂଖ୍ୟ ଯାତନାରେ ନାରୀ ହେଲା ଜର୍ଜରିତା । ଏପରିକି ପରିବାର ଲୋକ ମଧ୍ୟ ହାତ ଛାଡିଦେଲେ । ଅସହ୍ୟ, ଅକଥନୀୟ ଅତ୍ୟାଚାରରେ ନାରୀମାନେ ହାହାକାର କରିବାକୁ ଲାଗିଲେ । ଏହି ଅତ୍ୟାଚାର ଓ କଷଣକୁ ନେଇ ସାହିତ୍ୟ ଅନେକ କାରୁଣ୍ୟ ଓ ଦ୍ରୋହର ପୁସ୍ତକ ମାନ ଭେଟି ଦେଇଛି । 'Borders and Boundries' ପୁସ୍ତକ କମଳା ଭାସିନ୍ ଓ ରିତୁମେନନଙ୍କ ଦ୍ୱାରା ଲିଖିତ ଏଭଳି ଗ୍ରନ୍ଥ ଯାହା, ନାରୀର ଅକଥନୀୟ ଅତ୍ୟାଚାର ବଖାଣିବା ସହିତ ସାମ୍ପ୍ରଦାୟିକ ଦଙ୍ଗା ବେଳର ବିଭୀଷିକା ବର୍ଣ୍ଣନା କରେ । ଏହି ଉପନ୍ୟାସ ଅନୁସାରେ ଦେଶ ବିଭାଜନ ନାରୀ ଜୀବନର ସଂଘାତକୁ ବଖାଣିଛି । ଶାରୀରିକ-ମାନସିକ କଷଣର ଶିକାର ହେଇଛି ନାରୀ । ଏପରିପ୍ରକ୍ଷୀରେ ବିଚାର କଲେ,

"The Novel Borders and Boundries' begins by emphasizing on how women were instructed or forced to commite mass suiside, had their body parts such as their feet, hands and breasts cutoff and were kidnapped and raped brutally of the regional conflicts such as the hindus, muslims and Sikhs."

-Borders and boundries :

Rita Meaon, Kamla Bhasin, II,

2004, publ-Kali for women

ଏହି ସମୟରେ ନାରୀର ସ୍ଥିତି କିଭଳି ଭୟାନକ ଥିଲା, ତାହା ଅନ୍ତତଃ ପକ୍ଷେ ବୁଝିବା କଷ୍ଟକର ନୁହେଁ । ସାମ୍ପ୍ରଦାୟିକ ଦଙ୍ଗା- ବିକ୍ଷୋଭ ଦେଶ ବିଭାଜନର ଉପରାନ୍ତ ଏକ ମୁଖ୍ୟ ସମସ୍ୟା ଭାବରେ ମୁଣ୍ଡ ଟେକିଛି ତାହା ଏଥିରୁ ସ୍ପଷ୍ଟ ପ୍ରତୀୟମାନ ହୁଏ । ଏପରିକି ଏହି ଦୁର୍ବିସହ ଚିତ୍ର ନାରୀ ନିର୍ଯ୍ୟାତନା ନିଛକ କାହାଣୀ ବର୍ଣ୍ଣନା କରୁଛି । ଉପରୋକ୍ତ ଅନ୍ୟାୟ ଅତ୍ୟାଚାରର କାହାଣୀରୁ ଅନ୍ତତଃ ଏତିକି ସ୍ପଷ୍ଟ ହୋଇ ଉଠେ, ଏହିଭଳି ନାରକୀୟ କାଣ୍ଡ ଦେଶ ବିଭାଜନର ପ୍ରାକ୍ କାଳରୁ ଆରମ୍ଭ ହୋଇ ନାରୀ ଜୀବନରେ ଅନେକ ଦୁଃଖର କଳା ବାଦଲ ଢାଙ୍କି ଦେଇଗଲା । ଏହାର ପୃଷ୍ଠଭୂମିରେ ଯଦିଓ ଦେଶ ବିଭାଜନ - ଧର୍ମାନ୍ଧତା ମୁଖ୍ୟ ଥିଲା, ତଥାପି ଏ ସବୁଥିରୁ ଆମେ ଅଧିକାଂଶରେ ନାରୀ ଜୀବନର ଅସହାୟତା ଓ କାରୁଣ୍ୟକୁ ଅନୁମାନ କରିପାରିବା । ଦେଶ ବିଭାଜନ କାଳରେ ନାରୀର ଲୋମହର୍ଷକ ଘଟଣା ଏଭଳି ଅମାନୁଷିକ ଓ ବର୍ବର ଥିଲା ଯେ ତାହା ପରବର୍ତ୍ତୀ କାଳ ବେଳକୁ ନାରୀ ଜୀବନରେ ଅନେକ ଅଭାବନୀୟ ପରିସ୍ଥିତିକୁ ନିମନ୍ତ୍ରଣ କରିଛି ବୋଲି ମନେହୁଏ । ଏ ସମ୍ପର୍କରେ 'Borders and Boundries' ପୁସ୍ତକରେ କୁହାଯାଇଛି :

" Much later, and post partition, many of these same husbands and Fathers would force their women into prostitution to enable the family to survive, now male 'Survival' was more urgent than male 'honour'."

-Page-58 - By Kamla Bhasin And Ritu Menon

ଏଥିରୁ ଆମେ ଠିକ୍ ଅନୁମାନ କରିପାରିବା ନାରୀର ସ୍ଥିତି ଓ ତା ପ୍ରତି କରାଯାଉଥିବା ଅନ୍ୟାୟ । ଏ ସବୁ ପୁରୁଷତନ୍ତ୍ରର ଶାସନ ହେତୁ, ଯିଏ ନାରୀକୁ ଦୁର୍ବଳ ବୋଲି ମନେକରି ତାକୁ ମାରେ , ପିଟେ, ଅନୁଶାସନ ମଧ୍ୟେ ରଖିବାକୁ ଚେଷ୍ଟିତ ହୁଏ । ଘରୋଇ ହିଂସା ଠାରୁ ନାରୀ ଅନେକ ସ୍ତରରେ ଉତ୍ପୀଡ଼ନର ଶିକାର ହୁଏ । ଏହି ସବୁ ଅନ୍ୟାୟ - ଅବିଚାର ବିରୁଦ୍ଧରେ ସ୍ୱର ଉତ୍ତୋଳନ କରେ ନାରୀବାଦ ବା Feminism ଶୈଶବଠାରୁ ପରିଣତ ବୟସ ପର୍ଯ୍ୟନ୍ତ ଅନେକ ଜଂଜାଳ ଦେଇ ନାରୀର ଜୀବନ ଅଗ୍ରସର ହୁଏ । କେବେ କନ୍ୟା ଭାବରେ କେବେ ପତ୍ନୀ ଭାବରେ ତ କେବେ ମା ରୂପରେ ତା'ର ଅନାଦର ହୁଏ । ଅନେକ ଅବାଞ୍ଛିତ ବିଶେଷଣରେ

ନାରୀକୁ ପୁରୁଷ କରେ ଆୟତ । ତା'ର ଦେହର କାରୁକାର୍ଯ୍ୟକୁ ନେଇ ଅନେକ କାବ୍ୟ- କବିତା । ଅଥଚ ନାରୀ ଯେତେବେଳେ ଲେଖନୀ ଚାଳନା କରେ , ତେବେ ତାହା ବହୁ ବିଚାରବିମର୍ଶ (Judgement) ଦେଇ ଦେଖାଯାଏ । ସାହିତ୍ୟ କ୍ଷେତ୍ରରେ ତା'ର ସ୍ଥିତିକୁ ଅତ୍ୟନ୍ତ ହୀନମନ୍ୟତାର ସହ ବିଚାର କରାଯାଏ । କବୟିତ୍ରୀ ପ୍ରିତିଧାରା ସାମଲଙ୍କ କବିତାରେ :

"ଏ କ୍ଷେତ୍ର ତା'ର ନୁହଁ
ସେଠି ତା ପ୍ରବେଶ ନିଷିଦ୍ଧ
ତା ବିଷୟ ପ୍ରେମ ।'

- କବିତା ଲେଖିଲା ବୋଲି (ପ୍ରତିବେଶୀ : ୨୦୧୬ : ଅକ୍ଟୋବର - ଡିସେମ୍ବର : ପୃ : ୩୧୨)

ପୁରୁଷ ପରି ନାରୀ ମଧ୍ୟ ଦେଶ - ଦୁନିଆ ବିଷୟରେ ଚିନ୍ତା କରିପାରେ । ସେ' ଯୁଦ୍ଧ - ରାଜନୀତି - ଆର୍ଥିକ ପରିସ୍ଥିତି - ଶ୍ରମିକ - ଚାଷୀ - ଆତ୍ମହତ୍ୟା - ବିସ୍ଥାପନ ଆଦିକୁ ନିଜ କବିତାରେ, ସାହିତ୍ୟରେ ରୂପ ଦେଇପାରେ । ଏହା ପୁରୁଷର ଏକ ଚାଟିଆ ଅଧିକାର ନୁହେଁ । କେବଳ ପ୍ରେମ କାହିଁକି ପ୍ରତାରଣା କୁ ବି ଆଙ୍କିପାରେ । ଦେହର ଦେହଳୀରୁ ଅନେକ ଉର୍ଦ୍ଧ୍ୱରେ ତା'ର ସ୍ଥିତି । ତା'ର ଜ୍ଞାନ - ଗାରିମାକୁ ସନ୍ଦେହ କରେ ପୁରୁଷ । ଏପରିକି :

"ନାରୀମାନେ କଣ ଲେଖିପାରନ୍ତି /
ଏତେ ଭଲ କବିତା / ନିଶ୍ଚୟ ତାଙ୍କ ପାଇଁ
ଲେଖି ଦେଉଥିବେ କେହି ପୁରୁଷ କବି ।'

ଏହା ୨୦୧୭ ର ଉପଲବ୍ଧି । ଯାହାକୁ ନାରୀ କବିମାନେ ନିଶ୍ଚିତ ଭାବରେ ଦୃଢ କଣ୍ଠରେ ନିନ୍ଦା କରିବା ଆବଶ୍ୟକ । ତଥାପି ନାରୀବାଦର ସ୍ୱର ସ୍ଥବିର ହବନି ବରଂ ଆହୁରି ତୀର୍ଯ୍ୟକ୍ ଓ ଶାଣିତ ଭାବରେ ଆତ୍ମପ୍ରକାଶ କରିବ ଏଥିରେ ସନ୍ଦେହର ଅବକାଶ ନାହିଁ । ଊନବିଂଶ ଶତାବ୍ଦୀର ଅୟମାରମ୍ଭରୁ ନାରୀ ଅସ୍ମିତାର ପରିପ୍ରକାଶ ଘଟିଛି ବୋଲି ଧରିନେବାକୁ ହୁଏ । ପ୍ରତିଭା ଶତପଥୀ, ଗିରିବାଳା ମହାନ୍ତି, ସୁଚେତା ମିଶ୍ର, ଇନ୍ଦିରା ଦାସ, ପ୍ରଜ୍ଞାଶ୍ରୀ ରଥ, ଅପର୍ଣ୍ଣା ମହାନ୍ତି, ରୁନୁ ମହାନ୍ତି, ପ୍ରତୀକ୍ଷା ଜେନା,

ସ୍ୱପ୍ନା ମିଶ୍ର, ଶୁଭଶ୍ରୀ ଶୁଭଦର୍ଶିନୀ ମିଶ୍ର ଏବଂ ପ୍ରତିଧାରା ସାମଲ ଏଭଳି ଅନେକ ନାରୀକବି, ଓଡ଼ିଆ ସାହିତ୍ୟରେ ନାରୀ ଅସ୍ମିତାର ସଶକ୍ତ ସ୍ୱର୍ଣ୍ଣମାଳା ଟିଏ ଯେ ଉତ୍କୀର୍ଣ୍ଣ କରିଯାଇଛନ୍ତି, ତାହାକୁ ସ୍ୱୀକାର କରିବାକୁ ହେବ । ନାରୀର ମର୍ଯ୍ୟାଦା ତା'ର ସ୍ୱାଧୀକାର ସମ୍ପର୍କରେ ମୁକ୍ତ ଭାବରେ ବର୍ଣ୍ଣନା କରିବାରେ ନାରୀ ଲେଖିକାମାନେ ବେଶ୍ ସଶକ୍ତ । ତାହା ଯେତିକି ବୈପ୍ଳବିକ ସେତିକି ସମ୍ବେଦନଶୀଳତାରେ ଭରପୁର । ପୁରୁଷତନ୍ତ୍ରର ଅବିଚାରର ଶିକାର ନାରୀ । ସାମ୍ପ୍ରତିକ କାଳଖଣ୍ଡରେ ମଧ୍ୟ ନାରୀର ପାଣ୍ଡିତ୍ୟ ଓ ସାମର୍ଥ୍ୟକୁ ନେଇ ଅନେକ ପ୍ରଶ୍ନ । ବାସ୍ତବିକ ସାଇମନ ଡି. ବଭୋଙ୍କ ଉକ୍ତି ଏଠାରେ ସ୍ମରଣକୁ ଆସେ । ତାଙ୍କ ମତରେ :

"One is not born but rather becomes a woman."

ବାସ୍ତବରେ ନାରୀର ଅଧିକାର ଅଦ୍ୟାବଧି ମଧ୍ୟ ପୁରୁଷକୈନ୍ଦ୍ରିକ ସମାଜଦ୍ୱାରା ନିୟନ୍ତ୍ରିତ । ଯାହା ନାରୀ ଜୀବନର ଅକଥନୀୟ ବାସ୍ତବତାକୁ ପ୍ରତିଫଳିତ କରେ । ନାରୀ ହୋଇ ଜନ୍ମ ନେବାର ଅନେକ ମୂଲ୍ୟ ପରିଶୋଧ କରିବାକୁ ହୁଏ ନାରୀକୁ । ସେଇଥିପାଇଁ ତ' କବି ଅପର୍ଣ୍ଣା ମହାନ୍ତିଙ୍କ ଅନ୍ତଃକରଣରୁ ଝରିପଡ଼େ :

"କୋଉଠି କେତେ / ସ୍ତ୍ରୀ ଲୋକର ଆବଶ୍ୟକତା /
ଉଣା ଅଧିକେ ସବୁ / ସ୍ତ୍ରୀ ଲୋକ ଜାଣନ୍ତି ଏ କଥା /
ସେ ବାରନାରୀ ହେଉ କି ବରନାରୀ / ଘର - ବାହାର /
ହାଟ- ବଜାର, ସବୁଠି / ତା ଦେହର ଅନ୍ଦି କନ୍ଦିରେ /
ଛୁରୀ ପରି / ଘୁରି ବୁଲୁଥିବା ଆଖି ସମ୍ପର୍କରେ /
ସେ ସଚେତନ ।"

ଅପର୍ଣ୍ଣା ମହାନ୍ତି :(ସ୍ତ୍ରୀ ଲୋକର ସ୍ୱାଧୀନତା)

କେବଳ ପୁରୁଷ ମାନଙ୍କର ଅମାନବୀୟ ଆଚରଣ ନୁହେଁ ବେଳେ ବେଳେ ନାରୀମାନେ ହିଁ ନାରୀଟିର ବୈରୀ ସାଜନ୍ତି । ସେ' ନଣନ୍ଦ ହେଉ ଅବା ଶାଶୁ, ସେ' ବାରନାରୀ ହେଉ ଅବା ସଉତୁଣୀ ଏ ସବୁ ବି' ଜଣେ ଜଣେ ନାରୀ; ଯେଉଁ ମାନଙ୍କ ପାଇଁ ମଧ୍ୟ ନାରୀ ଜୀବନ ହୋଇ ଉଠେ ଦୁର୍ବିସହ । ଶାଶୁ- ନଣନ୍ଦ ଙ୍କ ଯାବତୀୟ ଗଞ୍ଜଣା ସବୁ ନାରୀର ଜୀବନରେ ଶାଶୁଘର ପ୍ରତି ଯେଉଁ ଭୟାବହତା ସୃଷ୍ଟି କରେ,

ତାହା କେଉଁ ପ୍ରାଚୀନ କାଳରୁ ଚାଲି ଆସୁଛି । ସେ' ଶିକ୍ଷିତା ହେଉ ଅବା ନିରକ୍ଷର - ଗ୍ରାମୀଣ ମହିଳାଟିଏ, ତା' ଜୀବନରେ ଅନେକ ଦୁର୍ଗତି ନାରୀ ହିଁ ଆଣେ। ମାନସିକ ଯନ୍ତ୍ରଣା ଯେ' ଶାରୀରିକ କଷଣ ଠାରୁ ବେଳେବେଳେ ବଳିପଡେ । କବି ଅପର୍ଣ୍ଣା ମହାନ୍ତି ନାରୀର ଏ ସହନଶୀଳତାକୁ କଡା ଭାବରେ ନିନ୍ଦା କରନ୍ତି । ନାରୀର ଅସହାୟତାକୁ ସେ' ଆଦୌ ବରଦାସ୍ତ କରନ୍ତି ନାହିଁ । ସମାଜର ଅବିଚାରକୁ ମୁଣ୍ଡ ପାତି ସହିନେବାକୁ ସେ' ଅଗ୍ରାହ୍ୟ କରନ୍ତି ।

ସେ' ନିଜ ପରି ନିଜେ ହେବାକୁ ଚାହାନ୍ତି , କାହାର ଅନୁକୃତି ନୁହେଁ । କବି ଅପର୍ଣ୍ଣାଙ୍କ ଭାଷାରେ :

"ଅପର୍ଣ୍ଣା ମହାନ୍ତି / କାବ୍ୟ- କବିତାର ନୁହଁ / ପୁରାଣ ଇତିହାସର ନୁହଁ /

ଅତୀତ ଭବିଷ୍ୟତର ନୁହଁ / ସେ' ଅସ୍ୱୀକାର କରେ ଯାବତୀୟ ଆଦର୍ଶ ଓ ଉଦାହରଣ ।"(ନିଜ ପରି ନିଜେ)

ନାରୀ ଅସ୍ମିତାର ଜାଜ୍ୱଲ୍ୟମୟ ଉଦାହରଣ ଯା'ଠୁ ବେଶୀ ବା କ'ଣ ହେଇପାରେ ? ଆଜିର ପ୍ରଚାର ଓ ବିଜ୍ଞାପନ ଯୁଗରେ ନାରୀ ମଧ୍ୟ ତା'ର ଶୃଙ୍ଖଳା ଓ ମର୍ଯ୍ୟାଦାକୁ ବେଶ୍ ଦୁରୂପଯୋଗ କରୁଛି । ସ୍ୱାଧୀନତା କଦାପି ସ୍ୱେଚ୍ଛାଚାରିତା ନୁହେଁ, ନାରୀଟିଏ ବୁଝିବା ଦରକାର । କିନ୍ତୁ , ସେ' ଏ ସବୁ ତା'ର ସ୍ୱତନ୍ତ୍ରତା ବୋଲି ମନେକରି ଅନେକ ବିଶୃଙ୍ଖଳାକୁ ନିମନ୍ତ୍ରଣ କରୁଛି । ପାରିବାରିକ ବିଶୃଙ୍ଖଳା ସୃଷ୍ଟି ହେଉଛି । ଆପଣା ଅଧିକାରକୁ ସାବ୍ୟସ୍ତ କରିବାକୁ ଯାଇ ବୃଦ୍ଧ ପିତା-ମାତା, ଶାଶୁ- ଶଶୁରଙ୍କୁ ବୃଦ୍ଧାଶ୍ରମରେ ଛାଡୁଚି । ଯାବତୀୟ ମାନସିକ ଯନ୍ତ୍ରଣା ଦେଉଛି । ନାରୀବାଦ (Feminism) ନାଁରେ ଯେଉଁ ଅମାନବୀୟ କାର୍ଯ୍ୟ କରିବସୁଚି, ତାହା ଆଦୌ ଶୁଭଙ୍କର ନୁହେଁ । "ଆଲୋ ସଖି ଆପଣା ମହତ ଆପେ ରଖି " ନ୍ୟାୟରେ ନାରୀ ତା'ର ମର୍ଯ୍ୟାଦାକୁ ଅନେକାଂଶରେ ଆଘାତ କରୁଛି । ନିଜ ପରିବାର, ସମାଜ ପ୍ରତି ତା'ର ଯେଉଁ କର୍ତ୍ତବ୍ୟ ଅଛି ; ସେ' ସବୁକୁ ବୋଝ ପରି ମନେକରୁଛି । ପରକୀୟା ପ୍ରୀତିରେ ଲିପ୍ତ ରହୁଛି । ଅର୍ଥ ରୋଜଗାର ଆଳରେ ନିଜର ସମ୍ମାନ ହାନି କରୁଛି । ବିଶେଷତଃ ଗାଁରୁ ସହର ଯାଏଁ ଯେଉଁ ଅଶୋଭନୀୟ କ୍ରିୟାକଳାପ ଚାଲିଛି, ତାହା ଏକ ସୁସ୍ଥ ସମାଜର ସ୍ୱରୂପ ନୁହେଁ । ଉତ୍ତର ଅଶୀ ଓଡ଼ିଆ କବିତାରେ ନାରୀବାଦୀ ଲେଖିକାମାନେ ମଧ୍ୟ ଏ କଥାକୁ ଦୃଷ୍ଟିରେ ରଖି ଆଗାମୀ କାଲିର ସୁସ୍ଥ-

ସମୃଦ୍ଧ ସମାଜ ପ୍ରତିଷ୍ଠାରେ ବ୍ରତୀ ହେବା ଆବଶ୍ୟକ ।

ସମାଜର ମାନସିକତା ପରିବର୍ତ୍ତନ ନ ହେଲେ , ଏ ସବୁ କେବେ ମଧ୍ୟ ଫଳବତୀ ହେବ ନାହିଁ । 'ନାରୀବାଦ' ସୃଷ୍ଟିର ଅଭିପ୍ରାୟ ନାରୀର ସ୍ୱାଧୀକାର ଓ ମର୍ଯ୍ୟାଦା ସମ୍ପର୍କରେ ଉଦ୍ଦିଷ୍ଟ । ଏହି ବାର୍ତ୍ତା ଯେପରି ଉଭୟ ନାରୀ ଓ ପୁରୁଷ ବୁଝିବା ଦରକାର, ସେଥିପ୍ରତି ସାହିତ୍ୟର ଭୂମିକା ଯେ' କେତେ ଗୁରୁତ୍ୱପୂର୍ଣ୍ଣ ତାହା ବେଶ୍ ବୁଝିହୁଏ ।

ଏଣୁ 'ନାରୀବାଦ'କୁ ସଂକୁଚିତ କରାନଯାଇ ତାହାକୁ ଶୃଙ୍ଖଳିତ ଭାବରେ ବିଚାର କଲେ, ବାସ୍ତବରେ ନାରୀ ଶକ୍ତିର ସୁରକ୍ଷା ହୋଇପାରିବ । ଏକ ସୁସ୍ଥ-ସମାଜ ଗଠନରେ ଉଭୟଙ୍କର ସମାନ ଭାବରେ ଦାୟ ରହିଛି । ଯାହାକୁ ବୁଝିବାକୁ ହେବ ଏବଂ ସେହି ଦିଗରେ ପ୍ରଯତ୍ନ କରିବାକୁ ହେବ, ତେବେ ଯାଇ ଏକ ସୁସ୍ଥ-ସଶକ୍ତ ପରିବେଶର ନିର୍ମାଣ ହେବ ।

ଉପସଂହାର

କିଛି ଶେଷକଥା : ନାରୀ ଅନ୍ତରର ମର୍ମକଥା

ସାମ୍ପ୍ରତିକ ସମୟରେ 'ନାରୀବାଦ' ଏକ ଚେତନା ଭାବରେ ଆମ ସମ୍ମୁଖରେ ଛିଡା ହେଇଛି । ପୁରୁଷ ପରି ନାରୀକୁ ସମାଜରେ ସମାନ ଅଧିକାର ଓ ସ୍ୱାଧୀକାର ପ୍ରତି ସଚେତନ କରିବା ଏହି ଚେତନାର ଲକ୍ଷ୍ୟ । ସମାଜର ଅବିଚାର ଓ ଅସମାନତା କାରଣରୁ ହିଁ ନାରୀ ଭିତରେ ଏହି ଦ୍ରୋହର ପ୍ରାରମ୍ଭ । ବିଶେଷତଃ ସମାଜର କୁସଂସ୍କାର- ଅନ୍ଧବିଶ୍ୱାସକୁ ଭାଙ୍ଗି ଏକ ସୁସ୍ଥ ସମାଜ ଗଠନ କରିବା ହିଁ ନାରୀବାଦର ଆଭିମୁଖ୍ୟ । ବେଳେବେଳେ ପ୍ରଶ୍ନ ଉଠେ, ନାରୀଟିଏ ପ୍ରକୃତରେ ଚାହେଁ କଣ ? ଶାଢ଼ୀ- ଅଳଙ୍କାର ? ନା ଏ ସବୁ ଅପାତତଃ ତା'ର ଅଭିଳାଷ ନୁହେଁ । ଯଦିଓ ସେ' ଏହା ପ୍ରତି ସମ୍ୟକ୍ ଭାବରେ ଦୁର୍ବଳତା ରଖେ । କିନ୍ତୁ ବାସ୍ତବରେ ଏହା ତା'ର ଆଭ୍ୟନ୍ତରୀଣ ଆକାଂକ୍ଷା ନୁହେଁ । ସେ' ଚାହେଁ ନିରୋଳା ଆଦର, ସମ୍ମାନ । ଯାହା ସେ' ସବୁ ସମ୍ପର୍କ ଭିତରେ ଖୋଜୁଥାଏ । ଯେଉଁଠି ଶ୍ରଦ୍ଧା- ସ୍ନେହ ଟିକକ ଅଜାଡି ହୋଇଗଲା, ବାସ୍ ସେଇଠି ସେ' ସାରା ଜୀବନ ଉତ୍ସର୍ଗ କରିଦିଏ । ନିଜକୁ ନିଃସ୍ୱ କରି ଅନ୍ୟକୁ ସନ୍ତୁଷ୍ଟ କରିବାରେ ତା'ର ସନ୍ତୁଷ୍ଟି । କିନ୍ତୁ, ତା ପ୍ରତିବଦଳରେ ଯେଉଁ ହତାଦର - ଅବହେଳା ପାଏ ସେଥିରେ ସେ' ଭାଂଗିପଡେ, ନିରୁତ୍ସାହିତ ହୁଏ । ତା'ର ସରଳ ମନ ଆଘାତ ପାଏ । ଏଇ କ'ଣ ତେବେ ତା'ର ପ୍ରାପ୍ୟ ? ମା' ରୂପରେ ସେ' କଣ ନ କରେ ? ଗର୍ଭ ଯନ୍ତ୍ରଣା ସହେ, ସନ୍ତାନର ଲାଳନ-ପାଳନ କରେ, ତା'ର ଭଲ ମନ୍ଦ ବୁଝେ । ଛୋଟରୁ ବଡ କରେ । ସ୍ତ୍ରୀ ହେଲାପରେ ସମସ୍ତ ସଖ୍ୟ ପ୍ରଦାନ କରେ, ଭୋଜନ ରାନ୍ଧିବା ଠୁ ଆରମ୍ଭ କରି ଜୀବନର ଯାବତୀୟ ଜଂଜାଳ ସମ୍ଭାଳେ । ନିଜକୁ ଭୁଲିଯାଏ ସେ' । କନ୍ୟା ଜନ୍ମପରେ ଠିକ୍ ସେହିପରି

ଅପତ୍ୟ ସ୍ନେହରେ ପରିବାର ପାଇଁ ଅନେକ ସୁଖ ସୌଭାଗ୍ୟର ବର୍ଷା କରେ । ସେବା ଓ ଶୁଶ୍ରୁଷା କରେ । ପୁରୁଷ ନାରୀକୁ ଯେପରି ପରିଚିତି ଦିଏ, ସେ' ସେହିଭଳି ତା ଜୀବନକୁ ଗ୍ରହଣ କରେ । ସତେ ଅବା ତା'ର କିଛି ନିଜସ୍ୱ ଇଚ୍ଛା ନାହିଁ , ଅସ୍ତିତ୍ୱ ନାହିଁ । ଏହି ସର୍ବସ୍ୱ ଅଜାଡି ଦେବାର ଭାବ ନାରୀକୁ କରେ କଲ୍ୟାଣୀ । ସେ' ନିଜ ପାଇଁ ନୁହେଁ, ତା ପରିବାର ପାଇଁ ବଂଚେ । ସାଧାରଣ ଗୃହିଣୀଟିଏ ହେଉ ଅବା ବୃତ୍ତିଜୀବୀ ମହିଳା ସମସ୍ତେ ସେଇ ବାତ୍ସଲ୍ୟ ସ୍ନେହ- ପ୍ରେମ ଲୋଡ଼ନ୍ତି । କିନ୍ତୁ ଦୁର୍ଭାଗ୍ୟର ବିଷୟ ପୁରୁଷ ନିଜକୁ କର୍ତ୍ତା (subject) ମନେ କରି ତାକୁ ଗୌଣ (object) ମଣେ, ହତାଦର କରେ । ଆବଶ୍ୟକତା ଅନୁଯାୟୀ ତା'ର ସଖ୍ୟ ଲୋଡ଼େ । ସେଇଥିପାଇଁ ତ ଆଜି ବି ପରିବାରରେ ଝିଅଟିଏ ଜନ୍ମ ହେଲେ, ଲୋକଙ୍କ ଦୃଷ୍ଟି ବଦଳିଯାଏ । ପୁତ୍ରବତୀ ଭବ-ଏଭଳି ଆଶ୍ରିବଚନ ଶୁଣିବାକୁ ହୁଏ ।

'ପୁଅ ମା'ର ଭାରି ବଡ଼ତି, ଭାରି ଖାତିର୍' । ଝିଅ ଜନ୍ମ ହେଲେ ନାରୀ ଅନେକ ଅକଥା ସହେ, ଯାବତୀୟ ଗଞ୍ଜଣା ଭୋଗେ । ଏବେ ମଧ୍ୟ ନାରୀଟିଏ ଗୁରୁଜନ ମାନଙ୍କୁ ପ୍ରଣାମ କଲେ, ତାକୁ ଯେଉଁ ଆଶୀର୍ବାଦ ମିଳେ, ସେ' ସବୁ ତା ପାଇଁ ନୁହେଁ ବରଂ ତା' ସ୍ୱାମୀ-ପୁତ୍ର ପାଇଁ । 'ଅହି ସୁଲକ୍ଷଣୀ', 'ତୋ ହାତ କାଚ ବଜର ହଉ', 'କୋଳକୁ ପୁଅଟିଏ ଆସୁ' ଏପରି ଅନେକ କିଛି । ତା'ର ଶଙ୍ଖା-ସିନ୍ଦୁର ତା'ର ପରିଚୟ । ପୁତ୍ରର ମା' ହେବା ହିଁ ତା'ର ଭାଗ୍ୟ । ବିଶେଷ କରି ସମାଜର ଦୃଷ୍ଟିକୋଣ ପରିବର୍ତ୍ତନ ନହେଲେ ବାସ୍ତବରେ 'ନାରୀବାଦ' ସଫଳ ହେବ ନାହିଁ । 'ନାରୀବାଦ' ପୁରୁଷ ବିରୋଧରେ ପ୍ରତିବାଦ ନୁହେଁ, ବରଂ ପୁରୁଷକୈନ୍ଦ୍ରିକ ସମାଜର ଅବିଚାର-ଅନ୍ୟାୟ ତଥା ଅନୀତି ବିରୁଦ୍ଧରେ ଏକ ପ୍ରତିକ୍ରିୟା ସ୍ୱରୂପ ।

ନାରୀବାଦୀ ଆନ୍ଦୋଳନର 'ସେନେକା ଫଲ୍ସ' ସମ୍ମିଳନୀରେ Elizabeth cady stanten (1812-1902) ର ଭାଷଣ ମୂଳରେ ଯେଉଁ ଅଭିପ୍ରାୟ ଥିଲା , ତାହା ସମସ୍ତ ନାରୀ ମାନଙ୍କର ଅନ୍ତରର କଥା ବୋଲି ବୁଝାଯାଏ । ସେ' ତାଙ୍କର ଗ୍ରନ୍ଥ 'The Solitude of Self' (୧୮୯୨) ରେ ଲେଖିଥିଲେ :

"In discussing the rights of women we are consider first, what belongs to her as an individual in a world of her own, the artiter of her own destiny, an imaginary Robinson Crusou, with his woman, Friday on a solitary is lord."

ନାରୀ ସଶକ୍ତିକରଣ ବଦଳରେ ସମାଜ ନାରୀ ପାଇଁ ଏକ ସୁବର୍ଣ୍ଣ ପିଞ୍ଜରା ଆଣି ରଖିଛି । ନାରୀର ଏ ପରାଧିନତା ବାହାରକୁ ଦୃଶ୍ୟମାନ ହୁଏନାହିଁ । କିନ୍ତୁ, ନାରୀଟିଏ ଏ ସବୁ ଠିକ୍ ଠଉରେଇନିଏ । ଫରାସୀ ଦାର୍ଶନିକା (Simone De. Beauvour) ତାଙ୍କ ପୁସ୍ତକ 'second sex' ରେ ଅତ୍ୟନ୍ତ ଚମତ୍କାରିତାର ସହ ସମାଜର ଚିନ୍ତାଧାରାକୁ ବାଢ଼ିଛନ୍ତି । ତାଙ୍କ ଭାଷାରେ :

"Her wings are cut and then she is blamed for not knowing how to fly."

ବାସ୍ତବରେ ଏହା ସତ୍ୟ । ସମାଜରେ ସବୁ ନିୟମ ରୀତିନୀତି ନାନା କାଇଦା - କଟକଣା ଝିଅ ପାଇଁ ଅଥଚ, ପୁଅଟେ ପାଇଁ ଏ ସବୁ ନଥାଏ । ଛୁଆଟି ବେଳୁ ହିଁ ଝିଅଟିଏ ଘରକରଣା ଶିଖେ । ଡାଲି - ଭାତ ରାନ୍ଧେ, ବୋହୁ- ବୋହୁକା ଖେଳେ । ତା' ଜାଣତରେ ହେଉ ଅବା ଅଜାଣତରେ ସେ' କେତେବେଳେ ଗୃହିଣୀଟିଏ ପାଲଟିଯାଏ, ସେ' ଜାଣେନା । ଅଥଚ ପୁଅଟିଏ ଖେଳ- କୁଦ କରିବ, ବାହାରେ ବୁଲିବ, ଘରକରଣା ତା'ର ଆବଶ୍ୟକତା ନୁହେଁ । ଅବଶ୍ୟ ଧୀରେ ଧୀରେ ଏ ସବୁପ୍ରତି ନିଘା ଦିଆଗଲାଣି । ଝିଅ ମାନେ ଏଣିକି ପୁଅ ଭଳି ବାହାର ଦୁନିଆ ଦେଖିଲେଣି, ନିଜ ସୁବିଧା ଅନୁସାରେ ଜୀବନ ମଧ୍ୟ ଜୀଇଁଲେଣି । କିନ୍ତୁ , ଏ ସବୁ କେତେ ପ୍ରତିଶତ ? ଯଦି ଆମେ ଚିନ୍ତା କରୁ ତେବେ ଉତ୍ତର ଆପଣା ଛାଏଁ ଚାଲି ଆସିବ । ଯେଉଁ ଭାବରେ ନାରୀ ଜୀବନର ଦ୍ୱନ୍ଦ୍ୱ, ସଂଘାତ ଦୂରୀଭୂତ ହେବାକଥା, ତଦନୁପାତରେ ତାହା ହୋଇପାରିନାହିଁ । ଏପରିକି ସମାଜ ନାରୀକୁ 'ଦ୍ୱିତୀୟ ଲିଙ୍ଗ' ବୋଲି ଚିନ୍ତା କରେ । ଏପରିକି ତା'ର ବ୍ୟକ୍ତିତ୍ୱ, ସୃଜନଶୀଳତାକୁ ମଧ୍ୟ ସଂକୀର୍ଣ୍ଣ ମନନେଇ ଦେଖେ । ଏହା ଦ୍ୱାରା ନାରୀର ବ୍ୟକ୍ତି ସ୍ୱାତନ୍ତ୍ୟ କ୍ଷୁର୍ଣ୍ଣ ହୁଏ । kate millet ଙ୍କ ଏହି ପରିପ୍ରେକ୍ଷୀରେ ତାଙ୍କର "sexual politics" ର କିଛି ପଂକ୍ତି ଏଠାରେ ଉଲ୍ଲେଖନୀୟ ।

"The image of women as we know it is an image created by men and fashioned to suit their needs. These needs bpring from a fear of the 'otherness of woman.'

ହେନେରିଟା ମିଶ୍ର ୪୩୧

ଏଥିରୁ ସ୍ପଷ୍ଟ ଅନୁମାନ କରି ହୁଏ, ପୁରୁଷ ତା'ର ହୀନମନ୍ୟତା ଭାବ ଯୋଗୁଁ ନାରୀକୁ ତା' ସାଧାରଣ ସ୍ଥିତି ଠାରୁ ଅତିକ୍ରମ କରିବାକୁ ଦିଏ ନାହିଁ। ଏ ସବୁ ପକ୍ଷପାତିତା ନୁହେଁ ତ' ଆଉ କଣ ? ଏପରିକି ଶିକ୍ଷା କ୍ଷେତ୍ରରେ Gender studies ହେଉ ଅବା Women studies , home science ଏ ସବୁକୁ ସେଇ ତଥାକଥିତ ନାରୀବାଦୀ (feminist point of view) ଦୃଷ୍ଟି ନେଇ ବିଚାର କରାଯାଏ। କର୍ମ କ୍ଷେତ୍ରରେ ମଧ୍ୟ ପୁରୁଷର ଆଧିପତ୍ୟ ରୁହେ। ନାରୀର ପ୍ରତିଭା ଓ ସାମର୍ଥ୍ୟକୁ ଅଣହେଲା କରାଯାଏ। ତା'ର ପାଣ୍ଡିତ୍ୱ - ବୁଦ୍ଧିମତା ଥିବା ସତ୍ତ୍ୱେ ତାକୁ ସବୁକାମ ଦିଆ ଯାଏନା। ପୁରୁଷର ଅହଂ (Mallego) ଏଠି ପ୍ରତିବନ୍ଧକ ଲାଗେ। ଖୋଲା ଆକାଶର ଗୁଡ଼ିଟିର ଜୀବନ ପରି ସେ' ହୁଏ ପରାଧୀନ ଅନ୍ୟର ନିୟନ୍ତ୍ରଣାଧୀନ। ଈର୍ଷା ଓ ଅସୂୟାର ଯାବତୀୟ କଷଣର ଶିକାର ହୁଏ ନାରୀ। ପରିବାର ଠାରୁ କର୍ମକ୍ଷେତ୍ରରେ ନାନାଦି ଆଳରେ ସେ' ହୁଏ ନିନ୍ଦିତ -ଭର୍ତ୍ସିତ।

ସାମ୍ପ୍ରତିକ ସମାଜର ଦୃଷ୍ଟିଭଙ୍ଗୀ ପରିବର୍ତ୍ତନ ହେବାକୁ ବସିଲାଣି। ସାହିତ୍ୟରେ ତା'ର ପ୍ରଭାବ ମଧ୍ୟ ପରିଲକ୍ଷିତ ହେଲାଣି। ଉତ୍ତର ସତୁରି ପରବର୍ତ୍ତୀ କବିତା ମାନଙ୍କରେ ଏ ସବୁ ମୁକ୍ତ ଓ ସ୍ୱାଚ୍ଛନ୍ଦ୍ୟ ଭାବରେ ବିଶ୍ଳେଷଣ ହେଲାଣି। ନାରୀ ଲେଖିକାମାନଙ୍କ ସ୍ୱର ଏଣିକି ତୀର୍ଯ୍ୟକ୍ ଓ ଶାଣିତ ହେଲାଣି। ପ୍ରୟୋଗବାଦୀ ଦୃଷ୍ଟିକୋଣକୁ ପରିହାର କରି ଖୋଲା ଖୋଲି ଭାବରେ କାବ୍ୟ- କବିତା ମାନଙ୍କରେ ସମାଜର ଅବିଚାର ପ୍ରତି କଟାକ୍ଷ କରାଗଲାଣି। ସମାଜ ଓ ସାହିତ୍ୟ କିଏ କାହା ଠାରୁ ଅଲଗା ନୁହନ୍ତି ବରଂ ଅଭିନ୍ନ। ତେଣୁ ସମାଜରେ ପ୍ରତିଫଳିତ ସମସ୍ତ ଚିନ୍ତାଧାରା ସାହିତ୍ୟରେ ରୂପ ପାଇଛି। ସମକାଳୀନ ସାମାଜିକ ପାଣିପାଗ ସହିତ ଆପଣାର ଅନୁଭୂତିକୁ ଯଥାର୍ଥରେ ରୂପ ଦେବାରେ କବି ମନ ହେଲାଣି। ଅତୀତର ଶବ୍ଦର କୁହେଳିକାକୁ ପରିହାର କରି ସିଧାସଳଖ ଭାବେ ନୂତନ ଚେତନାର ବିବିଧତାକୁ ପାଠକ ପାଖରେ ବାଢ଼ିବାରେ ସାମ୍ପ୍ରତିକ କବିତା ସଫଳ ହୋଇପାରିଛି। ଏ ପରିପ୍ରେକ୍ଷୀରେ ନାରୀ ଅସ୍ମିତା ଦୃଷ୍ଟିକୁ ଆସେ।

ସମ୍ପ୍ରତି ନାରୀର ସ୍ଥିତି ଅନେକାଂଶରେ ପରିବର୍ତ୍ତିତ ହେଲାଣି। ନାରୀକୁ ପୁରୁଷ ଭଳି ସମାନ ଅଧିକାର ଦେବାର ଆନ୍ଦୋଳନରୁ ଜନ୍ମ ନେଇଛି 'ନାରୀବାଦ'। ନାରୀ ମନସ୍ତତ୍ତ୍ୱ କୁ ନେଇ କବିତା ଲେଖିବା ଓ କବିତାରେ ନାରୀବାଦର ସ୍ୱରକୁ

ଆହୁରି ବଳିଷ୍ଠତାର ସହ ଚିତ୍ରଣ କରିବା ଏକ କଥା ନୁହେଁ । ବେଳେବେଳେ ରକ୍ଷକ ହିଁ ଭକ୍ଷକ ସାଜନ୍ତି , ଆପଣାର ମଣିଷ ମାନଙ୍କ ଆଚରଣ ହିଁ ସାତପର ହୁଏ । ଏହି ସବୁ ଅସୂୟାଭାବ ବିରୋଧରେ ସ୍ୱର ଉତ୍ତୋଳନ ନ ହେଲେ, ନାରୀ ତା'ର ସ୍ୱାଧୀକାର ଓ ଅସ୍ତିତ୍ୱର ସୁରକ୍ଷା କରିପାରିବ ନାହିଁ । ନାରୀକୁ ଆହୁରି ସଶକ୍ତ ହେବାକୁ ହେବ । ସମାଜର ଅବିଚାର- ଅନ୍ୟାୟ ବିରୁଦ୍ଧରେ ପ୍ରତିବାଦ କରିବାକୁ ହେବ । ନିଜ ଭିତରେ ତା'ର ଯେଉଁ ସନ୍ଦେହ ଟିକକ ଅଛି, ତାକୁ କାଢି ଫୋପାଡ଼ିବାକୁ ହେବ, ତେବେ ଯାଇ ନାରୀମାନେ ପାଇବେ ନ୍ୟାୟ ଓ ଉଚିତ ଅଧିକାର । ନାରୀ ଆଭ୍ୟନ୍ତରୀଣ ଜଗତରେ ନିଛକ ପ୍ରତିଫଳନ କବିତା, ଗଳ୍ପ ତଥା ସାହିତ୍ୟର ଅନ୍ୟାନ୍ୟ ବିଭାଗରେ ରୂପ ପାଇଲାଣି । ଯାହା ଅତ୍ୟନ୍ତ ଶୁଭ ସୂଚନା କହିଲେ ଅତ୍ୟୁକ୍ତି ହେବ ନାହିଁ । ଏ ପରିପ୍ରେକ୍ଷୀରେ, 'Charity Begins at Home' ନ୍ୟାୟରେ ପ୍ରଥମେ ଆମେ ନିଜ ନିମ୍ନ ମାନସିକତାରୁ ମୁକ୍ତ ହେବାକୁ ହେବ । ଅଦ୍ୟାବଧି ମଧ୍ୟ ଶିଶୁର ଲିଙ୍ଗ ନିରୂପଣ କରାଯାଉଛି । ଏନ୍ତୁଡ଼ିଶାଳରୁ ପଚରାଯାଏ ପୁଅ ନା ଝିଅ ? ପୁଅ ହେଲେ ହସ- ଖୁସିରେ ଫାଟିପଡ଼େ ନାରୀର ସଂସାର । ଅଥଚ ଝିଅ ହେଲେ ପରିବାରରେ ଦୁଃଖର କଳାବାଦଲ ଛାଇଯାଏ । "ଝିଅ ଘିଅ ଭଳି, ବେଶିଦିନ ରହିଲେ ଗନ୍ଧାଏ" / "ଦେଲି ନାରୀ ହେଲି ପାରି" / "ଦୁହିତା ଦୁଇକୂଳକୁ ହିତା ନୋହିଲେ ଦୁଇକୂଳକୁ ପିତା" ଏଭଳି ଲୋକୋକ୍ତି ତଥା ପାରମ୍ପରିକ ରୀତିନୀତିକୁ ଅଦ୍ୟାବଧି ବିଶ୍ୱାସ କରାଯାଏ । ଝିଅଟିଏକୁ ମାତୃ ଗର୍ଭରେ ହିଁ ମାରି ଦିଆଯାଏ । ସେଥିପାଇଁ ତା ତା'ର ଅଜନ୍ମା ହେବାଟା ସମସ୍ତେ ଚାହାନ୍ତି । କବି ସୁଚେତା ମିଶ୍ରଙ୍କର 'ଅଜନ୍ମା' କବିତା ସଙ୍କଳନଟି ନାରୀ ଜୀବନର ଯାତନାମୟ ଅନୁଭୂତିକୁ ବଖାଣୁଥାଏ । ନିରବଧି କାଳ ଏଇ ନାରୀ ହେଇ ଜନ୍ମ ଲଭିବାର ଦୁଃଖ ତାକୁ ଖିନ୍‌ଭିନ୍ କରେ । ସମାଜ ଆଗରେ ହାରିଯାଏ । କବି ସୁଚେତା ମିଶ୍ର ଏହି ମାନସିକ ସଂଘାତକୁ ତାଙ୍କ କବିତାରେ ରୂପ ଦେବାକୁ ଯାଇ କୁହନ୍ତି :

"ପଲିଥିନ ଭିତରେ କଣ ଅଛି ଦେଖ / ଅଛି ରକ୍ତାକ୍ତ ଭଙ୍ଗାରୁଜା ଶବ୍ଦ
ନିଶବ୍ଦ ଛଳ ଛଳ କୋହ / ତଥ୍ୟ ମାନଙ୍କ ଆଗରେ ସ୍ଥାଣୁ ସତ୍ୟ
ଆଲୋଚନାରେ ନିହିତ କବିତା / ଅଛି ନିରୀହତାର କାମ ପାଦଭାବ
ତାକୁ ତୁମେ ଝିଅ ବୋଲି କହୁଚ / ସେ' ବସୁଧାର ନିହିତ ମାର୍ମିକ ସ୍ପନ୍ଦନ ।'

- 'ଅଜନ୍ମା'

ଝିଅଟିଏ ଜନ୍ମ ନେବାର ବିଡ଼ମ୍ବନା ଆଉ ଅଧିକା କଣ ହେଇପାରେ ? ଯଦି କଦବା କ୍ୱଚିତ ଜୀବନ ଧରିଥାଏ, ତେବେ ଅନେକ କଟକଣା ଦେଇ ଗତିକରେ । ତାକୁ ହସିବା ମନା, ରାଗିବାମନା , ଉଚ୍ଚ ସ୍ୱରରେ କଥା କହିବା ମନା, ଗଛ ଚଢିବା ମନା, ବାହାରେ ବୁଲିବା ମନା । ଯାବତୀୟ କଟକଣା ସବୁ ତା ପାଇଁ । ସମାଜରେ ଯେଉଁମାନେ ଏ ସବୁ ଟୀକା- ଟିପ୍‌ପଣୀ କରନ୍ତି, ନାନା ଆଳ ଦେଖାଇ ନାରୀର ଉଚ୍ଛୃଙ୍ଖଳତା ଉପରେ ମନ୍ତବ୍ୟ ଦିଅନ୍ତି । ସେମାନେ ଗୋପନରେ ନାରୀର ଯୌବନ ଦେଖନ୍ତି, ସୁଯୋଗ ପାଇଲେ କରଛଡ଼ା ବି କରନ୍ତିନି । ସମାଜର ଏହି ଭଦ୍ରମୁଖା ପିନ୍ଧିଥିବା ମଣିଷ ମାନଙ୍କୁ କବି ଅପର୍ଣ୍ଣା ମହାନ୍ତି ବିଦ୍ରୂପ କରନ୍ତି ।

"ନାରୀର ମୁକୁଳା ଜାନୁ- ଯୌବନ ନ ଦେଖିଲେ /
ଏମାନଙ୍କ ହୀନବୀର୍ଯ୍ୟ ପଣ / ନାରୀଟିକୁ ଶକ୍ତି ବୋଲି
ସ୍ୱୀକାର କରେ ନାହିଁ / ନାରୀକୁ ବାନ୍ଧି ନ ରଖିଲେ /
ଜୁଆ ଖେଳରେ ବିବସ୍ତ୍ର ନ ହେଲେ / ସଭାରେ ଏମାନଙ୍କ
ବାହୁରେ / ଅଧର୍ମଙ୍କ ବିପକ୍ଷରେ ଅସ୍ତ୍ର ଧରିବା ପାଇଁ ବଳ ପାଏ ନାହିଁ ।"

– ଦେବୀ : ଅପର୍ଣ୍ଣା ମହାନ୍ତି

ଯେତେଦିନ ପର୍ଯ୍ୟନ୍ତ ନାରୀ ସମାଜରେ ଅବଳା- ଦୁର୍ବଳା ହୋଇ ରହିଥିବ ଅଥବା ରକ୍ତ ମାଂସର କଣ୍ଢେଇ ପରି ସମାଜର ସବୁ ଅବିଚାରକୁ ମୁଣ୍ଡପାତି ସହି ଚାଲିଥିବ, ସେତେଦିନ ପର୍ଯ୍ୟନ୍ତ ନାରୀର ଅସ୍ମିତା ପ୍ରତିଷ୍ଠା ହେଇ ପାରିବ ନାହିଁ । ବାସ୍ତବିକ୍ ଉତ୍ତର ସତୁରି ଓଡ଼ିଆ କାବ୍ୟ – କବିତାରେ ନାରୀ ସମ୍ମାନର ପୁନଃ ନିର୍ମାଣ ହୋଇଛି । ତଥା କଥିତ ରକ୍ଷଣଶୀଳତାକୁ ଅଗ୍ରାହ୍ୟ କରି ଆଗକୁ ବଢିବାର ସାମର୍ଥ୍ୟ ଦେଇଛି ନାରୀ ମନରେ । ନାରୀର ଅଧିକାର ଓ ଅସ୍ମିତାକୁ ଆଧାର କରି ତା'ର ସମସ୍ୟା ଓ ନିରାକରଣର ମାର୍ଗ ଫିଟିଛି । ନାରୀର ସହନଶୀଳା ପ୍ରତ୍ୟୟଟିକୁ ନେଇ ପୁରୁଷ ଅପବ୍ୟବହାର କରିଛି । ଆପଣାର ନିୟନ୍ତ୍ରଣରେ ରଖିଛି । ଏ ସବୁ ବିରୁଦ୍ଧରେ ପ୍ରତିବାଦର ସ୍ୱର ଉଠେଇଚି ନାରୀ । ପରୋକ୍ଷରେ ସେ' ବିଦ୍ରୋହ କରିଛି । କବି ପ୍ରବାସିନୀ ମହାକୁଡ଼ ନାରୀର ଏ ଅସହାୟତାକୁ କଡାସ୍ୱରରେ ନିନ୍ଦା କରନ୍ତି । ସମାଜର ମାନସିକତାକୁ ଦର୍ଶେଇବାକୁ ଯାଇ କୁହନ୍ତି :

"ତାକୁ କୁହାଯିବ କଲ୍ୟାଣୀ / ତାକୁ କୁହାଯିବ ସୁଭାଗୀ /
ତାକୁ କୁହାଯିବ ମଧୁମୟୀ / ତାକୁ କୁହାଯିବ ସବୁଠୁ ଭଲ ଝିଅ /
ସବୁଠୁ ଭଲ ମାନେ ସବୁଠୁ ଭଲ / ଭଲ ଝିଅର ସଂଜ୍ଞା ନେଇ ସେ'
ସହିଯିବ ଅନେକ କିଛି / ସହିଯିବା ପାଇଁ ଧୈର୍ଯ୍ୟ ଦରକାର ମା' /
କହିବେ ଗୁରୁଜନ ମାନେ ବେଳ- ଅବେଳରେ .../ ଝିଅଟିଏ
ନାରୀ ହୋଇଗଲା ପରେ ।'

(ଅଧା ଲେଖା କାହାଣୀ : ପ୍ରବାସିନୀ ମହାକୁଡ଼)

ସ୍ୱାଧୀନତା ପରବର୍ତ୍ତୀ (ଉତ୍ତର ଅଶୀ) ଓଡ଼ିଆ କବିତାରେ ଏହି ସମୟରେ ନାରୀ ଅସ୍ମିତାର ସ୍ୱର ବେଶ୍ ପ୍ରଖର ହେଇଛି । ପ୍ରତ୍ୟକ ନାରୀବାଦୀ, ନାରୀର ଅଧିକାର, ତା'ର ଅସ୍ମିତା ପ୍ରତି ସଚେତନ । ଯୁଗ ଯୁଗରୁ ଚାଲି ଆସୁଥିବା ସମାଜର ଅବିଚାରକୁ ଅଗ୍ରାହ୍ୟ କରିବାର ସ୍ପର୍ଦ୍ଧା କରନ୍ତି । ସେ' ଦେହସୁଖ ହେଉ ଅବା ବିଦ୍ରୋହ, ସେ' ପ୍ରେମ ହେଉ ପ୍ରତାରଣା ନାରୀଟି ଏଥର ଅନ୍ତତଃ ନିଜ ପାଇଁ ବଞ୍ଚିପାରେ ଆଉ ମରିପାରେ ବି' । ସେ' ନିଜ ପାଇଁ କହିବାର ସ୍ପର୍ଦ୍ଧା ରଖେ, ନିଜ ପରିଚୟରେ ପରିଚିତ ହେବାର ସାହସ ରଖେ । ଓଡ଼ିଆ କାବ୍ୟ ସାହିତ୍ୟରେ ଯେଉଁ ଆଗ୍ନିକ ଉଚ୍ଚାରଣ ଘଟିଛି, ତାହା ଏଇ ନାରୀ ଲେଖିକାଙ୍କ ଯୋଗୁଁ । ଯେଉଁ ମାନଙ୍କର କଟାକ୍ଷରେ ସମାଜର ପରମ୍ପରା ଭାଙ୍ଗିବାକୁ ବାଧ୍ୟ ହେଉଛି । ସେ' ନାରୀ, ସେ' ସ୍ତ୍ରୀ ଲୋକ, ସେ' ଅସତୀ, ନଷ୍ଟ ନାରୀ, କାତି- କାତ୍ୟାୟିନୀ- ସେ' ଅଗ୍ନି କମଳିନୀ- ସେ' ଅଜନ୍ମା - ସେ' ଈଶ୍ୱରୀ- ସେ' ମୋହିନୀ- ସେ' ବୋକି ଝିଅ- ସେ' କାଳୀ ଝିଅ- ସେ' ଅପାପବିଦ୍ଧା- ସେ'' ସାହାଡ଼ା ସୁନ୍ଦରୀ- ସେ' ବାଜେ ଝିଅ- ସେ' ଅଚ୍ଛେଦା ଏପରି ଅନେକ ବିଶେଷଣ । ଏ ସବୁ କିନ୍ତୁ ତା'ର ଏକାନ୍ତ ନିଜସ୍ୱ । ସେ' ଅଗ୍ରାହ୍ୟ କରିଛି ସମସ୍ତ ପ୍ରଥା- ପରମ୍ପରାକୁ । କାରଣ ସେ' ହିଁ ଈଶ୍ୱରୀ ତା ସୃଷ୍ଟି ସ୍ୱୟଂ ଅଧିଶ୍ୱରୀ । କବି ଗିରିବାଳା ଙ୍କ କବିତା 'ସ୍ତ୍ରୀ ଲୋକ'ରେ କବିଙ୍କ ଦୃଢ ସ୍ୱୀକାରୋକ୍ତି ଏଠାରେ ଉଲ୍ଲେଖଯୋଗ୍ୟ । କବିଙ୍କ ସମ୍ବେଦନଶୀଳତାର ପଟାନ୍ତର ନାହିଁ । ସେ' ନାରୀକୁ ଦୃଢ଼ମନା କରିବାରେ ବିଶ୍ୱାସ ରଖନ୍ତି । ତାଙ୍କ ମତରେ:

"ଉଠ ଉଠ - ପଦ୍ମିନୀ ପୁଣ୍ଡରୀକାକ୍ଷ ମା ମୋର ଉଠ୍ /
ଉନ୍ମୁକ୍ତା କେଶ ହୋଇ ଯୁଦ୍ଧ ମାଗ ।"

ସମାଜର ରକ୍ଷଣଶୀଳ ଭାବନାକୁ ଅସ୍ୱୀକାର କରିବାର ସ୍ପର୍ଦ୍ଧା ସେ' କରନ୍ତି । ନାରୀ ବୁଝିଗଲାଣି ଏ ସମାଜ ସରଂକ୍ଷଣ ନାଁ ରେ ତାକୁ କିଭଳି ବ୍ୟବହାର କରିଛି, ଶୋଷଣର ଶିକାର କରିଛି । ସେଥିପାଇଁ ସେ' ନିଜେ ଅସ୍ତ୍ର ଉଠେଇଛି । ତାକୁ ବିପଦରୁ ରକ୍ଷା କରିବା ପାଇଁ ସେ' ନିଜେ ହିଁ ନିଜର ସାହାଯ୍ୟ କାରିଣୀ । ସେ' ନିଜେ ହିଁ ନିଜର ରକ୍ଷା କରିଛି । ଏଠି ଈଶ୍ୱରଙ୍କ ଆଶାରେ ପ୍ରତୀକ୍ଷା ନୁହେଁ ବରଂ ନିଜ ସାମର୍ଥ୍ୟକୁ ଅସ୍ତ୍ର ଭାବରେ ବ୍ୟବହାର କରିଛି । କବିଙ୍କ ଭାଷାରେ, ନାରୀ ସ୍ୱୟଂସିଦ୍ଧା । ଆପଣା ଭିତରେ ଇଶ୍ୱରୀପଣକୁ ଅନୁଭବ କରି ପାପିଷ୍ଠମାନଙ୍କୁ ସଂହାର କରିବା ପାଇଁ ଆହ୍ୱାନ କରିଛନ୍ତି କବି ନଳିନୀ ବେହେରା । ତାଙ୍କ ଭାଷାରେ:

"ବରଂ ପାରୁଚୁ ଯଦି ନିଜେ ଈଶ୍ୱରୀ ପାଲଟି ଯା /
ଦୁଃଶାସନର ମୁଣ୍ଡକୁ ନିଜେ ହାଣି /
ସେଇ ରକ୍ତରେ ତୁ ସ୍ନାତ ହେଇ ଯା ।'
(ତୁ ବି ଈଶ୍ୱରୀ : ନଳିନୀ ବେହେରା)

ପାପ ପୁଣ୍ୟର ପାଚେରୀ କିଛି ନଥାଏ, ଯଦି ବା କିଛି ଥାଏ ତାହା ହେଉଛି ପୁରୁଷର ଅହଂପଣ । ଶତାବ୍ଦୀ - ଶତାବ୍ଦୀ ଧରି ଯେଉଁ ଅନ୍ୟାୟ - କଷଣ ନାରୀଟି ସହେ, ତାକୁ ସେ' ଅଚିରେ ଅଗ୍ରାହ୍ୟ କରିବାର ସ୍ପର୍ଦ୍ଧା କରିଛି ନାରୀ । ସେ' ମୁକ୍ତ ଭାବରେ ନିଜକୁ, ନିଜ ଭାବନାକୁ ବ୍ୟକ୍ତ କରିଛି । ପୁରୁଷ ସୃଷ୍ଟିର ସ୍ୱାମୀ ନୁହେଁ କି ନାରୀ ଭୃତ୍ୟ ନୁହେଁ, ଉଭୟେ ସହଯାତ୍ରୀ । ଉଭୟଙ୍କ ସହଯୋଗରେ ସମାଜ ହେବ ମଧୁମୟ - ଅମୃତମୟ । ଯାହା, ସପକ୍ଷରେ ଯୁକ୍ତି ବାଢନ୍ତି ନାରୀବାଦୀମାନେ ।

ନାରୀ ସ୍ୱୟଂସିଦ୍ଧା । ନିଜ ଭାଗ୍ୟ - ଭବିତବ୍ୟ ନିଜେ ଗଢିବାର ସାମର୍ଥ୍ୟ ରଖେ । ସେଇଥିପାଇଁ ସେ' କୁହେ ବା କହିବାରା ସ୍ପର୍ଦ୍ଧା କରେ ।

"ଏମିତି ଜୋର କରି କ'ଣ ମୁଠେଇ ଧରିଛୁ ନିଜ ପାପୁଲି /
ଖୋଲିଲ ଖୋଲ / କିଛି ନାହିଁ ନା ? / ତୁମକୁ କିଏ କହିଲା
ମୋ' ଅସ୍ତିତ୍ୱ / ମୋ ପରିଚୟ / ମୋ ଭାଗ୍ୟ ତୁମ ହାତ ମୁଠାରେ ?"

ନାରୀ ସମସ୍ୟା ଓ ଅସ୍ମିତା ସହ ଜଡିତ ଏହି ସବୁ ଜୀବନ ଯନ୍ତ୍ରଣାର କାବ୍ୟିକ ପ୍ରତିଫଳନ । ପରୋକ୍ଷରେ ସମାଜ ପ୍ରତି ଶ୍ଳେଷୋକ୍ତି ନୁହେଁ ତ' ଆଉ କ'ଣ ?

ପତିତା- କଳଂକିତା ହେବାର ଯନ୍ତ୍ରଣା, ବୈଧବ୍ୟ କଷଣ, ଅନୂଢ଼ା ରହିବାର ଅସହାୟତା, ଦାମ୍ପତ୍ୟ ବିପର୍ଯ୍ୟୟ, ସାମାଜିକ-ଲାଂଛନା, ଶାଶୁ - ନଣନ୍ଦଙ୍କ ଗଞ୍ଜଣା, ନାରୀ ଦୁଷ୍କର୍ମ, ପାରିବାରିକ ହିଂସା, କାଳି-ଶ୍ୟାମାଙ୍ଗୀ ହେବାର ମାନସିକ ଚାପ, ବିଡ଼ମ୍ବିତ ମାତୃତ୍ୱ ଏଭଳି ଜଟିଳ ମାନସିକ ସଙ୍କଟ ନାରୀ ସମ୍ମୁଖରେ କାହିଁ କେଉଁ ଅତୀତରୁ ଛିଡ଼ା ହୋଇଛି । ପାଦେ ପାଦେ ତା'ର ବିପଦ । ପ୍ରତିଟି ସ୍ତରରେ ନାରୀ ହେବାର ଦୁଃଖରେ ତା'ର ଅନ୍ତରାତ୍ମା । ଏହି ସବୁ ନାରୀକୈନ୍ଦ୍ରିକ ସମସ୍ୟାମାନ ବିରୁଦ୍ଧରେ ପ୍ରତିବାଦ ହିଁ 'ନାରୀବାଦ'ର ଆଭିମୁଖ୍ୟ । ଉପରୋକ୍ତ ପ୍ରବନ୍ଧରେ ଉପସ୍ଥାପିତ ପ୍ରାୟତଃ ସମସ୍ତ କବିତା ଏବଂ ଅଭିମତ ନାରୀ ଜୀବନର ଅନ୍ତର୍ଦ୍ଦଶାକୁ ପ୍ରତିଫଳିତ କରିବାରେ ସଫଳ ବୋଲି ସ୍ୱୀକାର କରାଯିବ । କେବଳ ନାରୀକବି ନୁହନ୍ତି ବହୁ ପୁରୁଷ କବିମାନେ ମଧ୍ୟ ଏତାଦୃଶ ଯନ୍ତ୍ରଣାକୁ ଉପଲବ୍ଧି କରି କବିତା ମାନଙ୍କରେ ନାରୀ ଜୀବନର ବର୍ବରତାକୁ ପରିପ୍ରକାଶ କରିଛନ୍ତି । ସଚ୍ଚି ରାଉତରାୟ, ଗୁରୁପ୍ରସାଦ ମହାନ୍ତି, ବେଣୁଧର ରାଉତଙ୍କ ଠାରୁ ଆରମ୍ଭ କରି ସୀତାକାନ୍ତ ମହାପାତ୍ର, ରମାକାନ୍ତ ରଥ, ହୃଷିକେଶ ମଲ୍ଲିକ, ସୌଭାଗ୍ୟ ମିଶ୍ର, ରାଜେନ୍ଦ୍ର କିଶୋର ପଣ୍ଡା, ପ୍ରଦୀପ ବିଶ୍ୱାଳ, ବିପିନ ନାୟକ, ସୌଭାଗ୍ୟବନ୍ତ ମହାରଣା, ପ୍ରହଲ୍ଲାଦ ଶତପଥୀ, କବି ଭିକାରି ଧଳ, ଶଙ୍କର ପରିଡ଼ା ପ୍ରଭୃତି କବିଙ୍କ ପର୍ଯ୍ୟନ୍ତ ଅନେକ ପୁରୁଷ କବି ନାରୀ ଜୀବନର ହର୍ଷ- ବିଷାଦକୁ ନିଜ କବିତା ମାଧ୍ୟମରେ ରୂପ ଦେଇଛନ୍ତି । ବାସ୍ତବରେ ସମସ୍ୟମାନ ଲୋକଲୋଚନକୁ ଆସିଛି ସତ, କିନ୍ତୁ ଏଯାବତ୍ ସେହି ସବୁ ସମସ୍ୟାରୁ ନାରୀ ଜୀବନ ସମ୍ପୂର୍ଣ୍ଣ ରୂପେ ମୁକ୍ତି ପାଇପାରି ନାହିଁ । ନାରୀ ଜୀବନର ଆଦ୍ୟରୁ ଅଦ୍ୟାବଧି କିଭଳି କ୍ରମବିକାଶ ପର୍ଯ୍ୟାୟ ଦେଇ ଆଗକୁ ବଢ଼ିଛି, ସେ' ସବୁର ଏକ କାବ୍ୟିକ ନିଦାନ ଆଲୋଚ୍ୟ ଗ୍ରନ୍ଥରେ ରୂପ ଦେବାରେ ଚେଷ୍ଟା ହେଇଛି । ସେ' ନାରୀ ଜୀବନର ଆଦି ପର୍ଯ୍ୟାୟ ହେଉ ଅବା ମଧ୍ୟଯୁଗୀୟ ଅନ୍ଧାରୀ ସମୟ । ସେ' ଦେଶ ବିଭାଜନର କ୍ରୁର ନିଷ୍ପେଷଣ ହେଉ ଅବା ସାମ୍ପ୍ରତିକ ସମୟର ଆଧୁନିକ ପ୍ରେକ୍ଷାପଟରେ ସବୁ କ୍ଷେତ୍ରରେ ନାରୀ ଜୀବନର ସଂଘାତ ତଥା ପରିସ୍ଥିତିକୁ ରୂପ ଦେବାରେ ଚେଷ୍ଟା ହେଇଛି । ବଞ୍ଚିବା ପାଇଁ ସେ' ସାଜିଛି ବାରନାରୀ, ଆପଣାର ଅନିଚ୍ଛା ସତ୍ତ୍ୱେ ସେ' ତା'ର ଦେହ ଦାନ କରିଛି । ଘରୋଇ ହିଂସାର ଶିକାର ହେଇଛି ନାରୀ, ତା'ର ଯାବତୀୟ ଜଂଜାଳ ମୁଣ୍ଡେଇବା ସତ୍ତ୍ୱେ ସକଳ

କଷଣକୁ ଭୋଗି ଚାଲିଛି ନାରୀ । ଏହିସବୁ ମାନସିକ ସଂକଟକୁ ବାସ୍ତବାଭିମୁଖୀ କରିବାକୁ ଯାଇ ଆଧୁନିକ କବିତାର ସହାୟତା ଦିଆଯାଇଛି । ଏଠି 'ନାରୀବାଦ'ର କଥା କୁହାଯାଇଛି । ନାରୀର ସୁଖ, ଦୁଃଖର କଥା କୁହାଯାଇଛି ଆଉ ହର୍ଷ- ବିଷାଦର ବି' । ପ୍ରୟୋଗବାଦୀ କବିତାରେ ଅନେକ ସଙ୍କଟ ଦେଖା ଦେଇଛି, ନାରୀ ଜୀବନ-ଜୀବିକାକୁ ନେଇ । କର୍ମଜୀବୀ ମହିଳାଠାରୁ ସାଧାରଣ ଗୃହିଣୀ ପର୍ଯ୍ୟନ୍ତ, ବାଲ୍ୟ ଠାରୁ ପରିଣତ ବୟସ ପର୍ଯ୍ୟନ୍ତ, ତା'ର ଆଶାଠାରୁ ନିରାଶା ପର୍ଯ୍ୟନ୍ତ, ତା'ର ପ୍ରାପ୍ତି ଠାରୁ ଅପ୍ରାପ୍ତି ପର୍ଯ୍ୟନ୍ତ ନାରୀ ଜୀବନକୁ ଦେଖେଇବାର ଅଭିପ୍ସା କରାଯାଇଛି, ତାହା ବାସ୍ତବରେ ନାରୀ ଅନ୍ତରର ଅବ୍ୟକ୍ତ ଦିଗକୁ ଉନ୍ମୋଚନ କରିବାରେ ସହାୟ ହୋଇପାରିବ ବୋଲି ଆଶା କରାଯାଇପାରେ । ନାରୀ ମିଥ୍‌ର ପ୍ରୟୋଗରେ ନାରୀ ଅସ୍ମିତାର ପୁନଃ ନିର୍ମାଣ କରିବାର ପ୍ରଚେଷ୍ଟା ହେଇଛି । ଏଠି ପୁରାଣ, କିମ୍ବଦନ୍ତୀ ଆଶ୍ରିତ କିଛି ଲୋକୋକ୍ତି, କାହାଣୀର କାବ୍ୟିକ ପରିପ୍ରକାଶ ହୋଇଛି । ଯେଉଁଠି ନାରୀ ଜୀବନର ସଂଘାତ ପ୍ରତିଫଳିତ ହୋଇଛି ।

ନାରୀ ନିଜେ ହିଁ ନିଜର ପରିଚୟ ନିର୍ମାଣ କରିପାରେ । ତା'ର ଜୀବନର ସଙ୍କଟ । ତା'ରି ମାଧ୍ୟମରେ ହିଁ ସମାଧାନ କରାଯାଇପାରିବ ତାହା କବିତା ମାଧ୍ୟମରେ କହିବାର ପ୍ରଚେଷ୍ଟା କରାଯାଇଛି । ଆଜିର ନାରୀ ନିଃସଙ୍ଗ ନୁହେଁ ବରଂ ତା'ର ପ୍ରତିବଦ୍ଧତାର ସ୍ୱର ଖୁବ୍ ବଳିଷ୍ଠ, ତାହା କାବ୍ୟଧାରାରେ ପ୍ରମାଣିତ ହେଇଛି । ବାସ୍ତବରେ ଜଗତୀକରଣର ନକରାତ୍ମକତା, ନାରୀ ଜୀବନକୁ ଯେଉଁ ଯନ୍ତ୍ରଣା ଭିତରେ ଛାଡି ଦେଇଛି, ସେଥିରୁ ବାହାରିବାକୁ ହେଲେ, ନାରୀ ତା'ର ସ୍ୱାଭିମାନ, ମର୍ଯ୍ୟାଦାକୁ ନିଜେ ହିଁ ନିର୍ମାଣ କରିବାର ସାମର୍ଥ୍ୟ ରଖିଲେ 'ନାରୀବାଦ' ସଫଳ ହେଇପାରିବ ବୋଲି ବୁଝାଯିବ । ଏଠି ସୋନାଗାଛି ନୁହେଁ ବରଂ ସୁନାର ଧରାଧାମ ପ୍ରତିଷ୍ଠା ହେଇପାରିବ । ଏ ବିଶ୍ୱାସ ସହ ଏ ଗ୍ରନ୍ଥଟିକୁ ଆପଣଙ୍କ ହାତରେ ଟେକି ଦେଲି । ପୁସ୍ତକର ସମସ୍ତ ଶ୍ରେୟ ପାଠକର, ନିନ୍ଦା-ସମାଲୋଚନା ଏ ଅଧମର... ! ! !

।। ଜୟ ଜଗନ୍ନାଥ ।।

ସହାୟକ ଗ୍ରନ୍ଥସୂଚୀ

୧. କର ସାବିତ୍ରୀ : ଆର୍ଯ୍ୟାବର୍ତ୍ତର ନାରୀ : ବେଦରଶ୍ମି ପ୍ରକାଶନ, ଆର୍ଯ୍ୟସମାଜ, କଟକ, ୨୦୧୭

୨. ଚାଟାର୍ଜୀ ସୁବୋଧ କୁମାର : ଗବେଷଣା ପ୍ରବିଧି : ସମ୍ପାଦନା ଓ ଅନୁବାଦ କଳା, ବିଦ୍ୟାପୁରୀ, କଟକ

୩. ଜେନା ଶରତ କୁମାର : ନାରୀ ଓ ନାରୀବାଦ ପ୍ରସଙ୍ଗ, ପକ୍ଷୀଘର ପ୍ରକାଶନୀ, କଟକ

୪. ତ୍ରିପାଠୀ ସୁରେନ୍ଦ୍ରନାଥ : ସାରଳା ସାହିତ୍ୟରେ ନାରୀ, ଚିତ୍ରୋତ୍ପଳା ପବ୍ଲିକେଶନ, କଟକ

୫. ଦାସ ଚିତ୍ତରଂଜନ : ଓଡ଼ିଆ ସାହିତ୍ୟରେ ସାଂସ୍କୃତିକ ବିକାଶଧାରା, ଓଡିଶା ରାଜ୍ୟ ପାଠ୍ୟପୁସ୍ତକ ଓ ପ୍ରଣୟନ ସଂସ୍ଥା, ଭୁବନେଶ୍ୱର

୬. ପଟ୍ଟନାୟକ ଦେବୀପ୍ରସନ୍ନ : ବିପୁଳଚ ପୃଥ୍ୱୀ : ବିଡ଼ମ୍ବିତ ଭାଗ୍ୟ, ତାରାତାରିଣୀ ପୁସ୍ତକାଳୟ, ବ୍ରହ୍ମପୁର

୭. ପଣ୍ଡା ସୁରେଶ ଚନ୍ଦ୍ର : ସାମ୍ପ୍ରତିକ ଓଡ଼ିଆ କବିତାର ଚିତ୍ର ଓ ଚୌହଦୀ : ବି.ଏଲ ପ୍ରିଣ୍ଟଏଣ୍ଡ ପବ୍ଲିକେଶନ, ଭୁବନେଶ୍ୱର

୮. ପ୍ରଧାନ ବୀଣାପାଣି : ଓଡ଼ିଆ ସାହିତ୍ୟରେ ନାରୀକବି, ବିଜୟିନୀ ପବ୍ଲିକେଶନ, କଟକ

୯. ମିଶ୍ର ସଂଘମିତ୍ରା : ଆଧୁନିକ ଓଡ଼ିଆ କବିତା : ବୋଧ ଓ ଅବବୋଧ, ଗ୍ରନ୍ଥ ମନ୍ଦିର, କଟକ

୧୦. ବାରିକ କବିତା : ନାରୀ ବିମର୍ଷ : ଚେତନା ଓ ଚିନ୍ତକ, ଗ୍ରନ୍ଥମନ୍ଦିର, କଟକ : ୨୦୨୧

୧୧. ମହାନ୍ତି ଅପର୍ଣ୍ଣା : ଓଡ଼ିଆ ଉପନ୍ୟାସରେ ନାରୀ ଚରିତ୍ର, ଓଡିଶା ବୁକ ଷ୍ଟୋର, କଟକ, ୨୦୦୩

୧୨. ମିଶ୍ର ଲିଙ୍ଗରାଜ : ଏ ଯୁଗର ନାରୀ, ଷ୍ଟୁଡେଣ୍ଟସ ଷ୍ଟୋର, ବ୍ରହ୍ମପୁର
୧୩. ମିଶ୍ରପଣ୍ଡା ସୁନନ୍ଦା : ସମକାଳୀନ ଓଡ଼ିଆ ଗଳ୍ପ, ବିଦ୍ୟା ପବ୍ଲିସିଙ୍ଗ, ଭୁବନେଶ୍ୱର
୧୪. ସଂ: ପରିଡା ପ୍ରକାଶ କୁମାର : ଏକବିଂଶ ଶତାବ୍ଦୀର ଓଡ଼ିଆ ସାହିତ୍ୟ : ବିଜୟିନୀ ପବ୍ଲିକେଶନ, କଟକ : ୨୦୨୩
୧୫. ଶତପଥି ନିତ୍ୟାନନ୍ଦ : ସବୁଜରୁ ସାମ୍ପ୍ରତିକ, ଗ୍ରନ୍ଥମନ୍ଦିର, କଟକ
୧୬. ଶତପଥୀ ନିତ୍ୟାନନ୍ଦ : ସତୁରିରୁ ସହସ୍ରାବ୍ଦୀ, ପ୍ରାଚୀ ସାହିତ୍ୟ ପ୍ରତିଷ୍ଠାନ : କଟକ
୧୭. ଶତପଥି ନିତ୍ୟାନନ୍ଦ : କାବ୍ୟଦୃଷ୍ଟି କାବ୍ୟବିଚାର, ବିଜୟିନୀ ପବ୍ଲିକେଶନ, କଟକ
୧୮. ଶତପଥୀ ପ୍ରତିଭା : ନାରୀ ଅସ୍ତିତ୍ୱର ବାସ୍ତବତା, ବିଦ୍ୟାପୁରୀ, କଟକ
୧୯. ଶତପଥି ପ୍ରତିଭା : କବିତାର ଉଦ୍ଭାସନ ଓ ସମାଲୋଚନା, ବିଦ୍ୟାପୁରୀ, କଟକ ନାରୀକବି
୨୦. ଶତପଥି ବିଜୟ କୁମାର : ଓଡ଼ିଆ ସାହିତ୍ୟରେ ପ୍ରଗତିବାଦୀ ଧାରା, ଓଡିଶା ବୁକ ଷ୍ଟୋର, କଟକ
୨୧. ସାହୁ ଉଦୟନାଥ : ଓଡ଼ିଆ ଦୀର୍ଘ କବିତା, ଏଥେନା ବୁକ୍ସ, ଭୁବନେଶ୍ୱର
୨୨. ସାହୁ କଳ୍ପନା : ଯୁଗେ ଯୁଗେ ନାରୀ, ଜନସଂଖ୍ୟା ଶିକ୍ଷା ବିଭାଗ, ଭୁବନେଶ୍ୱର
୨୩. ସ୍ୱାଇଁ ଦିଲ୍ଲୀପ କୁମାର : ବାମା ବିମର୍ଷ, ପଢାପଢି, ଭୁବନେଶ୍ୱର
୨୪. ସ୍ୱାଇଁ ଦିଲ୍ଲୀପ କୁମାର : ଉତ୍ତର ଆଧୁନିକ କାବ୍ୟଧାରା, ରେନେସାଁ ପବ୍ଲିକେଶନ, କଟକ
୨୫. ସାହୁ ଫକୀରମୋହନ : ନାରୀ ମନସ୍ତତ୍ତ୍ୱ, ଅଗ୍ରଦୂତ, କଟକ
୨୬. ସାହୁ ବିରଞ୍ଚି କୁମାର : ଅସ୍ମିତା ଅନ୍ୱେଷଣ, ସଂ: ଶକ୍ତି ପବ୍ଲିଶର୍ସ, କଟକ

କବିତା ଗ୍ରନ୍ଥାବଳୀ

୧. ମହାନ୍ତି ଗୁରୁପ୍ରସାଦ : କବିତା ସମଗ୍ର : ଚତୁରଙ୍ଗ ପ୍ରକାଶନୀ, ଭୁବନେଶ୍ୱର

୨. ମହାପାତ୍ର ମନୋରମା ବିଶ୍ୱାଳ : ନିର୍ବାଚିତ କବିତା, ଫ୍ରେଣ୍ଡସ ପବ୍ଲିଶର୍ସ, କଟକ

୩. ମହାନ୍ତି ଗିରିବାଳା : ନିର୍ବାଚିତ କବିତା : ଟାଇମପାଶ୍ ପବ୍ଲିକେଶନ, ଭୁବନେଶ୍ୱର

୪. ମହାନ୍ତି ଅପର୍ଣ୍ଣା : ଅଗ୍ନି କମଳିନୀ : ଟାଇମପାଶ୍ ପବ୍ଲିକେଶନ, ଭୁବନେଶ୍ୱର

୫. ନାୟକ ବିପିନ : ସ୍ୱରଚିତ୍ର : ସର୍ଜନା ପବ୍ଲିକେଶନ : ବ୍ରହ୍ମପୁର

୬. ପରିଡା ଆଶୁତୋଷ : ଅପ୍ରସ୍ତୁତ ମୃତ୍ୟୁ : ପ୍ରଗତି ପବ୍ଲିକେଶନ, କଟକ

୭. ମହାନ୍ତି ବ୍ରହ୍ମୋତ୍ରୀ : କବିତା ସମଗ୍ର : ପଶ୍ଚିମା ପବ୍ଲିକେଶନ, ଭୁବନେଶ୍ୱର

୮. ରାଉତରାୟ ସଚ୍ଚିଦାନନ୍ଦ : ସଚ୍ଚି ରାଉତରାୟ ଗ୍ରନ୍ଥାବଳୀ, ଗ୍ରନ୍ଥ ମନ୍ଦିର, କଟକ

୯. ମିଶ୍ର ସୌଭାଗ୍ୟ କୁମାର : ସୌଭାଗ୍ୟ କୁମାର ମିଶ୍ର କାବ୍ୟ ସମ୍ଭାର, ଫ୍ରେଣ୍ଡସ ପବ୍ଲିଶର୍ସ, କଟକ

୧୦. ରଥ ପ୍ରଜ୍ଞାଶ୍ରୀ : ପାରଦାର ପାଦ : ଟାଇମପାଶ୍ ପବ୍ଲିକେଶନ, ଭୁବନେଶ୍ୱର

୧୧. ବାରିକ ଡ. କବିତା : ବାମା : ପୁନଶ୍ଚ ଉତ୍କଳପ୍ରଭା ଫାଉଣ୍ଡେସନ, ବାରିପଦା, ୨୦୧୧

୧୨. ପଣ୍ଡା ଗାୟତ୍ରୀବାଳା : ସ୍ତ୍ରୀଲୋକ : ଟାଇମପାଶ୍ ପବ୍ଲିକେଶନ, ଭୁବନେଶ୍ୱର, ୨୦୨୩

୧୩. ପଣ୍ଡା ଗାୟତ୍ରୀବାଳା : ବାଘ : ପକ୍ଷୀଘର ପ୍ରକାଶନୀ, ଭୁବନେଶ୍ୱର, ୨୦୧୫

୧୪. ମହାନ୍ତି ଅରୁଣା : ସଚ୍ଚି ରାଉତରାୟଙ୍କ କବିତାରେ ନାରୀ : ଓଡିଶା ବୁକ୍ ଷ୍ଟୋର , କଟକ, ୧୯୯୫

୧୫. ପଣ୍ଡା ଗାୟତ୍ରୀବାଳା : ମହେଞ୍ଜୋଦାରୋ : ପକ୍ଷୀଘର ପ୍ରକାଶନୀ, କଟକ, ୨୦୧୮

୧୬. ଷଡଙ୍ଗୀ ଇପସିତା : ପୁନଶ୍ଚ ବୁଦ୍ଧ : ଶ୍ରଦ୍ଧା ପବ୍ଲିକେଶନ, ବାଲେଶ୍ୱର

ଇଂରାଜୀ ପୁସ୍ତକ ଓ ପତ୍ରିକା

1. Mukharjee, Meenakshi - Realism and Reality, Oxford University Press, ND, 1985, Page-5
2. Walker Rebecca, 1995, To be real : Telling the truth and changeing the face of Feminism, Newyork, Anchor Books(P-12)
3. Stevi Jackson Jackie Tones, 1998, Contemporary Faminist - Theories Edinburg, University Press, UK
4. Sen, Amartya - The many faces of gender equality, The New Republic, Sept-17,2001, P-40
5. Senagupta, Padmini- The story of woman in India, Indian Book Company, New Delhi, 1974, Page-181
6. Aiyar, Dr C.P Ramaswamy - The Cultural Heritage of India, v- 11, The Ramakrishna Mission, Kolkata, 1982, P-602
7. Choudhuri Maitraee - Feminism in India (Issuses in contemporary Indian Feminism), NY,ZED, 2005
8. Agrawal Goyal Reecha - Such is Herlife - Fingerpint Publishing, New Delhi, 2018
9. Woolf Virginia - A Room of one's own-Fingerpint Publishing, New Delhi, 2022
10. Pierpont Julia - The little Book of Random House, USA- Feminist saints - Virago Press, UK, 2018
11. Jain Simmi - Encyclopedia of Indian Woman through the ages : Kalpaz Publication, Delhi, 2011
12. Janapathy VAralakshmi- Indian Women : Gyan Publishing house, New Delhi, 2002

ସାହିତ୍ୟ ପତ୍ରିକା

୧. ସଚିତ୍ର ବିଜୟା, ମାର୍ଚ୍ଚ, ୨ ୦ ୧ ୨ -ନାରୀବାଦ ଏକ ପ୍ରଶ୍ନୋତ୍ତର : ଦୁର୍ଗାପ୍ରସାଦ ପଣ୍ଡା (ବହି ଚର୍ଚ୍ଚା), ଭୁବନେଶ୍ୱର

୨. ଇସ୍ତାହାର, ୧ ୨ ୦-ବାମାବାଦୀ ଚେତନାର ଦିଗ ଓ ଦିଗନ୍ତ : କବିତା ବାରିକ

୩. ଇସ୍ତାହାର, ପୂଜା ସଂ-୧ ୯ ୯ ୯, ନିତ୍ୟାନନ୍ଦ ଶତପଥି, ଭୁବନେଶ୍ୱର

୪. ଚିତ୍ରା, ମହାପୂଜର -୨ ୦ ୦ ୮, ଜଗତୀକରଣ ପରିପ୍ରେକ୍ଷୀରେ ସାମ୍ପ୍ରତିକ ଓଡ଼ିଆ କ୍ଷୁଦ୍ରଗଳ୍ପରେ ସାଧାରଣ ମଣିଷର ସ୍ଥିତି : ପବିତ୍ର ପାଣିଗ୍ରାହୀ

୫. ଇସ୍ତାହାର, ୧ ୨ ୪-କାବ୍ୟିକ ଉଚ୍ଛ୍ୱାସ : ନାରୀ ଚେତନାର ଉତ୍ତରିତ ଉପଲବ୍ଧି : ଶତ୍ରୁଘ୍ନ ପାଣ୍ଡବ

୬. ପ୍ରତିବେଶୀ- ଲେଖିକାର ଅସ୍ମିତା : ଅପର୍ଣ୍ଣା ମହାନ୍ତି (୨ ୦ ୧ ୬, ଆନ୍ତର୍ଜାତିକ ମହିଳା ଦିବସ ଅନୁକୂଲ୍ୟର ବକ୍ତବ୍ୟ)

୭. କାବ୍ୟାଲୋକ- ଶାରଦୀୟ ବିଶେଷାଙ୍କ-୨ ୦ ୨ ୩-ଅବବୋଧର ଉଚ୍ଛ୍ୱସିତ ଉତ୍ତୀର୍ଣ୍ଣତା : ଚନ୍ଦ୍ରିକାରାଣୀ ପଣ୍ଡା, ପୃ:୧ ୮ ୩

୮. କାବ୍ୟାଲୋକ- ଶାରଦୀୟ ବିଶେଷାଙ୍କ-୨ ୦ ୨ ୩-ସ୍ୱାଧୀନୋତ୍ତର ଓଡ଼ିଆ କବିତା ଓ ଇସ୍ତାହାର : ଦିପ୍ତୀପ୍ରଭା ଶଙ୍ଖୁଆ, ପୃ-୬୫

୯. କୋଣାର୍କ-୧ ୩ ୫ ସଂ- ଦୀପକ ମିଶ୍ର, ଭୁବନେଶ୍ୱର

୧ ୦. ସପ୍ତର୍ଷି-୨ ୦ ୧ ୫-କୃଷ୍ଣଚନ୍ଦ୍ର ପ୍ରଧାନ, ସମ୍ବଲପୁର ବିଶ୍ୱବିଦ୍ୟାଳୟ, ସମ୍ବଲପୁର

୧ ୧. ଜନସୁଧା- ପୂଜାସଂଖ୍ୟା-୨ ୦ ୧ ୬- ଦିଲୀପ କୁମାର ବେଉରା, କଟକ

୧ ୨. ପ୍ରତିବେଶୀ- ପୂଜା ସଂଖ୍ୟା-୨ ୦ ୧ ୭-ପିତାମ୍ବର ବାରିକ, କଲିକତା

■■